Erwin Eckert / Emil Fuchs
Blick in den Abgrund

Erwin Eckert / Emil Fuchs

Blick in den Abgrund

Das Ende der Weimarer Republik
im Spiegel zeitgenössischer Berichte
und Interpretationen

herausgegeben von
Friedrich-Martin Balzer
und
Manfred Weißbecker

Mit Nachbetrachtungen von
Georg Fülberth, Reinhard Kühnl, Gert Meyer,
Kurt Pätzold und Wolfgang Ruge

PAHL-RUGENSTEIN

Copyright © 2002 Pahl-Rugenstein Verlag

Pahl-Rugenstein Verlag Nachfolger GmbH,
Breite Str. 47, 53111 Bonn
Tel.0228/63 23 06 Fax 0228/63 49 68
Email: prv@che-chandler.com

ISBN 3-89144-298-X

Umschlagillustration: Franz Masereel © VG Bild

Alle Rechte, insbesondere das Recht der Vervielfältigung und Verbreitung sowie der Übersetzung, vorbehalten. Kein Teil des Werkes darf in irgendeiner Form (durch Fotokopie, Datenübertragung oder ein anderes Verfahren) ohne schriftliche Genehmigung des Verlages reproduziert oder unter Verwendung elektronischer Systeme gespeichert, verarbeitet, vervielfältigt oder verbreitet werden.

Druck: Interpress, Budapest

Gedruckt mit Unterstützung der Enkel von Erwin Eckert und Emil Fuchs, Klaus Eckert und Prof. Dr. Klaus Fuchs-Kittowski, der Rosa-Luxemburg-Stiftung Sachsen e.V., dem Mannheimer Oberbürgermeister, der Stadt Rüsselsheim, der Evangelischen Landeskirche in Baden und der Evangelischen Kirche in Hessen und Nassau.

Bibliografische Information der Deutschen Bibliothek

Die Deutsche Bibliothek verzeichnet diese Publikation in der Deutschen Nationalbibliografie; detaillierte bibliografische Daten sind im Internet über http://dnb.ddb.de abrufbar.

Inhalt

Geleitwort Klaus Fuchs-Kittowski 7
Einführung der Herausgeber
Selbstverständnis und antifaschistisches Ringen christlicher
Sozialisten am Ende der Weimarer Republik 11
Dokumentation und Analyse unzähliger Ereignisse 12
Der Bund der religiösen Sozialisten Deutschlands 15
Der Lebensweg des Autors Erwin Eckert 19
Der Werdegang des zweiten Autors der Wochenberichte 22
Die Wochenberichte – ein außergewöhnliches Zeitdokument 30
Fundgruben christlicher und marxistischer Urteilskraft 34
Zwischen allen Stühlen 40
Die Wochenberichte – unvergessen 46
Anmerkungen 49

Die Wochenberichte

Teil I
»Mit unglaublicher Roheit ...« Die Wochenberichte von Erwin Eckert
(5. Oktober 1930 bis 12. Februar 1931) 59

Teil II
»Die eigentlichen Ursachen der Krisis« Die Wochenberichte von
Erwin Eckert (21. April 1931 bis 19. August 1931) 129

Teil III
»Ob Deutschland erwacht?« Die Wochenberichte von Emil Fuchs
(1. November 1931 bis 8. April 1932)

Teil IV
»Reaktion auch als Scheindemokratie ist zukunftstötend«
Die Wochenberichte von Emil Fuchs (9. April 1932 bis zum
7. August 1932) 305

Teil V
»Hitlerregierung droht!« Die Wochenberichte von Emil Fuchs
(8. August 1931 bis 18. November 1932) 391

Teil VI
»Eine grauenhafte Tragödie der Unfähigkeit« Die Wochenberichte
von Emil Fuchs (19. November 1932 bis zum 4. März 1933) 457

Anmerkungen 514

Nachbetrachtungen

Georg Fülberth: Ein kleiner Unterschied bei viel Gemeinsamkeit 537

Reinhard Kühnl: Faschisierung 541

Gert Meyer: Hoffnung auf Sowjetrußland 544

Kurt Pätzold: Scharfsinn und Parteilichkeit 547

Wolfgang Ruge: Zukunftsbefürchtungen – Zukunftshoffnungen 550

Anhang

Friedrich-Martin Balzer:
Zur Vertreibung Erwin Eckerts aus dem »Bund der religiösen
Sozialisten Deutschlands« (August-Dezember 1931) 559
Der Ausschluß aus der SPD 560
Der Übertritt zur KPD und seine Folgen 563
Die Entmachtung Eckerts im Bund der Religiösen Sozialisten 573
Eckerts Austritt aus Kirche und Bund 575
»Zeitungskrieg« in der Mannheimer Arbeiterpresse 576
Dissens um die Reichspräsidentenwahl 1932 581
Fazit 584
Anmerkungen 589

Abkürzungsverzeichnis 603

Hinweise zur Literatur 606

Biographische Erläuterungen 609

Personen- und Ortsregister 633

Geleitwort

Sieben Jahrzehnte sind vergangen, doch unauslöschlich grub sich in das Gedächtnis der Zeitgenossen und der Nachgeborenen das Unerhörte, das Barbarische ein, das mit dem 30. Januar 1933 begann. Die Nachwehen dieses einschneidenden und folgenreichen Tages spüren Deutsche und Europäer bis in die Gegenwart. Verständlich, dass seither die Fragen nach der Vorgeschichte nicht verstummen. Was ging der Ernennung Adolf Hitlers zum Reichskanzler voraus – längerfristig, mittelfristig und unmittelbar?

Historiker schauen in die Tiefe der deutschen Geschichte; manche Antwort lässt sich dort finden. Waren es die reaktionären Kräfte des Kaiserreichs die, in einer unter den Groß- und Kolonialmächten bereits aufgeteilten Welt, vom »Platz an der Sonne« träumten? Waren es die gleichen Kräfte, die die Weimarer Republik als »Systemzeit« verunglimpften und ihren Untergang herbeiführten?

Kontinuität wirkte zumindest vom Kaiserreich und Erstem Weltkrieg her, wenngleich sich die Weimarer Republik in den Gang der Geschichte wie ein erratischer Block einschob, der erst überwunden werden musste, bevor die Diktatur errichtet, der nächste große Krieg vorbereitet und dieser wider alle Vernunft und Menschlichkeit vom Zaun gebrochen werden konnte.

Andere Geschichtsforscher machen zuallererst den Nationalcharakter der Deutschen verantwortlich, ihre Mythen, Legenden und Eigentümlichkeiten. »Willige Vollstrecker« hat es in der Tat deutlich mehr gegeben, als im Nachkriegsdeutschland zugestanden wurde. Doch die deutschen Antifaschisten von der ersten bis zur letzten Stunde, unter ihnen Erwin Eckert und Emil Fuchs, waren alles andere als »willige Vollstrecker« des menschenfeindlichen Faschismus.

Außenpolitische Faktoren gerinnen wiederum anderen Betrachtern zu einsichtig nationalistisch und völkisch-rassistisch verwerteten Parolen, unter denen sich die vom »Versailler Schmachfrieden« ebenso wie die von der »jüdisch-bolschewistischen Gefahr« befand.

Viele interpretieren ferner den Aufstieg der NSDAP allein vom antikommunistischen und antidemokratischen Anliegen her, und allzu viele messen gar allein Hitler, dem »Führer« das alles entscheidende Gewicht zu.

Die Zeit von 1933 bis 1945 ist eine sehr gut erforschte Epoche der deutschen Geschichte. Trotzdem treten immer wieder neue Fragestellungen auf, deren Diskussion und konkrete Beantwortung wichtig ist, die dann in die allgemeine Frage münden: warum konnte ein Kulturvolk im 20. Jahrhundert in die Barbarei zurückfallen?

In dem Disput der Gelehrten bietet der vorliegende Band eine weitere, sicher nicht unerhebliche Grundlage. Anhand der hier veröffentlichten zeitgenössischen Berichte und Analysen lässt sich erhellen, was – beruhend auf länger- und mittelfristig wirksamen Einflussfaktoren – *unmittelbar* vor dem 30. Januar 1933 geschah. Dem Leser springt förmlich in die Augen, was Tag für Tag und Woche für Woche das Geschehen in den Jahren 1930, 1931 und 1932 bestimmte, welche wirtschaftlichen, sozialen und kulturell-geistigen Faktoren die Politik der Regierenden wie das politische Agieren der unzählig am Geschehen Beteiligten beeinflussten.

Was hier dem Leser vorgelegt werden kann, darf mit Fug und Recht als einzigartige geschichtliche Quelle bezeichnet werden. Alles, was das Leben der sogenannten »kleinen Leute« prägte und deren Bewusstsein bestimmte, kann hier in den vom heißen Atem der Zeit erfüllten Berichten zweier Christen und Sozialisten nachgelesen, ja geradezu nacherlebt werden.

Die Herausgeber unterzogen sich der mühevollen Erschließung eines bislang weithin unbekannten, geschweige denn ausgewerteten Materials, das Warner vor einer erkennbaren Gefahr niederschrieben und aus dem auch heute abgeleitet werden kann, wie jeder einzelne sich einbringen kann und sollte, wenn es gilt, sich den Gefahren eines künftigen kriegerischen »Weltimperialismus« (Emil Fuchs) zu widersetzen.

Dem seit drei Jahrzehnten unermüdlichen Pionier der Erforschung der Geschichte der im Weimarer »Bund« organisierten »religiösen Sozialisten« Friedrich-Martin Balzer und dem seit DDR-Zeiten als Historiker der Weimarer Republik und ihres Übergangs in den Faschismus ausgewiesenen Manfred Weißbecker ist es mit der hier vorgelegten Edition gelungen, denjenigen Christen, die zugleich Sozialisten waren, innerkirchlich und in der Geschichte der Arbeiterbewegung einen ihnen zukommenden Platz zuzuweisen. Kirche und Arbeiterbewegung werden an ihr nicht vorbeigehen können.

Erwin Eckert hielten, wie er aus dem Zuchthaus an seine Frau schrieb, »der Trost und die Gewissheit aufrecht«, dass er »keinen leichtfertigen, schlechten Weg, sondern einen notwendigen Weg der Klärung und Prüfung gegangen« sei. Sein christlicher Glaube »auch in dieser trüben Umgebung und trotz des Geschicks, das mich im Grunde eben wegen dieses Gläubigseins an den in Christus geoffenbarten Willen Gottes getroffen« habe, sei »unerschütterlich«[1].

Die Herausgeber dieser »Wochenberichte« betonen zurecht, dass der Emil Fuchs der »Wochenberichte« ein anderer ist, als derjenige, der über Fichte und Schleiermacher arbeitete und auch ein anderer als der Professor für systematische Theologie und Religionssoziologie in Leipzig. Was macht dann aber die Kontinuität aus, die so sehr zur Glaubwürdigkeit dieses erfüllten Lebens beiträgt?

---

1   Zit. nach: Friedrich-Martin Balzer/Karl Ulrich Schnell: Der Fall Erwin Eckert. Zum Verhältnis von Protestantismus und Faschismus am Ende der Weimarer Republik, Köln 1987, 2. Auflage Bonn 1993, S. 190f.

Dies kann wohl kaum besser als mit den Worten seines Freundes und meines Vormunds Harald Poelchau, des mutigen Gefängnispfarrers und Mitglied des »Kreisauer Kreises«, ausgedrückt werden. Dieser schrieb zum 90. Geburtstag von Emil Fuchs: »Wahrscheinlich aber hat Dein Wirken im Rahmen der Kirche länger Bestand und trotz aller äußeren Erfolglosigkeit im Ganzen kontinuierliche Wirkung, weil Du die Kirche zwingst, Deine Fragen und Antworten aufzunehmen und weiterzugeben, an uns und die Nachkommenden, denen es ernst ist. [...] Was ich in den Jahren der Verfolgung bei Dir erfuhr, war mehr als gesellschaftliche Anschauung und griff tiefer als eine theologische Lehre. Wenn wir verwirrt und zerrissen, müde und resigniert über den »Erfolgen« der Verächter der Menschlichkeit in die schweigende Andacht der Quäker-Freunde kamen, zu den Menschen, denen ich wenigstens ohne Gefahr einiges aus meiner Erfahrung als Gefängnispfarrer erzählen und mich aussprechen konnte, dann richteten uns Deine Worte auf, die nicht schalten oder klagten, die aber unbeirrt und unbeirrbar für die verfolgten Juden, für das Recht und die Achtung anderer Völker und gegen die propagierten Irrlehren eintraten.« Harald Poelchau fährt dann – sich auf die Leipziger Zeit beziehend – fort: »Daran gemessen ist alles Spätere unbedeutend. Es sei aber dankbar erwähnt, dass Du zu uns wiedergekommen bist und nicht in Amerika bliebst, dass Du ein leichteres und reicheres Leben dort aufgabst, weil Du hier die Aufgabe sahst, die Du mit 75 Jahren mit wunderbarer Kraft neu anfingst. Auch hier begannst Du wieder unbeirrbar, weder durch konventionelle Urteile noch durch Furcht gehemmt, zu helfen und beiden Seiten, den Politikern und den Christen, zu zeigen, dass und wo sie zueinander gehören.«[2]

So unterschiedlich die Ereignisse und damit auch die agierenden Personen in ihren verschiedenen Lebensabschnitten auch sein mögen, so gewinnt gerade auch die Analyse dieses Zeitabschnitts des Untergangs der Weimarer Republik, die tapferen Warnungen vor dem sich öffnenden Abgrund, ihre Authentizität durch den weiteren unbeirrten und unbeirrbaren Einsatz für die Verfolgten, für Völkerverständigung und eine demokratische, sozial gerechtere Gesellschaft.

Erwin Eckert und mein Großvater Emil Fuchs, die beiden weitsichtigen und tapferen Antifaschisten, würden über die hier vorgelegte historische wie aktuelle Ausgrabung und Erinnerung erfreut sein. Dies kann ich sicher auch im Namen des Enkels von Erwin Eckert, Klaus Eckert, dankbar aussprechen.

Prof. Dr. Klaus Fuchs-Kittowski
Berlin, im Juni 2002

---

2 Harald Poelchau: Gruß. In: Ruf und Antwort – Festgabe für Emil Fuchs zum 90. Geburtstag, (Koehler & Amelang Verlag) Leipzig, o. J. (1964), S. 119-121.

Selbstverständnis und antifaschistisches Ringen christlicher Sozialisten am Ende der Weimarer Republik

Einführung der Herausgeber

Ungleichmäßig und sprunghaft verläuft die Geschichte. Sie liebt es bisweilen, sich an bestimmten Tagen und Orten zu verdichten. In solchen Momenten überschlagen sich die Ereignisse. Zeitgenossen erkennen spätestens jetzt, dass neuartige Verhältnisse im Entstehen begriffen bzw. bereits entstanden sind. Andere verkennen selbst in einer solchen Situation das »Plötzliche«, das Umschlagen einer lange vorher vorbereiteten Entwicklung in eine neue Qualität. Sie erleben erst später, was als »Jahrestag« in die Geschichtskalender Eingang fand, sei es gedacht als Anlass, diesen zu feiern, der Opfer zu gedenken oder die eigene Niederlage zu bedauern. Mancher mag sich in solcher Situation auch fragen, was denn eigentlich dem Wandel voraus gegangen ist und ob dieser nicht schon zuvor hätte erahnt werden können. Schließlich existiert in keiner Phase der Geschichte ein »Punkt Null«, alles Geschehen besitzt seine Vorgeschichte. Dies gilt auch für den 30. Januar 1933, geprägt durch die Ernennung des »Führers« der Nationalsozialistischen Deutschen Arbeiterpartei (NSDAP) zum Reichskanzler der Republik von Weimar. Deren Ende war mit diesem Schritt besiegelt. Es vollendete sich eine Kette zahlloser einzelner Schritte, die alle zu ihm hin führten, ohne dass sie es tatsächlich tun mussten.[1]

Und so stellt sich auch sieben Jahrzehnte danach immer noch die Frage: Was ging diesem Tag voraus? Warum konnte es zu diesem folgenreichen Rückfall in die Barbarei von Faschismus und Weltkrieg kommen? Wer trug Schuld, wer Verantwortung? Wer erkannte die im Schoße der Weimarer Republik heranwachsende braune Gefahr, die *alle* bedrohte: Kommunisten *und* Sozialdemokraten, christliche und liberale Demokraten ebenso wie Pazifisten, ja überhaupt alle, die nicht in das völkisch-rassistische Bild vom »Arier« passten? Wer wurde im Kampf gegen die Feinde von demokratischer Republik und sozialistischer Idee seiner Zeit gerecht, wer jedoch nicht und aus welchen Gründen? Und schließlich: Was vermag die Nachwelt daraus zu schlussfolgern für notwendiges eigenes Verhalten gegenüber der Gegenwart, die mehr als sieben Jahrzehnte danach zwar eine andere ist, jedoch keineswegs frei von wirtschaftlich-sozialen und politischen Erschütterungen aller Art sowie von ideologischen Verzerrungen im Interesse derer, die den Herrschenden dienen und dem Zeitgeist sein besonderes Gepräge geben?

Wann und wo immer die Zerschlagung jener deutschen Republik, die aus der Novemberrevolution des Jahres 1918 hervorgegangen war, in heutigen

Erinnerungen aufscheint und zur Debatte steht, tauchen solche und ähnliche Fragen auf. Selbstverständlich: Zahllose Antworten liegen bereits vor, teils erhellend und aufklärend, teils eher verwirrend und mitunter auch völlig unbefriedigend. Wiewohl kaum eine wirklich vollständige Antwort erwartet werden kann, wartet vieles noch auf komplexe und vertiefende Erklärung. Wer indessen solche sucht, also nach historischer Wahrheit forscht, muss sich in erster Linie auf dokumentarische Quellen sowie Berichte von Zeitzeugen stützen, und das auf möglichst viele. Wohl wird er wissen, dass nicht alles aus ihnen abzuleiten ist. Doch gilt dem Historiker jene Faustregel durchaus als berechtigt, die da schlicht lautet: Je mehr zeitgenössische Dokumente und Berichte von interpretierenden Zeitgenossen benutzt werden können, desto bestimmter und sicherer wird sein Wissen sein.

Von dieser Auffassung und dem Bestreben, das Wissen über entscheidende Jahre deutscher Geschichte zu vervollständigen, ließen sich Herausgeber und Autoren des vorliegenden Bandes leiten. Dem gegenüber hören wir dennoch manchen Leser fragen: Was soll, bitte schön, noch ein Buch zum Untergang der Weimarer Republik? Liegen denn nicht bereits zahlreiche Dokumente und Quellen zur Geschichte jener Zeit vor, die in Deutschland der Errichtung eines faschistischen Herrschaftssystems und dem Zweiten Weltkrieg unmittelbar vorausging?

Tatsächlich: Wen die Politik der von Brüning, von Papen oder von Schleicher geleiteten Präsidialkabinette interessiert, der kann sich einer gediegenen mehrbändigen Publikation ihrer Regierungsakten bedienen. Wer die Geschichte der NSDAP verfolgen möchte, dem hilft eine verdienstvolle Reihe, die alle Schriften, Reden und Anordnungen Hitlers aus jener Zeit enthält. Bedeutsame monographische Untersuchungen zur Geschichte anderer politischer Parteien sind bereits vorgelegt worden. Zahlreiche geschichtswissenschaftliche Analysen größeren und kleineren Umfangs erhellen im Einzelnen die Rolle der Wirtschaftsverbände, von Reichswehr, Diplomatie, Kirchen, kurz die der Eliten. Ebenso wird das alltägliche Leben der meisten Deutschen, die sich von Massenarbeitslosigkeit, Existenzbedrohung und Zukunftsängsten gebeutelt sahen, deutlich. Der interessierte Leser kann dem Anhang zum vorliegenden Band ausgewählte Hinweise auf weiterführende Literatur entnehmen.

Dokumentation und Analyse unzähliger Ereignisse

Doch was bietet das vorliegende Werk? Was können Erwin Eckert und Emil Fuchs, die Verfasser der hier erstmalig wieder veröffentlichten Berichte zum Zeitgeschehen, dem Leser von heute bieten? Wir denken: Viel, sehr viel sogar. Schließlich handelt es sich um ausgezeichnete, tiefgründige zeitgenössische Analysen, die während der letzten Jahre der Weimarer Republik in Gestalt von »Wochenberichten« in der Zeitung des »Bundes der religiösen Sozialisten Deutschlands« veröffentlicht worden sind. Diese trug den Titel »Sonntagsblatt des arbeitenden Volkes« und erschien seit 1931 mit der vorangestellten Überschrift »Der religiöse Sozialist«. Eine Ausgabe umfasste 16 Seiten im DIN-A4-Format, seit 1931 vier Seiten im Din-A3-Format. Der Preis betrug 10 Pfennig. Sie erreichte eine relativ große Leserschaft, obgleich ihre Auflage, selbst als sie 1931 ihre größte Verbreitung erlebte, nicht mehr als 17.000 Exemplare betrug. Für das Jahr 1931 kann von einem Leserkreis von mindestens 30.000 ausgegangen werden. In Baden, neben Thüringen die Hochburg der sozialen Bewegung religiöser Sozialisten, war die Zahl der »Lesegruppen« etwa drei mal so hoch wie die Zahl der Ortsgruppen. Die Zahl der bei Kirchenwahlen mobilisierten Wähler der religiösen Sozialisten war zu Beginn der 30er Jahre im Vergleich zur zweiten Hälfte der 20er Jahre auf ca. 120.000 bis 130.000 angestiegen.[2]

Die Berichte dokumentieren unzählige Geschehnisse jener Jahre, die sich damals sowohl auf der Ebene der »hohen« Politik als auch im Alltag der »kleinen Leute« abspielten. Das Tagtägliche ist heute nahezu unbekannt und schlägt sich kaum in den Geschichtsdarstellungen nieder. Allenfalls taucht es dort vereinzelt auf und dient als Beleg verallgemeinernder Interpretationsthesen. Das gilt auch für das Alltagsleben der Arbeiter, das in der Zeit der Weltwirtschaftskrise erheblich von deren Folgen und fast noch mehr von den Versuchen der Herrschenden zur Krisenbewältigung geprägt worden ist. Anhand der Texte lassen sich ebenso die vielfältigen Auseinandersetzungen zwischen Regierenden und Regierten, zwischen den Massen und ihrem jeweiligen Führungspersonal, zwischen den großen Parteien und auch innerhalb ihrer Organisationen nachvollziehen. Zu spüren ist die große Aufmerksamkeit der Verfasser, die dem Verhältnis zwischen den Parteiführungen und den handlungsbereiten bzw. resignierenden Massen gilt. Darüber hinaus bestechen ungewöhnliche Breite und gediegene Qualität dieses Spiegels der letzten Jahren der Weimarer Republik.

Das »Sonntagsblatt des arbeitenden Volkes« enthielt weltpolitische, innenpolitische, wirtschaftliche, sozialpolitische und kulturelle Nachrichten, darunter zahlreiche Materialien, die anderswo vorenthalten oder nur in Vorurteile eingekleidet geliefert wurden. Die Verfasser stellten sich der Aufgabe, alle abhängig Arbeitenden zur Einsicht in ihre soziale und politische Situation zu führen. Sie trugen dazu bei, kritisches Bewusstsein zu stabilisieren. Der Wille der Leser zu praktisch-politischer Aktivität sollte geweckt werden. Teile der Arbeiterklasse konnten so immerhin gegen den faschistischen Massenwahn immunisiert und für den Gedanken eines festen Bündnisses gegen die Gefahr des Faschismus angeregt werden. In den Wochenberichten spiegelte sich der Grad kritischen Bewusstseins wider, den die Autoren dank eigener Erfahrungen in den Auseinandersetzungen ihrer Zeit erlangt hatten. Sie artikulierten reale Interessen einer großen Majorität der Bevölkerung und proletarisches Selbstbewusstsein, das durch eine verhängnisvolle, sich hauptsächlich gegeneinander richtende Politik der beiden großen Arbeiterparteien, der SPD und der KPD, zermahlen zu werden drohte.

Die Wochenberichte, hinterlassen von Erwin Eckert und Emil Fuchs und hier erstmalig als Monographie dokumentiert, erscheinen nicht nur den Herausgebern als eine historische Quelle einzigartigen Ranges. Dies gilt auch anderen so, mit denen darüber zu debattieren sich Gelegenheit fand und denen großer Dank gebührt. Für eine Veröffentlichung sprachen sich nachdrücklich die Historiker Fritz Fischer (Hamburg) und Wolfgang Ruge (Potsdam), der Vizepräsident des Internationalen Auschwitz-Komitees Kurt Julius Goldstein (Berlin) u.a.m. aus.

Fritz Fischer, der nach eigenem Bekunden Erwin Eckert nicht nur persönlich gekannt, sondern sich ihm Dank »gleichgerichtete(r) Überzeugungen und Bestrebungen«[3] verbunden gefühlt hat, unterstützte nach besten Kräften die Absicht, die Wochenberichte zu veröffentlichen. Er, der mit seinen bahnbrechenden Veröffentlichungen internationale Bedeutung hatte erringen können, zeigte sich »an diesen ausführlichen Beschreibungen der Vorgänge auf politischer Bühne« sehr interessiert, da er diese »sehr bewusst miterlebt«[4] habe. An einen der Herausgeber schrieb er: »Ich freue mich sehr, dass Sie vorhaben, diese eindringlichen, zeitgenössischen Berichte zu veröffentlichen; diese für die deutsche Geschichte so folgenreiche Zeitspanne ist m. E. von den Historikern noch nicht hinreichend behandelt worden.« Nach seiner Auffassung würden die Berichte deutlich zeigen, »dass die Angst der führenden konservativen Kreise vor der Zunahme der links-sozialistischen Bestrebungen größer war als die Furcht vor den rechtsradikalen, nationalistischen Strömungen. Es kommt sehr gut heraus, dass die Brüning-Papen-Schleicher-Regierung bemüht war, die Linke einzuschränken, und glaubte, die Rechte als Mittel zur eigenen Machterhaltung benutzen zu können«. Man erlebe beim Lesen der Niederschriften noch einmal, »wie die Versuche der Linksparteien, zu einer Einheitsfront zu kommen, scheitern und sich damit eine Schwächung des politischen Gewichts der Arbeiterschaft« vollzog. Die immer wiederholte Frage der nachkommenden Generationen: »Wie konntet Ihr Hitler zur Macht kommen lassen« werde »durch die Stimme von Zeitgenossen erhellt«. Leider konnte Fritz Fischer, mitunter als der »bedeutendste Historiker der frühen Bundesrepublik« bezeichnet[5], seine Absicht nicht mehr verwirklichen, ein Geleitwort für diese 1998 begonnene Textedition zu schreiben. Er starb 1999 im Alter von 91 Jahren.

Für Wolfgang Ruge, einen der markantesten Historiker der DDR[6], handelt es sich bei diesen Berichten, die sowohl von der bundesrepublikanischen als auch von der DDR-Forschung bewusst verschwiegen wurden und nach fast sieben Jahrzehnten als völlig vergessen gelten können,»um außerordentlich aussagekräftige Zeugnisse wacher und engagierter Zeitzeugen des Faschisierungsprozesses in Deutschland. In einer Stellungnahme schrieb er u.a.: »Beide Berichterstatter, aufmerksame Beobachter der Ereignisse, haben ein Maximum der damals zugänglichen Quellen ausgeschöpft und viele Details der Entwicklung treffend bewertet. In ihrem Blickfeld liegen sowohl die politischen, wirtschaftlichen, sozialen und kulturellen Geschehnisse in Deutschland, als auch – was heute, im Zeitalter der Globalisierung besonders hervorzuheben ist – die Ereignisse der Weltarena. Sie verstehen sich zu Recht als Repräsentanten der antifaschistischen Bewegung und als Vorkämpfer gegen den schon zu jener Zeit unter den Bedingungen der Weltwirtschaftskrise vorbereiteten Zweiten Weltkrieg. Infolge sowohl ihrer religiösen Bindung als auch ihrer relativ unabhängigen Verarbeitung des zur Verfügung stehenden Materials sind ihre Berichte – von Ausnahmen abgesehen – frei von taktischen und sonstigen dogmatisch verordneten Überspitzungen der beiden großen Linksparteien. Sie vermitteln somit ein weitgehend objektives Bild der Vergangenheit. Beide Berichterstatter sind leidenschaftliche Befürworter der Einheitsfront von sozialdemokratischen, kommunistischen, christlichen und parteilosen Arbeitern und anderer Werktätiger. In der gegenwärtigen, wenn auch anders gearteten Situation können die Wochenberichte der beginnenden dreißiger Jahre helfen, den Blick für die vielfältig miteinander verwobenen Einzelerscheinungen der sich ausweitenden Krise zu schärfen.« »Sie können«, wie Wolfgang Ruge abschließend hervorhebt, »Orientierungspunkte im Kampf gegen Sozialabbau, Massenverführung und Militarisierung setzen.«[7]

Kurt Goldstein erklärte nach der Lektüre der Wochenberichte zu dem geplanten Projekt der Veröffentlichung als Buch: »Ich kenne zwei Bücher, die man lesen muss, wenn man wissen will, wie Deutschland in den Faschismus geraten ist und wie der faschistische Alltag war. Das sind die Tagebücher von Victor Klemperer und diese Wochenberichte. Sie sind ein höchst anschaulicher Unterricht für den Absturz Deutschlands in den Hitler-Faschismus.«[8]

Der Bund der religiösen Sozialisten Deutschlands

Beide Verfasser der Wochenberichte gehörten dem »Bund der religiösen Sozialisten Deutschlands«[9] an. Dieser ist jedoch nicht zu verwechseln mit dem »Tillich-Mennicke-Kreis« um die »Neuen Blätter für den Sozialismus«, der nur intellektuelles Leserpublikum gewinnen wollte und »sich nur im professoralen Bereich wohlfühlte oder gar mit dem rechten Flügel der Sozialdemokratie Kapitulationspolitik gegenüber der Brüning-Regierung betrieb«.[10] Auch diejenigen, die den Bund der religiösen Sozialisten und seine Vorläufer gründeten, waren Anhänger der SPD. Vor allem in Süddeutschland wollten sich dabei Mitglieder der SPD mit Glaubhaftigkeit auch für kirchentreue Mittelschichten ausstatten. In Opposition zu diesen Absichten stand von Anfang an eine proletarische Tendenz, zu deren Sprechern am exponiertesten und weitgehendsten Erwin Eckert, etwas gemäßigter der Neuköllner Pfarrer und spätere Vorsitzende der »Bruderschaft sozialistischer Theologen«, Paul Piechowski[11], und mit pazifistischer Grundhaltung der Landesvorsitzende des Bundes in Thüringen und ehemalige Rüsselsheimer und Eisenacher »Arbeiterpfarrer«, Emil Fuchs, gehörten.

Die proletarische und am Marxismus orientierte Einstellung geht aus einem Schreiben Eckerts vom 12. März 1920 an den badischen »Volkskirchenbund« hervor. Er sei dabei, so teilte er mit, einen »Bund evangelischer Proletarier«[12] ins Leben zu rufen, der im Unterschied zum »Volkskirchenbund« und dessen starken bürgerlich-liberalen Strömungen »ausschließlich auf sozialistischer Grundlage« stehe. Im November des gleichen Jahres gab Eckert in seinem Wahlaufruf zur badischen Kirchenparlamentswahl als Ziel an: »*Evangelisches Christentum und wissenschaftlichen Sozialismus zu vereinen*«.[13] Von der evangelischen Kirche forderte Eckert, dass sie nie wieder für den Krieg predigen dürfe: »Sie soll künden von allen Kanzeln und bei allen Gelegenheiten: Völkerversöhnung und Völkerfrieden.« Im »Bund evangelischer Sozialisten, der aus »taktischen Gründen« mit dem »Volkskirchenbund« eine gemeinsame Liste zu den Kirchenwahlen aufgestellt hatte, sah Eckert einen Zweckverband zur politischen Durchsetzung seiner Ziele. In der Kirche, gegen die Kirche und für die Kirche wollte er für die »Wirtschafts-, Staats- und Gesellschaftsordnung der Zukunft« kämpfen und nicht nur theoretisieren. »Innerhalb der sozialistischen Parteien und der kommunistischen Partei« wollte er – gleichsam interkonfessionell, interreligiös und interfraktionell – daran arbeiten, die »Zerrissenheit des Proletariats« zu überwinden und für eine »*geschlossene rote Front*« zu kämpfen. Das Ende November 1927 von Ekkert veröffentlichte Manifest »Was wollen die religiösen Sozialisten?« wurde zwar vom Mannheimer Bundeskongress 1928 nicht als gemeinsame Plattform anerkannt[14], doch bekannte sich dieser zu den von Eckert inspirierten und vom Preußischen Landesverband am 17. November 1927 einstimmig verabschiedeten Richtlinien, d. h. für »eine Gemeinschaft von klassenbewussten Sozialisten«. Mit diesem »Bekenntnis zur sozialistischen Kampfgemeinschaft« sahen sich die religiösen Sozialisten »in die Klassenfront der sozialistischen Arbeiterschaft« gestellt. »*Antimarxistische Propaganda ist vom Boden des Bundes der religiösen Sozialisten aus unmöglich.*« Die religiösen Sozialisten betrachteten es als »selbstverständliche Pflicht, den Klassenkampf als einen der Arbeiterschaft von den besitzenden Klassen aufgezwungenen Kampf mitzukämpfen.«[15] Schließlich besagten die auf dem Mannheimer Bundeskongress 1928 abgeschwächt verabschiedeten Richtlinien: »Die religiösen Sozialisten kämpfen in bewusster Verantwortung vor Gott und den Menschen in und mit dem revolutionären Proletariat um die sozialistische Neuordnung. [...] Das Proletariat führt diesen Klassenkampf gemäß den Erkenntnissen, die es Karl Marx verdankt.«[16]

Wortführer einer prononciert antimarxistischen Position innerhalb des Bundes war zeitweise der thüringische Sozialdemokrat Hans Müller, der mit einer Kampfschrift gegen Eckerts Marxismus[17] auftrat, jedoch im Oktober 1929 seinen Austritt aus der SPD (Ortsverein Jena) vollzog und dem Bund den Rücken kehrte.[18] Er schloss sich dem bürgerlichen »Christlich-Sozialen Volksdienst« an und ging nach seiner Entlassung durch den thüringischen NSDAP-Innenminister Frick 1930 in die Schweiz. In diesen wie in allen weiteren Konflikten nahm Emil Fuchs eine vermittelnde, die Einheit des Bundes wahrende Rolle ein. Die einander widerstrebenden, zwiespältigen Strömungen unter den religiösen Sozialisten bestanden jedoch bis zum Verbot im Jahre 1933[19] fort.

Obwohl seine Gründer und Mitglieder überwiegend der Sozialdemokratischen Partei nahe oder direkt in ihren Reihen standen[20] – einer bürgerlichen Partei anzugehören, war ausgeschlossen[21] – betrachtete sich der Bund von Anbeginn an als eine »Zwischenorganisation«, als eine für notwendig erachtete »Brücke« zwischen SPD und KPD. Einheitsfrontdenken herrschte vor, zumindest bis zur Krise des Bundes, die im Zusammenhang mit der politischen Entwicklung Eckerts und seinem Eintritt in die KPD entstand, jedoch dadurch nicht verursacht worden war, wie zeitgleich ähnliche Polarisierungen in den Freidenkerorganisationen belegen.

Die Funktion einer »Brücke« wahrzunehmen, wurde indessen immer schwieriger. Die Partei der Sozialdemokraten hatte sich deutlich schon 1926, unmittelbar nach der gemeinsam mit der KPD initiierten und geführten Kampagne zur entschädigungslosen Enteignung der Fürsten von einer weiteren Zusammenarbeit mit dieser abgewandt. Auf den Aufruf des Essener Parteitages der KPD von 1927 »An das christliche werktätige Volk« reagierte Eckert im »Sonntagsblatt des arbeitenden Volkes« mit der Hoffnung, »dass die in diesem Aufruf geforderte Einheitsfront komme«, fragte allerdings die KPD »Warum bekämpft Ihr dann so maßlos die religiösen Sozialisten, die entschlossen als Christen zum Kampf der Arbeiterklasse stehen und die zugleich Front machen gegen alle Versuche der christlichen Kirchen, die Befreiung der unterdrückten Massen zu hindern?« Zur Bekräftigung fuhr Eckert fort, »dass wir jeden Krieg gegen Sowjetrussland sabotieren werden, soweit das überhaupt in unserer Macht steht, dass wir nicht nur mit Sympathien auf den

Befreiungskampf der Chinesen blicken, sondern den baldigen Sieg der Kantonsarmee wünschen und die Bürgerblockregierung im eigenen Lande bekämpfen werden, wo auch immer es möglich ist.«[22]

In der Folgezeit vollzog die KPD eine Wende hin zu ultralinker Politik, die sich mit dem Beginn der Weltwirtschaftskrise verstärkte. Viele ihrer Mitglieder meinten, mit »Sozialfaschisten« kein Bündnis eingehen zu können – selbst auf die Gefahr, dass es dadurch zu keiner antifaschistischen Einheitsfront kommen konnte. Demgegenüber bedienten sich Sozialdemokraten des Vorwurfs, die »Kozis« seien »rotlackierte Nazis«. Sie ließen sich von der These leiten, Faschismus und Kommunismus seien identisch und würden im Grunde nur die zwei Seiten einer Medaille darstellen.

In seiner Auseinandersetzung mit der von Kurt Schumacher nach 1945 wiederbelebten Formel von den »rot-lackierten Nazis« erklärte Eckert 1946: »Wissen Sie, was Sie gesagt haben, indem Sie unsere Kämpfer, die in den KZs totgeschlagen wurden, als ›rotlackierte Nazis‹ bezeichnen? Wissen Sie, dass die Funktionäre, die Sie ›rotlackierte Nazis‹ nannten, die Kommunisten sind, die selbst Göring als äußerst gefährliche Gegner bezeichnete und die die Nazis gehasst haben wie die Pest – und die Sozialdemokraten haben sie nicht einmal ernst genommen. Und Sie wagen es, unsere Genossen, die bereit waren, ihr Leben einzusetzen für die Rettung gegen den Faschismus, ›rotlackierte Nazis‹ zu nennen.«[23] Wolfgang Abendroth assistierte, als er in seiner letzten Rede 1984 in Marburg erklärte: »Ihr dürft nicht vergessen, dass im Kampf gegen den Hitlerfaschismus die Kommunisten die ersten Opfer waren und die größten Teile jener, die am Widerstandskampf beteiligt waren, gestellt haben. Und wir dürfen nicht vergessen, dass dann in der ersten antikommunistischen Phase der Bundesrepublik sehr häufig die gleichen, die vorher ein Jahrzehnt oder noch mehr im KZ oder Zuchthaus gesessen haben, abermals in den Gefängnissen der Bundesrepublik verschwunden sind. Andere Männer, andere Frauen, die so ihren Mann gegen die Barbarei gestanden haben, dann diffamierend aus der politischen Willensbildung ausschließen zu wollen, das kann doch nur jemand, der nicht aus der Geschichte zu lernen bereit ist.«[24]

Unter denen, die im »Bund der religiösen Sozialisten Deutschlands« einer Einheitsfront aller proletarischen Parteien das Wort redeten, standen Erwin Eckert und Emil Fuchs in vorderster Reihe. Sie beharrten auch dann noch auf entsprechenden Forderungen an beide Parteien, als diese bei vielen Mitgliedern des Bundes auf immer größere Zweifel stießen. Eckert und Fuchs wurden und blieben »Linke« in dem von Wolfgang Abendroth definierten Sinne: Entscheidendes Kriterium sei, ob der »Linke« für die »Entwicklung von Klassenbewusstsein«, also für oder gegen eine »selbständige Position der Arbeiterklasse«, die sich ihres »Gegensatzes zum Monopolkapital bewusst ist«, arbeitet.[25]

Die inneren Auseinandersetzungen und die Bemühungen um ein wie auch immer geartetes Bündnis der proletarischen Parteien spiegeln sich in den Wochenberichten deutlich wider. Ihre Verfasser – in den Jahren 1930/31 Erwin Eckert seit November 1931 Emil Fuchs – suchten nach einem alternativen sozialistischen Kurs zwischen der Stillhaltepolitik, wie sie die sozialdemokratische Reichstagsfraktion betrieb, und der überwiegend linksopportunistisch orientierten KPD, die lediglich eine »Einheitsfront von unten« anstrebte und eine solche einengende Sicht ihren Aktionsangeboten an die Mitglieder von SPD und ADGB zugrunde legte.

Da Eckert von Oktober 1930 bis August 1931 in ganz Deutschland weit über hundert Massenveranstaltungen gegen die Entwicklung zum Faschismus abgehalten hat, sind seine »Wochenberichte« auch das Ergebnis wachsender politischer Aktivitäten und Erfahrungen. Sie beruhen ferner auf den regelmäßigen Besprechungen, die Eckert mit einem Kreis von etwa 50 oppositionellen sozialdemokratischen Betriebsarbeitern in der Industriestadt Mannheim führte.[26] Zum unmittelbaren Umfeld der von Emil Fuchs verfassten »Wochenberichte« dürften u.a. der Kieler Volkswirtschaftler Dr. Neiser, der nach 1933 in die Emigration nach Oxford (GB) ging, die Theologen Hermann Mulert und Otto Baumgarten, der Geschichtswissenschaftler Alfred Meusel, sowie vor allem seine Kinder Elisabeth, Gerhard und Klaus, die sich der »Freien Sozialistischen Jugend« anschlossen und 1932 der KPD beitraten, gehören.[27]

Beide, Eckert und Fuchs, gehörten zu den führenden Köpfen der religiösen Sozialisten in Deutschland, beide gingen indessen in ihren Auffassungen bald über deren Positionen hinaus. Dazu trug wiederum nicht zuletzt ihre eingehende und hier vorgestellte Analyse jener Jahre der Weltwirtschaftskrise und des Weges zur faschistischen Diktatur in Deutschland bei.

Der Lebensweg des Autors Erwin Eckert

Der eine von beiden Berichterstattern, Erwin Eckert[28], wurde am 16. Juni 1893 im badischen Zaisenhausen als ältester Sohn von acht Kindern eines Hauptlehrers geboren. Nach dem Besuch des Humanistischen Gymnasiums in Mannheim studierte er Theologie und Philosophie in Heidelberg, Göttingen und Basel. Achtzehnjährig wurde er 1911 Mitglied der Sozialdemokratischen Partei. Wie viele andere junge Deutsche zog auch er – unter dem Einfluss des populären Mannheimer Reichstagsabgeordneten Ludwig Frank – 1914 freiwillig in den Krieg, jedoch bald ernüchtert und schließlich zu einem strikten Kriegsgegner gewandelt.[29] 1919 begann er als Vikar in Pforzheim zu wirken. Hier heiratete er 1920 seine Jugendfreundin Elisabeth Setzer (1898-1985), die mehr als 50 Jahre an seiner Seite stand.[30] Aus ihrer Ehe ging als einziger Sohn Wolfgang (1922-2001) hervor.[31] Von 1922 bis 1926 war Eckert als Pfarrer in Meersburg am Bodensee tätig. Hier initiierte er 1924 die Gründung der »Arbeitsgemeinschaft religiöser Sozialisten Deutschlands« und zwei Jahre später die Konstituierung des »Bundes der religiösen Sozialisten Deutschlands«. Von 1926 bis 1931 leitete er diesen Bund als auf den Bundeskongressen 1928 und 1930 wiedergewählter geschäftsführender Vorsitzender. Zugleich war er Schriftleiter des Bundesorgans »Sonntagsblatt des arbeitenden Volkes« und gehörte als gewählter Abgeordneter der badischen Kirchensynode an. 1927 wechselte er von Meersburg an die Trinitatis-Kirche in Mannheim.

Eckerts mit der Arbeiterbewegung fest verbundene, demokratische und antimilitaristische Haltung trat deutlich in der 1925/26 gemeinsam von KPD und SPD geführten Kampagne zur entschädigungslosen Enteignung der Fürsten sowie bei dem 1928 von der KPD angestrengten Volksbegehren gegen den Bau des Panzerkreuzers A und in der folgenden Auseinandersetzung um das Wehrprogramm der SPD hervor. In der Praxis war sie stets gleichbedeutend mit seiner Parteinahme für die sozialen Belange der »kleinen Leute«. Als einziger gewählter religiös-sozialistischer Abgeordneter trat er auf dem Deutschen Evangelischen Kirchentag 1930 in Nürnberg auf.[32] Ohne auf Kritik gegenüber der sowjetischen Kirchenpolitik zu verzichten, stellte er sich gegen die antikommunistische und antisowjetische Propaganda. Er wolle nicht verhehlen, »dass in Russland Christen verfolgt, geplagt, gepeinigt und hingerichtet werden.« In Russland sei vieles geschehen, »das niemand mehr bedauert als ein verantwortungsbewusster Revolutionär, auch als wir religiösen Sozialisten«.[33] »Verlangen Sie nicht«, so Eckert vor der kirchlichen »Crème de la societé«, »dass ich im Grunde gegen die Sowjets, gegen die ins Licht drängenden Massen meiner, auch Ihrer Brüder und Schwestern aus dem Proletariat, gegen die Kollektive beten soll, für die sogenannte ›christliche‹ Kultur und Ordnung, die ja nichts anderes ist als die christlich verbrämte bürgerlich-kapitalistische Unkultur und Unordnung.«[34]

Die von ihm vorbereitete Rede »Kann die Evangelische Kirche erneuert werden?«[35] konnte wegen der Proteste der überwältigenden Kirchentagsmehrheit nicht gehalten werden. In ganz Deutschland – verstärkt seit den Septemberwahlen 1930, bei der die NSDAP einen sprunghaften Anstieg der für sie abgegebenen Stimmen von 2,6 % auf 18,3 % verzeichnen konnte – stellte er auf zahlreichen Veranstaltungen seine strikte antifaschistische Haltung unter Beweis und geriet so mehr und mehr in Konflikt mit der deutsch-nationalen Kirchenleitung in Baden. Gleichzeitig betätigte Eckert sich als Publizist mit zahlreichen Veröffentlichungen, vor allem in dem von ihm herausgegeben Bundesorgan.[36] Seine politischen Aktivitäten führten im Zeitraum von 1929 bis 1931 zu drei kirchlichen Dienststrafverfahren gegen ihn. Schließlich entließ die Badische Landeskirche den Opponierenden unehrenhaft aus dem Kirchendienst, ein Unrecht, das die Badische Landeskirche erst 1999 halbwegs einzugestehen bereit war, nachdem sie es 1945 – entgegen einer entsprechenden Forderung der KPD Mannheims[37] – versäumt hatte, Eckert, den frühen Warner und Kämpfer gegen Faschismus und Krieg, wieder in sein Amt zu setzen.

Auch in der SPD spitzte sich ab 1930 der Streit um Eckert zu, insbesondere als es um die Frage ging, ob die erste Präsidialregierung unter dem Zentrumspolitiker Heinrich Brüning zu tolerieren oder wegen ihres Sozialabbaus und ihrer de facto die Preisgabe der Weimarer Verfassung und die Faschisierung der Weimarer Republik stützenden Politik deutlich abzulehnen sei. Die Parteiführung schloss ihn am 2. Oktober 1931 aus. Eckert widersetzte sich dem ihm angetragenen Anschluss an die neugegründete »Sozialistische Arbeiterpartei Deutschlands« (SAPD) und trat der KPD bei.[38] Entgegen früher getroffenen Abmachungen enthob ihn der Vorstand des Bundes der religiösen Sozialisten im November 1931 in seiner Abwesenheit aller seiner Ämter.[39] Eckert verließ daraufhin noch vor seiner kirchlichen Dienstentlassung den Bund, weil er den Bund eher als »eine Hemmung für den revolutionären Klassenkampf als eine Hilfe zur Vorbereitung des Sozialismus«[40] ansah. Aus der Kirche trat er aus, weil es eine »gefährliche Illusion« sei, anzunehmen, man könne von *dieser* noch »irgend etwas im Kampf des Proletariats um seine Befreiung erwarten.«[41] Die Kirche habe sich durch seine Dienstentlassung »in die kapitalistisch-faschistische Klassenfront eingeordnet«. In der gleichen Zeit, in der die Kirche Eckert wegen seines Übertritts zur KPD entlasse, dulde sie »nationalsozialistische Geistliche in ihrem Pfarramt, die besondere SA-Gottesdienste und Feldgottesdienste in der Zeit des angeordneten Gemeindegottesdienstes abhalten, die ungehindert für den Faschismus agitieren und organisieren.«[42]

Auf Hunderten von Massenversammlungen sprach Eckert in Deutschland, Österreich und der Schweiz wirkungsvoll gegen Faschismus und Kriegsgefahr. Im August 1932 nahm er an dem bedeutenden Internationalen Kongress gegen Imperialismus und Krieg in Amsterdam teil. Bereits in der Nacht des Reichstagsbrandes wurde er verhaftet und saß – zeitweise gemeinsam mit Wolfgang Langhoff in einer Zelle – bis zum 17. Oktober 1933 im Gefängnis.[43] 1936 wurde er erneut verhaftet und wegen »Vorbereitung zum Hochverrat« zu drei Jahren und acht Monaten Zuchthaus verurteilt. Nach seiner Entlassung stand er von 1940 bis zur Befreiung unter Polizeiaufsicht.

Bis zur Zulassung der politischen Parteien agierte Eckert in Baden als geschäftsführender Vorsitzender der antifaschistischen Bewegung »Das Neue Deutschland« und als Lizenzträger der antifaschistisch-demokratischen Illustrierten »Die Neue Demokratie« (DND), die von 1946 bis 1949 erscheinen konnte. Als Vorsitzender der KPD in Süd-Baden (1946-1950) setzte er sich für eine einheitliche sozialistische Partei aus Sozialdemokraten und Kommunisten ein.[44] Im April 1946 begann seine Tätigkeit als Mitglied und Vizepräsident der Verfassunggebenden Versammlung Badens. Im ersten badischen Allparteienkabinett war er Staatskommissar für Wiederaufbau. Als er im Juli 1949 für das Amt des Oberbürgermeisters in Mannheim kandidierte, sprachen sich 34,7 % der Wähler für ihn aus. Bis zum Verbot der KPD (1956) gehörte er dem badischen Landtag bzw. ab 1952 dem Landtag von Baden-Württemberg an. Mehr als ein Jahrzehnt (1950-1962) betätigte er sich als Mitglied des Weltfriedensrates und suchte die Wiederaufrüstung der BRD zu verhindern. 1959 verlieh ihm der Weltfriedensrat die Goldene Friedensmedaille. Unterzeichnet ist die Urkunde vom 15. Mai 1959 in Stockholm von John. D. Bernal und Nazim Hikmet. Im »Düsseldorfer Prozess«[45], der vom November 1959 bis April 1960 dauerte und sich gegen die westdeutsche Friedensbewegung richtete, wurde er zu einer Gefängnisstrafe mit Bewährung verurteilt. 1964 erhielt er vom Friedensrat der DDR die »Carl-von-Ossietzky-Medaille« »für Verdienste im Kampf gegen den deutschen Militarismus, gegen Faschismus und Krieg«. 1968 trat er der neu gegründeten DKP bei. 1971 überreichte ihm die DKP die »Lenin-Gedächtnismedaille«. Am 20. Dezember 1972 starb er in Mannheim. In einem Nachruf der DKP hieß es: »Erwin Eckert, sein kämpferischer Geist, seine Hingabe zur Sache der Arbeiterklasse und sein unbeugsames Eintreten für die Ideen von Marx, Engels und Lenin werden uns immer Vorbild sein.« Die Traueranzeige trug das Motto: »Dem Ganzen dienen, sich selbst treu bleiben.«

Der Werdegang des zweiten Autors der Wochenberichte

Emil Fuchs kam am 13. Mai 1874 im hessischen Beerfelden als Sohn eines Pfarrers zur Welt. Er wuchs als dritter Sohn von sieben Kindern auf. Die Familie stammte ursprünglich »aus dem Kreise der niederländischen Reformierten, die unter Herzog Albas Bedrückung das Land hatten verlassen müssen«.[46] In ihm brach das »reformierte Erbe« seiner Familie mit einer starken Willens- und Tatfrömmigkeit wieder durch. Nach dem Abitur in Darmstadt studierte er von 1894 bis 1898 evangelische Theologie an der Universität Gießen. Als er das Studium begann, waren seine Universitätslehrer geprägt von Kants Kritik. Gleichzeitig brach von den Professoren her die Geschichtswissenschaft über ihn herein, die allem religiösen Leben die Grundlagen zu zerstören schien. Er kam in Berührung mit den Schriften Nietzsches und der ästhetisch-aristokratischen Haltung eines Stephan George. »Hier erhob die geistige »Vornehmheit ihr Haupt gegen alles Enge, Philisterhafte, Allzu-Behagliche der aufsteigenden Wohlhabenheit des Bürgertums und den Halbheiten von Sittlichkeit und Religion, die, als alte Gewohnheiten gepflegt, im Leben keine Bedeutung mehr hatten.«[47] Während er – nach eigenem Bekunden – »unsicher im Strome schwamm«, wurde er von drei anderen zielweisenden Mächten ergriffen. Er hörte die Stimme Friedrich Naumanns (»Lest Marx und die Bibel«), der auf die Lage der Arbeitermassen aufmerksam machte und zur Mitverantwortung dafür aufrief, dass diese »ihren Anteil am Aufstieg unseres Volkes und am Ertrag ihrer eigenen Arbeit«[48] bekämen. Eine zweite Stimme trat Fuchs aus der Bibel entgegen. »Nun hörte ich aus den uralten Worten der jüdischen Propheten und aus Jesu Botschaft im Neuen Testament den Ruf von dem Wert und schöpferischen Sein des Menschen, die nicht zerstört und zerbrochen werden dürfen um des Besitzes und der Macht willen. Ich hörte den Ruf zu einer Brüderlichkeit, die zu schaffen Jesu Willen war, die zu schaffen allen aufgetragen ist, die von ihm ergriffen werden«.[49] Hier erhielt sein christlicher Glaube einen neuen Inhalt und ein tiefes Leben, dessen »Wirklichkeit und Kraft durchs ganze Leben standhielt.« Durch den Kontakt mit Avenarius und der von ihm herausgegebenen Zeitschrift »Kunstwart« wurde er frei von Nietzsche und einem aristokratischen Künstlertum und entdeckte in der Kunst eine »schöpferische Kraft, die das Unwahre [...] überwindet, die Menschen ruft, den Mut zu haben, sie selbst zu sein und Eigenes zu gestalten«.[50] 1898 bis 1899 besuchte er das Predigerseminar in Friedberg-Hessen, um danach als Vikar in Brauerschwend-Vogelsberg zu arbeiten. 1900 promovierte er als 26jähriger bei Professor Kattenbusch in Gießen mit einer Arbeit über Friedrich Schleiermacher. Von 1902 bis 1903 war Fuchs Vikar an einer deutschen Gemeinde in Manchester, wo er sich »in die entsetzlichen Notstände dieser englischen Industriestadt hineingestellt sah und entdeckte, dass das Bürgertum, deren Warenhäuser in nächster Nähe zu den Slums lagen, auch nicht eine Ahnung von den wirklichen Zuständen dort hatte.«[51] Von 1904 bis 1939 war er Mitarbeiter und Autor der von Martin Rade, dem Exponenten des freien Protestantismus, herausgegebenen Zeitschrift »Christliche Welt«, die sich auch in der Tradition des sozialen Protestantismus wusste. Nach einer Tätigkeit als Pfarrassistent und Oberassistent an der Universität Gießen wirkte er von 1905 bis 1918 als Pfarrer in Rüsselsheim. Dort war er Mitbegründer einer Volksakademie.[52] Seine Volksbildungsarbeit wurde zur Quelle seines auf »Realismus« bedachten sozialen Urteilsvermögens. In der Industriestadt Rüsselsheim kam er in engen Kontakt mit Arbeitern, »die gerade unter Führung marxistischen Denkens in der Sozialdemokratie zum Selbstbewusstsein ihrer Aufgabe erwachten«.[53] Er erlebte die »Klassenbefangenheit der großen Masse des Bürgertums, ob kirchlich oder nichtkirchlich«[54] und erhielt eine sehr gründliche Lehre in »Marxismus«. Der »Klassenkampf von oben« richtete sich gegen ihn als Pfarrer, der es wagte, »als Pfarrer Freundschaft und Zusammenarbeit zu bilden mit diesen gottlosen Sozialdemokraten«.[55] Der Marxismus, so sah es Fuchs als Angehöriger der Intelligenzschicht, hatte die Arbeiter so tief erfasst, »weil er ihnen ihre persönliche Lage als Klassenlage, als gesellschaftlich bedingtes Schicksal deutlich machte.« Sie, die seine persönlichen Freunde waren, wurden von der Aufgabe ergriffen, »für sich, für die Genossen, für die Menschheit eine neue Gesellschaftsgestaltung zu schaffen.« »Eine Abwenden vom Marxismus wäre ihnen Bruch mit ihrer Aufgabe gewesen. Ihnen hatte der Marxismus Selbstverständnis ihrer Klassenlage und ihrer Zukunftsaufgabe gegeben.« Der Marxismus dagegen könne helfen, das »Gewohnheitschristentum von seinen Falschheiten zu befreien und durch den Marxismus wieder Verstehen für die eigene Wahrheit des Christentums zu gewinnen.« Mit dieser Einsicht aber war jener Prozess eingeleitet, »der allmählich alles kantische Denken, den Idealismus, verdrängte.«[56] Die Erkenntnis, dass »dieser Idealismus auf einer sehr bösen Selbsttäuschung beruht«[57], nahm Gestalt an. Fuchs konnte nicht länger mit Arbeitern verkehren, ohne täglich die »Macht des Materiellen«[58] zu erfahren.« Andererseits konnte er nicht gegen die Gegner des Marxismus ankämpfen, ohne täglich zu erfahren, »wie sehr idealistisches Denken ein bewusster oder unbewusster Versuch« sei, von eigenen »Wünschen her die Wirklichkeit zu deuten statt aus der Härte der Praxis und ihrer Aufgabe«.[59] Als Mann der Praxis lernte er, die grundlegende Wirklichkeit der materiellen Welt zu erforschen und von da aus seinen Weg zu suchen: Als Christ und Sozialist.

1906 heiratete er Else Wagner, die 1931 kurz nach der silbernen Hochzeit, an vererbter Melancholie zerbrechend, sich das Leben nahm. Die theologische Fakultät der Giessener Universität ernannte ihn 1914 im frühen Alter von 40 Jahren zu ihrem Ehrendoktor.

Während des Krieges wurde er sich immer deutlicher bewusst, was zu dem Ausbruch der Katastrophe geführt hatte.[60]

1918 kam Emil Fuchs als Pfarrer nach Eisenach. Hier betätigte er sich erneut in der Volks- und Erwachsenenbildung. An Martin Rade schrieb er 1919: »Ich habe immer die Befürchtung, dass die Kirche nun die Kreise der Rechten um sich sammelt und sich als Gegenorganisation gegen die sozialistische Republik auftut. Das wäre der endgültige Verzicht auf die Massen und die Zukunft«.[61] Nach dem Ersten Weltkrieg entwickelte sich in ihm während der 20er Jahre mehr und mehr eine pazifistische Grundhaltung. Sein Interesse am Marxismus wuchs, vor allem durch seine Erlebnisse in der Periode von 1919 bis 1923. Ihm wurde »die furchtbare und verhängnisvolle Macht des Kapitalismus klar«.[62] Schlüsselerlebnis wurde ihm vor allem der Kapp-Putsch und seine Folgen in der gegenrevolutionären und revolutionären Nachkriegskrise. »Immer noch hoffte ich, dass die gebildete Schicht Deutschlands in einer großen Einheitsbewegung die Befreiung der Arbeiterklasse mittragen würde und stand zur Demokratie. Da setzte 1920, 1921 der Rückschlag zur Revolution ein. Die ›gebildete Schicht‹ Deutschlands gab mir einen Lehrkurs im Marxismus, indem ich erlebte, wie sie in ihrer übergroßen Mehrzahl blind, vom Strom mitgerissen in die Verteidigung ihrer alten Privilegien eintrat. [...] Karl Marx vor langen Zeiten gelesen und an seinen entscheidenden Punkten abgelehnt, wurde mir lebendiger und lebendiger.«[63] Ihn bewegte die Ermordung thüringischer Arbeiter, die sich nach dem Kapp-Putsch erhoben hatten, um gegenrevolutionäre Reichswehrtruppen zu vertreiben, durch eine Freiwilligen-Kompanie der Universität Marburg, zusammengesetzt aus Korporationsstudenten.[64] Zum Entsetzen seiner bürgerlichen Zeitgenossen besuchte Fuchs die Familien der Opfer als Seelsorger der Gemeinde und beerdigte die erschossenen Arbeiter. In der Presse fragte er kritisch nach dem in Marburg anhängenden Verfahren.[65] Mit diesen Akten der Solidarität löste er in der bürgerlichen Welt von Eisenach einen Sturm der Entrüstung aus, was seinen politischen Lernprozess einschneidend beförderte.[66] 1921 trat er in die SPD ein und begründete den Vorläufer des späteren Landesverbandes der religiösen Sozialisten in Thüringen, den »Kreis der Freunde um Pfarrer Fuchs«. Seit dieser Zeit hielt er auch engen Kontakt zu den Quäkern. Er wahrte kritische Distanz zur SPD und ließ die Verbindung zu den Kommunisten nie abbrechen. »Ich hatte viele Gespräche freundschaftlicher Art mit thüringischen Vertretern des Kommunismus, vor allem mit Theo Neubauer, dessen tiefgegründete Überzeugungskraft immer wieder einen großen Eindruck auf jeden machen musste.«[67] Später versteckte er den in den in die Illegalität gezwungenen Theodor Neubauer vor den Nachstellungen der Reichswehr in seiner Wohnung.[68]

1925 wurde Fuchs verantwortlich für den Mitteldeutschen Kreis der religiösen Sozialisten, 1926 Vorsitzender des Landesverbandes Thüringen. 1926-28 und 1930-33 gehörte er dem Bundesvorstand, von 1927 bis 1931 dem thüringischen Landeskirchentag an. 1931 berief ihn der preußische Kultusminister Adolf Grimme zum Professor für Religionspädagogik an die Pädagogische Akademie in Kiel, begleitet von heftigen Angriffen durch den Herausgeber des »Kirchlichen Jahrbuches«, Hermann Sasse, und dem späteren Nazi-Pädagogen Ernst Krieck. Sasse sprach verächtlich von einem »blutroten Klassenkämpfer« und fragte entsetzt: »Was soll aus dem Religionsunterricht werden, wenn man die Ausbildung der künftigen Religionslehrer dem Jünger Thomas Münzers, dem roten Parteibuchinhaber Emil Fuchs überlässt?«[69] Für das Politikverständnis von Emil Fuchs spricht sicher auch die Tatsache, dass sich seine drei älteren Kinder Gerhard, Elisabeth und Klaus[70] zunächst dem Sozialistischen Studentenverband anschlossen und dann, unter der Bedingung der sich verschärfenden ökonomischen und politischen Krise und des drohenden Faschismus, der »Freien Sozialistischen Jugend« und der KPD

25

beitraten. Ebenso wie Eckert nahm Fuchs – gemeinsam mit seiner Tochter Elisabeth (1908-1939), die auch als Zeichnerin und Grafikerin im Bundesorgan der Religiösen Sozialisten hervorgetreten war – 1932 am Internationalen Kongress gegen Imperialismus und Krieg in Amsterdam teil.

Das Jahr 1933 offenbarte ihm das generelle Versagen der in der Öffentlichkeit stehenden Führungspersönlichkeiten. »Die schöne Front idealistischen und gesellschaftlich-bürgerlichen Denkens war durchschlagen. Sie hatten keine anderen Möglichkeiten, als sich nun vom neuen Strom der Siegenden mitschwemmen zu lassen. So war es in den Universitäten, den Höheren Schulen, den Kirchen. Es war der klare Bankrott des idealistischen Denkens, das sich um alle realistischen Fragestellungen herumgedrückt hatte. Es war der klare Bankrott des Denkens, das meinte, man könne das Leben der Gesellschaft gestalten, indem man mit gütigem Lächeln allen schweren Maßnahmen aus dem Wege ging. Die Sozialdemokratie hatte sich unendlich bemüht, guten Willen zu zeigen und den guten Willen der besitzenden Kreise zu gewinnen. Nun bewies ihr das Kapital, dass gegenüber ihrem revisionistischen Marxismus Karl Marx recht behielt, wenn er dem Proletariat warnend sagte, dass nie eine herrschende Schicht im Laufe der Geschichte ihre Herrschaft aus der Hand gegeben habe ohne bewaffneten Kampf. Erbarmungslos vernichteten die Beauftragten des Kapitalismus jene, die sie 1919 und später wieder zur Macht kommen ließen.«[71] Den Christen aber, die geglaubt hätten, mit Liebe und Wahrheit die Welt zu verändern, sei eine deutliche Lektion erteilt worden. »Macht es sich die ›Liebe‹ zu bequem, *zur rechten Zeit* Ausbeutung und Unrecht zu beseitigen, so tut es die Gewalt.«[72] Rücksichtslos mache der schwere Gegenschlag der kapitalistischen Machthaber auch den Christen klar, »dass es einen Willen zur Macht in diesen Kreisen gibt, der durch Erwägungen von Recht, Wahrheit und Menschlichkeit nicht bezwungen werden kann«.[73] Fast scheint es so, als habe die Losung »Si vis pacem, para bellum civile« bei dem ansonsten durch Gewaltlosigkeit geprägten Fuchs hier einen Augenblick lang blitzartig Fuß gefasst, wenn er in seinem Lebenslauf aus dem Jahre 1958 fortfährt: »Damit aber wurde uns die Große Oktoberrevolution Russlands und mit ihr Lenins Gedankenwelt in ein neues Licht geschichtlicher Wirklichkeit gestellt.«[74]

Nach 1933 begann für ihn wie auch für die gesamte Familie eine dramatische, aber mit innerer Ruhe ausgehaltene Zeit der Verfolgung und des antifaschistischen Widerstandes. Seinem ältesten Sohn Gerhard (1900-1951) wurde 1933 als angehendem Juristen die Zulassung zum Examen in Kiel verweigert. Er immatrikulierte sich daraufhin in Berlin, wurde aber mit seinem Bruder Klaus und anderen Mitgliedern der »Roten Studenten« exmatrikuliert. 1934 floh Gerhard mit Hilfe seines Schwagers Gustav Kittowski (1909-1990) nach Prag, wo er sich unter ärmlichsten Bedingungen eine Tuberkulose zuzog und nach Beginn des Zweiten Weltkriegs in die Schweiz fliehen musste. Seine Frau Karin († 1990) wurde im Mai 1934 verhaftet, als Kurier der illegalen Freien Sozialistischen Jugend angeklagt und zweieinhalb Jahre in Untersuchungshaft gesperrt, in der sie ihren Sohn gebar. Seine Tochter Elisabeth wurde zunächst von Freunden verborgen gehalten, bis sie 1933 durch Verrat für Monate ins Frauengefängnis eingeliefert wurde. Ihr späterer Mann, der kommunistische Arbeiter Gustav Kittowski, kam 1933 wegen seines illegalen Widerstandes ins Moorlager nach Papenburg, aus dem er im Januar 1934 entlassen wurde. Für deren beider Entlassung hatte sich der Quäker Gilbert Macmaster[75] aus den USA energisch und zäh eingesetzt. 1936 erneut verhaftet, kam Gustav Kittowski für zweieinhalb Jahre in Gestapo-Haft, zuletzt in der Albrecht-Straße in Berlin, und wurde 1938 zu sechs Jahren Zuchthaus verurteilt. Seine Frau Elisabeth überbrachte ihrem Mann, der auf einem Boot arbeitete, unter Einsatz ihres Lebens schwimmend Geld und half ihm auf diese Weise zur Flucht aus dem Konzentrationslager. Am 7.8.1939 stürzte sie sich aus Angst vor weiteren Verfolgungen ihrer Familie auf der Rückreise von einer Quäker-Tagung in Bad Pyrmont im Beisein ihres Vaters aus dem Zug und kam dabei ums Leben. Ihrem Mann war ohne ihr Wissen inzwischen die Flucht über Berlin in die Tschechoslowakei gelungen, wo er in Brünn von Maria Bouskova und ihrer tschechischen Familie verborgen gehalten wurde. Als er kurz vor Ende des Krieges sein Quartier verlassen musste, schloss er sich den Partisanen an.

Klaus Fuchs (1911-1988)[76] wurde bereits vor 1933 von Kieler Nazi-Studenten in Lynchjustiz mit dem Tode bedroht. Zunächst Mitglied der SPD in Leipzig, schloss er sich nach dem Papen-Staatsstreich gegen das Land Preußen der KPD an. Er, der später zu einem international bedeutenden Physiker und Atomwissenschaftler wurde, musste nach dem Reichstagsbrand untertauchen und flüchtete in Absprache mit der Partei 1933 nach Paris, nachdem er sich zunächst bei dem religiös-sozialistischen Pfarrer Arthur Rackwitz[77] in Berlin verstecken konnte. Mit Hilfe der Quäker gelang ihm die Weiterreise von Frankreich nach England, um sein Studium und seine Forschungen fortzusetzen, nur unterbrochen von einer einjährigen Internierung in Kanada im Jahre 1942.

Das Schicksal der Familie Fuchs veranlasste Johannes R. Becher nach dem Zweiten Weltkrieg wohl zu der Aussage, die Geschichte der Familie Fuchs würde Stoff für einen modernen Buddenbrook-Roman hergeben.

Emil Fuchs selbst wurde unmittelbar nach der Errichtung der Diktatur aus seinem Amt entlassen. Er erhielt Berufsverbot und kam in Berlin ins Gefängnis. Um seine Entlassung bemühten sich neben dem abgesetzten Oberpräsidenten von Frankfurt/Oder und religiösen Sozialisten Ernst von Harnack auch die führenden ausländischen Quäker, Joan Mary Fry (1863-1956) und Gilbert Macmaster, die ihn im Gefängnis aufsuchten. Das Urteil fiel vergleichsweise milde aus: Ein Monat Gefängnis wegen »Beleidigung der Staatsregierung«, abgegolten durch die Untersuchungshaft. Zunächst in Freienwalde, später in Britz, richtete sich Emil Fuchs unter bescheidenen Verhältnissen mit seinen verbliebenen Familienangehörigen ein. Seinen Lebensunterhalt bestritt er – zusammen mit seinem Sohn Gerhard und seiner Tochter Elisabeth sowie mit Gustav Kittowski – mit einem von der Familie eröffneten Autoverleihgeschäft. Neben der Schaffung von Arbeitsmöglichkeiten dienten die Fahrzeuge bis zur Emigration von Gerhard Fuchs (1934) und der Verhaftung von Gustav Kittowski (1936) auch dazu, politisch und rassistisch verfolgten Menschen zur Flucht zu verhelfen sowie für Kurierdienste zum Wiederaufbau der Roten Hilfe und der KPD. Ein Onkel von Gustav Kittowski wurde in diesem Zusammenhang verhaftet und 1936 zum Tode verurteilt.

Emil Fuchs, von Hausdurchsuchungen, Beschlagnahmen und Gestapo-Vernehmungen heimgesucht, kümmerte sich in all dieser Zeit in aufopferungsvoller Weise um seine verfolgten Familienangehörigen, insbesondere um seinen Enkelsohn, Klaus Fuchs-Kittowski (*1934). Nachdem dessen Vater 1936 geflohen und dessen Mutter gestorben war, wurde Harald Poelchau, der Gefängnisgeistliche von Tegel und Plötzensee, Schüler von Paul Tillich in Marburg und Frankfurt, der ca. 1200 Verfolgte zur Hinrichtungsstätte begleitete und Mitglied des Kreisauer Kreises war, zu seinem Vormund bestellt.[78] Aus seiner unmittelbaren Kenntnis des Lebens und Wirkens von Emil Fuchs – sie bewohnten jahrelang das gleiche Haus in Wedding und halfen gemeinsam verfolgten deutschen Staatsbürgern jüdischer Herkunft oder jüdischen Glaubens zur Flucht aus Nazi-Deutschland – bekannte Poelchau die »große Bedeutung«, die der »damalige geistige Führer der Quäker, der Theologe Emil Fuchs«, besaß, »der mit unerschütterlicher Gelassenheit ohne Verbitterung Gefängnis und Tod seiner Kinder und die eigene Verhaftung ertrug und uns bei den Andachten der Quäker im Hinweis auf die innere Stille bei Georg Fox und John Woolman die rechte Einstellung zu dieser Zeit gab«.[79]

Seine schriftstellerische Tätigkeit[80] setzte Emil Fuchs in ständigem Ringen mit der Reichsschrifttumskammer und der Gestapo fort. Davon zeugen ca. 50 Veröffentlichungen in der »Monatsschrift der deutschen Freunde«, der Quäker, denen er sich 1933 auch offiziell angeschlossen hatte. Außerdem versandte er bis März 1945 monatlich eine sechzehnseitige Auslegung des Neuen Testaments an ca. 200 Abonnenten, besonders aus dem Kreise der religiösen Sozialisten und Quäker. Als die Gestapo die Verbreitung dieser Druckerzeugnisse verbot, wurden die abgetippten Manuskripte vervielfältigt und – in verschiedene Briefkästen eingeworfen – illegal an die Empfänger versandt.

1943 zog sich Emil Fuchs nach zahlreichen Orts- und Wohnungswechseln und der Zerstörung der Wohnung in Berlin-Marienfelde durch Bombenangriffe mit seinem Enkel Klaus Fuchs-Kittowski nach Vorarlberg in das Montafontal zurück. Dort bestanden Möglichkeiten, mit Hilfe der österreichischen Widerstandsbewegung notfalls auch die nahe Schweizer Grenze zu erreichen und politisch und rassistisch Verfolgten zur Flucht zu verhelfen. In den letzten Kriegsjahren war Emil Fuchs ganz in seine schriftstellerische Tätigkeit[81], speziell mit der Auslegung des »Neuen Testaments« vertieft, unterbrochen von Hausdurchsuchungen und Vernehmungen, insbesondere nach dem 20. Juli 1944 und der Hinrichtung Ernst von Harnacks, seines Kontaktmannes zu den Verschwörern.

Nach der Rückkehr aus Österreich trat Emil Fuchs in Frankfurt/Main sogleich der hessischen SPD bei, scharte erneut religiöse Sozialisten um sich[82] und betätigte sich als Wahlkämpfer der SPD. Am 7. Juli 1946 kam es in Frankfurt zur Gründung des »Arbeitskreises für Christentum und Sozialismus«. Zwei Jahre später fand unter seiner Leitung der erste Kongress des »Bundes religiöser Sozialisten« in Kassel statt. 1948/49 hielt er in England und in den USA Gastvorlesungen, u.a. in Pendle Hill, einem Studienzentrum der US-amerikanischen Quäker in Pennsylvania. 1949 nahm er einen Ruf der Leipziger Universität an, bitter enttäuscht über die Haltung der SPD[83] und die verwirkten Chancen eines Neuanfangs. Otto Dibelius hatte sich zuvor einer Berufung an die Humboldt-Universität in Berlin erfolgreich widersetzt. In Leipzig wirkte er als Professor für systematische Theologie und Religionssoziologie. Politisch betätigte Fuchs sich mit seinem Freund Ernst Bloch sogleich in der Arbeit für den »Kulturbund«. Die DDR wurde ihm zur neuen Heimat, während er in der BRD durch eine Erklärung des Bundesvorsitzenden Heinrich Schleich aus der Mitgliederliste des »Bundes der religiösen Sozialisten« gestrichen wurde.[84] Er leitete bis zu seiner Emeritierung im Jahre 1958 das Religionssoziologische Institut. 1954 ernannte ihn die CDU in der DDR anlässlich seines 80. Geburtstages zu ihrem »Ehrenmitglied«. Gemeinsam mit den Quäkern setzte er sich erfolgreich dafür ein, dass es in der Volksarmee der DDR die Bausoldaten gab, die keinen Dienst an der Waffe zu leisten hatten. Ab 1950 gehörte Emil Fuchs dem Friedensrat der DDR und dessen Präsidium an. Befreundet mit dem in Leipzig lehrenden Philosophen und Autor einer Thomas-Münzer-Biografie[85], Ernst Bloch, übernahm Fuchs vielfältige Aufgaben und Verpflichtungen als Intellektueller. In Halle gab er ab 1955 die protestantische Monatsschrift »Glaube und Gewissen« heraus. 1958 wurde er Mitbegründer der Christlichen Friedenskonferenz in Prag, wo er im Jahr darauf den Titel eines Ehrendoktors verliehen bekam. Seine öffentliche Anerkennung spiegelte sich in zahlreichen Ehrungen. Unter anderem nahm er 1953 die »Deutsche Friedensmedaille« und 1954 den »Vaterländischen Verdienstorden der DDR« in Silber an. 1964 erhielt er anlässlich seines 90. Geburtstages die Auszeichnung »Banner der Arbeit« und zugleich die Ehrendoktorwürde der Humboldt-Universität Berlin. 1969 wurde ihm der »Stern der Völkerfreundschaft« verliehen. Er starb am 13. Februar 1971 im Alter von fast 97 Jahren in Berlin. Die Trauerpredigt hielt auf seinen Wunsch sein Nachfolger im Amt des Landesvorsitzenden der religiösen Sozialisten Thüringens, der Domprediger i. R. Karl Kleinschmidt.[86] Auf dem Grabstein seiner Kinder Elisabeth und Gerhard, die zusammen mit ihrem Vater auf dem Ehrenfriedhof Friedrichsfelde beerdigt sind, steht, was sein Sohn Klaus ihm 1938 anlässlich des Todes von Elisabeth geschrieben hatte: »Wir haben uns den Weg nicht so schwer gedacht. Wenn wir ihn aber noch einmal zu wählen hätten, würden wir ihn doch wieder wählen. Wir können ja nicht anders!«

Die Wochenberichte – ein außergewöhnliches Zeitdokument

Die Wochenberichte spiegeln den heißen Atem der Geschichte jenes Zeitabschnittes in detailreicher Deutlichkeit und erstaunlichem Umfang wider. Vergleichbaren Leitartikeln und Kolumnen anderer Zeitungen jener Jahre dürften sie weit überlegen sein. Wie wenig die Berichterstattung über aktuelle Ereignisse in der Weimarer Republik objektiv oder gar zu Gunsten der linken Parteien erfolgte, sondern durch Auswahl und Sprache sowie auch durch gezielte Falschmeldungen die Nationalkonservativen und die Nationalsozialisten begünstigte, weist neuerdings Klaus Warnecke nach.[87] Zudem richtete sich ihr Blick stets auf das, was sich außerhalb der Grenzen Deutschlands und des europäischen Kontinents vollzog. Borniertem Germanozentrismus und nationalistischer Beschränktheit erwiesen sie Woche für Woche eine unverkennbare Absage. Der Leser der Berichte und Interpretationen ist beeindruckt von der analytisch-dialektischen Sichtweise einerseits und der theoretischen Fähigkeit zur Durchdringung des umfangreichen Materials andererseits. Im Rückblick wäre gerade ihre nüchterne, von Realismus und hoher Menschlichkeit getragene Klarsicht all jenen zu wünschen gewesen, die, an verantwortlicher Stelle stehend, allzu häufig parteipolitische Egoismen walten ließen und so dem Absturz ins Dritte Reich zu geringen Widerstand entgegen zu setzen vermochten. Die Verfasser der »Wochenberichte« blickten sehenden Auges in den sich mehr und mehr öffnenden Abgrund.

Beeindruckend erscheint ferner die Vielfalt des Erlebens und Begreifens von überbordendem Tagesgeschehen als einer zur Geschichte geronnenen Gegenwart. Trotz aller Begrenztheiten, die den allgemeinen Voraussetzungen politischer Zeitdiagnose geschuldet waren, helfen die vorliegenden Berichte, zusätzliches Licht in verworren scheinende Vorgänge und Verhaltensweisen der Akteure in Wirtschaft, Politik, Diplomatie, Parteien und Gewerkschaften zu bringen. Ihnen können wertvolle Antworten entnommen werden, die – der gesamten deutschen Arbeiterbewegung verbundene – Sozialisten auf Probleme ihrer Zeit gaben. Ein hohes Maß an Konkretheit und Lebendigkeit spricht aus allen Berichten, ebenso das solide, jedoch keineswegs starr oder gar dogmatisch genutzte theoretische Fundament. Immer und immer wieder schienen sie die Leser fragen und mit ihnen eine Art Dialog führen zu wollen, der Nachdenklichkeit zugleich voraussetzt und befördert. Interessante und aufschlussreiche Details lassen sich den Berichten entnehmen; und gerade diese Ausschnitte erhalten allzu häufig in geschichtswissenschaftlichen Analysen eine untergeordnete Position zugewiesen, auch in jenen, die von Historikern geschrieben werden, die vorgeben, sich ausdrücklich der Geschichte des Alltages zuwenden zu wollen.

Den Texten kann auf dem Hintergrund der tiefen Krise des Kapitalismus sowohl Bewunderung und Hoffnung für die wirtschaftliche und gesellschaftliche Entwicklung in der UdSSR als auch kritische Distanz zu feststellbaren Fehlentwicklungen des sozialistischen Staates entnommen werden. Die in jener Zeit vor sich gehenden Tendenzen der dogmatischen Unfehlbarkeit des »Marxismus-Leninismus«, der beginnenden Alleinherrschaft Stalins, die äußerst gewaltsame Form der Zwangskollektivierung, die Vernichtung der innerparteilichen Demokratie und die extrem gewaltsame Manipulierung der Gesellschaft durch die sich »monolithisch« verstehende Partei konnte indessen nur ansatzweise erkannt werden.[88] Sie nahmen Partei für die Gesellschaftsordnung bzw. den Staat, der den katastrophenträchtigen Kapitalismus revolutionär überwunden hatte und dabei war, neue gesellschaftliche Verhältnisse zu entwickeln. Als Ausdruck ihres Widerwillens gegen den Kapitalismus und Angst vor der hereinbrechenden Barbarei des Faschismus sowie ihrer Hoffnung auf Sowjetrussland kann verstanden werden, was Emil Fuchs am 18. November 1931 an Eckert schrieb: »Wenn bei uns Hitler zur Herrschaft kommt, so müssen wir Füchse wohl alle unsere Zuflucht in Russland suchen, wenn wir lebend davon kommen wollen.«[89] Insofern waren beide Erben der Französischen Revolution von 1789, der Revolutionen von 1917 in Russland und der deutschen Novemberrevolution des Jahres 1918.[90]

Unterschiedliche Temperamente und Lebensalter traten bei den beiden Verfassern dabei durchaus hervor. Während der jüngere ungeduldig gelegentlich zu mehrfachen Ausrufungs- und Fragezeichen zur Unterstreichung seiner Aussagen griff, kam der ältere zunächst mit Ironie aus, die jedoch seine kritische Distanz zum berichteten Geschehen nicht weniger deutlich auszudrücken vermochte. Aus zahlreichen Formulierungen klingt indessen auch Bitterkeit. Sarkastisch, doch nie überheblich oder verletzend nahmen Eckert und Fuchs zur Kenntnis, wie blind Politiker, Parteien und große Teile der Deutschen ins Unglück marschierten. So reflektieren die Wochenberichte, dass es fast bis in die Endzeit der Republik Möglichkeiten gab, der Entwicklung eine andere Richtung zu verleihen. Sie lassen aber vor allem erkennen, dass sich bietende antifaschistische Chancen zu wenig wahrgenommen, nicht genutzt, unbewusst ausgelassen oder gar wissentlich verspielt worden sind.

Ganz im Sinne des Wortes »berichten« scheinen die Texte abgefasst worden zu sein. Sie sind in einer knappen, um höchste Sachlichkeit bemühten Sprache verfasst, ohne die eigene emotionale Erregung oder Empörung zu verdecken. Die Autoren bemühten sich in der Regel, Tatsachen für sich sprechen zu lassen und hielten sich mit vordergründigen Wertungen tunlich zurück. Dass dies sie dennoch nicht davon abhielt, »Klartext« zu schreiben, wenn es sich anbot und es ihnen für ihr Ringen um den Schutz der Weimarer Republik erforderlich schien, ist leicht zu erkennen.

Diesen Grundsätzen folgten auch die Herausgeber in ihren editorischen Bemühungen um die Texte. In diese wurden keinerlei Eingriffe vorgenommen, grammatische und orthographische Fehler allerdings getilgt und die falsche Schreibweise einiger Namen korrigiert. Die Fußnoten bieten ausschließlich ergänzende Fakten und erläuternde Hinweise auf solche Ereignisse und Zusammenhänge, deren Kenntnis die Autoren bei ihren Zeitgenossen voraussetzten und daher nicht im Einzelnen benannten.

Dem Leser wird auffallen, dass Eckert und Fuchs manches Ereignis nicht behandelt haben, dessen Geschichtsträchtigkeit wir heute kennen. Lücken ergaben sich, als Eckert – vollauf mit der Abwehr der Drangsalierungen und politischen, administrativen und juristischen Verfolgungen durch die Badische Kirchenleitung in Atem gehalten – die Berichterstattung vom 22. Februar bis 12. April 1931 unterbrechen musste. Eine weitere Pause stellte sich von Mitte August bis Mitte November 1931 ein, als Eckert sich durch einen Beschluss des Bundesvorstandes genötigt sah, seine wöchentlichen Analysen zu beenden. Emil Fuchs nahm erst am 1. November 1931 die Berichterstattung wieder auf. Im Nachhinein und wieder unter dem Druck der Aktualität gab es kaum Rückschau auf große Begebenheiten wie die Tagung der Harzburger Front, die kennzeichnend für die von Verbundenheit und Konkurrenz getragene Partnerschaft der deutschen Konservativen mit den Nationalsozialisten war, oder auf das Hoover-Moratorium, das de facto die deutschen Reparationsverpflichtungen beendete. Ferner blieb auch der Auftritt Hitlers im Düsseldorfer Industrieklub von Anfang 1932 unerwähnt. Die brutale Mordtat von Potempa und Hitlers sich mit den Mördern verbrüderndes Telegramm erschließen sich nur aus Andeutungen. Unterbelichtet erscheinen wesentliche Vorgänge in einzelnen deutschen Ländern, beispielsweise Thüringens, in dem nationalkonservative Kreise erstmalig – von Januar 1930 bis März 1931 – eine Regierungsbeteiligung der NSDAP »erprobten« und wo bereits im August 1932 eine gleichsam vorgezogene »Machtergreifung« stattfand.[91]

Zwar sind solche Lücken bedauerlich, für den Wert der Berichte scheinen sie bedeutungslos zu sein, denn in Deutschland trat ein, wovor ihre Verfasser zu warnen, nicht müde geworden waren: Auf Weimar folgte ein terroristisches Herrschaftssystem, das die Unzulänglichkeiten von parlamentarischer Demokratie und Parteienstaatlichkeit verblassen ließ. Nun wurde vieles zu grauenvoller Wirklichkeit, was Eckert und Fuchs warnend bereits dargestellt hatten. Sie selbst gerieten wie alle Antifaschisten unter das Verdammungsurteil der neuen Regierung, die rückblickend erklären ließ: »[...] niemals gab es ein kleineres und kläglicheres Geschlecht von Verrätern als das von 1918.«[92] Der ebenso pauschal wie apodiktisch klingende Schuldspruch half nun eine Inquisitionsmaschinerie zu installieren, welche mit allen Gegnern der NSDAP barbarisch abzurechnen begann – begeifert als marxistisch-jüdische »Novemberverbrecher«, als »rote« Gewalttäter und Terroristen, als »Ungeziefer«, das es nicht anders verdiene, als ausgerottet zu werden.

Seither besagt eine Erfahrung: Wer damals das Potential der Rechtesten unter den Rechten zu nutzen versucht hatte, half es entscheidend zu fördern. Man denke an den bayerischen Generalstaatskommissar Gustav Ritter von Kahr, der den Putsch der nationalsozialistischen Bewegung vorbereiten half und gleich dem Zauberlehrling die Geister nicht wieder los wurde, als sie ihm überflüssig erschienen. Man denke an das Münchener Volksgericht, das den Putschisten Hitler mit einem Urteil bedachte, in dem auch bei bestem Willen keine Strafe zu erkennen war. Man erinnere sich an die von den Deutschnationalen eingefädelte Kooperation mit der gerade von lediglich 2,6 Prozent der Stimmen in den Reichstag gewählten NSDAP gegen den Young-Plan, zu deren Ergebnissen Hof- und Salonfähigkeit der deutschen Faschisten gehörte. Man denke schließlich an das Konzept, das unter den Stichworten »Einrahmung« und »Zähmung« in die Geschichte rechtskonservativ- »nationalsozialistischer« Bündnispolitik einging.

Insbesondere diese Duldung und Unterstützung chauvinistischer und rassistischer Forderungen, der Versuch, sie zu legalisieren und – je nach Möglichkeit und Erfordernis – für eigene Zwecke zu instrumentalisieren, erhoben den sich braun färbenden Rand der Gesellschaft in den Rang von Normalität. Ihre Träger machten die tagespolitische Einträglichkeit zum obersten politischem Prinzip und ließen schließlich die vielgerühmte »Mitte« der Gesellschaft zum opferwilligen Spielball selbstzerstörerischer Absagen an jegliche Form von Demokratie werden. Wer seine Gegner hauptsächlich unter den deutschen Linken, unter Antifaschisten aller Richtungen sah, stärkte den Rechten den Rücken. Er erleichterte so die schrittweise Hinwendung nach rechts und lieferte zugleich Munition für die zahllosen Argumente, mit denen Gefahren kleingeredet und unterschätzt wurden. Wer den Demagogen einer »rassereinen deutschen Volksgemeinschaft« nach dem Munde redete, besorgte auch deren antidemokratischen Geschäfte.

Fundgruben christlicher und marxistischer Urteilskraft

Solches bereits vor 1933 erkannt, gewusst und eigenem Verhalten zugrunde gelegt zu haben, zeichnet beide Verfasser der »Wochenberichte« aus. Doch bleibt zu fragen, aus welchem Fundus und aus welchen Quellen sich ihre Fähigkeiten speisten, so treffsichere Zeitzeugenschaft ablegen zu können. In dieser Hinsicht sehen die Herausgeber im wesentlichen zunächst zwei miteinander verknüpfte Ursachenkomplexe.

Zunächst sei ihre Verwurzelung im christlichen Glauben benannt. Ohne der spezifischen und historisch bedingten Prägung ihres Christentums im Einzelnen nachzugehen, lässt sich vor allem feststellen, dass beide die Jahre nach Weltkrieg und Revolution als Zeit einer Befreiung aus den Fesseln strikter Verflochtenheit von Kirche und Staat empfanden. Unter den Bedingungen der damaligen Zeit begriffen sie, dass deren Problemen mit überlieferten Glaubenshaltungen gerecht zu werden nicht möglich war. Angesichts des Kriegselends und der Nachkriegszeit verschlossen sie ihre Augen nicht vor den Einsichten in das Wesen ihres geschichtlich-gesellschaftlichen Seins. Sie bemühten immer weniger überkommene theologische Kategorien, wo inzwischen erkennbare Ursachen und Entwicklungstendenzen der Gesellschaft aufgedeckt waren.

Zwischen ihrem Glauben und dem von ihnen erkannten Klasseninteresse suchten sie eine Brücke zu finden, die politisches Handeln im Interesse der Arbeiterklasse ermöglichte und sie zugleich von den bürgerlichen Entstellungen ihres Glaubens befreite. Das Ergebnis benannte Wolfgang Abendroth als »Vermittlungsvorstellungen«, ohne die wirkliche Geschichte nicht auskommen könne und die »zu klarerem Bewusstsein über ihre eigene Lage und die Vertretung ihrer Interessen« drängen würden.«[93]

Ohne Zweifel gehörten Eckert und Fuchs der »linken Richtung« im Bund der religiösen Sozialisten an. Ihre Bezeichnung als »christliche Demokraten« – so wünschenswert es wäre, wenn es mehr davon gegeben hätte – ist der Sache nach anfechtbar. Während Abendroth Eckert und Fuchs als »Sozialisten« bezeichnete, wurden sie in der DDR fälschlicherweise »als mit der Arbeiterklasse verbündete christliche Demokraten« interpretiert. In der 1968 in der DDR erschienenen achtbändigen »Geschichte der deutschen Arbeiterbewegung« kommen Erwin Eckert und Emil Fuchs in den Kapiteln VIII und IX (1924-1933) überhaupt nicht vor. Der Vorsitzende des Autorenkollektivs Walter Ulbricht hatte als Mitglied des ZK der KPD bei Eckerts Übertritt 1931 an den Gesprächen des ZK mit Eckert teilgenommen und laut »Roter Fahne« als

Mitglied des Reichstages Eckert nach dessen Rückkehr von der auf Einladung des »Bundes der Freunde der Sowjetunion« durchgeführten sechswöchigen Delegation in der Neuköllner »Neuen Welt« am 20. November 1931 begrüßt.[94]

In Übereinstimmung mit Abendroth, jedoch im Widerspruch zu der in der DDR aufgenötigten Kennzeichnung der religiösen *Sozialisten* als bloße »christliche *Demokraten*«, definiert Herbert Trebs die »linke« Position von Eckert und Fuchs zutreffend so: »1. Die ›Linken‹ sahen ihren Platz im Klassenkampf an der Seite der Arbeiterklasse [...], 2. Die ›Linken‹ hielten am sozialistischen Endziel der Vergesellschaftung der Produktionsmittel fest. [...] 3. Die ›Linken‹ anerkannten die Begriffe Klasse und des Klassenkampfes. Sie vertraten eine Abgrenzung gegenüber den bürgerlichen Parteien und Offenheit gegenüber den Kommunisten. [...] Die »Linken« gelangten zur Bejahung der Einheitsfront unter antifaschistischen Vorzeichen [...]. 4. Die ›Linken‹ setzten sich für eine an den Zielen und Interessen des Proletariats ausgerichtete selbständige Klassenpolitik der ›gemeinsam handelnden‹ Arbeiterparteien ein und widersetzten sich [mehr oder weniger d. Hrsg.] der Unterordnung der SPD unter die bürgerliche Politik [...]«.[95]

Gleichsam programmatisch hatte Eckert 1926 bei der Gründung des Bundes in Meersburg seine Eröffnungspredigt unter das Bibelwort gestellt: »Ich bin gekommen, ein Feuer anzuzünden auf Erden, was wollte ich lieber, denn es brennete schon!«[96] An Thomas Münzer anknüpfend trennte er sich so vom antirevolutionären Affekt, der schon Luther von den Bauern des Bauernkrieges geschieden hatte. Akkomodation von Kirche und Gesellschaft kam für sie nicht in Frage. Nicht ihr Glaube änderte sich, wohl aber die Einsicht in gesellschaftliche und politische Verhältnisse, aus der sie Konsequenzen zogen. Ohne Aufgabe ihres Glaubens war ihre Ausrichtung vernunft- und menschenfreundlich, aufklärerisch und geschichtsbewusst. Vernunft, das bedeutete Kritik, auch und zu aller erst an ihrer eigenen Kirche. Aufklärung, das bedeutete die Tatsachen des gesellschaftlichen Lebens wahrzunehmen und sie als Waffe der Kritik gegen herrschende Ideologien und Mythen in Gesellschaft und Kirche ins Feld zu führen. Sie verstanden, dass sie eingreifen mussten in den Prozess der Geschichte, um nicht abermals wie Millionen anderer Menschen innerhalb und außerhalb Deutschlands zu ihren Opfern zu werden.

Dies war es, was die religiösen Sozialisten Eckert und Fuchs – trotz aller unterschiedlichen theologischen Herkunft und Ausprägung – miteinander verband. Eine einheitliche systematische Theologie der religiösen Sozialisten gab es nicht und wurde auch gar nicht erst angestrebt. Erkenntnis der Wirklichkeit, eingreifendes, solidarisches Handeln wird bei all ihren widersprüchlichen Prozessen der Loslösung von hergebrachten Denkweisen und der Annäherung an wissenschaftliches Denken und bei allen Fehlern im Einzelnen zur neuen und entscheidenden Sinngebung ihres Lebens. Was sie über Bord warfen, war nicht die Verkündigung des Evangeliums, sondern die Verfälschungen, denen Kirche und Theologie in der Geschichte unterworfen gewesen waren. Einem reformatorisch-theologischen Alleinvertretungsanspruch, der religiöse Sozialisten theologisch als Häretiker und politisch pauschal als Revisionisten zu diskriminieren suchte, traten sie mit Recht entgegen.

Kirche galt beiden nicht als Selbstzweck, sondern wurde zunächst »als Instrument des heilbringenden göttlichen Veränderungswillens«[97] angesehen, bevor auch ihnen klar wurde, dass es unmöglich ist, die Institution der Kirche zu einem Instrument des proletarischen Klassenkampfes zu machen. Die Bewegung sei gescheitert, so Fuchs nach dem Zweiten Weltkrieg, und er müsse zugeben, »dass sie scheitern musste. Die führenden Persönlichkeiten – darunter ich selbst – haben weder die gesellschaftliche Befangenheit der Kirchen in ihrer ganzen Mächtigkeit erfasst, noch auch die allgemeinen gesellschaftlichen und politischen Notwendigkeiten mit der Klarheit gesehen, wie sie uns materialistische Geschichtsbetrachtung erschließt.«[98]

Auf die Frage des Vorsitzenden des ersten Kirchlichen Dienststrafgerichtes gegen Eckert, der 1929 den religiösen Sozialisten unterstellte, sie wollten die Kirchen im sozialistischen Sinne umfunktionieren, antwortete Eckert denn auch überlegt: »Es fällt dem Bund oder dem einzelnen (religiösen Sozialisten) gar nicht ein, von der Kirche zu verlangen, dass sie sich sozialistisch gebärdet oder sozialistisch kämpft.«[99] Und auf Nachfrage bekräftigte Eckert, dass die Kirche sich nur darauf beschränken solle, das Evangelium zu verkünden.

Beider Interesse galt weder dem Versuch, eine neue »Theologie« zu entwickeln, noch dem Bemühen um eine religiöse, theologische Begründung des Sozialismus. Im Gegenteil: Marxismus und die in den gesellschaftlichen Auseinandersetzungen praktisch gewonnenen Erfahrungen dienten eher dazu, die Botschaft des Evangeliums neu zu entdecken und zu verkünden. 1929 erläuterte Eckert diesen Sachverhalt in der »Zeitschrift für Religion und Sozialismus«, dem theoretischen Organ des Bundes: »Es gibt ebenso wenig einen ›religiösen Sozialismus‹ als es einen ›religiösen Feudalismus‹ und einen ›religiösen Kapitalismus‹ gibt. [...] Nichts liegt den religiösen Sozialisten ferner als ein religiöser Revisionismus der sozialistischen Bewegung, als ein religiös-sozialistischer Reformismus der klassenbewussten Arbeiterbewegung. [...] Die Feststellung wird die kirchlichen Kreise enttäuschen, die irgendwie doch hofften, dass die sozialistische Bewegung [...] von ihrer klassenkämpferischen Orientierung losgelöst, zu einer Angelegenheit nur des sittlichen Bewusstseins, zu einer Angelegenheit des ›reinen Menschentums‹ werden soll.«[100]

Zugleich wollte Eckert als Christ nicht darauf verzichten, Marxist zu sein. 1930 stellte er die Frage »Sind wir Marxisten?«[101] Für ihn und viele unter den religiösen Sozialisten sei es ein »nur schwer erträglicher Zustand«, »einer politischen Partei anzugehören«, die »marxistisch« ist, in der sie aber nur »geduldet« seien, weil man sie »als Christen nicht voll nimmt«. Er könne einer politischen Bewegung »praktisch nur dienen«, wenn er »auch der *Theorie* zustimmen« könne, »aus der ihre Praxis erwächst.« Er könne nur dann mit den Parteigenossen zusammenarbeiten, »wenn ihre Grundeinstellung zu den Fragen des politischen Kampfes auch die meine ist. Diese Grundeinstellung aber ist »marxistisch«, d.h. sie geht auf die Erkenntnisse von Karl Marx zurück. Eckert schloss sich jener Definition an, wonach der Marxismus »als eine gewisse Methode zur Untersuchung der kapitalistischen Gesellschaft und der Gesellschaft überhaupt« zu betrachten sei. Es sei nur zu verständlich, wenn Marx »die praktische Haltung der soziologisch feudal gebundenen Kirche [...] als durch und durch reaktionär« erlebt habe, »wenn er in dem von ihr verwalteten Gut, der Religion, eine reaktionäre Kraft« gesehen habe. Bei aller Sympathie für den Aufbau des Sozialismus in der Sowjetunion wandte er sich gegen »Vergröberung marxistischer Systematik zum Dogma und Zauberwort durch einen Teil der bolschewistischen Theoretiker«. Entgegen den Versuchen der bürgerlich-liberalen Philosophen jeden Kalibers, den schon seit 50 Jahren fortlaufend getöteten Marxismus in Frage zu stellen, hielt Ekkert an der Art der systematischen Betrachtung und der Analyse der Gegenwart, die sich »der marxistischen *Methodik*« bedient, unbeirrt fest. Wer Marxist ist, bestimmte Eckert an zwei Kriterien: »Man kann sich dann mit gutem Gewissen sehr wohl ›Marxist‹ nennen, wenn man nicht von einem vorher konzipierten System irgend einer zukünftigen sozialistischen Ordnung (sozialistische Utopie) aus an die Gegenwart Forderungen stellt, sondern aus der dialektischen Entwicklungsgesetzlichkeit auch der heutigen Wirtschaft den Weg zu ihrer Überwindung und zur Verwirklichung der sozialistischen Ordnung zu zeigen bestrebt ist.«

Das zweite wesentliche Merkmal »marxistischer« Einstellung sah Eckert darin, »dass man nicht von irgend einem Wunder oder gar der sittlichen Gesinnung und Einsicht der herrschenden Schichten die Neugestaltung des wirtschaftlichen, gesellschaftlichen und kulturellen Lebens erwartet, sondern von dem entschlossenen physischen und geistigen Kampf der Arbeiterklasse, an dem man selbst beteiligt ist. ›Die Befreiung der Arbeiterklasse kann nur das Werk der Arbeiterklasse selbst sein.‹« Die religiösen Sozialisten, »die bekanntlich in der kämpferischen Front des Proletariats stehen«, seien in diesem letzten Sinne durchaus Marxisten.

Kurz: Eckerts Marxismusverständnis entsprach der auch von Wolfgang Abendroth bevorzugten Definition von Franz Mehring, wonach der Marxismus »kein unfehlbares Dogma«, »sondern eine wissenschaftliche Methode« sei. »Er ist nicht die Theorie eines Individuums, der ein anderes Individuum eine andere und höhere Theorie entgegenstellen könnte; er ist vielmehr der proletarische Klassenkampf in Gedanken gefasst; er ist aus den Dingen selbst, aus der historischen Entwicklung emporgewachsen und wandelt sich mit ihnen; deshalb ist er so wenig ein leerer Trug wie eine ewige Wahrheit. Dem entspricht es durchaus, dass es gerade die ›orthodoxen‹ Marxisten gewesen sind, welche die wissenschaftlichen Resultate, die einst von Marx und Engels gewonnen worden sind, nach der wissenschaftlichen Methode dieser Männer zu revidieren verstanden haben.«[102]

Wie Eckert z. B. mit der Herausforderung umging, den ursprünglichen Sinn der Religion gegen seine herrschende Auslegung zu stellen, zeigt auch, was er 1927 in seiner Programmschrift bei der Interpretation des »Vater unser« unter Punkt 6 formulierte: »Die christlichen Kirchen vergeistlichen alle klaren Gebote Jesu Christi, sie projizieren das Reich Gottes in das Übersinnliche, die leidende Masse vertrösten sie, ach wie so oft, auf das Jenseits. Als unser Führer Jesus Christus betete: ›Dein Reich komme, dein Wille geschehe, auf Erden wie im Himmel, unser tägliches Brot gib uns heute‹, da wollte er, dass der Wille Gottes, der den Menschen schon in ihrem Gewissen bezeugt ist, auf dieser Erde verwirklicht werde, wollte er sagen, dass Gott wirklich für alle Brot geben kann und gegeben hat, dass alle Menschen zu leben haben können und sollen.«[103]

Wird an diese ursprüngliche Bestimmung des Glaubens die Praxis als Kriterium der Wahrheit (»An den Früchten sollt Ihr sie erkennen«) angelegt, so waren religiöse Sozialisten, sofern sie zu den Antifaschisten der ersten Stunde zählten, trotz aller Zwiespältigkeit und Aporien ihren zeitgenössischen theologischen Kontrahenten politisch haushoch überlegen, einschließlich der erst entstehenden und sich erst unter den Bedingungen des »Kirchenkampfes« als Widerstandspotential bewährenden Theologie Karl Barths. Gerade in der Krise der Jahre 1930-1933 hatte sich die »Identifikation der protestantischen Kirchenführungen, gleichgültig, ob sie nun theologisch liberal oder orthodox, pietistisch oder (wenn auch nur selten) durch die dialektische Theologie beeinflusst waren, mit ihrer reaktionären monarchistisch-obrigkeitsstaatlichen Tradition wieder verstärkt.«[104] Wie schon bei ihrer Haltung *gegen* die Volksentscheid-Kampagne über die Fürstenenteignung 1926, bei der Eckert und Fuchs auf der anderen Seite der Barrikade standen, wandten sich die protestantischen Landeskirchen nun noch entschiedener gegen Sozialismus und Demokratie. Anderseits wuchs die Achtung marxistischer Widerstandskämpfer vor den »religiösen Sozialisten, »zumal die noch immer politisch im Schlepptau der rechtsbürgerlichen Parteien marschierende Mehrheit der Pfarrer [und Kirchenleitungen, d. Hrsg.] den Einbruch der nationalsozialistischen ›Deutschen Christen‹ schon vor dem 30. Januar 1933 entweder gelassen hinnahm oder begrüßte«.[105]

In kritischen Augenblicken der Geschichte, im Entscheidungsjahr 1933, erwies sich, was von »religiösen Sozialisten« theologisch, innerkirchlich und politisch zu halten war. Im Gegensatz zur »Mehrheit derjenigen Pfarrer, die bis dahin zwar nationalistisch und reaktionär, aber keineswegs terroristisch-faschistisch gedacht hatten« und die sich in die allgemeine Flut der Begeisterung *aller bürgerlichen Schichten für Hitler* und die neue »deutsche Volksgemeinschaft« einreihten, dafür auch gewisse «Ungerechtigkeiten« hinnehmen sollte, wie das Dibelius in Potsdam empfohlen hatte[106], waren sie trotz aller mehrheitlichen Unterwerfung unter die Stillhaltepolitik der SPD-Parteiführung die einzige, relativ geschlossene Personengruppe im deutschen Protestantismus, die vor 1933 die Zeichen der Zeit – vor allem innerhalb der Kirche – verstand und ab 1933 zahlreiche antinazistische Täter und Opfer hervorbrachte.[107] »Unter den wenigen evangelischen Theologen, die bereits unmittelbar nach der sog. Machtergreifung Hitlers und vor Beginn des Kirchenkampfes wegen ihrer antifaschistischen Haltung verhaftet, amtsenthoben oder diszipliniert wurden, war die Zahl religiöser Sozialisten besonders groß.«[108] Sie verdankten ihre Klarsicht auch einer Standfestigkeit, einem Mut und einer charakterlichen Treue, die auch auf ihrem christlichen Glauben beruhte.

Damit wären wir bei einer weiteren Quelle des historischen und politischen Urteilsvermögens von Eckert und Fuchs, bei ihrer Marxismusrezeption, die – nach dem Urteil Wolfgang Abendroths – als Ausdruck der Annäherung kleinerer religiös-sozialistischer Gruppen an »marxistische Forderungen in politisch-sozialen Fragen« zu verstehen ist. Für sie sei nach dem Wegfall der »Thron- und Altar«-Ideologie die Aneignung jener Methoden zur Analyse sozialer Probleme und der Ziele sozialer Bewegungen, wie sie Marx und Engels entwickelt hatten, »lebendigstes Problem einer neuen Fragestellung«[109] geworden. Sie verstanden das Verhaftetsein von Marx und Engels an atheistisches philosophisches Denken als ein philosophiegeschichtliches Problem und vor allem als Folge einer konkreten geschichtlichen Situation, in der sich der monarchische Obrigkeitsstaat und die christlichen Kirchen im Grunde als unauflösliche Einheit verstanden. »Die Überprüfung der Klassenlage der Arbeitnehmer und die Einsicht in die Notwendigkeit proletarischen Klassenkampfes und seiner sozialistischen Ziele schien aber dieser neuen Generation religiöser Sozialisten durchaus mit christlichem Glauben vereinbar (wenn nicht sogar durch ihn gefordert) zu sein.«[110] Im Ergebnis hätten sie politisch der marxistischen Linken der SPD viel näher gestanden als der Passivitätspolitik und Staatstreue-Ideologie des Parteivorstandes. Das sei »schon deshalb leicht verständlich, weil diese Pfarrer ja gerade dadurch zu *Sozialisten* geworden waren, dass sie erkannt hatten, dass die unkritische

Identifizierung von Kirche und (jeweiligem) Staat sich nicht durch den Christusglauben rechtfertigen lässt und dass der Christ durch seinen Glauben nicht zur Anpassung an die Welt, sondern zur kritischen Auseinandersetzung mit ihr berufen ist.«[111]

Die Annäherung von Fuchs und Eckert an die politische Theorie des Marxismus vollzog sich gleichwohl durchaus alters- und erfahrungsbedingt unterschiedlich und ungleichzeitig: In der Zeit, in der sie an ihren »Berichten« arbeiteten, verstanden sich jedoch beide als Sozialisten, die mehr oder weniger ungeduldig eine revolutionäre Beendigung des Kapitalismus anstrebten. Eine Gleichsetzung ihrer Denkweisen verbietet sich jedoch.

Von großen Teilen der SPD einerseits und von bestimmten Dogmatismen innerhalb der KPD hob sie positiv ab, dass sie das Absinken der einst so lebendigen und fruchtbaren marxistischen Lehre zu einer bloßen Integrationsideologie und fast in eine jeweils instrumental zu verwendende Verhüllungsterminologie kritisierten.

Beide Verfasser legten in den Wochenberichten ihre Zeitzeugenschaft aus unmittelbarem Erleben und dialektisch-begrifflicher Verarbeitung ab. Einerseits sahen sie die Welt als eine Vielheit von Einzelheiten, wobei sich in den dargestellten Details – bei Eckert unter der Rubrik »Tatsachen der Woche«, bei Fuchs als »Augenblicksbilder« – das Allgemeine widerspiegelte. Andererseits präsentierten sie die Wirklichkeit als Ganzes und in ihrer Totalität. Präzise beschrieben sie die Zerstörung der Vernunft und den ihnen aufhaltbar erscheinenden Verfall von proletarischem Klassenbewusstsein. Obwohl sie weder Fachphilosophen noch Geschichtswissenschaftler waren, gelang es ihnen, die Widersprüche der Gesellschaft en detail und in ihrer Allgemeinheit zu erfassen. Hinter ihrer Solidarität mit den Unterdrückten und Notleidenden – ein wesentliches Moment ihrer politischen Willensbildung – wuchsen Einsichten in die Strukturen des Geschichtsprozesses.

Zwischen allen Stühlen

Als weiteres Moment der Urteilsfähigkeit und -stärke von Eckert und Fuchs ist ihre Verankerung beider in einer »Zwischenorganisation« der Arbeiterbewegung anzuführen. Zwar gehörte die große Mehrheit des »Bundes der Religiösen Sozialisten Deutschlands« der Sozialdemokratie an, doch sie erwies sich stets und grundsätzlich als offen für Sozialdemokraten *und* Kommunisten, auch wenn die KPD die Mitgliedschaft im Bund untersagte und sich feindlich gegen ihn verhielt, wie aus undifferenzierten und maßlosen Angriffen der KPD gegen die religiösen Sozialisten hervorgeht, deren Bemühen Peter Maslowski, der in der KPD für Kirchen- und Freidenkerpolitik zuständig war, vergleichsweise zurückhaltend als »ganz gewöhnliche Zutreiberdienste für die Religion« zu charakterisieren versuchte. Nach seiner Auffassung würden die religiösen Sozialisten »systematisch die von der Religion sich fortentwickelnden Arbeiter wieder in die religiöse Verdummung zurück« jagen wollen.[112] Solchem Denken widersprach Wolfgang Abendroth – 1926 aus der Kirche wegen ihrer Parteinahme für die Fürsten ausgetreten und aktives Mitglied des kommunistischen Jugend- und Freidenkerverbandes – und kennzeichnete seine Verfechter als »Pfaffen des Atheismus«. Religion sei keineswegs nur »Opium des Volkes«, ein Mittel, die unterdrückte Klasse an die Herrenschicht zu binden: »Die Religion in den Händen der Herrenschicht ist ein Machtmittel der Reaktion, aber in den Händen der unterdrückten Klasse wird sie zum Hebel der Revolution«.[113] Als Funktionsträger einer Freidenkerorganisation beschäftigte sich Abendroth im Gegensatz zur großen Mehrheit seiner Genossen ernsthaft – u.a. auch durch Besuch der Vorlesungen von Karl Barth während seiner Studienzeit in Münster – mit dem Christus des Neuen Testaments, wichtigen historischen Aussagen des Alten Testaments und der Bewegung der religiösen Sozialisten. So analysierte er die Schrift »Predigten sozialistischer Geistlicher Deutschlands«[114] und belegte seine strikte Ablehnung jeglicher Spielart des »ethischen Sozialismus« – insbesondere der von Hendrik de Man vertretenen – mit Verweis auf Dokumente des Bundes.[115] Er kam zu dem Ergebnis, »dass die großen sozialen Rebellionen des Mittelalters, die Bauernkriege (nicht nur die deutschen), dann aber ebenso erste Formen aufbegehrender Kritik an der Lage der Arbeiterklasse im Früh-Industrialismus in den Formen an die Heilige Schrift anknüpfender Vorstellungen verlaufen waren.«[116] Im deutschen Bauernaufstand, in den niederländischen Freiheitskriegen, im Hussitenkrieg, in der englischen Revolution – überall haben die Revolutionäre unter dem Banner einer religiösen Ideologie gekämpft. Auch die im Zeichen der Aufklärung sich vollziehende Große Französische Revolution hat auf den roten Priester Jacques Roux nicht verzichtet.[117] Es entspringe »einer metaphysischen, nicht einer wissenschaftlichen, einer idealistisch-formallogischen, nicht einer materialistischen dialektischen Betrachtungsweise«, wenn Lenin »an Stelle der marxistischen Betrachtung der Religion als Produkt und Faktor eines soziologischen Prozesses den Hass gegen diesen Faktor, die der Antireligion, des Antitheismus« setze.[118]

Angesichts der Tatsache, dass von 64 Millionen Deutschen noch 62 Millionen sich zu den christlichen Kirchen zählten, darunter eben auch breite Massen von christlich aufgewachsenen Proletariern und proletarisierten Mittelschichten, sei es nicht entscheidend, ob durch Mobilisierung bei Wahlen für die Arbeiterparteien durch Verzicht auf militant atheistische Propaganda ein paar mehr Mandate herauszuholen seien. Aber auf das außerparlamentarische Potential von christlichen Werktätigen zu verzichten, sei kontraproduktiv, wie die erfolgreichste außerparlamentarische Bewegung in der Weimarer Republik für die entschädigungslose Enteignung der Fürsten 1926 zeigt, bei der Eckert und Fuchs in der vordersten Reihe standen.

In Übereinstimmung mit religiösen Sozialisten, die ähnliche Überlegungen angestellt hatten, zog Abendroth thesenhaft folgende Schlüsse: »1. Der Atheismus ist dem proletarischen Sozialismus nicht notwendig immanent, atheistische Propaganda nicht Aufgabe sozialistischer Organisationen. 2. Um die christlichen Arbeiter und proletaroiden Mittelschichten von der Bourgeoisie zu lösen und in die Klassenkampffront des Proletariats einzureihen, ist eine religiös und christlich motivierte sozial-revolutionäre Propaganda erforderlich. 3. Jede religiöse Gruppe, gleichgültig, ob in oder außerhalb der Kirchen, die aus ihrem Glauben heraus den proletarischen Klassenkampf in allen seinen Formen unterstützt und das sozialistische Endziel betont, ist deshalb vom sozialistischen Standpunkt aus zu begrüßen.«[119]

Daß es sich bei diesen von Abendroth eingenommenen Positionen nicht um eine altersbedingte, vorübergehende Einstellung – Abendroth war zum Zeitpunkt dieser Veröffentlichung 21 Jahre alt – sondern um Zeugnisse seiner frühen und andauernden geistigen Unabhängigkeit handelte, wird durch seine späteren Veröffentlichungen in der Weimarer Republik und in der Bundesrepublik belegt. Auch 1960 hielt er an der Einheit des proletarischen Kampfes trotz aller spezifisch-differenzierten Motivationen im übrigen fest. Nicht der Glaube, sondern die sozialistische Analyse und das gemeinsame Handeln sei bestimmend. Er sei zwar persönlich kein »Anti-Theist« in dem Sinne, dass er die Nichtexistenz Gottes beweisen wollte und lasse auch gern jedem, der das für nötig halte, seinen Glauben an jeden Gott, an den er glauben möchte. »Nur sollte ein Blick auf die Geschichte gerade diejenigen Christen, die ihren Glauben ernst nehmen wollen, aber eben als Glauben an einen lebendigen Gott, stets erinnern, dass jedenfalls die geschichtliche Wirklichkeit nicht den geringsten Anhaltspunkt für die These bietet, dass diejenigen, die diesen Glauben für sich in Anspruch nehmen, zuverlässigere Anhänger einer humanistischen Ethik sind, als zahllose Atheisten und Anti-Theisten.«[120] Die Geschichte der Kirchen u. a. mit der »allerchristlichsten Förderung jeder faschistischen Barbarei durch den Hl. Stuhl und durch viele (natürlich durchaus nicht alle) protestantische Theologen« spreche eine zu deutliche Sprache, als dass »dieser Hochmut der Theisten und Deisten jeder Fasson gegenüber Atheisten und Anti-Theisten irgendeine Berechtigung hätte. Dass es genügend nicht nur Atheisten, sondern auch Anti-Theisten gibt, die im Kampf für humanistisches Denken und ethisch rechtfertigbare Kampfmethoden ihren Mann gestanden haben,« lasse sich kaum bezweifeln. So sehr er Marxist sei, so sehr liege ihm nichts ferner, »als ein atheistisches bzw. antitheistisches Monopol für humanistisches Denken in Anspruch zu nehmen, aber das entgegengesetzte Monopoldenken scheint mir nicht nur unangebracht, sondern in ernst zu nehmendem Sinne auch unchristlich zu sein.«

Wie isoliert Abendroth jedoch mit dieser Position bei sozialdemokratischen und kommunistischen Freidenkern war, geht aus den Zuschriften hervor, die diesem Grundsatzartikel aus dem Jahre 1927 folgten.[121] Angesichts der vorgebrachten »Argumente« grenzte sich Abendroth von den »Methoden der Parteirekrutenschulen« und den »Glaubenserklärungen des Unglaubens« seiner Kritiker ab. »Wer im Bürgerkrieg siegt, ob Revolution oder Konterrevolution, hängt halt nicht von der Vorstellung über den Himmel ab, die beide Parteien haben, sondern von ihrem Kampf auf Erden«. Die deutschen Sozialisten hätten es »auch ohne religiöse Ideologie« fertig gebracht, »geschlagen zu werden und [...] auf die Vertragstreue der herrschenden Klassen ebenso zu vertrauen, wie manche Bauernführer – nicht aber Thomas Münzer – 1525.« Solange breite Massen der Arbeiterklasse »noch in religiösen Formen denken, haben wir keinen Grund, ihnen deshalb zu verbieten, Sozialisten zu werden. Wir haben also allen Anlass, Gruppen, die unsre Gedanken in den christlichen Proleten gemäße Formen übersetzen, zu fördern.«

Historisch muss es wie eine Bestätigung der Richtigkeit seiner Thesen gewertet werden, dass Abendroth unter dem Decknamen »Fritz« als Mitglied der Widerstandsgruppe »Neubeginnen«, zu der auch Emil Fuchs über seinen SPD-Genossen Adolf Grimme Kontakt hielt, im Frankfurter illegalen Arbeiterwiderstand in der »Roten Hilfe« Erwin Eckert wiederbegegnete, was für beide jahrelange Haft im Zuchthaus wegen »Hochverrat« nach sich zog. Kurz vor Eckerts Tod schrieb Abendroth an Eckert: »Die Phase der Geschichte der deutschen Arbeiterbewegung, für die Ihre Arbeit entscheidende Antriebe geliefert hat und für die Ihr Denken einen *neuen* Weg einleitete, darf nicht aus der wissenschaftlichen Analyse und damit aus dem Gedächtnis verdrängt werden – auch um der künftigen Praxis willen nicht.«[122]

Der Eindruck, »zwischen den Stühlen« zu sitzen, wurde von den religiösen Sozialisten keineswegs nur als Nachteil, sondern als relativ günstige Situation für ein unabhängig sozialistisches, politisch-normatives Verhalten angesehen. Als offiziell selbständige Organisation mit ca. 25.000 Mitgliedern war der Bund von den Oligarchisierungstendenzen politischer Großorganisationen relativ frei, konnte er sich doch ausschließlich auf ehrenamtlich tätige Kräfte stützen. Einfallstor für Anpassungstendenzen des Bundes an vorgegebene Machtverhältnisse waren weniger Funktionsträger innerhalb des Bundes als vielmehr solche Mitglieder, die *gleichzeitig* Mandats- und Funktionsträger in SPD und ADGB waren und die den Bund einseitig als eine Hilfs- oder Vorfeldorganisation der Sozialdemokratie verstanden wissen wollten. Zu ihnen zählten u.a. der Gewerkschaftsbeamte Bernhard Göring, der württembergische Landtagsabgeordnete Karl Rais, der ehemalige badische SPD-

Arbeitsminister Wilhelm Engler, der SPD-Kreistagsabgeordnete Heinrich Dietrich sowie auch der Karlsruher SPD-Stadtverordnete Heinz Kappes.[123]

Erst mit dem Beginn der Weltwirtschaftskrise und dem Zerbrechen der Hermann Müller-Regierung im März 1930 wurde die Selbständigkeit des Bundes als »Zwischenorganisation« auf die Probe gestellt. Er sollte sie am Ende nicht bestehen.

Auf seinem 5. Kongress, der vom 1. bis 5. August 1930 in Stuttgart abgehalten wurde, hatte sich der Bund noch in relativer Geschlossenheit und im Zeichen des gemeinsamen Kampfes gegen den heraufziehenden Faschismus präsentiert. Der einstimmig wiedergewählte Bundesvorsitzende Eckert definierte in seinem Eröffnungsreferat die Aufgabe des Bundes, sich der »Gefahr der ideologischen Verseuchung der Harmlosen und Unzuverlässigen auch mit der Phrase von der Rettung des Christentums vor dem gottlosen Marxismus entgegenzutreten«. Es werde versucht, »durch einen vielstimmigen Appell an die Urteilslosen, durch den Appell an den Rasse-Instinkt, den Nationalhass, an kleinbürgerliche Besitzerfreude und an den Militarismus, die Urteilslosen auch in der Arbeiterschaft zu einer Schutztruppe der kapitalistischen Front zu machen, deren imperialistische Gelüste, deren Schrei nach der bürgerlichen Diktatur nur noch mühsam verheimlicht und unterdrückt werden kann.«[124] Anstelle des erkrankten Emil Fuchs trug Aurel von Jüchen die Leitsätze zum Thema »Der Faschismus eine Gefahr für das Christentum« vor.[125]

Der Kongress verabschiedete einmütig eine Kundgebung, in der eine proletarisch-klassenkämpferische und sozialrevolutionäre Handschrift deutlich ablesbar war. In der von den 215 Delegierten verabschiedeten Kundgebung – darunter 74 Arbeiter und Arbeiterinnen, 35 Angestellte, 21 Lehrer und 52 Pfarrer – hieß es: »Der Kampf zwischen Kapital und Arbeit drängt der Entscheidung entgegen. Die feudalistischen und bürgerlichen Schichten ballen sich unter nationalistischen und faschistischen Parolen zusammen zum Angriff auf die werdende sozialistische Gesellschaft. Sie versuchen die Einheit der proletarischen Abwehrfront mit allen möglichen Mitteln zu verhindern, ja sie schrecken nicht davor zurück, Christentum und Kirche für ihre Interessenpolitik zu missbrauchen.«[126] Bei den bevorstehenden Reichstagswahlen am 14. September werde es sich darum handeln, »dass die kapitalistisch-bürgerlichen Kreise durch Einschränkung und Aufhebung sozialpolitischer Gesetze den Lebensraum der Arbeiter und Angestellten einengen wollen.« Die »wirtschaftlich Abhängigen« sollten gezwungen werden, »unter den schlechtesten Bedingungen und für den geringsten Lohn ihre Arbeitskraft zu verkaufen«. Auch das »christliche« Zentrum, die »christliche« Bayerische Volkspartei, der »Christlich«-Soziale Volksdienst stünden »an der Seite der sozialen Reaktion« und würden sogar den »Abbau der bisherigen Sozialleistungen« fordern. Die Kirchen hätten sich zwar in öffentlichen Kundgebungen

»für die Überwindung der sozialen Nöte« ausgesprochen. Die kirchlichen Kreise aber stützten immer noch »die bürgerlichen Parteien, die durch ihre rückschrittliche Sozialpolitik die Not der Massen vergrößern.« Die »Wirkungslosigkeit der gutgemeinten kirchlichen Versuche, durch Almosen und organisierte Wohltätigkeit der Nöte Herr zu werden«, zeige, wie »untauglich diese Mittel der vergangenen Zeit« seien. Die religiösen Sozialisten dagegen würden nicht aufhören, »die Kirche zur Umkehr zu rufen.« Sie wollten die Kirchen nötigen, sich im Kampf um die neue bessere Ordnung »auf die Seite der im besonderen Sinne Mühseligen und Beladenen zu stellen«. Nur wenn alle christlichen Männer und Frauen, die sich »der Verantwortung gegenüber ihren Mitmenschen«, ihren notleidenden »Brüdern und Schwestern« bewusst seien und sich »ohne Rücksicht auf Beruf und Konfession« in die »sozialistische Front« einordneten, bestünde die Hoffnung, durch »Umgestaltung der ungerechten Wirtschafts- und Gesellschaftsordnung« die bestehenden Nöte zu beseitigen.

Eckert stieß jedoch mit seiner Forderung, »kein Christ, der zum arbeitenden Volk gehört, darf eine bürgerliche Partei wählen! [...] Darum keine Stimme den bürgerlichen Parteien! Keine Stimme den Splitterparteien! Wählt nur die sozialistischen Parteien des arbeitenden Volkes am 14. September. Wählt links! Wählt rot!«[127] in der Sozialdemokratie auf Ablehnung und Kritik. Der badische SPD-Vorsitzende erklärte: »Dass auf die Kommunistische Partei irgendwelche Rücksichten vom Bunde der religiösen Sozialisten notwendig sein sollten, vermögen wir nicht einzusehen, da die Kommunistische Partei grundsätzlich jede religiöse Betätigung ausschließt und wohl ein praktizierender Pfarrer, gleichviel welcher Konfession, überhaupt nicht in die Kommunistische Partei aufgenommen würde.«[128] Die Tatsache, dass die badische SPD sich geweigert hatte, das Flugblatt des Bundes im Wahlkampf zu verbreiten, war Indiz für die sich verschärfenden Differenzen zwischen dem Bund unter Eckerts Geschäftsführung einerseits und der SPD andererseits.

Mehrheitlich wurde Eckert zunächst noch an der SPD-Basis in der Arbeiterstadt Mannheim unterstützt. Doch bald mehrten sich die Anzeichen, dass sich Sozialdemokraten außerhalb und innerhalb des Bundes seinem Kurs widersetzten. Zahlreiche SPD- und Gewerkschaftsfunktionäre, die zugleich Mitglieder des Bundes waren, wollten Eckert nicht mehr folgen, sondern unterwarfen sich der vom Parteivorstand betriebenen Tolerierungspolitik gegenüber dem Präsidialkabinett Brünings. Sie teilten nicht länger seine Auffassung, dass die SPD in erster Linie die Pflicht habe, gerade in Zeiten der wirtschaftlichen Krise »Zuflucht aller Bedrückten und hoffnungslos gewordenen« zu sein.

Für Eckert war es jedoch ein Ding der Unmöglichkeit, in einem »kapitalistisch orientierten Kabinett [...] für die Arbeiterschaft Entscheidendes«

erreichen zu wollen. Für »einen Sozialisten und Marxisten« seien »nicht die Ansichten eines Einzelnen oder irgendeine Idee maßgebend für die zu fassenden Entschlüsse, sondern die objektive Situation des wirtschaftlichen und gesellschaftlichen Lebens«. Erst die »nüchterne Analyse der wirtschaftlichen und staatspolitischen Lage« könne »das im Augenblicke notwendige Handeln zeigen.« Das deutlichste Symptom der sich verschärfenden Krise sei die »Massenarbeitslosigkeit bei gesteigerter Produktion, der Hunger bei vollen Scheuern und Warenlagern«. In dieser Situation bleibe der SPD »nichts übrig, als zu einer entschlossenen Opposition bereit zu sein. Sie hat in jeder denkbaren Koalition nichts zu gewinnen und alles zu verlieren, das Vertrauen der werktätigen Massen, das Vertrauen ihrer 8 Millionen Wähler.« Eckert forderte daher »linke Opposition, nicht etwa Linksopportunismus. Ehrliche, klassenbewusste Opposition ist die Forderung der Stunde«. In einer solchen entscheidenden Situation brauche »das Proletariat sein Selbstbewusstsein und seinen Mut mehr als das tägliche Brot.«[129]

Einer der letzten Aufsätze, die Eckert vor seinem Ausschluss aus der SPD verfasste, trug den Titel »Immer wieder die Klassenkampffrage«. In ihm bezog sich Eckert auf das Programm der NSDAP, das sich gegen die »staatszersetzende Lehre des Juden Karl Marx, gegen die das Volk zerreißende Lehre vom Klassenkampf, gegen die wirtschaftsmordende Lehre der Verneinung des Privateigentums und gegen die rein ökonomische materialistische Geschichtsauffassung« richten würde. Dies, so Eckert, entspringe »entweder aus Unkenntnis auf dem Gebiet der Geschichte oder aus Spekulation auf die Dummheit des Volkes«. Nachdem so viele Christen, insbesondere so viele Pfarrer Mitglieder der NSDAP geworden seien, sei es an der Zeit, »dass die sozialpolitisch aufgeklärten Christen sich nunmehr doch entschließen müssen, auf den politischen Kampfplatz hinabzusteigen. Sonst überlassen sie den Kampfplatz den Nationalsozialisten und sind mitschuldig an dem, was hieraus entspringt.«[130]

Die Wochenberichte – unvergessen

Nach 1945 wurden beide Verfasser der »Wochenberichte« als Verfolgte des Naziregimes und Antifaschisten der ersten Stunde tätig. Nach der nacheinander erfolgten Gründung der beiden deutschen Staaten lebte der eine in der BRD, der andere in der DDR: Fuchs als Professor für Regionssoziologie und Religionsphilosophie in Leipzig, Eckert als Abgeordneter der KPD im badischen Landtag und Oberbürgermeisterkandidat der KPD in Mannheim. Auf ihre Berichte aus den Jahren 1930 bis 1933 wurde weder hüben noch drüben kaum zurückgekommen.

Ein erster Versuch der Aufarbeitung der Wochenberichte von Erwin Eckert erfolgte 1973.[131] Die Wochenberichte von Emil Fuchs wurden 1982 im Rahmen eines Hauptseminars an der theologischen Fakultät in Marburg von Dorothea Vestner erstmals untersucht. 1988 präsentierte Jörg Ettemeyer in seiner Magisterarbeit eine erste systematische Analyse. Von einer posthumen Entdeckung und Instrumentalisierung von Emil Fuchs als »Kritiker der postsozialistischen Ordnung«, wie sie der ehemalige Vordenker der DDR-CDU in seinem Beitrag zum 6. Walter-Markov-Kolloquium 1998 unterstellt, kann also keine Rede sein.

Fraglich bleibt gegenwärtig wohl, ob nach dem Sieg der Ersten Welt über die zusammenbrechende Zweite Welt die Chancen einer Rezeption des Denkens und der Erkenntnisse dieser beiden religiösen Sozialisten größer geworden sind. Fast alle Anzeichen der gegenwärtigen politischen Situation in Deutschland sprechen dagegen.

Doch auch sieben Jahrzehnte nach dem 30. Januar 1933 bedarf es eingehender Überprüfung dessen, was tagtäglich geschieht. Welche Interessen bemühen sich politische und ökonomische Eliten durchzusetzen, auch wenn dies zu Lasten von Humanität und Demokratie und unter Beschädigung von Frieden und Freiheit erfolgen kann? Zu prüfen sind ebenso alle Kurzsichtigkeiten großer Teile der Gesellschaft, die den Gefahren der Zukunft wenig entgegensetzen. Ihre Enttäuschungen drohen sich eher in unzulänglichem, blindem und barbarischem Hass auf Minderheiten zu entladen, als sich strikt gegen Hochrüstung und Krieg zu Lasten der Lebenshaltungsbedingungen breiter Schichten der Bevölkerung zu wenden.

Wieder gilt es zu erkennen, was sich gegenwärtig und wiederum von allzu vielen Zeitgenossen gleichsam unbemerkt vollzieht. Vor den absehbaren Folgen ist nicht allein erneut zu warnen, sondern noch entschiedener und gemeinsamer gegen sie zu kämpfen als vor dem 30. Januar 1933. Dazu ist es notwendig, die Subjektivität der Erinnerung an der Objektivität wissenschaftlicher Historiographie zu überprüfen und jene Probleme deutlich zu machen, die zukunftsweisend entschieden wurden und nur bei Strafe erneuter Niederlagen vernachlässigt werden dürfen.

»Damals hätte es Millionen den Tod ersparen können, wenn rechtzeitig ein Bündnis der in sich zerstrittenen Arbeiterbewegung mit allen anderen Kräften, die sich für den Frieden, den demokratischen, kulturellen und sozialen Fortschritt einsetzten, der Reaktion entgegengetreten wäre und durch dieses Beispiel der Flucht schwankender und entwurzelter sozialer Gruppen in die Netze der faschistischen Propaganda vorgebeugt hätte.«[132]

»Damals hätte es Millionen den Tod ersparen können, wenn rechtzeitig ein Bündnis der in sich zerstrittenen Arbeiterbewegung mit allen anderen Kräften, die sich für den Frieden, den demokratischen, kulturellen und sozialen

Fortschritt einsetzten, der Reaktion entgegengetreten wäre und durch dieses Beispiel der Flucht schwankender und entwurzelter sozialer Gruppen in die Netze der faschistischen Propaganda vorgebeugt hätte.«[133]

Einer der wesentlichsten Faktoren, der darüber entscheidet, ob 1933 wiederholbar ist, wird der entschlossene und vor allem der gemeinsame Kampf aller demokratischen Kräfte sein.[134] Dazu müssen vor allem die Widersprüche dieser kapitalistischen Gesellschaft analysiert, das Selbstbewusstsein der abhängig Beschäftigten und Arbeitslosen gestärkt und die Möglichkeiten humanitärer Umstrukturierung der Gesellschaft genutzt werden. Bei der gegenwärtigen Situation der deutschen Linken, ihrer Ohnmacht und Zersplitterung, ist diese Frage immer wieder neu zu stellen. Es gibt keine Rezeptlösungen. Aber jede theoretische Diskussion muss praxisbezogen sein wie umgekehrt jede Praxis theoretische Grundlegung voraussetzt. Diskussion heißt auch Toleranz in der Debatte gegeneinander, solange sie auf dem Boden des Kampfes für Demokratie, Frieden und soziale Gerechtigkeit bleibt. Der Untergang der Weimarer Republik lehrt: der Stellenwert der konsequenten außerparlamentarischen Opposition im Interesse der abhängig Beschäftigten darf nicht unterschätzt werden. Fixierung auf Regierungsbeteiligung oder -Tolerierung um jeden Preis schwächt das Selbstbewusstsein der demokratischen Bewegung. Angesichts eines sich vom Verfassungs- und Völkerrecht sowie von normativen Demokratievorstellungen immer stärker lösenden Kapitalismus kann auf die Entwicklung von Gegenmacht und Gegenbewusstsein nicht verzichtet werden. Christen, die dem antikommunistischen und antimarxistischen Wahn ebenso wie dem Anti-Terrorismus-Geschrei der angeblich so sehr den »Menschenrechten« verpflichteten »Neuen Weltordnung« widerstehen, gehören in die Reihen der gleichberechtigten Streiter für Frieden, Demokratie und soziale Gerechtigkeit.

Es wird Sache jedes Lesers sein, die frappierende Aktualität der Wochenberichte von Erwin Eckert und Emil Fuchs kritisch zu überprüfen. Gleichheitszeichen zur heutigen Welt sind unangebracht. Und doch: Wie viel Ähnlichkeiten sehen wir, wenn wir die Welt so aufmerksam sehen, wie es Erwin Eckert und Emil Fuchs taten. Was sie notierten, liest sich spannend. Es bietet zugleich besten Geschichtsunterricht und kann Orientierungshilfe in der Welt von heute sein.

Friedrich-Martin Balzer/Manfred Weißbecker
Marburg/Jena am 21. August 2002

Anmerkungen

1. Siehe Fritz Stern: Über Erinnerung und Historie aus Anlass der Verleihung des Friedenspreises des Deutschen Buchhandels. »Deutsche Geschichte wird immer umstritten bleiben, und zwar die gesamte Geschichte und besonders die des Dritten Reiches, das weder Zufall noch historische Notwendigkeit, weder Ausnahme noch Ziel deutscher Geschichte war.« In: Frankfurter Allgemeine Zeitung, 18.10.1999, S. 15.
2. Zur Bedeutung der Lesergemeinden siehe Siegfried Heimann: Der Bund der religiösen Sozialisten (BRSD): Selbstverständnis, organisatorische Entwicklung und praktische Politik. In: Siegfried Heimann/Franz Walter: Religiöse Sozialisten und Freidenker in der Weimarer Republik. Im Auftrag der Historischen Kommission zu Berlin herausgegeben und eingeleitet von Peter Lösche, Bonn 1993, S. 241 ff.
3. Brief von Fritz Fischer an Friedrich-Martin Balzer vom 20.01.1998.
4. Brief von Fritz Fischer an Friedrich-Martin Balzer vom 23.03.1999. Alle nachfolgenden Zitate sind diesem Brief entnommen.
5. Siehe u.a. DIE ZEIT vom 09.12.1999
6. Eine Veröffentlichung seiner Gesamtbibliographie (mehr als 800 Titel) und zahlreicher Texte (darunter eine deutsche Erstveröffentlichung) unter dem Titel »Wolfgang Ruge für Einsteiger und Fortgeschrittene« hrsg. von Friedrich-Martin Balzer erscheint demnächst als CD-ROM im Pahl-Rugenstein Verlag.
7. Stellungnahme zu der in Vorbereitung befindlichen Veröffentlichung der »Wochenberichte« von Erwin Eckert und Emil Fuchs vom 05.08.1999.
8. Interview von Kurt Julius Goldstein mit dem Deutschlandfunk, vom 07.11.1999 im Rahmen einer Rundfunkserie mit Fragen an ehemalige Angehörige der DDR-Elite. In: Wir sind die letzten – fragt uns. Kurt Goldstein. Spanienkämpfer, Auschwitz- und Buchenwald-Häftling, Reden und Schriften (1974-1999) mit einer autobiographischen Einleitung. Hrsg. von Friedrich-Martin Balzer, Bonn 1999, S. 232.
9. Siehe dazu neuerdings Ulrich Peter: Zwischen allen Stühlen: Der »Bund der religiösen Sozialisten Deutschlands« (BRSD), in: Beiträge zur Geschichte der Arbeiterbewegung (künftig: BzG), H. 2/2001, S. 53-71.
10. Wolfgang Abendroth: Vom Weg der marxistischen Widerstandskämpfer zum Verständnis für den christlichen Widerstand der »Bekennenden Kirche«. In: Martin Niemöller. Festschrift zum 90. Geburtstag. Hrsg. von Heinz Kloppenburg, Eugen Kogon, Walter Kreck, Gunnar Matthiessen, Herbert Mochalski und Helmut Ridder, Köln 1982, S. 117. Das Selbstverständnis, das Eckert vom »Bund« hatte, geht aus einem Brief hervor, den er am 09.11.1927 an Heinz Kappes schrieb: »Es handelt sich einzig und allein um die Arbeitsfähigkeit und den Kampf des Bundes als einer Organisation des Proletariats und nicht diskutierender Intellektueller«. In: Privatarchiv Eckert, betreut von Friedrich-Martin Balzer (künftig: PAE).
11. Siehe den Beitrag von Matthias Wolfes über Paul Piechowski im Bio-Bibliographischen Kirchenlexikon des Bautz Verlages.
12. Siehe Heinrich Dietrich: Wie es zum Bund der religiösen Sozialisten kam, Schriften der religiösen Sozialisten, Nummer 2, Karlsruhe 1927, S. 26.
13. Ebenda, S. 31. Siehe auch Religiöse Sozialisten. Dokumente der Weltrevolution, Bd. 6, hrsg. und eingel. von Arnold Pfeiffer, Olten 1976, S. 281-287, hier S. 281. Hervorhebung durch die Hrsg.

14 Siehe »Christliche Welt«, Nr. 17 vom 01.09.1928, Sp. 827.
15 Sonntagsblatt des arbeitenden Volkes (künftig: SAV), 1927, Nr. 48, S. 275. Hervorhebungen durch die Hrsg. Die Begriffe interkonfessionell, interreligiös und interfraktionell werden von Heimann, a.a.O., S. 257 ff., zur Charakterisierung der Grundpositionen des Bundes verwendet.
16 SAV 1928, Nr. 33 vom 12.08.1928, S. 171.
17 Siehe Kritische Gedanken über die Eckert-marxistischen »Richtlinien« für den Bund religiöser Sozialisten. Denkschrift für die religiös-sozialistische Gruppe im Thüringer Landeskirchentag, verfasst von deren Mitglied Hans Müller. Jena, im Dezember 1927. Auf S. 14 verkündete Müller: »Los von Marx, hin zu Christus, das ist der Weg zum Sozialismus«.
18 Austrittserklärung von Professor Müller. In: Reinhard Creutzburg: Die Entwicklung der religiös-sozialistischen Bewegung in Thüringen, Diplomarbeit der Martin-Luther-Universität Halle-Wittenberg, 1979, S. 15 f.
19 Am 18.07.1933 teilte ein Rundschreiben des EOK mit: »Unter Hinweis auf unsere Verfügung vom 17. Juli 1933 Nr. A. 11936 Ziffer 5 teilen wir mit, dass durch Verfügung des Herrn Badischen Ministers des Innern vom heutigen Tag der Bund religiöser Sozialisten für den Bereich des Landes Baden aufgelöst und verboten worden ist. Ebenso ist ein Verbot gegen die Monatsschrift ›Religion und Sozialismus‹ erlassen. Es ist deshalb nicht zulässig, dass vom Bund religiöser Sozialisten Wahlvorschlagslisten für die Landessynode oder für die örtlichen kirchlichen Körperschaften eingereicht werden.« Die Kirchlich-Liberale Vereinigung hatte sich bereits am 23. Mai 1933 aufgelöst und ihren Mitgliedern empfohlen, sich der »Glaubensbewegung Deutsche Christen, Gau Baden« anzuschließen. Siehe Geschichte der badischen evangelischen Kirche seit der Union 1821 in Quellen. Herausgegeben vom Vorstand des Vereins für Kirchengeschichte in der Evangelischen Landeskirche in Baden zum Kirchenjubiläum 1996, Karlsruhe 1996, S. 360. Die Tatsache, dass unter den 12 kirchlichen Repräsentanten der 175jährigen Geschichte der Ev. Landeskirche in Baden Pfarrer Eckert und Pfarrer Kappes ausgewählt wurden, spricht für diese beiden Pfarrer, für die Verantwortlichen der Ausstellung der Badischen Landesbibliothek Karlsruhe und wohl auch dafür, dass die Anstrengungen um Spurensicherung und Aufarbeitung in den letzten 30 Jahren nicht ganz vergeblich gewesen sind. Siehe: Protestantismus und Politik. Zum politischen Handeln evangelischer Männer und Frauen für Baden zwischen 1819 und 1933. Ausstellungskatalog aus Anlass des Kirchenjubiläums 1996. [Konzeption und Redaktion: Gerhard Schwinge], Karlsruhe 1996, S. 261ff. bzw. S. 272ff. Vgl. auch den Beitrag »Religiöser Sozialismus in Baden zur Zeit der Weimarer Republik« von Ulrich Schadt, ebenda, S. 102ff.
20 Auf der Bundesvorstandssitzung am 23.11.1931 in Frankfurt/Main war von 50-60 Kommunisten als Mitgliedern und von »Hunderten« von Wählern die Rede. Handschriftliches Protokoll von Heinz Kappes. In: PAE.
21 Siehe Protokoll der Sitzung des Badischen Landesvorstandes vom 06.10.1931. In: PAE.
22 Erwin Eckert: An das christliche werktätige Volk. In: SAV 1927, Nr. 13, S.71.
23 Siehe hierzu die Rede Eckerts am 25.05.1946 in Heidelberg in Friedrich-Martin Balzer (Hrsg.): Ärgernis und Zeichen, Erwin Eckert – Sozialistischer Revolutionär aus christlichem Glauben, Bonn 1993, S. 279.

24 Wolfgang Abendroth: Der Friedensliste eine Chance. In: Deutsche Volkszeitung/ die tat (1984), Nr. 24, 15.06.1984, S.1.
25 Wolfgang Abendroth: Was tun gegen Strauß? In: Die »Neue« diskutiert, Berlin 1980, S. 15.
26 Siehe Friedrich-Martin Balzer: Klassengegensätze in der Kirche. Erwin Eckert und der Bund der Religiösen Sozialisten Deutschlands, Köln 1973, 3. Aufl. 1993, S. 218.
27 Zur Familiengeschichte und der Kieler Zeit siehe Emil Fuchs: Mein Leben, Bd. 2, Ein Leben im Kampfe gegen den Faschismus, für Frieden und Sozialismus, Leipzig 1959, S. 185-216. Nach Gert Wendelborn gehört die bewegende Autobiographie »zu den bedeutendsten theologischen Selbstzeugnissen [...] des 20. Jahrhunderts«. In: Christentum, Marxismus und das Lebenswerk von Emil Fuchs, Beiträge des sechsten Walter-Markov-Kolloquiums, Schkeuditz, 2. Aufl. 2002, S. 27
28 Siehe das ausführliche Lebensbild von Friedrich-Martin Balzer/Manfred Weißbecker: Erwin Eckert. Badischer Pfarrer und revolutionärer Sozialist. 1893-1972. In: Lebensbilder aus Baden-Württemberg. Im Auftrag der Kommission für geschichtliche Landeskunde in Baden-Württemberg, Herausgegeben von Gerhard Taddey und Joachim Fischer, 19. Bd., Stuttgart 1998, S. 523-549.
29 Siehe die von Erwin Eckert 1933 im Düsseldorfer Gefängnis aufgezeichneten »Impressionen aus dem Ersten Weltkrieg«. In: Ärgernis und Zeichen, a.a.O., S. 29-80.
30 Siehe Friedrich-Martin Balzer: Treue, Liebe Mut, Trauerrede bei der Beerdigung von Elisabeth Eckert am 30.07.1985 in Heidelberg. In: Miszellen zur Geschichte des deutschen Protestantismus. »Gegen den Strom«. Mit einem Nachwort von Gert Wendelborn, Marburg 1990, S. 209-216.
31 Siehe Friedrich-Martin Balzer: Wolfgang Eckert. Kein Einzelschicksal. Trauerrede beim Abschied von Wolfgang Eckert am 22. März 2001 in Meersburg am Bodensee. Manuskript. In: PAE.
32 Der Evangelische Kirchentag war in der Weimarer Republik kein massenhaftes Laientreffen, sondern eine Synode, die aus 210 gewählten bzw. kooptierten Abgeordneten bestand.
33 Erwin Eckert: Nicht reden und anklagen, sondern schweigen und Buße tun soll die christliche Kirche. In: SAV, 12. Jg., (1930), Nr. 28, 12.07.1930, S. 217. Walter Bredendiek bezeichnete, im Theologischen Lexikon, Berlin 1979, diese Rede und den antifaschistischen Appell vom November 1930 »Noch ist es Zeit!« (unterzeichnet von Emil Fuchs und Karl Kleinschmidt) als eines der »bemerkenswertesten Dokumente zur neueren Geschichte des deutschen Protestantismus überhaupt«.
34 Ebenda, S. 218.
35 SAV 1930, Nr. 29, 06.08.1930, S. 225 ff.
36 Das Publikationsverzeichnis von Erwin Eckert im Zeitraum von 1922 bis 1932 enthält, ohne die 23 »Wochenberichte« im einzelnen aufzuführen, insgesamt 306 Veröffentlichungen. Siehe Balzer: Ärgernis und Zeichen, a.a.O., S. 378-385. Eine Veröffentlichung im »Kirchlich-Bio-Bibliographischen Lexikon« ist in Vorbereitung.
37 Zu dem Schreiben der Kommunistischen Partei Mannheim an die Amerikanische Militärregierung, Abt. Entnazifizierung, 31.05.1946, weitergeleitet an den Evangelischen Oberkirchenrat (EOK) siehe: Udo Wennemuth: Geschichte der

evangelischen Kirche in Mannheim. Mit Beiträgen von Johannes Ehmann, Eckehart Lorenz und Gernot Ziegler, Sigmaringen 1996, S. 506 f.
38 Die ungekürzte Rede zur Begründung seines Übertritts vor 10.000 Menschen am 09.10.1931 in Karlsruhe ist vollständig abgedruckt in Friedrich-Martin Balzer (Hrsg.): »Ihr Kleingläubigen, warum seid Ihr so furchtsam«, Bonn 1993, S. 5-30.
39 Siehe den Exkurs im Anhang dieses Bandes Zur Vertreibung Erwin Eckerts aus dem »Bund der religiösen Sozialisten Deutschlands«.
40 Arbeiterzeitung (Mannheim) vom 12.12.1931
41 Ebenda.
42 Ebenda.
43 Siehe Erwin Eckert: 1933: Briefe aus dem Gefängnis. In: Balzer (Hrsg.): Ärgernis und Zeichen, a.a.O., S. 213-266.
44 Siehe Gert Meyer: Einigungsbestrebungen zwischen Sozialdemokraten und Kommunisten in Südbaden nach 1945. In: Heiko Haumann (Hrsg.): Vom Hotzenwald bis Whyl. Demokratische Traditionen in Baden. Köln 1977, S. 176-197.
45 Siehe Manfred Weißbecker: Auf der Anklagebank des kalten Krieges. Erwin Eckert und der Düsseldorfer Prozess gegen das »Westdeutsche Friedenskomitee« 1959/60. In: Friedrich-Martin Balzer (Hrsg.): Ärgernis und Zeichen, a.a.O., S. 308-331.
46 Emil Fuchs: Mein Leben, Bd. 1, Leipzig 1957, S. 17.
47 Siehe den Lebenslauf »Christ und Sozialist aus erlebtem Leben und erlebter Auseinandersetzung mit dem Marxismus«. In: Emil-Fuchs-Archiv Nr. 47, vermutlich aus dem Jahre 1958.
48 Ebenda.
49 Ebenda.
50 Ebenda.
51 Ebenda.
52 Siehe Dieter Kramer: »Volksbildung« in der Industriegemeinde. Theorie und Praxis bürgerlicher Volksbildungsarbeit zwischen 1871 und 1918 am Beispiel von Rüsselsheim am Main, Marburg, Dissertation 1973.
53 Siehe Lebenslauf, a.a.O.
54 Ebenda.
55 Ebenda.
56 Ebenda.
57 Emil Fuchs: Bin ich »Idealist?« (Manuskript vermutlich aus dem Jahre 1954). In: Nachlass in der Humboldt-Universität zu Berlin, Archiv, Bestand NL 306. E. Fuchs.
58 Siehe Lebenslauf, a.a.O.
59 Ebenda.
60 Siehe den eigenhändigen Lebenslauf von Emil Fuchs [in der dritten Person]. Eingesandt an den Parteivorstand der Sozialdemokratischen Partei Deutschlands am 26.04.1948. In: Archiv der sozialen Demokratie (FES).
61 Zit. nach Reinhard Creutzburg: »In der Kirche – Gegen die Kirche – Für die Kirche«. Die religiös-sozialistische Bewegung in Thüringen 1918-1926. Ein Beitrag zur Geschichte des religiösen Sozialismus in Deutschland und der evangelischen Kirche in Thüringen, Dissertation (A) der Fakultät für Theologie des Wissenschaftlichen Rates der Martin-Luther-Universität Halle-Wittenberg, 1989, S. 36. Vgl. die Äußerung des gemeinsamen theologischen Hochschullehrers von Erwin Ek-

kert und Emil Fuchs, Ernst Troeltsch, der nach dem Dresdener Kirchentag 1919 befürchtet hatte, dass die Kirchen zur »Burg einer geistigen Gegenrevolution« inmitten der von der Arbeiterbewegung geschaffenen bürgerlichen Demokratie würden. Zit. nach: F.-M.Balzer: Miszellen, a.a.O., S. 33.

62 Emil Fuchs: Der religiöse Sozialismus in Thüringen. In Heinrich Dietrich: Wie es zum Bund der religiösen Sozialisten kam. Schriften der religiösen Sozialisten. Nummer 2, Karlsruhe-Rüppurr 1927, S. 53.
63 Ebenda.
64 W. Abendroth: Universitäten im Faschismus, in: Forum Wissenschaft, 2. Jg., (1985), Nr. 2, S. 3-7. Siehe ders.: Zur Mentalitätsgeschichte akademischer Mittelschichten zwischen den Weltkriegen, (mit einer Vorbemerkung von Friedrich-Martin Balzer), in: Topos, Internationale Beiträge zur dialektischen Theorie, Heft 12, (Bildung), Bielefeld 1999, S. 133-141; Dietrich Heither/Michael Lemling: »Unsere Anatomie braucht Leichen« – Die Ermordung thüringischer Arbeiter durch Marburger Korporationsstudenten bei Mechterstädt, in: Ludwig Elm/Dietrich Heither/Gerhard Schäfer (Hrsg.): Füxe, Burschen, Alte Herren. Studentische Korporationen vom Wartburgfest bis heute, Köln 1992, S. 96-109.
65 Siehe Emil Fuchs: An die Studentenschaft der Universität Marburg! In: Deutsche Politik, 1920, S. 184-189.
66 Siehe Emil Fuchs: Mein Leben, Bd. 2, a.a.O., S. 130 ff.
67 Siehe Lebenslauf, a.a.O.
68 Siehe Hans Moritz: Emil Fuchs – ein Leben als Christ in gesellschaftlicher Verantwortung. In: Zwischen Aufbruch und Beharrung, a.a.O., S. 138. Seiner solidarischen Grundhaltung blieb Fuchs zeit seines Lebens treu, auch in der DDR. Vgl. hierzu Klaus Fuchs-Kittowski: Emil Fuchs – Christ und Sozialist – Aus persönlichem Erleben. In: Christentum und Marxismus und das Werk von Emil Fuchs, a.a.O., S. 73-87.
69 Hermann Sasse: Chronik. In: Christentum und Wissenschaft, 8. Jg., 10. Heft, (Oktober 1932), S. 393f.
70 Die jüngste Tochter Christel (*1913) Holzer, besuchte zu dieser Zeit – wie ihr Bruder Gerhard vorher und ihr Neffe Klaus Fuchs-Kittowski nach 1945 – die Odenwaldschule in Heppenheim/Bergstraße. Nach ihrer Ausbildung als Werklehrerin in Halle verließ sie Mitte der dreißiger Jahre Nazi-Deutschland und emigrierte in die USA, weil sie es z. B. nicht vermochte, den »Heil-Hitler-Gruß« zu erwidern. Für ihre Quäker-Friedensarbeit wurde sie von der Internationalen Vereinigung der Ärzte für die Verhinderung eines Atom-Krieges (IPPNW) ausgezeichnet.
71 Siehe Lebenslauf, a.a.O.
72 Ebenda.
73 Ebenda.
74 Ebenda.
75 Auszüge aus seinem unveröffentlichten Tagebuch, das seine Hilfe für die verfolgten Mitglieder der Familie Fuchs und viele andere dokumentiert, befinden ich im PAE.
76 Siehe die schriftliche Erklärung von Klaus Fuchs gegenüber dem Britischen War Office vom 27.01.1950. In: Norman Moss: Klaus Fuchs. The man who stole the bomb, London/Glasgow 1987, S. 195-203; Der humanistische Auftrag der Wis-

senschaft: Unverzichtbar für Klaus Fuchs. Eine persönliche Reminiszenz von Klaus Fuchs-Kittowski. Manuskript. In: PAE.

77 Siehe Friedrich-Martin Balzer: Ein Christ für den Sozialismus. In: ders.: Miszellen zur Geschichte des deutschen Protestantismus, a.a.O. S. 163-173. (Zuerst erschienen 1976). Rackwitz selbst wurde 1944 nach dem Attentat auf Hitler ins Konzentrationslager Dachau eingeliefert, weil er den Mitverschwörer Ernst von Harnack bei sich versteckt hatte.

78 Siehe Ulrich Peter: Pfarrer – Sozialist – Humanist. Harald Poelchau (1903-1972). In: Christ und Sozialist, 3/1998.

79 In: Stille Helfer. 350 Jahre Quäker, Magazin, Deutsches Historisches Museum, Heft 15, 6. Jg., Winter 1995/96, S. 19. Vor diesem Hintergrund ist es den Herausgebern unverständlich, dass die deutsche Jahresversammlung es durch ihre Sprecherin abgelehnt hat, sich an den Druckkosten für die Publikation der Wochenberichte zu beteiligen. Sie verwies auf seinen Sohn Klaus Fuchs, der von Dezember 1943 bis Juni 1946 als Mitglied der englischen Forschungsgruppe am US-amerikanischen Atombomben-Programm in Los Alamos beteiligt gewesen war, 1949/50 als Informant für die UdSSR enttarnt, in England zu 14 Jahren Haft verurteilt und 1959 vorzeitig in die DDR entlassen wurde.

80 Die erste Gesamtbibliographie seiner Veröffentlichungen, erarbeitet von Claus Bernet, erscheint demnächst im Verlag Traugott Bautz in der Reihe »Biographisch-Bibliographisches Kirchenlexikon«, Bd. XIX.

81 Zu seiner einzigen selbständigen Veröffentlichung wurde möglicherweise ein »Romantisches Schachbüchlein«, Wien 1943, 96 Seiten, das sich mit der Kulturgeschichte des Schachspiels befasst.

82 Zu den Anfängen der religiösen Sozialisten in Frankfurt und Hessen siehe Heinz Röhr: Der Bund der Religiösen Sozialisten nach 1945 in Frankfurt und anderswo. In: Heinz Röhr: Ruf der Religionen, Marburg 1996, S. 213-223.

83 Siehe den Abschiedsbrief von Emil Fuchs an Kurt Schumacher. In: Mein Leben, Band 2, S. 306-310. Nach Auskunft der Friedrich-Ebert-Stiftung (FES) in Bonn befindet sich im Nachlass Schumachers dieser Brief nicht, so dass nicht geklärt werden kann, ob dieser abgedruckte Brief oder eine inzwischen aufgetauchte Variante dieses Briefes an Schumacher abgeschickt wurde.

84 Siehe: Eine Stellungnahme des geschäftsführenden Präsidiums unseres Bundes. In: Christ und Sozialist. Blätter der Gemeinschaft für Christentum und Sozialismus, (künftig: CuS), Nr. 1/1962, S. 22-26.

85 Ernst Bloch: Thomas Münzer. Als Theologe der Revolution. Berlin 1960; Frankfurt/Main 1962 [Zuerst erschienen 1921]. Siehe auch den bei den Recherchen zu diesem Band im Nachlass Emil Fuchs aufgefundenen und inzwischen veröffentlichten Vortrag von Ernst Bloch am Leipziger Institut für Religionssoziologie am 29. November 1955. Ernst Bloch: Universität – Wahrheit – Freiheit. In: Topos, Internationale Beiträge zur dialektischen Philosophie. Heft 17, Napoli 2001, S. 139-146.

86 Zu Karl Kleinschmidt und seiner Mitgliedschaft in der SED siehe Friedrich-Martin Balzer/Christian Stappenbeck (Hrsg.): Sie haben das Recht zur Revolution bejaht. Christen in der DDR. Ein Beitrag zu 50 Jahre »Darmstädter Wort«, Bonn 1997, S. 12-118.

87 Klaus Warnecke: Nachrichtenagenturen und Provinzpresse in der Weimarer Re-

publik. In: Zeitschrift für Geschichtswissenschaft, H. 4/2000.
88 Siehe hierzu im einzelnen Wolfgang Abendroth: Der theoretische Weltkommunismus, in: Werner Hofmann, Ideengeschichte der sozialen Bewegung des 19. und 20. Jahrhunderts, Berlin 1968, S. 223-265.
89 Zit. nach Balzer (Hrsg.): Ärgernis und Zeichen, a.a.O., S. 353.
90 Siehe dazu Friedrich-Martin Balzer: Die Zerstörung der Weimarer Republik im Spiegelbild der »Wochenberichte« von Emil Fuchs. 1931-1933. In: Christentum, Marxismus und das Werk von Emil Fuchs, a.a.O., S. 33-53.
91 Emil Fuchs mag sich hierbei als ehemaliger Landesvorsitzender des Bundes der Religiösen Sozialisten eine gewisse Zurückhaltung auferlegt haben, da die heftigen Konflikte zwischen dem Landesverband und der thüringischen Regierung – von den Wochenberichten getrennt – im Bundesorgan breite Berichterstattung erfuhr.
92 Thilo von Trotha: Einleitung. In: Nationalsozialistische Monatshefte, H. 37, April 1933, S. 145.
93 Wolfgang Abendroth: Vorwort zu Friedrich-Martin Balzer, Klassengegensätze in der Kirche, a.a.O., S. 11f.
94 Vgl. die aus dem Jahre 1957 stammende und jetzt veröffentlichte Studie von Kurt Gossweiler: Zur Strategie und Taktik von SPD und KPD in der Weimarer Republik, Berlin 2002.
95 Siehe Herbert Trebs: Die linke Richtung im »Bund der religiösen Sozialisten Deutschlands« – mit der Arbeiterklasse verbündete christliche Demokraten der Weimarer Zeit. In: Zwischen Aufbruch und Beharrung. Der deutsche Protestantismus in politischen Entscheidungsprozessen, Berlin/DDR 1978, S. 90-124, hier S. 112.
96 Erwin Eckert: Predigt bei der Eröffnung des Kongresses in Meersburg. In: SAV, 8. Jg., Nr. 33 vom 15.08.1926, S. 174f. Zu der Rolle Thomas Müntzers für Eckert und Fuchs siehe: Herbert Trebs: Thomas Müntzer bei Emil Fuchs und Erwin Eckert, in: Prediger für eine gerechte Welt. Zum 500. Geburtstag von Thomas Müntzer, Berlin/DDR 1989, S. 99-113.
97 So Gert Wendelborn: Zu Erwin Eckerts Predigten. In: Balzer (Hrsg.), Ärgernis und Zeichen, a.a.O., S. 166.
98 Emil Fuchs: Zum Geleit [der beabsichtigten Buchausgabe der ersten Dissertation bei Wolfgang Abendroth 1953 von Ernst-August Suck über das Thema »Der religiöse Sozialismus in der Weimarer Republik« (Zweitgutachter: Georg Wünsch)]. In: Humboldt-Universität Archiv, NL 813 Bl.1. Suck war von 1954-1957 Oberassistent bei Emil Fuchs in Leipzig.
99 Zit. nach Hanfried Müller: »... Um Gerechtigkeit willen verfolgt.« In: Balzer (Hrsg.), Ärgernis und Zeichen, a.a.O., S. 157. Der vollständige Text der Gerichtsverhandlung aus dem Jahre 1929 ist dort erstmals abgedruckt, a.a.O., S. 81-152.
100 Erwin Eckert: Religiöser Revisionismus in der sozialistischen Bewegung? In: Zeitschrift für Religion und Sozialismus, (künftig ZRS) 1929, Heft 1, S. 24 ff.
101 Erwin Eckert: Sind wir Marxisten? In: ZRS, 2. Jg., (1930), H. 1, S.163-168. Alle daraus entnommenen Zitate ebenda. Hervorhebungen durch die Hrsg.
102 Zitiert nach Wolfgang Abendroth: Die Aktualität der Arbeiterbewegung. Hrsg. von Joachim Perels, Frankfurt/Main 1985, S. 30.
103 Erwin Eckert: Was wollen die religiösen Sozialisten? Schriften der religiösen So-

zialisten Nummer 1, Erster Entwurf November 1927, S. 4 f.
104 W. Abendroth: Zum Weg der marxistischen Widerstandskämpfer, a.a.O., S. 117.
105 Ebenda.
106 Ebenda, S. 117f. Geradezu klassischen Ausdruck fand diese Haltung im »Hirtenbrief« des kurz danach zum Bischof der intakten badischen Landeskirche avancierten Prälaten Kühlewein vom 20.03.1933. Vollständig und im Faksimile abgedruckt in: Balzer/Wendelborn: »Wir sind keine stummen Hunde«. Heinz Kappes (1893-1988). Christ und Sozialist in der Weimarer Republik, Bonn 1994, S. 102-104.
107 Siehe Michael Rudloff: Christliche Antifaschisten der »ersten Stunde« im Widerstand. In: Wissenschaftliche Zeitschrift der Karl-Marx-Universität Leipzig, Gesellschaftswissenschaftliche Reihe 38 (1989), 3, S. 297-307. Rudloff, der sich ausschließlich auf Pfarrer bezieht und religiös-sozialistische Lehrer, z. B. in Lippe, die aus dem Schuldienst entfernt wurden, nicht einbezieht, nennt zahlreiche, wenn auch nicht alle Fälle. In Zahlen und Proportionen ausgedrückt: Während ca. 1 % der Pfarrer in der Weimarer Republik der »Bruderschaft Sozialistischer Theologen« unter der Leitung von Paul Piechowski angehörten, stellten sie im Entscheidungsjahr 1933 ein Vielfaches an Verhaftungen und Verfolgungen aus politischen Gründen gegenüber den 99 % ihrer Kollegen.
108 Walter Bredendiek: Art. Religiöse Sozialisten. In: Theologisches Kirchenlexikon, Berlin 1979.
109 Wolfgang Abendroth: Aufstieg und Krise der deutschen Sozialdemokratie. Das Problem der Zweckentfremdung einer politischen Partei durch die Anpassungstendenz von Institutionen an vorgegebene Machtverhältnisse. Vierte, erweiterte Auflage, Köln 1978, S. 63. Inzwischen auf CD-ROM erschienen in: Friedrich-Martin Balzer: Wolfgang Abendroth für Einsteiger und Fortgeschrittene, Bonn 2001.
110 Ebenda.
111 Ebenda, S. 63-64. Hervorhebung durch die Hrsg.
112 Peter Maslowski: Zur Religionsfrage. In: Die Internationale, H. 22,15.11.1926, S. 699.
113 Wolfgang Abendroth: Religion und Sozialismus. In: Freie Sozialistische Jugend, (künftig: FSJ) 3. Jg., (1927), Heft 12, (Dezember), S. 177-184.
114 In: FSJ, 4.Jg., 1928, H. 11/12, S. 128-129.
115 W. Abendroth: Proletarische Jugend und ethischer Sozialismus. In: Aussprache der Jugend Nr. 5. Beilage zum Lüdenscheider General-Anzeiger, Lüdenscheid, 75. Jg., vom 14.03.1929, S. 1-2.
116 Ders.: Vom Weg der marxistischen Widerstandskämpfer, a.a.O., S. 116.
117 Siehe die zahlreichen Forschungsergebnisse des marxistischen Leipziger Historikers Walter Markov über Jacques Roux, der vor 250 Jahren am 21. August 1752 geboren wurde.
118 W. Abendroth: Religion und Sozialismus, a.a.O., S. 181
119 Ebenda, S. XY.
120 W. Abendroth: Eine erste Kritik [an den Kommunismus-Thesen Eugen Steinemanns]. In: der neue bund, 26. Jg., (1960), 1/1960, (Januar), S. 68. Alle nachfolgenden Zitate ebenda.
121 Siehe W. Abendroth: Religion und Sozialismus. Antikritik. In: FSJ 4. Jg., (1928), H. 4 (April), S. 54 ff. Alle nachfolgenden Zitate ebenda.

122 Zit. nach Friedrich-Martin Balzer/Karl Ulrich Schnell: Der Fall Erwin Eckert. Zum Verhältnis von Protestantismus und Faschismus am Ende der Weimarer Republik, Bonn 2. Auflage 1993, S. 192. Hervorhebung d. Hrsg.
123 Zu Kappes, der am 01.12.1933 von der Badischen Landeskirche wegen seiner ungebrochen antinazistischen Haltung ebenfalls entlassen wurde, siehe Friedrich-Martin Balzer/Gert Wendelborn: »Wir sind keine stummen Hunde«. Heinz Kappes (1893-1988). Christ und Sozialist in der Weimarer Republik, Bonn 1994 sowie den am 100. Geburtstag von Emil Fuchs am 13. Mai 1974 an der Heidelberger Theologischen Fachschaft gehaltenen Vortrag: Das Problem der Assoziation nichtproletarischer, demokratischer Kräfte an die Arbeiterbewegung. Das Beispiel von Pfarrer Heinz Kappes«. In: Balzer, Miszellen, a.a.O., S. 113-130.
124 Erwin Eckert: Eröffnungsrede auf dem 5. Kongress in Stuttgart. In: SAV 1930, Nr. 32 vom 10.08.1930, S. 251.
125 Der Fascismus eine Gefahr für das Christentum. Leitsätze zum Vortrag Fuchs. In: SAV 1930, Nr. 33, 17.08.1930, S. 202. Als Aurel von Jüchen vom NKWD nach Workuta verschleppt wurde, setzte sich Emil Fuchs in einem Schreiben an den Hohen Kommissar der UdSSR für die DDR (Semjonow) durch das Justizministerium der DDR nachdrücklich für seine Entlassung ein. Siehe Schreiben vom 22.06.1953 im Nachlass der Humboldt-Universität, NL 1327. 1989 wurde Aurel von Jüchen von der PDS rehabilitiert.
126 Kundgebung des 5. Kongresses. In: SAV 1930, Nr. 33 vom 17.08.1930, S. 257. Alle nachfolgenden Zitate ebenda.
127 In: SAV 1930, Nr. 35, 31.08.1930, S. 276.
128 Zit. nach: Balzer: Klassengegensätze, a.a.O., S. 210f.
129 Erwin Eckert: Opposition, nicht Koalition. In: Klassenkampf, Nr. 20 vom 15.10.1930, S. 622-626.
130 Erwin Eckert: Immer wieder die Klassenkampffrage. In: RS, Nr. 38, 20.09.1931, S. 160.
131 Balzer: Klassengegensätze in der Kirche, a.a.O., S. 218-230
132 Wolfgang Abendroth: Nach fünfzig Jahren. In: Blätter für deutsche und internationale Politik, 1/1983, S. 6.
133 Wolfgang Abendroth: Nach fünfzig Jahren. In: Blätter für deutsche und internationale Politik, 1/1983, S. 6.
134 Siehe Wolfgang Abendroth: Ist 1933 wiederholbar? In: Marxistische Blätter, 21. Jg., (1983), H. 1, (Januar/Februar), S. 58-64.

Teil I

»Mit unglaublicher Roheit ...«

Die Wochenberichte von Erwin Eckert

(5. Oktober 1930 bis 12. Februar 1931)

(1.) Die Woche vom 5. bis 12. Oktober 1930

10.000 Ruhrbergleute überflüssig. Außer den 50.000, die auf der Straße liegen. Die Rheinischen Stahlwerke legen die Zeche Arenberg-Fortsetzung in Bottrop am 1. November endgültig still, da sich die Absatzlage nicht gebessert hat. Zur Entlassung kommen 900 Bergleute und 50 Angestellte. Im Laufe des Oktobers rechnet man im Ruhrbergbau mit einem Abbau von mehr als 10.000 Mann. Die Zahl der arbeitsuchenden Bergleute hat 50.000 bereits überschritten.

Neuer Abbau bei Krupp. Die Firma Krupp hat dem Regierungspräsidenten die Notwendigkeit der Entlassung von 2.500 Arbeitern angezeigt, die im Laufe von vier Wochen zur Ausführung kommen soll.

23.000 stellenlose Lehrer. Der preußische Kultusminister hat dem Landtag eine Übersicht über die Zahl der stellenlosen Schulamtsbewerber in Preußen nach dem Stand vom 15. Mai 1930 zugeleitet. Danach beträgt die Zahl der stellenlosen Bewerber überhaupt 23.147, das sind 21 Prozent der in Preußen bestehenden Lehrer(innen)stellen, deren Zahl sich auf 109.631 beläuft. Von den stellenlosen Lehramtsbewerbern sind vorüber gehend beschäftigt 14.286, darunter 7.203 auftragsweise in freien Planstellen, 4.089 vertretungsweise für erkrankte Lehrer und 2.994 als Hilfs(Wander)lehrer. Ohne jede Beschäftigung im Schuldienst sind 8.861 Lehrer und Lehrerinnen.

Lohnkampf in der Bielefelder Metallindustrie. Nachdem die Verhandlungen zwischen Arbeitgebern und Arbeitnehmern in der Lohnbewegung in der Bielefelder Metallindustrie ergebnislos verlaufen sind, ist nunmehr die Entscheidung des Schlichters in Dortmund angerufen worden.

Streik der Berliner Bauschlosser, mit 97 Prozent der Belegschaften beschlossen, seit 10. Oktober durchgeführt, ist bis jetzt nicht vom DMV-Hauptvorstand sanktioniert! Sie wollen 10 Pfennig Lohnerhöhung.

Der am 10. Oktober gefällte Schiedsspruch im Metallarbeiterlohnkampf[1] Berlin besagt im wesentlichen: Die bisherigen Tarifmindestlöhne der über 18 Jahre alten Metallarbeiter werden mit Wirkung vom 3. November um 8 Prozent gekürzt (!!), die Tarifmindestlöhne der Jugendlichen und der Arbeiterinnen um 6 Prozent!! Die Akkordgrundlagen sollen im gleichen Ausmaße gesenkt werden! Das neue Lohn abkommen mit den reduzierten Tariflöhnen soll bis zu der Lohnwoche gelten, in die der 30. Juni 1931 fällt! Die Erklärungsfrist wurde auf Samstag, 18. Oktober, mittags 12 Uhr, festgesetzt. Der Streik hat in zwischen begonnen.

Hohe Jutegewinne. Die Jutespinnerei und Weberei Kassel ist bei einem Reingewinn von 140.000 Mark in der Lage, die hohe Dividende von 12 Prozent an die Aktionäre auszuschütten. Im vergangenen Jahre wurde eine Dividende von 15 Prozent verteilt. Wie die Jute verarbeitende Industrie in Deutschland von der Riesenspanne zwischen den so stark gesunkenen Rohjutepreisen auf dem Weltmarkt und den nur unwesentlich gesenkten Inlandspreisen für Jutefabrikate (Säcke usw.) profitiert, geht daraus hervor, daß eine 12prozentige Dividende bei nur 50prozentiger Ausnutzung des Betriebes herausgewirtschaftet werden konnte.

Nordsee-Fischerei-Trust 14 Prozent Dividende. Die Verschmelzung der führenden Fischereiunternehmungen zu dem Nordsee-Fischerei-Trust in Hamburg ist für die Beteiligten ein gutes Geschäft gewesen. Nach dem jetzt vorliegenden Abschluß des Trusts ist der Rohgewinn von 6,25 auf 7,45 Millionen gestiegen, und aus dem Reingewinn von 3,37 Millionen wird eine von 12 auf 14 Prozent heraufgesetzte Dividende ausgezahlt.

Reichsbankpräsident a. D. Schacht hat in einem New Yorker Klub über Deutschlands Wirtschaftslage gesprochen und dabei folgende Bemerkungen gemacht: »Deutschland werde keinen seiner ausländischen Geldgeber jemals enttäuschen, um welche Kredite es sich auch handeln möge. Die moralische Kreditwürdigkeit des deutschen Unternehmertums bestehe unverändert weiter; anders verhalte es sich mit dem Kredit für öffentliche Körperschaften. Die Forderung nach Beseitigung der Verschwendungswirtschaft und nach finanzieller Ordnung sei das Hauptproblem des Augenblickes.«

Schon im August 789 Millionen Defizit bei den Reichsfinanzen. Der jetzt vom Reichsfinanzministerium veröffentlichte Ausweis über die Einnahmen und Ausgaben des Reiches im August zeigt im ordentlichen Haushalt ein Defizit von 17,3 Millionen Mark, dagegen im außerordentlichen Haushalt einen Überschuß von 5,3 Millionen Mark. Das Defizit im ordentlichen Etat beträgt damit für das laufende Finanzjahr 44,5 Millionen Mark und erreicht einschließlich des Fehlbetrages von 1929/30 rund 509,5 Millionen Mark. Dem im außerordentlichen Haushalt vorhandenen Überschuß von 492,3 Millionen im laufenden Rechnungsjahr steht ein Fehlbetrag von 763,7 Millionen aus dem Vorjahr gegenüber, so daß hier das Defizit 279,4 Millionen beträgt. Der Gesamtfehlbetrag im Reichshaushalt hat also im August 789 Millionen Mark erreicht. Der Kassenbestand betrug Ende August bei 1.230 Millionen Einnahmen und 1.145 Millionen Ausgaben 85 Millionen Mark. Die schwebende Schuld des Reiches ist von 1.207,3 Millionen Mark im Vormonat auf 1.250,8 Millionen Mark im August gestiegen. Hiervon sind 753 Millionen unverzinsliche Schatzanweisungen, 394 Millionen Mark umlaufende Reichswechsel und 83 Millionen Mark kurzfristige Darlehen.

Internationale Beratung der Bankiers. Die Reichsbank hat ein Viertel ihrer Goldbestände eingebüßt. Rapide Kursstürze deutscher Wertpapiere. Die Präsidenten aller großen europäischen Notenbanken sind in Basel eingetroffen, darunter auch Herr Luther, der Präsident der Deutschen Reichsbank. Den offiziellen Anlaß dieses Präsidententreffens bildet eine Verwaltungsratssitzung der BIZ, der auf der Haager Konferenz gegründeten Bank für internationale Zahlungen[2]; nebenher aber laufen weit wichtigere Beratungen und Konferenzen, über die allerdings strengstes Stillschweigen bewahrt wird. Der Reichsbankpräsident Luther hat nämlich an die anderen Notenbankpräsidenten einen dringlichen Hilferuf gerichtet, Deutschland vor einem Währungszusammenbruch zu bewahren! Nach ihren eigenen Angaben hat die Reichsbank in den letzten Wochen nicht weniger als 900 Millionen Mark in Gold und ausländischen Zahlungsmitteln abgeben müssen, mehr als ein Viertel ihres Gesamtbestandes an Gold und Devisen. Ursache dieser gewaltigen Einbuße ist vor allem die Kapitalflucht aus Deutschland. Die Reichsbank mußte bisher nicht weniger als 7 1/2 Waggons Gold an die Bank von Frankreich verkaufen, um den Banken die erforderlichen Mengen von französischen Franken zur Verfügung zu stellen. Ein weiteres Alarmsignal für die deutschen Kapitalisten ist der rapide Kurssturz der deutschen Anleihen an den Auslandsbörsen, vor allem der Young-Anleihe[3]. Vor einigen Tagen notierte die Young-Anleihe an der Amsterdamer Börse nur mehr 69 3/4 bei einem Nennwert von 100!

Die Börsenkurse sinken weiter! Eine neue Diskonterhöhung in Sicht. Die Berliner Börse bringt auch nach der Annahme des 500-Millionen-Kredits des Reiches neue starke Verkäufe. Die Kurse gingen auf der ganzen Linie weiter zurück, bei den Hauptpapieren bis zu fünf und mehr Punkten. Die Anspannung auf dem Geldmarkt und die Erhöhung des Privatdiskonts auf 5 Prozent lassen erwarten, da gleichzeitig auch die Devisennachfrage nicht zurückgegangen zu sein scheint, daß die Reichsbank bald eine neue Diskonterhöhung vornehmen wird.

Neues Gold ins Ausland. 35 Millionen nach Paris. 17,5 Millionen nach Amsterdam. Die Reichsbank hat wegen der ununterbrochenen fortdauernden Devisennachfrage, die den französischen Franken- und den holländischen Guldenkurs erhöhten, wieder Gold versenden müssen. Nach Paris gingen dieser Tage neue 35 Millionen, nach Amsterdam 17,5 Millionen.

Riesige Hypothekenbank-Fusionen. Fast die Hälfte des privaten Hypothekenkapitals unter Führung der DD-Bank.[4] In den etwa 40 privaten deutschen Hypothekenbanken ist jetzt eine neue sehr weitgreifende Konzentration erfolgt. Die großen führenden Gruppen, die Gemeinschaftsgruppe deutscher Hypothekenbanken mit 8 Instituten und die Gruppe der Preußischen Zentralbodenkredit und Pfandbrief AG nehmen unter sich Verschmelzungen vor, erweitern ihren Wirkungskreis auf andere Banken und stellen insgesamt rund 46 Prozent der von allen privaten Hypothekenbanken gewährten Hypotheken und Kommunaldarlehen und rund 45 Prozent aller von diesen Banken in Umlauf gesetzten Goldpfandbriefe und Kommunalobligationen unter einheitliche Führung. Dieser riesige Zusammenschluß wird 2,92 Milliarden langfristige Darlehen und 2,76 Milliarden Pfandbriefe und Kommunalschuldverschreibungen unter eine Führung bringen.

Kürzung der Angestelltengehälter. Der Reichsfinanzminister hat die Kündigung der laufenden Einzelverträge sämtlicher bei der Reichsverwaltung beschäftigten Angestellten zum 31. März 1931 verfügt, damit dann neue Einzelverträge mit den Angestellten abgeschlossen werden können, die eine Kürzung der Dienstbezüge mit Ausnahme der Kinderzuschläge um 6 Prozent vorsehen. Von dieser Kürzung der Dienstbezüge werden unmittelbar 30.000 Reichsangestellte, nicht mitgerechnet die Angestellten der Reichsbahn und Reichspost, betroffen. Man rechnet, daß rund 300.000 Personen der Kürzung um 6 Prozent ihres Einkommens verfallen, wenn Länder und Gemeinden sich dem Vorgehen des Reiches anschließen.

Die Arbeitslosigkeit[5] wächst weiter. Trotz saisonmäßig günstiger Einflüsse ist die Ziffer der Arbeitsuchenden in der zweiten Septemberhälfte um weitere 47.000 Personen angewachsen und hat damit die vor läufige Rekordziffer von 3.088.000 erreicht. Dabei sind in dieser Ziffer noch nicht einmal alle erfaßt, da zahnreiche Ausgesteuerte als sogenannte Arbeitsuchen de bereits ausgeschieden sind. Alles deutet darauf hin, daß in den Wintermonaten mit einem außerordentlichen Anschwellen der Arbeitslosenzahlen zu rechnen ist.

Der Reichsverband der Industrie[6] erklärt zum Programm Brünings[7]: »Der Grundgedanke des Programms ist richtig[...]. Neben der Einschränkung der Personalausgaben der öffentlichen Verwaltung ist dabei eine der Lage des jeweiligen Wirtschaftszweiges angepaßte Herabsetzung der Löhne und Bezüge aller in der Privatwirtschaft Tätigen wichtigste Voraussetzung.«

Der Hauptvorstand der christlichen Gewerkschaften tagte am 8. Oktober in Königswinter und erklärte in einer Entschließung: »In dem Programm Brünings sehen die christlichen Gewerkschaften einen ernsten Versuch, in Staat und Wirtschaft wieder zu gesünderen Verhältnissen zu kommen.«

Der Deutsche Bergarbeiterverband fordert Youngplan-Revision und Zahlungsaufschub.

»Kulturfront gegen Sowjetrußland?« Die »Germania«[8] bringt einen Leitartikel »Mehr Distanz zu den Sowjets« und kommt zu folgenden Schlußfolgerungen: »Wann bricht sich die Erkenntnis durch, daß jenes System, wenigstens in seiner jetzigen Form, in der Kulturgemeinschaft der Völker nicht eingeschaltet werden kann?« (!!)

Mussolini stellt ein neues Heer auf. Die Beschlüsse, die der Oberste Faschistenrat nach dem Wechsel im Generalsekretariat der faschistischen Partei faßte, sind von der scharfen politischen Krise diktiert. Der wichtigste dieser Beschlüsse ist die Schaffung einer neuen militärischen Organisation, die alle durch den faschistischen Jugendverband gegangenen Jungen zwischen 18 und 21 Jahren umfassen soll. (Dieser Beschluß bedeutet praktisch die Vermehrung des italienischen Heeres um rund 250.000 Köpfe.) Der faschistische Großrat für Einführung der Todesstrafe, und zwar zur Bekämpfung von Verbrechen gegen die Sicherheit des Staates, wie dies bereits gegenwärtig in dem faschistischen Gesetz zum Schutze des Staates vorgesehen ist. Auch für sogenannte gemeine Verbrechen besonders schwerer Art soll die Todesstrafe eingeführt werden.

Vier sozialdemokratische Kreisdirektoren entlassen. Die neue Hakenkreuz-Regierung in Braunschweig[9] hat vier sozialdemokratische Kreisdirektoren zum 1. April 1931 pensioniert.

Evangelischer Kirchenvertrag. In seiner Sitzung vom 10. Oktober hat das preußische Staatsministerium zu den bisherigen Verhandlungen über den Abschluß eines evangelischen Kirchenvertrages Stellung genommen. Ein formulierter Vertragsentwurf wird den evangelischen Kirchen unverzüglich zugeleitet werden.

Blutbad in einer Kirche. In Mexiko haben Banditen in der Stadt San Carlos im Staate Tabasco eine katholische Kirche während der Frühmesse in Brand gesteckt. Die Banditen sollen sämtliche Eingänge verbarrikadiert und alle Männer, Frauen und Kinder, die durch die Fenster ins Freie zu flüchten versuchten, kaltblütig niedergeschossen haben. Insgesamt sollen 80 Menschen dabei in den Flammen umgekommen oder unter den Kugeln der Banditen gefallen sein.

(2.) Die Woche vom 12. bis 19. Oktober 1930

Wirtschaft

Der Berliner Metallarbeiterstreik dauert an. Die Arbeitnehmerseite hat den Schiedsspruch abgelehnt, die Arbeitgeberseite ihn angenommen und seine Verbindlichkeitserklärung beantragt. – Goebbels hatte am 15. Oktober die Solidarität der NSDAP mit den Streikenden erklärt! Der Führerausschuß der NSDAP[10] protestierte am 16. [Oktober] bereits gegen diesen Aufruf, bezeichnet ihn als »taktische« Maßnahme. Eine Einheitsfront der NSDAP mit den freien Gewerkschaften sei ein für allemal ausgeschlossen. »Der Unternehmer, der auf Grund seiner Tüchtigkeit, die nur die höhere Rasse(!) beweise, an die Spitze der Wirtschaft gelangt sei, trage die alleinige Verantwortung für die Produktion und sei es, der dem Arbeiter Brot schaffe.«!!! – Das heißt also »Sozialismus« auf Hitlers Art.

Die freigewerkschaftlichen Angestelltenorganisationen (Afa, ZdA, Butab) Berlins haben sich mit den Metallarbeitern solidarisch erklärt.

Der Antrag der sozialdemokratischen Reichstagsfraktion, den Reichsarbeitsminister zu ersuchen, den Schiedsspruch im Berliner Metallarbeiterkonflikt nicht für verbindlich zu erklären, wurde vom Reichstag in einfacher Abstimmung mit Mehrheit angenommen.

Die kommunistische Stadtverordnetenfraktion hat einen dringenden Antrag eingebracht, in dem die sofortige Bewilligung von fünf Millionen Mark für die Streikenden und Überweisung an den Zentralen Kampfausschuß gefordert wird. Gegen den Schiedsspruch wird in diesem Antrag schärfster Protest erhoben und eine Erhöhung der Löhne um 20 Pfennig bei gleichzeitiger Kürzung der Arbeitszeit auf sieben Stunden für erforderlich gehalten.

Ford erhöht in Berlin die Löhne für die Arbeiter um 10 – 30 Pfennig für die Stunde.

2.000 Stock-Arbeiter im Streik. Den Stock-Arbeitern im Marienfelder Werk wurde durch Anschlag mitgeteilt, daß die Löhne der Hilfsarbeiter auf Grund des seit dem 5. Oktober bestehenden tariflosen Zustandes gekürzt werden. Eine kurze Besprechung der Vertrauensleute mit den Betriebsräten ergab den sofortigen Streik der Gesamtbelegschaft als Antwort. 2.000 Arbeiter verließen den Betrieb. Stock liegt still.

Auch in Sachsen Metallarbeiterstreik. Am Freitag hat in Limbach bei Chemnitz eine Metallarbeiterversammlung stattgefunden, die mit überwältigender Mehrheit den Streik für Montag, den 20. Oktober, beschlossen hat. Die Arbeit soll an diesem Tag in allen metallverarbeitenden Betrieben geschlossen niedergelegt werden.

Internationaler Transportarbeiterstreik? Die Unternehmer der Rheinschiffahrt haben den Arbeitern und Angestellten das Tarifverhältnis gekündigt mit der Forderung auf Abbau der Löhne und Gehälter in Höhe von 10 Prozent ab 1. November dieses Jahres. Am 12. Oktober fand in Duisburg eine Konferenz statt, in der Delegierte der Hafenarbeiter, Schiffer und Eisenbahner aus der Schweiz, aus Belgien, aus Frankreich, aus Holland und aus Deutschland über Mittel und Wege des Kampfes der Transportarbeiter auf internationaler Basis beraten haben. Es waren 58 Delegierte anwesend.

Generalstreik in Spanien. Malaga, die bedeutende Hafenstadt in Südspanien, befindet sich in den Händen der streikenden Arbeiterschaft. In Barcelona haben die Metallarbeiter den Generalstreik ausgerufen. In Sevilla ist auch nach Verhaftung sämtlicher Gewerkschaftsführer der allgemeine Generalstreik ausgebrochen. Es kam bereits wieder zu heftigen Straßenkämpfen mit der Polizei, die neuerdings mit Maschinengewehren ausgerüstet ist. In Lérida ist es zu schweren Zusammenstößen zwischen Polizei und einer großen Menge gekommen. In Toledo ist am 18. Oktober als Protest gegen eine am 19. stattgehabte Versammlung monarchistischer Offiziere der Generalstreik ausgebrochen.

Hungermarsch in Ungarn. Unter dem Einfluß der Agitations- und Organisationsarbeit der Kommunistischen Partei Ungarns bereiten sich die Arbeiter und armen Bauern in den Betrieben und auf dem Lande auf ihren Hungermarsch am 1. November vor. In Budapest werden darum Arbeiter fast täglich massenweise verhaftet. In den Kohlerevieren von Salgotarjan und Pecs sind Verhaftungen revolutionärer Arbeiter ebenfalls eine tägliche Erscheinung.

Der ADGB für die Revision des Young-Abkommens. Der Ausschuß des Allgemeinen Deutschen Gewerkschaftsbundes faßte auf seiner Tagung am 12. und 13. Oktober eine Entschließung, in der unter anderem festgestellt wird: Die gegenwärtige Wirtschaftspolitik wie auch das neue Programm der Reichsregierung erfüllen die notwendigen Erfordernisse gegen die Wirtschaftskrise nicht. In der Aufrechterhaltung hoher Warenpreise liegt ein verhängnisvoller Fehler der Wirtschaftsführung. Besonders notwendig ist eine Revision der jetzigen Agrarpolitik, insbesondere die Beseitigung der überhöhten Zölle. Der Bundesausschuß fordert eine gesetzliche vierzigstündige Arbeitswoche so lange, bis der Arbeitsmarkt entlastet ist, unter gleichzeitiger Einführung eines allgemeinen Zwanges zur Einstellung neuer Arbeitskräfte im Ausmaße der Arbeitszeitverkürzung, zur Meldung offener Stellen und Benutzung der öffentlichen Arbeitsvermittlung. Zum Lohnausgleich sind für den Übergang die freiwerdenden Unterstützungsmittel mitheranzuziehen. Die deutschen Gewerkschaften sind schon vor einem Jahrzehnt für die Annullierung der Kriegsschulden eingetreten. Diese grundsätzliche Haltung haben die Gewerkschaften niemals aufgegeben. Sie haben niemals einen Zweifel daran gelassen, daß das Ziel der deutschen Politik die Revision der Reparationsabkommen und die Wiederherstellung der vollen Souveränität des deutschen Volkes sein muß.

Die Thüringer Metallindustriellen haben den bestehenden Lohntarif zum 15. November gekündigt. Es ist damit zu rechnen, daß die Metallindustriellen einen Lohnabbau von 15 Prozent durchsetzen wollen.

Die Firma Krupp in Essen wird, falls sich die Absatzlage in den nächsten Wochen nicht bessert, außer den schon gekündigten 2.500 Arbeitern weitere 1.500 Arbeiter, also im ganzen 40.000 Arbeiter, der Nebenbetriebe der Essener Gußstahlfabriken entlassen. Die Entlassungen in den Hilfsbetrieben und mechanischen Werkstätten sind »vorsorglich« beantragt, falls nicht in den nächsten Wochen Aufträge eingehen.

Niedrigere Eisenpreise nur mit neuem Lohnabbau. Die Eisenkonzerne wollen trotz der gewaltigen Preisspanne gegenüber dem Weltmarkt und der immer größeren Auftragsdürre von ihren Listenpreisen nicht herunter. Sie haben jetzt einen Versuchsballon in die bürgerliche Presse lanciert, der ihre Bereitschaft einer Eisenpreissenkung für den Fall erkennen läßt, daß eine nochmalige Senkung der Löhne über den Oeynhausener Schiedsspruch[11] hinaus durchgeführt wird. (!!!)

Wieder Gold nach Frankreich. Kapitalflucht von der Reichsbank als Ursache bezeichnet. Gefahr neuer Diskonterhöhungen. Die Reichsbank hat aus dem Kölner Depot neue 35 Millionen Gold nach Paris gesandt. Zu diesen Goldsendungen hat sie eine wichtige Erklärung abgegeben. Tatsache sei, daß die Entwicklung der Kapitalflucht die Reichsbank zu erheblichen Goldabgaben genötigt habe und weiter nötigen wird. Es sei auch mit größter Wahrscheinlichkeit anzunehmen, daß die Reichsbank in kurzer Zeit neue Diskonterhöhungen vornehmen muß, um der Kapitalflucht entgegenzuwirken.

Geldüberschwemmung in der Schweiz. Geld und Kredite kosten fast gar nichts mehr. Tagesgeld will überhaupt kein Mensch mehr, es bringt keinerlei Zins. Für Inlandswechsel werden nunmehr 1 1/3 Prozent, für ausländische Wechsel nunmehr 1 1/2 Prozent abgezogen.

Russisches Benzin in der Schweiz. Die Russen setzen ihre Politik fort, durch Dumping eine Steigerung der Benzinausfuhr zu erreichen. Sie haben durch diese Maßnahmen einen Rückgang des Benzinpreises in der Schweiz in kurzer Zeit von 55 auf 35 Centimes pro Liter erreicht.

Maschinenfabrik Augsburg-Nürnberg verdient 18 Prozent. Der größte süddeutsche Maschinenkonzern, die von der Gute-Hoffnung-Hütte beherrschte Maschinenfabrik Augsburg-Nürnberg (MAN) schließt das Krisenjahr 1929/30 mit einem Rohgewinn von 3,6 Millionen ab. Nach Deckung sämtlicher Unkosten hat das Unternehmen im letzten Jahr also 18 Prozent seines 20-Millionen-Kapitals verdient.

12,5 Millionen Mark im Jahr für 25 Siemens-Direktoren! Dem stehen die rund 10.000 Angestellten gegenüber, die durchschnittlich im Monat vielleicht ein Gehalt von etwas über 200 Mark haben, also setzen wir ein Jahresgehalt von 2.500 Mark. Das macht jährlich 25 Millionen Mark. 10.000 Leute verdienen nur doppelt so viel wie 25 Leute. Das ist die Situation. Und während von den 10.000 jetzt 1.000 auf die Straße gesetzt werden, um 2,5 Millionen jährlich zu sparen, läßt sich der Generaldirektor Köttgen, also einer von den 25, auf seinem Grundstück einen großen Teich ausschachten, weil er nicht einsieht, warum er nicht auch seinen eigenen privaten See haben soll – wie andere Leute. Herr von Siemens hat nicht genug an seinem Musik-Pavillon, wo er gegen angemessenes Honorar das Philharmonische Orchester dirigieren, Furtwängler spielen darf, sondern muß sich in seiner neuen Villa noch ein großes luxuriöses Schwimmbad einrichten lassen. So ist die Situation!

291 Direktoren und Präsidenten bei der Reichsbahn beziehen jährlich 7 Millionen Mark. Sie haben insgesamt ein Einkommen, von denen mehr als 3.000 Reichsbahnarbeiter mit ihren Familien leben müssen. Der Generaldirektor der Reichsbahn hat neben freier Dienstwohnung ein Jahreseinkommen von 122.000 RM!!!

Die Weltwirtschaftskrise. In den ersten sieben Monaten des Jahres haben in den USA 536 Banken und Bankfirmen, die zum Teil über recht beachtliche Depositengelder verfügen, ihre Zahlungen eingestellt.

Der Auftragsbestand des amerikanischen Stahltrustes belief sich am 1. Oktober auf 3.421.000 Tonnen gegen 3.580.000 Tonnen am 1. September dieses Jahres und 3.903.000 Tonnen am 1. Oktober des vorigen Jahres. Nach dem Fachblatt »Iron Age« betrug die Roheisenproduktion in den Vereinigten Staaten im September 2.277.000 Tonnen gegen 2.526.000 Tonnen im August und 3.167.000 Tonnen im September des vorigen Jahres. An Hochöfen waren 123 in Betrieb gegen 138 bzw. 205. Die tägliche Produktionsfähigkeit belief sich auf 76.000 Tonnen gegen 82.000 Tonnen bzw. 115.000 Tonnen.

Hoover erläßt einen Aufruf zur Unterstützung der »schuldlos in Not, in Hunger und Kälte geratenen Menschen«, der deutlich die Angst der amerikanischen Kapitalisten vor einem Winter im Zeichen von 9 Millionen Arbeitslosen erkennen läßt. Er verwies auf den Riesenumfang öffentlicher Arbeiten in der Nordamerikanischen Union, wodurch praktisch ein System nationaler Arbeitslosenversicherung geschaffen wurde. Die Gesamtzahl der 101 Verbände mit 29.266 Ortsgruppen umfaßt 2.961.096 Mitglieder.

Als Antwort auf die Versuche Hoovers erfolgten erneut an der New Yorker Börse scharfe Kurseinbrüche an allen Märkten. Verschiedene Papiere erreichten den Tiefstand von vor fünf Jahren. Sämtliche Industriepapiere erlitten Kursstürze von teilweise 15 bis 20 Punkten. Der mittlere Verlust der Aktien betrug 8,16 Prozent.

Durch das plötzliche »Verschwinden« eines Finanzmannes verlieren amerikanische Kapitalisten etwa 1.200.000 Pfund Sterling. Dieser Fall, der die bisher größten Verluste amerikanischer Geldgeber mit sich bringt, ist typisch für die jetzigen Zustände an der größten Börse der Welt.

»Kohlenpreissenkung«. Die »Deutsche Bergwerkszeitung« enthüllt, daß die Regierung Brüning folgenden Pakt mit den Kohlebaronen geschlossen hat: Als Gegenleistung für die Ermäßigung der Kohlenpreise um 6 Prozent sollen die Löhne der Ruhrarbeiter um 10 Prozent herabgesetzt werden.!!

Fünfjahrplan Sowjetrußlands! – Die »Prawda« schreibt an der Spitze ihrer Nummer vom 14. Oktober: »Der Fünfjahrplan wird in vier Jahren durchgeführt.« »Das zweite Jahr des Fünfjahrplans, das soeben zu Ende ging, brachte gewaltige Erfolge für den Bau des Sozialismus. In den entscheidenden Wirtschaftsgebieten hat der sozialistische Sektor die herrschende Position angenommen. Sogar in der Bauernwirtschaft wurden in diesem Jahre entscheidende Erfolge erzielt. 22 Prozent aller Bauernwirtschaften sind kollektiviert. Der sozialistische Sektor produziert 60 Prozent der sogenannten Getreidewarenproduktion. Die allgemeine Industrie ist um 25 Prozent, die Schwerindustrie um 38 Prozent gestiegen. Die gesamte Industrieproduktion im zweiten Jahre des Fünfjahrplans betrug zweimal mehr als die Produktion der Vorkriegszeit. Die stürmische Entwicklung der Industrie und das Wachsen der Produktionskräfte in der Landwirtschaft gestatten uns, im laufenden Jahr die Erwerbslosigkeit zu liquidieren.«

Politik

Die Sozialdemokratische Partei rettet die Regierung Brüning. Der Reichstag hat am 18. Oktober in später Abendstunde in namentlicher Abstimmung mit 339 gegen 220 Stimmen beschlossen, die Notverordnungen und die dazu vorgelegten Anträge dem Ausschuß zu überweisen. Das Schuldentilgungsgesetz wurde mit 325 gegen 237 Stimmen angenommen. Mit 318 gegen 236 Stimmen bei einer Enthaltung beschloß der Reichstag, über die vorliegenden Mißtrauensanträge zur Tagesordnung überzugehen. Gegen den Übergang zur Tagesordnung stimmten Nationalsozialisten, Deutschnationale, Kommunisten und Landvolk. Die Anträge auf Aufhebung oder Revision des Youngplanes und auf Einstellung der Zahlungen, sowie die übrigen außenpolitischen Anträge werden gegen Nationalsozialisten und Kommunisten, die eine sofortige Entscheidung wollen, dem auswärtigen Ausschuß überwiesen, und zwar mit 323 gegen 236 Stimmen. (Pfui-Rufe der Kommunisten.) Anträge gegen Steuerhinterziehungen gehen an den Steuerausschuß. – Man muß als religiöser Sozialist aufs tiefste betrübt sein über die Haltung der sozialdemokratischen Reichstagsfraktion, die sich genau wie bei der Panzerkreuzerfrage[12] nach der Wahl nicht zu der klaren Parole, unter der sie den Reichstagswahlkampf führte, zu bekennen wagt. Man darf sich in den offiziellen Führerkreisen der SPD nicht wundern, wenn das Vertrauen zu der »Partei des Proletariats« bald restlos geschwunden sein wird, die eine »Partei zur Stabilisierung der kapitalistischen Wirtschaft« zu werden droht.

Stahlhelm[13] will Volksbegehren[14] zur Auflösung des Preußenlandtags. Die Bundesführung des Stahlhelm kündigt jetzt offiziell an, daß sie alsbald ein Volksbegehren auf Auflösung des Preußischen Landtags einzubringen gedenke.

Neuregelung der Krisenunterstützung. – Früher haben sich nur die oberen Lohnklassen geringere Unterstützungssätze gefallen lassen müssen, jetzt tritt eine allgemeine Senkung des Leistungsniveaus ein und das, obwohl die Gesamtzahl der Krisenunterstützungen rund eine Million beträgt. Der Erfolg ist, daß nun fast allgemein Zusatzunterstützungen durch die Wohlfahrt der Gemeinden notwendig werden. Da der Finanzminister dem Reichsarbeitsminister nur hundert Millionen für die Neuregelung der Krisenunterstützung zur Verfügung stellte, müssen die bisher bereits Unterstützten ihren kargen Bissen Brot nun auch noch mit den neu zugelassenen teilen. Die Unterstützungssätze sinken unter die der Wohlfahrt, während zugleich die Bestimmungen für die Bedürftigkeitsprüfung so verschärft werden, daß sie an die öffentliche Fürsorge herankommen.

Generaloberst Heye tritt schon am 31. Oktober im Hinblick auf »die jetzige politisch besonders bewegte Zeit« zurück, damit wieder ganz klare Befehlsverhältnisse in der Heeresleitung geschaffen werden.

Mißtrauensantrag gegen die Regierung Braun abgelehnt. Im preußischen Landtag wurde am 16. Oktober der kommunistische Misstrauensantrag gegen die Regierung Braun mit 233 Stimmen der Regierungsparteien gegen 198 Stimmen der Opposition abgelehnt.

Der Großhandel für das Regierungsprogramm. In der Mitgliederversammlung des Reichsverbandes des Deutschen Groß- und Überseehandels stellte der Geh. Kommerzienrat Dr. Louis Ravené fest: An der augenblicklichen schlechten Lage tragen die bisher stark sozialistisch-durchsetzte Wirtschafts-, Finanz- und Sozialpolitik!! die Hauptschuld. Der Grundgedanke des Programms der Reichsregierung sei daher zweifellos richtig; allerdings scheine auch jetzt noch die Senkung der öffentlichen Lasten ungenügend zu sein.

Neue Steuern in Berlin. Der Magistrat beschloß (mit den Stimmen der Sozialdemokraten!!), der Stadtverordnetenversammlung unverzüglich eine Vorlage zu unterbreiten auf Erhöhung der Biersteuer, Einführung einer Gemeindegetränkesteuer und einer Bürgersteuer.

Das Pensionskürzungsgesetz wurde im Reichsrat mit verfassungsändernder Mehrheit, und zwar mit 53 gegen die 7 Stimmen des Landes Sachsen bei Stimmenthaltung der Provinz und Land Thüringen angenommen.

Freiwilliger Diätenverzicht. Die sozialdemokratische Landtagsfraktion Preußen stellt 20 Prozent der Diäten ihrer Abgeordneten zur Verfügung.

Sächsischer Landtag verlangt Revision des Youngplanes. Der sächsische Landtag hat am Donnerstag mit 82 gegen 12 kommunistische Stimmen einen Antrag angenommen, die sächsische Regierung zu ersuchen, auf die Reichsregierung einzuwirken, daß diese sich angesichts der wirtschaftlichen Lage mit allem Nachdruck und beschleunigt bemüht, Verhandlungen zur Revision des Youngplanes einzuleiten. Ein kommunistischer Antrag, die Reichsregierung zu ersuchen, alle Zahlungen aus dem Youngplan sofort einzustellen, wurde gegen die Stimmen der Nationalsozialisten und Kommunisten abgelehnt.

Der Christlich-soziale Volksdienst[15] wünscht zwar nach dem Wahlausgang eine Rechtsorientierung der Regierung, das Präsidium müsse aber nach altem Brauch entsprechend der Stärke der Parteien besetzt werden, damit es nicht zu einem Objekt des politischen Machtkampfes werde.

Kommunisten von Hitlers SA niedergeschlagen und niedergeschossen. In der Nacht vom 16. zum 17. Oktober verübten nationalsozialistische Sturmabteilungen in Bernau ein wohlvorbereitetes blutiges Verbrechen. Im Lokal Bellevue in Bernau fand eine von der KPD einberufene öffentliche Versammlung statt, in der die Gründung eines Kampfbundes gegen den Faschismus beschlossen wurde. Nach Schluß der ohne Störung verlaufenen Versammlung begab sich der größte Teil der Besucher auf den Heimweg. Unterwegs traten den Arbeitern etwa 40 Mann nationalsozialistische SA entgegen. Durch Schüsse wurden verletzt (lebensgefährlich): Walter Lehmann (Rückensteckschuß), Erich Langner, (Beinschuß); schwer verletzt: Otto Karsten (Armschuß, rechts), Leo Klotz (Armschuß), Georg Köhler (Streifschuß), Robert Grätz (Streifschuß am Kopf). – Durch Schläge: Frau Karstens (Oberarm durch Schläge mit einem Gasrohr schwer verletzt), Max Schwer (Handverletzung), Arbeiter Kuschel (Kinn zerschlagen), Bruno Bergweiß (Lippe und Unterkiefer zerschlagen).

Der »Völkische Beobachter«, das Zentralorgan der Hitlerpartei, schreibt in seinem Leitartikel vom 16. Oktober: »In einem Dritten Reich werden die Schaufenster jüdischer Geschäfte weit besser geschützt sein als unter der Schupo [Schutzpolizei] der Herren Zörgiebel und Weiß.«

Nationalsozialisten und Katholiken. Der Bischof von Mainz hat auf eine Anfrage bestätigt, daß ein Katholik kein eingeschriebenes Mitglied der Hitlerpartei sein dürfe, und daß, solange ein Katholik eingeschriebenes Mitglied der NSDAP sei, er nicht zu den Sakramenten zugelassen werde. Die Begründung des bischöflichen Ordinariats stützt sich vor allem auf den Punkt 24 des nationalsozialistischen Programms. Dort wird die Freiheit aller religiösen Bekenntnisse im Staat gefordert, »soweit sie nicht dessen Bestand gefährden«, wozu der Bischof feststellt, daß Führer der Nationalsozialistischen Partei die katholische Kirche zu den staatsgefährlichen Bekenntnissen rechnen. Dort heißt es weiter: »soweit sie nicht gegen das Moralgefühl der germanischen Rassen verstoßen«, wozu der Bischof bemerkt, daß die Überschätzung der germanischen Rasse und die Geringschätzung alles Fremdrassigen unchristlich und unkatholisch sei. Schließlich sei von nationalsozialistischen Rednern wiederholt der Gedanke aus gesprochen worden: Unser Kampf gilt Juda und Rom. Wird die katholische Kirche gegen den deutschen Faschismus kämpfen? Die »Münchener Neuesten Nachrichten« schreiben in einem Artikel, der vermutlich aus gut unterrichteten katholischen Kreisen stammt, ein Vorgehen des Vatikans gegen den deutschen Nationalsozialismus sei »im heutigen Stadium als äußerst unwahrscheinlich zu bezeichnen«. Die Erklärung des Bischofs von Mainz sei »ein aus lokalen Verhältnissen bedingtes Einschreiten aus seelsorgerischen, nicht aus disziplinären Gründen«. Deutlicher: der Bischof von Mainz hat noch nicht gemerkt, daß die katholische Kirche sich zur faschistischen Front halten muß – siehe Mussolini.

Die Polizei in Bombay hat am Donnerstag ihre Aktion gegen den allindischen Kongreß und die verbotenen Organisationen fortgesetzt. Nahezu 300 Kongreßangestellte und Beamte wurden verhaftet. Unter ihnen befindet sich Acic Lalji, der Sekretär des bisherigen allindischen Kriegsrates. Die Zahl der seit Mittwoch verhafteten hat sich auf 450 Personen erhöht.

Balkan-Kriegspakt gegen die Sowjetunion geschlossen. Im Amphitheater von Delphi fand die »feierliche Gründung« der Balkanunion statt. Die Konferenzteilnehmer haben einstimmig das Statut des neuen ständigen Balkanorganismus angenommen.

Blutige Kämpfe in Brasilien. Die Meldungen aus Brasilien lassen erkennen, daß an den verschiedenen Fronten mit größerer Erbitterung gekämpft wird als je seit Beginn des Aufstandes. Besonders blutige Kämpfe fanden längs der Grenze der Staaten Parana und Sao Paulo und im südwestlichen Teil des Staates Minas Geraes statt. Die Berichte über den Ausgang der Kämpfe widersprechen sich jedoch ja nach ihrer Herkunft.

Sozialistenverfolgung in Polen. Die Aufdeckung des angeblichen Bombenanschlags gegen Pilsudski wird von den Regierungsanhängern nach Kräften agitatorisch ausgenützt. Die Legionäre und andere Militärorganisationen veröffentlichen Aufrufe zur Sammlung um den Marschall. In verschiedenen Orten wurden Kundgebungen gegen die Sozialisten veranstaltet. In Czenstochau sind dabei die sozialistischen Parteilokale überfallen und demoliert worden.

(3.) Die Woche vom 20. bis 27. Oktober 1930

Wirtschaft

Die Verhandlungen im Berliner Metallarbeiterstreik haben zu keinem Ergebnis geführt. Die Unternehmer drohen mit der Aussperrung sämtlicher Metallarbeiter in Deutschland; die DMV-Gewerkschaft ist zum äußersten entschlossen. Nach nunmehr achttägiger Streikdauer macht sich der Ausstand im Wirtschaftsleben Berlins immer stärker fühlbar. Bei der Zentralstreikleitung häufen sich die Anträge auf Genehmigung von Notstandsarbeiten, die allerdings nicht direkt von den Metallindustriellen gestellt werden. Die Unternehmer schicken vielmehr ihre Auftraggeber vor, wie städtische oder gemeinwirtschaftliche Körperschaften, die dringende Arbeiten bei Reichsbahnbauten und dergleichen durchgeführt haben wollen. Die Zentralstreikleitung genehmigt nur in wenigen Ausnahmefällen derartige Anträge.

Die Vereinigung der deutschen Arbeitgeberverbände[16] und der Reichsverband der deutschen Industrie fordern die Metallindustriellen Deutschlands auf, keine Aufträge, die Berliner Firmen entzogen werden, aus zu führen.

Der Provinzialverband Berlin-Brandenburg der Allgemeinen Freien Lehrergewerkschaft erklärte den streikenden Metallarbeitern Berlins seine Sympathie und beschloß für den Monat November einen einmaligen Sonderbeitrag von einer Mark zur Unterstützung der streikenden Metallarbeiter. Der Betrag ist dem DMV zur Unterstützung in besonderen Notfällen zu überweisen.

Leningrader Arbeiter beschließen: 1/2 Prozent des Monatslohnes.

Die englische Minderheitsbewegung (RGO) hat beschlossen, sofort eine aktive Solidaritätsaktion für die streikenden Berliner Metallarbeiter zu organisieren. Sie hat sofort an alle Betriebe Sammellisten herausgegeben.

Metallarbeiter der Harzer Werke in Blankenburg im Streik seit dem 22. Oktober.

Der Streik ist vorläufig beigelegt.

Die Lohnverhandlungen zwischen Arbeitgebern und Arbeitnehmern über die Neuregelung der Lohnverhältnisse in der Rheinschifffahrt sind nach ergebnislosem Verlauf vertagt worden.

In der Ölfabrik Brinkmann u. Mergell in Harburg-Wilhelmsburg ist am 20. Oktober auf Grund der Verhandlungen zwischen der Firma und dem freigewerkschaftlichen Fabrikarbeiter-Verband die Sechs-Stunden-Schicht eingeführt worden. 300 neue Arbeiter wurden eingestellt. Auch die Firma Noblee & Thörl ist bereit, die Sechs-Stunden-Schicht durchzuführen, wodurch zunächst 50 Arbeiter eingestellt werden. Bei der Firma Thörl, Vereinigte Ölfabriken, werden 500 bis 600 Arbeitslose, Wohlfahrtsempfänger und Ausgesteuerte durch die Einführung der Sechs-Stunden-Schicht berücksichtigt.

Der Bund der freien Gewerkschaften Österreichs hat am Donnerstag beschlossen, den Internationalen Gewerkschaftsbund zu ersuchen, beim Internationalen Arbeitsamt in Genf eine Konvention über eine inter nationale Herabsetzung der Arbeitszeit von 48 auf 40 Stunden ohne Beeinträchtigung der Verdienste der Arbeiter anzuregen.

Die 40-stündige Arbeitswoche. In gemeinsamer Sitzung des Betriebsvorstandes und des Betriebsrats mit der Geschäftsleitung der Glaserhütte GmbH wurde vereinbart, die 40-stündige Arbeitswoche einzuführen, um zu versuchen, möglichst viele Kollegen in Arbeit zu behalten. Die Glaserhütte hofft mit dieser Maßnahme, die für die älteren Kollegen ein großes Opfer bedeutet, für ihren Teil nach besten Kräften bei der Bekämpfung der Arbeitslosigkeit mitzuwirken.

Tagung der Arbeiter-Internationale[17] am 29. Oktober in Köln. Zur Beratung steht besonders die Lage in Polen und Österreich. Deutschland wird durch den Abgeordneten Wels vertreten sein.

Arbeitszeit im Bergbau. Am Montag haben in Bochum für den Ruhrbergbau Verhandlungen über die Arbeitszeitfrage begonnen. Die Gewerkschaften fordern Wiedereinführung der Sieben-Stunden-Schicht. Am 15. Oktober waren 3.184.000 Arbeitslose auf den Arbeitsämtern gemeldet!

200.000 Arbeitslose in Österreich. Mitte Oktober wurden in Österreich insgesamt 174.866 unterstützte Arbeitslose gezählt, wozu noch etwa 35.000 bei den Arbeitsnachweisen vermerkte, aber nicht unterstützte Arbeitslose kommen. Die Gesamtzahl beträgt also rund 200.000.

Am 25. Oktober haben wiederum etwa 200 Angestellte bei Brown, Boveri & Co, Mannheim, ihre Kündigung zugestellt bekommen. Wie rigoros man bei diesen Kündigungen vorgegangen ist, zeigt ein besonders krasser Fall: man hat einen Angestellten, der am 1. Januar sein 26jähriges Jubiläum hätte feiern können, ebenfalls gekündigt.

Auch Englands Arbeitslosigkeit steigt. Die Zahl der Arbeitslosen hat sich in der letzten Woche um 12.481 auf 2.190.000 erhöht. Als neue Maßnahme wird die Labour-Regierung dem Parlament eine Vorlage über die weitere Erhöhung des schulpflichtigen Alters bis zu 15 Jahren zugehen lassen. Auch die Familienunterstützung für die Eltern der unter das Gesetz fallenden Kinder soll erhöht werden. Die Regierung hofft, bis Weihnachten das Gesetz unter Dach und Fach bringen zu können.

Arbeitslosigkeit in Amerika. Der ehemalige New Yorker Polizeichef A. Woods wurde als eine Art Arbeitslosendiktator berufen, um vor allem Wohlfahrtsarbeiten zur Bekämpfung des Massenelends zu leiten und durch zuführen. Neben den öffentlichen Arbeiten soll auch durch Verkürzung der Arbeitszeit die Arbeitslosigkeit eingedämmt werden. Die Arbeitszeit soll allgemein auf die Hälfte herabgesetzt werden. Man will dadurch die Einstellung einer doppelt so hohen Zahl von Arbeitskräften ermöglichen.

Der Deutsche Baugewerkschaftsbund teilt mit, daß Ende September 35 Prozent weniger Arbeiter beschäftigt waren als im vergangenen Jahre.

Gewerkschafts-Union der Bauindustrie in England. Die bisher in zahlreiche Verbände zersplitterten Gewerkschaften der Bauindustrie haben in einer gemeinsamen Vorstandskonferenz beschlossen, sich zu einer gemeinsamen Union zu verschmelzen. Dieser neue vereinigte Gewerkschaftsverband wird rund eine halbe Million Mitglieder umfassen.

Das Mitteldeutsche und Ostelbische Braunkohlensyndikat haben beschlossen, die Preise für Industriebriketts mit Wirkung vom 25. Oktober um

6 Mark je 10 Tonnen herabzusetzen. Die Hausbrandpreise bleiben bei beiden Syndikaten unverändert.

Eisen- und Stahlgroßhändler wollen 15 Prozent Lohnabbau. Die Unternehmer im Berliner Eisen- und Stahlgroßhandel haben die Lohnverträge vom 30. September ohne Angabe von Gründen gekündigt. Die Arbeitervertreter lehnten es ab, über einen Lohnabbau zu verhandeln. Vor dem Schlichtungsausschuß verlangten die Unternehmer die Herabsetzung der Löhne um mindestens 15 Prozent und eine allmähliche Angleichung an die Sätze der Metallindustrie. Es gelang dem Vorsitzenden des Schlichtungsausschusses, die Parteien zu bewegen, die Verhandlungen im Hinblick auf den Streik in der Metallindustrie bis zum 31. Oktober zu vertagen.

Russische Aufträge für deutsche Werften. Die Deutsche Schiff- und Maschinenbau-AG in Bremen hat von der Sowjetregierung einen Auftrag auf sechs Fischdampfer erhalten. Der Wert dieses Auftrages stellt sich auf vier Millionen Mark. – Zugleich hat die Rostocker Neptunwerft einen russischen Auftrag auf drei Fischdampfer im Wert von 2 Millionen Mark erhalten. Zur Durchführung dieses befristeten Auftrages werden Neueinstellungen bei dem Unternehmen erforderlich.

Rußland wehrt sich gegen das Einfuhrverbot gegen Frankreich, Jugoslawien, Ungarn und Rumänien. Ein von Rykow unterzeichnetes Dekret verbietet die Wareneinfuhr aus Frankreich, Jugoslawien, Ungarn und Rumänien. Auch der Transport russischer Güter auf Schiffen der boykottierten Länder ist untersagt worden. Die russische Regierung begründet diese Repressalien mit der von den gleichen Ländern geübten Taktik gegen russische Produkte, sowie mit der von diesen Staaten gegen Moskau betriebenen Dumping-Agitation. Polen, die Vereinigten Staaten und andere Länder werden einstweilen von Moskau nur verwarnt.

Der Magistrat der Stadt Berlin hat der Stadtverordnetenversammlung eine Dringlichkeitsvorlage zugehen lassen, in der er um Zustimmung zu der Ausführung von Notstandsarbeiten auf dem Gebiete des Straßenbaues in Höhe von 13,55 Millionen Mark bittet.

Die Zahl der Arbeitslosen betrug in Berlin im Monat September rund 346.000.

Die preußische Staatsregierung hat der Reichsregierung Vorschläge zur Arbeitsbeschaffung unterbreitet, bei deren Durchführung der Arbeitsmarkt um etwa 430.000 Arbeitskräfte entlastet werden würde. Die Hauptpunkte dieses Arbeitsbeschaffungsplans sind: Keine Belegschaftsverminderung bei ausreichender Beschäftigung für 40 Wochenstunden. Ein neues Berufsschuljahr zur besseren Vorbildung der Jugendlichen; 250.000 auf ein Jahr vom Arbeitsmarkt zurückgehalten. Bisher 110.000 ausländische Landarbeiter zugelassen, jetzt: Preußen will deutsche Arbeitslose an ihre Stelle setzen. Umfassende Meliorationsarbeiten zur Hebung des landwirtschaftlichen Ertrages. Jährliche Beschäftigungsmöglichkeit für 78.000 Arbeiter.

Der internationale Kapitalismus fürchtet um seinen Bestand, er will darum Deutschland Zahlungsaufschub der Young-Verpflichtungen gewähren (ein Moratorium). Amerika wird gegen die etwaige Erklärung eines Moratoriums für die Young-Zahlungen durch die Entente, das selbst verständlich von der parallelen Einstellung der interalliierten Schuldenzahlungen begleitet sein müßte, keinen Widerstand leisten. – Deutschland müßte allerdings vorher seine Finanzreform durchführen, d.h. auf Kosten der Arbeiterklasse den nationalen Kapitalismus stabilisieren.

»Die Produktion nimmt zu – die Arbeiterzahl nimmt ab«, sagt das Statistische Reichsamt. Die Gegenüberstellung der Indexziffern der industriellen Produktion des Jahres 1928 mit denen des Jahres 1929 zeigt für fast sämtliche Industrien, wie insbesondere Bergbau, Eisenindustrie, Industrie der Steine und Erden, Baugewerbe usw. ein erhebliches Ansteigen der Produktionsleistung je Kopf der Belegschaft. Überall steigt die Produktion schneller, als die Arbeiterzahl anwächst, häufig erhöht sich der Produktionsertrag sogar bei verminderter Arbeiterzahl.

Scheitern der Arbeitszeitverhandlungen im Ruhrbergbau. Unternehmer lehnen die Sieben-Stunden-Schicht ab. Die Verhandlungen im Ruhrbergbau, die am 20. Oktober in Essen stattfanden, verliefen ergebnislos. Die Bergarbeitervertreter forderten die Wiedereinführung der Sieben-Stunden-Schicht, da die Friedensleistung nicht nur erreicht, sondern weit überschritten sei. Damit sei die Voraussetzung für die Siebenstunden Arbeitszeit gegeben. Die riesige Arbeitslosigkeit im Bergbau zwinge zur Arbeitsbeschaffung durch Verkürzung der Arbeitszeit. Die Unternehmer vertraten den Standpunkt, daß ihnen unter den gegenwärtigen Verhältnissen das Recht auf Verfahren von Überschichten über die bisherige Arbeitszeit hinaus gegeben werden müsse. Eine Behebung der Arbeitslosigkeit sei nur durch Senkung der Selbstkosten und verschärften Wettbewerb möglich. Demgegenüber betonten die Vertreter der Gewerkschaften, daß die Absatzmöglichkeiten aus weltwirtschaftlichen Gründen begrenzt seien; die strikte Durchführung des Unternehmerstandpunktes müsse zur Verelendung der Bergarbeiterschaft führen. Zu beachten sei, daß in dem größten Kohlenausfuhrland der Welt, in England, die Arbeitszeit im Bergbau ab Dezember verkürzt werde. Die Unternehmer verhielten sich gegenüber den Argumenten der Gewerkschaft vollkommen ablehnend.

Solidaritätsaktion der Bergarbeiter Internationale. Gleichzeitige Lohnkämpfe in Deutschland und England im Dezember? Die englischen Grubenbesitzer

77

haben beschlossen, der dringenden Aufforderung des Bergbauministers Shinwell, Vertreter in das neutrale Lohnamt zu entsenden, das bei Lohnkonflikten als Schlichtungsinstanz fungiert, nicht nachzukommen. Die British Miners Federation erachtet den Zeitpunkt für eine internationale Solidaritätsaktion zur Erzwingung einheitlicher Arbeitsbedingungen in der Steinkohleindustrie insofern als besonders günstig, als nach ihrer Auffassung die im Dezember zu erwartende Lohnabbauaktion der deutschen Bergbauindustriellen die deutsche Bergarbeiterschaft zu einem scharfen Abwehrkampf zwingen werde. Mit dem gleichzeitigen Ablauf der Lohntarife und angesichts der angekündigten Lohnkürzung im englischen Bergbau besteht nach der in Kreisen der britischen Bergarbeiterorganisation herrschenden Auffassung die »ideale Möglichkeit« einer internationalen Streikaktion, die eventuell mit wirksamster Unterstützung der Transportarbeiter-Internationale durchgeführt werden könne.

Die Hausse-Stimmung an der Börse ist der vorläufigen Rettung der Regierung Brüning zu verdanken. Die Devisennachfrage hat aufgehört. Das Publikum ist als Käufer aufgetreten, die Spekulation deckt sich ein; so kam es wenigstens vorübergehend an allen Märkten zu großen Kurssteigerungen, die allerdings gegen Ende der Woche stark nachließen.

Der neue Wochenausweis der Reichsbank vom 23. Oktober läßt erkennen, daß die Reichsbank in der dritten Oktoberwoche den Valutasturm vorerst überwunden hat. Nach dem Londoner Goldausweis wurde Barrengold im Werte von über 3 Millionen Mark nach Deutschland eingeführt. Dieser Posten wurde für deutsche Rechnung in der vergangenen Woche aus südafrikanischen Goldsendungen erworben.

Die spanische Valuta hat an der Baseler Börse einen neuen Tiefstand erreicht.

Der Kupferpreis fällt. Das amerikanische Kupferkartell hat jetzt unter dem starken Druck der Lohnhütten in den Vereinigten Staaten die Kartell preise für Elektrokupfer von 10,3 auf 9,8 Cent je Pfund herabgesetzt. Die Ermäßigung dürfte sich auf dem deutschen Markt in einem Umfang von sechs Prozent geltend machen. Bei dem enormen Kupferverbrauch der metallverarbeitenden Industrie in Deutschland, besonders der Elektroindustrie, wird dieser Preisabbau für Kupfer, der nunmehr seit länger als eineinhalb Jahren anhält, eine weitere wesentliche Senkung der Gestehungskosten zur Folge haben.

12 Prozent für Lahmeyer-Aktionäre. Die Elektrizitäts-AG, vormals W. Lahmeyer in Frankfurt a.M., schließt ihr Geschäftsjahr 1929/30 mit einem von 5,3 auf 5,7 Millionen Mark erhöhten Geschäftsgewinn ab. Von dem mit 2,45 Millionen Mark ausgewiesenen Reingewinn wird wieder die im Vorjahr von 10 auf 12 Prozent heraufgesetzte Dividende ausgezahlt.

10 Prozent bei der Bubiag. Die Braunkohlen- und Brikettindustrie AG Bubiag erzielte im Geschäftsjahr 1929 bis 1930 einen Reingewinn von 2,33 (2,49) Millionen RM, es werden wieder 10 Prozent Dividende verteilt.

IG-Farben voraussichtlich wieder 12 Prozent Dividende. Die Chemiearbeiter haben im Durchschnitt etwa 30.- Mark Wochenlohn!!!

Ungeheuerliche Zollerhöhungen. Der Reichsinnenminister und der Reichsernährungsminister geben unter dem 25. Oktober bekannt, daß auf Grund des Gesetzes über Zolländerungen vom 15. April 1930 der Zollsatz für Weizen und Spelz von 18,50 auf 25 Mark je Doppelzentner und der Zollsatz für Gerste von 15 auf 20 Mark je Doppelzentner und zwar mit Wirkung vom 26. dieses Monats erhöht werden. Der Satz für Hartweizen und zur Herstellung von Hartweizengrieß unter Zollsicherung wird mit Wirkung vom 5. November auf 11,25 Mark festgesetzt. Bekanntlich erfolgte erst am 28. September die letzte Weizenzollerhöhung!!!!

Politik

Im Auswärtigen Ausschuß des Reichstages, der am 20. Oktober unter dem Vorsitz des Abg. Frick (NS.) zusammengetreten war, erstattete Reichsaußenminister Dr. Curtius einen ausführlichen Bericht über die Genfer Verhandlungen.[18] Der Auswärtige Ausschuß hat 28 Mitglieder. Von diesen 28 Ausschußmitgliedern verfügen die Regierungsparteien nur über sechs. Rechnet man hierzu die sieben Sozialdemokraten, dann sind 13 Abgeordnete im Ausschuß, die die Außenpolitik der Regierung unterstützen. Diesen stehen 15 Abgeordnete der Opposition, die also über die Mehrheit verfügt, gegenüber.

Sozialdemokratische Arbeiterwehren. Die Karlsruher Sozialdemokratische Partei und die Karlsruher Gewerkschaften veröffentlichen folgen den Aufruf: »Sozialdemokraten! Gewerkschafts-Kollegen! Seit Wochen üben Horden von Hakenkreuzlern in Karlsruhe und Umgebung einen nunmehr unerträglich gewordenen Terror aus... Wiederholt sind Arbeiter in Karlsruhe von den Hakenkreuzlern angegriffen und mißhandelt worden... Wir fordern die Staatsregierung auf, nicht nur die gesetzlichen Bestimmungen rücksichtslos anzuwenden, sondern erforderlichenfalls unter Einsatz aller Machtmittel des Staates den Terror zu brechen. Nebenbei muß aber auch die organisierte Arbeiterschaft um ihrer selbst willen aktiv dazu beitragen, dem Terror der Hakenkreuzler ein Ende zu bereiten. Wir rufen daher alle Parteigenossen und Gewerkschaftskollegen im Alter von 20 bis 45 Jahren auf, sich in die von uns zu bildende Abwehrbewegung unverzüglich einreihen zu lassen.«

Im preußischen Innenministerium ist auf die Stelle des Genossen Prof. Waentig Genosse Severing ernannt worden; auf die Stelle des Berliner Polizeipräsidenten, des Genossen Zörgiebel, der Genosse Grzesinski. Zörgiebel übernimmt ein Regierungspräsidium im Westen.

Blutige Zusammenstöße in Dortmund, Frankfurt a.M., Wiesbaden und Leipzig. In der Nacht zum 25. Oktober kam es in Dortmund zu blutigen Zusammenstößen zwischen Nationalsozialisten und Kommunisten. Ein 16jähriger Beteiligter an den Zusammenstößen, der Mitglied der kommunistischen Jugendorganisation ist, erlag seinen Wunden. – In Frankfurt kam es in einer Gastwirtschaft zwischen Nationalsozialisten und Mitgliedern des kommunistischen Antifaschisten-Kampfbundes zu einer schweren Schlägerei. Ein Kommunist Breitenbach erhielt einen Schlag mit einem Bierglas auf den Kopf, an dessen Folgen er kurz darauf im Krankenhaus starb. Als Täter wurde ein Nationalsozialist festgestellt. – Am 25. Oktober abends entstand zwischen dem auf Urlaub befindlichen Sohn des verstorbenen Altbürgermeisters Haupt in Bodenheim, einem Studenten, und dem bei der Familie beschäftigten Knecht Gustav Arzberger aus Bayern, dem Führer der dortigen Hitlerleute, eine Auseinandersetzung, in deren Verlauf der Knecht plötzlich einen Revolver zog und den Studenten durch sechs Schüsse tötete. Der Täter wurde von der empörten Bevölkerung förmlich gelyncht, so daß er mit lebensgefährlichen Verletzungen ins Mainzer Krankenhaus überführt werden mußte. – Am 26. Oktober, vormittags, wurden vierzig bis fünfzig Zivil tragende Leipziger Nationalsozialisten, die im Vorort Boelitz-Ehrenberg sowie im Stadtteil Leutzsch Flugblätter verteilt hatten, von etwa 300 Kommunisten angefallen. Auf der Flucht von zwei Seiten umfaßt, erkletterten die Hakenkreuzler den Zaun eines Leipziger Villengrundstücks, um sich im Garten vor den Verfolgern zu verbergen. Die Kommunisten rissen den Zaun und einen Torpfeiler um, schleuderten Pflaster- und Ziegelsteine durch die Fenster der Villa sowie zweier Nachbargebäude und richteten, nachdem sie der Nationalsozialisten habhaft geworden waren, sieben derselben übel zu. Fünf von den Verletzten mußten sofort das Diakonissenhaus Leipzig-Lindenau aufsuchen; drei konnten die Klinik bald wieder verlassen.

Bürgerkriegvorbereitungen. Beamte der politischen Polizei in Dortmund nahmen am Freitag auf dem Gute des verstorbenen Freiherrn von Landsberg-Vehlen, Ahausen bei Finnentrop, das jetzt einer Baronin Wrede-Naschede gehört, eine Suche nach Waffen vor, die nach einer bei der Polizei erfolgten Anzeige sich dort befinden sollten. Es wurden auch tatsächlich auf dem Gutsspeicher sechs Kisten mit 150 Infanteriegewehren (Modell 98) gefunden, denen aber die Schlösser fehlten. Diese fand man später bei dem Privatförster des Gutes, der in einem Nachbarort wohnt. Außerdem hatte der Förster noch 7.000 Schuß Infanteriemunition in Verwahrung!

Sieg der Revolution in Brasilien. Die Militärjunta hat beschlossen, die abgesetzten Minister für Justiz und Landesverteidigung in Haft zu behalten und die anderen Minister in Freiheit zu setzen. Der während der gestrigen

Zerstörungsorgien angerichtete Schaden wird auf eine Million Dollar geschätzt. Mehrere Zeitungsdruckereien wurden zerstört. Als der Dampfer »Baden« der Hamburg-Amerika-Linie den Hafen von Rio de Janeiro verlassen wollte, wurde er von den Revolutionären beschossen, es wird amtlich mitgeteilt, daß bei der Beschießung des Dampfers »Baden« 27 Personen, darunter 18 Frauen und Kinder, getötet und 35 verletzt wurden. Die getöteten Frauen und Kinder waren sämtlich spanische Auswanderer; vier von den Getöteten sind Mitglieder der Besatzung.

Ernster Zusammenstoß in Bombay. Die Polizei ging mit Bambusrohren gegen die Menge vor, wobei 235 Personen verletzt wurden.

Königsputsch in Ägypten. (Eine Schandverfassung oktroyiert.) König Fuad hat durch Dekret das Parlament aufgelöst, das neue Wahlrecht und die Verfassung in Kraft gesetzt. Die Wahl soll nach Fertigstellung der Wählerlisten erfolgen. Polizei und Militär durchreiten die Straßen, um jede Kundgebung zu verhindern.

Tschiang Kai-schek hat sich aus politischen Gründen taufen lassen. Da auch der Finanzminister Sung, der Schwager des Präsidenten, sowie der Minister des Äußeren, Wang, Christen sind, ist die Taufe des Präsidenten nicht ohne politischen Hintergrund und nicht ohne politische Bedeutung. Die Nordkoalition, die soeben geschlagenen Gegner der Nanking-Regierung, sind die Vertreter des extremen chinesischen Nationalismus, was sich auch in deren Feindschaft gegen die christlichen Chinesen ausdrückt. Die Taufe des Präsidenten Tschiang Kai-schek und die Tolerierung der Christen durch die Nanking-Regierung wird dadurch zu einer bewußten politischen Aktion gegenüber dem Ausland. – Armes Christentum.

(4.) **Die Woche vom 27. Oktober bis 2. November 1930**

Wirtschaft

Der Metallarbeiterstreik in Berlin ist beendet. Die Vereinbarung, die von den Vertretern des Deutschen Metallarbeiterverbandes, von den Vertretern des Allgemeinen Deutschen Gewerkschaftsbundes und von den Vertretern der Industriellen gezeichnet ist, hat folgenden Wortlaut:

»1. Die Arbeit wird sofort zu den alten Bedingungen wieder aufgenommen. Maßregelungen aus Anlaß dieses Streiks finden nicht statt.

2. Die Entscheidung der im Schiedsspruch vom 10. Oktober behandelten Fragen erfolgt durch einen neuen Schiedsspruch einer Schlichtungsstelle. Sie besteht aus drei Unparteiischen, die vom Reichsarbeitsminister nach Benehmen mit beiden Parteien ernannt werden.

3. Die Verhandlungen vor der Schlichtungsstelle sind möglichst bald zu

beginnen. Die Entscheidung hat spätestens in den ersten Wochen des November zu erfolgen und ist endgültig.

Als Unparteiischer ist der frühere Reichsarbeitsminister Brauns ausersehen, der dem Kreis der christlichen Gewerkschaften entstammt. Der eine Beisitzer wird von den Metallarbeitern, der andere von den Unternehmern gestellt.«

Diese vorläufige Regelung hat stürmische Auseinandersetzungen in der Obleutekonferenz der Metallarbeiter zur Folge gehabt. Die Streikleitung bei Siemens erklärte die Wiederaufnahme der Arbeit durch die 30.000 Mann starke Belegschaft noch vor der Urabstimmung über die Vereinbarung in den Betrieben. Von den abstimmenden Streikenden haben sich 40.000 für die Vereinbarung und 32.000 für die Fortführung des Streiks entschieden. Zurzeit streiken noch etwa 25.000 Metallarbeiter in Berlin. Interessant ist, daß am 27. die Kasseler Stadtverordnetenversammlung mit den Stimmen der SPD, KPD und der NSDAP beschloß, den streikenden Berliner Metallarbeitern 5.000 Mark zu überweisen.

Am 29. hatte der Sächsische Landesverband der Metallindustriellen zu einer Aussprache über den Metallarbeiterstreik auch Herrn Hitler eingeladen. Hitler sagte in letzter Stunde ab und schickte seinen politischen Mitarbeiter, Major Wagner, nach Dresden. In der Aussprache wurden gegen die nationalsozialistische Parteileitung heftige Vorwürfe erhoben, weil sie ihren Mitgliedern die Beteiligung am Berliner Metallarbeiterstreik gestattet habe. Auf diese Vorwürfe antwortete Hitlers Stellvertreter, es sei der Führung der Nationalsozialistischen Arbeiterpartei nicht möglich gewesen, ihren Mitgliedern die Teilnahme am Streik zu verbieten, denn sonst wären die wenigen Arbeiter, die bei den Nationalsozialisten seien, aus der Partei ausgetreten und zur Sozialdemokratie übergewandert. Diese Entschuldigung vor den Industriellen bestätigt nur, was jedem denkenden Arbeiter längst klar ist. Die Arbeiterfreundlichkeit Hitlers hat nur den Zweck, Dumme zu fangen.

Die RGO (Revolutionäre Gewerkschaftsopposition[19]) versuchte den Streik weiterzuführen. Dieser Versuch ist als mißlungen zu betrachten; die RGO hat zur Vertretung ihrer Taktik einen »Roten Metalllarbeiterverband«[20] gegründet. Man kann gespannt sein, wie der endgültige Schiedsspruch, den Brauns zu fällen hat, aussehen wird.[21] – Die Berliner Metallindustriellen holen inzwischen zu einem neuen Schlag gegen ihre Angestellten aus. In einem Rundschreiben, das der Verein Berliner Metallindustriellen an seine Mitgliederfirmen versandt hat, fordert er sämtliche Firmen auf, vom 31. Oktober ab eine Kündigung aller Angestellten mit Wirkung zum 31. März 1931 vorzunehmen, um niedrigere Gehälter zu vereinbaren. In der Einleitung des Schreibens wird darauf hingewiesen, daß der Verband Berliner Metallindustrieller zum 28. Februar 1931 den zurzeit laufenden Gehaltstarif kündigen wird und ab 1. April 1931 mit niedrigeren Tarifsätzen rechnet.

Der Streik der Berliner Bauschlosser wird weitergeführt; alle arbeitenden Bauschlosser sind von der Streikleitung als Streikbrecher bezeichnet.

In der Westdeutschen Waggonfabrik, wo es infolge rigorosen Lohnabbaues am 27. zu einem Teilstreik gekommen ist, sind sämtliche Arbeiter der Arbeit ferngeblieben. – Auch bei der Deutzer Motorenfabrik bestehen ähnliche Differenzen. Auch dort will man die Löhne abbauen und zwar pro Stunde um 17 bzw. 20 Pfennige! Der Arbeiterrat ist bereits in Verhandlungen eingetreten.

Streik auf der Homburger Glashütte. – 120 Mann wegen Lohnkürzungen in den Ausstand getreten. – Der übrigen Belegschaft wurde von der Firma gekündigt. Die Arbeiterschaft der Glashütte begründet die angeblich schlechtere Arbeitsleistung mit der Lieferung minderwertiger Rohmaterialien an die Glasbläser. Durch das Landratsamt in Homburg sind Einigungsverhandlungen angebahnt worden. Die Belegschaft hat eine Versammlung in Beeden bei Homburg einberufen.

Das Baroper Walzwerk bei Dortmund hat zum Samstag seiner gesamten Belegschaft von 450 Mann gekündigt. Das Werk soll wegen Absatzmangels vorübergehend stillgelegt werden. Neben dem Absatzmangel bestehen auch Preisschwierigkeiten, da die französische Konkurrenz Feinbleche die Tonne 50 RM billiger anbietet, als der deutsche Grundpreis beträgt.

Die Belegschaft des Lüneburger Eisenwerkes trat geschlossen in den Streik, weil die Direktion versuchte, einen Lohnabbau vorzunehmen. Die Urabstimmung unter der Belegschaft ergab 196 Stimmen für und 46 Stimmen gegen den Streik.

Die Forderung der Lokomotivführer-Gewerkschaft auf Verkürzung der Arbeitszeit wurde von der Reichsbahnverwaltung abgelehnt.

In den verschiedenen Betrieben der Nordhorner Textilindustrie wurde am Freitagmorgen über die Lohnkürzungsmaßnahmen der Textilindustriellen abgestimmt. Die Belegschaften der einzelnen Betriebe stimmten mit großer Mehrheit für die Ablehnung des Arbeitgeberangebots. Über 5.000 Textilarbeiter werden ab 3. November ausgesperrt.

Der Leipziger Magistrat beabsichtigt die Entlassung von 300 Straßenbahnern. Schon seit Wochen wird darüber verhandelt. Entgegen dem Willen des Gesamtverbandes haben 1.400 Straßenbahner in einer Versammlung beschlossen, sofort eine Urabstimmung über den Streik an allen Betriebsstellen durchzuführen.

In der ersten Sitzung der neugewählten Geesthachter (Hamburg) Stadtvertretung teilte der Bürgermeister mit, daß mit den Wohlfahrtsunterstützungsempfängern rund ein Drittel der Einwohnerschaft erwerbslos ist, so daß also einschließlich der Familienangehörigen die Hälfte aller Einwohner von den Bettelpfennigen öffentlicher Fürsorge lebt.

Der Präsident des amerikanischen Stahltrusts, Taylor, hat die sofortige Einführung der dreitägigen Arbeitswoche empfohlen. Die Einführung der dreitägigen Arbeitswoche bedeutet praktisch einen 50prozentigen Lohnraub an den amerikanischen Metallarbeitern. Im gepriesenen Lande der kapitalistischen Stabilisierung wächst täglich die Hunger-Armee. Sieben Millionen Arbeiter sind ohne jede Arbeit, ohne Einkommen. Die amerikanische Regierung ist gezwungen, unter dem Druck der Massen über Hilfsmaßnahmen zu beraten, ohne aber das Problem, sieben Millionen Arbeit zu geben, lösen zu können. Die Lage der Arbeitslosen in New York ist so ernst, daß die Polizisten von New York eine Sammlung zu ihren Gunsten veranstaltet haben, um sie in die Lage zu setzen, sich Lebensmittel zu kaufen. Die Beiträge der Polizisten gehen von einem halben bis zu fünf Dollar. Man nimmt an, daß diese Sammlung in drei Monaten 35.000 Dollar ergeben wird. Aber was will das heißen gegen die Massennot?

Auch in England steigt die Arbeitslosigkeit; es gibt dort 2.200.000 Arbeitslose.

Die Arbeitslosenziffer aller industriellen Länder der Welt beziffert sich nach den Feststellungen des Internationalen Arbeitsamtes zwischen 12 und 15 Millionen. Von den Industrieländern ist nur noch Frankreich das einzige Land mit einer kaum nennenswerten Arbeitslosigkeit.

Die belgischen Metallindustriellen beantragen bei der Tarifkommission eine Herabsetzung der Löhne um 5 Prozent.

30 Prozent Dividende. Die Braunkohlen- und Brikettwerke Roddergrube im Kölner Braunkohlenrevier teilt offiziell mit, daß sie in diesem Jahre 30 Prozent Dividende verteilen!! – Der Eschweiler Bergwerksverein (Unglücksgrube Anna II) verteilt 14 Prozent Dividende. Klöckner-Werke 6 Prozent Dividende; Siemens-Halske AG, Berlin, 12 Prozent Dividende.

Die Tuchfabrik Aachen, vormals Süßkind u. Sternau AG, schüttet für das Geschäftsjahr 1929/30 eine Dividende von 12 Prozent aus. – Der führende gemischtwirtschaftliche Elektrizitätskonzern in Westdeutschland, das Rheinisch-Westfälische Elektrizitätswerk in Essen, hat in dem jetzt abgeschlossenen Betriebsjahr 1929/30 einen Überschuß von rund 26 gegen 20,3 Millionen im Vorjahr erzielt. Es wird wieder eine Dividende in Höhe von 10 Prozent ausgeschüttet.

Die zum Mannesmann-Stahlkonzern gehörige Gladbacher Maschinenfabrik Meer AG ist in der Lage, ihre Aktionärsgewinne von 5 auf 10 Prozent heraufzusetzen!

Das Reichelbräu Kulmbach wirft 20 Prozent Dividende! ab und das Rizzibräu zahlt 13 1/3 Prozent.

Die Rostocker Brauerei Mahn u. Ohlerich verteilt trotz Erhöhung der Abschreibungen mit 365.000 Mark eine Dividende von 10 Prozent. – Die Elbschloß-Brauerei bei Hamburg schlägt eine Dividende von 8 Prozent vor.

Politik

In Deutschland sieht das »Sanierungsprogramm« der Regierung Brüning sehr gefährlich aus. Der neue Reichsetat, der mit rund 106 Milliarden abschließt, gegen 115 Milliarden des Notetats, sieht, wie die bürgerliche Presse meldet, Ersparnisse u.a. vor bei den sozialen Ausgaben in Höhe von 800 Millionen, beim Auswärtigen Amt von 4 1/2 Millionen, beim Reichsinnenministerium von 4 Millionen, von denen auf den allgemeinen Unterstützungsfonds allein 3 Millionen entfallen. Die Technische Nothilfe wird um lumpige 80 000 Mark gekürzt, das Statistische Reichsamt um 3 1/2 Millionen. Bei den Versorgungsdienststellen sind 2 1/2 Millionen weniger angesetzt. Das Reichswehrministerium sieht eine Minderausgabe von nur 20 Millionen (bei bisher über 700!) vor, bei seinen einmaligen Ausgaben dagegen einen Mehrbetrag von 10 Millionen; auf dem Gebiet der Luftfahrt sind zu den bisherigen 38 Millionen 800.000 Mark hinzugekommen. Beim Etat für Versorgung und Ruhegehälter werden für die Zivilversorgung 4 1/2, für die Versorgung der ehemaligen Wehrmacht 93 Millionen eingespart, für die Versorgung der neuen Wehrmacht dagegen 5 Millionen Mark angefordert. Der Kriegslastenetat sieht an verminderten Ausgaben im Grenzgebiete 40 Millionen vor, während für den Youngplan an dieser Stelle 24 Millionen gefordert werden. Das Reichsernährungsministerium soll bei den einmaligen Ausgaben einen Abstrich von 26 Millionen, das Reichsverkehrsministerium von 6 Millionen erfahren.

Reichskanzler Brüning und Reichsfinanzminister Dietrich sind wieder nach Berlin zurückgekehrt. Sie haben ihre Besprechungen mit den Länderregierungen, die sie zum Teil in Stuttgart, in Berlin und zuletzt in Dresden geführt haben, abgeschlossen. Die eigentliche Entscheidung soll nunmehr im Reichsrat und Reichstag fallen.

Die bürgerlichen »Zeitnotizen« in Berlin melden, daß Hitler neben seinen Verbindungen mit dem Direktor der Dedi-Bank, Herrn von Stauß, auch Verbindungen mit Jakob Goldschmidt von der Danat-Bank aufgenommen hat und Besprechungen mit ihm abhielt. Bekanntlich ist Jakob Goldschmidt, der Herr über Banken, derjenige gewesen, gegen den Hitler spaltenlange Artikel gebracht hat. Jetzt aber, wo die Geldquellen der Industrie- und Bankmagnaten für die nationalsozialistischen Landsknechts- und Mördergarden des Kapitals reichlich fließen, setzt sich Hitler mit dem jüdischen Finanzfürsten an einen Tisch, um auch hier Bezahlung für seine Dienste am Kapital entgegenzunehmen.

Der Parteiausschuß der SPD hielt am 29. eine Sitzung ab, die sich mit Fragen der Agitation beschäftigte. Es herrschte im Parteiausschuß Übereinstimmung darüber, daß die Partei jetzt die Aufgabe hat, die nationalsozialistische Demagogie zurückzuweisen und die gesamte Öffentlichkeit über die Gefahr des Faschismus für das deutsche Volk aufzuklären. – Der Parteiausschuß stimmte ferner einer Vereinbarung zu, nach der die Angestellten der Arbeiterorganisationen ein monatliches Notopfer leisten, damit arbeitslosen Genossen im kommenden Winter eine Beihilfe gegeben werden kann.

In Österreich wurde das Organ des Landbundes, das »Extrablatt«, am 30. wegen Abdrucks eines Putschplanes, den die Heimwehr im Sommer aufgestellt hatte, beschlagnahmt. Auch die »Mittagszeitung« wurde wegen Abdruck eines Artikels, den Léon Blum im »Populaire« über die österreichische Gefahr geschrieben hatte, konfisziert, ebenso die »Wiener Allgemeine Zeitung«, die eine Statistik über die starken »Kursrückgänge der österreichischen Aktien« seit dem Eintritt der neuen Regierung veröffentlicht hatte.

In England hat, soweit sich aus den bisher vorliegenden Ergebnissen der Gemeinderatswahlen, die kürzlich in England und Wales stattfanden, entnehmen läßt, die Arbeiterpartei eine recht erhebliche Niederlage erlitten. Der Gewinn kommt ausschließlich den Konservativen zugute, da auch die Liberalen, wenn auch in geringerem Umfange, Verluste zu verzeichnen haben. Insgesamt haben die Konservativen einen Gewinn von 68 Sitzen zu verbuchen, während die Arbeiterpartei 60 Sitze verliert und die Liberalen 9 Mandate weniger erhalten haben. Die Verluste der Arbeiterpartei sind besonders im Industriegebiet groß. So verlor sie in Sheffield 12 Sitze. Auch in Birmingham, Liverpool, Leeds, Manchester und Birkenhead hat sie Verluste zu verzeichnen. Huddersfield, das im Unterhaus durch ein Arbeitermitglied vertreten ist, wählte überhaupt keinen der zehn Arbeiterkandidaten.

Der englische Außenminister Henderson hat in diesen Tagen dem russischen Botschafter ernste Vorhaltungen über die Sowjetpropaganda in Großbritannien gemacht. Der Sowjetbotschafter versicherte, die russische Regierung sei bemüht, alle in dem englisch-russischen Vertrag niedergelegten Bestimmungen zu beachten und sich jeder Propaganda gegen Großbritannien zu enthalten. Rußland könne aber die Tätigkeit der 3. Internationale nicht überwachen.

In Rußland wird im Laufe der Monate Oktober, November, Dezember 1930 die Volkswirtschaft der Sowjetunion über 2.350.000 neue Arbeiter erfordern und zwar: für die Kohlenindustrie 103.000, für den Bau neuer Industriebetriebe 150.000, für Waldarbeiten 960.000 Holzfäller und 1.100.000 Lastfuhrleute. Diese neuen Arbeitskräfte sollen fast ausschließlich durch Zuzug aus den Dörfern und in erster Linie aus den Kollektivwirtschaften gewonnen werden. Der Stillstand der landwirtschaftlichen Arbeiten während der Winterzeit wird die Aufgabe der Heranziehung neuer Arbeiter erheblich erleichtern.

Vier neue große sozialistische Städte sollen demnächst in unmittelbarer Nähe der im Bau befindlichen Riesenhüttenwerke errichtet werden, und zwar Magnitogorsk im Ural (für 120.000 Einwohner), Nischni Tagil im Ural (150.000 Einwohner), Nowy Lipetzk, Zentralgebiet (250.000 Einwohner), und Nowy Mariupol in der Ukraine (100.000 Einwohner). Die Pläne sind bereits ausgearbeitet, der Bau wird im Frühjahr in Angriff genommen. In den neuen Städten sollen mindestens 25 % der Wohnbauten als Gemeinschaftshäuser – Hauskommunen, Konvikte – ausgestaltet werden; die übrigen Bauten sind zwar als Einzelwohnhäuser gedacht, doch werden ihnen Speisehallen, Kindergärten, Klubs und ähnliche Einrichtungen angeschlossen sein. Dabei sollen die Einzelhäuser in der Weise angelegt werden, daß jederzeit ihre Ausgestaltung zu sozialistischen Gemeinschaftshäusern erfolgen kann.

In Belgien soll die Regierung die Absicht haben, im Parlament um die Genehmigung einer Anleihe in Höhe von 1 Milliarde Francs zum Zwecke der Landesverteidigung nachzusuchen. Diese Kreditbewilligung sei notwendig, da Belgien mit den Arbeiten zur Sicherung der französischen Grenze Schritt halten müsse. –

Auf der Zeche »Forte Taille« in Montigny le Tilleul (Belgien) hat sich eine Schlagwetterexplosion ereignet. Fünf Bergarbeiter werden vermißt.

In Frankreich hat die Sozialistische Partei am 26. Oktober zwei eindrucksvolle Wahlerfolge zu verzeichnen gehabt.

Im nordfranzösischen Industriegebiet Roubaix-Tourcoing sind große Luftschutzübungen vorgenommen worden, die den Zweck hatten, die künstliche Vernebelung großer Gelände nach den neuesten Methoden auszuprobieren. Die Versuche scheinen befriedigend ausgefallen zu sein. Es gelang, im Laufe weniger Minuten dichten Nebel zu erzeugen, der ungefähr eine Stunde lang anhielt.

In Griechenland ist der frühere Diktator General Pangalos verhaftet worden, weil er angeblich den Sturz der Regierung Venizelos beabsichtigte.

Izmed Pascha und Venizelos unterzeichneten gestern in Angora[22] den türkisch-griechischen Freundschaftspakt. Gleichzeitig fand die Unterzeichnung des Handelsvertrages durch die beiden Außenminister statt.

Infolge der Regenmassen hat sich die Lage im Überschwemmungsgebiet von Smyrna verschlimmert. 2.500 Familien sind obdachlos. Sie wurden vorläufig in Moscheen, Schulen und Wirtschaften untergebracht. Bis jetzt wurden 134 Leichen geborgen. Der Schaden beläuft sich auf zwei Millionen Pfund Sterling.

In Italien wird die Unfähigkeit des Faschismus, die Wirtschaftskrise zu meistern, immer deutlicher: Noch immer überschreiten italienische Flüchtlinge heimlich die Grenze und werden von den französischen Grenzposten in Empfang genommen. Am 26. Oktober gelang es wieder vier italienischen Staatsangehörigen, den St. Bernhard zu überschreiten. Drei kamen glücklich bis zum französischen Hospiz, etwa drei Kilometer hinter der Grenze, während der vierte unterwegs vor Ermattung zusammenbrach und unter dem Schnee umgekommen sein dürfte. Am 28. Oktober trafen 30 Flüchtlinge ein, die denselben Weg zurückgelegt, aber keine Spur von ihrem verschollenen Landsmann entdeckt hatten. Da der letzte Schub der Italiener keine Arbeitsstelle in Frankreich hatte, haben ihn die französischen Grenzbehörden noch am gleichen Tage wieder über die Grenze zurückgebracht.

Die Zahl der Opfer des Erdbebens an der adriatischen Küste wird am 30. Oktober abends amtlich mit etwa 60 Toten und rd. 200 Verwundeten geschätzt. Aus der Stadt Senigallia werden allein über 30 Tote und 100 Verletzte gemeldet. – In Ancona ist das Militärhospital geräumt worden, und in das städtische Hospital sind über 100 Verletzte aus der Umgebung eingeliefert worden. Viele alte Paläste in dem bekannten Wallfahrtsort Loretto haben Sprünge erhalten.

In Dänemark legte der sozialdemokratische Sozialminister dem Folkething am 29. Oktober einen Sozialreformentwurf vor, der alle bisher geltenden 55 Sozialgesetze in vier Hauptgesetze zusammenfaßt, und zwar: 1. Erwerbslosenversicherung, 2. Unfallversicherung, 3. Volksversicherung und 4. öffentliche Fürsorge. In den verschiedenen Gesetzen werden die Bei träge des Staates und der Arbeitgeber zugunsten der Versicherten erhöht. Das Fürsorgegesetz dehnt die Hilfeleistung auf alle Bedürftigen aus, nur bei selbstverschuldeter Bedürftigkeit, wie Arbeitsverweigerung, Trunksucht und grober Versäumnis der Versorgungspflicht, tritt Verlust des Fürsorgerechts ein. Durch die Vereinheitlichung der Verwaltung werden hohe Summen gespart. Die sozialen Ausgaben der Kommunen sinken von 91 auf 77 Millionen Kronen, die des Staates steigen von 74 auf 101 Millionen Kronen und die der Arbeitgeber von 14 auf 16,5 Millionen Kronen.

In Amerika halten die Gegner des Alkoholverbots ihren Sieg für gesichert, denn beinahe drei Viertel der Kandidaten für die Wahlen zu beiden Häusern des Kongresses seien gegen das Verbot des Alkoholhandels. Diese Bewegung wird auf den skandalösen Umfang des Alkoholschmuggels und auf die allgemeine Bestechlichkeit zurückgeführt, die bei dem Versuch, die Beobachtung des Gesetzes zu erzwingen, hervorgerufen worden sei. Man erwarte, daß der Verkauf von Wein und Bier freigegeben, dagegen der Verkauf von starken Spirituosen unter die Aufsicht der Regierung gestellt werden wird. Alle Parteien seien sich aber einig, daß die öffentlichen Schankstätten, die sogenannten Saloons, nicht wiederkehren dürften.

(5.) Die Woche vom 3. November bis 10. November 1930

Politik

Am 4. November befaßte sich der Reichsrat mit dem Haushaltsplan für 1931. Das Panzerschiff B (»Ersatz Lothringen«[23]) soll im kommenden Jahre in Angriff genommen werden. C und D sollen nachfolgen – trotz Krise und Arbeitslosigkeit. So sieht der Reichswehretat im Zeichen der Sparsamkeit aus. 10,83 Millionen RM sind als erste Rate für den Bau, die Armierung des Panzerschiffes »Ersatz Lothringen« eingesetzt, neben den 34,7 Millionen für Schiffsbauten und Armierungen in der Reichsmarine. 3,1 Millionen Mark werden für Luftschutz ausgegeben. Insgesamt belaufen sich die einmaligen Ausgaben der Reichsmarine auf 62,7 Millionen, also 2,8 Millionen mehr als im Vorjahre.

Reichsarbeitsminister Stegerwald ist am 5. November die Einladung zu einer nach dem 15. November in London vorzunehmenden Aussprache mit den beteiligten englischen Ministerien über die Frage der Arbeitszeit-Regelung zugegangen (vergleiche »Die Woche« Nummer 44, »Scheitern der Arbeitszeitverhandlungen im Bergbau«).

Am 6. November begann in Genf die »vorbereitende Abrüstungskonferenz«. Die Deutschen verlangten allgemeine Abrüstung. Litwinow (Sowjetrußland) stellt fest, daß das Kriegsbudget der fünf bedeutendsten Großmächte seit 1926 um 1,5 Milliarden Dollar zugenommen habe; auch er verlangt allgemeine Abrüstung. Der Präsident versuchte, Litwinow zu unterbrechen und erklärte, daß die Übersetzung der Rede nicht verlesen werden könne. Als Protest gegen dieses willkürliche Vorgehen verließ die gesamte internationale Presse geschlossen den Saal. Der »Verband Patriotischer Gesellschaften« in Genf hat gegen den Aufenthalt der Sowjetdelegation in Genf einen Aufruf provokatorischen Charakters erlassen, der auf die Möglichkeit einer Wiederholung der Geschehnisse von Lausanne 1923 (Ermordung des Sowjetvertreters[24]) hindeutet.

In Halle wurden 61 SA-Führer von der Polizei verhaftet. Wie die polizeilichen Ermittlungen ergaben, befindet sich unter den 61 verhafteten SA-Führern nicht ein einziger Arbeiter. Es sind lediglich ehemalige Offiziere, Landwirte, Wirtschaftsinspektoren, Kaufleute, ferner der Sohn eines großen Warenhausbesitzers aus dem Kreise Wittenberg.

»Die Rote Fahne« ist für eine Woche verboten[25], weil sie die körperliche Mißhandlung des bisherigen Berliner Polizeipräsidenten Zörgiebel durch einen Kommunisten ausdrücklich billige.

Österreich

Der am 9. November neugewählte österreichische Nationalrat wird sich folgendermaßen zusammensetzen: Sozialdemokraten 72 Mandate (1 Mandat gewonnen), Christsoziale 66 Mandate (7 Mandate verloren), Schoberblock 19 Mandate, Heimatblock 8 Mandate. Man kann nach diesem Sieg unserer Genossen, die sich gegen jeden Putsch, für innere Abrüstung und wahrhafte Demokratie in dem vergangenen Wahlkampf eingesetzt haben, gespannt sein, ob die Faschisten des Herrn Starhemberg verwirklichen werden, was sie angedroht haben – die Errichtung der großbürgerlich-feudalen Diktatur – sie würden auf den entschiedenen Wider stand der Volksmehrheit stoßen.»Waffenbeschlagnahme«, Pressezensur und die Verhaftung des Genossen Schlesinger hat also nichts genützt. Wir freuen uns über den Erfolg. Aber die Schwierigkeiten beginnen nun erst recht, da keine Regierungsmehrheit gebildet werden kann.

Italien

Die Wirtschaftskrisis wird immer größer. Die Unternehmer haben eine Lohnsenkung in der Höhe von 10-35 Prozent (!) durchgeführt und dabei die Arbeiter-Zwangssyndikate nicht einmal gefragt.

Eine französische (!) Bankengruppe hat unter Führung der Crédit Lyonnais der italienischen Regierung einen größeren Kredit eingeräumt. Angeblich zahlt Mussolini für diese Hilfe den verhältnismäßig hohen Zinssatz von sechs Prozent.

Der »Popolo di Roma« meldet die Ankunft von 30 deutschen Stahlhelmern in Venedig.[26] Unter ihnen ist der Leiter des Stahlhelms in Pommern und einer der Führer aus Sachsen. Die Stahlhelmer sind Gäste der faschistischen Studentenorganisation und der faschistischen Partei.[27]

In einer Meldung aus Mailand vom 27. Oktober heißt es: »Aus der Vatikanstadt liegen interessante Berichte vor, wonach die Entscheidung darüber, ob ein Katholik Mitglied der deutschen nationalsozialistischen Arbeiterpartei sein könne, bereits gefallen sei. Die Entscheidung stützt sich in einem wesentlichen Punkt darauf, daß die NSDAP in Deutschland als Symbol das Hakenkreuz führe, was schon wegen der Ähnlichkeit mit dem Kreuz Christi eine Verunglimpfung des letzteren und geschichtlich überdies ein heidnisches Symbol bedeute. Es könne sich kein deutscher Katholik erlauben, das Hakenkreuz zu tragen, und darüber hinaus könne kein deutscher Katholik Veranstaltungen beiwohnen oder literarische Erzeugnisse lesen, die im Zeichen des Hakenkreuzes sich abspielen. Abgesehen von dem Symbol, das die Gesinnung der Partei andeutet, sei aber genügend deutlich, daß die NSDAP sich auf der Basis der Verherrlichung einer bestimmten Rasse aufbaue, als ob diese allein allen anderen überlegen sei. Die katholische Kirche kennt ›keine Rassenvorzüge‹ nach der eindeutigen Lehre ihres göttlichen Stifters, der die Apostel ›hinaus in alle Welt‹ zu allen Völkern und Nationen sandte. Jede politische Partei, die in ihr Programm Punkte aufnimmt, welche offensichtlich die Katholizität widerstreiten, sei bis jetzt vom heiligen Stuhl verurteilt worden. Letzten Endes sei aber jeder derartige Programmpunkt heidnisch und durchaus unchristlich, so daß Symbol und politisches Programm vollständig übereinstimmen.«

Ob der Vatikan ernsthaft vom Faschismus abrücken oder ihn nur klüger machen und zu Zugeständnissen an die katholische Kirche bereit machen will zu einem Geschäft auf Gegenseitigkeit? (Siehe Mussolini!)

England

Die Palästinapolitik Englands sperrt die jüdische Einwanderung nach Palästina, die 800.000 Araber werden darum den 170.000 Juden des Landes ihren Willen aufzwingen können – die zionistische Bewegung[28] wird sich entromantisieren müssen – das »Land der Väter« ist den Juden verschlossen.

Als Mißtrauensantrag gegen MacDonald hatten die Konservativen einen Antrag auf Zollschutz zur Stärkung der inneren Macht eingebracht. Er wurde mit 281 gegen 250 Stimmen abgelehnt.

Die Labour Party hat am 6. November eine schwere Schlappe erlitten. Durch den Tod von W. Mackinder, dem Abgeordneten des Industrie-Wahlkreises Shipley (Yorkshire), mußte eine Nachwahl stattfinden. Die Labour Party hat nahezu 6.000 Stimmen verloren. Das Mandat ist in konservative Hände übergegangen. Es ist zweifellos, daß die Ursache dieser Niederlage in der auf 2,2 Millionen gestiegenen Arbeitslosigkeit und ihren Folgen zu suchen ist. Das hat viele frühere Mitläufer ins bürgerliche Lager getrieben. Ein Teil der ehemaligen Arbeiterwähler ist aber auch zu Hause geblieben.

Der Nationalrat der englischen Elektrizitätsindustrie genehmigte eine Lohnerhöhung von drei Schilling pro Woche.

Die drei Führer der liberalen englischen Partei Mr. Lloyd George, Lord Lothian und Mr. Seebohm-Rowntree veröffentlichen soeben eine Broschüre mit dem Titel »Wie kann die Arbeitslosigkeit behoben werden?« Die wichtigsten Einzelheiten der liberalen Forderungen betreffen zunächst die Emission einer 250 Million Pfund Sterling-Anleihe. Die Verwendung dieses Betrages denkt man sich so, daß der Staat 3 Millionen Acres Land erwerben, Familien-Landhäuser bauen und Arbeitskapital für 100.000 neue Familienfarmen bereitstellen soll. Außerdem sollen große »Fabrikfarmen« eingerichtet werden zum Zwecke der Molkerei-, Fleisch- und Geflügel-Großerzeugung. Diese Vorschläge werden damit begründet, daß Großbritannien jährlich aus dem Auslande für 200 Millionen Pfund Sterling derartige Produkte importieren muß. Die direkte Beschäftigung von 700.000 Personen wird in der Broschüre, im Falle der Durchführung der Projekte, in Aussicht gestellt.

Die Kosten für die von der englischen Arbeiterregierung beabsichtigte Erhöhung des schulpflichtigen Alters von 14 auf 15 Jahre werden, ein schließlich der Unterstützungssätze für die minderbemittelten Eltern, für das Jahr 1932/33 auf 3 3/4 Millionen Pfund Sterling veranschlagt. Da die Zahl der unter das Gesetz fallenden Kinder wächst, steigen die Kosten. Für das Jahr 1934/35 werden sie auf rund 5,3 Millionen Pfund geschätzt.

Im Bombay dauern die schweren Kämpfe zwischen Demonstranten und Polizisten auch in dieser Woche fort. Es erfolgte ein Angriff gegen das Polizeihauptquartier, die Polizei trieb die Massen mit Schüssen auseinander. 40 Angreifer wurden verwundet. – In Beantwortung einer kleinen Anfrage teilte Ben, der Staatssekretär der Arbeiterregierung im Unterhause, mit, daß gegenwärtig 23.136 politische Gefangene in den indischen Gefängnissen sind, die nicht wegen Gewaltanwendung verurteilt wurden. Die Zahl der Gefangenen, die wegen gewaltsamer Auflehnung gegen die Staatsgewalt und anderer politischer, mit Gewaltanwendung verbundener »Verbrechen« verurteilt wurden oder als Untersuchungsgefangene ihre Verurteilung erwarten, beläuft sich auf mehrere Tausende.

Polen

Die Wahlvorschläge des Linksblocks sind bisher in 14 Bezirken für ungültig erklärt worden, wodurch allein dieser Block schon vor den Wahlen einen Verlust von etwa 80 Mandaten zu verzeichnen hat.

Am 3. November wurden in Neustadt in Pommerellen neun Deutsche verhaftet, die führenden Anteil an der deutschen Wahlbewegung genommen haben. Der Hauptvorstand der polnischen sozialistischen Partei, die dem Zentro linken Block der Bauern- und Arbeiterparteien angehört, hat die Wählerschaft aufgefordert, in drei galizischen Kreisen, in denen die Wahllisten des Blocks für ungültig erklärt worden sind, ihre Stimmen dennoch dem Block zu geben. Der Hauptvorstand betont, daß diese Demonstration den später beim Obersten Gerichtshof zu erhebenden Einspruch gegen die Gültigkeit der Wahlen stützen werde.

Tschechoslowakei

Die Regierung verlangt vom Parlament ein Ermächtigungsgesetz, wonach sie 150 Millionen Kronen (18 3/4 Millionen Mark) zur Milderung der Wirtschaftskrise verwenden kann. Dadurch sollen auch Gewerkschaften saniert werden, deren Kassen durch Auszahlung von Erwerbslosen-Unterstützung zu stark in Anspruch genommen wurden und die bei Anwachsen der Arbeitslosigkeit in schwieriger finanzieller Lage sein werden, besonders Textilarbeiterorganisationen. Auch direkte Unterstützung von Erwerbslosen in den verschiedensten Formen, wie sie die Umstände erfordern, ist vorgesehen.

Amerika

In New York erreichten am 7. November die Kurse zahlreicher Industriepapiere einen Rekordtiefstand, der noch unter dem der Vorwoche ging.

US-Steel notierte 140,5. Die am schwersten in Mitleidenschaft gezogenen Werte sind Bethlehem Steel, Allied Chemical u. Dye, Westing House, American Telephon and Telegraph.

Bei den Wahlen am 2. November haben die Republikaner die »Mehrheit« im Senat gewonnen. Nach den letzten Wahlergebnissen setzt sich der neue Bundessenat aus 48 Republikanern und 47 Demokraten und einem Mitglied der Farmer- und Arbeiterpartei zusammen.

In einer Kohlengrube bei Millfield im Staate Ohio ereignete sich eine schwere Schlagwetterkatastrophe. Die Schlagwetterkatastrophe ereignete sich in Grube 56 der Creek Coal Co, etwa 60 Meter unter Tag in einem Schacht, in dem über 300 Bergleute beschäftigt waren. Die Bergungsarbeiten wurden durch einen Brand, der sofort nach der Explosion ausbrach, außerordentlich erschwert. Der Gouverneur hat amtlich bekannt gegeben, daß voraussichtlich mit 160 Toten zu rechnen ist.

Wie aus Washington berichtet wird, hat die amerikanische Regierung die neue brasilianische Regierung anerkannt.

Rußland

Eisenbahntarife um 25 Prozent erhöht. Der Rat der Volkskommissare hat laut Verordnung vom 26. Oktober die jetzigen Eisenbahntarife für den Personen- und Güterverkehr (außer Vorortsverkehr) vom 1. November d.J. um 25 Prozent heraufgesetzt.

Starker Rückstand des Moskauer Kohlenbeckens. Das Förderprogramm des Moskauer Kohlenbeckens für Oktober beträgt 251.300 Tonnen; bis zum 21. Oktober wurden indes nur 88.800 Tonnen, das ist 36,1 % des Monatsprogramms, gefördert. Das Tagesprogramm wird durchschnittlich zu nur 38 – 41 Prozent ausgeführt. Zu den Ursachen des Rückstandes gehört u.a. der Mangel von 40 Prozent der benötigten Arbeitskraft.

Der Staatshaushalt der Sowjetunion für das Wirtschaftsjahr 1929/30 war seinerzeit mit 11.665 Millionen Rubel bestätigt worden. In Wirklichkeit erreichten die Einnahmen 12.527 Millionen Rubel, überstiegen somit den Voranschlag um 7,1 Prozent. Die Ausgaben betrugen 12.246 Millionen, übersteigen somit den Voranschlag um 5 Prozent. Gegenüber dem Vorjahr sind die Einnahmen um 52 Prozent gestiegen.

In den 13 Jahren ihres Bestehens zeigt das russische Gesundheitswesen trotz allen Schwierigkeiten, die der sozialistische Aufbau erfährt, einen unaufhaltsamen Aufstieg: 1925/26: 350 Millionen Rubel; 1926/27: 430 Millionen Rubel; 1927/28: 513 Millionen Rubel; 1928/29: 610 Millionen Rubel; 1929/30: über 800 Millionen Rubel.

Ohne den wirtschaftlichen Aufstieg Räterußlands wäre der Ausbau seines proletarischen Gesundheitswesens undenkbar gewesen. Das Budget der

Mutter- und Kindschutzabteilung, die nur einen kleinen Teil der gesamten Fürsorgekosten aufbringt, betrug in der RSFSR.: 1925/26: 23 Millionen Rubel; 1926/27: 33 Millionen Rubel; 1927/28: 40 Millionen Rubel; 1928/29: 48 Millionen Rubel; 1929/30: 60 Millionen Rubel.

(6.) Die Woche vom 12. November bis 19. November 1930

Wirtschaft

Die Erregung der Metallarbeiter über den 8-Prozent-Lohnabbau-Schiedsspruch ist selbstverständlich außerordentlich groß. Prof. Sinzheimer, der Vertreter der Gewerkschaften im Schiedsgericht, erklärt, er habe nur darum dem etappenweisen 8prozentigen Abbau zugestimmt, weil sonst gegen seine Stimme der sofortige 8prozentige Abbau beschlossen worden wäre. Die mit großem Tamtam in der bürgerlichen Presse verkündete »Preissenkung« stellte sich im Lauf der Woche trotz des »Preissenkungsdirektoriums« als Bluff und Schwindel heraus, mit dem man den Lohnraub an den Massen verkleistern will. Selbst bei den zunächst in Aussicht genommenen, aber bereits aufgegebenen Verbilligungen hätte eine vierköpfige Metallarbeiterfamilie in der Woche etwa 21 1/2 Pfennig gespart, der Lohnabbau aber beträgt in der gleichen Zeit 3,92 Mark!! Der Vollarbeiter der Metallindustrie verdient jetzt nach Abzug der Sozialversicherung und Steuern 36,88 Mark wöchentlich – das Existenzminimum der amtlichen Statistik betrug im September 47,40 Mark (!) für die gleiche Zeit. Am 11. November muß der amtliche Bericht von einer weiteren Steigerung des Großhandelsindex Kenntnis geben.

Der Index für Konsumgüter ist in einer Woche um 0,5, der Index für Textilien um 1, der Index für Öle und Fette um 0,5 Prozent gestiegen. Vor allem wirken sich die Preissteigerungen für ausländisches Brotgetreide, Mehl und Zucker aus. An den Schlachtviehmärkten haben hauptsächlich die Preise für Schweine und Rinder erneut angezogen.

Die Berliner Brotfabriken behaupten, daß die Löhne der Bäckergesellen um 30 Prozent überhöht wären, darum könnte das Brot auch nicht einmal um 1 Pfennig billiger werden. Statt Preissenkung Lohndruck – so fassen die Brotfabrikanten die Preissenkungsaktion auf!

Der Lohnabbau aber geht auf der ganzen Linie weiter.

Der Arbeitgeberverband der Bielefelder Metallindustrie hat am 11. November die Aussperrung der in den angeschlossenen Betrieben beschäftigten Metallarbeiter beschlossen. Es werden von ihr etwa 8.000 bis 9.000 Arbeiter betroffen.

Der Arbeitgeberverband im oberpfälzischen Erzbergbau und in der Hüttenindustrie hat der gesamten Belegschaft zum 17. November gekündigt, um die Löhne abzubauen.

Die Fachgruppe des Arbeitgeberbundes für die Metallindustrie in Herford und Minden hat die zurzeit bestehenden Lohn- und Rahmentarife zum 31. Dezember d.J. gekündigt.

Für die rund 120 Betriebe der Kölner Metallindustrie waren im vergangenen Jahr neunzig Stillegungsanträge eingereicht worden, in denen die Entlassung von rund 4.500 Arbeitern angezeigt worden ist. Etwa die Hälfte davon ist tatsächlich durchgeführt worden. Im laufenden Jahr haben die Stilllegungsanträge eine erhebliche Steigerung erfahren.

Die Hanseatische Jutespinnerei und Weberei Delmenhorst hat der gesamten Belegschaft des Werkes zum 15. November gekündigt. Die Direktion plant, einen allgemeinen Lohnabbau durchzuführen, und hat bekannt gegeben, daß diejenigen, die mit der beabsichtigten Lohnkürzung einverstanden sind, die Arbeit am 17. November wieder aufnehmen können. Eine Stillegung des Werkes ist nicht geplant. Selbstverständlich konnte die Textilindustrie, wo die niedrigsten Löhne gezahlt werden und am meisten verdient wird, der Lohnabbauparole nicht widerstehen.

Die Schuhfabrik Frankenstein in Burscheid (Köln) hat ihren 500 Arbeitern gekündigt. Die Kündigung bezweckt eine Herabsetzung der Löhne.

Der Arbeitgeberverband der rheinisch-westfälischen Straßenbahnen hat das geltende Lohnabkommen zum 30. November gekündigt. Es wird eine Herabsetzung der Löhne auf das Niveau von 1927 beabsichtigt. Die Verhandlungen mit den Gewerkschaften sind bisher ergebnislos verlaufen.

Die im Reichsverband des deutschen Tischlergewerbes zusammengeschlossenen Tischler-Landesfachverbände haben beschlossen, soweit sie unter die Wirkungen des Mantelvertrags für das deutsche Holzgewerbe fallen, den geltenden Manteltarifvertrag mit Wirkung zum 15. Februar 1931 zwecks Lohnsenkung zu kündigen.

Das endgültige Scheitern der Lohnverhandlungen für die Rheinschifffahrt hat eine schwere Krise heraufbeschworen. Die Arbeitgeber hatten eine Senkung der Gehälter und Löhne vorgeschlagen, während die Arbeitnehmer eine durchschnittliche Gehalts- und Lohnaufbesserung um 3 RM für die Woche verlangten. Dem Versuche der Rheinschifffahrtsbetriebe, durch eine unmittelbare Verständigung mit ihrem Personal zu einer Lohnsenkung zu gelangen, setzten die Gewerkschaften die Aufforderung an ihre Mitglieder entgegen, jeden Versuch der Arbeitgeber, Vereinbarungen mit dem Personal im einzelnen zu treffen, unbedingt abzulehnen. Ferner kündigt der Deutsche Verkehrsbund an, daß er alle Maßnahmen der Arbeitgeber, die auf Lohnabbau hinzielen, mit den ihm geeignet erscheinenden schärfsten Mitteln beantworten werde.

Der »Schlesische Landbund« veröffentlicht in seiner Nummer vom 15. Oktober eine Entschließung, in der es heißt: »Die land- und forstwirtschaftlichen Betriebe brauchen heute zu einer fühlbaren Entlastung ihrer Betriebsausgaben eine 30prozentige Senkung des Gehalts-, Lohn- und Sozialversicherungs-Kontos durch entsprechende Minderung der Löhne.«

Auch die ostpreußischen Gutsbesitzer haben eine Senkung der Löhne angekündigt. In der Provinz Brandenburg sollen allen Landarbeitern zum 1. Januar die Dienstverträge gekündigt werden und nur diejenigen wieder eingestellt werden, die sich verpflichten, einen 30prozentigen Lohnabbau über sich ergehen zu lassen. Ebenfalls sind in Niederschlesien die Tarife gekündigt worden.

Die Schlichtungskammer Essen unter dem Vorsitz von Regierungsrat Prof. Brahn fällte am 12. November zum Arbeitskonflikt im Ruhrbergbau folgenden Schiedsspruch: Das bisherige Arbeitszeitabkommen wird unverändert bis zum 30. September 1931 wieder in Kraft gesetzt. – Die Arbeiter wollten die Siebenstundenschicht. Jede Arbeitszeitverkürzung ist also ganz im Sinne der Industriellen abgelehnt.

Zur Feststellung der Gründe der im vergangenen Jahr in Sachsen erfolgten Stillegungen haben die sächsischen Arbeitsämter eine Erhebung durchgeführt. Von 81 völlig stillgelegten Betrieben waren nur 25 in Konkurs geraten; 12 Firmen haben wegen Absatzstockung den Betrieb eingestellt, 8 Betriebe aus Kapitalmangel. Nicht weniger als 40 Betriebe wurden wegen Rationalisierung, Fusion, Fehlspekulation, Verschulden der Leitung und dergleichen, d.h. nicht aus Gründen der Krise, zur Stillegung gezwungen.

Durch die Stillegung von 68 Betrieben wurden 11.223 Personen arbeitslos.

Die »Deutsche Allgemeine Zeitung«[29] veröffentlicht eine Aufstellung über die Konkurse in den ersten 10 Monaten 1930. Die Gesamtzahl liegt um 18,6 Prozent über der Vorjahrshöhe, während die Zahl der Vergleichsverfahren um 51,2 Prozent gestiegen ist. Besonders stark tritt die Zunahme im Einzelhandel, also gerade bei denjenigen Unternehmungen in Erscheinung, wo es sich um ausgesprochene Mittelstandsexistenzen handelt. Hier hat sich die Zahl der Konkurse um 21 Prozent, der Vergleichsverfahren um 53,5 Prozent gehoben. Insgesamt sind in den ersten 10 Monaten des Jahres 1930 3.827 Konkursfälle und 2.760 Vergleichsverfahren, sowie 6.587 Zahlungseinstellungen gegen 4.966 in der entsprechenden Zeitspanne des Jahres 1929 zu verzeichnen.

Die BIZ (Bank für Internationale Zahlungen) stützt die spanische Währung.

Die Deutsche Maschinenbau AG, Duisburg, erhält im internationalen Wettbewerb den Auftrag zur Lieferung maschineller Anlagen für das in Südafrika zu errichtende Hüttenwerk im Betrage von 17 Millionen RM. Die Ablieferung hat im Jahre 1932 zu erfolgen.

Privatisierung aus Finanznot. Die Stadt Mülheim will aus Not ihre Elektrowirtschaft verkaufen.

Das Kartell der Mannheimer Arbeitgeberverbände hat die Gehaltssätze der kaufmännischen und technischen Angestellten sowie der Werkmeister zwecks Lohnsenkung zum 31. Dezember dieses Jahres gekündigt.

Die Ortsgruppen des Verbandes der Metallindustriellen für Hessen, Hessen-Nassau und angrenzende Gebiete e.V. in Darmstadt, Frankfurt, Hanau, und Offenbach a.M. haben am 17. November die bestehenden Lohn- und Akkordabkommen, die örtlichen Gießereiabkommen und sonstige Sonderabkommen zum 1. Januar 1931 gekündigt. Den Metallarbeiterverbänden ist der Vorschlag einer 15prozentigen Lohnsenkung gemacht worden.

Politik

Der Reichsrat hat am 17. November beschlossen, den Panzerkreuzer B und das Marinebauprogramm durchzuführen. Die Beamtengehälter werden schon ab 1. Februar 1931 gekürzt.

Im Haushaltsausschuß des Reichstags ist am 14. November durch eine Mehrheit aus Kommunisten, Nationalsozialisten, Sozialdemokraten, Landvolk und Christlich-Sozialen ein kommunistischer Antrag angenommen worden, der von der Regierung verlangt, daß für sämtliche Erwerbslose, Fürsorgeunterstützte, Kleinrentner, Pensionäre usw. das Frischfleisch mit Hilfe von Reichsmitteln auf den Preis des Gefrierfleisches ermäßigt werden soll.

Bei der Stadtratswahl in der Stadt Oldenburg haben die Nationalsozialisten, die bereits bei der letzten Reichstagswahl die stärkste Partei waren, noch weitere rund 2.000 Stimmen gewonnen. Sie erhielten 10.187 Stimmen (bei der Reichstagswahl 8.525). Die Sozialdemokraten erhielten 4.110 (6.778), Kommunisten 1.672 (2.282), Deutschnationale 2.195 (1.733).

Katastrophal war der Verlust der Gemeinschaftsliste des Zentrums, der Volkspartei und der Konservativen. Sie erhielten 2.503 und verloren dadurch fast 40 Prozent der bei der Reichstagswahl abgegebenen Stimmen. Die Wirtschaftliche Vereinigung erhielt 1.421 (minus 82 Stimmen), Demokraten 1.763 (3.606).

Die Mandatsverteilung ist folgende: Sozialdemokraten 7 (bisher 10), Nationalsozialisten 18 (bisher 1), Kommunisten 2 (bisher 2), Deutschnationale 3 (4), Oldenburgische Arbeitsgemeinschaft (Konservative, Zentrum und Volkspartei) 4 (11), Wirtschaftliche Vereinigung 2 (0), Demokraten 3 (8), Bürgerblock und unpolitische Liste 1 (3), so daß die Nationalsozialisten mit den Deutschnationalen über eine absolute Mehrheit verfügen.

Am 15. November haben in Erlangen die Wahlen zum Allgemeinen-Studenten-Ausschuß eine absolute nationalsozialistische Mehrheit ergeben. Nationalsozialisten 19 Sitze, Republikaner 1 Sitz (!!), Jugendbewegung 3 Sitze, Nationale Studenten 2 Sitze.

Bei den Kommunalwahlen in Baden waren die Nationalsozialisten die Gewinnenden auf Kosten der bürgerlichen Parteien. Die SPD und KPD haben sich im großen und ganzen behauptet, ebenso das Zentrum.

Auch die Kommunalwahlen in beiden Mecklenburg sind gekennzeichnet durch einen weiteren Aufstieg der Nationalsozialisten, die durchschnittlich 20 bis 25 Prozent zugenommen haben, und einer katastrophalen Niederlage der Deutschnationalen und der Deutschen Volkspartei. Soweit die Deutschnationalen und Volksparteiler nicht auf einer sogenannten Einheitsliste zusammenmarschierten, kehren sie fast überall nur noch als Splitter in die neuen Stadtparlamente zurück. Verluste hat auch die Sozialdemokratie erlitten, und zwar sowohl im Vergleich zu den Reichstagswahlen als auch zu den letzten Gemeindewahlen im Jahre 1927.

Bei den Danziger Volkstagswahlen erzielten die extremen Parteien die Haupterfolge. SPD verliert 13.000 Stimmen, Deutschnationale verlieren 10.000 Stimmen, Nationalliberale verlieren 4.500 Stimmen, Nazi gewinnen 30.000 Stimmen, Kommunisten gewinnen 8.000 Stimmen.

Etwa 100 Nationalsozialisten überfielen am 9. November Mitglieder der Sozialistischen Arbeiterjugend in Frankfurt a.M., die von einer Revolutionsfeier heimkehrten. Mit unglaublicher Rohheit schlugen die sich in großer Überzahl befindlichen Nazis auf die jugendlichen Arbeiter ein. Auch gegen Mädchen im Alter von 14 und 15 Jahren wurden Fußtritte ausgeteilt. Der Führer der Frankfurter SAJ, der Schriftsetzer Langendorf, wurde umringt und zu Boden geschlagen. Die Nationalsozialisten traten ihm mit den Füßen ins Gesicht, so daß ein Bruch des Nasenbeins eintrat.

Ein etwa 30 Mann starker Trupp Nationalsozialisten durchzog am 13. November die Ortschaft Barkhausen an der Porta, machte vor dem Hause eines jüdischen Schlachtermeisters halt und provozierte hier durch Rufe. Die beiden Söhne des Schlachtermeisters kamen ahnungslos nach draußen und wurden auf ein Kommando hin von den Rowdys mit Stöcken und Schlagringen blutig geschlagen. Einem der beiden Angegriffenen brachte man mit einem Messer schwere Verletzungen bei, so daß er blutüberströmt zusammenbrach.

Der Landbund verlangt von der Reichsregierung: Die laufenden Steuern von Reich und Ländern müssen vorläufig auf ein Jahr erlassen werden. Rückständige Steuern müssen in Naturalien entrichtet werden können, soweit nicht infolge Zahlungsunfähigkeit überhaupt auf ihre Eintreibung zu verzichten sei. Die soziale Belastung der Landgemeinden müssen Reich bzw. Länder ebenfalls ein Jahr lang übernehmen, die Kredite aller mit der öffentlichen

Hand in Verbindung stehender Stellen seien notfalls zu prolongieren, die früheren Notstandskredite niederzuschlagen. (!!)

Die Reichsregierung hat die neue brasilianische Regierung anerkannt.

Amerika

Präsident Hoover erklärte sich bereit, in der Dezember-Session des Bundeskongresses größere Hilfsfonds für die Arbeitslosen anzufordern. Diese Hilfsfonds, deren Höhe noch unbestimmt ist, sollen zur Ausführung der Bauprogramme dienen. Das Kriegssekretariat ordnete gleichzeitig die Ausgabe von Armeebetten und Decken an bedürftige Arbeitslose an.

In der amerikanischen Stadt Genevieve (Missouri) verhaftete die Polizei drei Neger, die einen Raubmordversuch an einem Geschäftsmann des Ortes unternommen hatten. Die amerikanische Bevölkerung geriet darauf in eine derartige Wut gegen die in der Stadt wohnenden Schwarzen, daß diese ihre Wohnungen verlassen und in die Wälder der Umgegend flüchten mußten. Ein Neger, der im Krankenhaus lag, wurde von den weißen Patienten aus dem Gebäude gejagt und auf der Straße von der empörten Menschenmenge gelyncht. Die Polizei steht der Bewegung völlig machtlos gegenüber.

England

Die englische Stahl- und Eisenindustrie fordert Staatsunterstützung, das Handelsamt lehnt sie ab.

Die »Konferenz am runden Tische« zur Behandlung der Fragen Indiens wurde am 12. November in London eröffnet.

Es sind 88 Delegierte anwesend. 17 von ihnen vertreten die kapitalistischen Parteien des britischen Parlaments, 16 vertreten die Eingeborenenstaaten Indiens (von diesen 16 sind 10 regierende Fürsten) und 55 vertreten Britisch-Indien (14 von ihnen waren früher Mitglieder von Regierungskommissionen, 35 von ihnen sind adelig).

Die Konferenz wurde mit einer Rede des Königs eröffnet. Darauf folgte MacDonald, der u.a. sagte: »Zivile Unordnung ist der Weg der Reaktion, konstitutionelle Entwicklung ist das Ziel der Konferenz.«

Daran schlossen sich die Reden der Delegationsführer, worauf die Konferenz auf Montag, 17. November, vertagt wurde.

Frankreich

Das Publikum und die Börse scheinen nach dem Oustric-Bankkrach das Vertrauen zu Frankreichs »gesicherter Wirtschaftslage« restlos verloren zu haben; das zeigen die katastrophalen Kursstürze an der Börse. Die Sparer suchen in Eile ihre Gelder aus den Banken zurückzuziehen. Der Crédit Lyonnais soll in der vergangenen Woche weit über 100 Millionen Franken an die kleinen Sparer ausgezahlt haben. Tardieu hat in der Kammer erklärt, daß eine deutsche Forderung auf Revision der Verträge Krieg bedeute.

Der sozialistische Abg. Antonelli, Mitglied der Finanzkommission der Kammer, gibt im »Populaire« eine genaue Aufstellung über die wahre Höhe der Rüstungsausgaben Frankreichs im Budgetjahr 1931/32. Die Regierung hatte in einem Communiqué die Rüstungskredite auf insgesamt 12,2 Milliarden Franken beziffert, davon 4,8 Milliarden für das Landheer, 2,8 Milliarden für die Marine, 2,3 Milliarden für die Kolonialtruppen und 2,2 Milliarden für die Luftfahrt. Darüber hinaus enthält der Etat aber eine Reihe versteckter Kredite, die Antonelli auf nicht weniger als sieben Milliarden Franken beziffern zu können glaubt. Frankreich veranschlagt für seine Rüstungsausgaben nicht weniger als 19 Milliarden Franken. Der »Populaire« betont, daß sich jeder Kommentar erübrige.

In der Nacht vom 13. auf 14. November hat sich in Lyon eine schwere Einsturzkatastrophe ereignet, die viele Todesopfer erforderte. Die ersten Meldungen berichten über 60 Tote. Spätere Meldungen besagen, daß die Zahl nicht so hoch sei; wie hoch sie aber wirklich ist, wird noch nicht berichtet.

Belgien

Die Arbeitervertreter der Metallindustrie haben sich vor der gemischten Schiedskommission mit der von den Arbeitgebern vorgeschlagenen 5prozentigen Lohnherabsetzung einverstanden erklärt. Dem gemäß werden die Löhne am 1. Dezember und am 1. Januar um je 2,5 Prozent gekürzt.

Polen

Die Parlamentswahlen am 16. November ergaben folgendes Bild: Regierungsblock 248 (113), Nationaldemokraten 65 (37), Linksblock 78 (154), Christliche Demokraten mit Korfanty 14 (18), Deutsche 5 (19), Ukrainer und Weißrussen 20 (47), Juden 7 (13), Kommunisten 5 (9). Pilsudski hat also die absolute Mehrheit von insgesamt 444 Sejmsitzen »erobert«, jedoch nicht die zur Verfassungsänderung notwendige Zweidrittelmehrheit. Selbstverständlich kann der neue polnische Sejm mit seiner aus Wählerraub, Fälschungen, schärfstem Terror und Druck aufgebauten Mehrheit keineswegs als Volksvertretung im demokratischen Sinne gewertet werden.

Italien

Die Wirtschaftskrise treibt weiter, Streiks wegen des zum Teil schon durchgeführten Lohnabbaus bis zu 40 Prozent!

Die Beamtenlöhne werden ab 1. Dezember um 12 Prozent gekürzt.

Die Präsidenten der faschistischen Arbeitnehmerfachverbände für die Industrie, für den Ackerbau und für die freien Berufe haben ihre Demission eingereicht.

Die 30 Vertreter des deutschen Stahlhelms wurden am 13. November von Mussolini in besonderer Audienz empfangen. Dr. Heinke, der Gruppenführer, erklärte, der Stahlhelm sei dankbar dafür, daß Mussolini die faschistische

Idee zu einer universellen erklärt habe, zu einem Wegweiser der Welt, und der Stahlhelm müsse in seinem Kampfe gegen den Marxismus und den Liberalismus diese Idee verbreiten. Er überreichte Mussolini das Stahlhelmabzeichen (!), wodurch der italienische »Erbfeind« zum Ehrenmitglied dieser nationalistischen Gruppe Deutschlands geworden ist.

Österreich
Am 12. November demonstrierten in Wien etwa 400.000 Arbeiter am Denkmal der Republik gegen den Faschismus.

Spanien
In Madrid ist der Generalstreik am 16. November erklärt worden; blutige Zusammenstöße zwischen Militär und Demonstranten. Die Schulen sind geschlossen. Gas-, Wasser-, Elektrizitätsstreik – Straßenbahnen verkehren nicht.

Peru
Der Allgemeine Arbeiterverband von Peru hat zum Generalstreik gegen die neue Militärdiktatur Cerro, die vor wenigen Wochen durch einen Umsturz die frühere Diktatur Begula abgelöst hat, ausgerufen. Die Angestellten der Zentralbahn haben sich dem Generalstreik ebenfalls angeschlossen, weil die Regierung den Allgemeinen Arbeiterverband für aufgelöst erklärte. – Im Kupferbergwerk Malpaso erfolgte ein Zusammenstoß zwischen demonstrierenden Streikenden und Polizei, wobei 15 Arbeiter getötet wurden.

Bulgarien
Bei den Kreiswahlen am 9. November erlitt die Regierungspartei eine schwere Niederlage, besonders in den Städten, wo der Wahlterror weniger wirksam ist. In Sofia erhielt der Sgower von 46.000 nur 9.000 Stimmen. Die Opposition eroberte insgesamt 60 Prozent aller Stimmen gegen etwa 50 Prozent bei den Vorwahlen. Die Kommunisten haben ihre Mandate fast verdoppelt. Die Sozialisten haben, selbständig kämpfend, ebenfalls beträchtliche Gewinne zu verzeichnen, besonders in Sofia und den südbulgarischen Industriestädten. Dem Wahlergebnis kommt erhöhte Bedeutung zu, da es ein deutliches Bild für die Sobranjewahlen im Frühjahr ist.

Rußland
In Leningrad ist eine antireligiöse (!!) Arbeiteruniversität gegründet worden. Diese Universität ist auf 600 Hörer berechnet. Der Kursus ist ein zweijähriger.

Der staatliche russische Kalitrust hat den Bergwerksdirektor Albert Klauß, Hannover, der früher technischer Direktor der All-Kaliwerke in Rollenberg war, auf zwei Jahre in die Leitung der russischen Ural-Kalianlagen berufen. Mit ihm haben seine große Anzahl erfahrener hannoverscher Kalibergbau-Facharbeiter die Reise nach dem Ural angetreten.

Laut Angaben der Tass-Agentur in Berlin beträgt der gesamte Handelssumsatz zwischen Deutschland und der Sowjetunion die ungeheure Summe von 501.300.000 Rubel oder 7,1 Prozent mehr als im Vorjahre. Von dieser Summe wurden 229.300.000 in Deutschland ausgegeben, während die in Deutschland verkauften Sowjetwaren 272.000.000 Rubel betragen. 67,5 Prozent aller Sowjeteinkäufe sind für Maschinen und Ausrüstungen bestimmt.

Der »Matin«, dessen finanzielle Beziehungen zum Royal Dutch bekannt sind, weiß zu berichten, daß eine gewaltige Gegenoffensive der amerikanischen Petroleumindustriellen gegen das russische »Dumping« bevorstehe. Die Eröffnung des Preiskampfes soll sofort auf der ganzen Linie erfolgen.

Gegen die Führer der »Rechtsopposition«, u.a. gegen Bucharin, Rykow, Tomski, soll ein Disziplinarverfahren durchgeführt und diese Führer ausgeschaltet werden.

Staatsanwalt Krylenko veröffentlicht die Anklageschrift gegen die kürzlich verhafteten Professoren und Ingenieure, die die Leiter der sogenannten Industriepartei gewesen seien und wesentliche Schuld an den gegenwärtigen Wirtschaftskrisen der Sowjetunion tragen sollen. Die Anklage umfaßt nicht weniger als 80 Druckseiten und leitet den bei weitem größten russischen Prozeß wegen Sabotagetätigkeit ein, den es bisher gegeben hat. Es ist wichtig, die Berichte über diesen Prozeß genau zu lesen.

(7.) Die Woche vom 17. November bis 24. November 1930

Wirtschaft

Die Direktion der Vereinigten Stahlwerke hat einen Stillegungsantrag für eine Reihe von Werken, insbesondere die Friedrich-Wilhelm-Hütte und die Stahl- und Walzwerke Mülheim-Ruhr, eingebracht, um Massenentlassungen durchzuführen. Die Werke sollen von Mitte Dezember bis Januar des kommenden Jahres stillgelegt werden. Dadurch würden mehrere tausend Arbeiter auf die Straße gesetzt werden.

Infolge der Lohndifferenzen im Mainz-Wiesbadener Wirtschaftsgebiet der Metallindustrie, die zu einem Schiedsspruch führten, der einen Abbau der Löhne entsprechend der Anweisung des Reichsarbeitsministers an die Schlichter vorsieht, traten zunächst die Klempner, Schlosser und Elektromonteure in den Streik. Am 20. November beschlossen auch die übrigen Metallarbeiter, die Arbeit niederzulegen. In Betracht kommen etwa 5.000 Arbeiter.

In der Lausitzer Hutindustrie herrscht in der Frage der Arbeitszeit sowie in allen anderen Fragen, die im Manteltarif geregelt sind, seit 31. März ein tarifloser Zustand. Die Hutfabrikanten haben nunmehr am Donnerstag durch Anschlag allen Arbeitern zum 26. November gekündigt.

Der Norddeutsche Textilarbeitgeber-Verband in Berlin hat am 18. November die folgenden Lohntarifabkommen seiner Ortsgruppen dem Deutschen Textilarbeiterverband zum Zwecke des Lohnabbaues gekündigt: Berlin, Nowawes, Fürstenwalde-Spree, Zernsdorf (Kreis Teltow), Bernau bei Berlin, Schwiebus-Züllichau-Güntersberg, Neudamm, Landsberg-Warthe, Malchow (Mecklenburg), Wittenberge (Bezirk Potsdam), Wittstock-Dosse, Barth (Pommern), Ratzebuhr (Pommern), Aschersleben, Calbe, Halberstadt und bei Magdeburg zum 31. Dezember 1930.

Der Lohn der Berliner Textilarbeiter (soweit sie überhaupt unter den Tarif fallen) beträgt bisher in der Stunde 92 Pfennig für gelernte Arbeiter, 77,5 Pfennig für ungelernte und 71 Pfennig für ungelernte Arbeiter über 20 Jahre. In Schwiebus (Grenzmark) bekommt die Textilarbeiterin 36,5 Pfennig Zeitstundenlohn.

Für die Stettiner Metallindustrie wurde ein Schiedsspruch gefällt, der einen Lohnabbau von 2 bis 5 Pfennig pro Stunde oder 4 bis 6 Prozent, je nach der Höhe der bisherigen Verdienste, ab 1. Dezember vorsieht.

Nachdem die Lohnverhandlungen in der Rheinschiffahrt gescheitert waren, haben die Rheinreeder ihrem Personal gekündigt. Wer ab 22. November für einen um 9,9 bis 23,25 Prozent verschlechterten Lohn arbeiten will, muß dazu bis 21. November seine Zustimmung erklären. Wer sich weigert, gilt als entlassen und muß das Schiff verlassen.

Der Arbeitgeberverband der Deutschen Holzindustrie und des Holzgewerbes hat von seinem vertraglichen Recht Gebrauch gemacht und den Manteltarifvertrag für das deutsche Holzgewerbe zum Ablauf am 15. Februar 1931 gekündigt. Dieser Vertrag erstreckt sich auf 16 Bezirke; ihm unterstehen etwa 100.000 Arbeiter.

Am 18. November fanden in Berlin die Gehaltsverhandlungen für das Bankgewerbe statt. Die Bankkapitalisten forderten 11prozentigen Abbau der Tarifgehälter und außerdem der Zulagen für die Berufsjahre. Die Verhandlungen scheiterten.

Der Hoesch-Konzern hat sich in dieser Woche mit dem Köln-Neuessener Bergwerksverein verschmolzen unter dem Namen »Hoesch-Köln-Neuessen-AG für Bergbau- und Hüttenbetrieb«. Neues Kapital 142 Millionen.

Die Preissenkung hat auch diese Woche kaum Fortschritte gemacht. In Hamborn-Westfalen ist der Milchpreis von 28 auf 25 Pfennig gesenkt worden. In Berlin ist bisher noch nicht einmal die lächerlich geringe Verbilligung um 1 auf 29 Pfennig eingetreten.

Die Staatliche Porzellanmanufaktur Berlin hat die Preise der weißen und mit Rand dekorierten Tafelservice im Durchschnitt um 20 Prozent gesenkt. Soll man hier weinen oder lachen? Tafelservice, von denen sicher kein Bedürftiger jemals essen wird, werden verbilligt!

Die Vereinigung der Berliner Brotfabriken geht gegen ihre Mitglieder, die sich ihrem Preisdiktat nicht fügen wollen, mit rigorosen Mitteln vor. Die Brotfabriken, die unter dem Kartellpreis verkaufen, werden aus der Vereinigung ausgeschlossen.

Das Rheinisch-Westfälische Kohlensyndikat hat am 21. November wegen der ausländischen Konkurrenz die Senkung der Kohlenpreise zum 1. Dezember beschlossen. Bei der Fettförderkohle tritt eine Ermäßigung um 1,50 Mark je Tonne ein, berechnet auf die im Inland geltenden Preise. Das entspricht einer Verbilligung um etwa 9 Prozent.

Die in dieser Woche bekanntgegebenen Dividenden lassen von einer »Not« der kapitalistischen Großbetriebe nichts erkennen. Schultheiß-Patzenhofer-Konzern: 15 Prozent; Radeberger Exportbierbrauerei in Dresden: 16 Prozent; Dortmunder Ritterbrauerei: 20 Prozent; Herkulesbrauerei in Kassel: 11 Prozent; Brauerei Geismann-AG in Fürth: 12 Prozent. Diese Dividende bei der Geismann-AG ist als »sehr bescheiden« anzusprechen, da allein der ausgewiesene Reingewinn von 340.000 Mark einer Dividende von 24 Prozent entspricht. Aktiengesellschaft Charlottenhütte Berlin: 14 Prozent; Brauerei Feldschlößchen in Braunschweig: 12 Prozent; Aktienbrauerei Lübeck: 8 Prozent; Die Gesellschaft (Klöckner-Konzern) schlägt 8 Prozent vor. Engelhardt-Konzern: 12 Prozent. Röchlingsche Eisen- und Stahlwerke-AG sowie die Edelstahlwerk-Röchling-AG, beide Sitz Völklingen: 15 Prozent Dividende.

Die Gutehoffnungshütte, Aktienverein für Bergbau und Hüttenbetrieb, erhöht ihre Dividende von 7 auf 10 Prozent.

Die Rheinische Metallwaren- und Maschinenfabrik in Düsseldorf zahlt auch für das Geschäftsjahr 1929/30 7 Prozent Dividende.

Politik

Auch in dieser Woche ist fast kein Tag vergangen, an dem nicht Nationalsozialisten Schlägereien und Überfälle provozierten.

Die sozialdemokratische Reichstagsfraktion hat am 26. November dem Reichstag einen Antrag zugehen lassen, in dem die baldige Vorlage eines Gesetzentwurfes über das Miet- und Wohnungsrecht verlangt wird. Die Gemeindebehörden sollen verpflichtet werden, für die Beschaffung von ausreichendem Wohnraum zu sorgen. Die Mieten sollen eine angemessene Höhe nicht überschreiten. Die Vertragsbeendigung soll sich nach den Grundsätzen des bisherigen Mieterschutzes richten.

Ein weiterer sozialdemokratischer Antrag: »Der vorige Reichstag hat durch Beschluß vom 12. März 1930 die Reichsregierung ersucht, dem Reichstag umgehend eine Zusammenstellung der Bezüge aller Reichsbahn- und Reichsbankbeamten vorzulegen. Da ein dringendes Interesse daran besteht, endlich eine Antwort auf diese Fragen zu erhalten, wird die Reichsregierung ersucht, dem Deutschen Reichstag umgehend eine Zusammenstellung vorzulegen, die folgendes enthält: 1. Die sämtlichen Bezüge des Präsidenten und der Mitglieder des Direktoriums der Reichsbank und die sämtlichen Vergütungen der Mitglieder des Generalrates der Reichsbank. 2. Die sämtlichen Bezüge des Generaldirektors, der Direktoren und der Direktionspräsidenten, überhaupt der 280 hohen Beamten der Reichsbahn und die sämtlichen Vergütungen, die die Mitglieder des Verwaltungsrates der Reichsbahn erhalten.«

Die am 18. November zwischen dem deutschen Reichsarbeitsminister Stegerwald und dem englischen Bergbauminister Shinwell geführten Verhandlungen betrafen in erster Linie die Fragen der internationalen Regelung der Arbeitszeit im Bergbau. Gleichzeitig haben auch informatorische Besprechungen über die wirtschaftliche Lage des europäischen Kohlenmarktes stattgefunden.

Die englische Regierung strebt nach einer Regelung und Rationalisierung des europäischen Kohlenmarktes. Ihre Absicht ist, den europäischen Kohlenverkauf international zu regeln und die Preisunterbietungen der verschiedenen Kohlenproduzenten auf dem europäischen Markt zu verhindern. Die englischen Kohlenproduzenten sind mit den Plänen der englischen Regierung einverstanden. (Siehe Sonntagsblatt, Woche Nr. 41 und 46.)

Ausland: Amerika

In dieser Woche sind 110 Banken in Amerika zusammengebrochen, in den ersten 8 Monaten des Jahres 600 Banken.

Der Senatsausschuß für auswärtige Angelegenheiten schlägt die Gewährung einer neuen Anleihe im Betrage von einer halben Milliarde Dollar an Tschiang Kai-schek vor.

Die Vereinigten Staaten arbeiten darauf hin, eine Versöhnung aller Militaristen Chinas zuwege zu bringen und eine einheitliche Front gegen die Kommunisten herzustellen.

Das Kartell hat »zur Stützung der Kupferpreise« eine Drosselung der Produktion um 20.000 Tonnen monatlich, also fast eine Viertelmillion Tonnen jährlich, beschlossen. Die Börsenpreise für Kupfer sind infolgedessen schon gestiegen.

Das kubanische Parlament hat einen Gesetzentwurf angenommen, wonach der Staat zur Stützung des Zuckermarktes 42 Millionen Dollar bereitstellen soll. Nach dem Vorbild der brasilianischen Kaffeepolitik sollen in den nächsten fünf Jahren 1.680.000 Tonnen vom Markt künstlich ferngehalten werden, um einen weiteren Preiseinbruch zu verhüten. Die Ausfuhr nach den Vereinigten Staaten soll für 1930/31 auf 3,13 Millionen Tonnen begrenzt werden.

Senator Bigham kündigte am 15. November an, er werde im Dezember einen Gesetzentwurf, betreffend Zulassung vierprozentigen Biers, einbringen.

Die nach dem Umsturz vor wenigen Wochen eingesetzte Militärregierung in Peru ist am 22. November zurückgetreten, weil es ihr nicht gelungen ist, die revolutionäre, gegen den amerikanischen Imperialismus gerichtete Bewegung in den Kupferminen zu ersticken. Die Lage ist noch unklar.

England

Um einen Abbau der Löhne für Bergarbeiter bei Einführung des neues Kohlengesetzes zu verhüten, hat Bergwerksminister Shinwell der englischen Regierung vorgeschlagen, die Inkraftsetzung des Teiles 3 des Gesetzes vorläufig hinauszuschieben.

Der Teil 3 des Gesetzes sieht die Einführung des 7 1/2-Stundentages in den Gruben vor und sollte am 1. Dezember in Kraft treten. Da die Grubenbesitzer sich entschieden weigern, einer Verkürzung der Arbeitszeit ohne Lohnherabsetzung zuzustimmen, haben die Bergarbeiter in Südwales den Bergwerksbesitzern mitteilen lassen, daß sie es vorziehen, acht Stunden bei gleichbleibendem als 7 1/2 Stunden bei verkürztem Lohn zu arbeiten.

Bei Annahme des Vorschlages durch die Regierung müßte ein Zusatzantrag zu dem Bergbaugesetz nachträglich im Parlament eingebracht werden. Der Bergarbeiterführer Cook erklärte, daß ein Streik von 650.000 Bergarbeitern nicht zu vermeiden sei, falls die Regierung nicht bis zum 1. Dezember zugunsten der Bergarbeiter in den gegenwärtigen Lohnkonflikt bei den Grubenbesitzern interveniere.

Die Grubenbesitzer verlangen Lohnkürzungen, die zwischen 3 und 12 Schilling schwanken.

Als Antwort auf die angedrohte Lohnherabsetzung durch die englischen Eisenbahngesellschaften haben die Gewerkschaften der englischen Eisenbahner bei den kommenden neuen Lohnverhandlungen einen Mindestlohn von 3 Pfund (60 Mark) pro Woche beantragt. Jede Lohnsenkung wird von den Eisenbahnergewerkschaften entschieden abgelehnt. Diesem Vorgehen haben sich auch die Werkstättenarbeiter angeschlossen. Sie erklären, daß sie unter keinen Umständen in eine Lohnherabsetzung einwilligen. Es sei notwendig, die Löhne zu erhöhen. Die diesbezüglichen Verhandlungen zwischen Unternehmern und Gewerkschaften finden in den nächsten Tagen statt.

Holland

Am 19. November gab der Führer der holländischen Sozialdemokraten, Alberda, die Antwort auf die an die Sozialisten vom Ministerpräsidenten gestellte Frage, wie sich die Sozialdemokratische Partei im Falle einer Mobilisierung verhalten werde. Er erklärte, daß die Sozialdemokratische Partei an einer eventuellen Mobilisierung nicht mitarbeiten werde. Die Partei lege Wert auf die Erhaltung der nationalen Selbständigkeit. Holland werde aber für diese nicht durch das Mittel der bewaffneten Landesverteidigung eintreten. Die Regierung dürfte gegebenenfalls nicht auf die Unterstützung rechnen. Werde die Regierung gegen die Sozialdemokraten Zwangsmittel ergreifen, so seien diese bereit, den Kampf gegen die Regierung aufzunehmen. Die Erklärung Alberdas wurde von großem Beifall seiner eigenen Partei begleitet, während sie auf Seiten der Rechten helle Empörung erregte.

Italien

Die Heerespflicht ist vom 18. bis zum 55. Lebensjahre durchgeführt. – Am 20. November hat der Ministerrat auch für alle Italiener, die der Faschistenmiliz nicht angehören, durch Dekret den Zwang zur Teilnahme an zwei Militärkursen jährlich unter schwerer Strafandrohung festgesetzt.

Die »Kölnische Volkszeitung« vom 16. November bringt einen Bericht aus Italien, in dem es u.a. heißt: »Wer sich im Lande umtut, dem klingt die Klage ›Tasse sopra Tasse‹ (Steuern über Steuern) häufig ans Ohr ... Vielfach kommt der Beobachter zu dem Ergebnis, daß Dinge, über die die Presse sonst sprach, jetzt aber schweigt, nicht rosig sein können. So erzählt man sich, daß durch den in den letzten Jahren mit viel Erfolg und Staatsprämien vermehrten Getreideanbau, die ›Battaglia del Grano‹, in diesem Jahre bereits im Entstehen gehemmt worden sei, da der Bauer infolge hoher Steuern keine ausreichenden Mittel für Saatgut zur Verfügung gehabt habe.«

Bassanesi, der antifaschistische Flieger, der über Mailand antifaschistische Flugblätter abwarf und bei der Rückfahrt auf Schweizer Gebiet abstürzte, wurde vom Schweizer Gericht in Lugano zu vier Monaten Gefängnis und 200 Franken Geldstrafe wegen »Vergehens gegen die Luftverkehrsordnung« verurteilt.

Österreich

Major Pabst, den Starhemberg wieder nach Österreich hereinließ, hat namhafte Beträge aus Italien mitgebracht, die ihm seitens faschistischer Organisationen zur Verfügung gestellt worden sind, und zwar durch Vermittlung des Generalsekretärs der faschistischen Partei, Giurati. Diese Geldbeträge wurden zum Teil bei der Innsbrucker Hauptanstalt, der »Hauptbank für Tirol«, zum anderen Teil in Schweizer (!) Geldinstituten deponiert.

Die jetzt vorliegenden Ergebnisse der Nationalratswahlen in den Wiener Garnisonen ergaben folgendes Resultat: Von 6.652 in den Kasernen wahlberechtigten Männern haben 5.733 abgestimmt. Die Zahl der Wehrmänner ohne Offiziere beträgt 4.844. Davon erhielten die Sozialdemokraten 2.311 Stimmen, die Christsozialen 2.240, der Schober-Block 480, der Heimatblock 168, die Nationalsozialisten 461 und die Kommunisten 18 Männerstimmen. Danach hat die Sozialdemokratie die andern Parteien auch in den Kasernen überflügelt.

Der christlichsoziale Fraktionsführer Dr. Buresch hat mit den Führern aller Parlamentsfraktionen, darunter dem sozialdemokratischen Abg. Seitz, wegen einer Klärung der politischen Lage Fühlung genommen. Ein Ergebnis wurde bisher nicht erzielt. Man glaubt auch nicht, daß die neue Regierung vor Mitte nächster Woche beisammen sein wird.

Spanien

Am 18. November ist die Arbeit in Madrid wieder aufgenommen worden. In Barcelona wurde am 18. November ein 24-stündiger Generalstreik erklärt als Sympathiekundgebung für die Madrider Streikgenossen. Streikende Arbeiter bewarfen Trambahnen und Autobusse mit Steinen, so daß der Verkehr eingestellt werden mußte. Starke Polizeiaufgebote patrouillieren durch die Stadt.

Ministerpräsident General Berenguer erklärte am 20. November, er könne keinen Augenblick mehr den Zustand der dauernden Beunruhigung des Landes dulden. Er hat die Regimenter der Nachbargarnisonen von Madrid in der Hauptstadt zusammengezogen, alle Hauptpunkte der Stadt sowie die öffentlichen Gebäude mit Militär besetzen lassen. Die Privatwohnungen der revolutionären Führer werden genau bewacht.

In Barcelona wurde das Lokal der radikalen Gewerkschaftsvereinigung durch die Behörde geschlossen, da die durch diese am 18. November erfolgte Proklamierung des Generalstreiks der Polizei als ungesetzlich erklärt wird. Generalstreiks wurden in folgenden Städten ausgerufen: in Badalona, Rius und Plasencia. In Sevilla streiken die Studenten.

In Bunjol bei Valencia stürmte eine große Anzahl von Frauen und Männern eine Zementfabrik; sie waren mit Pistolen, Flinten und Beilen bewaffnet. Die Eingedrungenen erklärten, der Fabriksowjet zu sein, der sogleich wichtige Arbeiter entließ und dann mit teils neuem Personal die Fabrik wieder in Betrieb nahm. Erst als sich sehr viel Gendarmerie angesammelt hatte, verließen die Aufständischen die Fabrik, die gesperrt wurde.

Rußland

Die von der bürgerlichen und von der sozialistischen Tagespresse verbreiteten Nachrichten von angeblichen Attentaten auf Stalin, Militäraufständen in verschiedenen Städten der Sowjetunion, von der Verhaftung bekannter Führer usw. sind nach russischen Nachrichten Erfindungen. Sie entbehren jeglicher Grundlage. In dem bevorstehenden Prozeß gegen die sogenannte »Industriepartei«, hat Krylenko, der öffentliche Ankläger, nicht weniger behauptet, als daß ein Sturz der Sowjetmacht durch von Frankreich und England angezettelte Verschwörung bei gleichzeitiger militärischer Intervention von außen beabsichtigt war. Sogar die Ministerliste der Reaktionäre soll schon aufgestellt gewesen sein. Nach den Worten des Anklägers sollten die Betriebe den früheren Besitzern zurückgegeben werden. Die von der Sowjetmacht neugeschaffenen Riesenwerke wollte man in Aktiengesellschaften zusammenfassen, die Aktien an die Besitzer von zerstörten oder stillgelegten Werken als Entschädigung verteilen. In der Landwirtschaft sollten die individuell abgegrenzten bäuerlichen Wirtschaften verewigt, die früheren Besitzer von Gütern durch Aktienpakete der jetzigen Sowjetgüter entschädigt werden.

Poincaré und der französische Generalstab sollen nach den russischen Quellen die Verschwörung leiten. Praktisch plane man die Intervention mit den Kräften Polens, Rumäniens, Estlands und Lettlands, mit geringer Beteiligung französischer Truppen und der französischen Flotte, unter der Leitung des französischen Stabes und französischer Offiziere. Die Interventionisten sollen sich natürlich auch schon um das Fell des Bären gestritten haben, bevor sie ihn erlegt hatten. Der Angeklagte Ramsin mußte als Vertreter der »Industriepartei« den Konzessionen an die ausländischen Imperialisten zustimmen. Frankreich erhebt Anspruch auf die Deckung sowohl der zaristischen als auch der Kriegsschulden im vollen Rubelwert sowie auf ausgedehnte Konzessionen im russischen Bergbau, England auf die kaukasischen Petroleumquellen, Polen auf Kiew und einen Teil der rechtsseitigen Ukraine. Die Belieferung der Interventionsarmeen mit Munition und Waffen sollte ausschließlich die Sache Frankreichs sein. Bereits Ende 1929 erhielt die »Industriepartei« aus Paris Mitteilungen über die Unmöglichkeit der Intervention für 1930. Der Termin des Kriegsbeginns wurde auf 1931 verschoben.

Da man in der deutschen Tagespresse sehr wenig über diesen wichtigen Prozeß liest, werden wir ihn etwas ausführlicher behandeln.

Potapoff, der Leiter des »Stabes« der Getreidebereitstellungen im Bezirk Oreschkino im unteren Wolgagebiet, ist ermordet worden. Bisher konnten die Täter nicht ermittelt werden. Die Sowjetpresse sagt, daß es sich um einen politischen Mord und zwar um eine Gewalttat der Kulaken handelt, welche die Getreidekampagne schädigen wollten.

Das Bildungskommissariat sieht in seinem Arbeitsplan für 1931 einen Lese- und Schreibunterricht für 9.148.000 Analphabeten vor. Außerdem sollen 6.445.000 des Lesens und Schreibens nicht genügend Kundige weiter fort gebildet werden. Die Gesamtkosten dieses staatlichen Unterrichts beziffern sich auf 140 Millionen Rubel, wovon die Hälfte von den Gewerkschaften, Kollektivwirtschaften und anderen Verbänden bestritten werden soll.

Eine von dem Bund der Gottlosen[30] unternommene anonyme Umfrage, die 1.426 Leningrader Pädagogen umfaßte, zeitigte Resultate, die bei der Sowjetpresse Besorgnisse erregten. 25 Prozent der Befragten entpuppten sich als Gläubige, 5 Prozent sind von dem Vorhandensein der Seele überzeugt, 20 Prozent erklärten sich für neutral, wobei 15 Prozent angaben, daß sie nicht für den

Religionsunterricht stimmen, aber ganz entschieden gegen die antireligiöse Arbeit in der Schule protestieren. 16 Prozent erklärten, daß die antireligiöse Propaganda Sache der Administration und nicht des Lehrkörpers sei. Drei Prozent finden, daß die Religiosität dem Kind mit der Muttermilch einverleibt wird, und 12 Prozent finden, daß die Liebe zum Nächsten in der Schule den Kindern anzueignen ist. Den Rest von 55 Prozent bilden gottlose Pädagogen, die die Erziehung der Schüler im materialistischen Geiste durchführen.

(8.) Die Woche vom 24. Dezember 1930 bis 1. Januar 1931[31]

Wirtschaft

Auf den Stapelplätzen der Weltrohstoffwirtschaft liegen mehr als 10 Millionen Tonnen Weizen, 36 Millionen Tonnen Zucker, 1,5 Millionen Tonnen Kaffee, 16 Millionen Steinkohle und 1,2 Millionen Tonnen Baumwolle unverkäuflich.

Nach Erhebungen des deutschen Reichsstatistischen Amtes ist die Durchschnittsdividende der erfaßten Aktiengesellschaften im ersten Vierteljahr 1930 von 7,48 auf 7,82 Prozent gestiegen.

Der Lohnabbau wird in rigoroser Weise fortgesetzt, der »Preisabbau« erweist sich immer deutlicher als Bluff und als eine neue Möglichkeit, Reklame zu machen.

Politik

Die Unsicherheit und Ungeklärtheit der innerpolitischen Lage dauert weiter an. Auf eine Umfrage der »Deutschen Allgemeinen Zeitung«: »Was halten Sie von einer Regierungsbeteiligung Hitlers?« haben Generaloberst von Seeckt, der frühere Reichsbankpräsident Schacht, Herr von Oldenburg-Januschau und andere bürgerliche Politiker sich für eine Regierungsbeteiligung der Nationalsozialisten ausgesprochen.

Der Film »Im Westen nichts Neues«[32] ist nach stürmischen Demonstrationen der Nationalsozialisten von der Filmoberprüfstelle verboten worden – der zunächst als Kompensation gleichfalls verbotene »Stahlhelmfilm« ist wieder freigegeben.

Amerika

Im Monat Dezember haben 57 kleine und mittlere und vier große Banken ihre Zahlungen eingestellt. Ford hat seine Betriebe geschlossen. Der Diskontsatz ist auf 2 Prozent herabgesetzt zur »Ankurbelung der Wirtschaft«. 9 Millionen Arbeitslose.

Frankreich

Die Zahl der Arbeitslosen ist auf 10.000 gestiegen, die neue Regierung Steeg ist bemüht, durch die Bereitstellung ausreichender Mittel produktive Arbeitslosenunterstützung zu gewähren.

Italien

Die Wirtschaftskrisis wird im faschistischen Italien immer unerträglicher; aus den verschiedensten Gegenden werden Unruhen und Empörungen gegen Lohnabbau und Steuerdruck gemeldet.

Der Papst hielt am 24. Dezember vor den Kardinälen eine Ansprache, in der er den Nationalismus verdammte, einen Frieden der Gerechtigkeit ersehnte. Am Schluß seiner Weihnachtsbotschaft kündigte der Papst eine neue päpstliche Enzyklika über die christliche Ehe im Zusammenhang mit den neuen Bedürfnissen und der Umordnung von Familie und Gesellschaft an.

Spanien

Die Verantwortlichen an dem revolutionären Putsch werden verfolgt. Man versucht, die Regierung durch Hereinnahme der bekanntesten liberalen und konservativen Führer so zu gestalten, daß die revolutionären bürgerlichen Gruppen zurückgehalten werden. Die politischen Spannungen sind keineswegs behoben.

Rußland

Das Präsidium des Zentral-Exekutivkomitees hat A. Rykow von seinem Posten abberufen und W. Molotow zum Vorsitzenden des Rates der Volkskommissare der UdSSR und des Rates für Arbeit und Verteidigung ernannt.

Die russische Regierung hat beschlossen, die Löhne für die Arbeiter im Donez-Becken am 1. Januar 1931 zu erhöhen. Außerdem werden auch die Löhne in anderen Bergbaugebieten erhöht werden. Die Erhöhung der Löhne soll 12 v.H. betragen.

Das Exekutivkomitee der russischen Sowjets hat Tolstojanern die Gründung einer eigenen genossenschaftlichen Kolonie erlaubt. Man glaubt, daß 200 Familien von Tolstoianhängern auf dieser Kolonie Platz finden. Es sind ihnen Grund und Boden zugewiesen worden, außerdem wurden die Reisespesen ermäßigt und die Tolstojaner sind (auf einige Jahre vorerst) von den Militärsteuern und dem Militärdienst befreit.

Stalin, der Generalsekretär der KPR, ist zum Mitglied des Arbeits- und Verteidigungsrates ernannt.

Das Weihnachtsfest ist in Moskau sowie in der ganzen Sowjetunion im Zeichen des Kampfes gegen die Religion verlaufen. Alle Betriebe haben am 25. und 26. Dezember, wie üblich, gearbeitet. Trotz der Hetze gegen das Weihnachtsfest waren am Abend sämtliche Kirchen in Moskau überfüllt. Die Behörden hatten jedoch den Sängern der Staatsoper verboten, in den Kirchen zu singen. In Moskau haben am Heiligen Abend etwa hundert antireligiöse Versammlungen stattgefunden, in denen die Vertreter der Kommunistischen

Partei zum Kampf gegen die Religion aufforderten und die weitere Schließung von Kirchen verlangten.

(9.) Die Woche vom 5. Januar bis 12. Januar 1931

Wirtschaft

Die Zahl der dem Internationalen Gewerkschaftsbund angeschlossenen organisierten Arbeiter ist, nach einer Auskunft des Generalsekretärs Sassenbach, im letzten Jahre von 12 auf 13 1/2 Millionen gestiegen.

Die Krisis der kapitalistisch organisierten Wirtschaft hat sich noch verschärft – über 4 1/2 Millionen Arbeitslose in Deutschland sind registriert – Lohnabbau, Aussperrungen, Streiks – abgelehnte Schiedssprüche sind an der Tagesordnung – Preis»abbau« nach wie vor Bluff. Ab 3. Januar erhöht sich in Berlin der Milchpreis um 2 Pfennig pro Liter. Weizen (100 Kilo) Liverpool 13.10, Berlin 22.60 Mark, Gerste Rotterdam 7.26, Berlin 17.27 Mark, Zucker New York 11.94, Magdeburg 50.04 Mark, Kaffee Hamburg (unverzollt) 115.94 Mark, Hamburg (verzollt) 275.94 Mark, Roggen Rotterdam 7.51, Berlin 14.10 Mark.

Am 9. November Notverordnung über die Beilegung von Schlichtungsstreitigkeiten – in Zukunft entscheiden im Endverfahren der besonders ernannte Schlichter und zwei berufene unparteiische Beisitzer mit Stimmenmehrheit.

Dr. Brahn, Dortmund, der dieser Verordnung gemäß zur Beilegung des Bergbaukonfliktes im Ruhrgebiet ernannte Schlichter, hat mit seinen Beisitzern am 10. Januar einen sechsprozentigen Lohnabbau bis zum 30. Juni 1931 gültig dekretiert. Die Arbeitgeber haben sofort abgelehnt. Der Bergbau-Industriearbeiterverband hat den Schiedsspruch als untragbar für die Arbeiterschaft erklärt; die revolutionäre Gewerkschaftsopposition versucht einen politischen Streik zu organisieren.

Die Arbeitgeber in der Schuhindustrie verlangen nicht weniger als einen Lohnabbau bis zu 40 Prozent.

In der Holzindustrie droht es zu einem schweren Konflikt zwischen Arbeitgebern und Arbeitnehmern zu kommen, von dem über 200.000 Arbeiter betroffen würden.

Die Werft von Blohm & Voß in Hamburg kürzt in Übereinstimmung mit der Arbeiterschaft für die Schiffsbauabteilung, die annähernd noch 1.000 Arbeiter beschäftigt, die Arbeitszeit um die Hälfte auf 24 Stunden. Damit wird die Entlassung von fast 500 Arbeitern vermieden.

Politik

Reichskanzler Brüning wurde auf seiner Reise nach dem Osten von aufgewiegelten Nationalsozialisten in Tilsit mit Steinwürfen empfangen.

Der Vorsitzende der Deutschen Volkspartei, Abg. Dingeldey, steht im Begriff, mit einem Sammlungsappell wider den »Marxismus« an die Öffentlichkeit zu treten. An der Sammlung sollen mit Ausnahme des Zentrums alle Gruppen und Splitter zwischen der Staatspartei und den Deutsch-Nationalen beteiligt werden.

Die Deutsche Staatspartei[33], Ortsgruppe Jena, hat es abgelehnt, dem Reichsbanner Schwarz-Rot-Gold[34] beizutreten und sich darin zu betätigen.

Von Zentrumsseite (»Kölnische Volkszeitung«) wurde der Vorschlag gemacht, eine Volksabstimmung für die Abrüstung in allen Völkern durchzuführen. Dr. Curtius soll sich in Genf dafür einsetzen.

Der Exekutivausschuß des internationalen Sekretariats der katholischen Parteien hat eine Entschließung angenommen gegen das »Wiedererwachen eines unnachgiebigen Nationalismus in verschiedenen Ländern und gegen den Zustand politischer Mißstimmung, der noch durch die wirtschaftliche Organisationslosigkeit Europas und durch die Schwierigkeiten der Weltwirtschaftskrise verschlimmert wird«. Sie verurteilen und verschmähen jeden Appell zur Gewalt als ein Verbrechen und eine Tollheit. Sie wollen die europäische und die Weltfriedenspolitik weiter verfolgen.

Amerika

Im Steuerjahr 1928/29 haben 311 Personen ein Einkommen von einer Million Dollar und mehr angegeben. Im Vorjahr waren es nur 290. Die Zahl der Personen, die ein Einkommen von 250.000 Dollar anmeldeten – von denen jede also ein Millionär ist – belief sich auf über 43.000. (!!)

Die Zahl der Arbeitslosen in den Vereinigten Staaten hat zehn Millionen erreicht; die Zahl der Kurzarbeiter beträgt mehr als drei Millionen.

Stewert, ein Statistiker der Hooverschen Kommission für Arbeitsbeschaffung, schätzt den Rückgang der Beschäftigung auf 36 Prozent. In Wirtschaftskreisen wird mit einer weiteren Zunahme der Arbeitslosigkeit für 1931 gerechnet.

Nach Angaben des Präsidenten des amerikanischen Gewerkschaftsverbandes, Green, ist das Einkommen der Lohnempfänger im verflossenen Jahre um mehr als sechs Milliarden Dollar zurückgegangen.(!)

Nach einem internationalen Abkommen zwischen den Zuckerproduzenten von Amerika und Europa ist eine Einschränkung der Zuckerproduktion und eine Preissteigerung auf dem Weltmarkt zu erwarten. Auf Kuba sind 60.000 Zentner Zucker durch Plantagenbrände vernichtet worden.

Lloyds, die bedeutendste Versicherungsgesellschaft der Welt, hat beschlossen, ihre Prämien für Versicherung gegen Kriegsrisiken erheblich zu erhöhen.

Skandinavien

In Oslo tagt zurzeit eine Wirtschaftskonferenz, auf der die Regierungen von Schweden, Norwegen, Dänemark, Holland und Belgien vertreten sind.

Als Zweck der Konferenz wird angegeben: Förderung der wirtschaftlichen Annäherung zwischen den fünf beteiligten Ländern.

In Amsterdam kam es am 7. Januar wieder zu kommunistischen Erwerbslosenkrawallen, ebenso in Kopenhagen.

England

Vom 1. Juli 1930 bis zum 7. Oktober 1930 sind die Kurse von Aktien an der Londoner Börse im Durchschnitt von 146,7 auf 131,0 gefallen. Eine Ausnahme macht die Rüstungsindustrie! Es notierten: die engl. Rüstungsfirma Vickers am 1. Juli 1930 3,6, am 7. Oktober 1930 7,5 (!), die franz. Rüstungsfirma Schneider-Creuzot am 1. Juli 1930 1.934, am 7. Oktober 1930 1.945(!), die englische Rüstungsfirma Hochkiß am 1. Juli 1930 1.895, am 7. Oktober 1930 1.980(!).

Die Zahl der Arbeitslosen in England ist nach der amtlichen Statistik in der letzten Dezember-Woche um 234.765 auf 2.643.127 Personen gestiegen.

Der Streik der 180.000 Bergarbeiter in Südwales dauert an – Schlichtungsverhandlungen sind gescheitert. Die Grubenbesitzer wollen eine Erhöhung der Arbeitszeit und eine Senkung der Löhne erzwingen.

Die Baumwollindustriellen beschlossen, den örtlichen Organisationen Generalaussperrungen für den 17. Januar zu empfehlen, falls bis dahin der Konflikt nicht beigelegt sein sollte. Der Arbeitgeberverband der Spinnereien faßte einen entsprechenden Beschluß.

Bei den Beratungen des Unterausschusses der Indien-Konferenz, der sich mit der Frage der bundesstaatlichen Verfassung Indiens befaßt, teilte der Vorsitzende, Lord Sankey, mit, es sei anzunehmen, daß die Konferenz am 19. oder 20. Januar ihr Ende finden werde.

Frankreich

Die amtliche Statistik vom 3. Januar stellt fest, daß an diesem Tage 13.149 Arbeitslose in Frankreich vorhanden waren gegenüber 11.952 in der Berichtswoche vorher. In einer Woche also eine Vermehrung um 1.197 Personen.

Ein französischer Industrieführer weist aber darauf hin, daß diese Zahl bei weitem hinter der Wirklichkeit zurückbleibt. Insbesondere seien viele Industriewerke in letzter Zeit wegen steigender Absatzschwierigkeiten zur Kurzarbeit übergegangen. In zahlreichen Betrieben, insbesondere in der Nähe von Paris, wird nach diesen Angaben nur an einigen Tagen der Woche gearbeitet. Diese Anzeichen einer Wandlung der Lage sind um so bedrohlicher, als alle Wahrscheinlichkeit für eine weitere Verschlechterung spricht.

Über die Bank »Commerciale de France« Paris, Aktienkapital 11 Millionen Francs, wurde der Konkurs verhängt.

Italien

Für das Rechnungsjahr 1930 errechnete Mussolini in einer Rede ein Staatsdefizit von 900 Millionen Lire.

Italien und Frankreich rüsten zu einem Kriege um die Vorherrschaft im Mittelmeer, beide Staaten entwickeln nach englischen Meldungen auf den Werften eine fieberhafte Tätigkeit zum Bau von Kreuzern, Torpedobootzerstörern und Unterseebooten.

Der Papst hat am 8. eine Enzyklika über die christliche Ehe veröffentlichen lassen. Er wendet sich mit Abscheu gegen die Theorien der freiwilligen Geburtenregelung und gegen die Verhinderung von Mißgeburten und Vererbungsübeln. Ebenso tadelt der Papst die Voranstellung des Gefühls der Sympathie bei der Eheschließung, während die Ehe hauptsächlich auf der christlichen Liebe zu beruhen habe. Das Dokument behandelt weiter das Problem der Ehe in den drei Unterabteilungen der Kirche, des Glaubens und des Sakraments, und verweilt dabei am längsten bei der Aufweisung und der Bekämpfung der Gefahren und der Irrtümer des modernen Zeitalters. Es wendet sich sodann an Ärzte, Seelsorger und Behörden mit der Aufforderung, bei der Abschaffung jener Irrtümer der Eugenik und der sozialen Wissenschaft mitzuwirken.

Ein längerer Abschnitt ist auch den Pflichten der Ehefrau gewidmet, wobei drei verschiedene Arten von Emanzipation bedauert und verurteilt werden, und zwar die physiologische, die ökonomische und die soziale Emanzipation. Die physiologische Emanzipation wird in der mangelnden Bereitschaft der Frau zur Erfüllung ihrer ehelichen Pflichten erkannt. Als wirtschaftliche Emanzipation wird der Versuch der modernen Frau bezeichnet, sich von den wirtschaftlichen Sorgen des Gatten frei zu machen zur Erwerbung einer größeren persönlichen Freiheit. Unter sozialer Emanzipation versteht der Papst die Bemühungen verheirateter Frauen um eine Anstellung und vor allen Dingen die Einmischung in die politischen Streitigkeiten der Männer.

Rußland

Sehr skeptische Nachrichten allerdings bürgerlicher Korrespondenzen über die Hoffnungslosigkeit des Fünfjahresplanes mehren sich. Darum auch eine andere Stimme: In einem Interview an den Mitarbeiter des nationalistischen Blattes »Hindustan Times« erklärte Rabindranath Tagore: »Rußland hat Wunder vollbracht. Ich habe mich in Moskau davon überzeugt, daß die russischen Bauern und Arbeiter nicht nur ihre technische Qualifikation, sondern auch ihr kulturelles Niveau heben. Breite Volksmassen füllen Theater, Konzertsäle und Museen. Das, was in Rußland in den letzten acht bis zehn Jahren geleistet wurde, erscheint uns Indern als ein regelrechtes Wunder. Unter dem zaristischen Regime waren die Volksmassen Rußlands ebenso unwissend und obskurant wie die indischen Volksmassen heutzutage. In Indien sind nur 5 Prozent der Bevölkerung des Schreibens und Lesens kundig. Im zaristischen Rußland war der Rassen- und Religionskampf ebenso tägliche Erscheinung wie im heutigen Indien. Heute sind alle diese Erscheinungen in Rußland vollständig verschwunden. Rußland hat wahrhaftig ein Wunder vollbracht.«

(10.) Die Woche vom 13. Januar bis 20. Januar 1931

Wirtschaft

Am 12. Januar wurde der von beiden Kontrahenten abgelehnte Schiedsspruch für den Ruhrkohlenbergbau im öffentlichen Interesse als verbindlich erklärt. Die von der Kommunistischen Partei beabsichtigten Streiks sind zusammengebrochen.

Nach den soeben veröffentlichten Ziffern über den deutschen Handel ist die Einfuhr im Jahre 1930 um 3 Milliarden Mark gesunken. Das bedeutet, daß die Einfuhr um 25 Prozent im Werte gegenüber dem Vorjahr gesunken ist. Der Rückgang der Gesamtausfuhr beträgt 1,5 Milliarden, das bedeutet einen prozentualen Wertrückgang gegenüber dem Vorjahre von 11 Prozent. Bezeichnend ist, was für Waren den Rückgang in der Ein- und Ausfuhr ausmachen. In der Einfuhr erlitten Rückgang: Textilrohstoffe 46 Millionen, unedle Metalle 274 Millionen, Brotgetreide und Müllereierzeugnisse 239 Millionen, Futtermittel 228 Millionen, Ölfrüchte und Ölsaaten 215 Millionen, Garne 112 Millionen, Molkereiprodukte 107 Millionen, Holz 103 Millionen. In der Ausfuhr sind zurückgegangen: Eisenwaren 212 Millionen, Gewebe 146 Millionen, Textilrohstoffe 134 Millionen, Kohlen und Koks 98 Millionen, Farben und sonstige chemische Erzeugnisse 90 Millionen.

Der Lohnabbaufeldzug geht unaufhaltsam weiter. 6 Prozent Abbau in der badischen Metallindustrie – ebenso in Hessen (Offenbach) im niederschlesischen Steinkohlenbergbau (Waldenburger Gebiet) sollen die miserablen Löhne um 10 Prozent abgebaut werden. Im Wuppertal sind 32 Textilbetriebe im Streik. In Erfurt gab es am 13. blutige Streikunruhen wegen der Lohnsenkungen. Ein Arbeiter von der Polizei erschossen – zwei Arbeiter schwer verletzt.

Politik

Die innenpolitische Lage ist nach wie vor auf das Äußerste gespannt. Die Nationalsozialisten stellen »Stammrollen« auf, reden von der Machtübernahme durch sie im Jahre 1931. Das Reichsbanner soll einer Parole Hörsings nach am 22. Februar »marschbereit« stehen.

Die »Europakommission« der 27 Völkerbundstaaten hat am 17. in Genf ihre Sitzungen begonnen. Es soll eine »europäische Arbeitsorganisation« geschaffen werden, die »soziale Arbeiterpolitik« treiben soll. Als wichtigste Aufgabe wird bezeichnet: Die Arbeitszeit im Kohlenbergbau, ohne deren Regelung keine wirtschaftliche Einigung möglich sei, die Arbeitsbedingungen und die Sozialversicherung in der Flußschifffahrt, die Vorbeugung gegen Unglücksfälle im Transportgewerbe, vor allem bei der Verkuppelung von Eisenbahnwaggons, die Regelung der Freizügigkeit von Arbeitern in allen europäischen Staaten und des Schadenersatzes der ausländischen Arbeiter bei Arbeitsunfällen. Schließlich wird noch betont, daß die Einebnung der Zollschranke die Arbeitslosigkeit wesentlich herabdrücken könnte, wodurch wiederum die furchtbarsten Krisenerscheinungen gemildert werden. Deutschland verlangte auch die Einladung Rußlands und der Türkei zu dieser Konferenz.

Frankreich

Der französische Wirtschaftsminister Loucheur erklärte: »Die Krise in Frankreich sei zum größten Teil eine Folge der allgemeinen Weltkrise. Wegen Mangels an Absatz und Aufträgen setze die deutsche Wirkwarenindustrie ihre Preise herab und überschwemme Frankreich mit Waren. Was den Warenaustausch anlange, so müsse man zwischen den Jahren 1929 und 1930 einen Unterschied von fünf Milliarden Franken zuungunsten Frankreichs feststellen. Eine andere Ziffer beweise noch deutlicher den Rückgang der Warenerzeugung: im November 1929 seien im französischen Eisenbahnnetz täglich 68.000 Güterwagen beladen, im November 1930 sei die Zahl der Güterwagen auf 60.000 gefallen. Ebenso seien die Börsenwerte um 20 bis 24 Prozent gesunken. Am schwersten habe die Pariser Luxusindustrie sowie die französische Textilindustrie zu leiden.«

Die Unzulänglichkeit der kapitalistischen Wirtschaft kann nicht schlagender bewiesen werden als dadurch, daß das goldüberschwemmte Frankreich wirtschaftlich erstickt.

In der Schuhindustrie von Limoges ist am 16. Januar ein großer Lohnstreik ausgebrochen. Über 6.000 Arbeiter sind ausgesperrt. Man erwartet, daß die Arbeiter anderer Betriebe in den Sympathiestreik treten werden.

England

In dem großen Bergarbeiterstreik von Südwales ist eine vorläufige Einigung erzielt.

Die am 16. Januar noch geführten Verhandlungen von Arbeitgebern und Arbeitnehmern in der Baumwollspinnerei in Lancashire sind ergebnislos verlaufen, so daß die Aussperrung der Weber seit 17. Januar in Kraft getreten ist.

260.000 Textilarbeiter sind ausgesperrt, diese Zahl wird sich bei längerer Dauer des Streiks auf 500.000 Arbeiter erhöhen.

Am Abend des 16. Januar kam es in den Bezirken der Baumwollspinnerei in Bombay zu neuen großen Demonstrationen und Straßenkämpfen. 35 Personen wurden dabei verletzt. Die Gesamtzahl der Verletzten in den Krankenhäusern wird jetzt mit mindestens 260 angegeben, dürfte aber noch viel höher sein. Die Hauptstraßen von Bombay sind von der Polizei abgesperrt. Mitglieder des Kriegsrats wurden verhaftet.

Aus Rache für die Verhaftung eines Kongreßfreiwilligen stürmten 50 Inder die Wohnung eines Polizisten in einem Dorf des Bezirks Manbhum in Bengalen und töteten ihn. Die Polizei feuerte auf die Menge. Vier Inder wurden getötet. Auf beiden Seiten gab es bei dem Zusammenstoß viele Verletzte. Im Verlauf einer Kundgebung von 4.000 Spinnereiarbeitern kam es am 17. Januar wiederum zu Zusammenstößen mit der Polizei, die von der Schußwaffe Gebrauch machte. Drei Personen wurden schwer verletzt. Eine andere Versammlung wurde von der Polizei mit Knüppeln zerstreut. 30 Personen wurden schwer verletzt.

In einem Dorfe der Provinz Patna kam es gestern zu ernsten Zusammenstößen zwischen den Bewohnern und der Polizei. Die Polizei gab mehrere Schüsse ab. Ein Polizeibeamter wurde durch Lanzenstiche getötet.

Schweden

In der schwedischen Textilindustrie ist ein Generalstreik ausgebrochen. 34.000 Arbeiter sind in den Ausstand getreten. Man rechnet mit einer längeren Dauer des Konflikts. In der Gegend von Borras ist es bereits zu Zusammenstößen zwischen Polizei und Streikenden gekommen.

Spanien

Die spanische Regierung hat am 13. Januar sämtliche Gendarmerie- und Militärtruppen alarmiert. Man befürchtet, daß der Generalstreik jeden Augenblick ausbrechen könnte. Eisenbahn und Telephonlinien seien überall militärisch überwacht. – In San Sebastian kam es am Montagabend zu Sympathiekundgebungen für die verhafteten Revolutionäre. Die alarmierte Polizei besetzte in großer Stärke das Gefängnis der Stadt, da man befürchtete, daß die Demonstranten einen Sturm auf das Gefängnis ausführen könnten, um die Gefangenen gewaltsam zu befreien.

Amerika

Die Vorschläge des Präsidenten der größten amerikanischen Bank, der Chase National Bank, Wiggin, die internationalen Weltkriegsschuldenregelung zu revidieren, werden in der Presse diskutiert. Die Meinungen sind geteilt – eine Schuldenreduzierung wird aber von den meisten Sachverständigen als unumgänglich bezeichnet.

Der Senat billigte mit 73 gegen 13 Stimmen einen Kredit von 30 Millionen Dollar zur Modernisierung der Panzerkreuzer »Itharo«, »Mississippi« und »Mexiko« – alles im Zeichen der »Abrüstung«.

Rußland

Die Telegraphenagentur der Sowjetunion meldet: Die Kollektivwirtschaften haben den Getreideaufbringungsplan zu 100 Prozent erfüllt. Insgesamt wurde der

Getreideaufbringungsplan zu 91 Prozent ausgeführt, so daß die Getreideaufbringung des vorigen Jahres bereits um 35 Prozent überstiegen wurde. Die Blätter fordern zu einer Verstärkung der Getreideaufbringung im Einzelwirtschaftssektor auf, um die Ausführung des Planes in den nächsten Tagen zu vollenden.

Die Sowjetwahlen stehen im Zeichen großer Aktivität der Wähler. In Leningrad betrug die Wahlbeteiligung 96 Prozent. In Moskau beginnen die Wahlen am 25. dieses. Monats. An den Vorwahlversammlungen nahmen 77 Prozent der Wähler teil. – Nach den Berichten über die Wahlen in 22.000 (44 Prozent) Dorfsowjets Innerrußlands betrug die Wahlbeteiligung 69 Prozent gegen 60 Prozent im Jahre 1929. Besonders stark ist die Wahlbeteiligung der Frauen gestiegen. – In den neugewählten Dorfsowjets machen die Kollektivwirtschaftsbauern 33 1/2 Prozent aus, die Mitglieder der Kommunistischen Partei über 14 Prozent gegen 9 Prozent im Jahre 1929.

Die Sowjetregierung ließ durch ihre diplomatischen Vertreter in Berlin, Paris, London, Tokio, Rom, Oslo, Teheran und Warschau eine gleichlautende Erklärung abgeben, in der sie zu der Frage des Vorsitzes und des Ortes der künftigen Abrüstungskonferenz Stellung nimmt, da diese Frage in der Genfer Ratssitzung voraussichtlich berührt würde. Die Sowjetregierung ist der Ansicht, daß der Vorsitzende der Abrüstungskonferenz weder durch eine Gruppe bestimmter Staaten noch durch eine Organisation bestimmt werden dürfe, der nicht alle Teilnehmer angehören, also dem Völkerbund, sondern nur durch die Abrüstungskonferenz selbst. Weiter vertritt Rußland in der Erklärung die Ansicht, daß Vorsitzender der Abrüstungskonferenz nicht der Vertreter eines Staates sein könne, der schon in der Kommission eine deutlich ablehnende Haltung gegen die Abrüstung eingenommen habe, eben sowenig wie der Vertreter eines Staates mit hochentwickelter Rüstungsindustrie. Diese Staaten seien ja schon aus wirtschaftlichen Gründen Anhänger einer verstärkten Rüstung. Endlich dürfe auch nicht der Vertreter eines Staates Vorsitzender werden, der nicht mit allen teilnehmenden Staaten Beziehungen unterhält. – Bezüglich des Konferenzortes fordert die russische Erklärung Sicherung unbedingter Ruhe für die Arbeiten, was in Genf für die russische Delegation nicht der Fall gewesen sei.

(11.) Die Woche vom 21. Januar 1931 bis 28. Januar 1931

Wirtschaft

Die Reichsanstalt für Arbeitslosenversicherung gibt bekannt, daß am 15. Januar insgesamt ungefähr 4.765.000 Arbeitsuchende in Deutschland amtlich gemeldet sind.

Die Kommission des Internationalen Gewerkschaftsbundes und der Sozialistischen Arbeiterinternationale verlangt gegen die Wirtschaftskrisis die Einführung der Fünf-Tage-Woche (40-Stunden-Woche). – Zur Reparationsfrage nimmt sie folgende Stellung ein: »Eine Annullierung oder wenigstens Herabsetzung aller aus dem Kriege hervorgegangenen Zahlungsverpflichtungen wäre unzweifelhaft ein Mittel, die Schwierigkeiten der Weltwirtschaft zu erleichtern.«

Streiks und Aussperrungen werden aus fast allen Teilen Deutschlands gemeldet, in erster Linie in der Metall- und Holzindustrie.

Die Vereinigten Stahlwerke Essen verlangen von ihren Arbeitern und Angestellten einen freiwilligen Lohnabbau von 20 Prozent und das Recht, 10 Prozent aller Arbeitstage als Feierschichten zu erklären, sonst Stillegung!!

Der Verband der Rheinisch-Westfälischen Brotfabrikanten fordert einen Abbau der Löhne in den Bäckereibetrieben des Ruhrgebiets, bei den Arbeiterinnen um 50,8 Prozent, 45,3 Prozent bei den Arbeitern, sowie 25 Prozent in den Überstunden- und Sonntagszuschlägen. Für die Düsseldorfer Betriebe wird ein Lohnabbau von 52,4 Prozent der Arbeiterinnen und 52 Prozent für die Arbeiter gefordert!

Eine Firma Albin Wurlitzer in Markneukirchen (Vogtland) offeriert Berliner Firmen, die Hochfrequenzgeräte herstellen, Kästen für diese Apparate zu einem konkurrenzlos niedrigen Preise. In der Offerte findet sich folgender Satz: »Durch meine Heimarbeiter, die täglich mehr als 16 Stunden arbeiten, bin ich in der Lage, Ihnen das vorteilhafte Angebot unterbreiten zu können, und Vorteile muß man prüfen, um sich nicht selbst Schaden zuzufügen.«

Infolge einer Vereinbarung unter den vier Bergarbeiterverbänden im Ruhrbergbau werden die Betriebsrätewahlen für den Ruhrbergbau in der Zeit vom 24. bis 26. März stattfinden.

Politik

Am 27. Januar wird auf der Europakonferenz auf die Initiative Englands von Frankreich, Italien, Deutschland und England eine gemeinsame Erklärung abgegeben, die sich scharf gegen jede Kriegspanik wendet und das unerschütterliche Festhalten an der Völkerbundspolitik verkündet.

Polen hat eine Rüge des Völkerbundes wegen seines Verhaltens zu den deutschen Minderheiten einstecken müssen. Die polnische Regierung soll bis zum Mai spätestens einen genauen Bericht über die Durchführung einer von ihr gegebenen Zusage zur Vermeidung der Wiederholung ähnlicher Vorkommnisse an den Völkerbund erstatten.

Die Abrüstungskonferenz findet im Anschluß an die Januartagung des Völkerbundsrates im nächsten Jahre statt. Diese beginnt am 25. Januar, die Konferenz beginnt am 2. Februar.

General Seeckt forderte in Münster den Austritt Deutschlands aus dem Völkerbund.

Der Führer der preußischen Zentrumsfraktion, Abg. Dr. Heß, erklärte, daß in Übereinstimmung mit allen Parteiinstanzen die preußische Zentrumsfraktion niemals in irgendeiner Form mit den extremistischen Parteien zusammenarbeiten werde, also ein Zusammengehen mit den Nationalsozialisten überhaupt nicht in Frage komme.

England

Der Vizekönig hat die bedingungslose Freilassung Gandhis und der anderen Mitglieder des Arbeitsausschusses des allindischen Kongresses angeordnet. Gleichzeitig hat er die Ächtung dieses Ausschusses als ungesetzliche Körperschaft aufgehoben.

Die englisch-indische Konferenz ist zu Ende. Die Delegierten anerkannten den ehrlichen Willen der Arbeiterregierung, Indien zum Dominion-Staat umzugestalten. Einstimmig wurde die Entschließung angenommen, die den Verfassungsentwurf als wertvolle Grundlage für die künftige Verfassung der indischen Föderation begrüßt. – Alle Anzeichen deuten darauf hin, daß der Kampf in der Spinnereiindustrie sich verschärfen wird. – Auch die »vorläufige Beilegung« der Kämpfe im Kohlenbergbau scheint bald wieder vorüber zu sein.

Frankreich

Das Kabinett Steeg ist am 23. Januar gestürzt worden, wegen Illoyalität des ihm angehörenden Ackerbauministers Boret. Senator Laval soll die neue Regierung bilden – eine Rechtsregierung. Im Budget sind nahezu 20 Milliarden für die Armee, die Flotte und die Luftflotte und mehr als 2 Milliarden für die Polizei vorgesehen.

Der Außenminister Briand wird für Anfang Februar eine internationale europäische Konferenz nach Paris einberufen, an der alle landwirtschaftlichen Staaten teilnehmen sollen. Die Gründung dieses Institutes sei die dringlichste Aufgabe, die augenblicklich auf dem Gebiet der europäischen Solidarität zu vollziehen sei, da man nur durch kräftige Kredithilfe die notleidenden Staaten vor dem Bolschewismus bewahren könne.

Etwa 250 französische Intellektuelle, Dramatiker, Schriftsteller, Künstler, Journalisten, Schauspieler veröffentlichen in der Wochenschrift »Notre Temps« eine Kundgebung für den Frieden und für deutsch-französische Verständigung, in der unter anderem gesagt wird: »Europa muß sich organisieren oder untergehen!«

Rußland

Der General Miller, der Chef der militärischen Verbände der russischen Emigranten, hat vor einigen Tagen englischen Blättern erklärt: »Ungeachtet der schweren Lebensbedingungen hielten diese Verbände noch treu zusammen, wahrten ihren militärischen Charakter und würden bei einer günstigen internationalen Konstellation bereit sein, mit der Roten Armee die Waffen zu kreuzen. Miller gab der Überzeugung Ausdruck, daß eine der Großmächte, die den Sturz des Bolschewismus wünschen, auch die finanzielle Hilfe gewähren werde, die zur Aufrechterhaltung dieses Grundstocks einer ›weißen‹ Armee notwendig sei.«

(12.) Die Woche vom 28. Januar bis 4. Februar 1931

Wirtschaft

Der Lohnabbau geht weiter. Der Verband der Unternehmer der sächsischen Textilindustrie hat jetzt durch ein Rundschreiben an seine Mitglieder seine Lohnraubforderungen bekannt gegeben. Für die Textilarbeiter soll der alte tarifliche Zustand, der vor dem 30. September 1927 bestand, wieder eingeführt werden, was einem Lohnraub von 13 bis 18 Prozent gleichkommt. In der Kunstseidenindustrie soll der Lohnraub noch höher sein. Hier verlangen die Unternehmer infolge der »schlechten wirtschaftlichen Lage« einen Lohnabbau von 30 Prozent. – Die Bilanzsitzung des Aufsichtsrats der AEG beschloß nach Feststellung von 14,23 Millionen Reingewinn im vergangenen Jahre eine Dividende von 7 Prozent auszuzahlen.

Das Institut für Konjunkturforschung spricht in seinem herausgegebenen Wochenblatt von den Ursachen, die zu den letzten großen Devisenverlusten der Reichsbank geführt haben. Seit dem 15. Dezember hat die Reichsbank für mehr als 350 Millionen ausländische Zahlungsmittel abgeben müssen. Das Institut bemerkt dazu, daß der nach dem Jahresschluß regelmäßig aufgetretene Devisenbedarf in diesem Jahre noch weit übertroffen worden sei und erklärt diese Tatsache einmal aus dem besonders großen Umfang der Rückzahlungen von Auslandsgeldern zur Jahreswende und ferner aus der Fortdauer der Kapitalflucht. Dieses letzte Argument wird wohl als das wichtigste und bedenklichste bezeichnet werden müssen.

Petroleumkönig Sir Henry Deterding ist in Berlin. Das Gerücht hält sich hartnäckig, daß Deterding diese Reise gemacht hat, um nach dem Vorbild des Zündholzmonopols ein deutsches Benzinmonopol zu erreichen. Man spricht von 700 Millionen.

Die »Rote Fahne« meldet: An einem Tag, am 29. Januar, in zehn Stunden von 8 Uhr morgens bis 18 Uhr abends, wurden in Berlin acht Selbstmordversuche durch Gas verübt. Ein Rekordtag des Hungerwinters!

Vor einigen Tagen meldete der Betriebsteil aus der Betriebszeitung des Siemens-Schaltwerkes: In der Abteilung 62 des Siemens-Schaltwerkes arbeiten die Arbeiterinnen unter solch unerhört schweren Gesundheitsstörungen, daß bis zum heutigen Tag noch von keiner Frau, die im schwangeren Zustande in dieser Abteilung 62 gearbeitet hat, ein lebendes Kind geboren wurde. Als amtliche Beweise sind die Belege der Krankenkassen vorhanden. Es wird gemordet: Totgeburten oder Frühgeburten mit Lebensunfähigkeit! –

Vor einigen Wochen stand in der »Deutschen Bergwerkszeitung«, dem Organ der Schwerindustrie: »Nach Beendigung der gewaltigen Befestigungsanlagen an der französischen Ostgrenze fehle es der französischen Schwerindustrie an Aufträgen. Infolgedessen beginne sie sich immer lebhafter für den Gedanken eines deutsch-französischen Militärbündnisses zu erwärmen, und zwar unter der Voraussetzung, daß im Rahmen eines solchen Bündnisses die französische Schwerindustrie um den Preis der Aufgabe des Widerstandes gegen die deutsche Aufrüstung ein Drittel der deutschen Rüstungsaufträge erhalte. Da aus Frankreich selbst vorläufig an Aufträgen nichts mehr zu holen sei, bilde für die französische Schwerindustrie zweifellos die deutsche Aufrüstung das große Zukunftsgeschäft.« Ei!

Politik

Dieser Tage wurde in Iggeln bei Marienburg im Gewölbe eines Erdbegräbnisses von der Polizei ein riesiges Waffenlager ausgehoben, das 12 Maschinengewehre, 90 Gewehre, große Mengen Munition und anderes Kriegsmaterial enthielt. Der Verwalter der Domäne, zu der das Erdbegräbnis gehört, ist Mitglied des Stahlhelms und arbeitete in engster Verbindung mit den Nationalsozialisten, wie auch das Waffenlager zu gleichen Teilen dem Stahlhelm und den Nationalsozialisten gehörte. Der Verwalter wurde verhaftet, jedoch nach Stellung einer geringen Kaution wieder freigelassen!

Die Münchener Polizeidirektion hat Hitlers »Völkischen Beobachter« auf eine Woche verboten. Anlaß zu dem Verbot gab ein Schmähartikel »Mussolini und Schubert«, dessen Ausführungen gegen § 5 Ziffer 1 des Gesetzes zum Schutze der Republik verstoßen. In dem Pamphlet wird behauptet, Schubert habe mit Bezug auf Mussolini erklärt, mit diesem Kerl wolle er nichts zu tun haben. Darauf sei es wohl zurückzuführen, daß Schubert, der Anfang Oktober nach Rom gekommen, als »Vertreter der deutschen Novemberrepublik«[35] von Mussolini erst Ende November empfangen worden sei, während der Stahlhelm sofort Eingang bei Mussolini gefunden habe. Diese Hinauszögerung des Empfangs Schuberts bedeute eine Absage für die derzeitige deutsche Regierung, namentlich für den »unglaublichen« Dr. Curtius.

Unter dem Vorsitz des Reichskanzlers nahm am 28. Januar das Reichskabinett einen umfassenden Bericht des Reichsaußenministers Dr. Curtius über den Verlauf des europäischen Studienausschusses und der Tagung des Völkerbundrats entgegen. Der Reichskanzler stellte abschließend fest, daß die von der Delegation eingenommene Haltung und das in Genf erreichte Ergebnis die einstimmige Billigung des Reichskabinetts gefunden haben, und sprach dem Reichsminister des Auswärtigen den aufrichtigen Dank des Reichskabinetts für die erfolgreiche Vertretung der deutschen Interessen aus.

Die neugegründete Wehrorganisation der Zentrumsjugend, die »Kreuzschar«, ist, wie die »Vossische Zeitung« berichtet, jetzt zum erstenmal in Beuthen in Oberschlesien an die Öffentlichkeit getreten. Reichstagsabgeordneter Prälat Ulitzka umriß ihre Ziele mit der Erklärung, die Zeit der Diskussionen sei vorbei. Gegen Gewalt, Unterdrückung und gegen die Mächte der Zerstörung müsse auch das Zentrum zur Erhaltung der heiligsten Güter zu der Abwehr greifen. Die Gründung der »Kreuzschar« ist auf den Beschluß einer im Dezember abgehaltenen außerordentlichen Tagung des Reichsparteivorstandes des Zentrums zurückzuführen. Ihre Organisation soll sich in kurzer Zeit über das ganze Reich erstrecken.

England

Die Regierungsintervention in der Aussperrung der Weber von Lancashire ist erfolglos geblieben. Die Verhandlungen, die Ministerpräsident MacDonald und Arbeitsminister Miß Bondsteid mit Vertretern des Textilarbeiterverbandes und den Webereibesitzern führten, sind am Freitag zusammengebrochen. Die Führer der Gewerkschaften haben am Freitagabend London verlassen, woraus hervorgeht, daß mit einer baldigen Wiederaufnahme der Verhandlungen kaum zu rechnen ist.

In einem Interview erklärte Gandhi Pressevertretern, die Kongreßführer seien einstimmig der Ansicht, daß die Bewegung des bürgerlichen Ungehorsams weder aufhören, noch nachlassen dürfe, es sei denn, es käme zu einem Waffenstillstand.

In einem Dorfe in der Provinz Madras kam es zu einem Zusammenstoß zwischen indischen Bauern, die sich geweigert hatten, ihre Landpacht zu zahlen, und der Polizei. Neun Bauern wurden getötet und ein Polizeioffizier verletzt.

Frankreich

Der Aufsichtsratsvorsitzende des halbstaatlichen Kreditinstituts »Crédit Foncier de France«, Lucien Petit, hielt am 31. Januar in der Hochschule für Politik im Institut de France einen Vortrag über die Regelung der Kriegsschulden gegenüber den Vereinigten Staaten. Was der Redner, der seiner Stellung nach zu den einflußreichsten Persönlichkeiten am französischen Kapitalmarkt gehört, zu sagen hatte, wirkte sensationell: »Es sei eine wirtschaftliche Unmöglichkeit, zu glauben, daß die Schulden- und Reparationsverträge etwa bis zum Jahre 1987 unverändert bleiben könnten.«

Die Wirtschaftskrise in Frankreich, die gerade in den letzten Wochen eine immer bedrohendere Form annimmt, hat wiederum das Problem der ausländischen Arbeitskräfte in Frankreich aufgerollt. Man erinnert sich, daß bei der Stabilisationskrise im Jahre 1926/27, als die Zahl der französischen Arbeitslosen auf annähernd 900.000 Mann stieg, Hunderttausende von ausländischen Arbeitern nach ihrer Heimat abgeschoben worden waren. Dieses Mal aber dürfte das extreme System des Fremdenabschubs auf Schwierigkeiten stoßen. Der Landwirtschaftsrat erklärt in einem Bericht an das Arbeitsministerium, daß man nicht ohne Schwierigkeiten daran denken könne, die zahlreichen namentlich polnischen und italienischen Arbeiter abzuschieben, weil in ihren Heimatländern selbst schwere Krisen herrschten.

Die Zahl der ausländischen Arbeitskräfte, die im Jahr 1930 noch 3,3 Millionen betragen hatte, soll nach den Schätzungen des Wirtschaftsrates zu Beginn des Jahres 1931 auf 1,3 Millionen gefallen sein. In den drei größten Kohlengruben von Nordfrankreich beträgt der Anteil der Ausländer an der Belegschaft 35, 40 und sogar 61 Prozent, in den drei größten Automobilfabriken 26, 36 und 47 Prozent. !!

Die amtliche Zahl der Erwerbslosen wächst in außerordentlich starkem Maße von Woche zu Woche. Sie betrug am 24. Januar 29.456 gegenüber 22.464 in der Vorwoche. In der gleichen Zeit des Vorjahres zählte man 1.484 Arbeitslose. Etwa 45.000 Stellungssuchenden konnte keine Arbeit nachgewiesen werden. In dieser Ziffer sind die Tausenden von ausländischen Stellungsuchenden sowie die Kurzarbeiter nicht einbegriffen.

Rußland

Die ausländischen Spezialisten[36] veröffentlichen folgenden offenen Brief: »An alle in der UdSSR arbeitenden ausländischen Fachleute. Wir, in Wirtschaftsorganen und Betrieben der Sowjetunion arbeitenden Fachleute aus Deutschland, den Vereinigten Staaten und anderen Ländern, weisen mit Entrüstung die von einigen ausländischen Zeitungen verbreiteten Lügen und Verleumdungen ab, daß in der UdSSR angeblich ›Zwangsarbeit‹ angewendet werde. Wir arbeiten inmitten des wirtschaftlichen Lebens der Sowjetunion, in enger Berührung mit sowjetischen Arbeitern, Angestellten und Fachleuten. Keiner von uns hat je etwas beobachten können, das auch nur eine entfernte Ähnlichkeit mit Zwangsarbeit hätte. Dafür aber sahen wir stets und sehen auch jetzt, mit welchem Enthusiasmus die sowjetrussischen Arbeiter mit allen Kräften zur Festigung der Wirtschaftsmacht ihres Landes beitragen, wie sie um die Erhöhung ihrer Leistungen wetteifern, wie die sog. Stoßarbeit mit jedem Tage neue Anhänger gewinnt.

Wir protestieren gegen die jetzt eingeleitete Lügenkampagne gegen die ›Zwangsarbeit‹ in der UdSSR und bitten alle in der UdSSR arbeitenden ausländischen Fachleute, sich unserem Protest anzuschließen und von der Presse ihres Landes die Einstellung dieser schädlichen Verleumdungskampagne zu fordern.

Wir bitten alle Zeitungen der UdSSR, diesen Brief abzudrucken, und die Telegraphenunion der UdSSR, ihn ins Ausland zu übermitteln. Architekt Ernst May, Frankfurt a.M. (Zkombank); Bergingenieur Dr. Otto Krul, Hannover (Chimprojekt); Diplomingenieur Heinevetter, Staßfurt (Wsechimrom); Dr. Ing. Gustav Lüttgen, Leislingen (Chimprojekt); Diplomingenieur H. Odelga, Ratibor (Chimprojekt); Diplomingenieur P. Fröhlich, Berlin (Kalitrust); Bauingenieur Georg Balog, Budapest (Kalitrust); Architekt H. Scheper, Dessau (Maljarstroi); Ingenieur E. Falck, Stockholm (Strojmost); Ingenieur Rerup Olsen, Detroit (Ordametall).«

Der Generalsekretär des Völkerbundes hat die Sowjetunion, die Türkei und Island zur nächsten Konferenz des Europa-Studien-Ausschusses, die im Mai stattfindet, eingeladen.

(13.) Die Woche vom 5. Februar 1931 bis 12. Februar 1931

Deutschland

Die Kämpfe um weiteren Lohnabbau gehen mit unverminderter Heftigkeit weiter, vor allem in der Bergbauindustrie. Die Hütte Ruhrort-Meiderich wurde von der Direktion der Vereinigten Stahlwerke stillgelegt. Die Direktion hatte einen 20prozentigen Lohnabbau durchführen wollen und auch der Vermittlung des Oberbürgermeisters Dr. Jarres gelang es nicht, eine Einigung herbeizuführen. Insgesamt werden hier 7.000 Arbeiter und Angestellte brotlos. – An der Berliner Börse betrugen die Kursbesserungen am 4. Februar etwa 8 Prozent. Viele Papiere gingen aber darüber hinaus um etwa 10-12 Prozent in die Höhe. Vor allen Dingen waren Kaliwerte, Textilwerte und Elektrowerte stark gebessert, während der Montan-Aktienmarkt etwas ruhiger war. Allgemein fiel auf, daß auch aus dem Auslande große Kaufaufträge vorlagen. – Die Verwaltung des Ammoniakwerkes Merseburg-Leunawerk wird ab nächster Woche die wöchentliche Arbeitszeit von 48 auf 42 Stunden herabsetzen. Ende September 1930 hat die Werkleitung die 56-Stunden-Woche bereits durch die 18-Stunden-Woche ersetzt.

Frankreich

Nach den vor dem französischen Delegierten beim Internationalen Arbeitsamt ermittelten Ziffern, die vom »Intransigeant« wiedergegeben werden, belief sich die Zahl der Erwerbslosen in Frankreich am 31. Januar auf 350.000. Dazu kommen rund eine Million Kurzarbeiter!!

Der französische Politiker Graf d'Ormesson, der einen neuen Vorschlag für die Regelung des Reparationsproblems macht: In den nächsten beiden Jahren soll Amerika auf 50 Prozent seiner Forderungen an die europäischen Staaten verzichten. Dementsprechend soll Frankreich die Hälfte der ungekürzten deutschen Zahlungen – also 850 Millionen Goldmark – nachlassen, die zur Wiederingangsetzung der deutschen Wirtschaft benutzt werden können. Hierfür soll Deutschland seine Wehrausgaben um ein Zwölftel (also 58 Millionen Mark) kürzen. Das gleiche würde Frankreich tun, hiermit 165 Millionen Mark einsparen und somit sein Defizit decken.

England

Bei einer von der Internationalen Frauenliga veranstalteten Abrüstungskundgebung hielt Außenminister Henderson eine Ansprache, in der er mit energischen Worten für Abrüstung eintrat. Der nächste Krieg, äußerte der Redner dann im weiteren Verlauf seiner Rede, würde von den Flugstreitkräften ausgefochten werden, und zwar von Flugstreitkräften, die Giftgas benützten. Es ist überflüssig zu sagen, daß eine derartige Kriegsführung ein internationales Verbrechen wäre. Es würde über unsere Kraft gehen, die moderne Kriegsführung zu vermenschlichen. Wenn einmal ein Krieg beginne, dann könne kein Mensch und keine Regierung ihn mehr kontrollieren. Im weiteren Verlauf seiner Ansprache wies Henderson darauf hin, daß die allgemeine Wirtschaftskrise eine Folge des letzten Krieges sei. Der Weltwirtschaftskrise könne man nur steuern durch eine gemeinsame Aktion.

Nach der Aussperrung von 250.000 Webern im Textilbezirk Lancashire haben auch die Spinnereibesitzer beschlossen, ihre Betriebe zu schließen. Bis 1. Februar waren bereits 100.000 Spinner ausgesperrt. Die übrigen Spinnereien haben die Aussperrung angekündigt. Die Zahl der im Bezirk Lancashire ausgesperrten Textilarbeiter wird sich also auf 500.000 erhöhen. – Das Unterhaus hat am 4. Februar den konservativen Antrag auf Verwerfung der Wahlreformvorlage mit 295 gegen 230 Stimmen abgelehnt und die Vorlage in zweiter Lesung angenommen.

Italien

Infolge neuer Lohnreduktionen ist die seit langem unter der Arbeiterschaft von Venezia und Mailand bestehende Ungeduld zum Ausbruch gekommen. Die Arbeiterschaft der Werften von Triest und Monfolcone ist zum »weißen Streik«, zur Arbeitsverweigerung in den Betrieben übergegangen. Die Hafenarbeiter von Triest sind ihrem Beispiel gefolgt und haben ebenfalls die Arbeit niedergelegt. Insgesamt stehen 8.000 Arbeiter im Kampf. – Vor einigen Tagen haben in Genua wuchtige Arbeitslosendemonstrationen stattgefunden, die von der Polizei gewaltsam auseinandergetrieben wurden.

Rußland

Der Notenwechsel zwischen dem Generalsekretär des Völkerbundes und dem Volkskommissar Litwinow, der ohne diplomatische Vermittlung durch die Post erfolgte, brachte die erwartete russische Zusage zur Teilnahme an der Paneuropa-Konferenz.

Teil II

»Die eigentlichen Ursachen der Krisis«

Die Wochenberichte von Erwin Eckert

(21. April 1931 bis 19. August 1931)

(14.) Die Woche vom 21. April 1931 bis 28. April 1931[37]

Deutschland

Die Zahlen für das Stahlhelm-»Volksbegehren«[38] sind noch nicht bekannt. Man redet von 5,8 Millionen. In Berlin sind es 439.000 Stimmen. Beim Fürstenabfindungsvolksbegehren waren es in Berlin 1.584.082 Stimmen. Preußen hat 26 1/2 Millionen Wähler.

Ferdinand, einst König von Bulgarien, hat vom Deutschen Reich erhalten: Während des Kriegs: Summe unbekannt; im Januar 1921: 25 Millionen; 1924: 1 Million; 1925: 1 Million; ab 1927: jährlich 120.000 Mark; im Februar 1931 (zum 70. Geburtstag): 500.000 Mark. Diese Zahlungen gehen zurück auf einen Vertrag, der 1915 beim Eintritt Bulgariens in den Weltkrieg abgeschlossen worden ist. »War er nicht vielleicht nichtig, weil er gegen die guten Sitten verstieß?«, fragt die »Frankfurter Zeitung«. Dieser wackere Monarch hat, »bevor er die bulgarischen Bauern in die Schlacht führen ließ, das deutsche Kaiserreich verpflichtet, seine hohe Person finanziell sicherzustellen... Welch ein schamloser Handel!« Warum hat die Republik sich an diesen Handel gebunden gefühlt?

Die Generalsynode der altpreußischen Union hat den Kirchenvertrag mit der preußischen Regierung mit 166 gegen 47 Stimmen angenommen.

Am 24. April wurde Gen. Lehrer Osterloh zum Präsidenten der Bremer Bürgerschaft gewählt gegen den Nationalsozialisten Bernhard.

Die nationalsozialistischen Abgeordneten sind am Mittwoch in dem Untersuchungsausschuß für Roggenstützung im Reichstag wieder erschienen. Die Teilnahme an den Arbeiten des Ausschusses bedeutet den Abbruch des Parlamentsstreiks und die bedingungslose Wiederbeteiligung an den Arbeiten des Reichstages.

Am 22. April: Das neue Kabinett in Thüringen ist ohne Nationalsozialisten gewählt.[39] Deutsche Volkspartei, Landvolkpartei und Wirtschaftspartei teilen sich in die Ministerien. Die SPD hat sich der Stimme enthalten.

Die Sozialdemokratische Partei hatte am 1. Januar 1931 1.037.384 Mitglieder, über 100.000 mehr als am 1. Januar 1930.

Die Gerüchte über französische und englische Aktionen gegen die deutschösterreichische Zollunion halten sich hartnäckig. Die Verärgerung der anderen Staaten über den deutsch-österreichischen Versuch, der kapitalistischen Wirtschaftskrisis auf diesem Wege zu Leibe zu gehen, wird sich legen, sobald sie durch eine Erweiterung dieser »Etappe zu Paneuropa« auch die Interessen der Kapitalisten ihrer Länder gesichert sehen. Die Staaten der kleinen Entente sowie Polen, England und Italien haben spontan auf den Appell Briands geantwortet, gemeinsam die Mittel zu suchen, um der Wirtschaftskrise entgegenzutreten. Dem Plan Curtius-Schober wird in Genf ein gemeinsamer Gegenantrag entgegengestellt werden.

Die gesamten von der deutschen Wirtschaft im Jahre 1930 aufgenommenen Kredite werden von dem Institut für Konjunkturforschung auf 7,22 Milliarden geschätzt. Gegenüber 1929 ist die Kreditaufnahme der öffentlichen Hand im Jahre 1930 um 14 % gestiegen. Die Wareneinfuhr nach Deutschland ist während des Monats März gegenüber dem Vormonat mit 604 Millionen Mark fast unverändert geblieben. Dagegen hat sich die Ausfuhr von 793 Millionen Mark auf 821 Millionen Mark gesteigert. Somit ergibt sich ein Ausfuhrüberschuß von 218 Millionen Mark. Berücksichtigt man die Reparationslieferungen in Höhe von 45 Millionen Mark, so steigert sich der Ausfuhrüberschuß auf 263 Millionen Mark. Für die Steigerung der Ausfuhr kommt vor allem die Fertigwaren-Ausfuhr in Frage.

Mitte April gab es in Deutschland 4.628.000 gezählte Arbeitslose.

Für die Angestellten der Gruppe Nordwest wurde ein Schiedsspruch gefällt, nach dem die Tarifgehälter der Hauptgruppen insgesamt um 15 % und die der beiden unteren Gruppen um 10 Prozent gekürzt werden. Der Schiedsspruch wurde von Arbeitgeberseite Nordwest angenommen. Sämtliche Angestelltenverbände haben den für die Nordwestgruppe ergangenen Schiedsspruch abgelehnt.

Die Verhandlungen zwischen dem Zechenverband und den Arbeiterorganisationen über die Neuregelung des Manteltarifs im Ruhrbergbau wurden, da eine Einigung zwischen den Parteien nicht zu erzielen war, ergebnislos abgebrochen.

Die sächsischen Bergbauindustriellen haben ebenfalls den Rahmentarif gekündigt zwecks Lohnsenkung.

Auch die Metallindustriellen des Ruhrgebiets streben nach einer Verschlechterung des Manteltarifs der Metallarbeiter.

Der Deutsche Beamtenbund hat an die Reichsregierung ein Schreiben gerichtet, in dem er auf die Gefahren der beabsichtigten neuen Kürzung der Beamtengehälter hinweist.

Am 23. April fanden vor dem Schlichter für Südwestdeutschland die Lohnverhandlungen in der chemischen Industrie statt, die mit einer Vereinbarung der Parteien endigten, wonach der seitherige Lohntarif um 5 Prozent gekürzt wurde!! Das Abkommen läuft bis zum 30. November dieses Jahres.

Der Präsident des Reichslandbundes hat am 23. April an den Reichskanzler Brüning einen Brief gerichtet, in dem nochmals die Forderung nach höheren Schweine-, Vieh-, Speck-, Schmalzzöllen usw. unterstrichen und die Beseitigung der Zollbindungen für Eier, Obst, Gemüse, Wein und Holz verlangt wird. Außerdem warnt der Reichslandbund vor der Zollunion mit Österreich und vor den deutsch-rumänischen Handelsvertragsverhandlungen, bei denen mal »wieder die deutsche Landwirtschaft geopfert« werden soll.

In einer Reihe von Städten, insbesondere in Köln, Duisburg, Hamborn, Dortmund, Hamburg, Hannover, Stettin ist in den letzten Wochen der Brotpreis erhöht worden. Am 20. April auch in Berlin. Es wird jetzt sogar mit einer noch weiteren Erhöhung des Brotpreises gerechnet. An einigen Stellen wurden bereits für ein 2 1/2-Pfund Brot 50 Pfennig gefordert, und die Brotfabriken sehen sogar eine Verteuerung auf 52 Pfennig vor. Die Bäckerinnung erklärt ausdrücklich, daß das Reichsministerium auf Grund der von den Bäckern gegebenen Kalkulationen den Berliner Brotpreis »als berechtigt« habe anerkennen müssen. Die SPD verlangt darum 1. Eine Senkung des Roggenpreises in dem Ausmaß, wie es erforderlich ist, um die Brotpreiserhöhungen, die seit der Verabschiedung des Zollgesetzes vorgenommen wurden, wieder rückgängig zu machen. 2. Sofortige Verbilligung der Weizeneinfuhr. 3. Verzicht auf die beabsichtigte Erhöhung des Haferzolls. 4. Verbilligung der Futtergersteneinfuhr.

Die »evangelische Tageszeitung«, der »Reichsbote«, aber berichtet wohlgefällig von einer Tagung der deutschnationalen Industriellen, auf der verlangt wurde, zur Minderung der Arbeitslosennot:
1. Weitere Herabsetzung der Löhne und Gehälter
2. Neue Kapitalbildung
3. Sparen der Massen
4. Nationalistische Außen-, Wirtschafts- und Sozialpolitik.

Bei etwa 30 Milliarden Mark, die die gesamte industrielle Lohnsumme ausmache, bedeute eine Lohnsenkung von 10 Prozent eine Ersparnis von 3 Milliarden. Eine solche Lohnsenkung erscheine im Hinblick auf die Senkung der Lebenshaltungskosten tragbar!!!

England

Der Gouverneur der Bank von England, Norman, hat in Amerika Besprechungen mit führenden Finanzleuten gehabt und dabei den Plan einer internationalen Kreditorganisation entwickelt, die dazu dienen soll, das Kapital aus kapitalreichen in kapitalarme Länder zu überführen. Die internationale Öffentlichkeit beschäftigt sich augenblicklich sehr stark mit diesem Plan. Aus Basel wird gemeldet, daß Norman seinen Plan auf der am 19. Mai stattfindenden Generalversammlung der Bank für internationalen Zahlungsausgleich in Basel vorlegen wird.

In mehreren Städten Kanadas fanden in der vergangenen Woche kommunistische Kundgebungen statt. In Ottawa demonstrierten mehrere hundert Arbeitslose vor dem Parlamentsgebäude. In Sudbury (Ontario), einer Hochburg der Kommunisten, kam es zu einem Zusammenstoß zwischen der Polizei und etwa 3.000 kommunistischen Arbeitslosen. Auch in Winnipeg mußte die Polizei eingreifen und einen Demonstrationszug von 4.000 Arbeitslosen auflösen. Ministerpräsident Bennett erklärte im Unterhaus in Ottawa, die Bundes- und die Provinzregierungen hätten während des Winters bereits 70 Millionen Dollar zur Milderung der Arbeitslosigkeit ausgegeben.

Wie aus Rangun (Hinterindien) gemeldet wird, wurden im Laufe weiterer Unruhen in Kama (Burma) drei Polizeibeamte getötet. Im ganzen Bezirk Kama sind Unruhen ausgebrochen. Eine Anzahl Dorfältester wurde von den Aufständischen getötet. Polizeitruppen und ein Bataillon Infanterie sind in das Aufstandsgebiet abgegangen.

Amerika

Die Zahl der gezählten Arbeitslosen in den Vereinigten Staaten beträgt nunmehr sieben Millionen. In den Regierungskreisen macht sich angesichts dieser Tatsache erhebliche Beunruhigung bemerkbar. Der Sekretär des Arbeitsamts kündigte eine Neuorganisation der mit der Bekämpfung der Arbeitslosigkeit befaßten amtlichen Stellen an. U.a. werden 48 regionale Arbeitsbeschaffungsämter geschaffen werden, die jeweils in sieben Branche-Abteilungen gegliedert sind.

Eine vom Bundeskirchenrat veranstaltete Rundfrage ergab, daß 364 Geistliche, Erzieher und Geschäftsleute die Frage der Alleinschuld Deutschlands am Weltkrieg verneinten; 47 bejahten sie, und 10 äußerten Zweifel, 274 billigten Amerikas Eintritt in den Krieg, 80 verurteilten ihn.

Spanien

Die spanische Republik ist bisher anerkannt von England, Deutschland, Österreich, Italien, Amerika. Am 21. Juni sollen Wahlen zur Nationalversammlung sein. Die Sozialisten werden in der neuen Regierung nicht vertreten sein, die eine bürgerliche Koalition der republikanischen Parteien darstellen wird. In einigen Industriestädten demonstrierten die Kommunisten schon jetzt gegen die bürgerliche Republik, auch Bauern zogen in Sevilla mit roten Fahnen auf. In Barcelona ist eine katalonische, in Bilbao eine baskische Republik ausgerufen worden.

Portugal

Der Aufstand der Insel Madeira nimmt ernste Formen an. Die Insel wird blockiert und ist zum äußersten Widerstand entschlossen. Auch in Portugiesisch-Guinea ist eine Revolte ausgebrochen. Bisher hat die Aufstandsbewegung einen vollen Erfolg gehabt. Die portugiesische Regierung hat ein Kriegsschiff nach Guinea entsandt.

Rußland

Der ehemalige Außenkommissar der Sowjetunion, Tschitscherin, der wegen seines zerrütteten Gesundheitszustandes schon seit über einem Jahr seine

Tätigkeit nicht mehr ausübt, hat die Parteileitung gebeten, ihn nunmehr in den Ruhestand zu setzen. Tschitscherin wird ein Ruhegehalt von 350 Rubel monatlich erhalten.

Molotow als Vorsitzender des Rates für Arbeit und Verteidigung richtete einen Erlaß an den obersten Wirtschaftsrat, der in kürzester Frist durchgreifende Maßnahmen zur Gesundung und Rekonstruktion der russischen Handelsflotte fordert.

Sowjetrußland kauft in Oberbayern und im Allgäu Kühe, weil sich diese in der russischen Zucht am besten bewährt haben und den größten Milchertrag lieferten. Sowjetrußland zahlt für das gute Zuchtvieh sogar bessere Preise, als heute im allgemeinen auf dem deutschen Markt zu erzielen sind.

Die deutsch-russischen Wirtschaftsverhandlungen in Berlin haben zu einem positiven Ergebnis geführt. Wie der Rußland-Ausschuß der deutschen Wirtschaft mitteilt, wird der Oberste Volkswirtschaftsrat der Sowjetrepubliken an deutsche Firmen im Zeitraum vom 15. April bis 31. August 1931 über den Rahmen des bisherigen Geschäftsumfanges hinausgehende Lieferungsaufträge im Gesamtwerte von ungefähr 300 Millionen Reichsmark erteilen.

Holland

Die Provinzialwahlen in Holland haben ein starkes Anwachsen der Linksparteien gebracht. Die Sozialisten erhielten 130 (bisher 120) Sitze, die Kommunisten 12 gegenüber 7, die Liberalen gingen dagegen von 62 auf 58, die Radikalen von 42 auf 36 und die Partei der Landwirte sogar von 10 auf 2 zurück. Bei den übrigen Parteien gab es keine bedeutenden Veränderungen.

Österreich

Der Bundeskanzler Dr. Ender hat im christlich-sozialen Parteirat seinen tiefen Pessimismus über die Lage zum Ausdruck gebracht. Ender will eine Wiederbetrauung mit der Führung des Kabinetts von der Erweiterung der Regierungsbasis abhängig machen. Die Demission des Kabinetts erfolgte am 22. April.

Norwegen

Der norwegische Arbeitgeberverband hat weitere 25.000 Arbeiter ausgesperrt. Diese Aussperrung von Seiten des Arbeitgeberverbandes steht im unmittelbaren Zusammenhang mit der Aussperrung von 43.000 Mann vom 8. April dieses Jahres.

(15.) Die Woche vom 28. April bis 4. Mai 1931

Deutschland

In badischen politischen Kreisen verlautet, daß Reichskanzler Dr. Brüning sich ernstlich mit dem Gedanken trage, die Reichsreform zu beschleunigen und das Reichsinnenministerium zur Ausarbeitung eines Entwurfs aufgefordert habe.

In einer Münchener nationalsozialistischen Versammlung hat der gestürzte thüringische Innenminister Dr. Frick (nach dem »Völkischen Beobachter« vom 18. April) erklärt, die nationale Opposition werde bei ihrer demnächst stattfindenden Tagung ernstlich erwägen, ob es nun nicht an der Zeit sei, mit aller Ehrerbietung, aber auch mit aller Entschiedenheit den Herrn Reichspräsidenten von Hindenburg aufzufordern, sein Amt niederzulegen, da er nicht mehr das Vertrauen der Mehrzahl seiner Wähler besitzt. Die Meldung eines Berliner Vormittagsblattes über Rücktrittsabsichten des Reichspräsidenten ist vollständig aus der Luft gegriffen.

Bei den Betriebsratswahlen in der Münchener Druckerei M. Müller & Sohn, in der u.a. der »Völkische Beobachter« und sonstige nationalsozialistische Schriften gedruckt werden, erlitten die Nationalsozialisten eine völlige Niederlage. Es erhielten freie Gewerkschaften 293 Stimmen, Kommunisten 103 und Nationalsozialisten 37 Stimmen. Die Nationalsozialisten erhielten auf Grund dieses Ergebnisses nicht einen einzigen Sitz im Betriebsrat.

Die »Arbeitsdienstpflichtarmee«. Nach den von der »Reichsarbeitsgemeinschaft für deutsche Arbeitsdienstpflicht« veröffentlichten Grundsätzen und Richtlinien ist bei der »Arbeitsdienstpflichtarmee« ein Stammpersonal von 200.000 Personen zu beschäftigen. Sie bekommen ein Jahresgehalt von insgesamt 334,8 Millionen Mark. Dem obersten Leiter ist ein Jahresgehalt von 25.000 Mark zugedacht; 15 Provinzleiter erhalten je 15.000 Mark; 50 obere Beiräte je 10.000 Mark; 1.000 Oberleiter je 8.000 Mark; 1.000 Frauenbeiräte je 4.500 Mark; 20.000 Einheitsführer je 4.000 Mark; 5.000 Kassenbeamte, Ärzte und untere Beiräte je 3.600 Mark; 20.000 Oberwachtmeister und Oberwachtmeisterinnen je 2.000 Mark; 153.000 Truppenführer und Truppenführerinnen je 1.200 Mark. Für Verpflegung, Unterkunft und Bekleidung des Stammpersonals wären 144,5 Millionen Mark im Jahr erforderlich, für vorübergehend beschäftigte Fachleute 60 Millionen Mark. Der gewöhnliche Arbeitsdienstpflichtige erhält 50 Pfennig pro Tag; für Verpflegung, Unterkunft, Bekleidung, Ausrüstung und Löhnung bewilligt ihm der Reichsausschuß 2 Mark im ganzen täglich. Oberster Führer im Jahr: 25.000 Mark. Arbeitsdienstpflichtiger am Tag: 50 Pfennig. Der Plan ist sicher ge eignet, den nationalsozialistischen Stellenanwärtern gute und sichere Posten zu schaffen. Im übrigen ist er unsinnig.

Der preußische Innenminister Severing und der preußische Finanzminister Höpker-Aschoff haben einen Runderlaß an die preußischen Regierungsstellen sowie an die Gemeinden und Gemeindeverbände gerichtet, in dem auf die Notwendigkeit von Einsparungen hingewiesen wird. In diesem Erlaß wird darauf aufmerksam gemacht, daß eine nicht unbeträchtliche Ersparnis durch die Einführung einer Anstellungs- und Beförderungssperre für Beamte und Angestellte erreicht werden kann. Da Entlassungen von Arbeitern und Angestellten aber bei dem gegenwärtigen Stand der Arbeitslosigkeit aufs äußerste einzuschränken sind, wird statt dessen eine Herabsetzung der Arbeitszeit bis auf 40 Stunden in der Woche empfohlen.

Die am 3. Mai in dem kleinsten deutschen Ländchen, in Schaumburg-Lippe, stattgefundenen Landtagswahlen haben folgendes Ergebnis: Sozialdemokratie 7 (8), Deutschnationale 1 (3), Volkspartei 1 (1), Staatspartei 1 (1), Nationalsozialisten 4 (0), Kommunisten 1 (0). Die Kommunisten bilden damit das Zünglein an der Waage. Die Wahlbeteiligung betrug 95 Prozent.

Die Vereinigung der deutschen Arbeitgeberverbände verlangt einschneidende Reformmaßnahmen der Sozialversicherung und der Arbeitslosenversicherung!

Bei den Osnabrücker Werken des Klöckner-Konzerns (Stahlwerk und Georg-Marienhütte) hat die Verwaltung der gesamten Belegschaft zum 29. April dieses Jahres gekündigt. Sie beabsichtigt, einen Lohnabzug von 9,7 Prozent durchzuführen. Diejenigen Arbeiter, die nicht bis zum 28. April ihr Einverständnis zu der Neuregelung der Lohnordnung erklärt haben, werden am 29. April entlassen. Betroffen werden insgesamt 3.000 Metallarbeiter.

In zahlreichen Versammlungen nahmen die Bergarbeiterverbände im Ruhrgebiet Stellung zu den ergebnislos verlaufenen Verhandlungen um den Manteltarif für den Ruhrbergbau. In allen Versammlungen wurde der vom Zechenverband geforderte Abbau der Sonntagszuschläge, des Mindestlohnes, der Urlaubsentschädigung, des Hausstandsgeldes, der Deputatkohlenbezüge von 20 Zentnern jährlich, ferner der Abbau des Soziallohnes in Krankheitsfällen als gewaltige Verschlechterung der Lebenslage der Bergarbeiter und ihrer Familien scharf verurteilt. Durch ein solches Vorgehen, das man als eine Herausforderung der Bergarbeiter ansehe, treibe man die bisher von den Bergarbeiterverbänden geübte Geduld zur vollen Erschöpfung.

Die IG-Farbenindustrie veröffentlicht einen Bericht, in dem die Mitteilung gemacht wird, daß die Dividende in diesem Jahre – ebenso wie in den drei Vorjahren – unverändert 12 Prozent beträgt! In dem Bericht wird die Feststellung getroffen, daß die Riesengewinne neben den Millionengeschenken an die Aktionäre dazu verwendet wurden, um »den Kurseinbrüchen an der Börse durch die Übernahme von Aktien entgegenzutreten«. Einer Reihe von Aktionären wurde überdies Gelegenheit gegeben, ihr errafftes Geld ins Ausland zu verschieben durch Aufkauf von Aktien der IG-Chemie Basel. 24,7 Millionen Mark wurden benützt, um Aktien der Rheinischen Stahlwerke aufzukaufen, denen man für 41 Millionen Mark Aktien der A. Riebeckschen Montanwerke überließ. Insgesamt beträgt das Aktienkapital der IG-Farben nach dem amtlichen Kommunique 713.717.000 Mark. – Fünf Jahre lang müßten die 11.000 Arbeiter der Anilinwerke schuften, um diese 86 Millionen Mark in Arbeiterlöhnen zu verdienen, die die Aktionäre mit einer Handbewegung einstreichen. 86 Millionen Mark! – Darum mußte der 17prozentige Lohnabbau durch Einführung der 40-Stunden-Woche ohne Lohnausgleich eingeführt werden. Deshalb mußten in den IG-Farbenwerken 35.000 Arbeiter und Angestellte in den Jahren 1928 bis 1930 entlassen werden, damit mit der reduzierten Belegschaft durch unerhört verschärftes Hetztempo die Mehrarbeit für die Taschen der Chemieaktionäre geleistet werden konnte.

Der Berliner Zweckverband für das Bäckereigewerbe hat eine erneute Erhöhung des Brotpreises um 2 Pfennig beschlossen, nachdem erst vorige Woche eine Brotverteuerung um 2 Pfennig durchgeführt wurde.

Am 29. April stellte Dr. Luther, der Präsident der Reichsbank, fest, daß, auf den Kopf der Bevölkerung gerechnet, die Goldvorräte in Deutschland im Jahre 1913 = 64 Mark, im Jahre 1930 nur 36 Mark, in Großbritannien im Jahre 1913 93 Mark, im Jahre 1930 = 66 Mark betrugen. Dagegen in Frankreich im Jahre 1913 = 150 Mark, im Jahre 1930 = 214 Mark und in den Vereinigten Staaten im Jahre 1913 = 86 Mark und im Jahre 1930 = 161 Mark. Die Hauptursache dieser starken Goldverschiebungen sind Deutschlands Reparationszahlungen sowie die Zahlungen der internationalen Kriegsschulden. Durch diese Zahlungen wird ein dauerndes Störungsmoment in die internationalen wirtschaftlichen Beziehungen gebracht. Für Deutschland kommt hinzu, daß durch die hohe kurzfristige Auslandsverschuldung die Sorge vor weiteren plötzlichen Geldentziehungen das wirtschaftliche Leben lähmt. Dr. Luther stellte weiter fest, daß nach den Septemberwahlen zum Reichstag eine derartige Abwanderung von Geldern aus Deutschland einsetzte, daß die Reichsbank einen Verlust von weit über 1 Milliarde Mark in ihren Gold- und Devisenbeständen erlitt.

Die deutschen Wehrausgaben betrugen im Jahre 1924: für das Heer 351.285.000, für die Marine 112.262.000 und für die Reichswehr (ohne die Pensionen) 463.547.000; im Jahre 1931: für das Heer 497.817.150, für die Marine 191.875.650 und für die Reichswehr (ohne Pensionen) 689.692.800.

Amerika

Der Vorsitzende des Ausschusses zur Bekämpfung der Arbeitslosigkeit, Woods, wird sich diese Woche nach Europa begeben, um in England und Deutschland die Methoden der Arbeitslosenversicherung zu studieren!

Der frühere amerikanische Botschafter in Deutschland, Gould Schurmann, hat kürzlich vor den amerikanischen Reserveoffizieren in einem Vortrag über »Die Probleme Deutschlands« erklärt: »Ich glaube fest an das Ende des deutschen Faschismus. Ich bin überzeugt, daß das deutsche Volk gewillt ist, den

Young-Plan zu erfüllen. Wenn es sich aber herausstellt, daß eine Erfüllung unmöglich ist, dann würde eine Änderung der Reparationszahlungen im Interesse der ganzen Welt liegen. Da die Regierung gesund und das deutsche Volk ordnungsliebend ist, dürfte die augenblickliche Krise ebenso gelöst werden wie frühere und noch schwerere gelöst worden sind.« (»Vossische Zeitung«, Nr. 179.)

Kürzlich hat sich Mr. Green, der Präsident des amerikanischen Gewerkschaftskongresses, für eine Streichung oder zum mindesten eine fühlbare Herabsetzung der Kriegs- und Reparationsschulden ausgesprochen. Präsident Hoover aber ließ am 1. Mai, am Vorabend des Zusammentritts der Internationalen Handelskammer in Washington, die amerikanische Presse (aus Angst vor den innerpolitischen Folgen einer anderen Einstellung) dahin informieren, daß die amerikanische Regierung alle Vorschläge und Resolutionen, die der Kongreß bezüglich von Zollerhöhungen und Schuldenrevision möglicherweise annehmen würde, mit tauben Ohren vernehmen werde. Präsident Hoover sei an der Tagung außerordentlich interessiert und werde sogar die Montagssitzung persönlich mit einer Rede eröffnen. Aber so sehr das Gesamtkabinett auch die Verdienste der Internationalen Handelskammer um die internationalen Wirtschaftsbeziehungen anerkenne, die Schuldenpolitik der Vereinigten Staaten werde auch künftig unverändert den Richtlinien folgen, die der frühere Präsident Coolidge seinerzeit aufgestellt hat. Zollrevisionen könnten nur in dem Ausmaße stattfinden, in dem die Zollkommission Änderungen für gut befinde.

Italien

Faschismus und Arbeitslosigkeit. Wie die »Gewerkschaftszeitung« am 18. April 1931 mitteilt, waren nach einem Bericht des Generaldirektors der Landeskasse für Sozialversicherung in Italien am 31. Januar 722.612 und am 28. Februar 765.325 Personen, darunter 165.944 Frauen, arbeitslos. Nur rund 200.000 dieser arbeitslos Gemeldeten sind, nach Angabe der Landeskasse, unterstützungsberechtigt. Die Unterstützung beträgt 3.75 Lire (etwa 80 Pfennig deutscher Währung) pro Tag und wird nur auf die Dauer von drei Monaten gezahlt. Dann fallen die Arbeitslosen der privaten Wohlfahrtspflege zur Last.

Spanien

Spanien soll ein Föderativstaat werden. Es werden wahrscheinlich sechs regionale Staaten errichtet werden, nämlich Katalonien, das Gebiet von Valencia und Asturien, die baskischen Provinzen, Galicia und Castilien. Man werde vielleicht aus der deutschen Verfassung einiges entnehmen. Die Regierung denke daran, neben der Kammer eine zweite Kammer als Wirtschaftsrat zu schaffen. Die Trennung von Kirche und Staat sei im Verfassungsprojekt vorgesehen. Die neue spanische Flagge ist durch Regierungsdekret endgültig festgelegt worden. Sie führt in horizontalen Streifen die Farben rot, gelb, violett und trägt in der Mitte als republikanische Embleme den spanischen Schild mit der Mauerkrone. Alle Minister, die während der Zeit vom 30. November 1923 bis 14. April 1931 im Amte waren, werden ihrer Pensionsbezüge für verlustig erklärt. Die spanischen Kommunisten verlangen: Gefangensetzung und Aburteilung des früheren Königs Alfons XIII., standrechtliche Erschießung des Generals Berenguer, Verzicht Spaniens auf das Baskenland, Katalonien und Marokko, die unabhängige Staaten bilden sollen, Entwaffnung der Zivilgarde, Bewaffnung der Volksstreitkräfte und Einsetzung eines revolutionären Gerichtshofes, der die verantwortlichen Persönlichkeiten der Diktatur aburteilen soll. Der ehemalige Ministerpräsident General Berenguer ist am 27. April zu Madrid verhaftet und ins Gefängnis gebracht worden. Im Senatsgebäude ist am 27. April der Kongreß des Internationalen Gewerkschaftsbundes unter dem Vorsitz des Arbeitsministers Caballero und in Anwesenheit von etwa 100 ausländischen Delegierten eröffnet worden. Der spanische Finanzminister Pietro wies in einer Ansprache auf den Regimewechsel in Spanien hin und erklärte, Spanien werde seinen heißen Wunsch nach Weltfrieden in eindrucksvoller Weise beweisen. Vandervelde beglückwünschte das spanische Volk zu dem wichtigsten Ereignis seit Beendigung des Weltkrieges. Er erklärte, gewisse Monarchisten würden das gleiche Schicksal erleiden wie das spanische Königtum.

Schweden

Stockholm, die Hauptstadt Schwedens, ist von der Sozialdemokratie erobert worden. Die Stockholmer Stadtverordnetenwahlen am 28. April brachten das Ergebnis einer rein sozialdemokratischen Mehrheit. Es erhielten von den hundert Sitzen der Stadtverordneten-Versammlung: Sozialdemokraten 52 (bisher 43) Sitze, Kommunisten 5 (bisher 9), Freisinnige 3 (bisher 4), Liberale 5 (bisher 5), Rechte 35 (bisher 39) Sitze.

Rußland

In ihrem Leitartikel für die Frühjahrsaussaat in der Sowjetunion schreibt die »Prawda«[40]: »Die ersten Ergebnisse der Frühjahrsaussaat beweisen unwiderleglich neue Erfolge des Aufbaus der sozialistischen Landwirtschaft. Die Kollektivwirtschaften stehen in der Frühjahrsaussaat in einer viel breiteren Front als im Vorjahre. Die Kollektivierungswelle steigt unaufhörlich. Nahezu die Hälfte (47,1 Prozent) aller Bauernwirtschaften der Sowjetunion sind von der Kollektivwirtschaftsbewegung erfaßt.«

Gegenwärtig werden alle Vorbereitungen zum Bau eines Geschwaders von sechs großen Zeppelin-Luftschiffen getroffen. Eine Reihe von Betrieben haben bereits Beträge von Hunderten und Tausenden von Rubeln zum Bau dieser Luftflotte gezeichnet.

Die Gerüchte über die diplomatische Anerkennung Sowjetrußlands durch Amerika vermehren sich. Amerika will sich das russische Geschäft nicht entgehen lassen; Rußland ist an die dritte Stelle der amerikanischen Kundenliste gerückt.

England
In Kalkutta sind 150.000 Jutearbeiter in den Streik getreten, weil die Unternehmer das Einschichtensystem in den Fabriken einführen, die Arbeitszeit von 54 Stunden auf 60 Stunden in der Woche erhöhen und die Zahl der beschäftigten Arbeiter um ein Drittel verringern wollen. Die Arbeiter sollen für die längere Arbeitszeit denselben Lohn wie für die kürzere Arbeitszeit erhalten.

(16.) Die Woche vom 5. Mai 1931 bis 12. Mai 1931

Deutschland
Die Sitzung der internationalen Handelskammer in Washington kommt zu keinem greifbaren Ergebnis und zu keiner Klarheit über die Ursachen der Weltwirtschaftskrise. England und Deutschland befürworten eine Senkung der »politischen Schulden« parallel der Senkung der Warenpreise. Man spricht von einem beabsichtigten »Appell der Reichsregierung an den Reparationssonderausschuß« zur Neuaufrollung der Reparationsfrage.

Die deutsch-österreichischen Zollunionsverhandlungen[41] werden in Genf am 15. Mai einen allgemeinen Versuch einer international organisierten Sanierungsaktion der sich vereinigenden Kapitalisten Europas auslösen. Das erweiterte Büro der 2. Internationale[42] hat in Zürich die sich aus der Zollunion ergebende Lage diskutiert. Der größere Rahmen dieser kapitalistischen Hilfsaktion zur Sicherung der Profitrate ist nach Briands Vorschlag: Staatlich organisierter Getreideankauf von Deutschland, Frankreich, Belgien, Österreich, der Tschechoslowakei, Italien zugunsten der südosteuropäischen Agrarstaaten; Vorzugszölle für die Einfuhr dieses Getreides aus Ungarn, Rumänien, Jugoslawien, Bulgarien und Polen; ein internationales Agrarkreditinstitut, das die europäische Landwirtschaft finanzieren soll; eine allgemeine Verbilligung der Produktions- und Betriebskredite sowohl in den europäischen Industriestaaten selbst als auch in den sogenannten europäischen Aufnahmeländern; Errichtung von internationalen Industriekartellen, durch die dafür gesorgt werden soll, daß die einzelnen europäischen Industrien einander nicht Konkurrenz machen, sondern ihre Produktion und ihren Absatz kontingentieren!

Innenpolitisch scheint sich eine bürgerliche Front von Dietrich bis Hitler vorzubereiten. Zentrum und Deutsche Volkspartei sind mitten in der Zähmung der Nationalsozialisten, die ihrerseits bei jeder Gelegenheit ihre »Legalität« beschwören, um koalitionsfähig zu werden. Hitler verlangt »nicht die Wiederherstellung der deutschen Vorkriegsgrenzen, auch nicht die früheren Kolonien, sondern freie Hand zu Eroberungen im Osten, der jetzt unter der bolschewistischen Mißwirtschaft zugrunde gehe«! Katholizismus und Faschismus machen sich für einander bereit. Hitler schickt seinen SA-Führer Röhm zum Papst, um über die Stellungnahme der deutschen Bischöfe zum Faschismus zu verhandeln. In der nationalsozialistischen Presse rückt man von der Rassenvergötzung usw. ab. Das Thema »Katholische Kirche und Nationalsozialismus« wird in Broschüren und Versammlungen ausgiebig behandelt. Die »Germania« begrüßt den beabsichtigten Weg »des legalen politischen Kampfes der Nationalsozialisten« und ein katholischer Korrespondenzartikel vom 10. Mai sagt von Brüning: »Seine innere Abneigung gegen jene (Hitlers) Richtung mag nicht einmal so groß sein, als es seine Politik vermuten läßt.«

Ende April hatten wir 4.389.000 Arbeitslose. Die Konkurserklärungen haben im März beträchtlich zugenommen. Im Februar 1931 betrugen sie 1.044, im März 1.202. Von der Zunahme wurden besonders das Holzgewerbe, das Textilgewerbe und das Lebensmittelgewerbe (!) betroffen. Der Einzelhandel ist dabei am stärksten beteiligt.

Das Reichsfinanzministerium teilt mit, daß sich für das Steuerjahr 1930/31 im ordentlichen Haushalt ein Fehlbetrag von 986,6 Millionen Mark ergibt. Im außerordentlichen Etat wird der Fehlbetrag auf 261 Millionen angegeben, so daß sich das Gesamtdefizit auf über 1.250 Millionen beläuft. Die schwebende Schuld war bis Ende des Steuerjahrs (31. März 1930) auf 1.709,5 Millionen Mark angewachsen.

Die von der Regierung eingesetzte Kommission, die Vorschläge zur Behebung der Arbeitslosigkeit machen soll, die sog. »Brauns-Kommission«, hat ihr zweites Teilgutachten vorgelegt. Das Gutachten schlägt vor, die Regierung solle sich um die Aufnahme eines langfristigen Auslandskredits bemühen. (Das erste Teilgutachten hat Verkürzung der Arbeitszeit gefordert.)

Am 1. Juli 1931 verlegt der Internationale Gewerkschaftsbund seinen Sitz nach Berlin. Seine Adresse wird lauten: Internationaler Gewerkschaftsbund, Köpenicker Straße 113, Berlin SO 16. Am 21. und 22. Juli findet die nächste Vorstandssitzung der Gewerkschaftsinternationale in Berlin statt.

Die Vereinigten Stahlwerke in Gelsenkirchen zeigen unter dem 30. April die Entlassung von 700 Arbeitern und 70 Angestellten auf der Zeche »Roben Elbe« an. Als Grund wird Absatzmangel angegeben. Zum 30. Mai hat die Gewerkschaft »Constantin der Große« für die Kokereianlage 233 Arbeitern gekündigt. Die Gewerkschaft »Westfalen« in Hamm zeigt unter dem 1. Mai die Kündigung von 250 Arbeitern an, die zur Entlassung kommen sollen.

Der Mannesmann-Röhren-Konzern meldet für 1930 einen Rohgewinn von 38,65 gegen 40,97 Millionen im Vorjahr, gesamte Unkosten von 8,72 (9,02) Millionen, fast gleich hohe Abschreibungen auf Anlagen von 9,14 (9,69) Millionen, aus dem 6 Prozent (Vorjahr 7) auf 165 Millionen Stammaktien verteilt werden.

Der Mühlheimer Bergwerksverein wird der Generalversammlung eine Dividende von 7 % vorschlagen.

Bei der Rheinische Stahlwerke AG erwartet man nur eine geringe Reduktion der Vorjahrsdividende von 7 1/2 Prozent.

Die am Tarifvertrag beteiligten vier Bergarbeiterverbände haben in großen Konferenzen den zum Manteltarifvertrag im Ruhrbergbau gefällten Schiedsspruch angenommen.

Über den Schiedsspruch selbst herrscht tiefe Unzufriedenheit. Angesichts der Tatsache, daß ein tarifloser Zustand bei Ablehnung des Schiedsspruchs in der gegenwärtigen Wirtschaftskrise von den Bergarbeiterorganisationen nicht verantwortet werden könne, sei die Annahme des Schiedsspruchs eine zwingende Notwenigkeit.

Frankreich

In der nordfranzösischen Textilindustrie droht wieder der Generalstreik, da die Arbeitgeber und Arbeitnehmer seit dem 29. April jegliche Verhandlungen miteinander abgebrochen haben.

Briand hat die ihm am 11. Mai von einer gemeinsamen Delegation der Linksparteien der Kammer und des Senats offiziell angebotene Kandidatur für die Präsidentschaftswahl angenommen.

Gleichzeitig hat sich die gleiche Delegation zum Senatspräsidenten Doumer begeben, um ihn zu bitten, von seiner Kandidatur gegen Briand abzusehen. Senatspräsident Doumer hat es abgelehnt, auf seine Kandidatur zu verzichten, und erklärt, daß er sie trotz der Kandidatur Briands aufrechterhalte.

England

Die Londoner Flottenverhandlungen[43] sind vorläufig ergebnislos abgebrochen worden. Wahrscheinlich werden sie erst nach der Präsidentschaftswahl in Frankreich und nach der Genfer Ratstagung[44] wieder aufgenommen werden. Wie erinnerlich, hatte Frankreich in neuen Vorschlägen die Freiheit verlangt, während der Jahre 1935 und 1936 beliebig viele Ersatzbauten von Kriegsschiffen auf Kiel legen zu können. England war in seinen Gegenvorschlägen bereit, Frankreich dieses Recht einzuräumen, unter der Bedingung, daß die für Anfang 1935 vorgesehene neue große Flottenkonferenz ihre Zustimmung gebe. Im anderen Falle solle sich Frankreich nach den Bestimmungen des Londoner Flottenvertrages richten, der Ersatzbauten von Schiffen verbietet. Die Aussichten, Frankreich zur Annahme dieses Gegenvorschlages zu bringen, werden in London ziemlich gering eingeschätzt. Die italienische Haltung in dieser Frage entspricht genau der englischen. Weiter verlangt aber Mussolini, daß nach dem englischen Vermittlungsvorschlag im Jahre 1935 eine neue Flottenkonferenz zusammentreten solle, die den Streit über die Ersatzbauten in letzter Instanz zu schlichten habe. Mussolini knüpft die Bedingung an diesen Vorschlag, daß Frankreich sich von vornherein verpflichte, den Spruch dieser Konferenz widerspruchslos anzunehmen.

In die Ruhe des englischen Sonntags, die schon durch die bedingte Zulassung von Kino- und Varieté-Vorstellungen empfindlich gestört worden ist, ist ein neuer, für englische Verhältnisse sensationeller Einbruch verübt worden. Das Unterhaus nahm ein Gesetz an, das die Offenhaltung gewisser Läden, in der Hauptsache für Lebensmittel, Erfrischungen, Zigaretten und Zeitungen, in bestimmten Stunden gestattet.

Spanien

Der Kardinalerzbischof von Toledo, der Primas von Spanien, erläßt nach langem Zögern einen Hirtenbrief, in dem er erklärt, die Kirche sei an keine Regierungsform gebunden. Kirche und Gläubige hätten die Pflicht, für Ruhe und Frieden zu sorgen und mit den jeweiligen Regierungsbehörden zusammenzuarbeiten, von denen aber zu verlangen sei, daß sie die Rechte der Kirche unangetastet lassen. Bei den Wahlen solle man nicht den republikanischen oder monarchistischen Tendenzen die größte Wichtigkeit beimessen, sondern diejenigen Kandidaten wählen, die die Religion und Kirche am besten verteidigen. Das heißt also, daß die gläubigen Katholiken doch monarchistisch wählen sollen.

Die Regierung gibt eine Erklärung heraus, es lägen ihr Nachrichten vor, daß es sich bei den Gewalttaten um eine Offensive gegen das republikanische Regime handle, sowohl von Seiten der Monarchisten als der radikal entgegengesetzt gesinnten Elemente. Die einen und die anderen müßten begreifen, daß der Thron niemals wiederhergestellt werden könne und daß auch die Regierung keinesfalls Straßenunruhen und dergleichen zulassen würde.

In Madrid wurden vier Klöster und das Residenzgebäude der Jesuiten, die viel Grund und Boden und industrielle Unternehmungen besitzen, in Brand gesteckt. Die Monarchisten versuchten zusammen mit einem Teil des Klerus Unruhen gegen die Republik zu inszenieren. Die Kommunisten drängen auf eine proletarisch-revolutionäre Diktatur hin.

Schweiz

Die größte schweizerische Chemiefirma, die Gesellschaft Chemische Industrie (Ciba), hat auch im Krisenjahr 1930 so günstige Geschäfte gemacht, daß sie in der Lage ist, auf ihr Aktienkapital in Höhe von 20 Millionen Franken wiederum 17 Prozent Dividende zu verteilen. Die Einnahmen aus dem Waren verkauf waren sogar höher als im Jahre 1929. Da jedoch die Unkosten und die Zinszahlungen etwas gestiegen sind, zeigt der Reingewinn eine minimale Verringerung von 3,79 auf 3,65 Millionen Franken. Die Ciba bildet mit den ebenfalls in Basel sitzenden Chemiefirmen Sandoz und Geigy die Interessengemeinschaft schweizerischer Chemiefirmen; diese Organisation ist Partner des deutsch-französisch-schweizerischen Farbstoffblocks.

Brasilien
Die Überfülle des erzeugten Kaffees macht den kaffeeproduzierenden Ländern, in erster Linie Brasilien, die schwersten Sorgen. Obwohl die Kaffeepreise katastrophal gesunken sind – der Kaffee kostet heute auf dem Weltmarkt nur noch ein Drittel dessen, was er im Februar 1929 gekostet hat –, sitzt Brasilien noch immer auf Vorräten von etwa 20 Millionen Sack fest, die selbst bei den heutigen Katastrophenpreisen noch einen Wert von 600 Millionen Mark repräsentieren. Vorläufig besteht keine Aussicht, daß diese Vorräte neben der laufenden Produktion verkauft werden könnten. Deshalb sind die größten kaffeeproduzierenden Provinzen Brasiliens zu dem echt kapitalistischen Ausweg geschritten, die Kaffeevorräte planmäßig zu vernichten. Sie haben untereinander eine Vereinbarung über die Schaffung eines Kaffeeausfuhrzolles getroffen, dessen Ertrag dazu dienen soll, die unverkäuflichen Vorräte anzukaufen und zu vernichten. Der Zoll beträgt etwa ein Drittel des heutigen Kaffeepreises, so daß aus seinem Ertrag jährlich Vorräte in Höhe von etwa 30% der laufenden Produktion vernichtet werden können. Dieser Kaffeeausfuhrzoll ist wohl das beste Schulbeispiel für die Widersinnigkeiten, die sich aus der kapitalistischen »Ordnung« der Wirtschaft ergeben.

(17.) Die Woche vom 12. Mai 1931 bis 19. Mai 1931

Deutschland
Die Verhandlungen der Europakommission über die deutsch-österreichische Zollunion und den Briandschen Vorschlag einer paneuropäischen Interessengemeinschaft in Genf haben zu keinem greifbaren Ergebnis geführt. Deutschland ist zur Zollunion mit allen europäischen Ländern bereit. Frankreich hält die deutsch-österreichische Spezialunion für eine Vertragsverletzung, sie wird darum dem Internationalen Schiedsgerichtshof im Haag unterbreitet werden. Litwinow (Rußland) bezeichnete es als erwünscht, daß ein internationales Abkommen geschlossen werde, in dem sich die Staaten verpflichten, ihre Erzeugnisse auf dem Inlanfsmarkt nicht zu höheren Preisen als auf dem Weltmarkt zu verkaufen. Er schlug vor, daß sich alle Stcaten verpflichten sollen, einander in wirtschaftlicher Hinsicht gleichmäßig zu behan-

deln. Damit solle aber das souveräne Recht von historisch und wirtschaftlich zusammen gehörenden Stcaten, irgendwelche Unionen einzugehen, nicht beeinträchtigt werden.

Trotz des Rückganges der Arbeitslosigkeit sind in der Produktion nach den Feststellungen des Instituts für Konjunkturforschung konjunkturelle Besserungsmomente bisher nicht zu beobachten. Die Kohlenförderung, die Koksgewinnung sowie die Produktion von Metallwalzwerkerzeugnissen, Baustoffen und Kali seien sogar weiter gesunken. Eine geringe Produktionsbesserung der Automobilindustrie dürfte saisonmäßig bewertet sein. Der Index des industriellen Auftragseinganges ist weiter abwärts gerichtet. Aus diesem Bericht ergibt sich die Notwendigkeit, sich stärker auf die Krise einzustellen, was besonders für die Verkürzung der Arbeitszeit gelten dürfte.

Der volksparteiliche Führer Dingeldey:»Wir stehen heute staatspolitisch in einer Gefahr, die weit größer ist als zu den Zeiten Stresemanns. Wir dürfen uns nicht durch einzelne Anzeichen täuschen lassen, daß eine Besserung bald zu erwarten"ist. Die Schlüsselindustrien, der Bergbau und die Großindustrie befinden sich noch immer in vorschreitendem schwerem Verfall. Von diesem Zusammenbruch werden auch die mittelständischen Kreise erfaßt... Wir stehen vor der Tatsache, daß der Rückgang der Steuereinnahmen und die Fehlbeträge im Haushalt weit über das hinausgehen, was noch vor wenigen Monaten erwartet werden konnte. Schnelle Reformen sind notwendig, vor allen Dingen bei der Arbeitslosenversicherung, die heute kaum noch die Hälfte der Arbeitslosen zu unterstützen vermag.«

Der Reichskanzler Brüning kündigte an, wie die Regierung auf diese schwierige wirtschaftliche Lage reagieren will. Er fújrte aus, daß in etwa 14 Tagen die Regierung mit neuen »Sparmaßnahmen«, die jetzt noch nicht zur Bekanntgabe reif seien, an die Öffentlichkeit treten werde. Sie werde dabei auch nicht vor unpopulären Maßnahmen zurückschrecken.[45]

Wie die »Monatspost« von zuverlässiger Seite erfährt, ist geplant, die Leistungen der Sozialversicherung um etwa 10 Prozent abzubauen. Da rüber hinaus sonl aber durch eine andere einschneidende Maßnahme noch weiter an den sozialen Leistungen abgebaut werden. Während bisher auf die Erwerbslosenfürsorge die sogenannte Krisenfürsorge folgte und erst dann die Wohlfahrtsunterstützung durch die Gemeinden kam, soll in Zukunft die Krisenfürsorge fortfallen, so daß nach dem Ablauf der Zahlungen durch die Erwerbslosenfürsorge die Arbeitslosen den Ge mein den zur Last fallen.

Außer dem scharfen Eingriff in die Sozialleistungen erfolge ein neuer Abbau der Beamtengehälter. Bisher ist sich das Kabinett noch nicht da rüber einig, in welcher Höhe der Abbau vorgenommen werden soll. Das Mindeste sind aber weitere 6 Prozent, in den höheren Gehaltsstufen werden weitere

Gehaltsabbau-Maßnahmen sogar bis zu 10 und 12 Prozent geplant.

Der Schiedsspruch im Manteltarifstreit im rheinisch-westfälischen Steinkohlenbergbau vom 6. Mai 1931 ist vom Reichsarbeitsminister für verbindlich erklärt worden.

Bei den Landtagswahlen in Oldenburg gelang den Nationalsozialisten der Einbruch in die »marxistische Front« wieder nicht. Außer der NSDAP gewannen die Kommunisten an Stimmen.

Bei den Kreisratswahlen in Danzig erfolgte der Stimmenzuwachs der NSDAP auf Kosten der Deutschnationalen. Die SPD hatte ebenfalls Stimmenzuwachs.

Die nationalsozialistische Fraktion des Braunschweigischen Landtags hat dennoch am 13. Mai in Gemeinschaft mit der bürgerlichen Arbeitsgemeinschaft einen Vertrag mit der Kirche abgeschlossen, der der Kirche große Summen zusichert, die für eine zwei Jahre zurückliegende Zeit mit 10 % und für die Zukunft mit 8 % zu verzinsen sind. Auf Grund des Vertrages muß das Land Braunschweig der Kirche jährlich 40.000 Mark und eine Nachzahlung von 132.000 Mark überweisen. Dazu kommen die Zahlungen der einzelnen Landgemeinden, die mit etwa 540.000 Mark veranschlagt werden können, so daß die Kirche mit den schon geleisteten Zahlungen in diesem Jahre etwa eineinviertel Millionen Mark erhält.

Im Bayerischen Landtag teilte Unterrichtsminister Dr. Goldenberger mit, daß die bayrische Regierung entschlossen ist, gegen die national sozialistische Propaganda in den Schulen mit aller Entschiedenheit vorzugehen.

England

Das englische Arbeitsministerium gibt bekannt, daß die Zahl der Ar beitslosen in Großbritannien am 27. April 2.520.113 betrug. Dies bedeutet eine Zunahme von 6.257 gegenüber der Vorwoche und von 821.727 gegenüber dem gleichen Zeitpunkt des Vorjahres.

Snowden teilte im Unterhaus auf Anfrage mit, daß die Rüstungsausgaben im Jahre 1930 auf 110.764.200 Pfund veranschlagt werden. 1890/91 betrugen sie, wie Snowden zum Vergleiche angab, 34.687.319, 1904/05: 65.755.305, 1913/14: 77.098.723, 1924/25: 117.677.039.

Nach dem Bericht des Gewerbeinspektors in Bengal hat die Zahl der beschäftigten Kinder in den beaufsichtigten Fabriken gegenüber 1928 um 1.386 auf 23.063 abgenommen. In den Jutespinnereien waren 17.278 und in den Baumwollspinnereien 1.040 Kinder beschäftigt, während sich die übrigen auf andere Industrien verteilen. Auch im Bezirk Bombay ist die Kinderarbeit zurückgegangen; 9 Betriebe wurden belangt, weil sie Kinder rechtswidrig beschäftigt hatten. In Madras und Burma soll die Zahl der in den Fabriken arbeitenden Kinder in den letzten Jahren ständig abgenommen haben.

Amerika

In Amerika ist ein Viertel der Eisenbahnbeamten, die 1920 im Dienst waren, jetzt stellungslos. Die Zahl von 1.550.000 Bahnbeamten, die jetzt beschäftigt werden, ist 443.000 weniger als vor zehn Jahren.

Die neue Baumwollpflückmaschine leistet so viel wie vierzig Arbeiter und gilt als eine der größten Errungenschaften der Neuzeit. Das bedeutet, daß die Baumwollpflücker, die billigsten Arbeiter Amerikas, alle, oder wenigstens drei Viertel von ihnen, erlefigt sind.

Frankreich

Briand ist bei der Präsidentenwahl durchgefallen. Der neue Präsident Doumer, der Kandidat der Rechten, ist 74 Jahre alt. Briand hat sein Amt als Außenminister niedergelegt.

Der Generalstreik der Textilarbeiter in Nordfrankreich wird seit dem 18. Mai durchgeführt. Von der Belegschaft von insgesamt 125.000 Arbeitern stehen rund 100.000 im Streik; nur einige tausend Grenzarbeiter aus Belgien sind auf der Arbeitsstelle erschienen. Zu Zwischenfällen kam es vorläufig nicht. Das ganze Industriegebiet von Tourcoing, Roubaix und Lille steht sozusagen unter dem Belagerungszustand. Alle Fabriken sind militärisch besetzt; überall patrouillieren Gendarmen zu Fuß und zu Pferde. Mehrere tausend Mann republikanischer Garde wurden zur Verstärkung nach dem Streikgebiet geschickt.

Spanien

Die Unruhen in Spanien dauern an. Exkönig Alfons soll angeklagt werden, sein Vermögen wird beschlagnahmt.

Die spanische Regierung hat den obligatorischen Religionsunterricht in sämtlichen Schulen abgeschafft. Falls die Eltern den Religionsunterricht wünschen und der Lehrer sich weigern sollte, den Unterricht zu erteilen, soll es in Zukunft Geistlichen gestattet sein, ohne Gehaltsanspruch Religionsstunden zugeben. Alle Adelstitel werden abgeschafft. Sämtliche Jesuiten mit Ausnahme der Insassen eines in der Nähe der französischen Grenze gelegenen Klosters haben Spanien verlassen.

Der Korrespondent des Pariser »Intransigent« in Madrid meldet, daß bei den jüngsten Unruhen in Spanien insgesamt 105 Kirchen und Klöster zerstört worden sind, davon 27 in Sevilla, 25 in Malaga, 18 in Cordoba, 12 in Murcia, 14 in Valencia und 9 in Granada.

Australien

Im australischen Gliedstaat Neusüdwales trat Ende Dezember 1930 ein neues Arbeitszeitgesetz in Kraft, das das Ziel verfolgt, die Arbeitslosigkeit durch Verkürzung der Arbeitszeit zu erleichtern, ohne das Lohneinkommen der Beschäftigten zu vermindern.

Schweden

Im Zusammenhang mit einem Streik in den Sägewerken in Solleftea in der Provinz Norrland wurde zum Schutze der Arbeitswilligen Militär aufgeboten. Als dieses im Industrieort Kramfors bei Sollftea eintraf, wurde es von der Menge mit Steinwürfen empfangen, worauf die Truppen Rauchgasbomben in die Menge warfen. Mehrere Personen erlitten Brandverletzungen leichterer Natur. – Nach einer am 13. Mai abgehaltenen Versammlung in Franoe, in der Nähe von Kramfors, bei der u.a. die Ausdehnung des Streiks auf die Sägewerke der ganzen Gegend ausgesprochen wurde, kam es zu schweren Zusammenstößen zwischen Militär und der ungefähr 7.000 Personen betragenden Volksmenge. Schließlich gab das Militär scharfe Schüsse ab, durch die vier Personen, darunter eine Frau, getötet, mehrere verletzt wurden.

Im nordschwedischen Odalen-Distrikt ist am 15. Mai aus Protest gegen die von der Polizei hervorgerufenen blutigen Zusammenstöße von Dienstag ab ein 24-stündiger Generalstreik proklamiert worden, an dem 20.000 Arbeiter beteiligt sind. Die Streikbewegung scheint sich allmählich auf ganz Norrland auszudehnen. Die Arbeitswilligen sind auf Ersuchen des Kreishauptmanns inzwischen aus dem Unruhegebiet zurückgezogen worden. Das für Schweden ganz ungewohnte Ergebnis hat im ganzen Lande große Erregung hervorgerufen.

Rußland

Die weißrussische Lederindustrie meldet, daß sie schon jetzt die Produktionsziffern des Fünfjahrplans erfüllt und sogar übertroffen hat.

Neue reiche Kalilagerstätten in Zentralasien sind in den Gegenden Katschkadarinsk, Surchandarinsk und Karaljuk in Zentralasien entdeckt worden, die aus besonders mächtigen zur Ausbeutung sehr bequemen Schichten bestehen.

Im Süd-Ural ist im Bereich der Bahnlinie Tscheljabinsk-Troizk ein großes Kohlegebiet entdeckt worden, das sich unmittelbar an das Tscheljabinsker Kohlegebiet anschließt und sich über eine Strecke von 80 Kilometern bis zur Bahnstation Jemanschelinskaja hinzieht. Die Kohlenbestände der neuentdeckten Kohlenlagerstätte bedürften sich nach vorläufigen Berechnungen auf 1,5 Milliarden Tonnen belaufen, was mit den bereits im Abbau befindlichen Kohlevorkommen des Tscheljabinsk-Gebietes 2,5 Milliarden Tonnen ergibt.

(18.) Die Woche vom 19. bis 26. Mai 1931

Deutschland

Das Ersuchen des Völkerbundsrates um ein beratendes Gutachten des internationalen Gerichtshofs über die deutsch-österreichische Zollunion wird jetzt dem Gerichtshof im Haag zugehen und soll nach dem Antrag Hendersons im beschleunigten Verfahren erledigt werden. Es könnte also, da die Texte vorliegen, im Juni bereits im Haag zur Beratung kommen, so daß das Gutachten bereits für die Septembertagung des Völkerbundsrates vorliegen könnte.

Der Völkerbundsrat hat in geheimer Sitzung dem britischen Außenminister Henderson die Übernahme des Vorsitzes auf der Abrüstungskonferenz angeboten. Henderson hat sich zur Übernahme des Vorsitzes bereit erklärt. Über den Ort der Konferenz ist noch keine Entscheidung getroffen worden. Es gilt aber nach wie vor als ziemlich sicher, daß die Konferenz in Genf stattfinden wird.

Die Konvention für die Errichtung der Internationalen Agrarkreditbank wurde in der Sitzung vom 21. Mai des Europa-Ausschusses von 16 europäischen Staaten unterzeichnet, darunter auch von der deutschen Regierung. Die Vertreter Englands, Dänemarks, Spaniens, Irlands, Italiens, Litauens, Norwegens und Hollands haben ihre Unterschrift heute nicht abgegeben. Die Frist für die Unterzeichnung der Konvention läuft bis zum 30. September dieses Jahres. Nur Litwinow widersprach dem allgemeinen Optimismus, als ob diese Bank der Agrarkrise in Europa abhelfen könnte.

An der deutschen Börse fanden weitere Kursrückgänge bis zu 11 Prozent statt. Das Ausland verkauft massenhaft deutsche Papiere. Das Eisenhüttenwerk Thale schließt mit einem neuen Verlust von 1 ½ Millionen Mark ab. Die Autoversicherungsgesellschaft Stuttgart hat ein Defizit von 6,7 Millionen Mark. In Dortmund sind weitere 6.000 Arbeiter entlassen worden. Im Ruhrgebiet sind weitere 1.600 Kündigungen von Arbeitern auf den 1. Juli ausgesprochen. Wie die »Saarbrücker Zeitung« von zuverlässiger Seite erfahren haben will, beabsichtigt die Bergbauverwaltung des Saargebiets, in diesen Tagen erneut 6.000 Bergarbeiter, größtenteils Saargänger aus den ländlichen Grenzgebieten, zu entlassen.

Nach ergebnislosen Einigungsverhandlungen im Reichsarbeitsministerium wurde im Angestelltentarif für die chemische Industrie, Sektion Vb ein Schiedsspruch gefällt, der ab 1. Mai in Kraft tritt und bis zum Dezember dieses Jahres läuft. Durch den Schiedsspruch wird eine Herabsetzung der Tarifgehälter von 5 Prozent vorgesehen.

Der Vorstand der sozialdemokratischen Fraktion war zu einer längeren Sitzung versammelt, in der er zu den gegenwärtigen politischen Fragen Stellung nahm. Es wurde beschlossen, am Donnerstag, 28. dieses Monats, die gesamte Fraktion nach Berlin einzuberufen und beim Reichskanzler in der Brotpreisfrage zu erheben und zu verlangen, daß die Regierung durch eine allgemeine Senkung der Weizen- und Roggenpreise eine weitere Brotverteuerung verhindert und die Preissenkung auf den früheren Stand veranlaßt. Der Parteivorstand war sich darüber durchaus im klaren, daß gerade in dieser Frage die Grenze sei für eine Politik der Regierung Brüning, die die Sozialdemokratie tolerieren könne.

Zur Frage einer neuen Notverordnung stellte sich der Fraktionsvorstand auf den Standpunkt, ohne der Fraktion vorgreifen zu wollen, daß die überaus ernste Finanzlage des Reichs nicht zu einem Abbau der sozialen Einrichtungen führen dürfe. Die Sanierung der Finanzen müßte durch solche Mittel erzielt werden, durch die eine weitere Verschlechterung der Lebenshaltung der durch die Wirtschaftskrise besonders geschädigten Volksschichten verhindert wird. Der preußische Staatsrat stimmte nach längerer Debatte dem Staatsvertrage mit den evangelischen Kirchen zu. Der Vertrag wurde angenommen gegen die Stimmen der Kommunisten und eines Teiles der in der Arbeitsgemeinschaft zusammengeschlossenen Rechtsparteien.

Durch Verfügung des braunschweigischen Volksbildungsministers Dr. Franzen ist auf Grund der Reichsverfassung, Art. 149, Abs. 1, der katholische Religionsunterricht in den Lehrplan der höheren und mittleren Schulen Braunschweigs aufgenommen. Der Unterricht wird in Vereinbarung mit der katholischen Kirche von dazu vorgebildeten Geistlichen erteilt. Ein neuer Anbiederungsversuch der NSDAP an das Zentrum zwecks Koalitionsmöglichkeit zur Regierungsbildung.

Die »Audienz des Hauptmanns Göring beim Papst« stellt sich als ein nationalsozialistischer Bluff heraus, durch den die katholischen Anträge der NSDAP, die durch die bischöflichen Warnungen beunruhigt sind und denen gegenüber irgend etwas geschehen muß, um sie wenigstens mit dem Schein einer Aktion hinzuhalten.

Vor kurzem fand auf dem Schloß der Leiterin des Königin-Luise-Bundes, Gau Schlesien, eine politische Konferenz statt, deren Teilnehmer sich aus den Kreisen des schlesischen Adels und Grundbesitzes sowie des Stahlhelms rekrutierten. Unmittelbar nach Eröffnung der Konferenz erschien, stürmisch begrüßt, das ehemalige Kronprinzenpaar. Vor diesem Gremium sprach, wie der »Vorwärts« berichtet, der Gauleiter der Hitlerpartei in Schlesien, Reichstagsabgeordneter Brückner. Er erklärte, daß die NSDAP planmäßig auf die Errichtung einer Monarchie hinarbeite und zu gegebenem Zeitpunkt mit einem Programm vor die Öffentlichkeit treten würde. Von gewissen Kreisen werde als notwendige Vorstufe hierzu eine besondere Art von Regentschaft propagiert. Die Hitlerpartei betonte, daß für diese Regentschaft ebenso wie für die Monarchie nur ein Mitglied des Hohenzollernhauses von ihr anerkannt würde. Diese Erklärung löste frenetischen Beifall aus. Brückner gab bekannt, daß zu Anfang Juni in Oels ein gemeinsamer Aufmarsch der Hitlerschen Sturm-Abteilungen und des schlesischen Stahlhelms erfolgen werde. Auf eine Zwischenfrage über die hohenzollernfeindliche Haltung, die in den Schriften Gottfried Feders zum Ausdruck gekommen sei, erklärte Brückner, daß Feder seinen Irrtum längst als solchen erkannt und revidiert habe. Die entsprechenden Stellen seien bei der Neuauflage der Federschen Schrift gestrichen worden.

England

Im »Daily Herald« erscheint eine halboffizielle Vorschau auf die Vorschläge der von der Regierung eingesetzten »Königlichen Kommission« für die Fragen der Arbeitslosigkeit. Unter dem Vorwand, daß die Lebenshaltungskosten »gesunken« seien, beantragt die Kommission eine Herabsetzung der Unterstützung für Männer um je zwei Schilling in der Woche und des Zuschlags für die Ehefrau um einen Schilling. Sie schlägt auch vor, daß die Wochenbeiträge der Arbeiter von 7 auf 9 Pence erhöht werden. Ferner beantragt sie eine Herabsetzung der Unterstützungsdauer von 74 auf 26 Wochen. Schließlich werden einschneidende Einschränkungen des Rechts verheirateter Frauen, deren Männer Arbeit haben, auf Arbeitslosenunterstützung sowie Einschränkungen für Kurzarbeiter, die gegenwärtig unterstützungsberechtigt sind, vorgeschlagen. Die Regierung hat sich im voraus verpflichtet, die Vorschläge der Kommission zur Durchführung zu bringen. – Genau wie bei uns.

Tschechoslowakei

Der »Skodovak«, die Betriebszeitung der Skodawerke in Pilsen, meldet, daß vor kurzem eine Konferenz des Finanzkonsortiums des Konzerns Schneider-Creuzot-Skoda stattgefunden habe. Das Ergebnis des Bilanzausschusses für das Jahr 1930 lautet: Bruttogewinn 257.000.000 Kronen, d.h. um 37.000.000 mehr als für das Jahr 1929. Nettogewinn 68.876.000 Kronen, um eine Million mehr als 1929. Abgeschrieben wurden 127.000.000, um 43.000.000 mehr als im Jahre 1929. Die Dividende pro Aktie beträgt wiederum 90 Kronen wie im vorigen Jahr. Die Bestellungen des Konzerns betragen 2.019.000.000 Kronen, d.h. um 449.000.000 mehr als im Jahre 1929 zur selben Zeit. Dabei wurden 8.000 Arbeiter im Betriebsausschuß aufs Pflaster geworfen.

Schweiz

Der schweizerische Bundesrat teilte in einem Bericht an die Bundesversammlung mit, daß die Gesamtzahl der Arbeitslosen in der Schweiz Ende März 61.799 betrug, wovon 19.919 gänzlich arbeitslos waren. Besonders schwer betroffen sind die Uhrenindustrie, Stickerei- und Seidenbandindustrie und die Metall- und Maschinen-Industrie. Die Leistungen der Arbeitslosenkasse sind 1930 gegen 1928 von 5.400.000 Franken auf 16.700.000, der Beitrag der Eidgenossenschaft von 1.800.000 auf 6.400.000 Franken gestiegen. Für die Arbeitslosen in der Stickerei- und Uhrenindustrie und die Seidenbandwebereien beantragte der Bundesrat eine Erhöhung der Tagegelder um 10 Prozent.

Frankreich

Der Streik in der Textilindustrie des Bezirks Roubaix-Tourcoing ist jetzt allgemein. Die bürgerliche Presse teilt mit, daß von insggsamt 160.000 Arbeitern 140.000 sich im Ausstand befinden. 40 Betriebe haben ihre Tore geschlossen. Fie beunruhigte Bourgeoisie fordert die Regierung auf, sobald wie möglich einen Schiedsspruch zu fällen. Der Streik beginnt bereits die übrigen Arbeiterschichten mitzureißen. So sind die Bergarbeiter in Bruay in einen 24stündigen Solidaritätsstreik eingetreten. Es ist damit zu rechnen, daß für den nächsten Donnerstag im gesamten nordfranzösischen Kohlenrevier ein 24stündiger Proteststreik durchgeführt wird.

Spanien

Die Unruhen sind abgeebbt, wenigstens vorerst, Rädelsführer bei den Klosterbränden gerichtlich bestraft. Belagerungszustand über Madrid ist aufgehoben. Der Ministerrat hat auf Grund der Mitteilung des Arbeitsministers, daß die Wahllisten für den 5. Juni vorliegen würden, beschlossen, die Wahlen für die verfassunggebenden Cortes auf Sonntag, den 28. Juni, anzuberaumen.

Außerdem hat die Regierung ein Dekret gebilligt, durch das eine Kommission eingesetzt wird, die die Agrar-Reform vorbereiten soll. Die Reform soll sich aber weder auf die kleinen ländlichen Besitze noch auf die mittleren erstrecken, sondern vor allem auf den Großgrundbesitz, der nicht von seinen Eigentümern bewirtschaftet wird. Das Enteignungsverfahren soll gegen Entschädigung erfolgen.

Rußland

Der Genfer Korrespondent des »Daily Herald« meldet: Die interessanteste und vielleicht wichtigste Entwicklung auf der Genfer Konferenz ist die Änderung der Beziehungen zwischen den Russen und anderen Delegationen gewesen. Nitwinow wird im Gegensatz zu früher mit größter Höflichkeit und offenbarem Interesse angehört.

Litwinow hat mit Briand und Zaleski Unterredungen gehabt. Man hat den Eindruck, daß eine Änderung der französischen Politik gegenüber Rußland im Werden ist. Dies wird verstärkt durch bisher allerdings unbestätigte Gerüchte von wichtigen Verhandlungen in Paris über ein großzügiges Handels- und Kreditabkommen mit der Sowjetunion.

Die Sowjetdelegation auf der Londoner Weizenausfuhr-Konferenz soll dem

Plan über die Einführung einer internationalen Weizenquote grundsätzlich zugestimmt haben.

Eine grundlegende Umgestaltung des sowjetrussischen Konsumgenossenschaftswesens ist in Vorbereitung, wie in einem Schreiben an die Kommunistische Partei, die Wirtschafts-, Genossenschafts- und andere Organisationen zu entnehmen ist, das von Molotow, dem Sekretär des Zentralkomitees der Kommunistischen Partei und Selenski, dem Vorsitzenden des Zentrosojus, unterzeichnet ist.

Nach einem Hinweis auf die enorme Entwicklung des Warenumsatzes in Sowjetrußland wird in dem Schreiben festgestellt, daß im Genossenschaftswesen – nach Verdrängung des Privathandels – der Grundsatz kaufmännischer Berechnung in der Annahme außer acht gelassen wurde, daß die Voraussetzungen für einen Übergang zum direkten Warenaustausch bereits gereift seien; die Verdrängung des Privathandels setze aber gerade eine allseitige Entwicklung Sowjetrußlands und seines Genossenschaftshandels voraus. Die Rationierung des Absatzes industrieller Produkte und das System des Warenabsatzes sollen zwecks besserer Versorgung der Bevölkerung und zwecks Beschleunigung des Warenumsatzes aufgehoben werden. Weiter wird diesem Schreiben zufolge die Genossenschaftsorganisation aufgefordert, überall Hunderte von neuen Lebensmittelgeschäften zu eröffnen.

Die Feststellung und Befriedigung der Anforderungen der Bevölkerung der verschiedenen Gegenden auf verschiedene Waren soll unter Kontrolle gewählter unterer Genossenschaftsorganisationen erfolgen. Die Löhne der Genossenschaftsfunktionäre sollen erhöht und zugleich eine Prämie nach Maßgabe des Handelsumsatzes eingeführt werden. 150.000 Genossenschaftsfunktionäre werden neu ausgebildet.

Der von der KPdSU und von der Sowjetregierung für das Jahr 1931 vorgesehene Kollektivierungsplan wurde bereits restlos erfüllt. Schon am 10. Mai waren in Kollektivwirtschaften 12.453.700 Wirtschaften oder 50,4 Prozent aller armen und Mittelbauernwirtschaften der Sowjetunion vereinigt. Die Presse bezeichnet diese Ergebnisse der Kollektivierung als einen Sieg von welthistorischer Bedeutung.

(19.) Die Woche vom 12. Juli 1931 bis 19. Juli 1931[46]

An den Schwierigkeiten der Kredit- und Finanzkrise hat die Hooveraktion[47] nichts geändert. Der Zusammenbruch des Nordwollekonzerns Lahusen-Bremen[48] und die Zahlungsunfähigkeit der Danatbank sind nur Symptome für die unmögliche Anarchie des kapitalistischen Kredit- und Finanzwesens. Die unternommenen Maßnahmen der Regierung: Bankfeiertage und Zwangsregulierung des Zahlungsverkehrs, Heraufsetzung des Reichsbankdiskonts von 7 Prozent auf 10 Prozent, die Devisenkonzentration, die Kreditrestriktionen, die Verordnung gegen die Kapitalflucht, und die Erschwerung der Auslandsausreise, die Schließung der Börsen, der Plan einer Solidaritätshaftung der Großbanken, Privatbanken, Sparkassen, öffentlichen Banken usw., ja selbst die vielleicht durchzuführende Kontrolle des Staates über alle Banken und ihre Geschäfte, für die der IG-Farbendirektor (!!) Schmitz vorgeschlagen sein soll, all das wird so wenig wie die von den kapitalistischen Regierungen Englands, Frankreichs, Amerikas und Italiens eingeleiteten internationalen Anleiheverhandlungen und die »eventuelle« Revision der Kriegslastenliquidierung die Not der Massen, die eigentliche Krise überwinden.

Im Gegenteil, – die durch die unerhörten Auswirkungen der vierten Notverordnung geschaffene verzweifelte Lage der arbeitenden Massen wird gesteigert werden zum katastrophalen Zusammenbruch durch die Maßnahmen zur Sanierung des Kapitals.

Die Kreditverknappung, die zur Rettung der Mark notwendig ist, wird die Mittel- und Kleinbetriebe konkurrenzunfähig machen, die internationalen Anleihen werden die deutsche Wirtschaft und Reichsfinanzierung so belasten, daß nur durch erneuten Druck auf die Arbeiter- und Angestelltenmassen, durch noch raffiniertere Rationalisierung, d.h. durch noch größere Arbeitslosigkeit, durch noch rücksichtsloseren Abbau der sozialpolitischen Sicherung die Wirtschaft weiter »gerettet« werden kann. Die eigentliche Ursache der Krisis liegt in den unmöglichen Eigentumsverhältnissen, in der Anarchie der Produktion und des Konsums. Nur die sozialistische Plan- und Bedarfswirtschaft kann uns darum retten. Den Versuchen der kapitalistischen Internationale, das Kreditsystem in die Reihe zu bringen auf Kosten der arbeitenden Massen, werden Versuche einer internationalen kapitalistischen Planwirtschaft, einer internationalen Regelung der Produktion und des Konsums zur Sicherung einer Durchschnittsprofitrente folgen, die wiederum auf Kosten der Lohn- und Gehaltsempfänger praktiziert werden wird.

Nach diesen Experimenten der kapitalistischen Internationalen, die sehr leicht politisch zu einer Art faschistischer Diktatur in allen Ländern nach dem Vorbild Italiens führen können, und zu einer Interessenfront gegen Sowjetrußland, wird die Masse der unter dem verschärften wirtschaftlichen und politischen Elend Leidenden in allen Ländern entschlossen und verzweifelt genug sein, um sich von dem Joch und der Unterdrückung des kapitalistischen Systems endgültig frei zu machen. Über das Tempo, über die Zeitabschnitte der einzelnen Epochen des Entscheidungskampfes zwischen Kapital und Arbeit kann man nichts sagen – es gilt für uns Sozialisten aber, auf alle Fälle nüchtern alles vorzubereiten, was ideologisch und materiell zur endgültigen Befreiung des Proletariats notwendig ist.

Die Anfänge der von uns gesehenen Entwicklung zeigen sich in folgenden Tatsachen: Der reaktionär-bürgerliche Reichsminister Treviranus sagte am 17. Juli in seiner Rundfunkansprache: »Es ist grundfalsch, Hoffnungen zu erwecken, daß die Befreiung von Tributlasten uns plötzlich das goldene Zeitalter schaffen würde.«

G. Stein schreibt als politischer Schriftleiter im »Berliner Tageblatt«[49] Nr. 314 über die Ansicht der Schwerindustriellen des Ruhrgebietes: »Wir haben recht behalten«, so sagen sie. »Wir haben stets gesagt, daß das feine kapitalistische Uhrwerk den Einbau von wirtschaftsdemokratischen Prinzipien nicht duldet, daß es unter dieser Last der Fremdkörper zusammenbrechen muß. So weit sind wir jetzt.« Und dann, in bezug auf das, was dieser Winter aller Voraussicht nach – bestimmt aber der schwerindustriellen Absicht nach – bringen wird: »Sie haben schon recht, es tut weh, daß wir sozial bis zehn Jahre vor dem Kriege zurückgehen müssen. Aber es hilft nichts.«

Man ist grimmig entschlossen, noch radikaler als bisher gegen die Löhne und Gehälter vorzugehen. »Nehmen Sie an, man könnte durch eine Notverordnung sämtliche Löhne und Gehälter um 20 Prozent senken... man kann es ja wohl nicht, aber nehmen Sie einmal an, ... das ist das einzige, was uns vielleicht noch retten kann.«

Diese Männer, die sich »emporgehungert« haben auf die Hügelvillen und Burgen des schönen Ruhrtals, diese Männer, die offenbar nur die Reklamebauten größenwahnsinniger Stadtverwaltungen sehen, und, wie es scheint, noch nie in den Elendsbaracken Tausender von Proletarierfamilien gewesen sind, diese Männer predigen:

»Wir müssen auf das Lebensniveau der uns umgebenden Völker heruntergehen.« Gemeint sind Polen, die Tschechoslowakei und die fremden, halbzivilisierten Industriearbeiter des nördlichen Frankreich. Die Herren meinen offenbar, für Kultur und Bildung, dieses vielgerühmte Aushängeschild deutscher Weltgeltung, können sie schon selbst aus ihren Einkommen sorgen; darum brauchten sich die Arbeitnehmer nicht zu bemühen.

Die Wirtschaftsführer also wollen die Löhne senken, und wohlgemerkt auch die »Soziallasten«! Sie wollen es offenbar – vorläufig jedenfalls – mit Brüning zusammen. Brüning ist tüchtig und richtig, aber er tritt noch lange nicht stark genug auf, so heißt es. Brüning weiß gar nicht, so meinte einer der Herren, wie viel mehr er durchsetzen, wie viel mehr er wagen könnte, als er selbst annimmt, und daß er immer noch zu viel Rücksicht auf die Sozialdemokratie nähme, die bei weitem nicht mehr der Machtfaktor sei, als den man sie betrachtet. Aber so wie bisher könne Brüning keinesfalls weitermachen. Noch vor einem halben Jahre wäre die Situation zu retten gewesen, wenn dieses oder jenes Ministerium so oder so neu besetzt worden wäre, fügt man hinzu. Aber jetzt? Man ist sehr skeptisch...

Die »Deutsche Allgemeine Zeitung« vertritt systematisch die Forderung des weiteren Lohnabbaues.

»Ein Feiervierteljahr für den Tariflohn (d.h. Aufhebung aller Lohntarife) etwa würde keineswegs spätere grundsätzliche Entscheidungen vorbelasten, die Naturalhilfe für Wohlfahrtserwerbslose, deren versicherungsmäßiger Anspruch auf Geldhilfe erloschen ist, ebenso wenig.«

Nach dem Danat-Zusammenbruch empfahl sie eine dreißigprozentige Herabsetzung aller Löhne und Preise – natürlich mit dem Hintergedanken, daß die Löhne – wie schon einmal – zuerst und gründlich gesenkt werden, und daß es bei den Preisen halb so schlimm werden würde.

Jetzt verkündet sie wieder das Evangelium des Lohndrucks:

»Wenn wir notgedrungen das äußere Moratorium erklären, aber nicht gleichzeitig ausdrücklich den inneren Lebensstandard in offener Weise herabsetzen und den Sparerkredit schützen, wird das Ausland zu bereits angekündigten Repressalien, insbesondere zu dem Versuch der Beschlagnahme von Exportdevisen schreiten. Wir müssen uns selber retten.«

Wir müssen uns selber retten – das heißt, die Arbeiterschaft soll die Kapitalisten retten! Wir haben bisher noch nichts davon gehört, daß die »Deutsche Allgemeine Zeitung« die offene Herabsetzung des Lebensstandards ihrer Geldgeber gefordert hätte. Wenn der innere Lebensstandard gesenkt werden soll, so mögen die Borsig, Goldschmidt, Lahusen den Anfang machen.

Aus allen Teilen des Reiches wird gemeldet, daß Stillegungspläne und Massenentlassungen unmittelbar geplant sind. Da die Mansfeld AG mit ihrer Anmaßung, die Gewerkschaften zu einem freiwilligen Lohnabbau zu bewegen, keinen Erfolg gehabt hat, hat sie jetzt angeordnet, daß in den kupfererzeugenden Betrieben Feierschichten eingelegt werden. Der Zweck der Maßnahme soll sein, die sonst notwendigen Entlassungen wegen Absatzschwierigkeiten zu vermeiden.

Das Kaliwerk Aschersleben wird, da alle bisherigen Verhandlungen auf Weiterführung ergebnislos waren, am 1. August 570 Arbeiter und 72 Angestellte entlassen.

Lanz, Mannheim, entläßt Arbeiter und führt Kurzarbeit für drei Tage wöchentlich durch.

Die Maschinenfabrik Cron, Mannheim, entläßt alle ledigen Arbeiter.

Die Befürchtungen der Belegschaft der Chemischen Werke Lothringen über eine Stillegung der Werke scheinen nunmehr Wirklichkeit zu werden. Nachdem der Direktor Dr. Dülberg von der Hauptverwaltung der IG-Farbenindustrie in Frankfurt zurückgekehrt ist, wurde am Donnerstag der Stillegungsantrag beim Demobilmachungskommissar eingereicht. Von der Stillegung werden 434 Arbeiter und Angestellte betroffen.

Der Zusammenbruch der Danat-Bank und vieler kleiner Banken, der kapitalistische Bankrott überhaupt, wird zur Folge haben, daß neue Tausende von Bankangestellten aufs Pflaster fliegen. Es besteht sogar die Gefahr, daß die Bankangestellten nicht einmal mehr für die Dauer ihrer Kündigungsfrist ihr Gehalt bekommen und daß sie Knall und Fall entlassen werden. Die neue Notverordnung der Brüning-Regierung über die Danat-Bank sieht vor, daß die Regierung durch Ausführungsbestimmungen die Anstellungsverträge aufheben kann.

Daneben stehen der Zusammenbruch in der Versicherungsbranche Favag, Vaterländische, Rhenania und Nordstern, in der Elektrizitätsbranche die VEW (Vereinigte Elektrizitätswerke Westfalen), im Warenhausbetrieb der Karstadt-Konzern, in der Zementindustrie der Wiking-Konzern, der Linoleum-Trust usw.

Die Landesbank für die Rheinprovinz (Düsseldorf) hat ihre Zahlungen eingestellt. Die Passiven betragen 500 Millionen.

Der bekannte Großindustrielle Borsig hat nach dem Bekanntwerden der Notverordnung[50] gedroht, seinen Betrieb stillzulegen, falls ihm nicht Subventionen von Reichs wegen gegeben werden. Diese Subventionsforderungen sind bezeichnenderweise an das Reichswehrministerium weitergeleitet worden. Als Besitzer eines Rüstungsbetriebes spekulierte Herr von Borsig auf das Wohlwollen und Verständnis der Reichswehrgenerale. Er hat nicht falsch spekuliert. Ausgerechnet in einer Zeit, wo den kleinen Sparern ihre mühsam gemachten Ersparnisse von den Banken nicht ausbezahlt werden können, kann der Großindustrielle Borsig auf Wunsch der Reichswehrgenerale von der Brüning-Regierung 1,2 Millionen Subventionen ausbezahlt erhalten. Borsig braucht die 1,2 Millionen nicht zurückzuzahlen, sondern wird für diese im Laufe der nächsten Jahre Reichsbestellungen ausführen.

»Indépendance Belge« berichtet, daß nach einer Meldung aus Ostende die dort seit Freitag zwischen den beteiligten Ländern geführten Verhandlungen über die Welt-Zinkproduktion zu einem »positiven« Ergebnis geführt haben. Auf Grund dieses Abkommens werde die Weltzinkproduktion um 45 Prozent eingeschränkt werden. Für den Fall der Überschreitung der zulässigen Produktion seien schwere Geldstrafen vorgesehen. Das Abkommen gelte für ein Jahr und könne mit dreimonatiger Frist gekündigt werden. Das Abkommen sei von Deutschland, Frankreich Belgien, Polen, England, Australien, Kanada, Tschechoslowakei, Mexiko und Norwegen unterzeichnet worden.

Politisch wirken sich diese Versuche, der politischen Katastrophe Herr zu werden, so aus, daß mit antidemokratischen Mitteln, mit den Mitteln einer »legalen Diktatur« unter Ausschaltung des Reichstages, als »Notverordnung« dekretiert wird, was nach bürgerlicher Ansicht geeignet ist, die spontanen Empörungsversuche der Opfer dieser kapitalistischen Krise nicht gefährlich werden zu lassen. In einigen Ländern herrscht Versammlungsverbot für Versammlungen, deren Themen »den augenblicklichen Krisenerscheinungen« gelten.

Am 17. Juli wurde durch Notverordnung nach Art. 48 die Pressefreiheit praktisch aufgehoben.

Durch Polizeimaßnahmen werden Demonstrationen der Erwerbslosen unmöglich gemacht.

In Gelsenkirchen kam es am 16. Juli zu Straßenkämpfen und Plünderungen der Läden. Die Nationalsozialisten decken die Regierungsmaßnahmen Brünings.

Hitler erklärte am 13. Juli in der amerikanischen Zeitung »United Press« (abgedruckt in der »Deutschen Allgemeinen Zeitung«): »Mir liegt es vollkommen fern, irgendwie die Stellung Brünings in dem Kampf um die Erhaltung der deutschen Wirtschaft zu gefährden. Der Kampf Brünings ist der Kampf Deutschlands.«

Die nationalliberale Korrespondenz, das Organ der Deutschen Volkspartei, macht in einem Artikel unter der Überschrift »Das Gebot der Stunde« aufsehenerregende Vorschläge, die die Pläne eines wichtigen Teiles der deutschen Schwerindustrie kennzeichnen. Das Blatt fordert nichts weniger als: »Die Sammlung aller großen, bewußt deutschen Parteien von den Sozialdemokraten bis zu den Nationalsozialisten in einer Konzentrationsregierung zur Rettung des Vaterlandes aus schlimmster Gefahr.« (!!)

In bürgerlichen Kreisen redet man von einer Ergänzung des Reichskabinetts durch den Volksparteiler Luther, den derzeitigen Direktor der Reichsbank.

Der Allgemeine Deutsche Gewerkschaftsbund und der Afa-Bund glauben daran, daß durch Erleichterungen der vierten Notverordnung, durch die Verhandlungen mit dem Ausland und durch eine klare Stellungnahme gegen die rechtsradikalen Parteien die Krisis überwunden werden kann.

Der Vorstand der SPD hält in einem Aufruf fest, daß diese »verschärfte Krise« des Kapitalismus (an die vor kurzem sehr bedeutende Wirtschaftstheoretiker der SPD vor allem nach der Hooveraktion nicht glaubten), die Lüge von der »marxistischen Mißwirtschaft« beweise. Er nimmt an, daß die Stärkung des gemeinwirtschaftlichen Einflusses, Aufsicht des Staates über die kapitalistischen Riesenunternehmungen, Verhandlungen mit dem Ausland, vor allem mit Frankreich, uns helfen könnten.

Die Kommunistische Partei forderte die Einberufung des Reichstages (am

17. Juli mit den Stimmen der SPD abgelehnt) und brachte für den Reichstag u.a. folgende Anträge ein: 1. Alle kleinen Sparguthaben sind sicherzustellen; 2. die Auszahlung der Löhne, Gehälter und sozialen Unterstützungen sind sicherzustellen; 3. alle stillgelegten Betriebe ohne Rücksicht auf die Profitinteressen des Unternehmertums wieder zu öffnen, um dadurch die Wiederbeschäftigung der Erwerbslosen, Arbeiter und Angestellten zu ermöglichen; 4. alle zu diesem Zwecke erforderlichen Mittel durch folgende Maßnahmen aufzubringen: a) durch die entschädigungslose Enteignung aller Vermögen über 500.000 Mark und durch Heranziehung der übrigen Vermögen, soweit sie den Betrag von 3.000 Mark übersteigen, zu einer gestaffelten Vermögenssondersteuer; b) durch Einbeziehung aller Einkommen, soweit sie den Betrag von 20.000 Mark jährlich übersteigen und Erhebung einer gestaffelten Sondersteuer auf alle Vermögen über 6.000 Mark jährlich.

Nach meiner Ansicht wäre es gefährlich für den Kredit der Verantwortlichen in der sozialistischen Bewegung bei den Massen der arbeitenden und erwerbslosen Bevölkerung, wenn von ihnen – wie das leider von einem Teil der sozialdemokratischen Presse geschieht – der krampfhafte und ausweglose Versuch der internationalen Kapitalisten in Chequers, in Paris und jetzt in London hingestellt würde als eine von uns zu begrüßende, mit durch die sozialistische Internationale (MacDonald, Henderson, Léon Blum, Breitscheid, Wels) vorbereitete Maßnahme!

Die Führer der sozialistisch überzeugten, marxistisch geschulten Arbeiterklasse in allen europäischen Ländern sollten sich auf das deutlichste fernhalten von den zum Scheitern verurteilten Experimenten der kapitalistischen Internationale, und alles daran setzen, daß sie das in der nur scheinbar hoffnungsvolleren Zeit der formalen Demokratie und der Koalitionsregierungen reichlich verloren gegangene Vertrauen der Ausgebeuteten und Entrechteten nicht in noch größerem Maße verlieren, sondern voll und ganz zurückgewinnen für die Zeiten der Entscheidung, denen wir entgegengehen.

(20.) Die Woche vom 20. Juli 1931 bis 27. Juli 1931

Die in dieser Woche zu verzeichnenden Tatsachen des wirtschaftlichen und politischen Geschehens unterstreichen die Richtigkeit der von uns in der letzten Nummer gestellten Analyse der gegenwärtigen Lage. Wir treiben mit unheimlicher Geschwindigkeit dem Fiasko der kapitalistischen Wirtschaft entgegen. Die politischen Wortführer der großen Nationen, die uns in diesem kritischen Stadium des kapitalistischen Selbsterhaltungskampfes, um ein Wort Sombarts zu gebrauchen, wie »Hampelmänner der Wirtschaftsführer«

vorkommen, haben umsonst in London miteinander konferiert.[51] »Empfänge auf dem Bahnsteig«, »Frühstücksbesprechungen«, »Konferenzen«, »Kommuniqués«, »Einstimmige Beschlüsse«, die nichts oder wenig sagen und zu noch weniger verpflichten, bilden die Etappen des Verlaufs dieser Zusammenkünfte. »Auf Wiedersehen, Herr Brüning, in Paris« – Schluß! Ergebnis: »Die Siebenmächtekonferenz erklärt:

»Die auf der Konferenz vertretenen Regierungen sind bereit, folgende Vorschläge zur Erleichterung der unmittelbaren Lage anzuempfehlen (!):

1. daß der Zentralbank-Kredit von 100 Millionen Dollar, der vor kurzem der Reichsbank unter den Auspizien der Bank für internationale Zahlungen gewährt wurde, bei seiner Fälligkeit auf einen Zeitraum von drei Monaten erneuert wird;

2. daß gemeinsame Maßnahmen von den Finanzinstituten in den verschiedenen Ländern zwecks Aufrechterhaltung des Umfanges der Kredite getroffen werden, die sie bereits Deutschland gewährt haben.«

Die Wirklichkeit: Frankreich beginnt zwei Tage später mit dem Abzug seines Goldes aus der englischen Wirtschaft – 40 Millionen Pfund sind bereits abgerufen – England muß die Deutschland gewährten Kredite kündigen und zurückziehen – das ganze nennt man »internationales Stillhaltekonsortium« zur »Rettung Deutschlands«, versteht sich.

Die »Vossische Zeitung«[52] charakterisiert am 24. Juli das Ergebnis von London folgendermaßen: »Brüning hat sich mit leerem Portemonnaie auf die Reise gemacht, um es in London zu füllen, und bringt es leer wieder zurück.«

Es ist möglich, daß die »Siebenmächte«, deren politische Vertreter sich in diesen Wochen Besuche machen und zu machen versprachen zum Austausch »irgendeines Gedankens, der zur Entspannung führen kann« (wie Frankreichs Ministerpräsident mit »herzlichem Händedruck« zu Herrn Brüning meinte), wirklich noch einen Gedanken bekommen könnten. Vielleicht werden sie dann, wenn sie die sekundäre Bedeutung des gegenwärtigen Finanz- und Kreditstreites begriffen haben, und zur eigentlichen Krisenquelle, zur Reorganisation der Produktion und des Konsums, vorstoßen, aus Angst vor dem »Bolschewismus« zu einem »Fünfjahresplan« kapitalistischer Observanz kommen, um dessen willen die einzelnen Partner zähneknirschend auf »todsichere Chancen« und auf die Geschäfte der internationalen »freien Wirtschaft« verzichten würden – auf kurze Zeit.

Da die Motive der kapitalistischen Wirtschaftssystematik jeder, selbst von der Vernunft geforderten, planmäßigen Wirtschaftsgestaltung entgegengesetzt sind, ist dieser Versuch der internationalen kapitalistischen Planwirtschaft zum Scheitern verurteilt. Die Sicherung der Profitrate für das Privateigentum an den Produktionsmitteln müßte auch dem international organisierten

Kapitalismus das zentrale Anliegen sein. Nicht nur jede Nation, sondern jeder internationale Wirtschaftszweig würde den größtmöglichen Teil des Gewinns für sich sichern wollen. An die Stelle der gruppenmäßig national gebundenen Konkurrenz würde die international gruppenmäßige Konkurrenz treten. Der Streit um die Führung der internationalen Produktion, um die Verteilung der Absatzgebiete, vor allem die Teilung des erzwungenen Profits, würden das Fiasko des Kapitalismus besiegeln, eine Serie von Kriegen wäre die direkte Folge und das Ende die Auslösung der Weltrevolution. Das Proletariat aller Länder, auch der heute »kapital starken« Länder, würde die durch den kapitalistischen »Fünfjahresplan«, und die durch ihn notwendig gewordenen Rationalisierungs- und Stillegungsmethoden ins Unerträgliche gesteigerte Not nicht mehr zu tragen imstande sein.

Das sehen die Klügeren unter den Kapitalisten auch, daß die von der Vernunft und aus der Praxis zwangsläufig geforderte Planwirtschaft keine kapitalistische Planwirtschaft bleiben kann, daß nur der radikale Verzicht auf jeden Profit, die Ausschaltung der Konkurrenz, die planmäßige Bedarfsdeckung und Arbeitszeiteinschränkung die Grundpfeiler einer Gemeinwirtschaft sein können.

Der Verzicht auf die Profitrate aber ist eben der tödliche Stoß nach dem Herzen des Kapitalismus – er setzt die Enteignung und zwar die entschädigungslose Enteignung der besitzenden Klasse voraus, die Überführung der Produktionsmittel, des Grund und Bodens, der Fabriken und Verkehrsmittel usw. aus dem Privatbesitz in den Besitz der im Staat organisierten Volksgesamtheit.

Die Kapitalisten der Welt sind nicht gewillt, ihr eigenes Grab zu schaufeln, darum werden sie an diesen »Fünfjahresplan« nicht herangehen, nicht heran wollen – vielleicht müssen sie es doch. Sie werden vielmehr versuchen, die national eingedämmte Form des kapitalistischen Systems systematisch aufzubauen. Die Sicherung der amerikanischen nationalen »prosperity« ist es, die Hoover zu seiner »Deutschland rettenden Aktion« veranlaßte. Die Obligationen in den USA hatten im Jahre 1926 noch mindestens 4 Prozent Zinsen gebracht – die Kapitalsüberschwemmung Amerikas ließ aber 1930 nur noch eine 3prozentige Verzinsung zu und heute spricht man von einer kaum 2prozentigen Rate für diese sichersten Werte des Kapitalmarktes. So sieht die »Friedenstaube« Hoover aus – Angst vor der Arbeitslosigkeit Amerikas, Sicherung einer Profitmöglichkeit in einem noch Luft schnappenden Deutschland haben ihn zu seinem »menschenfreundlichen Verzicht« veranlaßt. Die kapitalistische Presse hat sich redlich Mühe gegeben, das kleinbürgerliche Sentimentalitätsbedürfnis zur Tarnung dieser kapitalistischen Sanierungsunternehmungen auszunützen. Frankreich holt sein Gold ins Land, England konsolidiert seine Finanzen – und Deutschland wird »aus eigener Kraft« sich, d.h. den nationalen Kapitalismus, restaurieren. Hier sind die objektiven, die zwangsläufig immer breiter werdenden Berührungsflächen zwischen der kapitalistisch-bürgerlichen Regierung Brüning und der »nationalen Opposition« Hugenberg-Hitler-Seldte.

Das Telegramm nach London, das alle »internationalen Abmachungen als für die nationale Opposition untragbar« bezeichnete, gehört hierzu. »Klare Rechtsregierung oder Bolschewismus«, heißt es in dem Aufruf Hugenbergs, den er im »Tag« veröffentlichte. Die deutschnationale Reichstagsfraktion protestierte gegen die »marxistischen Einflüsse«(!!) auf die Regierung Brüning und den Versuch, ausländischen Kredit zur Sanierung aufzunehmen.

An die amerikanische Presse kabelt Hugenberg: »Es gibt nur ein Entweder-Oder. Entweder eine starke, von den gesunden nationalen Kräften des Volkes getragene Regierung oder Bolschewismus. Der Bolschewismus aber ist eine Pest, die an den Grenzen Deutschlands nicht Halt macht.« »Wir begrüßen den entschlossenen Schritt Hoovers, weil er die Reparationsfrage anfaßt.« »Am Ende des Hooverplanes muß die Revision der Reparationszahlungen stehen. Weil Deutschland die privat aufgenommenen Schulden anerkennen will, deshalb muß es von den politischen Schulden befreit werden.«

Preisfrage: Wodurch unterscheidet sich die »nationale Opposition« von der Politik Stresemann-Curtius-Brüning? Noch deutlicher wird die Vorbereitung der faschistisch-bürgerlichen Front zur Rettung des nationalen Kapitalismus durch einen Aufruf der rheinisch-westfälischen Schwerindustrie, des »Vereins zur Wahrung der gemeinsamen wirtschaftlichen Interessen in Rheinland und Westfalen« in der nationalsozialistischen »Nationalzeitung« vom 19. Juli. Dort heißt es: »Es ist nicht wahr, daß das private Unternehmertum nach Rettung durch den Staat und nach der Hilfe des Auslandes ruft. Wahr ist es und in dem Aufruf der Sozialdemokratie nachzulesen, daß diese der Privatwirtschaft böswillig unterstellten Forderungen ein immer wiederkehrender Programmpunkt der Sozialdemokratie selbst sind. Nur der entschlossene, von staatssozialistischen Hemmnissen befreite Einsatz der eigenen Kraftreserven kann die Wirtschaft aus der Not der Gegenwart herausführen.«

Die »legale« NSDAP, die, wie sich bei dem am 22. Juli stattgehabten Landfriedensbruchprozeß in München herausstellte, auf den Postämtern, wo sie unter den Beamten über Anhänger verfügt, sogenannte SA-Beobachter eingerichtet hat, und im Geheimen die Bewaffnung ihrer SA durchführt, soll also den ideologischen und physischen Schutz für die praktischen Versuche der nationalen Reorganisation des deutschen Kapitalismus sein. Wie aber sehen die Maßnahmen zur Rettung »aus eigener Kraft« aus?

Zwangsmaßnahmen zur Erhöhung und zum Eintreiben der Steuern. Weitere Kreditverknappung, mindestens 15 Prozent Reichsbankdiskont, Gründung der »Akzept- und Garantiebank«, einer »Garantiegemeinschaft« der Großbanken unter »Reichsbürgschaft« – das Reich beteiligt sich mit 80 Millionen(!) zur besseren Konsolidierung der Reichsbanknotengrundlage – (also ein Schritt zu der von den Nazis längst geforderten kapitalistisch-nationalen Zentralisation des Kredit- und Finanzwesens – allerdings mit Juden). Man wird auch nicht davor zurückschrecken, die Reichsbank direkt zum zentralen Kreditinstitut zu machen unter eindeutig kapitalistisch-schwerindustrieller Führung.

Was wird zum Wohle der Massen unternommen? Die »Deutsche Bergwerkszeitung«[53] vom 24. Juli gibt folgende Antwort: »Es gibt nur ein Ziel: jeglichen kostspieligen Leerlauf der Verwaltung auszuschalten, den gesamten öffentlichen Haushalt Deutschlands in kürzester Zeit auf 12 bis 15 Milliarden herabzudrücken. Dabei darf vor verfassungsmäßig garantierten »Rechten« nicht haltgemacht werden. England kommt ohne geschriebene Verfassung aus. Ist sie überhaupt notwendig, besteht die deutsche nicht nur aus schönen Versprechungen, von denen die Wirklichkeit immer weiter abrückt, deren Einlösung mehr denn je zweifelhaft ist«.

Also: Rücksichtsloser Lohnabbau, Herabsetzung der Arbeitslosenbezüge, der Fürsorgeunterstützung, erneute Rationalisierung der zur nationalen Konzentration gezwungenen Wirtschaftszweige, mit einem Wort, eine grauenhafte Verschlimmerung der Notlage des Proletariats, eine Stabilisierung des proletarischen Massenelends zur »Rettung der nationalen Wirtschaft«.

Der verzweifelte Versuch der Rettung »aus eigener Kraft«, das heißt, der Sanierung der Wirtschaft durch die Mobilisierung der nationalistisch-kapitalistischen Instinkte und Kräfte wird noch viel schneller als der ausweglose nationale Versuch zusammenbrechen.

Es gibt nur einen Weg zur Rettung: Die sozialistische Ordnung.

Die krampfhaften Anstrengungen des Kapitalismus, dem Verhängnis zu entgehen, werden nichts nutzen. Es macht nichts aus, ob noch einige Jahre solcher Experimente folgen und dann das Ende.

Wir haben als Sozialisten die Pflicht, es muß immer wieder gesagt werden, uns aus der politischen Konkursmasse des Kapitalismus und des Bürgertums herauszuhalten, sachlich und nüchtern uns vorzubereiten auf die Übernahme der wirtschaftlichen Verantwortung und der politischen Macht im Gegensatz zu Brüning und seinen möglichen Nachfolgern.

Der Ernst der Situation wird durch folgende Zeitungsnachrichten gekennzeichnet:

Der »Badische Beobachter« (Zentrum) schreibt am 24. Juli: »Es ist nicht unbekannt, daß die Sturmabteilungen der Nationalsozialisten im gegenwärtigen Augenblick besondere Rührigkeit entfalten, daß Nachtmärsche, geheime Zusammenkünfte stattfinden, daß Generalappelle mit ganz bestimmter Tendenz abgehalten werden, und es ist ebenso offenbar, daß sowohl Kommunisten wie Nationalsozialisten Aufmarschpläne fixiert haben, daß also, um es ganz rund heraus zu sagen, die technischen Vorbereitungen zur Übernahme der Macht, vielleicht ist es noch deutlicher, wenn man sagt, zum Bürgerkrieg bis in die Einzelheiten hinein festgelegt sind.«

Die amtliche Zeitung der Faschistischen Partei für Sizilien veröffentlicht einen Artikel gegen den Vatikan, in dem das Folgende erklärt wird: »An einem absurden Beispiel wollen wir das Maß unserer blinden Ergebenheit beweisen: Wenn der Duce uns befehlen würde, sämtliche Bischöfe zu erschießen, so würden wir auch nicht einen Augenblick zaudern. Sollte sich zufällig in unseren Reihen der eine oder der andere finden, der nicht von diesem Schlage ist, dann mag ihn der Papst nur zu sich nehmen.«

In der Wiener »Freien Neuen Presse« schreibt Lloyd George, der Führer der englischen Liberalen, unter anderem folgendes: »Sollte einem Zusammenbruch Deutschlands noch ein böser Winter mit Arbeitslosigkeit und Bankrott folgen, dann könnte das Land in die Fänge des Kommunismus geraten und Österreich würde unweigerlich folgen. Ich kann mir für Europa, ja für die ganze Welt keine schlimmere Gefahr denken, als ein großes kommunistisches Staatswesen in Mitteleuropa, das von einem der intelligentesten und diszipliniertesten Völker der Welt geleitet und aufrechterhalten wird. Hand in Hand mit Deutschland und unter Führung deutscher Köpfe würde die Bedeutung der russischen Revolution um das Hundertfache wachsen. Rußland hat unerschöpfliche Hilfsmittel in seinem Boden und in seinen ungeheuren und lebenskräftigen Volksmassen. Deutschland wieder besitzt genug Erfahrung, Fähigkeit und Geschick, um den natürlichen Reichtum Rußlands auszubeuten. Beide Länder zusammen würden eine machtvolle Kombination ergeben, und so wäre es für alle Nationen ratsam, zur Abwendung eines solchen katastrophalen Bündnisses die größten Opfer zu bringen.«

Tatsachen

Nach dem Bericht der Reichsanstalt für die Zeit vom 1. bis 15. Juli 1931 ist die Entlastung des Arbeitsmarktes, da Landwirtschaft und sonstige Außenberufe in dieser Jahreszeit keine Arbeitskräfte in größerem Umfange mehr anzufordern pflegen, in der ersten Hälfte des Juli zum Stillstand gelangt.

Die Zahl der bei den Arbeitsämtern gezählten Arbeitslosen war am 15. Juli mit rund 3.956.000 fast ebenso hoch wie Ende Juni.

Die Zahl der Arbeitslosen in England betrug am 13. Juli 2.642.000. Dies bedeutet eine Zunahme von 8.400 gegenüber der Vorwoche und von 700.823 im Vergleich zu derselben Zeit des Vorjahres.

Ende Juni waren im Ruhrbergbau 92.000 Bergarbeiter, gleich ein Drittel der

Gesamtzahl der im Ruhrbergbau beschäftigten Arbeiter, erwerbslos. 400 Entlassungen bei NSU! Damit hat sich die Belegschaft von 4 1/2 Tausend vor einigen Jahren auf zirka 1.000 Mann vermindert. Trotz jahrelanger Kurzarbeit will die Firma nächsten Monat drei Wochen schließen. Bei Wiedereröffnung sollen weitere Massenentlassungen erfolgen.

Die Dillinger Hütte sperrt 5.000 Arbeiter aus, weil sie sich eine Akkordlohnkürzung nicht gefallen ließen.

Aus den verschiedensten Gegenden Deutschlands gehen täglich die Nachrichten von Betriebseinengungen und Stillegungen durch die Presse.

Die dem Thyssenkonzern nahestehende Bremer Vulkan-Schiffsbau- und Maschinenfabrik in Vegesack kann aber eine Rekorddividende verteilen. Aus einem Reingewinn von 870.000 Mark (im Vorjahre 930.000 Mark) werden 8 Prozent verteilt!!

Frankreich

Der Streik der nordfranzösischen Textilarbeiter dauert nun schon die 10. Woche an. Nicht einmal 10 Prozent der im Kampfgebiet des Streiks liegenden Betriebe können die Produktion weiterführen.

Schweden

Der Verband schwedischer Zellulosen-Unternehmer gibt bekannt, daß ein definitives Übereinkommen der Zellulosen-Industriellen von Schweden, Finnland, Norwegen, Deutschland, Litauen, Österreich und der Tschechoslowakei über eine nochmalige Einschränkung der Produktion getroffen worden ist. Die genannten Unternehmerverbände hatten schon im vergangenen Herbst beschlossen, die Produktion in der Zeit von Oktober 1930 bis Dezember 1931 um 15 Prozent herabzusetzen. Da sich diese Herabsetzung als ungenügend erwies, wurde beschlossen, die Produktion ab 1. Juli dieses Jahres um weitere 15 Prozent herabzusetzen. Für Schweden mit seiner riesigen Zellulosen-Industrie bedeutet der obengenannte Beschluß eine erhebliche Zunahme der schon vorher großen Arbeitslosigkeit.

Norwegen

Die Unternehmer der Papierindustrie wollten den Ablauf des Tarifvertrages am 1. April zur Senkung der Löhne benützen. Die Arbeiterschaft trat in den Streik, und es kam zu Unruhen, die stellenweise militärischen Schutz erforderlich machten. Als die Arbeiter anderer Industriezweige einen Sympathiestreik eröffneten, antwortete der Arbeitgeberverband mit einer Aussperrung. Obwohl nicht alle Unternehmer sich angeschlossen haben, sind durch den Konflikt doch 80.000 bis 90.000 Arbeiter freigesetzt, also etwa der dritte Teil der überhaupt in der Industrie beschäftigten Personen. Daneben besteht eine reguläre Arbeitslosigkeit von zurzeit 23.000 Köpfen.

Amerika
Die Weizenpreise sind tiefer gesunken, als sie jemals seit der Organisierung der Getreidebörse im Jahre 1848 standen. Der Durchschnittspreis des Weizens im Juli dieses Jahres steht etwas unter 50 Cent je Bushel gegenüber 88 Cent im Vorjahre. Unter den Farmern der Südweststaaten verstärkt sich die Bewegung für die Forderung eines Moratoriums für die der Landwirtschaft von den Banken und den Industriezweigen, die die Landwirtschaft beliefern, gewährten Kredite. Im Staate Oklahoma ernten viele Farmer den Weizen nicht ab, da man ihnen nur 25 Cent für den Bushel zahlt.

Spanien
In Andalusien dauern die anarchistisch-kommunistischen Unruhen an – schwere Zusammenstöße der Aufständischen mit Polizei und Gendarmerie. Auf einem Platz in Sevilla wurden am 22. Juli patrouillierende Soldaten von Streikenden beschossen, die teils auf Hausdächern postiert waren. Die Truppen antworteten zuletzt mit Maschinengewehrfeuer und verwundeten etwa 15 Personen. Es heißt auch, daß drei Personen getötet wurden. Die Sevillaner Bevölkerung ist durch diese revolutionären Vorgänge, deren Ende nicht abzusehen ist, außerordentlich beunruhigt. In Barcelona brachten streikende Syndikalisten als Sabotageakt gegen die Telefongesellschaft eine starke Bombe zur Explosion, die das Pflaster aufriß und 1.500 Telefonleitungen außer Betrieb setzte.

Die Regierung bereitet ein Gesetz zum Schutz der Republik vor, das hauptsächlich ein Streikgesetz darstellt. Jeder Streik, der nicht zehn Tage vorher vorschriftsmäßig angemeldet wurde, gilt für ungesetzlich. Eine Enteignung sämtlicher Latifundien ist geplant. Güter über 100 Hektar werden als Latifundien angesehen. Die im einzelnen noch nicht genau feststehende, tief einschneidende Agrarreform, deren Ankündigung die betreffenden Gutsbesitzer aufs äußerste erregt, soll schon im nächsten Monat durchgeführt werden. Im ersten Jahr sollen 60.000 bis 75.000 Familien auf den parzellierten Ländereien, die in den Besitz des Staates oder der Ländereien übergehen, angesiedelt werden.

Chile
Die Studentenschaft und ihre Anhänger, die in Santiago de Chile bei den Zusammenstößen mit der Polizei in der Nacht vom 13. auf 14. Juli 500 Verwundete hatten, blieben während des Tages in der Universität verbarrikadiert. Die Behörden versuchen, mit den revolutionären Hochschülern zu verhandeln. Die Studenten, die den Rücktritt des Präsidenten Ibanez verlangen, erklärten, daß sie nicht nachgeben, sondern eher sterben würden. Präsident Ibanez hat die Regierungsgewalt einer Militärdiktatur übertragen. Dem Kabinett sind unbeschränkte Vollmachten zur Niederkämpfung der revolutio-

nären Bewegungen übertragen worden. Zwischen der Polizei und den Studenten, die die Absetzung des Präsidenten Ibanez fordern, ist es zu einem heftigen Zusammenstoß gekommen. Die Polizei machte von der Schusswaffe Gebrauch und die Studenten erwiderten das Feuer. Zwei Personen wurden getötet, mehrere verletzt.

Die Arbeiterinternationale

Im großen Konzerthaussaal Wien wurde am 25. Juli nachmittags der 4. Kongreß der sozialistischen Arbeiterinternationale feierlich eröffnet. Der Vorsitzende, Emil Vandervelde, sagte in der Begrüßungsrede, die Sozialisten erneuern die Forderungen, die sie bereits auf dem Hamburger Kongreß aufgestellt haben:

1. Beschränkung der Reparationen auf die direkten, der Zivilbevölkerung zugefügten Schäden,
2. Streichung der darüber hinausgehenden Kriegsschulden,
3. möglichst rasche Beendigung der militärischen Okkupationen,
4. Abrüstung.

In allen diesen vier Punkten hätten die bürgerlichen Regierungen zunächst den Kampf in entgegengesetzter Richtung eingeschlagen und später allmählich diese Forderungen erfüllt. Aber was immer geschehen sei, bedeute es doch nur wenig, angesichts der ernsten Probleme, die gestellt seien. Die Rüstungslasten stünden in schreiendem Mißverhältnis zwischen der militärischen Macht der Sieger und der Besiegten. Die Internationale sei unbeugsam entschlossen, alles ins Werk zu setzen, um der Politik der Rüstungen, der Militärbündnisse der feindlichen Mächtegruppierungen ein Ende zu bereiten.

Falls aber der Krieg dennoch ausbrechen sollte, dann müßten die kapitalistischen Regierungen wissen, daß die sozialistische Internationale ihre Kräfte gegen diejenigen vereinigen werde, die den Weltfrieden gestört haben, daß der Krieg durch den Bürgerkrieg beendet und aus diesem Krieg die Revolution hervorbrechen würde.

(21.) Die Woche vom 28. Juli 1931 bis 3. August 1931

Keine Entspannung der Lage – Nationalkapitalismus – Faschisierung der Wirtschaft – Staatsbanken – Devisen-Notverordnung – Pläne der Reichsregierung – Zweite Internationale – Volksentscheid – Ausland

Die nächsten 14 Tage werden darüber entscheiden, ob die von der Reichsregierung unternommenen Versuche zur »Gesundung« der kapitalistischen Wirtschaft etwas nützen werden oder nicht.

Nach meiner Überzeugung werden die Verhältnisse nicht erleichtert und nicht entspannt, sondern verschlimmert werden.

Was wir zur Zeit erleben, ist die nationale Konzentration des Kapitalismus, der mit den organisatorischen und später auch den machtpolitischen Mitteln des Staates die Interessen der besitzenden Schichten sicherstellen will. Wir befinden uns auf dem Weg zum
Staatskapitalismus,
und es ist nur noch eine Frage der Zeit, bis sowohl die politische Führung im Reich und in den Ländern als auch die »Verzweckmäßigung« der Weimarer Verlegenheitsverfassung diesem Entwicklungsprozeß des Privatkapitalismus angeglichen sein wird, bis die politischen Herolde und Schutztruppen des Nationalkapitalismus, die Nationalsozialisten, über den Schemel der übrigen »nationalen Opposition« sich neben die eigentlichen Nutznießer dieser »Reorganisation der deutschen Wirtschaft«, neben die Vertreter der Deutschen Volkspartei in die Ministersessel gesetzt haben.

Es ist interessant, die Zusammenarbeit zwischen der Reichsregierung und den »Führern des Wirtschaftslebens« zu verfolgen, zu begreifen, warum und wie die Geburt des Nationalkapitalismus sich in diesen Wochen vollzieht. Besseres Anschauungsmaterial für die Richtigkeit der marxistischen Theorien über die Entwicklung des Kapitalismus kann man sich überhaupt nicht wünschen.

Die ungehemmte privatkapitalistische Planlosigkeit der allein durch die Profitmöglichkeiten vorwärtsgehetzten Produktion hat sich in den immer neuen Krisen der letzten zehn Jahre geäußert.

Kriegswirtschaft, Inflation, Rationalisierung, Subventionierung aus Steuermitteln, Konzentration der Produktion in Trusts, Kartellen, Syndikaten, Querorganisationen der einzelnen Produktionszweige vom Rohstoff bis zur Fertigware, internationale Absatzregelung, Sicherung einer konstanten Produktionsquote durch Durchschnittsprofitrate, gedehnte, langfristige internationale Privatkredite, das waren die bisherigen Mittel zur Überwindung der sich von Jahr zu Jahr steigernden Krisen des Kapitalismus.

Die Krisen wurden aber trotzdem, ja vielleicht gerade durch die durchgeführten, sich aus der privatwirtschaftlichen Zwangsläufigkeit ergebenden Maßnahmen nicht überwunden, sie wurden noch größer und zwar im internationalen Maßstabe. Es begann daher die Ära der internationalen staatlichen politischen Versuche zur Rettung des bedrohten Profits. Nicht mehr die Internationale der Privatunternehmer verhandelte miteinander, die »Regierungen« wurden viel offener als früher nicht nur zu Beschützern der kapitalistischen Wirtschaftsordnung, sie wurden die Träger der kapitalistischen Sanierungsversuche.

Natürlich, »im Interesse des notleidenden Volkes«, des »Vaterlandes«, jedes Vaterlandes, Amerikas so gut wie Frankreichs und Englands!!

Deutsch-österreichische Zollunion – Briands »Paneuropa« – die Einschaltung Amerikas durch die »Hoover-Aktion« – Chequers – Paris – London – Berlin – Rom – das sind die vorbereitenden Etappen zu der neuesten Sanierungsaktion des internationalen Kapitalismus.

Die internationale Rettung des Kapitalismus aber setzt voraus eine normal funktionierende, planmäßig geleitete, straff organisierte und rationalisierte Form der nationalen Kapitalismen. Wer zuerst die zweckmäßigste und technisch reibungsloseste Form der »Nationalwirtschaft« gefunden und durchgeführt haben wird, wird die bedeutungsvollste Rolle in der Zeit der internationalen kapitalistischen »Planwirtschaft« spielen.

Diese Faschisierung der kapitalistischen Wirtschaft[54], das heißt, diese Konzentration der Wirtschaftskräfte, diese Rationalisierung von Staats wegen durch Notverordnungen hat bei uns in unerhörtem Tempo bereits eingesetzt. Die schon vor sechs und sieben Jahren erlassenen Dekrete Mussolinis sind zwar anders formuliert, dienen aber demselben Zweck. Der Unterschied ist nur der, daß eine »bürgerliche Regierung« mit der Duldung der Sozialisten in Deutschland die Geschäfte des kapitalistischen Faschismus besorgt, schon bevor er seinen Marsch auf Berlin angetreten und die politische Macht übernommen hat.

Die Reichsmaßnahmen zur Indienststellung der Nation für den Kapitalismus aber sind folgende: Sanierung und Bürgschaftsübernahme der Danat-Bank. Die Führung der diese Woche illiquiden Dresdner Bank durch den Ankauf von 300 Millionen Mark Aktien aus Reichsmitteln! Der Industrie wurden aus Reichsmitteln 43 Millionen zum Ankauf von Danat-Bankaktien auf »fünf Jahre vorgeschossen«, natürlich um dadurch die Reihe der Danat-Pleiten in der Industrie abzufangen auf Kosten der Steuerzahler. Im Freistaat Sachsen haben sich die Allgemeine Deutsche Creditanstalt AG in Leipzig und die Sächsische Staatsbank am Dienstag zu einem einheitlichen Mitteldeutschen Kredit-Institut zusammengeschlossen. Der Beitritt weiterer Banken, und zwar hauptsächlich solcher Institute, auf die die Allgemeine Deutsche Creditanstalt schon jetzt maßgebenden Einfluß hat, steht bevor. Für die gesamten Verbindlichkeiten der nunmehr vereinigten Institute hat der Sächsische Staat die volle Haftung übernommen.

Die Landesbank der Rheinprovinz, das Rückgrat der rheinischen Kommunen (Unterstützungen, Löhne usw.) steht vor dem Bankrott und ist vom Reich vorerst durch eine Millionensubvention gestützt worden.

Der Bremer Staat beteiligt sich maßgebend an der »Reorganisation« der in der Werftindustrie und Schifffahrt führenden zusammengebrochenen Privatbank S. F. Schröder.

Ihre Zahlungen eingestellt haben: Jakob Isaak Weiller, Söhne, Frankfurt a.M., eine der ältesten Banken Deutschlands. Der Inhaber, Emil Weiller, hat sich mit Veronal vergiftet. Bankhaus A. Hirte, Kommanditgesellschaft in Berlin. Beamtenbank in Bremen G.m.b.H. am 23. Juli, der viele kleine Beamten ihre geringen Ersparnisse anvertraut haben. Ruederer und Lang, München, am 24. Juli, bei der etwa 3.000 kleine Sparer ihre mühsam ersparten Groschen liegen haben.

Inzwischen ist zur Festigung des Kerns, um den die Staatsbankfusion sich ankristallisieren soll, die Verordnung über die Devisenbewirtschaftung am 2. August herausgekommen. Die wichtigsten Bestimmungen: Ausländische Zahlungsmittel und Forderungen in ausländischer Währung dürfen gegen inländische Zahlungsmittel nur von der Reichsbank oder durch ihre Vermittlung erworben und nur durch ihre Vermittlung veräußert werden. Ausländische Wertpapiere, die nicht an einer Börse zum Handel zugelassen sind, dürfen entgeltlich nur mit schriftlicher Genehmigung der Stelle für Devisenbewirtschaftung erworben werden. Nur mit schriftlicher Genehmigung der Stelle für Devisenbeschaffung dürfen auch Kredite, die auf Reichsmark oder Goldmark lauten, Personen eingeräumt werden, die im Ausland oder Saargebiet ansässig sind. Zahlungsmittel und Wertpapiere dürfen nur mit schriftlicher Genehmigung der Stelle für Devisenbewirtschaftung ins Ausland oder ins Saargebiet versandt oder überbracht werden. Die Durchführung von Vereinbarungen, die von Gruppen ausländischer Gläubiger und inländischer Schuldner mit Zustimmung der Reichsbank über die Behandlung der zwischen den Mitgliedern dieser Gruppen bestehenden Verbindlichkeiten getroffen werden, werden von der Reichsbank oder von Stellen, die sie bestimmt, überwacht. Ausländische Zahlungsmittel und Forderungen in ausländischer Währung, für die eine amtliche Notierung an der Berliner Börse erfolgt, dürfen gegen inländische Zahlungsmittel zu keinem höheren als dem letztbekannten amtlichen an der Berliner Börse notierten Briefkurs erworben oder abgesetzt werden. Stellen für Devisenbewirtschaftung sind die Landesfinanzämter. Sie treffen ihre Maßnahmen und Entscheidungen nach Richtlinien, die der Reichswirtschaftsminister im Einvernehmen mit dem Reichsminister der Finanzen und dem Reichsminister für Ernährung und Landwirtschaft aufstellt.

Mit Gefängnis oder in besonders schweren Fällen mit Zuchthaus bis zu zehn Jahren sowie mit Geldstrafe bis zum zehnfachen Wert der Zahlungsmittel, der Forderungen in ausländischer Währung, der Wertpapiere oder Edelmetalle, auf die sich die strafbare Handlung bezieht, wird bestraft, wer vorsätzlich ausländische Zahlungsmittel oder Forderungen in ausländischer

Währung gegen inländische Zahlungsmittel erwirbt oder veräußert.

Es gibt aber scheinbar gar keine Devisenschiebungen in Deutschland. Kriminalrat Vorwerk, der Leiter des Sonderdezernats zur Bekämpfung des Devisenschleichhandels, hat beim Polizeipräsidium den Antrag gestellt, das Dezernat zum 1. August aufzulösen.

Vorwerk begründet seinen Antrag damit, daß alle Streifen auf Devisenschieber ergebnislos geblieben sind!! (Das Sonderdezernat hat in seiner Tätigkeit, die am 16. Juli nachmittags begann, bis heute keine einzige Verhaftung vorgenommen.)

Die Devisenordnung ist unter anderem eine Sperrmaßnahme gegen den Abzug ausländischer Kredite, eigentlich eine Kampfmaßnahme des Nationalkapitalismus gegen das Ausland, da das »Stillhaltekonsortium« nicht richtig funktioniert.

Eine Reihe großer und wichtiger Banken sind in äußersten Schwierigkeiten.

Die Veröffentlichung einer Notverordnung des Reichspräsidenten über die Bankreform steht nahe bevor.

Der wichtigste Inhalt dieser Reform wird die Einführung der Staatsaufsicht über die Privatbanken sein.

Ob diese Aufsicht durch einen besonderen Reichskommissar geübt oder ob sie dem Reichsbankpräsidenten übertragen werden wird, ist noch nicht entschieden.

Den innerdeutschen Zahlungsverkehr beschleunigen soll die Heraufsetzung des Reichsbankdiskonts auf 15 und des Lombardsatzes (Diskont für Kredit auf Effekten- oder Warenverpfändung) auf 20 Prozent.

Die dadurch bedingte Krediteinengung hat die direkte Restriktion des Kredits unnötig gemacht, wird aber zur weiteren Stillegung vieler Mittel- und Kleinbetriebe führen, zu einer Verschärfung der Arbeitslosennot.

Reichsminister Dietrich hat am 29. Juli an die Präsidenten der Landesfinanzämter ein Schreiben gerichtet, in dem er auf die volkswirtschaftliche Notwendigkeit hinweist, daß die seit dem 13. Juli in erschreckendem Maße zurückgegangenen Steuerzahlungen nunmehr rechtzeitig und vollständig eingehen. Es wird angeordnet, daß durch die Finanzamtsvorsteher sofort folgende Maßnahmen erlassen werden: 1. Beschleunigte Feststellung der Rückstände. 2. Beschleunigte Durchführung des Nachnahme- und Mahnverfahrens. 3. Beschleunigte Durchführung der Beitreibung.

Alle diese Maßnahmen sollen möglichst bald wieder »normale kapitalistische Zustände in Deutschland« herbeiführen, damit bei den Beratungen des Zentralrats der BIZ (Internationale Zahlungsbank) in Basel in diesen Tagen Deutschland als »zuverlässiger« Partner auftreten kann. Die nationalkapitalistischen Versuche nützen nämlich nichts, wenn nicht zugleich die kurzfristigen Auslandsanleihen langfristig gemacht werden können, neue Kredite vermittelt und die Revision der Youngtribute in Angriff genommen werden kann.

Die kapitalistische »Zuverlässigkeit« Deutschlands und die Neuregelung seines Kreditwesens kann nur erreicht werden, wenn die Produktion die Industrie mitfaschisiert.

Man redet bereits von einer Auflockerung der Lohntarife, von einer »Zusammenfassung« der Arbeitgeber- und Arbeitnehmerverbände in »Arbeitsgemeinschaften«, von einer Verminderung der Ausgaben für Sozialpolitik.

Wenn das alles durch Notverordnungen gemacht oder durch die nationalistisch-kapitalistische Mehrheit des Reichstags angenommen wird, dann haben wir auf legalen Wegen den Nationalfaschismus, das politische Instrument des Nationalkapitalismus, haben wir die »Sozialpolitik«, die Verwaltung, die »Syndikate« Mussolinis – von der Republik zur Diktatur ist dann nur noch eine Viertelstunde Wegs.

Die demokratische Interessenvertretung der hoffnungslosen liberalen Privatkapitalisten erhebt ihr Stimmchen gegen diese »Zwangswirtschaft« des Kapitalismus. Die Klügsten unter den Befürwortern dieser begonnenen Politik der Zentralisation begreifen, daß wenn die durchgeführten und beabsichtigten Maßnahmen nicht die Stabilisierung des Kapitalismus bedeuten, das Ende der Sozialismus sein wird, sein muß – der aus dem Chaos der Profitwirtschaft mit Blut und Tränen das Neue zu bauen berufen ist.

Ich bin nach wie vor der Überzeugung, daß die krampfhaften Versuche der Kapitalisten nur zu einer furchtbaren Verschlimmerung der Situation für die Massen der werktätigen Bevölkerung führen können.

Im besten Falle kann es sich um einen Aufschub der Katastrophe handeln, den die Raffinierten unter den Kapitalisten dazu benützen werden, sich selbst noch zu sanieren, trotz aller Gesetze und Notverordnungen im Ausland gesichert zu sein durch ein nicht zu erfassendes ausreichendes Bankkonto. In schweizerischen Bankkreisen wird der Gedanke einer internationalen Vereinbarung erörtert, um durch bankmäßige Mittel einen Druck auf den Rückfluß der deutschen Fluchtkapitalien auszuüben. Die »Neue Züricher Zeitung«, die diese Gedankengänge wiedergibt, betont dabei, daß nicht anzunehmen sei, daß das Ausland bereit wäre, zugunsten des deutschen Fiskus oder der Devisenreserve der Deutschen Reichsbank das Prinzip des Bankgeheimnisses der deutschen Kunden irgendwie preiszugeben.

Es ist darum bei solchen Ausblicken gefährlich, wenn sich die freien Gewerkschaften und der Afa-Bund in ihrer Entschließung vom 29. Juli direkt identifizieren mit den Sanierungsmaßnahmen der Brüning-Regierung.

Es ist völlig utopisch zu glauben, daß bei dieser Organisation des Nationalkapitalismus etwa die Gewerkschaften oder gar die politisch-sozialistische Interessenvertretung der werktätigen Massen irgendeinen maßgebenden Einfluß bekommen können. Bestenfalls werden die Vertreter der Arbeitnehmer dazu benützt, inner- und außerhalb der bürgerlichen Regierungen, um die bürgerlich-kapitalistische Interessenpolitik zu kaschieren, die selbstverständliche und berechtigte Empörung der Massen abzudämmen.

Es ist darum notwendig, jede Woche die Mahnung zu wiederholen: Die Führer des deutschen Proletariats dürfen sich nicht mit den Maßnahmen zur Sicherung des Nationalkapitalismus direkt oder indirekt belasten; sie dürfen sich nicht zu Schrittmachern des wirtschaftlichen und politischen Faschismus mißbrauchen lassen.

Die Wucht der Demonstrationen bei der Tagung der 2. Internationale[55] in Wien darf uns nicht zu Illusionen verleiten – noch ist es nicht zu spät, auf warnende Stimmen, wie die des Genossen Maxton (ILP/England), und auf die Befürchtungen Otto Bauers zu hören, der seine Rede schloß mit den Worten: Wenn schon das Entsetzliche hereinbricht, es auszunützen mit aller Kraft für die Eroberung der politischen Macht für die Arbeiterklasse, für den Sturz des Kapitalismus, für die Errichtung der sozialistischen Gesellschaft, wird unsere Aufgabe sein.[56]

Zum Volksentscheid zur Auflösung des Preußischen Landtages am 9. August wird nunmehr von der »Nationalen Opposition« Hitler-Hugenberg-Seldte, der Deutschen Volkspartei und den Kommunisten aufgerufen. Die KPD, die überzeugt ist, daß aus dem objektiven Zwang der kapitalistischen Struktur unserer Gesellschaft die Regierung Braun-Severing ihrer Wirkung nach trotz aller tapferen sozialistischen Anstrengungen eine kapitalistische Regierung war, will die durch Notverordnungen und Verwaltungsmaßnahmen auf das äußerste gestiegene Empörung auch weiter Proletariermassen nicht der Agitation und Führung der Nationalisten kampflos überlassen.[57]

Tatsachen der Woche

Der Heidelberger Konzernbetrieb des West-Waggon-Konzerns, die Fuchs-Waggons AG, wird Anfang August stillgelegt. Das Zweigwerk der ehemals Gebrüder Gastel, Mainz, ist für vier Monate stillgelegt worden.

Die Schuhfabrik Langermann & Co., GmbH, in Niederauerbach bei Zweibrücken (Pfalz) hat ihren pfälzischen Hauptbetrieb stillgelegt. 3.800 Arbeiter und Heimarbeiter kommen zur Entlassung. Ebenfalls in Niederauerbach hat die Schuhfabrik Riedel ihrer gesamten Belegschaft von etwa 400 Arbeitern gekündigt.

Die Elektro-GmbH, Berlin, wird die Fabrikbetriebe in Nowawes für zwei bis drei Wochen stilllegen, wovon 200 bis 300 Arbeiter betroffen werden. In

Berlin will der Betrieb Aron 300 Arbeiter entlassen, die Deutschen Industriewerke in Spandau 300 Arbeiter und die Firma Erich & Grätz 100 Arbeiter.

Die Opelwerke in Rüsselsheim sind zunächst vom 29. Juli bis 4. August stillgelegt worden. Grund: Mangel an flüssigen Geldern. Das betrifft 7.000-8.000 Arbeiter.

Die Schließung der Fordschen Hauptfabrik in Detroit, durch die 75.000 Arbeiter brotlos werden, steht bevor. Die Tatsache, daß gerade Ford, der zu Beginn der Wirtschaftskrise dem Präsidenten Hoover versichert hatte, er werde alles tun, seine Betriebe aufrechtzuerhalten, sich zu diesem folgenschweren Schritt entschlossen hat, hat einen niederschmetternden Eindruck gemacht, zumal man befürchten muß, daß nunmehr viele andere Unternehmungen dem Beispiel dieses Wirtschaftsführers folgen werden.

Bei den Tarifverhandlungen in der nordwestlichen Eisenindustrie wurde mit den Stimmen der tarifbeteiligten Gewerkschaften ein Schiedsspruch gefällt, der eine Herabsetzung des Ecklohnes für den Facharbeiter von 78 auf 75 Pfennig vorsieht und den Tariflohn des Hilfsarbeiters auf 60 Pfennig je Stunde festlegt.

Amerika

Zwischen dem Bankhaus Morgan und dem schwedischen Zündholzfabrikanten Kreuger wurde eine Interessengemeinschaft abgeschlossen.

Sowjetrußland

Im ersten Halbjahr 1931 wurden 183 neue Industrieanlagen in Betrieb gesetzt. Produktionssteigerung im Juni um 8,5 Prozent.

Nach Mitteilung der »Iswestija« vom 22. Juli hat die Wohnungsbautätigkeit im Moskauer Industriebezirk einen großen Umfang angenommen. Im Rayon Lenin wurden 17.000 Wohnungen in 45 Häuser-Blocks fertiggestellt, im Rayon Stalin sind 32 Häuserblocks fertiggestellt, in den Rayonen Proletarier sind 191 Häuser, in Krasnij Preschel von 33 Häusern bereits zehn fertiggestellt. Insgesamt sind im laufenden Jahr im Moskauer Bezirk 127.000 Wohnungen in Neubauten bezogen worden.

Im nächsten Studienjahr werden aus der Sowjetunion 81 Studenten und Ingenieure zum Studium an amerikanische Hochschulen kommandiert. Davon werden 18 sich in Elektronik, 13 in Mechanik, die übrigen in Chemie, Äronautik, Bauwesen, Metallurgie und Bergbau ausbilden.

Frankreich

Der zehnwöchige Streik im Textilgebiet Nordfrankreichs ist zu Ende. Der erbitterte Interessenkampf zwischen Arbeitern und Fabrikanten endete mit einem Remis. Die Arbeitgeber, die ursprünglich die Absicht hatten, die Löhne der Arbeiter um zehn Prozent zu senken, haben sich nach langen Verhandlungen bereit erklärt, die Löhne nur um vier Prozent herabzusetzen.

Spanien

Unter dem Druck des Kriegszustandes kehrt in Sevilla allmählich das normale Leben zurück. Nur nachts unternehmen die Aufrührer noch vereinzelte Anschläge.

Der spanische Ministerpräsident Zamora legte am 28. Juli die Vollmachten der provisorischen Regierung in die Hände der Nationalversammlung zurück. Die Regierung ist der Haltung der Sozialisten, der Radikalen und bürgerlichen Radikalsozialisten, also einer großen Mehrheit des Parlaments, sicher. Sie wird zunächst zum mindesten am Ruder bleiben, bis die Verfassung erledigt ist.

Die Zeitung »Tierra« gibt eine Statistik wieder, nach der seit dem Umsturz bei sozialen Kämpfen bisher 52 Tote und 242 Schwerverletzte zu verzeichnen waren.

Chile

Präsident Ibanez ist geflohen. Seine Diktatur ist zu Ende. Die neue Regierung ist gebildet worden. Das Amt des Außenministers hat Carlos Balmacesa. Die sozialen Hintergründe dieser »Revolution« sind nicht erkennbar.

Polen

Die polnische Regierung hat es auf die Aufforderung des Völkerbundrats zur Bekanntgabe des gegenwärtigen Rüstungsstandes abgelehnt, Angaben über die gegenwärtigen Rüstungen Polens zu machen, weil auch Rußland bisher entsprechende Angaben über seine Rüstungen nicht geliefert habe. Die russische Regierung hat jedoch dem Völkerbund schon im Monat Mai verschiedene Schriftstücke übergeben, die in den Archiven des Völkerbundes niedergelegt wurden und angeblich genaueste Mitteilungen über die Rüstungen Rußlands enthalten. Die russische Regierung hat seinerzeit aber zur Bedingung gemacht, daß diese versiegelten Dokumente erst bei der Abrüstungskonferenz 1931 bekannt gegeben würden.

Abessinien

Nas Taffari hat in einem Schreiben an die Antisklaverei- und Ureinwohner-Schutzgesellschaft in London seinen Beschluß mitgeteilt, in seinem Reich die Sklaverei abzuschaffen. Die Zahl der abessinischen Sklaven, die durch diesen Entschluß ihre Freiheit wiedererlangen, wird auf zwei Millionen geschätzt

Vera Cruz

Im Staate Vera Cruz ist infolge des Versuches der Behörden, das Staatsgesetz durchzuführen, durch das die Zahl der Priester außerordentlich vermindert wird, ein Religionskrieg ausgebrochen. Die Unruhen begannen damit, daß ein junger Katholik gestern ein Revolverattentat auf den Gouverneur von Vera Cruz unternahm, als dieser den Palast verließ. Die Nachricht von dem Attentat verbreitete sich mit Windeseile und bald hatten sich große Menschenmassen versammelt, die nacheinander vier Kirchen angriffen und mit Benzin in Brand steckten.

(22.) Die Woche vom 4. August 1931 bis 11. August 1931

Am 9. August ist in Preußen-Deutschland eine wichtige politische Entscheidung gefallen: der Volksentscheid ist abgelehnt.

Nach dem vorläufigen Ergebnis sind beinahe 10 Millionen Ja-Stimmen abgegeben worden. Die Regierung Braun-Severing ist damit gerettet.

Wir begrüßen dieses Ergebnis, weil dadurch eine weitere Verschärfung der politischen Krise verhindert worden ist. Ein erfolgreicher Volksentscheid hätte die preußische Regierung zu mehr oder weniger verschleierten Verfassungsbrüchen gezwungen und dadurch den Nationalisten das formale und moralische Recht zu direkten Aktionen gegeben. Auch ein eventueller Rücktritt der Regierung Braun-Severing nach erfolgreichem Volksentscheid hätte die verfahrene und komplizierte Situation kaum klären können, da ein neugewählter Preußen-Landtag wohl nicht zu einer Mehrheits- und Regierungsbildung fähig gewesen sein würde.

Die Entscheidung vom Sonntag darf aber nur als vorläufig betrachtet werden. Schon jetzt muß alles daran gesetzt werden, um den Faschisten, die diesmal ihr Ziel noch nicht erreicht haben, jede Aussicht auf legale Machtübernahme bei den Preußenwahlen Anfang nächsten Jahres zu zerstören.

Die Reise Brünings und Curtius' nach Rom[58] verdient mehr als alle anderen Unternehmungen der deutschen Außenpolitik die kritische und vorsichtige Aufmerksamkeit aller Sozialisten. Selbst die bei solchen Reisen auch sonst üblichen Phrasen von »gegenseitiger Freundschaft«, »Hoffnung«, »Verständigung«, »Glauben«, »Vertrauen« müssen bei dieser Fühlungnahme der deutschen Außenpolitik mit dem italienischen Faschismus besonders gewürdigt werden. Die Anfreundung der deutschen Regierung mit dem Lande des Faschismus ist die außenpolitische Konsequenz einer faschistischen Wirtschafts- und Innenpolitik.[59] Der Besuch Brünings und Curtius' in Rom ist ein Signal: das faschistisch werdende Deutschland beginnt sich mit dem faschistischen Italien zu koalieren.

Brüning und Curtius fuhren nach Rom, um den »hervorragenden Chef der italienischen Regierung kennen zu lernen«. Sie wissen sich einig in dem »Gefühl ernstlicher Verantwortung für Europas Befriedung und wirtschaftliche Wiederaufrichtung«. (Brüning am 5. August.)

Mussolini hat seinem deutschen Besuch eine demagogisch gefärbte Erklärung mit nach Hause gegeben, die die Empfehlung faschistischer Maßnahmen für Wirtschaft und Politik Deutschlands bedeutet, die in ihrer Werbung für den Faschismus auf die Deutschen Eindruck machen soll, und die endlich eine außenpolitische Demonstration Italiens gegen Frankreich darstellt, weil sie Deutschland für den italienisch-faschistischen Imperialismus in seiner antifranzösischen Zuspitzung festlegen soll.

Als weiteres wichtiges Ereignis der Romreise ist eine Ankündigung des Besuchs Mussolinis in Deutschland herausgekommen.

Das bedeutet eine weitere Annäherung der deutschen Regierung an seinen »hervorragenden Chef«. Damit wird auch durch die außenpolitischen Ereignisse unsere Auffassung über die Regierung Brüning, die wir für eine Wegbereiterin des Faschismus halten, bestätigt.

Die Politik Deutschlands wird sich der Mussolinis angleichen.

Die Empfehlung Mussolinis, daß »Deutschland auf sich selbst und die eigenen Kräfte sich verlassen kann und muß«, wird durch die Regierung weiterhin heftig zu verwirklichen gesucht. Die Bestrebungen zur wirtschaftlichen Verselbständigung der Nation, das von den Nationalsozialisten schon immer proklamierte Ideal des Nationalkapitalismus, von denen wir schon in der letzten »Woche« gesprochen haben, lassen sich immer deutlicher erkennen:

Am 3. August trat unter dem Vorsitz des Reichskanzlers eine Konferenz von Kabinettsmitgliedern, Politikern und zahlreichen führenden Persönlichkeiten des Wirtschafts- und Finanzwesens zusammen, um die Beratungen über die weitere Entwicklung und nächste Zukunft der deutschen Wirtschaft durchzuführen. An der Besprechung nahmen teil der Reichsbankpräsident Dr. Luther, Geheimrat Schmitz von den IG-Farben, Geheimrat Bücher vom Reichsverband der deutschen Industrie, sowie Genosse Hilferding und agrarische Sachberater.

In derselben Linie liegen die neuen Maßnahmen der Reichsregierung zur Erntefinanzierung durch Reichsmittel.

Durch den Aufkauf und die Magazinierung des Getreideangebots dieser Ernte sollen auch auf dem deutschen Markt die durch die Schutzzollpolitik hochgetriebenen Preise aufrechterhalten werden. Diese Sonderaktion zur Stützung der Landwirtschaft bekommt ihre besondere Note dadurch, daß die Getreidepreise in den letzten Monaten um 50-60 Mark pro Tonne gesunken, aber immer noch infolge der Schutzzollpolitik doppelt so hoch sind wie die des Weltmarktes.

Alle diese von der Regierung für Industrie und Großgrundbesitz getätigten Maßnahmen werden zu einer Verschlechterung der wirtschaftlichen Lage des Proletariats führen. Sie bedeuten geradezu eine Stabilisierung des Massenelends.

In dieser Woche haben die krampfhaften Versuche in New York und Basel, durch eine internationale Stillhalteaktion, das internationale Kreditwesen in Ordnung zu bringen, nicht viel an den Spannungen des Kreditwesens geändert. Die Revision und Herabsetzung der Reparationen und Kriegsschulden wurden deshalb intensiver als bisher als Gegenstand der Verhandlungen aufgefaßt.

Der innerdeutsche Zahlungsverkehr ist durch die Maßnahmen der Regierung über die größten Schwierigkeiten hinweg. Bei den Sparkassen allerdings ist der Gesamtspareinlagenbestand im Juni 1931 um 151 Millionen geringer als im Vormonat.

Diese Zahlen zeigen, in welch starkem Maße die Spargelder für den Monat Juni, also mehrere Wochen vor dem 13. Juli, schon abgehoben wurden. Die ungeheure Arbeitslosigkeit, die Kurzarbeit, der Lohn- und Gehaltsabbau, Krisen-, Kopfsteuer usw. haben viele Tausende von Werktätigen gezwungen, von ihren kleinen Sparguthaben abzuheben.

Die badische Regierung hat durch Notgesetz eine Bürgschaft im Höchstbetrag von 27 Millionen RM für die badischen Sparkassen und ihre Girozentrale übernommen.

Zur Finanzierung der Ein- und Ausfuhr und des Transithandels ist der Erwerb von Devisen zum Teil freigegeben worden.

Die wirtschaftliche Lage hat sich in diesem Monat weiterhin verschlechtert: Nach dem Juli-Abschluß des Reichsfinanzierungsministeriums betrugen die Fehlbeträge im ersten Vierteljahr des neuen Rechnungsjahres 182 Millionen Mark. Die schwebende Schuld erhöhte sich um 41 Millionen Mark auf 1906 Millionen. Das Gesamtdefizit des Reiches, einschließlich des aus dem Vorjahr übernommenen Fehlbetrages, beläuft sich Ende Juni auf 1,47 Milliarden.

Der französische Voranschlag für das Budget 1931/32 rechnet bei 50,6 Milliarden Einnahmen und 50,4 Milliarden Ausgaben mit einem Überschuß von rund 200 Millionen Franken. In Wirklichkeit aber weist er bereits auf dem Papier ein nur schlecht verborgenes Defizit von fast 2 Milliarden auf.

Der Sparausschuß, der von der englischen Regierung eingesetzt war, kam zu dem Schluß, daß das Staatsdefizit Englands in diesem Jahre eine Summe von 100 bis 120 Millionen Pfund (2 bis 2,4 Millionen Mark) erreichen wird, und schlägt Maßnahmen zum Abbau der Löhne und Sozialunterstützungen vor, die sich auf 90 Millionen Pfund belaufen.

Der Zusammenbruch des Nordwollekonzerns hat bereits zur Stillegung verschiedener Betriebe geführt. Tausende von Arbeitern sind in ihrer Existenz bedroht. Die Kammgarnspinnerei Dresden ist außer Betrieb gesetzt, während die Kammgarnspinnerei Kappel (Chemnitz) bereits seit längerer Zeit stillgelegt wurde. Stillgelegt ist auch die Kammgarnspinnerei Fockl. Die Kammgarnspinnereien Glückbrunn und Wernshausen arbeiten nur acht Stunden in der Woche. Bei der Kammgarnspinnerei Langensalza und der Kammgarnspinnerei Mühlhausen konnte vorerst die 16-Stunden-Woche gehalten werden. Bei der Weißflog und der Färberei und Appreturanstalt Schütz u. Eube, ein Geraer Betrieb der Toge, sind bereits Stilllegungsanträge gestellt worden. Hier soll von einer Belegschaft von 1.200 Mann die Hälfte entlassen werden. Stillegungsantrag ist auch erfolgt bei dem Zweigwerk Markersdorf. Hier kommen für die Entlassung etwa 110 Arbeiter und 14 Angestellte in Frage.

Über die Fortführung des Werkes Liechtenstein-Callenberh liegt Bestimmtes noch nicht vor. Die Bautzener Tuchfabrik wird nur beschränkt durchgeführt. Hier bemüht sich die Stadt Bautzen, einen Käufer zu finden. Sollte diese Absicht scheitern, dann wird wohl mit der Schließung des Betriebs zu rechnen sein.

Die sächsischen Wollgarnfabriken vormals Tittel u. Krüger in Leipzig rechnen mit starken Belegschaftsentlassungen. Die Spinnerei, die etwa 1.000 Arbeiter beschäftigt, arbeitet jetzt nur zwei Tage in der Woche. Einschließlich 500 Heimarbeitern dürften die sächsischen Wollgarnfabriken etwa 3.000 Mann beschäftigen. Den Angestellten ist hier die Kündigung schon zugestellt.

Das Institut für Konjunkturforschung teilt mit, daß die Umsätze der deutschen Warenhäuser im Juni 1931 gegenüber der gleichen Zeit im Vorjahr um rund 19 Prozent zurückgegangen sind.

Auch in diesen Ziffern drückt sich die wachsende Notlage des werktätigen Volkes aus. Die Arbeiter, Kleinbauern und Kleinhandwerker können sich nicht mehr das Notwendigste kaufen, währenddem überall in der Welt die Waren- und Lebensmittellager überfüllt sind.

(23.) Die Woche vom 12. August 1931 bis 19. August 1931

Der Streit um die Ursachen des mißglückten Volksentscheides hat in der Berichtswoche merkwürdige Formen angenommen. Hitler behauptet, daß von den 9,8 Millionen etwa 7-8 Millionen Nationalsozialisten seien, der Stahlhelm will »die eigentliche Führung« gehabt haben und den Volksentscheid »anfechten«, die Hugenberg-Presse meint, daß ohne die Kommunisten der Entscheid gewonnen worden wäre, und der Deutschen Volkspartei wird aus ihren eigenen Reihen zum Teil vorgeworfen, sie habe den Volksentscheid sabotiert. Gegenüber der weithin verbreiteten Ansicht, daß die kommunistischen Wähler der Parole ihrer Partei nicht gefolgt seien, betont die KPD-Presse, daß in den Industriegebieten Ruhr und Rhein, an den Zahlen des Volksbegehrens gemessen, eine gewaltige prozentuale Steigerung der Stimmenabgabe festzustellen sei, während in den Hochburgen des Faschismus, Ostpreußen, Pommern die prozentuale Steigerung der Stimmen recht gering gewesen sei. Die KPD habe gar nicht mit einem erfolgreichen Entscheid gerechnet, ihr sei es auf einen großen Einbruch in die faschistische Front angekommen und dieses Ziel sei erreicht. Es hat inzwischen aber auch ein Streit um den Anspruch, der eigentliche Sieger des Volksentscheids zu sein, begonnen. Das Zentrum will nicht gelten lassen, daß der Mißerfolg des Volksentscheids auf die Energie der preußischen Regierung Braun zurückzuführen sei, der »Badische Beobachter« vom 13. August schreibt: »Wenn die Sozialdemokratie ihrerseits aber den Sieg in Preußen als einen reinen Erfolg für sich bzw. das Kabinett Braun buchen möchte und dementsprechend glaubt, in innen- und außenpolitischen Angelegenheiten bestimmend mitsprechen zu können, so bedeutet das einen Fehlschuß.«

Die »vernünftige Regierung Brüning« im Reiche sei die Ursache des Zusammenbruchs der nationalistischen Aktion gewesen. Der geschäftsführende Vorstand des Zentrums tagte am 12. August. Die Erklärungen des Zentrumsvorstandes über diese Beratungen enthalten einen deutlich erkennbaren Tadel für die Zentrumspolitiker, die an dem Aufruf gegen den Volksentscheid, sei es als Parteiführer im Preußischen Landtag, sei es als Minister, beteiligt waren.

Es soll künftighin die Einheit der preußischen Aktionen des Zentrums mit der Reichspolitik Brünings deutlicher und enger gestaltet werden. Das heißt doch wohl, das Zentrum gedenkt unter direkter Zusammenarbeit mit der Deutschen Volkspartei, den Vertretern der Schwerindustrie, die durch den erledigten Volksentscheid gedemütigten und weiter legalisierten nationalen Rechte mit als Basis für die zukünftige Reichspolitik heranzuziehen oder doch sich ihres Stillhaltens zu der Rechten versichern, wenn Brüning nun, was wir schon vor Wochen feststellten, an die politischen Maßnahmen zur Reorganisation des Nationalkapitalismus herangehen muß. In diese Linie zeigt vor allem mit die in dieser Woche durch die Zentrumspresse veröffentlichte Erklärung:

»Unsere Parole ist nach dem Volksentscheid: »Sammlung der preußischen schaffenden Kräfte, wo immer sie stehen, zur Zusammenfassung aller derjenigen gut gesinnten schöpferischen Kräfte, die mit Hand anlegen zum gemeinsamen Werk zum Wohle des Ganzen. Um diese Parole in die Tat umzusetzen, verlangen wir den Burgfrieden. Einen Frieden der Parteien untereinander, die im Bewußtsein dessen, was auf dem Spiele steht, gemeinschaftlich mit Hand anlegen wollen, damit wir die schweren Monate, die vor uns stehen, in einträchtiger Zusammenarbeit überwinden. Diese Arbeit muß aber anders orientiert sein als es der Aufruf der preußischen Staatsregierung zum Volksentscheid war.«[60]

Diese gegen die sozialistischen Massen sich bildende Front, die wir aus der nüchternen marxistischen Analyse der gegenwärtigen ökonomischen Struktur vorausgesagt haben, wird von den übrigen bürgerlichen Parteien mit einem verblüffenden Eifer vorbereitet.

Hindenburg, der Ehrenvorsitzende des »Stahlhelm«, sollte eine Unterredung Hugenbergs mit Brüning in dieser Woche inszenieren, Herr Seldte, der auf dem Breslauer Stahlhelmtag noch die neudeutschen Heere gegen Polen marschieren ließ und von der Revanche gegen Frankreich lebt, hat Vertretern der ausländischen Presse gegenüber erklärt, der Stahlhelm weise jede Kriegsidee zurück und predige nicht die Revanche(!), denn die deutsche Armee sei auf keinem Schlachtfelde geschlagen worden. Auf verschiedene Fragen, die sodann von den ausländischen Journalisten gestellt wurden, erklärte der Stahlhelmführer, daß der Stahlhelm auch den Vertrag von Locarno anerkenne!!!

Der demokratische Finanzminister Dietrich hat in seiner Verfassungsrede im Reichstag davon gesprochen, daß in Deutschland Kapitalismus und Bolschewismus miteinander ringen und daß sich jetzt – gemeint hat er den Kampf um den Volksentscheid – das deutsche Volk für den Kapitalismus ausgesprochen habe!!!

Die »Hilfe« veröffentlicht einen durch die demokratische Tagespresse weitergegebenen Artikel, in dem die, von uns vorausgesagte, Indienststellung des Staates für die Durchführung des Nationalkapitalismus unumwunden gefordert wird.

»Die staatssozialistische Lösung dieser Spannungen wäre nur denkbar in Verbindung mit einem diktatorischen Regierungssystem, nicht in einer auf persönliche Freiheit gegründeten Demokratie.

Der Staatssozialismus ist daher abzulehnen, weil er die Selbstverantwortung herabdrückt, die Anpassungsfähigkeit im einzelnen lähmt, die Gelegenheiten zur Bewährung schöpferischer Fähigkeiten vermindert und daher praktisch zu einer dem vielgestaltigen System der deutschen Wirtschaft tödlichen Starrheit führen müßte. Die wirtschaftliche Lage der Städte ist zum Teil Folge dieser verhängnisvollen Abschwächung der Verantwortung bei gemeindesozialistischer Wirtschaft.«

Die Wirtschaftspolitik des Staates wird nationalkapitalistisch sein. Ihre Aufgabe ist nicht staatliche Zwangswirtschaft, aber an den entscheidenden Stellen Kontrolle der freien Bewegung des privaten und korporativen (kommunalen) Kapitals. Diese Kontrolle hat ihre Aufmerksamkeit zu richten auf: Fehlinvestitionen, Auslandsverschuldung, Kapitalflucht.

Entsprechend diesen demokratischen Auffassungen von »staatlicher Überwachung und Kontrolle« zunächst des Kreditwesens wird bereits davon gesprochen, daß an die Spitze des Aufsichtsrates der vom Reich mit 300 Millionen aufgekauften Dresdner Bank Dr. August Weber, der Vorsitzende der staatsparteilichen Reichstagsfraktion treten wird – »im Auftrage des Staates« selbstverständlich!

Die Sozialdemokratische Partei hat mit erfreulicher Deutlichkeit gegen die Burgfriedensparole des Zentrums protestiert und durch einen entschiedenen Artikel ihres Fraktionsvorsitzenden Breitscheid Klarheit über die zukünftige Politik Brünings verlangt.

»Wohin geht der Weg?« fragt Breitscheid. Wir fürchten, trotz aller eingegrenzten Dementis der klugen Zentrumspresse, daß der Weg um einige Ecken herum zu der dem nationalkapitalistischen Wirtschaftsexperiment allein entsprechenden politischen Rechtsorientierung des Kabinetts Brüning und zum Verzicht auf die bisherige Tolerierung der Brüningpolitik durch die SPD führt.[61]

Die Forderung der SPD auf eine Revision der Juni-Notverordnung, die Wiederherstellung des Tarifrechtes für die öffentlichen Arbeitnehmer, die Beseitigung der Härten in der Arbeitslosenversicherung und der Krisenfürsorge, die Abänderung der Bestimmungen im Versorgungswesen für die Kriegsbeschädigten, die Beseitigung der Ungerechtigkeiten in der Staffelung der Gehaltskürzungen für die Beamten und der Umbau der Krisensteuer wird nicht nur geflissentlich überhört, neue Notverordnungen, deren Tendenz aus den Verhandlungen des Deutschen Städtetages und der »Vereinigten Ausschüsse des Reichstages« sich bereits erkennen läßt, werden die Belastung der Massen noch verschlimmern. So ist beabsichtigt ein Lohnabbau für die rund 315.000 Gemeindearbeiter in der Höhe von 20 bis 30 Prozent. Schärfste Kürzungen der Wohlfahrtsunterstützungen durch Beseitigung der Sonderstellung einzelner Fürsorgegruppen, Abbau aller Sonderleistungen, Einschränkung der sogenannten gehobenen Fürsorge, Anrechnung der Aufwertungsbezüge auf die Fürsorgeunterstützungen sowie aller auch der geringsten Nebeneinkommen bei der Bemessung von Unterstützungen. Einschränkung der einmaligen Unterstützungen, der Notstandsarbeiten. Beitragspflicht aller Lohn- und Gehaltsempfänger sowie Beamten zur Finanzierung der Erwerbslosenunterstützung. Stärkste Drosselung aller übrigen öffentlichen Ausgaben für Sozialpolitik, insbesondere im Gesundheitswesen, Zusammenlegung von Krankenhäusern, Heilanstalten usw., Abbau der Badeanstalten, Abbau der Jugendwohlfahrt. Schließung sämtlicher gemeinnütziger Anstalten und Einrichtungen, die irgendwelche Zuschüsse erfordern. Verbot von Einstellung irgendwelcher neuen Arbeiter, Beamten und Angestellten und allgemeine Beförderungssperre im Verwaltungsapparat der Gemeinden. – Durch die Maßnahmen sollen die Wohlfahrtslasten, die für das laufende Jahr auf 875 Millionen geschätzt werden, und die durch die rasch anwachsende Arbeitslosigkeit noch viel höher auflaufen, eingebracht und die kurzfristigen Kredite in der Höhe von rund 1,5 Milliarden der deutschen Städte gesichert werden.

Die Gemeinden sind schon durch die Notverordnung vom 6. August über die Sparkassen gezwungen worden, Darlehen und Kredite bei Privatbanken aufzunehmen, den Sparkassen, die bisher bis zu 20 Prozent der Einlage den Gemeinden als Kredit geben konnten, ist das in Zukunft verboten. Elektrizitätswerke, Gasanstalten, Straßenbahnen usw. werden darum bald überhaupt nicht mehr als Gemeindebetriebe finanziert und aufrechterhalten werden können, und das nennt man »kalte Sozialisierung«!

Die durch die Kreditkrise erzwungene »Rationalisierung« der Betriebe macht weiter Fortschritte – Stillegungen und Betriebseinschränkungen werden auch in dieser Woche aus dem ganzen Reich gemeldet.

Die Börse soll wieder aufgemacht werden; sie kann wieder geöffnet sein, wie Geheimrat Bücher von der AEG im »Börsen-Courier« meint, wenn das Ziel, auf das es jetzt allein ankommt, erreicht ist: »die Rentabilität der Unternehmen der Privatindustrie wiederherzustellen. Nur auf dieser Basis kann sowohl Privatwirtschaft, wie öffentliche Finanzwirtschaft sich weiter entwickeln.«

Politisch wichtig in der vergangenen Woche ist die Nachricht von einer Preußen- und Reichsreform, die auf den Genossen Otto Braun zurückgeht: Die preußische Regierung will eine Wahlrechtsänderung vorschlagen, die die Abgeordnetenzahl auf 300 oder höchstens 350 begrenzt. Es wird daran gedacht, eine in diesem Rahmen liegende Höchstzahl der preußischen Abgeordneten zu bestimmen und daraus die Stimmenzahl zu errechnen, die für einen Abgeordnetensitz erforderlich ist. Auf diese Weise würde die Abgeordnetenzahl stabil bleiben, während sie jetzt, je nach der Wahlbeteiligung, steigen oder fallen kann. Braun hält den Dualismus zwischen Reich und Preußen auf die Dauer nicht für erträglich und will versuchen, durch Verhandlungen mit den Reichsstellen ohne Verfassungsänderung eine Art Verwaltungsgemeinschaft zwischen Reich und Preußen auf gewissen Gebieten als Vorstufe zu einer verfassungsrechtlichen Zusammenfassung herbeizuführen. Hierfür kämen zunächst die Justiz, die innere und die Landwirtschaftsverwaltung in Betracht. Post- und Verkehrsministerium könnten zusammengelegt und das Landwirtschaftsministerium beim Reich aufgehoben werden. Die Aufgaben dieses Reichsministeriums könnte dann eine Landwirtschaftsabteilung beim Reichswirtschaftsministerium erfüllen. Nach solcher Vorbereitungsarbeit hätte dann vielleicht nach Meinung der preußischen Regierung ein Volksentscheid zur endgültigen Lösung der Reichsreform Aussicht auf Erfolg.

Außerdem ist von der Gau-Generalversammlung des Reichsbanners, Gau Württemberg, ein Antrag einstimmig angenommen worden, der die Durchführung eines Volksentscheides mit dem Ziel der Herabsetzung der hohen Pensionen und Einbeziehung der Fürsten- und Standesherrschaft verlangt. Der Volksentscheid soll noch vor der Reichspräsidentenwahl[62] stattfinden.

Die internationalen Maßnahmen zur Überwindung der kapitalistischen Krisis sind noch nicht über das Stadium der Besprechungen und des Streites über die internationale Kreditregelung hinausgekommen. Von einem Anpacken des eigentlichen Problems – der internationalen Regelung der Produktion und des Konsums selbst auf kapitalistischer Basis – wurde auch in dieser Woche mit keinem Worte gesprochen.

Am 11. August sind endlich die Verhandlungen über die praktische Durchführung des Hooverplanes zuende geführt worden. Jugoslawien hat das Protokoll nicht unterschrieben, es verlangt nach wie vor einen Ausgleich für die ausfallenden Reparationszahlungen.

Die französische These hat sich in London durchgesetzt. Sämtliche Reparationsleistungen Deutschlands fallen zwar für die Dauer eines ganzen Jahres aus, vom Jahre 1933 aber müssen sie in zehn Jahresraten zu einem vorläufig festgesetzten Zinsfuß von 3 Prozent wieder nachgezahlt werden.

Frankreich besteht auf seinem Schein. Der »Matin« schreibt: 1. Auf keinen Fall wird Frankreich sich dazu hergeben, daß man das Problem der Reparationen unter der Hand und hinter seinem Rücken behandelt. 2. Auf keinen Fall wird Frankreich die Streichung der Reparationen zulassen. Die Reparationen sind im ersten der 14 Punkte Wilsons[63] als feierliches Recht statuiert worden. Sie sind ein Problem nicht der politischen Ökonomie, sondern des menschlichen Rechts. Ohne menschliches Recht aber gibt es keinen Frieden. 3. Auf keinen Fall wird Frankreich zulassen, daß man die Reparationen und die Schulden auf dasselbe Niveau stellt. Man kann die Schulden vollkommen annullieren, nicht aber die Reparationen.

Die Reise Lavals nach Berlin ist auf Oktober verschoben.

In Basel auf der BIZ berät man über die Stabilisierung der Deutschland gewährten kurzfristigen Kredite.

In London sollen Besprechungen der englischen Großbanken zur Unterstützung Deutschlands durch neue kurzfristige Anleihen stattgefunden haben; man spricht sogar von einer »Internationalen Konferenz der Bankiers der Welt in London zur Stützung des deutschen Kredits«.

Und der amerikanische Staatssekretär Stimson, der Vertraute Hoovers, soll mit MacDonald bereits gesprochen haben über den Plan Hoovers, alle Kriegsschulden auf die Hälfte herabzusetzen.

Wird alles nichts nützen, der Kapitalismus ist gerichtet; die Krisis wird von Woche zu Woche auch in den anderen Ländern schlimmer.

England will sparen, durch Reduzierung des Zinsfußes aller Staatsanleihen der Wehrmacht, Auflage neuer Steuern, 10 Prozent Finanzzoll auf alle Einfuhr. Man spricht von einem »Sammelkabinett« in England, Lloyd George soll es führen!

Österreich wendet sich hilfesuchend an den Völkerbund – es steht in einer neuen schweren Finanzkrise.

In Amerika verschärft sich die Produktionskrise von Woche zu Woche: Kaffee, Petroleum, Baumwolle werden vernichtet, um die Preise zu halten. Jetzt im Sommer! 5,6 Millionen Arbeitslose in den USA.

Teil III

»Ob Deutschland erwacht?«

Die Wochenberichte von Emil Fuchs

(1. November 1931 bis 8. April 1932)

(24.) Politik der Woche 1. bis 14. November 1931

1. Augenblicksbilder

Mit Entrüstung lehnen die Gewerkschaften den Schiedsspruch im Lohnkonflikt bei der Reichsbahn ab, der eine Kürzung von etwa 4 ½ Prozent vorsieht.

Der Skandal an der Universität Halle[64] wird durch eine Erklärung des Senates beendet, in der es unter anderem von den Studenten heißt, daß sie, »obwohl sie falsche Wege gegangen seien, von reinen heiligen Gefühlen der Liebe zum Vaterland und zur Universität getrieben worden seien«.

Direktor Weingarten von der Ingenieurschule in Wismar wird auf Fordern der Studenten von der Stadt entlassen, weil er Jude ist. Oldenburg hatte sich bereit erklärt, die streikenden Studenten an seiner Schule aufzunehmen und ihnen besonders günstige Bedingungen geboten.

Der Sklarek-Prozeß[65] in Berlin und der Galmette-Prozeß[66] in Lübeck gehen unter mancherlei unerfreulichem Hin und Her weiter.

Graf Helldorf ist als Führer der SA Berlins in den Krawallen am Kurfürstendamm schuldig gesprochen und zu 9 Monaten Gefängnis verurteilt worden. (Der Staatsanwalt hatte 3 Jahre gefordert.)

Beim Reichsgericht fand der erste Termin eines Prozesses gegen die »Weltbühne« statt. Sie ist vom Reichswehrministerium wegen Landesverrats angeklagt, weil sie Veröffentlichungen brachte über die deutsche Luftschifffahrt, in denen sie die Verschleierung der Stabsführung beim Reichswehrministerium nachweisen wollte.[67]

2. Wirtschaft

Der »Arbeitgeber« veröffentlicht eine Übersicht über die Betriebsratswahlen dieses Jahres. Er stellte eine gewisse Abnahme des Anteils der Freien Gewerkschaften an den Betriebsratssitzen und eine Zunahme der kommunistischen RGO, am stärksten in der chemischen Industrie, am schwächsten in der Textilindustrie, fest. Doch behaupten die Freien Gewerkschaften immer noch über 80 Prozent der Sitze.

Im Lohnkonflikt der Berliner Metallindustrie entschied der Schlichter, Gewerberat Körner, daß das bestehende Lohnabkommen zunächst zu verlängern sei, da vor Herabsetzung der Lebensunterhaltskosten an eine weitere Herabsetzung der Löhne nicht gedacht werden könne. Die Arbeitgeber lehnten den Spruch ab.

Im Konflikt des Berliner Einzelhandels wurden die Löhne der Arbeiter und Angestellten mit Wirkung vom 12. Dezember um 4,3 Prozent gekürzt.

Der Zechenverband in Essen bat um eine Gesamtkündigung der Arbeitsverträge vorgenommen zum 1. Dezember. Sie betrifft 295.000 Arbeiter.

Die Zahl der Arbeitslosen betrug am 31. Oktober 4.622.000. Das bedeutet

eine Zunahme von 138.000 seit dem 15. Oktober, seit Ende Juni
Die Zahl der Wohlfahrtserwerbslosen war Ende September 1.208
 Der Reichswirtschaftsrat tagte in seinen verschiedenen Abteilu
Öffentlichkeit drangen Gerüchte über Abbau der Zinsen, die im I
land solche Beunruhigung des Wirtschaftslebens schufen, daß d
gierung sie dementierte.
 Ebenso erklärt die Reichsregierung, daß für sie Lohnabbau nur
im Verein mit den Maßnahmen, welche die Lebenshaltung der B
verbilligen.
 Das Reichsgesundheitsamt veröffentlicht eine Denkschrift über den Gesundheitszustand des deutschen Volkes, in dem es darauf aufmerksam macht, daß die Folgen der dauernden Erwerbslosigkeit sich im Gesundheitszustand der Massen immer deutlicher zeigen. Hingewiesen wird zugleich auf den steigenden Alkoholgenuß (44,9 Liter auf den Kopf 1923/24; 71,7 Liter 1930/31; 102,1 Liter in der Vorkriegszeit). Ebenso wird auf den katastrophalen Rückgang der Geburten aufmerksam gemacht. Die »Deutsche Allgemeine Zeitung«, die ihren Lesern unterschlägt, daß die Denkschrift von den Folgen der Arbeitslosigkeit redet, sieht sich veranlaßt zu betonen, man müsse alles tun, »um das Verständnis der Bevölkerung für die Notwendigkeit einer für den Volksbestand ausreichenden Fortpflanzung heranreifen zu lassen«.
 In Berlin kämpft man für und gegen die Erhöhung des Brotpreises auf 52 Reichspfennig.

Internationales

Der Vorstand des Internationalen Gewerkschaftsbundes sprach am Schlusse der in Berlin abgehaltenen Beratungen seine Zustimmung aus zu dem von Albert Thomas, dem Direktor des Internationalen Arbeitsamtes, ausgearbeiteten Plan für internationale Arbeiten.
 Er beabsichtigt eine große Aktion zur Durchführung der 40-Stunden-Woche zu unternehmen. Eine Weltwirtschaftkonferenz aller Gewerkschaftszentralen soll zur Prüfung der weltwirtschaftlichen Lage und Festlegen gemeinsamen Vorgehens im Januar nach Paris berufen werden.

3. Politik

Reichsinnenminister, Reichswehrminister General a. D. Groener, entließ Ministerialdirektor Dr. Spiecker, den Wirth als Zentrumsmann und zuverlässigen Demokraten zur Beobachtung der Reichsradikalen ins Ministerium berufen hatte.
 Reichswehrminister Groener protestierte beim preußischen Ministerium gegen die Tatsache, daß Redakteur Höltermann, Mitglied der Sozialdemokratischen Partei, in einem Rundfunkvortrag am 9. November sagte: Frank sei 1914 ins Feld gezogen für ein neues Deutschland, das nach dem Krieg

erstehen solle. Er fordert eine Reform der Kontrolle des Rundfunks. Nach heftiger Auseinandersetzung in der Presse wurde die Sache durch eine Aussprache zwischen ihm und Braun »erledigt«. In welchem Sinn ist der Öffentlichkeit nicht bekannt, nur daß der Reichswehrminister einen Rückzug angetreten hat.

Das Reichswehrministerium teilt mit, daß die kommunistische Zersetzungsarbeit in der Reichswehr im Wachsen sei. »Ein Erfolg ist der kommunistischen Zersetzungsarbeit nach wie vor nicht beschieden gewesen«.

Die Reichspresse fordert darauf in heftigster Weise ein Vorgehen gegen die KPD. – Groener kündigt an, daß er eine Konferenz sämtlicher Innenminister nach Berlin berufen werde, in der über die Frage der Sicherung gegen den Terror gesprochen werden soll. – Man redet von einem beabsichtigten Verbot der KPD.

Gegenüber einem Vertreter der »Chicago Tribune« äußerte sich Groener zu einer Frage über die Wehrorganisationen. Er nennt Reichsbanner, Stahlhelm und SA. Militärisch seien sie alle ohne jeden Wert. Wo sie sich polizeiliche Befugnisse anmaßten, müsse man das unmöglich machen. »Die Verbände könnten aber darin Gutes leisten, daß sie die Jugend sportlich ertüchtigen und die nationalen und staatsbürgerlichen Ideale pflegten, die allein zu einer Gesundung der deutschen politischen Verhältnisse führen könnten.«

Bitter geklagt wird über wachsenden Terror der Rechtsverbände in Thüringen. Von Bremerhaven, Eutin und Neumünster und vielen anderen Orten stehen Berichte von Ausschreitungen und Morden in der Presse (s.o. Halle und Wismar).

Severing erklärt, daß in Deutschland eine Putschgefahr nicht bestehe. Reichswehr und Polizei seien fest in der Hand des Staates. Er sei aber auch fest überzeugt, daß es zu planmäßig angelegten Umsturzversuchen gar nicht kommen werde.

Ein »Giftgaskochbuch für jedermann«[68], Anleitung zur Herstellung von Kampfgasen, in dem zugleich die Lieferung der dazu gehörigen Apparate und Rohstoffe angeboten wird, wird durch den Fabrikanten Stoltzenberg, Hamburg, bekannt durch die dortige Phosgengas-Affäre, vertrieben. Danach kann nun jeder Dilettant in seiner Wohnung die fürchterlichsten Kampfgase herstellen.

Zum preußischen Finanzminister ist an Stelle Höpker-Aschoffs der bisherige Leiter der Preußenkasse, Klepper, ernannt. Er hat sich in der Leitung der Preußenkasse ganz außerordentlich bewährt.

Über die Wirtschaftslage ein Wort aus einem Artikel des »Berliner Tageblatts«: »Die Regierung ist in die Beratungen des Wirtschaftsbeirates eingetreten mit der Ankündigung, daß sie den Lohnsenkungen nicht abermals den

Vorrang vor der Senkung der Preise (und der Mieten, der öffentlichen Tarife und zumeist der Zölle) zugestehen werde. So ist sie hineingegangen, und nicht ob in unverbindlichen Schlußformulierungen, sondern in der höchstverbindlichen Sprache ihrer Notverordnung dieser Satz noch lebt, darauf wird es ankommen. Man kann es jetzt schon voraussagen, daß diese Entscheidung nicht nur der deutschen Wirtschaftsgeschichte angehören wird«.

Außenpolitik

Die Weltkrise geht weiter. Von allen Seiten versichern die Staatsmänner, daß es sich in erster Linie darum handle, die Verständigung zwischen Deutschland und Frankreich herbeizuführen. So vor allem auch Ramsay MacDonald in seiner großen Rede in Londons Guildhall, in der er zugleich feststellt, daß England mit allen Mitteln und in aller Freundschaft diese Verständigung unterstützen werde.

Die Botschafter reisen hin und her. Man hörte hoffnungsvolle und weniger hoffnungsvolle Äußerungen. Sehr wichtig sind die Auskünfte, die Laval am 13. November in der französischen Kammer auf Anfragen über seine Verhandlungen mit Brüning gab. »Die Hauptschwierigkeit besteht nach Lavals Überzeugung in der zweifelhaften Stabilität der politischen Lage in Deutschland. Für eine Anleihe würde vorläufig in Frankreich keine Beteiligung zu finden sein«. »Ich habe dem Kanzler Brüning gesagt, daß die nationalsozialistischen Kundgebungen und die heftige Propaganda für den Anschluß und für die Rückgabe des polnischen Korridors den Beziehungen zwischen Frankreich und Deutschland schädlich seinen. Seine Antwort war ebenso loyal wie negativ.«

England

Die Ankündigung einer freundschaftlichen Verständigungspolitik durch Ramsay MacDonald sind gefolgt von energischer Vorbereitung einer Anti-Dumping-, d. h. Zollpolitik. Aus den Reihen seiner neuen Freunde, der Torys, erfährt er heftige Angriffe, daß er diese zu langsam und zu wenig energisch betreibe. »Freundschaft« – man fragt: »Gegen wen?«

Die Indienkonferenz ist auf einem toten Punkt angekommen. Man muß mit ihrer resultatlosen Beendigung rechnen.

Das Problem Osten

Wie im Verlauf der Indienkonferenz[69], so steigt die Frage des Fernen Osten im chinesisch-japanischen Konflikt drohend empor. Die Versuche des Völkerbundes sind bis jetzt ergebnislos. Die Gefahr wächst. In Japan herrschen die Generale. – Rußland, Japan, Amerika, China ringen um ihre wirtschaftlichen Interessen in der Mandschurei. Mitten in der Krise treibt der Weltkapitalismus zu seinen äußersten Konsequenzen – im Fernen Osten – der dem guten Bürger immer noch sehr fern dünkt und scheinbar auch manchem Staatsmann.

(25.) Politik der Woche 15. bis 21. November 1931.

Innenpolitik Deutschlands

Die Wahlen im Volksstaat Hessen ergaben eine völlige Zerschmetterung aller bürgerlichen Parteien durch die Nationalsozialisten. Jene verloren zusammen 97.511 Stimmen, die Nationalsozialisten gewannen 153.208 Stimmen. Sie sind nun mit 291.198 die stärkste Partei im Hessischen Landtag. Die Sozialdemokratie verlor 17.178 Stimmen und behält 168.299. Die Kommunisten beider Art[70] gewannen 37.216 und haben nun 106.775 (Kommunisten) und 14.954 (Kommunistische Opposition). Die Sozialistische Arbeiterpartei bekam 8.170 Stimmen. – Das Zentrum gewann 8.194 Stimmen und hat jetzt 112.440 Stimmen. Die Mandate sind: SPD 13, Zentrum 10, Kommunisten 10, Kommunistische Opposition 1, Deutsche Volkspartei 1, Deutsche Staatspartei 1, Christlichsozialer Volksdienst 1, Hessisches Landvolk 2, Deutschnationale 1, Sozialistische Arbeiterpartei 1, Nationalsozialisten 27.

Das Bild der nächsten Zukunft heißt also, daß vier große Blöcke im politischen Leben einander gegenüberstehen: Sozialisten, Kommunisten, Zentrum, Nationalsozialismus. – Das nicht katholische Bürgertum ist nationalsozialistisch. Die Partei des Herrn Dr. Dingeldey steht in seinem Heimatland mit Kommunistischer Opposition und SAP bei einem Abgeordneten. Die großen Fronten formieren sich.

Im Zentrum und selbst bei der Staatspartei unterhält man sich über die Frage, ob eine Regierung mit den Nationalsozialisten möglich sei. Im Zentrum hält man eine Erziehung Hitlers zu solchem Zusammengehen immerhin für möglich.

Treviranus hat in einer Rede zu Oppeln über die Nationalsozialisten gesagt,»nach Meinung der Regierung sei die Stärke dieser Volksbewegung für die schwebenden außenpolitischen Verhandlungen ein so großer Vorteil, daß es falsch wäre, diesen Faktor zu binden«.

Reichsinnenminister Groener hat die Innenminister der deutschen Länder zu einer Beratung über die Abwehr des Terrors versammelt und ihnen gesagt:»Außerdem habe ich gestern von Herrn Hitler umfangreiches Material darüber (über Gewalttaten) erhalten, das ich sorgfältig prüfen und den Landesregierungen zur Kenntnis bringen werde... Eine besondere Aufmerksamkeit verdient... die von der Kommunistischen Partei in großem Umfang betriebene Zersetzungstätigkeit in Reichswehr und Polizei«.

Inoffiziell wird bekannt, daß man Groener auf dieser Konferenz energisch darauf hinwies, daß es gerade gelte, gegen Hitler und die Seinen vorzugehen. Die offizielle Bekanntmachung der Konferenz enthält den Satz: Man werde nachdrücklich alle Terrorakte bekämpfen, »einerlei von welcher Seite sie kommen«.

Die Führer der Sozialdemokratie wurden am 17. November von Brüning empfangen: »Sie haben dem Kanzler nicht nur Material über nationalsozialistische Gewalttaten unterbreitet, sondern auch über Amtsanmaßungen der Nationalsozialisten und insbesondere der Sturmabteilungen in Braunschweig, in Wolfenbüttel und anderen Orten... Es ist dort so weit gekommen, daß die Landespolizei, die dem nationalsozialistischen Minister untersteht, das eine Mal gemeinsam mit den SA-Leuten Haussuchungen vornimmt, während ein anderes Mal die Polizeibeamten selbst nur mit einem nationalsozialistischen Ausweis bestimmte, abgesperrte Straßen passieren durften.« Auch »dürfte der Reichskanzler... darauf hingewiesen worden sein, daß es großes Befremden hervorrufen muß, wenn der Reichsinnenminister Groener in seiner Ansprache vor den Länderministern deren Aufmerksamkeit nur auf die kommunistischen Ausschreitungen gelenkt hat, ohne der Verletzung der Staatsautorität und der öffentlichen Sicherheit durch die Nationalsozialisten in gleichem Maße Erwähnung zu tun«.

Klagges, Braunschweigs nationalsozialistischer Innenminister gibt eine Darstellung der Versammlung der Innenminister, in der die Wendung, man werde den Terror bekämpfen, »von welcher Seite er auch komme«, als ein nachträglicher Eintrag in den Bericht dargestellt wird. Groener habe »ganz eindeutig nach links gezielt«. Die Konferenz sei eine glatte Niederlage der SPD und Severings gewesen.

In einer Aussprache zwischen Braun und Groener wurde festgelegt, daß eine Änderung der Rundfunkkontrolle nicht eintreten soll, wie Groener sie forderte.

Als erster unter den deutschen Innenministern erließ Severing für Preußen eine Verordnung, nach der Versammlungen sofort aufzulösen sind, in denen in offener oder versteckter Form zu Gewalttätigkeiten aufgefordert wird. Rednern, die das tun, kann öffentliches Auftreten gänzlich untersagt und unmöglich gemacht werden. Geländeübungen, Aufmärsche usw. in der Nacht sind verboten. Jugendlichen unter 20 Jahren ist der Besitz von Hieb- und Stichwaffen verboten, ebenso der Verkauf an sie.

Im Haushaltsausschuß des Deutschen Reichstags sind die Vertreter der Deutschnationalen wieder erschienen. Die einen erklären das daraus, daß zwischen ihnen und den Nationalsozialisten die Spannung wachse. Die anderen meinen, sie seien gekommen, um die Großpensionäre gegen die von der SPD beantragte Kürzung ihrer Pensionen zu schützen, die demnächst dort verhandelt wird. Es handelt sich um 579 Pensionsempfänger mit mehr als 12.000 Mark Pension.

Die SPD verlangt durch einen Antrag Keil eine Winterhilfe für die Erwerbslosen. Der Antrag wird mit den Stimmen der SPD und KPD angenommen.

Der Parteiausschuß der SPD tritt Dienstag, 1. Dezember, zur Beratung der politischen Lage zusammen; am Nachmittag des gleichen Tages die Reichsfraktion der SPD.

Das Giftgaskochbuch ist auf Drängen der Presse, nach Einschreiten des Reichsinnenministers, in Hamburg beschlagnahmt worden.

Einzelbilder

Reichsbannerführer Hörsing veröffentlicht eine Mordliste der radikalen Rechten gegen das Reichsbanner mit einer erschütternd langen Aufzählung mit Namen festgelegter Fälle. Er sagt dazu: »Ich bewundere die Riesengeduld, mit der die Waffen des Reichsbanners dies alles ertragen haben und staune darüber, daß die Nationalsozialistische Partei es wagt, beim Reichswehr- und Reichsinnenminister ›Material‹ vorzulegen, das unter anderem auch das Reichsbanner belasten soll.«

Frick sprach in Frankfurt a.O. und Sonneberg und sagte jedes Mal: »Dieser volksfeindliche Marxismus müsse mit Stumpf und Stiel ausgerottet werden. Es sei besser, wenn bei diesem Prozeß einige tausend oder zehntausend marxistische Funktionäre zu Schaden kommen, als daß das Volk an der marxistischen Pest zugrunde gehe«.

Im Sklarek-Prozeß wurde Oberbürgermeister Boeß vernommen. Das jammervolle Bild der Berliner Mißwirtschaft entrollt sich immer deutlicher. Erschütternd für uns als Sozialisten ist, aus der Vernehmung des Zeugen Schüning zu sehen, wie da einer aus der Arbeiterschaft, vom Vertrauen seiner Genossen empor getragen, für sich selbst sorgte, die Sache des Proletariats nicht nur verriet, sondern ihr schweren Schaden zufügte. Möchte doch jeder, den der Sozialismus auf einen verantwortungsvollen Posten stellt, dessen eingedenk sein, was für die Zukunft von seinem sittlichen Verhalten abhängt. Neben ihm haben viele »Bürgerliche« im selben Sumpf gesteckt. Der größte Sünder ist der, der des Volkes Sache verriet und beschmutzte.

Preußen hebt aus Sparsamkeitsgründen 5 seiner 15 pädagogischen Akademien auf. Die anderen 10 sollen Ostern 1932 keine neuen Hörer aufnehmen. – Um der wirtschaftlichen Sorgen der Gegenwart willen opfert man die Jugend, ihre Ausbildung und damit die Zukunft.

Die Hallenser Studenten haben die anerkennenden Worte ihrer Professoren dankbar quittiert und erklärt, daß sie »in den Worten der Professoren ihre Ansicht bestärkt« finden und »nun erst recht entschlossen den Kampf fortzusetzen« gewillt sind.

Der verstorbene Präsident des Preußischen Landtags, Friedrich Bartels, wurde in einer großen Trauerfeier zu Grabe getragen, in der der warme Dank für alles, was er dem Staate geleistet hat, zum Ausdruck kam.

Ein neuer Bankskandal ist mit dem Zusammenbruch der Berliner Bank für Handel und Grundbesitz gegeben. Der Vorsitzende des Aufsichtsrates, Lahenburg, Abgeordneter der Wirtschaftspartei, der deutschnationale Stadtverordnete Wege und der Direktor Seiffert sind verantwortlich zu machen. Es wird die Beschuldigung schwerer Bilanzfälschungen erhoben. Sehr viel kleine Leute sind geschädigt. Direktor Seiffert ist verschwunden. Möglich ist Selbstmord, wahrscheinlich Flucht ins Ausland.

Zusammengebrochen ist auch die Bank Max Marens u. Co in Berlin. Auch hier muß die Staatsanwaltschaft einschreiten wegen des Verdachts von Depotunterschlagungen. –

In der Affäre Schultheiß ist das Strafverfahren gegen den Generaldirektor Katzenellenbogen und vier Direktoren eröffnet. Ob auch Direktoren der beteiligten Banken mit in die Anklage einzubeziehen sind, wird noch geprüft. Gegen eine Kaution ist Katzenellenbogen auf freiem Fuß gelassen.

Wirtschaftliches

Die Sachverständigen zerbrechen sich den Kopf, wo die finanziellen Überschüsse des deutschen Außenhandels bleiben. Sie treten innerhalb Deutschlands nicht zutage. Werden sie verwendet, Schulden abzuzahlen oder Vermögen außerhalb anzulegen?

Durch verschärfte Devisenkontrolle sucht die Reichsregierung klarere Verhältnisse zu schaffen – ob es ihr gelingt, die führenden Wirtschaftskreise zu einer Wirtschaftsführung zu bringen, die die Grundlagen des Daseins der Wirtschaft nicht zerstört?

Die Verhandlungen zwischen den Zechen und den Gewerkschaftsvertretern der Bergarbeiter sind gescheitert. Voraussichtlich am 23. November sollen die Schlichtungsverhandlungen stattfinden. Der Zechenverband fordert 10 Prozent Lohnsenkung und andere Maßnahmen, die den Arbeiter benachteiligen.

Die kaufmännischen Angestellten im Einzelhandel nehmen energisch Stellung gegen den Versuch, sie in ihren Bezügen zu schmälern. 70 Prozent aller Angestellten haben im Monat 65 bis 115 Mark, weibliche 10 Prozent weniger.

Der Arbeitgeberverband der südbayerischen Textilindustrie hat diktiert, daß seine 23.000 Arbeiter und Arbeiterinnen vom 6. Dezember ab 16 Prozent am Lohn abgezogen bekommen.

Die westfälischen Textilarbeiter protestieren in heller Empörung gegen die Lohnkürzung, die vom Reichsarbeitsminister für verbindlich erklärt ist. Man hat den Schiedsspruch für den nächstmöglichen Termin wieder gekündigt.

Die »Deutsche Allgemeine Zeitung« stellt in einem Artikel ihres Handelsteiles fest, daß der Gesamtverbrauch des deutschen Volkes in der nächsten Zeit etwas niedriger werden müsse, daß wir aber nicht auf dem Weg zu »Pauperismus«, sondern zur Volksgemeinschaft seien.

Der der Notlage der Arbeiter vorläufig gerecht werdende Schiedsspruch in der Berliner Metallindustrie ist für verbindlich erklärt worden.

Kurz vor dem Abschluß sind die Vertreter der Landwirtschaft aus dem Reichswirtschaftsbeirat[71] ausgetreten. In einer langen Erklärung verhüllen sie die sichere Tatsache, daß sie austreten, weil die Reichsregierung, vom Ausland und allen vernünftigen Wirtschaftskreisen gewarnt, ablehnte, auf eine Zwangskonversion der festverzinslichen Werte einzugehen. Allen Ernstes forderte man dies Riesengeschenk an Grund- und Hausbesitz.

Der Wirtschaftsbeirat tagt weiter. Der Kampf geht um die Senkung der Gestehungskosten. Sie werden von der Wirtschaft um des Exports willen gefordert. Man versteht darunter aber nur Lohnsenkung. Die Gewerkschaftsvertreter kämpfen darum, daß damit die Senkung der Lebenshaltungskosten, vor allem die Herabsetzung der Zölle verbunden wird. Ihre Position ist im Rat nicht stark.

Deutschland und Frankreich

Die Verhandlungen sind jetzt soweit gediehen, daß die deutsche Regierung in einem mit Frankreich verabredeten Briefe ihre Anträge an die Bank für internationalen Zahlungsausgleich (BIZ) gestellt hat. Zwei Ausschüsse sollen gebildet werden. Der eine hat die Fähigkeit Deutschlands auf Zahlung der Reparationen zu prüfen, der andere das Problem der Rückzahlung der eingefrorenen und verlängerten Kredite der Privatwirtschaft zu untersuchen. Auf Frankreichs Verlangen wird beides offiziell auseinandergehalten. Gehört aber zusammen, denn es ist dieselbe Devisenmasse in Deutschland, aus der beides nur bezahlt werden kann. Wieder eines der schlagenden Beispiele, die deutlich machen, daß wir tatsächlich in die Gestaltung hineingewachsen sind, in der Wirtschaft Gesamtschicksal ist und also entweder privatwirtschaftlich betrieben das Gesamtschicksal zerstörend beeinflussen muß – oder eben klar und wahrhaftig, ihrer Bedeutung entsprechend, gemeinwirtschaftlich verwaltet werden muß. Privatdevisenwirtschaft ist heute des gesamten Volkes Schicksal. Wie jeder Bankskandal und jeder industrielle Zusammenbruch und jede Unterstützung, die wir der notleidenden Landwirtschaft, Industrie, Bank geben.

Frankreich

Paul-Boncour, dessen Wahl zum Senator am Freitag rechtsgültig wurde, ist aus der sozialistischen Parlamentsfraktion ausgetreten, »um Konflikte innerhalb der Partei zu vermeiden«. – Er ist der Führer des rechtesten Flügels der französischen Partei. Grumbach trat in der Kammer sehr energisch für Verständigung zwischen Frankreich und Deutschland ein. Die Hitlerianer seien nicht das ganze Deutschland. »Wenn auch die SPD, ein Opfer ihrer heldenmütigen Politik sei, so besitze sie immer noch sieben bis acht Millionen Wähler und kämpfe verzweifelt für den Frieden«.

China und Japan

Rücksichtslos geht Japan in der Mandschurei vor. Bombenflugzeuge haben chinesische Truppen angegriffen. In Paris tagt der Völkerbundsrat und sucht zu vermitteln. Ihm hat Japan eine Einigungsformel übersandt, die versöhnlicher ist, als man zu erwarten wagte. Ernst ist dies Vorflackern eines gewaltigen Weltbrandes.

England

Das Parlament hat das Antidumpinggesetz angenommen. Es legt Zölle auf eine ganze Reihe von Artikeln. Auch unsere deutsche Ausfuhr nach England wird schwer getroffen. Rückwirkung unserer eigenen Zollpolitik.

Die Unruhen in Zypern sind gewaltsam unterdrückt. In Griechenland und griechischen Zentren ums ganze Mittelmeer regt sich der griechische Nationalismus in wütenden Demonstrationen. England läßt durch schimmern, daß es zu einer Neuregelung der Frage bereit ist.

Die Indienkonferenz ist durch ein Eingreifen Ramsay MacDonalds neu belebt worden. Nun regt sich der englische Konservatismus und Nationalismus gegen den Premierminister der nationalen Rettung, damit er ja nicht den Indern zu viel Selbständigkeit zugesteht.

Italien und Amerika

Grandis Besuch ist erfolgreich. Italien in seiner wirtschaftlichen Not und seinem Bedürfnis nach Amerikas finanzieller Hilfe ist ja schon länger der europäische Adjutant Amerikas für Frieden und Abrüstung. Nun hat man sich auf einen vorsichtigen Weg geeinigt, Frankreich ein völliges Sabotieren der Abrüstungskonferenz unmöglich zu machen.

Fast unglaublich klingt eine Meldung, wonach Grandi gesagt habe, durch seinen Einfluß auf die deutschen Nationalsozialisten habe er erreicht, daß ein Mißerfolg der Abrüstungskonferenz nicht zu einem Zwang für Brüning werde, deutsche Aufrüstung zu fordern.

Spanien

hat seinen früheren König Alfons XIII. in einem einstimmig gefaßten Urteil der als Staatsgerichtshof fungierenden Nationalversammlung des Hochverrats schuldig befunden. Kein Abgeordneter wagte sich diesem Spruch der Verachtung zu widersetzen. Er ist außerhalb des Gesetzes gestellt. Was von seinem Vermögen noch in Spanien ist, fällt an den Staat.

KPD und SPD

In einer Rede zu Darmstadt spricht Breitscheid davon, daß die Erklärung der KPD gegen die Gewalttaten[72] unter Umständen die Möglichkeit einer Annäherung zwischen den beiden Parteien gebe. Die KPD-Leitung erklärte darauf, daß ihr die Vernichtung der SPD immer noch das erste Ziel sei. In Moskau führte der Vorsitzende der Komintern in einer Rundfunkrede aus, das Zusammengehen der beiden sozialistischen Parteien in Deutschland gegen die faschistische Gefahr sei klare Notwendigkeit.

Die Sozialdemokratische Partei Österreichs
nahm eine Entschließung auf ihrem Parteitag in Graz an, in der es heißt, der Parteitag möge in Anlehnung der Aufrechterhaltung der Einigkeit der Sozialdemokratischen Partei in allen Ländern für eine erfolgreiche Abwehr aller gegnerischen Angriffe die Internationale anweisen, alle Bestrebungen zur Wiederherstellung der gestörten Einheit in der deutschen Bruderpartei zu unterstützen.

(26.) Politik der Woche 21. bis 28. November 1931.

1. Deutschlands Schicksal
So gewaltig die Weltbewegung ist, uns tritt alles zurück vor der Tatsache der nationalsozialistischen Verschwörung auf dem Boxheimer Hof.[73] Ganz plötzlich ist die deutsche Republik vor die letzte Entscheidung gestellt, ob sie diesen Prozeß rücksichtslos durchführen wird und will und Hochverrat als Hochverrat bestrafen oder ob sie sich selbst die Existenzberechtigung absprechen will, indem sie eine Partei schont, die alle Not steuern will einfach durch den Mord an ihren Mitbürgern. Denn das ist der Sinn aller dieser Dokumente:

»Jeder Anordnung ... ist sofort Folge zu leisten. Widerstand wird grundsätzlich mit dem Tode bestraft... Jede Schußwaffe ist binnen 24 Stunden abzuliefern. Wer nach Ablauf dieser Frist im Besitze einer Schußwaffe betroffen wird, wird ... ohne Verfahren auf der Stelle erschossen«. »Die von der Führung... erlassenen Notverordnungen haben für jedermann mit dem Tage ihrer Veröffentlichung durch Anschlag Gesetzeskraft. Verstöße ... werden in besonders schweren Fällen ... mit dem Tode bestraft«.

Die Notverordnungen sind auch vorgezeichnet. Richtlinien, nach denen alle vorhandenen Lebensmittel ohne Entgelt abzuliefern sind. Verkauf oder Tausch werden verboten, wieder ebenfalls bei Todesstrafe. Die Bevölkerung wird gemeinsam ernährt. Auch die Verfügung über das Volksvermögen geht auf die Führung über. »Es gibt bis zu anderweitiger Regelung kein Privateinkommen mehr«.

Zinszahlung hört auf. Mieten werden nicht mehr gezahlt. Arbeitspflicht für alle Nichtmitglieder der SA wird eingerichtet. Juden werden nicht beschäftigt. Anspruch auf Ernährung hat nur, wer die Arbeitspflicht erfüllt (also nicht der Jude).

Wer über Zusammenhänge von Volkswirtschaft etwas weiß, kann sich dies von der Todesstrafe beherrschte Chaos ausmalen.

Verfasser dieser Schriftstücke ist Dr. Best, nationalsozialistischer Landtagsabgeordneter, Inhaber entscheidender Ämter der Partei in Hessen. Sie wurden beraten auf einer Zusammenkunft von hessischen Führern. Von ihnen sagte sich Dr. Schäfer los, der dann Anzeige erstattete, nachdem sein Büro von seinen früheren Freunden überfallen und durchsucht war. Er sagte auch aus, daß vor jener letzten Zusammenkunft eine ähnliche in Offenbach stattgefunden habe, bei der Prinz August Wilhelm teilgenommen habe.

Das alles geschieht, wenn »die seitherigen Träger der Staatsgewalt im Reich und im Lande... durch die Ereignisse der letzten Tage (Wochen) weggefallen« sind. Dann wird die SA »das Recht und die Pflicht« haben »zur Rettung des Volkes die verwaiste Staatsgewalt zu ergreifen und auszuüben«.

Den Schutz der deutschen Republik handhabt ein Oberreichsanwalt, der solch ein zufälliges »Wegfallen« der deutschen Reichs- und Landesbehörden für möglich hält. »Soweit das Schriftstück Bests... zur Feststellung des Tatbestandes in Betracht kommt, handelt es sich offenbar um Maßnahmen, die sich gegen eine auf Grund der jetzt geltenden Verfassung im Amte sich befindlichen Regierung nicht richten. Vielmehr ist vorausgesetzt, daß eine solche verfassungsmäßige Regierung gestürzt... sei«.

Der hessische Innenminister ist in einer mannhaften Erklärung dem Oberreichsanwalt entgegengetreten. Preußen und Hessen planen, beim Reich Protest gegen ihn zu erheben.

Eine Erklärung des Reichsjustizministers schwächt die Stellungnahme des Oberreichsanwalts ab, sucht ihn aber gleichzeitig zu decken. Es wird außerdem bekannt, daß die Untersuchung der Sache dem im Prozeß gegen die Mörder Rosa Luxemburgs genügend bekannten Reichsanwalts Zorns übertragen war.

Wichtig ist die Stellung der gesamten NSDAP zu diesem Fall. Donnerstag, 26. November, früh schreibt der »Völkische Beobachter«: »Die Dokumente, mit denen man Polizei und Staatsanwaltschaft in München und Darmstadt gegen uns hetzt, sind wie wir heute schon feststellen können, erwiesenermaßen gemeine Fälscherprodukte. Es handelt sich um ein Verzweiflungsmanöver der zusammenbrechenden Sozialdemokratie«. Dasselbe der »Angriff«. Donnerstag Nachmittag erklärt die Parteileitung: »Falls diese Niederschrift sich als echt erweisen sollte... so kann es sich nur um eine Privatarbeit handeln... Die Parteileitung kann unmöglich für die privaten Stilübungen ihrer fast 800.000 Mitglieder verantwortlich gemacht werden«. – Es handelt sich um einen ihrer anerkannten Führer in Hessen Dr. Best, und um die Tatsache, daß ein anderer ihrer Führer austrat und die Sache anzeigte, weil er den Plan zu diesem Blutvergießen nicht mitmachen wollte.

Am Donnerstagabend erklärt der Reichsleiter der NSDAP, Göring, dem Innenminister: »Die Nachrichten... sind der Parteileitung erst durch die Presse bekannt geworden. Die Reichsleitung und die maßgeblichen Parteistellen haben damit nicht das geringste zu tun. Die Reichsleitung steht nach wie vor auf ihrem oft genug zum Ausdruck gebrachten und beschworenen Standpunkt strengster Legalität«.

Die Gerüchte über weitergehende Verhandlungen zwischen dem Chef des Reichswehrministeriums, Generalleutnant v. Schleicher, und führenden Männern der SA wollen nicht verstummen.

Die Größe der Gefahr wird weiter klar, wenn wir neben das Verhalten des Oberreichsanwalts das Urteil im Ossietzky-Prozeß stellen: Zu schweren Strafen ist der Redakteur der »Weltbühne« verurteilt wegen einer Kritik am Heeresetat und seinen Beziehungen zur Luftschifffahrt, die als Preisgabe des Materials an das Ausland verurteilt wurden, obwohl sie in öffentlicher Reichstagssitzung behandelt waren, obwohl ein rechtsstehendes Blatt, die »Hamburger Nachrichten«, viel eingehendere Mitteilungen darüber brachten und vom Oberreichsanwalt nicht angeklagt wurden.

Der Prozeß hat im Ausland ungeheures Aufsehen erregt. Man schließt daraus, daß Deutschland militärische Maßnahmen ängstlich verbirgt. Die darauf bezüglichen sehr energischen Äußerungen der einflußreichsten ausländischen Blätter, daß Deutschland seine Stellung für die Genfer Verhandlungen dadurch nicht verbessert habe, sind vom offiziellen Wolffschen Telegraphenbüro nicht weitergegeben worden.

Daneben geht der Kampf weiter um Preis- und Lohnsenkung. Weder über die Senkung der Zölle noch über die der Mieten ist etwas verlautbart. Die Schlüsselstellungen der Preissenkungen sind unerschüttert.

Der Kampf um weitere Lohnsenkungen wird von der Industrie überall begonnen.

Was die vom Reichskanzler angekündigte »Lockerung des Tarifrechts« bedeuten soll und kann, ist ebenfalls umstritten.

Die Finanzen der Invalidenversicherung sind schwer gefährdet. Die Regierung sucht Wege, sie zu finanzieren.

Deutschland und Frankreich

Laval hat in der Kammer erklärt: »Wir werden ein neues Arrangement nur für die Periode der wirtschaftlichen Depression vornehmen. Wir werden uns auf eine Reduktion nur in dem Maße einlassen, in dem unsere eigenen Schulden reduziert werden. Wir können auf die ungeschützten Jahreszahlungen nicht verzichten und werden eine Priorität der privaten Schulden vor den Reparationen nicht anerkennen.« – Das bedeutet ein Ablehnen fast all der Forderungen, die man in Deutschland zur wirtschaftlichen Ordnung der Finanzen für unerläßlich hält. Deutlich spielt dabei Laval darauf an, daß eine endgültige Verständigung erst möglich sein werde, wenn in Deutschland die nationalsozialistischen Demonstrationen aufhören werden. Die Kammer sprach ihm ihr Vertrauen aus.

England

erhöht seine Zölle weiter. Die den Zollerhöhungen vorangehende Eindeckung wurde der deutschen Industrie günstig. Nun aber muß sich Englands Vorgehen verhängnisvoll gegen Deutschland wenden.

China und Japan

Der Krieg geht weiter. Der Völkerbundsrat sucht Vermittlung. Einmal hofft man mehr, einmal weniger.

Österreich und Ungarn

Diese beiden Länder verhandeln über eine Zollunion, die sie unter Führung Frankreichs eingehen wollen. Es soll für Deutschland die Möglichkeit späteren Beitritts offen gelassen werden.

Tschechoslowakei

In Tschechisch-Schlesien führte ein von Kommunisten veranstalteter Hungermarsch von Erwerbslosen zu einem Zusammenstoß mit der Gendarmerie. 7 Tote und 17 Verwundete blieben auf dem Platz. Im Parlament zu Prag kam es zu leidenschaftlichen Sturmszenen beim Eintreffen der Nachricht.

Abrüstungskonferenz

Gerüchte gehen über Pläne Englands und Frankreichs, die auf ein Verschieben der Konferenz hinauslaufen. Sie soll zum 2. Februar zusammentreten.

Nachtrag zum Bericht

Die Stellungnahme des Oberreichsanwalts hat im Ausland katastrophal gewirkt. Man sieht darin den Willen, die Hochverratspläne nicht zu verfolgen.

Auf Veranlassung der Reichsregierung wird die Voruntersuchung in Sachen des Putschisten Best und Komplizen nicht mehr von Zorn geführt. Mit der Untersuchung ist am Samstag Reichsgerichtsrat Zoellner beauftragt worden.

Ein weiterer Beweis für die Mitschuld der gesamten NSDAP wird beigebracht in einer Liste aus Gießen, in der 14 Gießener Bürger aufgeführt werden, die im Falle der Machtergreifung verhaftet werden sollen. Dies beweist, daß man mindestens in Hessen allgemein ein solches Vorgehen plante und nicht nur der eine Mann Best.

Die Sozialdemokratische Partei veröffentlicht einen Aufruf gegen das Blut- und Hungerprogramm der NSDAP, in der sie alle zu einer einmütigen Ab-

wehrstellung in ihren Reihen aufruft, die Deutschlands Freiheit wollen.«Hinter dem sogenannten Nationalsozialismus steht als Treiber und Geldgeber der reaktionärste und brutalste Teil der deutschen Kapitalistenklasse... Man will wieder Industrieuntertanen, die sich aus Furcht vor dem Hunger jedem Diktat fügen. ... Auf politischem Boden fällt zwischen der faschistischen Reaktion und der Sozialdemokratie die Entscheidung... Es geht um Freiheit oder Knechtschaft! E s g e h t u m L e b e n o d e r T o d !«
Man lese den Eingang des Berichts. Wir stehen vor der Entscheidung. Tue jeder vom Führer bis zu jedem von uns in stiller Entschlossenheit seine Schuldigkeit.

(27.) Politik der Woche 29. November bis 5. Dezember 1931

Die Wirtschaftskrise verschärft sich weiter. Als Beispiel: die Förderung von Ruhrkohle ist unter das Vorkriegsniveau gesunken. Eisen und Stahl wird nur noch ebensoviel wie 1902 produziert. – Die Arbeitslosigkeit in Deutschland ist auf etwa 4.900.000 gestiegen. Sogar in Frankreich wächst sie jetzt rasch: Die Arbeitsverbände schätzen ½ Million Arbeitslose und 1 ½ Millionen Kurzarbeiter. – Entsprechend verschärft sich der Kampf zwischen Kapital und Arbeit. Die Berliner Metallindustrie hat die Tarife für Arbeiter und Angestellte gekündigt. Im Ruhrgebiet ist die Entscheidung über die Löhne bis Januar vertagt, weil man bis dahin eine generelle Regelung durch Notverordnung erwartet. In Holland haben die Gewerkschaften für die Twenter Textilindustrie Streik proklamiert. In England hat der Verband der Baumwollspinnereien das 48 Stunden-Abkommen gekündigt. Er wünscht »freundschaftliche Verhandlungen« mit den Gewerkschaften über Verlängerung der Arbeitszeit auf – 53 ½ Stunden in der Woche. – Der Druck auf die Löhne und die Zölle, das sind bis jetzt noch immer die wichtigsten Mittel, mit denen die kapitalistischen Staaten die Krise zu bekämpfen suchen. Die Zölle sollen die Konkurrenz vom Inlandsmarkt abhalten. Mit hohen Preisen und niedrigen Löhnen im Inland hofft man die ausländischen Kapitalisten niederkonkurrieren zu können. Das hat sich bis jetzt nur krisenverschärfend ausgewirkt. Sämtliche sich überstürzenden Zollmaßnahmen zu registrieren, ist unmöglich. Zuletzt haben Dänemark und Frankreich neue Einfuhrverbote und –erschwerungen vorgenommen. Auch in Deutschland scheint man noch nicht genug an Zöllen zu haben. Die westlichen Unternehmerverbände fordern einen »Einfuhrausgleich Umsatzsteuer«. Hinter diesem geheimnisvollen Wort steckt nicht anderes als der Wunsch nach neuer Einfuhrerschwerung. – England ist, z. T. infolge seiner Zollpolitik, in eine neue Währungskrise gestürzt worden.

Das Pfund sank einige Tage lang stark. Gegen Ende der Woche ist es durch einige Großbanken gestützt worden. – Der österreichische Schilling macht ebenso eine Krise durch. Überhaupt scheint Österreich wieder als Beispiel dafür dienen zu wollen, wie es den schwächsten Ländern, also demnächst vielleicht Deutschland, gehen wird. Es hat die Kreditanstalt, die nach ihrem Zusammenbruch zunächst vom Staat gehalten wurde, an die Londoner Finanzkapitalisten ausliefern müssen. Diese Kapitalistengruppe hat durch einen Vertrag praktisch die Herrschaft über die Bank. Mit der Kreditanstalt, der wichtigsten Bank Österreichs, hat sie aber auch Einfluß auf die gesamte österreichische Industrie. – Nur aus Rußland kommen positive Wirtschaftsnachrichten. Das Plankomitee hat die Genehmigung für den Bau einer Waggonfabrik erteilt, die die größte der Welt sein wird. Es fehlt Rußland immer noch an Ingenieuren. Einige tausend können noch eingestellt werden. Bei der Getreideaufbringung hörte man zunächst von Schwierigkeiten. Trotzdem sind bis 25. November 73 Prozent und von den Kollektivwirtschaften 81 Prozent des Jahresplanes erfüllt worden.

In Spanien arbeitet die Kirche weiter gegen die Republik. Jetzt ist ein umfangreicher Waffenschmuggel aufgedeckt worden. Die Waffen waren zur Bewaffnung der Kirchen und Klöster bestimmt. Scheinbar rechnet die Kirche damit, daß ihre Arbeit gegen den neuen Staat zum Bürgerkrieg führt.

Die Indien-Konferenz in London ist gescheitert. Die englische Regierung will keine Zugeständnisse an die Freiheit Indiens machen. Gandhi ist fest geblieben und wird wahrscheinlich die Gehorsamsverweigerung in Indien wieder aufnehmen. Die Regierung hat in Indien drastische Maßnahmen zur »Bekämpfung des Terrors« ergriffen, Belagerungszustand verhängt und Sondergerichte eingesetzt.

Auch in England selbst herrscht jetzt eine schärfere Tonart. Gegen Kommunisten, die man der Meuterei beschuldigt, sind schwere Zuchthausstrafen und Zwangsarbeit verhängt worden.

Gerüchte über eine Verschiebung der Abrüstungskonferenz wollen nicht verstummen. Man kann sich denken, daß die Regierungen im Augenblick nicht viel Lust zu dieser Konferenz haben, da der Völkerbund gerade eben ein deutliches Beispiel seiner Unfähigkeit gibt. Noch immer wird in Paris über die Beilegung des Mandschurei-Konfliktes beraten. Währenddem gehen die kriegerischen Aktionen im Osten lustig weiter. Es sind schon regelrechte Schlachten mit vielen Toten geschlagen worden. – Auch die deutsche Regierung wird kaum viel Lust zu jener Konferenz haben, wenn man bedenkt, welchen katastrophalen Eindruck das Urteil gegen Ossietzky im Ausland gemacht hat. Chamberlain hat diesen Prozeß im englischen Parlament zur Sprache gebracht. – Trotzdem hat sich die deutsche Regierung noch immer nicht genug die Finger verbrannt. Groener hat einen zweiten Prozeß gegen Ossietzky veranlaßt wegen eines anderen Artikels, der den Soldatenberuf verächtlich mache. – Außerdem verlangt sie, in der Kommission, die in die Mandschurei geschickt werden soll, vertreten zu sein. Auch hier scheint, statt eines Pferdefußes, ein Generalstiefel herauszuschauen. Man will dabei sein, wenn militärische »Spiele« vor sich gehen.

Überhaupt hat es der Innen-Wehrminister Groener verstanden, sich recht in den Mittelpunkt der Ereignisse zu stellen. In der deutschen
Innenpolitik
hört man fast nichts mehr von Brüning. Groener dagegen schreibt morgens einen Leitartikel für die schwerindustrielle DAZ, in der er Maßnahmen gegen die »Staatsverleumder« forderte. Inzwischen ist der Staatsanwalt angewiesen worden, gegen die Friedensgesellschaft[74] vorzugehen. Was Groener sonst noch unter Staatsverleumdern versteht, zeigte der Ossietzky-Prozeß. Am Abend hält Groener eine Rundfunkrede, in der er von »Träumern, die die Wirklichkeit nicht sehen« (lies Nazi und Boxheim) spricht, gegen die er nicht mit polizeilichen, sondern geistigen Mitteln vorzugehen gedenke. Für nächsten Sonntag ist eine Rundfunkrede über »Die Verantwortung des Staatsbürgers« angekündigt. Man darf gespannt sein. Die deutsche Rechtsprechung fügt sich in jeder Weise in die Tendenzen der heutigen Machthaber ein. Das Reichsgericht hat ein gegen Nationalsozialisten erlassenes Uniformverbot für ungültig erklärt. Merkwürdige Dinge geschehen auch in der Polizei. Zweimal kurz hintereinander sind in Berlin Menschen verhaftet worden, die Severing, die Republik und das andere Mal Braun hochleben ließen. In Wien haben nationalsozialistische Polizeibeamte eine Gewerkschaftsversammlung gestört. Beides Beweise, daß auch die Polizei infiziert zu sein scheint. – In Birkenfeld waren Wahlen: Die SPD verlor 40 Prozent ihrer Stimmen. Die Nazis gewannen 100 Prozent, sie haben von 25 Sitzen 12. Das Zentrum und die Kommunisten gewinnen, während alle übrigen Parteien verlieren. – Der Reichsbannerführer Hörsing gab eine eigene Zeitung heraus, in der er ein Wirtschaftsprogramm propagierte, das sich in nichts von dem nationalsozialistischen unterscheidet. Ob mancher sich rechtzeitig in Sicherheit bringen will?

Die Vorbereitungen für den Eintritt der NSDAP in die Regierung scheinen in der Tat weiterzugehen. Hitler schickt seinen »Außenminister« Rosenberg nach London, um bei den Konservativen um gut Wetter zu bitten; dieser ist von einigen Tories empfangen worden. In ausländischen Zeitungen wird der Eintritt Hitlers in die Regierung offen diskutiert. Eine englische Zeitung behauptet, Frankreich habe sich schon einverstanden erklärt. Das Blatt der Strasser-Nazis, das manchmal gut Bescheid weiß, wußte schon von Vereinbarungen zwischen Brüning und Hitler zu berichten. Da nach sollten Groener und Brüning (nur als Außenminister) in der neuen Regierung bleiben. – Dann hätte Groener es ja erreicht. – Vom Zentrum wird immer wahrscheinlicher, daß es mit den Nazis zusammengehen wird. Zurzeit ist Prälat Kaas in Rom beim Papst, wahrscheinlich um dessen Erlaubnis dazu einzuholen. – Die Regierung berät zurzeit eine neue Notverordnung. Ziemlich sicher wird diese die von Groener angekündigten Maßnahmen gegen die politische Betätigungsfreiheit enthalten; wahrscheinlich ein Verbot für alle politischen Versammlungen vom 20. Dezember bis zum 3. Januar. In dieser Zeit soll die Notverordnung in Kraft treten. Wahrscheinlich enthält sie so einschneidende Dinge, daß man Demonstrationen und Unruhen für diese Zeit befürchtet. Daher beugt man vor. Ossietzky schreibt in der »Weltbühne« über seine Verurteilung zu eineinhalb Jahren Gefängnis: »Eineinhalb Jahre Freiheitsstrafe? Es ist nicht so schlimm, denn es ist mit der Freiheit in Deutschland nicht weit her. Mählich verblassen die Unterschiede zwischen Eingesperrten und Nichteingesperrten!« Es scheint so, als wollte die neue Notverordnung diese Behauptung wahr machen. – Weiter soll die neue Notverordnung neue Gehaltskürzungen und eine neue Umsatzsteuer bringen. Vor allem aber scheint es in der Tat so, als ob die Regierung sämtliche Tarifverträge zum 15. Januar aufheben wolle. Von Preissenkung ist natürlich auch wieder die Rede. Als einzige Maßnahme zu diesem Zweck ist die Ausgabe eines Vier-Pfennigstücks geplant. Gerade als ob die hohen Preise daran lägen, daß wir nicht genug Kleingeld zum Rausgeben haben. Was die Vier-Pfennigmünze überhaupt mit Preissenkung zu tun hat, scheint nur die Regierung zu begreifen. Denn vier Pfennig kann man doch auch mit zwei Zwei-Pfennigstücken herausgeben. Von den zur Preissenkung nötigen Maßnahmen, wie Zollabbau und Vorgehen gegen die Kartelle, hört man nichts. – Eine Konferenz der Finanzminister der Länder stellte fest, daß die Etats »um jeden Preis« in Ordnung gebracht werden müßten. – Der thüringische Landtag hat auf kommunistischen Antrag beschlossen, die Zahlungen an die Kirche und die abgefundenen Fürsten einzustellen. Das offiziöse Wolff-Büro bemerkt dazu, daß diese Beschlüsse wohl »keine praktische Wirkung« haben würden. Diesen »Preis« will man also doch nicht zahlen, um die Etats in Ordnung zu bringen.

Nach einer Rede von Wels in Stuttgart schien es, als werde die SPD die neue Notverordnung nicht tolerieren. Inzwischen ist ein Antrag der Kommunisten auf Einberufung des Reichstags vom Ältestenrat abgelehnt worden. Am Freitagnachmittag waren die SPD-Führer bei Brüning. Sie legten den Standpunkt der SPD dar. Brüning erklärte, daß noch nichts über den Inhalt der Notverordnung feststehe. Eine Behauptung, der man nicht recht glauben mag, weil eine solche Notverordnung doch technische Vorarbeiten benötigt. Dazu müssen aber doch die Prinzipien der Notverordnung festgelegt sein. Der SPD-Dienst erklärt, daß wegen dieser Erklärung Brünings keine Klärung der politischen Lage erreichbar war. Nächste Woche wird die SPD-Fraktion zusammentreten.

(28.) Politik der Woche 6. Dezember bis 13. Dezember 1931

Innenpolitik

Im Mittelpunkt steht die Absage Brünings an den Nationalsozialismus. Er charakterisiert die Politik dieser Kreise als ein Flüchten zu Traumbildern. Eine auf sie gegründete Politik würde das Ende Deutschlands bedeuten. Die Regierung werde »einem drohenden Zerfall der Volkskraft mit eiserner Energie« entgegentreten. »Reichspräsident und Reichsregierung verfügen allein über die Machtmittel des Staates. Sie werden mit unerbittlicher Strenge, nötigenfalls auch mit Verhängung des Ausnahmezustandes, gegen alle eingesetzt werden, die sich unterfangen, in den Stunden stärkster Nervenprobe den verfassungsmäßigen Gewalten in den Arm zu fallen«. – Eine Legalität, die nach dem legalen Ergreifen der Macht die legalen Schranken durchbrechen will, ist keine Legalität. Ebenso wenig ist es Legalität, wenn die Führer der Nationalsozialisten dauernd zu sinnlosem Bruderkampf und zu außenpolitischen Torheiten auffordern.

Das Echo, das diese Rede im Ausland gefunden hat, zeigt jedem Nachdenklichen, wie sehr der Schlüssel der gesamten politischen Lage in der Hand der deutschen Politik liegt. Hier Wirrwarr und Unklarheit und beides steigert sich in der Welt. – Hier Klarheit, Sicherheit und zielbewußte Führung und wir sind auf dem Weg der Heilung. – Aber bedeutet diese Erklärung Brünings, daß man eine sichere, zielbewußte Führung in Abkehr von allen Gewaltplänen der Kapitalführer durchführen will – durchführen kann???

Die Erklärung war nötig geworden, weil sich Hitler durch seine Abgesandten im Ausland und durch ein Interview an die ausländische Presse schon als der aufspielte, der in kurzer Zeit Herr Deutschlands sein werde.

Einige Versuche, das weiter zu tun, sind inzwischen verhindert worden. Aber: Die Verfertiger der Boxheimer Dokumente sitzen im Hessischen Landtag. Best ist dort in den hessischen Staatsgerichtshof gewählt. Mit den Stimmen des Zentrums ist ein anderer Nationalsozialist, Dr. Werner, zum Präsidenten des Landtags gewählt worden. Die Verhandlungen zwischen Zentrum und Nationalsozialisten über die Wahl des hessischen Staatspräsidenten sind wenig aussichtsreich, gehen aber trotz unmöglicher Forderungen der Nationalsozialisten noch weiter.

Die Notverordnungen behandeln mit ihrem Versammlungs- und Uniformverbot das Reichsbanner und alle republikanisch gesinnten friedlichen Menschen genau wie die Leute Hitlers. Ist das Kampf gegen die Illegalität, wenn man um der Illegalen und ihrer Gewaltmethoden willen auch die Legalen lahm legt? – Die »eiserne Energie« der Regierung bleibt nach wie vor eine dem Republikaner gänzlich unverständliche Unparteilichkeit zwischen Staatsfreund und Staatsfeind.

Die Absage Brünings war ein Teil der Rede, in der er die vierte Notverordnung[75] ankündigte. Sie stellt einen unerhört schweren Eingriff in das gesamte Wirtschaftsgefüge dar. Sie senkt die Löhne und Gehälter. Aber sie will gleichzeitig durch ein ausgeklügeltes System von Preissenkungen und Senkungen der Produktionskosten und Frachten den Ausgleich schaffen. Das Ziel soll sein: Schaffung deutscher Konkurrenzfähigkeit auf dem Weltmarkt und Ankurbeln der Wirtschaft im Innern. Da die Senkung der Löhne erst erfolgen soll, wenn die Preissenkung da ist, so ist ein Preiskommissar (Oberbürgermeister Dr. Goerdeler von Leipzig) ernannt, der die Absichten der Regierung verwirklichen soll. Eine vorsichtige Mietsenkung wagt zum erstenmal, ein Opfer des Grundbesitzers zu fordern, dem das gefährliche Experiment der Zinssenkung langfristiger Kredite ausgleichend für den Hausbesitz gegenübergestellt ist. Der Landwirtschaft gibt man die Ausdehnung des Vollstreckungsschutzes auf das ganze Reich. Das eigentliche Entscheidende für jede Preissenkung, die Senkung der Zölle, ist nicht irgendwie in Angriff genommen worden.

So ist es kein Wunder, daß die Gewerkschaften und die SPD in großer Zurückhaltung die Notverordnung prüfen. Ob es ihnen möglich sein wird, Brüning weiter zu tolerieren oder ob sie die Einberufung des Reichstages mitfordern werden, steht noch nicht fest. Gefordert wird diese Einberufung von der gesamten Rechten, einschließlich der Deutschen Volkspartei und den Kommunisten. Das Zünglein an der Waage ist, wenn die SPD Tolerierung beschließt, die Wirtschaftspartei. Sie soll geneigt sein, wieder für Brüning zu stimmen. Grotesk ist die Haltung der Deutschen Volkspartei. Sie beschloß auf einer Tagung zu Hannover, »eine selbständige Politik der Gegnerschaft gegen Brüning« zu führen, das heißt »selbständig« im Gefolge Hitlers, wie das gesamte »selbständige« Bürgertum.

Für den Fall, daß die Einberufung des Reichstages wirklich von einer Mehrheit gefordert wird, hat Brüning vom Reichspräsidenten die Zusicherung der Auflösung des Reichstages erhalten. Man spricht davon, daß für diesen Fall der Belagerungszustand erklärt und Neuwahlen hinausgeschoben würden bis zu dessen Beendigung.

Der Reichsfinanzminister Dietrich versichert, daß durch die Notverordnung der Reichshaushalt endgültig geordnet sei. Die Haushalte der Länder sind es sicherlich noch nicht, die der Gemeinden durch die Senkung der Tarife, die gefordert wird, ernstlich bedroht.

Vom »Braunen Haus« wird dementiert, daß Hitler einen Empfang beim Reichspräsidenten nachgesucht habe, um sich über Brünings Rede zu beschweren.

Zu beachten ist auch das Verhalten der Vereinigung der Polizeioffiziere. Der Polizeioberst Levit, der nun wieder Reichsbannerleute, die ein Hoch auf Braun ausgebracht hatten, verhaftete, wurde von Severing strafversetzt. Dagegen hat die Reichsvereinigung protestiert. Severing hat ihr den Protest zurückgeschickt und alle Beziehungen zu ihr abgebrochen. Die Vereinigung versucht sich zu entschuldigen. Bis jetzt betrachtet Severing ihre Versuche als ungenügend.

Außenpolitik

Brünings Rede und Notverordnung sind Mittel seiner Außenpolitik. Er kämpft um einen günstigen Ausgang der Verhandlungen des Sonderausschusses der Bank für internationalen Zahlungsausgleich in Basel. Wird man Deutschland die kurzfristigen Kredite verlängern? Wird man zu einer endgültigen oder auch nur für uns erträglichen Regelung der Reparationen gelangen? – Brüning forderte sehr energisch eine endgültige Regelung aller dieser Fragen als Voraussetzung der Rettung Europas aus der Krise. Die Aussichten aber sind schlecht und Dr. Melchior, der Deutschland in Basel vertritt, hat eine schwere Aufgabe.

Warum sind die Aussichten schlecht?

1. Weil Frankreich nicht nur seine Erklärungen, daß an ein endgültiges Verzichten auf die Reparationen nicht zu denken sei, aufrechterhält, sondern Laval ganz deutlich sehr viel weiter nach rechts gerückt ist. Die französischen Nationalisten haben eine große, internationale Friedenskundgebung im Trocadero in Paris gesprengt. Laval nahm in der Kammer ihre Partei und hat das Tischtuch zwischen sich und den Radikalen zerschnitten. Er glaubt, sich nur halten zu können, wenn er mehr nach rechts geht – uns ein Thermometer für den durch den deutschen Nationalismus im entscheidenden Augenblick wieder einmal bewirkten Umschwung der Stimmung in Frankreich.

Gleichzeitig beginnt Frankreich die Auswirkungen der Krise selbst deutlicher zu spüren. Auch die französischen Finanzen werden unsicher. Die Eisenindustrie leidet an Absatzschwierigkeiten, die Arbeitslosigkeit wächst. Wird es dadurch verständigungsbereiter oder ängstlicher besorgt, sich selbst zu sichern? Wer weiß es heute?

2. Weil England ganz offenbar zu der Politik übergegangen ist, kurzsichtig sich, seine Pfundwährung, seine Industrie zu retten, ohne zu fragen, was aus

den andern wird. Man erhebt Zoll um Zoll. Mühsam hat Ramsay MacDonald die extremsten Wünsche der Rechten abgewehrt. Aber selbst die Gefahr einer starken Verstimmung Frankreichs hat ihn nicht gehindert, die Zollschutzpolitik weiter zu verfolgen.

Wenn allerdings Hitler und Rosenberg aus diesen Verstimmungen einen Bund England, Amerika, Deutschland gegen Frankreich zu schaffen hoffen, so sind sie vollständig blind für das, um das es sich handelt. Es handelt sich doch nur um die Frage, ob die europäische kapitalistische Gesellschaft sich saniert, indem sie Deutschland mitsaniert oder sich rettet, indem sie die deutsche Konkurrenzfirma opfert. Ob ein anderer als Opfer fallen soll, kommt vor allem diesem Geplänkel zwischen den Mächtigen gar nicht in Frage. Schwer ringt England um seine Währung, doch lauten die letzten Nachrichten für das Pfund günstiger. Es steigt wieder.

3. Weil in Amerika zwischen Hoover und seinen Gegnern im Kongreß und öffentlichen Leben der Kampf tobt, ob die Vereinigten Staaten auch zu der kurzsichtigen Politik des nur an die eigene Wirtschaft Denkenden übergehen oder Hoovers Politik weiter verfolgen sollen, der die in Deutschland angelegten amerikanischen Gelder mitretten will. »America First« (»Zuerst Amerika«) ist die gegen Hoover ausgegebene Losung. Hilfe für Europa nur, soweit Europa sehr deutliche Sicherungen bietet.

Zugleich kämpft Hoover außenpolitisch um den Erfolg der kommenden
Abrüstungskonferenz.
Es ist beängstigend still geworden um die Frage, ob sie verschoben werden soll oder nicht. Grandi ist aus Amerika zurückgekommen und hat in Paris und Rom hoffnungsvolle Reden gehalten, die Italiens Bereitschaft zu einer Rüstungsverständigung betonen.

Zaleski aber ist nach London gereist, um dort festzustellen, daß Polen sehr aufmerksam die nationalistische Gefahr in Deutschland beobachtet.

Der Völkerbundsrat
hat einen Erfolg davongetragen. China und Japan sind auf einen Plan eingegangen, der verspricht, ihren Konflikt ohne Waffengewalt durch Verständigung zu lösen. Es wird auch jetzt nicht leicht sein. Ob das ein gutes oder böses Zeichen ist, kann man von hier aus nicht beurteilen.

In Österreich fällt der Schilling. Dr. Pfrimer, der Mann des Steiermark-Putsches, ist verhaftet. Ihm soll der Hochverrats-Prozeß gemacht werden. Man fürchtet, daß es nicht energisch wird, weil sehr maßgebende Kreise »Enthüllungen« fürchten.

In Spanien ist Alcala Zamora zum ersten Präsidenten der spanischen Republik gewählt, der Staatsmann, der um seines Charakters willen unbedingtes Vertrauen aller besitzt.

Deutschland hat Ende November 5.057.000 Arbeitslose. 214.000 mehr als am 15. November, 1,3 Millionen mehr als um dieselbe Zeit des Vorjahres.

Wachsende Katastrophe

Neben der Abgabe von verbilligtem Brot, verbilligten Kartoffeln und Kohlen versucht man auch Abgabe von verbilligtem Fleisch. Das darf nicht beruhigen über die Furchtbarkeit der Lage.

29. Politik der Woche 13. Dezember bis 19. Dezember 1931

Deutsches Wirtschaftsleben

Das Institut für Konjunkturforschung legt seinen Vierteljahresbericht vor. Er muß an erster Stelle stehen, denn er zeigt uns die heute entscheidenden Dinge. Mit dem 14. Dezember schließt er ab. Der weltwirtschaftliche Konjunkturrückgang verschärft sich. So lange das Krisenstadium äußerster Kreditanspannung, verbunden mit weitgehendem Kapitalstreik anhalte, sei an eine Besserung nicht zu denken. Alle Belebung in der Preisentwicklung könne nur vorübergehenden Charakter tragen, solange sie nicht durch regen Verbrauch gestützt werde. Die industriellen Unternehmen nehmen nicht nur keine neuen Anlagen vor, zu einem großen Teil unterlassen sie sogar den notwendigen Ersatz der Maschinen und Anlagen. Infolge der Maßnahmen Englands und anderer Länder ist mit einem Rückgang des Ausfuhrüberschusses weiter zu rechnen. Ebenso ist damit zu rechnen, daß die Zahl der Arbeitslosen in den Wintermonaten noch um ca. 1 Million wächst. Das deutsche Volkseinkommen, das 1929 76 Milliarden betrug, 1930 68 bis 70 Milliarden, wird 1931 auf 50 bis 60 Milliarden geschätzt. Der Umsatz der Volkswirtschaft war 1929 154 Milliarden, 1930 119 Milliarden, 1931 105 Milliarden. Das Arbeitseinkommen wird für 1931 auf etwa 6 Milliarden Mark weniger angeschlagen als für 1930. Es ist seit 1929 um 9 bis 10 Milliarden gesunken und damit die Kaufkraft der Volksmassen. Mit weiterer Wirtschaftsschrumpfung ist zu rechnen.

Ein Zeichen für den Stand der deutschen Wirtschaft ist die Zahlungseinstellung bei den Berliner Borsig Werken, einem der allerbedeutendsten deutschen Maschinenbau-Werken. Nicht ganz so erschütternd, aber immerhin wichtig, ist die Tatsache, daß auch die Hannoversche Maschinenbau AG (Hanomag) Vergleichsverfahren beantragt hat, auch eines der repräsentativen, angesehenen deutschen Unternehmen.

Der Lohnabbau in der Industrie wird energisch betrieben. Von allen Seiten lesen wir die Nachrichten: Entscheidung des Schlichters 10 Prozent Senkung, 15 Prozent, 20 Prozent usw.

Der Preissenkungsdiktator Dr. Goerdeler beginnt zu verhandeln über die Preissenkungen bei Brot, Fleisch, den Tarifen der städtischen Werke. Die Eisenbahn senkt ihre Tarife, ebenso die Berliner Verkehrsindustrie, die Großindustrie sogar beginnt herabzusetzen oder über Herabsetzung nachzudenken. Nur die Post streitet noch sehr mit der Reichsregierung darüber.

Brüning erklärte in einem Brief an Wels, daß er an dem Zueinandergehören von Preissenkung und Lohnsenkung unbedingt festhalte. Die Kaufkraft des deutschen Volkes dürfe nicht nochmals sinken. Sei das Herabgehen der Preise nicht entsprechend der Lohnsenkung, so sei eine völlig neue Situation geschaffen.

Weltwirtschaft

England geht seinen Weg zum völligen Protektionismus entschlossen weiter. Es will sich mit den andern Gebieten des Empire darüber verständigen. Eine Beschwerde der deutschen Regierung wies es deutlich zurück. Vor einer Verständigung mit den Staaten des Empire sei an irgendwelche Verhandlungen mit andern Ländern nicht zu denken. Das bedeutet Rückgang unseres Außenhandels. Zugleich sinkt das Pfund weiter.

Japan sieht sich gezwungen, von der Goldwährung abzugehen. Eine neue Unsicherheit in der Weltwirtschaft.

In den Vereinigten Staaten hat der Finanzausschuß des Repräsentantenhauses das Hoover-Moratorium gebilligt. Man hofft, daß der Kongreß dem sofort zustimmt. Die Billigung erfolgte aber nach einer Debatte und unter Formen, die ganz deutlich machen, daß auf weitergehende Hilfe durch Amerika nicht zu rechnen ist.

Das bedeutet, daß Frankreichs Meinung für die kommenden finanziellen Verhandlungen verstärkt wird, wonach es sich in keiner Weise um die von Brüning in seiner Rede geforderte endgültige Regelung der Reparationsfrage handeln kann, sondern nur um eine provisorische Lösung für die Zeit der Krise. Der Kapitalismus ist unfähig zu gemeinsamem Handeln. Es bleibt die Devise »Rette sich wer kann!«

Der Baseler Ausschuß zur Prüfung der Lage Deutschlands hat seine Arbeit beendet.[76] Sein Bericht wird demnächst erscheinen.

In Berlin finden Verhandlungen zwischen Frankreich und Deutschland über einen Stillhalte-Vertrag für die kurzfristigen Kredite statt. Neben den Reparationen ist es ja die andere Lebensfrage, daß deren Rückzahlung nicht jetzt von den Gläubigern verlangt wird. Es wird berichtet, daß sie in einer äußerst verständnisvollen Art von beiden Seiten geführt werden. Gedanken und Vorschläge über die Art der Lösung werden in der Öffentlichkeit besprochen.

Gleichzeitig beginnen Verhandlungen mit Frankreich über den Handelsvertrag, gegen dessen Durchführung beide Länder Klage zu führen haben.

Mit der Schweiz sind entsprechende Verhandlungen abgebrochen worden und hier muß und wird der Handel empfindlich Schaden leiden.

England hat an Frankreich eine Note gerichtet, in der es sich energisch für die endgültige Regelung der Reparationsfrage einsetzt.

Die Bürgerkriegsatmosphäre
wird beleuchtet durch die ganze Ideologie des Berliner Prozesses um die Mordtaten in der Hufelandstraße, Silvester 1929/30.[77] Diesen Nationalsozialisten ist es ganz selbstverständlich, daß sie anderer Leute Räume betreten und durchsuchen dürfen. Die ganze Sprache ist mit Kriegsausdrücken durchsetzt. Die Ermordeten sind »Gefallene« usw.

In Braunschweig haben die nationalsozialistischen Landtagsabgeordneten das Uniformverbot mißachtet. Man ist nicht gegen sie eingeschritten. Die Öffentlichkeit weiß bis jetzt nur von einer Anfrage des Reichsinnenministers beim Braunschweiger Innenminister. Was wird geschehen?

Im selben Braunschweig ist eine ganz unglaubliche Studentensache mit Studentenstreik, Beleidigung der sozialistischen Studenten usw. geschehen. Man ist begierig auf die Erledigung.

Hitler hat ein zweites Braunes Haus in München eingeweiht.[78] Verschiedene Braune Häuser sind geschlossen worden, weil in ihnen Vorbereitungen zum Umsturz zu deutlich wurden. Auf Schloß Rotenberg, dem Gesandten a.D. v. Reichenau gehörig, wurde eine Haussuchung gehalten, über deren Ergebnisse noch nichts bekannt ist. Man munkelt von Gegensätzen zwischen Hitler, der zur offiziellen Legalität steht und Goebbels und Stennes, die ernst machen wollen.

Hitler hat versucht, eine große Rundfunkrede ans Ausland zu halten, die von der Reichsregierung verhindert wurde.[79] Er hat sie der amerikanischen Hearst-Presse zum Druck gegeben.[80] Es wird im Auslande festgestellt, daß sie nicht mehr entfernt die Beachtung findet, wie seine erste Kundgebung.

Auf Brünings Rede hat Hitler mit einer Erklärung geantwortet, die ein neues Bekenntnis zur Legalität ist. Nur Provokateure, die man von feindlicher Seite in seine Partei geschickt habe, erweckten den Anschein, als sei das anders (Best und Konsorten sind aber nach wie vor Landtagsabgeordnete der Partei). »Die jeweils gültige Verfassung werde von einer nationalsozialistischen Regierung besser geachtet werden als die heute gültige von Brüning«. Das ist ja nun deutlich genug eine Bestätigung dessen, was Brüning ihm vorwarf.

Nun wäre ja alles klar und gut, wenn die Reichsregierung aus den Worten Brünings und aus diesen Tatsachen die Konsequenz zöge. Die Reichsregierung hat das Uniformverbot erlassen – für alle – den Burgfrieden – für alle. – Welches Weihnachtsgeschenk hat sie für die, die ganz deutlich und ohne

Zweifel die eigentlichen Störer jeder sicheren und anständigen Entwicklungsmöglichkeit in Deutschland sind?

»Wir haben eine beispiellose Dreistigkeit gesehen. Wir haben ansehen müssen, wie verbrecherisch leichtsinnig man mit dem Leben von Mitmenschen umgeht, weil man die Berechtigung zu solchen Taten ableitet aus entgegengesetzter politischer Überzeugung. Meine Herren Richter, wenn Sie wollen, daß das weiterhin zur Regel wird, dann bestrafen Sie milde. Wenn Sie wollen, daß diese Tat sich ins Endlose wiederholt, dann billigen Sie den Angeklagten mildernde Umstände zu«.

So sprach der Staatsanwalt von den Nationalsozialisten im Hufelandprozeß.

Gilt das nicht ganz wörtlich genau so unserer Reichsregierung, unserem Oberreichsanwalt und Reichsgericht? Was tun Sie, um der Dreistigkeit zu steuern, dem Spiel mit Menschenleben und mit dem Staat und seinem Gesetz, das sie nach Brünings Rede doch sehen und kennen, wie wir alle es sehen und kennen?

Was tut die Reichsregierung, um zu verhindern, daß man Hitler gegen sie und den Staat bewaffnet mit den Mitteln derselben Industrie, die er unter schwersten Opfern des gesamten Volkes zu sanieren sucht, mit Unterstützung derselben Landwirtschaft, für die er uns äußerstes zugemutet hat?

Tag um Tag, Stunde um Stunde sollten wir diese Frage der Reichsregierung vorlegen. Ehe sie beantwortet ist, gibt es keine Sanierung Deutschlands.

Innenpolitik

Mit Unterstützung derselben Landwirtschaft, für die wir äußerstes geopfert haben: Die Landwirtschaftskammer Ostpreußens hat folgende Resolution an den Reichspräsidenten gerichtet:

»Der ostpreußische Landstand erkennt die Machtlosigkeit des Herrn Reichspräsidenten der heutigen Systemkraft gegenüber. In tiefster wirtschaftlicher und seelischer Not bittet er den Herrn Reichspräsidenten, sowohl für seine Person, als auch für das derzeitige Reichskabinett den Weg alsbald frei zu machen für Männer, die aus Kampf und Glauben zusammengeschweißt jetzt nur noch allein in Lage sind, nicht nur die Landwirtschaft, sondern auch das ganze Volk zu retten«.

Wenn das da möglich ist, wo man Hindenburg persönlich am nächsten steht, wie ist es anderswo? – Und daß Männer, die so reden können, nicht durch die Lächerlichkeit getötet werden?

Inzwischen hat die SPD in einer Erklärung Hilferdings den Antrag auf Einberufung des Reichstags abgelehnt. Dieser würde nicht eine andere Notverordnung an Stelle dieser verwerflichen schaffen, aber Hitler den Weg bahnen. Man hofft allerdings für die Ausführung der Notverordnung mancherlei zu bessern, hofft vor allem, daß die Reichsregierung zu energischer Abwehr des Faschismus schreiten wird.

Partei, Gewerkschaften, Reichsbanner und Arbeitersportorganisationen haben in einer gemeinsamen Konferenz in Berlin, die sich zu einer wuchtigen Kundgebung gestaltete, ihren einheitlichen Willen zur Abwehr des Faschismus, zum Kampf um die Freiheit und Zukunft der Arbeitermassen energisch bekundet.

Möge eine weitere, energische Aktion einsetzen, diesen Abwehrwillen über all zu stärken und zu organisieren.

Zur Eröffnung der Abrüstungskonferenz[81] werden der Reichskanzler, der Reichswehrminister, der Staatssekretär des Auswärtigen Amtes, v. Bülow, nach Genf fahren.

Die einzelnen Länder gehen zu Sparmaßnahmen über, die erneut auch Kulturabbau androhen.

In Thüringen prozessiert der ehemalige Herzog von Altenburg[82] um die Zahlung von 27 Millionen mit dem Lande Thüringen. Könnte man die nicht sehr leicht aufbringen, wenn man alle Thüringer Erwerbslosen verhungern ließe?

Österreich

Dr. Pfrimer ist von den Geschworenen einstimmig freigesprochen worden. Man wußte das in Graz vorher. Die österreichische Sozialdemokratie ruft dazu auf, sich zur Selbstverteidigung für ähnliche Fälle vorzubereiten. Versagen der Justiz ist sicherste Vorbereitung zum Bürgerkriege.

Sehr interessant sind die Tatsachen, die man während der Sanierung der Wiener Kredit-Anstalt erfährt über die Methoden, mit denen diese Bank im In- und Ausland gute Stimmung für sich zu machen suchte. Große Summen wurden dafür verteilt, die nach Meinung der Verantwortlichen in durchaus berechtigter Weise verwendet worden sind.

Italien

Der Faschismus fordert nun einen Eid von sämtlichen unterrichtenden Personen. Zehn angesehene Professoren haben ihn verweigert. Abbau derer, die geistig über Durchschnitt sind, auch hier.

Mussolini nimmt in den leitenden Kreisen seiner Partei und Regierung große Veränderungen vor.[83]

Frankreich

Laval hat in der Kammer schwere Kämpfe zu bestehen. Er wandte sich gegen die von der Linken geforderte Einführung der Sozialversicherung. Er rückt mehr und mehr nach rechts.

Frankreichs Politik geht darauf aus, die Regelung der Reparationsfrage so zu treffen, daß nur für die Zeit der Krise Bestimmungen getroffen werden, die internationale Abrüstungskonferenz vorzubereiten, daß sie vor allem Frankreich Sicherung für seine jetzige politische Stellung schafft.

China

In Nanking haben sich große Studentenkrawalle gegen die Nachgiebigkeit im Japan-Konflikt gewendet. Tschiang Kai-schek hat demissioniert. Es ist unter der Führung Tschens eine Regierung gebildet. Klar sieht man noch nicht, welche Politik hier verfolgt wird. Sehr wahrscheinlich vollzieht sich eine Annäherung an Rußland.

Rußland

Hunderte von ausländischen Ingenieuren sollen für Rußland gesucht werden. Der Jahresplan für 1932 zeigt sehr viel günstigere Ziffern als jeder vorhergehende.

(30.) Politik der Woche 20. Dezember bis 26. Dezember 1931.

Wenn der Leser diesen Bericht in die Hände bekommt, ist schon bald das neue Jahr angebrochen. – Wie immer wird es von den Neujahrsbotschaften der Regierungen eingeleitet worden sein, in denen viel von gutem Einvernehmen und Verständigung der Völker die Rede ist. Auch Weihnachten war eine solche Gelegenheit für schöne Worte. Nicht nur von allen Kanzeln hat man das Wort »Friede« gehört, auch der Papst und ebenso Brüning haben in einer Weihnachtsbotschaft das »Friede auf Erden« wiederholt. Blickt man, während einem von diesen Worten noch die Ohren klingen, auf die Wirklichkeit, so ist der Unterschied zwischen dieser christlichen Forderung und dem Handeln der Menschen – auch gerade der Menschen, die soviel von ihr reden – krasser denn je:

Im Osten geht der Krieg regelrecht weiter. Eine große Offensive der Japaner hat begonnen. Der Völkerbund hat also mit seiner Friedensaktion vollkommen Fiasko erlitten. Natürlich handelt es sich bei allen militärischen Aktionen Japans nur um die »Aufrechterhaltung der Ordnung«, um die »Bekämpfung der Banditen«. Der japanische Ministerpräsident erklärte, es sei »unbedingt erforderlich, die Mandschurei von Banditen und unruhestiftenden Elementen zu säubern«. – Man fragt sich, warum gerade Japan diese »Polizeiaktion« durchführen müsse. Man versteht es, wenn man sieht, daß Japan unter »Banditen« die Chinesen versteht. Gerade hier zeigt es sich aber, daß die Mitglieder des Völkerbundes gar nicht daran dachten, ernstlich für den Frieden zu arbeiten. Denn die Resolution des Völkerbundes erlaubt ja den Japanern ausdrücklich den Kampf gegen die »Banditen«. Damit hat man Japan die wunderwirkende Formel in die Hand gedrückt, mit der es erst jede

Kriegshandlung entschuldigen und den wahren Charakter seiner Politik vor den Völkern verschleiern kann.

In Basel haben die Sachverständigen ihre Beratung über die Voraussetzung einer wahren Befriedigung der Welt, nämlich über die Behebung der Wirtschaftskrise beendet. Formell ging es allerdings nur um die Feststellung der Zahlungsfähigkeit Deutschlands, wie es im Young-Plan vorgesehen ist. In Wahrheit aber ging es um die entscheidende Frage, ob der internationale Kapitalismus bereit und fähig ist, dem deutschen Kapitalismus aufzuhelfen; ob er imstande ist, seine guten dort investierten Kapitalien zu retten, indem er ihnen neues Kapital nachwirft. Das in dem Gutachten der Sachverständigen niedergelegte Ergebnis ist mehr als kläglich. Es wird Deutschlands Zahlungsunfähigkeit festgestellt. Das deutsche Problem habe Bedeutung für die ganze Welt. Daher verlange es ein gemeinsames Handeln, das nur von den Regierungen ausgehen könne. Wenn nichts geschehe, so würden die eingetretenen Schwierigkeiten Vorboten weiterer Katastrophen sein. Zur Abhilfe aber empfehlen die »Sachverständigen« den Regierungen lediglich die Verlängerung des Moratoriums für Deutschland. – Das heißt aber, die Regierungen sind lediglich bereit, das Moratorium zu verlängern. Denn was die Basler »Sachverständigen« empfehlen, das empfehlen sich im Grunde die Regierungen selbst, weil hinter jedem Sachverständigen bei den Beratungen ein Vertreter seiner Regierung stand, der ihn in der gewünschten Richtung dirigierte. Was nun tatsächlich geschieht, wird von einer Konferenz der Regierungen abhängen, über deren Termin augenblicklich verhandelt wird. MacDonald sagte von ihr, als er den Baseler Bericht gelesen hatte: »Lasset uns um Gottes Willen ungesäumt zur Beratung zusammen treten!« – Der Reichstagspräsident Gen. Paul Löbe sagt in einem Weihnachtsartikel: »Es gibt keinen anderen Weg als den der internationalen Verständigung, und für ihn wird das kommende Jahr von entscheidender Bedeutung sein«. Für das Zustandekommen und den konkreten Inhalt dieser Verständigung sieht es nach dem Baseler Gutachten nicht sehr günstig aus. Besonders wenn man berücksichtigt, was das Baseler Gutachten als Voraussetzung einer Hilfe für Deutschland auf dem Wege der Verständigung ansieht. Immer wieder wurde dort betont, daß Deutschland besonders in kulturellen Dingen noch nicht sparsam genug sei. Auf der anderen Seite wurde aber auch insbesondere die Politik der Reichsregierung, wie sie in den letzten Notverordnungen zum Ausdruck kommt, gutgeheißen. Das heißt, man billigt diese Politik, deren Ziel es ist, die Lasten der Krise auf die Arbeiterschaft abzuwälzen.

Die Verhandlungen in Basel haben weiter deutlich gezeigt, daß zwischen Frankreich und Amerika seit dem Besuch Lavals Abmachungen bestehen, die Amerika in der Schuldenfrage praktisch an die Seite Frankreichs binden.

Die daraus entspringende Zurückhaltung entspricht durchaus auch der Stimmung in Amerika, die sich immer mehr gegen eine Hilfsaktion für den europäischen Kapitalismus wendet. Die Bankiers von Wallstreet, mit denen Hoover bei seinem Moratoriumsvorschlag eng zusammengearbeitet hat und die auch jetzt die Annahme des Moratoriums zumindest durch ihren Druck beschleunigt haben, mögen wohl nach großzügigeren kapitalistischen Gesichtspunkten handeln. Sie wären eventuell bereit, den deutschen Kapitalismus, der sich nicht mehr allein helfen kann, zu sanieren. Um ihre dort eingefrorenen Gelder zu retten. Aber bei den Farmern und bei der übrigen Geschäftswelt scheint sich mehr und mehr der Standpunkt der Selbsthilfe, der »insulare« Standpunkt, der etwa unserem Autarkie-Gedanken entspricht, durchzusetzen. Auch diese Entwicklung, die davon ausgeht, daß dem Amerikaner sein Hemd näher sein müsse als der europäische Rock, verbessert die Chancen der internationalen Verständigung nicht.

Das Ergebnis der Baseler Verhandlungen erscheint noch geringer, wenn man zugleich sieht, wie sich in Deutschland die Krise immer noch verschärft. Die Zahl der Arbeitslosen ist bis zum 15. Dezember auf 5.349.000 gestiegen. Davon beziehen nur noch 28 Prozent Arbeitslosenunterstützung. Nicht ganz so viele bekommen nur Krisenunterstützung. Infolgedessen sind beinah die Hälfte auf die Wohlfahrt abgewiesen. – Ein kleiner Lichtblick in der Wirtschaftslage sind die Wirtschaftsverhandlungen mit Rußland, die geführt wurden, um Schwierigkeiten im Handel mit Rußland zu beseitigen. Sie sollen günstig verlaufen sein. Als Gegenleistung für die Industriebestellungen Rußlands soll mehr Getreide nach Deutschland eingeführt werden. Es ist überhaupt merkwürdig, daß überall, wo noch verhältnismäßig günstige Wirtschaftsergebnisse erzielt werden, dieser sozialistische Staat eine Rolle spielt. So hat sich zum Beispiel der deutsche Eisenexport auf einem relativ hohen Stand gehalten, weil Rußland große Eisenbestellungen aufgeben konnte.

Daß die Notverordnung vom Dezember diese Verschärfung der Krise aufhalten könne, erwartet schon niemand mehr. Und auch, daß sie eine Erleichterung für die Arbeiterschaft bringe, kann niemand mehr zu behaupten wagen angesichts der Handhabung der Preis- und Lohnsenkung. Jeden Tag kann man von neuen Lohnsenkungen lesen. Das mindeste sind immer 10 Prozent. Manche Schiedssprüche gehen weit über 15 Prozent hinaus. Das wahre Ausmaß der Senkung des Nettolohns drückt sich aber auch in diesen Ziffern noch nicht aus, weil in ihnen nicht gefragt ist, was an Kurzarbeit »hinzukommt« und an Akkordsätzen, Leistungszulagen usw. wegfällt. Sämtliche Tariflöhne werden durch die Notverordnung einer Senkung unterworfen. So hat zum Beispiel der Schlichter für Berlin und Brandenburg, der frühere Reichsarbeitsminister Wissel, allein 2.000 Tarifverträge zu revidieren. Sein erster Schiedsspruch brachte den Metallarbeitern von Berlin 10 bis 15 Prozent Lohnabbau. – Bei diesen »Schiedssprüchen« finden Verhandlungen zwischen Gewerkschaften und Unternehmervertretern über die Lohnhöhe, also über den eigentlichen Inhalt des Tarifvertrages, überhaupt nicht mehr statt. Denn der Inhalt, nämlich das Ausmaß der Senkung, ist ja durch Notverordnung schon diktiert. Es kommt also nur noch auf die Anwendung der Notverordnung auf den einzelnen Fall an. Und auch die Anwendung geschieht in erster Linie nicht mehr durch den Schlichtungsausschuß, in dem auch Arbeitervertreter saßen, sondern durch den Schlichter, das heißt durch einen abhängigen Beamten, der an die Weisungen von oben gebunden ist. Damit sind die Gewerkschaften praktisch von der Mitbestimmung der Lohnhöhe ausgeschlossen. Das ist eine Art von »Arbeitsrecht«, die recht große Ähnlichkeit mit dem faschistischen Arbeitsrecht Italiens hat, in dem auch staatliche Instanzen ohne Mitwirkung freier Gewerkschaften die Höhe des Lohnes bestimmen. – Das Ausmaß der Preissenkung steht in keinem Verhältnis zur Lohnsenkung. Zwar scheint es dem Preisbeobachter Goerdeler gelungen zu sein, bei einigen wenigen Lebensmitteln, zum Beispiel beim Brot, die Geschäftsleute zu Preissenkungen zu bewegen. Aber die Senkung beträgt in der Regel nur wenige Pfennige, jedenfalls nie 10 oder 15 Prozent, wie es durchschnittlich bei den Löhnen der Fall ist. Im übrigen scheint sich die Tätigkeit des Preiskommissars darauf zu beschränken, festzustellen, daß die Preise schon sehr gesunken seien, so daß sie nicht mehr sinken könnten. Wenigstens hat er das für Schuh- und Textilwaren in der Rede getan, mit der er sich der Presse vorstellte. Auch das Verfahren, in dem die Preise gesenkt werden, ist hier ein wesentlich anderes. Hier wird nicht diktiert: Herunter auf den Tiefstand vom Jahre soundsoviel. Hier wird nur mit den »beteiligten Kreisen« verhandelt«. Davon, daß Goerdeler mit den Hauptbeteiligten, nämlich mit den Verbrauchern, das heißt in erster Linie mit der Arbeiterschaft, über Preissenkungen verhandelt habe, hat noch niemand etwas gehört. Eine starke Senkung der Preise ist auch gar nicht zu erwarten von einer Regierung, in der, während sie Preissenkung proklamiert, ein Herr Schiele eine Zoll- und Getreidepolitik machen darf, die gerade darauf abgestellt ist, die Preise hochzuhalten. Ja, jetzt hört man schon sogar wieder von neuen Zollforderungen, nämlich von einem Kohlenzoll. Für diesen Kohlenzoll hat sich nicht nur das Zentrum, sondern merkwürdigerweise auch eine freie Gewerkschaft, der Verband der Bergbauindustriearbeiter, ausgesprochen. Er hält ihn für ein »notwendiges Übel«. – Eine besondere »Preisaktion« hat der Stahlhelm in dem Glasmacherdorf Oelze (Thüringer Wald) begonnen. Er hat in Verbindung mit der Glashütte eine Warenverteilungsstelle eröffnet, in der die Arbeiter kaufen müssen. Ihre Einkäufe werden durch das Werk mit dem Lohn verrechnet. Der Stahlhelm führt hier eine der ganz üblen Methoden ein, wie sie in den Anfangszeiten des Kapitalismus zur Knechtung der Arbeiterschaft verwandt wurden.

Die Verschärfung der Krise, die daher sinkenden Steuererträge, zwingen auch die Länder zu immer neuen Maßnahmen zur Ausgleichung ihrer Haushalte. Preußen hat zu diesem Zweck eine Notverordnung erlassen, die neue und sehr erhebliche Einsparungen bringt. Sie werden erzielt durch Verwaltungsvereinfachung und wiederum vor allem durch Kulturabbau. Zum Beispiel bleiben von bisher 15 pädagogischen Akademien nur noch 6 bestehen. Trotzdem bleibt immer noch ein Defizit von rund 170 Millionen im Etat. Um dieses Loch zu stopfen, dachte man an ein Schlachtsteuer nach bayrischem Muster, zeitweise auch an eine Margarinesteuer, beides Steuerarten, die dem Preisabbau entgegenwirken und die Arbeiterschaft erneut belasten. Welche Steuer gewählt wird, steht noch nicht fest.

Zur Durchführung des Weihnachtsfriedens hat der Innenwehrminister Groener eine Verordnung erlassen, die angibt, nach welchen Gesichtspunkten Presseverbote auszusprechen sind. Eine Zeitung muß danach verboten werden, wenn sie »die öffentliche Sicherheit und Ordnung gefährdet«. Eine solche Gefährdung geschehe durch: »Falsche Nachrichten, die geeignet sind, die Bevölkerung in Erregung zu versetzen«. Dasselbe gilt für alarmierende Schlagzeilen, die die von der Regierung getroffenen Maßnahmen empfindlich durchkreuzen. Die Gegenüberstellung von »falschen« und »alarmierenden« Nachrichten zeigt, daß Groener mit den letzteren wahre Nachrichten meint. Damit sind also auch wahre Nachrichten, die die Politik der Regierung »durchkreuzen«, das heißt doch wohl, die sie kritisieren und angreifen, zu verbieten, Pressefreiheit? – Hält man dazu zum Beispiel die Praxis des Reichsgerichts, das jetzt wieder das Verbot des »Nationalsozialistischen Parlamentsdienst« aufgehoben hat, so kann man sich ein Bild von der verfassungsmäßig garantierten »Meinungsfreiheit in Wort und Bild« machen, wie sie der augenblickliche Innenminister auffaßt.

Zur Durchführung des Versammlungsverbots während des Weihnachtsfriedens hat Severing Richtlinien erlassen, die das Verbot auch auf Mitgliederversammlungen großer Parteien erstrecken. Dementsprechend hat Grzesinski in Berlin zweimal die Mitgliederversammlung der SAP verboten.

Ein Art Verlängerung des Weihnachtsfriedens für die Betriebe bringt eine Verordnung der Reichsregierung, die die Amtsdauer der Betriebsräte um ein Jahr verlängert. Das bedeutet, daß im Jahr 1932 keinerlei Betriebsrätewahlen stattfinden. Man will Ruhe haben in den Betrieben! – Es wird behauptet, daß die Anregung zu dieser Maßnahme von den Gewerkschaften ausgegangen sei. Man kann sich nicht denken, daß die Gewerkschaften sich zu dieser Suspendierung der Betriebsdemokratie hergegeben haben. –

Von der Nazi-Front ist als »wichtigstes« Ereignis zu melden, daß Goebbels geheiratet hat und zwar, wie er extra feststellt, eine »arische« Frau. Da das bezweifelt worden ist, stellt Goebbels jedem frei, »sich durch Augenschein davon zu überzeugen«. Hitler war Trauzeuge; auf der Rückfahrt von der erhebenden Feier hat Hitler einen Autounfall erlitten und dabei den kleinen Finger gebrochen. Er soll es aber überstanden haben. – Außerdem hat er wieder mal einen Artikel im Ausland veröffentlicht, in dem er sich als den geeigneten Mann zur Sanierung Deutschlands anpreist.

Aus Danzig[84] ist die wichtige Tatsache zu melden, daß ein von SPD und KPD gemeinsam eingebrachtes und durchgeführtes Volksbegehren auf Auflösung des Parlaments einen riesigen Erfolg hatte. 23 Prozent aller Wahlberechtigten haben sich eingezeichnet. 10 Prozent wären nur nötig gewesen. Dieses Ergebnis ist so gut, obwohl die beiden Arbeiterparteien keine Propaganda treiben konnten. Ihre Presse war verboten, die Redakteure im Gefängnis. Der Arbeiterschutzbund aufgelöst. Trotzdem der Erfolg.

(31.) Politik der Woche 27. Dezember 1931 bis 2. Januar 1932

Ein großes bürgerliches Blatt schrieb kurz nach Weihnachten: »Abgesehen von den Schatten, die durch die große Zahl der Selbstmorde auf die Festtage fallen, ist der Friede der Feiertage nirgends gestört worden«. Wirklich ›nirgends?‹ Muß nicht der Frieden eines Menschen recht erheblich gestört worden sein, wenn er Hand an sich selbst legt. Der feiertägliche Frieden des Bürgertums mag ja infolge des Burgfriedens nicht beeinträchtigt worden sein. Aber leider hat der Burgfrieden ja nicht verhindert, daß gerade um Weihnachten Tausenden der Feiertag durch Lohnabbau recht empfindlich gestört worden ist. –

Das neue Jahr hat mit den üblichen Neujahrsbotschaften, Höflichkeitsbesuchen und Prophezeiungen begonnen. Die Urteile über das alte Jahr sind dabei nicht besonders günstig ausgefallen. Von dem neuen Jahr wird vor allem gesagt, daß es »das Jahr der Entscheidung« sei. Was nicht unbedingt eine neue Erkenntnis ist. Im übrigen ist man optimistisch. Weil eben Neujahr ist. – Tags darauf wird man sich wieder mit den Realitäten abgeben müssen.

Der Innenwehrminister Groener sagt in seiner unumgänglichen Neujahrsbotschaft: »Der Wehrmacht, der Polizei und der Beamtenschaft fällt im neuen Jahr die besondere Aufgabe zu, den inneren Bestand des Staates so zu sichern, daß sich die Kräfte, die für die schweren außenpolitischen Entscheidungen eingesetzt werden müssen, frei entfalten können... Wenn ich für das deutsche Volk einen Wunsch habe, dann ist es der, daß es die Ausdauer besitze, den Kampf um seine Freiheit durchzuhalten, dessen Sieg auf Arbeit und Opfern beruht«. In der Tat! Besser konnte kaum die Politik charakterisiert werden, die heute von Brüning-Groener gemacht wird. Polizei und Beamtenschaft halten im Innern die Arbeiterschaft durch Weihnachtsfrieden, durch Beseitigung der Pressefreiheit, in Schach. Die Gefängnisse sind mit politischen Gefangenen überfüllt. In Bochum wurde eine Sitzung kommunistischer Funktionäre – wie man so schön sagt – ausgehoben. Scheinbar fallen selbst Sitzungen unter das Versammlungsverbot. Wirklich aktiver Kampf gegen all das, womit diese kapitalistische Republik die Arbeiterschaft zu Weihnachten bedacht hat, wird als illegal geächtet und die Kämpfer werden dementsprechend behandelt. So wird der »innere Bestand des Staates« gesichert!

»Arbeit und Opfer« – so sagt Groener – koste der Kampf um die Freiheit, der eben geführt werde. – Um wessen Freiheit übrigens? – Auch das stimmt. Nur ist die Verteilung der Opfer wieder einmal so, daß es eine Irreführung ist, zu behaupten, es handle sich um den Freiheitskampf des deutschen Volkes. Eine Irreführung der öffentlichen Meinung, die eigentlich unter Herrn Groeners Pressegesetz fallen müßte. Denn auch der Innenwehrminister wird wohl die Arbeiterschaft zum »Volk« rechnen. Für diese fällt aber bei diesem »Freiheitskampf« immer nur Lohnabbau ab. Ursprünglich sollte die ganze Lohnsenkung bis zum 19. Dezember durchgeführt sein. Die Zeit reichte nicht. Noch jetzt sind die Schlichter in voller Tätigkeit. Bei einigen Schlichtern findet jede halbe Stunde eine andere Schlichtungsverhandlung statt. Auch hier also: laufendes Band: Jede halbe Stunde eine Lohnkürzung! Etwas anderes als eine Kürzung, die oft noch über das von der Notverordnung vorgesehene Maß von zehn Prozent hin ausgeht, gibt es nicht. So wird nochmals ausdrücklich in einer amtlichen Erklärung festgelegt, um alle Zweifel zu beseitigen: »Die Tarifvertragsparteien haben lediglich das aus der Verordnung selbst ersichtliche Ausmaß der Kürzung in den einzelnen Tarifvertrag als dessen Bestimmung zu übernehmen«. Das klingt wie eine Anweisung an eine nachgeordnete Behörde. Nicht der Wille der Gewerkschaften, sondern der Wille der Notverordnung ist maßgebend. Dieser ungeheuerliche Lohndruck muß notwendigerweise den Widerstand der Arbeiterschaft hervorrufen. So haben die Berliner Gasarbeiter einen Beschluß gefaßt – mit den Stimmen der verschiedenen Richtungen: SPD, KPD, SAP, – sich gegen den Lohnabbau mit allen gewerkschaftlichen Mitteln zu wehren. Eine zweite Funktionärsversammlung am Montag soll über den Streik beschließen. Diesem Arbeitskampf kommt politische Bedeutung zu, einmal, weil es sich um einen sogenannten lebenswichtigen Betrieb handelt, zum andern, weil die Gewerkschaften sich bisher immer auf den Standpunkt gestellt haben, es könne jetzt nicht gestreikt werden. Ähnlich scheint es im Ruhrgebiet bei den Bergleuten zu Arbeitskämpfen zu kommen. Das Ausmaß der Lohnsenkungen wird durch die Preissenkungen nicht eingeholt. Der erste Anlauf zur Preissenkung ist dazu noch an einer wichtigen Stelle ins Stocken geraten. Die pharmazeutische Industrie hat an das Reichswirtschaftsministerium ein Schreiben gerichtet, in dem sie eine zehnprozentige Preissenkung für untragbar erklärt. Die Notverordnung sieht für eine solche Weigerung, den Preisabbau vorzunehmen, einfach die Aufhebung der Preisbindung vor. Man hört aber, daß der Preisbeobachter Goerdeler von einer solchen drastischen Maßnahme absehen und zunächst nur die Produktionskosten nachprüfen will. So sieht also der Preisabbau aus, wenn sich einflußreiche Industriegruppen einfach weigern, ihn durchzuführen. – Dabei ist auch das noch nicht alles, was die Arbeiterschaft tragen soll. Die Sozialversicherung ist durch die letzte Notverordnung immer noch nicht endgültig saniert. Deshalb wird Ende Januar eine neue Notverordnung herauskommen, die sie weiter »reformiert«.[85] Ebenso ist die gesamte Erwerbslosenfürsorge immer in steter Gefahr. Und zwar droht sie von den Kommunen her. So schreibt der Stadtkämmerer Berlins, Bruno Asch, am 31. Dezember im »Berliner Tageblatt«, daß alle Sparmaßnahmen der Kommunen nur genügt hätten, einen offenen Kassenzusammenbruch vieler Städte zu verhindern. Das Reich müsse eingreifen, wenn die drohende Katastrophe der Kommunen verhindert werden solle. »Der einzige notwendige, aber auch erfolgversprechende Weg zu diesem Ziel ist die rascheste Neuordnung der Erwerbslosenfürsorge«. Neuer Abbau? – Ein warnendes Beispiel bietet die österreichische Stadt Steyer. Sie hat ihre sämtlichen Zahlungen eingestellt. 53 Prozent ihrer Bewohner sind erwerbslos. Unterstützungen werden nicht mehr gezahlt. Alle städtischen Beamten und Arbeiter sind entlassen. Die Schulen sind geschlossen. – Alle diese wirtschaftlichen Schwierigkeiten werden den Druck auf die Lebenshaltung der Arbeiterschaft noch verschärfen. Will sich die Arbeiterschaft dagegen wehren, so wird man ihr mit verschärftem politischen Druck begegnen, um den »inneren Bestand des Staates zu sichern« und die Regierung frei zu machen für die »außenpolitischen Entscheidungen.« Im Innern Deutschlands bildet sich immer mehr eine Front heraus, die sich nach außenpolitischen Gesichtspunkten orientiert und die Regierung Brüning gegen die Nazis stützt, um sie für den außenpolitischen Kampf stark zu machen. SPD, Reichsbanner und Gewerkschaften sammeln in der »Eisernen Front«[86] diejenigen Kreise, die republikanisch gesinnt sind und den kapitalistischen Weg aus der Krise, das heißt den Weg internationaler Verständigung und Kapitalhilfe für Deutschland gehen wollen.

In der Außenpolitik geht es heute nicht um die »Freiheit des deutschen Volkes« – wie der Innenwehrminister es meint –, sondern um Sein oder Nichtsein des deutschen Kapitalismus. Dieser ist unfähig, ohne fremde Hilfe weiterzuexistieren. Er kann nicht nur seine politischen und seine privaten Schulden nicht zahlen, er braucht auch neues Kapital, um weiterarbeiten zu können. Deshalb geht jetzt hinter den Kulissen der Regierungen und zwischen ihnen hin und her ein eifriger Kampf um die Reparationen und um die Stillhaltung bei den Privat schulden. England, dessen Haltung zunächst für Deutschland günstig war, hat vor der französischen Kapitalkraft vollkommen kapituliert. Eine endgültige Beseitigung der Reparationen und Kriegsschulden wird deshalb auch diesmal nicht erfolgen. Deutschland wird höchstwahrscheinlich nur eine Verlängerung seines Moratoriums erreichen. Ebenso wenig ist von Amerika ein größeres Entgegenkommen zu erwarten. – Die »Freiheit«, von der Herr Groener spricht, ist also mehr eine Freiheit der Kapitalisten von ihren Schulden. Trotzdem hat auch das Proletariat das höchste Interesse an dem Ausgang der Verhandlungen, die wahrscheinlich am 20. Januar in Lausanne beginnen werden. Denn die Bedingungen, unter denen dem deutschen Kapitalismus von dem internationalen Kapital vielleicht geholfen wird, werden sich auch auf die Lebenshaltungskosten des Proletariats auswirken. Man denke nur an die Forderungen, die das internationale Kapital an die Gestaltung des Etats der öffentlichen Hand zu stellen pflegt. Nur darf sich das Proletariat nicht der Illusion hingeben, als könnte ihm durch diese »internationale Verständigung« endgültig geholfen werden. Im Gegenteil, zunächst wird den deutschen Kapitalisten von ihren Klassengenossen nur unter Bedingungen geholfen werden, die alles andere als günstig für die Lebenshaltung der Arbeiterklasse sein werden. Eine endgültige Rettung wird es für die Arbeiterklasse im Kapitalismus überhaupt nicht geben! – Es gab schon einmal eine Zeit, in der viel von »Freiheitskampf der Deutschen«, vor allem von »Durchhalten« die Rede war. Aber auch damals mußte sich das Proletariat seine Freiheit selbst nehmen, ja, es mußte sie sich gerade von denen, die so viel vom »Freiheitskampf des Volkes« redeten, erkämpfen! Das war 1918.

In der Außenpolitik geht es außerdem im Augenblick um die Vorbereitung der Abrüstungskonferenz. Ihr kommt jetzt, wo im Osten tatsächlich schon Krieg geführt wird, eine besondere Bedeutung zu. Man ist wenig geneigt, Großes von der Abrüstungskonferenz zu erwarten, wenn man sieht, wie in China der Krieg geführt wird und wie sich schon jetzt das internationale Kapital an diesem Krieg beteiligt. Augenblicklich geht Japan rasch vor. Es hat schon mehrere Städte an der Eisenbahnlinie Mukden-Peking besetzt und steht jetzt etwa bei Jinzhou. China hat an den Völkerbund einen dringenden Appell gerichtet, das Vordringen der Japaner zu verhindern. Es ist zumindest zweifelhaft, daß die im Völkerbund vertretenen Mächte sich dazu aufraffen werden. Um die ganze Komödie, die im Völkerbund bei dieser Sache gespielt wurde, deutlich zu machen, ist dem japanischen Gesandten Yoshizawa bei seiner Abreise nach Japan das Großkreuz der französischen Ehrenlegion überreicht worden und zwar »wegen seiner Verdienste um die Regelung des japanisch-chinesischen Konflikts«. Yoshizawas »Verdienste« bestanden bekanntlich darin, daß er einen kraß imperialistischen Standpunkt vertrat, der jeden Einigungsversuch mit China von vornherein zum Scheitern verurteilte. – In diesem Zusammenhang gewinnt eine Affäre besondere Bedeutung: Ein Mitglied der tschechischen Gesandtschaft in Moskau versuchte einen sowjetrussischen Angestellten zu einem Attentat auf den japanischen Botschafter zu überreden. Hinter diesem Plan scheinen Kreise zu stehen, die an einem Konflikt Japan – Sowjetrußland ein Interesse haben. Dieses Attentat sollte wohl dieselbe Rolle spielen wie der unselige Mord von Sarajevo. Man hat aus der Geschichte gelernt, wie man am zweckmäßigsten die Lunte in das Pulverfaß wirft. Dieser Vorfall zeigt, wie gerne manche kapitalistischen Kreise den chinesisch-japanischen Konflikt zum Intervenierungskrieg gegen die Sowjetunion erweitern möchten.

Der Mißerfolg der Londoner Indien-Konferenz wirkt sich jetzt aus. Bei der Rückkehr Gandhis kam es zu Unruhen. Die englische Regierung geht mit brutalen Mitteln, Gefängnis und Waffengewalt gegen die Revolutionäre und Freiheitskämpfer vor. Nehru, der Stellvertreter Gandhis, und Khan, der Führer der Rothemden, einer der Gandhibewegung ähnlichen Gruppe, wurden verhaftet. Gandhi hat an den Vizekönig ein Telegramm gerichtet, in dem er die Wiederaufnahme der Gehorsamsverweigerung ankündigt. Er sei aber bereit zu warten, bis eine Unterredung mit dem Vizekönig stattgefunden habe. Dieser erklärte sich zu einer Unterredung bereit; es dürfe dabei aber nicht über die Maßnahmen der Regierung gegen die Revolutionäre gesprochen werden. Gandhi rechnet mit seiner Verhaftung in den nächsten Tagen. – Auch für diese Unterdrückungspolitik in Indien ist letzten Endes der »Sozialist« MacDonald verantwortlich.

Auch aus anderen Ländern werden Unruhen gemeldet, deren Ursprung und Bedeutung man im einzelnen nicht immer überschauen kann. So kam es in Chile zu Kämpfen zwischen Militär und revolutionären Gruppen, von denen behauptet wird, daß sie unter kommunistischer Führung gestanden hätten. In Spanien häufen sich in letzter Zeit die Streiks und Zusammenstöße. Alle diese Ereignisse zeigen, welch ein wirtschaftlicher und politischer Druck auf der unterdrückten Klasse, vor allem auf der Arbeiterschaft, in allen kapitalistischen Ländern liegt.

In Moskau ging dieser Tage die Tagung des Zentral-Exekutivkomitees zu Ende. Es wurden die Kontrollziffern für 1932 beschlossen, nach denen sich die Produktion in diesem Jahre richten wird. Diesem Jahr kommt besondere

Bedeutung zu, weil es das letzte Jahr des ersten Fünfjahresplans, nämlich des »Fünfjahresplans in vier Jahren«, ist. Man arbeitet jetzt schon an der Vorbereitung eines zweiten Fünfjahresplans. Die neuen Kontrollziffern sehen wieder enorme Investitionen vor; während in den kapitalistischen Ländern die Investitionen noch immer zurückgehen. Besonders auf kulturellem Gebiet wird mehr Kapital als bisher bereitgestellt.

Gewerkschaftliches: Zwischen den drei großen Gewerkschaftsrichtungen geht augenblicklich eine Diskussion hin und her, die den Plan einer Vereinigung der drei großen Verbände zum Gegenstand hat. Leipart stellt in einem Artikel, der durch die SPD-Presse ging, fest, daß kaum mehr wesentliche Unterschiede zwischen den verschiedenen Richtungen, den freien, den christlichen und den Hirsch-Dunckerschen, beständen. Das Vereinigende sei der gemeinsame Kampf für die Rechte der Arbeiterklasse, mögen sie von »kommunistisch-bolschewistischer Revolutionstreiberei oder von andersgearteten offenen oder getarnten Umsturzbewegungen« bedroht sein. Mit letzterem meint Leipart wohl die Nazis? – Man wird diese Einigungsbestrebungen genau verfolgen müssen. Denn sollten sich tatsächlich die drei Richtungen vereinigen, so wäre das ein Ereignis von außerordentlicher Bedeutung. Es könnte zum Guten, unter Umständen aber auch zum Schlechten ausschlagen; nämlich dann, wenn durch die Vereinigung aus freien, sozialistischen Gewerkschaften Arbeitnehmerverbände mit christlich-wirtschaftsfriedlicher Haltung würden.

(32.) Politik der Woche 2. Januar bis 9. Januar 1932

Brüning-Groener-Hitler

Mit einem Schlag ist die Ruhe, an die man sich während des Burgfriedens schon beinahe gewöhnt hatte, zerrissen: Brüning hat Hitler offiziell empfangen. Ein schwerer Schlag für alle guten Republikaner, die sich auf Brünings scharfe Worte gegen Hitler verlassen zu können glaubten.[87] Bei der letzten Reichstagssession im Oktober und bei der Ankündigung der letzten Reichsverordnung im Dezember, jedes mal hörten wir einige mehr oder weniger energische Worte von Brüning gegen Hitler und dessen Legalitätsbeteuerungen. Ja, selbst Herr Groener schwang sich in seiner Neujahrsbotschaft zu einigen Worten gegen Hitler auf. Es sind Worte geblieben. Nicht nur, daß man den sicher sehr heißen Wunsch Hitlers, empfangen zu werden, erfüllt hat. Nein, Hitler brauchte seinen Wunsch gar nicht auszusprechen. Die Reichsregierung rief ihn von sich aus und telegraphisch nach Berlin. Mittwoch früh kam er; Mittwoch Abend hatte er eine Unterredung mit Groener, die auf

Wunsch Groeners geheimgehalten wurde. Donnerstag Nachmittag unterhielten sich Brüning – Hitler – Groener anderthalb Stunden lang. Gegenstand der Unterredung waren – nach der offiziellen Nachricht darüber – »im wesentlichen innerpolitische Fragen«, vor allem das Verhalten der Nationalsozialisten bei der bevorstehenden Reichspräsidentenwahl. Brüning hält also Hitler für so wichtig, daß er mit ihm »innerpolitische Fragen« erörtert und ihm als ersten von allen Parteiführern seinen Plan vorlegt, die Amtszeit Hindenburgs zu verlängern und dadurch eine Wahl zu vermeiden. Dazu ist ein verfassungsänderndes Gesetz nötig, das heißt, eine Mehrheit von zwei Dritteln im Reichstag. Zur Zweidrittelmehrheit genügt noch nicht die Unterstützung der Sozialdemokratie; dazu sind noch Stimmen der nationalen Opposition notwendig. Diese Stimmen – das ist das Ergebnis der Unterredung – will Hitler bereitstellen, aber nicht bedingungslos. Er hat in der Unterhaltung Neuwahlen für den Reichstag gewünscht. Die schwerindustrielle »DAZ«, die schon immer die Nazis begünstigt, verlangt außerdem eine politische Umstellung in Preußen. Die Reichsregierung und Hindenburg scheinen sich auf Bedingungen nicht einlassen zu wollen. Wenigstens hat man sich bis jetzt noch nicht geeinigt. Hitler hat eine Bedenkzeit erhalten, in der er mit Hugenberg – und wohl auch seinen Geldgebern – verhandeln wird. Heute – am Samstag noch – er wartet man seine Antwort. Einige republikanische Zeitungen nehmen an, daß Hitler durch dieses Vorgehen Brünings in eine schwierige Situation manövriert worden sei. Hitler müsse um seiner Anhänger willen auf jeden Fall Bedingungen stellen. Denn er verzichte mit der Zustimmung zur Verlängerung der Amtsdauer Hindenburgs auf seine Kandidatur, also auf einen der »Wege zur Macht«, von dem er so viel geredet habe. Stelle er aber Bedingungen, so erkläre er sich gegen Hindenburg und das schade ihm. Alles was Hitler tun könne – einfach ablehnen, Bedingungen stellen oder ohne solche zustimmen –, könne ihm nur schaden. Auf der anderen Seite hat Hitler aber allein durch die Tatsache, daß Brüning ihn gerufen hat, ein glänzendes Agitationsmittel erhalten, so daß er seinen Anhängern auch wieder einiges zumuten kann. Außerdem sind bekanntlich starke Kräfte am Werk, die sehr gerne ein Zusammengehen der Nazis mit dem Zentrum sehen würden. Zum Beispiel jene Kreise, die wiederum der »DAZ« nahe stehen, jener »DAZ«, die nicht nur mit Artikeln von dem Innenminister Groener, sondern auch noch materiell subventioniert wird. Von der Entscheidung Hitlers wird es abhängen, wie sich die Sozialdemokratie entscheidet. Aus den Äußerungen des »Vorwärts« ist zu entnehmen, daß die SPD prinzipiell geneigt ist, Hindenburgs Amtszeit zu verlängern; er habe sich ja in schwerer Zeit als Hüter der Verfassung erwiesen. Aber es müsse sich um ein bedingungsloses Ja oder Nein handeln. Eine andere SPD-Zeitung schreibt: »Voraussetzung für jede Erwägung des Planes durch die Reichstagsfraktion ist vollkommenste Sicherheit dafür, daß den Rechtsparteien keinerlei Gegenleistung für ihr Entgegenkommen in Aussicht gestellt wird. Andernfalls müßte ja die sozialdemokratische Reichstagsfraktion Gegenleistungen und Gegenbedingungen aufstellen«.

Wenn der Leser diesen Bericht erhält, wird die Entscheidung gefallen sein. Entweder Hitler stellt seine Bedingungen, was kaum der Fall sein wird, wenn die Kreise – insbesondere jene industriellen und jene Rechtskreise im Zentrum maßgebenden Einfluß gewinnen, die um jeden Preis eine Einigung zwischen Nazis und Zentrum anstreben. Oder Hitler stellt Bedingungen und die Reichsregierung lehnt sie ab; dann kommt es zur Wahl. Als dritte Möglichkeit bleibt, daß die Reichsregierung in offener oder verschleierter Form auf die Bedingungen Hitlers eingeht; dann liegt die Entscheidung bei der Sozialdemokratie. – Aber einerlei, wie die Entscheidung fallen wird, zwei Dinge stehen jetzt schon fest. Einmal ist der Empfang Hitlers durch den Chef der Regierung ein enormer Erfolg für die Nationalsozialisten. Ihnen ist dadurch bescheinigt, daß sie ein wichtiger, nicht zu übersehender Faktor im politischen Leben sind. Das ist von großem propagandistischen Wert für sie. Alle Bannflüche, die Brüning und auch Groener gegen Hitlers zweifelhafte Legalität geschleudert haben, sind durch diesen Empfang ausgelöscht. Er ist anerkannt als gleichwertiger und legaler Verhandlungspartner. Ja, mehr noch. Man hat gezeigt, daß man Hitler braucht, daß man ohne ihn in der Politik nicht auskommt. Das zweite aber ist, daß die Brüning-Groener-Regierung durch den Empfang ihren Willen gezeigt hat, eventuell auch mit Hitler zu arbeiten, wenn es in ihre Politik paßt. An sich ist das ja nichts neues. Wir erinnern uns an die verschiedenen Besuche Hitlers im Reichswehrministerium und die Diskussion zwischen dem Zentrum und den Nazis. Vor allem wurden die Nationalsozialisten ja schon lange als Druckmittel gegen die Sozialdemokratie benutzt. Aber jetzt ist das alles deutlicher geworden. Ein französisches sozialistisches Blatt schrieb: »Brüning wirft die Maske ab«. Das ist es. Wir wissen jetzt, daß Brüning bereit ist, wenn es ihm gut scheint, auch mit den Nationalsozialisten seine Politik zu machen. – In diese Richtung paßt nur zu gut, daß der Innenwehrminister Groener jetzt die sogenannte »Deutsche Studentenschaft«, die vollkommen von den Nationalsozialisten beherrscht wird und die für die verschiedenen Hochschulskandale – zum Beispiel für den Skandal um Dehn in Halle – verantwortlich ist, als »unpolitischer Verein« anerkannt hat. Das bedeutet, daß von nun ab die Reichswehroffiziere bei der »Deutschen Studentenschaft« einkehren und die Reichswehrkapellen bei ihr spielen dürfen. Außerdem ist der »Deutschen Studentenschaft« damit erlaubt, ihr Abzeichen zu tragen. Diese Entscheidung Groeners kann eventuell politische Folgen haben, denn das preußische Kultusministerium liegt in heftigem Kampf mit der »Deutschen Studentenschaft«. Es hat ihr die staatliche Anerkennung entzogen, gerade wegen ihrer politischen Haltung. Man wird deshalb eigentlich nicht erwarten können, daß das preußische Kultusministerium sich diesen Schritt Groeners einfach gefallen läßt. – In diese Richtung der Politik paßt weiter, daß die Nationalsozialisten ungehindert Versammlungen abhalten können, in denen nicht allzu zart mit der »öffentlichen Ruhe und Sicherheit« umgegangen wird. Die Versammlungen der Linken dagegen werden verboten. So sind zum Beispiel im Kölner Regierungsbezirk bis auf weiteres alle kommunistischen Versammlungen verboten, weil die Kommunisten zum Streik gegen die Lohnsenkung der Notverordnung aufgefordert haben. 500 Kommunisten wurden wegen Streikagitation verhaftet. So wird der Weihnachts-»Frieden« fortgesetzt, allerdings nur für bestimmte Richtungen. Im »Rechtsstaat«, in dem wir angeblich leben, muß jede polizeiliche Verfügung, wie dieses Verbot eine ist, befristet sein. Nicht einmal das ist hier der Fall. »Bis auf weiteres«, also ohne Fristsetzung, verbietet man einfach jegliche Versammlungen einer bestimmten Partei. Rechtsstaat? – Polizeistaat!

Sicher haben Brüning einige innerpolitische Motive zu dem Empfang Hitlers bewogen. Er möchte vor allem Ruhe im Lande haben. Deshalb wünscht er die Reichspräsidentenwahl zu vermeiden. Leider kann er diese Wahl nicht einfach für ein Jahr suspendieren, wie man es mit den Betriebsrätewahlen gemacht hat. Aber neben den innerpolitischen Momenten werden sicherlich außenpolitische Erwägungen sehr stark mitgespielt haben. Insofern dient auch diese »im wesentlichen innerpolitische« Besprechung der Vorbereitung der Reparationskonferenz in Lausanne. Brüning möchte damit dem Ausland beweisen, daß hinter Hindenburg, dessen Vertrauen er hat, die großen Parteien stehen. Auf diese Weise hofft er seine Autorität und seinen Erfolg in Lausanne zu erhöhen. Zunächst gingen ja Gerüchte um, daß der Reichstag einberufen werden solle, um sich einmütig gegen die Reparationszahlungen auszusprechen. Nun hat Brüning diesen mehr indirekten Weg gewählt, um einen Druck auf die Gläubigerstaaten auszuüben. Ob Brüning auf diese Weise eine »endgültige Lösung«, das heißt die vollständige Streichung der politischen Schulden erreicht, ist trotzdem unwahrscheinlich. Auch die anderen Staaten sind eben dabei, die Lausanner Konferenz vorzubereiten. In Paris steht eine Kabinettsumbildung bevor, anscheinend mit dem Zweck, Briand auszuschiffen. Es heißt, daß Laval das Außenministerium selbst übernehmen wolle; scheinbar hat ihm das Vorbild seines Kollegen Brüning imponiert. Briand solle aber als Minister ohne Portefeuille Laval in außenpolitischen Fragen beraten. Daraus geht sehr deutlich hervor, daß man Briand nicht mehr will, aber zugleich im Ausland nicht den Eindruck erwecken möchte, als ändere sich damit die Außenpolitik Frankreichs. Neu besetzt werden muß auch das Kriegsministerium, weil Maginot gestorben ist. Painlevé, Paul-Boncour und Tardieu werden als Kandidaten genannt. – Von Frankreich aus scheinen auch immer wieder die Versuche zu gehen, die die Lausanner Konferenz verschieben wollen. Eine solche Verschiebung auch nur um wenige Tage könnte die Abrüstungskonferenz oder die Lausanner Konferenz selbst gefährden. Denn der Beginn der einen oder die Fortsetzung der anderen würde einen Vorwand abgeben, die eine abzubrechen oder die andere nicht beginnen zu lassen. – Die Haltung Englands in der Reparationsfrage ist noch immer nicht endgültig klar. Zunächst schien es, als habe sich England vollständig der französischen These angeschlossen, die höchstens eine kurze Verlängerung des Moratoriums zulassen will. Diese Haltung kam sogar in einem Beschluß des Kabinettsrats zum Ausdruck. Inzwischen hat ein verstärkter Druck der Finanzleute der Londoner City unter Führung des Leiters der Bank von England, Montagu Norman, eingesetzt, der auf eine Endlösung hinarbeitet. – Welche Lösung sich in Lausanne durchsetzen wird, ist noch nicht abzusehen. Besonders auch, weil die Haltung Amerikas noch ganz unklar ist. Wahrscheinlich ist, daß es an der Konferenz nicht teilnehmen wird. Das schließt nicht aus, daß es die Entscheidung der Konferenz beeinflussen wird. Für Amerikas Haltung ist einmal der Beschluß des Kongresses wichtig, der jede Schuldenstreichung abgelehnt hat. Auf der anderen Seite scheinen von den Bankiers der Wallstreet Bestrebungen auszugehen, die auf eine Streichung der politischen Schulden ausgehen, um die privaten Schulden umso sicherer eintreiben zu können.

Es war ja von vornherein klar, daß der Konflikt über die Mandschurei nicht bloß ein Streit zwischen Japan und China ist. Vielmehr haben sämtliche Großstaaten Interessen im Osten. Es gibt dort nicht nur Rohstoffe; vor allem hofft man – ganz besonders jetzt in der Krise – auf den riesigen chinesischen Markt, der noch nicht vollkommen erschlossen ist. Amerika hofft diesen Markt durch sein Kapital für sich zu gewinnen. Während Japan sich vor allem die Rohstoffe etwas energischer sichern wollte. Hinter Japan scheint Frankreich zu stehen. Zumindest ist die französische Kriegsindustrie – Schneider-Creuzot – an Japan und seinem Vorgehen interessiert. Dieses persönliche Interesse der Völkerbundsstaaten erklärt die leichtfertige Behandlungen des Konflikts im Völkerbund. Inzwischen ist eine Wendung eingetreten. Amerika hat den Signatarmächten des Neunmächtepakts, der das Gebiet der Republik China garantiert, eine ziemlich scharf gehaltene Note zugestellt. In dieser Note wird erklärt, daß die amerikanische Regierung keine Verträge zwischen Japan und China anerkennen werde, die Rechte der Vereinigten Staaten oder das Prinzip der Offenen Tür, das heißt des Rechtes jedes Staates, in China Handel zu treiben, verletzen. Weiter werde sie keinen Vertrag anerkennen, der unter

Verletzung der im Kelloggpakt[88] festgelegten Methoden, das heißt unter militärischem Druck, zustande gekommen sei. Diese Note ist eine offene Erklärung gegen Japans Vorgehen. Japan hat nun die Wahl, ob es klein beigeben oder es auf einen Konflikt mit Amerika ankommen lassen will. Natürlich wird es versuchen, zwischen diesen beiden Möglichkeiten durchzukommen und seine Interessen in China zu verfolgen, ohne mit Amerika in Schwierigkeiten zu geraten. So wird man auch die Tatsache aufzufassen haben, daß die japanische Regierung zurückgetreten ist.

Zur Wirtschaftslage: In New York ist eine Hausse an den Börsen eingetreten. Die Aktien und andere Papiere sind um einige Prozent gestiegen. Die Ursache für diese ein klein wenig bessere Bewertung der Papiere liegt wohl in Meldungen über Hoovers Wirtschaftspolitik. Eine anregende Wirkung ging auch von einer günstigeren Schätzung der Beschäftigung in der Stahlindustrie aus. Ob diese bessere Beschäftigung in der Stahlindustrie mit den militärischen Vorgängen im Osten in Zusammenhang steht? – Jedenfalls aber sind die Kurssteigerungen so gering, daß man sie noch nicht als Silberstreifen einer kommenden Konjunktur ansehen kann, wie einige Blätter es schon tun wollen. Besonders wenn man an anderen Daten sieht, wie sich die Krise noch immer verschärft. So ist die Zahl der Arbeitslosen in Deutschland jetzt auf 5.666.000 gestiegen. Weitere Kündigungen stehen bevor. In der Berliner Metallindustrie sind soeben 4.000 Angestellte gekündigt worden. Verschiedentlich versuchen die Arbeiter, sich gegen die Lohnherabsetzung der Notverordnung zu wehren. So wurde in Berlin im Ullstein-Haus und im Möbeltransportgewerbe gestreikt. Die Gewerkschaften decken die Streiks nicht. Sie gelten deshalb als wilde Streiks. Die Gewerkschaftsvertreter erklärten, daß ein Streik gegen die Durchführung der Notverordnung unzulässig sei. – Eine große deutsche Stadt, nämlich Dortmund, ist in Zahlungsschwierigkeiten geraten.

Nach Schluß kommt noch die Nachricht, daß Briand tatsächlich »aus Gesundheitsrücksichten« zurückgetreten ist. Er wird vielleicht als ständiger Vertreter Frankreichs beim Völkerbund bleiben.

(33.) Politik der Woche 10. Januar bis 16. Januar 1932

Hindenburg-Front?

Brünings Plan, die Amtszeit Hindenburgs durch den Reichstag verlängern zu lassen und dadurch eine Wahl zu vermeiden, ist gescheitert. Hitler schien ja zunächst nicht abgeneigt. Dann aber griffen verschiedene Stellen ein. Hugenberg erschien und wurde auch von Brüning empfangen. Er und vor allem wohl die radikaleren Berliner, Goebbels usw., sind es anscheinend gewesen, die Hitler auf den richtigen »legalen« Weg zurückgeführt haben. Und nun schlägt die Legalität Purzelbäume: Hitler lehnt ab, weil das Vorhaben Brünings mit der Verfassung nicht vereinbar sei. Welche Wirkung die Ablehnung Hitlers auf seine Gefolgschaft hat, muß man abwarten. Ob die Autorität Hindenburgs auch in diesen Kreisen noch so groß ist, daß die Ablehnung den Nazis schaden kann, ist wenig wahrscheinlich. Auf jeden Fall aber ist der Versuch Brünings, den Druck der ansteigenden Wahlziffern der Nazis zu beseitigen, indem er sie in gewisser Weise zur Verantwortung heranzuziehen versuchte, mißlungen. Die Hitlerpartei bleibt in ihrer günstigen Oppositionsstellung. Das ist wesentlich für die kommenden Wahlen. Zur Beurteilung der Aussichten für diese Wahlen ist das Ergebnis der Gemeinde- und Kreiswahlen in Lippe interessant. Die Nationalsozialisten gewinnen zwar stark, aber nicht mehr als bei früheren Wahlen. Es bleibt ihnen nach wie vor eine sehr deutliche Grenze gesetzt, wenn sie auch die stärkste Partei geworden sind. Denn sie gewinnen nur sehr geringe Teile aus der Wählerschaft der SPD. Fast den ganzen sehr erheblichen Stimmenverlust der SPD, fängt die KPD auf.

Die Regierungsparteien[89] bemühen sich nun, die Wahl Hindenburgs in einer Volkswahl zu ermöglichen. Man will möglichst viele Parteien für die Kandidatur Hindenburgs schon im voraus gewinnen, um seine Wahl zu sichern. Zu diesem Zweck sollte ein überparteiliches Komitee gebildet werden, mit Geßler an der Spitze. Neuerdings heißt es, daß der Kyffhäuserbund[90], der von sich ja immer behauptet, unpolitisch zu sein, die Arbeit für die Kandidatur Hindenburgs übernehmen wird. Weder Geßler noch der Kyffhäuserbund bieten, nach ihren Taten zu urteilen, eine besondere Garantie für Überparteilichkeit. Aber wozu überhaupt Überparteilichkeit? – Die Wahl des Reichspräsidenten ist eine hochpolitische Angelegenheit, denn er gehört zu den ausschlaggebenden Faktoren, die in Deutschland die Politik des Reiches machen. Er ist eine politische Figur. Wenn man ihn wählt, so wählt man eine bestimmte politische Haltung. Man muß sich klar machen, daß Hindenburg noch immer der Deutschnationalen Partei angehört. Und wenn er auch als Reichspräsident nicht die Politik Hugenbergs machen kann, so ist doch sicher, daß sein Einfluß immer nach rechts tendiert. Das kann sich durchaus im verfassungsmäßigen Rahmen abspielen. Man muß sich vor allem klar machen, daß Hindenburg außerordentlich stark von bestimmten großagrarischen Kreisen beeinflußt wird, aus denen er stammt und von denen er sich nicht losgemacht hat. Man denke nur an die Politik Schieles, die dieser nur machen kann, weil Hindenburg ihn hält. Das Gerede, daß es sich bei der Wahl Hindenburgs um eine unpolitische Sache handelt, dient also nur zur Verschleierung. Und die »überparteiliche« Kandidatur ist nur ein anderes Wort dafür, daß hier ein politischer Kompromiß geschlossen werden soll. – Wie sich die einzelnen Parteien zur Wahl Hindenburgs stellen, ist noch nicht klar. Sicher ist, daß sämtliche Regierungsparteien sich für ihn einsetzen werden. Für sie handelt es sich ja zugleich um die Frage, ob sie Regierungsparteien bleiben, das heißt an der Macht bleiben. Die Nationalsozialisten scheinen sich innerlich nicht einig zu sein. Hitler hat sich durch die Formulierung seines Absagebriefs die Möglichkeit offen gelassen, bei der Volkswahl für Hindenburg einzutreten. Seine Taktik läuft darauf hinaus, Hindenburg von Brüning zu trennen und für sich zu gewinnen. Dabei folgen ihm seine Unterführer anscheinend nicht. Die Absage Hitlers soll ja zum Teil auf den Druck der Unterführer zurückzuführen sein. Jetzt hat Frick zwei Reden gehalten, in denen er gegen Hindenburg Stellung genommen hat. Wenn Brüning bis zur Wahl nicht verschwunden sei, würden die Nationalsozialisten einen eigenen Kandidaten aufstellen. Nach den Reden folgte eine offizielle Feststellung Hitlers, daß seine Partei sich noch nicht entschieden habe. Ob man hieraus schon auf Meinungsverschiedenheiten innerhalb der Hitlerpartei schließen darf, ist zweifelhaft. Denn sicher ist, daß es den Unter-, ebenso wie dem Oberführer nicht auf die Person Hindenburgs ankommt, sondern auf die Regierungsgewalt. Zu diesem Ziel paßt sowohl die Taktik Hitlers wie die Fricks. Warum soll man sich nicht offiziell mit Hindenburg gut stellen und die Legalität betonen, und zugleich durch die inoffizielle Politik einen Druck auf ihn ausüben, besonders wenn man dadurch die Wähler besser zu erreichen glaubt?

Die Stellung der SPD in dieser Frage ist noch nicht festgelegt. Es heißt, daß die Sozialdemokraten Hindenburg keinen Gegenkandidaten entgegen stellen werden, wenngleich im ersten Wahlgang eine Entscheidung fällt. Das bedeutet, die SPD wird dann für Hindenburg eintreten, wenn eine Einigung mehrerer Parteien auf Hindenburg erfolgt und dadurch dessen Wahl schon im ersten Wahlgang gesichert wird. Ganz sicher sei, daß der preußische Ministerpräsident Braun nicht gegen Hindenburg kandidieren werde.

Schlechte Aussichten für die Reparationskonferenz
Die deutsche Regierung erstrebt eine endgültige Regelung der Reparationsfrage. Brüning hat das durch ein Interview deutlich gemacht, in dem er feststellt, daß Deutschland nicht zahlen könne. Diese Feststellung ist im Ausland nicht gut aufgenommen worden. London hat sich verhältnismäßig schnell wieder beruhigt. Aber sowohl in Frankreich wie in Amerika ist diese Erklärung Brünings mit den gleichzeitig schwebenden Verhandlungen mit Hitler und Hugenberg in Zusammenhang gebracht worden. Wenn man auch nicht annehmen kann, daß Brüning diese Erklärung abgegeben hat, weil Hitler es verlangte, so ist es doch nicht unwahrscheinlich, daß Brüning es Hitler da-

durch erleichtern wollte, Ja zu sagen. Inzwischen gehen die Verhandlungen zwischen den Regierungen weiter, in denen die Konferenz in Duchy vorbereitet werden soll. Mussolini hat zwei Artikel erscheinen lassen, in denen er volle Streichung der Reparationen verlangt. Europa müsse vorangehen, die Reparationen zu streichen, dann werde sich Amerika auch nicht als Shylock erweisen wollen und die Kriegsschulden beseitigen. Wenn eine derartige Regelung nicht erfolge, so seien die Folgen unabsehbar. Die Massen würden nicht noch einen zweiten Winter in diesem Elend erdulden »ohne revolutionäre Erhebungen von unabsehbarer Tragweite«. Diese Äußerung Mussolinis mag einerseits auf die Bolschewisten-Angst der Amerikaner berechnet sein. Aus ihr geht aber auch hervor, daß Mussolini hier in eigener Sache kämpft. Sein Land gehört zu denen, die am stärksten in die Krise hereingerissen worden sind. Jetzt versucht Mussolini, sein Regime von der Verantwortung für das wirtschaftliche Elend in den Augen der Bevölkerung zu entlasten, indem er die Kriegsschulden verantwortlich macht. – Frankreichs Haltung hat sich durch die Lösung, die die Regierungskrise gefunden hat, versteift. Briand ist tatsächlich ausgeschifft worden. Man versuchte zunächst, ihn stillschweigend kaltzustellen, indem man ihn zum Minister ohne Portefeuille machen wollte. Briand hat darauf mit einem Schlag gegen das ganze Kabinett Laval geantwortet und erreicht, daß es zurücktrat. Nun hat Laval ein neues Kabinett gebildet. Die entscheidenden Veränderungen sind, daß statt Briand Laval selbst Außenminister und Tardieu Kriegsminister geworden ist. Die Reparationskonferenz in Duchy hat es also jetzt mit einem Kabinett Laval, Tardieu, Flandin zu tun, das heißt mit einem wesentlich mehr nach rechts und nach Prestigepolitik tendierenden Kabinett. – England ist noch nicht festgelegt. Zurzeit finden Beratungen mit italienischen Vertretern statt. Die Haltung der Londoner Finanz kommt in einer Rede Laytons zum Ausdruck. Die Schuldenfrage habe das gesamte Wirtschaftssystem vor die Gefahr des Zusammenbruchs gebracht. Unbedingt nötig sei eine endgültige Regelung. Vollständige Streichung sei unwirtschaftlich. Nun müsse ein endgültiger Plan aufgestellt werden, damit man Deutschlands Kreditfähigkeit übersehen könne. Voraussetzung sei eine deutsch-französische Vereinbarung. Und für diese Vereinbarung sei es vielleicht notwendig, die Hitler-Partei heranzuziehen. Man sieht hieraus, daß es im Ausland sogar Kreise gibt, die eine Heranziehung Hitlers nicht für schlimm, sondern sogar für nötig halten. – Amerika wird auf jeden Fall nicht an der Konferenz in Duchy teilnehmen. Seine Taktik geht anscheinend jetzt darauf hinaus abzuwarten, was Europa tut. Man ist beunruhigt und fürchtet einen konzentrischen Angriff der Alliierten gegen seine Schuldenpolitik. Man will aber auch nicht von sich aus eingreifen. Das Hauptargument ist immer wieder, man wolle nicht Europas Rüstungen finanzieren. Was im Hinblick auf den Mandschurei-Konflikt, in den ja doch die Interessen aller Großstaaten hineinspielen, erhebliche praktische Bedeutung hat. – Bis jetzt kann man über das wahrscheinliche Ergebnis von Duchy überhaupt nichts voraussagen. Nicht einmal der Termin ist festgelegt. Er rutscht immer mehr hinaus; jetzt wird schon der 2. Februar genannt. Bei der Haltung Frankreichs und Amerikas sind die Aussichten aber wenig günstig. Denn wenn auch Italien und England aus eigenem Interesse das gleiche wie Deutschland wünschen, nämlich die vollständige Streichung der Reparationen und Schulden, so handelt es sich hier doch um zwei Länder, die selbst Hilfe brauchen. Darum sind sie praktisch dem Willen Frankreichs und Amerikas weitgehend unterworfen. Sie sind daher immer zu einem Kompromiß bereit.

Von der Wirtschaftspolitik der Reichsregierung muß man nachgerade feststellen, daß sie sich in den merkwürdigsten Widersprüchen bewegt. Bekanntlich stehen wir im Zeichen der Preissenkung. Diese mit großen Worten angekündigte Aktion hatte zunächst kleine Erfolge. Zum Beispiel wurde der Brotpreis gesenkt. Wenigstens las man davon in der Zeitung. Jetzt sind die Bäcker an den Preisbeobachter – im Anfang nannte man ihn Preisdiktator, was die Tätigkeit dieses weichen Sachsen als einen Irrtum erwiesen hat – herangetreten und haben ihm angekündigt, daß sie die Brotpreise wohl wieder erhöhen müßten; die Roggenpreise seien gestiegen. Nun beruht das Steigen der Roggenpreise auf der unsinnigen Agrarpolitik Schieles, der ja schließlich der gleichen Regierung angehört, die den Preisbeobachter angestellt hat. Schieles ganze Politik geht darauf hinaus, das Angebot kleinzuhalten und dadurch die Preise für Agrarprodukte zu steigern. Goerdeler hat den Bäckern geantwortet, daß er sich im Einvernehmen mit dem Ernährungsministerium, das ist Schiele, mit den Vorgängen am Mehlmarkt befasse. Jetzt beobachten also glücklich zwei. Wo bleibt aber der Preisdiktator, der Herrn Schiele die preiserhöhende Politik verbietet? – Wenn nicht eine vollständige Umstellung der Agrarpolitik erfolgt, wird die Preissenkung des Brotes niemals von Dauer und niemals sehr erheblich sein. – Die Schielesche Agrarpolitik ist noch in anderer Hinsicht interessant. Durch das Moratorium für den Osten ist es glücklich so weit gekommen, daß zur Finanzierung der Frühjahrsbestellung kein Kredit vorhanden ist. Dadurch ist die Ernte dieses Jahres ernstlich gefährdet. Das Reich muß also eingreifen. Das bedeutet aber wieder nichts anderes, als daß der Steuerzahler den Kredit geben muß, wenn er im Herbst nicht verhungern will. – An der Wirtschaftspolitik der Reichsregierung heißt auch sonst noch nicht alles Preissenkung. So berät das Kabinett jetzt schon wieder einen Butterzoll, der natürlich verteuernd wirken muß. Weiter soll die Umsatzsteuer noch mehr erhöht werden, was die gleiche Wirkung haben würde. Schließlich plant Berlin eine Erhöhung der Lohnsummensteuer, was auch nicht zu den Preissenkungsaktionen gehören dürfte. Ebenso haben wir von Preußen noch Maßnahmen zur Angleichung des Etatdefizits zu erwarten. – Zwei Pläne wirtschaftspolitischer Art werden augenblicklich von der Reichsregierung zusammen mit den daran interessierten Wirtschaftskreisen verfolgt, die einen Schritt weiter zum Staatskapitalismus bedeuten. Man will ein Einheitsgemisch von Benzin für den ganzen deutschen Triebstoffmarkt festlegen und zugleich die Einfuhr von Triebstoff kontingentieren. Die Preise sollen einheitlich festgelegt werden. Das würde praktisch auf ein vom Staat geordnetes und garantiertes Monopol der Triebstoffproduzenten werden. Das neue daran wäre nicht, daß der Staat das Monopol und damit den Profit der Monopolisten garantiert, sondern daß durch seine Tätigkeit das Monopol erst geschaffen wird. Einmal schafft er die Voraussetzungen dazu, indem er die Produktion typisiert, ein Einheitsgemisch festlegt. Zum anderen beseitigt er die Konkurrenz der Außenseiter durch die Kontingentierung. Der zweite Plan ist schon im Zusammenhang mit dem Bankkrach des vorigen Sommers aufgetaucht. Es soll eine Industriebank geschaffen werden, die die Abwicklung der eingefrorenen Kredite übernimmt. Das Kapital dieser Bank müßte praktisch von der Reichsbank zur Verfügung gestellt werden. Beide Projekte zeigen, wie der Staat immer mehr in den Wirtschaftsprozeß als aktiver Faktor einbezogen wird.

(34.) Politik der Woche 17. Januar bis 23. Januar 1932

Die Aussichten für einen Erfolg der Reparationskonferenz verschlechtern sich von Tag zu Tag. In Frankreich ist durch die Regierungsneubildung der Einfluß der nationalen Kreise gewachsen. Lavals Regierungserklärung sagt:»Wir werden für die Zukunft keine Lösungen akzeptieren, die einerseits die Krise nicht zu beseitigen vermögen, andererseits aber Frankreich in seinen wesentlichen Interessen und in seinen durch freiwillig abgeschlossene Verträge bestätigten Rechten schädigen würden. Wir lassen uns das Recht auf Reparationen nicht verbieten.« In der Kammerdebatte kam von allen Seiten der Standpunkt zum Ausdruck, Frankreich dürfe nur auf die Reparationen verzichten, wenn dafür Amerika auf die Kriegsschulden verzichtet. Amerika verhält sich in der Reparationsfrage vollkommen passiv. Hoover erklärte – infolge seiner schlechten Erfahrungen mit dem ersten Moratorium – Amerika werde kein neues Schuldenmoratorium bewilligen. Die englische Finanz ist von der Notwendigkeit einer endgültigen Lösung und einer radikalen Kürzung der Reparationen überzeugt. Andererseits hofft man nach den französischen Wahlen auf bessere Aussichten, besonders da auch Frankreich immer mehr in die Krise hin eingezogen und dadurch für eine vernünftige Regelung empfänglicher sein werde. Allerdings liefert die Zollpolitik Englands selbst den Gegenbeweis, daß mit zunehmender Krise die Parole »Rette sich, wer kann« an Anziehungskraft gewinnt. Deutschland steht allen Vorschlägen einer Vertagung oder vorläufigen Lösung ablehnend gegenüber.

Diese verfahrene Lage gibt der nationalsozialistischen Propaganda kräftigen Auftrieb. Hitler benutzt die Anerkennung als legale verhandlungsfähige Partei, die in seiner Heranziehung zu der politisch wichtigen Entscheidung über die Reichspräsidentenwahl lag, eifrigst zu einem dauernden Angriff gegen Brüning aus. Seine Denkschrift, die unter Umgehung Brünings an Hindenburg direkt gerichtet war, zeigt deutlich seine Politik, über den Reichspräsidenten legal in die Regierung hineinzukommen. Er wird dabei aus Kreisen der Schwerindustrie unterstützt: Der Hauptgeschäftsführer des Langnamvereins[91], Dr. Schlenker, hielt in Düsseldorf eine Rede, in der er die Politik der »Nationalen Opposition«, die Wiederwahl Hindenburgs sich für den Eintritt der Nationalsozialisten in die Regierung abhandeln zu lassen, unterstützte.

Einige Kleinigkeiten aus der »Republik« Deutschland
Die Voruntersuchung über den Verfasser der Boxheimer Dokumente, Dr. Best, ist abgeschlossen. Über die Anklageerhebung gegen dieses Mitglied einer legalen Partei ist sich der Oberreichsanwalt anscheinend noch nicht im klaren. – Auf der Reichsgründungsfeier des Kyffhäuserbundes erklärte der Vorsitzende, General a.D. von Horn: Die alten deutschen Soldaten müßten die sogenannte Kriegsschuldlüge[92] mit Entrüstung abwehren. Man dürfe nicht vergessen, daß die Kriegsschuldlüge in engem Zusammenhang mit der Verantwortlichkeit des früheren Kaisers stehe. Der Geist des ersten Versailles, den man heute feiere, müsse den Geist des zweiten Versailles überwinden. An der Feier nahm der Reichswehrminister Groener teil. Der Reichsverfassungsminister Groener scheint von dieser monarchistischen Kriegshetze nichts erfahren zu haben, sonst hätten wir bei seiner Reichsgründungsfeierrede im Rundfunk hören müssen, daß er den Kyffhäuserbund nicht zu den »politischen Kräften« rechnet, deren Aufgabe »die organische Ausführung und Entwicklung der Verfassung ist«. – Daß solche politische Propaganda »natürlich ganz unpolitisch« ist, wurde uns mehrmals bei der Vorführung eines Kaiserfilms in Berlin versichert, der den Exkaiser beim Holzsägen, beim Verteilen von Zigaretten an seine Diener, mit einem Wort: beim Entgegenführen zu den herrlichen Zeiten zeigt. Die »Rote Fahne« wurde wegen eines Artikels zum 13. Jahrestag der Ermordung Karl Liebknechts und Rosa Luxemburgs für drei Tage verboten. –

Wirtschaftspolitik der Reichsregierung

Im Haushaltsausschuß des Reichstages fand eine Diskussion statt über die Banken, bei denen die Reichsregierung während der Bankenkrise im Juli eingesprungen war. Finanzminister Dr. Dietrich erklärte, daß das Kabinett Gedanken erörtere, die etwas vollkommen Neuartiges darstellen. Aus den Worten des Bankenkommissars konnte man entnehmen, daß es sich hier um ein ähnliches Projekt handelt, wie es Mussolini in Italien durch die Banca Commerciale verwirklicht hat. Von Zeit zu Zeit hören wir, daß Preisdiktator Goerdeler »Fühlung genommen« hat mit dem Einzelhandel, daß er Verhandlungen führt mit den Brauereien, daß er Beratungen mit der Farbenindustrie führt, daß er Besprechungen hat usw. Vor kurzem hat er auch die Roggenpreise »besprochen«, wobei er erklärte, daß der Roggen- und Roggenmehlpreis genau verfolgt werde und daß Vorsorge getroffen werde, damit eine Preissteigerung, die zu einer Erhöhung der Brotpreise führen müßte, nicht einträte. Diese »Besprechung« des Roggens hat Erfolg gehabt; am selben Tage stieg der Preis um 15 Pfennig.

In den nächsten Tagen wird eine neue Agrar-Notverordnung[93] herauskommen. Da das Moratorium im Osten dazu geführt hat, daß für die Sicherstellung der Ernte kein Kredit vorhanden ist, muß das Reich wieder einspringen. Der Reichsfinanzminister muß zusehen, ob man dafür am Kultusetat einsparen kann, oder wie man sonst diese Lasten »gerecht« auf die Steuerzahler verteilt.

Um dem Preisdiktator seine erfolglose Arbeit etwas interessanter zu machen, hat die Reichsregierung eine Notverordnung über »außerordentliche Zollmaßnahmen« verkündet, bei der die Frage des Butterzolls eine große Rolle spielte. Es ist eine »mäßige« Erhöhung dieses Zolls in Aussicht genommen. Außerdem bietet die Notverordnung die Möglichkeit, gegen einzelne Länder besonders erhöhte Kampfzölle festzusetzen. Die Erhöhung des Butterzolls hat in Dänemark und Schweden große Erregung hervorgerufen; ein dänisches Blatt verlangte die Kündigung des Handelsvertrages mit Deutschland; die schwedische Regierung hat sofort auf Grund des Handelsvertrages Protest erhoben. Auf jeden Fall wird der deutsche Export besonders nach Dänemark ganz empfindlich getroffen werden, auch wenn Dänemark keine Gegenmaßnahmen ergreift.

Auch in England ist die Zollfrage im Augenblick wieder akut geworden. Sie drohte sogar das Kabinett zu sprengen. Das konnte MacDonald nur dadurch verhindern, daß er den Ministern freistellte, ihre entgegengesetzte Meinung ohne Rücksicht auf die Kabinettspolitik zu vertreten. Das bedeutet bei der ungeheuren Tory-Mehrheit im englischen Parlament, daß die Hochschutzzollpolitik ohne weiteres durchgeführt werden kann. Der »Sozialist«

MacDonald glaubte aber das verantworten zu können, nur um »angesichts der schwierigen internationalen Lage die Einheitsfront zu halten«.

In Spanien ist es erneut zu ernstlichen Unruhen gekommen. Im wichtigsten Textilindustriegebiet nördlich von Barcelona ist der Generalstreik erklärt worden, in einigen Städten wurde die Arbeiterdiktatur verkündet. Die spanische Regierung hat Polizei und Militär zur Niederwerfung dieses »anarchistischen Aufstandes«, wie sie es bezeichnen, befohlen.

Nach dem Vorbild der Bergbauindustrie in Polen haben jetzt auch die Metallindustriellen einen 25prozentigen Lohnabbau dekretiert. Wer sich nicht einverstanden erklärt, wird entlassen! Von den bisherigen Maßnahmen sind 300.000 Arbeiter betroffen. Die Lohnabbauwelle wird sich aber sicher weiter ausdehnen, da die Regierung hinter den Industriellen steht. Unter den Arbeitern herrscht große Erregung; in Könitz kam es zu Zusammenstößen der Arbeitslosen mit der Polizei.

In Belgrad sind die Studentenunruhen gegen das Diktaturregime in Jugoslawien schon eine Dauererscheinung. Seit Monaten kommt es andauernd zu Demonstrationen und blutigen Zusammenstößen mit der Polizei. Die Regierung hatte beschlossen, die Selbstverwaltung des staatlichen Studentenhauses aufzuheben, um dadurch politisch Verdächtige zu entfernen. Daraufhin ist es jetzt zu einer regelrechten Belagerung des Hauses durch die Polizei gekommen, die die Studenten auszuhungern sucht.

Während in Österreich die Heimwehrputschisten in voller Freiheit her umlaufen können, ist die Regierung beim Waffenlagerfund bei dem republikanischen Schutzbund sehr energisch vorgegangen. Handelt es sich doch diesmal um Waffen, die in der Hand der Arbeiterschaft waren und sich einmal gegen das kapitalistische System hätten wenden können, und nicht um die Heimwehrleute, die ja »nur« gegen die Republik etwas haben. Genosse Julius Deutsch erklärte, »der Überfall auf das Ottakringer Arbeiterheim wird die österreichischen Arbeiter nicht einschüchtern, sondern das Gegenteil bewirken. An die Stelle der geraubten Gegenstände werden hundertfach andere kommen. Wir künden frei und offen an, daß wir uns nicht entwaffnen lassen, solange nicht alles entwaffnet ist«. Der österreichische Innenminister hat ein »Entwaffnungsgesetz« angekündigt.

Auch die letzten Zweifler daran, ob in der Mandschurei nur eine japanische Polizeiaktion gegen »Räuberbanden« stattfinde, oder ob dort ungestört durch Völkerbund und Protestnoten sich ein regelrechter Krieg entwickelt hat, werden durch die japanischen Sender überzeugt worden sein, die eine Rundfunkübertragung der Schlacht bei Mukden zur Unterhaltung ihrer Hörer veranstaltet haben. Es zeigt sich immer deutlicher, daß Amerika der eigentliche Gegenspieler Japans in der Mandschurei ist. Der Staatssekretär Stimson hatte vor einiger Zeit an Japan und China eine Note gesandt, in der er sich auf den Kelloggpakt und die Politik der »offenen Tür« berief. Da die gegenwärtige chinesische Regierung amerikafreundlich ist, hat das amerikanische Kapital von dieser Politik der »offenen Tür« besonders für sein Vordringen in der Mandschurei den größten Vorteil und betont daher immer wieder die Unverletzlichkeit dieses Prinzips. Die Vereinigten Staaten wünschten, daß auch England sich ihrer Note anschließe, das sich jedoch mit einer formalen Zusicherung Japans begnügt hat. Japans Antwortnote an Amerika wird als ein »außerordentlich geschickt abgefaßtes Schriftstück« bezeichnet. Allerdings gehört schon ein gutes Stück diplomatisches »Geschick« dazu, den Kelloggpakt so auszulegen, daß Japans kriegerisches Vorgehen in der Mandschurei durch diesen Kriegsächtungspakt gerechtfertigt werden soll. Japan »bedauert« außerordentlich, daß es durch die chinesische Unfähigkeit, die Selbstbestimmung des Landes und die Organisierung einer neuen Regierung durchzuführen, in Mitleidenschaft gezogen worden sei. Der chinesische Außenminister Tschen ist über diese »Unverschämtheit Japans gegenüber Amerika und die Beleidigung Chinas« entrüstet. Er erklärt, Japan treffe alle Vorbereitungen zu seinem Kriege gegen China.

Die Sowjetunion versucht der Gefahr, daß sich an dem mandschurischen Konflikt ein Krieg der kapitalistischen Staaten gegen Rußland entzündet, zu begegnen. Moskau hat Tokio einen russischen-japanischen Nichtangriffspakt vorgeschlagen. Die japanische Regierung zögert: sie meint, Japan sei »nie« aggressiv gewesen und benötige deshalb ein solches Abkommen nicht. – Die Russen haben mit ihrer Politik der Nichtangriffspakte anscheinend weiteren Erfolg, die ihnen die Möglichkeit des ruhigen weiteren industriellen Aufbaues gibt. – Nach dem Bericht des Deutschen Institutes für Konjunkturforschung steht die Sowjetunion mit ihrer industriellen Produktion an der zweiten Stelle, direkt nach den Vereinigten Staaten. – Inzwischen sind die Direktiven zur Aufstellung des zweiten Fünfjahresplans veröffentlicht: Im Verlaufe der nächsten fünf Jahre sollen die Klassen endgültig aufgehoben werden. Die Versorgung der Bevölkerung mit den wichtigsten Verbrauchs- und Nahrungsmitteln soll um das Zwei- bis Dreifache gesteigert werden. Die Umgestaltung der gesamten Volkswirtschaft und die Schaffung der modernen technischen Basis für sämtliche Wirtschaftszweige soll vollendet werden.

(35.) Politik der Woche 24. Januar bis 30. Januar 1932

Krieg im Osten

Es gibt bekanntlich noch immer einige Menschen, die glauben, wir lebten in einer zivilisierten und humanen Welt. Diesen Harmlosen werden die verklebten Augen aufgegangen sein, als sie von dem Akt der unglaublichsten und unmenschlichsten Barbarei lasen, den der japanische Kapitalismus mittels seines Militärs verübt hat. Japan hat die chinesische Stadt Tschapei vollkommen in Brand geschossen. Es hat diese Stadt ohne Rücksicht auf Frauen und Kinder mit Flugzeugen und Schiffsgeschützen angegriffen. Vierzehn Stunden lang sausten die japanischen Fliegerbomben auf die dichtbevölkerte Stadt nieder. Es ist unmöglich, die Zahl der verwundeten und getöteten Frauen, Kinder und Männer zu schätzen.

Die Vorgänge, die zu diesem brutalen Überfall auf wehrlose und friedliche Menschen führten, sind kurz folgende: Japan hat die Mandschurei fast ganz in die Hand bekommen. Den Hauptwiderstand, der von dem chinesischen General Ma ausging, hat es gebrochen, indem es Ma kaufte. Wer geglaubt hatte, daß Japan tatsächlich nur die »Ordnung in der Mandschurei herstellen« wollte, mußte sehr enttäuscht sein, als Japan jetzt weiter vorging. Wer aber erkannt hatte, daß Japan es auf die chinesischen Rohstoffgebiete und den chinesischen Markt abgesehen hat, für den kam es nicht überraschend, daß Japan jetzt seine Seestreitkräfte auf Shanghai konzentrierte. Im Hafen von Shanghai liegen nun außer den japanischen Schiffen 9 amerikanische, 10 englische, 5 französische und 3 italienische Kriegsschiffe. Sie haben natürlich nur die Aufgabe, die »Zivilbevölkerung ihres Landes zu schützen«. Bekanntlich muß China noch immer eine ganze Fremdenstadt in Shanghai dulden, die nicht unter chinesischem Recht steht. Der Schutz dieser Fremdenstadt, die in erster Linie aus der ausländischen Kaufmannschaft und den internationalen Kapitalisten besteht, ist natürlich nur der Vorwand für die Konzentration der Streitkräfte der kapitalistischen Länder im Hafen von Shanghai. Im Grunde aber dient die inter nationale Kriegsflotte des Kapitalismus dazu, gelegentlich einen gelinden Druck auszuüben, um den Einmarsch des Kapitals in den chinesischen Absatz- und Rohstoffmarkt zu erzwingen. Darum handelt es sich auch jetzt. Entscheidend ist dabei aber, daß die einzelnen kapitalistischen Länder sich den Vortritt streitig machen. – Den Vorwand für das unglaubliche Vorgehen der Japaner gab der Boykott der Chinesen gegen die japanischen Waren, mit dem die Chinesen auf das Vordringen Japans in der Mandschurei reagiert hatten. Der Kommandant der japanischen Flotte stellte ein Ultimatum, in dem er die Einstellung des Boykotts verlangte. Der Bürgermeister von Shanghai nahm sämtliche Bedingungen des Ultimatums an. Was blieb ihm schon anderes übrig angesichts der versammelten Kriegsflotte im Hafen seiner Stadt? Daraufhin stellte der japanische Kommandant ein zweites Ultimatum, in dem der Rückzug sämtlicher chinesischer Truppen aus Tschapei, dem chinesischen Teil Shanghais, gefordert wurde. Auch dieses Ultimatum nahm Shanghai an. Trotzdem landeten dann japanische

Truppen und drangen in die Chinesenstadt ein. Zugleich wurde das Bombardement der Stadt begonnen.

Dieser Überfall Japans löst natürlich die Kräfte des schärfsten Widerstandes in China aus. Tschen, der Außenminister, war schon vorher zurückgetreten, mit der Begründung, daß er die passive Politik gegenüber Japan nicht mehr verantworten könne. Er ist aber als Organisator der Verteidigung geblieben und rüstet jetzt fieberhaft. Aus dem Lande werden die Truppen zur Verteidigung Shanghais zusammengezogen. Die letzte Zeitung bringt die Nachricht, daß China Japan den Krieg erklärt habe. – Innenpolitisch bedeutet das alles, daß Tschiang Kai-schek, der immer zu passiver Politik gegen Japan geraten hatte, ausgeschaltet ist; wenigstens dann, wenn er sich nicht jetzt auch zur aktiven Verteidigungspolitik bekennt.

Das Verhalten Japans hat zu einem immer deutlicheren Abrücken Amerikas geführt. In der letzten Woche hat Amerika England den Vorschlag gemacht, gegen Japan mit wirtschaftlichen Maßnahmen vorzugehen. England hat diesen Vorschlag sehr kühl aufgenommen. Bekanntlich steht England Japan nicht unfreundlich gegenüber. Die englischen Konservativen sind sogar begeisterte Freunde Japans. Eine schwierige Lage für MacDonald. Man darf sogar gespannt sein, was dieser »sozialistische« Ministerpräsident tun wird. Ganz scharfe Zungen sind geneigt, gerade jetzt hartnäckig zu behaupten, MacDonald habe während des Weltkrieges den Kriegsdienst verweigert. Aber das sind Leute, die nichts vergessen können und immer an die Vergangenheit erinnern müssen. Es ist doch zu unfair, jemanden immer an seine »Jugendsünden« zu mahnen. – Durch den Überfall Tschapeis hat sich Japan selbst bei der englischen öffentlichen Meinung einige Sympathien verscherzt. Amerika und England haben in Tokio »Vorstellungen« wegen Tschapei erhoben. Ob das genügen wird, um Schlimmeres zu verhüten, ist mehr als zweifelhaft. Zunächst sind die Tories in England jedenfalls in einer schwierigen Lage. Aber sie treiben in ihrer Presse weiter Propaganda für Japan. Ob MacDonald dem Druck widerstehen wird? – Ob MacDonald auch diesmal den Kriegsdienst verweigern wird? Den blutigen Dienst für das Kapital?

Über die Haltung Frankreichs sind keine neuen Daten bekannt. Aber man weiß ja, daß Frankreich durch starke Interessen an Japan gebunden ist. Es wird sogar behauptet, daß Frankreich den Japanern eine geheime Anleihe für Kriegszwecke gegeben hat. Ob das stimmt, läßt sich natürlich nicht nachprüfen. Weiter hört man, daß die größte französische Rüstungsfirma, Schneider-Creuzot, Neueinstellungen vorgenommen habe. Schon wieder winkt der Profit, den der Kapitalismus selbst aus dem Blute der Menschen zu schlagen versteht. – Welche Praktiken dabei verfolgt werden, beweisen die Enthüllungen Paul Faures, eines französischen Sozialisten. Er hat nachgewiesen, daß die deutschen Direktoren der tschechischen Skoda-Werke Geldgeber der Nazis sind. Die Aktienmehrheit jener Werke befindet sich in den Händen der französischen Rüstungsfirma Schneider-Creuzot. Auf diese Art schürt also die Rüstungsindustrie den Nationalismus der Völker und treibt sie damit in den Krieg.

Und der Völkerbund? China hat ihn auf Grund des § 15 der Völkerbundsakte angerufen. Jetzt berät der Völkerbund, ob er in diesem Fall überhaupt zuständig ist. Wir brauchen ihm auf das Gebiet so komplizierter juristischer Fragen des Völkerrechts nicht zu folgen. Denn wir wissen, er wird auch diesmal nichts erreichen. Denn wer sitzt im Völkerbund? Neben dem chinesischen Vertreter sitzt Japan mit seinen guten Freunden England und Frankreich, die den Ton in den Sitzungen angeben. Es wäre eine Illusion, anzunehmen, daß diese Länder sich zu Sanktionen, sei es wirtschaftlicher oder militärischer Art, entschließen werden. Etwas anderes aber würde nichts nützen. Sicher wird man wieder eine Ermahnung an Japan und China ergehen lassen, doch artig zu sein und den Völkerfrieden nicht zu stören. Inzwischen sind aber in Tschapei schon viele tausend Menschen getötet oder verwundet worden! Diese blutigen Opfer des kapitalistischen Krieges hat die erste Ermahnung des Völkerbundes nicht verhindern können. Weitere Opfer wird auch eine zweite Ermahnung nicht verhüten. So dienen die Erklärungen und Friedensbotschaften, die die kapitalistischen Staaten durch ihr Sprachrohr, den Völkerbund, von Zeit zu Zeit loslassen, zu nichts anderem als dazu, ihre kriegerische Absicht vor der Öffentlichkeit zu verschleiern.

Das japanische Vorgehen hat noch unter einem anderen Gesichtspunkt außerordentliche Bedeutung. Japan geht zurzeit nicht nur gegen Shanghai, sondern zugleich gegen Harbin, das weiter im Norden liegt, vor. Starke Regimenter bereiten die Besetzung dieser Stadt vor. Harbin gehört schon zur Interessensphäre Rußlands. Zusammen mit China verwaltet dort Sowjetrußland die Bahn. Und hier ist es denn auch schon zu einem Konflikt zwischen Japan und der russischen Eisenbahnverwaltung gekommen. Die Japaner verlangten einen Eisenbahnzug zum Transport ihrer Truppen. Die russische Eisenbahnverwaltung verweigerte den Zug. Daraufhin stellten sich die Japaner den Zug selbst zusammen. Die Russen mußten die Stadt verlassen. Angesichts dieses Konflikts wird die Frage akut, ob sich der chinesisch-japanische Konflikt zu einem Konflikt der kapitalistischen Staaten mit dem sozialistischen Rußland auswachsen wird. Der chinesisch-japanische Konflikt ist zunächst der Kampf zwischen den verschiedenen kapitalistischen Gruppen um den chinesischen Markt. Es ist aber durchaus nicht unmöglich, daß sich dieser Konflikt ausdehnt. Es liegt auf der Hand, daß die Kapitalisten aller Länder nichts sehnlicher – gerade jetzt in der Krise nichts sehnlicher wünschen, als den russischen Markt, der jetzt der Ausbeutung für den Profit entzogen ist, wieder in die kapitalistische »Ordnung« hereinzuziehen. Rußland hat nicht das geringste Interesse an einem Krieg mit den kapitalistischen Staaten. Es ist vollauf mit dem Aufbau der sozialistischen Ordnung beschäftigt. Gerade jetzt geht der erste Fünfjahresplan seiner Vollendung entgegen. Er ist entgegen allen kapitalistischen Prophezeiungen, daß solche Utopien nicht zu verwirklichen wären, gelungen. Der zweite Fünfjahresplan wird jetzt in Angriff genommen. Er soll die sozialistische Ordnung vollenden. Vielleicht erscheint dieser Zeitpunkt manchen Kapitalisten günstig, einen Konflikt mit Sowjetrußland zu provozieren. Nochmals – Rußland hat kein Interesse an einem Krieg. Das beweist auch seine Außenpolitik, die unter dem Zeichen der Nichtangriffsverträge steht. Gerade jetzt ist der Nichtangriffspakt mit Polen[94] zustande gekommen. Aber wenn kapitalistische Staaten den sozialistischen Staat angreifen, so wird dieser sich wehren müssen. Er wird seine sozialistische Ordnung gegen die kapitalistische Intervention verteidigen müssen. Im Falle eines solchen Konflikts zwischen Kapitalismus und Sozialismus werden die kapitalistischen Staaten wohl sogar ihre Rivalität untereinander vergessen.

Und die Abrüstungskonferenz? – In ein paar Tagen sollte sie zusammen treten. Auch sie wird angesichts der Ereignisse in China nur eine Komödie sein. Kein Staat wird sich in der augenblicklichen Situation zur Abrüstung bereit finden. Das ganze Gerede davon dient daher praktisch nur dazu, der Öffentlichkeit glauben zu machen, als wollten alle abrüsten, nur jeweils der andere sei daran schuld, daß man nicht könne. Es ist nur eine andere Form des Nationalismus, eine andere Form, mit der die Regierungen ihre imperialistische Politik vor ihren »Staatsbürgern« rechtfertigen. – Wann werden die »Staatsbürger« begriffen haben, daß es gilt, diese Regierungen samt der kapitalistischen Ordnung, deren Hüter diese Regierungen ja nur sind, hinwegzufegen? – Bedarf es wirklich eines neuen Weltkriegs, um der Menschheit diese Lehre einzubläuen? – Mit blutigen Opfern, mit Tod und Verderben! –

Reparationsfrage steht schlecht

Die Ereignisse in China werden nicht ohne Rückwirkung auf die Reparationsverhandlungen sein. Es liegt auf der Hand, daß der Gegner Japans, nämlich Amerika, kein Interesse daran hat, den Bundesgenossen Japans die Kriegsschulden zu erlassen. – Aber die Reparationsverhandlungen stehen jetzt schon schlecht genug. In der letzten Woche wurde versucht, zwischen England und Frankreich zu einer Einigung zu kommen. Es war schon ein Treffen zwischen Laval und MacDonald verabredet. Die Einigung ist gescheitert. MacDonald wird Laval vorläufig nicht treffen. Damit ist die Aussicht, daß in absehbarer Zeit eine Reparationskonferenz zusammentreten wird, wieder geschwunden.

Wesentlich ist, daß das Stillhalteabkommen zwischen den ausländischen Gläubigern und Deutschland jetzt zustande gekommen ist. Es bedeutet im Grunde ein Abkommen zwischen den ausländischen Gläubigern, die Kredite nur langsam und alle gleichmäßig zurückzuziehen, weil bei einem raschen und ungeregelten Rückzug keiner etwas bekommen hätte. Es ist also eine geschickte Methode, die Kredite so lange den deutschen Kapitalisten zu lassen, als man sie doch nicht herausbekommen hätte, um sie aber dann zwar langsam aber um so sicherer abzuholen. Das Positive für den deutschen Kapitalismus liegt darin, daß er die Kredite noch einige Zeit behält und daß ein Weg vorgesehen ist, die jetzigen kurzfristigen Kredite in langfristige Kredite oder in direkte Beteiligungen umzuwandeln. Allerdings sind die Gläubiger nicht dazu gezwungen; sie können auch zurückziehen. Aber ganz sicher ist auch die Stillhaltung der Auslandsgläubiger, die ab 1. März ein Jahr lang dauern soll, noch nicht. Denn in dem Stillhalteabkommen sind einige Klauseln, die die Stillhaltung von den politischen Ereignissen, vor allem von der Reparationsregelung, abhängig macht. Zum Beispiel können die Gläubiger das Abkommen kündigen, wenn der Kredit, den die Notenbanken der verschiedensten Länder der Reichsbank gegeben haben, nicht erneuert wird. Diese Frage kann sehr leicht akut werden, wie sich bei der letzten Verlängerung des Kredits gezeigt hat, wo Frankreich seinen Anteil zunächst zurückziehen wollte und dann nur für einen Monat verlängert hat. Im ganzen gibt das Abkommen den Gläubigern die Möglichkeit zu kündigen, das heißt nicht länger stillzuhalten, sondern die Kredite zurückzuziehen, wenn ein internationales Ereignis eintritt, beispielsweise die Reparationsregelung, das nach ihrer Meinung die Durchführung des Stillhalteabkommens gefährdet. Damit ist die Stillhaltung aus der rein geschäftlichen in die politische Sphäre gehoben. Die schlechten Aussichten für die Reparationsverhandlungen werden damit zu noch schlechteren Aussichten für den deutschen Kapitalismus überhaupt.

Aus der Innenpolitik

Allmählich scheint sich eine Mehrheit für die Wiederwahl Hindenburgs zu formieren. Selbstverständlich eine ganz »unpolitische« Mehrheit für diese »unpolitische« Angelegenheit. In München ist ein Aufruf für Hindenburg herausgekommen, der hauptsächlich von Fürsten, Grafen und Generälen a. D. unterzeichnet ist, selbstverständlich auch alles gänzlich »unpolitische« Leute. Außerdem betreibt der Oberbürgermeister von Berlin[95] die Wiederwahl Hindenburgs. Hindenburg will bekanntlich nicht gegen seine alten Wähler, die ihn 1925 wählten, d.h. praktisch nicht gegen die Deutschnationalen, kandidieren. Trotzdem sollen ihn die Republikaner wählen. Die »alten Freunde« Hindenburgs aber wollen die Wahl ausnützen, um Brüning zu stürzen. Man weiß deshalb noch nicht, wie die Nazis und Hugenberg sich stellen. Kommt tatsächlich die Wiederwahl Hindenburgs zustande, so bedeutet das eine enorme Stärkung des Kabinetts Brüning gegenüber allen anderen Richtungen.

Zwischen Preußen und dem Reich ist ein Abkommen getroffen worden, wonach Preußen auf die Schlachtsteuer, mit der es sein Etatdefizit decken wollte, verzichtet. Das Reich schließt die Mittel zur Deckung zu. Dafür tritt Preußen seine Anteile an der Siedlungsbank an das Reich ab. Das bedeutet praktisch eine Verminderung der Macht Preußens gegenüber dem Reich. Das bedeutet weiter, daß die Siedlungsarbeit auch auf das Reich übergeht. Sollte sie in die Hände oder die Einflußsphäre Schieles kommen, dann kann ja etwas Gutes daraus werden.

Der Terror der Nazis hat sich wieder enorm verstärkt. In Braunschweig beherrschen sie die Stadt. Typisch die Prozeßführung im Helldorf-Prozeß[96], der nur ganz langsam vorwärts kommt. Der Richter richtet sich dort weitgehend nach den Launen der Angeklagten. Goebbels hat in diesem Prozeß gänzlich unbegründeterweise die Aussage als Zeuge verweigert. Er ist dafür mit einer Geldstrafe belegt worden.[97] Ist es nicht paradox, daß Goebbels dafür bestraft wird, daß er einmal nichts sagte? – Umgekehrt müßte es sein. – Sehr interessant ist die Behandlung der Todesstrafe im Strafrechtsausschuß des Reichstages. Die Parteien des Bürgertums, die bisher vielleicht noch für eine Streichung der Todesstrafe zu haben waren, sind jetzt plötzlich warme Verfechter geworden. Warum? – Geheimrat Kahl hat es ausgesprochen. Er, der früher zweimal die Abschaffung der Todesstrafe beantragt hat, tritt jetzt für die Beibehaltung ein. Der Zeitpunkt sei für die Abschaffung der Todesstrafe nicht günstig. Morde und Tötungen hätten zu sehr überhand genommen. Daher wolle er seinen prinzipiellen Standpunkt für einige Zeit zurückstellen. Es ist dann ein Kompromiß zustande gekommen, der die Beschlußfassung über die Todesstrafe vertagt, d.h. sie bleibt in Kraft. Praktisch bedeutet das, daß der Kapitalismus zur Verteidigung seiner Machtstellung nicht auf die Todesstrafe verzichten will. Wenn prinzipielle Gegner der Todesstrafe, wie der Vertreter des Bürgertums Geheimrat Kahl, ihre Meinung »zurückstellen«, so sprechen sie damit nichts anderes aus.

In Kreisen des Unternehmertums werden Pläne zur »Reform« der Arbeitslosenversicherung erwogen. Diese »Reform« soll eine Zusammenlegung der Arbeitslosenversicherung mit der Krisen- und Wohlfahrtsfürsorge bringen. Damit soll der Versicherungscharakter vollkommen beseitigt und alle drei Unterstützungsmethoden zur Fürsorge gemacht werden. Vor allem aber sollen die Unterstützungssätze einander »angeglichen« werden. Diese »Angleichung« soll selbstverständlich nach unten erfolgen. Die Sätze der Arbeitslosenversicherung, die wahrlich schon tief genug sind, sollen also auf den Stand der Wohlfahrtsunterstützung gebracht werden. Wir können uns denken, daß das den Herren Unternehmern so passen würde. Ob Brüning sich auch diesen Wünschen des Unternehmertums gefügig zeigen wird?

In Österreich ist eine Regierungskrise eingetreten, die mit der Bildung eines Kabinetts geendet hat, das weiter nach rechts orientiert ist. Der bisherige Außenminister Schober ist ausgeschifft worden, der bisherige Ministerpräsident Buresch hat das Außenministerium mitübernommen, nach bewährtem Vorbild. Es wird behauptet, daß Schober Frankreich unbequem gewesen sei.

(36.) Politik der Woche 30. Januar bis 6. Februar 1932

Der Krieg im Osten

ist regelrecht im Gange. Japan geht an zwei Stellen vor. Einmal im Norden. Es hat dort in der Mandschurei jetzt Harbin besetzt. Damit hat es den wichtigsten Punkt der mandschurischen Eisenbahn in der Hand, jener Bahn, die unter gemeinsamer Verwaltung der Russen und Chinesen steht. Damit ist es also in wichtige Interessenssphären der Russen eingedrungen. Sowjetrußland versucht offensichtlich, zunächst eine Politik des Ausweichens zu treiben, um so Konflikte zu verhüten und den Frieden aufrechtzuerhalten. Es hat zunächst erklärt, daß es nichts dagegen hätte, wenn die Japaner die mandschurische Eisenbahn benutzten, vorausgesetzt, daß China einverstanden sei. Man wird gerade die Ereignisse in der Mandschurei und an dieser Bahn besonders aufmerksam verfolgen müssen, weil sich hier an den Interessengebieten und Grenzen Sowjetrußlands sehr leicht der Krieg der vereinigten kapitalistischen Mächte gegen das sozialistische Rußland entzünden kann.

Die andere Stelle, auf die Japan seinen Angriff richtet, ist Shanghai. Dort geht der Kampf zwischen den japanischen und chinesischen Truppen außerordentlich heftig hin und her. Der Kampf wird von beiden Seiten mit schweren Geschützen und Fliegern geführt. Es heißt, daß China weitere Truppen um Shanghai konzentriere. Japan versucht das zu verhindern, indem es Kriegsschiffe auf den Jangtse patrouillieren läßt. Japan ist auf dem Jangtse schon bis Nanking vorgedrungen und hat im Hafen von Nanking eine Anzahl von Kriegsschiffen vor Anker gehen lassen. Die chinesische Regierung mußte in eine andere Stadt fliehen.

Die verschiedenen an China interessierten Mächte haben ihre vor Shanghai ankernde Flotte verstärkt oder jedenfalls schon die Befehle an Kriegsschiffe gegeben, nach Shanghai auszulaufen. Natürlich ist der Zweck dieser Konzentration von Streitkräften vor Shanghai nur der Schutz der eigenen Staatsbürger, die in der internationalen Siedlung Shanghais wohnen. Man muß sich aber klar darüber sein, daß die Interessen der Großstaaten es auf die Dauer nicht zulassen, daß Japan allein in China vorgeht. Jede dieser kapitalistischen Großmächte wünscht den größten Teil des chinesischen Marktes für sich zu gewinnen. Und in jeder dieser Großmächte sind bestimmte Kräfte am Werk, die sie zum Eingreifen in China bewegen wollen. Wenn Japan also weiter vorgeht, so werden eines Tages sich die anderen Großmächte an dem Raubzug gegen China beteiligen. Den nötigen Vorwand hat man immer bereit: »Schutz der internationalen Siedlung«. Am schärfsten sind die Interessengegensätze zwischen Amerika und Japan. Darum ist auch die Haltung Amerikas gegenüber Japan am energischsten. Amerika hat seine Kriegsflotte zum Wintermanöver nach den Hawai-Inseln geschickt, die im Stillen Ozean liegen. Das ist eine deutliche Demonstration gegen Japan. Acht Kriegsschiffe mit tausend Mann Infanterie und 600 Mann Seesoldaten hat es nach Shanghai geschickt »zum Schutz des Lebens und Eigentums der amerikanischen Staatsbürger«. Es hat weiter bei der japanischen Regierung energische Vorstellungen und energischen Protest gegen das Vorgehen Japans in Shanghai erhoben. Diesem Protest haben sich England und Italien angeschlossen, während Frankreich in milderer Form protestiert hat. Schließlich haben England und Amerika gemeinsam eine Note überreicht, die vorschlägt: Einstellung aller gewaltsamen Maßnahmen auf beiden Seiten, Einstellung der Mobilisierungen, Zurückziehen der Truppen, der japanischen sowohl wie der chinesischen, Einrichtung neutraler Zonen zum Schutz der internationalen Siedlung; nach Durchführung dieser Maßnahmen Verhandlungen im Geiste des Kelloggpaktes. Deutschland hat sich – wie es heißt, auf Ersuchen Englands – diesem Vorschlag angeschlossen. China hat diese Vorschläge der Mächte sofort angenommen. Japan dagegen hat erklärt, daß es auf Mobilisierung nicht verzichten könne. Gegen Verhandlungen mit dem Ziel, die kämpfenden Truppen voneinander zu trennen und eine neutrale Zone einzurichten, habe es nichts. (Man ist sich jedenfalls sicher, daß diese Verhandlungen bei dem Vordringen nicht stören werden. Denn Verhandlungen, lieber nicht miteinander zu kämpfen, während der Kampf im vollen Gange ist und täglich neue Truppen in den Kampf geführt werden – das dürfte in der Tat ein Ding der Unmöglichkeit sein. Auf jeden Fall wäre es eine Komödie.) Praktisch hat Japan mit dem Vorschlag bloßen Verhandelns auch das Zurückziehen der Truppen abgelehnt; denn verhandeln kann man nur, wenn man nicht zu gleicher Zeit kämpft und täglich heftiger kämpft. Besonders wichtig ist noch die scharfe Verwahrung Japans gegen eine Einmischung der Mächte in die Mandschureifrage. Das gehe sie nichts an. Die Mächte hätten nur in Shanghai etwas zu suchen. Daher müßte Japan den Punkt 5 – die Verhandlungen mit China im Geiste des Kelloggpaktes – ablehnen.

Frankreich hat sich an diesem Vorgehen Amerikas und Englands nicht beteiligt. Es steht Japan überhaupt am nächsten. In verschiedenen Zeitungen wurde sogar behauptet, daß zwischen Japan und Frankreich ein Geheimvertrag bestehe. Die »Rote Fahne« behauptet dazu, Frankreich habe an Japan eine Anleihe für Kriegszwecke gegeben. Die französische Regierung hat ein »Dementi« herausgegeben, in dem sie gegen die Meldungen eines Geheimvertrages »protestiert«. Man bestreitet also nicht direkt den Geheimvertrag, man »protestiert« nur gegen die Meldungen davon. Ein Dementi der Anleihe ist überhaupt nicht herausgekommen. – Interessant sind in diesem Zusammenhang die Worte eines Mitgliedes der Regierungspartei im tschechischen Parlament, weil ja die Tschechoslowakei in guten Beziehungen zu Frankreich steht. Es meinte auf eine kommunistische Anfrage wegen des Krieges im Osten: »Warum die ganze Aufregung bei den Kommunisten? Weil die Sowjetunion vor Japan Angst hat. Alle christlichen Kulturvölker müssen es als Schande empfinden, daß ein ostasiatisches Volk das erste ist, welches in der Sowjetunion Ordnung schaffen wird«. Ein so offenes Eingeständnis, daß die kapitalistischen Staaten sich mit Interventionsplänen gegen Rußland tragen, hat bisher gefehlt. Was dieser Herr sich unter »Ordnung schaffen« vorstellt, ist das gerade Gegenteil von Ordnung, nämlich Zerstörung des Sozialismus durch Wiedereinführung der Anarchie des Kapitalismus. Wahrlich ein schöner Beruf für ein »zivilisiertes« Land!

Interessant sind auch Meldungen aus der Innenpolitik Japans. Die Börse ist geschlossen worden, nachdem die Kurse außerordentlich stark gestürzt waren. Die Lage im Innern ist überhaupt sehr gespannt. Die Kommunistische Partei ist schon länger verboten, ihre Führer zum großen Teil im Gefängnis. Trotzdem hört man gerüchteweise, daß im Heer und selbst von Offizieren eine starke pazifistische Propaganda gemacht werde. – Die japanische Sozialdemokratie hat sich hinter die Regierung gestellt, weil das Vorgehen Japans gegen China im Lebensinteresse Japans nötig sei.

Die kapitalistischen Mächte sind auch durch Waffenlieferungen an dem Krieg in China interessiert. So werden augenblicklich im Hamburger Hafen Pulver und Sprengstoffe verladen, wobei die Schauerleute zum Teil vier, fünf und sogar sieben Schichten machen müssen. Angeblich ist das Pulver für ostasiatische Bergwerke bestimmt. Warum gerade jetzt mitten in der Wirtschaftskrise diese Bergwerke so eilig Pulver und Sprengstoff brauchen, wird nicht gesagt. Wir glauben deshalb, daß diese »Bergwerke« ziemlich hoch über Tage liegen werden, höchstwahrscheinlich bei Shanghai. Und schließlich läßt sich ein moderner Schützengraben sehr leicht mit einem Bergwerk verwechseln. Wir verstehen das. –

In Genf ist inzwischen die Abrüstungskonferenz eröffnet worden. Welche

Erfolge sie haben wird, läßt sich nach den einleitenden Reden nicht voraussehen. Daß irgendwelche ernsten und wirksamen Schritte zur Abrüstung und für den Frieden von ihr ausgehen werden, ist sehr unwahrscheinlich. Hätte man sonst nicht schon lange den Ostkonflikt beilegen müssen? Solange das nicht gelingt, wird auch eine Abrüstungskonferenz keinen Erfolg haben. Es wird einigermaßen unehrlich, wenn die gleichen Länder, die im Augenblick ihre Kriegsflotten vor Shanghai konzentrieren, von ihrem Friedenswillen reden.

Innenpolitik

Die Bemühungen, die Wiederwahl Hindenburgs zu erreichen, sind jetzt in ein konkretes Stadium getreten. In Bayern ist ein Aufruf herausgekommen, der sich für Hindenburg einsetzt. Er ist vor allem von Grafen, Fürsten, früheren Generälen und Professoren unterzeichnet. Sie nennen sich »unpolitisch«. Kurz darauf hat der Oberbürgermeister von Berlin, Sahm, einen Ausschuß zustande gebracht, der auch mit einem Aufruf hervorgetreten ist. Dieser Aufruf ist u.a. unterzeichnet von dem Vorsitzenden des ADGB, Leipart, und dem Sozialdemokraten Noske. Daneben stehen wieder die »Unpolitischen«: Leute wie Gerhart Hauptmann, Geßler, Eckener. Dann kommen die ganz »Unpolitischen«: nämlich die Industriellen und Bankiers: Duisberg, Solmßen, Springorum usw. Dieser Ausschuß sammelt zurzeit Unterschriften für die Wiederwahl Hindenburgs, wodurch die Wiederwahl zu einer »Spontanen Volksaktion« werden soll.

Wie die Politischen sich bei der Reichspräsidentenwahl verhalten werden, ist noch nicht klar. Vor allem weiß man noch nicht, ob die Nazis einen eigenen Kandidaten präsentieren werden. Wie es scheint, bestehen in der Harzburger Front[98] große Meinungsverschiedenheiten. Man hört auch von einer eigenen Kandidatur der Deutschnationalen. Hitler scheint tatsächlich jetzt nicht an eine Kandidatur heranzuwollen. Oder will er nicht, weil er nicht kann? Sein Versuch, die Staatsbürgerschaft auf Schleichwegen zu bekommen, ist ja zunächst einmal mißlungen. Eine herrliche Köpenickiade hat sich Hitler da mit Frick geleistet, nur daß sie nicht so genial ist, wie die des Schusters Vogt. Frick stellte während seiner Amtszeit Hitler in Hildburghausen als Gendarmerie-Kommissar an.[99] Den Beamten, die daran mitwirkten, legte er ein Schweigegebot auf, das diese jetzt aber drückte. So melden sie die Sache ihrer Regierung. Hitler konnte sich nicht besser blamieren, als mit diesem Versuch, hintenherum deutscher Staatsbürger zu werden. Ein Parteiführer, der glaubt, so mache man Politik, gehört nicht mal als Kommissar nach Hildburghausen, sondern nach Schildaburghausen.

Ob der Schildbürger und Gendarmerie-Kommissar sich doch noch ermannen wird, einen eigenen »deutschen« Nazikandidaten von seinen Gnaden zu nominieren, muß man abwarten.

Wenn sich die Nazis so auf der einen Seite lächerlich machen, so dringen sie auf der anderen Seite vor in einer Weise, die man nicht ernst genug nehmen kann. Aber das ist nicht ihr eigenes Verdienst, sondern das Verdienst der Reichsregierung. Darum ist es ja so ernst. Der Innenwehrminister Groener hat den Erlaß, nach dem Mitglieder »staatsfeindlicher« Parteien nicht in die Reichswehr aufgenommen werden können, für die Nationalsozialisten aufgehoben. In Zukunft dürfen also Nazis in die Reichswehr eintreten. Sie gelten nicht mehr als »Staatsfeinde«, sie sind ja legal. Nur noch die Kommunisten sind von jetzt ab »Staatsfeinde«. Danach werden sie auch behandelt. Während nämlich Herr Groener die Legalität der Nazis anerkennt, werden die Kommunisten als Hochverräter verhaftet, wenn sie ihre Propaganda auf die Reichswehr erstrecken. Das sind dann »Zersetzungsversuche«. Die Nazis aber dürfen ihre Zersetzungsarbeit jetzt direkt und offen in der Reichswehr betreiben. Begründet wird die einseitige Aufhebung des Erlasses damit, daß es »unmöglich sei, solche Ausnahmebestimmungen für die Nationalsozialisten aufrechtzuerhalten, wenn der Reichspräsident und der Reichskanzler mit dem Führer der Nationalsozialisten Verhandlungen pflege«. Da sieht man die Bedeutung jenes Empfanges, die wir an dieser Stelle schon kennzeichneten. Im übrigen scheint in der Begründung doch wohl Ursache und Wirkung verwechselt. Herr Groener und Herr Brüning hatten es ja nicht nötig, Herrn Hitler untertänigst zu empfangen und ihn damit vor aller Welt als legal anzuerkennen. Wenn sie es dennoch taten, so haben sie es sich selbst zuzuschreiben, wenn die Arbeiterschaft und die Republikaner auch ihren »Legalitätsbeteuerungen« nicht mehr so recht trauen, nämlich jenen Beteuerungen, daß sie der Legalität Hitlers nicht glaubten und daß sie nicht bereit wären, eventuell mit den Nationalsozialisten zusammenzugehen. Wenn es lediglich nötig ist, einen Besuch bei Herrn Brüning zu machen, um legal zu werden, – nun wir glauben, diesen kleinen Gefallen wird Thälmann Herrn Groener mit Vergnügen tun. Die Frage ist nur, ob Groener dann auch dieselben Folgerungen ziehen und die Kommunistische Partei legalisieren wird. Bis jetzt hat Herr Groener den Transportarbeiter Thälmann noch nicht eingeladen, ihn zu besuchen. So wird die Kommunistische Partei wohl vorläufig der einzige »Staatsfeind« bleiben.

Da wir einmal bei Besuchen sind, sei erwähnt, daß Brüning bei dem General Schleicher zusammen mit dem Ex-Kronprinzen gefrühstückt hat. Und zwar zu dem Zweck, wie es heißt, den Kronprinzen von seinem Plan, zur Reichspräsidentenwahl zu kandidieren, abzubringen. Wenn dazu ein Frühstück nötig war, so müssen da ja schon recht ernste Pläne bestanden haben. Oder war es nötig, dem Ex-Kronprinzen zu bescheinigen, daß auch er ein guter Freund der Republik sei.

In Braunschweig kam es zwischen den »staatsfeindlichen« Nazis und der Polizei zu einem regelrechten Straßenkampf. Die Polizei verhaftete mehrere Nazis. Darauf wurde der Polizeibeamte, der die Verhaftung veranlaßt hatte, von Klagges gemaßregelt.

Die Berliner Universität ist wieder einmal geschlossen worden, weil die Nazis planmäßig Unruhen provoziert hatten. Wird Herr Groener auch diese Studenten für reichswehrfähig halten?

Der Preisbeobachter Goerdeler hat einen Bericht über seine Tätigkeit veröffentlicht, der offen eingesteht, daß die Erfolge des Preisabbaues nicht sehr groß und auch weitere Erfolge größeren Umfangs nicht mehr zu erwarten seien. Es ergibt sich also, daß die groß aufgezogene Preissenkung lediglich 4,5 Prozent und mehr gesenkt worden ist. Bekanntlich hat der Reichskanzler sein Wort dafür verpfändet, daß die Preissenkungsaktion Erfolg habe. Vielleicht wäre es gut, Herrn Brüning einmal daran zu erinnern.

(37.) Politik der Woche 6. bis 13. Februar 1932

Eiserne Front

Gewaltige Massenversammlungen werden aus Stadt und Land von der Eisernen Front gemeldet. In Berlin sind es 203.000 Eintragungen ins Eiserne Buch[100], ein über alle Erwartungen großes finanzielles Ergebnis. Die Masse ist da zur Verteidigung der Republik. Mögen die Führer über Konferenzen und Beratungen, den Schwierigkeiten von Regierung und Parlament und Taktik in klarem Zielbewußtsein diesen Willen zum Sieg führen. In der Kraft der Massen liegt allein die Zukunft, in ihrer wundervollen Zuverlässigkeit die Macht der sozialdemokratischen Partei.

Hindenburg

wird kandidieren. Das steht wohl fest. Man will ihm Hitler von rechts, Thälmann von links gegenüberstellen. Einig ist allerdings die Rechtsfront nicht, in der Hugenberg und Hitler miteinander ringen, innerhalb der Nationalsozialisten aber auch die ehrgeizigen großen Männlein des Hitlerstabes untereinander. Die Hitler aufstellen wollen, wollen ihn durch Klagges zum Professor in Braunschweig und dadurch zum deutschen Staatsbürger machen lassen. – Die Nationalsozialisten stellen einen auf, dem sie die deutsche Nationalität erst andekretieren müssen, die Reaktionären einen, den sie über den Kriminalwachtmeister zum Professor und von da zum Reichspräsidenten machen wollen, – und die keinen Juden für deutsch erklären, auch wenn er fürs Vaterland blutete, fordern, daß man Hitler um seiner Kriegstaten willen dafür nimmt. Und das deutsche Volk? – Es will scheint's ein Volk werden, das, wenn nicht in Schönheit – so doch wenigstens in Komik stirbt.

Tiefbeschämend ist auch die Tatsache, daß eines großen Volkes Schicksale in heimlichen Intrigen entschieden werden. Kaum, daß Brüning wagen konnte, drei Tage Berlin zu verlassen, um solcher Intrigen willen. Hier, wie in der Macht der hohen Bürokratie in Notverordnungen und ähnlichem sich zeigend, erleben wir, was die Ausschaltung des Parlaments bedeutet.

Wie es innenpolitisch steht,

zeigt Groeners Erlaß, der erlaubt, daß Nationalsozialisten in die Reichswehr aufgenommen werden, und dabei nebeneinander erwähnt: »die Organisierung anderer Exekutivorgane, wie sie Herrn Best in Hessen vorschwebte« und »die Vorbereitung einer Hilfspolizei, wie sie seinerzeit in den Köpfen gewisser Reichsbannerkreise spukte«. – Reichsbanner neben den Boxheimer Dokumenten!!! – Dabei das Reichsbanner mit Namen genannt und die Urheber der Boxheimer Dokumente als reichswehrfähig anerkannt. Reichsbanner und Sozialdemokratie haben protestiert gegen diesen Erlaß. – Ist das genug? Jedenfalls sehen wir, daß die Eiserne Front sehr, sehr notwendig ist.

Wir sehen es auch aus den Urteilen unserer Gerichte.

Sehr, sehr milde Richter haben die Teilnehmer der Krawalle vom Kurfürstendamm gefunden. Alle ihre Strafen wurden in der Berufungsinstanz herabgesetzt, die Führer v. Helldorf und Ernst vom Landfriedensbruch freigesprochen. – Man stelle demgegenüber, daß fast gleichzeitig das Essener Schwurgericht Jungkommunisten, die des Totschlags an einem Nationalsozialisten angeklagt waren, zehn Jahre ins Zuchthaus schickte, das Reichsgericht kommunistische Arbeiter, die ein paar Sprengpatronen entwendet hatten, mit vier Jahren Zuchthaus bestraft. Ein Nationalsozialist, der in Charlottenburg ein Eisernes Buch stehlen und zerstören wollte, wurde vom Schnellrichter in vollem Umfange freigesprochen, obwohl der Staatsanwalt verschärfte Strafe beantragt hatte wegen der vergiftenden politischen Wirkung solcher Tat. – »Hat dies Urteil noch irgend etwas mit Recht zu tun? Nein, es ist Justiz von heute«, sagt dazu das »Berliner Tageblatt«. – Will man wirklich des Terrors Herr werden? Man wird es nur, wenn man gleiche Gerechtigkeit hat für alle, gleiche Strenge gegen jeden Terrorakt. Ein Staat, der mit Parteielle und Vorurteilen mißt, wird des aufsteigenden Unheils nicht Herr werden. – Eiserne Front für Wahrheit und Gerechtigkeit ist sehr, sehr notwendig.

Brünings Rede in Genf[101]

bedeutet für ihn einen zweifellosen außenpolitischen Erfolg. Klug, klar und entschieden hat er die Forderung Deutschlands auf allgemeine Abrüstung betont und zugleich seinen Willen erklärt, jeden Vorschlag zu prüfen, der in diese Richtung zielt. Er fand großen Beifall. – Täuschen darf das nicht über die unendlichen Schwierigkeiten, die eine Einigung der Mächte auf irgend etwas Wesentliches sehr unwahrscheinlich machen.

Nach ihm haben auch Spanien und Dänemark und von den großen Mächten Italien durch Grandi sehr energisch geredet. – Hoffen wir auf Taten! Es wäre so entscheidend notwendig, daß etwas geschähe. – Kann der Kapitalismus nur einen Anfang zur Vernunft schaffen? Hier wird es entschieden.

Krieg im Osten

Der japanische Imperialismus setzt seinen Eroberungsfeldzug in China ungehindert fort!

In und um Shanghai kommt es dauernd zu weiteren Kämpfen, die nur von Zeit zu Zeit von kurzen Waffenstillständen unterbrochen werden, die durch Vermittlung der übrigen Staaten zustande kommen und von den Japanern nur solange aufrechterhalten werden, bis sie ihre Verstärkungen zu ihren weiteren Operationen erhalten haben. Die bitterlichen Kämpfe scheinen um die Wusungforts zu gehen. Nach einer Meldung sollen die Forts schon ganz zusammengeschossen sein, aber trotzdem noch von den Chinesen gehalten werden.

Von der englisch-amerikanischen Note hat Japan vor allem einen Punkt herausgegriffen, nämlich die Schaffung einer neutralen Zone um Shanghai. Die raffinierte japanische Diplomatie hat es verstanden, aus diesem Vorschlag das beste für sich herauszuschlagen. Sie befürwortet die Errichtung einer neutralen Zone von etwa 25 bis 30 Kilometer um alle wichtigen Hafenstädte Chinas. Das würde faktisch die völlige Entmilitarisierung Chinas bedeuten. Auf der anderen Seite ist dies zugleich ein lockender Vorschlag für die übrigen imperialistischen Staaten, die koloniale Ausbeutung Chinas gemeinsam zu betreiben. Es ist jedoch wenig wahrscheinlich, daß dies den japanisch-amerikanischen Gegensatz überwinden könnte. Denn Japan verlangt dafür vollkommen freie Hand in der Mandschurei, wo es in den letzten Jahren durch das von der chinesischen Regierung begünstigte Kapital der amerikanischen Finanz immer mehr aus seiner Vorzugsstellung vertrieben wurde. Da sich in der Nordmandschurei von chinesischer Seite kein ernstlicher Widerstand mehr den japanischen Truppen entgegenzusetzen scheint, würde das die völlige Auslieferung dieses Gebietes an den japanischen Imperialismus bedeuten. Schon jetzt stößt die japanische Armee in der Nordmandschurei immer weiter in die Nähe der sowjetrussischen Grenze vor, nachdem sie Harbin, den Zentralpunkt der Sowjetrußland gehörenden Ostchina-Bahn besetzt haben. Diese Bahn ist für die russische Wirtschaft lebensnotwendig, da sie die Verbindung zu dem einzigen russischen Hafen am Stillen Ozean, zu Wladiwostok bildet. Wie lange wird es der geschickten Friedenspolitik der UdSSR gelingen, ihre Interessen soweit zu wahren, daß sie nicht zu einem bewaffneten Eingreifen gezwungen wird?

Diese Gefahr ist umso größer, als auch europäische Staaten sich an den Provokationen und der Vorbereitung des Interventionskrieges beteiligen. Mit den Munitionslieferungen über den Hamburger Hafen nach den »ostasiatischen Bergwerken« steht die tschechoslowakische Legio-Bank in Verbindung, die zur Zeit der Interventionskriege gegen Rußland eine große Rolle spielte, Hauptaktionäre dieser Bank sind die tschechoslowakische Regierung und die Skodawerke, die ihrerseits wieder im Besitz des französischen Rüstungskonzerns Schneider-Creuzot sich befindet. Nach den Angaben der linksgerichteten französischen Wochenschrift »Lumière« lenkt dieser Kanonenkönig durch die gemeinsamen Interessen mit dem Marineminister Drummont, die sie als Aufsichtsratsmitglieder der französisch-japanischen Bank haben, die französische Politik. Diese Bank ist auch im Zusammenhang mit dem Kredit der französischen Staatsbank an Japan genannt worden. Und während im Hamburger Hafen und auf den chinesischen Schlachtfeldern für den Profit dieser Herren gesorgt wird, beschäftigt sich der Marineminister Drummont damit als Delegierter auf der Abrüstungskonferenz, ein Programm zur Erhaltung des Friedens vorzuschlagen. Das ist doch wirklich der Gipfel der Friedensliebe, wenn er sich für diese große Idee einsetzt, obwohl er doch an einem Kriege ein ganz hübsches Sümmchen verdienen könnte; und da behaupten diese roten Marxisten noch, daß der Kapitalismus, wenn es um seinen Profit geht, sich über alles hinweggesetzt! Nun, der Herr Marineminister wird es uns wohl nicht übel nehmen, wenn wir seine Selbstlosigkeit etwas kritisch betrachten und die Abrüstungsvorschläge seines Kollegen Tardieu vom Kriegsministerium etwas schärfer unter die Lupe nehmen. Das Interessanteste an diesem »Abrüstungsvorschlag« ist, daß das Wort Abrüstung auch nicht ein einziges Mal vorkommt. Das zweite ebenso interessante Moment ist die Schaffung einer internationalen Polizeitruppe zur Verhütung des Krieges und einer Staffel von Exekutionsstreitkräften zur Bekämpfung des Krieges. Die Herren Minister Tardieu und Drummont scheinen auch selbst von der Friedlichkeit ihres Vorschlages nicht so ganz überzeugt zu sein, wenn sie neben der »Verhütung« noch eine erste Staffel zur »Bekämpfung des Krieges« vorsehen, der dann wohl noch eine zweite zur »Durchführung des Krieges« und eine dritte zur »Durchführung des Friedens« wird folgen müssen. Denn wenn man gleichzeitig die französische Politik im Mandschureikonflikt und die Interventionsvorbereitungen verschiedener Staaten ansieht, so zeigt sich sofort die eigentliche Bedeutung dieses Abrüstungsplanes: nämlich Ausbau des Völkerbundes nicht zu einem Instrument des Friedens, sondern zu einem Instrument der kapitalistischen Staaten gegen das Land des Sozialismus. Und wenn Litwinow in seiner Abrüstungsrede erklärte, daß die russischen Arbeiter und Bauern den französischen Vorschlag als eine Organisierung des Angriffs auf die Sowjetunion empfinden würden, dann können wir dem nur hinzufügen, daß auch die Proletarier Deutschlands, Englands, Frankreichs das erkennen werden und damit die einzige Garantie dafür bieten, daß dieser Anschlag vereitelt wird. Litwinow erklärte weiter, »daß einzig der vollständige Triumph des Sozialismus die höchste Garantie für den Frieden bringe und die Ursachen beseitigen werde, die bewaffnete Konflikte hervorrufen. Aber solange diese Prinzipien erst auf dem sechsten Teil der Erde vorherrschten, sei die Totalabrüstung das einzige Mittel zur Organisierung der Sicherheit gegen den Krieg«.

Die Anwesenheit der verschiedenen Minister in Genf ist auch dazu benutzt worden, die Reparationsfrage zu besprechen. Brüning hat wieder die Notwendigkeit eines raschen Handelns betont. Zwischen Laval und dem britischen Botschafter ist auch eine Vereinbarung zustande gekommen, die jedoch noch nicht veröffentlicht ist.

In Dänemark ist es zu einem großen Konflikt vor allem in der Textilindustrie gekommen. Die Arbeitgeber verlangten eine Lohnherabsetzung um 20 Prozent und drohten mit einer Aussperrung von 85.000 Arbeitern. Die Forderungen wurden von den Gewerkschaften abgelehnt; die Schlichtungsverhandlungen blieben erfolglos. Sogar die bürgerliche Presse verurteilt größtenteils das Vorgehen der Arbeitgeber.»Politiken« schreibt: »Ein Großkonflikt zwischen Arbeitgeber und Arbeiter unter der gegenwärtigen Krise ist nicht ein gegenseitiger Krieg, der dem einen einen formellen oder auch reellen Sieg und dem andern eine entsprechende Niederlage bringen wird, er ist ein Krieg gegen die gesamte Gesellschaft und gegen die Grundlage des Bestehen den, gegen Arbeit und Erwerb«. – In Oberschlesien sollen 5.000 Arbeiter entlassen werden. – Ein weiteres Zeichen für die allgemeine Unruhe ist der Memelkonflikt. Das Memelgebiet steht unter litauischer Verwaltung, hat doch Selbstverwaltung. Der Präsident des Memeler Landesdirektoriums, Böttcher, wurde von der litauischen Regierung mit Gewalt abgesetzt.

(38.) Politik der Woche 14. Februar bis 20. Februar 1932

Verschärfung der Krise. Zollpolitik

Die Wirtschaftslage auf der ganzen Welt verschlechtert sich noch immer täglich. Stillegungen der Werke, Arbeitslosigkeit nehmen zu. Nur eine Zahl: In der Tschechoslowakei hat sich die Arbeitslosigkeit gegen Dezember 1931 um 20 Prozent vermehrt. Die Warenumsätze, der Welthandel schrumpfen mehr und mehr. Dementsprechend verschärft sich der Konkurrenzkampf unter den Kapitalisten. Sie bedienen sich bei diesem Kampf in schnell steigendem Maße des Staates und seiner wirtschaftspolitischen Mittel, vor allem der Zollpolitik. Kaum ein wichtiges Land hat heute keine Zollmauern. England geht am 1. März zum vollständigen Schutzzollsystem über. Nur einige Waren sind wegen der besonderen Lage ihrer Industrien und einige Lebensmittel sind ausgenommen. Auch die deutsche Regierung hat sich die Ermächtigung zu zollpolitischen Maßnahmen, zu Kampfzöllen, gegeben. Der erste Gebrauch, den sie davon machte, war ein Butterzoll, der den Preis für die Butter sofort erheblich erhöht hat. Zum Hohn der ganzen Preissenkungsaktion ist auch der Großhandelsindex, das heißt das Preisniveau im Großhandel, wieder gestiegen. Vom Preiskommissar verlautet, daß er seine Tätigkeit in dieser Woche beenden werde. Scheinbar befriedigt ihn das Ergebnis. Aber nicht nur der Zoll, auch die Devisenregulierung ist ein wirksames Mittel des Wirtschaftskampfes. 33 Länder haben eine Devisenzwangswirtschaft. Bei 16 davon kommt sie einer direkten Einfuhrdrosselung von verschiedener Schärfe gleich. Wohin wird diese »Wirtschaftspolitik« führen? Sicher ist, daß diese verschärften Kampfmaßnahmen zunächst zur Verschärfung der Krise beitragen. Ihr Zweck ist ja gerade Schutz der inländischen Industrie, Vernichtung der ausländischen Konkurrenz. Bezahlt wird dieser ruinöse Kampf in erster Linie von der Arbeiterschaft. Indem die Zölle die Preise im Inland hochhalten und zugleich der schärfste Druck auf die Löhne ausgeübt wird (in Deutschland hat der Staat auch diese Funktion übernommen), wird die Lebenshaltung der breiten Massen bedrückt. Nur dadurch kann diese Konkurrenz überhaupt durchgehalten werden. Trotzdem muß die Abriegelung der Staaten zu weiterer Schrumpfung der Umsätze und der Produktion führen. Neuerdings sagt man, eben deshalb müsse sich der Kampf mit Zöllen eines Tages ad absurdum führen. Damit versucht man die Zölle etwas schmackhaft zu machen. Das ist aber falsch. Man kann vielmehr jetzt schon Tendenzen einer bestimmten Entwicklung erkennen, die dahin geht, mittels der Zölle und sonstigen handelspolitischen Kampfmaßnahmen eine Neuaufteilung der Produktions- und Absatzmärkte vorzunehmen. Hierher gehören die Kontingentierungsverträge, die namentlich zwischen französischen und deutschen Industriegruppen abgeschlossen worden sind und noch werden. Durch einen solchen Vertrag wird einer Industriegruppe gestattet, eine bestimmte Menge (Kontingent) ihrer Produkte in das andere Land einzuführen. Der Kampf um die Höhe dieser Kontingente wird mittels des Zolls oder der Androhung eines Zolls, bzw. gänzlichen Einfuhrverbots, falls der Vertrag nicht zustande komme, geführt. Weiter gehören hierher die Pläne der Schaffung größerer Wirtschaftsräume durch Zollunionen, wie sie zur Zeit zwischen den Nachfolgestaaten diskutiert werden. Solche Wirtschaftsräume entstehen auch durch die parallele Währungsentwicklung verschiedener Länder, z. B. bildet England heute mit den skandinavischen Staaten einen solchen Wirtschaftsraum, weil diese Länder vom Goldstandard abgegangen sind. Zur Bildung solcher Wirtschaftsräume, die jeweils den Interessen bestimmter Kapitalgruppen entsprechen, scheint die Entwicklung jetzt zu gehen. Aber einerlei, in welcher Form sich die Neuaufteilung der Märkte stabilisieren wird, vorläufig sind wir noch mitten im Kampf um die Neuaufteilung und dieser Kampf wird noch manche Industriegruppe von bestimmten Märkten ausschalten, manche vollständig vernichten. Ein deutliches Ergebnis hat schon der Kampf um den Produktions- und Absatzmarkt Österreichs. Die durch das Stillhalteabkommen zusammengeschlossene ausländische Gläubigergruppe hat die Kreditanstalt vollständig in die Hand bekommen. Sie hat den neuen Direktor dieser Bank, einen Holländer, ernannt und zahlt ihm auch sein Gehalt. Die Kreditanstalt kontrolliert noch immer mindestens 60 Prozent der ganzen österreichischen Produktion. Mit ihr haben die ausländischen Gläubiger also auch den größten Teil der Industrie dieses Landes unter ihrer Kontrolle. Das bedeutet aber weiter, daß auch der österreichische Staat abhängig ist von dieser Gruppe des internationalen Kapitals. Denn er ist selbst auf Kredit, vor allem aber auf die Steuerzahlung der Industrie, angewiesen.

Deutschland

Ob der heftig tobende Wirtschaftskampf für Deutschland ein ähnliches Ergebnis haben wird, ist noch nicht zu sehen. Gerade jetzt rüstet der deutsche Kapitalismus handelspolitisch auf. In der nächsten Woche tagt der Reichsverband der Industrie, um seine neuen Forderungen an die Regierung auszuarbeiten. Die Verbindung der Regierung zu diesem Verband ist eng. Das zeigt sich schon darin, daß sie sich dort durch den Ministerialdirektor Posse vertreten läßt. Als sicher kann man annehmen, daß diese Sitzung des »Reichsverbandes« mehr »handelspolitische Aktivität«, d.h. neue Zölle von der Regierung verlangen wird. Ob damit die Position des deutschen Kapitalismus in dem allgemeinen Wirtschaftskampf gebessert werden kann, ist sehr zweifelhaft.

Bis jetzt sind jedenfalls die Folgen dieser heftigen, durch Zölle unterstützten Konkurrenz für Deutschland einfach katastrophal. Im Januar ist die Ausfuhr um 23 Prozent gegenüber Dezember zurückgegangen. Damit ist der für den deutschen Kapitalismus zur Bezahlung seiner Schulden und Zinsen nötige Ausfuhrüberschuß halbiert worden. Die damit verbundene Produktionsschrumpfung verursacht eine Schrumpfung der Staatseinnahmen. Das Defizit im Staatshaushalt wächst. In den Januarberatungen des Reichsrats sagt der Vertreter der Regierung, daß das Reich auch ohne die Reparationszahlungen in diesem Jahre vor »geradezu phantastischen Schwierigkeiten stehen werde«. Vor allem sind es die Gemeinden, von denen einige schon in direkte Zahlungsschwierigkeiten geraten sind. Auf ihnen lastet die ganze Wucht der Arbeitslosigkeit. Die Reichsanstalt scheint zwar jetzt nach der brutalen Herabsetzung der Leistungen einigermaßen im Gleichgewicht zu sein. Aber sie versorgt ja nur rund ein Drittel der Arbeitslosen. Rund zwei Drittel müssen von den Gemeinden versorgt werden. Dabei will das Reich die Zuschüsse, die es bis jetzt an besonders belastete Gemeinden gezahlt hat, stark vermindern. Es tauchen daher wieder »Reform«-Pläne auf, die letzten Endes immer auf eine erneute Leistungsreduzierung hinauslaufen. Von den christlichen Gewerkschaften geht ein Vorschlag aus, die Arbeitslosenversicherung zu suspendieren und aus ihren Mitteln und bestimmten Steuermitteln einen Fonds zu bilden, aus dem einheitliche Unterstützungen gezahlt werden. Man wird bei der jetzigen Finanzlage mit irgend einer derartigen »Reform« rechnen müssen, die – das ist im Kapitalismus selbstverständlich – auf Kosten der Arbeiterschaft, speziell der Erwerbslosen, gehen wird. Außerdem werden die verschiedensten Pläne zur Arbeitsbeschaffung und zur Wirtschaftsankurbelung vorgeschlagen.

Währungspolitik

Das geschieht nicht nur in Deutschland. In allen Ländern versucht die Bourgeoisie durch »Wirtschaftspolitik«, durch Maßnahmen des Staates aus der Krise herauszukommen. Immer deutlicher wird dabei, daß der Kapitalismus unfähig ist zu einer wirklichen Wirtschaftspolitik, d.h. zu planmäßigen Aktionen des Staates zur Überwindung der Krise. Mehr und mehr scheint sich daher die internationale Bourgeoisie dem letzten Auskunftsmittel, nämlich der Währungspolitik, zuzuwenden. Dabei kennt sie die Gesetze ihrer eigenen Wirtschaft so wenig, daß sie glaubt, von hier aus durch künstliche Preissteigerungen, d.h. durch Inflation eine Ankurbelung erreichen zu können. Diese Tendenz zur Inflationspolitik setzt sich in den verschiedensten Ländern mehr und mehr durch. Selbstverständlich wird bei all den Währungsvorschlägen und Maßnahmen eifrig betont, daß es sich nicht im geringsten um Inflation handele. Ja, man erfindet extra neue Namen, vor allem Fremdwörter, von denen man annimmt, daß sie die Masse nicht versteht, wie etwa: »Antideflation, Devalvation, Re-Deflation«. Je mehr man die Harmlosigkeit dieser Dinge betont, desto genauer sollte das Proletariat sie sich ansehen. Denn die Wirkung einer Inflation besteht ja gerade darin, daß dem Proletariat Werte weggenommen und den Besitzern der Produktionsmittel Werte gegeben werden. D.h. die Inflation drückt in katastrophaler Weise den Lebensstandard des Proletariats. – In Amerika ist man schon zu praktischen Maßnahmen übergegangen. Man hat die Notenbankgesetze verändert, so daß der Kredit erweitert werden kann. Das offen ausgesprochene Ziel ist Erhöhung der Preise. Man betont zwar, daß man die Vermehrung des Notenumlaufs nur ganz vorsichtig vornehmen wolle, aber immerhin man vermehrt ihn. Das muß, solange die Produktion und die Warenumsätze nicht erheblich steigen, zu einer Entwertung des Geldes führen, zumal die Geschwindigkeit des Notenumlaufs sich infolge dieser Politik eher steigern als verringern wird. In England hat man den Diskont herabgesetzt und einige Notenbanken anderer Länder sind darin der Bank von England gefolgt. Das bedeutet wiederum eine Erleichterung der Kreditgabe. In Deutschland hat schon seit längerem eine Inflationspropaganda eingesetzt. Man benutzt allerdings bei uns mit Vorliebe Fremdworte für solche Vorschläge, da die deutsche Arbeiterschaft vor allen anderen inflationserfahren ist. Vor kurzem hat der Präsident des Statistischen Reichsamts, Wagemann, einen umfangreichen Plan veröffentlicht, der praktisch darauf hinausläuft, etwa fünf Milliarden Mark aus der Luft zu schaffen. Das soll erreicht werden durch eine Doppelwährung, von denen die eine nicht gedeckt sein soll. Die Kompliziertheit des Wagemannschen Vorschlags kommt praktisch aber auf die einfache Tatsache der Inflation hinaus. Der Sekretär des Ausschusses der Gläubiger Deutschlands sagte zu diesen Vorschlägen: »Ihre praktische Anwendung würde von den Amerikanern als Signal einer Papierinflation gedeutet werden«. Der Vorschlag Wagemanns ist nicht der Plan eines einzelnen Mannes. Er ist vielmehr in Fühlung mit dem IG-Farben-Konzern und dessen Vertrauensmann in der Regierung, dem Wirtschaftsminister Warmbold, zustande gekommen. U.a. wird er auch von dem sozialdemokratischen Direktor der Arbeiterbank, Bachem, befürwortet. Wie weit die Regierung sich mit diesem Plan identifiziert, ist noch nicht heraus.

Die SPD und die freien Gewerkschaften haben Arbeitsbeschaffungsprogramme ausgearbeitet. Im Ausschuß des ADGB wurden diese Pläne besprochen. Es wurde beschlossen, einen außerordentlichen Gewerkschaftskongreß einzuberufen, der die Vorschläge beraten und die Öffentlichkeit auf die Dringlichkeit der Arbeitsbeschaffung aufmerksam machen soll. Ein Vorschlag von Baade und Woytinsky will die Arbeitsbeschaffung durch Ausgabe von reichsbankfähigen Schuldverschreibungen finanzieren. Damit würde man allerdings wohl in gefährliche Nähe zur Inflation kommen. Über diesen Plan scheinen sich die Gewerkschaften unter sich noch nicht einig zu sein. Vor allem Naphtali ist gegen ihn. Er warnt vor übertriebenen Hoffnungen. Mehr als 100.000 bis 200.000 Arbeitsplätze könnten kaum geschaffen werden. Woytinski rechnet dagegen mit einer Million. Zwei andere Vorschläge hat die SPD schon als Anträge an den Reichstag gestellt. Der erste Antrag verlangt Umwandlung der Hauszinssteuer, die bekanntlich von Brüning herabgesetzt worden ist, in eine öffentliche Rentenschuld. Das heißt, es sollen für jedes Grundstück bestimmte Beträge festgesetzt werden, die der betreffende Eigentümer dem Staat schuldet. Diese Schuld muß er dem Staat verzinsen und innerhalb 20 Jahren zurückzahlen. Die dadurch einkommenden Mittel sollen für den Wohnungsbau verwandt werden. Auch hier wird man die Wirkung auf den Arbeitsmarkt nicht überschätzen dürfen. Denn wenn wir diesen Vorschlag richtig verstehen, so bedeutet er nur eine Kapitalverschiebung aus den Händen der Hausbesitzer in die Hände des Staates. Es wird aber kein neues Kapital gebildet, was notwendig wäre, um wirklich zusätzliche Arbeitsmöglichkeiten zu schaffen. Der andere Entwurf sieht die Auflegung einer Reichsanleihe zur Arbeitsbeschaffung vor. Sie soll mit besonderen Vorzügen ausgestattet sein, mit denen sie das im Strickstrumpf gehamsterte Geld hervorlocken soll. Auch bei diesem Vorschlag darf man den Erfolg nicht zu sehr überschätzen. Denn die Hamsterung von Noten hat seine bestimmten Gründe. Nicht – wie in der Regel angenommen wird – der kleine Mann hamstert in großem Umfang, sondern die Kapitalisten selbst tun es, weil sie sich in der Krise liquid halten müssen. Sie können nicht ohne weiteres ausleihen, weil sie nicht wissen, ob der Kredit, den sie geben, nicht in dem Augenblick, wo sie das Geld brauchen, eingefroren ist. Vor allem die Bankenkrise ist es, die die Kapitalisten zum Aufschatzen veranlaßt. Ob nun unter diesen Umständen die Anleihe großen Erfolg haben kann, ist zweifelhaft.

Gerade die Tatsache der umfangreichen Notenhortung zwingt aber auch dazu, außerordentlich vorsichtig mit all jenen Plänen der Arbeitsbeschaffung durch Kreditschöpfung oder Ausweitung, wie sie Woytinski und Wagemann vorschlagen, sein muß. Wir haben jetzt schon einen für eine Krise anormalen Notenumlauf, weil viele Noten gehortet sind, die Noten also langsamer umlaufen. Wir haben außerdem auch einen anormal ausgeweiteten Kredit. Beides, Notenumlauf und Kredit, müßten sich in der Krise vermindern, weil sich die Warenumsätze vermindern; statt dessen sind beide etwa auf dem Niveau der Konjunktur geblieben. Das bedeutet noch keine Inflation; aber es ist ein Zustand latenter Inflation, ein Zustand, der außerordentlich empfindlich ist und bei der kleinsten Anregung in offene Inflation, Entwertung des Geldes, Steigen der Preise umschlagen kann. Er wird in dem Augenblick in offene Inflation umschlagen, wo Versuche gemacht und bemerkt werden, die das Preisniveau heben, den Kredit vermehren sollen. Denn in diesem Augenblick werden die gehamsterten Noten abgestoßen, weil ihr Besitzer ihre Entwertung infolge der Preissteigerung fürchtet. Dadurch beschleunigt sich der Umlauf der Noten. Die umzusetzende Warenmenge steigt nicht entsprechend. Die Inflation ist da.

Inflation aber bedeutet einen Raubzug gegen das Proletariat, eine noch schärfere Herabdrückung seiner Lebenshaltung, eine nochmalige Enteignung für den Mittelstand. Nur für die Bourgeoisie bedeutet sie Abbürdung ihrer

Schulden. In jedem Fall ist die Inflation ein Mittel, die Lasten der Krise in vollem Maße auf die breiten Massen des Mittelstandes und der Werktätigen abzuwälzen.

Innenpolitik

Allmählich formieren sich die Fronten zur Reichspräsidentenwahl. Hindenburg kandidiert. Für ihn haben sich die verschiedensten Gruppen ausgesprochen. Die gesamte politische Mitte – Volkspartei bis SPD –, kurz alle die, die den Ausweg aus der Krise mit kapitalistischen Mitteln versuchen und deshalb Brüning unterstützen wollen.

Thälmann kandidiert für die Kommunisten. – Wen die nationale Opposition aufstellt, ist immer noch nicht heraus. Hitler ziert sich noch. Oder sollte er Angst haben? Hugenberg möchte wohl eine eigene Kandidatur, aber er fürchtet die Blamage.

In der nächsten Woche tritt der Reichstag wieder einmal zu kurzem Gastspiel zusammen. Er soll den Termin für die Reichspräsidentenwahl bestimmen. Das hätte die Regierung nun wirklich selbst machen können. Politische Dinge möchte die Reichsregierung möglichst nicht behandelt sehen. Eine politische Debatte wird aber doch stattfinden, denn die Kommunisten haben Mißtrauensanträge gegen das Kabinett und gegen Groener gestellt.

Eine neue Notverordnung ist herausgekommen, die neue Erleichterungen und Hilfe für die Landwirtschaft bringt. Auf besonderen Wunsch des Reichspräsidenten ist eine Bestimmung darin enthalten, die es einem Landwirt ermöglicht, sich noch mal umschulden zu lassen, wenn es schon einmal geschehen ist. Das heißt, er kann sogar zum zweiten Male seine Schulden los werden.

In der Berichtswoche häufen sich die Urteile der Gerichte und Verwaltungsbehörden gegen links, während sich zu gleicher Zeit der Terror der Nazis verschärft. Beinahe täglich kann man von Überfällen und geradezu bestialischen Morden der Nazis an Reichsbannerleuten und kommunistischen Arbeitern lesen. Auf eine Beschwerde über das Treiben der Nazis in Braunschweig, wo es besonders schlimm hergeht, hat der Innenwehrminister Groener erwidert, daß »ein Anlaß zum Eingreifen nicht vorliege«. In Breslau und Umgebung wurden einige nationalsozialistische Ortsgruppen verboten. Das Verbot ist von der Aufsichtsinstanz prompt wieder aufgehoben worden. – Auf der anderen Seite sieht es etwas anders aus. Das Potsdamer Schöffengericht verurteilte einen Kommunisten zu drei Monaten Gefängnis, weil er während einer Stahlhelmparade die Internationale gesungen hatte! Die Verfahren gegen die Kommunisten wegen Hochverrats häufen sich so, daß der 4. Strafsenat des Reichsgerichts, der diese Prozesse zu verhandeln hat, in doppelter Besetzung tagen muß. Bekanntlich ist es Hochverrat oder wenigstens Vorbereitung zum Hochverrat, wenn die KPD unter Reichswehrsoldaten Propaganda für ihre Ideen macht. Dagegen können die Nazis ungehindert in die Reichswehr aufgenommen werden und ihre Propaganda an Ort und Stelle betreiben.

Ausland

Im Osten bereitet sich – wie es scheint – eine große Offensive der Japaner gegen die chinesischen Kräfte vor. Die Japaner haben den Chinesen ein Ultimatum gestellt, in dem sie die berühmte neutrale Zone und die Zurückziehung der Truppen aus dieser Zone verlangen, was praktisch heißt, die Chinesen sollen den Weg ins Innere freigeben. Die Chinesen haben abgelehnt.

Von der Abrüstungskonferenz: »Im Westen nichts Neues«.[102] Erstens weil zwar viel geredet und viele Vorschläge gemacht werden, bei denen sich aber immer zeigt, daß der rechte Wille zum Abrüsten fehlt, während der Wille, die eigene Aufrüstung durch Abrüstungsreden zu verschleiern, recht deutlich wird. Zweitens wegen folgender Geschichte: Dem Büro der Abrüstungskonferenz ist vorgeschlagen worden, den Film »Im Westen nichts Neues« während der Abrüstungskonferenz in Genf vorzuführen. Das hat es rundweg abgeschlagen. Anscheinend hält es die Nerven der zur Abrüstung in Genf weilenden Generäle für zu zart, diesen Kriegsfilm zu ertragen. Von so Feinbesaiteten können wir dann ja mit Sicherheit die radikalste Abrüstung erwarten.

Die französische Regierung Laval ist durch den Senat gestürzt worden. Welche politischen Hintergründe das gehabt hat, ist nicht deutlich zu sehen. Jetzt versucht man, ein nationales Konzentrationskabinett zu bilden, wie es vor Wahlen beliebt ist, um die Verantwortung zu teilen.

Der österreichischen Regierung ist mit den Stimmen der Sozialdemokraten die Ermächtigung zum Erlaß der Notverordnung zur Sicherung von Wirtschaft und Finanzen gegeben worden.

(39.) Politik der Woche 20. Februar bis 27. Februar 1932

Die Bankensanierung

Wir konnten im letzten Bericht feststellen, wie die Bourgeoisie den Staat mehr und mehr auch als Instrument im Konkurrenzkampf benutzt. Heute haben wir von einer Erscheinung zu berichten, die auch zeigt, wie in der Krise, in der Niedergangsperiode des Kapitalismus, die Bourgeoisie sich auch dazu des Staates bedienen muß, um ihre wirtschaftliche Machtstellung zu erhalten. Der Run auf die Banken im Juli vorigen Jahres, die heftigen Kreditabzüge durch das In- und Ausland hatten zwei der größten Banken nahe an den Zusammenbruch gebracht. Der Staat mußte eingreifen, um zunächst einmal wenigstens ihre Liquidität zu sichern, d.h. ihnen so viel Kapital zu geben, daß sie weiter arbeiten konnten. Aber nicht nur diese beiden, die Danat und die Dresdner Bank, auch drei andere Großbanken sind durch die Krise so erschüttert worden, daß sie aus eigener Kraft nicht weiter existieren konnten. Der Staat mußte eingreifen und die Beträge zur Sanierung zur Verfügung stellen, da der Zusammenbruch dieser Großbanken das ganze kapitalistische Kreditsystem und damit die kapitalistische Wirtschaft bedrohte. Diese Sanierung der Banken durch den Staat bedeutet nichts anderes als eine Aktion der Bourgeoisie zur Rettung ihres Kreditsystems und damit zur Rettung ihrer Macht. Die Führung der Banken zusammen mit den Vertretern der Bourgeoisie im Staatsapparat – als besonders deutliches Beispiel nenne ich nur den Wirtschaftsminister Warmbold, Vertreter der IG-Farben – haben diese Rettungsaktion organisiert, indem sie verschiedene Banken zusammengelegt und mit neuen Kapitalien ausgestattet haben. Die neuen Kapitalien werden aus Steuermitteln aufgebracht. Letzten Endes ist es also wieder das Proletariat, das die Verluste, die die Kapitalbesitzer in der Krise ihrer Banken gehabt haben, bezahlen muß. Dadurch, daß der Einfluß der öffentlichen Hand auf die Banken verstärkt wird, ändert sich zunächst grundsätzlich gar nichts. Denn, auch wenn der Staat die Aktenmajorität in der Hand hat, bleibt sein Einfluß sehr klein. Er bleibt immer im Rahmen der Gesetze der kapitalistischen Ordnung. Wollte der Staat nach anderen Gesichtspunkten Kreditpolitik treiben als nach dem Gesetz der kapitalistischen Rentabilität, so würde er sein eigenes Kreditsystem untergraben. Er würde das Vertrauen der Kapitalisten zu seinen Banken zerstören; diese würden ihre Kredite von den Banken zurückziehen und so die Banken lahm legen. Ganz abgesehen davon, daß ein Wirtschaftsminister wie Warmbold nicht einmal davon träumt, Kreditpolitik nach anderen Gesichtspunkten als nach dem der kapitalistischen Rentabilität, d.h. des Profits, zu machen.

Eine kurze Reichstagssession

Wäre das deutsche Volk in einem Zustand der Vernunft und ruhiger Klarheit, so würde das Benehmen der Nationalsozialisten in dieser Sitzung dieser Partei alle Aussicht auf Erfolg genommen haben. Sinnlos und brutal redeten und schrieen sie gegen Sozialdemokratie, Hindenburg, Brüning, Groener. – Die Beleidigung der Frontsoldaten ist dabei die Höchstleistung.

Aber – selbst Groener hat erklärt, daß er keine Ursache habe, den Erlaß zurückzuziehen, durch den er den Nationalsozialisten die Einstellung in die Reichswehr ermöglicht hat, obwohl ein dahingehender Antrag der Kommunisten durch diese, die SPD, unter Enthaltung eines Teils des Zentrums, angenommen wurde. Brüning wagte nur eine halbe Entschuldigung des Erlasses, seine Zurücknahme lehnte auch er ab.

Die Sozialdemokratie hielt trotzdem ihre Parole »Vor allem gegen Hitler« fest und lehnte alle Mißtrauensanträge gegen Brüning, Dietrich und Groener ab.

Inzwischen ist Hitler Regierungsrat in Braunschweig geworden und hat den Eid auf die Reichsverfassung geleistet.

Die Fronten sind formiert: Hindenburg – Thälmann – Hitler.

Ob Groener noch einsieht, was für die Hindenburgfront und ihre Geschlossenheit sein Erlaß oder die Zurücknahme seines Erlasses bedeutet?

Eine große praktische Bedeutung kann der Beschluß des Reichstags gewinnen, der die Einstellung der Polizeikostenzuschüsse für Braunschweig fordert. Er ist mit den Stimmen der SPD, unter Enthaltung des Zentrums; angenommen.

Die SPD hat einen Gesetzentwurf ausgearbeitet, der die Verstaatlichung des Bergbaus und der mit dem Metallbergbau verbundenen Metallwerke fordert. »Sozialisierung« im Sinne von Planwirtschaft und Karl Marx wäre das noch nicht, besonders wenn die Verstaatlichung gegen Entschädigung erfolgt. – Bei richtiger Durchführung kann aber hier das Brechen der Kapitalherrschaft beginnen.

Wir müssen uns darüber ganz klar werden: Der Angriff des Kapitals auf das Proletariat ist erst dann endgültig abgeschlagen, wenn es nicht mehr in der Lage ist, wieder einmal Banden gegen Staat und Volk durch seine Geldmacht zu rüsten. Wird Hitler überwunden, so muß der Gegenstoß bis zu diesem Ziel geführt werden.

Imbusch fordert von den christlichen Gewerkschaften her ebenfalls die Verstaatlichung der Bergwerke. Ob hier eine Hilfe kommt, ist unsicher. Die Zentrumspresse ruft ihn zur Rückkehr zum christlichen Solidaritätsgedanken.

Ein merkwürdiges Satyrspiel war diese Reichstagssitzung – leider bleibt auch die Haltung der Regierung in einer gefährlichen Unklarheit.

Jeder Sozialist weiß, daß Kämpfe von ungeheurer Tragweite durch das hysterische Geschrei der Leute eingeleitet wurden, die selbst heute nur sich selbst sehen können. Ihrem armen Handel um die Kandidaturen zur Reichspräsidentenwahl entspricht ihr erstes Auftreten in diesem Kampf, entspricht die Tatsache, daß sie den Reichstag offiziell verließen, als die Abstimmungen nach den Mißtrauensanträgen begannen, in denen sie zu verschiedenen aktuellen Fragen Stellung hätten nehmen müssen. Bemerkenswert ist, daß sie sich beim Antrag der Kommunisten auf Einstellung der Reparationen der Stimme enthalten haben.

Der Mandschureikonflikt

Am 19. Februar trat der Völkerbundsrat wieder einmal zusammen, um seine Ohnmächtigkeit zu beweisen. Der Vertreter Japans, Sato, erklärte unter anderem, daß die Bestimmungen der verschiedenen Verträge nicht in Betracht kommen könnten gegenüber einem unzivilisierten Volke. Um Mißverständnissen vorzubeugen, muß man hinzufügen: Er meinte mit dem unzivilisierten Volke nicht Japan, sondern China. Zum Schlusse wandte sich der Vorsitzende, Paul-Boncour, beschwörend an – China, es solle doch das japanische Ultimatum annehmen. Danach wurde es stille im Völkerbundsrat, und erst in einiger Zeit wird sich diesmal die Völkerbundsversammlung mit dem Konflikt zu beschäftigen haben.

Je stiller es in Genf wird, umso lauter dröhnen die Kanonen im Osten. Das ja panische Ultimatum hatte die Zurückziehung sämtlicher chinesischer Truppen aus der Gegend von Shanghai gefordert. Das hätte praktisch die Auslieferung an Japan bedeutet, wie wir dies in der Mandschurei sehen: In demselben Augenblick, in dem die japanische Armee die einzige Waffengewalt in der Mandschurei war, hat Japan dort eine Scheinregierung gebildet, die in Wirklichkeit vollkommen in den Händen der Japaner ist. China hatte das Ultimatum angenommen unter der Bedingung, daß auch die japanischen Truppen wieder zurückgezogen würden. Die Antwort darauf war die große Offensive bei Shanghai, die sich jetzt schon eine Woche lang unter den erbittertsten Kämpfen abspielt. Bis jetzt ist der Durchbruchversuch der Japaner an dem zähen Widerstand der Chinesen gescheitert. Inzwischen haben die Japaner neue Verstärkungen nach Shanghai geschickt.

Am gleichen Tage, an dem die Offensive begann, schickte Japan eine Note an den Völkerbund, in der es heißt: »Der Völkerbund nimmt an, daß Japan sich im Angriff befindet, während es tatsächlich nur Verteidigungsmaßnahmen ergreift«. Und zwei Tage darauf ließ das japanische Außenministerium durchblicken, daß es die Aufteilung Chinas in verschiedene selbständige Distrikte verfolge. Für dieses Ziel wünsche es die Hilfe der übrigen Staaten und des Völkerbundes. Japan ist also der dicke Happen des chinesischen 400-Millionen-Volkes doch etwas zu schwer geworden, und es lädt jetzt die übrigen Staaten ein, sich bei der kolonialen Aufteilung Chinas zu beteiligen. Aus der ganzen bisherigen Haltung Amerikas geht jedoch hervor, daß seine Interessengegensätze zu Japan in China zu groß sind, so daß eine solche gütliche Einigung auf Kosten des chinesischen Volkes kaum möglich ist. Das zeigt sich ganz deutlich in dem Brief, den vor einigen Tagen der amerikanische Staatssekretär Stimson an den Senator Borah geschrieben hat: Er beruft sich wieder auf den Neunmächtevertrag[103] und droht schließlich, daß Amerika das Washingtoner Flottenbeschränkungsprogramm[104] für nichtig erklären werde, d.h., wenn Japan »zum Schutze der Japaner« genötigt ist, Shanghai zu annektieren, dann wird Amerika sich genötigt sehen, »zum Schutze der amerikanischen Staatsangehörigen« seine Flotte im Stillen Ozean zu vermehren und seine Befestigungen dort auszubauen. Dies würde wieder eine Bedrohung »der Lebensnotwendigkeiten des japanischen Volkes« bedeuten, und das Flottenrüsten könnte wieder losgehen.

Aber nicht nur Japan und Amerika und die übrigen imperialistischen Staaten sind an dem chinesischen Gebiet interessiert. Seit einigen Jahren hat zum Erstaunen aller Kapitalisten eine dritte Macht ihr erstes Anrecht auf den chinesischen Boden geltend gemacht: das chinesische Proletariat und die chinesischen Bauern. Über ein Fünftel des chinesischen Volkes lebt in den chinesischen Sowjetgebieten. Die bürgerlichen Regierungen versuchen unter dem Aushängeschild der »nationalen Einigung« die chinesischen Massen wieder für sich zu gewinnen. So hat in dieser Woche die Gegenregierung in Kanton (ebenso wie die Nankinger Regierung eine bürgerliche) »ihren Kampf gegen Nanking aufgegeben. Jetzt stehe nicht das Schicksal Shanghais, sondern das Schicksal Chinas auf dem Spiele«. Aber der Widerstand gegen den japanischen Einfall ging nicht zuerst von der Regierung aus. Tschiang Kai-schek, bis vor kurzem noch der alleinige Herrscher in Nanking, der drei erfolglose Feldzüge gegen die chinesischen Sowjetgebiete gemacht hat, wollte tatenlos zusehen, als die Japaner ihre Offensive bei Shanghai begannen, und ist erst durch seine eigenen rebellierenden Soldaten zum Eingriff gezwungen worden. Der eigentliche Widerstand gegen den japanischen imperialistischen Überfall liegt in der 19. chinesischen Armee, die sich im Aufstand gegen die Regierung befindet. Er liegt weiter in den Partisanengruppen, Teilen der Roten Armee bei Shanghai, und er liegt drittens bei den antiimperialistischen Armeen, die sich großenteils aus Studenten und Arbeitern zusammensetzen, aber in einen immer größeren Gegensatz zu der Nankinger Regierung gelangen (ich erinnere nur daran, daß vor einem halben Jahr der chinesische Außenminister von Studenten verprügelt worden ist). Und der Widerstand gegen den japanischen Imperialismus liegt außerdem in großen Teilen ihrer eigenen Armee: 200 japanische Soldaten wurden in dieser Woche in Mukden vor das Kriegsgericht gestellt, bei Shanghai haben 600 japanische Soldaten gemeutert, und mehrmals wurden Kompanien wegen »revolutionärer Tendenzen« zurückgezogen.

Nachdem durch die Vorgänge bei Shanghai die Aufmerksamkeit auf Mittelchina und die chinesischen Sowjetgebiete gelenkt worden sind, scheinen jetzt im Norden wieder einige Überraschungen zu erwarten zu sein. Japan hält den Hauptpunkt der in chinesisch-russischer Verwaltung befindlichen ostchinesischen Eisenbahn immer noch besetzt. Eine englische Zeitung meldet, daß der japanische Oberbefehlshaber »zur Abschneidung flüchtiger chinesischer Soldaten« die Endpunkte dieser Eisenbahn an der russischen Grenze besetzen wolle. (Um Vorwände ist die japanische Diplomatie ja nie verlegen gewesen.) Moskau hat deswegen bei der japanischen Regierung um Aufklärung gebeten. Außerdem hat Moskau Protest dagegen eingelegt, daß die Weißgardisten in der Mandschurei mit Unterstützung der Japaner gegen Sowjetrußland agitieren. In Mukden soll schon unter amtlicher japanischer Leitung eine weißgardistische Armee aufgestellt sein, welche die russische Küstenprovinz, und vor allem den Hafen Wladiwostok erobern soll.

Auf der Abrüstungskonferenz wurde der Vorschlag Sowjetrußlands, »den Grundsatz der allgemeinen und vollständigen Abrüstung zur Grundlage der Konferenz zu nehmen«, gegen die Stimmen der Sowjetdelegation und der Türkei abgelehnt. Der deutsche Vertreter enthielt sich der Stimme.

(40.) Politik der Woche 28. Februar bis 5. März 1932

Innenpolitik

Der Kampf um die Wahl des Reichspräsidenten ist entbrannt. Mit allen Waffen ihrer Überheblichkeit und Rohheit wüten die Mannen Hitlers gegen Hindenburg. Zugleich verzanken sie sich mit den Anhängern Duesterbergs. Jedenfalls bekommen wir sehr deutlich vor Augen geführt, was ein deutsches Bürgertum sich an Dummheit, Rohheit, Gewalttat und Unsinn bieten läßt. – Ob Deutschland erwacht?

Deutlich sollte aber auch einem jedem sein, welch eine gewaltige Entscheidung mit durch diese Wahl vorbereitet wird. Wollen wir die Zukunft schaffen auf dem Weg demokratischer Verständigung oder soll durch Gewalt das Großkapital eine Macht erlangen, die nur durch die dann aufsteigende Gegenmacht des Kommunismus zu brechen wäre?

Nur wer glaubt, daß dieser Kampf schon entschieden sei, kann mit den Kommunisten Thälmann wählen. Wer sieht, wie stark immer noch die Kräfte sind, die auf alle Fälle die Demokratie halten wollen, wird zum Versuch stehen müssen, uns die Katastrophe zu ersparen, deren Ausgang unabsehbar ist.

Wichtig wäre es, wenn es gelänge, die Wahl Hindenburgs im ersten Wahlgang durchzusetzen. Das würde ein mächtiges Kraftzeugnis des demokratischen Gedankens sein. Es würde dadurch die Zersetzung der Hitlerpartei ganz außerordentlich beschleunigt werden.

Bedeutsam für die Zukunft ist, daß Kaas, der eigentliche Führer des Zentrums, auf seinem rechten Flügel stehend, in einer Rede sehr scharf das Einschreiten des Staates gegen die Rohheiten der Hitlergarden forderte und die Reichsregierung wegen ihrer zögernden Haltung angriff.

Außenpolitik

Die deutsche Reichsregierung hat der Republik Österreich ein Angebot sehr weitgehender wirtschaftlicher Bevorzugung gemacht. Es ist dies die Antwort auf einen Hilferuf Österreichs, das in seiner jetzigen Lage wirtschaftlich zu ersticken droht. Zugleich ist es ein Schachzug der Reichsregierung gegen die Pläne Frankreichs. Von dort aus will man Österreich, Ungarn, Tschechoslowakei, Rumänien, Polen zu einem mächtigen Wirtschaftsblock unter der Führung Frankreichs zusammenschließen. Die ungeheure Gefahr der wirtschaftlichen und politischen Einkreisung Deutschlands ist sofort klar. Zum Glück haben diese Staaten als Agrarstaaten so sehr einander entgegengesetzte wirtschaftliche Interessen und so sehr das Bedürfnis, ihre Agrarprodukte in Deutschland absetzen zu können, daß der Zusammenschluß seine Schwierigkeiten hat. Umgekehrt fördern wir die französischen Pläne durch Schieles Agrarpolitik, mit der wir alle europäischen Agrarstaaten gegen uns aufbringen. – Aber alles »nationale« Interesse hat zurückzutreten, wenn es den Geldbeutel der Großgrundbesitzer gilt. – Bedenklich ist, daß im Verlauf des Memelkonfliktes immer deutlicher wird, wie auch Litauen sich zu Frankreich wendet und hofft, von dort aus Hilfe für seine Ausdehnungspläne zu erhalten.

Nicht nur die fortschreitende Isolierung Deutschlands ist die Gefahr. Es bildet sich auch eine Föderation, die etwas wie ein Sich-hin-arbeiten des kapitalistischen Frankreichs zum Sowjetrußland darstellt. – Vorbereitung jener großen Auseinandersetzung, deren ungeheurer Brand uns in seine Mitte fassen wird.

Der Krieg im Osten

Die große japanische Offensive ist nach zehn Tagen zusammengebrochen, trotzdem die japanischen Truppen ihrer Ausrüstung nach den Chinesen überlegen sind. In New Yorker Berichten wird angedeutet, daß dies auf die »schlechte moralische Stimmung« der japanischen Truppen, die in scharfem Gegensatz zu der guten Stimmung der chinesischen Truppen steht, zurückzuführen ist. »Schlechte moralische Stimmung« vom Standpunkt des Imperialismus aus, das heißt: Den japanischen Soldaten ist klar geworden, daß sie im Kampf um Shanghai ihr Leben für die Profitinteressen der japanischen Kapitalisten opfern sollen. Ihnen ist klar geworden, daß der Feind nicht die chinesischen Bauern und Proletarier sind, sondern die gesamten imperialistischen Staaten und für sie als Japaner vor allem der japanische Imperialismus. Davon zeugen auch die vielen Massenverhaftungen im japanischen Heer, von denen wir immer wieder hören.

Trotz dieses Sieges der Chinesen haben diese am 2. März ihren Rückzug von Shanghai in aller Ordnung angetreten. Die Japaner hatten nämlich oberhalb der Wusungforts Truppen gelandet, die das chinesische Heer abzuschneiden drohten. Man liest die Vermutung, daß die Kuomintang-Generäle (die Kuomintang ist die herrschende bürgerliche Partei in China) in jener Gegend dieser Landung nicht genügend Widerstand entgegengesetzt haben, um dadurch die antiimperialistischen und revolutionären Armeen, von denen die Verteidigung Shanghais durchgeführt wird, zu treffen.

Die Hoffnung, daß durch den Rückzug der Chinesen außerhalb der 20-Kilometer-Zone um Shanghai die Möglichkeit einer Einigung gegeben wäre, ist sehr bald enttäuscht worden. Die Japaner haben die Chinesen sofort verfolgt, und es ist dabei schon wieder zu weiteren Kämpfen mit der 19. chinesischen Armee gekommen, die am stärksten bei der Verteidigung Shanghais mitgewirkt hat, und auch bei diesem Rückzugsgefecht wieder die Japaner schlug, die bei den chinesischen Arbeitern und Bauern als die Verteidigerin gegen den imperialistischen Einfall gefeiert wird. Die Teilnahme der chinesischen Bevölkerung an den Kämpfen geht bis zur aktiven Unterstützung der Armeen, und sie wendet sich zu gleicher Zeit gegen die eigene kapitalistische Regierung: In Shanghai ist aber daher die Lage sehr gespannt. Es werden Streiks geführt, und die Unruhen können dauernd in einen offenen Aufstand gegen die Nankinger Regierung umschlagen; vier Fünftel der Shanghaier Arbeiter sind arbeitslos. Über 300.000 Einwohner aus dem zusammengeschossenen Chinesenviertel sind ohne Wohnung. Die Lebensmittelpreise sind größtenteils bis auf das Dreifache gestiegen.

Nachdem durch den Rückzug der Chinesen das letzte japanische Ultimatum von chinesischer Seite aus erfüllt ist, in dem eine gleichzeitige Zurückziehung der Truppen gefordert war, hat das japanische Auswärtige Amt sofort erklären lassen, daß ein gleichzeitiges Zurückziehen nicht in Frage komme. Die Japaner haben sofort weitere Bedingungen gestellt, die China für unannehmbar erklärte, so daß die Kämpfe weitergehen.

China erklärte dem Völkerbund, daß es eine Armee von 200.000 Mann bilden und die Mandschurei zurückerobern werde.

Der Völkerbund hat in seiner Vollversammlung beide Mächte ersucht, sofort Maßnahmen zur Einstellung der Feindseligkeiten zu treffen.

Die amerikanische Regierung hat den größten Teil ihrer Flotte aus dem Atlantischen Ozean jetzt im Stillen Ozean konzentriert. Der japanische Botschafter in Washington, Debuchi, erklärte, daß die »amerikanische öffentliche Meinung von Tag zu Tag japanfeindlicher werde«. Die amerikanische Regierung übt auf die Banken, die den Handel mit Japan finanzieren, Druck aus. Alle diese Tatsachen zeigen, daß die Gegensätze zwischen den imperialistischen Staaten infolge der Weltkrise sich dauernd verschärfen, und in China, an dem sämtliche imperialistischen Großmächte interessiert sind, zur Explosion kommen können.

Es gibt aber noch eine andere Möglichkeit: Die imperialistischen Großmächte einigen sich über die Aufteilung Chinas und lassen Japan in der Mandschurei freie Hand gegenüber der Sowjetunion. Die UdSSR versucht, Japan jeden Vorwand zu einem Konflikt zu nehmen. So hat sie jetzt wieder japanische Truppentransporte auf der ostchinesischen Eisenbahn in begrenztem Umfang zugelassen, obwohl Rußland nach den Verträgen nicht dazu verpflichtet ist. Trotzdem gehen die japanischen Provokationen gegen die Sowjetunion immer weiter und die russische Regierung hat in einigen Anfragen an die japanische Regierung offen darauf hingewiesen.

Zugleich wird auch in Europa die Intervention gegen Sowjetrußland weiter vorbereitet; die Politik Frankreichs in Österreich, in Litauen, auf dem Balkan, der von Litauen über Polen, die Tschechoslowakei, Rumänien und die übrigen Nachfolgestaaten die sowjet-russische Grenze bedroht. Man darf diese Gefahr nicht unterschätzen, da die Erschließung des russischen Marktes als Absatzgebiet für die kapitalistischen Staaten, seine Wiedereinbeziehung in die kapitalistische Ausbeutung, zugleich für den Kapitalismus ein Ausweg aus der gegenwärtigen Krise sein kann.

Schon jetzt haben wir in allen Kriegsindustrien einen Aufschwung der Produktion. Amerika, England, Deutschland, Frankreich und die Tschechoslowakei sind an erster Stelle bei den Kriegslieferungen für China und Japan vertreten. In allen diesen Staaten beginnt sich eine starke Antikriegsbewegung in der Arbeiterschaft gegen diese Lieferungen zu regen. Die Pilsener Skodawerke sollen in den nächsten Tagen vollkommen auf Kriegsproduktion umgestellt werden, dadurch werden einige Abteilungen vollkommen stillgelegt und Arbeiter entlassen. Dagegen kam es zu stürmischen Demonstrationen. Es wurde eine Betriebszeitung herausgegeben, in der sozialdemokratische und kommunistische Arbeiter zur Schaffung einer Einheitsfront gegen den imperialistischen Krieg und gegen die Entlassungen aufforderten.

(41.) Politik der Woche 6. März bis 12. März 1932

Deutschland
Reichspräsidentenwahl

Von 37.660.377 abgegebenen gültigen Stimmen hat Reichspräsident v. Hindenburg erhalten 18.661.736, Hitler 11.338.571, Thälmann 4.982.079, Duesterberg 2.557.876.

Es hat also nur wenig gefehlt, daß Hindenburg die notwendigen 50 Prozent der abgegebenen Stimmen erreicht hätte. So haben einmal wieder die politisch Neutralen, d.h. Faulen uns die Notwendigkeit einer zweiten Wahl beschert. Beschämend ist, daß der Norden und Osten Hindenburg weithin verraten und im Stich gelassen hat, vor allem Ostpreußen, Frankfurt a.O.,

Merseburg, Osthannover, am übelsten allerdings Pommern, Schleswig-Holstein und Chemnitz-Zwickau. Dagegen hat der Westen und Süden sich gut gehalten. Besonders interessant ist der Rückgang der Hitlerstimmen in Hessen. Dort beginnt es offenbar unter dem Eindruck des völligen Versagens der Nationalsozialisten auf staatspolitischem Gebiet doch der Bevölkerung bereits zu dämmern, daß die frechsten Trommler noch nicht die besten Politiker sind.

Hitlers Niederlage ist offenkundig. Er bleibt um 7 Millionen hinter Hindenburg zurück. Hitler selbst hatte gemeint, daß Hindenburg nicht ganz 12 und er etwas über 12 Millionen Stimmen bekommen werde, während seine Anhänger mit 17-18 Millionen faschistischer Stimmen gerechnet hatten.

Die Hitlerianer hatten sich der unglaublichsten Mittel bedient. So war an einigen Orten die Falschmeldung verbreitet worden, Hindenburg hätte einen Schlaganfall erlitten und Hitler sei an das Krankenlager Hindenburgs gerufen worden. Es ist nun aber gerade anders gegangen. Wie die SPD aus zuverlässiger Quelle erfährt, hat der braunschweigische Regierungsrat Hitler am Montag einen schweren Nervenzusammenbruch erlitten, der von dauernden Weinkrämpfen begleitet ist. Die von Hitler für Montag in dem Berliner Luxushotel »Kaiserhof« reservierten neun Zimmer sind von ihm nicht bezogen worden, vielmehr ist Goebbels im Flugzeug nach München abgereist (Geld spielt ja keine Rolle). Die in Weimar bereits bestellten Plakate mit der Überschrift »Unser Sieg« können nun von den Nationalsozialisten auch nicht veröffentlicht werden.

Hindenburg hat sich auch für den zweiten Wahlgang wieder zur Verfügung gestellt. Die Nationalsozialisten kündigen verschärfte Propaganda an, d.h. sie wollen unser armes Volk noch toller verhetzen, zerreißen, aufputschen, entzweien und noch näher an den Bürgerkrieg heranführen. Es wird ihnen aber übel bekommen.

Hugenberg betätigt sich bereits wieder als politischer Ränkeschmied und geht als Fuchs um, scheinheilig, auf politische Schiebung und zweifelhafte Machenschaften bedacht.

Er schlägt auf einmal vor, durch ein verfassungsänderndes Gesetz den zweiten Wahlgang überflüssig zu machen, dafür den Reichstag aufzulösen und auf 8. Mai Neuwahlen auszuschreiben. Zweck: Verwirrung anzustiften und Fischfang im Trüben.

In Berlin wurden zwei Polizeibeamte verhaftet, die den Nationalsozialisten Pläne über die Waffen- und Munitionslager der Polizei ausgeliefert haben.

Groener hat Strafantrag gegen die Wochenschrift »Das Tagebuch« gestellt wegen eines Artikels, in dem er eine Verunglimpfung des Soldatenstandes erblickt.[105]

Zur Zeit ist wieder von den verschiedensten Arbeitsbeschaffungsplänen die Rede. Der Reichswirtschaftsrat berät über solche. Bis jetzt ist allerdings aus diesen Beratungen, in denen sich Vertreter der Reichsbank, Reichspost und Reichsbahn äußerten, nur deutlich geworden, daß der Staat keine Möglichkeit hat, Arbeit in nennenswertem Umfange zu beschaffen. Die Reichsbank betont, daß sie alles, was ihr möglich ist, zur Arbeitsbeschaffung getan hat. Alle anderen Finanzierungsmöglichkeiten bedrohten die Währung. Bis jetzt scheint also die Reichsbank einer »Kreditausweitung«, die immer die Gefahr der Inflation in sich trägt, ablehnend gegenüberzustehen. Man weiß aber doch, daß starke Kräfte – nämlich die Industriekreise, die hinter dem Wagemannplan stehen – für Kreditausweitung eintreten.

Internationale Wirtschaftslage
Der amerikanische Ausschuß der internationalen Handelskammer veröffentlicht ein Gutachten über die Ursachen der Krise. Er stellt sich damit bemerkenswerter weise hinter die Auffassung Hoovers, daß die Reparationsfrage unbedingt gelöst werden müsse, aber von den europäischen Ländern zunächst unter sich. Interessant ist auch die Feststellung, daß die »sozialen und anderen öffentlichen Ausgaben der kapitalbedürftigen Länder, insbesondere Deutschlands«, beschnitten werden müßten, weil sie eine Mitursache der Krise seien. Man erfährt hier also nebenbei eine der Voraussetzungen für eine eventuelle Kredithilfe des internationalen Kapitals für den deutschen Kapitalismus.

Vor den Fabriken Fords bei Detroit demonstrieren etwa 5.000 Arbeiter und verlangten Wiedereinstellung. Ford, der Vielbewunderte und Verherrlichte, hat bekanntlich beinahe sämtliche Werke schließen müssen. Einige Abteilungen arbeiten; aber sie produzieren keine Autos, sondern Tanks für Japan. Ford, der Mann mit dem sozialen Herz und der »hohen« Lohntheorie, war einer der ersten, die bei Einbruch der Krise die Löhne reduzierten. Bei der Arbeitslosendemonstration vor seinen Werken ging die Polizei mit Tränengas und Maschinengewehren gegen die Arbeiter vor. Fünf Arbeiter wurden von der Polizei ermordet, 50 verletzt.

In Polen werden zur Zeit riesenhafte Arbeitskämpfe durchgeführt. Am 18. Februar begann der allgemeine Streik der Bergarbeiter in den Kohlenrevieren Dombrowa und Krakau. Der Anlaß sind Massenentlassungen von Arbeitern und maßlose Lohnsenkungsforderungen der Unternehmer. Gegenwärtig stehen etwa 40.000 Arbeiter im Streik. Noch immer dehnt sich der Streik trotz des heftigen Terrors der Regierung aus. Auch in Oberschlesien ist die Stimmung für den Streik besser geworden. Auf einem Betriebsräte-Kongreß des oberschlesischen Bergbaus erklärten sich die Vertreter von 17 Schächten für den Streik, 12 dagegen; 2 enthielten sich. Die Leitung des Bergarbeiter-

Verbandes ist gegen einen Streik. Die Gewerkschaftsleitung in den Revieren Dombrowa und Krakau dagegen erklärt, der Streik könne in diesen Bezirken nur Erfolg haben, wenn sich die Bergarbeiter in Oberschlesien anschlössen. Der Straßenbahner-Verband in Oberschlesien hat einen Beschluß gefaßt, sich einem Streik der oberschlesischen Berg- und Hüttenarbeiter sofort anzuschließen. Die polnische Regierung steht vollkommen auf Seiten der Unternehmer. Die »Prawda«, das Organ des Großkapitals, forderte 25 Prozent Lohnsenkung. Die Regierung geht mit Polizei gegen die Streikenden vor. Verschiedentlich kam es zu blutigen Zusammenstößen, bei denen mehrere Arbeiter getötet und verletzt wurden. Die Polizei in den Streikgebieten ist verstärkt worden. Gleichzeitig begaben sich Abteilungen der faschistischen Militärorganisation »Schützen« dorthin.

Der Osten

Der Krieg im Osten geht weiter. Waffenstillstandsverhandlungen, von denen die Rede war, sind überhaupt nicht zustande gekommen. Der japanische Imperialismus dringt tiefer in China ein. Auch nachdem sich die chinesische Armee hinter die 20-Kilometer-Grenze zurückgezogen hatte, gingen die japanischen Generäle vor unter dem Vorwand, sie müßten Strafexpeditionen gegen »Freischärler« vornehmen zum »Schutz der Japaner und deren Eigentum«. Der plötzliche Rückzug der chinesischen Armee ist deutlich ein Verrat der Kuomintang-Generäle, die nicht gewillt sind, das chinesische Land zu verteidigen. Denn es zeigt sich jetzt, daß der Rückzug militärisch nicht notwendig war. Teile der 19. Armee weigerten sich, den Rückzug mitzumachen und kämpften weiter. Selbst die bürgerlichen Blätter Shanghais wagen es nicht mehr, die Regierung gegen den Vorwurf zu verteidigen, daß sie die 19. Armee in ihrem Verteidigungskampf nicht genügend unterstützt habe. Ja sogar eine Gruppe hervorragender Kuomintangleute hat sich in einem an Tschiang Kai-schek und Wang Jingwei gerichteten Telegramm gegen die Politik des Rückzugs ausgesprochen.

Völkerbund

Während im Osten der Krieg weiter geht und täglich Menschenleben fordert, berät der Völkerbund. Es zeigt sich dabei immer deutlicher, daß die im Völkerbund vertretenen Mächte nicht gewillt sind, irgend etwas zur Herstellung des Friedens zu unternehmen. Im Gegenteil, mit allen Resolutionen, die man annimmt, deckt man Japan den Rücken. Ganz deutlich wurde das Interesse der verschiedenen Mächte an dem Vorgehen Japans bei einer Sitzung am 5. März. Bei Beginn verlas der frühere Sozialist Paul-Boncour ein Telegramm des französischen Militärattachés in Shanghai, das lautet: »Gestern um 2 Uhr wurden« die Feindseligkeiten tatsächlich von beiden Seiten eingestellt«. Sir John Simon hatte ein ähnliches Telegramm erhalten, das aber immerhin davon sprach, daß Japan Verstärkungen heranziehe und »einzelne Gewehrschüsse« gewechselt würden. Der chinesische Delegierte dagegen hatte ein Telegramm, aus dem hervorging, daß Japan weiter vorgehe. Das gleiche besagten die Zeitungsmeldungen. Während also Japan tatsächlich vorgeht, läßt sich Frankreich melden, daß Japan nicht vorgehe, um Japans Verhandlungsbasis zu verstärken. Es wurde schließlich wieder eine Resolution gefaßt, die an die heilige Verpflichtung zur Einhaltung von Verträgen erinnert, den Krieg verurteilt usw. Aber nicht einmal ein Räumungstermin ist Japan gesetzt worden. Sir John Simon betonte die Nützlichkeit einer solchen Resolution: »Besser ist es schon für den Völkerbund diese Grundsätze, sogar wenn sie nicht angewendet werden, zu proklamieren, als sie aufzugeben«. Praktisch geschieht also nichts gegen Japan, sondern im Gegenteil, man vertuscht das Vorgehen Japans. Weiter wurde eine Kommission eingesetzt, die bis zum 1. Mai Bericht erstatten soll.

Auch in der Mandschurei geht Japan weiter vor. Es richtet sich dort augenscheinlich für einen längeren Krieg ein. In Ringut bauen die Japaner einen Flugplatz. Unter dem Schutz der Japaner sammeln sich in der Mandschurei allerhand Emigranten und Weißgardisten. In Harbin veranstalteten Weißgardisten eine Demonstration gegen die Sowjetunion.

Man sieht also, daß das Vorgehen Japans deutlich gegen die Sowjetunion gerichtet ist. Der japanische Imperialismus richtet sich also ganz nach dem Memorandum über die »positive Politik« Japans, das der Minister Tanaka 1927 ausgearbeitet und dem japanischen Kaiser überreicht hatte. Dort heißt es: »Wenn wir Japans Zukunft betrachten, müssen wir die Unvermeidlichkeit eines Krieges mit der Sowjetunion zugeben«.

Aber nicht nur im Osten wird die Gefahr der Intervention gegen Sowjetrußland täglich akuter. Betrachtet man die gesamte Weltlage, so muß man feststellen, daß die Ereignisse im Osten leicht zu einem neuen Weltkrieg führen können, der dann zwischen den kapitalistischen Ländern und Sowjetrußland ausgefochten würde. Gehen die Regierungen der kapitalistischen Länder den bisherigen Weg weiter, so ist ein neuer Weltkrieg unvermeidlich, wenn das Proletariat ihn nicht verhindert.

Politik des Weltimperialismus!?

Man muß sich klar machen, daß die allgemeine Wirtschaftskrise alle jene Vereinbarungen und Bindungen, auf denen die scheinbare politische Beruhigung während der relativen Stabilisierung des Kapitalismus in den Jahren 1925 bis 1928 beruhte, aufgelöst und über den Haufen geworfen hat. Vor allem die Vereinbarung über die Reparationen, die durch Deutschlands Zahlungsunfähigkeit überholt ist. Weiter ist die Vereinbarung des englischen, japanischen und amerikanischen Imperialismus über die Aufteilung Chinas durch die chinesische Revolution von 1927 und den jetzigen japanischen Feldzug gesprengt. Diese und alle übrigen ausdrücklichen stillschweigenden Vereinbarungen über die Aufteilung des Weltmarktes sind durch die Wirtschaftskrise aufgeflogen. Die Gegensätze zwischen den einzelnen imperialistischen Gruppen sind wieder aufgebrochen. In verdoppelter Schärfe wird nun der Kampf um die Neuaufteilung der Welt geführt. Die Gegensätze innerhalb der imperialistischen Staaten können aber leicht so stark werden, daß sie nur in dem gemeinsamen Krieg gegen den Raum, den das Proletariat der imperialistischen Ausbeutung entzogen hat, gegen Sowjetrußland, ein Ventil finden können. Zumal da starke Kräfte in jedem Lande daran arbeiten, dieses Ventil zu öffnen und zumal Japan schon offen zur militärischen Vorbereitung übergegangen ist.

Ein Alarmsignal für diese Gefahr ist das Attentat auf den deutschen Botschaftsrat Twardowski in Moskau. Nach den Ergebnissen der Untersuchung gehört der Attentäter Stern einer Gruppe von Terroristen an, die in Beziehung zu polnischen Kreisen steht. – Attentate, das sind bewährte Methoden aus dem Arsenal der imperialistischen Kriegstreiber. Wer denkt bei den vier Schüssen in Moskau nicht an die Schüsse von Sarajevo?

Französischer Imperialismus
Die zweite Tatsache, die stärkste Aufmerksamkeit erfordert, ist der Donaublock-Plan der französischen Regierung.[106] Bekanntlich hat Frankreich an die Donaustaaten eine Reihe von größeren Anleihen gegeben. Im Jahre 1931 sind aus der französischen Staatskasse alle großen Anleihen – mit Ausnahme des Londoner Kredits – in Mitteleuropa placiert worden. An Rumänien sind 575 Millionen Franken, an Ungarn 354, an Jugoslawien einmal 675, dann 250 Millionen Franken gegangen. Dazu kommen die Anleihen von früher: 640 Millionen an Rumänien (1929) und 60 Millionen an Ungarn (1930); und jetzt die neue Anleihe an die Tschechoslowakei von 600 Millionen. Diese Riesenanleihen zwingen Frankreich zu seinem Vorgehen. Zwischen den Staaten, die Anleihen bekommen haben, bestehen zwar wirtschaftlich und politisch die schärfsten Gegensätze. Aber gerade diese Gegensätze, die sich in der Krise noch verschärft haben, bedrohen den Bestand dieser Staaten und damit die Rentabilität der Anleihen. In dem Wirtschaftskampf zwischen den Donaustaaten würde sich französisches Gold gegeneinander schlagen. Deshalb hat Frankreich ein brennendes Interesse an der wirtschaftlichen Verständigung dieser Staaten und versucht nun diesen Zusammenschluß mittels Präferenzverträgen und Kontingentierungen zu diktieren. Gelingt dieser Zusammenschluß, so bedeutet das die Ausschaltung der Gegensätze dieser kapitalistischen Staaten untereinander; dadurch richtet sich das gemeinsame Interesse vor allem nur noch gegen die Sowjetunion als den kräftigsten Konkurrenten

und den größten Absatzmarkt. Die Gegensätze zwischen Sowjetunion und diesen Staaten werden verschärft und können, da sie unter der einheitlichen Führung Frankreichs stehen, leichter zu einem Interventionskrieg organisiert werden. Dieser Zusammenschluß der Donaustaaten richtet sich zugleich gegen Deutschland. Er hat den Zweck, Deutschland für die Unterwerfung unter Frankreichs Wirtschafts- und Kriegspläne reifer zu machen, indem es wirtschaftlich bedroht wird. –

Ob England und Italien diesen Plänen Frankreichs an der Donau Widerstand leisten werden, ist noch nicht klar. England hat ja wohl selbst nicht genug Spielraum, um gegen Frankreich aufzutreten.

Den politischen Inhalt der französischen Wirtschaftspolitik mittels Anleihen beleuchtet eine Äußerung eines Mitglieds der Regierungsmehrheit bei der Debatte über die Anleihe an die Tschechoslowakei. Es war im Ausschuß kritisiert worden, daß die Tschechoslowakei die Gehälter der Beamten und staatlichen Arbeiter um 500 Millionen Mark gesenkt habe, während sie das Militärbudget nicht angerührt habe. Darauf wurde in Anwesenheit Tardieus gesagt: »Das ist unser Glück, denn würde die Tschechoslowakei ihr Kriegsbudget gesenkt haben, dann müßten wir unser Kriegsbudget erhöhen«.

Im Norden bildet sich ein ähnlicher Block unter Führung Englands heraus. Führende bürgerliche Zeitungen Dänemarks schreiben, daß man eine Wirtschaftspolitik zusammen mit England machen müsse. Ähnliche Stimmen werden in Norwegen laut.

Kriegskapitalismus?

Zunächst einmal profitieren alle kapitalistischen Länder von dem Raubzug Japans durch die Rüstungsaufträge, die Japan vergibt. In verschiedenen Ländern reisen japanische Militärkommissionen und geben Aufträge. Schon jetzt gehen täglich Sendungen von Munition, Säuren für Explosivstoffe, Granaten, Gewehrteile usw. durch Deutschland, vor allem durch den Hamburger Hafen nach Japan. Die deutsche chemische Industrie ist an diesen Lieferungen maßgebend beteiligt. Das Proletariat aller Länder muß sich klarmachen, daß es kein Interesse an diesen Lieferungen, an der Herstellung von Kriegsmaterial hat. Zwar mag es für den Augenblick etwas mehr Arbeit geben. Hat das deutsche Proletariat aber ein Interesse daran, Arbeit auf Kosten des Lebens seiner japanischen und chinesischen Brüder zu bekommen? Hat es ein Interesse daran, durch die Lieferung des Kriegsmaterials, mit dem die japanischen und chinesischen Proletarier getötet und der Krieg gegen Sowjetrußland vorbereitet wird, Arbeit zu bekommen? Niemals! Die Arbeit, die das europäische Proletariat jetzt vielleicht bekäme, würde es nur zu bald selbst in den Krieg stürzen. Deshalb ist die Aufgabe des Proletariats, gegen die Kriegslieferungen zu kämpfen, um den Krieg zu verhindern.

(42.) Politik der Woche 12. März bis 19. März 1932

Deutschland

Hindenburg ist gewählt. Fast hätte er die absolute Majorität erreicht. Der Nationalsozialismus hat einen ersten empfindlichen Stoß erlitten. Mehr noch, die Deutschnationalen, deren Führer Hugenberg damit rechnete, daß die Stimmen seines Kandidaten bei der Stichwahl den Ausschlag geben würden und dessen Stimmen nun alle wertlos sind, können Hitler nicht zum Sieg helfen und für Hindenburg sind sie nicht nötig.

Freilich gilt es nun, daß alle, die Hindenburg am 13. März wählten, ihn auch am 10. April wählen. Sorglosigkeit ist nicht am Platze.

Und nach der Reichspräsidentenwahl folgen die Wahlen in verschiedenen Ländern, vor allem in Preußen. Sie müssen der zweite Stoß gegen Hitler werden. Viel für ganz Deutschland hängt von ihrem Ausgang ab.

Und das dritte ist, daß dann die Regierungen ihre Pflicht tun und nach dem in der Reichspräsidentenwahl bekundeten Willen der überwältigenden Mehrzahl der Deutschen dem faschistischen Treiben, dem Aufstellen einer bewaffneten Macht gegen die deutsche Republik und Verfassung ein Ende machen.

Sehr erfreulich sind in dieser Hinsicht die Reden, die von Braun und Heilmann, aber auch von Zentrumsabgeordneten im Preußischen Landtag gehalten wurden.

Sehr erfreulich ist der energische Stoß Severings, der durch seine Haussuchungen bei den Nationalsozialisten sofort nach der Wahl den ganzen ungeheuerlichen Hochverratsplan aufdeckte, den man ahnte, für den man bis dahin den vollen Beweis nicht hatte.

»Das preußische Innenministerium ist, wie wir hören, im Besitz so gravierenden Materials, daß es die Notlügen und Finten der ertappten Bürgerkriegstreiber mit gelassener Ruhe ansieht, bis es Zeit ist, öffentlich zu reden und die verbrecherischen Vorbereitungen der Privatarmee des Herrn Hitler weiter aufzudecken«. So wird bekannt gegeben.

Unsere Führer wissen und müssen wissen, daß nun aus dem Willen der 18 Millionen Wähler die Konsequenz gezogen werden muß. Soll das, was die gewaltige Treue der sozialistischen Parteigenossen, Gewerkschafter, Wähler geleistet hat, in schwächlicher Haltung wieder begraben werden? – Die Sozialdemokratie hat einen der gewaltigsten Erfolge erzielt, dank der Treue und Zuverlässigkeit ihrer Massen. Die Führer werden und müssen das ausmünzen.

Um so erstaunlicher ist das Verhalten Groeners. Die nationalsozialistische Parteileitung hat gegenüber der Aktion Severings bekannt gegeben, daß Groener benachrichtigt war von der Tatsache, daß sie aus Zweckmäßigkeitsgründen ihre SA in den Quartieren zusammengezogen habe. Groener läßt dazu erklären, daß er das allerdings gemeldet bekommen habe, daß für ihn dagegen keine Bedenken bestanden und »der ruhige Verlauf des Wahltags habe der Auffassung des Ministeriums recht gegeben«.

Ob Groener nun auch glaubt, daß die Großmutter Hitlers oder Goebbels' wirklich im Sterben lag, denn es war verabredet, daß in der Wahlnacht den Führern eine entscheidende Mitteilung gemacht werden solle mit dem Telegramm: Großmutter gestorben! – Der Reichsinnen- und Reichswehrminister Groener wäre wohl der einzige in Deutschland, der glaubt, daß es sich da wirklich um die Sorge um die Großmutter gehandelt hat.

Warum eigentlich die ganze Aufregung um Hindenburg und Hitler, wenn die ganze Sache so harmlos ist, wie sie nach Meinung des Reichsinnen- und Reichswehrministers sein soll?

Aber wenn es das letzte Mal gewesen sein soll, daß Heere gegen die deutsche Republik gerüstet werden, dann muß der Stoß tiefer geführt werden als nur gegen die armen Werkzeuge des Faschismus. Wer hat die Truppen bewaffnet? Wer gab das Geld?

Das deutsche Volk muß dafür sorgen, daß es niemand mehr wagen und sich leisten kann, Heere zu rüsten gegen die Republik.

Trotz der Wahlen hat die Regierung über Ostern wieder einen Burgfrieden erklärt und alle öffentlichen politischen Versammlungen und Aufzüge verboten.

Wirtschaftslage

Alle Börsianer erhofften von der Hindenburgwahl eine Hausse an der Börse. Zum großen Bedauern aller Wertpapierbesitzer ist diese Hausse nicht eingetreten, weil zugleich mit der Wiederwahl Hindenburgs der Freitod des Trustgewaltigen Kreuger an der Börse bekannt wurde. Die Folge davon waren katastrophale Kurstürze aller Kreugerwerte, die auch andere Werte beeinflußten. Ivar Kreuger kommandierte einen internationalen Trust mit einer Kapitalmacht von mehr als vier Milliarden RM. Kreuger begann in Schweden als Bauingenieur und dann mit einem eigenen Baugeschäft. 1913 wandte er sich den Zündhölzern zu. Er verstand es, die Zündholzproduktion Schwedens zu monopolieren. Damit hatte er die Basis, von der aus er an die Eroberung der Zündholzproduktion der Welt heranging. Zuletzt lagen in Kreugers Hand etwa 75 bis 80 Prozent der Weltproduktion. Kreuger blieb aber nicht bei den Zündhölzern. Er drang in die Erz-, Holz- und Zellstoffindustrie ein. In Deutschland besaß er wichtige Interessen auf dem Grundstücks-Kreditgeschäft. – Kreugers eigentliche Bedeutung liegt aber weniger auf dem Gebiet der Produktion, als auf dem Gebiet des Finanzkapitals. Er wird von der kapitalistischen Presse als der »geniale Finanzmann« gepriesen, das heißt, er hat besonders »geniale Methoden« der Ausbeutung angewandt. Eine seiner Methoden war, Staaten, die in Finanzschwierigkeiten waren, eine Anleihe zu geben und sich dafür das Zündholzmonopol oder wenigstens eine beherrschende Stellung über die Zündholzproduktion des betreffenden Landes einräumen zu lassen. Solche Monopolanleihen hat Kreuger etwa im Betrag von 1,2 Milliarden Kronen gegeben. Darunter befinden sich Anleihen an große Staaten wie Frankreich, Deutschland und Polen und andere. Durch diese Anleihen hat Kreuger wichtigen Einfluß auf die Politik der Länder, was wiederum das Vordringen seines Trusts in andere Gebiete erleichterte. Die Finanzierung dieser riesigen Anleihen übernahmen besondere Finanzierungsinstitute Kreugers. Diese Institute brachten Aktien heraus, die lange Zeit als die besten internationalen Papiere angesehen und entsprechend phantastisch hoch bewertet wurden. Hier hatte Kreuger aber eine besondere Methode, sich die Herrschaft über das durch die Aktienausgabe einkommende Kapital zu verschaffen. Er gab zwei verschiedene Sorten von Aktien aus, solche mit Stimmrecht und solche ohne Stimmrecht. Die mit Stimmrecht behielt er in seiner Hand. Die ohne wurden verkauft. Auf diese Weise beherrschte er mit einem relativ sehr kleinen Eigenkapital riesige Kapitalien. Die Gegenleistung an die eigentlichen Kapitalbesitzer, die das Kapital Kreuger zur Verfügung stellten, bestand in besonders hohen Dividenden. Noch im Jahre 1930 gab die Hauptgesellschaft Kreuger 30 Prozent Dividende und selbst 1931 noch 20 Prozent. Das war nur möglich durch verschärfte Ausbeutung des Proletariats, die Kreuger durch seine Monopole betrieb. Die Konstruktion seiner Monopole, jene Verbindung mit Anleihen an Staaten garantierte ihm zunächst auch in der Krise relativ feste Gewinne. Die ungeheure Verschärfung der Krise griff aber schließlich auch die Zahlungsfähigkeit der Staaten an. Die Zahlungseinstellungen einiger südamerikanischer Staaten, aber auch die Schwierigkeiten Ungarns, Rumäniens, Jugoslawiens, Griechenlands – alles Staaten, die Kreuger-Anleihen gegen Zündholzmonopole erhalten haben – werden den Zusammenbruch des Konzerns mitverursacht haben. Hinzu kommt der katastrophale Umsatzrückgang in der Erz- und Zellstoffproduktion, wo Kreuger auch wichtige Interessen hatte.

Auf dem Gebiet der Zündholzproduktion hatte Kreuger beinah nur noch einen ernsthaften Konkurrenten, nämlich Sowjetrußland. Überall lag er mit den Russen im schärfsten Kampf, und seine Methode, sich durch Anleihen das Monopol zu verschaffen, galt immer der Verdrängung des russischen Zündholzes aus dem betreffenden Markt. Die Absatzmärkte bildeten aber nicht den einzigen Interessengegensatz. Auch die Rohstofffrage machte Kreuger zu einem wütenden Gegner Rußlands, denn er mußte das Espenholz, daß er für seine Zündhölzer brauchte, von seinen ärgsten Feinden, von den Bolschewiki, beziehen. Kein Wunder, daß er nicht nur ein Interesse an der Erledigung der russischen Zündholzindustrie, sondern an der Erledigung Rußlands selbst hatte; weil das die Voraussetzung dafür ist, an die Espe heranzukommen. Es ist deshalb sicher kein reiner Zufall, daß Kreuger so viele Anleihen gerade an Staaten gegeben hat, die an Sowjetrußland grenzen: Finnland, das von allen anderen Kapitalisten abgewiesen war, gab Kreuger; Estland, Litauen, Lettland, Polen, Rumänien, Griechenland, Ungarn, Jugoslawien usw. Kennt man diese ungeheuren Interessengegensätze, so erscheint einem der Freitod Kreugers als ein Symbol. Der »geniale«, viel bewunderte Kapitalist und Trustherrscher schießt sich eine Kugel durch den Kopf. Das Land seiner ärgsten Feinde, die Bolschewiki, vollenden soeben den ersten Fünfjahresplan in vier Jahren und gehen mit unverminderter Energie an den zweiten Fünfjahresplan heran.

Der Zusammenbruch des Kreugerschen Welttrusts kennzeichnet die Tiefe der Weltkrise des Kapitalismus. Welche Folgen er haben wird, ist jetzt noch nicht abzusehen. Man kann es beinahe als sicher annehmen, daß vielleicht sogar die Kapitalistengruppen, die Kreuger die Hilfe verweigert haben, weil er sich ihnen nicht unterwerfen, sondern nur ihr Geld wollte, jetzt den wankenden Kreugertrust stützen werden. Das ist um so wahrscheinlicher, als kein Kapitalist ein Interesse an dem wirtschaftlichen Vordringen der Russen hat. Schon jetzt haben die Kreuger-Aktien aufgehört zu sinken. Man kann darin vielleicht Anzeichen von Stützungen oder wiederkehrendem Vertrauen sehen. Nach Meldungen eines großen Handelsblattes befindet sich in dem Kuratorium, das die Verwaltung des Kreugertrusts zur Überwachung berufen hat, ein Vertreter des Hauses Wallenberg, einem scharfen Gegner des Kreugertrusts. Die Aktionen Wallenbergs sollen zum Zusammenbruch des Kreugertrusts beigetragen haben. Das ist der Kapitalismus!

Deutschlands Wirtschaftslage

Der Außenhandel im Februar zeigt, daß sich der Export diesmal geradezu behaupten konnte. Trotzdem ist der Ausfuhrüberschuß, der für den deutschen Kapitalismus lebensnotwendig ist, wieder zurückgegangen, weil die Einfuhr durch die verstärkte Rohstoffeinfuhr etwas gestiegen ist. Sofort werden natürlich Stimmen der Industrie laut, die Einfuhrdrosselung fordern. So forderte Vögler, Generaldirektor des Stahlvereins, daß Maßnahmen zur Hebung der »Kaufkraft der Werke«, das heißt Einfuhrdrosselung vorgenommen würden.

Der Reichswirtschaftsrat[107] hat ein Gutachten über die Arbeitsbeschaffung fertiggestellt. Die Quintessenz des Gutachtens ist, daß es wohl Arbeit genug gebe, aber kein Geld, sie zu finanzieren. Das war uns schon länger bekannt.

Immerhin macht das Gutachten auch Vorschläge zur Finanzierung. Einmal soll ein besonderes Finanzierungsinstitut gegründet werden. Wieso durch eine solche Neugründung Kapital beschafft wird, bleibt das Geheimnis. Letztlich wird auch dieses Institut auf die Reichsbank zurückgreifen müssen. Und hier entsteht dann wieder das alte Dilemma: Gibt sie wenig Kredit, werden die Arbeitslosen nicht weniger; gibt sie viel, wird die Währung gefährdet. Der zweite Weg zur Arbeitsbeschaffung soll die Ausdehnung des »Freiwilligen« Arbeitsdienstes sein.[108] Dabei spielt natürlich wieder die Theorie von der »zusätzlichen« Arbeit eine Rolle. Man behauptet, wenn »zusätzliche« Arbeiten im Arbeitsdienst geleistet würden, so werde das allgemeine Lohnniveau nicht gedrückt, obwohl im Arbeitsdienst nichts gezahlt wird, was überhaupt den Namen Lohn verdient, sondern nur Verpflegung und ein »Taschengeld«. Diese Theorie ist – das muß einmal deutlich ausgesprochen werden – einfach falsch. Die vorhandene Arbeitsmöglichkeit hängt ab von dem vorhandenen Kapital. Mehr Arbeitsmöglichkeit wird nicht dadurch geschaffen, daß man eine bestimmte Art von Arbeit, zum Beispiel Meliorationen, in Angriff nimmt, die man dann »zusätzlich« nennt, weil sie bisher wegen schlechter Rentabilität, das heißt weil kein oder nicht genügend Kapital für sie vorhanden war, nicht vorgenommen wurde. Neue Arbeitsmöglichkeiten werden vielmehr nur durch Vermehrung des Kapitals geschaffen. Im Arbeitsdienst rentieren sich gewisse Arbeiten plötzlich, weil dort keine Löhne, dafür noch Subventionen aus Mitteln der Arbeitslosenversicherung gezahlt werden. Die ganze Arbeitsbeschaffung durch Arbeitsdienst richtet sich daher darauf, daß es dem einzelnen Kapitalisten durch die Lohnsenkung, die der Arbeitsdienst vornimmt, möglich wird, ein paar Arbeiter mehr einzustellen, was aber noch nicht einmal bedeutet, daß dadurch die Arbeitslosigkeit im ganzen vermindert wird. Denn die Folge kann sein, daß infolge der Lohnsenkung woanders – etwa in der Konsummittelindustrie – Arbeitskräfte freigesetzt werden. Es zeigt sich also, daß der Arbeitsdienst, der nun schon wieder vom Reichswirtschaftsrat empfohlen wird, ein Instrument des Lohndrucks ist, ganz abgesehen von den anderen Wirkungen wie Militarisierung der Arbeit usw.

Das Programm des Reichswirtschaftsrates ist also Arbeitsbeschaffung durch indirekte Lohnsenkung. Damit wird der Reichsverband der Industrie höchstwahrscheinlich einverstanden sein. Denn er hat jetzt wieder gefordert, daß die Löhne wieder der freien Vereinbarung unterstellt werden sollen, natürlich wohl kaum um sie zu erhöhen. Trotzdem ist als ziemlich sicher anzunehmen, daß die Tarifverträge, die durch Notverordnung sämtlich bis zum 30. April verlängert worden waren, wiederum durch einen Eingriff des Staates verlängert werden. Damit dient der Staat der Erhaltung der kapitalistischen Wirtschaft viel besser, als es die nur auf die Interessen ihres einzelnen Unternehmens bedachten Herren vom Reichsverband der Industrie tun, wenn sie »Freiheit« der Lohngestaltung fordern. Denn die Tarifverträge mit ihrer »Friedenspflicht« machen es den Gewerkschaften unmöglich, zu streiken; sie riskieren bei Streik gegen einen Tarif – auch wenn er durch Notverordnung eingesetzt ist und nicht durch Verhandlungen der Gewerkschaften –, daß der Unternehmer die Gewerkschaftskassen beschlagnahmen läßt, um sich den durch den Streik entstandenen Schaden vergüten zu lassen.

Der ADGB hat zum 23. März einen »Krisenkongreß« einberufen, der sich auch mit der Frage der Arbeitsbeschaffung beschäftigen soll. Wahrscheinlich werden dort die Pläne diskutiert werden, von denen wir in Nr. 9 dieses Jahrgangs[109] berichtet haben.

Das Reichskabinett hat sich in diesen Tagen mit der Invalidenversicherung beschäftigt. Trotz des brutalen Leistungsabbaus hat sie immer noch ein Defizit von 150 bis 200 Millionen Mark. Man will darum wieder einmal »reformieren«, das heißt die Unterstützungssätze nochmals herabsetzen und zwar um durchschnittlich 10 Prozent. Begründung: die Sätze müßten den herabgesetzten Löhnen und Preisen angepaßt werden. Man wird also in einiger Zeit eine Notverordnung mit diesem Inhalt erwarten müssen. Ähnliche Pläne bestehen für die Arbeitslosenversicherung.

Nicht nur in Deutschland wird die Sozialversicherung auf diese Weise rücksichtslos »reformiert«, das heißt abgebaut. Im faschistischen Polen[110] hat die Regierung auch die Offensive gegen die letzten Reste einer Sozialgesetzgebung begonnen. Daraufhin hat sich der Streik, der seit Wochen im Bergbau trotz fürchterlichen Polizeiterrors geführt wird, ausgedehnt. In Warschau und in vielen Betrieben der Provinz wird gestreikt mit der ausgesprochen politischen Parole gegen den Sozialabbau. Nach den letzten Meldungen sind die Gewerkschaften gegen den Streik.

Zwischen Japan und China versucht man zu verhandeln. Die Kuomintangführer scheinen tatsächlich zu weitgehendem Entgegenkommen bereit. Nach Meldungen aus Tokio hat Tschiang Kai-schek den Japanern erklärt, daß er sich möglichst bald mit ihnen einigen wolle. Infolge des Drucks der öffentlichen Meinung Chinas sei er gezwungen zu manövrieren. Ein Vertreter der Kuomintangregierung ist mit außerordentlichen Vollmachten nach Tokio abgefahren. Tschiang Kai-schek ist wieder an die Spitze der chinesischen Regierungstruppen gestellt worden. In einer Erklärung der Kuomintang heißt es, daß ebenso wichtig wie die Verteidigung des Landes der Kampf gegen die »Banditen« sei. Mit Banditen sind die Roten Armeen der chinesischen Sowjetgebiete gemeint.

In der Mandschurei sind Unruhen gegen die von den Japanern eingesetzte Regierung ausgebrochen. Einige Meldungen behaupten, die Unruhen seien von Japan provoziert worden, um sich einen Vorwand zu weiterem Vorgehen zu verschaffen. Für diese Auslegung spricht auch die Tatsache, daß solche Unruhen nahe an der sowjetrussischen Grenze stattgefunden haben und sich gegen sowjetrussische Beamte von Handelsvertretungen usw. gerichtet haben. Es liegt auf der Hand, daß das Vorhandensein japanischer Truppen und einer von Japan abhängigen Regierung in der Mandschurei eine ständige Bedrohung Sowjetrußlands ist.

(43.) Politik der Woche 20. März bis 26. März 1932

Deutschland

Die Aktion Severings gegen die Nationalsozialisten[111] hat vor dem Staatsgerichtshof, dem politisch wichtigsten Gericht Deutschlands, eine merkwürdige Behandlung erfahren. Die Nationalsozialisten hatten dort den Antrag auf eine einstweilige Verfügung, durch die die Aktion Severings aufgehalten werden sollte, gestellt.[112] Dieser Antrag ist zurückgezogen worden, nachdem der Vorsitzende einen Vergleichsvorschlag gemacht hat, der von den Nationalsozialisten und von der preußischen Regierung angenommen wurde. Danach wird den Nazis bestimmtes Material, wie Mitgliederlisten usw. zurückgegeben. Merkwürdig ist hieran vor allem, daß der höchste Gerichtshof für politisch wichtige Fragen es ängstlich vermieden hat, gegen die Nationalsozialisten zu entscheiden und einem Vorgehen gegen die Nazis die rechtliche Deckung zu geben. Statt dessen wird die preußische Regierung gezwungen, sich mit ihrem schärfsten Gegner, mit offenen Staatsfeinden über eine Polizeiaktion zu vergleichen. Aber warum mußte Severing auf den Vergleich eingehen und so dem Staatsgerichtshof die Möglichkeit, vor der Entscheidung zu kneifen, geben? Konnte er nicht auf einer klaren Abweisung der nationalsozialistischen Klage bestehen? – Der Vergleich wird manchen an der durchgreifenden Wirkung der Severingaktion zweifeln lassen. – Man darf jetzt gespannt sein, wie der Staatsgerichtshof den Hauptantrag der Nazis, die Aktion Severings als verfassungswidrig zu erklären, behandeln wird.

Bei den Verhandlungen vor dem Staatsgerichtshof hat ein Brief Groeners eine Rolle gespielt, der am 8. März, also vor der Wahl und vor der Severingaktion geschrieben ist. Dieser Brief teilt der preußischen Regierung einiges von den Bürgerkriegsvorbereitungen der SA mit und bittet sie, das »Erforderliche zu veranlassen«. Merkwürdig ist, daß dieser Brief erst jetzt veröffentlicht wird. Denn zunächst erklärten die Länder nach der Severingaktion, Groener habe sie nicht über die Mitteilung Hitlers, daß er die SA für den Wahltag alarmbereit halte, informiert. Nun wird also das Gegenteil behauptet. Dadurch entsteht der Eindruck, als sei es vor allem die Aufgabe dieses Groener-Briefes, das lädierte republikanische Ansehen Groeners wiederherzustellen. Groener hatte ja bekanntlich in seiner Erklärung die Zusammenziehung der SA ausdrücklich gebilligt. Und obendrein festgestellt, der »ruhige Verlauf des Wahltages habe der Auffassung des Ministeriums (von der Nützlichkeit der Zusammenziehung der SA in den SA-Kasernen) recht gegeben«. So ganz ruhig, wie das Ministerium meint, ist der Wahltag allerdings nicht verlaufen. Es sind allein am Wahltag vier Arbeiter von Nationalsozialisten ermordet worden. Ganz »ruhig« sind sie ermordet worden und »trotz« der SA-Konzentration, Herr Minister! Allerdings sind es ja nur vier – und nur vier Arbeiter.

In Lübeck und Hamburg wurden im Senat von den Kommunisten Anträge auf Verbot der SA und SS und Schließung aller SA-Kasernen gestellt. In Lübeck wurde mit den Stimmen der Sozialdemokraten beschlossen, eine Kaserne zu schließen. Die anderen Anträge wurden gegen die Stimmen der Kommunisten abgelehnt. In Hamburg war der Senat bei der Abstimmung über die Anträge beschlußunfähig, weil die sozialdemokratische Fraktion nicht anwesend war.

Zwischen Klagges, dem braunschweigischen Nazi-Minister, und Groener besteht augenblicklich ein Konflikt wegen des Treffens der Hitlerjugend. Klagges will den Hitlerjugendtag trotz »Burgfriedens« stattfinden lassen. Ob Groener durchsetzt, daß er nicht stattfindet, muß man abwarten. Aus Braunschweig wird gemeldet, daß der Jugendtag als »nichtöffentliche« Versammlung durchgeführt werden soll. Der Kartenverkauf sei eingestellt worden. Statt dessen werden die Karten den Leuten ins Haus geschickt. Der Kommunistische Jugendtag ist verboten worden. So scheint es beinahe, als werde der »Burgfrieden« zwar die Kommunisten hindern, ihre Jugendveranstaltung durchzuführen, aber nicht die Nationalsozialisten. Wenn nicht Groener noch mit der nötigen Schärfe einschreitet.

Der »Burgfrieden« ist überhaupt eine höchst einseitige Sache. Zwar darf keine Partei öffentliche Versammlungen machen. Wie viele »neutralen« Pastoren werden es wohl nicht versäumen, in den gut besuchten Ostergottesdiensten kräftig gegen den »Antichrist im Osten« und gegen den »Sitten- und Kulturbolschewismus« im eigenen Lande zu wettern. Außerdem treibt die Bourgeoisie in diesen Tagen noch eine recht wirksame »indirekte« politische Propaganda. Sie hat nämlich das außerordentliche Glück, daß gerade hundert Jahre vor diesem, in dem es der Bourgeoisie so dreckig geht, weil ihr kapitalistisches Wirtschaftssystem versagt, Goethe gestorben ist. Das nutzt sie denn auch weidlich aus. Goethe wird als Nationalheros hingestellt, in dessen Sinn es sei, alles Trennende zu vergessen und sich auf die »Nation« zu besinnen. Konkret ausgedrückt heißt das, die Arbeiterschaft möge doch im Hinblick auf das »Goethejahr«, das heißt, das Krisenjahr der Bourgeoisie, alle Lohnsenkungen, kurz alles, was die Bourgeoisie der Arbeiterschaft angetan hat, vergessen und noch mal das tun, was für die Bourgeoisie und ihr System gut ist. Den Vogel schießt bei dieser Propaganda die früher einmal lesbare »Frankfurter Zeitung« ab. Sie schreibt: »Wir brauchen solche Besinnung auf die großen Menschen, die in deutscher Zunge sprachen..., weil wir noch immer nicht ›von einem Sinne durchdrungen sind‹«. Dann verwahrt sie sich dagegen, daß damit etwa »österliche Burgfriedensstimmung« gemeint sei und fährt fort: »So müßte das Wort ›Goethe‹ für Deutsche eine Art Gottesfriede sein«. Also, »Gottesfriede« statt »Burgfriede«. Das ist für das Proletariat gehüpft wie gesprungen. Beide Male handelt es sich um die Vertuschung der Klassengegensätze durch die »Idee der Nation« im Interesse der herrschenden Klasse. Die Bourgeoisie proklamiert im Namen Goethes den »Gottesfrieden« und im Namen Gottes den »Burgfrieden«, um dem Proletariat die Möglichkeit zu nehmen, für seine Interessen, für seine Befreiung zu kämpfen. – Ganz deutlich zeigt sich der Klassencharakter der »Goethefeiern« darin, daß eine Feier, auf der der Kommunist Wittfogel über »Goethe vom marxistischen Standpunkt« sprechen sollte, verboten worden ist, weil sie den »Burgfrieden« gefährde. Wenn irgendein deutsch-nationaler Professor über »Goethe und wir Deutschen« (lies: wir Bürger) redet, so gefährdet das nicht den »Burgfrieden«. Dabei kann sich das Bürgertum nicht darauf berufen, daß das Proletariat und der Marxismus Goethe nicht »verstehe« oder nicht zu »würdigen« wisse. Im Gegenteil, der Marxismus ist der einzige Standpunkt, der Goethe vollständig gerecht wird, weil er seine Leistung nicht nur »literarisch« bewertet oder »erlebt«, sondern weil es auch die Grenzen Goethes aufzeigen kann, die bedingt sind durch die Zeit und die gesellschaftlichen Umstände, in denen Goethe gelebt hat. – Wie sehr Goethe im marxistischen Lager geschätzt wird, beweist auch, daß die »kulturlosen« Bolschewisten Goethes Gedächtnis ehren, indem sie in Moskau große Goethefeiern machen. Die dabei gehaltenen Reden sollen in einem Buch mit zwei bisher unbekannten Autogrammen Goethes veröffentlicht werden. Außerdem beginnt der Staatsverlag in diesem Jahre mit der Herausgabe von Goethes Werken.

Die Reichsregierung beschäftigt sich in diesen Tagen mit dem Gutachten des Reichswirtschaftsrats zur Arbeitsbeschaffung. Nach den bisherigen Mitteilungen muß man damit rechnen, daß in der Tat vor allem der »Freiwillige« Arbeitsdienst zur Arbeitsbeschaffung dienen soll. Wir haben im letzten Bericht erklärt, warum der Arbeitsdienst nicht zur Arbeitsbeschaffung dient, sondern nur ein raffiniertes System des Lohndrucks ist. Nicht umsonst hat das faschistische Italien den Arbeitsdienst so stark ausgebaut. Nach dessen

Vorbild scheint sich die Reichsregierung jetzt richten zu wollen. Es heißt, daß der Reichsarbeitsminister, also Stegerwald, auf dem Standpunkt stehe, man habe mit dem Arbeitsdienst die besten Erfahrungen gemacht und seine Ausdehnung sei das beste Mittel, um insbesondere die erwerbslosen Jugendlichen zu beschäftigen. Gerade für die Jugendlichen ist der Arbeitsdienst aber im Grunde niemals »freiwillig« gewesen, wie es der Name immer noch glauben machen will. Denn viele Jugendliche bekommen überhaupt keine Unterstützung. Sie sind daher gezwungen – gezwungen durch die wirtschaftliche Not –, um überhaupt etwas Essen zu haben, in den Arbeitsdienst zu gehen. Aber auch für die, die Unterstützung bekommen, ist die Sache nicht freiwillig. Denn jeder Arbeitslose steht, wenn er ausgesteuert wird, vor der Frage, ob er lieber eine Zeitlang in den Arbeitsdienst geht und dort wenigstens ein Dach über den Kopf und Essen bekommt, oder ob er sich gleich der Willkür der Wohlfahrtsämter anvertrauen und deren Unterstützung nehmen will, die nicht zum Sarg, aber auch niemals zum Leben reicht.

Alarmierend ist die Lage der Gemeinden! In einer Kundgebung der kommunalen Spitzenverbände wird festgestellt, daß die überwiegende Mehrzahl der Gemeinden in diesem Jahr nicht imstande ist, ihren Haushalt auszugleichen. Die Hauptbelastung rührt von der anschwellenden Erwerbslosigkeit her. Daher fordern die Gemeinden in dieser Kundgebung wieder die »Vereinheitlichung der Erwerbslosenfürsorge«. Damit bestätigt sich also, was wir neulich schrieben, daß man mit einer neuen »Reform« der Arbeitslosenversicherung rechnen müsse, die die Unterstützungssätze alle bis auf das Niveau der Wohlfahrt abbaut. Eine solche Notverordnung wird wohl bald nach den Wahlen herauskommen.

Was nach Ablauf der durch Notverordnung veränderten und verlängerten Tarifverträge geschehen wird, ist noch nicht vollkommen klar. Die Regierung erklärt, daß diese Tarife in Kraft bleiben werden, weil keine Kündigungen vorlägen. Sie ermahnt die Unternehmer: »Bei der gegenwärtigen Lage sollte jede vermeidbare Beunruhigung durch Tarifkündigungen unterbleiben«. Tatsächlich scheint die Schwerindustrie im Ruhrgebiet diesmal die Gelegenheit zur Lohnherabsetzung nicht benutzen zu wollen. Wenigstens erklärt sie es. Dagegen liegen in anderen Industriezweigen schon Kündigungen vor. So in der sächsischen Textil- und Tabakindustrie. Im Baugewerbe ist es schon zum offenen Konflikt gekommen; die Verhandlungen sind ergebnislos abgebrochen worden. Man muß hierbei beachten, daß die bürgerlichen Zeitungen im Augenblick nur sehr spärliche Nachrichten über Kündigungen von Tarifverträgen und Lohnkämpfen bringen. Sie »begrüßen, daß die Unternehmerschaft nahezu überall das erforderliche Maß von Einsicht aufbringt, um die Kündigung von Lohnabkommen bis zum Eintritt neuer Verhältnisse zu vertagen und so eine weitere Beunruhigung der Arbeiterschaft zu vermeiden«. So schreibt zum Beispiel das »Berliner Tageblatt«: Nach »Eintritt neuer Verhältnisse«, d.h. doch wohl nach den Wahlen, darf man also die Arbeiterschaft wieder mit Lohnsenkungen »beunruhigen«.

Mit Polen hat Deutschland einen Zollfrieden geschlossen, der die Einfuhrmöglichkeiten von 1931 wiederherstellt. Es ist aber zweifelhaft ob dieses handelspolitische Abkommen sehr lange bestehen wird. Denn gerade in diesen Tagen tritt der handelspolitische Ausschuß des Reichsverbandes der deutschen Industrie zusammen, um über eine eventuelle Einfuhrreglementierung zu beraten. Das Absinken des Ausfuhrüberschusses scheint also die Industrie veranlaßt zu haben, jetzt noch schärferen Schutz zu fordern. Nicht mehr einfache Zölle und auch nicht mehr vereinbarte Kontingente genügen ihr; sie verlangt, daß nur noch eingeführt wird, wonach »volkswirtschaftlich ein dringendes Bedürfnis« vorliegt, d.h. was ihr keine Konkurrenz macht. Die Regierung dementiert bis jetzt, daß ein Einfuhrmonopol beabsichtigt sei; man kann aber mit ziemlicher Sicherheit damit rechnen, daß sie sich den Forderungen eines so großen Teiles der Industrie fügen wird. Für das Proletariat würde eine Einfuhrreglementierung einen neuen Angriff auf seine Lebenshaltung bedeuten. Denn es ist gerade der Sinn einer solchen Maßnahme, die Preise hochzuhalten, um die Industrie auf dem Weltmarkt konkurrenzfähiger zu machen.

Der einzige Lichtblick in der Wirtschaftslage des deutschen Kapitalismus sind neue Aufträge des sozialistischen Rußland, die eben an die Eisenindustrie vergeben worden sind. Die Aufträge der Russen haben etwa den gleichen Umfang wie im vorigen Jahr und belaufen sich auf 300 bis 400 Millionen Mark.

Europa

Nach Meldungen der bürgerlichen Presse ist der Streik in Polen zusammengebrochen. Das trifft nicht zu. Seit etwa einem Monat stehen ca. 40.000 Arbeiter im Streik. Am 16. März wurde der Streik gegen den Abbau der Sozialgesetzgebung ausgerufen. Die Unterstützungen sollten um 50 Prozent heruntergesetzt, die Unterstützungsdauer von 20 auf 13 Wochen verkürzt werden. Der Streikparole folgten allein in Warschau etwa 35.000 Arbeiter. In Verbindung mit dem Streik wurden große Demonstrationen durchgeführt. Zahlen aus der Provinz liegen nicht vor. In Oberschlesien streikten 13 Schächte. Trotz Polizeiterror kam es auch dort zu großen Demonstrationen. Die Bedeutung dieses Streiks liegt darin, daß er unter ausgesprochen politischen Parolen geführt wird: Gegen den Sozialabbau, gegen die faschistische Regierung, gegen den imperialistischen Krieg, für die Sowjetunion.

Der polnische Faschismus versucht seine schwierige innere Lage durch außenpolitische Touren zu überwinden. Vor einiger Zeit wurde der polnische Gesandte in Danzig abberufen und durch einen anderen Mann namens Papee ersetzt. Damit hat der Angriff Polens auf Danzig begonnen. Kurz darauf forderte Polen die Auslieferung der Danziger Zollverwaltung. Jetzt veröffentlicht die polnische Regierung eine Erklärung, die eine einzige Kampfansage gegen Danzig ist. Man sieht, wie an allen Ecken die imperialistischen Gegensätze der kapitalistischen Staaten sich verschärfen. Und zu gleicher Zeit führt die Verschärfung der Gegensätze dazu, daß auch die Angleichung der Interessen zwischen den Staaten energischer betrieben wird, indem ihr gemeinsames Interesse, gegen Rußland zu kämpfen, in den Vordergrund gestellt wird. Eine solche »Angleichung« kann sich auf verschiedene Weise vollziehen. Entweder durch Verhandlungen, oder durch Kampf und Zwang. Dazwischen ist allerdings kein großer Unterschied. Polen versucht es nun durch starken Druck zu erreichen, daß Danzig sich ihm unterwirft. Gelingt ihm das, so ist ein weiterer Staat, der als Hafen wichtiger als seine Größe vermuten läßt, unter die Hegemonie Frankreichs gebracht. Damit wäre der Hafen Danzigs für einen Krieg der kapitalistischen Staaten gegen die Sowjetunion stärker unter den Einfluß Frankreich-Polens gebracht. Das ist von besonderer Bedeutung, wenn man die Stärke des Danziger Proletariats berücksichtigt. Das Danziger Proletariat hat schon einmal ein Beispiel dafür gegeben, daß es sich seiner Pflicht und besonderen Aufgabe in diesem wichtigen Hafen bewußt ist. Im Jahre 1920, als Polen zusammen mit dem internationalen Kapitalismus gegen die Revolution des russischen Proletariats kämpfte, weigerten sich die Danziger Hafenarbeiter, Kriegsmaterial für Polen zu entladen. Als am 23. Juli 1920 der erste Dampfer mit Kriegsmaterial einlief, stellten sie die Arbeit ein. 22 englische Soldaten folgten dem Beispiel der Hafenarbeiter. Die Eisenbahner solidarisierten sich mit ihnen. Das Danziger Proletariat wird auch bei einem neuen Versuch der Imperialisten, gegen Sowjetrußland zu intervenieren, wissen, was seine Aufgabe ist. Darum versucht der polnische Imperialismus schon jetzt, sich den Hafen Danzigs zu sichern.

Zwischen Frankreich und England scheint sich mehr und mehr eine Verständigung in allen wichtigen Fragen anzubahnen. Alle Reden Tardieus haben einen besonders freundlichen Ton gegenüber England. Nach Ostern wird Tardieu nach London fahren, wo über die Reparationen und auch über den Donau-Plan gesprochen werden soll.

Weltlage

Der Kreuger-Konzern ist, wie jetzt verlautet, nicht zu halten. Er wird höchstwahrscheinlich in Konkurs gehen, das heißt seine verschiedenen Teile werden in die Hände anderer Kapitalisten übergehen. Wie richtig unsere Analyse der politischen Bedeutung Kreugers war, die wir im letzten Bericht brachten, wird jetzt durch einen Aufsatz der kapitalistischen »Deutschen Bergwerkszeitung«

vom 18. März bestätigt. Sie schreibt über Kreuger: »In einem festen Ring hat er zuerst fast alle an Rußland grenzenden Staaten in sein Monopolsystem einbezogen und ging systematisch dazu über, die noch restlichen Weltmärkte für sich zu gewinnen... Mußte nicht auch Kreuger den zahlreichen politischen Vorschlägen gegen Sowjetrußland, die täglich an ihn herantraten, ein williges Ohr gewähren und vermöge seines finanziellen Einflusses bei so vielen Regierungen den Kampf um die Streichhölzer auf hochpolitische und militärische Dinge übertragen? Tatsächlich sind zwangsläufig in letzter Zeit derartige Dinge für Kreuger entscheidend gewesen«. Zum Schluß bedauert die »Bergwerkszeitung«, den finanziellen Wünschen von weißgardistischer Seite nicht so habe entsprechen können, »wie es wohl sein eigener Wunsch gewesen wäre«.

Zwischen Japan und China ist ein »vorläufiges« Abkommen geschlossen worden, wonach die Feindseligkeiten eingestellt werden sollen. Das wichtigste daran ist, daß eine internationale Zone eingerichtet werden soll. Denn diese »neutrale Zone« würde es Japan ermöglichen, weiter Militär in China zu halten und so die chinesischen Sowjetgebiete und die chinesischen Roten Armeen dauernd zu bedrohen. Daß die Roten Armeen der Arbeiter und Bauern die eigentlichen Verteidiger Chinas gegen den Imperialismus sind, ist der Bourgeoisie auch schon klar geworden. Im »Berliner Tageblatt« gesteht Paul Scheffer: »Der erfolgreiche, auch heute nicht gebrochene Widerstand der chinesischen Divisionen... hat das Prestige westlicher Waffentechnik gegenüber den ›erwachenden‹ Millionen-Hunderten auf dem asiatischen Kontinent in Frage gestellt«.

(44.) Politik der Woche 26. März bis 2. April 1932

Im zweiten Wahlgang

stehen sich nur noch drei Kandidaten gegenüber. Hitler, Hindenburg und Thälmann. Hugenberg hat seinen Kandidaten Duesterberg zurückgezogen und sich zugleich von Hitler distanziert. Duesterbergs Stimmen werden daher jetzt wohl Hindenburg zugute kommen, so daß die Front für Hindenburg jetzt von der SPD bis zu Hugenberg reicht.

Severing hat im Hinblick auf die Wahl das allgemeine Demonstrationsverbot aufgehoben und die Möglichkeit geschaffen, Ausnahmen davon zuzulassen. Voraussetzung für die Zulassung einer Demonstration ist, daß »der friedliche und ungefährliche Verlauf der Versammlung gewährleistet erscheint und sonstige Bedenken gegen sie nicht bestehen«. Mit dieser Fassung haben die Polizeibehörden also noch immer die Möglichkeit, Demonstrationen zu verbieten, die ihnen zu »gefährlich« erscheinen.

Zurzeit sind im Reich zehn kommunistische Zeitungen verboten. Das wirft auf die Wahlfreiheit ein schlechtes Licht.

In bezug auf die Agitationsfreiheit nimmt vor allem Braunschweig, eine vollkommene Ausnahmestellung ein. Von »Burgfrieden« während der Ostertage bekamen die Nationalsozialisten dort nichts zu spüren. Der Hitlerjugendtag fand trotz allem statt. Die öffentliche Kundgebung wurde zwar verboten. Trotzdem kamen aus allen Teilen des Reiches Züge mit SA-Truppen und Hitlerjugend an. Die SA marschierte in voller Uniform auf, ohne daß die Polizei einschritt. Ebenso wurden Flugblätter verteilt. Der unglaubliche Terror der Nationalsozialisten in ganz Braunschweig und über die Grenzen Braunschweigs nach Preußen hinein, wird immer schärfer. Bei Tag mag es vielleicht ruhig sein. Aber früh morgens und vor allem abends beginnen die Überfälle auf Arbeiter und Funktionäre der Arbeiterschaft. Nur ein Beispiel. Am 31. März früh fuhr ein Arbeiter auf dem Rad zur Arbeit. Ein SA-Trupp macht den Faschistengruß. Der Arbeiter reagiert nicht. Daraufhin wird er vom Rad gerissen und mit Messern bearbeitet. Den ganzen Tag stehen vor den SA-Kasernen Autos, die wie polizeiliche Überfallwagen hergerichtet sind, um sofort die SA dahin zu fahren, wo etwas »los« ist. Dieser Terror konnte sich nur so breit machen, weil er von der Polizei offen geduldet, d.h. also unterstützt wird. Eben sowenig ist bisher der zuständige Reichsminister, Herr Groener, energisch dagegen eingeschritten.

Herr Groener hatte in diesen Tagen eine Unterredung mit Dr. Küchenthal, der ebenso wie Klagges für die unglaublichen Zustände in Braunschweig verantwortlich ist. Denn der Deutschnationale Küchenthal ist Vorsitzender des Staatsministeriums. Seine Verantwortung ist also mindestens ebenso groß, wie die des Nazis Klagges, der bloß braunschweigischer Innenminister ist. Das offizielle Kommuniqué über die Unterredung Groeners mit Küchenthal stellt fest: »Beide Minister haben in vollster Offenheit die politischen Fragen besprochen, die in letzter Zeit das Land Braunschweig berührt haben, und dabei festgestellt, daß sie sich in vollster Übereinstimmung befinden«. Der Reichsinnenminister, der das Vertrauen Hindenburgs genießt, befindet sich also in Übereinstimmung mit der Politik des Herrn Küchenthal, die darin besteht, den Naziminister Klagges zu unterstützen und nichts gegen den mörderischen Terror der Nazis zu tun.

Während die Nazi-Jugend in Braunschweig ungehindert tagen konnte, wurde der Reichsjugendtag des kommunistischen Jugendverbandes verboten. In verschiedenen Städten demonstrierte die kommunistische Jugend gegen das Verbot. Ihre Demonstrationen wurden regelmäßig von der Polizei aufgelöst. In Hamburg kam es dabei in einer Straße, in der keine Demonstration stattfand, zu einem entsetzlichen Unglück. Ein Überfallwagen der Polizei fuhr in so rasendem Tempo durch die Straßen, daß er in eine Gruppe von Passanten hineinfuhr, die über die Straße gehen wollte. Die Folge waren drei Tote und ein Schwerverletzter.

Zwischen Groener und den Nazis geht augenblicklich ein Kreuzfeuer von »Erklärungen« hin und her. Bekanntlich wurde in jener Verhandlung vor dem Reichsgerichtshof, die mit einem Vergleich zwischen den Nationalsozialisten und der preußischen Regierung schloß, ein Brief Groeners bekannt gemacht, der der preußischen Regierung Nachricht von den Bürgerkriegsvorbereitungen der Nazis gab. Groener erklärte hinterher, daß er mit der Aufforderung, »das Erforderliche zu veranlassen«, gemeint habe, die preußische Regierung solle »die Richtigkeit der Gerüchte über die Putschabsichten nachprüfen«. Den Alarmbefehl, den Röhm für den 13. März erlassen habe, hätte er gar nicht gekannt. Darauf veröffentlichen die Nazis eine Erklärung, in der auf das bestimmteste behauptet wird, daß Groener von dem Alarmbefehl in Kenntnis gesetzt worden sei. Außerdem wird gesagt, Groener habe erklärt, »daß er persönlich an der Legalität Hitlers in keiner Weise zweifle«. Darauf folgte wieder eine Erklärung Groeners in der nur gesagt wird, daß er den Wortlaut des Alarmbefehls nicht gekannt hätte. Daraus geht also deutlich hervor, daß Groener von der Zusammenziehung der SA im voraus gewußt hat, wenn er auch nicht den Wortlaut des Befehls gekannt hat. Über seine von den Nazis behauptete Bemerkung über Hitlers Legalität sagt Groener in dieser Erklärung nichts.

Zur Legalität hat der Leiter der nationalsozialistischen »Rechtsabteilung«, Frank II, eine Erklärung in einem Prozeß in München abgegeben. Er erklärte wörtlich, daran, daß Hitler nach der Machtergreifung einen Staatsgerichtshof einsetzen und daß dann tatsächlich einige Köpfe rollen werden, könne er nichts ändern. Das bietet nichts neues. Interessanter ist es vielleicht, daß Frank II vorschlug, Groener als Zeugen über jene Bemerkung zu vernehmen, er, Groener sei fest von der Legalität Hitlers überzeugt.

Auf die Haltung der Ministerialbürokratie wirft es ein bezeichnendes Licht, daß ein Ministerialrat aus dem Reichsministerium des Innern, also dem einen von Groeners Ministerien, nämlich der Ministerialrat Scholz, aus der Deutschnationalen Partei ausgetreten ist mit der Begründung, daß Hugenberg nicht für Hitler zu gewinnen sei. Scholz wird als der Führer eines Teils der Beamtenschaft im Innenministerium angesehen.

Die Filmprüfstelle, welchen Namen die Filmzensur in Deutschland trägt, hat den Film »Kuhle Wampe« von Bert Brecht verboten, weil er die öffentliche Sicherheit gefährde. Rudolf Olden, der dieser Filmprüfstelle angehört, veröffentlicht sein Urteil dazu. Der Film behandle das Arbeitslosenproblem; aber er sei nicht revolutionär, sondern stellenweise sogar schönfärberisch.

Das Revolutionärste, was in ihm vorkomme, seien die Worte: »Und wer wird die Welt ändern? – Die, denen sie nicht gefällt!« Olden stellt fest, daß hier ein »wilder Zensurexzeß«, eine »Unterdrückung bürgerlicher Freiheit« verübt worden sei.

In der gleichen Linie der Unterdrückung der Freiheit, wie sie heute mehr und mehr von denen, die die Regierungsgewalt in Händen haben, verübt wird, geht die Tatsache, daß Ossietzky nicht begnadigt wird. Hindenburg hat das Gnadengesuch abgelehnt. Ossietzky war bekanntlich wegen eines Aufsatzes über Subventionen der deutschen Luftfahrt, in dem das Reichsgericht einen Verstoß gegen das Spionagegesetz sah, zu einem Jahr und sechs Monaten Gefängnis verurteilt worden.

Severing läßt von jetzt ab die Polizeiwache in Berlin Unter den Linden mit Musik aufmarschieren. Man versteht nicht, wozu diese Polizeiparade heute gut ist, die unangenehm an den Aufmarsch der Wache zur Zeit Wilhelms II erinnert.

Über Ostern hielt die SAP[113] ihren Parteitag in Berlin ab. Es ging vor allem um das Programm. Bemerkenswert war dabei das Bestreben der Führer, sich von der KPD abzugrenzen und sich mehr in der Nähe der SPD zu halten, während die Mitgliedschaft anscheinend mehr zu den Kommunisten neigt. Die Rede des Vorsitzenden Seydewitz zeigte ein sehr geringes Maß von politischem Verständnis. Die wichtigsten Punkte berührte er überhaupt nicht; z.B. sagte er nichts zum Kampf gegen den schon wieder bevorstehenden Lohnabbau.

Neue Angriffe

auf die Lebenshaltung des Proletariats werden zur Zeit durchgeführt oder vorbereitet. In Berlin sind zum 1. April die Unterstützungen für die 250.000 Wohlfahrtserwerbslosen gekürzt worden. Der gesamte Etat Berlins soll um ein Fünftel gekürzt werden. Berlin muß seine Ausgaben so rigoros kürzen, daß z. B. der gesamte Hoch- und Tiefbau nur noch auf dem Papier steht. Das bedeutet, daß Berlin große Teile seiner Anlagen (Straßen, Bahnen usw.) nicht erhalten, sondern verfallen lassen wird. Das Gesundheitswesen wird abgebaut durch Schließung von Krankenhäusern usw. Trotzdem wird der Etat Berlins noch nicht aufrechterhalten werden können, wenn nicht das Reich eingreift. Bei dieser katastrophalen Lage der Reichshauptstadt ist es klar, welcher Druck ausgeübt wird, die Erwerbslosenfürsorge zu »vereinheitlichen«, d.h. bis auf das gesenkte Niveau der Wohlfahrt abzubauen. Wieder soll es also die Arbeiterschaft sein, die die Lasten der sich verschärfenden Krise tragen soll. Hierzu liegen schon konkrete Pläne vor, die die Zusammenlegung der Arbeitslosenversicherung, der Krisenfürsorge und Wohlfahrt zu einer »einheitlichen Fürsorge« vorsehen. Dabei sollen 900 Millionen Mark gespart werden, d.h. den Arbeitslosen weniger ausgezahlt werden. Der vielgerühmte Preisabbau-Kommissar Goerdeler hat dazu auch einen Plan ausgearbeitet, nach dem diese Zusammenlegung nur ein erster Schritt sein soll. Später soll die gesamte Erwerbslosenbetreuung den Gewerkschaften übergeben werden. Würde man tatsächlich den Gewerkschaften solche Aufgaben von Staats wegen übertragen, so würde das einer weitgehenden Verstaatlichung der Gewerkschaften gleichkommen. – Der Abbau der Arbeitslosenunterstützungen ist seinem Umfang nach schon beschlossen. Bekanntlich ist die Reichsanstalt durch die Juni-Notverordnung ermächtigt worden, Leistungsabbau vorzunehmen, um den finanziellen Ausgleich herzustellen. Der Durchschnittssatz, der im Jahre 1927 80 Mark, 1931 nur noch 70,50 Mark betrug, soll jetzt im Jahre 1932 nur noch 48,75 Mark sein. Das ist ein Abbau um mehr als 20 Mark. Mit der Durchführung dieses Abbaues wird man wahrscheinlich bis nach den Wahlen warten. – Während so auf der einen Seite das Proletariat immer stärker belastet wird, sollen die Leute, die Vermögen haben, also die Herren Kapitalisten, entlastet werden. Nach dem »Berliner Tageblatt« steht die Herabsetzung der Vermögenssteuer unmittelbar bevor. – Das ist noch nicht alles.

Auch auf die Löhne

bereiten die Unternehmer schon wieder einen neuen Angriff vor. Es bewahrheitet sich – was wir schon voraussagten –, daß die Unternehmer die Mahnung der Regierung, die Tarife nicht zu kündigen, sich nicht sehr zu Herzen nehmen. Etwa 75 Prozent aller Tarifverträge sind durch die Dezember-Notverordnung zum 30. April kündbar. Von dieser Möglichkeit ist in großem Umfang schon Gebrauch gemacht worden. Der Staat selbst hat sie ausgenutzt und die Gemeindearbeitertarife gekündigt. U.a. sind die Tarife von Seiten der Unternehmer-Verbände gekündigt in der gesamten Metallindustrie, im ganzen Buchdruckgewerbe, in Teilen der Textil-, Tabak-, Brau-Industrie, weiter im Bau- und im Transportgewerbe, im Großhandel. Die Forderungen der Unternehmer sind im einzelnen noch nicht bekannt. Wie sie aussehen werden, zeigt das Baugewerbe, wo die Unternehmer erneute Lohnkürzungen um 18 bis 20 Prozent verlangen. Diejenigen Unternehmensverbände, die zum 30 April nicht gekündigt haben, werden das wahrscheinlich ein oder zwei Monate später nachholen. Schon jetzt kündigt der Bergbau an, daß er den Tarif im Mai kündigen werde. – Wie sich die Regierung zu diesen neuen Lohnabbauforderungen stellen wird, ist noch nicht klar. Sie teilt bis jetzt mit, daß kein Eingriff in die Tarife wie durch die Dezember-Notverordnung erfolgen solle. Vorläufig will sich das Reichsarbeitsministerium auf die tarifpolitisch bequemere Empfehlung weiterer Lohnsenkung »in einzelnen Berufszweigen« beschränken. Das bedeutet aber nichts anderes, daß wieder der Schlichtungsapparat in den Dienst der Lohnsenkung gestellt werden soll. Man wird zwar keine allgemeine Lohnsenkung durch Notverordnung aussprechen, man wird aber die dem Arbeitsministerium unterstellten Schlichter mit Anweisungen zur Lohnsenkung für den einzelnen Berufszweig versehen. Das bedeutet aber praktisch wiederum einen Eingriff in die Lohngestaltung, die den Wert der Tarifverträge als einen Schutz der Arbeiterklasse mehr als problematisch werden läßt. Denn in dem Augenblick, wo sich die Tarifverträge tatsächlich als Schutz bewähren könnten, weil sie gerade nicht kündbar sind, greift der Staat ein und setzt sie herab und macht sie zu einem bestimmten Termin kündbar. Das geschah durch die Dezember-Notverordnung. Zu dem neuen Kündigungstermin kündigen die Unternehmer tatsächlich und wieder soll der staatliche Schlichtungsapparat die Lohnsenkung durchführen, also die Wünsche der Unternehmer erfüllen. Diese Tarife, die also gar nicht mehr Verträge der Gewerkschaften mit den Unternehmern, sondern einfach staatliche Festsetzungen sind, behalten trotzdem die Wirkung von Verträgen. Sie sind wie diese mit der sogenannten »Friedenspflicht«, dem Streikverbot für die tarifbeteiligten Gewerkschaften ausgestattet. – Die Empfehlung weiterer Lohnsenkungen »in einzelnen Berufszweigen« ist aber nur eine Etappe in dem Programm zur »Verfeinerung des Tarifvertrags-Systems«, die in der Dezember-Notverordnung angekündigt worden ist. Von der Lohnsenkung in »einzelnen Berufszweigen« will man übergehen zu der Auflockerung der Tarife zugunsten »einzelner Betriebe«, natürlich nur solcher, die »notleidend« sind. Das würde die Beseitigung der Unabdingbarkeit sein. Das ist die Linie, in der das Reichsarbeitsministerium vorzugehen gedenkt. Einzelne Arbeitgeberverbände haben im Hinblick auf diese »Auflockerung der Tarife« jetzt von einer Kündigung abgesehen. – Und noch von einer dritten Seite her wird der Angriff auf die Lebenshaltung des Proletariats fortgesetzt. Wir konnten schon das letzte Mal berichten, daß der Reichsverband der Industrie eine noch schärfere Einfuhrdrosselung fordern werde. Jetzt hat er es tatsächlich getan. Zwar lehnt er mit Worten Autarkie und Währungsexperimente ab. Die praktischen Vorschläge aber, die sein handelspolitischer Ausschuß macht, laufen praktisch in autarkischer Richtung zu einer Einfuhrdrosselung aller »volkswirtschaftlich unwichtigen Waren«. Was »volkswirtschaftlich wichtig« ist, soll sich nach den Ausfuhrinteressen der Wirtschaft richten. Das bedeutet praktisch, was den deutschen Kapitalisten Konkurrenz macht, soll nicht eingeführt werden, damit sie besser ausführen können. Für das Proletariat kommt dabei nur eine erneute Verteuerung der Lebenshaltung heraus, wie sie jetzt schon systematisch von dem Ernährungsministerium betrieben wird. Diese Einfuhrreglementierung soll mit einer Differenzierung der Devisenzuteilung erreicht werden; das heißt, für bestimmte Waren werden die Devisen verweigert, so daß sie nicht eingeführt werden können.

Nach dem »12-Uhr-Blatt« soll in diesen Tagen eine wichtige Unterredung zwischen Brüning und Krupp, dem Vorsitzenden des Reichsverbandes der Industrie, stattfinden.

Streik in der Tschechoslowakei!

Nicht nur in Deutschland fordern die Unternehmer Lohnabbau. In der Tschechoslowakei tun sie das gleiche. Die Arbeiterschaft des gesamten Kohlenbergbaues der Tschechoslowakei mit Ausnahme von Pilsen ist darauf in Streik getreten. Der Erfolg war, daß die Regierung die Unternehmer zur Rücknahme der Kündigungen veranlaßt hat. Darauf wurde in einem Gebiet, in Mährisch-Ostrau, der Kampf eingestellt. In sämtlichen anderen Gebieten geht der Streik in unverminderter Schärfe weiter für Verbesserungen der Lohn- und Arbeitsbedingungen und gegen die Produktion von Kriegsmaterial, die in der Tschechoslowakei – Skodawerke – besondere Bedeutung hat. Der Streik wird mit großen Demonstrationen verbunden. Die Streikenden ziehen von Grube zu Grube und fordern zum Streik auf. Die Regierung geht mit unglaublicher Brutalität gegen die Streikenden vor. Polizei mit Maschinengewehren und Militär sind eingesetzt worden. Verschiedentlich kam es zu schweren und blutigen Zusammenstößen mit der Polizei. Ein Teil des Militärs wurde zurückgezogen, weil es mit den Streikenden sympathisierte.

Auch in Deutschland kam es auf der Grube Siegfried bei Teuchern zum Streik. Der Streik hatte keinen Erfolg, weil es die Streikenden nicht verstanden hatten, die Heranholung von Streikbrechern aus anderen Gegenden zu verhindern. Die Gewerkschaften sind anscheinend gegen den Streik gewesen. In dem linksrheinischen Willicher Gebiet kam es zu einem Streik der Landarbeiter gegen 33 Prozent Lohnherabsetzung. Der Streik wurde so geschlossen und gut organisiert durchgeführt, daß die Gutsbesitzer und Großbauern nach zwei Tagen auf den Lohnabbau verzichten mußten.

China – Japan

Japan droht mit dem Austritt aus dem Völkerbund, falls die anderen Staaten den von ihm eingesetzten mandschurischen »Freistaat« nicht anerkennen. In der Mandschurei ist es weiter zu Kämpfen gekommen. Man muß unterscheiden zwischen den chinesischen Partisanentrupps, die ernstlich gegen die japanischen Eindringlinge kämpfen, und den chinesischen Generälen, die von Japan gekauft sind. Diese letzteren vollführen ein neckisches Spiel, indem sie vor den japanischen Truppen herlaufen, sie mal ein wenig angreifen – Menschenleben spielen wegen der hohen politischen Mission keine Rolle –, um dann wieder davonzulaufen und so den japanischen Truppen den nötigen Vorwand geben, näher an die Sowjetgrenzen vordringen zu können. Ein Teil der japanischen Flotte ist vor Wladiwostok angekommen und liegt jetzt in Schussweite von den Sowjetgrenzen.

(45.) Politik der Woche 2. April bis 9. April 1932

Die Bürgerkriegsarmee

Die preußische Regierung hat einen Teil des Materials veröffentlicht, das ihr bei den Haussuchungen in ganz Preußen in die Hände gefallen ist. Der preußische Innenminister Severing hat in den Erläuterungen dazu erklärt, daß die SA und SS in keiner Weise mit dem Gesetz vereinbar sind. Die preußische Regierung werde unter keinen Umständen weiterhin eine solche Privatarmee unter ihrer eigenen dulden. Aus den Veröffentlichungen geht hervor, daß die SA sich am Wahltage auf »Alarmstufe C = Mobilmachung« befunden haben. »Alarmstufe C erfordert volles Gepäck... eiserne Rationen. Jeder SA-Mann muß für mindestens drei Tage Verpflegung mit sich führen«. Alles nur um »Zusammenstöße und Ausschreitungen auf der Straße vorzubeugen«, wie die Abgesandten Hitlers in ihrer Legalitätsbeschwörung Herrn Groener mitteilten. Interessant für die Arbeiterschaft ist vor allem ein genau ausgearbeiteter Generalmobilmachungsplan für die lebenswichtigen technischen Betriebe der Stadt Wiesbaden. Er sieht vor: Militärische Besetzung dieser Werke, Entfernung der unsicheren Beamten und Angestellten, Inbetriebnahme unter Leitung der nationalsozialistischen Betriebszellen. Hier enthüllen sie sich offenbar als die Streikbrucherorganisationen des Kapitals. Außerdem hatten die Nazis die Unbrauchbarmachung von Wasserleitungen durch Abschalten oder Zusatz von Anilinfarben zur Beunruhigung streikender Arbeiter vorgesehen. Das zeigt, mit welch verwerflichen Mitteln die Nationalsozialisten die Arbeiterschaft zu terrorisieren gedenken. Deshalb ist sie im Recht, wenn sie fordert: Schluß damit, hinweg mit der Bürgerkriegsarmee der SA und SS.

Am 6. April sprach Severing in einer Wahlkundgebung in Hamburg. Vorher nahm der Hamburger Polizeipräsident Schönfelder das Wort: »Die Reichsregierung muß die SA verbieten, die einzelnen Länderregierungen sind ungeeignet dazu«! So richtig es ist, dies von der Reichsregierung zu verlangen, glauben wir doch, daß die preußische Regierung vorangehen könnte, zumal da die bisherige sehr zweideutige Haltung des Reichsinnenministers Groener ein solches Verbot nicht erwarten läßt. Wir erinnern nur daran, daß auch der Rote Frontkämpferbund[114], gegen den lange nicht soviel Material vorgelegen hat, zuerst in Preußen verboten worden ist. Danach sprach Severing: »Wir werden mit allen Gruppen und Parteien zusammenarbeiten, die über den Rahmen ihrer Parteimotive hinaus das Wohl des ganzen Landes im Auge haben. Ich wünschte, daß die Nazis eine Partei wären, die geführt wird von klaren politischen Köpfen. Ich würde gerne mit einer solchen Partei ein Stück des Weges des Wiederaufbaues gehen. Wenn die Nazis das sind, dann bin ich der Überzeugung, daß wir der Mitbeteiligung der Nazis an den Regierungsgeschäften gar nicht abgeneigt gegenüberständen«.

Der »Vorwärts« schrieb am 10. März: »Es denkt niemand daran, in Preußen ebenso wenig als im Reich, die Hitlerpartei zu verbieten. Sie hat volle Bewegungsfreiheit.«

Herr Küchenthal berichtete in einer Besprechung der Braunschweigischen Regierungsfraktionen über seine Unterredung mit Minister Groener wegen der unhaltbaren Zustände in Braunschweig. Diese Unterredung hatte nach der offiziellen Mitteilung »vollste Übereinstimmung« ergeben. Damals hatte der »Vorwärts« »Fragen an Groener« gerichtet, wie dies auszulegen sei. Der Bericht Küchenthals kann als eine Antwort von Braunschweig her aufgefaßt werden: Er habe, so erklärte er, den Minister Groener von der Falschheit der Lügenmeldungen über Braunschweig überzeugen können. Angesichts dieser Auslegung der offiziellen Mitteilung erheben wir noch einmal die Fragen, die der »Vorwärts« vor einer Woche veröffentlichte: »Herr Groener, reden Sie endlich! Ist es an dem, daß Sie den Verbrechen, die von den Hitlerbanden im Lande Braunschweig fast täglich verübt werden, weiter zusehen wollen? Ist es an dem, daß Sie die Ruhe und Ordnung im Lande Braunschweig durch Herrn Klagges als gesichert ansehen?« Herr Groener, die Arbeiterschaft erwartet eine Antwort auf diese Fragen!

Während von den Nationalsozialisten trotz ihrer Vorbereitungen zum Hochverrat noch kein einziger verhaftet worden ist, hat vor dem Reichsgericht der zweite Hochverratsprozeß gegen den früheren Reichswehrleutnant Scheringer begonnen, der in seiner Festungshaft von der NSDAP zur KPD übergetreten ist, weil »Hitler die Revolution verraten hat«. Scheringer ist des berüchtigten »literarischen Hochverrats« angeklagt, weil Briefe von ihm veröffentlicht wurden, in denen er die soziale Befreiung des Proletariats von der kapitalistischen Ausbeutung als Voraussetzung der nationalen Befreiung bezeichnet. Aus dem Prozeß: Vorsitzender: »Bekennen Sie sich schuldig?« Scheringer: »Dies Verfahren ist ein ausgesprochener Gesinnungsprozeß. Ich stehe hier, weil ich mich zum Kommunismus bekenne«. Der Untersuchungsrichter des Reichsgerichts in Berlin erklärte wörtlich: »Aber Scheringer, einen Menschen wie Sie kann man doch nicht frei herumlaufen lassen«! Vorsitzender: »Sie haben der Festungsverwaltung Anlaß zu Klagen gegeben und sind, weil Sie sich politisch betätigt haben, wiederum bestraft worden«. Scheringer: »Seltsam, daß alle diese Strafen nach meiner Übertrittserklärung zur KPD erfolgt sind. Als ich noch Nazi war, durfte ich mich politisch betätigen, ohne bestraft zu werden, da durfte ich sogar im »Völkischen Beobachter« und im »Angriff« einen offenen Brief an Herrn Groener schreiben«. Vorsitzender: »Dann hat die Verwaltung damals ein Auge zugedrückt«. Als Scheringer feststellte: »Erst als die Asphaltpresse gegen mich hetzte, als sozialdemokratische Zeitungen schrieben, daß ich zur Roten Armee nach Rußland flüchten wolle, wurde das Verfahren eingeleitet«, erklärte der Vorsitzende: »Der Herr Reichswehrminister Groener und anonyme Personen haben den Herrn Oberreichsanwalt zum Einschreiten veranlaßt«. Auf die Frage: »Was verstehen Sie unter einem Interventionskrieg gegen Rußland?« antwortete Scheringer: »... Der Herr Reichswehrminister Groener hat offen Verbindungen mit der nationalsozialistischen SA aufgenommen. Wenn er mit der SA verhandelt, so sucht er ein Expeditionskorps gegen den Osten... Schon der japanische Krieg ist ein Interventionskrieg. Unser Feind steht nicht in Rußland, sondern im kapitalistischen Westen. Wir verteidigen die Sowjetunion. Aber wir verraten das kapitalistische Deutschland mit Bewußtsein!« Es ist erklärlich, daß dieser Scheringer den Bürgerlichen etwas ungemütlicher ist als der Nazi-Scheringer. So schreibt das »Berliner Tageblatt«: »Gelänge es, einen solchen Menschen einzugliedern in den Staatsorganismus, so könnte er der Nation vielleicht gute Dienste leisten«.

Der preußische Landtag wird vor den Neuwahlen noch einmal einberufen werden, um die Geschäftsordnung zu ändern. Bisher war es möglich, daß zum Ministerpräsidenten jemand gewählt wurde, der zwar die meisten Stimmen, aber nicht die absolute Mehrheit erlangt hatte. In Zukunft soll die Mehrheit der abgegebenen Stimmen notwendig sein. Da es nach den bisherigen Wahlen wahrscheinlich ist, daß sich im kommenden Landtag zwar eine Mehrheit gegen die jetzige Regierung finden wird, aber keine absolute Mehrheit für einen neuen Ministerpräsidenten, so bedeutet diese Änderung, daß wir wie in so vielen anderen Ländern nun auch in Preußen die bisherige Regierung als »geschäftsführende« weiter behalten werden, die vom Landtage vollkommen unabhängig ist. Es ist dies ein weiterer Schritt der Ausschaltung der Parlamente und des Abbaues der demokratischen Einrichtungen.

Die Reichspräsidentenwahl ergab für: Hindenburg 19.359.642 Stimmen = 53 Prozent (49,6 Prozent), Hitler 13.417.460 Stimmen = 36,8 Prozent (30,1 Prozent), Thälmann 3.706.388 Stimmen = 10,2 Prozent (13,2 Prozent).

Weltpolitik

Die Lage des Weltkapitalismus wird durch zwei Ereignisse deutlich beleuchtet. Einmal durch den Prozeß gegen Stern, der in Moskau auf den deutschen Botschaftsrat Twardowski schoß. Die bürgerliche Presse versuchte diese Attentate als einen »Ausbruch der Unzufriedenheit der Massen mit der Politik der Sowjetmacht« hinzustellen, allerdings ohne zu erklären, warum Stern dann nicht auf einen Vertreter der Sowjetmacht, mit der man angeblich unzufrieden ist, schoß, sondern auf einen Vertreter Deutschlands. Jetzt, nach Abschluß des Prozesses, muß die gleiche bürgerliche Presse, selbst jene, die vorher noch etwas vom »Ausländerhaß der Russen« schrieb, zugeben, daß die Schüsse Sterns auf Twardowski mit dem einzigen Zweck abgegeben worden sind, die Beziehungen zwischen den kapitalistischen Staaten und dem sozialistischen Sowjetrußland zu verschlechtern. Nach den Berichten, die diese bürgerlichen Zeitungen jetzt nach dem eindeutigen Ergebnis des Prozesses zu bringen nicht umhin können, ist es vollkommen klar geworden, daß sowohl Stern, der die Schüsse abgab, wie Wassiljew, der Stern dazu veranlaßte, mit dem Ziel handelten, die Friedenspolitik der Sowjetunion zu durchkreuzen und den kapitalistischen Staaten einen Vorwand zu schaffen, Sowjetrußland anzugreifen. Wassiljew erklärte in dem Prozeß: »Wir erörterten die Möglichkeiten eines Krieges zwischen der Sowjetunion und Polen, Rumänien und baltischen Staaten und gelangten zu der Schlußfolgerung, daß dieser Krieg noch zugunsten der Sowjetunion enden könne; falls aber in diesem Krieg stärkere Staaten, so etwa Frankreich, England und andere, einbezogen würden, die Sowjetunion vernichtet werden würde. Andernfalls könne die Weltrevolution eintreten«. Stern sagte: »Wenn die Beziehungen zwischen Deutschland und der Sowjetunion getrübt werden – so erklärte mir Wassiljew –, so könnten die westlichen Nachbarn der Sowjetunion diese angreifen, da sie sich ungehemmt fühlen würden«. Wassiljew und Stern sind aber nur Instrumente in der Hand ihrer Hintermänner, die aber nicht in Sowjetrußland, sondern in den kapitalistischen Ländern sitzen. Wassiljew gab das offen zu, weigerte sich aber, die Namen seiner Hintermänner zu nennen. Stern und Wassiljew sind Mitglieder der sogenannten Lubarski-Organisation. Die Führer dieser Organisation sitzen in Polen; sie bekleiden hohe Posten im polnischen Staatsapparat. Das faschistische Polen ist es also, das letzten Endes hinter diesem Attentat steht. In Warschau wurde es organisiert. Die Schüsse Sterns stehen nicht allein. In der letzten Zeit sind eine ganze Reihe provokatorischer Akte gegen die Sowjetunion verübt oder vorbereitet worden. Wir erinnern nur an die Ermordung des Warschauer Sowjetbotschafters Wojkow, an das Attentat auf den Handelsvertreter der Sowjetunion in Tokio, an die Attentatsvorbereitungen auf Litwinow in Genf und den Attentatsplan des tschechoslowakischen Diplomaten Wanjek auf den japanischen Botschafter in Moskau. Die beiden letzten Attentatsversuche – eben jener Plan Wanjeks und die Schüsse Sterns – sind in Warschau und in Prag organisiert worden. Polen und die Tschechoslowakei tun aber keinen Schritt ohne Paris. Sie haben zwar selbst ein großes Interesse daran, ihre inneren Schwierigkeiten, in die sie der Kapitalismus gestürzt hat, durch imperialistische Expansion zu beseitigen. Aber sie lassen sich dabei von Paris führen, weil sie von dort abhängig sind. So laufen denn die Fäden jener dunklen Pläne gegen die Sowjetunion von einem kapitalistischen Staat zum anderen. Auch diesmal hat die

Provokation nicht den Erfolg gehabt, den die Akteure sich gewünscht haben. Die Wachsamkeit der Sowjetbehörden hat Schlimmeres verhütet. Aber die kapitalistischen Länder werden sich trotzdem nicht abhalten lassen, ihre kriegerischen Vorbereitungen gegen Sowjetrußland auf alle Arten fortzusetzen; denn das Interesse des Kapitalismus, sich den einzigen Raum wieder zu erobern, der der Ausbeutung und dem Profit entzogen ist, ist ungeheuer groß. Es wächst von Tag zu Tag, je mehr sich die Krise des Kapitalismus verschärft.

Die gleiche Gesetzmäßigkeit des Kapitalismus, die hinter den Provokationen Sowjetrußlands durch Attentate usw. steht, hat auch die Konferenz der Großen Vier in London veranlaßt. Der Zweck dieser Konferenz ist die Neuverteilung der Märkte. Die ungeheuren Schwierigkeiten aller kapitalistischen Länder zwingen zu gemeinsamen Maßnahmen. Es entspricht den Gesetzen der kapitalistischen Ordnung, wenn diese Maßnahmen so gestaltet werden, daß das eine Land die Schwierigkeiten des anderen ausnutzt, um sich Vorteile, das heißt, vor allem einen größeren Markt zu verschaffen, andere Länder von sich abhängig zu machen, um sie ungestört ausbeuten zu können. Bei der augenblicklichen Lage in Europa geht es nun vor allem darum, zwischen Frankreich und England eine Einigung im Vorgehen bei dieser Neuverteilung zu erreichen. Der »Temps«[115] schrieb zu den verschiedenen Verhandlungen und Unterredungen der letzten Zeit: »Eine Betrachtung der wichtigen Probleme des heutigen Tages macht es klar, daß die Übereinstimmung der französischen und englischen Politik die Grundlage einer jeden Lösung ist, um welche Frage es immer sich handeln möge, seien es die Reparationen, die internationalen Schulden, die eingefrorenen Kredite, die Abrüstung, die Sicherheit, der Wiederaufbau Mitteleuropas oder die Beziehungen zwischen der kapitalistisch genannten Zivilisation und der Pseudozivilisation der Sowjets«. Man sieht, es geht bei diesen Unterhaltungen, wenn sie auch offiziell nur um eine Frage – den Donauplan – geführt werden, immer um sämtliche Probleme des kapitalistischen Europas, auch um die Frage, wie verhalten wir uns zu dem sozialistischen Rußland, dessen Leistungen von diesem kapitalistischen Blatt Pseudozivilisation genannt werden, während die Zivilisation des Kapitalismus mit seinen 40 Millionen Arbeitslosen, seinem Hunger, Elend und Krieg als die eigentliche Zivilisation hingestellt wird. Wenn jetzt die Konferenz in London abgebrochen und auf unbestimmte Zeit vertagt worden ist, so bedeutet das nur eine Etappe, eine Pause in der langsam, aber sicher vor sich gehenden Annäherung und Einigung zwischen Frankreich und England. Die gemeinsamen Interessen Frankreichs und Englands sind zu stark, als daß sie sich in vielen Fragen nicht einigen würden. Gerade die Gegensätze, die zwischen den beiden Staaten in der Reparationsfrage, in der Frage der Kolonien, in der Frage des Goldstandards bestehen, sie schlagen unter dem furchtbaren Druck der Krise in gemeinsame Interessen um, weil es die Verschärfung der Krise unmöglich macht, die Lösung allein zu finden. In der Frage der Reparationen zum Beispiel liegt das Interesse an einem gemeinsamen Vorgehen gegen den Gläubiger Amerika, das gerade jetzt wieder erklärt hat, daß es nach Ablauf des Hooverjahres wieder Zahlungen erwarte, auf der Hand. Aber auch in der Frage der Kolonien liegt den beiden kapitalistischen Staaten an einem gemeinsamen, sich gegenseitig nicht störenden Vorgehen gegen den wachsenden Aufruhr, gegen den immer aktiver werdenden Befreiungskampf der Kolonialvölker. Alle trotzdem noch bestehenden Gegensätze werden überschattet von dem immer mehr aus dem Hintergrund in den Vordergrund tretenden gemeinsamen Interesse, das gegen die Sowjetunion gerichtet ist. Die Vertagung der Konferenz beweist deshalb nur, daß die Überwindung der Gegensätze nicht von heute auf morgen erfolgen kann; denn sie erfordert Zugeständnisse auf beiden Seiten. Über den Umfang der Zugeständnisse ist man sich noch nicht einig. Deshalb ist man auseinandergegangen, deshalb droht Frankreich jetzt den Donauplan ohne England zu verwirklichen, während England droht, enger mit Deutschland und Italien zusammenzugehen, weil es für diese beiden doch so viel »Sympathie« habe. Der Abbruch der Konferenz bedeutet aber nicht, daß die Verhandlungen und die Arbeit an der Überwindung der Gegensätze nicht weiter gingen. – Die Rolle der deutschen Regierung ist dabei nicht sehr aktiv. Der Donauplan – die konkrete Formulierung, die die Arbeit an der Neuaufteilung der Märkte zurzeit gefunden hat – trägt eine deutliche Spitze gegen den deutschen Imperialismus. Durch den Block im Osten, der eventuell sogar von England gebilligt wird, soll Deutschland gezwungen werden, sich dem geeinigten englischen und französischen Kapitalismus zu unterwerfen. Er ist ein Druckmittel zur Aufrechterhaltung der Ausbeutung Deutschlands durch den internationalen Kapitalismus – in welcher Form sich diese Ausbeutung auch immer vollziehen mag, in der Form des Youngplans, privater Zinszahlungen oder anders. Und der deutsche Kapitalismus wird sich unterwerfen! Denn ihm steht kein anderer Weg offen. Er kann sich nur aufrechterhalten mit Hilfe des internationalen Kapitalismus. Vorläufig sperrt er sich noch; dabei geht es ihm aber nur um den Kaufpreis der Unterwerfung. Ein europäischer Block aber, bestehend aus England und Frankreich, um die die kleineren Staaten gruppiert sind und in den dann Deutschland noch eingereiht wird, wird die Gegensätze zwischen diesem kapitalistischen Block und Sowjetrußland schärfer denn je hervortreten lassen. – Im Zusammenhang damit bekommt eine Geheimkonferenz der Generalstäbe der Tschechoslowakei, Jugoslawiens, Ungarns und Polens, die soeben in Prag unter französischem Vorsitz stattfand, die aktuellste Bedeutung.

Neue Offensive des Kapitals gegen die Arbeiterschaft

Nachdem der erste Lohnabbau von 10 Prozent im Baugewerbe von der Schlichtungskammer beschlossen worden ist, scheint eine neue Lohnabbauwelle über Deutschland zu gehen. In diesen Tagen finden Besprechungen zwischen dem Reichsarbeitsminister Stegerwald, den Schlichtern und den Gewerkschaften statt. Es ist das Bestreben der Gewerkschaften, den Lohnabbau hinauszuschieben. Auch in den anderen Ländern hat ein Vorstoß der Unternehmer eingesetzt. Der Streik der tschechoslowakischen Bergarbeiter wird weiter durchgeführt. Im Ostrauer Revier, das auf die Nachricht, die Kündigungen seien zurückgezogen, den Streik abgebrochen hatte, ist jetzt der Streik von neuem aufgenommen worden, so daß der Streik von den gesamten tschechischen Bergbaurevieren geschlossen durchgeführt wird. In der Schwerindustrie macht sich schon ein Mangel an Kohle bemerkbar, da die Streikleitung auch die Beförderung von den Kohlehalden verhindert außer für Krankenhäuser usw. Einzelne Unternehmungen haben sich an die Streikleitung gewandt mit der Bitte um Kohlenlieferungen. In Bulgarien ist ein Buchdruckerstreik ausgebrochen, der polnische Streik wird weitergeführt. Alle diese Streiks haben auch eine große politische Bedeutung als ein Kampf gegen die drohende Interventionsgefahr gegen die Sowjetunion. Dafür ist die Tatsache bezeichnend, daß die polnische Regierung die Eisenbahner und die Arbeiter der Kriegsproduktionsbetriebe in den Soldatenstand versetzt hat. Wenn diese streiken, werden sie vor das Standgericht gestellt. Gegen Streik wird somit die Todesstrafe angedroht, um die Arbeiter von einem wirksamen Kampf gegen den imperialistischen Krieg abzuhalten und damit der Profit der Kriegsindustriellen nicht gefährdet wird, die gerade jetzt neue große japanische Aufträge erhalten haben. Die chemischen Werke in Chorzow haben in den letzten Tagen 100 neue Arbeiter eingestellt, während zu gleicher Zeit in den übrigen Industrien die Entlassungen weiter gehen.

Auch in Deutschland wird eine Erschwerung des Streiks geplant. Der »Börsen-Courier« meldet am 9. April: »Der Entwurf eines Gesetzes, das durch verstärkten strafrechtlichen Schutz gegen Sabotage der lebenswichtigen Betriebe die Aufhebung der Verordnung des Reichspräsidenten über das Streikverbot in lebenswichtigen Betrieben im Jahre 1920 ermöglichen soll, wird binnen kurzem dem Reichsrat und alsbald nach dessen Zustimmung dem Reichstag vorgelegt werden«. Es handelt sich bei diesem Gesetzentwurf darum, das Streiken in lebenswichtigen Betrieben, das in der Hand der Arbeiterschaft eine der wirksamsten Waffen ist, und das bisher schon erschwert war, vollkommen zu verbieten.

Zu was für politischen Folgen diese neue Verschlechterung der Lebenslage der Arbeiterschaft, diese neue Beschneidung ihrer Rechte und die gesteigerten Kriegsvorbereitungen der Bourgeoisie in allen kapitalistischen Ländern notwendig wird führen müssen, zeigt mit äußerster Deutlichkeit der Ausspruch des polnischen Faschisten Bitner im polnischen Parlament – im Sejm, der Mitte März dieses Jahres im Namen seiner Partei folgende Erklärung abgab: »Sind Sie sich eigentlich klar darüber, was man heute im polnischen Dorfe spricht, was man dort denkt? Im polnischen Dorf spricht man vom Krieg. Und was das schlimmste ist, man freut sich dort auf den Krieg. Natürlich freuen sich die polnischen Bauern nicht etwa darauf, daß sie wieder in den Krieg ziehen müssen, sondern daß sie die Gewehre in die Hand bekommen sollen und daß sie die Gewehre nicht in der Richtung zu verwenden gedenken, die wir uns wünschen mögen!«

Teil IV

»Reaktion auch als Scheindemokratie ist zukunftstötend«

Die Wochenberichte von Emil Fuchs

(9. April 1932 bis zum 7. August 1932)

(46.) Politik der Woche 9. April bis 16. April 1932

Innenpolitik

Auflösung der SA und SS mit allem militärischen Drum und Dran. Das ist wohl eines der entscheidenden Ereignisse, eine der Konsequenzen der Wahl Hindenburgs zum Reichspräsidenten.

Es sollte eigentlich selbstverständlich sein, daß der Staat keine bewaffnete Macht neben sich duldet. Daß diese Selbstverständlichkeit sich durchgesetzt hat, zeigt, daß wir auf dem Wege sind, Demokratie und Republik wieder in klarer Eindeutigkeit aufzurichten.[116]

Einige »Zärtlichkeiten«, die man dabei den Angehörigen der SA und SS beweist, beweisen auch wieder einmal die merkwürdige Mentalität der Kreise des deutschen Reichswehrministeriums und des Reichsinnenministeriums. Warum man aus dem Meer erwerbsloser Jugend und obdachloser Jugend gerade die mit besonderer Fürsorge bedenken will, die sich dem Heer der Gegner des Staates zur Verfügung gestellt haben, das kann unser einem nur als ein Rest dieser Liebe zu den Staatsgegnern erscheinen, zu der republikanische Beamte und Behörden kein Recht haben.

Darüber hinaus steht Deutschland in der Wahlspannung für die Landtagswahlen in Preußen, Bayern, Württemberg, Hamburg, Anhalt. Fünf Sechstel Deutschlands wählen neue Parlamente. Wenn diese Wahlen vollenden, was die Reichspräsidentenwahl begann, dann können wir einer Zeit der Beruhigung und Sicherung entgegengehen. Vor allem die Wahlen in Preußen werden Entscheidendes bedeuten.

Inzwischen hat Baden einen sehr energischen Erlaß gegen die Beamten herausgegeben, die sich in den Reihen der Nationalsozialisten betätigen. – Die Reichsregierung erwägt, ob sie das Disziplinarverfahren gegen den braunschweigischen Regierungsrat Hitler eröffnen soll, da dieser behauptet hat, die Reichsregierung habe unter dem Druck Frankreichs die SA verboten.

Die Auflösung der SA und SS hat sich im wesentlichen ohne Widerstand vollzogen. Lokale Unruhen haben hier und da stattgefunden, wurden aber rasch unterdrückt. Es bestätigt sich, was Einsichtige schon immer sagten, daß die ganze Bewegung mehr von der Nachsichtigkeit der Staatsgewalt als aus innerer Kraft lebte.

Bedenkliche Einblicke in die Geistesart der Ministerialbürokratie gestattet die Tatsache, daß nicht nur in Braunschweig der Nationalsozialistischen Partei Warnungen über die bevorstehende Auflösung und Haussuchung zugegangen waren, so daß sie entscheidendes Material in Sicherheit bringen konnte. Es muß doch wohl noch an vielen Stellen energisch zugegriffen werden, bis volle Sicherheit der Republik erreicht ist.

Hugenbergs Presse und die Nationalsozialisten eröffnen einen heftigen Feldzug gegen das Reichsbanner und die Eiserne Front, die auch verboten werden müßten. In Bremens Bürgerschaft hat man einen entsprechenden Antrag eingebracht. Dieser Versuch wird erfolglos bleiben.

Der Krisenkongreß der Gewerkschaften war eine energische Kundgebung für die Notwendigkeit der Arbeitsbeschaffung. Verheißungsvoll ist die Tatsache, daß die Reichsregierung zusagte, alle möglichen Mittel wirklich zu versuchen, daß sie auch zusagte, die 40-Stunden-Woche in der Industrie zu erzwingen, wenn diese nicht freiwillig auf ihn eingehe.

Bedenklich ist dem gegenüber, daß die Reichsregierung eine neue Million für den freiwilligen Arbeitsdienst bewilligt hat. Wer die Lage ernst nimmt, kann solche kindlichen Mittel nicht anwenden. Hat außerdem das deutsche Volk ein Recht, Menschen fast umsonst arbeiten zu lassen, zur Herstellung von Dingen, die wir nachher gemeinsam ausnutzen?

Solche Ausnutzung der Not, sei sie mit der rührenden Begeisterung verbunden, »Heimatwerk« und ähnliches genannt, kann unmöglich Überwindung der Krise sein. Erreicht wird nur Lohndruck.

Außenpolitik

Die Wiederwahl Hindenburgs hat sich sofort in verstärktes Vertrauen des Auslandes zu uns umgesetzt. Wie weit dies Früchte bringen wird, in Gestalt von wirtschaftlicher und politischer Verständigung, ist noch nicht zu erkennen. Brüning weilt in diesen Tagen in Genf, wo auch Stimson und Ramsay Macdonald anwesend sind. Was in den vertraulichen Beratungen erreicht wird, muß abgewartet werden.

Inzwischen zeigt die Erneuerung des Rapallo-Vertrages mit Rußland[117], daß auch die jetzige deutsche Regierung sich nicht einseitig an ein System der Weltmächte binden und in Gegensatz gegen Rußland bringen lassen will. Begrüßenswerte Haltung.

Abrüstungskonferenz

Der Kampf geht weiter zwischen Frankreich auf der einen Seite, Amerika, England, Italien, Deutschland auf der anderen. Frankreich hält hartnäckig an Tardieus Plan fest, der die Aufstellung einer Völkerbundsarmee vorsieht. – Diesem Gedanken gegenüber hat Rußland erklärt, es sähe eine solche Armee als Vorbereitung zum Krieg gegen die Sowjets an. – England, Italien, Deutschland unterstützen Amerikas Vorschlag des Verbotes der Angriffswaffen.

Sicherlich wird damit nicht alles geleistet. Aber eine Abschaffung der ganz schweren Waffen, mit denen man den Krieg ins feindliche Land tragen kann, wird schon etwas bedeuten, das Mißtrauen zu überwinden, das die Völker nicht zur Ruhe und Zusammenarbeit kommen läßt. Frankreich wäre in hoffnungsloser Minderheit – wenn es nicht finanziell so stark wäre. So ist der Ausgang sehr ungewiß.

Weltwirtschaft

Ganz bedenklich müssen die Nachrichten aus Amerika stimmen. Dort verstärkt sich die Krise in einem Maße, wie man für das reichste Land der Welt es nie für möglich gehalten hätte. So wird auch diesem Lande klar gemacht, daß die Weltwirtschaft eine Einheit ist und daß man nicht Europa zugrunde gehen lassen kann, ohne selbst mitzuleiden. Aber andererseits zeigt diese Tatsache, daß wir auch für Europa und Deutschland eine rasche Überwindung der Krise nicht erwarten dürfen. Die kleinen Ansätze, die zu Hoffnungen reizten, wiegen wenig gegenüber dem Niedergang in Amerika.

China

Während es um Shanghai still geworden ist, gehen Japans Kämpfe in sehr unklarer Weise in der Mandschurei weiter. Ein unübersichtliches Spiel von Intrigen verschleiert dessen Vorgehen und Pläne. Ungefährlicher wird die Sache dadurch nicht. Dort – nahe der Grenze der Sowjetunion – spielt man mit dem Feuer.

Südamerika

Mit Teilnahme muß man der ungeheuren Katastrophe gedenken, die durch den Ausbruch der Vulkane (es sollen nun acht in Tätigkeit getreten sein) über Chile gekommen ist. Weit über Chile hinaus nach Paraguay und Argentinien erstrecken sich die Wirkungen der Aschenregen. Das kommt über Chile, das schon unendlich schwer an den Folgen der Weltkrise leidet. Sie trifft den Norden des Landes sehr bitter, da dieser fast nur von der Salpeterausfuhr aus feinen Salzwüsten lebte, die nun gänzlich aufgehört hat.

Frankreich

Tardieu ist der alte, kluge, auf Frankreichs Vormachtstellung bedachte Mann. – Aber er steht jetzt auch im Wahlkampf. Ruhiger als in Deutschland vollziehen sich die Wahlen, etwa wie um 1900 bei uns. Frankreich ist das Land, in dem die politischen Leidenschaften noch nicht in hellen Flammen lodern, denn man ist noch ein gesichertes, behaglich lebendes Volk. Aber die Partei der Unzufriedenen wächst. Auch Frankreich fühlt das Wachsen der Krise.

Hoffnungsvoll sind den Wahlen gegenüber die Linksparteien – vor allem die Sozialisten. – In allen Nachwahlen der letzten Zeit haben sie Fortschritte gemacht. So ist ein Linksruck möglich, der für die Verständigung zwischen Frankreich und Deutschland neue Voraussetzungen schafft.

Schicksalsgemeinschaft

Die Reichspräsidentenwahl hat die Aussichten der Linken in Frankreich wesentlich gestärkt, die Auflösung der SA noch mehr. Der Ausfall der Landtagswahlen in Preußen usw. wird diese Entwicklung stärken oder schwächen. Wie sind wir doch auf einander angewiesen und wie ist das Schicksal und Handeln des französischen Volkes und seiner Regierung unser Schicksal und umgekehrt. Wie wichtig ist die Haltung Ramsay Macdonalds und gar Hoovers für uns. – Von den Aufträgen Rußlands lebt heute die deutsche Industrie fast allein.

Es sollte jedem ganz deutlich sein, daß eine Organisation der Völker und ihrer Wirtschaft, die diesem Verbundensein Rechnung trägt, dringendste Notwendigkeit ist. Ob die kurzsichtige Profitgier, die im Kapitalismus herrschende Macht der Wirtschaft ist, solche Zusammenarbeit und Organisation ermöglicht, ist die große Frage. Aber sie muß ermöglicht werden.

(47.) Politik der Woche 16. April bis 23. April 1932

Das SA-Verbot ist geschehen. Grund, uns zu beruhigen, haben wir noch nicht. Merkwürdig war sofort die Anweisung an die Polizeibehörden, für Unterkunft und Pflege der SA-Leute zu sorgen. Nun wird bekannt, daß Treviranus mit ihnen verhandelt hat, über ihre Einbeziehung in den Arbeitsdienst. Dazu kommt jener Brief Groeners, der den Plan entwickelt, die deutsche Jugend in Sportorganisationen zusammenzufassen und in diesem Zusammenhang von der Vaterlandsverteidigung durch das ganze Volk spricht. – Wahrhaftig, die Massen haben alle Aufmerksamkeit nötig, daß hier nicht Dinge geschehen, die ihre Jugend um ihre freie Entwicklung bringen und unsere Politik in Bahnen drängen, die wir nicht wollen.

Organisierte Überfälle durch die SA gehen weiter. Durchgeführt ist also ihre Auflösung nicht, während die freiwillige Auflösung der Schuso der SPD das Opfer zumutete, ihre Massen schutzlos zu lassen. Völlig grotesk wirkt dann der Kampf um die Auflösung des Reichsbanners. Selbst Regierungsstellen vermeiden nicht den Eindruck, als ob sie kein Gefühl hätten für den Unterschied einer Organisation, die zum Schutz der Republik gegründet wurde und einer, die ein bewaffnetes Heer gegen den Staat darstellte.

Alle diese Vorgänge zeigen, daß allerhöchste Aufmerksamkeit am Platze ist. – Wissen wir doch, daß die Kreise in der Weltpolitik steigenden Einfluß gewinnen, die eine Front gegen Rußland schaffen möchten. –

Schwer belastend für uns ist auch die Tatsache, daß man gegen die KPD weiter sehr viel schärfer vorgeht als gegen die NSDAP. Fast scheint es, als wollten bestimmte Kreise der gesamten KPD das Schicksal bereiten, das man der SA, nicht der NSDAP bereitet hat. Es wäre eine ungeheure Dummheit, eine Riesengefahr.[118]

Man muß diese Dinge sehr deutlich nennen, um der Reichsregierung immer wieder die Frage vorzulegen, ob sie sich auf das Vertrauen der republikanisch denkenden Bevölkerung stützen will oder wie sie sich eine starke, friedensschaffende Politik nach Innen und Außen denkt, wenn sie dauernd das Mißtrauen derer wachruft, die sie ebenso dauernd zu ihrem Schutze in Bewegung setzt.

Ist es erträglich, daß man im ganzen Wahlkampf das Reichsbanner für Hindenburg benutzte und dann Höltermann Erklärungen abgeben muß, und für seine Unterführer eidesstattlich versichern muß, daß auch sie mit seiner staatstreuen Haltung einverstanden seien. Eine Regierung, welche die Achtung gerade denkender Männer und Frauen haben will, darf solche Möglichkeiten nicht haben.

Der Zusammenbruch des Kreugertrustes hat die interessante Tatsache zutage gefördert, daß Hitler auch von ihm unterstützt worden ist. Sowjet-Rußland, Besitzer des Rohstoffes für die Zündhölzer – die Espe –, war Kreugers größter Feind und Konkurrent und Herr Hitler hat ja immer sich den Kapitalisten als der Feind des Bolschewismus empfohlen. – So hat Kreuger auch in Schweden das Blatt der Kommunistischen Opposition, vor allem einen gewissen Kilboom – mit einer scharfen Hetze gegen Rußland unterstützt. Es muß das besonders erwähnt werden, als man irrtümlicher Weise von einer Unterstützung der KPD durch Kreuger redete.

Die Erwerbslosenziffern sind gesunken. Aber die kleine Verringerung ist auf den Beginn des Frühlings zurückzuführen. In der Gruppe, die von der Konjunktur abhängig ist, steigt die Arbeitslosigkeit. Es steigen auch die Zahlen der Wohlfahrtserwerbslosen. – Die Reichsregierung scheint noch immer an Hilfe durch die Ideale der Nationalsozialisten, d.h. durch Arbeitsdienst, zu denken. – Ja, ist davon nicht schon ein Teil durch die Arbeitsdienstpflicht bei den Wohlfahrtserwerbslosen durchgeführt? Auch im preußischen Etat ist die Summe für freiwilligen Arbeitsdienst erhöht. So muß immer deutlicher gesagt werden, daß das keine Arbeitsbeschaffung, sondern Ausbeutung der Ärmsten ist.

Demgegenüber proklamieren die Gewerkschaften die Vierzig-Stunden-Woche – eine sehr wichtige Maßregel. – Aber ohne Lohnausgleich bedeutet das zugleich Lohnabbau und keine Steigerung der Konsumkraft der Masse. Daß die eintritt, ist aber das Entscheidende.

Dies wurde niedergeschrieben am Wahltag. – Es wird entscheidend sein, daß diese Wahlen den Druck auf die Reichsregierung ausüben, der alle diese Dinge bessert, daß unsere Staatsmänner mit klaren, offenen Augen den Willen der Massen zur Geltung bringen.

Wir wissen alle, welche ungeheuren Dinge auf dem Spiel stehen.

Ergebnisse der Landtagswahlen
Preußen
Sozialdemokratische Partei: 4.674.943 Stimmen, 93 Mandate; Deutsch-nationale Volkspartei: 1.524.931 Stimmen, 31 Mandate; Zentrum: 3.374.413 Stimmen, 67 Mandate; Kommunistische Partei: 2.819.602 Stimmen, 57 Mandate; Deutsche Volkspartei: 330.807 Stimmen, 7 Manda te; Staatspartei 332.441 Stimmen, 2 Mandate; NSDAP: 8.008.219 Stimmen, 162 Mandate.

Bayern
Sozialdemokraten: 604.098 Stimmen, 20 Mandate; Bayrische Volkspartei: 1.272.074 Stimmen, 45 Mandate; Bauernbund und Deutsche Staatspartei: 253.260 Stimmen, 9 Mandate; Deutschnationale Volkspartei: 127.962 Stimmen; 3 Mandate; Nationalsozialisten: 1.270.602 Stimmen, 43 Mandate; Kommunisten: 259.400 Stimmen, 8 Mandate.

Württemberg
Sozialdemokraten: 206.572 Stimmen, 14 Mandate; Zentrum: 254.675 Stimmen, 17 Mandate; Bauern- und Weingärtnerbund: 133.645 Stimmen, 9 Mandate; Deutsche Staatspartei: 59.689 Stimmen, 4 Mandate; Kommunisten: 116.644 Stimmen, 7 Mandate; Deutschnationale: 53.410 Stimmen, 3 Mandate; Christlich-Sozialer Volksdienst: 52.352 Stimmen, 3 Mandate; Nationalsozialisten; 328.188 Stimmen, 23 Mandate.

Bürgerschaftswahl Hamburg
Sozialdemokraten: 226.233 Stimmen, 49 Mandate; Nationalsozialisten: 233.528 Stimmen, 51 Mandate; Kommunisten: 119.477 Stimmen, 26 Mandate; Deutsche Staatspartei: 84.139 Stimmen, 18 Mandate; Deutschnationale: 32.344 Stimmen, 7 Mandate; Deutsche Volkspartei: 23.805 Stimmen, 5 Mandate; Wirtschaftspartei: 4.880 Stimmen, 1 Mandat; Christlich-Sozialer Volksdienst: 7.729 Stimmen, 1 Mandat; Zentrum 10.019 Stimmen, 2 Mandate.

Anhalt
Sozialdemokraten: 75.120 Stimmen, 12 Mandate; Deutschnationale: 12.807 Stimmen, 2 Mandate; Deutsche Volkspartei: 8.194 Stimmen, 2 Mandate; Kommunisten: 20.414 Stimmen, 3 Mandate; Deutsche Staatspartei: 3.227 Stimmen, 1 Mandat; Haus- u. Grundbesitz: 6.386 Stimmen, 1 Mandat; Nationalsozialisten: 89.602 Stimmen, 15 Mandate; Zentrum: 2.630 Stimmen, 1 Mandat.

Wien
Sozialdemokraten: 66 Mandate; Christlich-Soziale 19; Großdeutsche 2; Nationalsozialisten 15.

Salzburg
Sozialdemokraten: 29.810 Stimmen, 8 Mandate; Christlich-Soziale: 43.013 Stimmen, 12 Mandate; Nationalsozialisten 24.165 Stimmen, 6 Mandate.

Niederösterreich

Sozialdemokraten: 20 Mandate; Christlich-Soziale 28; Nationalsozialisten 8.

Verhandlungen in Genf

In Genf sind jetzt die hervorragendsten Vertreter der Großmächte versammelt: Brüning, Stimson, MacDonald, Litwinow, Tardieu, Grandi, aber wieder hat die »Abrüstungskonferenz« gezeigt, daß eine wirkliche Abrüstung unendlich schwierig ist. Nachdem vor einigen Wochen der Vorschlag des sowjetrussischen Vertreters Litwinow auf totale Abrüstung nur gegen die Stimmen Rußlands und der Türkei abgelehnt worden war, hatte jetzt Litwinow einen zweiten Antrag eingebracht, auf »progressive proportionale Abrüstung«. Dieser Vorschlag sah vor, daß die Staaten je nach der Stärke ihres Heeres ihre Rüstungen beschränken sollten: Heere von 30.000 Mann um 5 Prozent usw. die größten Heere über 200.000 Mann sollten am stärksten ihre Rüstungen beschränken, nämlich um 50 Prozent. Die Staaten, die durch die Friedensverträge zur Abrüstung gezwungen waren, sollten ausgenommen werden. Dieser Antrag wurde gegen die Stimme Litwinows abgelehnt. Auch der deutsche Vertreter stimmte dagegen. Nach dieser Ablehnung bleiben der Abrüstungskonferenz nur noch zwei Wege: Der eine Weg ist der der »qualitativen Abrüstung«, das heißt der Einschränkung oder des Verbotes bestimmter Waffen. Hierzu hatte Amerika einen Vorschlag eingebracht, nach dem Tanks, schwere Feldartillerie und Gase eine Einschränkung erfahren sollten. Es ist bezeichnend, daß in diesem Antrag Amerikas nichts von den Seerüstungen steht. Damit ist dieser Antrag einseitig gegen Frankreich gerichtet, dessen Stärke ja vor allem in seinen Landrüstungen besteht. Kein Wunder, daß Frankreich energisch dagegen Stellung nahm. Tardieu setzte seinen Standpunkt durch: In der veränderten Resolution heißt es, daß bestimmte Waffenkategorien allen Staaten verboten und internationalisiert werden sollen. Das bedeutet: Sie werden dem Völkerbund zur Verfügung gestellt und bleiben damit wieder in der Hand Frankreichs. Litwinow hat schon früher darauf hingewiesen, daß man damit von Rußland verlangt, es solle abrüsten, während man zu gleicher Zeit eine Interventionsarmee gegen Rußland schafft. Dieser Weg der qualitativen Abrüstung kann zu keinem Ergebnis führen, weil jeder Staat sich gegen die Herabsetzung derjenigen Rüstungen erklärt, durch deren Beschränkung er am meisten getroffen wird. – Der zweite Weg, der noch übrig bleibt, ist der der »individuellen Abrüstung«: jeder Staat rüstet so weit ab, als es seiner Sicherheit entspricht. Litwinow wies nach, daß eine solche Herabsetzung unter Berücksichtigung der Sicherheitsfaktoren für Rußland die günstigste sein würde: Rußland hat die längsten Grenzen, die größte Bevölkerungszahl, kein einziges Kriegsbündnis und es wird täglich im Fernen Osten von einem Einfall bedroht. Trotzdem sprach sich Litwinow entschieden gegen diese Methode aus, da auch diese Methode nicht zu einer Abrüstung führen kann. Denn wer will einen Maßstab dafür finden, wann ein Land sich sicher zu fühlen hat. Wenn sich die französischen Nationalisten schon heute von Deutschland bedroht fühlen, dann zeigt das, wohin man mit dieser »Sicherheitsthese« kommt.

Inzwischen geht in Genf auch die Diskussion über die Kriegsschulden und über das Tardieusche Donauprojekt, über das wir schon berichtet haben, weiter. Amerika hat ganz deutlich erklärt, daß es nach Ablauf des Hoovermoratoriums am 30. Juni die Wiederaufnahme der Zahlungen verlange. Frankreich versucht jetzt die Donaufrage mit der Reparationsfrage zu verbinden, um sich damit England und Deutschland gegen Zugeständnisse in der Reparationsfrage für seine Donaupläne gefügig zu machen.

Der Krieg

Vor einigen Wochen schrieb ein weißgardistisches Blatt in Amerika: »Bis Mitte Mai haben wir Zeit zum Sammeln; Mitte Mai werden die ersten Schüsse gegen die Sowjetunion fallen, und wir Weißgardisten haben die Aufgabe durch Provokationen Japan den Einmarsch in die UdSSR zu ermöglichen«. Mitte Mai werden nämlich im Osten Rußlands die Flüsse eisfrei(!). Je näher dieser Zeitpunkt heranrückt, desto offensichtlicher werden die Bemühungen Japans und der Weißgardisten, diese Voraussagung Wahrheit werden zu lassen. In der Mandschurei wurde ein Dynamitanschlag auf eine Eisenbahnbrücke entdeckt. Von den beiden Wächtern wurde der eine, ein Sowjetbürger, ermordet, der andere, ein Weißgardist, blieb von den Attentätern unbehelligt. Es wird vermutet, daß dieser Anschlag von dem japanischen Militärkommando bei den Weißgardisten bestellt worden ist, um ihn den Russen in die Schuhe schieben zu können. Die japanischen Militärbehörden haben sofort russische Beamte der ostchinesischen Eisenbahn festgenommen. Dauernd kommt es zu Demonstrationen und tätlichen Angriffen der Weißgardisten gegen die Sowjetkonsulate und auf die höchsten sowjetrussischen Eisenbahnbeamten, ohne daß die mandschurische Polizei, die ja vollkommen unter dem Einfluß der japanischen Militärbehörden steht, dagegen einschreitet, obwohl der Sowjetgeneralkonsul den Polizeichef persönlich dazu aufgefordert hatte. Der chinesische General Ma, der sich den Japanern unterworfen hatte, ist plötzlich verschwunden, um sofort in der japanischen und weißgardistischen Presse in der Behauptung, er befinde sich in Sibirien, wiederzukehren, von wo aus er Aufrufe gegen die mandschurische Regierung veröffentliche. Inzwischen hat sich herausgestellt, daß diese Aufrufe von einem japanischen Konsul in Sowjetrußland gefälscht waren. Wahrscheinlich wird der General Ma jetzt für die Inszenierung von »Aufständen« chinesischer »Banditen« verwendet werden, nach der altbewährten japanischen Methode, die sie schon bei der

Besetzung der Mandschurei durch denselben General Ma anwendeten, um ihre Truppen gegen die Banditen schicken und so ihre Stellungen ausbauen zu können. Heute kommen schon wieder Meldungen aus Tokio, daß in der Mandschurei Kämpfe zwischen japanischen Truppen und »Aufständischen« ausgebrochen sind. – Vor einigen Tagen erklärte das japanische Außenministerium ganz offen, daß Japan in einen Krieg zwischen Rußland und dem »unabhängigen« mandschurischen Staat[119] eingreifen werde.

Gleichzeitig hat die chinesische Kuomintang-Regierung ihren vierten Feldzug gegen die chinesischen Sowjetgebiete begonnen. Aus allen Provinzen Chinas, aus allen Heeren der unzähligen chinesischen Bürgerkriegsgenerale sind riesige Truppenmassen gegen diese Gebiete gesendet worden. Aber die Roten Armeen werden von den Bauern und Arbeitern unterstützt; daher ist es ihnen gelungen, diesen vierten Angriff, der mit ungeheuren Mitteln unternommen war, zurückzuschlagen und selbst weiter vorzudringen.

Erfolg der tschechoslowakischen Streiks

Die Zentralstreikleitung im tschechoslowakischen Bergarbeiterstreik, die unter kommunistischer Führung stand, hat jetzt den Streik mit einem Teilerfolg abgebrochen. Die Massenentlassungen und ebenso der Lohnabbau sind vollkommen zurückgenommen worden. Dieser Erfolg konnte nur errungen werden, weil dort sämtliche Kumpels – aus den faschistischen, den Freien Gewerkschaften und aus der RGO – einmütig in einer Einheitsfront zusammengestanden haben, und weil es gelungen war, auch die Erwerbslosen zu organisieren, so daß aus ihren Reihen kein einziger Streikbrecher hervorgegangen ist. Der Erfolg ist umso bemerkenswerter, als die Regierung nicht nur mit Polizei und Gummiknüppel gegen die Streikenden vorging, sondern auch mit Soldaten und Maschinengewehren. Wichtig – auch für einen Interventionskrieg gegen die Sowjetunion – ist die Tatsache, daß viele Truppenteile sich weigerten, gegen die Arbeiter vorzugehen. Der Streik wurde mit dem Teilerfolg von der Zentralstreikleitung abgebrochen, als die Gewerkschaften und die Nationalsozialisten in den Verhandlungen einen Vermittlungsvorschlag angenommen hatten.

(48.) Politik der Woche 23. April bis 30. April 1932

Deutsche Innenpolitik

In Anhalt ist eine Regierungsbildung mit den Nationalsozialisten erfolgt. – In Hamburg ist eine kleine Verschiebung nach links eingetreten, und es bleibt die gegenwärtige Regierung. – In Preußen, Bayern und Württemberg wird verhandelt. – In Württemberg hat sich auch der Christliche Volksdienst dafür ausgesprochen, mit den Nationalsozialisten eine Regierung zu bilden. Man ist sogar an die Abgeordneten der Staatspartei[120] herangetreten, um sie zur Teilnahme an einer solchen Regierung zu gewinnen. Man darf aber wohl annehmen, daß das Zentrum sich für alle drei Länder einheitlich über seinen Kurs entscheiden wird.

Darüber wird kein Zweifel sein, daß diese Verhandlungen des Zentrums mit den Nationalsozialisten ernsthaft gemeint sind. Es handelt sich nur darum, ob Hitler bereit ist, dem Zentrum die entsprechenden Sicherungen zu geben, wohl erstens für den Bestand der Regierung Brüning und ihre Außenpolitik, zweitens gegen die Gefahr gewalttätiger Experimente gegen die Staatsform, in Staatsverwaltung und Staatsfinanzen. –

Sollte sich das Zentrum mit den Nationalsozialisten nicht einigen, so kommt die zweite Frage, ob die KPD bereit ist, den Weg zur Änderung der Geschäftsordnung frei zu geben. Nach dem kurz vor der Wahl gefaßten Beschluß muß der Ministerpräsident mit absoluter Mehrheit gewählt werden. Es kann also gegen den Willen des Zentrums nur dann ein Rechtskabinett gewählt werden, wenn dieser Beschluß wieder geändert wird. Das ginge dann nur mit Hilfe der KPD. Nach der »Roten Fahne« ist das nicht zu erwarten.

Das Kabinett Braun hat beschlossen, den Landtag zum 24. Mai einzuberufen und ihm dann den Rücktritt des bisherigen Kabinetts zu erklären. Ob bis dahin die Lage geklärt sein wird, ist sehr fraglich. Tatsächlich steht es ja so, daß die Mittelgruppen und die Deutschnationalen unter Hugenberg bedeutungslos geworden sind. Für das nichtkatholische Bürgertum gibt es nur noch die Nationalsozialistische Partei. Neben ihr stehen für das Bürgertum das Zentrum, für die Arbeitermassen SPD und KPD. – Der Bund zwischen Zentrum und Nationalsozialisten wäre also in dem Augenblick möglich, wo das Zentrum die Sicherheit einer wirklich bürgerlichen Interessenpolitik und nicht einer staatsumstürzenden Verzweiflungspolitik von den Nationalsozialisten hätte. – Ob sie ihm die geben werden, ja geben können, ist eben die Frage. –

Für die Sozialdemokratie scheint es so zu sein, daß Braun, Severing und Grimme nicht daran denken, sich der schweren Verantwortung ihrer Regierung aus freien Stücken zu entziehen. Sie sehen zu deutlich die Gefahr einer von Hitler beeinflußten Regierung in Preußen. – Andererseits wird eine in die Opposition gedrängte Sozialdemokratie besser und entschiedener, vielleicht sogar erfolgreicher gegen die Politik auftreten können, durch die man auf Kosten der Arbeitermassen den Kapitalismus aus der Krise retten will. Das, was sie an Treue ihrer Massen in den letzten Monaten erlebt hat, gibt ihr die Möglichkeit, allen Entscheidungen mit großer Ruhe entgegenzusehen.

Beleuchtet wird die Lage im Reich durch die Meldung, daß das Reichsinnenministerium eine »Vorlage über die Wehrverbände« ausgearbeitet hat, die als Notverordnung erscheinen soll und durch die, wie die offizielle Mitteilung lautet, »militärähnliche Organisationen, die einseitig parteipolitisch orientiert sind und mit einer Einzelpartei in Verbindung stehen, generell untersagt werden. Dieser Fall würde auf die ja bereits verbotene SA und den Roten Frontkämpferbund zutreffen, da diese einseitig an eine Partei gebunden waren, aber nicht auf das Reichsbanner und den Stahlhelm. Diese nicht einer Partei angegliederten, aber nach Ansicht des Reichswehrministeriums gleichfalls militärähnlichen Organisationen sollen einer Reichsaufsicht unterstellt werden«.

Man hat also glücklich eine Formel gefunden, die das Reichsinnenministerium der klaren Stellungnahme, ob für, ob gegen Republik, der einzelnen Verbände und der Feststellung, ob legal oder illegal, enthebt.

Die katastrophale Erschütterung des Vertrauens, die dadurch bei allen entschlossenen, zur Republik stehenden Kreisen Deutschlands eintreten muß, wird nicht gemildert durch folgenden Zusatz: »Vom Reichsinnenministerium wird die Maßnahme nur als eine Übergangsregelung bezeichnet, durch die die bestehenden Verbände in staatliche Jugend- und Arbeitsdienstorganisationen umgeformt werden sollen«.

Man will also die ganze Arbeit staatlich reglementieren, ein Gedanke, wie er nicht unglücklicher gedacht werden kann – endgültiges Ende aller wirklichen Jugendarbeit in Deutschland.

Der Plan, den freiwilligen Arbeitsdienst auszubauen, gehört zu denselben absolut abzulehnenden Plänen. Man versteht es nicht, wie man es wagen kann, Arbeit zu leisten, die man nicht bezahlt, deren Erfolge allen Gutbezahlten und Vermögenden mit zugute kommt, für die man aber denen, die sie leisten, gerade das Leben gewährt. Das ist Lohndruck und Ausbeutung der Ärmsten zugunsten der andern. Arbeit muß bezahlt, entlohnt werden. Davon kann niemand abgehen, ohne die Verwirrung des Wirtschaftslebens noch unheilbarer zu machen.

Noch trüber wird das Bild durch einen Blick auf das Wirtschaftsleben. Entgegen den Erwartungen des Reichsarbeitsministeriums sind die Lohntarife von über drei Millionen Arbeitnehmern zum 1. Mai 1932 gekündigt worden, darunter auch die Lohntarife für rund 315.000 Gemeindearbeiter und kommunale Straßenbahner. Die Kündigungen sind auf den Druck des Reichsfinanzministeriums hin erfolgt. Dieses steht also in seiner Auffassung im Gegensatz zum Reichsarbeitsministerium. – Es hält noch Ausgleich nach unten für wichtig, den jenes ablehnt. – Mit besonderer Spannung muß man die Entscheidungen im Ruhrgebiet erwarten. Dort beraten die großen Verbände der Schwerindustrie, Zechenverband und die Nordwest-Gruppe der Eisen- und Stahlindustrie über eine eventuelle Kündigung. Diese Gruppen sind immer maßgebend für weitere Gruppen der Wirtschaft. – Schwere Kämpfe. Millionen Verlust an Lohn und Kaufkraft! Die Reaktion marschiert.

An charakteristischen Einzelzügen seien erwähnt: Der Brüning nahestehende Chefredakteur der »Germania«, Dr. Buhla, ist ausgeschieden. Die Aktienmehrheit gehört Herrn v. Papen vom rechten Flügel des Zentrums. – Die Wirtschaftspartei hat ihr schwer belastetes Mitglied Dewitz jetzt nach der Wahl wieder zu ihrem ersten Vorsitzenden gemacht. – Der Oberstaatsanwalt erklärt, daß er mit der Prüfung der Boxheimer Dokumente demnächst so weit wäre, daß er eine Entscheidung treffen könne. – Gegen Frick hat der Untersuchungsausschuß des Thüringer Landtags Strafanzeige erhoben wegen Urkundenvernichtung, Verletzung der Eidespflicht und schuldhafter Verletzung der Thüringer Verfassung. – Die Nationalsozialisten haben den thüringischen Landtag verlassen, weil ihr Antrag auf Auflösung abgelehnt wurde. – In Steglitz wurde am Morgen des Wahlsonntags die Leiche von Hugo Freerk gefunden. Es stellte sich heraus, daß ein scheußlicher Fememord, durch drei Nationalsozialisten ausgeführt, vorliegt. – Der preußische Unterrichtsminister hat durch eine Schulordnung neue Bestimmungen für die politische Betätigung der Schüler festgesetzt, die den Schülern untersagt, Vereinigungen anzugehören, die sich gegen den Staat richten. – Der Vorsitzende der SPD, Wels, war mit dem Polizeipräsidenten Bauknecht in Köln von Nationalsozialisten, unter Führung des Reichstagsabgeordneten Dr. Ley, überfallen und schwer verletzt worden. Dr. Ley ist aus der Haft entlassen und erhebt umgekehrt Beschuldigungen gegen seine Opfer. – Die Haushaltskommission des Reichstages prüft die Rechnung und findet in sehr vielen Etatposten Verschleierungen und Unklarheiten, ganz besonders unter den Subventionen, die zum Teil für gänzlich unmögliche Zwecke, zum Teil an Unternehmungen gegeben wurden, die man »Subventionsverwertungsgesellschaften« scherzhaft nennt, weil sie nur um der Subventionen willen zu existieren scheinen.

Eine Schlagwetterexplosion in Hindenburg verletzt neun Bergleute, darunter sechs schwer.

In Genf haben die Minister von Deutschland, England, Amerika, Italien eine Einigung über die Abrüstungsmöglichkeiten gefunden. Sie luden Tardieu zu einer Besprechung. Dieser konnte wegen einer wirklichen Krankheit nicht kommen. Man macht in Frankreich kein Hehl daraus, daß diese Verhinderung als glücklich empfunden wurde. Die nächste Wahlrede Tardieus war ein leidenschaftlicher Angriff gegen Deutschland und den Sozialismus, der es verteidigt. – Die französische Rechte benutzt den Wahlausgang in Preußen als starkes Agitationsmittel in skrupellosester Weise.

In Österreich haben die Wahlen einen Erfolg der SPD in Wien ergeben, das mit seiner mustergültigen Verwaltung also erhalten bleibt.

Litauens Ministerpräsident Tubelis hat eine Rede über das Memelproblem gehalten, die nur dazu beitragen kann, die Beziehungen zwischen Deutschland und Litauen weiter zu vergiften.

In Shanghai wurde bei einer großen Parade der Japaner eine Bombe geschleudert, die mehrere hohe japanische Offiziere und Würdenträger schwer verletzte. Ein Koreaner soll der Schuldige sein. – Die Versuche, dort dem Frieden näher zu kommen, sind dadurch natürlich sehr erschwert. – Völlig unklar sind die Verhältnisse in der Mandschurei. Der General Ma, der zu den Japanern übergegangen war, erhebt in einer Denkschrift an den Völkerbund schwerste Anklagen gegen diese und ist wieder der Führer der gegen sie operierenden Truppen. – Andererseits besteht der Verdacht, daß Japan die Unruhen in der Mandschurei selbst schürt, um Ursache zum Einschreiten zu haben. Ebenso deutet alles darauf hin, daß Japan die Sowjetunion zum Krieg drängen möchte.

Amerika drängt in Genf darauf, daß man kein Recht Japans auf die Mandschurei anerkennt. Die Kommission des Völkerbundes dort wird von Japan sehr schlecht behandelt.

Das Gespenst des Krieges geht um

Nicht ernst genug können wir die Lage nehmen. – Ein kleiner Lichtblick die vom »Berliner Tageblatt« veranstaltete Weltwirtschaftskonferenz. Sie tagt unter Teilnahme bedeutender Gelehrter und Praktiker der Wirtschaft in Berlin als ein Protest gegen die Wirtschaftspolitik der Staaten. Möge sie etwas erreichen, ehe es zu spät ist.

(49.) Politik der Woche 1. Mai bis 8. Mai 1932

Die Koalitionsverhandlungen zwischen den Parteien gehen hinter den Kulissen weiter. Es liegt auf der Hand, daß das Zentrum sich den Nationalsozialisten nähern wird; denn seine führende Stellung in der Reichspolitik ist ja durch die Schwächung der Staatspartei und der SPD auch schwächer geworden. Das Zentrum wird daher auf die Dauer kaum dem Druck der Nationalsozialisten widerstehen können. Durch eine Koalition mit den Nazis wünscht es seine Schlüsselstellung in Preußen und im Reich zu bewahren. Deshalb versucht es zugleich die allzu hohen Ansprüche der Nazis zurückzuschrauben, – und die Nazis auf den Brüningkurs, auf die kapitalistische Regierungspolitik, festzulegen. Daraus erklärt sich die Resolution des Zentrums-Vorstands, die die Entscheidung über Preußen der Reichs-Parteileitung vorbehält. Man will dadurch die Nazis zwingen, auf die Teillösungen in den Ländern zu verzichten und zunächst eine Lösung im Reich zu betreiben, wo die

Nazis ja noch nicht so stark sind und daher das Zentrum besser seine Wünsche durchsetzen kann. Die Nazis drücken wiederum auf das Zentrum, indem sie in Württemberg den »Block aller evangelischen Parteien« zusammenzubringen versuchen. Dabei haben sich die Nazis nicht gescheut, an die Staatspartei, die sie angeblich als »Judenpartei« so heftig hassen, heranzutreten. Nimmt man die Intrigen der Generalskamarilla hinzu, so muß man feststellen, daß auf die Reichsregierung jetzt von verschiedenen Seiten Angriffe gemacht werden, mit dem Ziel, sie mehr nach rechts zu ziehen. Da das Zentrum und – wie Württemberg zeigt – auch die Staatspartei diesen Bestrebungen keinen prinzipiellen Widerstand entgegensetzen, wird man in einiger Zeit mit einer stärkeren Rechtsorientierung rechnen müssen. Dafür spricht auch, daß der Chef-Redakteur der »Germania«, der führenden Zentrumszeitung, auf Druck des rechten Zentrumsmanns Papen durch den bisherigen Redakteur der katholischen Zeitschrift »Der deutsche Weg« ersetzt worden ist, die stark konservative Gedanken pflegt. Die Haltung der SPD zu diesen Bestrebungen wird durch einen Artikel Severings im »Vorwärts« (30. April 1932) gekennzeichnet, in dem es heißt, »daß in der Sozialdemokratie die Neigung stark gewachsen ist, nunmehr auch den Nationalsozialisten Gelegenheit zu geben, ihre Worte mit den harten Tatsachen in Einklang zu bringen? Indessen muß der Wunsch an eine Voraussetzung geknüpft bleiben: Der Schaden, der aus einem solchen Experiment erwächst, darf nicht irreparabel sein«.

Inzwischen verschärft die Reichsregierung ihre Regierungsmethoden, obwohl Hitler noch gar nicht in der Regierung ist. Sie hat zwei neue Notverordnungen erlassen, von denen die eine die militär-ähnlichen Verbände unter Staatsaufsicht stellt. Das trifft vor allem die proletarischen Schutzorganisationen, auch das Reichsbanner, die auf diese Art in allen ihren Betätigungen von der Regierung beaufsichtigt und dadurch beeinflußt werden können. Außerdem kann diese Verordnung benutzt werden, um die SA wieder legal weiterbestehen zu lassen. Das »Berliner Tageblatt« bemerkt dazu: »Möglich wäre allerdings, daß sich die Nationalsozialisten neue Verbände angliedern und daß so in getarnter Form die SA- und SS-Formationen eine Auferstehung erleben könnten«. Die zweite Verordnung löst die proletarischen Freidenkerorganisationen, die den Kommunisten nahe stehen, auf. Die Regierung bringt es fertig, diese Auflösung zu rechtfertigen mit dem Artikel 135 der Reichsverfassung, der ausdrücklich die Glaubens- und Gewissensfreiheit gewährleistet. Im Namen der Gewissensfreiheit beseitigt man die Freiheit des Proletariats, sich seinem Gewissen nach zu betätigen und eine revolutionäre Freidenkerorganisation zu schaffen! – Wir sind also glücklich so weit, daß die Brüning-Groener-Regierung die demokratische Verfassung zum Vorwand nimmt, um eben diese Verfassung, um die Demokratie in Deutschland zu beseitigen. Das ist aber nicht nur ein Stück Kulturreaktion, ein Stück Beeinträchtigung des proletarischen Kulturkampfes, sondern das soll zugleich einen verschärften Kurs gegen den Kommunismus vorbereiten. Die offizielle Begründung gibt selbst zu, daß die Auflösung erfolge, weil die proletarischen Freidenker an der »Vorbereitung der bolschewistischen Revolution« mitgeholfen hätten. Der letzte Grund für dieses verschärfte Vorgehen gegen den Kommunismus liegt natürlich in der Verschärfung der Wirtschaftskrise und den immer größeren Schwierigkeiten des Kapitalismus, sowohl die Erwerbslosen wie die Arbeiter, die noch Arbeit haben, zu ernähren. Von Amerika kommen Nachrichten, daß alle Versuche, die man dort mit Krediterweiterung usw. gemacht hat, nichts genutzt, sondern im Gegenteil die Krise nur verschärft haben. Eine Vertiefung der Krise in Amerika wird aber auch Rückwirkungen auf Deutschland haben, sowohl direkte wirtschaftliche, wie indirekt dadurch, daß sich die Neigung Amerikas, die Reparationen zu annullieren, vermindert. Bis jetzt ist noch nicht heraus, was nach Ablauf des Hoovermoratoriums geschehen wird. Versucht der deutsche Kapitalismus die politischen oder die privaten Zahlungen wieder aufzunehmen, so wird das nicht ohne neue Bank- und Industriekrachs abgehen. Dabei ist die Lage der Gemeinden schon jetzt unhaltbar. Die größten wie die kleinen und kleinsten Städte, alle haben Defizite und wissen nicht, wie sie ihren Verpflichtungen nachkommen sollen. Berlin hat ein Defizit von 113 Millionen. Die Leidtragenden sind natürlich wieder die Arbeiter, Beamten und Erwerbslosen. Das zeigt sich an dem Beispiel Altonas, das schon jetzt nur einen Teil der Gehälter und Unterstützungen auszahlt und wo mit vollständiger Zahlungseinstellung in den nächsten Tagen zu rechnen ist. Es zeigt sich also, daß die Städte nicht mehr in der Lage sind, den Wohlfahrtserwerbslosen die geringen Unterstützungen auszuzahlen. Wie die Regierung sich die weitere Versorgung der Erwerbslosen denkt, hat Stegerwald in einer programmatischen Rede dargelegt. Erstens müsse die gesamte Sozialversicherung »von der Unterstützungsseite her entlastet« werden. Das kann nichts anderes bedeuten als einen neuen Abbau der Unterstützungen, die schon heute nicht mehr zum Leben ausreichen. Zur Frage der Arbeitsbeschaffung erklärt Stegerwald, daß eine »Kombination zwischen Arbeitsbeschaffung und Arbeitslosenfürsorge gefunden werden müsse«. Das ist die offizielle Proklamation der Zwangsarbeit für Unterstützungen, wie sie heute zum Teil schon für Wohlfahrtsempfänger durchgeführt ist, die demnach nun weiter ausgedehnt werden soll. Die »Kombination« kann ja nur darin bestehen, daß man den Erwerbslosen ihre Unterstützungen nur zahlt, wenn sie dafür arbeiten. Das Arbeitsbeschaffungsprogramm Stegerwalds sieht also an erster Stelle Erweiterung der Zwangsarbeit vor. Als zweiten Weg hat die Regierung die Auflegung einer Anleihe beschlossen, mit der öffentliche Arbeiten finanziert werden sollen. Die bürgerlichen Blätter beurteilen die Aussichten dieser Anleihe, selbst wenn sie wieder mit besonderen Vergünstigungen ausgestattet würde, sehr schlecht. Ein Blatt meint deshalb, die Hauptsache sei ja, daß den Erwerbslosen »das Gefühl gegeben werde, daß etwas für sie geschehe«. Bei dieser Anleihe taucht wieder die Gefahr der Inflation auf, nämlich wenn die Anleihefonds als Unterlagen für eine Krediterweiterung benutzt würden, wie es gewisse Kreise vorgeschlagen hatten. Der dritte Weg zur Arbeitsbeschaffung soll die 40-Stunden-Woche sein. Das ist ein Weg, der nur geringen Erfolg haben kann, der aber vor allem wieder von der Arbeiterschaft bezahlt würde, weil die Arbeitszeitverkürzung nach dem Willen der Regierung ohne Lohnausgleich erfolgen soll. Zugleich hat die Lohnoffensive der Unternehmer auf der ganzen Linie eingesetzt. Stegerwald hat über die Lohnpolitik, die die Regierung durch ihre Schlichtungsinstanzen machen will, vollkommen offen erklärt, daß in der Industrie, die für den Binnenmarkt arbeite, das heißt in vier Fünftel der ganzen Industrie, die Löhne gesenkt werden würden. Zugleich empfiehlt Stegerwald, die Tarife nur bis Herbst abzuschließen, anscheinend, damit sie kein Hindernis bilden für eine nochmalige Lohnsenkung. Diese Empfehlung bedeutet praktisch durchgeführt jene Auflockerung und »Verfeinerung« des Tarifrechts, von der wir vor einiger Zeit berichtet haben. Die Bourgeoisie versucht aber mit allem, was sie tut, die Lebenshaltung des Proletariats weiter herunterzudrücken. Wir erleben an diesen Tatsachen das, was Marx gesagt hat. Die Bourgeoisie kann ihren Sklaven nicht mehr ernähren! Sie hat darum nur noch den Weg in die Barbarei! Hier liegt denn auch der letzte Grund für die Bestrebungen der Kapitalisten, voran die Rüstungsindustriellen, den Krieg im Osten auszudehnen zu einem neuen Massenmorden. Die »North American Review« schrieb vor kurzem: »Wir brauchen einen neuen Krieg, der länger dauert, der mehr Menschen tötet, der uns teurer kommt als der letzte, sonst kehren wir zur Menschenfresserei zurück«. Um die eine Form der Barbarei, die Menschenfresserei, zu vermeiden, will man die andere Form, den organisierten und natürlich zivilisierten Völkermord!

Der Präsident von Frankreich ist durch einen russischen Weißgardisten ermordet worden. »Die Tat eines Wahnsinnigen«, so schreiben die französischen bürgerlichen Blätter. Um die politischen Hintergründe dieses Attentats zu verbergen? Einerlei, ob der Attentäter Gorgulow seine Geistesverwirrung nur simuliert oder nicht: es steht fest, daß er in den weißrussischen Emigrantenkreisen eifrigst verkehrte, und daß die Organisatoren des Attentats in diesen Gruppen zu suchen sind. Ob diese sich eines Geisteskranken bedient haben oder einen geschickten Simulanten vorgeschickt haben, um umso leichter dieses Attentat als ein »Signal der Revolution« (siehe den nationalistischen »Ami du peuple«) bezeichnen zu können, es im Wahlkampf auszunutzen und die nationalistischen, kleinbürgerlichen Instinkte gegen die Sowjetunion aufzuhetzen? Dafür ist die Stellungnahme der französischen Regierung bezeichnend; sie verbreitete zunächst die Nachricht, es handele sich um einen kommunistischen Anschlag von Russen. Als dies durch die Aussagen des Attentäters widerlegt wurde, der es als sein Ziel bezeichnete, Frankreich zur Kriegserklärung gegen die Sowjetunion zu bewegen, gab sie eine zweite Darstellung, in der Gorgulow als ausländischer Anarchist bezeichnet wurde. Dann wäre dieses Attentat in die lange Reihe der Kriegsprovokationen einzureihen, über die wir schon öfter berichten mußten. Es beweist wieder einmal die Richtigkeit unserer Behauptung, die wir anläßlich des Attentats auf den deutschen Botschaftsrat in Moskau, Twardowsky, aufstellten: Wenn es auch damals dem russischen Gericht gelungen ist, die politischen Hintergründe dieses Attentats aufzuzeigen, so wird dies die Kreise, die hinter all diesen Vorgängen stehen, doch nicht abhalten, die planmäßige Organisation der Vorbereitung des Interventionskrieges mit solchen Methoden weiter durchzuführen. Gorgulow stammt aus denselben Kreisen, die hinter allen ähnlichen Attentaten der letzten Zeit standen. Er stammt aus denselben Kreisen, die dort seit Wochen ihre gesteigerten Kriegsprovokationen in der Mandschurei dort schon ganz offen gegen die Sowjetunion durchführen. Den weißgardistischen Demonstrationen in Harbin vor den Sowjetkonsulaten und der russischen Eisenbahnerverwaltung, über deren Unterstützung durch die mandschurischen und japanischen Militärbehörden wir schon berichteten, fügen sich immer weitere an. Eine Tokioer Zeitung gibt diese Verbindung ganz offen zu: Sie bringt die Nachricht, daß der japanische Kriegsminister Araki mit dem weißgardistischen Führer Semjonow, der aus der Zeit der früheren Interventionskriege bekannt ist und sich jetzt nach der Mandschurei begeben hat, eine Begegnung gehabt hat; mit demselben Araki, der vor kurzem einem französischen Journalisten erklärte: »Unsere Militärbehörden warten und wachen, sie sind entschlossen, im Ernstfall Truppen gegen die Sowjet-Union einzusetzen«.

In Shanghai ist ein Waffenstillstand geschlossen worden. Nach seinen Bedingungen bleibt Shanghai in der Hand der imperialistischen Armeen Amerikas, Englands, Frankreichs, Japans. Dadurch hat die chinesische Bourgeoisie alle Hände frei und dazu noch die Unterstützung der imperialistischen Heere gewonnen für ihren vierten Feldzug gegen die chinesischen Sowjetgebiete. In China wächst die Empörung über diese Politik der Kuomintang-Regierung. Ein Ausdruck dafür ist das Attentat mehrerer Studenten und Arbeiter in Shanghai auf den chinesischen Verhandlungsführer, den stellvertretenden Außenminister Chinas. Die wahre Bedeutung dieses »Waffenstillstandes« erkennt man aber erst, wenn man die gesteigerten japanischen Truppentransporte nach der Mandschurei hinzunimmt. Der Monat Mai ist da, von dem die weißgardistischen Zeitungen prophezeiten, daß er der Monat der ersten Schüsse gegen die Sowjet-Union sein wird, weil im Mai die Flüsse eisfrei werden. Die Japaner sind daher eifrigst mit der »Banditenbekämpfung« in der Mandschurei beschäftigt. Zu diesem Zwecke stoßen sie in drei Richtungen gegen die Grenzen der UdSSR und die russische Amurbahn vor, die dicht an dieser Grenze entlang läuft und neben der ostchinesischen Eisenbahn durch die schon okkupierte Mandschurei die einzige Verbindung Rußlands mit seinen fernöstlichen Gebieten ist. Um die Lebensmittelversorgung dieser Gebiete zu sichern, mußte die russische Regierung jetzt, obwohl sie selbst in Europa Getreide verkauft, in Kanada und Australien 47.000 Tonnen Weizen aufkaufen, der sofort nach Wladiwostok verschifft wurde, um dort genügend Vorräte zu haben, wenn durch den Krieg die Verbindung mit dem übrigen Rußland unterbrochen wird.

Kriegsvorbereitungen im Westen

Die englische »Morning Post« schreibt am 29. April: »Unter den Mitgliedern des Parlaments wächst das Empfinden, daß die Regierung bald eine energische Sprache mit Rußland sprechen wird.« Sie kündigt weiter an, »daß bald irgend etwas getan werden soll, um die Zahlung der gewaltigen Außenstände in Rußland herauszuholen«. Die einzigen englischen Außenstände in Rußland sind die Schulden der zaristischen Regierung, die von der sowjetrussischen Regierung, ebenso wie alle anderen Kriegs- und Vorkriegsschulden annulliert worden sind, da sie nicht vom russischen Volk übernommen waren und nur eine Form der kapitalistischen Ausbeutung darstellten. Es ist kein Zweifel, daß man heute in England daran erinnert und dabei noch den Eindruck zu erwecken sucht, daß die UdSSR ihren rechtlichen Verpflichtungen nicht nachkämen (in Wirklichkeit hat die sowjetrussische Regierung alle anderen Verpflichtungen pünktlich erfüllt). Das beweist die Ankündigung des englischen Handelsministers, Runciman, daß er die Handelsbeziehungen zu Rußland abbrechen werde.

Nachdem die Abrüstungskonferenz die beiden russischen Vorschläge abgelehnt hat, ist jetzt eine Resolution gefaßt worden, die vollkommen der französischen Sicherheitsthese nach dem § 8 der Völkerbundsatzung entspricht, wonach die Herabsetzung der Rüstungen nur »bis zu einem Stand möglich ist, der den Bedingungen der nationalen Sicherheit und auch den internationalen Verpflichtungen sowie der Notwendigkeit gemeinsamer Aktionen (damit werden Sanktionsforderungen gerechtfertigt) entspricht. Daß diese Methode der individuellen Rüstungsbeschränkung jede wirkliche Abrüstung von vornherein sabotiert, haben wir schon einmal nachgewiesen. Die sowjetrussische Delegation enthielt sich der Stimme. Alle anderen Staaten stimmten für die Resolution: sowohl Amerika und Italien, die bisher immer gegen die französische Sicherheitsthese aufgetreten sind, als auch der deutsche Vertreter. Damit hat die Regierung Brüning ihren bisherigen Standpunkt: Abrüstung nach der Bestimmung des Versailler Vertrages, daß Deutschlands Abrüstung nur der erste Schritt für die allgemeine Abrüstung sein solle, oder Rüstungsgleichheit aller Staaten, offen aufgegeben. Denn diesen Standpunkt bekämpfte Frankreich immer mit dem § 8 der Völkerbundssatzung. Die Annahme dieser Resolution bedeutet also formal einen Sieg des französischen Imperialismus. Sie bedeutet aber in Wirklichkeit keine Einigung der verschiedenen konkreten Fragen. Das beweist der Vorstoß Amerikas mit dem Vorschlag des Verbotes von Angriffswaffen und in der mandschurischen Frage, der gegen Frankreich und seinen Verbündeten Japan gerichtet war und von Frankreich nur durch Sabotage der Beratungen pariert werden konnte, wobei die Krankheit Tardieus sehr zustatten kam. Hierüber hatten wir schon früher berichtet. Die Annahme der Resolution bedeutet also keine Überwindung der Gegensätze zwischen den verschiedenen Staaten. Wenn trotzdem alle imperialistischen Staaten dafür gestimmt haben, so kann dies nur die Bedeutung haben, daß man diese Gegensätze vertagt und einstweilen zurückstellt gegenüber dem gemeinsamen Gegensatz zur Sowjet-Union. Die Abrüstungskonferenz wird sich jetzt in endlosen Verhandlungen mit der »Sicherheit« jedes einzelnen Staates befassen können und inzwischen wird die Sicherheit der ganzen Welt und damit auch alle Abrüstungsbeschlüsse über den Haufen geworfen werden.

Neue Gegensätze sind inzwischen wieder aufgebrochen: MacDonald erklärte vor den Pressevertretern: falls Frankreich und Italien bis 1935 (das Datum der Revision des Londoner Flottenabkommens) kein Abkommen schließen, so behalte sich England volle Aktionsfreiheit und es werde die Klausel des Londoner Abkommens ausnutzen, über das Recht, die vertraglich festgesetzten Normen des Flottenabkommens zu überschreiten.

Die »United Press« bringt die Nachricht, daß Pilsudski während seines Bukarester Aufenthaltes mit Rumänien ein Zusatzabkommen zum polnisch-rumänischen Militärbündnisvertrag abgeschlossen hat, durch das Pilsudski im Falle eines Krieges zum Hauptkommandierenden der polnisch-rumänischen Armee ernannt wird.

Goebbels sucht im Inseratenteil des »Angriff« Leute, die der japanischen Sprache mächtig sind. Aus den Flugzeugstaffeln und Motorstürmen der SA sind durch Vermittlung des japanischen Militärattachés Kawabe vorläufig 120 Flieger und Militärtechniker für einen besonderen Auftrag in der japanischen Armee verpflichtet worden. – Pariser Blätter melden aus Genf, daß von den deutschen Vertretern Verhandlungen darüber geführt würden, der deutschen Reichswehr Tanks und schwere Artillerie zu gestatten.

An verschiedenen Stellen beginnt sich schon der Kampf gegen den imperialistischen Krieg zu entfalten. In der Tschechoslowakei und in Polen zogen Rekruten unter roten Fahnen und mit revolutionären Liedern zur Aushebung. In Japan fanden am 1. Mai in verschiedenen Städten Kundgebungen gegen den Krieg statt, gegen die die Polizei vorging. – In Amerika veranstaltete die Liga gegen Imperialismus zum fünfzehnten Jahrestag des Eintritts Amerikas in den Weltkrieg große Versammlungen und Demonstrationen. – In Bukarest streiken die Hafenarbeiter gegen Lohnabbau und Kriegstransporte. – In London kam es während des Auslaufens des Dampfers »Glengerry«, der Munitionstransporte nach China durchführt, zu Demonstrationen von Tausenden von Arbeitern. Die Hafenarbeiter unterbrachen längere Zeit ihre Arbeit. Es kam zu stundenlangen Kämpfen mit der Polizei, bis schließlich der Dampfer mit großer Verspätung auslaufen konnte.

(50.) Politik der Woche 7. Mai bis 15. Mai 1932

Innenpolitik

Das deutsche Volk wurde durch die Nachricht überrascht, daß Groener aus dem Reichswehrministerium ausgeschieden ist und nur noch Reichsinnenminister bleibt. Die Generäle des Reichswehrministeriums, sicher aber Herr v. Schleicher, hätten ihm erklärt, daß er das Vertrauen der Reichswehr nicht mehr besitze. – Die Reichswehr ist also entschlossen, sich nicht mehr dem Minister zu unterstellen, den das Vertrauen der Volksmehrheit an seine Stelle setzt. Sie will einen Minister ihres Vertrauens eventuell gegen das Volk.

Daß das die Diktatur der Reichswehr bedeutet und Bruch der Verfassung, sollte jedem klar sein.[121] Nach allen bisherigen Begriffen von der Stellung des Soldaten im Staat gab es nur eine Antwort auf die Forderung der Generäle, ihre sofortige Verhaftung. Aber es ist ihre Forderung erfüllt worden. Wie nahe Herr v. Schleicher Hitler steht, wissen wir ja.

Fast am selben Tage, an dem das geschah, hielt Brüning im Reichstag eine große, energische Rede: 100 Meter vor dem Ziel dürfe man nicht die Flinte ins Korn werfen. Man sei so nah der Verständigung mit Frankreich, daß es nur noch kurze Zeit gelte, die Haltung der bisherigen Politik zu bewahren.[122] – Das galt mit einiger freundlichen Energie den Nationalsozialisten. – Da war es allerhöchste Zeit, daß irgend jemand, in diesem Falle die Generäle, dem deutschen Volk das Konzept verdarben. – Die Antwort der Linksmehrheit, die in Frankreich zur Regierung kommen wird, ist schon aus ihren Blättern zu entnehmen. Man war sehr verständigungsbereit. Man ruft jetzt auch auf der Linken zur Vorsicht. – Der Vorstoß der Generäle war eine außenpolitische Niederlage Brünings.

Ein merkwürdiges Schauspiel bot der Reichstag in seiner Tagung. Zunächst ein merkwürdig gemäßigtes, gesittetes Betragen der Nationalsozialisten. – Die energischen Angriffe trafen auf ungewohntes Schweigen. Strassers Rede[123] war eine Werbung um Brünings Gunst. Dann plötzlich das Hervorbrechen der eingedämmten Natur in dem Überfall, den mehrere Abgeordnete unter Führung des Femem̈orders Heines auf einen Journalisten, Dr. Klotz, im Restaurant und den Wandelgängen des Reichstags ausführten. – Die Tat ist vom Schnellrichter durch mehrere Monate Gefängnis gesühnt. Nicht gut zu machen ist, was die Welt wieder einmal von uns erfahren hat, daß dies die Vertreter des deutschen Volkes sind, ist, daß diese Leute einen so gewaltigen Einfluß jetzt schon haben, wie es der Vorstoß der Generäle zeigt. – Während der Reichstag in einer ungeheuren, beschämenden Erregung vertagt wurde, verhandelte in Württemberg die Staatspartei mit den Nationalsozialisten um das Zustandekommen einer gemeinsamen »antikatholischen« Regierung. In Hamburg steht sie erfreulicherweise fest gegen alle solche Versuche.

Unverändert ist die wirtschaftliche Lage. Das bedeutet, daß die Katastrophe weiter unsere Lebenskräfte zerfrißt. Mehrere Städte wollten vor Pfingsten keine Unterstützung mehr auszahlen und wurden durch sehr schwere Unruhen der Erwerbslosen gezwungen, sie auszuzahlen. So Chemnitz, Essen, Leipzig. – Der Lohnabbau geht weiter. Ein Schiedsspruch hat für die Bauarbeiter einen Lohnabbau von fünfzehn Prozent erklärt. Bei den Werftarbeitern ist ein Schiedsspruch nicht zustande gekommen. Die Werftgewaltigen diktierten einen Lohnabbau von 5 Pfennig die Stunde. Bei Verhandlungen über den Lohn im münsterländischen Textilgewerbe haben die Arbeitgeberbeisitzer die Schlichtungskammer gesprengt, indem sie die Verhandlungen verließen. Nicht gelöst ist der Gemeindearbeiterkonflikt, in dem 300.000 Arbeiter um ihren Lohn kämpfen. Er verschärfte sich. Das »Berliner Tageblatt« veröffentlicht ein Rundschreiben der NSDAP, das Richtlinien nationalsozialistischer Betriebszellen gibt. Es gibt der Veröffentlichung die Überschrift: »Ein Blick in den Abgrund«, ein Abgrund von Gemeinheit und Charakterlosigkeit im Kampf gegen die Arbeiterschaft. Da heißt es: Es gelte »in der Politik kein Mittel zu scheuen und beim Arbeiter persönliche Neid- und Minderwertigkeitsgefühle zu wecken«, weil dies das beste Mittel sei, die Arbeiter gegen die Gewerkschaften aufzubringen.

»Bei Streiks können Unterstützungen nicht gezahlt werden. Allerdings kommen ja Streikfälle wenig oder gar nicht in Betracht. Bedenken dieserhalb sind bei den Herren Pgs.-Arbeitgebern zu zerstreuen.« – In Betriebszeitungen sind »die Herren Arbeitgeber und leitenden Beamten (außer es seien Juden) nach größter Möglichkeit nicht zu kritisieren. Ist es unumgänglich notwendig, dann in maßvoller Form«. – Alle marxistischen Funktionäre sind festzustellen, zu melden, zu photographieren: »Auf diese Weise ist es möglich, daß die einzelnen Betriebe nach und nach von all den schäbigen Elementen gesäubert werden und eine große Zahl unserer Pgs. in den Betrieben Arbeit finden wird. Auch dürfte solches Adressenmaterial nach unserer Machtergreifung von Bedeutung sein, um mit den Feinden des deutschen Volkes ein für allemal aufzuräumen.« – »Ist der Arbeitgeber Pg, so steht demselben das Recht zu, dauernd auf dem laufenden gehalten zu werden.« Mehr ist ja kaum möglich. Inzwischen entscheiden Intrigen der Generäle, ob diese Gesinnung in Deutschland zur Regierung kommt.

Danzig

Ein fast unlösbarer Konflikt steht zwischen Danzig und Polen durch lange Jahre schon. Polen fühlt sich durch Danzigs wirtschaftliche Sonderstellung gefährdet, in der Krise ganz besonders. Danzig wird durch Polens Maßnahmen wirtschaftlich erdrückt. Am 10. Mai hat u.a. zwar der Völkerbundsrat zu Genf die Danziger Fragen behandelt und fast alle zugunsten Danzigs entschieden. Vor allem wurde festgestellt, daß Polen verpflichtet sei, Danzigs Hafen voll auszunutzen. – Ob eine erträgliche Lage geschaffen ist, bleibt sehr fraglich. Der Unsinn der Regelung des Versailler Vertrages wird auch hier deutlich.

Wegen der scharfen Stellungnahme gegen Nationalsozialisten wurde die Danziger »Volksstimme« auf vier Monate verboten. Dem antwortete ein Streik der Buchdrucker, der sämtliche anderen Blätter außer dem Zentrumsblatt am Erscheinen hinderte. Das Urteil wurde sofort herabgemildert.

Frankreich

steht im Zeichen der Neuordnung seiner gesamten Regierung. Lebrun, ein Mann der gemäßigten Rechten, ist zum Präsidenten gewählt. Die Kammerwahlen ergaben einen völligen Sieg der Linken. Herriot ist der stärkste Mann jetzt. Die Sozialdemokratie wuchs stark. – So war es höchste Zeit, daß die Berliner Generalskamarilla den französischen Chauvinisten zu Hilfe kam. Sie wären am Ende völlig erledigt gewesen. Welches Entgegenkommen auch eine französische Linksregierung gegenüber dem, was jetzt in Berlin geschieht, wagen kann, bleibt abzuwarten.

Ein Verlust für Frankreich und für die Welt ist der plötzliche Tod von Albert Thomas, des Direktors des Internationalen Arbeitsamtes in Genf. Große Pläne werden hier schwer gehemmt. Man denke an die Pläne internationaler Arbeitsbeschaffung.

Weiter geht von Frankreich aus der Kampf um die Frage des Mörders Doumers, Gorgulow, den man gar zu gern zu einer Hetze gegen Sowjetrußland auswerten möchte.

In Jugoslawien

fanden ernste Bauernunruhen statt, dazu kommen unkontrollierbare Nachrichten über Putschpläne und Verhaftung von Offizieren. Sie scheinen übertrieben. Deutlich ist, daß die Diktatur zu Zuständen führt, die immer schwieriger werden.

Die kleine Entente

tagte in Belgrad. Sie will eine gemeinsame Stellungnahme für die kommende Konferenz in Lausanne haben. Dem Plane Tardieus, einer wirtschaftlichen Donau-Gemeinschaft, stand man vorsichtig gegenüber. Lauter äußerte man sich gegen Abrüstung und gegen Erlaß der deutschen Reparationen. Alles nicht sehr hoffnungsvoll.

In England

beschäftigte sich das Oberhaus mit der Frage der kommenden Abrüstungskonferenz. Was die englische Regierung will, ist dabei nicht deutlich geworden. Auch sie weiß ja noch nicht, was ihr die deutsche Generalskamarilla an Entgegenkommen für Deutschland gestatten wird.

Aus Italien

veröffentlicht die Regierung eine Statistik, aus der klar wird, daß trotz allen offiziellen Drucks in den Fachgruppen etwa die Hälfte aller Arbeitnehmer organisiert ist. Dabei sind die Arbeitnehmer bis zu den höchsten Stellungen mitgezählt. Wie viel wirkliche »Arbeiter« sind also wohl organisiert in diesen faschistischen Verbänden? Das gibt zu denken.

Über den Stand der industriellen Weltproduktion

sagt der Bericht des deutschen Instituts für Konjunkturforschung: »Das industrielle Produktionsvolumen der Welt ist ... im Ganzen auf den Stand von 1913 zurückgeworfen worden ... Sieht man von Rußland ab, so hat sich im letzten Jahr die Industrieproduktion vor allem in Großbritannien, Schweden und Japan als verhältnismäßig widerstandsfähig erwiesen... Besonders scharf waren die Rückschläge in Polen, Deutschland und neuerdings auch in Frankreich. Bei Frankreich handelt es sich vorwiegend um ein Nachholen der in anderen Ländern früher eingetretenen Krisenwirkungen... Im ganzen betrachtet ist Deutschland neben Polen von der Weltwirtschaftskrise noch immer am schärfsten betroffen. Deutschlands industrielles Produktionsvolumen ist gegenwärtig nur etwa ebenso groß wie um 1896/97.« Anders steht es mit Rußland. Es steht in dauerndem Aufstieg seit Anfang 1931 um 19,8 Prozent: »So ist das russische Produktionsvolumen gegenwärtig etwa zwei ein halb mal so groß wie vor dem Kriege.« Rußlands Anteil an der industriellen Weltproduktion betrug 1928: 4,2 Prozent, Anfang 1931: 11 Prozent. Es steht damit an zweiter Stelle, nach Amerika. – Deutschlands Anteil betrug 1928: 10,6 Prozent, Anfang 1932: 7,6 Prozent.

(51.) Politik der Woche 15. Mai bis 21. Mai 1932

Deutschland

Wer uns regiert, wissen wir heute so wenig, wie die Japaner. Dort ringt man noch darum, den Militärs ein Stücklein Vernunft abzukämpfen. Bei uns soll Brüning Herrn v. Schleicher das Reichswehrministerium angeboten haben. Dieser aber wollte nicht.

Genauer Bescheid über das, was die deutsche Reichswehr will, weiß nur der »Matin«, das führende Blatt der französischen Chauvinisten. Ihm hat einer der Vertrauten der Generäle mitgeteilt, daß die Generäle die politische Unabhängigkeit der Reichswehr unbedingt retten mußten. Es wäre sonst gegenüber der alles beherrschenden Stellung der SPD keine Instanz mehr gewesen, die eine Unabhängigkeit der deutschen Politik garantiert hätte. Das hätte schon die Auflösung der vaterländischen SS und SA bewiesen.

Damit wissen wir ja nun auch Bescheid – Bescheid auch über die allbekannte Freundschaft zwischen den Chauvinisten und Militärs aller Länder.

Inzwischen wirken die Nationalsozialisten in unbeherrschter Leidenschaft und Agitationslust weiter. Hitler hat seine Leute im Hotel »Adlon«[124] versammelt, da er den Landtag nicht betreten kann. Diesen haben sie dann durch eine Art Weihe mit dreimaligem »Heil Hitler« etwas entsühnt. Offiziell lehnen sie ein Mitregieren mit anderen ab und verlangen die Macht für sich allein. Ob es das letzte Wort ist? –

Ein Antrag auf Einberufung des Reichstages, von den Deutschnationalen gestellt, ist vom Reichstagspräsidenten Löbe abgelehnt worden. Der Preußische Landtag ist zum 24. Mai einberufen. Ihm liegt ein erster Antrag der Nationalsozialisten auf Amnestie aller wegen politischer Vergehen Verurteilten vor. Straffreiheit also, für alles, was sie getan haben. – Ein guter Anfang ihrer Macht.

Die preußische Staatsregierung fordert in einem Brief an die Reichsregierung energische Maßnahmen zur Bekämpfung der Erwerbslosigkeit. 1. Kürzung der Arbeitszeit noch unter 40 Stunden; 2. ein ausgedehntes Arbeitsbeschaffungsprogramm, vor allem Siedlung im Osten; 3. Vereinfachung der Erwerbslosenfürsorge durch Vereinigung von Krisen- und Wohlfahrtsfürsorge; 4. Sanierung der Gemeindefinanzen durch Entlastung von der Erwerbslosenfürsorge, die durch eine allgemeine Notabgabe finanziert werden soll. Diese Notabgabe ist von allen Arbeitenden zu erheben, wobei den Beamten und Angestellten die zweite Gehaltskürzung als solche gerechnet werden soll. Im Reichskabinett kämpft man um diese Maßnahmen. Die Gewerkschaften kämpfen darum, daß man diese Vorschläge nicht so ausführt, daß sie gleichzeitig eine Verschlechterung der Lage der Erwerbslosen bringen.

Die darüber bestimmende Notverordnung wird im Laufe dieser Woche erwartet.

Im neuen Reichsetat sind für die Reichswehr 674,5 Millionen Mark eingesetzt. Erspart wird die Riesensumme von 12.950 Mark. Für Panzerschiff A und B laufen die Raten weiter, für Panzerschiff C ist die erste Rate eingesetzt. – Alle Anerkennung wert ist, daß dazu eine Anmerkung sagt, dieser Bau würde nur begonnen, wenn der Ausgang der Überprüfungskonferenz nichts anderes veranlasse.

Welche Elemente sich an die SPD angehängt haben, zeigt der Prozeß, den der Landgerichtspräsident Soelling gegen Hirsch wegen Verleumdung anstrengte. In ihm wurde festgestellt, wie dieser Landgerichtspräsident mit Hilfe der Partei Karriere machen wollte und austrat, als ihm das nicht gelang. Man kann allen unseren führenden Politikern nur immer wieder Menschenkenntnis und Menschenkenntnis wünschen.

Von Regensburg wird berichtet, daß der nationalsozialistische Arzt Geheimrat Dr. Dörfler einem verunglückten jüdischen Knaben die Hilfe verweigerte. Dieser mußte in ein anderes Krankenhaus gebracht werden und starb, weil Hilfe zu spät kam. –

Erfreulich ist demgegenüber, daß auf der Versammlung des deutschen Lehrervereins ein nationalsozialistischer Vorstoß gegen die pazifistische Leitung der Lehrerzeitung mit überwältigender Majorität abgelehnt wurde.

Der Prozeß um »Devaheim« hat begonnen und sofort einige Bilder hemmungsloser Leichtfertigkeit enthüllt.

Für Memel hat Litauen den bisherigen Generalkonsul in London, Gylys, zum Gouverneur ernannt, von dem man annimmt, daß er aus dem Lande seiner bisherigen Wirksamkeit einige politische Vernunft mitbringt. – Auch für Danzig scheint Polen unter dem Druck des Völkerbundsrates einzulenken. Von Deutschland aus ist dafür zu sorgen, daß die Danziger Nazis, von den übrigen in Deutschland unterstützt, den Polen keine neuen Möglichkeiten zum Druck auf Danzig geben. Merkwürdige Nachrichten vom Einströmen aus Deutschland kommender SS- und SA-Leute nach Danzig gehen durch die Presse. Auch hier muß beizeiten die Rückkehr zur Vernunft verhindert werden.

In Österreich

hat Dollfuß nach langen Verhandlungen ein Kabinett der Rechtsradikalen gebildet, das ohne die SPD und die Großdeutschen als ein Kampfkabinett gegen Links empfunden wird.

In Spanien

ist durch einen Zufall eine große Verschwörung aufgedeckt worden, die Attentate auf die führenden Persönlichkeiten der Republik plante. Die Verschwörer standen in enger Verbindung mit dem »Centro nationalista«, der Partei der Monarchisten. Durch das energische Einschreiten der Regierung ist dieser Partei eine schwere Schlappe bereitet worden.

Frankreichs

Regierung ist auch noch nicht gebildet. Es steht wohl unbedingt fest, daß Herriot die Führung übernimmt. Ob eine gemeinsame Regierung der Radikalen mit den Sozialisten in Frage kommt, ist sehr fraglich. Die Sozialisten haben ihre Bedingungen bekannt gegeben: Leon Blum fordert von einer gemeinsamen Regierung schnelle und fühlbare Herabsetzung der militärischen Ausgaben, ein brauchbares System der Arbeitslosenversicherung, Verstaatlichung der Eisenbahnen und Kampf gegen gewisse kapitalistische Monopole. Das scheint mehr, als Herriot für möglich hält. So scheint sich eher eine Gruppierung der bürgerlichen Mitte vorzubereiten, wobei es fraglich ist, wie weit nach rechts sie sich erstreckt.

Sehr entscheidend scheint hier die Frage, wie weit man Deutschland entgegenkomme. Herriot hat offenbar nicht den Willen, dem französischen Nationalismus, dem unsere Generäle ja neue Möglichkeiten gaben, zu sehr entgegenzutreten. Seine Äußerungen über sein Programm sind noch reichlich unklar. Es wird berichtet: »Mit Paul-Boncour ist Herriot der Ansicht, daß Opfer gebracht werden müssen, um Ordnung in die Angelegenheiten Frankreichs zu bringen. Er schließt sich dem Wunsch Paul-Boncours zur Wiederaufnahme des Versuchs der Organisation der Donauländer an. Er billigt die grundsätzliche Haltung Frankreichs in der Abrüstungsfrage, das seit 1924 drei Ziele verfolgte: Sicherheit, Schiedsgericht, Abrüstung. Mit Paul-Boncour ist er der Ansicht, daß schon jetzt unter Berücksichtigung der internationalen Garantien eine erste Etappe der Rüstungsbeschränkungen verwirklicht werden müsse, die den Nationalisten Deutschlands keinen Vorwand zur Aufrüstung lasse, und die die deutschen Demokraten in ihrem Widerstand gegen den Nationalismus unterstütze.«

Hoffnung, und zugleich eine Vorsicht, die uns zeigt, wie schwer die Hoffnungen zu verwirklichen sind. – Unsere Generäle tun das ihre, das hierzu notwendige Vertrauen zur deutschen Regierung und ihre Festigkeit zu zerstören.

In Genf

wird heiß um die Vorbereitung der Abrüstungskonferenz gerungen. Ein Antrag Deutschlands, die gesamte Militärluftfahrt zu verbieten, wurde abgelehnt. Gleichzeitig wurde betont, daß man sich nicht auf den Vertrag von

Versailles für diese Dinge berufen dürfe. Im ganzen ist Deutschlands Stellung wieder sehr viel weniger günstig.

Belgien

hat ebenfalls seine Kabinettskrise. Es handelt sich um die Sprachenfrage. Der bisherige Ministerpräsident Renkin ist mit der Neubildung des Kabinetts beauftragt.

Indien

Furchtbare Straßenkämpfe zwischen Hindus und Mohammedanern haben in Bombay stattgefunden. Viele Tote sind zu beklagen. Das ist ein neuer Ausbruch jener bitteren Religions- und Rassenfeindschaft, die mit ihren sozialen Hintergründen und Auswirkungen Indien zerreißt und in seinem Freiheitskampf gegen England verhängnisvoll schwächt.

Japan

ist noch nicht zur Klarheit gekommen. Es scheint aber, als ob die Militärrevolution siegreich sein und der Kaiser sich ihr beugen wird. Was ein nationalistisches Ministerium in Japan bedeuten würde, zeigen die Nachrichten aus

Rußland

Der revolutionäre Kriegsrat hat bekannt gegeben, daß an den Manövern die Jahrgänge 1909, 1910, 1911 und die von der Heeresdienstzeit wegen wichtiger Betriebsarbeit Befreiten des Jahrganges 1912 teilzunehmen haben. – Die Feier des 1. Mai hatte man schon als eine große Demonstration der Kriegsbereitschaft aufgezogen. Stalin, der zur Erholung in die Krim reisen wollte, bleibt in Moskaus Nähe. – Rußland will Japan zu verstehen geben, daß es sich nicht überraschen läßt, wobei es seinen Friedenswillen immer deutlich betont.

Die Sozialistische Arbeiter-Internationale

hat also dringende Ursache zu folgender Erklärung, die ihre Exekutive in Zürich gefaßt hat: »Die SAI fordert alle ihr angeschlossenen Parteien auf, bei ihren Regierungen einen Druck auszuüben, damit die von ihnen eingegangenen Verpflichtungen, einen Angreifer zur Achtung des Friedens zu zwingen, nicht länger mißachtet werden. Die SAI ist sich der Schwäche und Mitschuld des größten Teils der in Genf vertretenen Regierungen bewußt und richtet daher an die organisierte Arbeiterklasse die Aufforderung zu handeln.«

Es wird darauf hingewiesen, daß der Krieg Japans gegen Rußland die Gegenrevolution fördert, daß er die Gefahr eines Weltkrieges heraufbeschwört. Es wird von Japan die bedingungslose Räumung von Shanghai und der Mandschurei gefordert, im Weigerungsfall die Abberufung aller Gesandten und Botschafter aus Japan und die Anwendung wirtschaftlicher und finanzieller Sanktionen.

»Wenn Japan trotz alledem seine Angriffsvorbereitungen und Sanktionen nicht einstellen solle, so wird die SAI an den Internationalen Gewerkschaftsbund appellieren, um gemeinsam mit allen Mitteln sich der Herstellung und Verschickung von Munition, Kriegsmaterial und Waren nach Japan zu widersetzen und alle Schiffe, die aus Japan eintreffen oder dorthin fahren, zu boykottieren. Die Arbeiter werden sich mit der Verteidigung der Sowjetunion solidarisch erklären, falls sie angegriffen wird.« Ein starkes, ein erfreuliches Wort.

(52.) Politik der Woche 22. Mai bis 28. Mai 1932

Die Lage ist außerordentlich ernst! Sowohl innenpolitisch wie weltpolitisch. Die Stellung des Kabinetts Brüning ist ernstlich erschüttert. Nicht nur durch jenen Vorstoß der Generäle gegen Groener, der offensichtlich den Zweck hat, den Nazis den Weg zur Macht zu ebnen. Die Militärs stellen sich damit an die Spitze der Nationalsozialisten, um eine verschärfte Diktatur mit ihnen zusammen aufzubauen. Einer dieser Herren, der Kapitän Schröder, hält dieses Ziel schon für erreicht und empfängt Hitler mit besonderen Ehrungen auf der »Köln« in Wilhelmshaven. Er plaudert damit zugleich das wahre Ziel der Militärs aus. Daß der Angriff der Generäle nicht isoliert geführt wurde, beweist die »Deutsche Bergwerkszeitung«, die gerade in der Zeit, wo die Generäle ihren Vorstoß machten, nach einer vom Parlament unabhängigen Regierung rief. Das beweisen aber vor allem die Enthüllungen des »Deutschen« (Organ der christlichen Gewerkschaften), nach denen Kreise der deutschen Schwerindustrie mit französischen Schwerindustriellen über eine Verschiebung der Lausanner Konferenz verhandeln. Herr Brüning genügt den Herren von Eisen und Kohle also nicht mehr. Sie wollen einen rascheren, schärferen Kurs nach außen, aber nicht etwa gegen Frankreich wegen der Reparationen und der Abrüstung, da sind sie ja selbst so verhandlungsfreudig, und nach innen. Deshalb schicken sie jetzt ihre Söldnertruppen zum Vormarsch gegen Brüning, der sich tatsächlich redlich bemüht hat in Fragen Lohnabbau usw., den Willen dieser Herren zu vollziehen. Und den Vormarsch leiten Fachmänner; nämlich die Generäle der Bendlerstraße. – Daß das Zentrum der Einbeziehung der Nazis seinen prinzipiellen Widerstand entgegensetzt, zeigt sich einmal daran, daß Brüning den Kampf gegen die Generalsclique nicht aufnahm, sondern dem Initiator des Vorstoßes, dem General Schleicher, das Reichswehrministerium anbot. Zum anderen daran, daß das Zentrum jetzt für den Nazi Kerrl als Landtagspräsidenten in Preußen gestimmt hat. Trotzdem ist es denkbar, daß man zunächst noch einmal zu einer Übergangslösung kommt und Brüning noch einige Zeit bleibt. Die Lage ist aber so labil, die Kräfte, die auf eine Verschärfung des Kurses hinarbeiten, so stark, daß Brüning mit seinem jetzigen Kabinett nicht mehr lange bleiben kann. Die »DAZ«, das Blatt der Schwerindustrie fragt schon, ob die gegenwärtige Regierungskrise »auf friedlichem oder gewaltsamem Weg gelöst werden soll«. Das heißt, die Schwerindustrie ist auch bereit, einen anderen als den »parlamentarischen« Weg zu gehen, um ihr Ziel durchzusetzen. Welches Ziel sie verfolgt, wenn sie jetzt andere Männer wünscht, zeigen auch jene Verhandlungen mit den französischen Schwerindustriellen. »Der Deutsche« schreibt davon, daß verhandelt werde über Aufrüstung, über ein deutsch-französisches Militärbündnis und über die Reduzierung der Reparationen. Das ist ein Warnzeichen für das deutsche, für das internationale Proletariat! Denn gegen wen kann sich die Aufrüstung Deutschlands, wenn sie mit Einwilligung Frankreichs geschieht, gegen wen kann sich ein deutsch-französisches Militärbündnis nur richten? Gegen Polen, den Vasallen Frankreichs? Für jeden, der die Lage des Kapitalismus kennt, ist klar, daß es sich nur richten kann gegen die Sowjetunion! Diese Enthüllung des »Deutschen« zeigt, wie außerordentlich aktuell und notwendig der Aufruf der 2. Internationale zur Kriegsfrage und zur Verteidigung der Sowjetunion ist. Denn die deutsche Schwerindustrie wittert Kriegsprofit! Sie erkauft sich Aufrüstung und Reparationserleichterung für ein Militärbündnis mit dem »Erbfeind«. So »kämpfen« diese Herren, die ihren Trompeter die nationalsten Töne blasen lassen, für die nationale Freiheit. Sie zeigen damit, daß sie unfähig sind, die nationale Frage zu lösen. Hier liegt also der Grund für das verstärkte Streben nach Hitler; denn von Hitler kann man ja sicher sein, daß er diese Wünsche seiner Auftraggeber erfüllen wird. Er hat sich oft genug als der Retter vor dem Bolschewismus angepriesen. Bei ihm braucht man nicht im Zweifel zu sein, daß er alles, was dann innerpolitisch notwendig ist, verschärfter Terror gegen die Arbeiterschaft, Militarisierung der Jugend, verschärfte Zensur, eine kleine Inflation zur Finanzierung des Feldzugs, kurz alles, was eine Verschärfung der Faschisierung bringt, durchführen wird.

Zu gleicher Zeit, wo die Herren von Kohle und Eisen das deutsche Volk verraten, wo sie ein Militärbündnis abschließen wollen, um gemeinsam mit dem »Erbfeind« das deutsche Proletariat ein zweites Mal auf die Schlachtbank zu führen, da erneuern sie ihre brutalen Angriffe auf die Löhne der Arbeiterschaft. Es schien zunächst, als werde diesmal wieder das Schlichtungssystem angewandt, um die Löhne abzubauen. Einige Schiedssprüche kamen auch zustande. Z. B. im Baugewerbe ein 10prozentiger Lohnabbau mit den Stimmen der Gewerkschaften. Dann wurde eine neue Sorte von Schiedssprüchen jetzt zum ersten Mal eingeführt; nämlich Schiedssprüche mit der Klausel, daß für »notleidende Betriebe« Ausnahmen vom Tarif gemacht werden dürften. Damit ist die berühmte »Aufforderung« der Tarife erreicht, d.h. praktisch binden solche Tarife nur noch die Gewerkschaften, während jeder Unternehmer sich auf den Standpunkt stellen kann, notleidend zu sein. Damit sind die Tarifverträge zu einem Instrument gegen die Arbeiterschaft geworden. Die dritte Methode, die diesmal am weitesten Verbreitung findet, ist die, daß die Unternehmer das Zustandekommen eines Schiedsspruchs sabotieren und dann den Lohnabbau von sich aus diktieren. Also, Lohnabbau durch Terror! Wir sehen auch im Wirtschaftsleben schon jetzt, noch ehe Hitler die Macht hat, Einführung von Terrormethoden gegen die Arbeiterschaft. – Zugleich steht die neue, die fünfte Notverordnung bevor, die neue Massenbelastungen bringt. Die Krisen und die Bürgersteuer werden verlängert. Ein Gehaltsabbau für die Beamten in Form einer »Beschäftigungssteuer«, eine Verkürzung der Unterstützungszeit in der Arbeitslosenversicherung auf 13 Wochen, eine Verschärfung der Bedürftigkeitsprüfung in der Krisenfürsorge und wahrscheinlich auch ein Abbau der Invalidenrenten werden durchgeführt. All das zeigt um so brutaler das Antlitz des kapitalistischen Staates, als die Regierung zu gleicher Zeit die Vermögensteuer und die Erbschaftsteuer, beides ausgemachte Steuern der besitzenden Klassen, ermäßigt hat. Ein ähnliches Bild im Etat, der eben dem Reichsrat zugeht: Kürzung von Kulturausgaben, zugleich aber werden die ersten Raten für den Panzerkreuzer C, ein neuer Etatposten für »zivilen Luftschutz« die »körperliche und geistige Ertüchtigung der Jugend« eingesetzt. Mit diesem letzten Posten wird die finanzielle Voraussetzung für die Verwirklichung jener Groenerpläne, die auf eine Militarisierung der Jugenderziehung hinauslaufen, gelegt.

Die Anzeichen, daß die Arbeiterschaft sich diese ungeheuren Angriffe auf ihre Lebenshaltung nicht länger gefallen lassen will, mehren sich. In Hamburg streiken die Bauarbeiter mit dem Erfolg, daß an vielen Baustellen der Lohnabbau zurückgenommen wurde. In Berlin streiken einige Metallbranchen. In verschiedenen Städten streiken die Pflichtarbeiter. In Waltershausen, in Hamburg und anderen Städten haben die Erwerbslosen Kämpfe um ihre Unterstützungen geführt.

Die Nazis kommen bei dieser Lage in die Verlegenheit, daß sie ihre Bereitschaft, die Verantwortung für die kapitalistische Regierungspolitik zu übernehmen, mit allen Mitteln vor ihren Wählern verschleiern müssen. Die Kommunisten hatten im Preußischen Landtag Anträge zur Arbeitsbeschaffung, auf Aufhebung der Notverordnung usw. gestellt. Diese Anträge waren, nachdem sich erst einige Zentrumsabgordnete gesträubt hatten, doch mit den meisten Stimmen des Zentrums und der SPD auf die Tagesordnung gestellt worden. Als diese Anträge behandelt werden sollten, verübten die Nazis jenen brutalen Überfall in vierfacher Übermacht auf die Kommunisten. Es zeigt

sich also, daß der wahre Grund für jenen organisierten Überfall war, daß die Nazis zu diesen Anträgen nicht Farbe bekennen wollten.
Weltkrieg!
»Harbin, 25. Mai. (WTB) General Honjo ist heute mit seinem Stab von Mukden hier angekommen. Die japanischen Truppen nähern sich der russischen Grenze. Die Verlegung des japanischen Hauptquartiers von der Südmandschurei nach Harbin wird hier lebhaft erörtert.« Diese knappe Feststellung bringt das amtliche »Wolffsche Telegraphenbüro«. Das zeigt mit ungeheurer Deutlichkeit, daß das »Verhältnis zwischen Rußland und Japan in ein kritisches Stadium getreten« ist, wie eine englische Telegraphenagentur sich vorsichtig ausdrückt. Die nationalen Leidenschaften wurden durch das Attentat in Tokio neu aufgestachelt – das »Kabinett der nationalen Einigung« unter Führung des Admirals Saito und unter Heranziehung der bisherigen Opposition, das Kriegskabinett ist gebildet – die japanischen Truppen stehen 8 Kilometer von der Sowjetgrenze entfernt.

Und die Abrüstungskonferenz – ist vertagt. Die Unterausschüsse für »qualitative Abrüstung« haben großenteils ihre Berichte fertiggestellt. Diese bestätigen vollkommen das, was wir über diese Methode der Abrüstung schrieben. Die Gegensätze zwischen den imperialistischen Staaten treten in den Auffassungen, welche Waffen unter die Kategorie der »gefährlichen Angriffswaffen« fallen, ungemindert hervor. Die Berichte geben keine einheitliche Stellungnahme, sondern zählen die Auffassungen der verschiedenen Staaten nacheinander auf. Das einzige Land, das unabhängig von seinen militärischen Stärken oder Schwächen sich für jede Abrüstung einsetzt, ist wie bisher einzig Sowjetrußland. Damit wird das Scheitern der Abrüstungskonferenz immer offenbarer. Sie wird immer mehr zu einer Farce, hinter der der Imperialismus seine Kriegsvorbereitungen um so ungestörter treffen kann. Das beweisen die Einzelheiten, die jetzt über das Gorgulow-Attentat auf den französischen Präsidenten Doumer bekannt werden. Die Pariser Wochenschrift »Vu« bringt einen Bericht über das erste Verhör: G. erklärt, daß er Vorsitzender einer demokratischen faschistischen Partei ist. Polizeichef: »Sie sind Demokrat? Ist das nicht dasselbe wie Kommunist?« G: »Nein, niemals! Ich hasse die Kommunisten und Sozialisten, denn sie haben mein Vaterland zugrunde gerichtet.« Der Korrespondent bemerkt hierzu: »Der Polizeidirektor ist über diese Erklärung offensichtlich betrübt.« Auf die Frage des Zweckes seines Attentats erklärt G.: »Ich habe es deshalb getan, weil Frankreich die bolschewistische Regierung unterstützt und dadurch zum Untergang meines Vaterlandes beiträgt.« Als G. Aussagen über seine Verbindung zur französischen Polizei macht, werden die Journalisten aufgefordert, sich zu entfernen. Diese ersten Aussagen wurden in der Öffentlichkeit bekannt, so daß der Versuch der französischen Regierung, G. als einen Agent Provokateur der russischen Regierung hinzustellen, scheiterte. Darauf wurde die Theorie von G's Wahnsinn bekannt. Das Organ der Sowjetregierung, die »Iswestija«, bringt hierzu am 23. Mai einen Leitartikel: »Es ist der französischen Geheimpolizei bekannt, daß die weißgardistischen Verbände an den Manövern der französischen Truppen als »Truppenteile der russischen Armee« teilnehmen, daß sie ihre eigene Kriegsakademie und Militärschulen besitzen... Die französische Geheimpolizei hätte sich fragen sollen, welcher Zusammenhang zwischen der Ermordung Doumers und den in der Versammlung des »russischen Zentralverbandes« verteilten und hierauf am 26. April in der »Wosroshdenije« veröffentlichten Aufrufen besteht, ... in denen es heißt: »... Stern (Attentäter auf Twardowski in Moskau) steht uns nahe und jeder andere, der außerhalb Rußlands zum Sturze der Sowjetmacht beiträgt... Der Schutz Sterns ist von historischer Bedeutung. Es gilt jetzt zu handeln, und gerade die Emigranten müssen dabei die Vorhut sein!« Eine der Säulen der Redaktion der »Wosr« schreibt im Rigaer »Sewodnja«: »... Dieser Schuss (Sterns) bedeutet gleichsam einen Umschwung in der Taktik der russischen Terroristen... Schießt nicht auf die bolschewistischen Spatzen! Es ist für uns vorteilhafter, in allen Beziehungen vorteilhafter, die Zielscheibe zu wechseln und auf Ausländer zu zielen. Der Schuß auf einen bekannten Ausländer kann den Bolschewisten große und ernste Ungelegenheiten bereiten und sogar politische Verwicklungen hervorrufen.« Die »Wosr« vom 23. April erklärt: »... Der Schuss Sterns ist gehört worden und wird wiederholt werden.« Die »Iswestija« weist darauf hin, daß dieser Ton durch die gesamte Emigrantenpresse ging und schließt: »Deshalb sind die Mörder Anstifter und Urheber der Ermordung Doumers, der General Miller, der Redakteur der »Wosr«, Semenjew, bisher nicht verhaftet, weshalb sind Kerenski... bisher auf freiem Fuß,... wie kommt es, daß diese den offiziellen Behörden helfen, die Untersuchung zu führen? ... Die Tatsache, daß sie nicht bestraft werden, beweist sehr klar, wer hinter dem Rücken der russischen Weißgardisten steht... Die öffentliche Meinung der Welt muß sich davon volle Rechenschaft ablegen.«

Die Kriegsstimmung wird durch alarmierende Meldungen vorbereitet. Das letzte Mal sind wir selbst einer solchen Falschmeldung zum Opfer gefallen, als wir berichteten, daß zu den russischen Manövern die Jahrgänge 1909-1912 teilzunehmen haben. In Deutschland liegt diese Vorbereitung der Kriegsatmosphäre vor allem darin, daß man von einem Krieg mit Polen spricht. Unter diesem Vorwand werden die Befestigungen in Ostpreußen ausgebaut. In Ostpreußen herrscht eine richtige Panikstimmung. Wäsche und Silber wurden verpackt und ins Reich geschickt, süddeutsche Banken zogen ihre Kredite aus Ostpreußen zurück usw.

Sowjetrußland

Der Rat der Volkskommissare hat jetzt einen Erlaß herausgegeben, durch den der Handel mit landwirtschaftlichen Erzeugnissen erleichtert wird. Gegenüber der Darstellung in den bürgerlichen Zeitungen muß betont werden, daß dieser Erlaß nicht das geringste mit einer Rückkehr zur NEP-Periode zu tun hat, aus dem einfachen Grunde, daß die sowjetrussische Landwirtschaft zu drei Vierteln kollektiviert ist und so diese Erleichterungen nicht den privaten Kulakenwirtschaften zugute kommen kann, wie in der NEP-Periode, sondern ausschließlich den Aufschwung der sozialistischen Wirtschaftsformen, der Kollektivwirtschaften und Handelsgenossenschaften beschleunigen. Noch ein zweites war Voraussetzung für diesen Erlaß und das zeigt, welch großen Fortschritt in der Hebung der Lebenslage der Arbeiterschaft er bedeutet: nämlich die Steigerung der landwirtschaftlichen Produktion. Denn mit den Verminderungen der Abgaben an den Staat wird eine der Formen abgebaut, durch die im Sozialismus (nach der Terminologie Lenins) das Prinzip »Jedem nach seiner Leistung...« verwirklicht wird; die neuen Formen des Handels, die sich jetzt herausbilden werden, stellen damit eine Keimform dar, durch deren Entwicklung das Prinzip des Kommunismus (ebenfalls in der Sprache Lenins) »jedem nach seinen Bedürfnissen« verwirklicht werden kann.

China

Der vierte Feldzug der Kuomintang gegen die chinesischen Sowjetgebiete ist an allen Fronten zusammengebrochen. Verschiedene Truppenteile gingen zur Roten Armee über, die die Seegebiete vor zur Roten Armee über, die die Seehandelsstadt Tschangtschou besetzte. Bisher waren die Sowjetgebiete vor allem Agrarländer im Innern. Die letzten Siege der Roten Armee zeigen, daß sie sich in Richtung auf die Verkehrs- und politischen Zentren bewegt, auf Luoyang, Nanking, Amoy, Shanghai, wo die antiimperialistische Bewegung sich immer mehr gegen die Kuomintang wendet, und damit in eine nationale Revolution gegen die Bourgeoisie unter Führung des Proletariats umschlägt. Vor Amoy liegen über 20 ausländische Kriegsschiffe. England hat Flugzeugmutterschiffe und Landtruppen dorthin gesandt. Man bereitet also die direkte Intervention der imperialistischen Staaten vor, da die Bourgeoisie in China nicht mehr fähig ist, die Revolution niederzuschlagen.

(53.) Politik der Woche 29. Mai bis 4. Juni 1932

Die Regierung Brüning ist – entlassen worden. Obwohl sie im Reichstag eine Mehrheit hinter sich hatte, mußte sie zurücktreten, da sie nicht mehr das Vertrauen Hindenburgs besaß. Das, was die Wähler Hindenburgs verhindern wollten, ist gerade durch seine Wahl eingetreten. Eine Regierung Papen ist an die Stelle getreten, die, ohne vorher vom Reichstag bestätigt zu werden, die Geschäfte übernommen und als erste Tat den Reichstag aufgelöst hat.

Damit haben die Generals- und Industriekreise, die schon lange gegen das Kabinett Brüning wühlten, deren unterirdische Machenschaften im Rücktritt Groeners, Warmbolds usw. zum Ausbruch kamen, ihr Ziel erreicht. Eine Präsidialregierung[125] der ostpreußischen Junker, des IG-Farbentrusts und der Generale, mit wohlwollender Unterstützung der Nazis, führt die deutsche Politik. Als Gegengabe für die Tolerierung wird die Regierung das SA-Verbot in irgend einer Form aufheben, und man spricht weiter davon, daß Preußen durch einen Reichskommissar den Nazis ausgeliefert werden soll.

Die letzten Ursachen der Regierungskrise sind aber in der innen- und außenpolitischen Lage zu suchen. Das deutsche Institut für Konjunkturforschung stellt in seinem letzten Vierteljahresheft fest, daß die Wirtschaftskrise sich weiter verschärft hat. Seit Ende 1931 ist die Industrieproduktion um 11 Prozent geschrumpft. Besonders die Verbrauchsgüterindustrien sind wieder schärfer vom Rückgang betroffen, eine Folge des Lohn- und Unterstützungsabbaus. Die öffentlichen Finanzen weisen unheimliche Defizite auf. Der Reichshaushalt 1931 schließt mit einem Defizit von 1.690 Millionen RM. Die Lage der Länder und vor allem der Gemeinden ist noch katastrophaler. Der Bericht des Instituts schließt: »Vielleicht, daß die politischen Entscheidungen der kommenden Wochen den verhängnisvollen Deflationsbruch etwas mildern. (Woher diese weise Vorsicht, Herr Wagemann? Sollte das damit zusammenhängen, daß Herr Wagemann durch seinen Inflationsplan, mit dem auch die IG-Farbenindustrie in Verbindung gebracht wurde, bekannt ist?) Die Steuereinnahmen nehmen unentwegt ab, der finanzielle Erfolg von Steuererhöhungen wird um so fraglicher, je stärker das Wirtschaftsvolumen schrumpft. Auf der anderen Seite steigt der Widerstand gegen weitere Ausgabeneinschränkungen. Durch Inanspruchnahme von Sparkapital ist der Ausgleich der Defizite nicht mehr möglich. Da sich also das Proletariat gegen Unterstützungseinschränkungen, gegen die Abwälzung der Krisenlasten auf die Arbeiterschaft auch mit anderen als parlamentarischen Mitteln zu wehren beginnt, (im Ruhrgebiet, in Waltershausen, in Hamburg usw.), bleibt, nach Herrn Wagemann, der Bourgeoisie nur der Ausweg einer Inflation. Es ist bezeichnend, daß die Börse auf den Sturz Brünings mit einer rapiden Kurssteigerung der Aktien geantwortet hat, die von allen Blättern übereinstimmend als Erwartung der Inflation gekennzeichnet wurde. Außerdem haben wir das letzte mal schon darauf hingewiesen, daß die Unternehmer beim Lohnabbau sich immer weniger der Tarifverträge bedienen, sondern an vielen Stellen zum brutalen Lohnabbaudiktat übergegangen sind. Dieser offene Terror der

Unternehmer hat aber keine Aussicht auf Erfolg, wenn er nicht von einem verschärften Terror der SA-Banden begleitet ist. Da man auf dem Brüningwege die zur Erhaltung des Kapitalismus notwendigen Forderungen nicht mehr durchsetzen konnte, hieß es: Der Mohr hat seine Schuldigkeit getan, der Mohr kann gehen; man mußte die letzte Reserve des Kapitalismus, die Nazis, an die Macht bringen. Daß dies in der Ministerliste noch nicht zum Ausbruch kommt, darf uns über das Wesen dieser Regierung nicht täuschen. Sie stützt sich vornehmlich auf die Nazis, deren Forderungen für eine Tolerierung (Aufhebung des SA-Verbots, Neuwahlen) sie erfüllt. Die Harzburger Front macht zunächst Arbeitsteilung: Die deutschnationalen »Pappenheimer« übernehmen die Ministersessel und die Verantwortung, die Nazis stellen die Mandate, und man gibt ihnen noch einmal die Möglichkeit, durch Neuwahlen ihre parlamentarische Stellung und ihren Einfluß auf ihre Anhänger zu verstärken. Die Präsidialregierung Papen ist die Regierung der schnellsten Faschisierung, sie ist eine Übergangslösung; dahinter steht Hitler und die offene faschistische Diktatur. Die Regierungserklärung zeigt dies völlig eindeutig: »Die finanziellen Grundlagen des Reichs, Preußens usw. sind erschüttert.« Man spricht von »Anpassung unseres staatlichen Lebens an die Armut der Nation« – »Die Sozialversicherungen stehen vor dem Bankrott« »Die Nachkriegsregierungen haben den Staat zu einer Art Wohlfahrtsanstalt gemacht«. Nur zwei Taten kündigt die neue Regierung an: »Dem unseligen gemeinschaftsfeindlichen Klassenkampf und dem Kulturbolschewismus, der wie ein fressendes Gift die besten sittlichen Grundlagen der Nation zu vernichten droht, muß in letzter Stunde Einhalt geboten werden«. Und das zweite: »Die Regierung ist gezwungen, einen Teil der von der alten Regierung geplanten Notmaßnahmen zu erlassen.« Man wird also die Massensteuern genau so wie Brüning durchführen.

Wir brachten schon die Meldungen des Zentrumsblattes »Der Deutsche« über die Verhandlungen der deutschen Rechtsparteien in Paris mit französischen Wirtschafts- und Regierungskreisen über eine Verständigung und ein Militärbündnis zwischen Frankreich und Deutschland. Deutschland soll ein modern bewaffnetes 300.000-Mann-Heer unter Mitarbeit des französischen Generalstabes aufstellen dürfen. Die ganze französische Verständigungspolitik bestand in der letzten Zeit darin, Deutschland zu isolieren und es durch diesen Druck in den Block seiner Vasallenstaaten einzureihen. Brüning wehrte sich noch gegen eine völlige Unterwerfung und suchte Verständigung mit Frankreich auf dem Weg über London und New York. Aber die gelungene politische Isolierung wurde immer fühlbarer, die Kapitalisten und Generäle sahen ein, daß sie eine selbständige aktivimperialistische Außenpolitik nur innerhalb des französischen Antisowjetblocks treiben können. Bezeichnend hierfür ist der neue

Innenminister Freiherr von Gayl, der 1919 in Ostpreußen antibolschewistische Garden organisierte und auch im Kapp-Putsch[126] eine Rolle gespielt hat. Ein Mitglied der deutschen Abrüstungsdelegation, Freiherr v. Rheinbaben, hat dies auch sofort in einem Interview für eine amerikanische Zeitung zum Ausdruck gebracht: »... der vierte Gedanke ist der, daß man endlich auch in Frankreich erkennen sollte, daß ohne Anpassung der ziffernmäßig kleineren deutschen Rüstung an eine allgemeine und für alle gültige Konvention die deutsche Unterschrift nicht zu haben sein wird. Nicht, wie Churchill meint, die französische Armee, sondern ein gesundes, gleichberechtigtes, freies Deutschland ist der beste Schutz gegen den Bolschewismus.«

Der führende Kopf der neuen Regierung ist sicher General v. Schleicher, auf den hauptsächlich die Intrigen gegen Brüning zurückgehen, und der immer der Verbindungsmann zwischen Reichswehr und Nazis gewesen ist. Die »Hamburger Nachrichten« bemerken hierzu: »Als tatkräftiger Mann wird er gegen den zu erwartenden scharfen Widerstand der Linken noch manches mal nützlich sein können. Fast ist man geneigt, zu der Berufung Schleichers zu sagen, daß die neue Reichsregierung gewissermaßen mit gezogenem Schwert dasteht«. Außenminister von Neurath, bisher Botschafter in London, vorher in Rom, soll die besten Beziehungen zu Mussolini und dem italienischen Faschismus haben. Der Reichsernährungsminister Freiherr von Braun ist durch seine Rolle im Kapp-Putsch bekannt. Von dem Reichsverkehrsminister Freiherr von Eltz-Rübenach berichtet die nationalsozialistische Presse mit warmer Sympathie, daß sein Bruder preußischer Landtagsabgeordneter der Nazi-Partei ist. Alle diese ebenso wie der Finanzminister Graf Schwerin von Krosigk und Freiherr von Gayl stammen aus dem Kreis um Schleicher und Hugenberg. Außer diesen sieben Adligen gibt es sogar zwei Bürgerliche: den deutschnationalen Justizminister Gürtner und den Wirtschafts- und Arbeitsminister Warmbold von dem IG-Farbentrust.

Der Kabinettschef von Papen ist wohl in Hoffnung auf eine Tolerierung durch das Zentrum gewählt worden. Jedenfalls kann keiner der sonst doch sehr Findigen einen anderen vernünftigen Grund für diese Wahl angeben. Jedoch ist diese Spekulation fehlgeschlagen. Die Zentrumsfraktion erklärte: »...Weil die Parteikräfte der Opposition sich weigern, politische Verantwortung mit zu übernehmen, werden Zwischenlösungen angestrebt. Solche Verlegenheitslösungen sind keine nationale Konzentration... Aus solcher Überzeugung heraus lehnt die Zentrumsfraktion die Zwischenlösung ab.«

Die Nachrichten über Herrn v. Papens politische Vergangenheit während des Krieges in [den] USA[127] wiederzugeben, ist durch eine amtliche »Verwarnung« der Reichsregierung unmöglich geworden, da diese »entschlossen ist, einer derartigen Brunnenvergiftung mit allen ihr zur Verfügung stehenden

Mitteln entgegenzutreten«. Jedoch hat sie nicht einmal ein amtliches Dementi dieser Behauptungen gewagt.

Im preußischen Landtag wandte sich der Nazi-Führer Kube gegen das »verbrecherische Spiel der Börse« in den letzten Tagen. Herr Kube ist anscheinend sehr unangenehm berührt, daß die Börse auf die neue Regierung, für die er sich doch etwas mitverantwortlich fühlt, mit Inflationshoffnungen reagiert hat. Auch sonst dürfte ihm die Verantwortung für seine 163 Mann nicht sehr viel Spaß gemacht haben. Der deutschnationale Antrag auf Änderung der Geschäftsordnung wurde mit den Stimmen der Kommunisten abgelehnt. Die Kommunisten waren dann noch so wenig liebenswürdig gegen Herrn Kube, einen Antrag auf Einstellung der Reparationszahlungen zu stellen. Was blieb ihm anderes übrig, als einen Auszug der Kinder Kubes vorzunehmen und damit das Haus beschlußunfähig zu machen. Das hatte auch noch den Vorteil, daß damit der kommunistische Antrag gegen die Fürstenabfindung (Auwi) und ein zweiter auf Ausweisung der Weißgardisten nicht mehr behandelt werden konnte.

Vorher war ein kommunistischer Antrag auf Aufhebung des Verbotes des »Roten Frontkämpferbundes« von allen anderen Fraktionen gegen die Stimmen der Antragsteller abgelehnt worden.

Die neue Regierung wird mit einer starken Opposition des Landes Bayern zu rechnen haben. Die amtliche »Bayerische Staatszeitung« schreibt: In allernächster Zeit werde der Selbständigkeitswille der Länder vor schwerwiegende Entschlüsse gestellt werden. In einem Artikel der »Welt am Sonntag«, der von einer für die bayerische Regierungsbildung wichtigen Persönlichkeit stammen soll, wird behauptet, der Reichspräsident solle im Herbst zurücktreten, um dem Exkronprinzen als Reichsverweser Platz zu machen. Dann würde Bayern dasselbe Recht für sich in Anspruch nehmen und Ruprecht werde der entsprechende Name für Bayern sein.

Die Wahlen in Oldenburg am 29. Mai ergaben für die Nationalsozialisten 24 von 46 Mandaten zum Landtag, das heißt die absolute Mehrheit. Die SPD ging von 11 auf 9 Sitze zurück, die KPD von 3 auf 2 (Stimmenzahlen: NSDAP gestiegen von 97.778 auf 131.525, SPD fiel von 54.878 auf 50.987, KPD von 18.953 auf 15.590).

Die Unternehmer greifen zu immer brutaleren Methoden des Lohnabbaus. Eine Hamburger Werft, die anscheinend merkt, daß die Belegschaft sich den diktierten Lohnabbau nicht gefallen lassen würde, schickte an erwerbslose Facharbeiter Aufforderungen zur Arbeitsaufnahme in die Wohnung, unter der Bedingung, daß sie bereit sind, von morgens 6 bis abends 6 Uhr zu arbeiten!

Die gesamten rechtsstehenden Zeitungen fordern ganz offen das Verbot der KPD. In Bremen und Flensburg sind die Büros der KPD polizeilich geschlossen worden. Auch diese Tatsachen sind ein Beweis, daß die Regierung Papen den Kurs gegen die proletarischen Organisationen verschärft.

Der Krieg

In der japanischen Presse wird der Krieg gegen die Sowjetunion stürmisch gefordert. Ein Beispiel: Die Tokioer Zeitung »Nichon« veröffentlicht den Artikel eines »Sachverständigen in der russischen Frage«: »Zwischen Japan und der Sowjetunion kann keine Freundschaft bestehen... Japan ist eine Monarchie, die friedliches Nebeneinanderleben der Völker anstrebt. Die Sowjetunion dagegen ist eine Republik, die Unordnung, Bürgerkrieg und Revolution anstrebt und die ganze Welt unterjochen will.« Also muß das »friedliebende« Japan die »kriegerische« Sowjetunion angreifen. »Je rascher dieses Programm gegen die Sowjetunion durchgeführt wird, um so besser.« – Die japanischen Truppen haben in der Mandschurei die Stadt Hailun besetzt, die als Endpunkt der Eisenbahnstrecke Harbin-Hailun von großer militärstrategischer Bedeutung ist. – Auf die Bedeutung des Regierungswechsels in Deutschland für die Interventionsvorbereitung sind wir schon eingegangen.

Die Hafenarbeiter in dem polnischen Kriegshafen Gdingen führen einen Kampf, der den Imperialisten ihre Kriegspläne außerordentlich erschwert. Sie sind trotz Streikverbots gegen die Kriegslieferungen nach Japan in den Streik getreten. Es wurde Militär gegen die Streikenden eingesetzt. Die Matrosen weigerten sich, gegen die Arbeiter zu schießen. Ebenso konnte das 11. Ulanenregiment nicht dazu gebracht werden, gegen die Arbeiter vorzugehen. Es mußte erst eine Spezialtruppe aus Offizieren gebildet werden, die außerordentlich brutal vorging. Zwei Arbeiter wurden ermordet, 30 schwer verletzt. Über den Hafen ist das Kriegsrecht verhängt; die Gewerkschaft der Hafenarbeiter wurde aufgelöst, Hunderte von Hafenarbeitern wurden verhaftet; aber der Streik ist nicht gebrochen.

Unruhen

fanden im Lauf der Woche statt in Deutschland in Altona, in einer Reihe westdeutscher Städte, besonders Essen, Hamburg, Wuppertal und Krefeld. – Außerhalb Deutschlands in vielen Städten Spaniens (so Cadiz, Medina, Sidonia, Sevilla, Bilbao, Barcelona, Madrid). – Gdingen – Bombach – Belgrad (Bombenexplosion) – Wien (Hochschule).

(54.) Politik der Woche 5. Juni bis 11. Juni 1932
Die Tätigkeit der Präsidialregierung

Herr Brüning hat auf die Regierungserklärung v. Papens geantwortet. Brüning rühmt dort, daß unter seiner Regierung »die tatsächliche Anpassung an die

Armut der Nation« weitestgehend erfolgt und in jedem einzelnen Haushalt fühlbar geworden« sei. Das aber war ja der Grund dafür, daß die deutsche Bourgeoisie, vor allem ihre drei Hauptrichtungen, die Schwerindustrie und die Großagrarier zusammen mit den Generalen, Brüning nach Hause schickte, daß er diesen Herren noch nicht genug abgebaut hat. Deshalb erlaubt sich diese Junkerregierung, von der »Wohlfahrtsanstalt« zu sprechen, zu der der Staat gemacht worden sei. Jawohl, Brüning hat aus dem Staat eine Wohlfahrtsanstalt gemacht. Aber eine Wohlfahrtsanstalt für die Großagrarier, die seit Jahr und Tag nur noch auf Kosten der Steuerzahler existieren. Eine Wohlfahrtsanstalt für die Großbanken, die agrarischen Landschaftsbanken, die längstens Konkurs hätten anmelden müssen, hätte Brüning nicht ihre Pleite »sozialisiert« und ihnen Milliarden in den profithungrigen Rachen geworfen. Aber das meint diese Regierung gar nicht! Was sie meint, werden die Werktätigen, werden die Mittelständler und Beamten in den nächsten Wochen erleben, wenn Papen die Notverordnung in Kraft setzen wird, die Brüning vorbereitet hat. Gerade hieran zeigt es sich, daß diese Regierung sachlich nichts anderes tun wird als Brüning. Sie wird abbauen wie ihr Vorgänger. Aber sie wird das Tempo beschleunigen. Und deshalb wird sie auch andere Methoden anwenden, um die arbeiterfeindlichen Maßnahmen gegenüber der Arbeiterschaft durchzusetzen. Der Innenminister Gayl kündigt die Aufhebung der politischen Notverordnungen an. Wenn Papen sich aber zu gleicher Zeit den früheren Finanzdirektor von Krupp, Schäffer, zum Arbeitsminister holt, wenn Papen mit diesem zusammen zugleich sämtliche Unterstützungen für Erwerbslose, sowohl der Arbeitslosenversicherung wie der Krisenunterstützung, auf das Niveau der Wohlfahrt abbaut, wenn er zugleich neue Steuern – Beschäftigungssteuer, verdoppelte Bürgersteuer – einführt, dann ist es nicht nur krassester Zynismus, wie Gayl davon zu sprechen, daß er sich »in warmer Liebe für das richtig verstandene Wohl der arbeitnehmenden Schichten« einsetze, sondern dann gewinnt die Aufhebung der Beschränkung politischer Betätigung seine ganz besondere Seite. Das SA-Verbot, vielleicht auch formal die allgemeinen Demonstrationsverbote usw., werden aufgehoben werden. Aber Gayl erklärt zugleich, daß er den »Willen und die Nerven habe, alle ihm zur Verfügung stehenden Machtmittel zur Aufrechterhaltung der Ruhe und Ordnung einzusetzen«. Gayl wird dann wohl nicht nur Polizei und Reichswehr, sondern auch die SA zur Verfügung stehen, wenn die Arbeiterschaft sich gegen den in warmer Liebe zu ihr inszenierten Raubzug auf ihre Lebenshaltung wehrt. Die Arbeiterschaft kann die Lage nicht ernst genug sehen. Die bevorstehende Aufhebung des SA-Verbots wird den blutigen Terror, der trotz Verbot nie aufgehört hat, verzehnfachen. Darum muß die Arbeiterschaft geschlossene Maßnahmen ergreifen, um sich gegen die Niederschlagung durch die Faschisten zu verteidigen. Schon jetzt mehren sich die Überfälle. In Frankfurt an der Oder hat die SA das Gewerkschaftshaus demoliert. Schon zwei Tage vorher verübte sie Überfälle auf Arbeiter und kleine Geschäftsleute. Daraufhin wurde in einer Mitgliederversammlung des Reichsbanners die gemeinsame Aktion mit den kommunistischen und parteilosen Arbeitern gegen den faschistischen Terror gefordert. Die SA wird außerdem eingesetzt werden als Streikbruchorganisation. In kleinem Umfang haben die Unternehmer das schon versucht. Zum Beispiel hat eine Werft in Kiel, die einen brutalen Lohnabbau diktiert hatte, zugleich einen Nationalsozialisten eingestellt, der von früher als Streikbrecher bekannt ist. Die Belegschaft, die sich aus Unorganisierten, KPD-Mitgliedern und freigewerkschaftlich Organisierten zusammensetzt, hat einmütig beschlossen, in den Streik zu treten, wenn der Nazi nicht entfernt werde. Um 12 Uhr wurde der Beschluß gefaßt, um halb drei Uhr nachmittags war der Nazi-Streikbrecher entlassen! Dieser Erfolg der proletarischen Einheitsfront ist besonders bedeutsam, da in Bremen auf den Werften gestreikt wird, und die Unternehmer auch auf ihren anderen Werften Streiks befürchten. Diese Streiks würden ihnen besonders unangenehm, da sie die Aufträge der Bremer Werften in Kiel ausführen lassen wollen.

Immer deutlicher wird an diesen Maßnahmen, daß die Papen-Regierung vorbereitet eine offene Diktatur des Faschismus, die dann mit aktiver Unterstützung der Nationalsozialisten durchgeführt werden soll. Die Nazis kennen ihre Rolle, deshalb stellen sie sich zu Papen durchaus positiv. Im württembergischen Landtag hatten die Nazis einen Antrag gestellt, wonach die württembergische Regierung gegen die geplante Notverordnung protestieren solle. Diesen Antrag haben die Nazis jetzt zurückgezogen mit der Begründung, die »Verhältnisse im Reich hätten sich ja nun geändert«. Die Nazis tolerieren also Papen. Sie tun das vor allem in der Hoffnung, daß ihnen Preußen ausgeliefert wird. So schnell, wie sie sich das dachten, ging es aber nicht. Der Plan mit dem Reichskommissar mußte zunächst fallengelassen werden. Preußen hat seinen Etat durch Notverordnung geordnet, allerdings durch Maßnahmen, die sich scharf gegen die Arbeiterschaft und Beamten auswirken, nämlich durch eine besondere Art des Gehaltsabbaus, durch eine Schlachtsteuer und durch Herabsetzung des hauszinssteuerfreien Einkommens. Wird den Nationalsozialisten Preußen ausgeliefert, vielleicht nach den Reichstagswahlen, dann entsteht in Deutschland eine eigenartige Verteilung der Kräfte. An der Spitze im Reich eine »überparteiliche« Regierung aus Junkern, Generälen und Industriellen, die sich stützt auf Länderregierungen der Nationalsozialisten. Die Länderregierungen hätten dann nicht nur die Machtmittel des Staatsapparats, sondern den ganzen Partei- und Kampfapparat der SA, SS usw. zur Verfügung. Die Reichsreform[128], die Gayl angekündigt hat, von der er aber zugleich gesagt hat, es sei »noch nicht Zeit auf diesem Gebiet die Stellungnahme der Reichsregierung auszusprechen«, wird dann wohl einen straffen Zentralismus bringen, in dem die nationalsozialistischen Länder nur die Bedeutung von Ausführungsorganen haben. Damit wäre die »Kanalisierung« der Nationalsozialisten vollzogen. Man hätte ihnen ihren Platz im faschistischen System gegeben. Es liegt bei der Arbeiterschaft zu verhindern, daß es soweit kommt!

Die Reichstagswahlen sind nun glücklich für den 31. Juli ausgeschrieben. Die SPD hat für diesen Wahlkampf die Parole ausgegeben: »Fort mit den Hitlerbaronen! Alle Macht dem Volke!« Die KPD hat einen Aufruf herausgegeben, in dem es heißt: »Kämpft für die Beseitigung der Regierung der Industriekapitäne, der Junker und Generale! Kämpft für die Arbeiter- und Bauernregierung!« Die Berliner Sozialdemokratie veranstaltete eine Funktionärsversammlung, in der Heilmann und Breitscheid sprachen. Breitscheid berührte unter anderem die außenpolitische Bedeutung der Papenregierung. Er fragte: »Wir wissen es aus dem Herrenklub, man will eine Verständigung mit Frankreich und Polen gegen Sowjetrußland. Man scheint aber nicht zu wissen, daß es keinen Arbeiter gibt, der, wie er auch zu Sowjetrußland steht, einem solchen antirussischen Abenteuer seine Zustimmung geben würde.«

Die Regierung des Krieges

Die »Berliner Volkszeitung« veröffentlicht das Protokoll einer Sitzung des Berliner Herrenklubs vom 27. Februar 1931, in der der jetzige Reichskanzler von Papen über Verhandlungen in Paris berichtete: »Von politischer Seite werden langfristige Kredite von einer endgültigen Vereinigung aller Fragen zwischen den beiden Ländern abhängig gemacht.« Frankreich treibt also Deutschland gegenüber dieselbe Politik wie bei den Donaustaaten; es nutzt die Finanznot aus, um seine politischen Bedingungen stellen zu können. Wie sehen diese aus: »Bemängelt wird dabei die rußlandfreundliche deutsche Politik. Unter endgültiger Vereinigung versteht man ein deutsch-französisch-polnisches Bündnis... dieses Bündnis, genannt »accord á trois«, soll den Zweck eines Wirtschaftsbündnisses gegen den russischen Fünfjahrplan erfüllen. Im Rahmen dieses »accord« würden die Franzosen auch für eine Aufrüstung Deutschlands zu haben sein... Falsch würde es dagegen sein, wenn Deutschland auf der Abrüstungskonferenz mit seiner bekannten These: »Wir haben abgerüstet, also tut ihr es auch«! erscheinen würde.« Zu der Diskussion erklärte v. Papen: »Eine Anlehnung an England ist nicht möglich, da vieles selbst in der Hand des französischen Kapitals ist... Die drängenden europäischen Probleme müssen von Deutschland und Frankreich gelöst werden, wobei das letztere auf einer Einbeziehung des befreundeten Polen bestehen wird... Der

»accord á trois« muß zustande kommen im Hinblick auf den Kampf gegen den Bolschewismus«.

Hiermit wird vollkommen das bestätigt, was wir zur Bildung der Papen-Regierungen schrieben. Sie treibt die Politik der völligen Unterwerfung unter den französischen Imperialismus. Im Ausland werden daher die Aussichten der Lausanner Konferenz wieder günstiger beurteilt; aber nirgends hört man etwas von einer endgültigen Regelung der Schuldenfrage. Alle Kombinationen laufen auf einen Notbehelf für einige Monate hinaus, um nur ein Zahlungsmoratorium von Deutschland hinauszuschieben, das, nach dem englischen »Daily Herald«, in einem Geheimmemorandum des deutschen Außenministers Neurath in London schon angekündigt sein soll. Dieselbe Politik wird von England und Frankreich auch gegenüber Österreich betrieben. Die Regierung Buresch hatte ein Moratorium angekündigt. Darauf wurde auf den Druck Frankreichs eine neue Regierung Dollfuß gebildet. Diese hat für die Zurückziehung der Moratoriumspläne eine Anleihe von 150 Millionen Schilling in Aussicht gestellt bekommen. Da 90 Millionen hiervon nur die Verlängerung der fälligen Schuld an die Bank von England darstellten, ermöglicht diese Anleihe Österreich knappe drei Monate, seine Auslandsverpflichtungen zu erfüllen, denn es wird gleichzeitig die Verdoppelung der Tributzahlungen gefordert. Die Anleihe kann also nicht für die österreichische Wirtschaft verwendet werden und bei der angespannten Devisenlage der Nationalbank kann Österreich aus eigener Kraft sich nicht helfen. Es bedeutet also einfach die Hinausschiebung der Moratoriumserklärung auf drei Monate. Was für »unvorhergesehene« Ereignisse erwartet man, wenn man sich überall darauf beschränkt, den finanziellen Bankrott auf einige Monate zu verschieben, ohne eine Möglichkeit zu geben, den wirtschaftlichen Niedergang auch nur aufzuhalten!

Wenn es sich dagegen um Aufrüstung handelt, wird man sofort großzügig. Die französischen Tanks sind ganz harmlose Verteidigungswaffen; aber die sowjetischen Traktoren stellen nach der Meinung Polens eine schwere Bedrohung der Nachbarländer dar. Wenn damit die Radikalisierung der polnischen Bauern durch die Erfolge der Traktorenstationen gemeint wären, könnte die polnische Delegation sogar recht haben.

In England ist ein großes Industriekonsortium mit einem vorläufigen Kapital von 500 Millionen Mark gegründet. Seine Aufgabe ist, »den chinesischen Markt für die Erzeugnisse der britischen Schwerindustrie zu erschließen«. Die Hauptteilhaber sind die Vickerwerke, der größte Waffen- und Munitionstrust Englands, der bisher schon große Munitionssendungen nach China und Japan ausführte, der britische Stahlkonzern und die englische Regierung. Es handelt sich also um die weitere Finanzierung der Kriegsgeschäfte nach dem Fernen Osten.

Die Reuteragentur meldet, daß der Tokioter Vertreter der französisch-asiatischen Bank eine Mandschureireise unternehme, um die Rechte und Interessen Frankreichs an der Ostchinabahn zu erörtern. Bei günstigem Verlauf werde Frankreich dem mandschurischen Staat eine Anleihe von 300 Millionen Franken zu »staatlichen Zwecken« geben. Ein offizielles Dementi des japanischen Außenministeriums gibt zu, daß französische Finanzleute »den Wunsch äußern, Kapitalien in der Mandschurei zu investieren«.

Die japanischen Journalisten entfalten in den USA eine rege Tätigkeit. Nach Pressemeldungen hat die Finanzagentur »Daily Eton Service« ihren Abonnenten vertraulich mitgeteilt: »In Militärkreisen der USA spricht man die Ansicht aus, daß Japan im Laufe der nächsten Wochen die Sowjetunion längs der mandschurischen Grenze angreifen wird.« Der bekannte Volkswirtschaftler, Roger Babson, der Leiter eines Auskunftsbüros, riet seinen Klienten, »die Pläne der nächsten Zukunft auf die Unzweifelhaftigkeit eines militärischen Angriffs Japans auf die Sowjetunion« zu begründen. Die amerikanische Ausfuhr ist nur nach Japan und China dauernd steigend, vor allem in Baumwolle, chemischen Erzeugnissen und Kriegsmaterial. Die Bethlehem Steel Company hat einen großen Auftrag auf Lieferung von Gewehren russischen Modells erhalten, die für die Ausrüstung der Weißgardisten bestimmt sind. Japan hat in Kanada und in den USA 100.000 Tonnen rollendes Eisenbahnmaterial russischer Dimensionen gekauft. Die Finanzierung wird durch amerikanische Großbanken gesichert. Solche Kreditgeschäfte können nach den Gesetzen nur mit Zustimmung des Außenministeriums erfolgen, mit dem, nach der »New York Times«, Verhandlungen stattgefunden haben. Das Ministerium jedoch hüllt sich in Schweigen. Das bestätigt, was wir schon öfters feststellten: Obwohl für die USA ein Wachsen der japanischen Macht im Stillen Ozean sehr gefährlich ist, bemüht man sich, die Gegensätze zurückzustellen zum gemeinsamen Kampf gegen die größere »Rote Gefahr«. Dies wird ganz offen von dem Sonderausschuß für Sanktionen propagiert, der in einem Bericht feststellt, daß ein »Krieg zwischen zwei übervölkerten Industrieländern unvorteilhaft« wäre, da ein Krieg nur einen Sinn habe, wenn sein Ziel die Besetzung eines nicht übervölkerten Landes sei. »Mandschurei und Sibirien sind fast die einzigen wenig besiedelten Länder mit gemäßigtem Klima.«

Wenn ein Krieg zwischen Sowjetrußland und Japan noch nicht ausgebrochen ist, so ist das vor allem den chinesischen Partisanentruppen in der Mandschurei zu verdanken, die den Japanern sehr viel zu schaffen machen. Aber Japan schickt immer mehr Truppen dorthin; die Reise des Vertreters der französisch-asiatischen Bank zeigt, daß sich auch weitere Staaten einmischen werden, die »berechtigten Interessen ihrer Staatsangehörigen« zu schützen, wenn Japan allein nicht fertig wird. Dieser gemeinsame Vorstoß der kapitalistischen Welt gegen das einzige Land des sozialistischen Aufbaues kann deshalb nur durch den gemeinsamen Widerstand des gesamten Weltproletariats zunichte gemacht werden.

(55.) Politik der Woche 11. Juni bis 18. Juni 1932

Die Notverordnung ist da!

Sie bringt die brutalsten Abbaumaßnahmen und Belastungen für die breite Masse der Werktätigen. Durch Abbau der Arbeitslosen-, Krisen- und Wohlfahrtsunterstützungen, durch Verkürzen der Unterstützungszeit, durch Verschärfung der Bedürftigkeitsprüfungen, die sowohl nach 6 Wochen Arbeitslosenunterstützung als auch nach Ablauf der Krisenunterstützung eingeschaltet ist, weiter durch Abbau der Renten für Kriegsopfer, für Invaliden, Witwen und Waisen und Unfälle werden im ganzen am Einkommen des Proletariats 900 Millionen abgestrichen. Dazu kommt ein neuer Lohn- und Gehaltsabbau in Form der Arbeitslosenabgabe; eine Salzsteuer, die pro Pfund 6 Pfennig ausmacht; und für die Kleingewerbetreibenden die Herabsetzung der Umsatzsteuergrenze. Mit dieser einen Notverordnung werden aus den breiten Massen der Werktätigen herausgepresst: 1,5 Milliarden Mark! Wenn ein Erwerbsloser in seiner letzten Not zur Selbsthilfe greift, so nennen ihn die Gesetze der Bourgeoisie einen Dieb. Wenn die Regierung Papen mit einem Federstrich 1,5 Milliarden Mark aus den Taschen der Werktätigen zieht, so ist das eine »nationale Tat«! Wir ersparen uns den Kommentar zu dieser Notverordnung. Er muß vom Proletariat im aktiven Kampf gegen sie geliefert werden!

Nach der Ausführungsverordnung hierzu treten die herabgesetzten Unterstützungen zum 27. Juni in Kraft. Darin ist außerdem die sehr wesentliche Ermächtigung für den Reichsarbeitsminister enthalten, öffentliche Arbeiten zu Notstandsarbeiten zu erklären, die dann als »gemeinnützig« und »zusätzlich« anzusehen sind. D.h. diese Arbeiten können dann durch den »freiwilligen« Arbeitsdienst oder durch Pflichtarbeiter gemacht werden. Damit ist dem Reichsarbeitsminister juristisch die Handhabe gegeben, alle Arbeiten der öffentlichen Hand durch Pflichtarbeiter, also für die Unterstützungen ausführen zu lassen und die Tariflöhne bei den öffentlichen Arbeiten vollständig zu befestigen. Es liegt bei der Arbeiterschaft, diese allmähliche Umwandlung der Arbeiten für die öffentliche Hand in Zwangsarbeit für die Unterstützungen zu verhindern!

Im engsten sozialen Zusammenhang mit diesem Aderlaß an den Werktätigen steht die politische Notverordnung. Sie bringt vor allem die Aufhebung des SA-Verbots. Die Aufhebung ist juristisch so raffiniert formuliert, daß sie eine Handhabe zum Verbot selbst politischer Parteien bietet. Die Regierung kann »politische Verbände, deren Mitglieder in geschlossener Ordnung öffentlich auftreten«, verbieten, wenn sie ihre Satzungen nicht vorlegen oder sich den Auflagen der Regierung nicht fügen. Und während das SA-Verbot aufgehoben wird, bleibt das Verbot des Roten Frontkämpferbundes, der Antifa, der Roten Jungfront und der proletarischen Freidenker bestehen. Das Uniformverbot wird aufgehoben. Die schwerindustrielle »DAZ«, die sich ganz hinter die Papen-Regierung gestellt hat, schreibt dazu triumphierend: »Die Kommunisten sind von dieser Regelung, wie von allen anderen Erleichterungen der Notverordnung ausgenommen.« Die Anmeldung von Versammlungen ist nicht mehr notwendig. Dagegen bleibt die Überwachung durch die Polizei. Die Bestimmungen über Auflösung von Versammlungen sind so formuliert, daß sie sich vor allem gegen die Parteien richten, die den Kampf gegen die Notverordnungen führen. Also nicht gegen die Nazis, die ja jetzt tolerieren. In der gleichen Weise sind die Bestimmungen über die Presse geändert. Die Verbotsgründe werden erweitert dahin, daß eine Zeitung verboten werden kann, wenn durch ihre Veröffentlichungen »lebenswichtigste Interessen des Staates gefährdet werden«. Der offizielle Kommentar gibt zu, daß hier Veröffentlichungen über die »Landesverteidigung« gemeint seien. Die Strafbestimmungen werden rigoros verschärft. Die »Schutzhaft« wird eingeführt, d.h. jeder kann festgenommen und drei Monate lang festgehalten werden, wenn es »die öffentliche Sicherheit« erfordert. Über die Aufhebung des SA-Verbots usw. sind die süddeutschen Länder mit dem Reich in einen Konflikt gekommen, der die Gegensätze innerhalb der bürgerlichen Parteien beleuchtet. Hinter der Papen-Regierung steht die Schwerindustrie und das Agrarkapital, augenblicklich geführt von den IG Farben. Diese Konstellation findet ihren offenen Ausbruch in der Bildung einer neuen Regierungsinstanz über dem Kabinett. Der Wirtschaftsminister Warmbold – früher Vorstandsmitglied bei IG Farben – hat seinen Eintritt in das Kabinett von der Bedingung abhängig gemacht, daß ein »Beirat« gebildet werde, der Differenzen über Wirtschaftsfragen zwischen dem Kabinett und Warmbold entscheide. Ein solcher Beirat ist gebildet worden aus Wagemann, der durch seinen inflationistischen Plan im Frühjahr bekannt geworden und mit Warmbold durch Familienbeziehungen verbunden ist, Schmitz, Finanzdirektor der IG Farben und Popitz, der mit Wagemann befreundet ist. Praktisch also wird dieser Beirat entscheiden, wie Warmbold will, oder vielleicht besser Warmbold wird entscheiden, wie dieser IG-Beirat es will, und danach werden sich die Wirtschaftsmaßnahmen des Papen-Kabinetts richten. Die Ministerpräsidenten der süddeutschen Länder, die sich gegen Papen stellen, sind alles führende Männer des Zentrums bzw. dessen Filiale, der Bayerischen Volkspartei. Ebenso ist für Preußen im Augenblick auch der Zentrumsmann Hirtsiefer zuständig.

Aus dem Landtag

Die Kommunisten hatten Antrag auf Ausweisung der Weißgardisten gestellt. Daß die Annahme des Antrags sehr nötig gewesen wäre, beweist das weißgardistische Organ »Wosroshdenje« vom 6. Juni. Dort heißt es in einem Artikel, der sich mit dem Gorgulow-Prozeß beschäftigt – übrigens scheinen die Behörden diesen Prozeß verschleppen zu wollen: »Vielleicht wäre es vorteilhafter gewesen, einen anderen Präsidenten zu töten, das Oberhaupt der deutschen Republik«. Ein anderer Antrag der Kommunisten auf Enteignung der Fürsten wurde gegen die kommunistischen Stimmen abgelehnt. Bei der Abstimmung des kommunistischen Antrags »Der Landtag fordert den Rücktritt der Reichsregierung«, für den die SPD stimmte, war der Landtag beschlußunfähig, weil die Nationalsozialisten sich drückten. Zentrum und Deutschnationale stimmten für die Papen-Regierung. Der kommunistische Antrag auf Amnestierung der proletarischen politischen Gefangenen, unter den keine Nationalisten gefallen wären, wurde gegen die Stimmen der Antragsteller abgelehnt. Darauf stellten diese einen Antrag auf allgemeine politische Amnestie im Ausschuß, der mit den Stimmen der Kommunisten und Nationalsozialisten angenommen wurde, aber durch ein Versehen bei den Parteien im Plenum nicht zur Abstimmung kam. Dann wurde ein sozialdemokratischer Antrag, der die Notdelikte und Straftaten, die zum Schutz der Republik begangen worden sind, amnestiert, angenommen.

In Zürich kam es anläßlich von Streiks zu schweren Zusammenstößen und Barrikadenkämpfen der Arbeiterschaft mit der Polizei.

Sowjetunion

Die Anleihe »Viertes abschließendes Jahr des Fünfjahresplanes« ist mit einem Betrag von 3,2 Milliarden Rubel aufgelegt worden. Moskau zeichnete in den ersten vier Tagen allein 210 Millionen, dreimal soviel als bei der letzten Anleihe. Moskau hat damit seinen Plan um 95 Prozent überschritten. Schon durch diese Tatsachen wird das Gerede der bürgerlichen Zeitungen von einer Zwangsanleihe widerlegt. Diese Anleihen werden von der Sowjetregierung mit einer breiten Aufklärungskampagne verbunden, um auch die letzten noch nicht erfaßten Schichten zur aktiven Beteiligung am sozialistischen Aufbau zu gewinnen. Die Beteiligung an den Staatsanleihen ist dauernd gestiegen: von 55 Prozent aller Beschäftigten bei der ersten, über 69 Prozent – 80 Prozent – 82,8 Prozent, auf 90,4 Prozent bei der Anleihe von 1931.

Lausanne

Die Lausanner Konferenz[129] hat, wenn auch als Spätgeburt, wirklich das Licht dieser Welt erblickt. Es ist sogar schon eine Erklärung gefaßt worden, die allerdings nur eine unumstößliche Tatsache legalisiert; nämlich die Tatsache, daß Deutschland nicht zahlen kann. Das Hoovermoratorium läuft am 1. Juli ab. Damit Deutschland nicht seinen Bankrott erklären muß, sind für die Dauer der Konferenz alle Zahlungen aufgeschoben worden. Aus den Reden der verschiedenen Minister ist klar ersichtlich, daß an eine Beseitigung des Youngplanes nicht gedacht werden kann. Herriot hat diesen Standpunkt für Frankreich dargelegt und England hat sich an das Vorgehen der übrigen Mächte gebunden. Aber ebenso klar ist, daß die Aufrechterhaltung des Youngplanes nur eine juristische Angelegenheit ist. Denn kein Staat erwartet, daß Deutschland in absehbarer Zeit wieder zahlungsfähig ist. Diese juristische Aufrechterhaltung hat aber einen politischen Sinn; Frankreich hat immer die Möglichkeit, die Aufnahme der Zahlungen wieder zu verlangen und damit einen Druck auf Deutschland auszuüben, um es in das System der vom französischen Imperialismus geführten Staaten einzugliedern.

Von allen Delegationen wurde die enge Verbindung zwischen der Lausanner Konferenz und der Abrüstungskonferenz festgestellt. Dies ist besonders für den französischen Standpunkt bezeichnend; denn die Verständigung mit Deutschland nach dem Programm Herrn v. Papens – Aufrüstung und Militärbündnis – wird Frankreich nur durchführen, wenn es die Sicherheit hat, daß dieses aufgerüstete Deutschland seine Vormachtstellung in Europa festigt, also fest in den Block der durch Staatsanleihen an Frankreich geketteten Staaten einbezogen wird.

Was für einen Sinn dieser Block hat, das hat sein führender Staat im Osten, der polnische Imperialismus, gerade jetzt wieder einmal deutlich bewiesen. 78 polnische Intellektuelle hatten sich für den internationalen Kampfkongreß am 28. Juli ausgesprochen, der durch Romain Rolland, Henri Barbusse, Bernhard Shaw und Maxim Gorki veranlaßt ist. Pilsudski ließ diese 78 sofort sämtlich verhaften. In dem faschistischen Polen darf man nicht mehr gegen den Krieg protestieren! Das stört den Diktator Pilsudski in seinen Antisowjetplänen; das stört die polnische Bourgeoisie, die aus ihrer Krise nur den einen Ausweg sieht: Gewaltsame Eroberung eines neuen Absatzgebietes im Osten, Vernichtung des sowjetrussischen Arbeiter- und Bauernstaates, da die polnischen Arbeiter und Bauern im Kampf gegen den Pilsudski-Faschismus immer stärker von den Erfolgen des sozialistischen Aufbaues ergriffen werden und immer mehr für denselben Weg kämpfen. Kein Wunder, daß in den polnischen Regierungskreisen die Wahlerfolge Hitlers offen begrüßt wurden. Ein Regierungsabgeordneter, Mackiewis, schreibt im »Slowo«: »Ich halte es für ein glückliches Schicksal Polens, daß in Deutschland ein Mensch zur Macht kommt, der sich gegen die Politik Stresemanns engagierte. Dieser Mensch ist Hitler.« Er erinnert daran, daß nach Frankreich Polen die stärkste Armee und

Deutschland die leistungsfähigste Kriegsindustrie besitze und propagiert daher zum Schutze Europas, das »sich heute keinen inneren Krieg leisten« kann, die Herstellung eines Dreimächteblocks, in der Sprache Herrn von Papens accord á trois genannt. Deshalb ist es »von wesentlicher Bedeutung, daß in Berlin ein v. Papen sitzt. Für Polen wäre es bedeutend schlimmer, wenn statt von Papen Spartakus in Berlin herrschte.« Ein anderer Regierungsabgeordneter, Studinski, begründet das Bündnis mit Deutschland damit, daß während des russisch-polnischen Krieges 1920 die Kriegstransporte über Danzig gefährdet worden seien.

Auch im zweitwichtigsten der französischen Vasallenstaaten, in der Tschechoslowakei, geht man zu immer schärfer faschistischen Methoden über. Der große Bergarbeiterstreik hatte der Bourgeoisie gezeigt, daß das Proletariat sich nicht so leicht in einen Krieg hineinhetzen lassen wird. Es hat sich eine ganze Anzahl weiterer großer Kämpfer mit Tausenden von Streikenden angeschlossen, die teilweise durch den Einsatz von Polizei blutig verliefen. Jetzt hat die Regierung den kommunistischen Jugendverband aufgelöst. Man folgte der bewährten Methode Deutschlands: Zunächst wurden zwei faschistische Verbände »verboten«, die je etwas über 100 Mitglieder hatten, um dann um so schärfer gegen die Arbeiterorganisation vorzugehen. Der Einsatz von faschistischen Organisationen als Bürgerkriegsarmee des Staates wird gesteigert. In der nächsten Zeit wird ein Kongreß der Sokolverbände der gesamten Kleinen Entente stattfinden, bei dem auch die Weißgardisten beteiligt sind. Auch von Deutschland her wird in diesem Sinne gearbeitet: gerade jetzt ist in Berlin eine riesige antisowjetische Fälscherzentrale für russische »Terrordokumente« ausgehoben worden, die nach den Berichten der bürgerlichen Zeitungen bei den Berliner Botschaften einen guten Absatz fand.

Man lese auch einmal den literarischen Teil einer nationalsozialistischen Zeitung, in der etwa Hermann Grimms »Eiserne Division« abgedruckt wird[130], um die Furchtbarkeit weißgardistischer Hetze zu erkennen. Ob Herr v. Papen gegen diese Methode die Bestimmung seiner Notverordnungen anwendet? –

Aus dem ganzen Bericht möge jeder ersehen, wie notwendig es war und ist, daß das Reichsbanner seine Schufo wieder aufgetan hat, wie unbedingt notwendig es ist, daß wir zur Einheitsfront des Proletariats kommen. Die öffentliche Diskussion wird darüber zwischen SPD und KPD geführt. Möge man bald und entschlossen der Schwierigkeiten Herr werden, die sie noch nicht zustande kommen lassen.

(56.) Politik der Woche 19. Juni bis 26. Juni 1932

Die Regierung der »nationalen Konzentration« erweist sich immer offener als die Regierung zur Aufrichtung der faschistischen Diktatur. Unter ihrer Duldung ist die SA zu einem beispiellosen Terror gegen die Arbeiterschaft und ihre Organisationen übergegangen. Es vergeht in den Großstädten, aber auch schon in den kleineren Städten und auf dem Land kaum ein Abend, wo nicht Terrorakte der SA verübt werden. Die Druckerei des »Vorwärts« wird überfallen. Auf das Parteihaus der KPD in Düsseldorf wird ein regelrechter Feuerüberfall verübt. Die Polizei vertreibt vorher die Arbeiterschaft, die davor stand. Nach den verschiedentlichen Zeitungsmeldungen geht die Polizei bei allen diesen Zusammenstößen in erster Linie gegen die Arbeiterschaft, die sich gegen die SA wehrt und nicht gegen die SA vor. Die SA, die in Trupps (trotz Demonstrationsverbot!) durch die Straßen läuft und einzelne Arbeiter überfällt, wird nicht auseinandergetrieben. Täglich sind schon jetzt mehrere Tote und Schwerverletzte das Ergebnis dieses Terrors. Zu gleicher Zeit steht die ganze Rechtspresse, allen voran der »Völkische Beobachter«, zu einer wüsten Hetze gegen die Arbeiterschaft und ihre Organisationen ein. Die Nazi-Blätter sprechen nur noch von »Untermenschentum« und »Sowjetagenten«. Hitler hat Papen ein direktes Ultimatum gestellt, in dem er das Verbot der KPD und die Verhängung des Ausnahmezustands fordert. Würde die SA nicht durch die Polizei geschützt, so »müßten die Dinge ihren Lauf nehmen«; d.h. Hitler kündigt ein neues Blutbad an. Die Dinge stehen auf des Messers Schneide! Mit dem Verbot der KPD würde zugleich und unmittelbar eine gewaltige Verschärfung der Terror- und Unterdrückungsmaßnahmen gegen die Arbeiterschaft einsetzen.

Mit dieser ungeheuren Zuspitzung der Klassengegensätze verschärfen sich auch die Gegensätze innerhalb der Bourgeoisie. Der Konflikt zwischen dem Reich und den Ländern ist noch nicht gelöst. Die Länder beharren auf ihrem Standpunkt. Darin kommt einmal die Rücksicht zum Ausbruch, die das Zentrum auf seine Arbeiterwähler zu nehmen hat; zum anderen, daß ein Teil der Bourgeoisie, vor allem die süddeutsche Fertigwarenindustrie, noch nicht so bankrott ist, wie die Schwerindustrie und daher auch ein weniger großes Interesse an der beschleunigten Faschisierung hat. Welche Methoden die Bourgeoisie anwenden wird, diesen Konflikt auszutragen, kann man nicht voraussagen. Sicher ist, daß eine bewaffnete Austragung der Gegensätze innerhalb der Bourgeoisie ein zu großes Risiko für die Bourgeoisie als ganzes enthalten würde. Die Arbeiterschaft tut jedenfalls gut daran – das Verhalten der Polizei zeigt es wiederum deutlich – sich nur auf sich selbst zu verlassen. Sehr verschiedene Deutung gestattet die Haltung des Zentrums gegenüber dem Hitler-Faschismus im preußischen Landtag. Die Kommunisten hatten sich bereit erklärt, die Wahl eines Nazis zum Landtagspräsidenten zu verhindern. Sie gaben bekannt: »Im Kampf für die Freiheit der Arbeiterklasse gegen die faschistische Reaktion stellen die Kommunisten folgende Forderungen auf: »1. Herstellung der Versammlungs-, Demonstrations- und Pressefreiheit für die revolutionäre Arbeiterschaft. 2. Nichtdurchführung der beiden faschistischen Notverordnungen in Preußen.« Zentrum und Sozialdemokratie haben diese Forderungen abgelehnt mit der Begründung, »daß die Erfüllung der ersten Forderung die bürgerkriegsähnlichen Zustände verschärfen und die der zweiten Forderung vom Reich sofort mit der Einsetzung eines Reichskommissars in Preußen beantwortet würde«. Daraufhin machten die Kommunisten einen neuen Vorstoß, die Wahl eines Nazipräsidiums und damit eine Machterweiterung der Nazis zu verhindern. Sie forderten die Parteien der Weimarer Koalition auf, mit den Kommunisten als Mehrheit die Nazis und Deutschnationalen vom Präsidium auszuschalten, also mit SPD und Zentrum zu besetzen. Sie selbst beanspruchten seine Vertretung. Die SPD war bereit, auf diesen Vorschlag einzugehen, aber nicht das Zentrum. Nachdem das Zentrum seine Ablehnung bekannt gegeben hatte, verzichtete die SPD auf eine Erklärung zu dem Vorschlag. Daraufhin zogen die Kommunisten ihren Vorschlag zurück und stellten für alle Wahlgänge einen eigenen Kandidaten auf. Durch Stimmenthaltung des Zentrums – das letzte Mal hatte es bekanntlich für den Nazi Kerrl gestimmt, das kann es sich jetzt im Hinblick auf die Wahl nicht leisten – wurde der Nazipräsident wieder gewählt. Nun stimmten die Nazis nicht nur gegen den Kommunisten, sondern auch gegen den Sozialdemokraten Witmaack als Vizepräsidenten. Die Tatsache ist verwirklicht, daß kein Sozialdemokrat im Präsidium sitzt! – Weiter hat sich das Zentrum jetzt mit den Nazis dahin geeinigt, daß die Wahl des Ministerpräsidenten bis nach der Reichstagswahl verschoben wird.

Der Amnestieantrag im Landtag ist angenommen worden. Unter ihn fallen jetzt politische Verbrechen – einige wichtige sind allerdings noch ausgenommen, so Religionsvergehen, Landesverrat, Verrat militärischer Geheimnisse – ohne Rücksicht auf die politische Zugehörigkeit. Von den etwa 40.000 Verfolgten, die demnach amnestiert werden, sind ca. 80 Prozent Arbeiter, zum großen Teil Kommunisten oder mit diesen Sympathisierende. Die 20 Prozent Nazis und andere Reaktionäre, die ja schon immer die Milde der bürgerlichen Gerichte genießen, wären höchstwahrscheinlich so oder so in kurzer Zeit durch Einzelbegnadigung oder Gerichtsbeschlüsse mit Bewährungsfrist freigekommen.

Ein Antrag der Rechten auf Einführung der Arbeitsdienstpflicht ist gegen Sozialdemokraten, Kommunisten und Zentrum mit zwei Stimmen Mehrheit abgelehnt worden. Inzwischen ist die Papenregierung dabei, den »freiwilligen« Arbeitsdienst zur Arbeitsdienstpflicht auszubauen. Sie hat zunächst einmal zwanzig Millionen – also schon mehr als Brüning – dafür eingesetzt. Weiter soll der Nazi-Oberst Hierl, der bei Hitler als Sachverständiger für diese Frage eingesetzt ist, zum Ausbau des Arbeitsdienstes herangezogen werden. Hierl hat verschiedene Reden gehalten, in denen er offen seine Pläne enthüllt hat: »Die Arbeitsdienstpflicht soll der Staatsleitung ein Arbeitsheer schaffen als staatliches Machtmittel zum Einsatz im wirtschaftlichen Kampf«. Also Streikbrucharmee! Tarife, Arbeitszeitbestimmung usw. finden keine Anwendung. Also Lohnbruch und verschärfte Ausbeutung! Wer den Arbeitsdienst verächtlich macht oder zum Widerstand gegen ihn aufruft, wird mit Gefängnis und Zuchthaus bestraft. Die Arbeitsdienstpflichtigen stehen unter militärischer Disziplin. Also nicht nur Streikbruchgarde, sondern auch eine Truppe, die man bei einem Krieg gegen die Sowjetunion einsetzen kann! Wörtlich: »Wir müssen wieder zur allgemeinen Wehrpflicht kommen; der Arbeitsdienst stellt nur eine Zwischenstufe hierzu dar«. Das ist die Form und Bedeutung der Zwangsarbeit für die Jugendlichen, wie Papen und seine Nazis sie bringen wollen. Zugleich hat Papen durch die Nivellierung der Unterstützungen die Voraussetzung für die Durchführung der Zwangsarbeit auch bei den Unterstützungsempfängern geschaffen. Die Pflichtarbeit verdrängt heute schon an vielen Orten Tarifarbeiter. Das ist die Form der Zwangsarbeit für die Erwachsenen. Aber hier wächst auch schon der Widerstand des Proletariats. In verschiedenen Orten ist es zu Pflichtarbeiterstreiks gekommen, die zum Teil den Erfolg hatten, daß die Pflichtarbeit eingestellt wurde. – Der Reichsernährungsminister hat eine Rede gehalten, in der er praktisch – ohne das Wort zu gebrauchen – Autarkie proklamiert. Das bedeutet einen neuen Hungerfeldzug gegen das Proletariat. Der Reichsverband der Industrie stellt sich in einer Erklärung hinter Papen. Vor der Arbeiterschaft steht also heute die ungeheure Aufgabe, die Anschläge der Papen und Hitler und vor allem den SA-Terror abzuwehren. Das kann nur geschehen durch die geschlossene Front des gesamten Proletariats. Gelingt es nicht, in kürzester Zeit die Einheitsfront der sozialdemokratischen, christlichen, parteilosen und kommunistischen Arbeiter dem SA-Terror entgegenzutreffen, dann werden die Zustände der letzten Tage in diesem Sommer der normale Zustand werden. An einigen Orten ist die Einheitsfront im Werden. In Essen demonstrierten bei der Beerdigung des von der SA ermordeten parteilosen Arbeiters Bischoff 40.000 sozialdemokratische, kommunistische und parteilose Arbeiter, 22 Hafenbetriebe führten einen einstündigen Proteststreik durch.

Lausanne

In Lausanne wollte man über die Reparationen verhandeln. Davon spricht man aber nur noch, wenn es sich darum handelt, Entscheidungen über diese

Frage auf unbestimmte Zeit zu vertagen. Dafür wird um so eifriger über ein Militärabkommen gesprochen. In einem Dementi hierzu wird nur erklärt, daß offizielle Verhandlungen nicht stattgefunden hätten. Der Reichskanzler v. Papen hat einem französischen Journalisten ein Interview gegeben, in dem er wieder diesen Plan entwickelt hat. Wir haben schon über Papens Auftreten im Herrenklub in dieser Frage berichtet. Dort ist der wärmste Verfechter dieses Planes der Kaliindustielle Rechberg. In einem Kurfürstendammblatt dieses Unternehmens wird das Bündnis gegen die Sowjetunion ganz offen propagiert: »Der Appell an die Waffen gegenüber dem Imperialismus Moskaus würde die erste Tat des japanischen Nationalismus sein... Es wird daher zur großen Schicksalsfrage unserer Epoche, ob auch wir andern die gleiche Entschlußkraft wie das tapfere japanische Volk aufbringen werden, dem weiteren Umsichgreifen der bolschewistischen Pest mit dem einzigen hier noch tauglichen Mittel der Brachialgewalt entgegenzutreten. Erschließung der unermeßlichen Ländermassen Rußlands und Wiens wird uns verwehrt durch das verbrecherische Regime des Bolschewismus.« Der deutsche Imperialismus sieht die Neuaufteilung der Welt auf die Tagesordnung gestellt und wünscht sich hierbei einzuschalten. Durch die Weltkrise ist das Versailler System ins Wanken gekommen. Der Kampf um neue Absatzmärkte hat verschärft eingesetzt. Aber vor allem Frankreich wehrt sich gegen die Beseitigung des Versailler Systems, weil es dieses in seinem Kampf um die Neuaufteilung der Welt als Druck gegen Deutschland ausspielen kann, weil hieraus seine Vormachtstellung in Europa beruht.

In Lausanne droht sich eine Front der europäischen Staaten gegen den Hauptgläubiger Amerika zu bilden. Die USA antworteten mit einem Vorstoß auf der Abrüstungskonferenz, durch den die Gegensätze der europäischen Staaten wieder aufbrachen. Hoover verlangt die Herabsetzung der Rüstungen um ein Drittel, soweit nicht die Rüstungen zur Aufrechterhaltung der »Ordnung im Innern« und der Kolonialherrschaft notwendig sind, d.h. zur Aufrechterhaltung des kapitalistischen Chaos mit Bürgerkriegsmitteln gegen das Proletariat. Tanks und schwere Artillerie sollen abgeschafft, die Landheere um ein Drittel herabgesetzt werden. Dies würde den amerikanischen Imperialismus nicht berühren, aber vor allem Frankreich und Polen treffen. Ebenso wehrt sich Frankreich erbittert gegen die Abschaffung der Bombenflugzeuge und Unterseeboote, während die See-Abrüstungsvorschläge gegen England gerichtet sind. Diese Gegensätze sind in der folgenden Aussprache sofort zum Ausbruch gekommen.

In Chile ist die Diktatur des Oberst Grove durch eine neue Diktatur Dávila abgelöst worden, die mit dem schärfsten Terror gegen die Arbeiter vorgeht. In ganz Chile ist der Kriegszustand ausgerufen, die Kommunistische Partei mit allen Nebenorganisationen ist verboten. Zugleich wird auch hier der Staat als Mittel im Konkurrenzkampf der Wirtschaftsgruppen benutzt. Grove wollte die Interessen des Salpetertrust nicht berücksichtigen, wofür Davila eintritt. Außerdem spielt der Kampf der imperialistischen Mächte, vor allem Englands und Amerikas eine Rolle, die sich schon beide zu einer Intervention entschlossen haben. Englische Kreuzer sind nach Chile unterwegs. Der amerikanische Gesandte hat Truppen zum »Schutz des amerikanischen Eigentums« angefordert, dieselben Worte, die wir auch in Japan bei seinem chinesischen Raubzug hören und die gewaltsame Eroberung von Kolonialmächten verschleiern sollen. Aber auch hier erhebt sich das Proletariat gegen die doppelte Ausbeutung. Der Generalstreik wird vollständig durchgeführt. Die Kommunistische Partei hat zur Bildung von Räten aufgerufen, die an beschriebenen Orten die Macht in der Hand haben.

In Zürich kam es zu Barrikadenkämpfen, da die Polizei gegen Streikende eingesetzt wurde. Der Erfolg war, daß trotz Verbots 10.000 Arbeiter durch die Stadt demonstrierten und Tausende von Arbeitern zum Protest einen eintägigen Streik durchführten.

In Rumänien wird eine Regierung von der anderen abgelöst. Die Diktatur Jorga fiel unter den Auswirkungen der Krise. Sie konnte Gehälter und Sold nicht mehr auszahlen. Der Versuch einer »nationalen Konzentration« scheiterte, da die Nationalliberalen vor den Wahlen keine Verantwortung übernehmen wollen. Daher wurde eine Übergangsregierung gebildet, die jedoch ebenfalls vor dem Rücktritt steht, da auch sie den Staatsbankrott nicht aufhalten kann. Daher mußte der Versuch, durch die Ausschreibung von Neuwahlen die faschistische Diktatur zu verschleiern, mißlingen und es bleibt der Bourgeoisie Rumäniens wieder nur der Terror gegen die Arbeiterschaft übrig.

(57.) Politik der Woche 26. Juni bis 2. Juli 1932

Lausanne

Über das Interview mit dem »Petit Parisien«, in dem sich von Papen für den Rechberg-Plan eines Militärbündnisses mit Frankreich einsetzte, berichteten wir schon das letzte mal. Es folgte das Interview mit dem Chefredakteur des »Matin«, der darüber berichtet: v. Papen erklärte: »Ich kann Ihnen nur wiederholen, was ich zu Herrn Herriot gesagt habe: Ich gebe zu, daß Frankreich bei der sogenannten Liquidation der Reparationen ein Recht auf eine Kompensation hat. Wenn ich materiell in der Lage wäre, diese Kompensation in barem Gelde anzubieten, dann würde ich das sehr gerne tun, aber da dies unmöglich ist, wünsche ich gemeinsam mit der französischen Delegation zu überlegen, ob die Kompensation nicht auf wirtschaftlichem Gebiet gefunden werden kann – im Rahmen der wirtschaftlichen Reorganisation Mitteleuropas... Ich füge hinzu, daß ich heute alle nationalen Kräfte Europas vertrete.« Der »Völkische Beobachter« sekundiert Herrn v. Papen, indem er erklärt, daß hinter ihm das neue nationalsozialistische Deutschland stehe. Das fällige Dementi der Reichsregierung sagt, daß dieses Interview »mißverständlich« wiedergegeben sei. Man wagt aber nicht zu dementieren, daß der Reichskanzler Frankreichs Recht auf Kompensationen anerkannt hat. In einem amtlichen Kommuniqué werden die Bedingungen formuliert, unter denen Herr v. Papen zu solchen Kompensationen bereit ist: Es wird festgestellt, daß »eine wie immer geartete Schlußzahlung Deutschlands nicht in Frage kommen könne«. Aber: »Wenn somit die Gleichberechtigung Deutschlands und die Sicherheit hergestellt werde, dann würde der Reichskanzler es für möglich halten, daß Deutschland an der allgemeinen Anstrengung zum Wiederaufbau der Weltwirtschaft seinen Anteil in Form eines Beitrags zahle.« Auf gut deutsch heißt das: Wir können nicht zahlen; aber wenn wir aufrüsten dürfen, dann können wir zahlen.

Damit hat v. Papen den Standpunkt des »kernigen deutschen Nein« vollkommen aufgegeben. Der zweite Akt, in dem Frankreich mit Deutschland direkt verhandelte, hat zu der prinzipiellen Bereitschaft des Reichskanzlers geführt, sich dem französischen Imperialismus zu unterwerfen. Worum geht es jetzt, im dritten Akt der Tragödie, in dem zunächst Frankreich und England allein beraten, um dann Deutschland wieder hinzuzuziehen, wofür man sich schon einen Vertreter der höchsten Instanz in Deutschland, des Dreierrates, nämlich Geheimrat Schmitz von der IG Farben, nach Lausanne bestellt hat? Das wenigst Wichtige ist die Höhe der Schlußsumme, wobei Zahlen zwischen 4 und 10 Milliarden genannt werden. Wichtiger schon ist die Frage: Soll die Deutsche Reichsbahn für die Zahlungen verpfändet werden und wieweit ist der französische Imperialismus bereit, den imperialistischen Bestrebungen v. Papens nach Aufrüstung stattzugeben. Kann Herr v. Papen genügend Garantien geben, daß sich die militärische Gleichberechtigung nicht zum Schaden der französischen Vormachtstellung auswirken wird? Und die letzte Frage: Wird man eine Verbindung zwischen den deutschen Reparationszahlungen und den interalliierten Schulden machen? Das Bestreben Frankreichs und auch Englands geht darauf, die Höhe der deutschen Schlußsumme davon abhängig zu machen, ob Amerika auf die Schulden der europäischen Staaten verzichten wird oder nicht. Amerika hat zu erkennen gegeben, daß es dazu nicht bereit ist; aus innenpolitischen Rücksichten, da keine Regierung zu gleicher Zeit, in der sie ein ganzes Bukett von neuen Steuern dem amerikanischen Steuerzahler aufgebürdet hat, auf die europäischen Schulden verzichten kann. Aus außenpolitischen Gründen nicht, da Amerika diese Schulden als Druckmittel ausnutzt, um seinen Standpunkt in der Abrüstungskonferenz durchzusetzen. Daher würde die Verbindung zwischen Reparationen und Kriegsschulden den Versuch bedeuten, eine gemeinsame Front der europäischen Staaten gegen die USA zustande zubringen.

In dieser Frage ist auch die bevorstehende Wirtschaftskonferenz des Britischen Reiches, die am 15. Juli in Ottawa zusammentritt, bedeutungsvoll, zu der schon die Vorbereitungen getroffen werden. Für England geht es darum, durch die Drohung eines Zoll- und Währungskrieges das Imperium zu einer »Wirtschaftseinheit«, zu einem »Sterlingblock«, zusammenzuschließen, sich diese Absatzgebiete zu sichern. Für die Kolonien steht die Frage: Engere Verbindung mit England oder mit den USA? Der Abgeordnete Ilsley sagte im kanadischen Parlament zu der Ottawa-Konferenz: Von 1911 bis Januar 1932 ging die Ausfuhr Kanadas nach anderen Teilen des Britischen Reiches von 54 Prozent auf 38 Prozent zurück, die Einfuhr von 29 Prozent auf 25 Prozent. »Es wäre unklug, diese Tendenz nicht zu berücksichtigen.« Zugleich ist die wirtschaftliche Verflechtung zwischen Kanada und den USA in demselben Maße gestiegen. Die Konferenz von Ottawa steht also im Zeichen der Verschärfung der Gegensätze zwischen dem englischen und amerikanischen Imperialismus. Nehmen wir noch ihre Rivalität in Südamerika hinzu (vergleiche die Vorgänge in Chile), dazu die Tatsache, daß Kanada ein Verbot der Einfuhr aus der Sowjetunion erlassen hat, und daß der englische Kriegsminister als Delegierter zu der »Wirtschafts«-Konferenz nach Ottawa geht: Alle Versuche einzelner kapitalistischer Staaten, einen Ausweg aus der Krise zu finden, gehen auf Kosten eines anderen Staates, führen zur Verschärfung der imperialistischen Gegensätze. Bestimmte Kreise versuchen diese Gegensätze zurückzudrängen durch den gemeinsamen Gegensatz zur Sowjetunion.

Der Krieg im Osten

Die Shanghaier Zeitung »Dagun Bao« berichtet von einem Geheimabkommen zwischen Tibet und Großbritannien: Post und Luftschifffahrt gehen in englische Verwaltung über, England erhält die ausschließliche Konzession im Bergbau; die Gegenleistung besteht in Lieferung von 40 Geschützen, 2.000 Gewehren und 2 Millionen Schuss Munition. Mit englischen Waffen ausgerüstet, sind tibetanische Truppen unter der Führung englischer Offiziere in chinesisches Gebiet eingebrochen, und es ist zu Kämpfen mit chinesischen Truppen gekommen. Dies bezeichnet den Beginn der offenen Intervention Großbritanniens in China, die »notwendig« ist, wegen der dauernden Siege der Roten Armeen in Südchina, die jetzt schon Hankou[131] bedrohen und wegen der Zunahme der aufständischen Bewegung in der Mandschurei. Die chinesische Presse schreibt: »Im ganzen Land ist die Organisierung des bewaffneten Widerstandes gegen das neue Regime im Werden«; die japanische Presse gibt die außerordentliche starke Fahnenflucht unter den mandschurischen Truppen zu den Aufständischen zu, um damit neue japanische Truppentransporte zu rechtfertigen. Dem ist noch hinzuzufügen, daß diese Desertion auch die japanischen Truppen erfaßt hat, daß diese größtenteils aus den Bauerngebieten Japans stammen, in denen jetzt eine furchtbare Hungersnot herrscht. Eine Regierungskommission stellt fest: »Die Bevölkerung hat 80 bis 90 Prozent ihres Einkommens aus dem Ertrag ihrer Reispflanzungen bezogen. Jetzt gibt es keinen Reis mehr und die Bauern verkaufen ihre Töchter. Ein Kind von 11 Jahren wird um 100 Yen verkauft, Mädchen, die die Schule beendet haben, werden um 400 Yen verkauft.«

Die innenpolitische Stellung

des Kabinetts Papen hat sich durch dessen Verständigungsbereitschaft nicht gebessert. Selbst die Deutschnationalen versuchen sich von Papens Außenpolitik zu distanzieren. Die Zentrumsblätter schreiben offen gegen Papen. Die »Germania« läßt sich von Lausanne zu dem »Matin«-Interview und seinen Dementis drahten: »Im übrigen ist es eine Tatsache, daß der Reichskanzler in den letzten Tagen Erklärungen genau desselben Inhalts (nämlich: Hinweis auf den Rechbergplan eines Militärabkommens gegen die Sowjetunion) einer ganzen Anzahl deutscher und ausländischer Persönlichkeiten gemacht hat.« Die »Kölnische Volkszeitung« (Zentrum) stellt sogar die Frage, ob Papen als Delegationsführer noch möglich sei. Sehr bezeichnend ist, daß die Nazis zu Papens Unterwerfung noch kein Wort der Kritik gesagt haben. Selbst das »Matin«-Interview hat ihnen nicht den Maulkorb gelöst, der ihnen von ihren schwerindustriellen Freunden umgebunden ist. Sie stellen ihre außenpolitische Agitation jetzt immer offener um auf den Kurs gegen Osten. Dabei wird abwechselnd von dem »Todfeind« Polen und dem bolschewistischen Rußland gesprochen. Daß man aber in Wahrheit bereit ist, sich mit dem Todfeind Polen zu verständigen, hat Hitler schon 1930 in der Unterredung mit Hervé zugegeben. Während die Nazis also zur Anerkennung der Tributverträge schweigen, versuchen sie krampfhaft, sich wenigstens innerpolitisch von Papen zu distanzieren. Über eine Woche hatten sie zur Notverordnung geschwiegen. Jetzt lassen sie Erklärungen los, daß sie keine Verantwortung für die Notverordnung hätten, um die Gärung in den eigenen Reihen zu beschwichtigen. Zugleich aber richten sich die Nazi-Redner nach den Anweisungen des Reichspropagandaleiters Goebbels. Dieser Überdemagoge erklärte auf einer Gautagung in Berlin zur Notverordnung: »Wir haben es nicht nötig, uns zur Wahl mit kleinlichen Wirtschaftsfragen zu befassen.« Für Goebbels ist also die Zerschlagung der Sozialversicherung, die Kürzung der Renten, der ganze ungeheuerliche Raubzug auf die Taschen der Werktätigen eine »kleinliche Wirtschaftsfrage«. Die ganze Agitation der Nazis lebt eigentlich im Augenblick von einer maßlosen Hetze gegen die Sozialdemokratie und die Kommunisten. Der »Angriff« ging dabei so weit, daß er offen zur Beseitigung der kommunistischen Führer aufforderte, und in Versammlungen haben Naziredner – ohne daß die anwesende Polizei einschritt –, kommunistische Führer beim Namen genannt, die umgebracht werden müßten. Diese Hetze schafft die richtige Stimmung bei der SA, die diese brauchbar zum Terror gegen die Arbeiterschaft macht. Täglich fallen diesem Terror Reichsbannerkameraden und kommunistische Arbeiter zum Opfer. An vielen Stellen ist der SA-Terror auf den Widerstand der Arbeiterschaft gestoßen. Im Rheinland liefern die Arbeiter regelrechte Schlachten gegen die SA. In Breslau vertrieben kommunistische und sozialdemokratische Arbeiter zusammen die SA aus dem Arbeiterviertel, obwohl aus der ganzen Umgegend SA zusammengezogen worden war. In Chemnitz wurde ein Reichsbannerkamerad von Nazis ermordet. An der Trauerkundgebung der Eisernen Front und der KPD beteiligten sich rund 30.000 Arbeiter aller politischen Richtungen. Dem Ruf der Betriebsrätevollversammlung zum antifaschistischen Proteststreik folgten 30 Betriebe. Je mehr der Widerstand der Arbeiterschaft wächst, desto heftiger wird die Hetze der ganzen bürgerlichen Presse, für die Nazis gegen die Organisationen der Arbeiterschaft. Wieder war eine Abordnung Hitlers bei Gayl, der zugesagt haben soll, daß er sofort Maßnahmen gegen die KPD einleiten werde. Wenn aber die Sozialdemokratie bei Gayl vorstellig wird, erklärt dieser Mann, die Voraussetzungen für ein Einschreiten gegen die SA seien noch nicht gegeben! – Hier macht sich der Pakt Schleicher-Hitler bemerkbar, der durch das eben veröffentlichte Rundschreiben des Deutschen Herrenklubs eine neue Beleuchtung erfährt. Danach regiert in Wahrheit nicht Papen, sondern Schleicher. Der Mann, der im Kriege die Verbindung zwischen Generalstab und Industrie herzustellen hatte, der 1918 Freiwilligenkorps zur Niederwerfung der kämpfenden Arbeiter organisierte, der 1923 unter dem Beifall des Bürgertums den Ausnahmezustand durchführte, der 1928 zum Chef des Ministeramts avancierte, hat also die Macht erobert, und er will sie – wie aus dem Brief hervorgeht – nicht so rasch wieder aus der Hand geben. Man will vielmehr auch nach der Wahl Papen-Schleicher lassen und die Nazis dadurch in den Staatsapparat eingliedern, daß man ihnen die Länder gibt. So will man diese Bewegung und ihren Terrorapparat verwerten, ohne daß sie Herrn Schleicher über den Kopf wächst oder gegenüber dem zum Teil noch skeptischen Ausland Schwierigkeiten bereitet. Zu diesem Zusammenhang bekommt der Konflikt Reich-Länder seine besondere Bedeutung. Die Nazis sind auch hier die eigentlichen Scharfmacher. Der bayerische

Ministerpräsident hat im Landtag die Reichspolitik in schroffer Form abgelehnt. Nun hat Papen die Notverordnung erlassen, die einen Kompromiß bringt. Uniform- und Demonstrationsverbot werden generell aufgehoben. Die Länder bekommen aber die Möglichkeit, solche Verbote für bestimmte Sonderfälle zu erlassen. Die Notverordnung bringt zugleich wieder Beschränkungen der politischen Freiheit. Die Länder werden sich damit anscheinend zufrieden geben. In Preußen besteht schon länger kein Uniformverbot mehr, jetzt sind auch Demonstrationen wieder erlaubt, aber anmeldepflichtig, und können verboten werden, wenn sie eine »Gefahr für die Sicherheit« darstellen. Bayern erklärt, daß die Verantwortung für die jetzt eintretenden Zustände der Reichsregierung zufiele. – Gayl hat von Severing das Verbot der »Kölnische Zeitung« und des »Vorwärts« gefordert. Severing hat abgelehnt. Das Reichsgericht hat das Verbot des »Vorwärts« für zulässig erklärt. So ordnet sich die Justiz in die allgemeine Faschisierung des Staatsapparates ein.

Der neue Reichsetat ist im Reichsrat verabschiedet worden und wird durch Notverordnung in Kraft gesetzt werden. Die Länder Preußen, Bayern usw., aber auch die Naziregierungen Braunschweig, Anhalt usw., haben für den Etat gestimmt. Trotz der Verelendung der Massen ist deren steuerliche Belastung durch die Notverordnungssteuern um rund 400 Millionen Mark erhöht. Dagegen sind alle Erträge aus Besitzsteuern im Etat außerordentlich niedrig angesetzt. Überdies werden den Kapitalisten weitere 100 Millionen der Industrieumlage geschenkt. Typisch auch die Aufhebung der Mineralölsteuer, die eine Liebesgabe an die IG-Farben von etwa 50 Millionen darstellt. Das ist ein Betrag, der etwa der Belastung der Werktätigen durch die Salzsteuer entspricht. Wohlfahrtsstaat für die Schwerindustrie! Aber immer neue Lasten für die Arbeiterschaft!

Der österreichische Staat hat de facto, ohne daß es angekündigt wäre, ein Auslandsmoratorium erlassen. Der Zinsendienst wird einfach nicht mehr erledigt. Die Regierung erklärt, daß sie zum 1. Juli nicht imstande ist, die Beamtengehälter voll auszuzahlen.

(58.) Politik der Woche 2. Juli bis 9. Juli 1932

Der Lausanner Pakt

Papen in seiner Rundfunkrede und ein Teil der Rechtspresse versuchen das Ergebnis von Lausanne als einen Erfolg hinzustellen. In Wahrheit aber hat von Papen der deutschen Bourgeoisie eine Niederlage und dem deutschen Proletariat neue Lasten von Lausanne mitgebracht. Nach der Erklärung des Hooverjahrs war die ganze offizielle Haltung: Reparationen werden nicht mehr gezahlt. Die Regierung der »nationalen Konzentration« war es vorbehalten, die »Tribute« nicht nur anzuerkennen, sondern zugleich eine Regelung ihrer Weiterzahlung zu vereinbaren, die nur eine Anpassung an die durch die Krise verminderte Leistungsfähigkeit bedeutet. Papen hat 2 Milliarden geboten – Herriot hat 4 Milliarden gefordert. Auf 3 Milliarden hat man sich geeinigt, die in Schuldscheinen (Bonds) gezahlt werden. Diese Schuldscheine werden nach drei Jahren, wenn die Kreditfähigkeit Deutschlands wiederhergestellt ist, in den Verkehr gebracht, mit 5 Prozent verzinst und in 35 Jahren getilgt. Wenn also zunächst keine direkte Zahlung geleistet wird, so bleibt doch aufrechterhalten das System, mit dem die imperialistischen Gläubiger die deutsche Bourgeoisie unter Druck halten und mit dem sie – wenn Deutschland nach ihrer Ansicht wieder leistungsfähig ist – sich von neuem an den Profiten beteiligen können, die die deutschen Kapitalisten aus den Knochen der Werktätigen pressen. Wenn diese Zahlungen auch erst nach drei Jahren einsetzen, so bedeutet das nicht, daß jetzt gar nichts gezahlt würde. Es werden vielmehr weiter gezahlt die Zinsen für die Young- und Dawes-Anleihe, Zahlungen an USA für Besatzung usw. Das ergibt zusammen eine Summe von zirka 500 Millionen. Dazu kommen die privatkapitalistischen Auslandsschulden, die jährlich etwa 1,8 Milliarden betragen und zum großen Teil indirekt ja auch auf den politischen Zahlungen beruhen.

Die Verschärfung der Krise: Der sinkende Außenhandel signalisiert, daß von hier aus in nächster Zeit Schwierigkeiten eintreten werden, die den deutschen Kapitalismus wiederum in eine akute Krise werfen können wie im Juli vorigen Jahres!

Frankreich führte in Lausanne einen verzweifelten Kampf um die Aufrechterhaltung seiner Vormachtstellung in Europa. Mit einer gewissen Verspätung, aber jetzt um so schärfer, ist es von der Krise eingeholt worden. Nur zwei Zahlen zum Beleg: Im März sank die französische Produktion unter das Niveau von 1913. Die Zahl der Erwerbslosen ist auf 1,5 Millionen gestiegen, 50 Prozent der Industriearbeiter arbeiten verkürzt. Das Budget des Staates weist ein großes Defizit auf, das durch neue Massenbelastungen gedeckt werden soll, warum gerade der Kampf in der Kammer geführt wird. Hier liegen die Ursachen für die Hartnäckigkeit, mit der jede französische Regierung ihr »Recht« auf Reparationen verteidigt und verteidigen wird. Lausanne hat dem französischen Imperialismus zunächst den einen Erfolg gebracht, daß er sich aus dem durch die Krise verursachten Zusammenbruch des Reparationssystems ein neues Druckmittel gerettet hat, nämlich den Lausanner Pakt mit seinen wirtschaftlichen Sicherungen, die gerade dann einsetzen, wenn die Konkurrenz des deutschen Kapitalismus fühlbar werden könnte.

Die politischen Forderungen, die, wie jetzt selbst die bürgerlichen Zeitungen offen zugeben, nicht nur in der Beseitigung des Kriegsschutzparagraphen, sondern vor allem in dem Verlangen nach Gleichberechtigung in den Wehrfragen, d. h. nach Aufrüstung bestanden, hat Papen fallen lassen müssen. Entscheidend aber ist, daß jene Gedanken in Lausanne zum erstenmal aus der Sphäre privaten Pläneschmiedens und Verhandelns unter den Gruppen des Finanzkapitals in die Sphäre der offiziellen Verhandlungen zwischen den imperialistischen Staaten verlegt worden sind. Das wird jetzt nicht mehr verheimlicht; selbst im Rundfunk sprach Papen davon. Papen und die hinter ihm stehenden Kreise der Schwerindustrie haben aber die Kräfteverteilung wie sie gegenwärtig zwischen den verschiedenen imperialistischen Gruppen besteht, außer acht gelassen. Die deutsche Gruppe hat sich wieder einmal, wie in ihrem Donauplan vorigen Jahres, überschätzt. Die französische Gruppe hat zu verstehen gegeben, daß weitergehende französisch-deutsche Zusammenarbeit die Neuregelung der Reparationen zur Voraussetzung und nicht zur Folge habe. Das heißt, zuerst muß das Druckmittel sichergestellt sein, damit die Hegemonie des französischen Finanzkapitals gesichert ist. Und das hat Herriot in der Tat erreicht. Kleine Ansätze einer »deutsch-französischen Zusammenarbeit« sind auch schon im Lausanner Pakt da. Nämlich die Erklärung, daß man gemeinsam an dem »Wiederaufbau Ost- und Mitteleuropas« arbeiten wolle. Wir haben seinerzeit anläßlich des Tardieu-Plans auf die Bedeutung hingewiesen, die die Herstellung solcher Wirtschaftsräume, z. B. wie jetzt geplant ist, durch Getreidepräferenzen hat. Eine engere deutsch-französische Zusammenarbeit ist nicht aufgegeben, sondern nur vertagt. Die Frage der Gleichberechtigung Deutschlands in der Wehrfrage wünscht Frankreich auf der Abrüstungskonferenz zu erledigen. Auf jeden Fall hat sich wieder gezeigt, daß die deutsche Bourgeoisie unfähig ist, eine selbständige imperialistische Politik zu machen. Das ist der Sinn der Niederlage, die sie sich in Lausanne geholt hat.

Die Delegation Polens zeigte angesichts der deutsch-französischen Annäherungen die größte Unruhe. Denn es liegt auf der Hand: Auch die wärmsten Freunde militärisch-wirtschaftlicher Zusammenarbeit wie Rechberg verlangen zugleich Revision der Danziger- und Korridorfrage. Die Polen fürchten, daß Herriot unter dem Druck der Linken in der Verständigung zu weit gehe und die Ansprüche des polnischen Vasallen vernachlässige. Daher vielleicht auch die eigene Aktivität, die man jetzt in Verhandlungen mit Kreisen des deutschen Ostens, also Großagrariern, entwickelt, von denen polnische Zeitungen offen schreiben. Diese Verhandlungen zwischen ostpreußischen Großagrariern und polnischen Wirtschaftskreisen, die sonst die ärgsten Konkurrenten sind, werden auch von der »Vossischen Zeitung« bestätigt, die schreibt, daß die einzige gemeinsame Basis die antibolschewistische Einstellung sei. Diese Behauptungen tragen also denselben antisowjetischen Charakter wie jene zwischen der deutschen und französischen Schwerindustrie. Ist das auch der Sinn jener Luftschutzübungen, die zurzeit in Ostpreußen mit Unterstützung der Regierung durchgeführt werden? Lausanne hat weiter die Verschärfung des englisch-amerikanischen Gegensatzes gezeigt, der sich heute auf allen Gebieten der Weltpolitik zeigt. Die Aktivität MacDonalds ist weniger auf Liebe zu Deutschland, als auf das starke englische Interesse an einer Einheitsfront der europäischen Schuldner zurückzuführen. Bis zu einem gewissen Grad ist die Einheitsfront Europas gegenüber Amerika erreicht worden. Amerika versuchte, diese Einheitsfront durch den Hooverplan zu zerstören, der so konstruiert war, daß er sowohl Frankreich wie England an den empfindlichen Stellen seiner Wehrmacht trifft, ohne die amerikanische Rüstung zu berühren. Die europäische Zusammenarbeit bewährte sich aber auch in Genf wenigstens insoweit, als man gemeinsam den Hoover-Vorschlag durch eine fünfmonatige Vertagung der Abrüstungskonferenz begräbt. Ebenso wie Lausanne neuen Konfliktstoff gebracht hat, wird Ottawa den englisch-amerikanischen Gegensatz an den Rand des offenen imperialistischen Konflikts bringen; wobei die Waffen zunächst die Zolltarife sein werden. Der Konkurrenzkampf, der Kampf um die Neuaufteilung der Märkte zwischen den einzelnen imperialistischen Gruppen des Finanzkapitals verschärft sich. Die Verschärfung der Gegensätze erhöht die Gefahr kriegerischer Konflikte.

Es ist darum kein Wunder, wenn aus dem Osten Meldungen kommen, die eine Intensivierung der Interventionsvorbereitungen gegen die Sowjetunion anzeigen. Nach der chinesischen Presse haben die im Norden der Mandschurei stationierten japanischen Truppen den Befehl erhalten, alle Vorbereitungen zum Überfall auf die Sowjetunion zu treffen. In der Londoner Zeitschrift »The Aeroplane«, die dem englischen Kriegsministerium nahe steht und halboffiziellen Charakter trägt, wird offen erörtert, daß England seine Ölinteressen im Irak und in Persien durch Verstärkung seiner Luftstreitkräfte im Irak und einen Einmarsch in Persien schützen müsse, und zwar, weil sie von der Sowjetunion bedroht sein sollen. In London tagten russische Weißgardisten. Das Referat hielt Baikalow, der mit besonderem Haß von den Erfolgen der ROP (Sowjetorganisation für Handel mit Erdöl) sprach. Er kündigte offen an, daß für die nächste Zeit ernste Provokationen gegen Filialen der ROP zu erwarten seien. Der Geist Sir Deterdings, des Petroleumkönigs, schien die Tagung zu leiten.

In gleicher Zeit vollzieht sich der Aufmarsch imperialistischer Truppen zur Aufteilung Chinas. Die Engländer und Amerikaner konzentrieren nicht nur

Kriegsschiffe vor Amoy, Hongkong und Hankou, sondern belegen auch ihre Handelsschiffe mit Marinetruppen. Der Einmarsch tibetanischer Streitkräfte unter dem Kommando britischer Offiziere in die Provinz Sezuan ist der Beginn der offenen Intervention in China. Zugleich werden die Konzentrationen französischer Truppen an der Grenze von Yusan immer bedeutender. Die Kuomintang selbst organisiert einen neuen Feldzug gegen die chinesischen Sowjetgebiete. Für sie ist aber die große Schwierigkeit der Finanzen da. »China Times« berichtet, daß Soldaten einer Abteilung fünf Monate keinen Sold bekommen hatten und infolgedessen zur Roten Armee überliefen. Die bessere Ausrüstung und Verpflegung der Roten Armee ist auf die Unterstützung zurückzuführen, die sie überall von der chinesischen Bevölkerung erfährt. Der antijapanische Boykott entfaltet sich immer mehr. Die Streiks mehren sich und bringen die Intervention schon in ernstliche Schwierigkeiten!

Die Abrüstungskonferenz soll vertagt werden. Auf fünf Monate! »Abüstung« ist ein schwieriges Problem. So hat auch die Schweiz den internationalen Antikriegskongreß, der am Sitz der Abrüstungskonferenz in Genf stattfinden sollte, verboten. Dieser Kongreß ist von Romain Rolland, Henri Barbusse, Albert Einstein, Käthe Kollwitz und vielen anderen bekannten Persönlichkeiten einberufen. – Der Besuch des Kongresses steht jedem offen. Besonders sollen die Betriebe Delegierte zu ihm senden.

Die Londoner »Times« schreibt zu Lausanne: »Die Welt, die aufrichtig Beziehungen zu Deutschland auf der Grundlage der Gleichberechtigung zu haben wünscht, kann sich beglückwünschen, daß sie es jetzt, wo Brüning es nicht verstanden hat, sich an der Macht zu halten, mit einer Regierung der Junker und Militärs zu tun hat«. Die kapitalistische Welt hat demnach das Vertrauen zu Schleicher-Papen-Gayl, daß sie den Willen und die Brutalität besitzen, einzutreiben aus den Taschen der Werktätigen, was sie an die ausländischen Kapitalisten abzuliefern haben. Und in der Tat, in dieser Hinsicht kann man über Papen nicht klagen. Zu allem, was schon notverordnet ist, sollen jetzt nach den Ankündigungen des Landwirtschaftsministers v. Braun noch einige Zölle kommen, die die Preise hochhalten, eventuell auch eine Margarinesteuer. Seinen Verbündeten, den Nazis, gibt man Verbote linker Zeitungen als Kompensationen, die übrigens in letzter Zeit immer häufiger werden. Das »Vorwärts«-Verbot war der Anfang, inzwischen sind noch mehrere sozialdemokratische und kommunistische Zeitungen verboten worden. Zum »Vorwärts«-Verbot haben die Kommunisten im Landtag den Antrag auf Aufhebung des Verbots gestellt. Dieser Antrag wurde mit den Stimmen der Nazis, die das Verbot wochenlang gefordert hatten, bei Stimmenthaltung der SPD und des Zentrums angenommen. Die Bourgeoisie und ihre Vertretung, die Papenregierung, fürchteten den Widerstand der Massen. Das kommt in diesen Verboten, im verschärften SA-

Terror und in dem Terror der Polizei zum Ausbruch, wie es z. B. in Eisenach in ganz unglaublichen Vorfällen ausgeübt worden ist. Und weiter in jenen Plänen, die der »Deutsche« enthüllt hat, nach denen die Papenregierung plant, die Regierung vollkommen unabhängig vom Parlament zu machen. Diese Verfassungsänderung soll von einer Nationalversammlung beschlossen werden, in der die Kommunisten nicht sitzen sollen. Das soll durch das Verbot der KPD erreicht werden. – In der ganzen kapitalistischen Welt sowie in Deutschland werden die Lasten der Krise auf die Werktätigen abgewälzt. Auf der ganzen Welt wächst aber auch der Widerstand der Massen! Durch Griechenland geht eine Streikwelle. In Zürich wurde soeben der Rohrlegerstreik mit einem Teilerfolg beendet. Die Bergarbeiter Belgiens stehen im Generalstreik. Zugleich finden große Arbeitslosenkundgebungen statt. In Berlin gingen bei der Demonstration der KPD sozialdemokratische und Reichsbannerarbeiter mit. An der Demonstration der Eisernen Front beteiligten sich Kommunisten mit den Abzeichen der Antifaschistischen Aktion.

(59.) Politik der Woche 9. Juli bis 16. Juli 1932

Die Auswirkungen der Notverordnungen der Papen-Schleicher-Diktatur sind in vollem Gange. Die Invalidenrenten sind abgebaut, die Beschäftigtensteuer hat die Löhne und Gehälter gekürzt. In Kraft ist schon die 2prozentige Senkung der Unterstützungen für 4 Millionen Kurzarbeiter. In wenigen Tagen bewirkte eine Zollerhöhung eine zehnprozentige Steigerung der Preise für Schmalz und Speck. Das alles ist aber erst der Anfang der großen Hungeroffensive, die die Beauftragten des Finanzkapitals gegen die Werktätigen durchführen. In den nächsten Wochen wird die Kürzung der Arbeitslosenunterstützung kommen, dann die Kürzung der Renten der Kriegsopfer. Weitere Zollmaßnahmen, Kredithilfen für Großagrarier usw., sollen die Preise für Lebensmittel hochhalten. Das Neueste ist der Plan einer Margarinesteuer, mit der den Arbeitern der letzte Belag von der dünnen Brotscheibe genommen würde. Um die wachsende Empörung der Massen gegen diese Hungermaßnahmen der Papen-Diktatur niederzuschlagen, läßt die Bourgeoisie ihre Terrorgarden in verschärftem Maße gegen die Arbeiterschaft los. Überfälle auf Gewerkschaftshäuser, sozialdemokratische und kommunistische Parteihäuser, gemeinste Überfälle aus dem Hinterhalt auf einzelne Funktionäre der Arbeiterschaft haben allein in der Berichtswoche 30 Arbeitern – sozialdemokratischen, kommunistischen und parteilosen Arbeitern, das Leben gekostet! Fast überall, wo die Polizei eingriff, wandte sie sich nicht gegen die SA, sondern gegen die Arbeiter, die sich gegen die SA-Überfälle zur Wehr setzten. In

Ohlau (Schlesien) ging die Zusammenarbeit der Polizei mit der SA so weit, daß die Polizei der SA den Auftrag gab, Fahrräder zu beschlagnahmen, die Reichsbannerleuten gehörten. In Ohlau ist es auch gewesen, wo zum ersten Male die Reichswehr eingesetzt wurde. Die Reichswehr ging mit Stahlhelm und Gewehr vor und verwundete einen Reichsbannermann schwer. Trotzdem gelang es an vielen Orten der gemeinsamen Aktion von sozialdemokratischen, parteilosen und kommunistischen Arbeitern, die ohne Rücksicht auf Parteizugehörigkeit ihr Leben und ihre Häuser verteidigten, die »Strafexpeditionen« der SA unmöglich zu machen und die Nazis zurückzuschlagen. Auch in den Betrieben beginnt der Widerstand gegen den SA-Terror und die Aufrichtung des offenen Faschismus durch das Papen-Schleicher-Kabinett zu wachsen. Aus verschiedenen Teilen des Reiches werden Proteststreiks gegen die Notverordnung gemeldet. In Kiel trat eine Abteilung der Schweißer aus den Werften, etwa 60 Mann, geschlossen in den Streik mit der Forderung, einen SA-Mann zu entlassen, der an dem brutalen Überfall auf das Eckernförder Gewerkschaftshaus beteiligt war. Trotzdem die Gewerkschaften den Streik nicht unterstützen, gelang es den Schweißern, die alle freigewerkschaftlich organisiert sind, durch ihr geschlossenes Auftreten nach drei Tagen Streik die Entlassung des Nazis zu erzwingen.

Die NSDAP kommt bei ihren Anhängern in immer größere Schwierigkeiten, ihre Tolerierung der Papen-Regierung zu vertuschen oder in eine taktische Notwendigkeit auf dem Wege zur Macht umzulügen. Die nationalsozialistische Agitation lebt deshalb hauptsächlich von der Hetze gegen die Arbeiterschaft, gegen »Rotmord«. Von der Polizei und allen staatlichen Stellen vollkommen ungehindert, dürfen die Nazi-Zeitungen offen zum Mord ganz bestimmter Arbeiterfunktionäre auffordern. In Weimar kündigte der Beauftragte Hitlers, Göring, an, daß in den nächsten Tagen der Befehl, daß kein SA-Mann Waffen haben dürfte, aufgehoben werde. Praktisch wurde der Befehl ja schon jetzt nicht durchgeführt. Trotzdem bedeutet die Aufhebung eine neue Verschärfung des Terrors.

Im Zusammenhang mit den Kabinettssitzungen und der Reise des Kanzlers nach Neudeck zu Hindenburg tauchten wieder Gerüchte vom Einsetzen eines Reichskommissars in Preußen auf. Die »Vossische Zeitung« schreibt dazu: »Lediglich gegen die Kommunisten bestehen im Kabinett Neigungen zu schärferem Vorgehen.« Danach hat Papen anscheinend noch nicht die Absicht, gegen Preußen vorzugehen, wohl aber gegen die KPD. Der »Dortmunder Generalanzeiger« berichtet über den Plan des Kabinetts, nach der Wahl die Nazis in die Regierung mit einzubeziehen und schreibt: »Als letztes Mittel, das Stimmenverhältnis im Reichstag zu verbessern, steht immer noch der Gedanke eines Verbots der KPD im Hintergrund.«

Die letzten Kabinettssitzungen haben die verstärkte Einführung des Arbeitsdienstes durch Notverordnung auf die Tagesordnung gesetzt. Formell soll der Arbeitsdienst anscheinend noch »freiwillig« bleiben. Aber eine Reihe materieller Bestimmungen, nämlich, daß Unterstützungen von der Reichsanstalt künftig auch an solche, die keinen Unterstützungsanspruch haben, gegeben werden sollen, wenn sie in den Arbeitsdienst gehen, machen den Arbeitsdienst praktisch zur Zwangsarbeit. Denn nach den verschärften Bestimmungen über die Bedürftigkeitsprüfung und die verschlechterte Unterstützung für Jugendliche, werden die Erwerbslosen nur zu oft vor der Frage stehen, keine Unterstützung zu bekommen oder in den Arbeitsdienst zu gehen. Dort sollen die Sätze für die Verpflegung herabgesetzt werden. Dadurch und durch andere Mittel will man erreichen, daß die Zahl der Arbeitsdienstler verdoppelt wird, also auf etwa 140.000 bis 200.000 steigt. Jetzt schon stehen 40 Millionen im Reichshaushalt und 15 Millionen bei der Reichsanstalt zur Finanzierung zur Verfügung. In diesem Umfang durchgeführt, muß der Arbeitsdienst notwendig – ob er »freiwillig« ist oder nicht – zu Lohndruck führen. Schon bei dem jetzigen Umfang konnte man an einigen Stellen, zum Beispiel bei den Forstarbeitern, konkret nachweisen, daß tariflich bezahlte Arbeiter durch Arbeitsdienstler, die nur Verpflegung und ein lächerliches Trinkgeld bekommen, verdrängt worden waren. – Von großer Bedeutung für das internationale Proletariat ist der

politische Massenstreik in Belgien.

Am 9. Juli streiken in ganz Belgien etwa 120.000 Arbeiter. Ausgegangen ist der Streik von den Bergarbeitern. Er hat aber schon andere Industrien erfaßt und dehnt sich noch immer weiter aus. Die Presse spricht von einer organisierten kommunistischen Bewegung. Die Regierung und die Gewerkschaften seien überrascht worden. Tatsächlich handelt es sich um eine Massenbewegung, an der die Arbeiter ohne Rücksicht auf ihre politische Zugehörigkeit teilnehmen. Die Streikenden fordern die Ausrufung des Generalstreiks. Nach den letzten Meldungen hat die Gewerkschaftszentrale den Generalstreik abgelehnt und empfiehlt den Arbeitern die Wiederaufnahme der Arbeit, da die Regierung versprochen habe, die drei Forderungen der Gewerkschaften im Grundsatz anzunehmen und ihre stufenweise Verwirklichung in die Wege zu leiten. Diese Punkte sind: keine Erhöhung der Getreidezölle, kein Abbau der Arbeitslosenunterstützung, Vierzig-Stunden-Woche ohne Lohnausgleich. Die Regierung geht aufs Schärfste gegen die Streikenden vor. Es kam zu schweren Kämpfen der Streikenden mit Polizei und Militär, die von der Regierung gegen die Streikenden eingesetzt worden sind. Aber an verschiedenen Stellen solidarisierten sich die Soldaten mit den Streikenden. Die Kommunistische Partei ist praktisch illegal. Am 12. Juli wurde in der

Kammer ein Antrag der Bürgerlichen angenommen, der der Regierung das Vertrauen für ihre Maßnahmen »zur Aufrechterhaltung der Ordnung« ausspricht. Die Sozialdemokraten enthielten sich der Stimme. – In Polen haben Arbeiter eine Textilfabrik besetzt. In der Umgegend von Warschau und in der Westukraine kam es zu blutigen Bauernkämpfen gegen Polizei.

Lausanner Sonderabkommen

Das »Gentlemen's Agreement«: Das Lausanne-Abkommen wird von den Gläubigermächten erst dann ratifiziert werden, wenn eine alle diese Staaten befriedigende Lösung zwischen ihnen und ihren eigenen Gläubigern erzielt worden ist. Wenn eine solche Lösung nicht gefunden werden kann, soll das Lausanner Abkommen nicht ratifiziert werden; es tritt dann dieselbe Rechtslage wie vor dem Hoover-Moratorium ein. Die deutsche Regierung wurde noch in Lausanne von diesem Abkommen unterrichtet. Hiermit ist wieder ein »Erfolg« der Papen-Regierung in Lausanne in Nichts zerflossen. Die von Herriot verlangte Verbindung zwischen den Reparationen und den interalliierten Schulden ist hergestellt worden. Deutschland wird dadurch an den Verhandlungen zwischen seinen eigenen Gläubigern und Amerika interessiert; es ist in die Einheitsfront der europäischen Staaten gegen [die] USA einbezogen worden. Hoover hat in einem Brief an den Senator Borah dazu Stellung genommen, der eine eindeutige Absage an die europäische Einheitsfront bedeutet. Amerika wird sich durch solche Repressalien in seiner Politik nicht beeinflussen lassen. Auf die Gefahren, die aus dieser Verschärfung, vor allem des englisch-amerikanischen Gegensatzes, erwachsen, haben wir schon hingewiesen.

Das englisch-französische »Vertrauensabkommen«: England und Frankreich einigen sich auf eine gemeinsame Politik in allen Fragen, die sich aus der Lausanner Konferenz herleiten lassen und in der Abrüstungsfrage. Der Beitritt zu dem »Vertrauensabkommen« steht anderen Ländern offen. Dieses Abkommen wurde von Herrn Herriot als eine Wiederbelebung der Entente cordiale bezeichnet. Es ist das erste Mal seit jener Entente cordiale vor dem Weltkrieg, daß England feste Verpflichtungen gegenüber einer Festlandmacht eingegangen ist. Das »Berliner Tageblatt« schreibt hierzu: »Allerdings kann auch diesmal, wie es bei der Entente cordiale geschehen ist, durch eine falsche deutsche Politik ein französisch-englisches Abkommen in verhängnisvoller Verstärkung entstellt werden, aber diese Gefahr dürfte heute erheblich geringer sein, als sie vor zwei Jahrzehnten war. Die Außenpolitik Deutschlands wird jetzt zu zeigen haben, daß sie die politische Lage und die völkerpsychologischen Voraussetzungen besser zu beurteilen und auszunutzen versteht, als es zur Zeit Wilhelms des II. geschehen ist.« Die Papen-Regierung hat schon bewiesen, daß sie die »völkerpsychologischen Voraussetzungen« versteht. Diese bestehen nämlich darin, daß heute im Unterschied zu 1914 die Entente cordiale nicht gegen Deutschland, sondern gegen Amerika und gegen Sowjetrußland gerichtet ist. Und gerade für diese letzte Tatsache hat von Papen in Lausanne sehr großes »Verständnis« gezeigt, indem er den Rechberg-Plan eines französisch-deutschen Militärbündnisses gegen die Sowjetunion in die Debatte warf. Es bestätigt sich, wie notwendig es war, daß wir als bedeutsame Tatsache feststellten, daß in Lausanne der Rechberg-Plan zum erstenmal aus der Sphäre privater Besprechungen in die der offiziellen Verhandlungen verlegt worden ist. Nachdem es dem französischen Imperialismus gelungen ist, die Reparationen weiter als Druckmittel gegen Deutschland anwenden zu können, zeigt er jetzt seine Bereitschaft, auf diese Pläne einzugehen. Deutschland ist durch England ausdrücklich zum Beitritt aufgefordert worden! Das offizielle WTB erklärt, »daß die Reichsregierung dem Abkommen nach wie vor sympathisch gegenüberstehe«.

Die Abrüstungskonferenz

wird auf mehrere Monate vertagt werden. Das bisherige Ergebnis soll in einer Resolution zusammenfaßt werden, zu der der englische Außenminister Simon einen Entwurf vorgelegt hat. Dieser enthält, abgesehen von dem Vorschlag des Verbotes der bakteriologischen und chemischen Kriegsführung lediglich allgemeine Feststellungen, aber kein einziges konkretes Ergebnis. Es ist bezeichnend für diese »Abrüstungskonferenz«, daß sie nur im bakteriologischen und chemischen Krieg zu einem »Ergebnis« gekommen ist; denn hierbei kommt es nicht auf spezielle Kriegsrüstungen an, sondern auf den Ausbau der chemischen Industrie, die jederzeit auf Kriegszwecke umgestellt werden kann, wie das die Kriegsproduktion der letzten Monate gezeigt hat. So wird also auch durch dieses einzige Ergebnis die wirkliche Kriegsrüstung in keiner Weise betroffen. Um so eifriger wird der

Ausbau der Kriegspositionen

betrieben. Durch einen Völkerbundbeschluß, den Irak in den Völkerbund aufzunehmen, war Großbritannien gezwungen, seine Truppen von dort zurückzuziehen. Vor kurzem wurde dieser Abmarschbefehl widerrufen und statt dessen neue Spezialtruppen nach dem Irak gebracht. Zugleich ist man beim Ausbau strategischer Bahnen zu dessen Begründung, teilweise schon ziemlich offen, die Notwendigkeit, den sowjetrussischen Handel in Persien zu schlagen, angegeben wird. Die Japaner gehen in der

Mandschurei

zu immer schärferen Provokationen über. In Harbin besetzte eine Polizeiabteilung unter Führung des japanischen »Ratgebers« Horiuchi die Umschlagstelle der ostchinesischen Eisenbahn, verjagte den Eisenbahnschutz und riß die Schlösser von den Schuppen ab. Die Verladearbeiten wurden verboten und zwei Barken mit Getreide für einen Sowjettrust gewaltsam zum Umkehren gezwungen. Dies bedeutet »eine gröbliche Verletzung des Übereinkommens«, wie das offizielle WTB sich ausdrückt, und hat zum Ziel, die Umschlagstelle japanischen Transportfirmen in die Hand zu geben.

Die Justiz im Dienste des Imperialismus
Die kriegerischen Pläne der Imperialisten finden in der Arbeiterbewegung der Kolonialländer einen immer größeren Widerstand. Um die koloniale Unterdrückung und Ausbeutung aufrechterhalten zu können, greift man zu immer brutaleren Methoden. Zwei Prozesse beleuchten dies: In USA wurden acht junge Negerarbeiter von Scottsboro[ugh] unter der Beschuldigung, weiße Mädchen vergewaltigt zu haben, zum Tode verurteilt. Die Hinrichtung mußte ein Jahr lang dauernd hinausgeschoben werden, da sich eine gewaltige Protestbewegung entfaltet hat, die seit einigen Monaten auch auf Europa übergegriffen hat. Diesem Protest des internationalen Proletariats steht der Unterdrückungsversuch durch die internationale Polizei gegenüber: In Deutschland wurde der Negermutter Ada Wright in den meisten Fällen das Sprechen, ja sogar das Erscheinen in Versammlungen verboten. Doch die Bewegung war so stark, daß der Prozeß am 10. Oktober vom obersten Gerichtshof der USA noch einmal behandelt werden soll. Vertrauen kann dieser nach dem Justizmord an Sacco und Vanzetti nicht für sich in Anspruch nehmen; vertrauen können wir nur auf die internationale Solidarität der Arbeiterklasse. Der zweite Prozeß ist am 6. Juli in Nanking gegen Paul Ruegg und seine Frau eröffnet worden, nachdem er ein Jahr lang hinausgezögert wurde. Ruegg wird beschuldigt, Sekretär des pazifistischen Gewerkschaftssekretariats zu sein. Der Prozeß ist eine reine Farce. Er wurde von dem Shanghaier Gericht, das zuständig ist, nach Nanking verlegt, da in Shanghai eine starke Arbeiterbewegung ist. Die Verteidiger Rueggs wurden nicht zugelassen, eine Anzahl wichtiger Zeugen nicht verhört. Ruegg befindet sich seit vierzehn Tagen im Hungerstreik gegen diese Justizmethoden; sein Gesundheitszustand läßt das Schlimmste erwarten. Auch hiergegen ist eine immer stärkere Protestbewegung entstanden. Den Vorsitz im internationalen Verteidigungskomitee führen Henry Barbusse und Münzenberg.

(60.) Politik der Woche 17. Juli bis 23. Juli 1932

Die Woche begann mit dem Blutbad, das die SA unter der Altonaer Arbeiterschaft anrichtete und endete mit der Aufrichtung der faschistischen Militärdiktatur. Die Nazis unternahmen am Sonntag eine regelrechte Strafexpedition in die Altonaer Arbeiterviertel. Sie marschierten auf, um dann plötzlich auf Arbeiter loszuschießen und zu schlagen. Die meisten der Opfer sind in den Häusern erschossen worden, während sie irgendeiner friedlichen Beschäftigung nachgingen. Das beweist, daß die SA einfach in die Häuser hineinschoss und daß sie nicht, wie der Polizeibericht behauptet, von antifaschistischen Arbeitern angegriffen worden ist. Das Verhalten der Polizei hierbei ist ein Alarmsignal für die Arbeiterklasse. Zunächst, daß der Aufmarsch überhaupt erlaubt wurde. Im Polizeibericht heißt es: Der Polizeipräsident wies darauf hin, »daß ein Umzug durch das übelbeleumdete(!) Viertel der Altstadt recht bedenklich sei. Die Veranstalter bestanden jedoch darauf, da sie durch die anderen Stadtteile bereits gezogen seien, daß sie nur dorthin gehen wollten, wo der Gegner sitze.« Die Nazis erklärten also offen ihre Provokationsabsichten und trotzdem erlaubte die Polizei den Aufmarsch. Nach den Berichten von Augenzeugen ging die Polizei niemals gegen die SA, sondern mit der SA gegen die wehrlosen Arbeiter vor! – Diese unglaublichen Vorfälle werden nun von der gesamten Rechtspresse zu einer unglaublichen Hetze gegen Links ausgenutzt und sollen den Vorwand für die Absetzung der Preußen-Regierung[132] abgeben, die angeblich nicht scharf genug gegen die Kommunisten vorgegangen ist.

Am Freitag, 16. Juli, wurde von allen Nazi-Rednern, die an diesem Abend in den verschiedensten Städten sprachen, ein Ultimatum an die Papen-Regierung gestellt. Sie drohten übereinstimmend mit »Notwehr«, d.h. mit neuem Terror gegen die Arbeiterschaft, »wenn nicht innerhalb 24 Stunden in Preußen Ordnung geschaffen werde«. Der »Vorwärts« antwortete auf diese Forderung nach Verfassungsbruch: »Wenn sich jemand einbilden solle, daß die Organisationen der Eisernen Front eine Aufhebung der Verfassung dulden würden, dann befände sich dieser jemand in einem verhängnisvollen Irrtum. Es genügt vollkommen, in diesem Zusammenhang auf den Ausgang des Kapp-Putsches hinzuweisen.« Aber Hitler forderte es. Und Herr von Papen – gebunden an die Partei, die ihn toleriert – setzte Braun und Severing ab. Sämtliche sozialdemokratischen Oberpräsidenten – außer Zörgiebel und Noske – , sämtliche sozialdemokratischen Polizeipräsidenten werden telegraphisch abgebaut. Hindenburg setzt Papen als Reichskommissar ein. Zugleich wird der militärische Ausnahmezustand angeordnet. Damit liegt die Macht in Berlin und Brandenburg praktisch bei Herrn v. Schleicher, dessen Beauftragter der General von Rundstedt ist. Mit dem Ausnahmezustand sind alle demokratischen Rechte, alle politischen Freiheiten beseitigt. Die Militärbehörden sind allmächtig. Wer sich ihren Anordnungen widersetzt, wird – nach der Notverordnung, mit der Hindenburg den Ausnahmezustand verhängt hat – mit Gefängnis, Geldstrafe bis 15.000 RM und bei schweren Fällen mit Zuchthaus oder Tod bestraft. Jetzt schon hagelt es Verbote sozialdemokratischer und kommunistischer Zeitungen, kommunistischer Versammlungen und Flugblätter. Die Druckerei im Karl-Liebknecht-Haus ist besetzt, so daß die »Rote Fahne« nicht erscheinen kann. – Severing erklärte von Papen in der entscheidenden Unterredung, daß er nur der Gewalt weichen werde. Er verließ seine Amtsräume erst, als ein Hauptmann mit zehn schwerbewaffneten Reichswehrleuten erschien. Braun, aus dem Urlaub zurückkehrend, wurde durch Reichswehr und Verhaftung gezwungen, sein Amt abzugeben. Die preußische Regierung hat den Staatsgerichtshof angerufen. Der Parteivorstand der SPD hat einen Aufruf »An die Partei« erlassen, in dem es heißt: »Der Kampf um die Wiederherstellung geordneter Rechtszustände ist zunächst mit aller Kraft als Wahlkampf zu führen... Wilden Parolen von unbefugter Seite ist Widerstand zu leisten.« Die Spitzenverbände der Gewerkschaften – freie, christliche usw. – erklären in einem gemeinsamen Aufruf: »Noch ist die Lage nicht entschieden. Der Staatsgerichtshof ist angerufen. Die entscheidende Antwort wird das deutsche Volk, insbesondere die Arbeitnehmerschaft am 31. Juli geben.« Die KPD hat sich für den Generalstreik ausgesprochen. Sie hat an die SPD, den ADGB und den AfA-Bund das Einheitsfront-Angebot gerichtet, gemeinsam den Generalstreik gegen die Aufrichtung des offenen Faschismus für die proletarischen Forderungen durchzuführen. Zugleich hat sie in Berlin Flugblätter herausgebracht, die der Arbeiterschaft den Vorschlag machen, in den Betrieben Stellung zu diesen Ereignissen zu nehmen und in den Streik zu treten. Die Flugblätter sind z. T. beschlagnahmt worden.

Das Zentrum hat sich gegen den Gewaltakt der Schleicher-Papen erklärt. Brüning sagte dazu in München: »Die Voraussetzungen für den Ausnahmezustand waren nicht gegeben. Es war nicht notwendig, einen Mann wie Severing derartig zu brüskieren, der 14 Jahre lang für die Staatsautorität und gegen den Kommunismus gekämpft hat. Wenn die Sozialdemokratie den Kommunismus aufs schärfste bekämpft und sich auf die Linie der Verantwortlichkeit stellt, wer würde das Verbrechen auf sich nehmen, diese Partei in eine radikale Opposition zum Staat zurückzuwerfen?«

Die Errichtung der faschistischen Militärdiktatur ist für die Bourgeoisie und ihren Vertreter Schleicher diktiert sowohl durch wirtschaftliche und innenpolitische als auch durch außenpolitische Gesichtspunkte. Die kapitalistische Wirtschaftskrise zeigt nicht nur eine Verschärfung, sondern für die nächsten Monate und vor allem für den Winter alle Anzeichen einer katastrophalen Zuspitzung. Die Arbeitslosigkeit ist trotz Saison nicht nennenswert zurückgegangen und beginnt schon wieder zu steigen. Ein bürgerliches Blatt berechnete für den Winter acht Millionen Erwerbslose. Dabei geht das Blatt von den falschen offiziellen Angaben über die augenblickliche Arbeitslosigkeit aus. In der offiziellen Statistik sind nur die Unterstützten aufgezählt.

Rechnet man aber die Nichtunterstützten hinzu – dadurch, daß man die Zahl der verfügbaren Arbeiter und die der noch Beschäftigten vergleicht –, so kommt man zu dem erschütternden Ergebnis, daß wir nicht nur 5,5, sondern über 8 Millionen Arbeitslose haben! Welche Aussichten eröffnet das für den Winter! Die Finanzkrise in Reich, Ländern und Gemeinden spitzt sich fortgesetzt zu. Der Reichsbankausweis zeigt – selbst wenn man die Hilfsmittel der Deckung nicht berücksichtigt – einen Rekordtiefstand der Deckung durch Gold und Devisen von 23,5 Prozent. Um das kapitalistische System zu erhalten sieht sich die Bourgeoisie veranlaßt, in noch schärferem Maße alle Lasten der Krise auf die Arbeitermassen abzuwälzen. Die Durchführung dieser Maßnahmen in gesteigertem Tempo soll die Militärdiktatur sichern. Die wachsende Gegenwehr der Arbeiterschaft, die sich vor allem in dem Widerstand, den der SA-Terror an vielen Stellen gefunden hat, und in einer Reihe von Streiks ausdrückt – Textilarbeiterstreik in Mönchengladbach, Chemiestreik bei Halle (3.500 Streikende), Proteststreiks in Bitterfeld, Hagen, Spandau u.a. – soll durch Ausnahmezustand, SA-Terror und Militärdiktatur niedergeworfen werden. Zugleich hofft das Finanzkapital durch die beschleunigte Faschisierung und Militarisierung – z. B. auch durch den Arbeitsdienst, der nun rasch zur Arbeitsdienstpflicht ausgebaut werden soll – den deutschen Imperialismus auch außenpolitisch zu stärken. In welcher Richtung man weiter vorzugehen gedenkt, zeigt das geheime Rundschreiben der NSDAP Berlin (3. Juli). 9.000 SA-Leute sollen in die Berliner Polizei eingestellt werden. Mit dieser SA-Polizei, die durch die SA und SS unterstützt wird, sollen die weiteren Maßnahmen durchgeführt werden. Erst Faschisierung des gesamten Staatsapparates. Dann die weiteren Maßnahmen zur Niederschlagung der Arbeiterklasse. Das »Berliner 12-Uhr-Blatt« meldet Pläne der Papen-Schleicher, zunächst den Antifaschistischen Kampfbund und andere revolutionäre Massenorganisationen, dann erst die KPD zu verbieten. Wenn man aber erst einmal diese Organisationen verboten hat, wird man auch vor dem Reichsbanner, vor der SPD und den Gewerkschaften nicht zurückschrecken. Im Programm der Hitler-Schleicher liegt es jedenfalls.

Abrüstungskonferenz

Die Abrüstungskonferenz ist nach Annahme einer Resolution um fünf Monate vertagt worden. Die Sowjetdelegation hatte für diese Resolution als Mindestforderungen aufgestellt: Beschränkung aller Rüstungsgattungen um mindestens 33 Prozent mit Ausnahme der kleinen und der durch die Friedensverträge schon abgerüsteten Staaten, gemäß dem Hoovervorschlag. Beseitigung der Bombenflugzeuge, aller Tanks, Beschränkung der beweglichen Landartillerie auf Geschütze mit einem Kaliber unter 100 Millimeter. Das Präsidium wird beauftragt, Vorschläge über die Anwendung eines allumfassenden

Systems der Beschränkung der Seerüstungen um ein Drittel und Abschaffung bestimmter Kriegsschiffkategorien auszuarbeiten. Die gegen die Stimmen Deutschlands und Sowjetrußlands angenommene Resolution enthält keine einzige konkrete Bestimmung über die Abrüstung. Alles ist vollkommen allgemein gehalten, verklausuliert und an weitere Verhandlungen zwischen den Regierungen geknüpft. Deutschland stimmte nicht zu, weil die Frage der Gleichberechtigung mit der leeren Formel: »Politischen Entscheidungen solle nicht vorgegriffen werden«, abgetan wurde. Acht Staaten enthielten sich der Stimme, darunter Italien. Hierin zeigt sich ein Erfolg des amerikanischen Vorstoßes durch den Hoovervorschlag: die europäische Einheitsfront gegen die USA hat bei der ersten Belastungsprobe in Genf nicht standgehalten. Italien setzte sich energischer für den Hoovervorschlag ein, wie Amerika selbst, da dieser Vorschlag an die militärische Vormachtstellung Frankreichs rührt. Amerika selbst fand sich zu einem Kompromiß mit England und Frankreich bereit, da es ihm nicht auf den Vorschlag selbst, sondern nur auf den taktischen Vorstoß gegen die europäische Einheitsfront ankam.

Die interalliierten Schulden

Denselben Sinn hat Amerikas Stellungnahme in der Schuldenfrage. Es ist zu Verhandlungen bereit, jedoch nur mit den einzelnen Staaten. Dadurch gewinnt es die Möglichkeit, durch Konzessionen an bestimmte Staaten, diese für sich gegen die übrigen Staaten auszunutzen.

Interventionsvorbereitungen

Englische Truppen haben das nordöstliche Ende des Roten Meeres besetzt, das zum Königreich Hedjas-Redjd gehört. Dieses ist der wichtigste strategische Punkt und unterwirft das ganze nordöstliche Ufer der englischen Kontrolle. – Japanische Truppen sind in der nordchinesischen Provinz Jehol einmarschiert, wobei es zu Zusammenstößen mit chinesischen Truppen kam. Bombenflugzeuge wurden eingesetzt. – Die japanischen Luftstreitkräfte in der Mandschurei wurden verstärkt, da die Aufständischen-Bewegung dauernd wächst. – Nach Pressemeldungen soll es zu einem Feuergefecht zwischen einem russischen Küstenwachtschiff und zwei japanischen Fischerbooten gekommen sein.

Ministerwechsel in Italien

Fünf Ministerien, darunter das Außenministerium, sind neu besetzt worden. Unter anderem wurde der Abgeordnete Nosseni berufen, der aus seiner sozialistischen Vergangenheit und als »linker« Führer in den faschistischen Gewerkschaften bekannt ist. Mussolini versucht offenbar, die ständig schwindende Massenbasis seiner faschistischen Diktatur zu erweitern, die immer stärker von unten her bedroht wird. Die Zahl der Bauernaufstände und Streiks trotz Streikverbots ist ständig im Wachsen. Dies sind Anzeichen, daß die für einige Jahre stabilisierte faschistische Diktatur, die noch brutaler als andere Länder alle Lasten der Krise auf die Werktätigen abwälzte, zu wanken beginnt.

Der politische Massenstreik in Belgien

Am 16. Juli standen 240.000 Arbeiter im Streik. Die Gewerkschaften haben jetzt auch in der Metallindustrie ein Abkommen getroffen, nach dem neue Lohnherabsetzungen bis zum 1. November nicht vorgenommen werden sollen. Die Gewerkschaften forderten allgemein die Arbeitsaufnahme für den 18. Juli. Die Delegiertenkonferenzen und Ortsgruppen der Gewerkschaften lehnten jedoch fast durchweg den Abbruch des Streiks ab. Von 25.000 Streikenden im Borinage sind 200 Bergarbeiter eingefahren. In allen Kohlenrevieren dauert der Generalstreik an. Verschiedene Metallbetriebe im Zentrum und in Gent stehen immer noch im Streik. Eine große Anzahl kommunistischer Funktionäre ist im Zusammenhang mit dem Streik verhaftet worden, denen ein Prozeß wegen »kommunistischen Komplotts« gemacht werden soll.

(61.) Politik der Woche 24. Juli bis 30. Juli 1932

Jetzt, nach dem Staatsstreich vom 20. Juli, ist die faschistische Papen-Schleicher-Regierung[133] dabei, die erreichten Diktaturpositionen zu befestigen und auszubauen. Damit bereitet sie zugleich neue Unterdrückungsmaßnahmen gegen die Arbeiterschaft vor, die für die Zeit nach den Wahlen vorgesehen sind. Der Staatsgerichtshof hat sich hinter die Papenregierung gestellt. Er hat den Antrag der Preußenregierung auf eine einstweilige Verfügung abgelehnt, obwohl dieser Antrag nicht die Aufhebung des Ausnahmezustandes und die Zurückziehung des Reichskommissars forderte, sondern, 1. daß sich der Reichskommissar nicht preußischer Ministerpräsident nennen, 2. daß er den preußischen Ministern nicht ihre Ministereigenschaft absprechen, 3. daß er Preußen nicht im Reichsrat vertreten und 4. daß er Beamtenernennungen nicht mit dauernder Wirkung vornehmen dürfe. Die Entscheidung des Staatsgerichtshofs gibt dem faschistischen Staatsstreich der Papen-Schleicher zunächst einmal die juristische Deckung. – Die Unterdrückungsmaßnahmen der Papen-Schleicher und der blutige SA-Terror, der sich nach der Aktion in Preußen wieder gesteigert hat, sind eine harte und schwere Lehre für das Proletariat. Es hagelte in ganz Preußen nur so Verbote sozialdemokratischer und kommunistischer Zeitungen. Eine Verordnung des Militärbefehlshabers für Berlin-Brandenburg verbietet jegliche Art der Aufforderung zum Generalstreik durch Wort oder Schrift einschließlich der Herstellung und Verbreitung solcher Schriften. Vom Schnellgericht sind elf Antifaschisten, angeklagt der Aufforderung zum Generalstreik, bestraft worden. Neun davon zu einem Monat Gefängnis wegen Verteilung eines Generalstreikflugblattes; ein Antifaschist zu zwei Monaten, weil er in einer Versammlung zum Generalstreik aufgerufen hatte; ein Arbeiter zu drei Monaten, weil er angeblich bei der Haus- und Hofpropaganda für den Generalstreik mitgewirkt hatte. Diese faschistischen Urteile sind Signale für die Arbeiterklasse. Die Bourgeoisie will die Arbeiterklasse ihres entscheidenden Kampfmittels, des Streiks berauben! Diese Verordnung der Papen-Schleicher und diese Gefängnisstrafen ihrer Justiz sind die ersten Vorboten eines vollständigen Streikverbots. In der gleichen Linie liegt es, wenn in Halle ein kommunistischer Stadtverordneter, als er in einer Versammlung erklärte, nicht parlamentarische Abstimmungen, sondern der außerparlamentarische Kampf führe zu Entscheidungen, von einem großen Polizeiaufgebot aus der Versammlung heraus verhaftet wurde. – Formell ist der Belagerungszustand zwar jetzt aufgehoben; praktisch aber gehen die Unterdrückungsmaßnahmen gegen die politische Betätigung der Arbeiterschaft weiter. Und wenige Tage nach der Aufhebung ist das Verbot politischer Betätigung ausgedehnt worden auf das ganze Reich durch die Verhängung des »Burgfriedens«. Soll dieser »Burgfrieden« den Nationalsozialisten den angekündigten Marsch auf Berlin erleichtern? Bis jetzt haben sich alle diese Maßnahmen, die angeblich zur Wiederherstellung der Ruhe und Ordnung angeordnet wurden, zugunsten der Nationalsozialisten und gegen die kämpfende Arbeiterschaft ausgewirkt. Bekanntlich besteht ja auch ein Demonstrationsverbot. Aber keine Polizei findet etwas dabei, wenn die SA in geschlossenen Trupps durch die Straßen zieht und Arbeiter überfällt. Die Polizei schreitet in der Regel erst dann ein, wenn die Arbeiterschaft sich wehrt. – SA und Stahlhelm haben für den Wahltag Alarmbereitschaft angeordnet. Wenn diese Zeilen den Leser erreichen, wird es sich schon entschieden haben, was diese Vorbereitungen bedeuten und ob der angekündigte Marsch auf Berlin nur ein Wahlmanöver, ein Theatercoup wie sein Vorbild, der Marsch auf Rom, oder eine ernstliche Bedrohung der Arbeiterschaft war. Auf jeden Fall aber wird die Regierung Papen nach den Wahlen einen Versuch noch engerer Zusammenarbeit mit den Nazis machen. Was das für die Arbeiterschaft bedeutet, ist noch einmal klar und deutlich durch jenes Rundschreiben der Gauleitung Berlin der NSDAP enthüllt worden. In Oldenburg, Braunschweig und Mecklenburg führt man einen Punkt dieses Schreibens schon durch. Dort sind einige hundert SA-Leute als Hilfspolizei eingestellt und bewaffnet worden. Herr v. Schleicher hat in seiner Rundfunkrede erklärt, »daß auch in Zukunft die Wehrmacht jede Erschütterung der Autorität des Reiches verhindern wird«. Soll das heißen: die Reichswehr ist gewillt, ihre entscheidende Rolle, die sie bei dem faschistischen Staatsstreich am 20. Juli gespielt hat, bei der Aufrichtung und Befestigung des offenen Faschismus fortzusetzen? Das alles sind Ankündigungen neuer und schärferer Unterdrückungsmaßnahmen gegen die Arbeiterschaft. Papen hat zwar erklärt, daß er die KPD nach den Wahlen noch nicht verbieten wolle. An scheinend hält man ein offenes Verbot für zu gefährlich und versucht erst einmal durch Zeitungs- und Versammlungsverbote die KPD von den Massen zu isolieren, in dem Glauben, dann die KPD leichter verbieten zu können. Wenn aber erst die KPD verboten ist, wer folgt dann? Gewerkschaften? SPD? Im Programm des Faschismus liegt es!

Alle diese Unterdrückungsmaßnahmen sollen der Bourgeoisie durch den Hungerwinter helfen, der für die Arbeiterschaft im Kapitalismus vor der Türe steht. Selbst das bürgerliche Konjunkturinstitut muß unsere Berechnungen vom letzten Male in seinem neuesten Bericht bestätigen: Es gibt zum ersten Male zu, daß wir heute nicht 5,5 Millionen, sondern etwa 7,5 Millionen Erwerbslose haben. Wir berechneten 8 Millionen. Für den Winter rechnet das Institut mit 9 Millionen; wir berechneten 10 Millionen! Und das bei Unterstützungen, die nicht zum Leben und nicht zum Sterben reichen, vorausgesetzt, es gibt überhaupt noch Unterstützungen. Die Nationalsozialisten sind ja bereit, wie das genannte Rundschreiben zeigt, auch die letzte Forderung des Finanzkapitals zu verwirklichen und die Arbeitslosenunterstützung vollkommen abzuschaffen, natürlich zu dem Zweck, »Arbeit zu beschaffen«. Und zwar Arbeit im Arbeitsdienst, militarisierte Zwangsarbeit zu 30 Pfennig pro Tag. »Mehr Arbeit und einfacheres Leben«, so zeichnete vor einigen Wochen die Berliner »Börsenzeitung«, das Organ des Herrn v. Schleicher, die Perspektive für den Winter. Das heißt für die Arbeiterschaft: Zwangsarbeit und Hunger!

Und Krieg! Zum ersten Male nach dem Kriege hat es ein offizieller Vertreter der Bourgeoisie, der Reichswehrminister v. Schleicher, in seiner Rundfunkrede, gewagt, offen von den kriegerischen Zielen der deutschen Imperialisten, von Aufrüstung und »Sicherheit« zu reden.[134] Das ist ein Signal für die Arbeiterklasse! Zugleich werden in vielen Städten sogenannte Gasschutzübungen in den Schulen, den städtischen Betrieben, bei den Eisenbahnen durchgeführt. Diese Übungen haben den einen Zweck, die Bevölkerung in Sicherheit zu wiegen und bei ihr den Glauben zu erwecken, als gäbe es einen Schutz vor Gasangriffen.

Angesichts der fürchterlichen Verelendung steigt der Kampfwille der Arbeiterschaft. In einigen thüringischen Städten haben die Erwerbslosen die Annahme der gekürzten Unterstützungen verweigert. Zum Beispiel in Ruhla; dort wurden die Erwerbslosen durch einen einstündigen Protestreik der vier größten Betriebe unterstützt. Bei der Demonstration der Arbeiterschaft wurde ein gar nicht einmal beteiligter Arbeiter durch einen Kopfschuss getötet. In Hamburg-Altona führten die Seeleute einen Proteststreik gegen das Blutbad der SA durch. In Leipzig streiken die Heizungsmonteure. Der große Streik in Belgien geht weiter. In Burnley (England) streiken 25.000 Baumwollweber.

Rückblick auf die Genfer Abrüstungskonferenz

Nach fünf Jahre langer »Vorbereitung« trat am 2. Februar die Abrüstungskonferenz unter dem Donner des japanischen Bombenangriffes auf Tschapei zusammen. Der erste Vorschlag war der Tardieus zur Schaffung einer Völkerbundsarmee, d.h. zur einseitigen Aufrüstung Frankreichs. Der zweite war der Litwinows einer allgemeinen und vollständigen Abrüstung. Angenommen wurde ein englisch-französischer Kompromißvorschlag, der in den verschiedenen Unterkommissionen zu dem Ergebnis führte: Alle Waffen sind Verteidigungswaffen, wenn wir sie besitzen, sind Angriffswaffen, wenn der andere sie besitzt. Die »Touristen« am Genfer See wurden durch den Hoovervorschlag auf Herabsetzung der wichtigsten Rüstungsgattungen um ein Drittel wieder an den Zweck ihrer Zusammenkunft erinnert. Es war ein Vorstoß der USA, gegen die europäische Einheitsfront von Lausanne, der jedoch selbst von den amerikanischen Delegierten sofort fallen gelassen wurde, als die Sowjetunion ihn sich zu eigen machte und ernsthaft zur Debatte stellte. Das Ergebnis: Eine allgemein gehaltene Resolution, die in dem einzigen Punkt, in dem sie etwas Konkretes aussagt, sogar noch eine Rüstungserleichterung bringt: in der Frage des chemischen und bakteriologischen Krieges. Durch das Genfer Protokoll von 1925, das von 34 Staaten ratifiziert worden war, war eine Absage an diese Methoden der Kriegsführung gegeben worden; durch die Resolution sind an dieser vollständigen Absage wieder einige Einschränkungen gemacht worden. Damit wird es auch klar, was Litwinow sagen wollte, als er mit den Worten: »Ich stimme für die Abrüstung, gegen die Rüstungen, gegen die vorgeschlagene Resolution« abstimmte. Das politisch wichtigste Ergebnis ist die

Verschiebung der Stellung Englands.

Durch ein anfängliches Liebäugeln mit Deutschland wurde der französische Imperialismus zu einer Verständigung gezwungen, die in der »Entente cordiale« ihren Ausdruck fand und eine Isolierung Deutschlands und Amerikas mit sich brachte. Diese Politik wird ergänzt durch die Konferenz von Ottawa. Schon die ersten Verhandlungen brachten den Versuch der Dominien, vor allem Australiens und Kanadas, ein Einfuhrverbot für Waren aus Sowjetrußland zu erreichen; dies ist der erste Vorstoß gegen die Position Englands, das von der Konferenz vor allem eine Befreiung seiner Stellung gegenüber Amerika wünscht.

Der Gegenschlag Amerikas

Nach dem Vorstoß des Hoovervorschlages, der Italien von der europäischen Einheitsfront abspringen ließ, versucht Amerika auf Frankreich einen Druck auszuüben. Es finden Verhandlungen zwischen Herriot und dem amerikanischen Botschafter Edge über ein Abkommen in der Schuldenfrage statt.

Der deutsche Imperialismus

hat kein einziges solches Mittel, durch das er seine Isolierung, in die Herr v. Papen ihn hineingeritten hat, durchbrechen könnte. Ihm blieb nichts anderes übrig, als seinen bedingungslosen Beitritt zu dem französisch-englischen Bündnis zu erklären. Sein Versuch, durch eine doppelte Politik – Anbiederung an England und Frankreich zu gleicher Zeit – Zugeständnisse zu erreichen, ist von diesen für ihre eigene Politik ausgenutzt worden und hat gerade im Gegenteil zu dem Bündnis dieser beiden Staaten gegen Deutschland mitgeholfen.

Hinter den Kulissen des Genfer Abrüstungstheaters geht die

Aufrüstung

lustig weiter. Die Rüstungsausgaben von 62 Staaten sind von 3.479 Millionen Dollar 1925 auf 5 Milliarden 1932 gestiegen, das sind 70 Prozent mehr als 1913! 20 Prozent des englischen, 50 Prozent des polnischen, 40 Prozent des französischen Etats werden für die Vorbereitung eines neuen Krieges ausgegeben, ungerechnet die vielen »verschwundenen« Milliarden, von denen Zeit zu Zeit einmal etwas an die Öffentlichkeit kommt. Während der Abrüstungskonferenz bewilligte Amerika 600 Millionen Dollar für neue Rüstungen, kündigte England den Bau von 20 neuen Flotteneinheiten in diesem Jahre an, unternimmt Japan einen neuen Einbruch in Nordchina und verstärkt seine Kriegsprovokationen gegen die Sowjetunion. Mit der Vertagung der Abrüstungskonferenz fiel der

Gorgulowprozeß

zusammen, der in einem Eiltempo von zwei Tagen »erledigt« wurde. Man vermied es ängstlich, die Hintermänner Gorgulows zu belangen. Denn sie hätten wahrscheinlich die Fäden bloßgelegt, die über den Polizeiagenten Krutschkow zur französischen Regierung liefen, die über den Sekretär Gorgulows zu dem französischen Botschafter in Berlin liefen, die zu dem Untersuchungsrichter liefen, der mit den Weißgardisten in enger Verbindung steht. Alle diese Fäden hatte Henry Barbusse in seinem Artikel »Ich klage an« in der »Humanité«[135] bloßgelegt; aber die gesamte übrige Presse schwieg dies tot. Statt dessen wurde in den nationalistischen Zeitungen (auch in Deutschland) die alte Fabel wiederholt, G. sei ein Bolschewist und von der Tscheka gedungen. Selbst der Staatsanwalt mußte feststellen, daß davon kein Wort wahr ist.

Nachdem der von Henry Barbusse und Romain Rolland einberufene
Internationale Kampfkongreß gegen den Krieg
in Genf verboten wurde, wird er am 27. und 28. August in Brüssel oder Amsterdam stattfinden.[136] Die englische Regierung hat auf das Verlangen, ihn in London stattfinden zu lassen, keine Antwort gegeben. Die Vorbereitung dieses Kongresses erfaßt immer weitere Schichten der Arbeiter und Intellektuellen. Ein wichtiges Zeichen ist, daß die Soldaten eines tschechoslowakischen Bataillons sich dem Kongreß angeschlossen haben, ein »Erfolg« der Regierung, die diese gegen den Generalstreik der Bergarbeiter im April eingesetzt hatte.

Todesurteil gegen Sallai und Fürst

Das ungarische Standgericht hat Sallai und Fürst zum Tode verurteilt, weil sie Funktionäre der illegalen Kommunistischen Partei sind und vor 13 Jahren an der Errichtung der Rätediktatur teilgenommen haben. Das Urteil ist sofort vollstreckt worden. Die internationale Protestaktion, die begonnen hatte, ist zu spät gekommen; das faschistische Regime hat wieder zwei Führer der Arbeiterbewegung gefordert, weil es sich nur durch Blut und Terror aufrechterhalten kann. Um so wichtiger ist es, die Protestaktion für die übrigen Gefangenen in Ungarn, für die beiden Rueggs in China und für die Negerjungen von Scottsboro[ugh] zu steigern, weil die internationale Solidarität der Arbeiterklasse allein diese retten kann. Einen ersten Erfolg hat der internationale Prozeß erreicht. Die Rueggs wurden aus dem Gefängnis ins Krankenhaus überführt.

(62.) Politik der Woche 31. Juli bis 7. August 1932

Das Wahlergebnis

Gegenüber der letzten Reichstagswahl hat die SPD rund 15 Prozent verloren; ihre Stimmenzahl sank von 8,57 auf 7,95 Millionen, ihre Mandate von 143 auf 133. Die KPD-Stimmenzahl stieg von 4,5 auf 5,28 Millionen, ihre Mandate von 78 auf 89. Entscheidend für die Beurteilung der Stimmung und politischen Orientierung der Massen des Proletariats ist ein Vergleich mit den Länderwahlen 1932. Gegenüber diesen hat die SPD 4,2 Prozent, die KPD 25 Prozent, die Hitlerpartei nur noch 6,3 Prozent gewonnen. Die KPD gewann von der SPD, die ihre Verluste zum Teil aus dem bürgerlichen Lager ausgleichen konnte, und zu einem kleinen Teil auch von der NSDAP. In Berlin wurde die KPD zur stärksten Partei, sie ging von 352.000 auf 358.000, die SPD von 361.000 auf 318.000, die NSDAP von 288.000 auf 280.000. Die Entwicklung der SPD ist ungleichmäßig. Sie verlor in Industriegebieten, wie Berlin, Magdeburg,

Frankfurt a.d.O., Breslau, außerdem in Ostpreußen, Pommern usw. Sie gewann in einigen westdeutschen Gebieten (Westfalen, Düsseldorf, Hessen), vor allem aber in Süddeutschland. Die Gewinne der KPD sind am stärksten in Berlin, im westdeutschen Industriegebiet (Westfalen 35 Prozent) und in den großen Industriegebieten, aber auch in Pommern, Ostpreußen, Bayern. Hitler hat gerade in den Industriegebieten verloren; er hat in Berlin, Oppeln, Westfalen, Düsseldorf, Köln-Aachen direkte Verluste. Die nationalsozialistische Welle ist also nicht nur zum Stehen gebracht, sondern an den entscheidenden Stellen, nämlich da, wo ihr ein kleiner Einbruch in die Arbeiterschaft gelungen war, schon etwas zurückgeschlagen. Im ganzen spiegelt die Wahl den wachsenden Widerstandswillen der Arbeiterschaft gegen ihr ungeheures Elend und gegen den Faschismus wider. Gegenüber der nationalfaschistischen Welle, die stagniert, beginnt sich eine Linksbewegung durchzusetzen, an der die KPD den größten Anteil hat.[137] – Inzwischen haben die
Koalitionsgespräche
zwischen den Nazis und dem Zentrum begonnen. Bis jetzt zeigt sich, daß beide zur Koalition bereit sind, aber über die Bedingungen ist man sich nicht einig. Schleicher, der heute die entscheidenden Teile der Bourgeoisie repräsentiert, ist gewillt, sein faschistisches Diktaturregime aufrechtzuerhalten. Er möchte, da keine neue Offensive gegen die Lebenshaltung der Arbeiterschaft durchzuführen ist, die Nazis verbreitern. Einmal durch Einbeziehung der Nazis, die sich aber seinem Willen unterwerfen sollen. Zugleich möchte er das Zentrum heranziehen – eventuell durch Konzessionen auf kultur- und kirchenpolitischem Gebiet –, um auch bei den Gewerkschaften eine Stütze zu haben. Die Haltung der Nazis ist zwiespältig: Sie spiegelt ihre Angst vor der Verantwortung wider und zeigt ihre große Gier nach dem Ministersessel. Gegenwärtig hat es den Anschein, als wollten sie im Reich Papen-Schleicher lassen und sie nur still tolerieren (worin die Angst der Bourgeoisie vor der Entlarvung ihres Betrugs und dem Verlust dieser Massenbasis zum Ausbruch kommt) und in Preußen in offener Koalition mit dem Zentrum die entscheidenden Ministerposten besetzen (worin der Zwang der NSDAP, wenigstens einem kleinen Teil ihrer Anhänger Posten zu verschaffen, deutlich wird). Das Zentrum verlangt dagegen (nach der »Kölnischen Zeitung«) ausdrücklich eine offene Schleicher-Hitler-Regierung für das Reich, die es zu tolerieren bereit ist; in Preußen ist es anscheinend bereit zur offenen Koalition mit den Nazis, wobei man sich natürlich um die Ministerposten streitet. Es zeigt sich sehr deutlich, daß die Linksbewegung der Massen die Pläne des Kapitals erschwert. Darum sucht man durch die Regierungsbildung die Basis des faschistischen Militärregimes zu verbreitern, durch bestimmte Kombination von Nazis und Zentrum in Preußen und im Reich. Und zweitens greift man zu verschärften

faschistischen Unterdrückungsmaßnahmen. Der Erfolg der KPD hat im Lager der Bourgeoisie nicht nur Überraschung, sondern, man kann schon sagen, Verwirrung hervorgerufen. Die Nazis und die Deutschnationalen fordern kategorisch das Verbot der KPD. Das Zentrum widerspricht, allerdings nicht aus Sympathie für den Kommunismus oder die Arbeiterschaft, sondern »weil die Unzufriedenheit der Massen ein Ventil im Parlament haben müsse«. Hierin kommt der Gedanke zum Ausdruck, die KPD formell bestehen und im Parlament reden zu lassen, aber ihr außerparlamentarisch die Arbeit durch Zeitungs-, Versammlungsverbote usw. unmöglich zu machen. Trotzdem das Verbot der KPD, oder einer anderen Partei für die Bourgeoisie ein großes Risiko ist – vor allem auch außenpolitisch – besteht nach wie vor die Gefahr einer solchen Maßnahme. Die Schleicher-Papen haben die Notverordnung schon fertig, aber noch nicht veröffentlicht, die Standgerichte (deren blutiges Gesicht gerade die Ermordung Sallais und Fürsts in Ungarn gezeigt haben) einführt, die die Todesstrafe aussprechen können, und den sog. zivilen Ausnahmezustand verhängen wird. Es hat den Anschein, als werde diese Notverordnung ein reines Ausnahmegesetz gegen die Kommunisten. Der »Vorwärts« schreibt dazu mit vollem Recht: »Noch immer hat man die Erfahrung gemacht, daß Bestimmungen, die durch Ausschreitungen von rechts veranlaßt wurden, sich schließlich nach links auswirken. Wir sehen die Gefahr, daß einige Kommunisten standrechtlich erschossen werden, während die nationalsozialistischen Übeltäter mit leichten Strafen davonkommen, amnestiert werden.« – Die SA hat ihren Terror zu einer
Reihe planmäßiger Attentate
gesteigert. Die feigsten, niederträchtigsten und gemeinsten Überfälle auf Sozialdemokraten und Kommunisten wurden in verschiedenen Städten (Königsberg) verübt. Dazu einige Bombenattentate auf sozialdemokratische und kommunistische Lokale. In Königsberg gestaltete sich die Einäscherung des kommunistischen Funktionärs Gauff zu einer gewaltigen Demonstration der Arbeiterschaft, obwohl die Polizei den Leichenzug wegen des Burgfriedens verbot. 15 Betriebe und Baustellen führten einen Proteststreik durch. In mehreren Straßen schlossen die Kleingewerbetreibenden von 2 bis 4 Uhr die Läden als Zeichen ihrer Solidarität mit der Arbeiterschaft. Inzwischen sind geradezu verbrecherische Instruktionen der SS gefunden und veröffentlicht worden.[138] In ihnen werden drei Wege gezeigt, um »legal« zur Macht zu kommen. 1. Der Weg der absoluten Mehrheit, der soviel wie aussichtslos sei, was sich bestätigt hat. 2. Die KPD zu Handlungen zu zwingen, welche ihr Verbot zur Folge haben. Hier wird dann eingehend gezeigt, wie die SS Schlägereien zu inszenieren habe, bei denen immer der Schein erweckt werden müsse, als seien die Kommunisten die Angreifer gewesen. Der drit-

te Weg aber sei, selbst Morde zu inszenieren und auf die KPD abzuschieben. Hier werden direkte Anweisungen gegeben, wie man durch Liegenlassen von Antifa-Abzeichen usw. einen Überfall den Kommunisten in die Schuhe schieben könne. Das sind die Methoden, mit denen der verfaulende Kapitalismus seine Herrschaft aufrechtzuerhalten sucht: Standgerichte, blutiger Mord und Provokationen![139]

Die kapitalistische Krise nimmt von Tag zu Tag zugespitztere Formen an. Im letzten Bericht des amtlichen Konjunktur-Instituts heißt es, daß »auch die letzte Stütze der Wirtschaft, der verhältnismäßig stabile Mengenverbrauch in lebenswichtigen Gütern, zu schrumpfen beginnt (was zwischendurch gesagt, der wissenschaftliche Ausdruck für steigenden Hunger und elenderes Dasein der Massen ist. F.) und sich diese Schrumpfung allmählich auch auf die Produktion überträgt«, was die Aussicht auf neue Massenentlassungen, aber auch Steuerrückgang und damit Unterstützungs-, Gehalts- und Rentenabbau eröffnet. Zugleich setzt die außerparlamentarische Offensive auf die Lebenshaltung der noch im Betrieb stehenden Arbeiter ein. Viele Tarife laufen Ende September ab. Schon jetzt haben die Unternehmer mit dem Ziel des Lohnabbaus gekündigt bei den Seeleuten, in der Schuh- und Textilindustrie. In letzterer Industrie zeigt sich aber auch schon der wachsende Widerstand der Arbeiterschaft. In Mönchengladbach streiten mehrere Betriebe, ebenso in Baden (Pforzheim und Zell). Beinahe in allen kapitalistischen Ländern ist ein Wachsen der Streikwelle, der Arbeitslosenkämpfe und der Bauernunruhen zu bemerken. Der Widerstand gegen die Ausbeutung wächst. In Spanien Streik der Bauern und Pächter gegen die Großgrundbesitzer. In Lancashire (England) Streik der Baumwollweber. In Ottawa schwere Kämpfe der Arbeitslosen mit der Polizei. Die Arbeitslosen hatten eine Abordnung zum kanadischen Ministerpräsidenten geschickt, die Arbeitslosenunterstützung und Wiederaufnahme des Handels mit der Sowjetunion forderte. Bennett lehnte rundweg ab. Dieser Demonstration der Arbeitslosen kommt besondere Bedeutung zu, weil in Ottawa die Wirtschaftskonferenz des Britischen Reiches tagt. Die belgischen Bergarbeiter stehen jetzt sechs Wochen im Massenstreik. Die Regierung macht alle Anstrengungen, ihn abzuwürgen. Jetzt sollten die ausländischen Arbeiter, die solidarisch mit im Streik stehen, auf Grund des Landstreichergesetzes aus Belgien verwiesen werden. Die Bergarbeiter haben an die Eisenbahner die Aufforderung gerichtet, keine Kohlen mehr zu transportieren. Die Streikenden fordern die Ausrufung des Generalstreiks, um ihre Forderungen auf Lohnerhöhung durchzusetzen. In Amerika demonstrierte die Arbeiterschaft gegen das ungeheuerliche Blutbad, mit dem die Regierung die Bewegung der Arbeitslosen und Veteranen zu unterdrücken versuchte, in Chicago

15.000, in Detroit 25.000 Arbeiter usw. Am 1. August kam es in fast allen Teilen der Welt, selbst in Tokio und Shanghai, zu Demonstrationen der Arbeiterschaft gegen den Krieg. Von überall, nicht nur aus den faschistischen Ländern, wird ein scharfes Vorgehen der Polizei gegen die Antikriegsdemonstrationen gemeldet. In Deutschland fanden am 4. August in verschiedenen Städten Antikriegsdemonstrationen trotz des Burgfriedens statt.

Die Gegensätze zwischen den imperialistischen Gruppen haben wieder an einer Stelle zur Auseinandersetzung mit den Waffen, zum

Krieg

geführt. Zwischen Bolivien und Paraguay haben die ersten Artilleriekämpfe stattgefunden. Es geht hier um Öl und Zinn. Hinter Bolivien steht [die] USA. Das gesamte Finanzwesens Boliviens steht unter der Kontrolle eines amerikanischen Bankenkonsortiums. Das bolivianische Zinn und Öl ist in Händen des USA-Finanzkapitals. Hinter Paraguay steht England. Im Gran Chaco – dem umstrittenen Gebiet zwischen den beiden Ländern – sind Ölvorkommen entdeckt worden. Hier mußte darum zwangsläufig der Kampf zwischen dem britischen und dem Dollar-Imperialismus entbrennen. Aber USA will nicht nur das Öl des Gran Chaco, es will auch den Weg zum Meer durch Paraguay. Damit wird das ganze Einflußgebiet des englischen Imperialismus, z.B. auch Argentinien, gefährdet. – Der japanisch-chinesische Krieg wird immer mehr zu einem Krieg der vereinigten Imperialisten einschließlich der chinesischen gegen die chinesischen Sowjets. Aber deren Truppen, die Rote Armee, sind siegreich. Sie belagern jetzt Hankou. Ein großer Teil der Regierungstruppen ist zu der Roten Armee, die viel besser verpflegt ist, weil die Bevölkerung mit ihr sympathisiert, übergegangen. Langsam dringen die Japaner in der Provinz Jehol vor, die sie besetzen und annektieren wollen wie die Mandschurei. Wie ungeheuer groß die Gefahr ist, daß diese kriegerischen Aktionen des japanischen Imperialismus heute oder morgen zur offenen Intervention gegen die Sowjetunion werden, geht daraus hervor, daß ein bürgerliches Blatt wie das »Berliner Tageblatt« sich von einem Sonderkorrespondenten aus Tokio einen Artikel über die Lage im Osten schreiben läßt. Darin heißt es: »Japan besitzt auf dem Kontinent Korea, in China Konzessionen und Investitionsinteressen. Die Sowjetidee besitzt in China die innermongolische Sowjetrepublik und viele, provinzbeherrschende, armeebildende »rote Anhänger«. Diese Konstellation ist heute, und sicher für lange Zeit, eine der wichtigsten Faktoren der Weltpolitik. So fern sie uns zu stehen scheint, so eng berührt sie als Friedens- oder Kriegsfaktor Deutschland.«

Dem faschistischen Henker

Ungarn genügt die Ermordung der zwei kommunistischen Führer Sallai und Fürst noch nicht. Am 10. August soll das Schnellgericht einen dritten, den

Kommunisten Karikas, zum Tode verurteilen. Zur Rettung Sallais und Fürsts kam der Protest des Proletariats zu spät. Es gilt jetzt, den Protest zu verdoppeln, um einen Klassengenossen zu retten. Die ungarischen Verkehrsarbeiter haben zum Streik aufgerufen.

Das Schweizer Ehepaar Ruegg in Shanghai ist wieder in den Hungerstreik getreten, um gegen seine Überführung aus dem Krankenhaus in das Gerichtsgefängnis zu protestieren. Der Gesundheitszustand der Rueggs ist ernst. Auch sie können nur durch den internationalen Protest gerettet werden.

Teil V

»Hitlerregierung droht!«

Die Wochenberichte von Emil Fuchs

(8. August 1931 bis 18. November 1932)

(63.) Politik der Woche 8. August bis 14. August 1932

Hitlerregierung droht!

Die Koalitionsverhandlungen sind in das offizielle Stadium gerückt. An der Stellung des Zentrums hat sich nichts geändert; es verlangt im Reich wie in Preußen eine sichtbare Einbeziehung der Nazis in die Verantwortung. Es scheint sogar bereit, Hitler als Reichskanzler zu tolerieren. Papen-Schleicher-Hindenburg wollen an der Form des Präsidialkabinetts festhalten, und es weiter ausbauen. Der Innenminister v. Gayl hat in seiner »Verfassungsrede«[140] diesen Ausbau gekennzeichnet. Die Regierung soll »unabhängig von Parteieinflüssen« werden, das heißt unabhängig vom Reichstag. Um den Einfluß des Reichstags noch weiter zurückzudrängen, soll ihm eine faschistische Erste Kammer zur Seite gestellt werden, um die Regierung »vor den Folgen der oft durch Stimmungen und Wahlrücksichten beeinflußten Parlamentsbeschlüsse zu schützen und die Stabilität und Folgerichtigkeit der Regierungspolitik zu gewährleisten.« Die Bourgeoisie sieht sich immer stärker von der »Antikapitalistischen Sehnsuchtswelle« bedroht und fürchtet daher, im Reichstag ihren kapitalistischen »Ausweg« aus der Krise nicht durchsetzen zu können, wenn sie nicht die Entlarvung der Nazis und damit den Verlust dieser Massenbasis riskieren will.

Die NSDAP, die sich zuerst mit Preußen begnügen wollte, hat eine Schwenkung vollzogen. Sie verlangt jetzt die offene Führung in dem kommenden Präsidialkabinett. Hitler ist dazu gezwungen worden, weil sonst eine Rebellion der SA eingesetzt hätte. In Groß-Berlin allein sollen 21 Stürme die sofortige alleinige Übernahme der Macht und die Durchführung ihres revolutionären Programms gefordert haben. Es wird Hitler immer unmöglicher, seine Anhänger noch weiter hinzuhalten; sie verlangen jetzt Taten von ihm. Ein Teil der Bourgeoisie glaubt deshalb, den Nazis die Macht ausliefern zu müssen, um die Rebellion bis zur Stabilisierung der faschistischen Diktatur hinzuhalten. Ein Teil der Nazi-Anhänger könnte dann mit Staatsposten befriedigt werden, der revolutionär eingestellte Teil soll abgestoßen werden. So wird also in der nächsten Zeit eine Reinigungsaktion in der SA zu erwarten sein. Bezeichnend für diese Schwierigkeiten, in denen sich die NSDAP befindet, sind die verschiedenen Erklärungen, die SA-Führer veröffentlichen, in denen betont wird, daß die SA fest in der Hand des Führers sei, und eine Erklärung Hitlers im »Angriff«, in der er sich mit Goebbels voll und ganz solidarisch erklärt. Es sind nämlich Behauptungen aufgetaucht, daß Hitler Goebbels und Strasser, die den revolutionären Kurs vertreten, unter Aufsicht gestellt hat, damit sie keine Dummheiten machen.

Außerdem versucht die NSDAP weiter, die SA durch Mordtaten gegen die Arbeiterschaft abzulenken. Der brutale Mordterror, der nach den Wahlen einsetzte, geht ungestört weiter. Die Regierung spricht schon offiziell von einer Bürgerkriegslage.
Zugleich will man damit ein Verbot der KPD erreichen. Dies kommt offen zum Ausdruck in den »sensationellen Enthüllungen« des »Völkischen Beobachters« über Geheimbefehle des verbotenen Roten-Frontkämpfer-Bundes. Durch diese offensichtlichen, dazu noch sehr plumpen Fälschungen sollen die Bombenattentate der KPD in die Schuhe geschoben werden. Ein Verbot der KPD würde Hitler vor seinen Anhängern als einen Erfolg hinstellen können, zweitens hofft man damit das Abströmen der Nazianhänger zur KPD, dessen Beginn sich bei den Reichstagswahlen in den Industriebezirken gezeigt hat, abstoppen zu können. Der preußische Reichskommissar hat durch ganz Preußen in den Büros und bei den Funktionären eine Haussuchung durchführen lassen, um Material in die Hand zu bekommen. Die Rechtspresse arbeitet beschlagnahmte Besenstiele und Feuerhaken zu den »gefährlichen Schlagwaffen« um. Im ganzen ist die Aktion erfolglos geblieben.

Neue Angriffe auf die Lebenslage der Arbeiterschaft

Noch ist der Unterstützungsabbau der Papennotverordnung noch nicht vollkommen durchgeführt, und schon beginnt die außerparlamentarische Offensive des Unternehmertums gegen die Löhne. Die Metallindustriellen der Gruppe Nordwest haben den Tarifvertrag gekündigt. Sie schoben zunächst einen Hamburger Betrieb vor, um den Lohnraub durchzuführen. Auf den geschlossenen Streikbeschluß der Belegschaft wurde der Abbau um acht Tage verschoben. In ihrer Angst vor einem Streik der Arbeiter greifen die Unternehmer zu den unerhörtesten Methoden. Ein Altonaer Betrieb forderte 70 SA-Streikbrecher an, um den bevorstehenden Lohnraub durchführen zu können. Diese versuchten bewaffnet in den Betrieb einzudringen, mußten aber wegen des geschlossenen Zusammenstehens der Belegschaft zurückgezogen werden. Daß solche Versuche der Unternehmer, den brutalen Terror anzuwenden, nicht vereinzelte Fälle bleiben werden, sieht man auch daraus, daß vom Reich aus die gesetzlichen Bestimmungen über teilweise Streikverbote verschärft wurden. Die Verfolgung von Übertretungen der Verordnung des Reichspräsidenten gegen den Streik in lebenswichtigen Betrieben vom 10. November 1920 ist den neugebildeten Sondergerichten übergeben worden. Da das Verfahren der Sondergerichte wesentlich abgekürzt ist (es findet zum Beispiel keine Voruntersuchung statt), sind die Arbeiter noch mehr als bisher der Willkür der Justiz ausgeliefert. Gegen Urteile der Sondergerichte gibt es keine Berufungsmöglichkeit. Diese Verordnung ersetzt damit ein vollkommenes Streikverbot in den lebenswichtigen Betrieben. Schon diese eine Tatsache zeigt, was es mit den Sondergerichten, die angeblich gegen den Bombenterror der SA gerichtet sind, auf sich hat. Ebenso wie das Standgericht in Ungarn, das nach dem Eisenbahnattentat des Faschisten Matuschka eingerichtet wurde, jetzt zwei Führer der Kommunistischen Partei zum Tode verurteilte, werden auch in Deutschland die Sondergerichte und alle Maßnahmen, die man infolge von Ausschreitungen von rechts einrichtet, sich nur gegen links wenden. Zunächst gegen die KPD, aber dann auch gegen die SPD und die freien Gewerkschaften. Schon jetzt darf ein Oberstaatsanwalt im »Angriff« offen den Grundsatz proklamieren: Nicht auf die Tat kommt es an, sondern auf die Gesinnung. Den deutschen Richtern sei es nicht zum Bewußtsein gekommen, »wie schwer sie sich gegen das oberste Gesetz der Gerechtigkeit vergingen, als sie die idealen vaterländischen Forderungen der nationalsozialistischen Bewegung gegen die grobmaterialistischen, eigensüchtigen, nur einer einzigen Volksklasse angeblich dienenden Ambitionen der KPD gleichsetzten«. Dies ist die offene Proklamierung der faschistischen Justiz. Jeder Kampf um die Lebensrechte der Arbeiterschaft erfolgt aus »eigensüchtigen« Motiven und muß deshalb schwer bestraft werden. Aber wenn die Unternehmer bewaffnete SA gegen Streik einsetzen, dann sind das »idealistische vaterländische« Motive, die nichts mit Klassenkampf zu tun haben.

Es ist daher erklärlich, wenn neben dem steigenden Widerstandswillen gegen den Lohnraub der Gedanke des *politischen Massenstreiks* gegen die faschistischen Diktaturpläne der Bourgeoisie in der Arbeiterschaft erwogen wird, wie das zum Beispiel in der Revolution eines Hamburger Hafenarbeiternachweises und in der neuen Losung der KPD »Antifaschistische Aktion[141] in die Betriebe« zum Ausdruck kommt. Auch in den anderen kapitalistischen Ländern hat eine Streikwelle eingesetzt. In Belgien ist der Generalstreik der Bergarbeiter, der allerdings faktisch schon seit fünf Wochen bestand, ausgerufen worden. Die Bergarbeiter fordern die Ausrufung des Generalstreikes auch für die übrigen Industrien. Wie sehr die Unternehmer eine solche Verbreiterung fürchten, sieht man daraus, daß der angekündigte Lohnraub für die Antwerpener Hafenarbeiter einstweilen zurückgezogen ist. Die Hüttenarbeiter von Fontaine-Leveque haben den Streik beschlossen.

In *Spanien* ist der Versuch eines monarchistischen Putsches leicht niedergeschlagen worden. Einzig in Sevilla wurde die Lage bedrohlich, weil der Oberbefehlshaber der Zivilgarde, San Jurgo, sich dem Putsch anschloß. Jedoch auch er wurde durch den Generalstreik und in blutigen Straßenkämpfen von der Arbeiterschaft besiegt.

China
Die chinesische Kuomintang-Regierung, in der der »linke« Wang Jingwei mit Tschiang Kai-schek zusammen saß, ist außer Tschiang zurückgetreten. Die

Untätigkeit der Regierung gegen den neuen japanischen Vormarsch in Nordchina und ihr Vorgehen gegen den wachsenden antijapanischen Boykott hat Wang Jingwei veranlaßt zurückzutreten, um so alle Schuld auf Tschiang Kaischek abzuwälzen. Der Kampf um die Aufteilung Chinas zwischen Japan, Frankreich, England und Amerika hat sich wieder verschärft, infolge eines japanischen Vorstoßes. Dieser Kampf findet in den Reden Hoovers, Stimsons und Herriots über die Auslegung des Kelloggpaktes seinen Ausdruck. Hoover hat eine neue Doktrin ausgearbeitet, nach der Amerika niemals den Anspruch auf einen Besitz anerkennen werde, der unter Verletzung eines Friedenspaktes erworben ist. Amerika will also die Eroberung der Mandschurei durch Japan nicht anerkennen. Herriot legt den Kelloggpakt so aus, daß die Unterzeichner im Falle einer Verletzung zum aktiven Eingreifen verpflichtet sind. Dann hätte Amerika durch die Tatsache, daß es in der Mandschurei nicht eingegriffen hat, anerkannt, daß es sich hier nicht um die Verletzung des Kelloggpaktes handelt, und hätte kein Recht, gegen die Annexion zu protestieren. Demgegenüber hat die Politik

der Sowjetunion

jetzt wieder verschiedene Erfolge aufzuweisen. Der Nichtangriffspakt mit Finnland ist in Kraft getreten, der mit Estland von der Sowjetunion ratifiziert und der mit Polen unterzeichnet worden. Gegenüber den Behauptungen der bürgerlichen Presse, daß damit Sowjetrußland in die Entente cordiale gegen Deutschland eingetreten sei, muß betont werden, daß die Außenpolitik der Sowjetunion als oberstes Prinzip hat, keinen Vertrag abzuschließen, der eine Spitze gegen irgend einen dritten Staat hat. Daher steht in allen Nichtangriffspakten ein Paragraph, das der Vertrag sofort gekündigt werden kann, wenn einer der beiden Unterzeichner einen Angriff auf irgend einen dritten Staat unternimmt. Von einer Rückendeckung Polens für einen Angriff auf Deutschland kann also keine Rede sein. Aber die bürgerliche Presse braucht eine solche Rückendeckung, um chauvinistische Leidenschaften zu erwecken. Die absolute Unmöglichkeit eines solchen kriegerischen Konfliktes wollen wir damit nicht behaupten angesichts der völligen Isolierung Deutschlands auf der Lausanner Konferenz und der kriegerischen Reden Herrn von Schleichers, der nur nach Genf zurückkehren will, wenn ihm ein 600.000 Mann starkes Heer zugestanden wird, – natürlich nur zur Sicherung Deutschlands und zur Sicherung des Friedens. Ebenso nehmen in Polen die antideutschen Kundgebungen zu. In den nächsten Tagen wird eine Kundgebung der faschistischen Legionärverbände in Gdingen stattfinden, zugleich eine innerpolitische Kampfkundgebung gegen die Hafenarbeiter, deren heroischer Kampf gegen die Kriegstransporte noch in Erinnerung ist. (Der Legionärverband organisiert gerade jetzt wieder den Streikbruch im Generalstreik der Lemberger Kommunalarbeiter). Aber wenn auch von beiden Seiten die chauvinistische Welle geschürt wird, so zeigt uns die gerade in den letzten Tagen wieder ansteigende Hetze gegen die Sowjetunion in der bürgerlichen Presse, wozu Herr von Schleicher die Kriegsstimmung gebrauchen wird. Trotz ihres Lausanner Mißerfolges versucht die deutsche Bourgeoisie jetzt dadurch, daß sie durch Säbelrasseln ihre Stärke zu dokumentieren sucht, sich in den von Frankreich geführten Interventionsblock einzureihen.

(64.) Politik der Woche 14. August bis 21. August 1932

Arbeiterleben in Gefahr!
Der ungarische Kommunist Karikas soll jetzt vor das gleiche Sondergericht kommen, das Sallai und Fürst ohne Beweise eines Verbrechens zum Tode verurteilt und zwei Stunden nach dem Urteil erhängt hat. Den Termin für das Verfahren bekannt zugeben, verweigern die Behörden. Sie verfolgen demnach die Taktik, abzuwarten, bis sich die Erregung der Werktätigen und der fortschrittlichen Intelligenz über den Mord an Sallai und Fürst gelegt hat, um dann ohne Störung den Mord an Karikas vollziehen zu können. Deshalb muß das internationale Proletariat seine Protestaktion zur Rettung des ungarischen Klassengenossen aus den Klauen des Horthy-Faschismus steigern. Beschließt Protestaktionen und schickt sie an die ungarische Gesandtschaft. – Der Prozeß gegen das Schweizer Ehepaar in China steht vor dem Abschluß. Er war eine Kette von Vergewaltigungen der Rechte der Angeklagten, von Fälschungen und Verdrehungen durch das Gericht selbst. Am 19. sollte das Urteil verkündet werden. Diesem Prozeß kommt internationale Bedeutung zu. Drei Beamte der vom englischen Imperialismus kontrollierten Fremdenpolizei in Shanghai haben dem chinesischen Gericht das »Belastungsmaterial« gegen die Rueggs geliefert. Mit diesem Material, das offensichtlich gefälscht ist – das Gericht verweigert die Vorlage des Materials –, steht und fällt die Anklage. Der Kampf und die Rettung der Rueggs ist daher zugleich ein Kampf gegen den grausamen Kolonialimperialismus, gegen die imperialistische Ausbeutung des chinesischen Volkes.

Die wirtschaftliche Situation
zeigt alle Anzeichen einer weiteren Zuspitzung der Krise. Zwar versucht die bürgerliche Presse aus der Börsenhausse der letzten Wochen, die von [den] USA ausgehend auch London, Paris und Berlin erfaßt hat, wieder einmal einen Silberstreifen zu machen. Die Hausse ist daher in keiner Weise in der brutalen Wirklichkeit der kapitalistischen Wirtschaftskatastrophe begründet. Der Welthandel ist bis Juni 1932 auf die Hälfte gegenüber seinem Höchst-

stand gesunken. Im Juli ist nirgends, aber auch nirgends in kapitalistischen Ländern eine Besserung festzustellen. Lediglich da, wo, wie in einigen deutschen Industrien, Aufträge der Sowjetunion vorlagen, gab es Beschäftigungsmöglichkeiten. Überall sonst sind die Produktionsindizes aller Industrien zurückgegangen. Parallel damit steigt die Arbeitslosigkeit. Die Börsenhausse in Amerika steht im Zusammenhang mit den Kreditausweitungsaktionen Hoovers, dem es dabei weniger auf Verbesserung der Wirtschaftslage als auf Verbesserung seiner Wahlaussichten ankommt. Hoovers Gesetze und Banken weiten den Kredit um 2 ½ Milliarden Dollar. Aber – und das ist eine Erfahrung, die auch für uns in Deutschland von größter Wichtigkeit ist – die in der Krise festgefahrene Wirtschaft verweigert die Aufnahme der Kredite. Es liegt ja auf der Hand: Zunächst muß überhaupt eine Absatzmöglichkeit vorhanden sein, ehe neue Kredite von der Wirtschaft aufgenommen werden, um die Produktion zu erweitern. Finden die gewaltigen Kreditmengen der Hooverschen Resico (so heißt die neue Bank, welche die Aktionen durchführt) also keine Anwendung auf dem Gebiet der Produktionen, so fließen sie um so heftiger zur Börse und werden dort zu Spekulationszwecken benutzt. Da aber die Aktien, die mit diesen Krediten gekauft und spekulativ in die Höhe getrieben werden, nur das Recht auf Einkommen aus den Unternehmungen darstellen, da viele Einkommen aber nicht steigen – wie die Kurse steigen, sondern im Gegenteil mit der Verschärfung der Krise und der Einschränkung der Produktion sinken, so ist klar, daß die Spekulations-Hausse und mit ihr die Funktionen eines wirtschaftlichen Silberstreifens binnen kurzem zusammenbrechen müssen. Die Kurse einer Aktie steigen, wenn das Vertrauen in das betreffende Unternehmen steigt. Die Kurse sind also das Barometer für das Vertrauen. Nun ist die Hausse, Steigen des Barometers, aber nicht auf steigende Produktion zurückzuführen, sondern künstlich hervorgerufen. Die Aktion Hoovers läuft also darauf hinaus, die Wirtschaft durch die Börse, d.h. das Wetter durch das Barometer zu beeinflussen. Aber ebenso wenig wie das Klopfen am Barometer schönes Wetter oder das Thermometer das Fieber des Kranken verbessern kann, ebenso wenig wird die Spekulation an der Börse die Krise beseitigen und ebenso wenig wird aus dem Krisenpräsidenten Hoover der Präsident einer neuen Prosperity. Die Verschärfung der Krise zwingt die Unternehmer – wenn sie den Kapitalismus und ihre Profite aufrechterhalten wollen, und das wollten sie wohl nicht – weiter die Lasten der Krise auf die Werktätigen abzuwälzen. Das Proletariat steht also schon wieder vor der Tatsache, daß das Kapital einen neuen

Angriff auf die Löhne

und auf die Unterstützungen plant und durchführt. Der Reichsverband der Industrie hat auf seiner letzten Tagung die allbekannte Forderung aufgestellt:

Senkung der Produktionskosten. Die Arbeiterschaft weiß, was das heißt. Die Reichsregierung hat ein »Wirtschaftsprogramm« ausgearbeitet[142], das in allen seinen Teilen ein *Signal* für die Arbeiterschaft ist. An erster Stelle steht die *Auflockerung des Tarifrechts*. In der kommenden Woche sollen darüber Verhandlungen mit den Gewerkschaften geführt werden. Verschiedene Wege werden vorgeschlagen. Aufforderung dadurch, daß man die Tarifgebiete verkleinert, oder Ausnahmeklauseln für »notleidende« Betriebe (welcher Betrieb ist dann nicht »notleidend«) zuläßt oder eine Durchbrechung des Tarifvertrages durch Werkvereinbarungen erlaubt. Alle Möglichkeiten laufen darauf hinaus, die einheitliche Front der Arbeiter eines Industriezweiges zu zerschlagen, in kleinere Gruppen oder Belegschaften. Der Sinn ist jedes mal, den Lohnabbau zu erleichtern: Mit ihrem »Wirtschaftsprogramm« gibt also die Papenregierung zu erkennen, daß sie gewillt ist durchzuführen, was ihr befohlen wird, nämlich den Lohnabbau. Im September und Oktober laufen Tarife für etwa 6 Millionen Arbeiter ab. Das wird die Gelegenheit sein, die die Bourgeoisie und ihre Regierung zu dem Versuch benutzen werden, die Löhne noch tiefer zu senken. Die Arbeiterschaft muß sich schon jetzt rüsten, damit sie diesen neuen, vollkommen untragbaren Abbau abwehren kann. Schon heute ist das Niveau der Löhne untragbar und menschenunwürdig. Im Sommer 1929 hatten die Löhne einen Höhepunkt erreicht. Und doch lag ihre Kaufkraft auch damals noch unter der der Vorkriegszeit. Heute ist das Realarbeitseinkommen nur noch zwei Drittel so hoch wie im Sommer 1929. Gegenüber 1913 ist es um die Hälfte gesunken. Nach der amtlichen Statistik, die durchaus nicht zu gut rechnet, betragen die Lebenshaltungskosten für eine Arbeiterfamilie mit drei Kindern in der Woche 40 RM. Der durchschnittliche Verdienst eines Industriearbeiters beträgt heute aber nur 22 RM die Woche. Die Löhne müßten also beinahe verdoppelt werden, damit auch nur das amtlich für lebensnotwendig anerkannte Minimum erreicht würde. Damit soll nicht behauptet werden, daß dann schon ein menschenwürdiges Niveau erreicht wäre. Das Programm der Regierung sieht weiter vor: organisatorischer Umbau der Erwerbslosenfürsorge. Hierher gehören die Pläne zur Vereinheitlichung der drei Zweige, Übergabe an die Gemeinden und später an die Gewerkschaften. Schon mehrere Male im Laufe der Krise war eine »Umorganisation« angekündigt, und wenn sie durchgeführt wurde, stellte sie sich jedes mal als ein Unterstützungsabbau heraus. Ein neuer Unterstützungsabbau droht also, während der alte noch kaum fertig durchgeführt ist. Ein Unterstützungsabbau ist um so aktueller, als die Lage der Finanzen, vor allem der Gemeinden, von Tag zu Tag schlechter wird. Schließlich ist von Arbeitsbeschaffung die Rede, und in diesem Zusammenhang wird die *Erweiterung des Arbeitsdienstes* angekündigt. Wir haben oft genug dargelegt, daß der Arbeitsdienst das gerade Gegenteil von Arbeitsbeschaffung ist, nämlich Verdrängung der Tarifarbeiter durch Arbeitsdienstler, die mit Taschengeld abgespeist werden. Wir haben auch schon aufgezeigt, daß für die Regierung bei der gespannten Finanzlage ein großzügiger Ausbau des Arbeitsdienstes und seine Umwandlung zur Arbeitsdienstpflicht mit militärischer Ausbildung nur eine Frage der Finanzierung ist. Jetzt wird bekannt, daß die Reichsbank bereit ist, 200 bis 250 Millionen Kredit zu geben. Bisher hat sie diese Forderung immer als währungsgefährdend abgelehnt. Eine Kreditausweitung von 200 Millionen muß nicht unbedingt zur Inflation führen; aber die Arbeiterschaft muß sich darüber klar sein, daß eine Kreditausweitung einmal – wie wir oben dargelegt haben – keine Überwindung der Krise bringen kann, zum anderen aber immer die Gefahr eines Umschlags zur Inflation in sich trägt. Auf diesem Hintergrund vollziehen sich die Verhandlungen über die

Regierungsumbildung.

Man sucht eine Regierung, die nicht nur gewillt ist, diese Notwendigkeiten und Forderungen der kapitalistischen Wirtschaftsordnung durchzuführen (das sind ja alle die bürgerlichen Parteien, vor allem auch gerade die Nazis), sondern die sie auch durchführen kann und zwar ohne viel Reibung und Konflikte mit der Arbeiterschaft. Die Verhandlungen mit den Nazis im Reich sind zunächst gescheitert. Dabei hat sich die klägliche Rolle Hitlers in seiner bombastischen Forderung nach der Stellung Mussolinis enthüllt. Das Ergebnis zeigt deutlich, daß die führenden Teile der deutschen Bourgeoisie, die sich im »Herrenklub« ihr Stelldichein geben und die Schleicher-Papen eingesetzt haben, nicht gewillt sind, der Hitlerpartei den ganzen Staatsapparat auszuliefern. Zum Herrenklub gehören gerade auch die Industrie- und Bankleute, die Hitler finanziert haben. Dieselben sind es, die jetzt die alleinige Machtübernahme Hitlers nicht wünschen. Sie haben Hitler finanziert, um eine Massenbasis zu gewinnen und als Massenbasis für ihre Herrschaft, die sie mit ihrer Regierung Schleicher-Papen ausüben und weiter mit ihr ausüben wollen (wie aus Papens Äußerung: Seine Regierung bleibe lange im Amt, hervorgeht), wollen sie die Hitlerpartei benutzen. Dabei sind sie durchaus gewillt, den Funktionären, die zum Aufbau einer solchen Basis gehören, einige warme Posten im Staatsapparat zu geben. Es hat den Anschein, als wolle Hitler sich jetzt diesem Plan des Finanzkapitals einfügen. Die Nazi-Presse verschweigt ängstlich und dementiert zum Teil sogar, daß Hitler die ganze Macht gefordert habe. Hitler hat die SA beurlaubt, was auch ein Entgegenkommen gegenüber Schleicher-Papen ist. Zugleich sind in Preußen die Verhandlungen zwischen dem Zentrum und den Nazis wenigstens inoffiziell eröffnet worden, wie sowohl der »Deutsche« als auch der »Angriff« bestätigen. Inzwischen verschärft sich der

faschistische Unterdrückungskurs
der Papenregierung gegen die Arbeiterschaft. Im Rheinland sind sämtliche kommunistische Zeitungen verboten. Das Charakteristische an den Zeitungsverboten auch der anderen Gebiete ist, daß sie zum Teil ohne jede Begründung und für lange Zeit ausgesprochen werden. Die Sondergerichte haben schon in der kurzen Zeit ihres Bestehens bewiesen, daß sie einzig und allein zur Niederschlagung der Arbeiterschaft gedacht sind. Typisch ist der Ohlauer Prozeß gegen Reichsbannerleute.[143] Der Prozeß und selbst die Aussagen der vom Staatsanwalt geladenen Belastungszeugen ergaben von Tag zu Tag eine Entlastung der Reichsbannerleute. Trotzdem wagt es der Staatsanwalt, Anträge auf schwerste Zuchthausstrafen zu stellen. In seiner Rede nannte er die Nazis »aufrechte Volksgenossen, die sich bemühen, ein neues Deutschland zu schaffen«; von den Reichsbannerleuten aber sprach er als »bewaffnete Horden«. Im Gegensatz hierzu wurde in Beuthen ein Prozeß, der sich gegen SA-Leute richtete, viermal vertagt, was einer offenen Verschleppung gleichkommt.[144] – Ein weiteres Alarmzeichen sind Meldungen der Hugenbergschen Telegraphenunion, die schreibt, »daß die in Genf während der Abrüstungskonferenz gesponnenen Fäden nicht abgerissen sind«, während der »Ring«, die Zeitschrift des Herrenklubs, direkt über militärtechnische Richtlinien für die Verhandlungen zwischen dem deutschen und französischen Generalstab berichtet. Wir werden darauf noch zurückkommen.

Zum Antikriegskongreß,
der nun in Amsterdam stattfindet, sind 3.000 Delegierte gemeldet aus den verschiedensten Ländern. Er hat also ein mächtiges Echo in der ganzen Welt gefunden. Am 28. August wird er eröffnet. – In allen Teilen der kapitalistischen Welt läßt sich ein Ansteigen der

Streikwelle
beobachten. Der große belgische Massenstreik geht mit unverminderter Kraft weiter. Die erste Delegiertenkonferenz der Streikkomitees der Bergarbeiter fand am 13. August statt. Sie hat einen Aufruf an die Arbeiter der Welt gerichtet, in dem sie diese um solidarische Hilfe bittet. Es heißt darin: »Brüder aller Länder, Arbeiter Frankreichs, Luxemburgs, Hollands, Deutschlands und Englands! Wir rufen euch zu Hilfe!... Seid mit uns! Organisiert Grenztreffen! Verhindert den Transport von Kohle und eventuell auch von anderen Waren nach Belgien! Unterstützt uns mit eurer Solidarität, sendet uns Geldmittel, damit wir aushalten, kämpfen können!« In England streiken jetzt 70.000 Textilarbeiter, trotzdem der Streik von den Gewerkschaften noch nicht ausgerufen ist. Wahrscheinlich werden die Gewerkschaften aber unter dem Druck der kampfgewillten Arbeiter den Streik proklamieren. Auch in Deutschland

sind an den verschiedensten Stellen kleinere Streiks aufgeflammt, die den wachsenden Abwehrwillen des Proletariats kennzeichnen.

Soeben erfahren wir noch das Urteil von Shanghai. Paul und Gertrud Ruegg sind zu lebenslänglichem Kerker verurteilt. Das bedeutet bei dem schlechten Gesundheitszustand der Rueggs und den chinesischen Gefängnissen das Todesurteil für diese beiden Kämpfer des Proletariats. Nur eine internationale Protestbewegung kann die Rueggs retten!

(65.) Politik der Woche 21. August bis 27. August 1932

Rettet die Klassengenossen!

Der faschistische Henker Horthy hat neue Massenverhaftungen unter der Arbeiterschaft vorgenommen. Unter den Verhafteten befinden sich eine Reihe linkseingestellter Intellektueller. Zum Beispiel Dr. Madzar, Universitätsprofessor und Redakteur einer sozialistischen wissenschaftlichen Zeitschrift, die legal erscheint und eine große Verbreitung hat. Er ist auch außerhalb Ungarns als Wissenschaftler bekannt, war Staatssekretär und lange Zeit Mitglied der Sozialdemokratie, die ihn vor kurzem ausgeschlossen hat. – Die Einzelheiten, die jetzt über die Verurteilung der Rueggs bekannt werden, zeigen immer mehr, daß hier kein Prozeß, sondern eine abgekartete Farce eines Prozesses geführt worden ist. Gefälschte Beweismittel, gefälschte Protokolle, Spitzel als Zeugen sind die Unterlagen. Das Schweizer Ehepaar, das in China für das Proletariat kämpfte, verkörperte für die imperialistischen Mächte, die China aufzuteilen wünschen, die Gemeinschaft der Arbeiterklasse Europas und Chinas. Darum mußten sie getroffen werden. Diesmal kam die Antwort des Proletariats aus der ganzen Welt noch rechtzeitig, um die unmittelbare Hinrichtung der Rueggs zu verhindern. Aber das Urteil zu lebenslänglichem Kerker bedeutet die allmähliche Hinrichtung. So wie die Rueggs durch ihre Arbeit die internationale Solidarität verwirklichten, muß jetzt die internationale Protestaktion des Proletariats die Rueggs vor dem sicheren Kerkertod retten.

Die Verhandlungen

zwischen der Regierung, vor allem zwischen Schleicher und den Nazis, gehen hinter den Kulissen weiter. Vor den Kulissen treiben die Nazis schärfste Opposition gegen Papen. Dabei benutzen sie das Todesurteil gegen die SA-Leute als willkommenen Anlaß, um ihre Wähler von den eigentlichen Fragen abzulenken und wieder die Illusion des Kampfes gegen das kapitalistische System zu erwecken. Die Verhandlungen zwischen den Nazis und dem Zentrum, das zu diesen Verhandlungen seine Größen wie Imbusch und Brüning geschickt hat, haben allem Anschein nach zu einer Annäherung zwischen beiden geführt. Zugleich führt das Zentrum Verhandlungen mit Papen-Schleicher, wie aus der Meldung des demokratischen »Berliner 12-Uhr-Blatt« hervorgeht: »Der Reichskanzler hat nämlich zusammen mit dem General v. Schleicher auch die Führer der Zentrums-Gewerkschaften[145] empfangen, genau wie die der Freien Gewerkschaften«. Trotzdem verfolgt das Zentrum anscheinend das Ziel, die Papenregierung auszuschalten durch eine Koalitionsregierung mit den Nazis unter Führung Schleichers. Das Zentrums-Gewerkschaftsorgan, der »Deutsche«, wendet sich in einem Spitzenartikel (26. August) nochmals eindringlich an die Nazis. Es sei jetzt Zeit für eine Koalition, die im Reichstag eine fette Mehrheit habe. Der Reichspräsident werde ihr nichts in den Weg legen. Die gesamte bürgerliche Presse bringt Meldungen über Geheimverhandlungen Schleichers mit den Führern der freien Gewerkschaften, die aber vom »Vorwärts« dementiert werden. Die Zentrumspresse hebt hervor, daß es sich dabei um die Fortsetzung aller »Querverbindungen« handele, die von den freien über die christlichen Gewerkschaften bis zu den Nationalsozialisten gehen, wobei Strasser, der Reichsorganisationsleiter der NSDAP, als Exponent dieser Bestrebungen gilt. Dabei wird versucht, einen Gegensatz zwischen Hitler und Strasser zu konstruieren und Strasser plötzlich als Anhänger gewerkschaftlicher Grundsätze hinzustellen. Offen wird ausgesprochen, daß Schleicher das größte Interesse an einer solchen Gewerkschaftsfront von den freien Gewerkschaften bis zu Strasser habe. Im Zusammenhang damit wird von bürgerlichen Zeitungen versucht, einen Nimbus um den General Schleicher zu weben. Es wird behauptet, im Umkreis Schleichers würden Sozialisierungsideen vertreten. Die Arbeiterschaft wird sich vor einem solchen »Sozialismus« hüten, denn sie weiß, was es auf sich hat, wenn ein General anfängt zu »sozialisieren«. Natürlich haben Generäle ein großes Interesse an der Verstaatlichung gewisser Industrien, nämlich solcher, die für die Kriegsführung besonders wichtig sind. Eine solche Verstaatlichung wäre aber keine Sozialisierung, sondern im Gegenteil eine Stärkung des kapitalistischen Staates und zugleich ein Akt der Kriegsvorbereitung. – Über das, was geschehen soll, wenn die Koalitionsgespräche keinen Erfolg haben, wenn also Papen beim

Zusammentritt des Reichstags

ein Mißtrauensvotum erhält, laufen ernste Gerüchte um. Es heißt, daß sich Papen von Hindenburg die Ermächtigung zur Auflösung des Reichstags geben lassen wolle. Es ist klar, daß eine nochmalige Auflösung des Reichstags ein zweiter offener Verfassungsbruch wäre. Nach der Auflösung solle dann durch Notverordnung die Verfassung, vor allem das Wahlrecht der Jugendlichen beseitigt werden, wodurch etwa sieben Millionen jugendlicher Proletarier ihr Wahl-

recht verlören, um dann zu einer Nationalversammlung zu wählen. Die bürgerliche Presse erwartet, daß der Reichstag vielleicht gar nicht zustande komme, sondern in einem Riesenkrach auffliege. Die Nazis haben ja entsprechende Drohungen gegen die kommunistische Abgeordnete Clara Zetkin gerichtet. Aber einerlei, was aus dem Reichstag wird, wird höchstwahrscheinlich bis dahin, wo diese Zeilen den Leser erreichen, das Papen-Schleicher-Kabinett eine
neue Notverordnung
erlassen haben. Sie soll eine dreiprozentige Zwangsanleihe bringen, die natürlich nichts anderes als eine Steuer ist. Von ihr soll die »Produktion«, vor allem die Landwirtschaft, befreit sein. Die Anleihe soll der »Arbeitsbeschaffung« dienen. Es handelt sich dabei aber nur um eine Kapitalverschiebung von seinen bisherigen Besitzern auf den Staat, wodurch die Arbeitsmöglichkeiten nicht vermehrt werden, oder – je nachdem, wer die Anleihe zu zahlen hat, die Kapitalbesitzer oder die Lohn- und Gehaltsempfänger – um eine Einschränkung der Kaufkraft, was auch die Arbeitslosigkeit nicht vermindern kann. Die Zwangsanleihe wird also lediglich die Mittel des Staates vergrößern, mit denen er seinen Arbeitsdienst zur Zwangsarbeit ausbauen kann. Die Notverordnung wird außerdem wahrscheinlich die »Tarifforderung« bringen, was das Signal zu einer umfangreichen Lohnabbau-Offensive der Unternehmer sein wird. Nach dem Arbeitsministerium sollen nur die Betriebe von der Aufforderung profitieren, die neue Arbeitskräfte einstellen. Damit gibt das Ministerium den Unternehmern den Fingerzeig, wie sie aus den noch laufenden Tarifen herauskönnen. Sie brauchen nur die Tarifarbeiter entlassen und nach einiger Zeit »neue Arbeitskräfte« einstellen.
Die Urteile der Sondergerichte
signalisieren den verschärften faschistischen Kurs mit dem die Bourgeoisie die Offensive gegen die Lebenshaltung der Arbeiterschaft durchzusetzen gewillt ist. In Berlin wurde ein Arbeiter zu zehn Jahren Zuchthaus verurteilt, während ein Nazi, der wegen derselben Sache angeklagt war, freigesprochen wurde. Das Ohlauer Urteil muß einen Proteststurm der Arbeiterschaft gegen das Urteil und gegen die Sondergerichte selbst auslösen.
Die Streikfront
der Textilarbeiter in England verbreitert sich. Es streiken jetzt etwa 60.000 Weber, obwohl die Gewerkschaften den Streik nicht sanktionieren. Der Streik der belgischen Bergarbeiter nimmt immer schärfere Formen an. Es ist sicher, daß die belgischen Genossen nur siegen werden, wenn sich die Bergarbeiter und Transportarbeiter der anderen Länder nicht auf den Unternehmerstandpunkt stellen, der vom Streik in Belgien eine Konjunktur in Deutschland erwartet, sondern praktische Solidarität üben. In Warschau streiken 400 Beamte (!) wegen unpünktlicher Gehaltszahlung.

Kriegsmanöver: Italien-Frankreich

Anfang August fanden im Mittelmeer die italienischen Manöver statt, die mit großem Aufwand aufgezogen wurden. 100 Überseeschiffe, 300 Flugzeuge, 75 U-Boote nahmen daran teil. Sie sollten die Abschlußprüfung der zehnjährigen Reorganisationsarbeit sein. Die offizielle Manöveraufgabe war, die Verbindung zwischen Italien und den afrikanischen Kolonien zu sichern durch die Errichtung einer sizilianisch-tripolitanischen Sperrlinie. Eine solche Absperrung kommt nur in einem Krieg zwischen Frankreich und Italien in Frage. Das Ergebnis: Die französische bürgerliche Presse stellt mit größter Aufregung fest, daß Italien die Truppentransporte aus Afrika nach Frankreich abschneiden kann und durch seine Flugzeuge die strategischen Verbindungslinien lahm legen kann. Die offizielle Havasagentur spricht den Manövern einen offensiven, gegen Frankreich gerichteten Charakter zu. In fünf Ost-Departements Frankreichs finden jetzt große Fliegerabwehrmanöver statt. Aufgabe ist der Schutz der Truppentransporte. Die gesamte Zivilbevölkerung befindet sich in Alarmbereitschaft, ganz Ostfrankreich gilt als »im Kriegszustand befindlich«. Diese Manöver werden begleitet von einer Pressekampagne auf beiden Seiten, in denen der Gegensatz zwischen Italien und Frankreich im Mittelmeer und Afrika zum Ausdruck kommt. Auf beiden Seiten wird die Notwendigkeit beschleunigter Seerüstungen gefolgert, wobei die italienische Presse vor allem auf die »Genfer Pleite«[146] hinweist.

Amerika – England

Die Konferenz von Ottawa[147] ist beendet. Sie bringt neue Zölle vor allem auf die Lebensmittel. Die weitgehenden Zugeständnisse, die England machte, werden so auf die Schultern der Arbeiter abgewälzt. Und doch entsprechen die wirtschaftlichen Zugeständnisse der Dominien lange nicht dem Entgegenkommen Englands. England hat dafür die »Idee der Einheit des Empire« gerettet, so erklären sich die bürgerlichen Zeitungen diese Tatsache. Diese Idee hat allerdings den realen Hintergrund, daß die britischen Dominien ein unentbehrliches Rohstoff- und Lebensmittelgebiet für England im Falle eines Krieges sind und daß Amerika durch sein Eindringen in die Dominien diese »Idee« zu zerstören droht. Aber England hält diese Idee aufrecht, wenn es dafür noch so große wirtschaftliche Opfer zu tragen hat, denn schon sind in Südamerika Dollar und Pfund in einen kriegerischen Konflikt geraten, der von Bolivien und Paraguay ausgetragen wird. Ottawa stand im Zeichen der Verschärfung des Gegensatzes zwischen England und [den] USA. Aber sofort zeigten sich auch hier die Kräfte, die mit einem Krieg innerhalb der kapitalistischen Welt das Ende des Kapitalismus fürchten und daher die Kriegsvorbereitungen gegen den gemeinsamen Feind wenden wollen. Die Antidumping-Vorschriften werden so geändert, daß sie sich vor allem gegen Dumpings mit Staatsunterstützung wenden. Es ist klar, daß damit die Sowjeteinfuhr vor allem getroffen werden wird.

Amerika – Japan

Wir berichteten vor 14 Tagen über den rednerischen Streit zwischen Herriot und Stimson über die Auslegung des Kelloggpaktes und seine Folgen für die Frage der Anerkennung des mandschurischen Staates, das heißt der Annexion der Mandschurei durch Japan. Japan hat jetzt die bevorstehende Anerkennung des mandschurischen Staates angekündigt. Damit ist auch dieser Gegensatz aus der Sphäre der Friedensreden in die konkreter Tatsachen herabgeholt worden, und es mehren sich die Anzeichen, daß er von da aus in die Sphäre der Kanonen und Bombenflugzeuge gelangen wird. Das gesamte Problem des Stillen Ozeans ist damit aufgerollt worden. Denn Amerika betrachtet die Anerkennung des mandschurischen Staates als eine Verletzung des Washingtoner Abkommens, in dem auch der Bau von Großkampfschiffen, die Nichtbesetzung der Insel Guam und der Philippineninseln geregelt sind. In Nordchina beginnen eine ganze Reihe der Bürgerkriegsgenerale ihre buddhistischen Studien oder ihre »Krankheiten« zu unterbrechen. Eine Gruppe amerikanischer Flieger ist in Nanking eingetroffen, um eine Kriegsfliegschule einzurichten. Die 19. chinesische Armee hat 20 amerikanische Flugzeuge und 60.000 Metallschutzhelme erhalten. Die amerikanische Marine dehnt ihre Operationen immer weiter aus.

In der ganzen Welt spitzen sich infolge der Wirtschaftskrise die imperialistischen Gegensätze zu. In der ganzen Welt treten die Kräfte auf, die zu einem gemeinsamen Vorgehen gegen die Sowjetunion treiben.

Und Deutschland!

Gasschutzübungen, »polnische Anmaßungen«, Spionageberichte sind fast schon etwas alltägliches geworden. Deutschland hat durch den Mund des Generals v. Schleicher militärische Gleichberechtigung verlangt. Seit längerem finden über diese Frage Verhandlungen zwischen Berlin und Paris statt. Ein französischer Abgeordneter, ein Parteigenosse Herriots, verhandelt mit der deutschen Regierung in Berlin. Das englische Außenministerium ist sich über die »ethische und juristische Berechtigung der deutschen Gleichheitsansprüche vollkommen klar«, wie die amtliche Telegraphenunion meldet. Trotz seiner Isolierung in Lausanne, versucht also der deutsche Imperialismus die Bündnispolitik mit Frankreich weiter zu betreiben. Er kann keine selbständige imperialistische Politik treiben. Sein Heer und seine Kriegsindustrie hat nur einen Wert innerhalb einer anderen Armee. Deshalb gehört der deutsche Imperialismus mit zu den treibenden Kräften zu einem Interventionskrieg gegen die Sowjetunion.

Der Internationale Antikriegskongreß

wurde am 27. August eröffnet. Die Zweite Internationale[148] beteiligt sich offiziell nicht daran. Jedoch sind 300 Sozialdemokraten von örtlichen Organisationen delegiert worden. Die Dritte Internationale[149] beteiligt sich, hat sich jedoch völlige Unabhängigkeit vorbehalten. Die Vorbereitung des Kongresses hat auch unter den Intellektuellen einen starken Widerhall erweckt. Besonders in Frankreich, wo sich der Reichsverband der Schullehrer mit 80.000 Mitgliedern angeschlossen hat und die Mehrheit der Schüler der großen Pariser Hoch- und Mittelschulen. Die französische Regierung versucht, diese Wirkung abzuschwächen, indem sie ein »Spionagekomplott« entdeckt, weil kommunistische Zeitungen in Verbindung mit der Kampagne für den Kongreß Nachrichten über Kriegsproduktion veröffentlichten. Dies ist ein »Verbrechen gegen die Nation«. Die holländische Regierung hat der sowjetrussischen Delegation die Einreise verweigert. Holländische Zeitungen behaupten sogar, daß allen kommunistischen Delegierten die Einreise verweigert sei.

(66.) Politik der Woche 27. August bis 4. September 1932

Die Reichstagseröffnung

durch die Kommunistin Clara Zetkin unterschied sich wesentlich von der sonst üblichen Eröffnung durch bürgerliche Präsidenten. Clara Zetkin benutzte die Reichstagstribüne, um die Massen zum außerparlamentarischen Kampf aufzurufen, den die KPD als den einzigen Weg ansieht, den Faschismus zu schlagen. Sie erklärte unter anderem, es sei die erste Aufgabe des Reichstags, die Papenregierung zu stürzen. Der Sturz der Regierung müsse aber das Signal für den Aufmarsch der Werktätigen außerhalb des Parlaments sein, um zunächst einmal den Faschismus, dann die Bourgeoisie überhaupt zu schlagen. Das Gebot der Stunde sei die kämpfende Einheitsfront gegen den Faschismus. – Die Nazis, die wochenlang vorher eine wüste Mordhetze gegen Clara Zetkin betrieben hatten, saßen mucksmäuschenstill auf ihren Bänken ohne den leisesten Zwischenruf zu machen, selbst dann nicht, als Clara Zetkin ihnen ihr hundertfaches Verbrechen des Arbeitermordes ins Gesicht schleuderte. Zwei Gründe waren es, die die Nazis zu Musterschülern machten. Erstens haben sie sich doch wohl noch einmal überlegt, daß ein tätlicher Angriff auf die greise Vorkämpferin der proletarischen Frauenbewegung vom Proletariat, einerlei ob kommunistisch oder sozialdemokratisch organisiert, nicht mit Ruhe hingenommen worden wäre. Zweitens aber wollten sie sich »regierungsfähig« zeigen und die Koalition mit dem Zentrum nicht gefährden. Daß die Verhandlungen zwischen Zentrum und Nazis schon gewisse Ergebnisse gehabt haben, zeigte die Wahl des Reichstagspräsidenten. Das Zentrum wählte immer so, daß kein Sozialdemokrat ins Präsidium kam. Bei der Wahl des Präsidenten stimmte es für den Nazi Göring, so daß Löbe auch mit den kommunistischen Stimmen nicht durchkommen konnte. Bei der Wahl des Vizepräsidenten stimmte das Zentrum zunächst gegen seinen eigenen Kandidaten Esser und für Löbe. Als aber bei der Stichwahl die Kommunisten erklärten, sie würden für Löbe stimmen und dadurch Löbe gewählt worden wäre, stimmte das Zentrum für Esser. Damit hat es die Wahl Löbes verhindert. Aber während im Reichstag diese Wahlen vorgenommen wurden, war in Neudeck schon das Auflösungsdekret unterzeichnet. Damit war aber auch das Schicksal des Reichstags schon entschieden. Er hat nichts mehr zu sagen. Wenn der Reichstag den Versuch machen will, etwas zu sagen und Papen zu stürzen, so wird er aufgelöst und Neuwahlen kommen dann nur, wenn es Papen-Schleicher beliebt. Wenn er aber nichts sagt, kann er bleiben. Die Nazi-Zentrum-Koalition mußte daher, wenn sie einen solchen Konflikt mit der Regierung vermeiden wollte, den Reichstag vertagen. Mit der Vertagung gegen die Stimmen der SPD und KPD haben sie verhindert, daß die Mißtrauensanträge gegen Papen abgestimmt wurden. Sie haben also der Papen-Schleicher-Diktatur zunächst einmal die Möglichkeit gegeben, ihr angekündigtes Programm in einer

neuen Notverordnung

zu verwirklichen. Was die neue Notverordnung enthalten wird, hat Papen in seiner Rede angekündigt. Diese Rede in Münster[150] war eine einzige Kampfansage gegen das Proletariat. Sie bewies endgültig, daß die Papen-Schleicher bereit sind, alle Forderungen der deutschen Bourgeoisie zu verwirklichen und sie mit faschistischen Methoden durchzusetzen. Papen behauptet, ein zusammenhängendes Programm zur Überwindung der Krise vorgelegt zu haben. Jawohl, Überwindung der Krise für die Kapitalisten, in dem Sinne, daß alle Lasten der Krise wie bisher abgewälzt werden auf die Schultern der Werktätigen, das ist der innere Zusammenhang seines Programms. Papen gründet seine Maßnahmen auf die Annahme, daß die Krise ihren Tiefpunkt erreicht habe und der Aufstieg zur Konjunktur beginne. Das Institut für Konjunkturforschung bringt in seinem neuesten Wochenbericht die »wissenschaftliche« Begründung dazu. Noch in seinem letzten Bericht hatte das Institut selbst festgestellt, daß keinerlei Anzeichen für eine Besserung vorhanden seien. Woher plötzlich die Umstellung? Weil die Börsen haussieren. Diese Hausse ist aber gerade eine rein spekulative und muß deshalb notwendig zusammenbrechen, weil in der Produktion keinerlei Besserung, sondern im Gegenteil noch immer Verschlechterung vor sich geht. Bis jetzt hat die Bourgeoisie

noch vor jedem Winter versucht, dem Proletariat weiszumachen, daß es bald besser werde, gerade deshalb, weil sie weiß, daß es so schlimm werden wird wie noch nie. Sie hat das getan, um das Proletariat vom Kampf abzuhalten und so wenigstens einmal ruhig in den Winter hineinzukommen. Denselben Zweck hat auch die Vision eines Silberstreifens, die Papen in Münster gehabt hat. Der eigentliche Inhalt seines Programms aber ist: Subvention an das Kapital, sowohl das industrielle wie das Agrarkapital, und Lohnabbau, gleichzeitig aber Verteuerung der Lebenshaltung durch neue Zölle. 1,5 Milliarden Steuererlaß durch die »Steueranrechnungsscheine«, der ausschließlich den Besitzenden zugute kommt, ist das erste. Dazu 700 Millionen Steueranrechnungsscheine für die Unternehmer, die »neue« Arbeiter einstellen, und zwar pro Kopf und Jahr 400 Mark. Zugleich darf der Unternehmer, der neue Arbeiter einstellt, die 31. bis 40. Wochenstunde (die ersten 30 sollen tarifmäßig bezahlt werden) unter Tarif bezahlen und zwar kann er um so tiefer herunter gehen, je mehr Arbeiter er einstellt. Es liegt auf der Hand, daß die Kapitalisten Mittel und Wege finden werden, sich in den Genuß der Subventionen und des Lohnabbaus zu setzen, ohne wirklich neue Arbeiter einzustellen. Man muß daran denken, daß der größte Teil der deutschen Industrie aus großen Trusts, Konzernen und Gesellschaften besteht. Der Trust braucht also nur seine Aufträge auf einen Betrieb zu konzentrieren, wo er dann neue Arbeiter einstellt, während er sie in dem Betrieb in einer anderen Stadt entläßt. Das ist aber noch nicht der einzige Weg, auf dem der Lohnabbau durchgeführt werden soll. Außerdem bekommt der Schlichter die Möglichkeit, Unterschreitungen des Tarifs zuzulassen, wenn der Betrieb »notleidend« ist und sonst zum Erliegen kommt. Diese Maßnahmen bedeuten praktisch die
Zerschlagung des Tarifrechts.
»Grundsätzlich« bleibt die Unabdingbarkeit bestehen. Aber in der Praxis wird es so viele »Ausnahmen« geben, daß die Unternehmer dazu übergehen werden, die Löhne zu diktieren. Es bleibt dann von dem Tarifvertrag nur noch die »Friedenspflicht« der Gewerkschaften, d.h. die Gewerkschaften laufen Gefahr, daß ihre Kassen beschlagnahmt werden, wenn sie streiken, während für den Unternehmer immer eine Möglichkeit da ist, den Lohn unter Tarif zu senken. Ein großer Teil der Tarife und mit die wichtigsten sind denn auch schon von den Unternehmern gekündigt worden, zum Teil mit der ausdrücklichen Begründung, daß sie »aufgelockert« werden müßten, d.h., daß sich die Unternehmer in den Genuß der Papenschen Vergünstigungen setzen wollen. Papen hat alle diese Maßnahmen mit der Behauptung begründet, damit würde die
Arbeitslosigkeit
vermindert und die Krise beseitigt. Es handle sich um »Arbeitsbeschaffung«. Das Gegenteil ist aber der Fall. Denn Papen hat die Grundfrage des Kapita-

lismus, wie neuer Absatz gefunden werden kann, auch nicht gelöst. Er vermindert vielmehr mit seinem Lohn- und Gehaltsabbau und den neuen Zöllen die Kaufkraft der Massen nur noch mehr. Dadurch wird sich der Absatz erschweren, die Produktion sinken und die Arbeitslosigkeit steigen. Papen hat weiter eine Erhöhung der Unterstützungen in Aussicht gestellt. Was davon zu halten ist, geht aus dem bisher Gesagten klar hervor. Wer Papen aber doch noch ein bißchen geglaubt hat, der wird durch einen Referentenentwurf eines anderen belehrt, der dieser Tage veröffentlicht wurde. Wenn dieser Entwurf Wirklichkeit würde, hätte sich die Papenregierung selbst das Recht gegeben, praktisch auf dem gesamten Gebiet der Sozialpolitik – Arbeitslosenfürsorge, Kranken-, Invalidenversicherung usw. – zu tun, was ihr beliebt. Zu all dem kommt, daß die Ausgabe von 2,2 Milliarden Steuerrechnungsscheinen eine ungeheure Kreditausweitung ist, die bei der heutigen für eine Krise schon anormalen Kreditlage die

Gefahr einer Inflation

erhöht. Die Papenrede und die Notverordnung, die zweifellos noch in dieser Woche in Kraft treten wird, stellen das Proletariat vor eine ernste Situation. Eine neue Offensive gegen seine Lebenshaltung, wie wir sie schon in mehreren Berichten für den Herbst angekündigt haben, wird von der Bourgeoisie und ihren Beauftragten aus dem Herrenklub begonnen. Das Proletariat muß sich klar werden über die Mittel, mit denen es diesen ungeheuerlichen Angriff abwehren will.

Der Allgemeine Deutsche Gewerkschaftsbund

hat in einem Telegramm an den Reichspräsidenten gegen diese Maßnahmen protestiert. Der »Vorwärts« nennt das Papenprogramm ein »Programm des Verfassungsbruchs«. Die KPD erklärt, daß nur der außerparlamentarische Kampf mit dem Mittel des Streiks diesen Angriff abwehren könne. Die Verhandlungen des Papen-Kabinetts mit der französischen Regierung über die Gleichberechtigung in Wehrfragen, d.h. praktisch über die

Aufrüstung

Deutschlands gehen weiter. Die Behandlung, die die französische Regierung dem deutschen Memorandum zuteil werden läßt, zeigt, daß sie keineswegs grundsätzlich abgeneigt ist, die deutschen Forderungen zu bewilligen. Die Forderungen der Schleicher und Papen sind in der Hauptsache: Erhöhung der Stärke der Reichswehr auf 300.000, Verkürzung der Dienstzeit, wodurch praktisch auch die Zahl der militärisch Ausgebildeten steigen würde, und Anschaffung von »Verteidigungswaffen« wie Tanks, großer Kanonen usw. Wenn die französische Bourgeoisie durch ihre Regierung die Bewilligung dieser Forderungen auch nur in Erwägung zieht, so beweist das, daß sie keine Angst vor einem Revanchekrieg hat, sondern daß sie weiß, die deutsche

Bourgeoisie wird mit den Waffen, die wir ihr gestatten, machen, was wir wollen, d.h. gegen die Sowjetunion marschieren. Alle langwierigen Verhandlungen, die jetzt noch stattfinden, sind in erster Linie dazu da, die öffentliche Meinung zu beruhigen und die Führung der französischen Bourgeoisie zu sichern. In französischen Zeitungen mehren sich schon die Stimmen (z. B. »Matin«), die offen ein deutsch-französisches Bündnis zur Bekämpfung des Bolschewismus begrüßen. Die Haltung der polnischen Regierung ist ebenso auffallend ruhig. Das amtliche polnische Regierungsblatt schreibt, kein europäischer Staat könne sich ohne weiteres (!) mit der deutschen Aufrüstung einverstanden erklären, z.b. in Moskau werde man sich angesichts eines aufgerüsteten Deutschlands an Brest-Litowsk erinnern. Diese amtliche Äußerung zeigt, daß man auch in der polnischen Bourgeoisie weiß, worum es geht, nämlich weder gegen Polen noch gegen Frankreich, sondern mit beiden zusammen gegen die sozialistische Sowjetunion. Auch in Frankreich werden zurzeit ebenso wie überall in Deutschland große Luftschutzmanöver durchgeführt. In Reims ist es der Arbeiterschaft gelungen, diese Manöver vollständig zu verhindern. Statt überall dunkel zu machen und die Straßen zu verlassen, beleuchtete die Bevölkerung ihre Häuser und demonstrierte bis 12 Uhr nachts, bis sie von der Polizei auseinandergejagt wurde. Die Luftmanöver wurden abgebrochen. Angesichts dieser Kriegsvorbereitungen kommt der Veranstaltung, wie dem

Anti-Kongreß

in Amsterdam erhöhte Bedeutung zu. Der Kongreß zeigte durchaus kein einheitliches Bild. Die Mehrzahl der Delegierten war parteilos, etwa 300 waren Sozialdemokraten, so daß die 800 Kommunisten in der Minderheit waren. Die im ganzen über 2.000 Delegierte repräsentierten etwa 30 Millionen Menschen aus allen Teilen der Welt. Besonders beachtet wurde die Rede des japanischen Kommunisten, Katayama, der erzählte, wie er vor 27 Jahren schon einmal in Amsterdam an dem Internationalen Sozialistenkongreß teilgenommen habe, der sich gegen den russisch-japanischen Krieg aussprach. Das Manifest des Kongresses wurde gegen 6 Stimmen angenommen. Also trotz der bunten Zusammensetzung war der Kongreß in seiner übergroßen Mehrheit einig über die Mittel, mit denen man den Krieg bekämpfen müsse. Das Manifest stellt fest, daß nicht der Völkerbund, nicht pazifistische Worte, sondern nur Aktionen und zwar Aktionen der Massen, also Verhinderung der Kriegsproduktion und des Munitionstransportes den Krieg verhindern können.

Die Streikwelle

zeigt in allen Ländern eine ansteigende Bewegung. Der englische Textilarbeiterstreik ist jetzt, nachdem schon ein großer Teil der Arbeiter ohne die Sanktion der Gewerkschaften gestreikt hat, von den Gewerkschaften offiziell proklamiert worden. Bis jetzt streiken etwa 155.000. Die Verluste der Unternehmer werden auf wöchentlich 1 Million Pfund Sterling geschätzt. In Polen erfaßt die Streikwelle das ganze Land. Den Warschauer Kommunalangestellten haben sich die Kommunalarbeiter angeschlossen. Etwa 8.000 stehen im Streik. In Deutschland mehren sich die Berichte von Streiks in Arbeitsdienstlagern. In den verschiedenen Festungen, vor allem in Hamburg, stehen die proletarischen Gefangenen im Hungerstreik gegen die Verschärfung der Festungshaft, die von Papen diktiert worden ist und praktisch die Festungshaft in Gefängnis umwandelt.

(67.) Politik der Woche 4. September bis 11. September 1932

»Kapitalistische Offensive«,

so nennt die der Regierung nahestehende »Deutsche Allgemeine Zeitung« die neue Notverordnung.[151] Und das ist tatsächlich der Sinn der Maßnahmen, die jetzt durchgeführt werden sollen. Die Notverordnung ist ein ungeheurer Schlag gegen die Arbeiterklasse und größtenteils auch gegen den Mittelstand. Sie übertrifft im einzelnen noch das, was wir im letzten Bericht über ihren Inhalt angaben. Auf vier verschiedenen Wegen soll ein

Lohnabbau

erreicht werden: 1. durch die Aufteilung der Tarifgebiete, die »Aufforderung« zur Werkvereinbarung; 2. durch die Möglichkeit der Tarifunterschreitung für die 31. bis 40. Wochenstunde bei »Neueinstellungen«; 3. durch die Verringerung der Arbeitszeit von 48 auf 40 Stunden; wie sie als Errechnungsbasis vorausgesetzt wird; und 4. durch Schiedsspruch für »notleidende« Betriebe. Nach vorläufiger Schätzung bedeutet das einen Raubzug gegen die Löhne, einen Abbau von über 3 Milliarden RM. Wie sich das für den einzelnen Arbeiter auswirken wird, läßt sich noch kaum übersehen. An einzelnen Fällen kann man aber schon erkennen, daß das Ausmaß des Lohnabbaus von 20 bis 50 Prozent gehen wird. Dabei ist vielleicht der wichtigste Weg des Lohnabbaus der der Tarifunterschreitung bei Vermehrung der Belegschaft. Wir haben schon darauf hingewiesen, wie es mit der »Vermehrung« aussehen wird. Praktisch gibt die Notverordnung dem Unternehmer das Recht, den *Lohnabbau ohne Änderung des Arbeitsvertrages* durchzuführen. Ein Aushang im Betrieb soll genügen, um den Abbau für die nächste Woche in Kraft treten zu lassen. Damit ist für den Unternehmer die Vertragstreue beseitigt. Er braucht sich nicht an den Tarif zu halten. Aber für die Gewerkschaft besteht die sogenannte Friedenspflicht nach wie vor. Es offenbart sich deutlich der Klassencharakter des Rechts überhaupt in der kapitalistischen Klassengesellschaft. Die zweite außerordentlich wesentliche Änderung des Arbeitsrechts ist, daß der Schlichter den Unternehmer eines »notleidenden« Betriebes ermächtigen kann, den Lohn ohne Änderung des Arbeitsvertrages abzubauen. Damit wird nicht nur von einer zweiten Seite her der Tarifvertrag unwirksam gemacht, sondern zugleich bekommt der Schlichter ungeheure Machtbefugnisse. Die Bourgeoisie versucht also zunächst dem Unternehmer die Lohngestaltung durch Diktat zu ermöglichen. Wenn er damit nicht durchkommt, wird der Schlichter eingreifen. Das Schwergewicht wird also in Zukunft bei den Schlichtungsbehörden liegen, die durch die Ausweitung ihrer Befugnisse sich, wenn die Arbeiterschaft sich nicht dagegen wehrt, zu *faschistischen Lohnämtern* entwickeln werden. Was nicht angekündigt, sondern von der Regierung sogar dementiert wurde, ist nun doch Tatsache geworden: Sie hat sich selbst die Ermächtigung gegeben, auf dem Gebiet der Sozialversicherung zu tun, was sie für notwendig hält. Wahrscheinlich wird sich der neue

Abbau der Unterstützungen

durch die Zusammenlegung der drei Unterstützungsarten vollziehen. Wenigstens zunächst; was im Laufe des Winters noch geschehen wird, läßt sich aber auch voraussehen. Schon jetzt mehren sich die Fälle von Zahlungseinstellung der Gemeinden. Im Saale-Kreis sind z.B. in dieser Woche 30.000 (!) Menschen ohne jede Existenzmittel, da die Wohlfahrtsbehörden nicht auszahlen. Solche Fälle werden sich im Winter häufen. Während man auf diese Weise das Einkommen des Proletariats, das schon jetzt – wie wir wiederholt nachgewiesen haben – weit unter dem amtlich für notwendig erachteten Existenzminimum liegt, in brutaler Weise schmälert, trifft man zugleich Maßnahmen, die die Kaufkraft dieses Einkommens noch verkleinern. Durch Zölle und weiterhin durch Übergang zur Kontingentierung der Einfuhr versucht man, die Preise gerade für die Massenartikel zu erhöhen. Alle diese Angriffe auf die Lebenshaltung der Arbeiterschaft werden offiziell mit »Arbeitsbeschaffung« begründet. Während man aber von »Neueinstellungen« redet, wer den zugleich massenhafte Entlassungen bei der Reichsbahn und Post, die in die Zehntausende gehen, und auch in der Privatwirtschaft vorgenommen. Im übrigen ist die Behauptung Papens, daß durch die Notverordnung die

Arbeitslosigkeit

gemildert und die Krise überwunden werden solle, die sich auf die Börsenhausse gründete, schon durch die Tatsachen widerlegt: Es ist das eingetreten, was wir im letzten Bericht voraussagten. Die Hausse ist zusammengebrochen, weil sie in der tatsächlichen Wirtschaftsentwicklung keine Rechtfertigung hatte. Die offizielle Statistik weist mal wieder einen Rückgang der Arbeitslosigkeit auf. Dieser »Rückgang« ist aber einzig und allein auf die Wirkung der Bedürftigkeitsprüfung zurückzuführen. Wer keine Unterstützung bekommt, den interessiert die amtliche Statistik nicht mehr. In Wirklichkeit ist die Zahl der Arbeitslosen gestiegen. – Der Bundesausschuß des ADGB hat zu der neuen Notverordnung Stellung genommen. Leipart erklärte auf der Sitzung, durch die Notverordnung würden die Tarifverträge wertlos. Die Gewerkschaften seien gewillt, den Lohnabbau abzuwehren. Mit welchen Mitteln der Abwehrkampf geführt werden soll, ist allem Anschein nach noch nicht besprochen worden. Im ganzen Reich, insbesondere in Berlin, haben die Belegschaften verschiedener Betriebe den Beschluß gefaßt, den Lohnabbau durch den Streik abzuwehren. In Erfurt beantwortete die Belegschaft des Reichsbahnausbesserungswerks die Bekanntgabe der Notverordnung mit einem halbstündigen Proteststreik. Nicht nur in Deutschland, sondern in allen kapitalistischen Ländern ist der

Kampfwille der Arbeiterschaft

im Ansteigen begriffen. In Belgien ist von der Regierung ein Vermittlungsvorschlag gemacht worden, der darauf hinausläuft, daß zunächst die Arbeit zu den alten Löhnen wieder aufgenommen und dann in den einzelnen Gebieten über die Löhne verhandelt werden soll. Die Gewerkschaften haben den Vorschlag angenommen. Von den 100.000 Streikenden sind etwa 35.000 durch Urabstimmung befragt worden, von denen sich etwa 24.000, also aufs Ganze gesehen, eine kleine Minderheit für Arbeitsaufnahme ausgesprochen hat. Es ist daher anzunehmen, daß der Streik noch weiter geführt wird. Der Streik in Lancashire dehnt sich aus und ergreift jetzt auch die Spinner. Die Streikenden greifen zu verschärften Methoden des Kampfes: vor den Betrieben Massenstreikposten und Demonstrationen. In Polen treten beinahe täglich neue Betriebe in Streik. Bemerkenswert ist, daß dort auch die Bauern in Bewegung geraten sind und Kämpfe gegen den Staat führen, die geradezu Formen einer allmählichen Annäherung der Bauernbewegung an die Agrarrevolution zeigen. In Gdingen haben die Hafenarbeiter trotz schärfsten Terrors der Polizei einen Sieg erkämpft. Ihr Lohn ist von 1,10 auf 1,25 Sloty erhöht worden. Dieser Sieg ist auch politisch von größter Bedeutung, weil über Gdingen eine Menge Kriegstransporte gehen. Der Streik der holländischen Seeleute hat insofern einen gewissen Erfolg gehabt, als einige Reeder aus ihrem Verband ausgetreten sind und die alte Steuer weiterzahlen wollen. – Die junge Republik

Spanien

macht allem Anschein eine schnelle Entwicklung zum Faschismus durch. Bekanntlich hat sie ihren Kapp-Putsch schon gehabt, nämlich jenen Putsch Sanjurjos, der von der Arbeiterschaft durch den Generalstreik niedergeschlagen worden ist. Jetzt soll ein allgemeines Streikverbot erlassen werden. Weiter sollen die Gewerkschaften verpflichtet werden, die Listen ihrer Mitglieder und ihre Kassenabrechnungen beim Staat einzureichen. Die Gewerkschaft, die es nicht tut, wird verboten.

Die Konferenz von Stresa

In Stresa verhandeln die verschiedenen europäischen Großmächte und die Staaten Mittel- und Osteuropas in einer Konferenz für »wirtschaftlichen Wiederaufbau Mittel- und Osteuropas«. Die Agrarkrise wirkt sich in allen südosteuropäischen Staaten in katastrophaler Weise aus. Bis Ende 1931 nutzte Frankreich die Finanznot dieser Staaten aus, um z. B. das englische Kapital aus Österreich, das italienische aus Ungarn zu vertreiben. Aber auch Frankreich ist in die Krise immer mehr hineingeraten, hat selbst mit einem großen Defizit zu kämpfen und kann diesen Staaten nicht mehr Anleihen in dem Maße wie bisher geben. Die zweite Tranche der Eisenbahnanleihe für Polen konnte auf dem französischen Markt nicht mehr aufgelegt werden. Dadurch ist in das französische Bündnissystem ein Riß hineingetragen worden. Polen versucht, die Führung der Agrarstaaten an sich zu reißen. Es schließt unabhängig von Frankreich den Nichtangriffspakt mit der Sowjetunion ab. Es fordert für die Agrarstaaten Bezahlung der Anleihen in Agrarprodukten, was natürlich eine Gefährdung des französischen Kapitals darstellt. Es organisiert so in Stresa eine gemeinsame Aktion der Agrarstaaten unter seiner Führung, um einen Druck auf Frankreich auszuüben. Frankreich mußte zunächst den Tardieu-Plan fallen lassen, durch den es der tschechoslowakischen Industrie und damit dem französischen Kapital das Marktmonopol in Südosteuropa sichern wollte. Aber es kommt jetzt auf der Konferenz von Stresa mit ähnlichen Plänen: die Tschechoslowakei wird auf einmal unter die Agrarstaaten eingereiht, um in einem Präferenzblock dieser Staaten, der durch Vorzugszölle die deutsche Konkurrenz ausschalten würde, dasselbe Ziel zu erreichen, das auch der Tardieu-Plan hatte. Deutschland, das auf Grund des Lohnabbaues der letzten Papennotverordnung die Möglichkeit sieht, in Südosteuropa vorzustoßen, setzt diesen Plänen erbitterten Widerstand entgegen, zum Teil von Italien unterstützt, das sich ebenfalls in Konkurrenz mit dem französischen Kapital befindet. Englands Haltung ist nicht ganz klar, da es einmal eine Stärkung der französischen Vormachtstellung in Europa befürchtet, aber auf der anderen Seite ein Interesse daran hat, seine Kapitalanlagen und Anleihen zu sichern, wozu letzten Endes nur das immer noch kapitalkräftige Frankreich fähig ist. Denn das ist die entscheidende Frage, die trotz aller imperialistischen Gegensätze die Großmächte zu einem gemeinsamen Vorgehen zwingt: die Agrarrevolution, die durch die Agrarkrise in den osteuropäischen Ländern auf die Tagesordnung gestellt worden ist. Die benachbarte Sowjetunion, die als einzige der interessierten Mächte nicht nach Stresa eingeladen ist, übt eine immer größere Anziehungskraft aus, und die letzten Vorgänge in Polen – Aufstände von Bauern in verschiedenen Bezirken – zeigen den Imperialisten die Gefahr, daß die Bauern die Agrarrevolution wirklich durchführen und dann auf Kosten des gesamten internationalen Kapitals. Die Agrarrevolution ist der gemeinsame Feind aller Imperialisten, an den Briand schon am 24. Januar 1931 in Genf mahnte, wo er sagte: »Der Bolschewismus ist imstande, ganze Länder rasch zu erobern. Es genügt eine soziale Erschütterung, damit der Bolschewismus, dessen Herd in der Nähe liegt, auf diese Gebiete in Polen und Rumänien übergreift, weshalb es notwendig ist, den kleinen Agrarländern des Ostens zu Hilfe zu kommen, damit sie dem Bolschewismus zu widerstehen vermögen.«

Aber nicht einmal Frankreich ist mehr in der Lage, diese Hilfe zu bringen, die nur durch neue Anleihen möglich wäre. So versucht jetzt Frankreich, sein Bündnissystem durch ein System von Militärverträgen zu festigen. Der Militärvertrag zwischen der kleinen Entente und Polen ist vor kurzem abgeschlossen, an den Sokolfesten in Prag[152] nahmen Vertreter der Generalstäbe der kleinen Entente und Polens teil. Schon melden Zeitungen, daß der Abschluß eines tschechoslowakisch-polnischen Militärvertrages bald bevorstehe. Bei allen diesen Vorgängen ist die durch Kapitalverflechtung am stärksten mit Frankreich verbundene Tschechoslowakei mit dem Ministerpräsidenten Benes die treibende Kraft.

So liegt in der Agrarfrage in den osteuropäischen Ländern einer der Gefahrenherde, die zu einem neuen Weltkrieg hindrängen, als dem »letzten Ausweg«, den die Bourgeoisie aus der Krise sieht, trotzdem die Sowjetunion mit dem Ausbau der Nichtangriffspakte einige Erfolge zu verzeichnen hat. Daß solche Verträge nur einen begrenzten Wert haben, sehen wir schon daran, daß er von Polen aus als Druckmittel auf Frankreich benutzt wird. Wir wissen es auch aus der Erfahrung: Japan hat seinen Einfall in China gemacht, trotz Völkerbundpakt, trotz Kelloggpakt, trotz Neunmächtevertrag. Vor allen Dingen sehen wir diese Gefahr an den

deutschen Rüstungsforderungen.

In dem deutschen Memorandum heißt es: es »müßten diejenigen Waffenkategorien, die durch die Konvention nicht allgemein verboten werden, grundsätzlich auch Deutschland erlaubt sein. Was das Wehrsystem anbetrifft ..., so kommt es dabei einmal auf organisatorische Änderungen, wie z. B. Abstufung der aktiven Dienstzeit der Langdienenden und Freiheit in der Gliederung der Wehrmacht an, zum anderen auf die kurzfristige Ausübung einer besonderen wehrpflichtigen Miliz für Zwecke der Aufrechterhaltung der inneren Ordnung sowie des Grenz- und Küstenschutzes«. Frankreich zeigt offiziell den deutschen Wünschen zunächst die kalte Schulter. Aber nur offiziell. Im »Matin«, der der französischen Regierung nahe steht, erschien vor einigen Tagen an der Spitze des Blattes ein Artikel des deutschen Admirals a. D. Batsch unter der Überschrift: »Das Reich will seine Armee nur zum Schutz gegen den Bolschewismus.« Aber Frankreich verlangt konkrete Sicherheiten, daß eine Aufrüstung Deutschlands sich nicht gegen seine Vormachtstellung wenden kann. Die deutsche Regierung ist auch bereit, diese Sicherheiten zu geben: In dem Memorandum heißt es, daß »der materielle Inhalt dieser Regelung Spielraum für Verhandlungen lasse«. Der deutsche Imperialismus weiß, daß er vom französischen Kapital abhängig ist und daher nie so weit aufrüsten darf, daß er eine selbständige Rolle wird spielen können, aber er weiß auch, daß er sich in einem kommenden Weltkrieg um so teurer verkaufen kann, je stärker er gerüstet ist. Das ist der Sinn dieser ganzen Aktion und wenn sich sogar linksbürgerliche Blätter (z. B. das »Berliner Tageblatt«) für die Schleicherschen Aufrüstungspläne einsetzen, dann zeigt dies, wie groß die Gefahr eines Interventionskrieges ist, und daß gerade die deutsche Bourgeoisie, weil sie ganz besonders von der Krise betroffen ist, einer der treibenden Kräfte für diesen Krieg ist. So erklären sich die Worte des Reichswehrministers von Schleicher vor einigen Tagen in Ostpreußen: »Ich kann Ihnen nur erklären, daß Deutschland in jedem Fall das durchführen wird, was für seine nationale Verteidigung notwendig ist... jawohl, auf jeden Fall!«

Inzwischen ist der Reichstag aufgelöst worden[153], nach einem dramatischen Kampf zwischen dem Reichskanzler und dem Parlament, das im letzten Augenblick dem Kanzler eine schwere moralische Niederlage beibrachte, indem es mit erdrückender Mehrheit ihm das Mißtrauen aussprach und die Aufhebung der furchtbaren Hungernotverordnung verlangte. Dabei geriet Papen in schwersten Kampf mit seinen »aufbauwilligen Kräften«, und die Nationalsozialisten sahen sich gezwungen, mit den verhaßten »Marxisten« gegen die Regierung zu stimmen, die sie selbst in den Sattel gehoben hatten. Die Sozialdemokratie hat nunmehr ein Volksbegehren für Aufhebung des sozialpolitischen Teils der Notverordnung beantragt. Wir stehen vor neuen, noch schwereren Kämpfen. Jetzt tut erst recht Geschlossenheit und Treue not.

(68.) Politik der Woche 12. September bis 19. September 1932

Das politische Chaos in Deutschland

Der Reichstag ist also aufgelöst. Zentrum und Nationalsozialisten wollten das vermeiden dadurch, daß sie sich auf irgendeine Form von gemeinsamer Regierung verständigten. Papen wollte sich und seine Verordnungen retten. Man wußte, daß Herr von Papen die Auflösungsorder vom Reichspräsidenten hatte für den Fall, daß ein Antrag auf Aufhebung der Notverordnungen angenommen würde.

Jede Kompromißlösung machte der Antrag der Kommunisten unmöglich, der die sofortige Abstimmung über die Aufhebung der Notverordnungen forderte. Zentrum und NSDAP, die einzigen Parteien, die ein Interesse daran gehabt hätten, diesem Antrag zu widersprechen, die sich zu solchem Widerspruch schon verabredet hatten, wagten ihn dann doch nicht. Es kam zur Abstimmung.

Im Augenblick der Ankündigung dieser Abstimmung verlangte Herr von Papen das Wort. Reichstagspräsident Göring gab es ihm nicht, da die Abstimmung begonnen habe. Er glaubte, trotzdem die Regierung versichert hatte, daß das nicht geschehen solle, Ursache zu haben zur Annahme, daß die Rede Papens enden werde in der Auflösung. Also die Abstimmung nicht mehr zustande kommen würde. – Was Herr von Papen im Reichstag sagen wollte, sagte er am Abend in einer Rundfunkrede, deren Ton und Inhalt eigentlich die beste Agitation für die deutsche Linke ist. – Herr v. Papen legte das Auflösungsdekret auf den Tisch des Reichstagspräsidenten und verließ den Saal. Die Abstimmung ergab 513 Stimmen für den kommunistischen Antrag auf Aufhebung der Notverordnung und des Mißtrauens gegen die Reichsregierung, 5 Stimmenthaltungen, 32 Stimmen für die Regierung. Eine parlamentarische Niederlage, wie sie noch nie eine Regierung erlitten hat. – Dann verlas Göring das Auflösungsdekret und erklärte, daß dies nicht zu Recht bestehe, da eine gestürzte Regierung es unterzeichnet habe.

Es zeigte sich sofort, daß Göring diese Haltung ohne jede Verständigung mit sämtlichen anderen Parteien des Hauses, ja, ohne Verständigung mit seiner eigenen Partei, eingenommen hatte.

So kam es rasch dahin, daß er zuerst anerkennen mußte, daß die Auflösung des Reichstags zu Recht bestehe, dann auch, daß die Abstimmung selbst keine rechtliche Bedeutung habe, da die Auflösung ihr voranging.

Löbe berief nun den Ausschuß zur Wahrung der Rechte des Parlaments (Überwachungsausschuß). Die Regierung hat es bis jetzt abgelehnt, vor diesem zu erscheinen, was von sämtlichen Parteien, außer den Deutschnationalen, für verfassungswidrig erklärt wird.[154] Löbe hatte eine Aussprache mit Mitgliedern der Regierung zur Sicherung der Rechte des Überwachungsausschusses und zur Sicherung des gesetzlichen Termins der Neuwahlen. Näheres ist über das Ergebnis nicht bekannt.

Die Lage ist: 1. die Nationalsozialisten stehen im heftigsten Kampf mit ihrem bisherigen Gönner, dem sie in den Sattel halfen, Herrn v. Papen, ebenso mit Hugenberg und den Deutschnationalen. – 2. Die Nationalsozialisten sind plötzlich die eifrigsten Verteidiger der Verfassung, der Rechte des Parlamentes, alles dessen, was sie seit Jahren in niedrigster Weise verleumdet und bekämpft haben. 3. Der Vertreter der Nationalsozialisten, Göring, hat in einem der entscheidenden Augenblicke willkürlich, kopflos, Dinge getan und gesagt, die er kurz darauf als unhaltbar preisgeben mußte.

Die Reichsregierung ist 1. in absolutem Gegensatz zu ihren alten Freunden; 2. in ebenso absolutem Gegensatz gegen das Zentrum; 3. in absolutem Gegensatz gegen die Sozialdemokratie; 4. in absolutem Gegensatz gegen den Kommunismus, d.h. so ziemlich gegen das ganze Volk, allein gestützt auf Herrn v. Schleicher und die Reichswehr.

Sie bleibt im Amt. Sie hält die Notverordnungen aufrecht. Sie sucht sich für die Wahlen mit der Hilfe von Hugenberg und dem Stahlhelm eine eigene Partei zu schaffen. – Führende Wirtschaftskreise allerdings stehen mit Begeisterung zu ihr – in der finanziellen Kurzsichtigkeit, die wir bei ihnen gewohnt sind. – Die Landwirtschaft erhebt Forderungen auf immer noch verstärkten Schutz in der Selbstverständlichkeit, die wir bei ihr gewohnt sind.

Alle gegen alle. Chaos. Neuwahlen während die Notverordnungen in Kraft treten und die Arbeiterschaft in wachsende Verzweiflung treiben.

Deutsches Wirtschaftsleben

Der deutsche Außenhandel, der in den letzten Monaten etwas über 800 Millionen RM betrug, ist auf 759 Millionen RM Gesamtvolumen gesunken. Die Kurse der Börsenpapiere sinken wieder nach anfänglicher Steigerung beim Kommen der Regierung Papen. – Vom »schaffenden Kapital« aber wird berichtet, daß es »endlich den Weg zu einer echten Wirtschaftsbelebung vor sich sieht«. (B.T.). Es ruft Herrn v. Papen zu, Landgraf bleibe hart und ändere deine Notverordnung nicht. – Wie man sich diese Wirtschaftsbelebung denkt, zeigen andere Nachrichten: »Konflikt im Ruhrbergbau«. Ein schwerer Kampf ist es zwischen Gewerkschaften und Arbeitgeberorganisation um die »Auflockerung der Tarife«, d.h. um die Lebensrechte der Arbeitermassen. »Die Arbeiter bezahlen die Neueinstellung von Arbeitskräften mit einem Verlust von 18,7 bis 27,1 Prozent« ihres Lohnes. (B.T.) »Ganz eindeutig wird aber diese Art von Wirtschaftsankurbelung auf Kosten der Arbeitnehmerschaft betrieben« (B.T.).

Die »Verbesserungen« der Notverordnung, welche die Regierung inzwischen schon für nötig hielt, hat an den Tatsachen nichts geändert. Sehr interessant ist der Vorgang, daß die »Reichsanstalt für Arbeitslosenversicherung« die Zahl der Wohlfahrtsempfänger auf 2.016.000 angibt, die Städte aber dagegen protestieren und feststellen, daß es 2.450.000 sind. Der Rückgang der Zahlen ist eine neue Methode der Zählung.

Ein charakteristisches Beispiel kapitalistischer Wirtschaftsmethoden bringen die holländischen Zeitungen. Große Massen holländischen Zements gehen nach Deutschland, während umgekehrt die deutsche Zementindustrie der holländischen schwerste Konkurrenz macht. Wie ist das möglich? Die streng organisierte deutsche Zementindustrie hält in Deutschland die Preise sehr hoch, verkauft aber in Holland sehr billig, wesentlich billiger als die holländische Zementindustrie. So verkauft diese nach Deutschland. Da Zement für den Wohnungsbau sehr entscheidend ist, haben wir hier einen sehr wichtigen volkswirtschaftlichen Faktor. Aber auch ein sehr deutliches Beispiel dafür, daß man die Nöte der Wirtschaft nicht von den Löhnen aus bessern kann.

Regierungsmethoden

In der Nacht nach der Reichstagsauflösung wurde im Reichstagsgebäude in Pulten und Sitzungszimmern der kommunistischen Abgeordneten Haussuchung gehalten, weil man einen Bombenanschlag fürchtete. Der Überwachungsausschuß hat dagegen Protest erhoben als Verletzung der Immunität des Parlamentes. – Eine kommunistische Geheimdruckerei ist in Berlin ausgehoben worden, die darin verhafteten sieben Personen unter Anklage wegen Hochverrats gestellt. – Zeitungen der Linken werden dauernd verboten. Die »Berliner Volkszeitung« war auf acht Tage verboten. Nach einem Tag wurde das Verbot aufgehoben, da der Sturm in den Blättern doch zu stark war. – Die Sondergerichte arbeiten weiter. Furchtbare Bilder des Terrors werden der Öffentlichkeit enthüllt durch den Felsenecke-Prozeß[155], und die beiden Prozesse in Schleswig-Holstein über den Sturm auf das Eckernförder Gewerkschaftshaus, die Ermordung zweier Landarbeiter, dabei und die Vorgänge in Friedrichskoog mit der Ermordung des jungen Jäger durch die Nationalsozialisten. – Das Allerfurchtbarste ist, daß selbst die Enthüllung dieser Dinge die Massen von ihrem Wahn nicht heilt, die dieser Hetze anheim gefallen sind.

Gegen die Beamtenpolitik des Herrn Dr. Bracht protestiert der ADBB (Allgemeiner Deutscher Beamtenbund). Er wendet sich dagegen, daß man ohne jeden ersichtlichen Grund politische Beamte abbaut und versetzt, daß man aber auch bei den nicht politischen Beamten »eine politisch einseitige Zusammensetzung des Beamtenkörpers anstrebt«, dem »Denunzianten- und Angebertum Tür und Tor öffnet«, »das Vertrauen zu unparteilicher Staatsführung« untergräbt. Charakteristisch ist in diesem Zusammenhang die Nachricht, daß Herr Dr. Scholz, den man in der Zeit der Freundschaft mit der NSDAP auf deren Wunsch zum Rundfunk-Kommissar ernannt hatte, nun – nach Bruch der Regierung mit der NSDAP aus dieser ausgetreten ist. – Es ist sicher erfreulich für die Zukunft des deutschen Volkes, daß eine für die öffentliche Meinungsbildung immerhin nicht unbeachtliche Stelle mit einem so ausgezeichneten Vertreter militärischer Disziplin besetzt worden ist. In

Essen hat man inzwischen den Antrag gestellt, die Stadtverordneten sollten Dr. Bracht zur Niederlegung seines Amtes als Oberbürgermeister auffordern.

In *Thüringen* hat der neue Volksbildungsminister Wächtler (NSDAP)[156] für die Schule angekündigt, daß man »die alte Form mit neuem Geist« füllen werde, »daß in den letzten Jahrgängen der Volksschulen, der mittleren und höheren Schulen... der Versailler Vertrag in mehreren Wochenstunden behandelt werden solle. Insbesondere sollten die Artikel des Friedensvertrages, die dem deutschen Volke die Ehre nähmen und ihm die alleinige Kriegsschuld aufbürdeten, von den Schülern auswendig gelernt werden. Jeder Unterricht soll nach dem Gebet mit dem Hersagen dieser Artikel begonnen und beendet werden«.

Der Militarismus

Eine wundervolle Verordnung regelt die Ertüchtigung der Jugend in einem Sinn, der ganz eindeutig heißt: Militarisierung der Jugend. Der Panzerkreuzer C ist in Auftrag gegeben. 60 Millionen sind hier vorhanden. Herr v. Schleicher erklärt, für seine Sicherheit zu tun, was er für richtig hält. – Er meint allerdings nicht, was das deutsche Volk, sondern nur das, was Herr v. Schleicher mit seinen Generälen für richtig hält. Das deutsche Volk ist wohl eher der Meinung, daß es keine größere Bedrohung seiner Sicherheit geben kann als diese Pläne.

Die Außenpolitik

Während in Berlin das Chaos herrscht, ist die Antwort Herriots auf Herrn v. Papens Forderung der Gleichberechtigung Deutschlands eingetroffen. Sie stellt fest, daß Frankreich den Frieden will und seine Sicherheit. Lehnt also deutsche Aufrüstung ab, öffnet aber vorsichtig Möglichkeiten deutscher Verhandlungen. Man fürchtet das Wettrüsten, das beginnt, wenn Deutschland die Abrüstungskonferenz wirklich zum Scheitern bringen sollte. Vor allem Italien und England wirken in dieser Richtung. Und in allen Ländern sind jene starken Kreise, die eine dem Westen nicht gefährliche Aufrüstung Deutschlands unter einer Rechtsregierung gegen seinen eigenen Kommunismus und für eine antirussische Koalition nicht ungern sehen würden. Nicht einen Augenblick dürfen wir dies aus den Augen verlieren.

Herr v. Papen hat nun die deutsche Mitwirkung bei der Abrüstungskonferenz eingestellt, läßt aber Herrn v. Neurath mit einer großen Delegation zur Völkerbundskonferenz nach Genf gehen. Zugleich wird Herr v. Hoesch aus Paris nach London versetzt, an seine Stelle ein Herr Roland Köster aus dem Auswärtigen Amt gesetzt, Herr v. Schubert in Rom wird durch Herrn von Hassell, den Schwiegersohn von Tirpitz ersetzt.

Die Parteien

Die Deutschnationalen mit dem Stahlhelm und den zur Herrschaft berufenen Kreisen der deutschen Wirtschaft und des Großgrundbesitzes beschwören alle, die Versuche des Herrn von Papen zur Rettung Deutschlands nicht zu stören. – Die Nationalsozialisten stellen das Vorgehen Görings als heldenhafte Verteidigung der Verfassung, der deutschen Volksfreiheit und Lebensnotwendigkeiten der Massen dar. Sie haben die Hoffnung, daß es ihnen gelingt, die Massen ihrer Anhänger darüber zu täuschen, wie sehr sie alles anders machen, als sie wollten. – Das Zentrum nimmt wieder – nach Scheitern der Verhandlungen mit der NSDAP – eine sehr scharfe und schroffe Haltung gegen Herrn v. Papen und seine Politik ein. – Die Sozialdemokratie hat sofort nach der Reichstagsauflösung den *Antrag auf ein Volksbegehren* für Aufhebung der Notverordnungen gestellt. Zugleich erläßt sie und mit ihr die Gewerkschaften scharfe Erklärungen gegen den Militarismus, gegen die gesamte innere und äußere Politik der Papenregierung. Sie zeigt, daß ihre Politik nie etwas anderes wollte als Deutschlands Gleichberechtigung in der Welt, daß sie diese aber wolle im Sinne der Förderung des Friedens und nicht der Kriegsgefahr, wie sie der Gedanke der Aufrüstung schaffe. – Damit ist – zusammen mit den früheren Forderungen auf Sozialisierung der entscheidenden Wirtschaftsorganisationen – eine klare, kraftvolle Grundlage geschaffen, die Massen zum Kampf für Demokratie und Republik, Volksrechte und Gestaltung des Sozialismus auf diesem Wege aufzurufen.

Aus den Kreisen der Wirtschaftsgewaltigen und Deutschnationalen sucht man die Regierung zu bestimmen, den Antrag der Sozialdemokratie auf das Volksbegehren unter irgendeinem Vorwand abzulehnen.

Internationale Politik

Die Tagung der *Abrüstungskonferenz* – also natürlich ohne Deutschland – dessen Generäle nicht einsehen, daß wir wieder die ganze Politik der moralischen Selbstisolierung der Vorkriegszeit betreiben – beginnt am 21. September. Am 26. September beginnt die *Völkerbundsvollversammlung*, an der Deutschland teilnimmt. – *Bolivien* und *Paraguay* kämpfen weiter. *Japan* hat die Mandschurei als selbständigen Staat Mandschukuo anerkannt. Damit ist der Konflikt mit Amerika und mit Rußland verschärft. Die innere, wirtschaftliche Lage Japans ist so trostlos wie die Deutschlands, seine Generale und Feldherren scheinen durchaus dieselben Konsequenzen zu ziehen wie unsere deutschen.

In *Amerika* verschlechtern sich die Wahlaussichten des Präsidenten Hoover. Sein Gegner Roosevelt gewinnt an Boden. – Ein Besuch des Leiters der Bank von England, des sehr klugen Montagu Norman, hat die Spannung zwischen England und Amerika verschärft. Man fürchtet in Amerika, daß Norman die amerikanische Regierung wirtschaftlich überlistet habe. Sehr übel hat man es ihm genommen, daß er sich dabei in Amerika unter dem Decknamen »Professor Clarence Skinner« (Halsabschneider) aufgehalten hat.

Die »Populaire« erklärt im Namen der französischen Sozialdemokraten, daß »französische und deutsche Sozialisten in der wichtigsten Frage der gegenwärtigen Stunde vollkommen einig sind..., *daß allein die Abrüstung die Sicherheit aller Länder garantieren* und zur *wahren Gleichberechtigung* aller Länder führen kann... Gegenüber der entfesselten nationalistischen Meute in beiden Ländern kämpfen die deutschen und französischen Sozialisten geeint gegen Wettrüsten, gegen Krieg und für Abrüstung und Frieden.«

(69.) Politik der Woche 18. September bis 25. September 1932

Innere Politik.

Die Neuwahl des Reichstags ist auf den 6. November festgesetzt. – Zu dem Antrag auf Volksbegehren der Sozialdemokratischen Partei hat sich die Reichsregierung noch nicht geäußert. – Sie hat sich nach langem Verhandeln bereit erklärt, im Untersuchungsausschuß zu erscheinen. – Die Tagung des preußischen Landtags brachte zunächst einen Versuch des Landtagspräsidenten Kerrl, auf eigene Faust zugunsten der NSDAP den Konflikt mit der Regierung zu erledigen, dann den völligen Rückzug der NSDAP in der Aufhebung ihres Beschlusses, der den Beamten sagte, daß sie einer nicht verfassungsmäßigen Regierung keinen Gehorsam zu leisten hätten. Durch einen Beschluß des Landtags, der von NSDAP und KPD gefaßt wurde, werden die Kommunal- und Provinzialwahlen in Preußen auch auf den 6. November festgesetzt. Der Landtag vertagte sich dann bis Mitte Dezember, nachdem mit den Stimmen der SPD, KPD und NSDAP ein kommunistischer Antrag auf Aufhebung sämtlicher Zeitungsverbote und auf Amtsenthebung des Berliner Polizeipräsidenten Melcher angenommen wurde.

Nach einer Unterredung zwischen dem Ministerpräsident von Bayern, Dr. Held, Staatsrat Schaeffer und Herrn von Papen wurde von der Reichsregierung aus der Eindruck erweckt, als ob Bayern und die Bayerische Volkspartei sich der Reichsregierung näherten. Von Bayern her wird was energisch bestritten.

Wels veröffentlicht Aufsehen erregende Mitteilungen über einen Versuch der Nationalsozialisten, Hindenburg mit Hilfe von Zentrum und SPD zum Abgang zu zwingen. – Die Reichsregierung versucht für die kommenden Wahlen irgendwie eine Partei für sich zu gewinnen oder zu gründen. – Abgesprengte Glieder der Staatspartei, Volkspartei usw. haben in Berlin einen »Nationalverein« gegründet.[157]

Die *Reichsbannergruppe* in Ohlau ist durch eine Anordnung Dr. Brachts aufgelöst worden. Vor einiger Zeit war das schon mit der Reichsbannergruppe in Richtenberg geschehen. Die Begründung ist beide mal, daß die Gruppen durch Teilnahme an Zusammenstößen gegen die Strafgesetze verstoßen hätten. Da ähnliches keine Gruppe der NSDAP traf, ist deutlich, daß man hier eben das Reichsbanner treffen will. Es wird vermutet, daß man dieses auf diese Weise langsam ersticken möchte.

Der Landtag hat einen Antrag auf *Aufhebung der Sondergerichte* angenommen. Dieser gewinnt eine mächtige Rückendeckung durch den Verlauf des Prozesses über einen Überfall in der Röntgenstraße zu Berlin. Zunächst wurden die angeklagten neun Kommunisten belastet. Da kam durch einen reinen Zufall die völlige Unzuverlässigkeit einer Hauptbelastungszeugin zutage. Dann traten Nachbarn auf, deutschnational, deren Aussage alles gegen die Nationalsozialisten lenkte, die nicht angeklagt sind, zugleich auf merkwürdiges Verhalten der Polizei schließen lassen. Der Prozeß Röntgenstraße wächst ins Uferlose.[158]

Wirtschaft

Alle Kreise der Großindustrie und Großlandwirtschaft reden dem deutschen Volk gut zu, daß es nun nicht den Versuch der Regierung, der Wirtschaftskrise Herr zu werden, durch politische und wirtschaftliche Kämpfe stören dürfe. Sie selbst haben natürlich wie immer das Recht, ihren Egoismus auch da durchzusetzen, wo er lebensgefährlich wird. – Die Reichsregierung hat zugunsten der Landwirtschaft ihr Wirtschaftsprogramm durch Kontingentierungsmaßnahmen ergänzt, die den Massen das Leben verteuern, Abwehrmaßnahmen der betroffenen Staaten hervorrufen und also den industriellen Absatz schwer schädigen müssen. – In einer großen Sympathieerklärung für die jetzige Reichsregierung protestiert die Industrie gegen diese Gefahr vergebens. – Es ist außerdem eine große Zinssenkung für landwirtschaftliche Hypotheken geplant, über deren Art und Umfang noch Stillschweigen beobachtet wird.

Inzwischen beginnen die Versuche, mit Hilfe der Notverordnungen die Lohnkürzungen durchzuführen. Sie sind an allen entscheidenden Punkten bis jetzt durch sofort einsetzende Streiks der Arbeiterschaft abgewehrt worden. Im Ruhrbergbau sind die geltenden Tarife ungeändert um vier Monate verlängert worden. Auch die Arbeitszeit bleibt unverändert. Ob dieser Schiedsspruch für verbindlich erklärt wird, bleibt abzuwarten. Deutlich sind das alles nur Vorpostengefechte. Die entscheidenden Kämpfe kommen. Für 3 Millionen Arbeiter laufen am 1. Oktober die Tarifverträge ab. Überall fordern die Unternehmer Lohnsenkungen.

Außenpolitik

Gegen alle Warnungen hatte die Reichsregierung hartnäckig die Meinung vertreten, daß England für die deutsche Forderung auf Gleichberechtigung eintreten werde. Sie hat von England eine Antwort erhalten, die fast nicht mehr die Regeln internationaler Höflichkeit einhält. Die Reichsregierung, deren Außenminister bis vor kurzem Botschafter in London war, war also fast allein in Deutschland außerstande, Englands wirkliche Meinung zu erkennen. Ein ernster Hinweis auf die alte Frage der Grundsätze, nach denen bei uns Botschafterposten besetzt werden.

Da die Gleichberechtigung nicht ausgesprochen wurde, bleibt die deutsche Regierung von der Abrüstungskonferenz fern. Henderson, ihr Vorsitzender, und Litwinow, Rußlands Vertreter, bemühen sich, der Reichsregierung durch ihre Anträge eine goldene Brücke zu bauen. Man sieht, daß es für Europa verhängnisvoll wäre, wenn die Verständigung nicht zustande käme. Man ahnt offenbar auch etwas von den grandiosen Fehlern, mit denen frühere Regierungen in England und Frankreich in Deutschland das Fieber schürten. Für den Sehenden ist ganz deutlich, daß man sehr entschlossen ist, seinen energischen Weg eventuell ohne, d.h. gegen Deutschland zu gehen. Auch Mussolini läßt darüber keinen Zweifel. Die deutsche Rechtspresse schreibt triumphierend von der »Ratlosigkeit in Genf«. Das deutsche Bürgertum wird in der furchtbaren Ahnungslosigkeit befestigt, mit der es die – in diesem Augenblick lebensgefährliche – Isolierung Deutschlands fördert.

Im Völkerbund vertritt uns eben jener frühere Botschafter in London, Herr v. Neurath. Er unterhandelt mit Henderson usw. Auch der neue Reichskommissar zur Jugendertüchtigung[159] hat zur Befriedung der Welt sein Teil beigetragen durch ein Interview, in dem er dem Ausland mitteilt, daß militärische Ertüchtigung ganz gewiß von der Reichsregierung nicht beabsichtigt sei, aber vielleicht höchstens als Nebenprodukt herausspringe. – Die Methoden der deutschen Politik sind wieder die alten: Man teilt Ohrfeigen aus und beschwert sich, daß die Völker so sehr unfreundlich gegen uns sind.

Die Konferenz von Stresa hat ein kompliziertes System von Vorzugszöllen zwischen den agrarischen Donauländern und den mittel- und westeuropäischen Industriestaaten geschaffen, das vielleicht geeignet ist, den Weg zu einem europäischen wirtschaftlichen Zusammenschluß zu erleichtern. Ein Hoffnungsbild. Vielleicht!

Weltwirtschaft

Die Besserung der Börsenlage und Finanzlage hält in den Vereinigten Staaten an. Irgend eine Besserung in der wirtschaftlichen Produktion hat sich daraus noch nicht ergeben. Die Frage, ob Tatsache oder Schein, bleibt also noch gänzlich unentschieden.

Schweden hat nach seinen Neuwahlen, die einen entscheidenden Erfolg der Sozialdemokratie brachten, unter Per Albin Hansson ein rein sozialdemokratisches Kabinett gebildet.

England. Die liberalen Mitglieder drohen aus der Regierung MacDonald auszutreten. In der »nationalen Arbeiterpartei« kriselt es ebenfalls. Die Regierung ist also sehr geschwächt.

Amerika hat es verstanden, Frankreich gegen Japan auf seine Seite zu ziehen. Man redet davon, daß es ihm dafür Unterstützung gegen die Forderungen Deutschlands zugesagt habe. Jedenfalls ist dadurch Japans Stellung wesentlich geschwächt. Rußland ebenfalls sehr erleichtert. Die Reise eines amerikanischen Generals nach Polen wird so gedeutet, daß man auch Polen festlegen will. Es soll Rußland keine Schwierigkeiten bereiten, falls dieses im Fernen Osten gegen Japan einschreiten muß. – Hoover läßt nach wie vor keinen Zweifel darüber, daß Amerika nur denen finanzielle und diplomatische Unterstützung zuteil werden läßt, die der Abrüstung keine Schwierigkeiten machen.

Japans wirtschaftliche Lage ist trostlos. Der Kampfwille seiner feudalen Barone ist ungebrochen. Er droht mit einem asiatischen Völkerbund.

Indien ist in stärkster Spannung durch das Fasten Gandhis. Als Protest gegen die Zerreißung des indischen Volkes in ungezählte Gruppen, die das Wahlrecht vorsieht, das England geben will, will er keine Nahrung mehr zu sich nehmen. Für den Westen unverständlich. Für den Osten ein Gewaltiges, dem es immer das Höchste war, wenn einer der Frommen freiwillig ins Jenseits eingeht.

(70.) Politik der Woche 25. September bis 1. Oktober 1932

Innere Politik

Auch für sie ist Mittelpunkt die *Abreise Neuraths von Genf*[60] und der Beschluß des Ministerrates, daß er nicht zurückkehren solle. Die gesamte bürgerliche Presse läßt das im Lichte einer stolzen Tapferkeit erscheinen. Den ganz offenbaren nachsichtigen guten Willen, den man von Außen der deutschen Regierung zeigt, stellt man als »Verlegenheit in Genf« hin. Die Tatsache ist, daß die Regierung v. Papen eine *Prestigepolitik* treibt im Stile Wilhelms II., die selbst, wenn die anderen Mächte durch eine äußerliche Geste die Rückkehr Deutschlands zur Abrüstungskonferenz ermöglichen, Deutschland in einer geradezu hoffnungslosen Weise in der Welt isoliert hat und ihm Entscheidendes kostet an Vertrauen draußen. An Prestige gewinnen kann es nur nach Innen bei allen denen, die nichts gelernt haben aus dem, was uns die kaiserliche Prestigepolitik gekostet hat.

Der Kampf um die Durchbrechung der Regierungspolitik durch eine der Wirtschaft und dem Absatz nach Außen gefährliche Landwirtschaftspolitik geht weiter, wenn er auch zunächst zugunsten der Landwirtschaft entschieden ist. Vor allem in Holland ist eine sehr energische Boykottbewegung gegen die deutsche Industrie, besonders die Kohleneinfuhr, im Gange. – Über eine sich vorbereitende Einigung zwischen Bayern, Bayerischer Volkspartei und Reichsregierung über die Reichsreform gehen Gerüchte, in denen noch viel Unwahrscheinliches steckt. Daß im preußischen Wohlfahrts-, Landwirtschafts- und Handelsministerium sämtlichen Angestellten gekündigt wurde, bringt man mit diesen Plänen in Zusammenhang.

Die *Streikwelle* über Deutschland geht weiter. Während im Ruhrkonflikt der Schiedsspruch von den Parteien anerkannt und zum Tarif erhoben wurde, werden Konflikte gemeldet von der Reichsbahn, aus der Weißenfelser Schuhindustrie, Lokomotivfabrik Henschel in Kassel, Remscheid, Bocholt, Flieder Hütte, Hamburger Verkehrsarbeiter, Möbeltransportarbeiter Berlins, Kiel u.a. Die Regierung wirft den Arbeitern vor, daß sie so die Einstellung ihrer erwerbslosen Kollegen hinderten. – Sie droht mit Streikverboten. Die Gewerkschaften wollen die Gerichte anrufen. Interessant ist hierzu, daß das Amtsgericht in Weißenfels die den Streik untersagende vorläufige Verfügung aufgehoben, die Frage an das Landesarbeitsgericht in Halle weitergegeben hat. Die Industrieführer jammern natürlich um Gewaltmaßnahmen der Regierung. – Der preußische Staatskommissar hat eine ganze Reihe wichtiger preußischer Ämter neu besetzt, um diese auf jeden Fall vor der Entscheidung des Staatsgerichtshofes (am 10. Oktober) zu erledigen.

In Berlin ist ein »Deutscher Nationalverein« gebildet worden, der zwar bei den Wahlen noch nicht auftreten, aber die zersprengten Elemente der bürgerlichen Mitte sammeln will.[161]

Der Landtagsausschuß konnte bei einer Untersuchung nicht zur Klarheit kommen, wie es eigentlich zu der Haussuchung im Reichstag kam. Er hat nur festgestellt, daß ein Herr v. Werder der letzte faßbare Schuldige ist und fordert dessen Bestrafung. – Ganz unwürdig verlief die Vernehmung des Herrn v. Papen vor dem Untersuchungsausschuß des Reichstags. Er und die Nationalsozialisten griffen sich heftig an. Geklärt wurde nichts, höchstens dies, daß unsere Politik in sehr merkwürdiger Weise geführt wird.[162]

Merkwürdigkeiten sind auch sonst zu berichten:

1. Das Konjunkturforschungsinstitut hat festgestellt, daß wir in Deutschland 1,75 Millionen mehr Arbeitslose haben als die Arbeitsämter zählen. Das sind die, die durch einsichtsvolle Regierungsmaßnahmen von der Unterstützung ausgeschlossen wurden, was sicherlich eine große Erleichterung des Staatshaushaltes bedeutet, falls man nicht fragt, was nun aus ihnen wird.

2. Zum fünfjährigen Jubiläum der Arbeitslosenunterstützung, das am 1. Oktober zu »feiern« war, wurde festgestellt, daß diese saniert ist. So gut sa-

niert, daß aus ihren Überschüssen sogar Summen dem Freiwilligen Arbeitsdienst zur Verfügung gestellt werden können. Wohlgemerkt aus den von den Arbeitern eingezahlten Geldern. Man hat das auch mit dadurch »erreicht«, daß man die Selbstverwaltung ausschaltet und wir können daran erkennen, welche wundervollen Möglichkeiten hier liegen für reaktionäre Pläne.

3. Goebbels hat den Nationalsozialisten in einem großen Erlaß verboten, die Hugenbergpresse zu lesen. Hugenberg hat ihn daraufhin wegen Schädigung verklagt.

4. Die Gerüchte von einer nervösen Erkrankung Hitlers wollen nicht verstummen. Ebenso wenig die, die von einem heftigen Kampf um die Zeitung der NSDAP reden und davon, daß man im Braunen Haus in großen wirtschaftlichen Schwierigkeiten sei, da die Wirtschaft nicht mehr zahle wie früher.

5. Der Empfänger der Briefe Röhms hat beschworen, daß sie echt sind.[163]

6. Merkwürdiges wird berichtet, wie man Orte zu nötigen sucht, Hitler das Ehrenbürgerrecht zu verleihen.

7. Der Minister von Mecklenburg, Dr. Scharf, Mitglied der NSDAP, hat sich selbst zum Oberregierungsrat ernannt, damit er einen Posten hat, wenn sein Ministeramt zu Ende ist.

8. In Anhalt hatte die NSDAP-Regierung die Feier von Hindenburgs Geburtstag verboten und dann dies sofort wieder aufgehoben.

Erschütternd sind und bleiben alle Berichte über die *Verhandlungen der Sondergerichte*. Instruktiv ist hier vor allem der von der »Röntgenstraße Berlin«. So muß die Erschütterung allen Rechtsbewußtseins bei uns weitergehen mit allen verhängnisvollen Konsequenzen, die das hat.

Deutschland und Frankreich

Herriot hatte am Sonntag eine sehr scharfe Rede gegen Deutschlands Pläne gehalten, in der aber Frankreichs Friedenswille betont wurde. In Genf hat sich besonders Henderson bemüht, eine Verständigung herbeizuführen. Aber an dem Tag, an dem Herriot wieder reden wollte, reiste Neurath ab. Italien setzt sich ebenfalls sehr für Deutschland ein. Ihm ist die Verstimmung zwischen Deutschland und Frankreich recht, da es Frankreichs Übermacht fürchtet.

Gegenüber Englands Versöhnungsplänen sucht Frankreich mehr und mehr Anlehnung bei Amerika. Ja es verstärkt sein Streben, zu einer Annäherung an Rußland zu kommen. Da man in Deutschland alles, was in England und Italien zur Versöhnung getan wird, rasend überschätzt und nicht einsieht, wie wenig tatsächliche Stütze man an diesen Mächten haben kann, so wächst und wächst die Isolierung Deutschlands unheimlich. Neuraths Erklärungen sind in Genf mit Empörung aufgenommen worden. Man sehe daraus klar, daß Deutschland das Scheitern der Abrüstungskonferenz wünsche. Den Erklärungen, daß man Aufrüstung nicht wolle, stehe alles entgegen, was Herr

v. Schleicher gefordert habe, aber auch ein Dokument, das verschiedenen Regierungen, darunter England, überreicht worden sei, in dem man verlange: 1. Verdoppelung der Reichswehr durch Herabsetzung der Dienstzeit auf 6 Jahre, 2. schweres Artilleriematerial und Flugzeuge, 3. eine Miliz, die neben die Reichswehr treten soll.

Die französischen Blätter schreiben dazu, daß dies Vorgehen der deutschen Regierung für den 6. November nützlich sei, Frankreich aber keine Ursache habe, es zu bedauern.

England

Die »nationale Regierung« hat einen großen Schlag erhalten. Die Gruppe der Liberalen und Glieder der Arbeiterpartei, die unbedingt Freihändler sind, sind unter der Führung Snowdens und Samuels ausgetreten. MacDonald hat die Neubildung der Regierung vollzogen. Doch ist sie wesentlich geschwächt in ihrer Stellung vor dem Lande. Ursache war die Konferenz von Ottawa, deren Zollschutzbestimmungen dieser Gruppe unannehmbar waren.

Doch wirkt für die Schwächung der Regierung auch mit, daß die Schwierigkeiten in Lancashire immer noch andauern und sogar gewaltsame Ausschreitungen der Streikenden vorgekommen sind, Ereignisse, die zeigen, wie sehr auch das gewaltige England aus seiner Sicherheit herausgerissen ist.

In *Indien* ist eine Regierung der verschiedenen Bevölkerungsgruppen erfolgt. Die englische Regierung hat diese anerkannt. Gandhi hat sein Todesfasten abgebrochen, wurde aber dann sofort ins Gefängnis geführt, aus dem er entlassen war während des Hungerns. Orthodoxe Hindus sollen übrigens die Ausführung des Vertrags mit den Parias zu verhindern suchen, indem sie den diesen versprochenen Tempel mit Gewalt verteidigen. Eine Streikwelle geht auch durch Indien. Von den teebauenden Distrikten, die ihren Tee nicht verkaufen können, und nichts anderes pflanzen, wird grauenhafte Hungersnot gemeldet. Nachrichten über ein Vordringen englischer Macht in Tibet, gegen die Kurden vom Irak aus zeigen, wie sehr England sich müht, sein Reich gegen Rußland zu befestigen. Ramsay MacDonald, der als Pazifist während des Krieges im Gefängnis saß, der frühere entschlossene Sozialist, Träger englisch-imperialistischer Politik.

In *Ungarn* ist durch eine Ministerkrise Gömbös, ausgesprochener Freund der Faschisten, Ministerpräsident geworden.

In *Österreich* hat das Ministerium Dollfuß große Schwierigkeiten.

In *Griechenland* haben die Wahlen einen großen Verlust der Partei des Venizelos ergeben und vor allem ein starkes Anschwellen der kommunistischen Stimmen. In *Sofia* errangen die Kommunisten die Mehrheit im Stadtparlament.

Der *Chacokonflikt* zwischen Bolivien und Paraguay geht weiter. In *Brasilien* greift die Revolution weiter um sich. Andere Meldungen behaupten, die Niederlage der Aufständischen sei sicher. Auch in *Chile* ist es noch sehr unruhig. *Ibn Saud in Hedschas* soll in großer Spannung zu England stehen. In *Marokko* soll Frankreich schwere Kämpfe zu bestehen haben.

In der *Mandschurei* sollen reguläre Truppen des Mandschustaates gemeutert haben und sind zu den Chinesen übergegangen. Eine Strafexpedition wird von Japan gerüstet. Umgekehrt sollen in Südchina Truppen der *Kuomintang*, die gegen die Kommunisten geführt wurden, gegen ihre Generale gemeutert haben.

(71.) Politik der Woche 2. Oktober bis 8. Oktober 1932

Innenpolitik

Herr v. Papen geht seinen Weg weiter. Man hat das Streikverbot ausgesprochen und macht die Gewerkschaften haftpflichtig für Streiks. Eine Verschärfung des Kampfes, deren Tragweite noch nicht zu übersehen ist.

Der Streik der Verkehrsarbeiter in Hamburg ist durch einen Schiedsspruch beendet, der einen Kompromiß darstellt.

Der Streik in der Hochseeschifffahrt ist durch eine Verlängerung des Tarifs bis zum 31. Dezember dieses Jahres beendet. Maßregelungen finden nicht statt, und das Arbeitsverhältnis gilt nicht als unterbrochen. Man begreift, welche Erbitterung die Verkehrsarbeiter erfüllen muß, wenn festgestellt wird, daß die Hamburger Verkehrsgesellschaft zwar ihre Leistungen an den Staat eingestellt, nicht aber ihre Dividendenzahlungen an die Aktionäre verringert hat. – Erst Kapitalverzinsung, dann Vaterland – und ganz zuletzt die Masse meines Volkes!!! Kleinere Streiks gehen überall weiter.

Charakteristisch für die Lage ist die Meldung, daß die *Vossische Zeitung* und das *Berliner Tageblatt* von einem Kapitalkonsortium aufgekauft seien, hinter dem Herr von Papen stehe. Es wird das vom »Berliner Tageblatt« dementiert. Die Haltung der beiden bis vor kurzem so entschlossen demokratischen Blätter ist jedenfalls so, daß man an solche Einflüsse glauben muß. – Die herrschende Richtung im Großkapital ist offenbar entschlossen, auch die letzten Möglichkeiten derer zu zerstören, die vom Bürgertum aus eine Rückkehr zu demokratischer Politik wünschen. *Es gilt mit offenen Augen zu sehen, daß man dort alles auf den letzten Kampf einstellt.*

Im *Prozeß Röntgenstraße, Berlin,* sind alle neun Angeklagten freigesprochen, trotzdem die Staatsanwaltschaft die Anklage bis zuletzt aufrecht erhielt. Eine Anklage gegen die ganz offenbar wirklich schuldigen Nationalsozialisten ist nicht erhoben, trotzdem der Sachverständige feststellte, daß die Schusseinschläge auf Seiten der Kommunisten liegen, also von der anderen Seite geschossen wurde. Der Gang des ganzen Prozesses bedeutet eine vernichtende Illustration für die Leistungsfähigkeit der Sondergerichte.

Eine erschreckende Illustration des geistigen und sittlichen Zustandes im Braunen Haus ist ein Prozeß in München, in dem Zeugen beschwören, daß sie von einem Mordplan führender Nationalsozialisten gegen Röhm und andere Führer gewußt haben, daß Röhm dabei sogar seine Zuflucht zu einem Reichsbannerführer genommen habe usw. – Deutschlands Helden!!

Von Holland wird ein Waffenschmuggel gemeldet, der zur Bewaffnung der SS und SA diente. Beteiligt daran sind deutsche Familien in Holland, alle jene »nationalen« Familien, die ihr Geld nach Holland retteten, dort verzehren und nun von dort aus mit Hilfe Hitlers Deutschland sich unterwerfen wollen.

Die Rechtsanwälte aus dem Hitlerlager haben die Verteidigung der Lahusens abgegeben. Sind die Lahusens auch zu Papen übergegangen??

Der Auswärtige Ausschuß des Reichstags wollte tagen. Neurath hat sich geweigert, vor ihm zu erscheinen.

In Preußen geht die Umbesetzung der Ober- und Regierungspräsidien mit neuen Männern in einer Raschheit und Brutalität weiter, die allmählich selbst im Bürgertum Aufsehen und Ablehnung erregt.

Charakteristisch für die Haltung des Bürgertums ist die Tagung des »Vereins für Sozialpolitik«[164], in dem Naumann einst führender Mann war. Dort durfte Sombart sagen, daß an die Stelle des ethischen Pathos in der Betrachtung der Lage der Massen die Gesamtbetrachtung der »staatlichen und ökonomischen Necessitäten« getreten sei. Nur der junge Professor Solms vertrat die alten Ideale, vertrat aber zugleich die wirkliche Sachlichkeit, indem er das völlige Versagen der Führung der Wirtschaft aufzeigte.

Durch ganz Preußen geht eine scharfe Protestwelle der *Lehrerschaft* gegen das der Kirche wieder zugestandene *Recht der Beaufsichtigung des Religionsunterrichts*. Ohne Protest nahm die Kirche es von Dr. Bracht und Staatssekretär Lancashire – beide Zentrumsleute. Daß die Lehrerschaft sich verärgert von der Kirche abwendet, ist den Machthabern der Kirche weniger wichtig als die Festigung ihrer Machtposition.

Welche erdrückenden Machtpositionen die neue Rechtsentwicklung der Reaktion in die Hand gibt, zeigt die Nachricht, daß in Bremen Setz- und Druckmaschinen der kommunistischen »Arbeiterzeitung« mit allem Zubehör beschlagnahmt und versiegelt wurden, weil man sie beschuldigt, Artikel hochverräterischen Inhalts gedruckt zu haben. Mit einer solchen Anklage kann man also ganze Betriebe vernichten.

Das Bauhaus, eine der wirklichen großen Kultur- und Kunststätten Deutschlands, in Dessau, von den Nationalsozialisten aus seinen eigens dafür gebauten herrlichen Gebäuden vertrieben, die nun leer stehen, hat sich in Berlin in einem Fabrikgebäude eingemietet und erhält sich ohne Hilfe weiter.

Daß der Humor nicht fehle, hat Herr Dr. Bracht einem sehr genau ausgearbeiteten Erlaß über Badehosen und Badeanzüge herausgegeben, gegen den sich ein Direktor einer Trikotfabrik entrüstet zur Wehr setzt als einer schweren Schädigung der Industrie: »Man lege aber einer gesunden Entwicklung der Bademode nicht Fesseln an«. Jedenfalls sind in Deutschland so viel unanständige Witze nie gemacht worden, als seit der Zeit, da Herr Dr. Bracht den Schutz der Sittlichkeit in die Hand nahm. – Die Massen Deutschlands allerdings hungern, junge Menschen können an Ehe und Familiengründung nicht denken. Wir retten die Sittlichkeit durch die Badehose.

Heftiger und heftiger wird der Gegensatz zwischen Hugenberg und Hitler. In Berlin haben die Nationalsozialisten eine Versammlung der Deutschnationalen mit wüster Gewalt gesprengt. Auch sonst im Reich – besonders Breslau – wächst der Terror der SS und SA. – Ob man die Wahlen verhindern will? – Herrn v. Papen veranlassen, sie für unmöglich zu erklären?

Charakteristisch für das politische Reinlichkeitsbedürfnis der Nationalsozialisten ist, daß sie nun plötzlich bei Hugenberg eine Riesenkorruption entdecken und bekämpfen, die sie sonst nicht beachten, solang er Bundesgenosse war.

Hugenberg fordert auf seiner Reichsführertagung durchgreifende Wirtschafts- und Verfassungsreform unter Ausschaltung aller parlamentarischer Einflüsse. Ziel der Wiederaufbauarbeit müsse die *Wiederherstellung des Hohenzollernkaisertums* sein.

Außenpolitik

Mit Belgien soll eine einigermaßen befriedigende Verständigung über die Kontingentierung der Einfuhr von dort zugunsten unserer Landwirtschaft erzielt sein. *Holland* hat unsere Unterhändler einfach abgewiesen. Mit *Italien* stehen wir in einem Zustand, den man Handelskrieg nennen kann, obwohl unsere Regierung und bürgerlichen Blätter sehr sicher sind, daß Italien uns gegen Frankreich bei allen Unterhandlungen stützen wird. – Die Haltung aller nordischen Staaten ist der Hollands ähnlich. Nach außen ist der Zustand glänzender Erfolge schon erreicht, den eine kaiserliche Politik 1914 geschaffen hatte. Hierzu haben wir das Hohenzollernkaisertum eigentlich nicht mehr nötig, und die innere Katastrophe ist ja auch groß genug.

Um der deutschen Regierung eine goldene Brücke zurück zur Abrüstungskonferenz zu bauen, hat die englische Regierung eine Sonderkonferenz der beteiligten Mächte vorgeschlagen. Nach einigem Zögern hat die Reichsregierung in einem Augenblick zugestimmt, in dem die Undurchführbarkeit des Vorschlags sich schon gezeigt hatte.

Frankreich fühlt sich in so starker Position, daß es keine Lust hat, Deutschland aus seiner selbstgeschaffenen Isolierung zu helfen.

Amerika sucht Verständigung mit Frankreich, bereitet eine Flottenkonferenz zur Verständigung mit England vor, und sehr deutlich wird seine entschlossene Annäherung an Rußland. Das könnte für Deutschland die Folge haben, daß Rußland Aufträge nach Amerika vergibt, die heute uns zugute kommen. Rußland aber ist heute die einzige Macht, gegenüber der wir eine aktive Handelsbilanz haben. Papens Verfolgung der KPD könnte unserer Industrie teuer zu stehen kommen.

In *Ungarn* war Regierungswechsel. Ein Konservativer alten Stils hat das Regiment an Gömbös abgegeben, einem Reaktionär faschistischen Stils, der uns vielleicht auch eine ungarische Auflage dieser Bewegung zur weiteren Konsolidierung Europas und seiner Krise bringt.

Auch in *Rumänien* ist das Kabinett Vaida zurückgetreten. In diesen Staaten stürzen Regierungen noch, wenn sie wirtschaftlich nicht fertig werden.

In der *Mandschurei* greift der Aufstand zugunsten Chinas weiter um sich. Japan bringt neue Kredite zur Befriedung der Mandschurei auf. Der Bericht der Lytton-Konferenz ist dem Völkerbund vorgelegt. Er zeigt deutlich Japans Schuld, kommt aber zuletzt zu einem Kompromißvorschlag, dessen Durchführbarkeit sehr zweifelhaft ist. Mandschurei selbständig unter letzter abgeschwächter Oberhoheit Chinas, wirtschaftliche Vorrechte Japans.

Englands Labourparty hat sich auf ihrem Parteitag in Leicester ein Programm gegeben, daß die nächste Arbeiterregierung an entschieden sozialistische Gesetzgebung bindet, jeden Kompromiß ablehnt, Ramsay MacDonald, Snowden und alle ihre Freunde für immer aus der Partei ausschließen.

Eines erreichten die Reaktionäre aller Länder, daß die Besinnung auf den Sozialismus und die Energie für seine Durchführung überall wächst.

Der Streik in Lancashire ist ebenfalls durch einen Kompromiß beendet. Schon aber droht eine Aussperrung der Spinner durch das Kapital.

Auch *Tibet* hat seine Revolution. Der Dalai Lama soll geflüchtet sein.

In *Griechenland* ist die Bildung einer »nationalen« Regierung in Aussicht, an der alle Parteien, mit Ausnahme der Kommunisten, beteiligt werden sollen.

(72.) Politik der Woche 9. Oktober bis 16. Oktober 1932

Innenpolitik

Vor den bayerischen Industriellen hat der Reichskanzler v. Papen in München eine Rede gehalten, in der er seine Pläne zur *Revision der Verfassung* darlegte. Das Ziel der Reichsregierung sei: »Eine machtvolle und überparteiliche Staatsgewalt zu schaffen, die nicht als Spielball von politischen und gesellschaftlichen Kräften hin und her getrieben wird, sondern über ihnen unerschütterlich steht, wie ein rocher de bronze.« Die Aufgabe der Verfassung sei es dann, eine solche autoritäre, vom Zufall der Parteien unabhängige Regierung »in die richtige Verbindung mit dem Volke« zu bringen, selbstverständlich müsse aber die Regierung, nicht das Parlament, die Staatsgewalt handhaben. Außerdem bedürfe Deutschland einer Ersten Kammer als Gegengewicht gegen die von einseitigen Parteiinteressen herbeigeführten Beschlüsse.

Selbstverständlich waren die Ausführungen durchzogen von Angriffen auf Sozialdemokratie und Nazismus, die an allem schuld sind, an starken Beteuerungen, daß man die Freiheit und Ehre des deutschen Volkes wahren und zurückerobern werde usw.

Sie schloß: Die Reichsregierung habe den Willen und die Macht zur Durchführung dieses Auftrages und sie zweifle nicht daran, daß der Erfolg ihr das heute schon fühlbare Vertrauen der breiten Massen vollends gewinnen werde.

Es ist also dem deutschen Volke recht deutlich geworden, daß die »Freiheit«, die man ihm gewinnen will durch die Außenpolitik glänzender Isolierung, eine Freiheit sein wird unter der Knute der Junker und Kapitalisten.

Vielleicht auch der *Hohenzollern*. Denn gleichzeitig veröffentlicht der »Vorwärts« Äußerungen des Exkronprinzen, wonach er die Sicherheit hat, daß er demnächst zum Reichsverweser an Stelle Hindenburgs berufen werde. (Tröstlich ist dabei nur die Bemerkung, daß er mit dem gesamten Stahlhelm bereit sei, für das Ziel zu sterben, denn das erinnert an das Bürgerbräu in München.[165])

Papen will seine Pläne, wie er wiederholt versichert, im Einverständnis mit den Ländern verwirklichen. Er will diese gewinnen dadurch, daß er den größeren – vor allem Bayern – die alte partikulare Sonderstellung zurückgibt.

Über seinen Erfolg in Bayern hört man sehr verschiedene Meinungen. Sicher ist, daß Bayern sich in keiner Weise festgelegt hat, sondern sehr klug und vorsichtig abwartet.

Das zweite Entscheidende der Innenpolitik ist der Prozeß in Leipzig vor dem *Staatsgerichtshof*, ein groteskes Bild autoritärer Regierung. Das Reich auf der einen, Preußen, Bayern, Württemberg, Baden auf der anderen Seite. Das Bild des Rechtes klar und immer klarer! Wer kann daran zweifeln, daß der Art. 48 der Reichsverfassung das Vorgehen gegen Preußen nicht deckt?[166] Die Frage der Entscheidung im Dunkeln, denn wer weiß, was die Einwirkung der Macht erreicht. – Sicher aber ist, daß der Jurist recht hat, der sagte, eine Entscheidung für das Reich bedeutet zugleich das Todesurteil für die deutsche Justiz. – Grotesk ist auch die Führung des Prozesses durch den Vertreter des Reichskanzlers, der gegen Braun die persönliche Beschuldigung vorbrachte, dieser habe sich mit der Absetzung zufriedengegeben, als ihm das Weiterzahlen seines Gehalts zugesichert worden sei, was er in der nächsten Sitzung glatt und klar zurücknehmen mußte. Gegen Severing wird ein Gespräch unter vier Augen mit Herrn v. Gayl zitiert, in dem dieser selbst sich für den Staatskommissar ausgesprochen habe, was er energisch bestreitet. Es handelt sich offenbar nur um jene früher immer schon besprochenen Pläne einer Personalunion zwischen Reichskanzler und preußischem Ministerpräsidenten. Mit brutaler Deutlichkeit tritt bei den Verhandlungen hervor, daß die Regierung v. Papen einen Sozialdemokraten als Minister eben als »parteilich« glaubt absetzen zu dürfen. Interessant ist das Spiel, in dem man ableugnet, mit Hitler irgendwelche Abmachungen gehabt zu haben. Die Methoden der Verteidigung des Reiches können die Autorität der autoritären Regierung sicher nicht erhöhen.

Grotesk sind die Tatsachen, die die Vertreter Preußens anführen über die Personalpolitik des Reichskommissars und darüber, daß man alle Akten durchstöberte, die Beamten eingehend vernahm, um Verfehlungen der preußischen Regierung festzustellen. Man suchte die Beweise, nachdem man den Verbrecher verurteilt hatte. – Autoritäre Regierung!!

Daneben vollzieht sich der Aufmarsch der Parteien. In Betracht kommen
1. die Deutschnationalen, jetzt auch Stahlhelm, Partei v. Papen für Revision der Reichsverfassung, ein »freies Deutschland« unter Junkern und Großkapitalisten, eventuell auch Hohenzollern. Ihnen schließt sich Dingeldey mit den sieben Schwaben, die ihm geblieben sind, und aus dem Bürgertum alles an, was nur leben kann, wenn es die Peitsche über dem Rücken spürt. Diese Partei wird wachsen.

2. Nationalsozialisten, für die Hitler durch Deutschland fliegt und Goebbels mit den Deutschnationalen sich zankt. Ganz deutlich fehlt ihnen sehr das Geld, das die Industrie nun wieder der Deutschnationalen Partei zuwendet, seitdem Hitler ihnen den Dienst geleistet hat, die Sozialdemokratie aus der Macht zu werfen. Hitlers Reden sind resigniert. Man tobt gegen Papen und eifert für Volk und Sozialismus. – Der Nimbus ist gebrochen, seit deutlich wurde, daß diese Partei nichts leisten konnte als den alten Machthabern den Weg zu bahnen.

3. Zentrum. Das Alte, gestützt auf Kirche und katholisch-kirchliche Bevölkerung, vorsichtig, demokratisch, aber bereit zu Kompromissen, wenn es nur zu einer neuen parlamentarischen Regierung kommt, bereit auch zu Kompromissen in der Wahlreform. Man weiß, daß das Zentrum nur Einfluß behält, wenn geordnete Formen demokratischer Regierung bleiben, mögen die auch etwas rückwärts orientiert werden.

4. Sozialdemokratie: Ganz ohne Zweifel die Partei, in der sich immer deutlicher alles konzentriert, was Demokratie will, aber heute auch deutlich sieht, daß Demokratie nur möglich ist, wenn die Herrschaft von Großkapital und Großlandwirtschaft gebrochen wird, Demokratie als Weg zum Sozialismus und entschlossener Wille zum Sozialismus als Mittel zum Kampf gegen den Versuch der Kapitalisten, die ihnen gefährliche Demokratie zu brechen. – Für sie ist die Frage, wie weit heute schon über den Kreis der unbedingt feststehenden Massen hinaus verstanden wird, daß nur dieser Weg – entschlossen gegangen – uns ohne ungeheure Katastrophen in die Zukunft führen kann.

5. Der Kommunismus: Ihm ist der außerparlamentarische Kampf das entscheidende Mittel zur Überwindung des Kapitalismus. Sein gewaltiger Schrittmacher ist Herr v. Papen mit seiner Regierung. Der Klassenkampf von oben vernichtet in Ungezählten den Glauben an die Möglichkeit der Zukunftsgestaltung durch Demokratie. Er greift die Sozialdemokratie rücksichtslos an, weil sie mit diesem Glauben die Energie des außerparlamentarischen Kampfes lähme. So sehr wir uns alle sehnen nach der Einheitsfront des Proletariats, hier steht großer Glaube und starkes Verantwortungsbewußtsein hüben und drüben und scheiden die beiden. Das muß man sehen, damit man sich gegenseitig gerecht werden kann, und das ist Voraussetzung der Annäherung.

In *Oldenburg* hat die nationalsozialistische Regierung Schulräte, die nicht politisch tätig waren, und den Regierungspräsidenten Dörr von Birkenfeld[167] ihres Amtes enthoben. Letzteren mit der Beschuldigung, früher separatistische Umtriebe mitgemacht zu haben. Der Regierungspräsident und die Masse der Bevölkerung haben entrüstet Protest erhoben.

In *Thüringen* hat eine Abordnung des thüringischen Richterbundes beim Justizministerium Klage erhoben gegen die »neuerdings sich häufende sprunghafte Besetzung von Stellen im Justizdienst des Landes Thüringen«. – Es muß schon schlimm stehen mit der Parteibuchwirtschaft der NSDAP, wenn selbst der Richterbund sich wehrt.

In *Düsseldorf* wurde eine Versammlung des Komitees gegen den imperialistischen Krieg verboten, weil *Barbusse* in ihr sprechen sollte. Große Schriftsteller anderer Nationen sind der deutschen Kultur gefährlich.

Verboten wurden auch Versammlungen der NSDAP in Düsseldorf und im Sportpalast in Berlin wegen undisziplinierten Verhaltens ihrer Anhänger und zwar gingen jedes mal Gewalttakte gegen Deutschnationale voraus. Da wird man energisch.

Gemeindewahlen in Gerdauen (Ostpreußen) haben bei einem allgemeinen Rückgang der Wahlbeteiligung einen ganz besonders starken Rückgang der Nationalsozialisten gebracht.

In Salzwedel (Braunschweig) wurde ein Mitglied der SA tot aufgefunden.

Es ist von einem anderen SA-Mann brutal ermordet worden, wahrscheinlich, um einen Mitwisser von Bombenattentaten aus dem Wege zu schaffen.
Wirtschaftspolitik
Herr v. Papen hat in München sehr hoffnungsvoll gesprochen – nur etwas krampfhaft. Er rechnet mit den amtlichen Arbeitslosenzahlen, die bekanntlich sehr rosig gefärbt sind. Er rechnet mit mächtigen Neueinstellungen, von denen man nirgends etwas merkt. Es wird still von Streiks, weil es still wird mit den Versuchen, Lohnsenkungen zu erzwingen. – In den Wirtschaftsberichten der führenden Blätter liest man von neuen Plänen, die von der Reichsregierung erwogen werden zur Ankurbelung der Wirtschaft. Danach scheint man doch nicht so ganz sicher zu sein, daß die bisherigen wirken. – Inzwischen haben die Inhaber der Industriepapiere durch eine gewaltige Kurssteigerung im ganzen etwa 300 Millionen RM verdient. Wer die steigenden Papiere kaufte, darf jetzt die Verluste tragen.

Nach außen geht der durch die Kontingentierungspolitik geschaffene Handelskrieg mit aller Welt weiter. Die Regierung ist allerdings auch hier zögernder geworden. Die Kontingentierung ist bis nach den Wahlen zurückgestellt. Die Annäherung Hollands, der nordischen Länder usw. an England ist so weit vollzogen, daß das Zurückgewinnen nicht einfach sein wird. – Die Fertigindustrie nimmt Stellung gegen diese Politik. Das Steigen der Kurse in Amerika, das man als eine Ankündigung der Besserung der Wirtschaftslage nahm, ist einem starken Sinken der Kurse gewichen. Es ist wenig Hoffnung für diesen Winter.
Außenpolitik
Ramsay MacDonald hat die ganze Woche alles angeboten, um die Sonderkonferenz der großen Mächte mit Deutschland zustande zu bringen. Sie sollte Deutschland den Rückweg zur Abrüstungskonferenz ermöglichen. Herriot wurde nach London eingeladen. Man erreichte von ihm, daß er einer Konferenz in Genf zustimmte. Frankreich nahm ihm das sehr übel. – Das Letztere ist, daß die Regierung v. Papen erklärt, Genf passe ihr nicht. – Auch 1914 wäre es uns ja lieb gewesen, wenn wir noch einen Freund in der Welt behalten hätten. Gömbös in Ungarn, Dollfuß in Österreich suchen in Herrn v. Papens Fußstapfen zu treten. In *Österreich* aber spürt man wirtschaftlich schon sehr deutlich, was es heißt, daß die finanzielle Hilfe der großen Mächte nicht gewährt wird.

Rumänien hatte seine Ministerkrise, die Tschechoslowakei hat sie. In *Südbulgarien* sind große Aufstände ausgebrochen, die von Kommunisten getragen sein sollen. In *Belfast* in *Irland* kam es zu schweren Straßenkämpfen zwischen demonstrierenden Arbeitslosen und der Polizei.

Japan hat beim Völkerbund den Antrag gestellt, die Beratung des Lytton-

Berichtes[168] um drei Jahre zu verschieben. Man müsse dem Mandschureistaate Zeit geben sich zu bewähren – etwa so, wie man der Papenregierung Zeit geben muß bis zu dem Augenblick, wo man sich nicht mehr wehren kann.

(73.) Politik der Woche 17. Oktober bis 22. Oktober 1932

Innenpolitik

An der Spitze steht die katastrophale Lage der Finanzen der Städte, der Länder, des Reiches. Man erwartet im Reich ein Defizit von 500 Millionen, die wichtigsten Städte des Reichs, wie die des Ruhrgebietes erklären, daß sie ihren Wohlfahrtslasten auch nicht im entferntesten mehr gewachsen sind. Die Länder erklären, nicht helfen zu können.

Trotzdem hat sich Herr v. Papen imstande gesehen, einige kleine Verbesserungen seiner Notverordnungen zu schaffen; die Erwerbslosen erhalten kleine Winterzulagen, die Krankenkassen können ihre Leistungen wieder etwas erhöhen. – Wir wissen, daß diese winzigen Erhöhungen Großes für den Einzelnen bedeuten. Zwei Mark die Woche mehr ist viel, wenn man am Rande des Hungers oder im Hunger steht. – Hilfe, wirklich erträglichen Zustand schaffen diese Dinge nirgends. *Der Winter wird grauenhaft.* Die *Gewerkschaften* haben in einer großen Kundgebung im Reichswirtschaftsrat Protest erhoben gegen den Teil des Wirtschaftsplanes der Regierung »der mit unerträglicher Härte in den Lebensstandard der Arbeiterschaft und ihre sozialen Rechte eingreife« und der einen »Keil in das Gefüge des deutschen Volkes treibe«. Ebenso dagegen, daß man alle, die der Regierung nicht zustimmen als »Feinde des deutschen Volkes kennzeichne«. Es wird diesen Maßnahmen unbedingter Kampf angesagt und ihre Aufhebung gefordert.

Die *Kontingentierungen* haben so gewirkt, daß sich von den Wirtschaftskreisen her eine Offensive gegen Herrn v. Papen entwickelt. Das ist heute bedenklicher für ihn als die Offensive des Volkes. Reichsbankdirektor Luther erklärt die Kontingentierungspolitik für unerträglich. Die IG-Farben sagen in ihrem Jahresbericht, daß sie für das Auslandsgeschäft dieses Riesenkonzerns vernichtend gewirkt hätten. Die Herrn vom Ruhrgebiet sagen für sich dasselbe. – Auf der anderen Seite kämpfen die Agrarier verzweifelt um ihre Aufrechterhaltung. Da man für den 6. November deren Stimmen vor allem braucht, ist die Entscheidung verschoben. Mit Finnland und den nordischen Staaten ist man zu einem Abkommen gekommen, das einen kleinen Teil der Buttereinfuhr zuläßt. Auch mit Italien ist ein – dort wenig befriedigendes – Teilabkommen getroffen. – Ob die verhängnisvollen Folgen wiedergutgemacht werden können, ist fraglich. England gibt sich die größte Mühe, Dänemark, Schweden, Holland in seinen Wirtschaftskreis zu ziehen. Herr v. Papen wird schlimme Folgen für Deutschlands Zukunft hinterlassen.

Vom *Zentrum* und von *Bayern* her hat man auch die Offensive aufgenommen. Kaas vor allem hat in einer Rede in Münster sehr scharf die Politik Papens abgelehnt, sich zum Festhalten an der Demokratie bekannt, die sich weite Kreise des Volkes nicht mehr würden nehmen lassen. Aber zugleich steht hinter der Rede der deutsche Wille zu einer Koalitionspolitik und die Grundgedanken eines maßvollen Rechtskurses werden angedeutet. Gerüchte wollen auch wissen, daß Herr v. Schleicher selbst in solcher Richtung tätig sei. Das bedeutete, daß man schon am eingeschlagenen Weg des Staatsreiches irre wird und Leute sucht, die sich opfern, um Herrn v. Schleicher aus der verfahrenen Lage zu retten. Wer klug ist, bleibt auf der Seite des Volkes. Reaktion auch als Scheindemokratie ist zukunftstötend. Nur schärfste Opposition schafft Zukunft.

Die Verhandlungen in Leipzig haben eine Lage geschaffen, die moralisch vernichtend für die Reichsregierung ist. Ihre Vertreter haben sie noch ungeschickter verteidigt, als die Sache es erforderte. Daß man sich noch fragen muß, wie das Urteil ausfällt, das in kommender Woche gesprochen wird, ist für die Lage kennzeichnend.

Deutlicher und deutlicher wird der Stimmungsumschwung gegenüber den Nationalsozialisten. Der gehobenere Teil der Geschäftsleute, die mit den Steuerscheinen zu rechnen haben, gehen zu Papen über, ebenso die höhere Beamtenschaft. Berechenbar ist die zahlenmäßige Bedeutung dieses Vorganges für die Wahl nicht. Erschreckend jedenfalls die völlige Zerfahrenheit, wirtschaftliche Kurzsichtigkeit, Urteilslosigkeit und Charakterlosigkeit gewaltig großer Kreise unseres Volkes, die sich hier wieder zeigt.

Die Nationalsozialisten verstärken die Bewegung durch die Maßnahmen ihrer Regierungen in Braunschweig, Mecklenburg, Oldenburg und Thüringen. In Braunschweig sind Eisenbahnattentate aufgedeckt, die durch lange Zeit von nationalsozialistischen Führern des Bahnschutzes ausgeführt wurden. In Thüringen ist verordnet, daß die Lehrer einmal die Woche im Wechselgespräch mit den Schülern den Kriegsschuldparagraphen des Versailler Vertrages »beten«. In Oldenburg haben sie es durch Protest gegen das Auftreten eines zum Christentum bekehrten Negers in der Kirche mit den christlichen Kreisen verdorben. Überall empört eine brutale Futterkrippenpolitik die Bevölkerung und die Beamten. In Koburg hat man gelegentlich der Hochzeit der dortigen Prinzessin eine Komödie aufgeführt, deren byzantinische Würdelosigkeit auch manchen denken lehrt.

In der Hasenheide in Berlin hat eine Deutschnationale Versammlung stattgefunden, zu der man Goebbels als Redner geladen hatte. Sie endete in einem Radau, der jede sachliche Auseinandersetzung unmöglich machte. Die »nationale« Front von Harzburg löst sich in die Heerhaufen auf, von denen jeder die ganze Beute haben will, schon ehe sie sicher erobert ist.

Im Untersuchungsausschuß des Preußischen Landtags wird eine Untersuchung gegen den früheren preußischen Finanzminister Klepper geführt, der beschuldigt wird, Gelder der Preußenkasse ausgeliehen zu haben, zur Stützung der »Kölnischen Volkszeitung«. Das gehe gegen die der Preußenkasse vorgeschriebenen Bedingungen. Offenbar ist nichts geschehen, was nicht unter allen anderen Regierungen auch geschah. Immer wieder hat man Zeitungen in ähnlicher Weise unterstützt. Prinzipiell sollte der republikanische Staat das nicht tun. Über alle Maßen unanständig sind die Methoden der gegnerischen Parteien, die frühere Fälle von der Untersuchung ausschlossen, Klepper, gegenüber einer unglaublichen Behauptung nicht vernahmen und ganz offenbar diese Sache zunächst zur Wahlagitation haben, nicht objektiv klären wollen. Im *Karl-Liebknecht-Haus* ist wieder einmal Haussuchung gehalten worden. Die Rotationsmaschine, auf der die »Rote Fahne« gedruckt wird, ist beschlagnahmt. Man behauptet, es sei auf ihr verbotene Literatur gedruckt worden, führt zum Beweis aber Schriften an, die lange schon öffentlich verkauft werden. Man sieht die vollkommene Rechtlosigkeit, unter der wir leben. Diese wird auch illustriert durch den verzweifelten Kampf im zweiten *Felsenecke-Prozeß* um das Recht, einen Verteidiger ihres Vertrauens zu wählen, durch die immer wiederkehrenden unglaublichen Urteile der Sondergerichte, wie jetzt wieder im Börnicke-Prozeß. Vier Mitglieder der Eisernen Front wurden zu Gefängnis und Zuchthaus verurteilt, nur auf die Aussage ihrer Gegner, von Nationalsozialisten, hin. Wann wird mit diesem Unrecht Schluß gemacht??? Im bezeichnenden Gegensatz dazu hat das Reichsgericht die Verfasser der *Boxheimer Dokumente* außer Verfolgung gesetzt. Man glaubt ihnen, daß sie nur losschlagen wollten, wenn die Kommunisten Deutschland erobert hätten.

Kleine Streiks gehen in großer Zahl durch Deutschland. Bedeutende sind nicht vorhanden. Man hat den Eindruck, daß die Industrie im wesentlichen nicht mehr versucht, die Lohnsenkungen durchzuzwingen. Ob es nach dem 6. November anders werden wird, hängt wohl auch vom Ausgang der Wahlen ab. Das Statistische Reichsamt hat festgestellt, daß von 1. Mai bis 1. August infolge des Ablaufs von Tarifverlängerungen die Tariflöhne im Durchschnitt um 4,3, bei den Hilfsarbeitern um 4,9 Prozent, bei den Bauarbeitern sogar um 16,8 Prozent gesunken sind. Und nun will man immer noch mehr »senken«.

Inwiefern die geplante »Nationalisierung der Sozialversicherung« wirklich nur eine Umgestaltung ihrer Verwaltung oder eine Kürzung der Leistungen werden wird, steht noch nicht fest. Nach Feststellungen der Reichsanstalt ist die *Zahl der Erwerbslosen* in der ersten Hälfte des Oktober wieder um 48.000 *gestiegen.* Papens Hoffnungen sinken.

Weltwirtschaft

Bessert sie sich – bessert sie sich nicht? Kleine Vorgänge sehen wie ein Abflauen der Krise aus. Erscheinungen, die irgendwie sicher als solches gedeutet werden können, sind weder in Amerika noch sonst irgendwo festzustellen.

Die Unruhe der Welt wird illustriert durch die Tatsachen, daß am 18. Oktober das belgische Kabinett zurücktrat, der tschechoslowakische Ministerpräsident demissionierte, ebenso zwei finnische Minister. Henderson legte seinen Vorsitz in der Labour Party nieder.

In *Bukarest* ist der Ministerpräsident Vaida durch Titulescu gestürzt und ein Kabinett Maniu gebildet worden. Es handelte sich um die Frage der Annäherung an Rußland, die Frankreich wünscht und Titulescu in dem Ausmaße nicht.

Aus *Jugoslawien* werden verstärkte Unruhen gemeldet. In Österreich wendet sich Dollfuß auch faschistischen Methoden zu. Er hat Fey, bisheriger Führer der Wiener Heimwehren zum Staatssekretär für das Sicherheitswesen ernannt. In der Aussprache darüber kam es zu wüsten Szenen im Wiener Parlament, besonders [Otto] Bauer wurde angegriffen.

Belgien ist aufs tiefste erschüttert durch den Hungerstreik des Kriegsdienstverweigerers Rüdiger Simoens, für den seine Eltern miteinstehen, der die leidenschaftliche Parteinahme der gesamten flandrischen Bevölkerung für sich hat, den man aber nicht begnadigen will, weil man damit der Dienstverweigerung Raum geben würde.

In *England* bespricht das Parlament die Ergebnisse der Reichskonferenz von Ottawa. Die Linke übt schärfste Kritik. Zu ändern an dem Ergebnis ist nichts. Gebracht hat sie eine sehr deutliche Verschärfung des Verhältnisses zwischen *England und Rußland.* Um eine Annäherung Kanadas an die Vereinigten Staaten zu verhindern, hat man diesem die Lösung des englischen Handelsvertrags mit Rußland zugestanden. In Rußland hat diese »Diskriminierung des Sowjethandels« Entrüstung ausgelöst. Gewinne macht aber England in Handelsvertragsverhandlungen mit Dänemark und den nordischen Staaten, die es Deutschland abgewinnt.

In *Amerika* geht der große Wahlfeldzug weiter. Es scheint für Roosevelt günstig zu stehen. Seine Wahl würde für Amerika eine ungeheure politische Umwälzung bedeuten, da die Demokraten seit 40 Jahren nur 1912 einmal den Präsidenten stellen konnten. Was diese Umwälzung für Europa und Deutschland bedeuten würde, ist völlig unklar. Selbst über die Stellung Roosevelts zu den Zöllen ist nichts deutliches gesagt. Man wählt in Amerika Männer und nicht Programme.

In *Brasilien* ist die Revolution des Staates Sao Paulo durch Übergabe der Revolutionäre an die Zentralregierung beendet. Sie wurden in vorbildlich versöhnender Weise behandelt.

Von *Polen* geht das Gerücht, Pilsudski wolle Prinz Sixtus von Bourbon zum König und damit zu seinem Nachfolger machen. Unmöglich ist ja heute nichts mehr.

In *Frankreich* hat die Regierung Herriot große Schwierigkeiten, da eine Mehrheit nicht mit den Maßnahmen – besonders den Gehaltskürzungen der Beamten – einverstanden ist, die sie für notwendig hält, um das Budget ins Gleichgewicht zu bringen. Auch zwischen dem Kriegsminister Goncour und dem Heereschef, General Weygand, soll ein Konflikt ausgebrochen sein, da der General selbstverständlich den von der französischen Delegation in Genf ausgearbeiteten Abrüstungsentwurf ablehnt.

Deutschlands Außenpolitik besteht darin, daß man nach wie vor ablehnt, zu einer Besprechung der fünf Mächte nach Genf zu kommen. Ob noch Bestrebungen im Gang sind, einen anderen Ort zu wählen, oder ob man ohne Deutschland tagt, oder alles läßt, ist unklar. Gerüchte meinen, daß man bis nach dem 6. November wartet, weil man dann mit Papen vernünftiger reden könne.

Frankreich und England betonen vor der Welt dauernd in eindrucksvollen Reden, wie sehr sie zur Abrüstung bereit sind, wenn nur das Hindernis Deutschland überwunden ist.

(74.) Politik der Woche 24. Oktober bis 30. Oktober 1932

Innenpolitik

Hier steht im Mittelpunkt neben dem Wahlkampf die *Entscheidung des Staatsgerichtshofs* über die Rechtmäßigkeit der Absetzung der preußischen Minister. Das Urteil gibt dem Reichspräsidenten das Recht, einen Reichskommissar für ein Land zu bestellen, wenn er Ruhe und Ordnung gefährdet glaubt. Nicht berechtigt war die Reichsregierung aber, die preußischen Minister als solche zu behandeln, die ihre Pflicht nicht getan hätten. Noch weniger im Recht war man, sie der Funktionen zu entkleiden, die Preußens Vertretung gegenüber dem Reich, den anderen Ländern und die Vertretung der Regierung gegenüber dem Landtag betreffen. Vertretung der preußischen Regierung im Staatsrat und Landtag steht den Ministern und nicht dem Reichskommissar zu.

Die preußischen Minister erklärten, daß sie auf Grund dieses Urteils einen erträglichen Zustand der Verwaltung zu schaffen bereit sind. – Die Reichsregierung plant, die Situation zu ihren Gunsten zu lösen, indem sie auf dem Weg der Notverordnung aus »Ersparnisgründen« einige der preußischen Ministerien mit Reichsministerien zusammenlegt. Ob diese offensichtliche Verletzung der in Leipzig festgestellten Rechtsgrundsätze – die wahrhaftig schon sehr an die Grenze dessen gehen, was die Reichsverfassung sinngemäß wollte – wirklich gewagt wird und vom Reichspräsidenten für berechtigt erkannt wird, soll in einer Aussprache zwischen Reichspräsident, Braun und Herrn v. Papen heute (29. Oktober) entschieden werden. Scharfer Widerstand der süddeutschen Regierungen, besonders Bayerns, wird angekündigt, falls die Reichsregierung ihre Pläne durchführt.

Die *Arbeitslosenversicherung* ist durch die Notverordnung so entlastet, daß nicht nur für die Durchführung des freiwilligen Arbeitsdienstes, sondern auch für andere Staatszwecke Millionen ihr entnommen werden. – 160 Millionen Mark sind im ersten Halbjahr 1932 an die Reichskasse von ihr abgeliefert worden. – Es gibt Unanständigkeiten, die man nicht für möglich halten sollte.

Der Wahlkampf geht weiter. In verschiedenen Städten versuchen die Nationalsozialisten, ihn durch Gewalttätigkeiten zu zerstören. Die Kraft oder den Willen, es zu Auseinandersetzungen mit der Waffe zu treiben, wie in früheren Wahlkämpfen, haben sie offenbar nicht mehr.

In der Kommunistischen Partei ist Heinz Neumann, bisher einer der entscheidenden Führer, gemaßregelt worden, weil er mit einigen anderen Genossen »mit den Methoden des Gruppenkampfes die Wendung der Partei zur verstärkten revolutionären Massenpolitik zu stören versucht« habe.[169]

Das ist ganz offenbar so zu verstehen, daß man in den Maßnahmen Neumanns die Gefahr sah, zu individuellen Terroraktionen einzelner oder einzelner Gruppen zu treiben, und das man unter allen Umständen vermeiden will.

Herr v. Papen hat in seiner Rede vor der Versammlung der märkischen Handwerkmeister gesprochen und selbst in diesem Kreise so viel Widerspruch gefunden, daß er minutenlang nicht weiterreden konnte. Er hat sehr energisch »eine gewisse deutsche Presse« zur Rede gestellt, weil sie die Gerüchte verbreitet, daß man an Restauration der Monarchie denke. Diese Frage stehe jetzt nicht zur Debatte. Er hat aber weder seine Gedanken darüber ausgesprochen, noch die zurechtgewiesen, die aus der Nähe seiner politischen Gruppe das sagen und dauernd so tun, als könne man von der ihnen befreundeten Regierung jeden Verfassungsbruch erwarten. – Die Gerüchte, daß Herr von Papen nach dem 6. November nicht im Amte bleiben werde, wollen nicht verstummen. Die industriellen Machthaber haben ihm die Kontingente sehr übel genommen. – Fast tragikomisch berührt es in diesem Zusammenhang, daß die bayrischen Bauernvereine gerade jetzt beschlossen, um der Kontingente willen, sich zu Herrn v. Papen zu bekennen. Daß aber die Kontingente nicht bleiben, steht wohl schon fest. Selbst wenn Herr v. Papen bliebe. – Die ganze Tragik der Bauernpolitik und der Bauernführer, die solche Beschlüsse fassen lassen, wird hier einmal wieder deutlich.

In Berlin fand der Bundestag des Deutschen Beamtenbundes statt. Die nationalsozialistisch beeinflußten Verbände hatten sich gegen die Tatsache gewandt, daß der Bundesvorstand die Erklärung der gewerkschaftlichen Spitzenorganisationen zu den Vorgängen am 20. Juni mit unterschrieben hatte. Eine überwältigende Mehrheit stellte sich nach mancherlei bewegten Aussprachen und Zwischenfällen hinter den Vorstand.

Um der Komik willen sei erwähnt, daß der Präsident des Herrenklubs Herrn v. Papen beispringt in der schmerzlichen Abwehr des Mißtrauens, man wolle die Rechte des Volkes antasten. – Dabei sagt er, daß der Herrenklub »eine Verbindung zwischen Regierung und Volk« darstellen wolle. – Was ist wohl für die Mitglieder des Herrenklubs das deutsche Volk? – Die in den Hinterhäusern und Arbeitervierteln existieren nicht für sie!

Deutsche Kultur

Der frühere Minister Becker hat eine Rede zur Solf-Feier der Lessing-Hochschule in Berlin über deutsche und preußische Kulturpolitik gehalten, die eine erschütternde Darlegung des Versagens auf diesem Gebiet und eine energische Warnung an die Reichsregierung ist – wird man das hören?

Charakteristisch ist ja, daß man daran überhaupt denken kann, ohne Befragung der Parlamente einschneidendste Umgestaltung der Ausbildung der Volksschullehrer, Beseitigung der Pädagogischen Akademien usw. vorzunehmen. Mit Recht macht Becker darauf aufmerksam, daß das Dinge sind, von denen die geistige Geltung Deutschlands in der Welt abhängt, solche Dinge aber so nicht entschieden werden können.

Im Rundfunk hat der Redakteur der Brennnessel[170] eine Rede voll gemeiner Beleidigungen der Juden und anderer Volksgenossen halten dürfen. Er ist auch Verfasser eines über alle Grenzen unanständigen Stückes, da er aber Nazi ist, darf er im Zeichen des Zwickelerlasses reden. – Man hat im Rundfunk Mussolinis Zug nach Rom gefeiert, eine Rede Löbes zum 9. November aber abgelehnt. Man hat außerdem einen Herrn Pleyer sprechen lassen, der sämtliche deutsche Parteien beleidigte und gegen dessen Rede das Zentrum einen geharnischten Protest erhoben hat.

Baden bereitet ein *Konkordat* vor. Man fürchtet besonders Gefahr für die Simultanschule.

Wirtschaftspolitik

Die Reichsregierung läßt verkünden, daß im September eine kleine Verminderung der Arbeitslosenzahl eingetreten ist, während sonst der September zu den Monaten gehört, in denen keine Abnahme zu erwarten ist.

Vom Ruhrgebiet wird eine systematische Beraubung der Kohlenhalden und Kohlenschiffe gemeldet, gegen die man verstärkte Polizeimaßnahmen ergreifen muß.

Holland und *England* verhandeln um den Anschluß Hollands ans englische Wirtschaftsgebiet. – In Frankreich fordert die Industrie verstärkten Schutz gegen die Möglichkeiten billiger Produktion, die der deutschen Industrie durch Herrn v. Papens Unterstützung gesichert seien. Erhöhte Zölle oder Kontingentierung sollen hier so rasch wie möglich der deutschen Industrie den Absatz auch unmöglich machen. – Wie sinnlos sind diese Versuche, die Herr von Papen eingeleitet hat.

Von Amerika wird ein »vorsichtiger Optimismus« gemeldet. Man erhofft wirtschaftliche Besserung. Man weiß aber nicht, ist es Wahlspekulation zugunsten Hoovers oder wirtschaftlicher Aufschwung.

Frankreich: Der Konflikt zwischen Generälen und Kriegsminister ist beigelegt. Wie? ist fraglich. In der Kammer wurde in einer heftigen Sitzung Frankreichs Haltung in der Abrüstungsfrage besprochen. Sicherheit und dann Abrüstung ist der Grundton.

Norman Davis verhandelt im Auftrag des Präsidenten Hoover mit Herriot. Er soll die Abrüstungskonferenz vorbereiten. Ganz hat man auch die Hoffnung nicht aufgegeben, die Viermächtekonferenz vorher zustande zu bringen. Stimson hat ein ausgearbeitetes Friedensprogramm der Vereinigten Staaten veröffentlicht, in dem vor allem auf beschleunigte Abrüstung gedrängt wird.

In *Belgien* ist der Hungerstreik Simoens durch dessen Entlassung aus dem Gefängnis beendet, was von allen Flamen und allen Antimilitaristen als großer Triumph empfunden wird. Man sucht das abzuschwächen durch schwere Beschränkungen, die man Simoens und seinen Eltern auflegte. Monate werden hingehen, bis Simoens von seinem Hungerstreik sich erholt hat.

In *Sofia* kam es zu einer schroffen kommunistischen Demonstration gegen den König bei der Eröffnung des Parlamentes.

Regierungsschwierigkeiten sind in *Belgien*, der Tschechoslowakei, Estland, Dänemark. Schwere *Studentenkrawalle* fanden statt an den Wiener Hochschulen und in Warschau. Deutlich wird auch die Weltkrise an dem *Hungermarsch englischer Erwerbsloser* nach London. Eine Demonstration fand im Hyde Park statt, an der 50.000 Erwerbslose beteiligt waren. Das in England.

Zwischen *Rußland* und *Japan* schweben Verhandlungen wegen eines Nichtangriffspaktes. Zugleich versucht man sich zu verständigen über Errichtung von Konsulaten des Mandschureistaates in Rußland und wegen des Petroleums der Sachalininsel.

Nachtrag

Trotz des energischen Protestes Bayerns sind die Maßnahmen gegen die preußische Regierung durchgeführt. Das preußische Wohlfahrtsministerium wird aufgehoben, Dr. Bracht und ein Dr. Popitz werden Reichsminister ohne Portefeuille und erhalten die Leitung des preußischen Innen- und Finanzministeriums, die Leitung des Unterrichtsministeriums soll dem früheren deutschnationalen Abgeordneten Kähler, Professor in Greifswalde, zugedacht seien.
– Die Annexion Preußens durch das Reich, trotzdem das Urteil des Reichsgerichts feststellt, daß man nur zur zeitweisen Ausschaltung des Ministeriums ein Recht habe. Bayern bekam vom Reichspräsidenten mitgeteilt, daß seine Beschwerde von falschen Voraussetzungen ausgehe. Man verschärft den Konflikt mit dem Volk.

(75.) Politik der Woche 29. Oktober bis 5. November 1932

Innenpolitik

Alles überschattend tritt der Streik der Berliner Verkehrsarbeiter in den Gesichtskreis.[171] Einfach die Tatsache seines Ausbruchs unter Führung von Kommunisten und Nationalsozialisten, die leidenschaftliche Teilnahme, die er bei der Bevölkerung findet, reden eine deutliche Sprache. Die Polizei versuchte das Ausfahren von Wagen durch Arbeitswillige zu sichern. Diese wurden nicht benutzt. Es kam zu Zusammenstößen. Die Polizei, unter der neuen Führung, ging unüberlegt vor. Am Freitag kam es zu regelrechten Straßenkämpfen. Mehrere Tote und viele Verwundete sind zu beklagen. – Hört Papen die Warnung? – Welche Aufgabe der Gewerkschaften, die erbitterten, verzweifelten Massen so zu führen, daß Besonnenheit am Ruder bleibt und die Autorität der Gewerkschaften nicht zerstört wird! Möge sie ihnen gelingen!

Das Kabinett v. Papen hat sich nach innen genau so isoliert wie nach außen. Entgegen dem Urteil des Reichsgerichts hat man die preußischen Minister ausgeschaltet. Braun hat an Hindenburg appelliert. Der bayerische Ministerpräsident Held kündigt in leidenschaftlichen Reden den entschlossensten Widerstand Bayerns an. Zu ihm stehen die süddeutschen Länder. Im Innern des Kabinetts tobt der Kampf um die Kontingente. Das »von allen Parteien unabhängige« Kabinett kann den Gegensatz von Industrie und Landwirtschaft in seiner Mitte nicht überwinden und muß die Entscheidung hierüber von Tag zu Tag verschieben. Zu dem unglaublichen Vorstoß der Regierungsvertreter beim Reichsgericht gegen Braun und Severing, dessen Unwahrheit sofort klargestellt wurde, kommt nun die Klarstellung der Beschuldigungen gegen Staatssekretär Abegg, den man der Begünstigung der Kommunisten beschuldigt hat. Der eigene Gewährsmann der Reichsregierung bestreitet das. – Nur eine »autoritäre« Regierung kann es sich leisten, bei völligem Mangel an Autorität weiterzuregieren, d. h. gestützt auf die Reichswehr und das absolute Mißtrauen des Volkes. Man erwartet eine Aktion des Reichsrates sofort nach den Wahlen.

Ein Geheimbericht des Herrn Dr. Bracht, der von nationalsozialistischer Seite veröffentlicht werden konnte, enthüllt ein katastrophales Bild der Staatsfinanzen. Die großen Städte halten die eingehobenen Steuern zurück, um ihre Erwerbslosenunterstützungen zahlen zu können. »Das Funktionieren des ganzen Staatsapparates ist durch Rückstände in solcher Höhe in Frage gestellt«.

Der preußische Philologentag hat einen energischen Protest erhoben gegen die dauernden Eingriffe von oben in den Betrieb der Schulen, durch die »der Lehrer zum Unterrichtsbeamten degradiert« werde.

In der »Grünen Front«[172], die den »Herren« nicht mehr ganz so pariert, wie sie es gewohnt sind, wird ein Umbau der Organisation angebahnt, der sie in ihrer Gesamtheit wieder zu einem Instrument der Politik des rücksichtslosesten Großgrundbesitzes machen soll. Die »Verbandsbürokratie« soll sich verzweifelt gegen diese Versuche wehren: Sachverständnis gegen Brutalität. An Stelle der Kontingente wünscht man das Getreidemonopol, das leichter ermögliche, alle Vorteile den Stellen zukommen zu lassen, an denen sie am segensreichsten wirken (d.h. wohl dem Großgrundbesitz). – An der Zehnjahresfeier der Faschistischen Partei haben ausgerechnet in Bozen deutsche Nationalsozialisten an den Festen teilgenommen, die den Übergang Südtirols an Italien feierten. – Der Bürgermeister von Eutin ist von dem nationalsozialistischen Regierungspräsidenten abgesetzt, weil er das Amtsgeheimnis eines Aktenstückes gegen einen nationalsozialistischen Beamten, der Interesse hatte, es einzusehen, nicht preisgab. Eine groteske Verhaftungskomödie hat den nationalsozialistischen Ersatzbürgermeister inzwischen der Lächerlichkeit preisgegeben. – Hitler hat bestimmt, daß bei der SA »SA-Geistliche« zu bestellen sind. Als Referent für diese Anstellungen wird Münchmeyer ins Braune Haus berufen. Er, wohl mit Röhm als weltlichem Präsidenten, bilden dann so eine Art oberster Kirchenrat der Nationalsozialistischen Partei. Kann man »christlicher« sein? – Der Prozeß Bullerjahn, einer der Prozesse, der kennzeichnend war für das, was in »Hochverratsangelegenheiten« in Deutschland möglich ist, ist jetzt von dem Reichsgericht wieder aufgenommen. – Wiederholt sind Arbeitern Pässe nach Rußland verweigert worden, obwohl dazu gesetzliche Möglichkeiten nicht gegeben sind. Auch eine Arbeiterfrau, die zur Erholung dorthin eingeladen war, durfte nicht reisen.

Wirtschaftsleben

Die Sachverständigen streiten sich, ob die Anzeichen einer Hebung des Wirtschaftslebens da sind oder nicht. Jedenfalls sind sie noch sehr schwach. In Deutschland und England werden keine Verminderungen der Arbeitslosenziffern festgestellt. Der deutsche Export geht katastrophal weiter zurück infolge der Kontingentierungspolitik.

Außenpolitik

Auch Dänemark hat die »Tomatenkommission«, die über die Kontingente verhandeln sollte, unverrichteter Dinge heimkehren lassen. – In den Vorberatungen zur *Abrüstungskonferenz* ist festgestellt, daß alle wichtigen Mächte sich bereit erklärt haben, für weitere vier Monate jede Vermehrung ihrer Rüstungen zu vermeiden. Deutschland habe auf die entsprechende Anfrage keine Antwort gegeben. Frankreich erklärt, daß seine Verpflichtung dann nur unter der Bedingung gegeben sei, daß keines seiner Nachbarvölker inzwischen rüste. – Herr v. Papen aber beschwert sich sehr in einem Interview, daß man Deutschland immer so mißverstehe. Aber kann das Ausland diese Sabotage der Abrüstungskonferenz anders verstehen, als man vor 1914 die Sabotage der Haager Verhandlungen durch Wilhelm II. verstand? –

Herriot hat der Konferenz nun einen sehr komplizierten Abrüstungsplan vorgelegt. Unter der Bedingung großer Sicherheitsgarantien will er auf ein Milizsystem für Deutschland und Frankreich eingehen.

Die Generäle in *Frankreich* führen einen heftigen Kampf gegen Herriot, der aber die begeisterte Zustimmung seiner Partei, vor allem auf dem Parteitag in Toulouse, hinter sich hat. Je mehr Herr v. Papen sabotiert, desto mehr stellt sich die Meinung der Welt hinter Herriot. Besonders in der Haltung Englands und Amerikas ist das zu spüren. – Eine Reise Herriots nach Spanien führte zu Demonstrationen besonders der Studenten, weil man vermutete, er wolle militärische Abmachungen erreichen. Im ganzen läßt sie eine Annäherung Spaniens an Frankreich erkennen.

In *England* ist der Organisator des Hungermarsches der Erwerbslosen verhaftet worden. Die Haltung der Polizei zu dieser Bewegung ist für englische Verhältnisse ungewöhnlich und erregt die Erbitterung auch bürgerlicher Kreise. – In Lancashire sind 200.000 Spinner im Streik.

Amerika ist mit seiner Präsidentenwahl beschäftigt. Hoovers Aussichten sinken mit den sinkenden Getreidepreisen. Die Farmer, die für ihn waren, werden skeptisch gegen ihn. Es ist das einzige Land, in dem nicht der Rundfunk für den Wahlabend sich zur genauesten Wiedergabe der deutschen Wahlergebnisse eingerichtet hat. Man weiß in der Welt, daß für die ganze Welt viel auf dem Spiel steht, wenn die Sinnlosigkeit der deutschen Politik nicht zu einem Ende kommt.

Zwischen *Danzig* und Warschau, zwischen *Memel* und Litauen sind neue Spannungen aufgetreten.

In *Chile* will der neugewählte Präsident Alessandri ein »nationales« Kabinett mit einem sehr volkstümlichen Programm bilden.

In *Griechenland* hat Tsaldaris, Führer der Volkspartei, ein neues Kabinett gebildet. – In *Polen* versichert Oberst Beck, der neue Leiter des Außenministeriums, daß Polens äußere Politik sich nicht ändern werde. Daß eine Abwendung von Frankreich irgendwie dahintersteht, scheint sicher.

In *Südslawien* hat der König den bisherigen Ministerpräsidenten mit einer Neubildung des Kabinetts beauftragt.

Aus *China* werden Pläne gemeldet, Nordchina zu einem Kaiserreich unter dem jetzigen Präsidenten der Mandschurei, dem einstmaligen Kindkaiser von China, zu vereinen. China und Deutschland scheinen also kulturell und politisch einander sehr nahe gerückt.

(76.) Politik der Woche 5. November bis 12. November 1932

Innenpolitik

Bei den Wahlen haben die Nationalsozialisten zwei Millionen Stimmen verloren. Sie bleiben die größte Partei. Aber die Grenze ihrer Möglichkeiten ist in einer für ihre ganze Agitationsmethode verhängnisvollen Weise deutlich. Sie werden bleiben, wenn sie verstehen, sich auf eine Politik umzustellen, die mit sachlichen Zielen arbeitet. Diese für ihre Wählergruppen entscheidenden sachlichen Ziele müssen sie aber erst finden.

Die Deutschnationalen haben nicht ganz 900.000 Stimmen gewonnen, die Deutsche Volkspartei 200.000. Die äußersten Möglichkeiten unter günstigsten Verhältnissen für die Reaktion sind damit deutlich abgezeichnet. Wenn Herr v. Papen sich das als Erfolg anrechnet, so wissen wir, wie gering die Kräfte sind, die man hier einspannen kann.

Zentrum und Bayerische Volkspartei haben zusammen ca. 400.000 Stimmen verloren. Man kann annehmen, daß hier die Verhandlungen mit den Nationalsozialisten viele abschreckten – daß aber auch – wie bei der Sozialdemokratie – eben die Tatsache und die Methoden des Sturzes der preußischen Regierung viele an den Parteien irre werden ließen, die sich das bieten lassen mußten. – Das gilt ganz gewiß von den 700.000 Stimmen, die der Sozialdemokratie verloren gingen. Darüber darf man nicht vergessen, was es bedeutet, daß 7,2 Millionen mit Braun und Severing die innere Ruhe und Festigkeit bewahren, die entschlossen ist und darauf vertraut, daß der Weg des Rechtes, die Demokratie, wieder herauszustellen ist.

Die Kommunistische Partei gewann soviel wie die SPD verloren hat. Das bedeutet, daß viele von der SPD zur KPD übergingen, daß aber auch sehr viele, die früher SPD wählten, nicht wählten. Denn es ist in vielen Bezirken deutlich, daß auch Wähler von der NSDAP zur KPD gingen.

Die Lage bleibt also: Eine winzige aristokratische Reaktion, die eine Riesenbedeutung hat, weil neben ihr die faschistische Reaktion Massen kommandiert, dann eine ungebrochene Gruppe Parteien, die zurückgewinnen wollen, dann die Partei der kommunistischen Revolution, deren wachsende Bedeutung nicht nur in den Parlamentsstimmen deutlich wird.

Der Berliner Verkehrsstreik ist für die Streikenden unglücklich zu Ende gegangen. Die Verkehrsgesellschaft geht mit kapitalistischer Brutalität gegen sie vor. 2.500 sollten nicht mehr eingestellt werden. Der Einfluß der KPD wird dadurch nicht gebrochen. Die Warnung dieses Streikes sollte weithin gehört werden.

Herr v. Papen will – gestützt auf die Zersplitterung seiner Gegner – an der Regierung bleiben, eine Wahlreform durchführen, die ihm ein anderes Parlament schafft. Er hat sich vom Reichspräsidenten den Auftrag geben lassen festzustellen, wie weit die Parteien ihn hier unterstützen wollen. Zentrum, NSDAP und Bayerische Volkspartei haben deutlich erklärt, daß sie für ihn nicht zu haben sind.

Gleichzeitig setzt sich *Süddeutschland* in seinen Regierungen gegen ihn in Bewegung. Die süddeutschen Regierungen tagten in Würzburg, ein verfassungsmäßig unerhörter Vorgang. Einig stoßen sie im Reichstag gegen Papen vor. Sie verlangen Anerkennung des Rechtes der Länder, Durchführung des Reichsgerichtsurteils in Preußen, Verfassungsreform nur auf dem gesetzlichen Wege, vor allem in Verständigung mit ihnen.

Daneben gehen Verhandlungen zwischen Dr. Braun und Herrn v. Papen über die Regelung in Preußen. Sie sind bis jetzt erfolglos.

Vom Zentrum her wird die Möglichkeit einer Rechtsgruppierung angedeutet: Zentrum, Bayerische Volkspartei, Deutschnationale, NSDAP, Volkspartei. – Kulturreaktion mit demokratischen Methoden, starke Mittelstandspolitik neben sehr intensiver Beachtung der großagrarischen und großindustriellen Interessen, Arbeiterpolitik so weit man unbedingt muß. Da wären etwa die Grundmöglichkeiten einer solchen Kombination, d. h. Umgehung aller wirklichen Wirtschaftsgestaltung in dem Augenblick, wo alles zur Katastrophe drängt. Hugenberg ist zu Herrn v. Papen gestoßen.

Das einzig Hoffnungsvolle an dieser Kombination wäre, daß das Volk sie zerschlagen kann. Die Frage ist nur, ob die wirtschaftliche Krise zu solchen Entwicklungen Zeit läßt.

Die Frage ist auch, ob die hinter Papen stehenden Machtpolitiker ihn fallen lassen und den Weg zu diesem Versuch überhaupt freigeben. Ohne Zweifel drängen die mächtigen Kreise der Industrie in diese Richtung, die der

Großlandwirtschaft in die der ungebrochenen Militärdiktatur. Hugenbergs Presse führt eine sehr eindeutige Sprache in dieser Hinsicht, wobei nur die intensive Dummheit zu bewundern ist, mit der man gerade das tut, was kein besitzender Bürger wünschen dürfte. Eine Militärdiktatur gegen 90 Prozent des Volkes bei unentwegter Zerstörung aller Rechtsbegriffe und Rechtsgefühle ist ein schwacher Schutz für allen konsolidierten Besitz.[173]

Die SPD hat in ihrer Parteiausschußsitzung vom 11. November »schärfsten und rücksichtslosesten Kampf gegen die jetzige Reichsregierung und ihre volksfeindlichen Pläne« angekündigt. Sie fordert im neuen Reichstag energische Maßnahmen der Hilfe für die Arbeitermassen, Aufhebung der Sondergerichte, Amnestie für die Opfer dieser Justiz. Sie wird ihre Anträge auf sozialistischen Umbau der Wirtschaft erneut sofort einbringen.

Eine Notverordnung über Neuregelung des Fürsorgewesens hat erreicht, daß 3.000 Fürsorgezöglinge sofort entlassen werden, also hilflos in das Heer der Erwerbslosen hineingestoßen werden mußten.

Über finanzielle Sparmaßnahmen im *Schulwesen* werden Pläne der Reichs- und Länderregierungen in der Presse mitgeteilt, deren Ungeheuerlichkeit an ihrer Durchführung zweifeln läßt. – Doch was ist heute unmöglich an Zerstörung der Volkskraft? !

Der Prüfungsdienst der Reichsanstalt für Bedürftigkeitsprüfung stellt ein Durcheinander und eine Ungerechtigkeit unerhörter Art in der Regelung der Arbeitslosenunterstützung fest, die durch die letzten Notverordnungen geschaffen wurden.

In Breslau ist ein jüdischer Professor Dr. Cohn berufen, der als erster auf der Liste der Fakultät gestanden hatte. Gegen ihn protestierten wüste Demonstrationen der Studenten. Diese haben nun die kommissarische Preußenregierung angerufen zum Schutz ihrer »nationalen« Gefühle.[174]

Die kommissarische preußische Regierung hat wieder einen umfangreichen Personalschub bei der inneren Verwaltung vorgenommen. Drei sozialdemokratische Ministerialräte und vor allem viele Beamte, die wegen ihrer Tüchtigkeit aus der mittleren Beamtenschaft zu höheren Ämtern befördert waren, sind zur Disposition gestellt. – Tüchtig ist allein der Baron und der Korpsstudent. – Alles, was Sklave ist in Deutschland, wußte das ja schon immer.

Daneben möge unsere Aufmerksamkeit immer auf alle die Prozesse gerichtet sein, in denen die Notgerichte unglückliche Opfer der politischen Verhetzung aburteilen und in ihren Urteilen dartun, wie unmöglich diese Not auf diese Weise überwunden werden kann.

Ganz besonders zu beachten sind die Prozesse wegen der Sprengstoffattentate z. B. in Schleswig-Holstein, in denen die Schuld der NSDAP sehr deutlich wird. Neue Sprengstoffattentate sind in Berlin und Kiel geplant, zum Glück verhindert worden. Auch hier Mitglieder der NSDAP die Schuldigen.

Leutnant *Scheringer* mit vielen anderen politischen Gefangenen in vielen preußischen Gefängnissen ist in den Hungerstreik getreten gegen die Verschärfung der politischen Bestrafungen durch Notverordnung.

Außenpolitik

Neben den französischen Abrüstungsvorschlag tritt nun ein englischer, der Deutschland den Weg zur Abrüstungskonferenz zurückbahnen soll. »Faires Entgegenkommen gegen die deutsche Forderung auf Gleichberechtigung gegen feierliche Versicherung aller Staaten, niemals Konflikte mit Gewalt zu lösen. Deutsche Abrüstung nicht als Stück des Versailler Vertrages, sondern einer Abrüstungskonvention aller Staaten. Deutsche Gleichberechtigung auch in der Rüstungsart als Grundsatz, der aber nicht sofort völlig zu verwirklichen ist.« – Daneben ist die Rede von einer »sorgfältigen Prüfung der deutschen Ostgrenzen«. – Der englische Außenminister Sir John Simon hat den deutschen Botschafter v. Hoesch empfangen, was als Beginn von Verhandlungen in dieser Richtung gedeutet wird.

Amerika

Ein weltpolitisches Ereignis ist der Sieg des demokratischen Präsidenten Roosevelt über Hoover mit 12 gegen 8 Millionen Stimmen. 2 Millionen Stimmen erhielt der sozialistische Kandidat. – Auch ein Zeugnis über die Umwandlungen, die sich dort vollziehen. – Die Neuwahl bedeutet eine Umstellung der Politik von brutaler Vertretung der Hochfinanzinteressen zu denen der Waffen. – Wie weit? Wie weit wird es sich außenpolitisch auswirken?

Bezeichnend ist, daß sowohl der britische Botschafter in Washington als auch der französische Finanzattaché Verhandlungen wegen der Kriegsschulden mit der amerikanischen Regierung neu begonnen haben.

Eine neue internationale Aktivität der Vereinigten Staaten ist offenbar zu erwarten.

Inzwischen rüsten sich die deutschen Bierbrauereien auf Export nach Amerika, da man die Aufhebung der Prohibitionsgesetze erwartet. Ob das als Kulturpropaganda sehr wirkungsvoll ist?

Schweiz

Unruhen in Genf, die 12 Tote und 65 Verletzte ergaben, haben die Schweiz aufs schwerste erschüttert. Sie beweisen, daß auch dieses Land den Griff der Krise fühlt. Während das Bürgertum sich zur Abwehr der Gefahr rüstet, stellt sich die Sozialdemokratie den Massen zur Seite und fordert Hilfe für ihre Not, statt Bestrafung. Die Gewerkschaften haben einen 24stündigen Generalstreik proklamiert.

Polen

Trotz Rumäniens Protest hat Polen den Vertrag mit Rußland ratifiziert. Man sieht darin eine Annäherung nicht nur Polens, sondern auch Frankreichs an Rußland, hervorgerufen durch die deutsche Gefahren-Politik der Herren v. Papen und v. Schleicher. – Gleichzeitig wird die Verständigung zwischen Rußland und Japan immer deutlicher. – Sollte es so werden: England, Amerika auf der einen – Rußland, Japan und der französische Festlandblock auf der anderen Seite und ein kluges Deutschland, das sich da einklemmt, wo es für es am gefährlichsten ist. Man betrachte seine Lage auf der Karte, wenn Rußland und Frankreich mit ihren Machtsphären einig sind.

(77.) Politik der Woche 13. November bis 20. November 1932

Innenpolitik

Der erste Stoß der Reaktion ist abgeschlagen. Herr von Papen ist abgegangen.[175] – Daß diese Überwindung des ersten Stoßes zwar eine Schwächung der Reaktion bedeutet, aber nicht die Beseitigung der von ihr drohenden Gefahr, ist uns allen klar.

Wie war es: Herr v. Papen hatte unter anderen Parteien auch die Führer der SPD zu sich gebeten, um mit ihnen über Neubildung der Regierung zu verhandeln. Diese haben es schroff abgelehnt, mit einem Reichskanzler zu verhandeln, der zweimal eine so deutliche Absage des Volkes erhalten hat. – Das war der erste Stoß gegen ihn. – Zentrum und Bayerische Volkspartei erschienen bei ihm, erklärten sich zur Mitarbeit bereit, aber nur ohne Papen. – Die Nationalsozialisten erklärten, daß Verhandlungen mit Papen für sie nicht in Betracht kämen. Deutschnationale und Deutsche Volkspartei allein erschienen offenbar selbst den Herren von der Reichswehr als Stütze zu schwach.

Herr v. Papen demissionierte. Hindenburg verhandelt mit den Parteien wegen einer neuen Regierung. Er hat geladen in folgender Reihenfolge: Hugenberg – Prälat Kaas – Dingeldey – Hitler – Staatsrat Schäffer von der Bayerischen Volkspartei. – Sozialdemokraten und Kommunisten werden nicht befragt. – Von der SPD sagt man, daß sie wegen ihrer scharfen Absage an Papen nicht geladen worden sei. – Es gibt also Majestätsbeleidigung selbst einem abgegangenen Reichskanzler gegenüber, falls dieser ein Baron war. Doch wird die SPD diese Disziplinierung nicht unangenehm empfinden

Über Sonntag sollen die fünf Parteien, die man für regierungsfähig hält, also Deutschnationale Volkspartei, Zentrum, Deutsche Volkspartei, Nationalsozialisten, Bayerische Volkspartei sich über ein gemeinsames politisches und wirtschaftliches Programm verständigen. Gelingt dies, so wird dann ein gemeinsamer Empfang beim Reichspräsidenten stattfinden, der zur endgültigen Regierungsbildung führen soll.

Von den Parteien hört man, daß die Deutschnationalen ein Kabinett ablehnen würden, das sich zu sehr auf das Parlament stützt. – Hitler und die Seinen lassen durchblicken, daß sie auf große Sympathien im Reichswehrministerium zählen zu dürfen glauben. – Zentrum und Bayerische Volkspartei fordern das Mitheranziehen der SPD. – Es ist aber keine Kombination sichtbar, der die SPD anders als in schärfster Opposition gegenüberstehen könnte. Dem Reichspräsidenten hat Kaas erklärt, daß das Zentrum zur Unterstützung jeder Regierung bereit sei, die im Parlament eine Stütze findet und bereit ist, mit der Volksvertretung sachlich zu arbeiten und Verfassungsexperimente ablehnt. Die Deutsche Volkspartei, die einzige Partei, die bekanntlich immer weiß, was sie will, läuft wie immer mit, um ja auf jeden Fall dabei zu sein. Hitler war eine Stunde beim Reichspräsidenten. Man munkelt, daß er den Reichskanzlerposten für sich gefordert habe und Schleicher dafür sei. Man munkelt auch von einer Reichskanzlerschaft Schleichers mit Hitlers Unterstützung. Das Zentrum ist gegen Hitlers Kanzlerschaft, verhandelt aber mit den Nationalsozialisten.

Als letzte Maßnahme der Regierung v. Papen erschien am 18. November eine Notverordnung des Reichspräsidenten, die die Macht in Preußen so verteilt, daß das Urteil des Staatsgerichtshofs endgültig umgangen wird.

Am selben Tag hat der Reichsrat mit 54 Stimmen gegen 7, bei 5 Stimmenthaltungen, gegen die Nichtbeachtung des Urteils des Staatsgerichtshofes protestiert. Er hat einstimmig gefordert, daß eine Reichsreform nur in Übereinstimmung mit den Ländern vorbereitet werden dürfe.

Man nimmt an, daß viele bei den Beschlüssen mithelfen, daß nicht nur Herr v. Papen von künftiger Kanzlerschaft ausgeschlossen ist, sondern auch Herr Dr. Bracht und Herr v. Gayl, die von diesen gewünscht werden, aber eben mit diesen unmöglichen Plänen zu eng in Zusammenhang stehen.

Die SPD fordert im Reichstag Aufhebung der Notverordnungen Papens und Winterhilfe für alle Empfänger öffentlicher Unterstützung durch zusätzliche Lieferung von Brot, Kohle und billigem Fleisch.

Der preußische Landtag ist für den 24. und 25. November einberufen. Von ihm erwartet man die Forderung auf Rücktritt des Reichskommissars und eine Aussprache über die Finanznot der Gemeinden, über Arbeitslosen- und Wohlfahrtsunterstützungen, und über die Strafverfahren infolge des Berliner Verkehrsstreiks. Wenn eine Einigung zwischen Zentrum und Nationalsozialisten erfolgt ist, erwartet man die Wahl des Ministerpräsidenten.

Charakteristisch für die moralische Seite dieser Vorgänge ist, daß die Vertreter des Zentrums und der Bayerischen Volkspartei ihre Erklärungen dem Herrn Reichskanzler sofort schriftlich abgaben, mit der Begründung, daß sie damit verhindern wollten, daß falsche Darstellungen darüber in die Öffentlichkeit kämen. Am Freitag hatte Braun eine Aussprache mit Papen über die

Regelung des Verhältnisses von Preußen und Reich. Am selben Tage erschien darüber die Notverordnung, von der Herr v. Papen in dieser Unterredung nichts andeutete.

Ebenso unmöglich ist die Komödie um die Überreichung der Ehrenmedaille an Gerhart Hauptmann, die Dr. Bracht sich vorbehalten hat und der preußischen Regierung nicht ermöglichte.

In Preußen plant man nun rasch einen Abbau der jüngeren Beamten in den Ministerien, die nicht rechts stehen, vorzunehmen. Gehört auch in das Kapitel moralischer Anstand in der Politik!

Die Komödie, die zwischen dem Regierungspräsidenten Böhmker, seinem ebenfalls nationalsozialistischen Ministerium in Oldenburg, dem deutschnationalen Bürgermeister Stoffregen, Eutin, und dem Polizeikommissar Marks spielt, gewinnt kein Ende. Das Ministerium setzt sie in ihre Ämter ein, der Regierungspräsident schaltet sie wieder aus. Völlige Willkür gegen Beamte, die nur ihre Pflicht nicht aus Parteirücksichten verletzen wollten.

Das thüringische Ministerium hat den Direktor des Jugendgefängnisses in Eisenach, einen weithin bekannten, erfolgreichen Erzieher, Dr. Bondy, seines Amtes enthoben – angeblich wegen Doppelverdienstes. Er hatte aber angeboten, auf seine Professur in Göttingen zu verzichten, in die man ihn neben seinem Eisenacher Amt berufen hatte.

Der Hungerstreik Scheringers und der Festungsgefangenen hat dazu geführt, daß man diesen gewisse Erleichterungen wieder zubilligte.

Bunge, der Leiter der SA-Schule in Kreiensen, der 15.000 Mark einer Baugewerkschafts-Innungskasse unterschlagen hatte, wurde vom braunschweigischen Oberlandesgericht außer Verfolgung gesetzt, da er behauptet, die Gelder für Anschaffung von SA-Uniformen verwendet zu haben. Da er die Gelder zu »politischen Zwecken« ausgegeben habe, falle das Verbrechen unter die braunschweigische Amnestie.

Das Chemnitzer Schwurgericht hat einen Kommunisten namens Bartel zum Tode verurteilt, obwohl der Beweis fehlte, daß er der Täter ist.

Die Bürgerschaftswahlen in Lübeck und die Gemeindewahlen in Sachsen zeigen, daß sich die Abwanderung von Hitler fortsetzt. In den acht Tagen seit der Reichstagswahl sind ganz beträchtliche Verluste wieder für diese Partei zu verzeichnen. Die Kommunisten haben stark gewonnen. Alle anderen Parteien haben Stimmrückgang zu verzeichnen, wenn auch nicht in dem Maße wie die NSDAP. – Im Saargebiet ist gegen die Landesratswahl Frühjahr 1932 bei den jetzigen Gemeindewahlen ein Stimmenrückgang aller Parteien, auch der Kommunisten, zu verzeichnen, dagegen ein kleiner Zuwachs der NSDAP.

Außenpolitik
Im Mittelpunkt steht Herriots Abrüstungsplan. Er ist für die Öffentlichkeit

noch nicht genügend deutlich. Jedenfalls soll zunächst ein sehr kompliziertes System von Sicherungen gegen den Bruch des Friedens geschaffen werden. Alle Vorschläge sind aber nur neue Beteuerungen und Bekräftigungen dessen, was Völkerbundpakt, Kelloggpakt und Locarnopakt schon vorsehen. Neu ist nur die Bestimmung, daß in diesem Falle der Völkerbundsrat mit einfacher Mehrheit beschließen könne. Dann wird ein Milizsystem für alle Mächte vorgeschlagen, das zu Angriffszwecken nicht brauchbare Truppen liefert. Es soll aber ergänzt werden durch kleine, dem Völkerbund zur Verfügung stehende, schwerbewaffnete Kontingente von langdienenden Truppen. – Hier scheinen große Gefahren zu liegen.

Ihm gegenüber hat der englische Außenminister Simon einen anderen Vorschlag entwickelt, dessen Umrisse noch weniger deutlich zu sehen sind.

Die zu Genf versammelten Vertreter der Mächte haben eine dringende Einladung an Deutschland gerichtet, zur Abrüstungskonferenz zu kommen, da man allgemein gewillt ist, ihm die Gleichberechtigung zuzugestehen. Von Berlin ist bis jetzt nur eine ablehnende Kritik der Vorschläge Herriots bekannt geworden. Doch soll Herr v. Neurath mit einer Delegation nach Genf gehen, wenn auch zunächst nicht zur Abrüstungskonferenz.

Frankreich: Die Regierung hat eine Stützungsaktion für den Getreidepreis vorgenommen, der infolge der guten Ernte katastrophal gesunken war. Um den Bauern wirtschaftlich zu halten, muß man der Masse das Brot verteuern. Auch hier die Groteske kapitalistischer Wirtschaft.

Dänemark: Die Wahlen zum Folkething ergaben eine außerordentliche Mehrheit für die Regierung Stauning, dem Führer der Sozialdemokratie. 76 von 149 Mitgliedern des Parlaments sind Regierungspartei, davon 62 Sozialisten. Die kommunistischen Stimmen wuchsen. Doch bleiben sie bei ihren 2 Mandaten stehen.

Italien : Die Reise von Gömbös nach Rom hat eine deutliche Annäherung zwischen Ungarn und Italien gebracht, hinter der italienische Pläne einer wirtschaftlichen Donauföderation sichtbar werden, neue Gefahr für Deutschlands Handel.

Schweiz: In Lausanne ist eine Bombe in den Eingang des Rathauses geworfen worden, die fünf Menschen verletzte. In Genf ist der Ausnahmezustand aufgehoben, die Erbitterung der beiden Parteien, Arbeiter und Bürgerliche, nicht beseitigt. Die sozialistischen Führer sind in Untersuchungshaft.

Amerika: Hoover hat Roosevelt zu einer Aussprache über die Kriegsschuldenfrage und damit über die auswärtige Politik Amerikas, gebeten. Roosevelt hat zustimmend, jedoch sehr vorsichtig, geantwortet.

Rußland und *Japan* verhandeln wegen eines Nicht-Angriffs-Paktes.

Teil VI

»Eine grauenhafte Tragödie der Unfähigkeit«

Die Wochenberichte von Emil Fuchs

(19. November 1932 bis zum 4. März 1933)

(78.) Politik der Woche 19. November bis 26. November 1932

Innenpolitik

Eine grauenhafte Tragödie der Unfähigkeit, wo es ums Dasein geht. Hindenburg hatte Hitler als Führer der stärksten Partei beauftragt festzustellen, ob er eine auf parlamentarische Mehrheit gestützte Regierung bilden könne. Leider waren daran sofort Bedingungen geknüpft, die Hitler die Möglichkeit gaben, die Ablehnung seinen Anhängern plausibel zu machen. Über die Bedingungen entstand in Rückfrage und Antwort ein Briefwechsel zwischen Hitler und Meißner, von Hitler in einem Deutsch geführt, das für einen »nationalen« Mann etwas Verwunderung erregt. Aber auch die ganze Unfähigkeit der »nationalen« Männer, politische Wirklichkeiten und Machtverhältnisse zu sehen, enthüllt sich in diesem Versuch, Politik mit schönen Phrasen zu machen. – Leider wird es – dank der Bedingungen den Anhängern immer noch nicht deutlich genug werden, was hier vorliegt. – Jedenfalls: Hitler verhandelte nicht mit den Parteien, forderte eine Art Präsidialregierung für sich. Hindenburg zog den Auftrag zurück und berief den Prälaten Kaas.

Dieser besprach sich zwei Stunden mit Hitler, dann mit Hugenberg und Dingeldey, gab dann seinen Auftrag zurück, da sowohl Hugenberg als Hitler ablehnten. Hugenberg erklärte, daß er keine parlamentarische Regierung unterstützen werde; Hitler, daß nur eine Regierung unter der Führung der NSDAP in Betracht käme.

Es kommt die Präsidialregierung.

Hitler ist nur zu haben, wenn seine Eitelkeit einen Triumph dabei feiert. Hugenberg will den rücksichtslosen Konflikt mit dem Parlament. Hindenburg und seine Ratgeber sind unentschieden. Man sucht einen Mann, der ein Präsidialkabinett leitet, der Herrn v. Schleicher und den Wirtschaftsmachthabern angenehm ist und der doch im Parlament toleriert wird. – Andere drängen, daß man den Konflikt schaffe.

Das deutsche Volk wartet, wie sich sein Schicksal entscheidet.

Den Konflikt will auch Dr. Bracht, der einen Erlaß der preußischen Regierung zur korrekten Regelung ihres Verhältnisses zu ihren Beamten sofort unwirksam zu machen sucht.

Um etwas von all den Gefahren, die man schafft, wieder einzudämmen, hat man die »Rote Fahne« auf drei Wochen verboten. – Vernünftige Politik und Wirtschaft wäre nützlicher.[176]

Bei den Verhandlungen um Hitler haben die Herren Dr. Schacht[177] und Herzog v. Koburg-Gotha[178] eine sehr eifrige Tätigkeit entfaltet. Gar zu gern hätten sie die Wiederherstellung der Harzburger Front erreicht. Hugenberg glaubt diese aber nicht mehr nötig zu haben.[179]

Für die Stimmung in Hitlers Umgebung und das Verständnis, das man dort für die Ereignisse hat, ist der Kampfaufruf charakteristisch, in dem er die Katastrophe seiner Politik seinen Anhängern mitteilt: Seine Partei ist hier »die letzte Reserve deutschen Glaubens«, die er nicht mit dem »unseligen politischen und wirtschaftlichen Dilettantismus« verbinden dürfe, den Papen darstelle. Eine Wiederholung des 13. August habe er unmöglich gemacht, und nun werde der Kampf, »dieses System nieder zubrechen«, weitergeführt.
– Niederlagen der »nationalen« Bewegung sind auch folgende Tatsachen: Aus Anhalt und Oldenburg wird gewaltiges Anschwellen des Defizits im Staatshaushalt gemeldet. – In Ostpreußen zwang Hitler den auf seinen Befehl gewählten Präsidenten der Landwirtschaftskammer v. Butlar, dieses Amt wieder niederzulegen. Dieser stellt nun fest, daß dies geschieht, weil er für einen früheren nationalsozialistischen Angestellten der Kammer nicht dessen ungerechte Forderungen an die Kammer vertreten wollte. – In Breslau hat der kommissarische preußische Kultusminister die Rechte des Professors Cohn geschützt. Die Universität muß sich aber nach wie vor durch Polizeigewalt gegen die nationalsozialistischen Studenten verteidigen. In Braunschweig hat die Hochschulbehörde die nationalsozialistische Studentengruppe aufgelöst. Der Minister Klagges will das nicht zulassen. – In Rom hat Rosenberg in einem Zeitungsinterview unmögliche Dinge über die Politik und die Zukunft der NSDAP in Deutschland gesagt. – Der Minister Marschler[180] in Weimar hat angekündigt, daß er den Beamten verbieten werde, bei Juden und jüdischen Warenhäusern zu kaufen, ein Verbot, das strafrechtlich verfolgt werden müßte (Boykottaufforderung).

Die Schwierigkeiten, die jedem Präsidialkabinett entgegenstehen, sind deutlich geworden in den Verhandlungen des preußischen Staatsrates und Landtages. Minister Hirtsiefer und Abgeordneter Lauscher, also das Zentrum, waren Führer im Protest gegen die Vergewaltigung der preußischen Regierung. Das ist zu beachten. – Der Staatsrat beschloß, Klage beim Reichsgericht erneut einzureichen. Auch von Bayern ist deutlicher Protest angemeldet, »daß die Rückkehr zum alten Kabinett und zum System der Regierung Papen nicht möglich sei, weil sich mit einer solchen Lösung ein unheilvoller Kampfzustand zwischen Regierung, Volk und Volksvertretung entwickeln müßte«. Wird der nun vermieden werden?

Für die Gesinnung der Führer der Reaktion ist bezeichnend, was der sozialistische Abgeordnete Dr. Hamburger über eine Äußerung Dr. Brachts berichtet. Auf die Frage, warum man denn den Staatsgerichtshof angerufen habe, wenn man sich ihm nicht beugen wolle, soll er geantwortet haben: »Hätten wir vorausgesehen, daß er gegen uns entscheidet, dann hätten wir ihn eben nicht angerufen.« – »Große Bewegung« im Landtag. Recht, wo bleibt Recht im heutigen Deutschland? Das muß auch immer wieder gefragt werden gegenüber den ungezählten Zeitungsverboten, Prozessen vor den Notstandsgerichten. – Ganz bezeichnend sind die ungeheuerlichen Tatsachen des Bullerjahn- und Fingerhut-Prozesses. Im ersten Prozeß Bullerjahn hatte man Herrn v. Gontard nicht gerichtlich vernommen und Bullerjahn zu 15 Jahren Zuchthaus verurteilt, weil ein Zeuge berichtete, Herr v. Gontard habe ihm das und das gesagt. Herr v. Gontard selbst vernommen, entpuppt sich als ein sehr unsicherer Zeuge. – Im Prozeß Fingerhut hatte das Ansehen der Firma Krupp genügt, einen Mann auf sehr zweifelhafte Zeugenaussage hin zu Zuchthaus zu verurteilen. Nun muß auch hier zurückrevidiert werden.

Von den deutschen Wohlfahrtsämtern wird berichtet, daß die Armseligkeit der Unterstützungen begleitet wird durch einen Wirrwarr, der, von den Notverordnungen geschaffen, eine die Bitterkeit mächtig verschärfende Ungerechtigkeit mit sich bringt.

Ungezählte Strafprozesse wegen Devisenschiebungen beleuchten die wirtschaftliche und moralische Lage unseres Volkes und Staates.

In Berlin fand eine Versammlung des deutschen Lehrervereins und aller verwandten Körperschaften statt. Man protestierte gegen die immer wieder auftauchenden reaktionären Bestrebungen, Volksschule und Lehrerbildung in Deutschland abzubauen. Auch diese Pläne beleuchten ja deutlich, was man in reaktionären Kreisen als Zukunft des deutschen Volkes wünscht. Dumme Masse.[181]

Die immer deutlicher werdenden Gefahren, das Versagen Hitlers, die offenbar sehr ernsten Worte, die Herr Kaas dem Reichspräsidenten sagte, haben offenbar bis ins Lager der Deutschnationalen hinein etwas ernüchternd gewirkt. Papen wünschte niemand mehr.

Der 1. Senat des Reichsgerichts hat einen Mann freigesprochen, der einen Meineid geleistet hatte in der Furcht, daß die politische Gruppe, gegen die er zeugen solle, ihn dafür töten werde. Dies Motiv läßt das Reichsgericht gelten.

Im Altonaer Terror-Prozeß gegen die Veranstalter der Bombenattentate in Schleswig-Holstein sind die Anführer zu schweren Zuchthausstrafen verurteilt, die Mittäter freigesprochen worden, da sie sich aus Angst vor Strafe beteiligt hätten.

Rundfunkkommissar Scholz ist zurückgetreten und hinterläßt das Rundfunkwesen in völliger Auflösung. Ob der Kurs besser wird?

Sehr deutlich und tapfer sind auch die vom Interesse der Wirtschaft her begründeten Warnungen des Reichsbankpräsidenten Luther, die Entfremdung zwischen Volk und Regierung nicht weitergehen zu lassen, da nur die Mitarbeit aller die Krise überwinden könne.

Wirtschaft

Das Amt für Konjunkturforschung hatte für Oktober eine leichte, aber deutliche Zunahme der Beschäftigung in verschiedenen Industrien gemeldet. Es meldet für die 1. Hälfte des November eine Zunahme der Erwerbslosigkeit um 156.000 auf 5,27 Millionen, immerhin weniger als im vergangenen Jahr, wo die Zunahme im November 225.000 betrug.

Vertreter des amerikanischen Handelsministeriums meldeten, daß eine zwar sehr langsame aber deutliche Besserung der Wirtschaftslage in Deutschland sich vollziehe.

England meldet eine leichte Konjunkturbesserung in seinem Außenhandel. Das kann aber zusammenhängen mit dem gleichzeitig gemeldeten Sinken des Pfundes, also eher einen neuen Unsicherheitsfaktor einführen.

Außenpolitik

Herr v. Neurath ist in Genf und nimmt an den Vorbesprechungen zur Vorbereitung der Weltwirtschaftskonferenz[182] teil, die gleichzeitig eine Vorbereitung der Waffenstillstandskonferenz[183] sind, an denen Herr v. Neurath bekanntlich erst dann wieder teilnimmt, wenn Deutschland die Gleichberechtigung gewährt ist. – England und Amerika suchten eine Fünf-Mächte-Konferenz zustande zu bringen, die dies Problem behandeln soll. Frankreich leistet noch Widerstand. Doch soll die Konferenz gesichert sein, etwa für 2. Dezember.[184]

Weltpolitik

Beängstigend für Deutschland sind andere Ereignisse: Italien und Frankreich zeigen wachsenden Willen zur Verständigung. – Polen hat sich mit Rußland verständigt. Rußland steht in Handelsvertragsverhandlungen mit Frankreich. Ungarn und Italien sind sich sehr nahe gerückt. Dollfuß, Österreichs Ministerpräsident, hat wieder eine Zusammenkunft mit Gömbös gehabt. Man redet von einer Donauföderation, deren Mittelpunkt Ungarn sein soll. Bayerns Ministerpräsident ist mit Dollfuß in Salzburg zusammengekommen und man munkelt von bayerischer Fühlungnahme nach dieser Richtung. – Deutschlands Staatsmänner sind gewarnt genug. Ob sie ihr sinnloses Gewaltspiel weitertreiben werden?

Das Weltschuldenproblem wird zwischen Amerika, England und Frankreich neu verhandelt. Fortschritte sind nicht zu verzeichnen. Der gewählte Präsident Roosevelt zeigt sich als sehr vorsichtiger Mann, der seinem Vorgänger seine Verantwortung abnimmt. Hoover aber will ohne ihn nicht handeln. So stockt hier alles.

Beim Völkerbundsrat in Genf hat die Aussprache über den Lytton-Bericht begonnen, den Japan um jeden Preis unwirksam machen will. China fordert sein Recht. Die Macht ist bei Japan. In Südamerika herrscht neue Spannung zwischen Peru und Kolumbien, die zum Krieg zu führen droht.

Aus England wird von Amtsmüdigkeit MacDonalds berichtet. Andere Nachrichten sagen, daß er zur Fünf-Mächte-Konferenz nach Genf gehen werde.

Von Rußland wird zunächst seine geschickte Annäherungspolitik an Polen und Frankreich berichtet, dann von gewaltiger Nationalisierung in den Betrieben und Umbau aller Angestelltenverhältnisse, schließlich von einer mächtigen Anstrengung zur Verbesserung der Landwirtschaft im kommenden Jahr, die eine Steigerung des Maschinenmaterials und einen Ausbau der Kollektiven bringen soll.

In Belgien tobt ein sehr heftiger Wahlkampf vor allem zwischen Flamen und Wallonen. Große Spannung hat das Eingreifen der Bischöfe zugunsten der Nationalisten hervorgerufen. Im Gebiet von Eupen-Malmedy wirkte das für die belgisch-katholische gegen die deutsch-katholische Partei. Die Deutschen Katholiken beschwerten sich beim Nuntius Pacelli dagegen.

Frankreich hat seine sehr üble Steueraffäre. Ungezählte seiner reichsten Leute, Barone, Ducs, aber auch seiner hohen Beamten, früheren Ministern usw. haben mit Hilfe von Direktoren Schweizer Banken für ungeheure Kapitalien in Wertpapieren die Steuern hinterzogen. Das Kabinett Herriot scheint intakt, hat nur die bittere Aufgabe, einen bösen Skandal durchzufechten.

Zwischen Danzig und Polen ist ein Vertrag unterzeichnet, der ihren langen Streit beendet.

(79.) Politik der Woche 27. November bis 4. Dezember 1932

Innenpolitik

Herr v. Schleicher ist Reichskanzler und Wehrminister. Reichsaußenminister ist Herr v. Neurath, Innenminister Dr. Bracht, Reichsfinanzminister Graf Schwerin v. Krosigk, Reichswirtschaftsminister Dr. Warmbold, Reichsarbeitsminister Dr. Syrup, Reichsjustizminister Dr. Gürtner, Verkehrsminister Frhr. v. Eltz-Rübenach, ohne Portefeuille Dr. Popitz, Reichskommissar für Arbeitsbeschaffung Dr. Gereke.

Reichlich Freiherrn sind übrig geblieben bei der großen Katastrophe, die Herrn v. Papen beseitigte, reichlich viele auch, die wie Herr v. Schleicher selbst, Dr. Bracht, Dr. Warmbold usw. Hauptschuldige des Experiments v. Papen sind. Sie wollen das heute nicht mehr wahr haben, am wenigsten Herr v. Schleicher. Wir haben aber keine Ursache, ihn für schwächlich zu halten, daß Herr v. Papen Reichswehroffiziere gegen seinen Willen zur Absetzung Brauns und Severings kommandieren konnte. Wir haben auch keine Ursache zu vergessen, was geschehen ist.

Wir haben nur Ursache anzunehmen, daß die kleine Lektion, die Herr v. Papen in Reaktion gab, schon Wirkungen auslöste, die selbst seinen nächsten Freunden einigen Schrecken einflößten und sie etwas klüger machten. Möge das deutsche Volk und mögen vor allem die Arbeitermassen daraus lernen, wie stark sie sind und was ihre Kraft bedeutet, wenn sie sich nicht darauf einlassen, mit denen zu paktieren, über deren letzte Pläne und Möglichkeiten man nichts Sicheres weiß.

Herr v. Schleicher läßt immer wieder betonen, daß er die Zusammenarbeit mit allen Kreisen der Gewerkschaften will. Er hat – zur großen Entrüstung der Papenkreise – mit den freien Gewerkschaften verhandelt. Er soll Verständigung mit Frankreich wollen. Er will Arbeitsbeschaffung zum Zentrum seiner Innenpolitik machen. Er soll das so geäußert haben: »Zunächst müssen die Menschen wieder etwas in den Bauch bekommen«. Sehr, sehr richtig und doch, wenn ein Minister es so sagt, grundfalsch. Der Deutsche hungert, damit er in anständigem Anzug auf die Straße gehen kann. Der deutsche Arbeiter glaubte, in der Republik endlich den Anderen gleichwertig geworden zu sein. Er hat in Politik und Handlung der letzten Monate ein Zurückkommen der alten Handlung erfahren, das er nicht vergißt, wenn man ihm vom »Bauchfüllen« redet.

Völlig unwürdig eines Volkes war das Schauspiel, das die »geborenen Führer« des Volkes um den Reichspräsidenten aufführten. Ein Intrigenspiel darum, ob mit Herrn v. Papen die unentwegten Volksfeinde oder mit Herrn v. Schleicher eine die Realitäten einigermaßen achtende Reaktion ans Ruder kommen solle. Man hat dem deutschen Volke sehr deutlich gezeigt, was herauskommt, wenn man parlamentarische Kontrolle ausschaltet. Klar war auch, daß die mächtige nationalsozialistische Partei im entscheidenden Augenblick nicht wußte, was tun. Offenbar kämpfen hier zwei Richtungen miteinander: Göring, Goebbels, die gegen die Beteiligung an einer Regierung sind, in der die Nationalsozialisten nicht die gesamte Macht haben, Strasser, Frick, die für den Bund mit Herrn v. Schleicher, für die Unterstützung von dessen sozialen Pläne sind. Über Hitlers unsicheres Schwanken zwischen beiden wird Merkwürdiges berichtet. Jedenfalls geht es auf diese Weise nicht ganz so glatt mit dem »Militärsozialismus«, der Herrn v. Schleichers Ideal zu sein scheint, als er sich dachte.

Dr. Syrup soll ein Mann sein, der bis in die Kreise der freien Gewerkschaften Vertrauen genießt. Im übrigen Vorsicht! Es gibt nichts, was uns sagen würde, daß Herr von Schleicher nicht Reaktion ist.

Die freien Gewerkschaften haben in den Verhandlungen mit Schleicher ihre deutlichen Forderungen gestellt: Aufhebung der Notverordnungen, die den Lebensstandard der Masse bedrücken, Arbeitsbeschaffung, Aufhebung der

Sondergerichte. Darüber hinaus aber statt der Neueinstellungsprämien Verwendung dieser Millionen für Finanzierung öffentlicher Arbeiten. Ebenso sollen die Steuergutscheine für öffentliche Arbeitsbeschaffung verwendet werden. Außerdem fordert man die 40-Stundenwoche als Zwang.

Die Landwirtschaftskammer für Ostpreußen, die durch den Abgang ihres nationalsozialistischen Präsidenten v. Butlar in große Gegensätze zueinander geraten waren, hat einstimmig protestiert gegen den Plan, die nicht mehr sanierungsfähigen Großbetriebe in ihrem Gebiet endlich der Siedlung zuzuweisen. Gegen solchen nationalen Aufbau sind die »nationalen« Kreise einig.

Die wachsende Wirtschaftskrise wird besonders deutlich in der finanziellen Not der Städte. Duisburg-Hamborn hat die Zahlung der Verzinsung seiner städtischen Schulden eingestellt. Berlin steht in der Gefahr, Gleiches tun zu müssen.

Der Schriftsteller Renn ist wegen Hochverrats verhaftet worden. Unklar ist, welches Material man glaubt bei ihm gefunden zu haben. Er ist Kommunist. Ohne Zweifel einer unserer bedeutendsten Schriftsteller (»Der Krieg« ist von ihm). Papenkurs.

Bullerjahn, 1925 zu 15 Jahren Zuchthaus wegen Verrats militärischer Geheimnisse verurteilt, ist im Wiederaufnahmeverfahren freigesprochen. Das ganze Verfahren ist eines der furchtbaren Beispiele für das, was im heutigen Deutschland juristisch möglich ist. War doch der Zeuge – Herr v. Gontard – auf dessen Aussagen hin er verurteilt wurde, vom Gericht gar nicht vernommen worden. Nur auf Umwegen hatte man von seinem Zeugnis gehört. Erst im Wiederaufnahmeverfahren wurde bekannt, wer der Zeuge war.

Schon aber schleppen unsere Militärs einen neuen Hochverräter vors Gericht, August Jäger, der 1915 als Überläufer einen Gasangriff verraten haben soll laut Tagebuch eines Franzosen, das einem Deutschen in die Hände fiel. Im Prozeß Hufelandstraße sind zwei Nationalsozialisten, die im ersten Prozeß zu 7 Jahren Zuchthaus verurteilt waren, freigesprochen worden. Die Zeugenaussagen zwingen jeden Nichtjuristen, sie als schuldig zu empfinden.

In Braunschweig ist der Konflikt zwischen Minister und Hochschule durch eine Berufung des Rektors der Hochschule nach Berlin als Präsident der Biologischen Reichsanstalt geschlichtet worden. Wird nun der Minister recht behalten?

Auch in Dresden kam es zu Krawallen nationalsozialistischer Studenten gegen den bekannten demokratischen Volkswirtschaftler Keßler. Der republikanische Studentenbund hat sich entschlossen auf seine Seite gestellt.

In Anhalt ist die gesamte SPD-Presse verboten worden wegen ihrer Angriffe auf den nationalsozialistischen Minister.

In Baden hat der außerordentliche Parteitag der SPD der Landtagsfraktion vorgeschrieben, gegen das Konkordat zu stimmen. Daraufhin erfolgte der

Bruch mit dem Zentrum, das Ausscheiden der SPD aus der Regierung. Das Konkordat wurde gegen ihre Stimmen von den Rechtsparteien angenommen.

Außenpolitik

Unsere Außenpolitik stockt, so auch die ganzen Verhandlungen zur Vorbereitung der Abrüstungskonferenz. – Die Kontingentierungspolitik ist offenbar aufgegeben.

Weltwirtschaft

Hier droht ein neuer, schwerer Stoß durch die plötzliche Senkung des Kurses der englischen Währung, des Pfundes. Zu bewundern ist dabei wieder die Ruhe des englischen Volkes, die der Regierung manches ermöglicht, was anderswo unmöglich wäre. Es ist auch offenbar niemand in der englischen Finanz unanständig genug, auf das sinkende Pfund zu spekulieren. – Sinkt trotzdem das Pfund weiter, so bedeutet es einen neuen Stoß der Krise, der auch uns neu treffen wird.

Der Sturz hängt zusammen mit der Forderung Amerikas, daß die europäischen Länder die fälligen Raten der Kriegsschuldenrückzahlungen am 15. Dezember zahlen. England scheint willig. Frankreich wehrt sich energisch. Man sucht offenbar einen Kompromiß, vor allem Zahlungsbedingungen, die es den europäischen Ländern erleichtern zu zahlen, ohne daß solche Währungserschütterungen eintreten.

Sehr wichtig sind diese Verhandlungen auch für die gesamte politische Zusammenarbeit von Amerika mit England und Frankreich.

Die Auslandspresse begrüßt, daß durch die Ernennung Schleichers die Verhältnisse in Deutschland etwas stabiler geworden sind. Auch die Börse wurde fester. – Der Kapitalismus ist sofort begeistert, wenn irgendwo ihm Sicherheiten geboten werden, die er in sich selbst nicht mehr fühlt.

In Belgien haben die Wahlen einen bedeutenden Erfolg der Sozialdemokratie gebracht, der sich allerdings mehr in Wahlstimmen als in Mandatszuwachs ausdrückt, obwohl auch ein solcher zu verzeichnen ist. Es ist dadurch fraglich geworden, ob die klerikal-liberale Koalition, die seit langem Belgien beherrscht, bleibt.

Durch Polen geht eine Terrorwelle. Grauenhafte Ausschreitungen nationaldemokratischer Massen, besonders auch von Studenten, gegen Andersdenkende, vor allem Juden, sind in Wilna, Warschau, Krakau, Lemberg, Czenstochau geschehen. Ganz gemein ist die Mißhandlung jüdischer Studenten und Studentinnen durch andere Studenten in Lemberg. Die Nationaldemokraten sind Pilsudskis Gegner. Man kann sich nicht denken, daß sie so für die Freiheit Polens etwas erreichen.

Der Abschluß des Schiedsgerichts-Vertrages zwischen Rußland und Polen und Rußlands Verhandlungen mit Frankreich werden immer noch besprochen.

Die deutsche Presse gibt sich die größte Mühe, dem deutschen Volke klarzumachen, daß das an seiner weltpolitischen und weltwirtschaftlichen Lage nichts ändert. Es soll und darf die wachsende Isolierung nicht merken, in die unsere Reaktion es hineinsteuert. Es würde am Ende erkennen, wie wenig Sicherheit und wie große Gefährdung heute militaristische Politik bedeutet.

(80.) Politik der Woche 5. Dezember bis 11. Dezember 1932

Innenpolitik

Der Reichstag wurde von dem nationalsozialistischen Alterspräsidenten General Litzmann mit einer nationalsozialistischen Rede[185] eröffnet. Es wurde im ersten Wahlgang Göring zum Reichstagspräsidenten gewählt. Die Wahl zeigt den festen Willen des Zentrums, mit Hitler zusammenzuarbeiten, aber auch die schwere Verärgerung zwischen Hitler und Hugenberg. Die Deutschnationalen stimmten gegen Göring, Vizepräsidenten wurden Esser (Zentrum), Rauch (Bayer. Volkspartei) und Löbe (SPD).

Der Antrag der NSDAP, die Stellvertretung des Reichspräsidenten für den Fall seines unvermuteten Abgangs zu regeln, wurde gegen die Stimmen der Deutschnationalen und der KPD angenommen. Er ist eine Sicherung gegen die Überraschung, von der der Antrag der Deutschnationalen unverhüllt Zeugnis gab. Diese beantragten, Hindenburg das Recht zu geben, bei einer etwaigen Amtsniederlegung den Stellvertreter bis zur Neuwahl selbst zu ernennen. – Bei den Verhandlungen des Antrags kam es im Zusammenhang mit einer Rede Schnellers (KPD), der Hindenburg sehr scharf angriff, auf der Tribüne zu einer Schlägerei, in die Abgeordnete der NSDAP und KPD verwickelt wurden. Sinnlos und für alle Teile nur diskreditierend.

Aufgehoben wurde der Teil »Sozialpolitische Maßnahmen« der Notverordnung vom 4. September gegen die Stimmen der Deutschnationalen und Deutschen Volkspartei. – Der Antrag auf Aufhebung der ganzen Notverordnung wurde gegen die entrüstete Forderung der SPD und KPD an den Ausschuß überwiesen, ebenso die über Winterhilfe, Arbeitsbeschaffung usw. Doch ist wenigstens die unerträglichste Beschränkung der Sozialunterstützungen beseitigt.

Der Amnestieantrag ist angenommen mit einer Abschwächung. Ein »Unannehmbar« der Regierung forderte, daß die Zersetzungsarbeit gegen Reichswehr und Polizei und Hochverrat von der Amnestie ausgenommen werden. Ein Zentrumsantrag erreichte das gegen die Stimmen der SPD und der KPD. Mögen alle, die günstig von Herrn von Schleicher denken, sich deutlich machen, welche restlos militaristische Einstellung sich hier kundgibt.

Nun ist der Reichstag zum 15. Januar vertagt worden, damit die Regierung v. Schleicher Zeit hat zu zeigen, was sie will und kann. Die Forderung der SPD, daß die Regierung sich dem Reichstag unter Vorlage eines Programms stelle, wurde nicht durchgesetzt.

Völlig unklar ist die Haltung der NSDAP. Die Wahl Görings, die Verhandlungen zwischen Zentrum und NSDAP wegen des preußischen Ministerpräsidenten, die Bereitwilligkeit, auf die Vertagung des Reichstags einzugehen, schienen zu beweisen, daß man das Kabinett v. Schleicher eher tolerieren will. Es scheint ein Plan bestanden zu haben, G. Strasser zum preußischen Ministerpräsidenten zu wählen und ihn gleichzeitig zum Vizekanzler im Kabinett Schleicher zu ernennen.

Plötzlich wird Strasser »krankheitshalber« in Urlaub geschickt. Die Öffentlichkeit weiß aber, daß er in einem Brief an Hitler seine Ämter zur Verfügung gestellt hat und daß in der NSDAP eine schwere Krise ausgebrochen ist[186], ein Kampf zwischen Strasser, Frick, Feder auf der einen, Hitler, Göring, Goebbels auf der anderen Seite. Letztere sind die Unentwegten, die Strassergruppe will aktive Politik mit Schleicher. Für sie ist sehr ausschlaggebend der Wahlausfall in Thüringen.[187] Bei allgemeiner Wahlmüdigkeit hat dort die NSDAP eine Abnahme der Stimmenzahl erfahren, weit über den allgemeinen Stimmenrückgang hinaus (37,7 Prozent der Wähler vom 1. Juli), ihr besonders empfindlich, als Thüringen ja eines der Länder ist, in der sie die Macht erobert hatten. So weiß man, daß man eine Auflösung des Reichstags nicht nochmals riskieren kann. – Auch in Oldenburg findet die verzweifelte Steuerpolitik der NSDAP-Regierung wachsenden Widerstand. – In der ostpreußischen Landwirtschaftskammer kam es zu scharfen Zusammenstößen zwischen NSDAP und Deutschnationalen, die ganz erstauliche Korruption zugunsten der Parteiinteressen der NSDAP klarstellten. In der Braunschweiger Hochschule wurde eine Waffensuche veranstaltet. Die Waffen aber waren vorher weggebracht worden. In Husum ist der Sekretär der SPD Dölz von SA-Leuten überfallen und schwer verletzt worden. – Im schwäbischen Landtag wandte man sich mit scharfen Anträgen gegen die Tatsache, daß Pfarrer der vom Staate unterstützten Landeskirche offiziell als SA-Pfarrer fungieren. Die Kirchenbehörde erklärte, daß ihr davon nichts bekannt sei. – Der nationalsozialistische Pressekorrespondent Körber, der wegen angeblicher Beteiligung an dem Attentat in der Bretagne aus Frankreich ausgewiesen wurde, hat in Frankreich nicht als Deutscher, was er ist, sondern als Schweizer mit Schweizer Paß gelebt. So kann die deutsche Regierung nicht für ihn eintreten.

In Preußen ist alles wieder sehr unklar durch die neueste Haltung der NSDAP. Inzwischen setzt der Reichskommissar den Abbau der republikanisch denkenden Beamtenschaft fort. – Wels kämpft in einem Beleidigungsprozeß gegen den Vorwurf des Hochverrats, den ihm die »Deutsche Zeitung« wegen einer Aussprache macht, die er im Auftrag Brünings 1931 mit Henderson hatte, damit dieser sich bei Hoover für uns einsetze. – Ein Beispiel der alten, gemeinen Demagogie gegen die SPD. Aus dem, was sie für das Vaterland tut, dreht man ihr Stricke. Warum klagt Wels aber? Die solcher Gemeinheit fähig sind, werden durch ein Gerichtsurteil nicht belehrt. Die anderen brauchen das Gerichtsurteil nicht. Wels wird mit und ohne Gerichtsurteil so angesehen sein, als die Getreuen der SPD ihn machen. – Der Plan, einen Zwangsarbeitsdienst und ein Werksjahr für Studenten einzuführen, ist nach Berechnung der Kostenfrage aufgegeben worden. Auch die Erfahrungen mit der freiwilligen Dienstpflicht haben wohl schon gezeigt, daß die Durchführung solcher Gedanken nicht ganz einfach ist. Die wachsende Verzweiflung wird deutlich bei den Bestrebungen, die Zahl der Studierenden an den Hochschulen um jeden Preis einzuschränken, ebenso in der Tatsache, daß der Verein der Rechtsanwälte fordert, daß der Zugang zur Rechtsanwaltschaft beschränkt wird. Überall macht man gegen die Konkurrenz der Jugend den Laden zu. Was aber soll aus der Jugend werden?

Während man von allen Seiten versichert bekommt, daß das Wirtschaftsleben wirklich im langsamen Anstieg begriffen sei, ergibt der November ein Wachsen der Arbeitslosenzahlen.

Die Stadt Kassel steht vor einer Finanzlage, in der man den Plan gefaßt hat, alle Schulen zu schließen, weil man keine Kohlen für sie mehr bezahlen kann (Wie viel Bier wohl in Kassel noch getrunken wird?).

Im Prozeß der gemaßregelten BVG-Arbeiter ist als erstes Urteil eine Entscheidung gefällt, die die Gesellschaft zwingt, einen Straßenbahnführer wiedereinzustellen oder zu entschädigen. – Ein furchtbares Explosionsunglück in Rathenow hat zu einer kommunistischen Interpellation im Reichstag geführt, da man argwöhnt, daß soziale Mißstände es herbeiführten. Die Untersuchung durch Sachverständige ist im Gange.

Außenpolitik

Neurath ist in Genf. – Die Amerikaner hatten einen Vorschlag auf Vertagung der Abrüstungskonferenz bis 1935 gemacht. Der ist nochmals zurückgestellt, da Frankreich wieder etwas einlenkte. Es handelt sich darum, eine Formel zu finden, die Deutschland juristisch die völlige Gleichberechtigung mit den anderen Mächten gibt, die aber doch nicht das Mißtrauen Frankreichs in einer Weise wachruft, die für die Zukunft Europas gefährlich ist. – Es wird schwer sein, eine solche Formel, wie überhaupt eine solche Politik zu schaffen. So lange in beiden Ländern die Stimmung und die Menschen herrschen, denen Prestigefragen wichtiger sind als die Sicherheit und der Friede der Völker. Nach den letzten Nachrichten bleibt es beim Vorschlag Simons, d.h. bei der völligen Unklarheit.

Schuldenproblem. Ebenfalls in Genf wird verhandelt über die Frage der Zahlung der Kriegsschulden-Raten an Amerika. Dies besteht auf Zahlung. England und Frankreich wehrten sich, scheinen aber zunächst zahlen zu wollen, damit freundschaftliche Verhandlungen möglich werden. Herriot findet in Frankreich starken Widerstand gegen seinen Zahlungswillen. Man rechnet mit einer Kabinettskrise.

In Amerika sind die politischen Verhältnisse ungeklärt. Die Gegner der Prohibition haben im Kongreß eine Niederlage erlitten. Die Prohibition bleibt zunächst.

Vor der Völkerbundsversammlung wird der Streit Chinas und Japans um die Mandschurei behandelt. Die Vertreter beider Völker haben ihre Sache vorgebracht. In welcher Richtung die Entscheidung gehen wird, ist nicht sichtbar.

In Rußland vollzieht sich eine energische Säuberung des Staatsapparats von allzu vielen Beamten. Man sieht die großen Schwierigkeiten des Aufbaus, aber auch den starken Willen, der ihn durchführt.

Zwischen England und Rußland ist eine Spannung entstanden, da England der Überzeugung ist, daß Rußland mit Schuld ist an den Schwierigkeiten, die seinen Petroleumgesellschaften in Berlin bereitet werden. Doch soll sich eine Verständigung anbahnen.

Der chinesische General Suinwen ist mit Freischaren aus der Mandschurei auf russisches Gebiet übergetreten. Man hat sie interniert und will ihnen Beschäftigung in Rußland geben. (Es waren Meldungen verbreitet, daß Rußland Suinwen an Japan ausgeliefert habe, was nicht stimmt.)

In der Schweiz sind vier Soldaten, die während der Genfer Unruhen ihre Entrüstung über das Verhalten ihrer Vorgesetzten zu deutlich zum Ausdruck brachten, zu Gefängnisstrafen verurteilt worden.

In Madrid fand in der Nacht vom 5. und 6. Dezember großer Polizeialarm statt. Man fürchtete den Ausbruch einer kommunistischen Verschwörung. – In Sevilla explodierte eine Bombe. In Ungarn ist ein Bergarbeiterstreik ausgebrochen, der etwa 2.500 Bergleute umfaßt. – In Honduras ist ein Aufstand nach schweren Verlusten der Aufständischen beendet. – Pilsudski soll von Mussolini zu einem Besuch nach Rom eingeladen sein. – Die Spannung zwischen Italien und Serbien ist durch Demonstrationen und Gewalttaten im Grenzgebiet, an denen vor allem auch Studenten beteiligt waren, verschärft.

(81.) Politik der Woche 12. Dezember bis 18. Dezember 1932

Innenpolitik

Im Mittelpunkt steht die Donnerstags-Rundfunkrede Herrn v. Schleichers über sein Regierungsprogramm, zu dem der »Vorwärts« sagt, daß es ein Programm des Wiederaufbaues des Kapitalismus sei, ein Bekenntnis zu den Methoden, die das Kabinett v. Papen entworfen hat und die im Hugenberg-Lager ihre Unterstützung zu suchen hätten. Für die SPD gäbe es demgegenüber nur deutliche Opposition. – Wir nehmen daraus noch zur Kenntnis, daß Herr v. Schleicher Arbeitsbeschaffung und Siedlung in den Vordergrund rückt, daß er sagt, ihm komme es weder auf Kapitalismus noch auf Sozialismus an, nur darauf, daß die Wirtschaft in Gang komme. Dann aber nennt er das alte deutsche Heer mit seinem Vertrauensverhältnis von Offizier und Mannschaft das beste Vorbild des Sozialismus. – Es bleibt im Dunkeln, wie weit die Winterhilfe ausgedehnt wird und wann sie kommt. Nur daß sie kommt, ist deutlich. Die SPD wird vorsichtig umgangen, der KPD gegenüber gedroht mit allerschärfsten Maßregeln. An der Tatsache der »autoritären« Regierung kein Zweifel gelassen.

Deutlicher wird es, daß Herr v. Schleicher stark vom Zentrum unterstützt wird und die Fühlung mit den Christlichen Gewerkschaften energisch aufgenommen hat. Er will die Gewerkschaftsfront jedenfalls brechen.

Begrüßt wird sein Programm durchweg von der bürgerlichen Geschäftswelt, auch das Lager Hugenbergs schwächt seine Polemik ab. Die bürgerliche Linie (»Berliner Tageblatt«, »Frankfurter Zeitung« nähert sich ihr).

Inzwischen wird fest versichert, daß die Winterhilfe noch vor Weihnachten durchgeführt wird. – Aufgehoben sind die schlimmsten Paragraphen der Antiterrornotverordnung und der Beschränkung der Pressefreiheit. – Angekündigt wird eine Notverordnung des Reichspräsidenten zur Sicherung des »inneren Friedens«. Hoffentlich wird sie nicht gefährlich für den inneren Frieden. – Eine Verschärfung des Vorgehens gegen die Kommunisten scheint ziemlich deutlich. Das dient nicht dazu, verzweifelte Massen zu beruhigen. – Auch die Gerichtsurteile zeigen eine unsereinem unbegreifliche Verschiedenheit in der Beurteilung kommunistischer und nationalsozialistischer Taten. – Wie in der Rede des Herrn v. Schleicher, so stellt man sich in der Öffentlichkeit ein. Verfassungsbruch, also Gefahr für den inneren Frieden, kann nur von der KPD kommen.

Im Felsenecke-Prozeß mit seinen den Nationalsozialisten wahrhaftig nicht günstigen Zeugenaussagen beantragt der Staatsanwalt sehr gelinde Strafen für diese, erschreckend hohe für die Kommunisten.

Unklar ist und bleibt die Stellung der Nationalsozialisten. Da man die Pläne Strassers, in Preußen mit dem Zentrum eine Regierung zu bilden und Schleicher zu unterstützen, durchkreuzt hat, ist die Verbindung mit dem Zentrum abgebrochen. – Ein Versuch, mit den Deutschnationalen eine Verständigung in Preußen zu erreichen, ist von diesen abgelehnt. Verhandlungen aber gehen ganz offenbar weiter. – Inzwischen versucht Hitler durch verstärkte Agitation und Organisationstätigkeit die durch Strassers Abgang unruhig gewordenen Mannen wieder fest in die Hand zu bekommen. Vor allem wird die ganze Organisation mit seinen persönlichen Vertrauensleuten durchsetzt, so daß es keinerlei Politik gegen ihn darin mehr geben kann. – Ob er sich dann aber in die ihm von Schleicher zudiktierte Rolle finden oder eine eigene Politik wagen wird, ist die Frage. Strasser läßt in die Öffentlichkeit lancieren, daß man von der letzten Wahl her noch 12 Millionen Schulden hat. Auch warnen die Erfahrungen der letzten Wahlen, besonders in Thüringen davor, es zur Neuwahl des Reichstags kommen zu lassen. Was also, wenn man mit Schleicher sich nicht verständigt? – Hitler ist in einer Lage, die für uns zu dem Erfreulichen gehört, was uns ja in dieser Zeit selten geworden ist.

Aus allen Gebieten des Reiches kommen Nachrichten von Zersetzungserscheinungen unter den Nationalsozialisten. Die Polemik zwischen Strasser und der Partei ist derart, daß es beiden Teilen das moralische Ansehen nicht erhöht. – Ob nun doch den »Pgs« dämmert, was anderen Leuten schon lange deutlich ist von der moralischen Würde ihrer Führerclique?

Auch die »Freien Gewerkschaften« haben mit Schleicher und jetzt wieder mit Warmbold verhandelt. Das ist kein Grund. nervös zu werden und anzunehmen, daß die Oppositionshaltung der Partei durchbrochen wird. Immer waren die Gewerkschaften in der Lage, auch mit der feindseligsten Regierung über bestimmte wirtschaftliche Dinge und Forderungen verhandeln zu müssen. Sie werden immer wieder in dieser Lage sein. Ihre große Verantwortung ist, diese Verhandlungen so gut zu führen, daß dabei der unbedingte Gegensatz bestehen bleibt, der in der gesamten Linie ist.

Für die militaristische Seite der Regierung Schleicher zeugen neben seinen Aussprüchen die Pläne, ein freiwilliges Werksjahr der studierenden Jugend in engster Anlehnung an die Geländeübungen des Freiwilligen Arbeitsdienstes zu schaffen. In dieselbe Richtung weist die weitergehende Arbeit im deutschen Volk, eine Suggestion zugunsten des Gasschutzes zu schaffen. In immer neuen Formen taucht diese Sache auf, die nichts weiter ist als eine verkappte Aufstachelung kriegerischer Leidenschaften.

In Thüringen haben einige Lehrer und Studienräte sich geweigert, den Wechselspruch[188] mit den Schülern zu sprechen, den das Volksbildungsministerium vorschrieb, darunter vor allem Studienrat Fiedler, Altenburg. – Wir, die wir den ethisch-fundierten Widerstand gegen die Gewaltherrschaft für den wirkungsvollsten halten, müssen hier mit vollster Teilnahme und Aufmerksamkeit die Sache verfolgen.

Außenpolitik

Das Echo zu Schleichers Programm ist im Ausland dasselbe wie in Deutschland, günstig in der gesamten bürgerlichen Presse, die Ruhe und Sicherheit für ihre Wirtschaft von ihm erhofft. Nur in Frankreich steht man dem »General« mit äußerstem Mißtrauen gegenüber.

Ganz wichtig ist das Ereignis von Genf, die Einigung der Mächte unter MacDonalds Vermittlung in der Frage der Gleichberechtigung Deutschlands. Diese ist formell als Grundlage der Verhandlungen anerkannt, mit dem Zusatz, der ihre Verwirklichung nur in dem Maßstabe zuläßt, daß die Sicherheit der anderen garantiert wird. – Es bedeutet, daß man der deutschen Regierung die Brücke zurück in die Abrüstungskonferenz gebahnt hat, daß aber die Entscheidung über die Sache selbst nun erst kommt. Trotzdem ist man in den reaktionären Kreisen Frankreichs und in Polen in schwerster Aufregung über den Erfolg Deutschlands. Man muß das ja zu neuer militaristischer Hetze benutzen.

Wenn jedoch unsere bürgerliche Presse gegen dies Mißtrauen, besonders gegen Polens Aufregung, sich entrüstet, so ist dazu keine Ursache. Hat nicht unsere – von der Regierung und den Militärs der Republik geförderte nationalsozialistische Hetze alles getan, um Polen nervös zu machen? – Und hat diese Nervosität wirklich keinen Grund? – Wie einfach und klar wäre der Weg der »Gleichberechtigung«, wie könnte da ein Weg zum Frieden sein, wenn unsere Führenden in Deutschland damit Abrüstung und nicht, ganz gewiß und klar nicht verschleierte Macht- und Gewaltpläne meinten.

Frankreich: Herriot ist gestürzt, weil er bereit war, die Ratenzahlung für die Kriegsschulden am 15. Dezember zu leisten. Die Kammer glaubte, durch eine große Demonstration Amerika warnen zu müssen. Warum diese Sache solche ungeheure Bedeutung hat, wird einem erst klar, wenn man erkennt, daß dahinter der Kampf zwischen dem Franc und Dollar um das Übergewicht in der Weltfinanz steht. Frankreich hat seinen Riesengoldschatz, ist in dem Augenblick eine ungeheure Gefahr selbst für Amerika, kann durch Goldabzüge den Dollar gefährden, indem Amerika seinen Griff auf Frankreichs Schätze, den es mit diesen Zahlungen hat, aufgab. – England könnte und will man gnädig behandeln. Frankreich ist zu gefährlich. – Weiß man doch auch, daß Frankreich um so mehr rüsten und Europa und die Welt einschüchtern kann, je freier es finanziell steht. – Frankreichs Nationalismus will frei sein.

Lebrun hat keinen der weiter links als Herriot stehenden Staatsmänner beauftragt, wie man erwartete (etwa Daladier oder Paul-Boncour), sondern den noch der Rechten zu stehenden Chautemps. Dieser sucht ein Kabinett mit Herriot und Unterstützung der Sozialdemokratie zu bilden. Jedenfalls aber ist die politische und wirtschaftliche Spannung zwischen Amerika und

Frankreich in einer Weise verschärft, daß davon wieder die schwersten Gefahren für die gesamte Weltwirtschaft drohen.

Chautemps ist gescheitert. Paul-Boncour versucht, ein mehr nach links orientiertes Ministerium zusammenzubringen. – Ganz merkwürdig ist das Verhältnis zu Amerika. Hier scheint sich ein Kompromiß vorzubereiten, dessen Regelungen man noch nicht deutlich sieht. Jedenfalls will auch Amerika nicht den Bruch und von beiden Seiten sucht man Annäherung. – Man denkt an Schuldenverhandlungen schon im Januar.

Die Spannung zwischen England und Persien über die Petroleumsrechte ist dem Völkerbund unterbreitet worden. Er kann erst im Januar darüber verhandeln, da Persiens Note noch nicht eingetroffen ist.

Rußland hat die diplomatischen Beziehungen mit China aufgenommen. Dies wurde von Japan zuerst mit einem Wutausbruch beantwortet, scheint aber dahin zu wirken, daß Japan geneigt ist, den Nichtangriffspakt mit Rußland zu unterschreiben, in Genf sich mit China zu verständigen. Doch sieht man hier überall noch nicht klar.

Von Rußland werden Schwierigkeiten mit den Bauernkollektiven im fruchtbaren Nordkaukasusgebiet gemeldet, die in seiner Weise Gefahr bedeuten, aber ein Zeugnis der ungeheuren Schwierigkeiten des Aufbaues gerade in der Landwirtschaft sind. Es ist immer wieder der hartnäckige Sinn für Privatbesitz, der beim Bauern auflebt.

Mexiko hat seine Zugehörigkeit zum Völkerbund gekündigt. Es gibt dafür finanzielle Gründe an. Es ist ein Zeichen der Zeit. Man wird dieser Art hilflosen Völkerbundes müde.

In Argentinien ist ein geplanter Staatsstreich entdeckt, die Führer der Verschwörung, unter ihnen der frühere Präsident Irigoyen, sind verhaftet. Mit erfreulicher Energie hat das Büro der Sozialistischen Arbeiter-Internationale erklärt, daß es mit der nationalistischen sogenannten sozialistischen Massenpartei in Japan nichts zu tun hat und jede Beschönigung der imperialistischen Politik Japans aufs schärfste verurteilt. Die Internationale steht zu ihrer Erklärung gegen Japan vom 20. Mai 1932.

(82.) Politik der Woche 17. Dezember bis 24. Dezember 1932

Innenpolitik

Amnestie angenommen. 20.000 Gefangene erhalten die Freiheit. Wir freuen uns dessen. Darunter Ossietzky. Fraglich ist Scheringer. Obwohl die Mitschuldigen Wende und John, die zur NSDAP gingen, längst frei sind, will man ihn festhalten. Auch der Felsenecke-Prozeß ist eingestellt, alle amnestiert. Der Staatsanwalt versuchte auch hier, die Kommunisten auszuschließen.

Die Winterhilfe ist auf 50 Millionen festgelegt. Der Reichstag wurde nicht mehr vor Weihnachten einberufen, und zwar durch das Verhalten der NSDAP. Das bedeutet, daß diese der Entscheidung für oder gegen Schleicher aus dem Wege gehen wollte, tatsächlich aber schon eine Politik der Tolerierung macht. Die Zersetzung der NSDAP geht weiter.[189] Sie kann eine Wahl jetzt nicht wagen. Man darf wohl mit irgendeiner Verbindung über Gregor Strasser mit Schleicher rechnen, so sehr zwischen Hitler und Strasser der Gegensatz in ungewöhnlich unanständigen Formen ausgetragen wird.

Der Reichskommissar für Arbeitsbeschaffung, Dr. Gereke, hat sein vorläufiges Programm entwickelt. Er will sofort 600 Millionen RM flüssig machen, hofft auf 2,7 Milliarden RM zu kommen. Das Einzelne ist schwer zu übersehen. Der Erfolg ist abzuwarten. Inzwischen setzt die Kampagne der Wirtschaft gegen ihn ein, die nicht dulden will, daß die Vorteile der Steuergutscheine mehr den Städten und weniger ihr zugute kommen. – Solche Vorteile der Gemeinwirtschaft zu lassen, ist ja sicher höchst »unnational«.

Inzwischen steigt die Erwerbslosigkeit. Die Zunahme in der ersten Hälfte des Dezember beträgt 200.000 bis 250.000. Eine furchtbare Zahl des Bankrotts für Herrn von Papen. – Und Herr v. Schleicher? – Ihm meldet die Landwirtschaft ihren ungestillten Hunger auf Kosten des deutschen Volkes an. Im Kabinett tobt der Kampf um den »Butterbeimischungszwang«, der Beimischung deutscher Butter zur Margarine verlangt. Warmbold wehrt sich energisch.

Auch Hugenberg sucht die Finanzlage zu erschüttern durch die Forderung einer beträchtlichen Zinsherabsetzung. Von Amerika wird trotzdem wachsendes Vertrauen zur deutschen Wirtschaft gemeldet, die durch Rückfluß geflüchteten Kapitals gestärkt werde.

Sehr merkwürdig berührt im Zusammenhang mit der Kenntnis der deutschen Notlage die Nachricht, das deutsche Kapital habe die wesentlichsten schwedischen Kohlenhandelsfirmen aufgekauft, um sich den schwedischen Kohleabsatz zu sichern. In England ist man darüber nervös.

Für Preußen hat das Reichsgericht entschieden, daß die Änderung der Geschäftsordnung des Landtags für die Wahl des Ministerpräsidenten zu Recht besteht, daß der Landtagspräsident Kerrl verpflichtet gewesen wäre, den Landtag sofort auf Forderung der SPD einzuberufen. – Recht ja – die Macht aber ist auf der anderen Seite! –

Wie sie gehandhabt wird, zeigt der Fall des Landrats Kranold, einer der anerkannt tüchtigsten Verwaltungsbeamten, sein Kreis außergewöhnlich glänzend verwaltet, viel Ausgezeichnetes über die eigentliche Verwaltung hinaus durch ihn geschaffen. Er wird abgebaut, wird sofort von einer Stadt als Bürgermeister gewählt – bis jetzt nicht bestätigt. – Er ist eben Sozialist. – An den höheren Schulen, an denen politische Schülerverbände verboten sind, sind die nationalsozialistischen ausdrücklich gestattet worden. – Der kommunistische Reichstagsabgeordnete Schehr ist immer noch im Gefängnis. Immunität wird nicht geachtet.

In Breslau haben plötzlich Rektor und Senat gegen den umkämpften Professor Cohn Stellung genommen, weil dieser auf eine Rundfrage einer Zeitung hin es für möglich erklärt hat, Trotzki in Deutschland ein Asyl zu gewähren. – Man war wohl froh, einen solchen Vorwand zu finden, ihn nicht mehr schützen zu müssen. – Was wird das Ministerium tun?

In der Landwirtschaftlichen Hochschule in Berlin kam es zu einer großen Schlägerei zwischen kommunistischen und nationalsozialistischen Studenten.

Aus verschiedenen Gegenden Deutschlands werden neue Gewalttaten und Überfälle der NSDAP gemeldet. – In Hamborn, Altona und andere Städten sind Läden durch Erwerbslose geplündert worden. Verhängnisvoll, wenn auch verständlich (!!). – (Nur 50 Millionen RM Winterhilfe hat der deutsche Bürger für die 6 Millionen Arbeitslose übrig!) – Von Berlin wird das Auftreten von Scharen bettelnder und handelnder Kinder zum Weihnachtsverkehr gemeldet. Über so etwas entrüstet sich der gute Bürger nur, wenn es in Moskau geschieht. In einem kapitalistischen Staat stört das die Ordnung und das Gewissen nicht. – Wir haben ja unseren guten Staat und unsere Polizei.

Am 18. Dezember ist Eduard Bernstein kurz vor seinem 83. Geburtstag gestorben. Der Vertreter einer ganzen Periode sozialistischer Gedankenbildung und Politik geht mit ihm zu Grabe, und ein tapferer Kämpfer.

Außenpolitik

Eine Front der Revisionsgegner hat sich deutlich unter dem Eindruck des Genfer Beschlusses für Deutschlands Gleichberechtigung gebildet. Polen, Rumänien, Tschechoslowakei sind aufs stärkste beunruhigt und arbeiten in Frankreich gegen das Weitergehen auf diesem Wege. Man sieht, wie wenig Vertrauen Deutschlands Politik in der Welt hat. – Auch Litauen entwickelt Pläne, sich über Wilna mit Polen zu verständigen, während es allerdings andererseits ersprießliche Handelsbeziehungen zu Deutschland sehr nötig hätte. Unsere Großlandwirtschaft bewilligt die nicht, selbst auf die Gefahr hin, Litauen zu unseren Gegnern zu treiben. – Nationale Politik.

In Frankreich hat Paul-Boncour an Stelle Herriots das Kabinett gebildet. Das bedeutet einen Ruck nach links, stärkere Fühlung mit den Sozialisten. Verstärkte Sparsamkeit kündet die Ernennung des Finanzministers Cheron an. Das Programm ist nicht an Amerika zahlen nach dem Beschluß der Kammer, aber sofort Verhandlungen beginnen. – England hat bezahlt. Fordert aber auch sofortige Verhandlungen und benutzt seine günstigere Stellung zu Amerika zur Vermittlung zwischen diesem und Frankreich.

In Amerika gehen die beiden Präsidenten umeinander herum und jeder möchte dem anderen die Entscheidungen zuschieben über alle diese Dinge, bei denen man nie weiß, wie sie weiterlaufen werden. So ist kaum zu sehen, wie es eigentlich in der nächsten Zeit werden wird. Hoover verhandelt offiziell, Roosevelt inoffiziell. Man nimmt an, daß es zunächst zu Schuldenrevisionsverhandlungen zwischen Amerika und Frankreich und England kommt und dann zu einer Weltwirtschaftskonferenz, die in Washington stattfinden soll, damit der Kongreß, auf den sie Eindruck machen soll, sie in nächster Nähe erlebt. – Ein Beschluß, Bier mit 3 Prozent Alkoholgehalt zuzulassen, ist vom Kongreß gefaßt. Der Zusammenbruch dieses Versuchs, etwas zu dekretieren, was der inneren Haltung der Massen nicht entspricht, löst in der Welt eine zynische Freude aus, die für die soziale Ernsthaftigkeit weitester Kreise sehr charakteristisch ist.

Die Spannung zwischen Italien und Jugoslawien tritt wieder deutlicher hervor. Italien fordert die Adria als »mare nostro«. Jugoslawien fühlt sich bedroht. Es wird von Frankreich gestützt. Italien sucht dagegen den Bund mit Ungarn und Deutschland. Ein großes faschistisches Blatt bedauerte sehr, daß die unglückliche Politik der NSDAP Frankreich immer wieder Waffen gegen Deutschland und Italien in die Hand gebe. Die wirtschaftliche Notlage Italiens ist sehr groß. – Aber in einem neu errichteten Regierungsgebäude ist in jedem Raum mit großen Buchstaben angeschrieben: »Mussolini ha sempre ragione« – »Mussolini hat immer recht«. – Da muß es ja Italien gut gehen.

In der Schweiz geht der Kampf um die Genfer Unruhen weiter. Im Parlament hat der Bundesrat unbedingt daran festgehalten, daß die Truppen im Recht waren mit dem Schießen. – Ragaz hat in den »Neuen Wegen« eine Quellenzusammenstellung gegeben, die das Gegenteil deutlich feststellt. Die »Autoritäten« wissen es besser. Die Arbeitslosigkeit wächst auch in der Schweiz. – Vielleicht sorgten die Behörden sich besser um diese als um das Recht der Gewalt.

In Belgien hat das neugebildete Rechtskabinett ein großes Vertrauensvotum der Kammer bekommen. Doch steht es ungeheuren Schwierigkeiten – vor allem in der Nationalitätenfrage – gegenüber.

Schweden kürzt seinen Heeresetat, setzte eine Kommission zur Kontrolle der Rüstungsindustrie ein, nimmt die Abschaffung der Kriegsgerichte in Aussicht, plant Abbau der Handelshemmnisse. – Es hat eine sozialdemokratische Regierung. – Eine Warnung an unsere Politiker ist der Beschluß einer Sachverständigenkommission an den höheren Schulen Englisch, statt Deutsch zum Pflichtfach zu machen. – Erfolge deutscher Hugenberg-Papen- und Hitler-Kultur.

China droht mit Austritt aus dem Völkerbund, weil die Anerkennung der Selbständigkeit der Mandschurei nicht ausdrücklich abgelehnt wurde. Japan droht mit demselben Schritt für den Fall, daß sie abgelehnt wird. Beide sind sehr unzufrieden mit dem Völkerbund. Wir alle auch.

Der Ölkonflikt zwischen Persien und England ist vertagt, bedeutet aber nach wie vor eine sehr ernste Schwierigkeit.

In Rußland geht die große Sorge um die Ernährung der städtischen Bevölkerung in diesem Winter, um die geistige Umstellung der Bauern-Kollektive, um die Verbesserung der landwirtschaftlichen Arbeit im nächsten Jahre weiter. Die bürgerliche Presse übertreibt diese Schwierigkeiten, die ernst genug, aber keine Gefahr für den Bolschewismus sind.

(83.) Politik der Woche 24. Dezember bis 31. Dezember 1932

Innenpolitik

Die ganze Schwäche reaktionärer Politik zeigt sich im »Butterkrieg«, eine tatsächliche Gefährdung der Regierung, der Politik, durch die Frage, ob die Margarine-Industrie gezwungen werden soll und kann, die Margarine durch Butterbeimischung zu verteuern, damit die großen Molkereien mehr verdienen. – Dagegen machen auch die christlichen Gewerkschaften mobil. Man empört sich auch gegen den Mißbrauch des Artikels 48 für die Privatinteressen der Landwirtschaft. – Die Molkereien machten den Bauern mobil, indem sie aus ihren Kühlhäusern so viel Butter auf den Markt warfen, daß die Preise katastrophal sanken. Der Landwirtschaftsminister wird von seinen eigenen Leuten wütend angegriffen, daß er nicht mehr erreicht.

Man beweist immer deutlicher: Eine anständige, der Allgemeinheit dienende Politik ist – gestützt auf die reaktionären Kreise in Deutschland – unmöglich. Sobald sie zur Macht kommen, überschlagen sie sich in wilden Orgien kleinlichster Selbstsucht. Nur die Parteien der Linken tragen eine »nationale« Politik. Herr v. Schleicher wird es jetzt schon empfinden, was es heißt, endgültig mit der Linken in Deutschland gebrochen zu haben.

Er hat inzwischen durch Notverordnung ein Notwerk deutscher Jugend geschaffen. – Aus dem Ausschuß für den freiwilligen Arbeitsdienst ist das Reichsbanner ausgeschieden. – Endlich und mit Recht. – Wer weiß nicht, daß zuerst, zuallererst, etwas für die Jugend geschehen müßte – aber an wirklich sinnvoller, Lebensmöglichkeiten schaffender Arbeit und Ausbildung. – Alle diese Versuche, in denen die Not der Jugend dazu benutzt wird, sie geistig in die Interessen und Gedankenwelt militaristischer und antisozialistischer Bestrebungen einzugliedern, zeugen von einer Verständnislosigkeit unserer herrschenden Kreise für unser Volk und seine Jugend, die sich bitter rächen muß. – Generäle als Volkserzieher sind fast noch gefährlicher, wie Generäle als Politiker.

Die landwirtschaftliche Siedlung ist fast völlig ins Stocken geraten durch die Gegnerschaft des jetzigen Landwirtschaftsministers v. Braun.

In Preußen geht der Abbau der republikanisch denkenden, vor allem der sozialdemokratischen Beamten weiter. Zunächst ist das Berliner Provinzial-Schul-Kollegium ausgekämmt worden. Nun soll es an die Schulbehörden im Lande gehen. – »Nationale« Politik der vollendeten Selbstsucht der rechtsstehenden und nach rechts sich aufdrängenden Anwärter. Lehmann-Rußbüldt, der in seiner Schrift »Die blutige Internationale« und in vielen Artikeln und Vorträgen die schauerliche Arbeit der Rüstungsindustrie enthüllt hat und enthüllt, sollte in Kopenhagen einen Vortrag halten. Es ist ihm die Ausreise verweigert worden. Mit Recht fragt die dänische Presse, wie Deutschland, das dauernd seinen Friedenswillen versichert, dazu komme, die internationale Rüstungsindustrie in Schutz zu nehmen. Zum Glück helfen solche Maßnahmen ja immer den Betroffenen.

Gleichzeitig werden zahlreiche Ausweisungen »lästiger« Ausländer bekannt. Sie betreffen meistens Leute, die in der politischen Arbeit der Linken stehen, meistens der KPD. – Man muß befürchten, daß die Deutschen im Ausland und die Auslandsdeutschen die Vergeltungsmaßnahmen der ausländischen Regierungen zu fühlen bekommen.

In Thüringen ist zum Abbau Fiedlers nun gekommen, daß man Frau Dr. Anna Siemsen ihren Lehrauftrag an der Universität entzogen hat. Ein unerhörter Fall der Zerstörung der Lehrfreiheit. – In Breslau häufen sich die Erklärungen gegen Rektor und Senat und deren Versagen im Schutze des Professors Cohn. Die thüringische Regierung hat sich gezwungen gesehen, die Schlachtsteuer einzuführen. Die Nationalsozialisten bekämpften im Wahlkampf diese Steuer aufs äußerste. Nun muß ihre Regierung sie gegen den Widerstand der anderen Parteien einführen. Das ist der Erfolg einer bösen finanziellen Mißwirtschaft.

Bei der NSDAP geht die Zersetzung und die Unsicherheit weiter. Man sucht die Einberufung des Reichstags so lange wie möglich hinauszuschieben, weil man sich über etwaige Tolerierung Schleichers oder etwaiges Mitgehen mit ihm nicht klar und einig werden kann. – Nun enthüllt sich in Dresden dieses furchtbare Fememord-Drama, das doch wohl auch manchem die Augen öffnen wird.

Deutschland sitzt tief in der Butter zu Beginn des Jahres 1933. Das danken wir gewiß auch dem, der die Reichswehr so organisierte und einsetzte, daß unter ihrem Schutz Hitler groß werden, die Industrie die Arbeitermassen vergewaltigen, die Großlandwirtschaft die Industrie tributpflichtig machen konnte – und nun die Verwirrung da ist, die auch das Maschinengewehr nicht bannen kann. – Wir wollen nicht vergessen, welchen Dank für das alles wir Herrn v. Schleicher schulden.

Außenpolitik

Der Handelsvertrag mit Frankreich ist verlängert, zugleich ein Devisenabkommen geschlossen, daß beiden Ländern zur wirtschaftlichen Beruhigung dient. Das Abkommen über den Handelsvertrag öffnet der landwirtschaftlichen Schutzpolitik mancherlei gefährliche Möglichkeiten, ist aber immerhin besser, als ein Handelskrieg mit Frankreich, der die internationale Verbitterung unheimlich gesteigert hätte. – Man glaubt, daß der Konflikt mit Amerika Frankreich zu großem Entgegenkommen bereit gemacht hat.

Auch mit Argentinien ist ein vorläufiges Handelsabkommen getroffen, das einen erträglichen Zustand sichert.

In Frankreich hat Paul-Boncour einen großen Erfolg davongetragen. Die Kammer hat mit großer Mehrheit die Anleihe an Österreich bewilligt. Unsere Rechtspresse redet von der »Versklavungsanleihe«. Wachsenden Einfluß Frankreichs bedeutet sie. Wann aber wird unsere Rechtspresse begreifen, daß gerade ihre Politik zwangsweise diese Erfolge Frankreichs herbeiführt?

Der Konflikt zwischen Frankreich und Amerika steht. Man wird hier wohl erst dann weiterkommen, wenn der neue Präsident die Zügel der Politik ergriffen hat.

In diesen Tagen reisen die Abgeordneten der Staaten nach Genf zu einer vorbereitenden Besprechung für eine

Weltwirtschaftskonferenz

Sie werden dort auch über die Schulden und die Abrüstungsfrage sprechen. Amerika sendet dazu zwei Sachverständige, Day und Williams. Es wird versichert, sie seien nur Sachverständige, die Amerikas Interessen zu vertreten hätten. Man wünsche aber die Besprechung der Rohstoff-Frage, der internationalen Handelsbeschränkungen und Zollpolitik, der Stabilisierung der Währung, der Schuldenfrage. In der Abrüstungsfrage müsse man schon unter dem Druck der allgemeinen Finanznot zu einer Beschränkung der Rüstungen kommen.

Inzwischen werden von Japan gewaltige Rüstungspläne und -aufträge gemeldet, auch Persien soll solche vergeben haben. Bolivien und Paraguay kämpfen weiter, eine Spannung zwischen Peru und Kolumbien wird berichtet.

Auch für die Gesamtlage der Welt ist beim Jahreswechsel nicht ein Lichtblick zu sehen, es seien denn die Versicherungen der Wirtschaftssachverständigen, die Krise beginne abzuebben. Die Völker spüren es noch nicht. Sie spüren nur den immer furchtbareren Druck eines wahnsinnig gewordenen Ausbeutungsgeistes.

Entschlossener Kampf diesen Gewalten! Sammlung aller, die spüren, wie sie heute mit Hunger die Völker vernichten, für morgen den Krieg bereiten in einer Gestalt, die unfaßbar furchtbar ist. Ihre eigene Selbstsucht macht sie uneinig und schwach. Seien wir einig und wir werden die Gefahr überwinden können. Das ist der Ruf, den das neue Jahr an uns hat.

(84.) Politik der Woche 1. Januar bis 7. Januar 1933

Ausland: China und Japan

Das muß heute das Erste sein. Japan glaubt die Mandschurei so weit verdaut zu haben, daß es seine Pläne weiterspinnen kann. Es hat sie vorbereitet durch dauernde Angriffe auf den General Tschangsuyliang in Peking. Er wurde allerlei dunkler Angriffspläne verdächtigt. Nun »kommt man ihm zuvor«, indem man die Hafenstadt Schanhankwan überfällt. Sie wurde beschossen und nach einem ungeheuren Blutbad, dem Massen der Zivilbevölkerung, Frauen und Kinder, zum Opfer fielen, eingenommen. Damit hat Japan die Einfallspforte zur Provinz Jehol, unzweifelhaft chinesischer Boden, in der Hand und kann die Eroberung dieser Provinz – eventuell den Marsch auf Peking betreiben. – China ist in wahnsinniger Erregung. Rußland, England, Amerika sind aufs stärkste interessiert. Was wird werden? Man schaut nach Genf. Weiß man nun endlich dort, daß keine Zeit zu verlieren ist? – Rußland hält vorsichtig zurück. – Aber der Weltbrand lodert heller empor. Wann wird er in jenes Stadium gekommen sein, wo niemand sein Umsichgreifen mehr hindern kann? – Das alles wäre nicht möglich, ohne die Mithilfe der europäischen und amerikanischen Geldmächte und Munitionsfabriken. – Geld, Geld, Geld muß verdient werden, und wenn wir alle darüber zugrunde gehen! »Kommunistische« Demonstrationen werden in Japan grausam unterdrückt. Das ist wahrscheinlich der Kampf der Massen gegen den Krieg, der natürlich Bolschewismus und Vaterlandsverrat in Japan wie überall ist.

In Spanien ist eine Verschwörung aufgedeckt. Bomben wurden gefunden. Monarchisten sind geflüchtet auf einem Schiff. Man weiß noch nicht, wo sie landen werden.

In Frankreich wartet man mit großer Spannung auf die Pläne des neuen Finanzministers Cheron zur Sanierung der Finanzen. Sie werden bis jetzt ängstlich geheim gehalten.

In der Tschechoslowakei lebt der Prozeß des tapferen Friedenskämpfers Professor Tuka auf, den man wegen Hochverrats nach einem unglaublichen

Verfahren zu fünfzehn Jahren schweren Kerkers verurteilt hat. Ein tapferer Mann. Georg Weiner erhebt besonders gegen die Spionageabteilung des Prager Generalstabs (alle die ehrempfindlichen Militärs haben solche ehrenvolle Geheimbetriebe) schwerste Vorwürfe, durch falsche Zeugen Tuka zur Verurteilung gebracht zu haben.

Bulgarien ist glücklicher als wir. Es hat sogar zwei nationalsozialistische Terrorparteien, die sich vor dem Palast des Königs eine Schlacht lieferten, wobei ein Führer getötet, der Führer der Gegenpartei verwundet wurde. Dieser Verwundete ist nun im Krankenhaus von der ihn pflegenden Schwester, wie sie behauptet, im Auftrag der Gegenpartei, erschossen worden.

Gerüchte reden davon, daß Albanien durch großes finanzielles Entgegenkommen von Italien dazu gebracht werden soll, eine Zollunion mit ihm einzugehen. Jugoslawien ist in heller Entrüstung über solche Pläne.

Deutschland

Der Haushaltsausschuß des Reichstages soll am 10. Januar, der Reichstag selbst am 24. zusammentreten. Im Haushaltsausschuß will der Finanzminister seine Pläne und Voranschläge für das kommende Jahr vorlegen. Da die Regierung an beidem festhält, geht nun das Intrigenspiel der »nationalen« Kreise los, das man »nationale« Politik oder Politik der autoritativen Führung nennt.

Die Nationalsozialisten operieren dabei nach zwei Seiten. Auf der einen möchte man die Entscheidung Schleicher gegenüber vertagen, um Zeit zu gewinnen für Intrigen und für die Umstimmung der Wähler. Man hofft, daß bei einer Wahl im Frühjahr die Folgen von Strassers Ausscheiden und Hitlers Versagen überwunden sein könnten. – Da wir das Gegenteil »hoffen«, brauchen wir diese Pläne nicht sehr tragisch zu nehmen. Daß dabei Deutschland eine sehr unsichere Regierung behält, wird für die Wirtschaft und ihre Erholung und die gesamte Außenpolitik verhängnisvoll sein. Wir wissen aber schon, daß das die »nationalen« Kreise nicht weiter beunruhigt. – So will man den Reichstag durch eine Zusammenarbeit von Zentrum und Nationalsozialisten sofort nach der Regierungserklärung vertagen, den Mißtrauensantrag der SPD und KPD gar nicht zur Abstimmung kommen lassen. Das wäre also eine Art Tolerierung der Tolerierung durch die Hitler-Leute, die dann damit rechnen, daß eine so verschleierte Tolerierung von ihren Wählern nicht begriffen wird. In diese Pläne hinein kommt die Nachricht, daß Hitler in Köln im Hause eines Herrn v. Schröder (nicht raffendes sondern schaffendes Kapital) auf Mitveranlassung des Herrn Dr. Silverberg (Jude, aber so reich, daß er schon nahezu »national« ist) mit – ausgerechnet – Herrn v. Papen verhandelt habe.[190] Es wird fest versichert, nur über die neue Einigung der nationalen Front, nicht aber über sein Zusammengehen gegen Herrn v. Schleicher. – Kühne Leute redeten schon davon, daß Papen wieder Reichskanzler und Hitler preußischer Ministerpräsident werden solle. – Uns wird bestätigt, was wir wußten, daß Hitler nicht aus prinzipiellen Gründen Gegner des Herrn von Papen war, sondern nur aus dem Grunde, daß er Reichskanzler war und nicht Hitler. So ist er heute Gegner des Herrn von Schleicher – aus demselben Grunde und Freund des Herrn von Papen, dessen politische Anschauungen kein Hindernis mehr sind, sobald er nicht mehr Hindernis auf dem Weg zur Macht ist.

Das deutsche Volk erhält einen niedlichen, ihm recht gesunden Anschauungsunterricht über die politische Moral der Kreise, die es moralisch erneuern wollen, und über die Tatsache, daß eine anständige Regierung eben nur mit den Kreisen möglich ist, die politische Vernunft und Opferbereitschaft haben, und das sind die Kreise der Arbeiterschaft und die ihnen nahestehenden. Alle anderen betreiben die Politik des eigenen Geldbeutels, die Gott sei Dank es unmöglich macht, daß die ungeheuren Kapitalmächte, die uns gefährden, sich über das Fell des Bären einigen können, den sie noch nicht haben.

Die Notverordnung über den Beimischungszwang von Butter zur Margarine, ein solches Stück kleinliche Geldbeutelpolitik, wird wahrscheinlich aufgehoben oder geändert, ehe der Reichstag zusammentritt. Man will es dadurch möglich machen, daß dieser sich sofort vertagt. Sonst würden die Parteien auf Abstimmung über diese Verordnung bestehen. Schleicher ist bereit, sie auf jeden Fall preiszugeben. – Weniger autoritative Regierungen hätten sich das wahrscheinlich vorher überlegt. Aber Autoritäten denken eben erst nach, wenn die Dummheiten gemacht sind.

Im Zusammenhang dieses ganzen Wirbels fragt man sich, was es wohl bedeutet, daß Braun und Schleicher eine Zusammenkunft hatten, um eine Regelung der preußischen Frage vorzubereiten. Sucht Schleicher Halt hier? – Dann wohl vergebens. – Aber auch ohne das sieht er wohl, daß es so nicht weitergehen kann, in Preußen, wo es für linksstehende Beamte weniger und weniger Rechte gibt. Was man besprach, wird nicht mitgeteilt, nur daß man weitere Zusammenkünfte vorbereitet hat. Eine anständige Regelung in Preußen könnte immerhin manches Unmögliche und viel Mißtrauen beseitigen.

Langsam kommt auch der Gerekeplan[191] zur Wirksamkeit. Aber stärker und stärker wird auch der Widerstand der industriellen Kreise, die es nicht gestatten wollen, daß den Gemeinden und öffentlichen Körperschaften so große Mittel zur Verfügung gestellt werden, wie es hier vorgesehen ist. Lieber keine Ankurbelung als eine, bei der der Hauptvorteil der Industrie entgeht. Die Richtlinien sind, es müssen Arbeiten angegriffen werden, die für die Volkswirtschaft wertvoll sind. Sie dürfen nicht freihändig vergeben, sondern müssen ausgeschrieben werden, die kleineren und mittleren Unternehmer sind zu bevorzugen. Soweit keine wesentliche Verteuerung eintritt, müssen sie durch menschliche Arbeitskraft ausgeführt werden. Bei den Einstellungen sind Ernährer von Familien und wieder Kinderreiche zu bevorzugen. Es darf wöchentlich nicht mehr als 40 Stunden gearbeitet werden. – Volkswirtschaftlicher Unsinn ist die Forderung, daß nur deutsche Baustoffe verwendet werden dürfen. Dazu muß man wissen, daß der holländische Zement in Deutschland billiger ist und umgekehrt. Solche Dinge sind nationale Verhüllungen der nationalen Profitsucht.

In Thüringen ist das Disziplinarverfahren gegen Oberstudienrat Dr. Rau in Gera eingeleitet, weil er das Sprechen des Hetzspruches verweigerte. Studienrat Fiedler ist des Dienstes enthoben. Versetzt von seinem Amt ist Oberregierungsrat Dr. Frede, weltberühmt durch seine mustergültige Gestaltung des Strafvollzuges in Thüringen. Auch solche Männer dürfen nicht mehr wirken. Der Widerstand in Lehrerkreisen ist im Wachsen.

Von Halberstadt wird gemeldet, daß noch zwei Reichsbannerleute im Quedlinburger Gefängnis (Justizbehörde in Halberstadt) seien, die von der Amnestie betroffen, längst frei sein müßten.

In Breslau fand eine Aussprache zwischen dem kommissarischen Vertreter des preußischen Kultusministeriums, Dr. Kähler, und Rektor und Senat statt, nachdem ein Einlenken des Senats zugunsten der Lehrfreiheit von Professor Cohn geschehen soll.

Gleichzeitig wird bekannt, daß man dort die Universität und die Technische Hochschule zu einer Hochschule vereinigt habe. Wenn dabei keine tieferen organisatorischen, pädagogischen Umwandlungen, stärkeres Zusammenwirken und Zusammenarbeiten der Fakultäten und Professoren erzielt werden, ist das Ganze eine sinnlose Maske.

Das Notwerk der Jugend kommt in Gang. Hier könnte etwas Gutes werden, wenn man wirklich die eigene Organisation der Jugend in ihren Gruppen zustande kommen läßt, wenn man alle Parteien und Richtungen arbeiten läßt, wenn man alle Militarisierung und Wehrpolitik und damit den Offizier draußen läßt. Tut man das nicht, wird man ja bald wieder vorm geistigen Bankrott stehen.

(85.) Politik der Woche 8. Januar bis 15. Januar 1933

Innenpolitik

Hitler verhandelte mit Papen unter des Herrn v. Schröder finanzieller Mitberatung. Man dachte, es werde ein Vorstoß gegen Schleicher. Papen aber verhandelte mit Schleicher, Hugenberg verhandelte zwei Stunden mit Schleicher, wird auch von Hindenburg empfangen. Hitler war in Berlin, besprach sich aber nur mit seinen Leuten. – »Autoritative Regierung«, d. h. Regierung heimlicher Intrigen, von deren Inhalt das Volk erst erfährt, wenn es die Kosten zahlen darf.

Nun ist davon die Rede, daß Schleicher sein Kabinett erweitern will durch Strasser, der Vizekanzler und »Sprechminister« werden will, wohl auch Minister für Intrigen, ein solches Ministerium ist bei einer autoritativen Regierung offenbar sehr nötig. Hinzutreten sollen Hugenberg und Stegerwald. Hugenberg gar als Reichswirtschafts- und Reichsernährungsminister zusammen. Es müßten die Gegensätze zwischen Großlandwirtschaft und Industrie wenigstens im Kabinett nicht zur Geltung kommen, Hugenberg ist es ja auch zuzutrauen, daß er so viel vom Volke abzwingt, daß sowohl Großindustrie als Großlandwirtschaft befriedigt werden können. – Ob der Reichstag zum 24. Januar zusammentritt, ist fraglich geworden. Man hofft nun sogar, daß schon der Ältestenausschuß beschließt, ihn bis März zu vertagen. Schleicher wünscht allerdings, daß dann ein bestimmter Termin genannt wird – so verfassungstreu ist er. – Ob die Nationalsozialisten sich auf eine solche Tolerierungs- oder Bündnispolitik einlassen, wird vom Ausgang der Wahl in Lippe abhängen (15. Januar). Haben sie hier Erfolge, so wagen sie die Auflösung des Reichstags. Gehen ihre Stimmenzahlen zurück, so werden sie tolerieren, um die Auflösung zu vermeiden. – Die alte schamlose Erfolgspolitik, die sich eine Partei leisten kann, deren Wähler zum größten Teil aus den Kreisen kommen, die nie an etwas anderes als an Geschäftspolitik gedacht haben.

Allerdings schrecken noch andere Dinge. Von verzweifelten Versuchen Hitlers, seine Partei finanziell zu sanieren, wird gesprochen. Selbst Anleihen im Auslande (Schweden) soll er gesucht haben. Diese Gerüchte werden ebenso verzweifelt dementiert. Wir wissen aber, was Dementis der NSDAP wert sind. Dazu nimmt die innere Zersetzung der Partei zu. Reventlow wendet sich sehr scharf gegen ein Zusammengehen mit Papen und Hugenberg. In Franken mußte die SA aufgelöst, ihr Führer abgesetzt werden. In Kassel schlichtete die Polizei schwere Kämpfe zwischen den Nationalsozialisten selbst. Ähnliches wird aus dem ganzen Reich berichtet. In Berlin, Kiel und anderen Orten überfielen Nationalsozialisten Kommunisten. – Seiner selbst sicher ist man offenbar nirgends. Da wird wohl Schleicher der Stärkere bleiben und Strasser sich als der Klügere zeigen.

Papens Mission bei Hitler und Schleicher war ein Vorstoß der Schwerindustrie. Ihr ist das Maß der Achtung schon zu viel, das Schleicher den Rechten der organisierten Arbeiterschaft entgegenbringt, wie ihr auch die Beteiligung der Kommunen am Gerekeplan sehr mißfällt.

Noch stärker revoltierte gegen Schleicher die Großlandwirtschaft, repräsentiert durch den Reichslandbund.[192] Dieser sprach der Reichsregierung sein schärfstes Mißtrauen aus und sprach zugleich von der Habgier der Exportindustrie, die der Landwirtschaft das Leben nicht gönne. Diese Erklärung erschien nach einer Unterredung des Präsidiums mit Schleicher und einem Empfang bei Hindenburg. Bei beiden Gelegenheiten waren der Landwirtschaft Zugeständnisse gemacht worden, die weit über das hinausgehen, was das deutsche Volk ertragen kann. Der Sicherungsschutz der Güter wird verlängert, obwohl er jetzt schon für die Handwerker und Gläubiger der Güter vernichtend wirkt, obwohl es ein öffentliches Geheimnis ist, wie viele unmögliche Begünstigungen dauernd auf diese Weise auf Kosten des deutschen Volkes vollzogen werden. (Man behauptet, daß allein dem alten Januschauer drei Güter auf Kosten des Reichs »saniert« wurden). – Es ist eben nur für den Erwerbslosen schimpflich, auf Kosten des Reiches zu leben, nicht für die, die Deutschland in der internationalen Vergnügungsgesellschaft »repräsentieren«. Sie müssen standesgemäß unterhalten werden, auch wenn das Volk hungert. Daß aber die unglaubliche Erklärung des Reichslandbundes unmittelbar nach diesen Abmachungen und nach dem Empfang beim Reichspräsidenten erschien, hat dort so beleidigend gewirkt, daß Schleichers Stellung fester wurde als je. Erfreulicherweise rückte der Deutsche Bauernbund energisch vom Reichslandbund ab und wies darauf hin, daß die Veredelungswirtschaft gestärkt werden und die Konsumkraft der Volksmassen gehoben werden muß, wenn des Bauern Existenz gerettet werden soll. Der Pommersche Landbund, Graf Kalckreuth u.a. haben inzwischen Erklärungen veröffentlicht und Reden gehalten, die so deutlich mit Gewalt drohen, daß die Reichsregierung ernstlich warnen zu müssen glaubte und mit schärfsten Maßnahmen – auch gegen die Presse – droht, wenn das so weitergeht.

Den deutschen Botschaftern im Ausland wurden wieder Militärattachés beigegeben. Schon Bismarck hat mit ihnen schlimme Erfahrungen gemacht. Einer von ihnen mit Namen v. Papen hat während des Krieges furchtbares Unheil angerichtet. Aber man erwartet, daß die deutsche Uniform uns die Sympathien der Völker wieder sichert. Das darf dann schon Erhebliches kosten.

Im Haushaltungsausschuß des Reichstags wurde festgestellt, daß das Defizit des Reiches 2.070 Millionen RM beträgt. Dazu kommt eine Vorbelastung mit Steuergutscheinen auf kommende Jahre von ebenfalls ca. 500 Millionen. Das Defizit der Länder beträgt ca. 540, das der Städte 1.000 Millionen.

Ein Antrag der SPD fordert im Auswärtigen Ausschuß ein Ultimatum an Japan. Dies solle den Lytton-Bericht erfüllen, oder man werde alle Handelsbeziehungen abbrechen. Japan ist gegen die Boykotterklärungen, die drohen, schon nervös. Unsere Rechtspresse aber erklärt, dazu wäre Deutschland zu schwach. (Das ihrer Meinung nach gegen Frankreich doch so stark ist). Sie haben eben ihre Kriegslieferungen nach Japan zu verteidigen.

Im Sozialpolitischen Ausschuß wurde der Gerekeplan behandelt. Über ihn hat auch Gereke sonst gesprochen und seine Grundgedanken veröffentlicht. SPD und KPD haben Ergänzungsanträge dazu gebracht, die teilweise angenommen wurden. Eine entscheidende Durchführung dieser Pläne – verbunden mit einer gesamten Politik der Vernunft – könnte viel bessern. Aber die Gesamtpolitik?

Die Arbeitslosigkeit ist in der zweiten Hälfte des Dezember um 169.000 gestiegen. Trotzdem wird von einem Anstieg der Leistungen der Wirtschaft berichtet. Es scheint fast, daß erhöhte Leistung der Wirtschaft heute noch lange nicht Abnahme der Erwerbslosigkeit bedeutet. Ein sehr bedenkliches Symptom, das auch von Amerika berichtet wird, wo steigende Leistung der Wirtschaft sich vollziehen soll, ohne daß bis jetzt die Arbeitslosigkeit abnimmt. – Aber die Papiere an der Börse steigen und von St. Moritz wird berichtet, daß die internationale Vergnügungsgesellschaft sich seit fünf Wintern nicht so glänzend und großartig amüsiert habe wie heuer. Dort also hat man wieder Geld.

Zur Freude des »nationalen« Deutschland hält der Panzerkreuzer »Deutschland« seine ersten Probefahrten. – Der Stahlhelm feiert das zehnjährige Gedächtnis der Ruhrbesetzung mit einer großartig aufgezogenen Haßhetze gegen Frankreich. Hierbei erlebte das Lied »O Deutschland hoch in Ehren...« eine Auferstehung. – Der Krieg begegnet uns auf Schritt und Tritt. – Am 17. Januar soll der preußische Landtag zusammentreten. Der Etat ist vom Reichskommissar aufgestellt. Das Ministerium Braun bekommt zugemutet, ihn zu vertreten. Das darf nach dem Urteil des Reichsgerichtes der Kommissar nicht. Die verächtliche Behandlung des preußischen Ministeriums geht also weiter. – In Thüringen hat die Regierung angeordnet, daß zum 18. Januar die Regierungsgebäude schwarz-weiß-rot flaggen. Einige Rathäuser, in denen die NSDAP die Mehrheit hat, flaggten mit der Hakenkreuzfahne, so Meiningen. – In Koburg fordert man eine Volksabstimmung gegen die NSDAP und zwar vor allem von rechts her. – Erfreulich ist die Tatsache, daß in einigen thüringischen Städten SPD und KPD zusammen die Mehrheit haben und einig arbeiten, so in Altenburg. – In Braunschweig geht der Hochschulkonflikt unter dem Schutze des Ministers Klagges weiter. Die Hochschule kann die Feier zum 18. Januar nicht abhalten, weil die nationalsozialistischen Studenten keine Gewähr für Wohlverhalten geben. – Ist uns nicht unangenehm. – Zu Berlin kann Georg Kaisers neues Stück »Der Schatz im Silbersee« nicht aufgeführt werden, weil man Terror fürchtet. Hummel-Daubmann, der »Heimgekehrte« ist zu zwei Jahren Gefängnis verurteilt. Der Prozeß ergab, wie unglaublich die nationalsozialistischen Kreise ihn in den Betrug hineinrissen.

Eine riesenhafte Kapitalvertrustung vollzieht sich zwischen den Rheinisch-Westfälischen Elektrizitätswerken und den Pfalzwerken, auch die Gelsenkirchen-Aktion spielt hinein. Man will die vom Reich in einer für die Industrie sehr vorteilhaften Weise gekauften Aktien nun noch vorteilhafter für die Industrie verwerten. Jedenfalls entsteht ein Riesen-Elektro-Montantrust von ungeheuerster Ausbeutungsmacht, wenn nicht das arbeitende Volk diese Konzentration zu einer Vorbereitung auf die Sozialisierung wandelt.

Internationale Verhandlungen

In Genf tagt die Arbeitszeit-Konferenz. Sämtliche Arbeitervertreter und die Vertreter der großen Industriestaaten fordern die 40-Stunden-Woche zur Milderung der Arbeitslosigkeit. Die Unternehmervertreter sind blind und stur dagegen. Es geht nicht. – Darüber hinaus sind Uneinigkeiten über die Frage, daß die Kaufkraft der Massen nicht durch Verkürzung der Arbeitszeit gesenkt werden darf. England und die Arbeitnehmer sind hier klar. Alle anderen wanken. Man sucht einen Kompromiß. In den Vorbereitungen für die Weltwirtschaftskonferenz ist sowohl die Haltung Amerikas als auch Frankreichs entgegenkommender. Deutliches ist noch nicht zu sehen.

In Frankreich tobt ein verzweifelter Kampf um die Sparmaßnahmen. Die kleinen und mittleren Geschäftsleute wehren sich gegen neue Steuern und drohen mit Steuerstreiks, die Beamten gegen Kürzung ihrer Gehälter. Für sie tritt die Sozialdemokratie ein, die keine Senkung der Kaufkraft will und deshalb mit Paul-Boncour in Spannung geraten ist. Man arbeitet am Kompromiß. Nach Rom hat man Jouhaux als Botschafter gesandt, der versöhnen soll.

In Schweden hat die sozialistische Regierung ein ausgezeichnetes Regierungsprogramm dem Parlament vorgelegt. Sparen beim Militäretat, dafür energische Arbeitsbeschaffung. Einführung der Arbeitslosenversicherung, staatliche Kontrolle der Industrie und Banken. (Hier hat der Fall Kreuger den Weg geebnet).

Eine sehr unklare Regierungskrise herrscht in Rumänien.

Grauenhaftes geschah in Spanien. In Barcelona und weiten Gebieten des südlichen Spaniens fand ein Aufstand der Anarcho-Syndikalisten statt, die diese arme, verzweifelte Bevölkerung organisiert hat. Er wurde blutig niedergeworfen, schwelt aber noch weiter. Bezeichnend für die Vorstellungswelt unserer bürgerlichen Presse ist die Tatsache, daß sie von »kommunistischen« Aufständen redet. So einschneidende Unterschiede innerhalb der Massenbewegung sind ihr nicht klar. Wo Blut fließt, ist der Kommunist schuld.

In Belgien vollziehen sich Dinge, die für uns ganz besonders wichtig sind. Das Parlament hat der Regierung diktatorische Machtbefugnisse gegeben (Weg Brünings). Dagegen machen Sozialdemokraten und Kommunisten gemeinsam Front, arbeiten und agitieren miteinander. Eine Einheitsfront ist entstanden, was um so wichtiger ist, als Vandervelde für die Sozialdemokratie das tut, der Vorsitzende der 2. Internationalen.¹⁹³ Wir können nur wünschen, daß es der Anfang einer weitergehenden Einheitsbewegung ist.

Japan stößt weiter vor in China. Ganz deutlich sieht man den Vorstoß auf Peking und Tientsin kommen. Ein Besuch der Botschafter Englands, Frankreichs, Italiens und Amerikas beim japanischen Außenminister war erfolglos, ebenso eine Verhandlung von chinesischen und japanischen Vertretern an Bord eines englischen Kriegsschiffes, ebenso die Verhandlungen in Genf beim Völkerbund. Dagegen soll China durch verzweifelten Widerstand den japanischen Vormarsch zum Stocken gebracht haben. Hoffentlich gründlich.

In Indien ist der Aufstand von Bauern in einem Teilstaat blutig von englischen Truppen niedergeworfen worden.

In Rußland vollziehen sich einschneidende Dinge. Rücksichtslos geht man gegen alle vor, die die Ernährung gefährden durch mangelhafte Ablieferung oder mangelhafte Wirtschaft in Kollektiven und Privatgütern. Belohnungen sind den Kollektiven und Gebieten gegeben, die ihren Anteil erfüllt haben. Die städtischen Betriebe werden von überflüssigen Angestellten gereinigt. – Diese werden aufs Land verteilt. Zuverlässige werden dorthin geschickt, wo man versagt hat. Innerhalb der Partei vollzieht man eine Reinigungsaktion gegen Rechts- und Linksopposition. Die Führer werden ausgeschlossen, einige sehr namhafte bestraft, da sie versprochen hatten, sich zu fügen und nun wieder bei Vorbereitung von Widerstand betroffen wurden. – Rußland ist noch nicht in Ruhe und Stetigkeit. Liegt es nur an der Krise? Müßte der Weg zur Überwindung der Diktatur nicht endlich gefunden werden?

Trotzki soll schwer erkrankt sein. Seine Tochter in Berlin hat sich vergiftet. – Die Tragödie dieser Familie gehört zu den dunklen Blättern nicht nur der russischen Geschichte. Selbst in der Reaktionszeit des 19. Jahrhunderts fanden die revolutionären Führer Asyle in einzelnen Ländern, vor allem in England. Heute gibt es das nicht. Der Geist der Gewalt wuchs ins Ungemessene.

(86.) Politik der Woche 16. Januar bis 23. Januar 1933

Innenpolitik

Die Wahlen in Lippe ergaben für Hitler einen Zuwachs von ca. 5.000 Stimmen, für die SPD von ca. 4.000, eine Abnahme der Deutschnationalen von nahe an 4.000 und der Kommunisten von über 3.000 Stimmen. Fast schien es, als ob die Wahl im kleinen Lippe entscheidend für ganz Deutschland werden sollte. Hitler und die Seinen erhoben ein gewaltiges Jubelgeschrei, daß die Stockung überwunden, der neue Aufschwung der NSDAP gesichert sei, an eine Tolerierung Schleichers werde nicht gedacht, er möge auflösen, die

NSDAP gehe ihren eigenen selbständigen Weg bis zur Übernahme der vollen, ausschließlichen Macht.

Es scheint aber, daß dies Geschrei und das Ergebnis von Lippe durchaus nicht genügt haben, die Geldschränke der Großindustrie wieder zu öffnen. Denn plötzlich begann ein verzweifeltes Verhandeln in Berlin und anderen Städten mit Herrn v. Papen, Dr. Schacht, Schleicher, v. Alvensleben und wie die Intrigenführer in- und außerhalb des Herrenbundes alle heißen. – Das Ende ist ein Antrag Fricks auf Vertagung des Reichstages bis zur Vorlegung des Etats, d. h. um Monate. Er wird abgelehnt, ein Zentrumsantrag angenommen, der die Tagung bis zum 31. Januar (statt wie vorgesehen 21.) verschiebt. Am 27. soll eine Sitzung des Ältestenrates die Tagesordnung bestimmen. – Der letzten Entscheidung wieder ausgewichen, wie es dem »deutschen« Manne geziemt. Für Deutschlands Politik, innere Ruhe und Wirtschaft, ist diese ewige Unsicherheit fast nicht mehr erträglich.

Die Zersetzung in der NSDAP geht weiter. In Franken hat sich der Führer Stegmann in grotesk unwürdiger Form erst unterworfen, dann aber mit seiner SA selbständig gemacht. Ähnliche Erscheinungen werden von überall her berichtet. Man sucht das durch gesteigerte Tätigkeit, Übungen usw. auszugleichen. Hierzu gehört der Plan, direkt vor dem Karl-Liebknecht-Haus in Berlin einen Aufmarsch zu vollziehen.[194] Die Polizei hat diesen genehmigt, Gegendemonstrationen der Kommunisten verboten. Die allgemeine Entrüstung über dies parteiische und gefährliche Vorgehen der Polizei hat Schleicher und Bracht zur Prüfung der Frage veranlaßt. Sie haben entschieden, daß die Polizei allen Möglichkeiten gewachsen, ein Verbot der Demonstration nicht nötig sei. Die Wucht der Verantwortung für dieses unglaubliche Herausfordern der Massen trifft nun also die gesamte Regierung. – Auch die Gewerkschaften haben darauf aufmerksam gemacht, daß diese Demonstration von der gesamten Arbeiterschaft als Herausforderung betrachtet werden müsse. Half nichts.

Wie hier der Berliner Polizeipräsident seine Liebe zur NSDAP deutlich bezeugt, so wurde die Reichsgründungsfeier des Kyffhäuserbundes in Gegenwart des Reichspräsidenten und Reichskanzlers zu einer skandalösen Kundgebung für die Monarchie. Auch die Rede des Herrn v. Schleicher ging ganz in diese Richtung. Er hielt es für angebracht, das Begehren des deutschen Volkes nach allgemeiner Wehrpflicht, wenn auch in Gestalt der Miliz, so stark zu betonen, daß Herriot schon in einer Rede geantwortet hat, die sehr deutlich macht, wie sehr dadurch Frankreichs Interesse, daß die Welt Deutschland mit Mißtrauen behandelt, wieder einmal gefördert worden ist.

Zu einem schweren Skandal scheint die deutsche Osthilfe zu werden.[195] Der Minister v. Braun weigert sich, dem Haushaltsausschuß des Reichstags die Akten uneingeschränkt zugänglich zu machen. Behauptet wird eine Ausnutzung der Osthilfe durch sehr reiche und sehr einflußreiche Leute, darunter Hermine v. Hohenzollern, deren Frechheit gänzlich unvorstellbar ist, wenn man bedenkt, daß alle diese Summen einem hungernden Volk mit seinen Millionen Erwerbslosen entzogen werden. Und das deutsche Volk erträgt eine Regierung, die hier nicht klar und sauber Rechenschaft gibt. – Daß die Siedlungstätigkeit zunächst völlig lahmgelegt ist, ist klar. Man sucht die Güter zu schützen, auch wenn sie wirtschaftlich unmöglich gearbeitet haben, auch wenn die Existenz ungezählter kleiner Leute dadurch ruiniert wird.

Zu den Fällen für uns unbegreiflicher Moral des werdenden Dritten Reiches oder der werdenden Ära »adliger Gesittung« gehört auch die Devisenschiebung des Prinzen von Isenburg[196]. Er ist dafür amnestiert. Es stellte sich heraus, daß er sie vorgenommen hat, um die Herkunft der für die NSDAP von Großindustriellen gespendeten Gelder zu verschleiern.

Hierher gehört auch der Fall Cohn. Cohn gab eine unmögliche Erklärung des Bedauerns über sein Verhalten ab. Die Universitätsbehörden setzen eine unmögliche schwächliche Erklärung den Studenten zur Beruhigung vor. Die Studenten antworteten mit einer unmöglichen Unverschämtheit. Sie erklären ihr Verhalten gegen Cohn für richtig und fordern seine Entfernung. – Ebenso unmöglich verhält sich ein großer deutscher Baumeister, Poelzig, Berlin, Vizepräsident der Akademie der Künste. Als solcher unterschreibt er amtsgemäß mit den Vertretern der Behörde eine Empfehlung der Ausstellung belgischer Kunst in Berlin, wird von Nationalsozialisten angegriffen, legt sein Amt als Vizepräsident nieder. Gibt also sein Kunstverständnis und das Interesse der Zusammenarbeit deutscher und belgischer Kunst engstirnigem Nationalismus preis. Armes Volk, das solche Führer hat.

Für das Denken maßgebender Leute in Deutschland ist es auch bezeichnend, daß das Landesarbeitsgericht in Duisburg entschied, ein Erwerbsloser dürfe nicht heiraten, man brauche also die Unterstützung für die Frau nicht zu geben, wenn die Heirat nach Eintritt der Erwerbslosigkeit stattfand.

Der preußische Landtag tagte kurz. Dabei wurde ein kommunistischer Abgeordneter von einem Nationalsozialisten verprügelt. Es kam die verhängnisvolle Schulpolitik des stellvertretenden Kultusministers zur Sprache. Irgend etwas Entscheidendes geschah nicht.

Genf

Auf der Vorkonferenz für die 40-Stunden-Woche wurde die von den Regierungen vorgelegte Resolution angenommen. Sie fordert die 40-Stunden-Woche und wünscht, daß die Verkürzung der Arbeitszeit möglichst ohne Schädigung der Kaufkraft vor sich gehe, was die Arbeiterresolution zur Bedingung machen wollte. – Die Debatte um diese Resolutionen war heftig. Unternehmervertreter protestierten sehr brutal auch gegen diese, die »unmoralisch sei und kein Heilmittel gegen die Arbeitslosigkeit«.

Der Wirtschaftsausschuß hat für die Londoner Tagesordnung[197] festgestellt: Es müsse erstrebt werden die Beseitigung der Handelshemmnisse, Zolltarife, alle Kredithemmnisse. Neue Vertragspolitik, Regelungen der Produktion, besonders der Getreideproduktion und des Warenaustauschs, müßten geschaffen, die Rückkehr zum Goldstandard allgemein ermöglicht werden.

Frankreich

Die Sparmaßnahmen des Ministers Cheron erregen noch immer die Öffentlichkeit. Die Spannung zwischen ihm und den Sozialisten ist noch nicht behoben. Es ist also immer noch eine Regierungskrise möglich. Paul-Boncour tut alles, um einen Kompromiß herbeizuführen, der die Regierung rettet.

Die Verhaftung eines Professors Endoux in Italien wegen Spionage hat die Spannung zwischen Frankreich und Italien verschärft.

Herriot hat in einer recht deutlichen Rede auf das aufmerksam gemacht, was Herr v. Schleicher an Machtstreben Deutschlands bei der Reichsgründungsfeier des Kyffhäuserbundes entwickelt hat. Die gegenseitigen Stützungsaktionen nationalistischen Fühlens sind wieder im Gang.

Man will in Frankreich eine besondere Kommission zur Kontrolle des Waffenhandels schaffen, der man nur gewissenhafte Arbeit wünschen kann.

Amerika

Auch von Amerika wird berichtet, daß seine Rüstungsindustrie durch den Krieg im Osten sehr belebt worden sei. – Der zu Ende gehende Kongreß gibt sich einer Hemmungslosigkeit agrarischer Schutz-Zoll-Politik hin, die an Deutschland erinnert und ihre verhängnisvollen Auswirkungen für die internationale Wirtschaft haben muß.

England

erfährt, daß sein Abgehen vom Goldstandard ihm keine entscheidende Sicherung seines Handels gewährt hat, aber auch nicht die Ottawa-Abmachungen. Die Krise besteht auch dort.

Belgien

Eine Straßendemonstration von 25.000 Frauen aus ganz Belgien demonstrierte in Brüssel gegen Teuerung und Kürzung der Erwerbslosenunterstützung. Der Ministerpräsident verweigerte den Empfang einer Abordnung.

Österreich

Dollfuß hat in München gesprochen. Er betonte die innere Verbundenheit Österreichs mit Deutschland, aber auch seine ehrliche Bereitschaft, in einem freundschaftlichen Verhältnis zu allen Staaten zu stehen. Man beabsichtigt wohl eine Demonstration gegen die neuesten Versuche, die Selbständigkeit Österreichs einzuschränken, die besonders von Frankreich ausgehen.

Peru und Kolumbien leben immer noch im Krieg.
Polen steigert seine Militärausgaben.
Von Rußland werden dauernd Berichte bekannt über die rücksichtslose Energie, mit der die neue Organisation der Landwirtschaft und Lebensmittelversorgung durchgeführt wird. Ein neues Gesetz bestimmt die Abgaben der Landwirtschaft an Steuern. Was darüber hinaus ist, darf freihändig verkauft werden. Man gibt das jetzt bekannt, um der Landwirtschaft den Anreiz zu genügender Produktion zu geben. Die Steuern sind abgestuft, am geringsten bei den gut geleiteten Kollektiven, am höchsten bei den selbständigen Bauern. Vorzüge haben auch die Gebiete um Moskau und die großen Industriezentren.

Der Krieg Japans gegen China geht weiter. Man rechnet sogar mit einem Austritt Japans aus dem Völkerbund. Amerika und England nehmen sehr deutlich Stellung gegen Japan. Chinas Widerstand wächst. Doch rückt Japan heftig vor. Beide Mächte, am stärksten Japan, geben der europäischen Rüstungsindustrie große Aufträge. Ankurbelung der Wirtschaft durch das Sterben Tausender.

(87.) Politik der Woche 30. Januar bis 4. Februar 1933

Innenpolitik

Hitler ist Kanzler und geht aufs Ganze. Das muß man ihm lassen. Den Versuch, das Zentrum für eine längere Tolerierung mit Vertagung des Reichstags für ein Jahr zu gewinnen, brach er ab. Die Rückfragen des Zentrums zeigten zu deutlich, daß dieses für irgendwelche Staatsstreichexperimente nicht zu haben ist. – Also versucht man die Jubelstimmung des Augenblicks bei den Anhängern auszunutzen, indem man Wahlen macht. Der Reichstag ist aufgelöst und soll am 5. März so rasch wie möglich neu gewählt werden. Die Auflösung des Landtags[198] forderte ein Antrag der NSDAP. Er ist abgelehnt. Die KPD stimmte mit für Ablehnung. Im Dreimännerkollegium[199] lehnten Braun und Adenauer ab, die Auflösung zu bewilligen. Auflösen will man und sucht die Möglichkeit. Hier wäre der erste ganz offene Verfassungsbruch. Wagt man ihn? – Darüber hinaus will man auch die Provinziallandtage, die kommunalen Körperschaften, in Preußen auflösen, von diesen den Staatsrat neu wählen lassen, also alle Macht in die eigene Hand bringen.

Die schlaue Geschicklichkeit und die Brutalität sind groß. Alles, was rechts steht, betont immer, daß Körperschaften wie der Staatsrat gerade dazu nötig sind, allzu hemmungslose Beschlüsse und Entwicklungen der Volksstimmung zu regulieren. Wenn es um die eigene Macht geht, schaltet man das Instrument aus. Es gilt nur gegen das Volk.

Noch keine Partei hat auch so schlau um die kleinen Vorteile gehandelt, wie es jetzt bei der Landtagsauflösung geschehen soll. Diese soll erst zum 4. März effektiv werden, damit bis zu diesem Tage die Diäten und Fahrkarten der Abgeordneten gehen.

Brutal ist auch die Selbstverständlichkeit, mit der die Ansprüche der getreuen Parteigenossen auf Ämter befriedigt werden. Es gibt keinen Respekt vor Tüchtigkeit und Leistung mehr, wo ein Amt von einem Pg. oder einem deutschnationalen Herren begehrt wird. Göring sagte bei seinem Besuch im Polizeipräsidium: Ich betrachte mich als Kommandant eines Schiffes. Wer einsteigen will, soll es rasch tun. Später geht es nicht mehr.

Und Hitler sitzt zusammen mit Herrn von Papen, Hugenberg und Seldte im Ministerraum. Papen sein Vizekanzler, der ihn sogar begleitet, wenn er dem Reichspräsidenten Vortrag hält. (Traut man einander nicht, oder traut man den Manieren Hitlers nicht?) – Hugenberg hat die beiden entscheidenden Ministerien für wirtschaftliche Gestaltung, das Reichswirtschafts- und Reichsernährungsministerium. Man will dadurch den Kampf der Industrie und Landwirtschaft beseitigen, der bis jetzt jede Rechtsregierung lähmte. Außerdem sind vom Reichsarbeitsministerium, das man Seldte anvertraut hat, die Fragen des Tarifrechtes, der Tarifpolitik, des Arbeitsrechtes und Arbeitsschutzes abgetrennt und Herrn Hugenberg übertragen worden. Daß der weiß, was er will, wußten wir schon. Ihm ist von der »Arbeiterpartei« das Schicksal der Arbeitermassen anvertraut. Kommissar für Preußen ist Herr von Papen, dem Herr Göring als Kommissar für das preußische Innenministerium zur Seite tritt. Die Reichswehr hat man dem bisherigen Kommandeur von Ostpreußen, Herrn von Blomberg, anvertraut, der der NSDAP nahe stehen soll. Als Gegenleistung der Deutschnationalen für das Vertrauen, das man Hugenberg entgegenbrachte, wird scheint's das preußische Kultusministerium den Nationalsozialisten überlassen; Herr Kähler geht. Es soll ein Studienrat Rust aus Kassel sein Nachfolger werden (Pg.[200]). Papen hat nun Hugenberg auch noch zum Kommissar für das preußische Landwirtschafts-, Wirtschafts- und Arbeitsministerium ernannt. Herr Hugenberg baut die deutsche Wirtschaft, die NSDAP inzwischen die deutsche Kultur. – Uns leuchtet diese Teilung sehr ein!! Ob auch denen in der NSDAP, die glaubten, es mit einer »sozialistischen« »Arbeiter«partei zu tun zu haben?

Ob auch denen allen, die Hitlers verzweifelten Kampf gegen Papen und Hugenberg noch in Erinnerung haben? – Ach! Wir haben ja erfahren, daß die Kreise, die Hitlers Agitation zugänglich sind, durch nichts belehrt werden. Die Begeisterung schäumt wieder auf. Man benutzt sie zu Neuwahlen, ehe sie enttäuscht werden kann. Dann hofft man bis zur Enttäuschung die Macht so fest in Händen zu haben, daß sie nicht mehr genommen werden kann. – Die Frage ist nur die, ob die begeisterte Dummheit in Deutschland noch über das Maß hinaus gesteigert werden kann, was Hitler bis jetzt erreicht hat. Man hofft die 51 Prozent Reichstagsmandate zu erreichen, die alles das ermöglichen. Dazu ist als erstes ein Aufruf Hitlers erschienen. Zwei Vierjahrespläne fordert er zur Vereinigung aller Aufgaben, die er lösen will. – Das ist die versprochene Besserung der Lage, die er seinen Anhängern sofort geben wollte. Die Methoden und den Inhalt dieser Pläne dürfen wir wieder gläubig ahnen. Wir hören nichts davon. Darüber hinaus beschimpft er die Novemberverbrecher, die das Unheil schufen, das er natürlich nun nicht mit einem Schlag bessern kann.

Dazu geht durchs ganze Reich eine Welle der Begeisterung, Fackelzüge usw. Die Terrorwelle schäumt auf. Gewalt- und Mordtaten werden von überallher gemeldet. Das Bürgertum erfährt in seiner Presse nur, daß das die bösen Kommunisten sind, die das herausfordern. Man droht ein Verbot der KPD an, hat ihre Umzüge verboten, hat eine Demonstration der SPD in Berlin verboten, den »Vorwärts« beschlagnahmt wegen des Wahlaufrufs der SPD. Er und »Rote Fahne« sind bis 7. Februar verboten. Eine Verordnung, die die Presse- und Versammlungsfreiheit beschränkt, soll demnächst erscheinen.[201] – Zwei Tote, die beim Fackelzug in Berlin getötet wurden, werden in einem »Staatsbegräbnis« zu Grabe getragen, obwohl der eine eine sehr bedenkliche Gestalt war.[202] Wir werden noch mancherlei erleben, durch das der guten begeisterten deutschen Dummheit klargemacht wird, daß die NSDAP allein deutsche Männer und Frauen enthält und alle anderen Novemberverbrecher sind, deren Rechte und Leben nichts zu gelten haben. Und diese kleine selbstsüchtige Dummheit wird das erst merken, wenn sie es am eigenen Geldbeutel und Leben spürt, was hier uns geschaffen wird. Im Osten wird der Mittelstand ja schon etwas merken, wenn das Generalmoratorium für die Landwirtschaft erscheint, das vom Reichslandbund gefordert wird.

In Lübeck hat die Verhaftung des sozialdemokratischen Reichstagsabgeordneten Leber, der bei einer Demonstration überfallen und verwundet worden war, zu einem einstündigen Generalstreik der gesamten Arbeiterschaft geführt, der einmütig und ohne Zwischenfälle durchgeführt wurde. Obwohl die Staatsanwaltschaft gegen Nationalsozialisten Untersuchung führt wegen dieses Überfalls, wird Leber nicht aus dem Gefängnis entlassen.

In Essen hat der Zechenverband den Lohntarif für den Ruhrbergbau am Tage der Thronbesteigung Hitlers gekündigt. Ein historisches Zusammentreffen – gewaltige Unruhe im Zentrum deutscher Industrie ist die Folge. Die erste große Probe auf Leistungsfähigkeit und Leistungswillen des Reichsarbeitsministers Hugenberg. Welche »sozialen« Anschauungen wird man nun hier verwirklichen?

Was steht dem gegenüber?

Herr von Schleicher ging. Er fiel in die Grube, die er anderen grub. Wie rasch er, Dr. Bracht und viele andere der großen Spieler in diesem Intrigenspiel deutscher Politik sich verbraucht haben, ist ein kleiner Trost in all der Trostlosigkeit dieser großen Charaktere. Daß man ihm noch über sein Ende hinaus die Verdächtigung anhängte, er habe einen Staatsstreich geplant, zeigt die ganze Größe seiner Gegner.

Nein! Gegenüber Hitler steht heute als Kern allen Widerstandes die deutsche Arbeiterschaft. Sie ist die politisch und wirtschaftlich geschulte Kerntruppe, die deshalb begreift, um was es geht. Daß sie es begriffen hat, wird immer deutlicher. Hoffentlich wird es bald so deutlich, daß auch diese dumme Polemik zwischen SPD und KPD einer wirklich sachlichen Aussprache, sachlichem Austragen der nicht zu verdenkenden faktischen Meinungsverschiedenheit und einer klaren Entschlossenheit gemeinsamen Widerstandes weicht.[203]

Zu dieser Kerntruppe stoßen heute mit ganzer Entschlossenheit die Christlichen Gewerkschaften, die deutschen Gewerkvereine, ja sogar der Deutschnationale Handlungsgehilfenverband. Alle wirklich Organisierten haben das Signal vernommen.

Über diese Linie hinüber geht die Verbindung zu Zentrum und Bayerischer Volkspartei. Beide wären bereit gewesen, einen Reichskanzler Hitler zu tolerieren, der Garantien für die Achtung der Reichsverfassung gibt. Sie haben sich jetzt beide offiziell beim Reichspräsidenten beschwert. Hitler habe aber die Verhandlungen abgebrochen, ehe sie überhaupt begonnen hatten. Er habe also die Konzentration, die er nach Hindenburgs Auftrag erreichen sollte, gar nicht versucht.

Jedenfalls stehen diese beiden Parteien gegen diese Regierung, gegen jeden Versuch des Verfassungsbruches. Das bedeutet, daß schon ein ungeheurer Umschwung eintreten müßte, wenn Hitler-Hugenberg die 51 Prozent bei der Wahl erreichen sollten. Es bedeutet, daß gegen jede Regierung, die will, was die jetzige will, die Front München, Stuttgart, Karlsruhe, Köln geschlossen steht, zu all den Widerstandsfestungen im übrigen Gebiet hinzu.

Es ist keine Ursache, zu verzweifeln – aber jeder Grund da, alle Kräfte entschlossenen Widerstandes, klaren Willens, ehrlicher, unbeugsamer Führung einzusetzen. Noch kann die Katastrophe vermieden werden, die eine Herrschaftszeit, wie Hitler sie plant und Hugenberg will, herbeiführen müßte. Keiner allerdings hilft sie vermeiden, der jetzt noch schwächlich zögert, alle seine Energie gegen diese Regierung zu gebrauchen.

Außenpolitik

Hitler betont in seinem Aufruf, daß das deutsche Volk Frieden und Verständigung will, allerdings als gleichberechtigtes Volk unter den anderen. – Mir scheint, er hat sich zu diesem Passus seines Aufrufs die Genfer Rede Hermann Müllers als Vorbild genommen. – Leider aber verpaßt das deutsche Volk dank dieser Regierungsbildung einen weltgeschichtlichen Augenblick.

In Frankreich ist Daladier Ministerpräsident, ein Linkskabinett ist gebildet, das Anlehnung an die Sozialdemokratie sucht und findet, dessen Wille zu einer wirklichen Verständigung mit Deutschland nicht bezweifelt werden kann. – Die deutsche Tragödie dehnt sich zu einer Tragödie Europas. Aller vorhandene gute Wille kann nicht zur Auswirkung kommen, weil da immer eine Regierung ist, die – gestützt auf Unwissenheit – ihn sabotiert.

Daladier hat innerhalb Frankreichs mit gewaltigen Schwierigkeiten zu rechnen. Das Staatsdefizit muß beseitigt werden. Das bedeutet Opfer für alle Stände. Bis jetzt war es nicht möglich, Sozialdemokraten und Radikalsoziale Demokraten zu einen zu einer Verteilung der Lasten, die beiden gerecht scheint, beide vor ihren Anhängern verantworten können. So besteht die Gefahr, daß die Macht zur Rechten zurückgleitet.

In Genf hat die Abrüstungskonferenz begonnen. Man bespricht Herriots Abrüstungsplan: Gleichberechtigung Deutschlands, Sicherung für Frankreich. Deutschland und Italien kritisieren ihn scharf. Ob er oder andere Möglichkeiten verwirklicht werden??? Heute?

Rumänien und Jugoslawien haben eine Annäherung vollzogen, die sich gegen Italien richtet – auch gegen Ungarn. Eine strategische Brücke soll ihr Eisenbahnnetz enger miteinander verbinden. In Rumänien hat ein Streik im Petroleumgebiet zu so großen Unruhen geführt, daß über Ploesti, Bukarest und ihre Umgebung der militärische Ausnahmezustand verhängt ist.

England und Amerika ringen weiter miteinander um eine wirtschaftliche Verständigung, die bei der großen Verschiedenheit ihrer Lage sehr schwierig ist. Besonders in Amerika scheint die wirtschaftliche Lage erstens der Landwirtschaft, zweitens aber auch der Industrie katastrophal zu sein. Das erleichtert das Entgegenkommen gegen andere nicht.

In Ostasien bleiben Unruhen und Gefahren, wie sie waren.

Die Weltkatastrophe, deren Mittelpunkt Deutschland heißt, geht weiter. Von unserem klaren Mut hängt mehr ab als nur Deutschlands Existenz. Zumindest für Europa geht es um die Frage: Rettung der Kultur oder Zurücksinken in hoffnungslose Verelendung und Barbarei?

(88.) Politik der Woche 5. Februar bis 12. Februar 1933
Vom Krieg?

Die Spannung zwischen Italien und Jugoslawien verstärkt sich. In Österreich hat man italienische Waffenlieferungen angehalten, die für Ungarn bestimmt sein sollen. In Frankreich redet man von einem Bündnis Italien, Ungarn, Deutschland. Das wird in Italien entrüstet dementiert. Manche Leute behaupten, daß die Krise auch Mussolinis Stellung gefährde und er die bekannte Ablenkung nach außen suche. Auch in Polen ist man sehr nervös und sucht die Stimmung zwischen Deutschland und Rußland einzuheizen, macht auch energisch Front gegen die französische Regierung, deren Verständigungswillen man fürchtet.

In Genf macht man verzweifelte Anstrengungen, Japan zu einem Einlenken zu bewegen. – Vergeblich. – Die Kämpfe in Jehol gehen weiter. Japan soll ein Schreiben an China vorbereiten, in dem es energischeres Vorgehen gegen die Kommunisten fordert, andernfalls würde es selbst vorgehen müssen. Das würde den Angriff auf weitere chinesische Gebiete bedeuten. Der Kampf um den Stillen Ozean rückt näher und näher.

Die immer noch nicht beigelegten Kämpfe zwischen Paraguay und Bolivien, Peru und Kolumbien um die kapitalistische Ausbeutung inneramerikanischer Gebiete bedeuten von dorther einen Erregungsfaktor.

Die Abrüstungskonferenz

Die Verhandlungen drehen sich um Frankreichs Sicherheitsvorschlag und Englands praktischen Abrüstungsvorschlag. Dazu hat Polen einen dritten Vorschlag gemacht. Man steckt in der Debatte um das Prinzipielle. Ob man zu einer wirklichen Abrüstung auch nur in den Anfängen kommt, ist ganz unsicher. Um so unsicherer als in

Frankreich

die Regierung Daladier mit den größten Schwierigkeiten zu kämpfen hat. Gegen ihren Finanzplan, der ein mäßiges Entgegenkommen gegen die Sozialdemokratie bedeutet, erhebt sich der Widerstand der Geschäftskreise, der Rechten und eines Teiles der Radikal Sozialen selbst mit Herriot. Wie überall in der Welt fordert man, daß die Lasten ganz auf die Kleinen gelegt und die »nationalen« Kreise von Opfern für die Nation verschont werden. Deutlich ist, daß die Entwicklung in Deutschland der Reaktion Auftrieb gibt. Auch hier redet man schon von Wahlrechtsverschlechterung usw.

Holland

Plötzlich ist die holländische Öffentlichkeit vor die Frage Niederländisch-Indien gestellt. Eine Meuterei auf der Flotte zeigt, wie dort der Freiheitskampf der Unterworfenen unterirdisch gärt. – Das eine Schiff (Seven Provincien) ist überwältigt, 18 Mann tot, die anderen warten des Urteils. Für die Herrschenden sind sie Verbrecher. Für die Völker Indiens sind sie die ersten Märtyrer der Freiheit. Holland scheint sich dessen bewußt zu sein. Die 2. Kammer hat gegen die reaktionäre Regierung, der sie bis jetzt eine Mehrheit stellte, revoltiert. Die Frage ist, ob die Regierung geht oder die Kammer aufgelöst wird.

Rußland
Stalin kämpft weiter schwer um die Regelung der Bauernfrage, vor allem geht es jetzt um genügende Vorbereitung der Frühjahrsbestellung. Sowohl die Not weiter Gebiete als schlechte Organisation erschweren die Bereitstellung von Saatgetreide.

Deutschland
Widerrechtlich hat man die preußischen Provinziallandtage und Kommunalkörperschaften aufgelöst. Durch Regierungsdekret, wofür es keine rechtliche Möglichkeit gibt. Widerrechtlich ist dasselbe mit dem preußischen Landtag geschehen. Seine Selbstauflösung hat er verweigert. Im Dreimännerkollegium (Braun, Adenauer, Kerrl) verweigerten Adenauer und Braun ihre Zustimmung. Darauf wird Braun durch neue Notverordnung der Rechte beraubt, die der Staatsgerichtshof ihm ausdrücklich zugesprochen hat, Papen tritt für ihn ein. Adenauer weigert sich, an der Sitzung teilzunehmen, Papen und Kerrl lösen den Landtag auf. Die preußische Regierung hat an den Staatsgerichtshof appelliert. Bayern hat sich dem nicht angeschlossen, da es deutlich geworden sei, daß es sich um Macht und nicht um Recht mehr handle. Der Landtag wird mit dem Reichstag am 5. März, die anderen Körperschaften werden am 12. März gewählt.

Inzwischen ist Hessen bedroht, dessen Landtag die Selbstauflösung auch verweigert hat. Ein Abgesandter des Reiches hat dort gleichen Polizeischutz für die Nationalsozialisten wie für die anderen gefordert. Wir in Preußen erfahren täglich, was das heißt. Falls die hessische Regierung das nicht schafft, droht man mit Vorgehen. Dies wagt man zu fordern, während in dem wohlgeordneten Preußen täglich Todesopfer fallen, in dem gefährdeten Hessen keine. Ja, in Preußen wächst der Terror. Überfälle, Morde, Studentenkrawalle (Breslau, Berlin, Kiel) sind an der Tagesordnung. In Lübeck weigert sich der Reichstagsabgeordnete Leber, das Gefängnis zu verlassen, ehe der Reichsbannermann freikommt, der gefangen ist, weil er ihn schützte. In Staßfurt ist Bürgermeister Kasten hinterrücks von einem 17jährigen Nationalsozialisten erschossen worden.

Viele Kommunisten, darunter der Landtagsabgeordnete Heuck-Kiel, sind im Gefängnis. – Presseverbote sind an der Tagesordnung. Jede Äußerung gegen die Regierung wird geahndet. Dabei erlaubt sich die Reichsregierung in ihren Erlassen, Hitler in seinen Reden Beschimpfungen der Gegner, wie wir sie von Regierungsseite bis jetzt nicht gewohnt waren. Der Höhepunkt bis jetzt ist Hitlers Rede im Sportpalast, in der er die Sozialdemokratie verantwortlich macht für alles Schlechte, was von 1918 bis jetzt geschehen ist. Sogar für die Inflation ist Hilferding der Schuldige.

Terror soll die Wahl machen. Man will das Volk in einem Aufregungszustand halten. Erst nach der Wahl darf es zu Ruhe und Nachdenken kommen.

Gegenüber der Beamtenschaft wird das System des rücksichtslosen Abbaus aller Linksstehenden fortgesetzt. Noske ist nun auch beurlaubt. Man rechnet damit, daß Prinz Auwi sein Nachfolger wird. Göring hat als Innenminister in Preußen einen Erlaß an die Beamten des Verwaltungsdienstes herausgegeben, der folgendes sagt: Man wolle alles ausrotten, »was eine lange Reihe von Jahren hindurch im Zeichen falsch verstandener Freiheit unter Mißachtung preußischer Vergangenheit und deutschen Volkstums nichts gemein hatte mit deutscher Vaterlandsliebe und Aufopferung für die Gesamtheit der Nation«. Man rechne damit, daß die Beamtenschaft davon noch nicht völlig zersetzt sei.« Wenn es allerdings Beamte geben sollte, die da nicht glauben mit dem Schiff, dessen Steuer ich in die Hand genommen habe, in gleicher Richtung fahren zu können, so erwarte ich von ihnen, daß sie als ehrliche Männer schon vor Antritt der Fahrt aus meiner Gefolgschaft ausscheiden«. – Ähnliches sagte er in einer Ansprache an die Polizeibeamten in Berlin. – »L'état c'est moi«. Ludwig XIV. als Vorbild deutscher Wiedergeburt. (Der Staat bin ich.) Die NSDAP schickt Beauftragte ohne Gehalt, d. h. von ihr bezahlt, in die Behörden. Aufsichtsbeamte, die dem Staat den Eid nicht geleistet haben. – Sehr viel Reklame macht man auch damit, daß Hitler sein Reichskanzlergehalt für Opfer der NSDAP gestiftet habe. Man vergißt, was andere an Gehalt beziehen. Man vergißt, daß andere vor ihm ähnliches taten, ohne es vor dem deutschen Volke auszubreiten. Offenbar haben wir in Deutschland zu viel Menschen, die nur das sehen, was der Täter selbst auch zu rühmen weiß. An Taten ist gegenüber dem Selbstruhm und der Hetze gegen uns bis jetzt geschehen, die Zollerhöhung für landwirtschaftliche Produkte. Sie hat Schweden, Norwegen und vor allem Dänemark gegen uns empört, verteuert unseren Arbeitermassen das Leben (besonders das ihnen wichtige Schmalz). Von der Erhöhung von Renten wird geredet, ob sie kommt und wie weit sie kommt, ist unsicher. Hugenberg regiert im Wirtschaftlichen.

Eine Niederlage hat man sich mit den Terrormethoden in Schweden geholt. Göring hat sich telegraphisch sehr unfreundlich gegen die Kritik der schwedischen Presse an der neuen deutschen Regierung gewendet, der Gesandte von Rosenberg hat sich sogar offiziell beschwert. Schweden hat demgegenüber klargestellt, daß es Pressefreiheit hat und ein Land ist, in dem eine deutsche Regierung nichts zu sagen hat.

Den Gegnern der Regierung ist durch die rücksichtslose Presse-Notverordnung der Kampf sehr erschwert. Man hilft sich durch Anfragen an Hitler, die aus seinen früheren Programmäußerungen heraus fragen, wann er das erfüllen wollte. Man druckt die Angriffe und Flugblätter neu ab, die einmal von der NSDAP gegen das Papenkabinett veröffentlicht worden waren.

Die stärkste Propaganda gegen die Regierung sind Hitlers Reden und Hugenbergs Taten – aber auch seine Reden. Die von ihnen Fanatisierten werden immer stärker fanatisiert. Die Denkenden fangen doch an, nachzudenken über die Geschichtsbetrachtung, Wahrheiten und Beschuldigungen der Gegner, die ihnen hier geboten werden. Die Art, wie man einen Ermordeten im Dome feierte, der als einer der rücksichtslosesten Führer in Berlin bekannt war, einen anderen mit ihm feierte, gegen den Willen seiner Angehörigen, wirkt auch nur bei den ganz Unentwegten für sie. Das Entscheidende allerdings muß tun die denkende Aufmerksamkeit aller, die von einer rücksichtslosen Herrschaft des Großgrundbesitzes und des Großkapitals alles für ihr Volk fürchten. – Auch der Deutschnationale Handlungsgehilfenverband steht in Opposition, sehr vorsichtig – aber sehr bedenklich gegen das, was sich vorbereitet. Auch die »Tägliche Rundschau« bringt einen Artikel – offenbar aus der Feder eines Offiziers – der zu dem Schluß kommt, eine Reichswehr, die zum Instrument einer reaktionären – nicht einer volkseinenden – Politik gemacht werde, müsse sich zersetzen.

Gewaltige Kundgebungen der SPD, der KPD, der Eisernen Front in allen deutschen Städten bekunden den wachsenden Abwehrwillen der Massen. Die Einheitsfront bildet sich durch die Not. Sie trat besonders hervor bei der Beerdigung dreier junger Kommunisten in Berlin. An ihr beteiligten sich Abordnungen von der SPD und dem Reichsbanner. Der eine von ihnen war gefallen, als er einem Reichsbannermann zu Hilfe kommen wollte. Der Trauerzug, der sich bei dieser Gelegenheit bilden wollte, wurde von der Polizei mit dem Gummiknüppel auseinandergetrieben. Man mußte vereinzelt zum Grabe gehen.

(89.) Politik der Woche 13. Februar bis 20. Februar 1933

Deutschland

Hitler redet. Der Rundfunk wird Instrument seiner Propaganda. In Stuttgart wurde während seiner Rede das Leitungskabel durchhauen. Alle Beamte, die irgendwie verantwortlich gemacht werden können, sind abgebaut. Die Schuldigen sind bis jetzt nicht gefunden.

Ein Interview Hitlers hat international sehr ungünstiges Aufsehen erregt, besonders wegen einer Stelle über den polnischen Korridor. Diese wurde von der offiziellen Pressestelle dann dementiert. Oberst Beck, der polnische Außenminister, sprach im Sejm darüber: »Die deutsche amtliche Telegraphenagentur hat jedoch dieser Stellungnahme eine in internationalen Beziehungen zulässige Form gegeben.« So brauche er nicht mehr viel darüber zu sagen. Man entnehme dieser Formulierung, wie die Achtung vor Deutschlands Politik im Ausland wächst.

Der rücksichtslose Beamtenabbau in der preußischen Verwaltung geht weiter. Mitglieder der NSDAP werden dafür eingesetzt. Auch auf der Rechten beginnt man gegen die zu willkürliche Parteibuchwirtschaft zu protestieren. Nur in Düsseldorf (man beachte: in dem Wahlkreis größerer kommunistischer Stimmenzahl) hat Göring dem sozialdemokratischen Regierungspräsidenten sein Vertrauen ausgesprochen. Den hätte man gern behalten. Die SPD hat ihn zum Austritt veranlaßt.

Die sozialistische und kommunistische Presse wird wegen irgendwelcher Kleinigkeiten in Massen verboten. Man will sie für den Wahlkampf ausschalten und finanziell ruinieren. Das Reichsgericht hat das Verbot des »Vorwärts« aufgehoben. Am selben Tag wurde er neu verboten. Sollmann protestiert in einem Schreiben an den Reichspräsidenten gegen das Verbot der gesamten sozialdemokratischen Presse in den Regierungsbezirken Köln, Koblenz und Trier. Auch in Schleswig-Holstein ist die gesamte SPD-Presse verboten. – Hilferding protestiert gegen die Fälschung der Geschichte, die ihm die Schuld an der Inflation zuschiebt, die er beendet hat.

Für den Westen Preußens ist ein besonderer oberster Polizeikommissar eingesetzt. Hugenberg plant einen besonderen Staatssekretär für den Mittelstand. Ob das Tarifwesen ihm unterstellt wird, wird vor den Wahlen nicht mehr entschieden.

Das Reichskabinett hat die Papensche Rentenkürzung soweit rückgängig gemacht, daß etwa 24 Millionen RM mehr von der Invaliden-, Angestellten- und Knappschaftsversicherung zu zahlen sind. Wir freuen uns der Erleichterungen, fragen aber gegenüber den Versprechungen der NSDAP: Ist das alles? Die Notlage forderte wahrlich mehr.

Hugenberg hat der Landwirtschaft einen Vollstreckungsschutz gegeben, der dem Gläubiger zumutet, den Nachweis schuldhaften Nichtbezahlenkönnens zu führen, wenn er sein Geld haben will. Der Bauer müßte bei genauem Nachdenken fürchten, daß dies seinen Kredit völlig zerstört. – Von »künstlicher Vereisung der Wirtschaft« spricht das Berliner »Tageblatt« zu diesem Erlaß. Jede Siedlung ist dadurch lahmgelegt.

Der Überwachungsausschuß des Reichstags wurde bei seinem Wiederzusammentritt wieder durch die Nationalsozialisten gesprengt. Man will keine Untersuchung der Osthilfesache. Beschwerden waren bis jetzt vergeblich.

Die Gewalttaten durchs ganze Reich gehen weiter. Offizielle Berichte schieben die Schuld auf Reichsbanner oder KPD. In Lippe hat man deshalb verordnet, daß jeder deutsche Mann vorläufig verhaften darf, der gegen die jetzige Regierung etwas Beleidigendes sagt.

Im Reichsrat erhob Bayern energisch Protest gegen die Ersetzung der preußischen Stimmen durch das Reich. Es wurde beschlossen, die Entscheidung über diese Frage auszusetzen, bis der Staatsgerichtshof entschieden habe. – Württembergs Staatspräsident Bolz hat in einer sehr energischen Rede gegen die Politik der Reichsregierung protestiert. – Staatsrat Schäffer war bei Hindenburg, um sich im Namen der Bayerischen Volkspartei zu beschweren, daß man diese bei der Regierungsbildung entgegen dem Auftrag, den Herr v. Papen empfangen hatte, ausgeschaltet habe. Die Unterredung fand in Gegenwart Meißners und Papens statt. Sie soll sich auch auf die anderen Schwierigkeiten im Reichsrat usw. erstreckt haben.

Herr v. Papen war zur Bestattung der Opfer von Neunkirchen im Saargebiet. Er lud die Presse zu einem Empfang. Die Presse des Zentrums und der SPD erschien nicht. Die Zentrumspresse begründet das in einem Schreiben, das sehr energisch protestiert gegen die Herabsetzung der Teile der saarländischen Bevölkerung, die den Kampf gegen die Loslösung des Saargebiets von Deutschland in erster Linie führten und von der jetzigen Reichsregierung als »unnational« beleidigt würden.

Der neue Reichswehrminister General v. Blomberg hat in Kiel zur Marine gesprochen: »Er freue sich besonders, Mitglied einer Regierung sein zu dürfen, hinter der Millionen deutsche Männer stünden.« »Das deutsche Volk erlebt in diesen Wochen und Monaten eine besondere Bewegung. Die Welt sieht auf uns und besonders auf die Wehrmacht. Wir sind herausgehoben aus dem politischen Kampf, für uns gibt es keine Parteien, für uns gibt es nur das ganze Volk.« Wir möchten von dem Herrn Wehrminister wissen, ob er auch Arbeiter zum deutschen Volk rechnet und ob etwa hinter einer Regierung Braun oder Hermann Müller nicht auch Millionen deutscher Männer standen – oder wie denkt man bei Generälen sich das deutsche Volk?

Der preußische Kommissar fürs Kultusministerium hat den Akademiepräsidenten Max v. Schillings veranlaßt, dafür zu sorgen, daß Heinrich Mann das Präsidium der Abteilung für Dichtung in der Akademie der Künste niederlege und Käthe Kollwitz ausscheide. Die Akademie und ihr Präsident haben das getan. Stadtbaurat Dr. Wagner ist aus Protest mitausgetreten. Protestiert haben noch Alfred Döblin und Leonhard Frank.

In Hamburg sind die Versuche einer Mehrheitsbildung in der Bürgerschaft von NSDAP bis zur Staatspartei an der Haltung der Staatspartei gescheitert. Wahrscheinlich wird die Bürgerschaft aufgelöst werden.

Leipart sprach in der Hochschule für Politik und berührte die gegenwärtige Lage. Die offiziellen Reden könnten nur als eine Kampfansage gegen die organisierte Arbeiterschaft aufgefaßt werden, die »bei dem Freiheitswillen und der Entschlossenheit der deutschen Arbeiterschaft ein Kampf auf Leben und Tod« werden müsse.

Genf

Die Abrüstungskonferenz brachte eine sehr bemerkenswerte Rede von Litwinow, in der sehr scharf und deutlich die Frage gestellt wurde, ob man ernsthaft arbeiten wolle, und die auslief in einen sehr präzise formulierten Antrag Rußlands. Diese Anträge, einer Englands und einer Polens, stehen nun dem unpräzisen französischen gegenüber und wollen verhindern, daß die Konferenz ohne Ergebnis endet. Der Erfolg ist sehr zweifelhaft.

Frankreich

Das Kabinett Daladier hält sich besser als man erwartete. Es scheint seinen Finanzplan durchsetzen zu können, trotz aller Gegenintrigen der Rechten und trotz unserer Regierung. Sehr bemerkenswert ist eine Nachricht, daß Daladier mitarbeite an einem Plan zur Herabsetzung der Rüstung, der gleichzeitig »eine straffere und schnellere Zusammenziehung der militärischen Kräfte« ermögliche. Warum denkt Frankreich daran?

Tschechoslowakei, Rumänien und Südslavien haben ein Militärbündnis geschlossen, das sich deutlich gegen Italien und Ungarn richtet und ein gewaltiger Erfolg der französischen Politik ist. Ihm steht auch Polen nahe und vielleicht über Polen hinweg Rußland. Die nächste Veranlassung war die immer noch nicht aufgeklärte Hirtenberger-Affäre[204], die einen großen Waffentransport darstellt, der nach Ungarn gehen sollte, angeblich aus Italien. Die italienische Presse tobt gegen Frankreich, das Italien einer Kriegspolitik verdächtige, die es selbst betreibe. England und Frankreich haben eine Note an Österreich wegen dieser Affäre gerichtet, die an jene Note sehr erinnert, die Österreich 1914 an Serbien ergehen ließ. Österreich, Ungarn und Italien wehren sich.

Wir nehmen die zunehmende Nervosität Europas zur Kenntnis und die zunehmende Isolierung des in Europas Mitte liegenden Landes. – Wessen Gehirn noch fassen kann, was vor 1914 war, der mag sich warnen lassen. Doch ist ja wohl die Vernichtung des Nazismus in Deutschland wichtiger als solche kleine außenpolitischen Vorgänge.

In Belgien ist das liberal-katholische Kabinett de Broqueville durch eine liberal-sozialistische Stimmenkoalition gestürzt worden. Ausdruck allgemeiner Mißstimmung. Was wird, ist nicht vorauszusehen.

Japan bereitet seinen Austritt aus dem Völkerbund vor, da dieser daran festhält, daß die Mandschurei unter chinesischer Oberhoheit organisiert werden müsse. Es droht mit einem Ultimatum an China, das die Eroberung Jehols vorbereiten soll. China erklärt, daß das einer Kriegserklärung gleichkomme. In diesem Zusammenhang wird daran erinnert, daß die gesamte amerikanische Flotte zu Manövern im Stillen Ozean (bei Hawaii) versammelt ist, worüber man in Japan sehr empört ist.

In Amerika wurde ein Attentat auf Präsident Roosevelt ausgeführt, bei dem der Bürgermeister von Chicago und eine Dame schwer verletzt wurden. Tot ist niemand. – Der Täter ist Italiener. Ob politische Hintergründe bestehen oder Rache von Verbrechern, ist unklar.

Im Staate Michigan ist das gesamte Bankwesen zusammengebrochen. Man hofft, die Auswirkungen auf das übrige Amerika abdämmen zu können. Ein gutes Zeichen für die kommende Besserung in der Wirtschaft, auf die man überall immer noch hofft, ist das nicht. –

Der Krieg zwischen Peru und Kolumbien ist erklärt.

(90.) Politik der Woche 18. bis 25. Februar 1933

Die internationale Spannung

Wir sind in der Gefahr, über der innenpolitischen Trostlosigkeit die ebenso große außenpolitische zu vergessen. – Zwar die Hirtenberger-Affäre ist gütlich geregelt. Italien nimmt die Waffen zurück. England und Frankreich gaben die schärfsten Forderungen ihrer Note preis. – Aber die reale Tatsache des Dreibundes der Kleinen Entente bleibt. Italien veröffentlicht einiges sehr Besorgniserregendes aus den Militärabmachungen dieses Bündnisses. Darüber hinaus zeigt sich, daß Polen sehr viel stärker führend Europas Politik bestimmt und gegen jedes Entgegenkommen Frankreichs seine Minen springen läßt. Zugleich sucht es und fand es die Verständigung mit Rußland.

Auf der Abrüstungskonferenz hat sich eine deutliche Front gebildet, die Deutschlands Gleichberechtigung bei formeller Anerkennung unwirksam machen will. Nachdem man beschlossen hatte, in die Beratung des französischen Abrüstungsvorschlages einzugehen, zu beginnen mit der Frage der Vereinheitlichung der Heere, zog sich der deutsche Vertreter Nadolny die energische Ablehnung des Präsidenten und der ganzen Konferenz zu, indem er forderte, es müsse zuerst über Abschaffung des Offensivmaterials gesprochen werden. Was die deutsche Regierung damit bezweckt, ist nicht ganz deutlich. Vielleicht will man einer Stellungnahme zur Frage der Miliz aus dem Wege gehen, die Schleicher wünschte, Hitler aber wohl nicht wünschte. Die Verhandlungen gehen nun nach dem Wunsche Frankreichs weiter. Die Größe der Spannung ist nicht zu verkennen. Eine große Rolle spielt bei diesen Verhandlungen die Tatsache, daß die Saar-Regierung im Saargebiet die Bewaffnung von SS und SA festgestellt hat.

Die Völkerbundsversammlung hat den Bericht der Kommunisten angenommen, in dem die Anerkennung des Mandschureistaates verweigert, Japan ins Unrecht gesetzt wird. China stimmte dem erfreut zu. Japan lehnte ab und seine Vertreter verließen die Versammlung. Es wird sich zunächst nicht mehr an den Verhandlungen des Völkerbundes beteiligen, setzt seine Offensive in Jehol verstärkt fort. Doch scheint Chinas Widerstand dort am Wachsen zu sein. In England hat eine starke Agitation gegen die riesigen Waffenlieferungen an Japan eingesetzt. Es hat dem Völkerbund mitgeteilt, daß es sich zur Verhinderung dieser Lieferungen mit den anderen in Betracht kommenden Staaten in Verbindung setzen werde. – In Japan ist ein gewaltiger Streik der Munitionsarbeiter ausgebrochen.

Es gilt der ganzen Welt, was das »Berliner Tageblatt« für Europa schreibt: »Man kann nicht leugnen, daß der europäische Zug mit gelockerten Bremsen über eine geneigte Ebene fährt«.

Die Wirtschaftslage

Wachsende Trostlosigkeit und Hilflosigkeit. – Dem Bankenzusammenbruch in Amerika folgt einer in Belgien. Auch in Paris gibt es wankende Banken und selbst die Schweizer Banken melden schlechtes Geschäft. Die deutsche Börse steht gut. Deutschlands Banken haben einen großen Erfolg davongetragen, daß sie ein günstiges Stillhalteabkommen für ihre kurzfristigen Kredite mit dem Auslande für ein weiteres Jahr schlossen.

Die Verhandlungen zwischen England und Amerika wegen der Kriegsschulden gehen nicht vorwärts. Man hegt einige Hoffnungen, da Roosevelt mit dem englischen Botschafter Besprechungen hatte. Der Kongreß hat Roosevelt geradezu diktatorische Vollmachten für Ordnung der Finanzen des Staates gegeben, die besonders auch das Recht auf Gehaltskürzungen für die Beamten und Kürzungen der Kriegerrenten einschließen. Das deutet nicht auf gute Zeiten für Amerika. Der Kongreß hat die Prohibition aufgehoben. Es gibt Leute, die hoffen, daß nun der Alkoholgenuß die Wirtschaftskrise beseitige.

Frankreich

Daladier setzt seine Finanzreform durch. Zustimmung von Kammer und Senat scheinen sicher, trotz der Schwierigkeiten, die der Beamtenstreik gegen die Gehaltskürzungen machte. Alle Beamten stellten für 10 Minuten die Arbeit ein (Post, Telegraph usw.). Gegen Daladiers Genfer Politik tobt die Presse der Rechten. Ihr geht das schon zu weit, was Frankreich entgegenkommt. Daladier plant für das Heer eine Reform, das er vermindern, deutlicher nur auf Verteidigung einstellen, dafür aber wesentlich schlagkräftiger und wirkungsvoller machen soll.

Rußland

Stalin hat vor dem »Kongreß der besten Bauern« eine Rede gehalten. Man werde mit der Förderung der Kollektiven weiterfahren und durch angestrengte Arbeit erreichen, daß die gesamte Bauernschaft, die man jetzt schon alle auf das Niveau der mittleren Bauern gehoben habe, in zwei oder drei Jahren das Niveau der wohlhabenden Bauern erreichen würde.

Deutschland: Wirtschaft
Nach der Schwerindustrie erheben auch die IG Farben ihre warnende Stimme. Ebenso die Handelskreise der Hansestädte und die bayerische Exportindustrie. Der Export müsse gepflegt werden. – Die Staatssekretäre Bang vom Wirtschaftsministerium und von Rohr vom Ernährungsministerium entwickeln in ihren Reden unentwegt weiter Autarkiepläne. Eine neue »Notverordnung zur Förderung der Landwirtschaft« ist vom Reichspräsidenten unterzeichnet. Sie soll den Getreidemarkt stützen, die Verwendung inländischen Käses fördern und den Hopfenanbau regeln. Die Arbeit der Osthilfe geht natürlich weiter. Eine Kontrolle vor der Öffentlichkeit wurde bis jetzt unmöglich gemacht. Die Deutsche Bauernschaft hat energisch gegen die ganz einseitige Hilfe für den Großgrundbesitz protestiert. Durch Notverordnung ist auch der für einen Krankenschein zu erlegende Betrag auf 25 Pfennig herabgesetzt worden. Damit ist der Ertrag der sozialen Umwälzung, die Hitler bis jetzt vollzogen hat, umschrieben. Nicht vergessen werden darf, daß der Badehosenerlaß, soweit er die Männer betrifft, gemildert wurde. Den Frauen bleibt im Dritten Reich allein die Aufgabe der Sittlichkeit nach Dr. Brachts Vorstellungen. Weiter geht auch der ungeheure Verleumdungsfeldzug gegen die 14 Jahre Marxismus in seiner ganzen ungeheuerlichen Geschichtsfälschung.[205]

Die Erwerbslosigkeit hat um 33.000 im Januar zugenommen. Als Trost wird dazu gesagt, daß sie immer noch um 80.000 hinter dem Vorjahr zurückbleibt. Ob aber die unsichtbare Erwerbslosigkeit nicht sehr viel größer ist als diese Zahlen, bleibt unsichtbar.

Das Amt für Konjunkturforschung hat festgestellt, daß die Löhne im Gesamtdurchschnitt seit 1930 um 25 Prozent gesunken sind. Darüber hinaus aber ist die Zahl derer, die Invalidenversicherung zahlen, um 34 Prozent gesunken. Da viele Erwerbslose weiterzahlen, ist damit nicht die ganze Zahl der aus dem Arbeitsprozeß Ausgeschiedenen erfaßt. Und schließlich ist bei der höchsten Lohnklasse 65 Prozent Rückgang festzustellen, so daß also eine riesenhafte Abwanderung aus den oberen Lohnklassen in die unteren sich vollzog. – Denkt unser Bürgertum darüber nach?

Die jetzige Regierung arbeitet an der Festigung ihrer Herrschaft: Der Beamtenabbau in Preußen geht in mächtigen Dimensionen weiter. Über all wird die Polizei umorganisiert. Von den verschiedenen Stellen wird behauptet, daß SS und SA der Polizei eingegliedert worden seien. Es wird dementiert. Doch ist eine Notverordnung erschienen, die die Einstellung von Hilfspolizei aus SS,

SA und Stahlhelm für »Notfälle« ermöglichen soll.²⁰⁶ In Harburg-Wilhelmsburg sind große Einstellungen von Hilfspolizei aus SS und SA erfolgt. Ein Erlaß Görings, eine Rede des neuen Berliner Polizeipräsidenten und anderer der neu ernannten Herren sagten klar und deutlich, daß die Polizei die nationale Aufbaubewegung zu unterstützen, nicht zu hemmen, dagegen gegen links rücksichtslos vorzugehen hat. – Gegen diese Einrechnung der linksstehenden Bevölkerungskreise setzte ein Sturm ein. Die Gewerkschaften, SPD und Zentrum wendeten sich an Hindenburg, der preußische Staatsrat ebenfalls. – Gleichzeitig wurde durch Angriffe auf Zentrumsversammlungen, bei denen Stegerwald selbst mißhandelt wurde, dem Bürgertum demonstriert, wie weit wir gekommen sind. Hitler und Göring suchten den Erlaß abzuschwächen. Er wurde auf den Kampf gegen den Marxismus eingeschränkt. – Ein neuer Erlaß Görings schärft den Ober- und Regierungspräsidenten ein, daß sie noch nicht energisch genug gegen die »Hetze von links« vorgegangen seien. – In diesen Zusammenhang gehören auch die Reden des Reichswehrministers, der jetzt wieder in Bayern betont hat, daß die Reichswehr über den Parteien stehe: »Aber hinter uns, neben uns stehen viele Millionen entschlossener Männer«.

Zeitungsverbote der Linkspresse bis zu der des Zentrums gehen weiter. Viele von ihnen werden vom Reichsgericht wieder aufgehoben. Sie werden wieder verboten. Man will die Linkspresse finanziell ruinieren. Am Tage, an dem das Verbot der »Roten Fahne« ablief, wurde das Karl-Liebknecht-Haus durchsucht, besetzt und geschlossen.²⁰⁷ – Ebenso werden Versammlungen verboten, aufgelöst, gestürmt, wobei SS und SA keinen Widerstand der Polizei finden. Überfälle Einzelner und gemeinsam Marschierender sind an der Tagesordnung. – Der Rundfunk steht Hitler, Papen, Hugenberg für ihre Propaganda zur Verfügung. Das Zentrum hat ihn nun für eine Rede Brünings gefordert. Das ist abgeschlagen.

Vom preußischen Kultusministerium aus ist der Kampf gegen die weltlichen Schulen angekündigt, die alle aufgelöst werden sollen. Die Karl-Marx-Schule in Berlin ist schon getroffen, ihr Direktor Carsen, ein international bekannter Pädagoge, beurlaubt, sein Lehrauftrag für die Universität ihm entzogen. – Für die Berufs- und Fortbildungsschulen ist die Einführung von Religionsunterricht angeordnet.

Frick droht mit einem Vorgehen gegen Württemberg und Bayern. Die süddeutschen Länder »werden nach dem 5. März noch mehr lernen müssen, sich den Richtlinien der Reichsregierung anzupassen«. – In Hamburg war die Staatspartei bereit, eine Rechtsregierung bilden zu helfen, trat jedoch im letzten Augenblick wieder zurück. Die NSDAP führt eine Sprache, die schließen läßt, daß sie mit einem Reichskommissar rechnet.

Die Gegenbewegung setzt mit wachsender Gewalt ein. Sie ist besonnen, wie es der politischen Haltung der deutschen Arbeitermassen entspricht. Sie wird um so unwiderstehlicher sein.²⁰⁸ – Gewaltige Massenversammlungen und Demonstrationen finden überall statt. Alle Schikanen, die die Benachrichtigung verhindern wollen, fördern nur den persönlichen Einsatz aller. – Die Staatspräsidenten von Bayern und Württemberg führen den allgemeinen Protest. Ihnen schließt sich der preußische Staatsrat an, der die Absetzung der preußischen Regierung und die Auflösung des Landtags für verfassungswidrig erklärt hat, gegen die Auflösung der Provinziallandtage und kommunalen Körperschaften Klage beim Staatsgerichtshof einreichte und gegen Görings Erlaß sehr energisch Protest und Klage beim Reichspräsidenten einlegte. – Bemerkenswert ist auch, daß in Königsberg und Frankfurt die Verbreitung der Verleumdung gegen Braun und Severing, sie hätten zwei Millionen Staatsgelder für Wahlzwecke verwendet, gerichtlich untersagt wurde und daß Herr von Papen diese Lüge ausdrücklich bedauert hat. – Dann wird neben den führenden Wirtschaftskreisen auch die Welt der kleinen Geschäftsleute und Handwerker unruhig. Sie sind – besonders in den kleinen Städten – vom Vollstreckungsschutz schwer getroffen. – Der Erzbischof von Freiburg i. B. hat in einem Hirtenbrief in wahrhaft christlichen Worten gesprochen. – Alle Redner des Zentrums, an der Spitze Kaas und Brüning, kämpfen für das freie Recht aller deutschen Staatsbürger. (Der Evangelische Bund²⁰⁹ natürlich für »die nationale, gegenrevolutionäre Bewegung« und Regierung.) – Das Reichsgericht hat das Verbot der »Reichsbannerzeitung« von zwei auf eine Woche abgekürzt mit der Begründung, daß der dort veröffentlichte Aufruf des Reichsbanners zwar deutlich zu bewaffnetem Widerstand gegen die Kräfte des Staates aufrufe, aber aus Sorge um den Bestand des Reiches und seiner Verfassung. Das könne nicht als Hochverrat bezeichnet werden. – Vor allem aber sind es SPD, KPD und Gewerkschaften, die immer deutlicher den gewaltigen Widerstandswillen der Massen darstellen und von ihm getragen werden. Möge die sich bildende Einheitsfront, die deutlich bis zu den christlichen Gewerkschaften reicht, rasch und bald in politischer Klarheit und Geschlossenheit sich darstellen. – Wachsende Nervosität im Lager der Regierung mag zu stärkeren Worten und gefährlicheren Experimenten drängen. Wir werden bis zum 5. März allerlei erleben. Sie ist kein Zeichen wachsender Kraft und Sicherheit.

Für das Reich sind folgende Wahllisten aufgestellt: 1. Nationalsozialistische Deutsche Arbeiterpartei (Hitlerbewegung). – 2. Sozialdemokratische Partei Deutschlands. – 3. Kommunistische Partei Deutschlands. – 4. Deutsche Zentrumspartei. – 5. Kampffront Schwarz-Weiß-Rot. – 6. Bayerische Volkspartei. – 7. Deutsche Volkspartei. – Christlichsozialer Volksdienst (evang. Bewegung). – Deutsche Bauernpartei. – Deutsch-Hannoverische Partei. – 11. Württembergischer Bauern- und Weingärtnerbund (Landbund). Nr. 8-10 waren Parteien reserviert, die keine Reichswahllisten haben). – für den Preußischen Landtag fallen Nr. 6 und 11 weg, dafür tritt Nr. 16 hinzu: Nationale Minderheiten Deutschlands. (8-15 bleiben frei.)

(91.) Politik der Woche 25. Februar bis 4. März 1933

Deutschland

Am Abend des 27. Februar brannte das Reichstagsgebäude aus. Man hat einen Holländer verhaftet, der aussagt, Kommunist zu sein und auch mit der SPD in Verbindung zu stehen. – Wie in einem überwachten Gebäude diese Tat möglich war, ist absolut unaufgeklärt.[210] Die Regierung hat sich selbst die Möglichkeit genommen, den republikanisch denkenden Teil der Bevölkerung vom Rechte ihrer Ansichten und ihres Vorgehens zu überzeugen, indem sie SPD- und KPD-Presse, Flugblätter, Versammlungen, Demonstrationen verbot, der gesamten Presse solche Beschränkungen auflegte[211], daß man heute Kritisches gegen die Regierung mehr in der Rechts- als in der Linkspresse finden kann.

Gegen die KPD ist eine rücksichtslose Verfolgung ausgebrochen, Tausende verhaftet, überall Haussuchung. Torgler hat sich freiwillig gestellt, um Zeugnis abzulegen. Thälmann sei verhaftet.[212] Auch Stampfer und der Auslandsredakteur des »Vorwärts«, Schiff, sind verhaftet. Die Bestimmungen gegen inneren und äußeren Landesverrat überschreiten weit das bis jetzt vorstellbare Maß. Die SPD protestiert energisch gegen die Behauptung, daß sie in Verbindung mit diesem Verbrechen stehe.

Beide Parteien haben keinerlei Möglichkeit in Wahlagitation, während die NSDAP den »Tag der erwachenden Nation« proklamiert und mit Fackelzügen, Freudenfeuern usw. feiert.

Ein Brief der deutschen Bischöfe an Hindenburg bat um Sicherung der Wahlfreiheit. Die Antwort ist, daß der Reichspräsident alles in seinen Kräften liegende tun werde, um die Wahlfreiheit zu sichern, und daß er überzeugt sei, daß auch die Reichsregierung den Willen dazu habe.

Inzwischen ist in Hannover ein Anschlag verübt, Benzintanks ließ man auslaufen. Der Täter unbekannt. Man behauptet, es seien Kommunisten.

Die sämtlichen Maßnahmen sind nicht, wie sonst in solchen Fällen üblich, durch Verhängung des Belagerungszustandes getroffen, der der Reichswehr den Schutz anvertraut[213], sondern durch polizeiliche Maßnahmen, die dem Innenminister und der Polizei die Macht geben. Um diese in diesem Maße üben zu können, wurden in Preußen Angehörige der SS, SA und des Stahlhelms als Hilfspolizei eingestellt.[214]

Der Reichskanzler Hitler hat zwei im Auslande verbreitete Gerüchte in einem Presseinterview dementiert, das eine behauptet, man plane eine Bartholomäusnacht gegen die Marxisten. Ja, manche Blätter reden davon, daß das Ausland schützend eingreifen müsse. Hitler erklärte, daß das Unsinn sei. Die Verordnungen erlaubten, auf gesetzliche Weise mit allen Gegnern des Staates fertig zu werden.

Gegen die Behauptung ausländischer Blätter, das Feuer im Reichstag sei nur ein Vorwand, um den Kampf gegen KPD und SPD zu rechtfertigen, erklärt Hitler, das Ausland solle ihm dankbar sein. Ohne sein Dazwischentreten wäre Deutschland dem Bolschewismus anheim gefallen.

Rechtsblätter wie die »Deutsche Allgemeine Zeitung«, die »Tägliche Rundschau« bahnen Wege, die Einheit des gesamten Volkes zu suchen. Wirtschaftsführer, so Herr v. Siemens, warnen, die Wirtschaft habe Ruhe nötig, wenn der Schrumpfungsprozeß nicht weitergehen solle. – Auch der sächsische Finanzminister hat in deutlicher Rede Sachsens Bedürfnis nach einer Politik der Rücksicht auf alle Stände und der Sicherheit betont. Ebenso eine Kundgebung des deutschen Industrie- und Handelstages. Wir fragen alle diese Kreise, ob sie auch an das denken, was die bis jetzt bekannten Teilergebnisse der Betriebsrätewahlen in der Industrie ergaben? 79 Prozent der Stimmen für Freie Gewerkschaften und Kommunisten, die sich in wechselndem Satz auf beide Gruppen verteilen, Mindestsatz 46 Prozent für Freie Gewerkschaften. – 8 Prozent der Stimmen für Nationalsozialisten, 4,5 Prozent Christliche, 3,5 Prozent Hirsch-Dunckersche, 2 Prozent Gelbe Gewerkschaften, 1 Prozent Stahlhelm, 1 Prozent Syndikalisten, 1 Prozent gehobene Angestellte. – Glaubt man an Volkseinheit durch die Arbeiterschaft der Nationalsozialisten und des Stahlhelms?

Brolat ist wegen Meineids zu zwei Jahren Zuchthaus verurteilt. Das spielt in der Hetze gegen den Marxismus eine ungeheure Rolle. Man schweigt vom Osthilfeskandal. Man bemerkt nicht, daß der Lahusen-Prozeß in Bremen auf die Zeit nach der Wahl vertagt ist.[215] – Man reinigt Deutschland.

Aus einem Rundschreiben des deutschnationalen Beamtenausschusses zur Wahl werden Stellen veröffentlicht, die zeigen, daß man auch dort sehr ernsthaft die Zerstörung des deutschen Berufsbeamtentums fürchtet. – Wichtigere Interessen aber führen trotzdem zu Hitler und Göring.

Der neue Reichstag soll in der Potsdamer Garnisonskirche über dem Grabe Friedrich des Großen zusammentreten, man will ihn zum 1. April, Bismarcks Geburtstag, laden.[216] –

In Hamburg sind die SPD-Mitglieder aus dem Senat ausgeschieden, weil sie das Verbot der SPD-Presse nicht billigen wollten. Süddeutschland, besonders Bayern, steht in neuer Besorgnis wartend.

Die Redner des Zentrums, besonders Kaas, mahnen etwa wie die »Tägliche Rundschau« zu einem Kurs der Verantwortung für alle und erklären deutlich, daß sie bereit sind, unter bestimmten Garantien sich an einer solchen Regierung zu beteiligen.

Was unter diesen Umständen die Wahl bringt, ist nicht abzusehen. Was nach der Wahl, wie sie auch ausfällt, geschehen wird, ebenso wenig.

Für die Landwirtschaft sollen billige Futtermittel aus inländischem Hafer und Weizen geschaffen werden. Staatssekretär v. Rohr kündigt in einer Rede ein Programm an, das für die Exportwirtschaft alles fürchten läßt.

Es werden außerdem Maßnahmen zur Verbilligung des Saatgutes getroffen, Beihilfen für Futtermittel zur Verfügung gestellt. Wer einen Erwerbslosen aufnimmt gegen Kost und Logis, erhält für ihn den Betrag, den die Erwerbslosenhilfe für ihn zahlen müßte. Den Domänenpächtern in Preußen sind große Pachtnachlässe bewilligt.

Weltwirtschaft

Ein ungeheurer neuer Stoß der Krise geht durch Amerika in einem Bankkrach gewaltigsten Ausmaßes. England soll die Folgen schon fühlen. Wie weit sie die ganze Welt treffen, muß abgewartet werden.

Chamberlain, Englands Finanzminister, schloß eine Rede mit den Worten, daß man innerhalb zehn Jahren erst auf Überwindung der Arbeitslosigkeit rechnen dürfe. – Im ganzen Land Bestürzung.

In Genf

hat man ohne Debatte unter deutscher Stimmenthaltung den Antrag angenommen, daß die Abschaffung der Berufsheere in der Abrüstung vorgesehen werden müsse. – Man debattiert um die Frage, wie man die Zivil-Luftschiffahrt internationalisieren könne und um die französische Sicherheitsthese in schleppenden Debatten. Geplant ist eine Vertagung der Konferenz nach Festlegung folgender Beschlüsse: 1. Feierliche Erklärung, nicht zu Gewalt greifen zu wollen. Einstimmig angenommen. 2. Erneuerung des am 28. Februar abgelaufenen Rüstungswaffenstillstandes. 3. Stillhalteabkommen, in dem alle bisherigen Ergebnisse, die sehr wenig sind, festgelegt würden. – Eine solche Vertagung bedeutet für absehbare Zeit das Scheitern der Konferenz.

Frankreich

Daladier hat mit großer Mühe, aber auch entscheidender Mehrheit sein Finanzprogramm in Sicherheit. Man kann also ihm zutrauen, daß er für längere Zeit Ministerpräsident bleibt.

Die Rechte Frankreichs ruft nach den letzten deutschen Ereignissen zum Kampf gegen den Bolschewismus. – Mitte und Linke Frankreichs reden sehr ernst von den ungeheuren Gefahren, die für Europa heraufziehen und Frankreichs ganze Wachsamkeit fordern.

In Konstantinopel fand eine fremdenfeindliche Kundgebung statt, von Studenten geführt, die mit Mühe unterdrückt wurde.

England
Im Unterhaus war eine sehr leidenschaftliche Debatte gegen das Entgegenkommen der Regierung für Indien. Man fürchtete, daß sie diesem zuviel »Demokratie« gewähre. Die Regierung siegte.

China und Japan
Der Kampf um Jehol geht weiter. Japan rückt mit mächtigen Kräften vor. China verteidigt sich hartnäckig, wie weit erfolgreich, ist noch nicht zu sehen. Japan droht, Schiffe zu beschlagnahmen, die Waffen für China führen. So zieht der Konflikt mit Amerika deutlicher herauf.

Reichstagswahl 1933
Gesamtergebnis im Reich

Partei	Datum 5. März 33	Datum 6. Nov. 32	Datum 31. Juli 32	% der abgegebenen Stimmen 3/33	11/32	7/32
NSDAP	17.264.323	11.724.138	13.779.111	43,9	33,1	37,1
SPD	7.176.226	7.231.404	7.959.712	18,3	20,4	31,5
KPD	4.746.034	5.970.833	5.369.698	12,1	16,9	14,4
Z	4.289.354	4.228.322	4.589.336	10,9	12,0	12,4
DNVP	3.131.336	2.061.626	2.186.661	8,0	8,7	5,9
BVP	1.206.293	1.081.595	1.203.171	3,1	3,0	3,2
DVP	431.880	659.703	436.014	1,1	1,9	1,2
CSVD	382.035	412.523	364.542	1,0	1,2	0,9
DStP	335.259	337.871	373.338	0,8	0,9	1,0

Dazu ist zu sagen:
1. Es ist ein überwältigender Sieg der »nationalen« Regierung. Damit beginnt in Deutschland – vielleicht in Europa – eine Revolution, deren Ende und Weg außerhalb der Hand jedes Menschen liegt.[217]
2. Merkwürdig ist einiges: In Preußen nahm die SPD um 713.909 Stimmen ab, die KPD um 316.173 Stimmen zu. Im Reich ist der Rückgang der SPD nur 71.454 Stimmen, der der KPD 1.134 784 Stimmen.
In Preußen sind also Stimmen von der SPD zur KPD übergegangen, im übrigen Reich vollzog sich der umgekehrte Vorgang verstärkt. Wo der Kampf am schwersten war, hat sich die SPD besser gehalten als da, wo er leichter war.
Im Verhältnis zur Sachlage haben beide Parteien starke Kraft gezeigt. Aber ihr Kampf ums Dasein beginnt nun erst.
3. Und dann ist zu beachten der Einbruch des Nationalsozialismus in Süddeutschland. Dort scheint das zu geschehen, was wir schon im vergangenen Jahr erlebt haben, dessen Ernst und Not man wohl dort nicht genügend begriffen hat.

Anmerkungen

1. Als am 30.09.1930 der Lohntarif für 140.000 Berliner Metallarbeiter auslief, forderten die Unternehmer einen Lohnabbau um 15 %. Gewerkschafts- und SPD-Funktionäre bemühten sich – im Interesse ihrer Tolerierungspolitik gegenüber der Brüning-Regierung – um die Abwendung des Streiks, den die der KPD nahestehende Revolutionäre Gewerkschaftsopposition (RGO) organisierte, und strebten einen Schlichterspruch an. Dieser sah eine Lohnsenkung von 8 % vor. Am 30.10. fand eine Urabstimmung statt. 40.431 sprachen sich für und 32.874 gegen dessen Annahme aus. Am 31.10. wurde die Arbeit wieder aufgenommen und am 08.11. der Schlichterspruch von Heinrich Brauns, Karl Jarres und Hugo Sinzheimer bestätigt. Daraufhin gründete die RGO den Einheitsverband der Metallarbeiter Berlins, der in den weiteren Berichten als Roter Metallarbeiterverband bezeichnet wird. Den Hintergrund des Lohnabbaus charakterisierte Brüning am 05.11.1930 im Gespräch mit Hitler mit den Worten: Deutschland müsse, um in der Welt »an die Spitze« gelangen zu können, bereit sein, »alle unpopulären Opfer nach innen auf sich nehmen« (Brüning, Memoiren, S. 195) Zum Lohnkampf der Metallarbeiter enthalten auch die Wochenberichte Nr. 2 bis 5 detaillierte Angaben.
2. Die BIZ wurde 1930 in Form einer Aktiengesellschaft gegründet. Sie betrieb zunächst internationale Zahlungsgeschäfte bei der Abwicklung des Young-Planes. Ihr Sitz befand sich in Basel (Schweiz).
3. Seit dem 11.04.1929 erarbeitete eine Internationale Sachverständigenkonferenz zur Regelung der Reparationsfrage neue Regelungen für die deutschen Zahlungen, legte deren Gesamthöhe (113,9 Mrd. RM) fest und verabredete zugleich weitere Anleihen an Deutschland. Sie stand unter Leitung des amerikanischen Bankiers Owen Young, nach dem der am 07.06.1929 unterzeichnete Plan benannt worden ist. Im gleichen Monat stimmten die Regierungen Frankreichs und Deutschlands zu, die beide Vorteile für die Wirtschaft ihrer Länder erwarteten. Am 31.08.1929 entschieden sich die Alliierten in Den Haag für den Plan, der den 1924 verabschiedeten Dawes-Plan ablöste. In Deutschland scheiterten DNVP und NSDAP in einem Volksbegehren, dessen Ziel in der Ablehnung des Young-Planes bestand. Der Reichstag nahm ihn am 12.03.1930 an. Obgleich er jährliche Reparationszahlungen bis 1988 vorsah, war er faktisch bereits 1931, offiziell seit 1932 außer Kraft.
4. Zeitweilig verwendete Bezeichnung nach der 1929 erfolgten Fusion von Deutscher Bank und Disconto-Gesellschaft. Mitunter wurde auch von der Dedi-Bank gesprochen.
5. Zum Problem der »verdeckten Arbeitslosigkeit« siehe Heinrich August Winkler: Der Weg in die Katastrophe. Arbeiter und Arbeiterbewegung in der Weimarer Republik 1930 bis 1933, Berlin und Bonn 1987, S. 22. ff. Zeitgenossen vermuteten, dass Ende Februar 1933 statt der 6 Mill. offiziell erfassten Arbeitslosen es insgesamt über 7, 8 Mill. gegeben habe. Die Zahl der von Arbeitslosigkeit Betroffenen und ihrer Angehörigen lag bei rund 23 Mill. Menschen, so dass ca. 35 % der Deutschen auf eine Unterstützung aus öffentlichen Mitteln angewiesen waren. Nach den Berichten der deutschen Arbeitsämter waren arbeitslos: Dez. 1930: 4.383.843; Juli 1931: 4,519.704; Dez. 1931: 5.668.187; Jan. 1933: 6.013.612.

6 Der Reichsverband der Deutschen Industrie war zwischen 1919 und 1933 der Spitzenverband der industriellen Unternehmerverbände Deutschlands und übte erheblichen Einfluß auf die Politik der Weimarer Republik aus. Mit seiner am 02.12.1929 veröffentlichten Denkschrift »Aufstieg oder Niedergang?« (Veröffentlichungen des Reichsverbandes der Deutschen Industrie, H. 49) hatte er den Sturz der vom Sozialdemokraten Hermann Müller geführten Reichsregierung vorbereitet und ein »Reform«-Programm vorgelegt, das in erster Linie eine »Entlastung der Wirtschaft« durch intensiven Sozialabbau sowie durch gravierende Veränderungen der Finanz- und Steuerpolitik vorsah. In dieser Denkschrift hieß es einleitend: »Die deutsche Wirtschaft steht am Scheidewege. Wenn es nicht endlich gelingt, das Steuer umzulegen und unserer Wirtschafts-, Finanz- und Sozialpolitik eine entscheidende Wendung zu geben, dann ist der Niedergang der deutschen Wirtschaft besiegelt... Die von der Wirtschaft mit unleugbarer Energie in Angriff genommene Rationalisierung hat zwar Erfolge gebracht. Sie hätte sich aber günstiger auswirken können, wenn sie nicht durch das Steigern der Belastungen stark beeinträchtigt worden wäre. In vielen Fällen führten sie sogar zu Nachteilen für die einzelnen Unternehmungen. Den hohen Anforderungen, die die neuen Verhältnisse an den Unternehmer und an die gesamte Wirtschaft gestellt haben, kann die Industrie nur gerecht werden, wenn sie von unproduktiven Ausgaben entlastet, der Zinssatz gesenkt und eine angemessene Rente des in den Unternehmungen arbeitenden Eigenkapitals ermöglicht wird. Die deutsche Wirtschaft muß frei gemacht werden. Sie muß verschont bleiben von Experimenten und politischen Einflüssen, die von außen her in den Wirtschaftsprozeß hineingetragen werden.« (S. 7 f.)

7 Das Kabinett Brüning hatte am 30.09.1930 einen »Wirtschafts- und Finanzplan« beschlossen, der die Grundlage des am 16.10.1930 verkündeten Regierungsprogramms darstellte. In ihm kündigte die Regierung an, den Plan auch gegen den Widerstand des Reichstages durchsetzen zu wollen.

8 Die katholische Tageszeitung erschien seit 1871 und stellte 1938 ihr Erscheinen ein. Seit 1923/24 stand sie unter dem Einfluß rechter Kräfte der Zentrumspartei.

9 In Braunschweig regierte seit September 1930 eine von der NSDAP geführte Koalition.

10 Gemeint ist die Reichsleitung der NSDAP.

11 Der in Bad Oeynhausen beschlossene und von Max Brahn am 26.05.1930 verkündete Schlichterspruch beendete den von der Arbeitsgruppe Nordwest der rheinisch-westfälischen Eisen- und Stahlindustrie heraufbeschworenen Tarifkonflikt. Diesem Schlichterspruch kam besondere Bedeutung zu, da er eine Periode der Senkung zunächst des übertariflichen Akkordlohnes, später auch der Tariflöhne einleitete. 1931 kamen über 73 % aller Tarifabschlüsse nur nach einer behördlichen Schlichtung zustande.

12 Eckert erinnert hier an die tiefgreifenden Auseinandersetzungen in der SPD während des Jahres 1928. Vor den Reichstagswahlen hatte die Partei die Losung »Für Kinderspeisung, gegen Panzerkreuzer« verbreitet, nach den Wahlen bewilligte ihre Reichstagsfraktion 500 Mill. RM für den Bau des Panzerkreuzers A.

13 Der deutschnational orientierte »Stahlhelm – Bund der Frontsoldaten« existierte von 1918 bis 1935 und umfasste 1930 ca. 250.000 Mitglieder. 1933 gliederte er sich in die SA ein.

14 Artikel 73 der Weimarer Verfassung bot die Möglichkeit, durch ein erfolgreiches Volksbegehren einen Volksentscheid über politische Grundsatzfragen zu erzwingen. Zur Einleitung eines Volksbegehrens war die Unterschrift von 5.000 Bürgern erforderlich. Stimmten 10 Prozent aller Wahlberechtigten dem Volksbegehren zu, musste ein Volksentscheid durchgeführt werden.
15 1929 bis 1933 existierende, aus Teilen der DNVP entstandene konservative Partei, die das Brüning-Kabinett unterstützte.
16 Die Vereinigung der Deutschen Arbeitgeberverbände existierte als sozialpolitischer Spitzenverband zwischen 1913 und 1933.
17 Gemeint ist die Sozialistische Arbeiter-Internationale, die 1923 durch den Zusammenschluß der Zweiten Internationale und der Internationalen Arbeitsgemeinschaft Sozialistischer Parteien entstand. Ihr gehörten 1931 über 30 Organisationen mit 6,2. Mill. Mitgliedern an. Ihre Kongresse (1925, 1928, 1931, 1933) befassten sich auch mit dem Kampf gegen die Wiederaufrüstung und gegen den Kolonialismus. Die SAI löste sich 1940 auf. Nachfolgeorganisation ist die Sozialistische Internationale.
18 Nach der Schaffung einer Abrüstungskommission des Völkerbundes (1925) wurde in Genf über die Vorbereitung einer großen »Konferenz für die Herabsetzung und Beschränkung der Rüstung« beraten. Seit dem 06.11.1930 tagte eine »vorbereitende« Konferenz. Die eigentliche Abrüstungskonferenz begann erst am 02.02.1932 und endete am 11.06.1934. An ihr nahmen 250 Vertreter von 64 Staaten teil. Die erste Session schloß am 23.07.1932 ohne Ergebnisse, nachdem Deutschland die Konferenz verlassen hatte. In den weiteren Wochenberichten wird häufig auf die Tätigkeit des vorbereitenden Ausschusses und der Abrüstungskonferenz eingegangen.
19 Die RGO wirkte seit Ende 1929 als Oppositionsgruppe innerhalb der Gewerkschaften. Nach den Beschlüssen des V. Kongresses der Roten Gewerkschaftsinternationale vom August 1930 wurden selbständige kommunistische Gewerkschaften geschaffen. Die RGO wandelte sich zur Revolutionären Gewerkschaftsorganisation.
20 Gemeint ist der Einheitsverband der Metallarbeiter Berlins.
21 Der endgültige Schiedsspruch sah eine Lohnsenkung um 8 % ab der dritten Januarwoche vor.
22 Name der türkischen Hauptstadt, bevor sie 1930 offiziell in Ankara umbenannt wurde.
23 In den Rüstungsplänen des Reichswehrministeriums wurde generell von »Marineersatzbauten« gesprochen. Die zu bauenden neuen Panzerkreuzer galten als »Ersatz« für ältere deutsche Schlachtschiffe. So trug der Panzerkreuzer A, der am 19.05.1931 in Kiel vom Stapel lief, die Bezeichnung »Ersatz Preußen«. Das Panzerschiff C hieß in den Plänen »Ersatz Braunschweig« und wurde am 01.10.1932 auf Kiel gelegt.
24 In Lausanne war am 23.05.1923 der sowjetische Diplomat W. W. Worowski ermordet worden.
25 1930 häuften sich die Verbote des Zentralorgans der KPD. Im Jahr 1931 konnte »Die Rote Fahne« an 100 Tagen nicht erscheinen.
26 Mitglieder des Stahlhelms beteiligten sich auch aktiv an der Tätigkeit der im Dezember 1931 gegründeten und bis 1933 wirkenden deutschen »Gesellschaft zum

Studium des Faschismus«.
27 Gemeint ist die Partito Nazionale Fascista, die im März 1919 von Mussolini gegründet wurde und zwischen 1925 und 1943 Träger der faschistischen Einparteiendiktatur war.
28 Die zionistische Bewegung entstand am Ende des 19. Jahrhunderts als Reaktion auf den zunehmenden Nationalismus und Antisemitismus in vielen europäischen Ländern. Sie strebte die Schaffung eines jüdischen Staates in Palästina an. An ihrer Spitze stand Theodor Herzl, der 1897 den ersten Zionistenkongreß in Basel durchführte.
29 Die DAZ, hervorgegangen aus der 1861 gegründeten »Norddeutschen Allgemeinen Zeitung«, war in der Weimarer Republik die führende Zeitung konservativ-deutschnationaler Kräfte. Sie befand sich seit 1918 in Besitz eines von der Danat-Bank, der Hapag und dem Stinnes-Konzern geführten Firmenkonsortiums. Siehe dazu auch Wolfgang Ruge, Die »Deutsche Allgemeine Zeitung« und die Brüning-Regierung, Zur Rolle der Großbourgeoisie bei der Vorbereitung des Faschismus, in: Zeitschrift für Geschichtswissenschaft, H. 1/1968, S. 19-53.
30 Zwischen 1925 und 1941 existierte in der UdSSR ein »Verband der kämpferischen Gottlosen« als Träger der vor allem 1929/30 verstärkt einsetzenden atheistischen Propaganda. Grundlagen boten dafür das Gesetz der RSFSR »Über religiöse Vereinigungen« vom 08.04.1929, das den Beginn Stalinistischer Aktionen gegen Kirchen und Gläubige markierte, sowie ein Gesetz der UdSSR-Regierung vom 22.05.1929, das die Religionsfreiheit aufhob. Nach erheblichen Protestaktionen musst am 14.03.1930 die zwangsweise Schließung von Kirchen wieder rückgängig gemacht werden. Zu Eckerts Auseinandersetzung mit der sowjetischen Kirchenpolitik siehe Friedrich-Martin Balzer: Klassenkämpfe in der Kirche. Erwin Eckert und der Bund der religiösen Sozialisten, Bonn 3.1993, S. 169-204.
31 Für die vorausgegangenen vier Wochen hat Eckert keine Berichte verfasst. Daher enthalten die Berichte keine Aussage zu der umfangreichen Notverordnung zur »Sicherung von Wirtschaft und Finanzen« vom 01.12.1930. Diese kürzte die Beamtengehälter um 6 %, senkte die Umsatz-, Grund- und Gewerbesteuer und erhöhte die Bier-, Ledigen- und Bürgersteuer. Die landwirtschaftlichen Berufe wurden mit einer Einheitssteuer belastet. Sie änderte auch die Notverordnung vom 26.07.1930 und schränkte die Kranken- und Arbeitslosenversicherung sowie die Gemeindefinanzen weiter ein. Die Ursachen der Berichtspause liegen offensichtlich in den zeitlich sehr aufwendigen Auseinandersetzungen, die nach einer von Eckert im SAV vom 30.11.1030 veröffentlichten Karikatur einsetzten und die sowohl die Haltung des Bundes der religiösen Sozialisten als auch die der Kirchenleitungen zur anwachsenden Gefahr des Faschismus betrafen. Auf der Zeichnung war ein evangelischer Pfarrer in Amtstracht zu sehen, der in der linken Hand einen mit einem Kreuz versehenen Kelch trägt, aus dem er offensichtlich, mit der anderen Hand ein Rohr haltend, eine große Seifenblase bläst, in die ein großes Hakenkreuz einbeschrieben ist. Das Bild, nach Eckerts Vorstellungen angefertigt, stammte von Elisabeth Fuchs, der Tochter von Emil Fuchs. Es erschien als Illustration des Aufsatzes »Die christlichen Kirchen und der Faschismus«, der zahlreiche Belege für »pfarrherrliche« Lobeshymnen auf die Nationalsozialisten enthielt. Der Artikel begann mit den Worten: »Die evangelische Kirche, d.h. viele evangelische Pfarrer gerieten immer mehr in die Gefahr, das Evangelium an den

Nationalsozialismus zu verraten.« Artikel und Zeichnung entfachten in kirchlich-konservativen Kreisen und vor allem beim Evangelischen Oberkirchenrat starke Aufregung. Eckert erhielt wegen »Dienstpflichtverletzung« einen Verweis und hatte zudem die Kosten des Verfahrens zu tragen. Siehe dazu im einzelnen Friedrich-Martin Balzer und Karl Ulrich Schnell: Der Fall Eckert. Zum Verhältnis von Protestantismus und Faschismus am Ende der Weimarer Republik, Köln 1987, S. 89 ff.

32 Der Film entstand nach dem 1929 erschienenen Roman von Erich Maria Remarque. Das Verbot erging wegen »Gefährdung des deutschen Ansehens in der Welt« am 11.12.1930. Goebbels betrachtete dies als einen Sieg der NSDAP, »wie er grandioser gar nicht gedacht werden kann. Die n.s. Straße diktiert der Regierung ihr Handeln.« (Die Tagebücher von Joseph Goebbels. Sämtliche Fragmente, Teil I, Bd. 1, München u.a. 1987, S. 644). Ossietzky bemerkte dazu in der »Weltbühne«: »Heute hat er [der Fascismus] einen Film erlegt, morgen wirds etwas Anderes sein.« (Die Weltbühne, 16.12.1930. Zit. nach Carl von Ossietzky. Sämtliche Schriften, Bd. V: 19329-1930, Reinbek bei Hamburg 1994, S. 492)

33 Die Deutsche Staatspartei ging im Sommer 1930 nach großen innerparteilichen Auseinandersetzungen aus der Deutschen Demokratischen Partei hervor, die sich mit dem nationalistischen und antisemitischen Wehrverband Jungdeutscher Orden zusammen schloß.

34 Dem 1924 entstandenen »Reichsbanner Schwarz-Rot-Gold. Bund republikanischer Frontsoldaten« gehörten eine Mill. Mitglieder an, die zu 90 % Sozialdemokraten und/oder Gewerkschafter waren. Die DDP unterstützte offiziell das Reichsbanner.

35 Gemeint ist die Weimarer Republik, die aus der Novemberrevolution 1918 hervorging. Die NSDAP sprach stets diskreditierend von »Novemberrepublik« und »Novemberverbrechern«.

36 An ausgewählten Beispielen, jedoch sehr grundsätzlich und nach neuesten Recherchen informiert über Intentionen und Lebensbedingungen deutscher Arbeiter in der UdSSR das Buch von Gerhard Kaiser: Rußlandfahrer. Aus dem Wald in die Welt. Facharbeiter aus dem Thüringer Wald in der UdSSR 1930-1964, Tessin 2000.

37 Zwischen dem 13.02. und dem 20.04.1931 veröffentlichte Eckert keine Wochenberichte. Er befand sich zu dieser Zeit in einer für ihn außerordentlich schwierigen Situation und unterlag einem schweren Konflikt mit der Leitung der Badischen Kirche. Er hatte am 17.12.1930 auf einer Versammlung in Neustadt zum Thema »Die große Lüge des Nationalsozialismus« gesprochen. Da diese von der SA überfallen und gesprengt worden war, sprach die Kirchenleitung Eckert ein Redeverbot aus. Als er sich dem nicht beugen wollte, wurde er seines Dienstes enthoben. Er strengte ein Verwaltungsgerichtsverfahren und ein kirchliches Dienstgericht an. Sie endeten am 14.06.1931 zwar mit der Wiedereinsetzung ins Amt, führten aber nicht zur Aufhebung des Redeverbotes. Im Ergebnis dieses Konfliktes und seiner Begegnungen mit dem Leben – er sprach in der Zeit vom 06.02 bis 14.06.1931 auf 42 Versammlungen vor rund 100.000 Menschen – radikalisierte sich Eckerts politisches Denken, was ihn sich der KPD annähern und schließlich am 03.10.1931 in diese Partei eintreten ließ.

38 Der Stahlhelm wollte im Bunde mit NSDAP, DNVP und DVP einen Volksentscheid für die Auflösung des Preußischen Landtages und damit für den Sturz der

sozialdemokratisch geführten Regierung Preußens erreichen. Damit sollte, so wurde argumentiert, der »preußische Geist vom Druck des Marxismus« befreit werden. Der Volksentscheid fand am 09.08.1931 statt und scheiterte, da nur 9,8 Mill. Stimmberechtigte (36,8 %) sich für den Antrag aussprachen. Am Volksentscheid beteiligte sich nach einer dringlichen »Empfehlung« des Exekutivkomitees der Kommunistischen Internationale auch die KPD. Dieser Schritt fügte dem weiteren Kampf deutscher Antifaschisten gegen die NSDAP großen Schaden zu.

39 Dem war am 01.04.1931 der Sturz Wilhelm Fricks vorausgegangen, der die NSDAP seit Januar 1930 erstmalig in einer deutschen Landesregierung vertreten hatte. Siehe dazu auch den Wochenbericht Nr. 15.

40 1912 begründete Zeitung der russischen Kommunisten und führende Zeitung der UdSSR; sie galt nach dem Zweiten Weltkrieg als auflagenstärkste Zeitung der Welt.

41 Gustav Stresemann und der österreichische Bundeskanzler Ignaz Seipel hatten im November 1927 Gespräche über eine zwischen beiden Staaten zu schaffende Zollunion vereinbart. Das Ergebnis geheimer Verhandlungen, zu denen Johannes Schober im Februar 1930 nach Berlin kam, sollte der am 15.05.1930 beginnenden dritten Tagung des Europa-Ausschusses des Völkerbundes in Genf vorgelegt werden. Nachrichten gelangten dennoch im März an die Öffentlichkeit und lösten französische und tschechoslowakische Proteste aus. Das Projekt scheiterte bereits vor der Genfer Tagung, als am 08.05. die seit 1856 bestehende »Österreichische Creditanstalt für Handel und Gewerbe« – sie kontrollierte rund zwei Drittel der Industrie des Alpenlandes – in Zahlungsschwierigkeiten geriet und tiefgreifende Erschütterungen des europäischen Bankensystems auslöste. Am 05.09.1930 entschied der Ständige Internationale Gerichtshof in Den Haag endgültig gegen den Plan einer deutsch-österreichischen Zollunion. Daraufhin trat Außenminister Curtius am 09.10.1930 zurück.

42 Gemeint ist die SAI.

43 In London fanden Verhandlungen der Seemächte statt, die das am 22.04.1930 geschlossene und bis 1936 gültige Flottenabkommen präzisieren sollten.

44 Gemeint ist Tagung des Völkerbundrates.

45 Die angekündigten Maßnahmen waren Bestandteil der »Zweiten Notverordnung zur Sicherung der Wirtschaft und der Finanzen, die am 05.05.1931 veröffentlicht wurde. Sie sah u.a. die Einstellung aller Zahlungen des Reiches (Darlehen oder Zuschüsse) an die Arbeitslosenversicherung vor. Diese Notverordnung besaß auch eine außenpolitische Stoßrichtung. Zugleich trat Brüning mit einem Aufruf hervor, der die ernste Lage der deutschen Wirtschaft beschwor und als »Tributaufruf« bezeichnet worden ist. Ihn wollte der Reichskanzler nutzen, um bei seinen britischen Verhandlungspartner in Chequers Druck auszuüben.

46 In der Berichterstattung Eckerts trat erneut eine vom 13.05. bis zum 11.07.1931 reichende Pause ein. (Siehe Friedrich-Martin Balzer und Karl Ulrich Schnell: Der Fall Eckert. Zum Verhältnis von Protestantismus und Faschismus am Ende der Weimarer Republik, Köln 1987, S. 98-186 ff.) Daher fehlt eine unmittelbare Stellungnahme zum Hoover-Moratorium.

47 Der USA-Präsident verkündete am 20.06.1931 ein einjähriges Moratorium für alle alliierten Kriegs- und Wiederaufbauschulden sowie für die deutschen Tilgungsraten und Zinsen auf die Reparationen. Diesem Zahlungsaufschub stimm-

te die Brüning-Regierung sofort zu. Auf der Tagung des »Centralverbandes des Deutschen Bank- und Bankiergewerbes« pries Brüning den spektakulären Schritt der USA als eine »weltgeschichtliche Tat«, die zu einer Wende in der Weltwirtschaftskrise führen könne. Nach langwierigen Verhandlungen, bei denen vor allem Einsprüche Frankreichs zur Debatte standen, wurde das Protokoll über die Durchführung des Moratoriums am 11.08.1931 in London von allen beteiligten Staaten mit Ausnahme Jugoslawiens unterzeichnet. Am 24.06.1931 notierte Goebbels: »Das Hoover-Angebot macht uns viel zu schaffen. Das wird unseren Sieg um etwa 4 Monate verschieben. Es ist zum Kotzen.« Die Tagebücher von Joseph Goebbels, Teil I, Bd. 2, S. 83.

48 Die Brüder Lahusen hatten in betrügerischer Weise die finanzielle Situation des Nordwolle-Konzerns verschleiert und noch 1930 von der Danat-Bank einen Kredit in Höhe von 50 Mill. RM erhalten. Insgesamt war ein Schaden von 240 Mill. RM eingetreten. Im Juni traten sie von der Geschäftsführung des Konzerns zurück, Carl und Heinz Lahusen wurden am 17.07.1931 verhaftet. Die von Jakob Goldschmidt geleitete Danat-Bank schloß am 13.07.1931 ihre Schalter. Da auch andere deutsche Großbanken (u.a. die Dresdener Bank und das Bankhaus Schroeder) davon betroffen waren, erklärte die Regierung den 14. und 15.07. zu »Bankfeiertagen«. Sie erhöhte den Diskontsatz von 7 % auf 10 %, dann noch auf 15 %, den Lombardsatz von 8 % auf 15 %, später auf 20 %. Sie verfügte die zentrale Bewirtschaftung des gesamten Devisenverkehrs und gründete eine Akzept- und Garantiebank (25.07.1931). Mit solchen und ähnlichen Maßnahmen konnte die Reichsregierung verhindern, dass die Bankenkrise eskalierte, jedoch weder das weitere Anwachsen der Arbeitslosigkeit noch die zunehmende Verarmung aufhalten. Die NSDAP, zuvor von den Brüdern Lahusen unterstützt, verteidigte diese nur anfänglich. Am 29.12.1933 wurden die Brüder zu Gefängnis- und Geldstrafen verurteilt. Zum Nordwolle-Skandal siehe Karl Friedrich Kaul: Ein Pitaval. Zehn Kriminalfälle und Prozessberichte von 1926 bis 1964, Berlin 1966, S. 235-275; Inge Marßolek und René Ott: Bremen im Dritten Reich. Anpassung, Widerstand, Verfolgung. Bremen 1986, S. 69 ff.

49 Liberale Tageszeitung, die zwischen 1872 und 1939 im Mosse-Verlag erschien.

50 Gemeint ist die Zweite Notverordnung vom 05.06.1931. Die Presse veröffentlichte am gleichen Tag einen Aufruf der Reichsregierung, in dem es hieß, sie müsse dem Volke »schwerste Lasten und Opfer« zumuten: »Vor dem Aberglauben, man könnte ohne Opfer zu einem gedeihlichen Erfolg gelangen, muß eine verantwortungsbewusste Regierung warnen.«

51 Von seinen Gesprächen mit Laval und anderen französischen Politikern am 18.07.1931 fuhr Brüning nach London, wo am 20.07.1931 die Konferenz der sieben Mächte begann. Vertreter der USA, Großbritanniens, Frankreichs, Italiens, Belgiens, Japans und Deutschlands suchten vergeblich einen Ausweg aus der internationalen Finanzkrise.

52 Alte Berliner Tageszeitung, linksliberal orientiert, seit 1914 im Ullstein-Verlag publiziert und 1934 eingestellt.

53 Führendes Sprachrohr rheinisch-westfälischer Großindustrieller.

54 Eckert übernahm damit hier und weiterhin einen von der Kommunistischen Internationale und auch von der KPD-Führung sehr pauschal verwendeten Begriff. Der KPD trat er zwei Monate später bei.

55 Gemeint ist die SAI.
56 Ausführlich legte Eckert diese Auffassungen in seinem Aufsatz »Opposition, nicht Koalition« dar. In: Klassenkampf, Nr. 20, 15.10.1930, S. 622-626.
57 Eckert vermocht die Hintergründe der unter starkem Einfluß der Kommunistischen Internationale erfolgten KPD-Beteiligung am Preußen-Volkentscheid nicht zu durchschauen. Dennoch fällt auf, wie er mit doch recht dürren Worten nach einer Rechtfertigung dieses Schrittes der KPD sucht. Siehe auch den folgenden Wochenbericht über den Preußen-Volksentscheid.
58 Anfang August 1931 führten Brüning und Curtius in Rom Gespräche mit Mussolini und Kardinalstaatssekretär Pacelli.
59 Die pauschale und falsche Charakterisierung der deutschen Wirtschafts- und Innenpolitik als faschistisch relativiert der Verfasser bereits im nächsten Satz.
60 Gemeint ist die Kundgebung der Preußischen Staatsregierung vom 06.08.1931, in dem diejenigen zur Nichtbeteiligung am Volksentscheid aufgerufen wurden, die »für den sozialen und demokratischen Ausbau« der Weimarer Republik und Preußens eintreten würden.
61 Es war vor allem *diese Befürchtung*, die in Eckert zu dieser Zeit den Entschluß reifen ließen, der KPD beizutreten. Seine Haltung stieß im Bund der religiösen Sozialisten und in der SPD auf Unverständnis und Ablehnung. Aus diesem Grunde ist der Wochenbericht vom 12. bis 19.08.1931 zugleich der letzte aus der Feder Eckerts.
62 Laut Verfassung hatte die Neuwahl des Reichspräsidenten 1932 zu erfolgen.
63 Gemeint ist das 14-Punkte-Programm des USA-Präsidenten Woodrow Wilson vom 08.01.1918. Im ersten Punkt hatte Wilson in erster Linie die Aufnahme von Friedensverhandlungen sowie das Aufgeben internationaler Geheimverträge verlangt.
64 Im Dezember 1930 war Günther Dehn, der den Bund der religiösen Sozialisten mitbegründet hatte und 1920/22 der SPD angehörte, durch den preußischen Kultusminister Adolf Grimme, zum Professor für praktische Theologie in Halle berufen worden. Hier protestierten lautstark rechtsgerichtete Studenten unter Führung des Nationalsozialistischen Deutschen Studentenbundes. Sie stützten sich auf eine Rede Dehns, vom 06.11.1928 zum Thema »Kirche und Völkerversöhnung«, in der er das Verhältnis der Christen zum Krieg behandelt und Heldendenkmäler in evangelischen Kirchen kritisiert hatte. Ihm wurde unterstellt, er habe die »im Weltkrieg gefallenen Helden« als Mörder beschimpft. Dehns Lehrveranstaltungen wurden regelrecht gesprengt. Unmittelbar nach dem Staatsstreich vom 20.07.1932 in Preußen wurde er beurlaubt und kurze Zeit darauf entlassen. Siehe E. Bizer: Der Fall Dehn. In: W. Schneemelcher (Hg.): Festschrift für G. Dehn zum 75. Geburtstag, Neukirchen 1957.
65 Die drei Brüder Leo, Max und Willy Sklarek hatten sich seit dem 13.10.1931 vor dem Kriminalgericht Moabit wegen Betruges, Urkundenfälschung, Bestechung und Korruption zu verantworten. Sie hatten es verstanden, sich mit rund 1,5 Mill. RM die Führungsschicht Berlins gefügig zu machen. Der durch sie ausgelöste Skandal reichte bis in die obersten Kreise der Hauptstadt. Angeklagt waren gleichzeitig zwei Berliner Bürgermeister, zwei Stadträte, ein Stadtamtmann, zwei Stadtbaudirektoren und ein beamteter Buchprüfer. Oberbürgermeister Böß musste zurücktreten, weil er von den Sklareks seiner Gemahlin einen Nerzpelz, dessen Wert 4.000,- RM betrug, für 275,- RM »gekauft« hatte. Siehe dazu Friedrich Karl Kaul: Nobel geht die Welt zugrunde. Das Verfahren gegen die Gebrüder Sklarek 13.10.1931 bis

28.06.1932. In: ders., Kleiner Weimarer Pitaval, Berlin 1959, S. 315-401.
66 Hier handelte es sich offensichtlich ebenfalls um das gerichtlich Nachspiel eines Korruptionsskandals.
67 Carl von Ossietzky hatte am 12.03.1929 als Herausgeber der »Weltbühne« einen Aufsatz von Walter Kreiser (Pseudonym: Herbert Jäger) mit dem Titel »Windiges aus der deutschen Luftfahrt« veröffentlicht. Darin wurde die Verwendung von Haushaltsmitteln des Reichsverkehrsministeriums für die Luftfahrt kritisiert und mit dem Satz »Aber alle Flugzeuge sind nicht immer in Deutschland ...« die geheime militärische Zusammenarbeit mit der UdSSR angedeutet. Daraufhin stellte das Reichswehrministerium einen Strafantrag wegen Landesverrats. Ossietzky wurde zu einer Gefängnishaft von 18 Monaten verurteilt. Siehe im einzelnen dazu Heinrich Hannover/Elisabeth Hannover-Drück: Politische Justiz 1918-1933, Hamburg 1977, S. 186-192.
68 Bezeichnung für eine 1930 von Hugo Stoltzenberg verfasste, in Hamburg publizierte und rasch verbotene Schrift. Ihr Titel lautete: »Darstellungsvorschriften für Ultragifte«. Im Vorwort erklärte der Vf., dass zwar viel über die Ultragifte, auch über ihre Verwendung im Polizei- und Heerwesen geschrieben worden sei, jedoch suche »der junge Militär, Gasoffizier oder auch der Physiologe ... vergeblich nach einem ›Kochbuch‹, das ihn genau informiert, was er zu tun hat ... (S. 3). 1933 veröffentlichte Stoltzenberg eine weitere Broschüre: »Experimente und Demonstrationen zum Luftschutz«.
69 Die Indienkonferenz fand in Reaktion auf während der Weltwirtschaftskrise erstarkte nationale Unabhängigkeitsbewegung in Indien und das am 26.01.1930 verkündete Unabhängigkeitsmanifest statt. Erst 1935 gewährte ein britisches Gesetz der indischen Kolonie minimale Rechte.
70 Gemeint sind die KPD und die 1928/29 von ihr abgespaltene KPD-Opposition.
71 Der Reichswirtschaftsbeirat hatte sich am 29.10.1931 – gedacht als »Brücke über alle Parteien hinweg« –konstituiert und stellte den Versuch dar, die von 1918 bis 1923/24 bestehende Zentralarbeitsgemeinschaft wieder zu beleben. Unter den 25 Mitgliedern befanden sich jedoch nur fünf Gewerkschaftsvertreter. Seine Tätigkeit scheiterte bereits nach wenigen Wochen.
72 Gemeint war der Beschluß des ZK der KPD vom 10.11.1931, in dem jede Handlung individuellen Terrors als unvereinbar mit der Mitgliedschaft in der KPD erklärt wurde. Die »Rote Fahne« veröffentlichte ihn am 13.11.1931.
73 Am 25.11.1931 hatte die hessische Landesregierung beschlagnahmte Dokumente der NSDAP veröffentlicht, die im Gasthaus »Boxheimer Hof« bei Worms während einer Beratung der Gaufachberater des Gaues Hessen-Darmstadt der NSDAP besprochen worden waren. Vorgesehen waren u.a. auch die zwangsweise Requirierung von Lebensmitteln, eine vorläufige Zwangsbewirtschaftung aller Privatvermögen sowie eine Arbeitsdienstpflicht, ohne deren Erfüllung kein Anspruch auf Ernährung bestehen sollte. Werner Best, einer der Verfasser der Boxheimer Dokumente, wurde am 12.10.1932 durch den IV. Strafsenat des Leipziger Reichsgerichts »mangels Beweisen« (!) von der Anklage des Hochverrats freigesprochen. Aus den Schriftstücken ging die Absicht hervor, jeden Widerstand mit rücksichtslosem Terror und durch rigorose Anwendung der Todesstrafe zu brechen, sollte die NSDAP die Regierungsgewalt übernehmen. Siehe dazu vor allem Ulrich Herbert: Best. Biographische Studien über Radikalismus, Weltanschauung

und Vernunft, 1903-1939, Bonn 1996, S. 112-119.
74 Die Deutsche Friedensgesellschaft war 1892 gegründet worden und wurde 1933 verboten. Ihr Präsident war von 1929 bis 1933 Paul Freiherr von Schoenaich.
75 Die vierte Notverordnung zur »Sicherung von Wirtschaft und Finanzgn und zum Schutze des inneren Friedens« wurde am 08.12.1931 erlassen.
76 Am 23.11.1931 hatte BIZ einen Sonderausschuß beauftragt, die Zahlungsfähigkeit Deutschlands zu untersuchen. In seinem Bericht stellte dieser die deutsche Zahlungsunfähigkeit fest und empfahl am 24.12.1931, alle zwischenstaatlichen Schulden an die gegenwärtige Weltlage anzupassen und damit zumindest zu stornieren.
77 Dieser Begriff kennzeichnet vor allem den Eindruck, den das Ausmaß der damaligen Gewalttätigkeit in den politischen Auseinandersetzungen bei vielen Zeitgenossen hinterließ.
78 Die NSDAP hatte das ehemalige Barlow-Palais in München erwerben können und nutzte das »Braune Haus« bereits seit 01.01.1931 als Sitz ihrer Reichsleitung. Am 15.12.1931 wurde Richtfest für einen Bürobau des »Braunen Hauses« im östlichen Gartengelände des Grundstücks gefeiert. Der »Völkische Beobachter« informierte darüber am 17.12.1931. Siehe Ulrike Grambitter: Vom »Parteiheim« in der Briennner Straße zu den Monumentalbauten am »königlichen Platz«. In: Bürokratie und Kult. Das Parteizentrum der NSDAP am Königsplatz in München. Geschichte und Rezeption, München 1995, S. 61-87.
79 Im Dezember 1931 berichteten ausländische Pressevertreter ungewöhnlich häufig und viel über Hitler, und dieser gab zahlreiche Interviews, in denen er den so genannten Legalitätskurs seiner Partei beschwor und die Boxheimer Dokumente relativieren wollte. Hitlers Rede auf einer für den 11.12.1931 vorgesehenen Pressekonferenz konnte wegen eines offiziellen Verbots – die Regierung Brüning begründete es mit technischen Schwierigkeiten – erst zwei Tage später in der amerikanischen Presse veröffentlicht werden.
80 Siehe Hitler. Reden, Schriften und Anordnungen. Februar 1925 bis Januar 1933, Bd. IV, Teil 2: Juli 1931 bis Dezember 1931. Hrsg. und komm. von Christian Hartmann, S. 231-259 und 295-305, hier S. 231.
81 Ihr Beginn war für den 02.02.1932 vorgesehen.
82 Ernst II., Herzog von Altenburg
83 Mussolini nahm zu dieser Zeit personelle Umbesetzungen sowohl an der Spitze der faschistischen Partei als auch in der italienischen Regierung vor.
84 Zur Situation in Danzig und zu den Spannungen in den deutsch-polnischen Beziehungen siehe vor allem Dieter Schenk: Hitlers Mann in Danzig. Gauleiter Forster und die NS-Verbrechen in Danzig-Westpreußen, Bonn 2000.
85 Das Reichsarbeitsministerium kündigte am 01.01.1932 eine grundlegende Neuordnung des Sozialversicherungswesens an.
86 Die »Eiserne Front« wurde am 16.12.1931 in Berlin als loser Zusammenschluß von SPD, Reichsbanner, ADGB, AfA und verschiedener Arbeitersportorganisationen proklamiert. Ihr Ziel bestand in der »Überwindung der faschistischen Gefahr«. Als Symbol wählte sie indessen am 05.07.1932 drei Pfeile. Sie richteten sich gegen Faschismus, Monarchismus und Kommunismus. Ihre Parole lautete: »Heute rufen wir, morgen schlagen wir«.
87 Der Reichskanzler empfing Hitler am 07.01.1932. Er suchte dessen Unterstützung

für seinen Plan, Hindenburgs Amtszeit durch den Reichstag verlängern zu lassen, wofür die Annahme eines verfassungsändernden Gesetzes durch den Reichstag Voraussetzung gewesen wäre. Der Plan scheiterte am Widerstand von DNVP und NSDAP.

88 Gemeint ist der am 27.08.1928 geschlossene Kriegsächtungspakt von 15 Staaten, der den Krieg als Mittel zur Regelung internationaler Streitigkeiten verurteilte, jedoch keine Verpflichtungen zu Rüstungsbegrenzung und Abrüstung enthielt. Nach seiner Ratifizierung durch 44 Staaten trat er am 25.07.1929 in Kraft. Benannt wurde er nach Briand und Kellogg, zu dieser Zeit Außenminister in Frankreich bzw. in den USA.

89 Gemeint sind die Zentrumspartei, BVP, DVP und DDP, die das Präsidialkabinett unterstützten, jedoch keine Koalition bildeten.

90 Gemeint ist die 1899/1900 entstandene Dachorganisation fast aller deutschen Kriegervereine. Seit 1928 nannte er sich offiziell Deutscher Reichskriegerbund »Kyffhäuser«. Ihm gehörten 1929 rund 33.000 Vereine mit mehr als 2,5 Mill. Mitgliedern an.

91 Der Verein zur Wahrung der gemeinsamen wirtschaftlichen Interessen in Rheinland und Westfalen, der bereits 1871 entstanden war, als größter regionaler Unternehmerverband starken politischen Einfluß ausübte, wurde stets als Langnamverein bezeichnet.

92 Die »Kriegsschuldlüge« stand im Mittelpunkt aller nationalistischen Propaganda in Deutschland. Sie nutzte Artikel 231 des Friedensvertrages von Versailles, der – so die Reparationsforderungen begründend – Deutschland die Alleinschuld am Ausbruch des Ersten Weltkrieges zuschrieb. Dies sei gelogen, wurde behauptet, und Schuld trügen vor allem bzw. sogar ausschließlich die anderen Mächte.

93 Am 06.02.1932 erließ Hindenburg eine Verordnung zur beschleunigten Durchführung der Landwirtschaftlichen Entschuldung im so genannten Osthilfegebiet. Sie sah eine Entschuldung landwirtschaftlicher Betriebe in 12 bis 18 Monaten vor.

94 Offiziell wurde der polnisch-sowjetische Nichtangriffsvertrag am 25.07.1932 abgeschlossen.

95 Gemeint ist Heinrich Sahm.

96 Der Berliner SA-Führer Helldorf war in Moabit angeklagt worden, blutige Auseinandersetzungen auf dem Berliner Kurfürstendamm organisiert zu haben.

97 In Höhe von 500,- RM. In seinen Tagebüchern notierte Goebbels, er habe »eine von Beleidigungen strotzende Erklärung« abgegeben, nach der die angeklagten SA-Männer »ganz aus dem Häuschen« geraten wären. (Die Tagebücher von Joseph Goebbels, Teil I, Bd. 2, S. 114)

98 Gemeint ist das Bündnis zwischen DNVP, NSDAP und anderen rechtsgerichteten Organisationen, das sich am 11./12.10.1931 in Bad Harzburg formiert hatte, jedoch zu Beginn des Jahres 1932 auseinander brach. Für die Zerschlagung der Weimarer Republik war es dennoch von großer Bedeutung, zumal sie am 30.01.1933 in Gestalt der »Regierung der nationalen Konzentration« erneut zum Vorschein kam. Es ist erstaunlich, daß die Harzburger Front in den Wochenberichten hier erstmalig erwähnt wird.

99 Um bei den Reichspräsidentenwahlen kandidieren zu können, mußte Hitler deutscher Staatsbürger werden. Ein erster Versuch war gescheitert, als Wilhelm Frick

ihn im Juni 1930 zum Gendarmeriewachtmeister im thüringischen Hildburghausen ernennen lassen wollte. Die thüringische Regierung überreichte am 03.02.1932 der Reichsregierung das bis dahin geheime Material. Mitte Februar 1932 plante Klagges, Hitler als planmäßig außerordentlichen Professor für »Organische Gesellschaftslehre und Politik« an die Technische Hochschule Braunschweig zu berufen, was auf den Widerstand des Landtages stieß. Schließlich wurde Hitler am 25.02.1932 Regierungsrat beim Landeskultur- und Vermessungsamt der Stadt Braunschweig berufen und mit der Wahrnehmung der Geschäfte eines Sachbearbeiters bei der Braunschweigischen Gesandtschaft in Berlin beauftragt. Siehe Manfred Overesch: Die Einbürgerung Hitlers 1930. In: Vierteljahreshefte für Zeitgeschichte, H. 3/1992, S. 543 ff.

100 Die Ehrenbücher können als eine Art Mitgliederlisten der »Eisernen Front« betrachtet werden. Emil Fuchs trug sich in Kiel als Erstunterzeichner ein.

101 Brünings Auftritt vor der Genfer Abrüstungskonferenz erfolgte am 08.02.1932.

102 Fuchs spielt hier auf den Titel des Buches von Remarque sowie des kurz zuvor verbotenen Filmes an.

103 Der am 06.02.1922 unterzeichnete Neunmächtevertrag (USA, Großbritannien, Frankreich, Japan, Italien, Belgien, Niederlande, Portugal und China) fixierte das Prinzip der Achtung der territorialen Souveränität und Integrität Chinas, legte aber gleichzeitig für den Handel mit China die »Politik der offenen Tür« fest.

104 Der ebenfalls am 06.02.1922 abgeschlossene Fünfmächtevertrag der USA, Großbritanniens, Japans, Frankreichs und Italiens legte das Größenverhältnis ihrer Flotten fest (5:5:3:1,75:1:75) Das Flottenbeschränkungsprogramm wirkte sich zu Gunsten der USA aus.

105 »Das Tagebuch«, ein linksdemokratisches Wochenblatt, wurde von Leopold Schwarzschild herausgegeben. Siehe dazu Bernd Sösemann: Das Ende der Weimarer Republik in der Kritik demokratischer Publizisten, Berlin 1976, S. 51 ff.

106 Der Plan, den Tardieu am 05.02.1932 der Genfer Konferenz vorgelegte, sah einen wirtschaftlichen Zusammenschluß der Donau-Länder Österreich, Ungarn, Tschechoslowakei, Jugoslawien, Rumänien vor und schloß Bulgarien aus. Mit ihm reagierte Frankreich auf die inzwischen gescheiterten deutsch-österreichischen Bemühungen um eine Zollunion und die damit verbundene stärkere Einflussnahme auf die Politik der Balkanländer.

107 Artikel 165 der Weimarer Verfassung gebot die Bildung eines Gremiums, das unter Beteiligung aller wirtschaftlichen Berufsgruppen grundlegende soziale und wirtschaftspolitische Gesetzesentwürfe begutachten sollte. Durch eine Verordnung vom 04.05.1920 entstand der Vorläufige Reichswirtschaftsrat, der sich indessen in der Weimarer Republik zu einem Schattendasein verurteilt sah.

108 Mit der Notverordnung vom 05.06.1931 hatte die Brüning-Regierung einen zunächst begrenzten, »freiwilligen« Arbeitsdienst für erwerbslose Jugendliche eingeführt. Mit der Notverordnung des Papen-Kabinetts vom 16.07.1932 wurde der immer noch als »freiwillig« deklarierte Arbeitsdienst faktisch zur Pflicht für zahlreiche Jugendliche bis zum 25. Lebensjahr. Gedacht war daran, den freiwilligen Arbeitsdienst so auszubauen, dass ab 1933 die Führer für die Verbände der Arbeitsdienstpflichtigen zur Verfügung stehen. Die Arbeitsdienstpflicht war für alle männlichen Deutschen vom 20. Lebensjahr an für 6 bis 8 Monate vorgesehen. 1934 wurde der Reichsarbeitsdienst zu einer Gliederung der NSDAP.

109 Siehe »Politik der Woche« (38) in SAV Nr. 9 vom 28. Februar 1932, S. 36.
110 Die in den Berichten von Emil Fuchs immer wieder auftauchende Charakterisierung Polens als faschistisch erklärt sich zum einen aus der damals üblichen pauschalen Anwendung des Faschismus-Begriffs, zum anderen aber auch aus Vorbehalten, die insbesondere auch die Stellung Polens zu Danzig betrafen.
111 Parallel zur Verordnung des Reichspräsidenten vom 17.03.1932 zum »Schutz des inneren Friedens für die Osterzeit 20.03.–3.4.1932« hatte Severing als preußischer Innenminister Hausdurchsuchungen in Büros und Wohnungen von NSDAP-Führern angeordnet. Am 03.04.1932 ließ der Berliner Polizeipräsident Büroräume von SA und SS schließen.
112 Dies erfolgte am 24.03.1932.
113 Aus der SPD ausgetretene oder ausgeschlossene Sozialdemokraten hatten am 02.10.1931 die Sozialistische Arbeiterpartei Deutschlands (SAPD) gegründet. In ihrem Kampf gegen die Faschisten grenzte sie sich sowohl von der SPD als auch von der KPD ab. An der Spitze der ca. 60.000 Mitglieder standen Kurt Rosenfeld und Max Seydewitz.
114 Den von Ernst Thälmann geleiteten Roten Frontkämpferbund hatte die KPD 1924 gegründet. Viele seiner ca. 150.000 Mitglieder waren parteilos. Er wurde unmittelbar nach den von der Polizei am 01.05.1929 in Berlin provozierten blutigen Auseinandersetzungen vom preußischen Innenminister Severing (SPD) verboten.
115 Die Pariser Tageszeitung »Le Temps« erschien von 1861 bis 1942 und stand dem französischen Außenministerium nahe.
116 Trotz seiner analytischen Fähigkeiten offenbarte Fuchs in der Einschätzung der Wahl Hindenburgs und des SA-Verbotes gewisse illusionäre Vorstellungen.
117 Entgegen dem Vorschlag der UdSSR, den 1922 geschlossenen Vertrag erneut um fünf Jahre zu verlängern, hatte Brüning eine Beschränkung auf zwei Jahre durchgesetzt.
118 Diese und ähnliche Einschätzungen belegen, daß Fuchs trotz kritischer Auffassungen über die KPD keinerlei totalitarismustheoretischen Vorstellungen anhing.
119 Der Staat Mandschurei war unter militärischem Druck Japans gegründet worden. An seiner Spitze stand formell der 1911 abgesetzte letzte Kaiser Chinas.
120 Die Deutsche Staatspartei war 1930 aus der DDP hervorgegangen.
121 Zu den unterschiedlichen Interpretationen durch deutsche Staatsrechtler siehe Peter Blomeyer: Der Notstand in den letzten Jahren von Weimar. Die Bedeutung von Recht, Lehre und Praxis der Notstandsgewalt für den Untergang der Weimarer Republik und die Machtübernahme durch die Nationalsozialisten. Eine Studie zum Verhältnis von Macht und Recht, Berlin 1999.
122 Brünings Auftritt vor dem Reichstag erfolgte am 11.05.1932. Den gleichen Gedanken wiederholte er in seiner letzten Reichstagsrede am 24.05.1935.
123 Gregor Strasser hob am 10.05.1932 in seiner Reichstagsrede vor allem sozialpolitische Vorstellungen der NSDAP hervor, wozu es in dieser Partei jedoch keine übereinstimmenden Auffassungen gab.
124 Hitler residierte in der Regel im Berliner Hotel »Kaiserhof«.
125 Noch stärker als Brüning war Papen auf das Notverordnungsrecht des Reichspräsidenten angewiesen. Die Bezeichnung »Kabinett der Barone« rührte aus der Tatsache, dass acht von vierzehn Ministern Adlige waren.

126 Der Kapp-Putsch vom März 1920 hatte den ersten großen Angriff der Reaktion auf die Weimarer Republik dargestellt. Obgleich er durch einen Generalstreik rasch niedergeschlagen werden konnte, bewirkte er eine zunehmende und nur in geringem Maße unterbrochene Rechtsentwicklung der Republik.

127 Im Alter von nur 34 Jahren hatte Papen die Stelle eines für die USA und Mexiko zuständigen Militärattachés in Washington erhalten. 1914 hatte er versucht, um Waffen- und Munitionslieferungen aus den USA für die Entente unterbinden zu können, mit Hilfe höchst fragwürdiger Personen zwei nach Kanada führende Brücken sprengen zu lassen. Obgleich dieses Unternehmen scheiterte, erhielt er im Sommer 1915 vom deutschen Generalstab noch einmal einen ähnlichen Auftrag. Als einer seiner Agenten in der New Yorker U-Bahn eingeschlafen und ihm eine Aktentasche mit belastenden Dokumenten gestohlen worden war, erklärte die amerikanische Regierung Papen zur unerwünschten Person und wies ihn aus. Siehe Joachim Petzold: Franz von Papen. Ein deutsches Verhängnis, München und Berlin 1995, S. 21 ff.

128 Rechtsgerichtete Kreise bemühten sich, ihre Angriffe gegen die Weimarer Verfassung als »Reform« zu deklarieren. Vorreiter war dafür der 1928 entstandene »Bund zur Erneuerung des Reiches«. Die Attacken galten sowohl den demokratischen Grundrechten als auch der föderalen Struktur der Weimarer Republik.

129 Gemeint ist die Konferenz zur Lösung der Reparationsfrage, die bereits im Frühjahr 1932 stattfinden sollte, aber erst am 16.06.1932 begann und mit einer juristischen Fixierung des Endes deutscher Reparationsleistungen am 09.07.1932 schloß.

130 Diese Zeitung konnte nicht ermittelt werden. Alle Bücherverzeichnisse dieser Zeit enthalten keinerlei Angaben zum Verfasser bzw. zu einem Buch mit diesem Titel.

131 Stadtteil der chines. Stadt Wuhan.

132 Sie erfolgte am 20.07.1932 als Staatsstreich mit der Einsetzung Papens als Reichskommissar für Preußen.

133 Diese Charakterisierung ist offensichtlich unter dem unmittelbaren Eindruck der Ereignisse niedergeschrieben worden.

134 Gemeint ist die Rede Schleichers vom 26.07.1932 im Rundfunk.

135 Zentralorgan der Französischen Kommunistischen Partei.

136 Er fand vom 27. bis 29.08.1932 in Amsterdam statt. Aus Deutschland waren 759 Teilnehmer angereist. Dem auf dem Kongreß gebildeten Weltkomitee gegen den imperialistischen Krieg gehörten als deutsche Vertreter u.a. Albert Einstein, Heinrich Mann und Clara Zetkin an.

137 Die Bemühungen der KPD um die Schaffung einer überparteilichen »Antifaschistische Aktion«, die Ende Mai 1932 eingesetzt hatten, nahm Fuchs kaum zur Kenntnis. Siehe Die Antifaschistische Aktion. Dokumentation und Chronik Mai 1932 bis Januar 1933. Hrsg. und eingel. von Heinz Karl und Erika Kücklich unter Mitarbeit von Elfriede Fölster und Käthe Haferkorn, Berlin 1965.

138 Nach diesem Modell verliefen tatsächlich zahlreiche gewalttätige Auseinandersetzungen zwischen Nationalsozialisten und Kommunisten. Erstere konnten auch mit einer einseitigen Behandlung durch die Richter rechnen. Zwar ließ die deutsche Rechtsprechung seit Mitte der 20er Jahre nicht mehr jenes Ausmaß an Einseitigkeiten in der Entscheidungspraxis erkennen, die am Beginn der Weimarer Republik klar zu Lasten der politischen Linken ging. Im Gegensatz zur NSDAP

galt die KPD stets als eine hochverräterische Organisation. Gegen ihre Mitglieder und Anhänger wurde regelmäßig das vollständige Instrumentarium des Straf- und Verwaltungsrechts eingesetzt. Siehe dazu vor allem Christoph Gusy: Weimar – die wehrlose Republik? Verfassungsschutzrecht und Verfassungsschutz in der Weimarer Republik, Tübingen 1991, S. 178 und 354 ff.

139 Fuchs erfasste hier präzise jenes Muster provokatorischer Aktionen, die sich vor allem gegen die KPD richteten.

140 Seine Rede vom 11.08.1932 sollte, wie Gayl es formulierte, zeigen, »was vordringlich zu regeln« sei: das Wahlrecht und der »innere Umbau des Reiches«. Siehe Freiherr Wilhelm von Gayl: Verfassungsrede, gehalten bei der Feier der Reichsregierung am 11. August 1932, Berlin 1932, S. 6 f.

141 Die Ende Mai 1932 von der KPD-Führung initiierte »Antifaschistische Aktion« ist hier erstmalig erwähnt.

142 Das unter dem Titel »Arbeitsbeschaffungsprogramm« am 20.08.1932 veröffentliche Dokument war gemeinsam mit der Reichsbank ausgearbeitet worden.

143 Nach einer Veranstaltung der SPD kam es am Abend des 10.07.1932 im schlesischen Ortes Ohlau zu gewalttätigen Auseinandersetzungen mit NSDAP-Mitgliedern. Gegen 23 Uhr griff auch die Reichswehr ein. Es gab zwei Tote und 27 Schwerverletzte. Ein Sondergericht verurteilte am 22.08.1932 von den angeklagten Reichsbanner-Angehörigen und SPD-Sympathisanten 27 zu hohen Zuchthaus- und Gefängnisstrafen, 16 Angeklagte wurden freigesprochen.

144 Im schlesischen Beuthen waren SA-Leute angeklagt, die am 09.08.1932 in Potempa einen Arbeiter in brutalster Weise ermordet hatten. Das war angesichts der Vielzahl terroristischer Aktionen der NSDAP zunächst eine Untat unter vielen. Der Fall gewann jedoch seine besondere Rolle, da die Reichsregierung kurze Zeit zuvor einige strafrechtsverschärfende Verordnungen erlassen hatte. Das Gericht sah sich schließlich gezwungen, gegen fünf der Täter die Todesstrafe zu verhängen. Dies führte zu einer außerordentlich umfangreichen Gegenaktion der NSDAP. Hitler erklärte sogar, es sei eine Frage seiner Ehre, für die Freilassung der Verurteilten einzutreten. Die kommissarische, preußische Regierung hob das Urteil bereits am 02.09.1932 durch Gnadenerlaß auf. Siehe Paul Kluge: Der Fall Potempa. In: Vierteljahreshefte für Zeitgeschichte, H. 2/1957, S. 279 ff.

145 Gemeint sind die im interkonfessionellen Gesamtverband der christlichen Gewerkschaften zusammengeschlossenen Organisationen. Dem Zentrum stand vor allem der damals von Heinrich Imbusch geleitete Deutsche Gewerkschaftsbund nahe.

146 Gemeint ist das ergebnislose Ende der ersten Sitzungsperiode der Genfer Abrüstungskonferenz am 23.07.1932. Im September 1932 erklärte die deutsche Regierung offiziell, die Abrüstungskonferenz verlassen zu wollen.

147 Die britische Empire-Konferenz von Ottawa (21.07. – 20.08.1932) führte zur Neuregelung und Festigung der Wirtschaftsbeziehungen zwischen Großbritannien und seinen Dominions. Letzteren wurden beträchtliche Zollvergünstigungen eingeräumt. Mit diesem System interner Vorzugszölle (»preferential trade«) grenzte sich die britische Wirtschaftssphäre deutlich von der anderer Großmächten ab.

148 Gemeint ist die SAI.

149 Gemeint ist die Kommunistische Internationale.

150 Papen sprach am 28.08.1932 in Münster.

151 Ihr offizieller Titel lautete: Notverordnung zur Belebung der Wirtschaft. Sie datiert vom 04.09.1932.
152 Sokol – das war der Name der tschechoslowakischen Volksturnbewegung. Ihr gehörten mehrere Hunderttausend Mitglieder an.
153 Am 12.09.1932. Das Auflösungsdekret Hindenburgs führte als Begründung an: Gefahr der Aufhebung von Notverordnungen. Am folgenden Tag verwarf der Reichstagsausschuß zur Wahrung der Rechte der Volksvertretung als verfassungswidrig, da die Aufhebung von Notverordnungen zu den den verfassungsmäßigen Rechten des Parlaments gehöre. Dennoch wurde die Reichstagsauflösung nicht widerrufen.
154 Papen erschien erst am 27.09.1932. vor dem Ausschuß.
155 Gegenstand des Prozesses waren blutige Auseinandersetzungen in der Berliner Kolonie »Felseneck«.
156 In Thüringen hatte sich der Landtag am 15.07.1932 aufgelöst. Parallel zu den Reichstagswahlen vom 31.07.1932 fand seine Neuwahl statt, bei der 42,5 % der Wähler für die NSDAP votierten. Wächtler war Mitglied der am 26.08.1932 unter der Führung von Fritz Sauckel gebildeten ersten deutschen Landesregierung, der mit einer Ausnahme ausschließlich NSDAP-Mitglieder angehörten.
157 Seit den für die bürgerlichen Parteien der sogenannten Mitte katastrophalen Wahlen vom 14.09.1930 hatte es mehrfach Bestrebungen zu einem Zusammenschluß gegeben. Jedoch scheiterte sowohl die im Januar 1931 gegründete »Staatsbürgerliche Arbeitsgemeinschaft der Mitte« als auch der im Juni 1932 entstandene »Arbeitsausschuß für bürgerliche Sammlung«. Die am 18.09.1932 gegründete »Nationale Vereinigung« unternahm erneut einen allerdings von vornherein aussichtslosen Versuch. Sie verstand sich als ein Wahlkartell von den Volkskonservativen bis zur Staatspartei unter Ausschluß des Zentrums und der DNVP.
158 Dies war offensichtlich eine weitere Bezeichnung für den Ohlauer Prozeß.
159 Reichskommissar zur Jugendertüchtigung bzw. geschäftsführender Präsident des Reichskuratoriums für Jugendertüchtigung war General der Infanterie a.D. Erwin von Stülpnagel.
160 Gemeint ist die Genfer Abrüstungskonferenz.
161 Der Deutsche Nationalverein begnügte sich mit einem Appell an die »Mittelparteien«, bei den zum 06.11.1932 anberaumten Reichstagswahlen gegeneinander keinen Wahlkampf zu führen.
162 Fuchs bezieht sich hier auf die Tatsache, dass der Ausschuß die Auflösung des Reichstages vom 12.09.1932 als »dem Sinn und Geist der Reichsverfassung« widersprechend ansah, die Auflösungsaktion aber dennoch nicht widerrufen wurde.
163 Aus den Briefen war die Homosexualität des Stabschefs der SA ersichtlich. Diese spielte allerdings erst 1934 eine Rolle, als auch damit die Ermordung Röhms gerechtfertigt werden sollte.
164 Der Verein für Sozialpolitik existierte von 1872 bis 1936.
165 Im Münchener »Bürgerbräukeller« hatte am 08.11.1923 der Hitler-Putsch begonnen.
166 Das Gericht erklärte dennoch die Einsetzung eines Reichskommissars in Preußen für vereinbar mit der Verfassung. Siehe auch Bericht Nr. 74.
167 Dörr, Hugo Walter (von Birkenfeld)
168 Der britische Diplomat Lytton stand an der Spitze einer Kommission des Völker-

bunds, die den militärischen Überfall Japans auf die Mandschurei untersuchen sollte. Sein Bericht vom September 1931 kennzeichnete Japan als Aggressor.
169 Zu den Auseinandersetzungen in der KPD siehe Klaus Kinner: Der deutsche Kommunismus. Selbstverständnis und Realität, Bd. 1: Die Weimarer Zeit, Berlin 1999.
170 Die »Brennnessel« erschien seit 14.04.1931 alle zwei Wochen als satirisches Wochenblatt der NSDAP.
171 Er erweckte besondere Aufmerksamkeit, da sich an ihm auch nationalsozialistische Arbeiter beteiligten und dies von der NSDAP-Führung gebilligt wurde. Siehe dazu und zu dem Verhalten der RGO bzw. der KPD vor allem: Joachim Oltmann, Das Paradepferd der Totalitarismustheorie. Der Streik der Berliner Verkehrsarbeiter im November 1932, in: Blätter für deutsche und internationale Politik, 11/1982, S. 1374-1390; siehe auch Wolfgang Abendroth, Einführung in die Geschichte der Arbeiterbewegung, 1997, S. 274-276, der sich gegen das »in der bürgerlichen Geschichtsschreibung immer wieder hochgespielte Nebeneinanderstehen von NSDAP (Gau Berlin) und KPD bzw. von NSBO und RGO auf Seiten des Streiks« wendet: »Daß das in Wirklichkeit etwas mit einem auch nur möglichen Bündnis von Nazis und Kommunisten zu tun gehabt hätte, ist aber objektiv Unsinn, wird jedoch auch heute noch immer wieder als Legende kolportiert«. (S.275).
172 Die »Grüne Front« ging 1929 aus einer lockeren Arbeitsgemeinschaft verschiedener agrarpolitischer Verbände hervor. In ihr dominierten großagrarische Interessen.
173 Bei einem Planspiel der Reichswehrführung war festgestellt worden, dass das Militär gegen die Mehrheit der Deutschen kein Regime stützen könnte.
174 Cohn wurde während des Zweiten Weltkrieges in Auschwitz ermordet.
175 Papen erklärte am 17.11.1932 seinen Rücktritt vom Amt des Reichskanzlers.
176 Damit erklärte sich Emil Fuchs nachdrücklich gegen die Unvernunft antikommunistischer Politik.
177 Schacht war, was Fuchs nicht wissen konnte, Initiator einer Eingabe deutscher Großindustrieller und Großagrarier an Hindenburg, in der dieser am 19. November 1932 gebeten wurde, Hitler als Reichskanzler einer vom »parlamentarischen Parteiwesen unabhängigen Regierung« zu berufen. Siehe Reinhard Kühnl, Der deutsche Faschismus in Quellen und Dokumenten, 7. durchgesehene, und erweiterte Auflage, Köln 2000, S. 147-149.
178 Carl Eduard, Herzog von Coburg und Gotha.
179 Gegen eine Wiederbelebung der »Harzburger Front« wandte sich zu dieser Zeit vor allem die NSDAP-Führung.
180 In der am 26.08.1932 gebildeten thüringischen Landesregierung übte er bis 1945 das Amt eines Finanz- und Wirtschaftsministers aus, seit 08.05.1933 auch das des Ministerpräsidenten.
181 Am krassesten hatte Hitler dieses Ziel in »Mein Kampf« (S. 197) formuliert: »Jede Propaganda hat volkstümlich zu sein und ihr geistiges Niveau einzustellen nach der Aufnahmefähigkeit des Beschränktesten unter denen, an die sie sich zu richten gedenkt. Damit wird ihre rein geistige Höhe um so tiefer zu stellen sein, je größer die zu erfassende Masse der Menschen sein soll. Handelt es sich aber, wie bei der Propaganda für die Durchhaltung eines Krieges, darum, ein ganzes Volk in ihren Wirkungsbereich zu ziehen, so kann die Vorsicht bei der Vermeidung zu

hoher geistiger Voraussetzungen gar nicht groß genug sein.«
182 Diese Weltwirtschaftskonferenz, deren Durchführung im Lausanner Vertrag vom 09.07.1932 beschlossen worden war und in London stattfinden sollte, trat erst im Juni 1933 zusammen.
183 Offensichtlich ironisierte Fuchs mit dieser Bezeichnung die Abrüstungskonferenz.
184 Am 04.10.1932 lud die britische Regierung Deutschland zu einer Konferenz nach London ein, bei der Vertreter von fünf Staaten (USA, Großbritannien, Frankreich, Italien und Deutschland) eine Lösung der Konflikte zwischen Deutschland und Frankreich in der Abrüstungsfrage suchen wollte. Drei Tage darauf nahm Deutschland die Einladung an. Die Konferenz begann am 06.12.1932 und fand in Genf statt. Ihre Erklärung vom 11.12.1932 enthielt eine prinzipielle, wenn auch verklausulierte Anerkennung der deutschen »Gleichberechtigungs«-Forderungen.
185 Der als »Weltkriegsheld« gefeierte General war bereits 1929 der NSDAP beigetreten. In seiner Rede warf er Hindenburg vor, Deutschland in die Arme des Bolschewismus zu treiben, da er Hitler noch nicht zum Reichskanzler berufen habe.
186 Zu dieser Krise siehe Kurt Pätzold/Manfred Weißbecker: Geschichte der NSDAP 1920-1945, Köln 1998, S. 234 ff.
187 Bei den thüringischen Kommunalwahlen vom 04.12.1932 verlor die NSDAP rund 40 % an Stimmen.
188 Er bezog sich auf die so genannte Kriegsschuldlüge und lautete: »Wer behauptet, Deutschland sei schuld am Weltkrieg, lügt!«
189 Trotz der ernsten Krise, in der sich die NSDAP befand, konnte von »Zersetzung« zwar keine Rede sein, aber die Furcht, dass die faschistische Bewegung angesichts des Verlustes von über zwei Millionen Stimmen bei der Novemberwahl zerfallen könnte, wuchs.
190 Zur Bedeutung des Treffens von Hitler und Papen am 04.01.1933 siehe Pätzold/ Weißbecker, Geschichte der NSDAP, S. 237 ff.
191 Als Präsident des Deutschen Landgemeindetages hatte Gereke dem Reichskanzler von Papen am 16.08.1932 »Leitsätze für ein Arbeitsbeschaffungsprogramm zur Behebung der Arbeitslosigkeit« übersandt. Diese enthielten auch den Vorschlag, einen Reichskommissar für Arbeitsbeschaffung zu berufen. Gereke wollte mit Hilfe von Reichskrediten in Höhe von 4 Mrd. RM eine Art zweiter Währung – das sog. Giralgeld – schaffen und damit vor allem auf kommunaler Ebene Arbeitsbeschaffung ermöglichen. Erst das Schleicher-Kabinett berief Gereke zum Reichskommissar für Arbeitsbeschaffung. Dieser legte am 23.12.1932 ein entsprechendes »Sofortprogramm« vor.
192 Der Reichslandbund als 1921 als Zusammenschluß mehrerer agrarpolitischer Organisationen entstanden und umfasste ca. eine Mill. Mitglieder. Er lehnte die Weimarer Republik grundsätzlich ab.
193 Gemeint ist die SAI.
194 Der provokatorische Aufmarsch fand am 22.01.1933 statt. Drei Tage später reagierte die KPD mit einer Demonstration.
195 Die 1928 eingeführte Ostpreußenhilfe, die offiziell die Landwirtschaft entschulden sollte, wurde 1931/32 auf das gesamte ostelbische Gebiet ausgedehnt und 1936 beendet. Auf der Grundlage des Gesetzes über »Hilfsmaßnahmen für die bedürftigen Ostgebiete« vom 31.03.1931 erhielten die Großgrundbesitzer und ein Teil der Großbauern in der Zeit bis zum März 1933 rund 806 Mill. RM, die Masse

der Bauern erhielten lediglich 43 Mill. RM. Insgesamt erreichte die Osthilfe zusammen mit anderen Mitteln des Reichshaushaltes die Höhe von 2,5 Mrd. RM.
196 Franz Joseph, Fürst von Isenburg
197 Nach der Weltwirtschaftskonferenz von 1927 sollte entsprechend einer Festlegung im Lausanner Vertrag vom 09.07.1932 eine neue »Weltwirtschafts- und Finanzkonferenz« in London stattfinden. Sie trat erst im Juni 1933 zusammen.
198 Gemeint ist der preußische Landtag.
199 Laut Artikel 14 der preußischen Verfassung gehörten ihm der Ministerpräsident sowie die Präsidenten des Landtages und des Staatsrates an.
200 Fuchs macht hier auf die Mitgliedschaft Rusts in der NSDAP aufmerksam.
201 Gemeint ist die Verordnung des Reichspräsidenten »zum Schutze des deutschen Volkes« vom 06.02.1933.
202 Bei Auseinandersetzungen mit Antifaschisten waren Hans Eberhard Maikowski, ein Führer des berüchtigten SA-Sturmes 33, und Zauritz, ein Polizeibeamter, ums Leben gekommen. Die Trauerveranstaltung im Dom, an der auch Hitler teilnahm, sollte vor allem das gemeinsame Anliegen von SA und Polizei demonstrieren.
203 Den fehlenden Einheitswillen von SPD und KPD erklärte sich Fuchs aus beider Abgehobenheit gegenüber einer kampfentschlossenen Arbeiterschaft.
204 Im österreichischen Hirtenberg existierte eine Waffen- und Munitionsfabrik. Sie wurde 1938 dem von Fritz Sauckel geleiteten Gustloff-Konzern angeschlossen.
205 U.a. stellten die »Nationalsozialistische Monatshefte« nach dem 30.01.1933 ihren Themenplan um und gaben dem Thema »Novemberverbrecher« Vorrang.
206 Als preußischer Ministerpräsident erließ Göring am 22.02.1933 eine entsprechende Verordnung, die den Bürgerkriegstruppen der NSDAP gleichsam hoheitliche Befugnisse verlieh.
207 Die Aktion gegen das Karl-Liebknecht-Haus erfolgte am 23.02.1933. Später wurde verkündet, daß belastendes Material gefunden worden sei und dieses im Prozeß gegen die Brandstifter verwendet würde, was jedoch nicht erfolgt ist.
208 Hier wird eher Hoffnung denn Gewißheit vorgetragen. Später Stelle sprach Fuchs realistischer davon, dass für die Arbeiterparteien der »Kampf ums Dasein« begonnen habe. (Siehe Wochenbericht Nr. 91)
209 Der »Evangelische Bund zur Wahrung der deutsch-protestantischen Interessen« existierte von 1886 bis 1945. Während der Weimarer Republik wurde seine Tätigkeit weitgehend von deutschnational-monarchistischen Positionen bestimmt. Nach 1933 bekannte er sich uneingeschränkt zum Hitler-Regime.
210 Über die Ursachen des Reichtagsbrandes wird bis heute gestritten. Die Frage nach dem »cui bono« dürfte auch heute noch hilfreich sein.
211 Gemeint sind die Bestimmungen der Notverordnung Hindenburgs zum »Schutz von Volk und Reich« vom 28.02.1933. Siehe dazu Thomas Raithel/Irene Strange: Die Reichstagsbrandverordnung. Grundlage der Diktatur mit den Instrumenten des Weimarer Ausnahmezustandes. In: Vierteljahreshefte für Zeitgeschichte, H. 3/2000, S. 413-460.
212 Thälmanns Verhaftung erfolgte am 03.03.1933. Siehe Ronald Sassning: Geschichte im Visier des MfS der DDR. Wie SED-Führung, Staatssicherheit und Historiker mit den Schicksalen von Thälmann, Kattner und Wehner umgingen (hefte zur ddr-geschichte, 65), Berlin 2000, S. 13 ff.
213 Fuchs bezieht sich hier indirekt auf Artikel 48 der Weimarer Verfassung.

214 Dies erfolgte auch in anderen Ländern in großem Umfang. In Thüringen wurden bis zum 08.06.1933 beispielsweise 592 SA-Männer an 10.723 Tagen sowie 1.185 SS-Männer an 31.758 Tagen als Hilfspolizisten eingesetzt. Thüringisches Hauptstaatsarchiv Weimar, Bestand Reichsstatthalter, 176/1, Bl.21.
215 Siehe Bericht 19.
216 Die feierliche Eröffnung des neuen Reichstages fand während des sogenannten Tages von Potsdam am 21.03.1933 statt.
217 Nur wenige unter den zeitgenössischen Beobachtern ließen so deutlich wie Emil Fuchs ihre große Sorge um Deutschlands und Europas Zukunft erkennen.

Nachbetrachtungen

Georg Fülberth

Ein kleiner Unterschied bei viel Gemeinsamkeit

Zwei Theologen äußern sich zu Ökonomie und Politik am Ende der Weimarer Periode. Wer das Wirken deutscher Pastoren in öffentlichen Angelegenheiten während des zwanzigsten Jahrhunderts – von Friedrich Naumann bis Eppelmann und Gauck – zur Kenntnis nehmen musste, wird sich nicht sofort begeistert zeigen. Zumindest ist zunächst nicht einzusehen, welchen Erkenntnisvorsprung die beiden Geistlichen anderen Sterblichen voraushaben sollten.

Ihre Einsichten werden, so ist anzunehmen, nicht auf der theologischen Vorbildung von Eckert und Fuchs beruhen, sondern auf dem, was sie sich in eigener politischer Praxis auf der Linken – im Bund Religiöser Sozialisten und in der SPD – aneigneten. Diese Vermutung erleichtert die lesende Annäherung. Wir werden davon auszugehen haben, dass die Autoren ihr Urteil auf Einsichten stützen, die sie in ihrer eigenen politischen Praxis gewannen.

Obwohl beide Mitglieder SPD waren – Eckert mehrere Jahre, Fuchs durchgehend –, hat diese Tatsache ihren Blick auf das Zeitgeschehen in unterschiedlichem Maße beeinflusst: bei Fuchs stärker, bei Eckert weniger. Als Marxisten verstanden sie sich insofern mit einer gewissen Selbstverständlichkeit, als sie sich ja zum gültigen Parteiprogramm bekannten: dem Heidelberger Programm von 1925, das das nichtmarxistische Görlitzer Programm von 1921 ablöste und wieder an das Erfurter Programm von 1891 anknüpfte.

Ihre Kommentare allerdings sind nicht von der marxistischen Kritik der Politischen Ökonomie geprägt. Sie sind an der Lage der arbeitenden Massen und an der Krisenhaftigkeit der kapitalistischen Entwicklung orientiert. Ihre Radikalität ergab sich gleichsam aus der Evidenz der Wirklichkeit in der Weimarer Republik: hier musste keine Oberfläche analytisch durchstoßen werden (dies gehörte ja bekanntlich zur Methode des Marxschen »Kapital«): die Tagespolitik gab Stoff genug.

Im Profil ihrer Urteile unterscheiden sich beide Beobachter deutlich: Ekkert ist eher der Mann der schnellen und finalen Urteile. Er redet vom »*Fiasko der kapitalistischen Wirtschaft*«, befindet, diese Produktionsweise sei »*gerichtet*«, erklärt apodiktisch, es könne keine Planung im Kapitalismus geben. Fuchs analysiert mehr im Detail. Das schließliche Urteil 1933 ist auch bei ihm illusionslos: »*Die Weltkatastrophe, deren Mittelpunkt Deutschland heißt, geht weiter.*«

Aber als er 1931 mit dem Schreiben der Wochenberichte begann, stand ihm das noch nicht fest. Er suchte nach inneren Widersprüchen in der bürgerlichen Politik, musste jedoch feststellen, dass diese sich je länger desto mehr letztlich doch auf Hitler hin vereinheitlichte. Weil er weiß, was auf dem Spiel steht, wenn es keine innerkapitalistische Alternative gibt und die Arbeiterbewegung zu schwach ist, fragt er auch einmal: »*Kann der Kapitalismus nur einen Anfang zur Vernunft schaffen?*«

Erwin Eckert kam hier früh zu einem negativen Ergebnis. Dies beeinflusst dann allerdings auch das Tagesurteil, denn das Erkenntnisinteresse ist unter einer solchen Prämisse stärker daran orientiert, etwa revolutionäre Momente, die auf den einzig noch denkbaren – den nichtreformistischen – Ausweg verweisen, zu entdecken.

Emil Fuchs hat unverkennbar die Suche nach immanenten Lösungen länger beibehalten. Wenn er schreibt: »*SPD, Reichsbanner und Gewerkschaften sammeln in der ›Eisernen Front‹ diejenigen Kreise, die republikanisch gesinnt sind und den kapitalistischen Weg aus der Krise, das heißt den Weg internationaler Verständigung und Kapitalhilfe für Deutschland gehen wollen*«, dann ist das billigend gemeint. In dieser Logik wendet er sich gegen den Reichspräsidenten-Kandidaten Thälmann und unterstützt die Haltung der SPD zu Hindenburg.

Fuchs konstatiert eine Art wirtschaftspolitischen Bonapartismus. Der Staat werde immer mehr zu einem aktiven ökonomischen Faktor und übernehme damit Aufgaben, welche die Bourgeoisie selbst nicht mehr bewältige. Die öffentliche Hand nehme das gemeinsame Interesse der Kapitalisten besser wahr als die einzelnen Unternehmer, zum Beispiel durch Verlängerung von Tarifverträgen per Notverordnung..

Wenn Fuchs von »*Staatskapitalismus*« spricht, lehnt er sich wahrscheinlich in dem Maße an klassische marxistische Imperialismustheorien – eher Hilferding als Lenin – an, in dem sie seit dem Kieler SPD-Parteitag (1927) und der Rede »Die Aufgaben der Sozialdemokratie in der Republik« Gemeingut intellektueller Parteimitglieder waren. Allerdings hatte sich inzwischen der Akzent verschoben: 1927 hatte sich die SPD nach längerer Oppositionszeit wieder auf einen neuen Eintritt in die Reichsregierung vorbereitet, der dann 1928 ja auch erfolgte. Die These vom Verschmelzen von Staat und Ökonomie klang damals optimistisch: Hier schien sich eine demokratische Lenkungsmöglichkeit zu ergeben. Jetzt, 1931, war das anders: 1930 war die SPD aus der Reichsregierung hinausgedrängt worden, und es zeigte sich, daß der Staat nicht die kapitalistische Ökonomie lenkte, sondern umgekehrt.

Dies hatte Auswirkungen auf die Investitionsentscheidungen, und Fuchs machte darauf aufmerksam: Soweit der Rüstungsindustrie Aufträge zugeschanzt werden sollen, fordert er zum Widerstand auf. Fuchs erkennt sofort die Bedeutung des Treffens Hitlers mit deutschen Großkapitalisten Anfang

1933, und er unterscheidet Gruppierungen innerhalb der herrschenden Klassen. Er tritt für Arbeitsverkürzung mit Lohnausgleich ein, sieht die einkommenssenkende Funktion des Arbeitsdienstes und weist auf positive Neuorientierungen in der schwedischen Wirtschaftspolitik hin.

Der gleiche scharfe Blick im Detail zeigt sich auch in der Beurteilung von Außenpolitik. Fuchs beobachtet die internationalen Verhandlungen über Schuldenregelung in Lausanne und über Abrüstung in Genf. Einerseits hofft er auf positive Ergebnisse, aber er sieht andererseits, dass sich da eine neue Konstellation zusammenschieben könnte: Ein unter Führung Frankreichs geeintes Westeuropa, das einen Krieg gegen Sowjetrussland vorbereitet, über Österreich eine Expansion nach Südosten in Angriff nimmt und sich auch gegen die USA wendet. Hier differiert Fuchs von dem harmonischen Bild einer Westorientierung, das damals die Politik der SPD in dieser Frage bestimmte, und er stimmt in diesem Punkt eher mit der KPD überein.

Sein Urteil in dieser Frage ist zunächst durch die Politik der nächsten Jahrzehnte nicht bestätigt worden: Zwar kam die Appeasement-Politik der Westmächte – mit dem Tiefpunkt München 1938 – seinen Befürchtungen nahe, aber der Zweite Weltkrieg hat dann ja eine andere Konstellation hervorgebracht. Erst nach 1945 kam dann das West-Bündnis zustande, das Emil Fuchs schon 1931 fürchtete.

Auch an einer anderen Stelle vermag er eine langfristige Tendenz zu prognostizieren, die in der tagespolitischen Evidenz noch nicht sichtbar gewesen ist. Nach dem Sieg Roosevelts über Hoover 1932 notierte Emil Fuchs: *»Die Neuwahl bedeutet eine Umstellung der Politik von brutaler Vertretung der Hochfinanzinteressen zu denen der Waffen.«*

Mit seiner Skepsis stand er damals nicht allein. 1933 wurde der neue Präsident zuweilen mit Mussolini und Hitler (mit dem er zeitgleich an die Macht kam) verglichen. Eine Senkung der Arbeitslosigkeit ist ihm tatsächlich erst gelungen, nachdem die USA die Rüstungen forciert hatten und dann in den Krieg eingetreten sind.

Fuchs' Diktum könnte zunächst nichts anderes sein als Ausdruck der Unsicherheit, die auch im Urteil anderer linker Beobachter angesichts der neuen Phänomene: Mussolini, Hitler, Roosevelt damals zum Ausdruck kam. Sie bezog sich allerdings in der Regel ausschließlich auf befürchtete Gefährdungen der Demokratie. Fuchs sah tiefer: er sah den Warfare State kommen. Durch die Tagesereignisse hindurch nahm er dauerhafte Strukturen und deren Verschiebungen in einer longue durée wahr. Dadurch traf er sich allerdings dann doch wieder mit dem schon früher gefällten radikaleren Urteil Erwin Eckerts.

Die Leserinnen und Leser werden selbst entscheiden müssen, ob sie Fuchs' politische Publizistik, in der er Möglichkeiten innerkapitalistischer Auswege erkundete, nur als einen Umweg ansehen wollen, oder als einen notwendigen Versuch, der durch die Ahnung veranlasst war, dass der »*gerichtete Kapitalismus*« nicht im Sozialismus enden werde, sondern in der Katastrophe. Vom Ergebnis dieser Überlegungen wird abhängen, ob Eckerts frühere Radikalität als eine Absage an noch tatsächlich vorhandene Chancen oder als nützlicher Realismus verstanden wird.

Man sieht: so nahe sich beide Autoren standen, weisen die Unterschiede zwischen ihnen doch auf die innere Gabelung hin, die in jenen Jahren die deutsche Arbeiterbewegung charakterisierte. Nicht zwei Pastoren schreiben hier, sondern zwei politische Aktivisten.

Reinhard Kühnl

Faschisierung

I

Seit das Herrschaftssystem des deutschen Faschismus zerschlagen und das ungeheure Ausmaß seiner Verbrechen in vollem Umfang ans Licht gekommen ist, gibt es eine starke Abwehrhaltung dagegen, die Wahrheit über diesen Faschismus zu erforschen und auszusprechen. Die Motive für diese Haltung sind leicht zu erkennen: In den ersten Jahren nach 1945 hatten alle diejenigen, die dieses System aktiv, womöglich in führenden Funktionen, unterstützt hatten, allen Grund, die Wahrheit zu scheuen. Und später war es die Furcht der Eliten in Wirtschaft und Gesellschaft (die weitgehend die alten aus der faschistischen Zeit waren), dass nicht nur ihr eigenes Verhalten, sondern die restaurierte kapitalistische Eigentumsordnung insgesamt in die Verdachtszone geraten könnte, wenn die Ursachen und die politischen Triebkräfte des faschistischen Systems allzu gründlich erforscht würden

Unter den vielen verschleiernden Legenden und manifesten Lügen, die von der herrschenden Ideologie, von der politischen Öffentlichkeit wie von der Institution Wissenschaft verbreitet worden sind, nehmen zwei eine zentrale Stelle ein:

1. Niemand habe vor 1933 wissen können, wohin die Bildung einer Regierung Hitler führen werde, und auch in den folgenden Jahren habe man wenig gewusst und wenig wissen können.

2. Was 1933 und danach geschah, lasse sich nur begreifen vom Denken und Wollen Adolf Hitlers her, der eine totalitäre Diktatur errichtet habe, in der alle anderen mehr oder weniger wehrlose Befehlsempfänger gewesen seien. Wie dominant diese Vorstellung trotz aller Modifikationen seit den siebziger Jahren noch ist, zeigen die Titel der gängigen Bücher, Zeitungsartikel und Fernsehsendungen, in denen von »Hitlers Ideologie«, »Hitlers Machtergreifung«, »Hitlers Staat« und »Hitlers Krieg« die Rede ist.

Gewiss, beide Ausreden wurden schon hundertfach widerlegt: beginnend mit den Analysen, die aus den antifaschistischen Kämpfen der Arbeiterbewegung seit den zwanziger Jahren entstanden waren, über die vielen Bände von Beweismaterial im Kontext der Kriegsverbrecherprozesse, die von der etablierten Geschichtswissenschaft jahrzehntelang ignoriert wurden, bis zu den Forschungen einer kritischen Geschichtswissenschaft. Doch die Wirkungsmacht dieser Ausreden hielt an.

Zugleich konnten sich seit den achtziger Jahren neue Varianten entwickeln, die sich scheinbar auf wissenschaftliche Diskussionen einlassen, tatsächlich aber mit der historischen Realität gänzlich beliebig verfahren. Dies gilt einerseits und besonders drastisch für die neokonservativen Thesen wie die vom Faschismus als Vollendung von Aufklärung und Französischer Revolution, es gilt aber auch für die von manchen Linken favorisierten Thesen von den »Deutschen«, die für die Errichtung der faschistischen Diktatur und deren Politik verantwortlich seien und überdies schon seit dem neunzehnten Jahrhundert den Massenmord an den Juden im Sinn gehabt haben sollen.

II

Gegenüber diesen gängigen Ausreden, Verharmlosungen oder für gerade aktuelle politische Konfrontationen zurecht gestutzten Faschismusinterpretationen stellen die in dem vorliegenden Band publizierten zeitgenössischen Texte aus den Jahren 1930 bis 1933 ein Lehrstück in Hinsicht auf Klarheit des Blicks und Differenziertheit der Beschreibung der politischen Realität dar. Sicherlich: wer den Stand der Forschung kennt, erfahrt hier nichts Neues. Und wer die zeitgenössischen Analysen des linken Flügels der Arbeiterbewegung kennt – der SAP, der KPO, der KPD –, der wird dort tiefer reichende Analysen der Klasseninteressen finden, die sich mit dem Faschismus verbanden. Erstaunlich aber ist, mit welcher Schärfe des Blicks hier christliche Sozialisten den Faschisierungsprozess dieser Jahre, die Ziele der faschistischen Partei, die Interessenlage des Kapitals und die schwankende Haltung der SPD erkennen.

Zum »Sozialismus« der NSDAP z. B. zitiert Eckert die Erklärung des »Führerausschusses« der NSDAP zum Berliner Metallarbeiterstreik vom 16.10.1930: »*Der Unternehmer, der aufgrund seiner Tüchtigkeit, die nur die höhere Rasse beweise, an der Spitze der Wirtschaft gelangt sei, trage die alleinige Verantwortung für die Produktion und sei es, der dem Arbeiter Brot schaffe.*« Worin die soziale Substanz eines faschistischen Systems bestehen würde, war also klar. Dass das deutsche und internationale Kapital sowohl an Rüstungsprofit wie an der Vernichtung der Sowjetunion interessiert war, sieht Fuchs im Januar 1932 sehr klar: »*Es liegt auf der Hand, dass die Kapitalisten aller Ländern gerade jetzt in der Krise nicht sehnlicher wünschen, als den russischen Markt, der jetzt der Ausbeutung für den Profit entzogen ist, wieder in die kapitalistische ›Ordnung‹ hereinzuziehen. Russland hat nicht das geringste Interesse an einem Krieg mit den kapitalistischen Staaten. Es ist vollauf mit dem Aufbau der sozialistischen Ordnung beschäftigt.*« Und zudem »*wittert die deutsche Schwerindustrie Rüstungsprofit*«, womit das zweite Hauptmotiv eines Bündnisses des Kapitals mit den NSDAP in den Blick gerückt ist. Die politische Form der Herrschaft, das sieht Fuchs sehr klar, ergibt sich aus diesen Zielen: »... *von Hitler kann man ja sicher sein, daß er diese Wünsche seiner Auftraggeber erfüllen wird. Er hat sich oft genug als der Retter vor dem Bolschewismus angeboten. Bei ihm braucht man nicht in Zweifel zu sein, dass er alles, was dann innenpolitisch notwendig ist, verschärfter Terror gegen die Arbeiterschaft, Militarisierung der Jugend, verschärfte Zensur, eine kleine Inflation zur Finanzierung des Feldzuges, kurz alles, was eine Verschärfung der Faschisierung bringt, durchführen wird«.*

Justiz und Polizei leisteten Hilfsdienste für die Faschisierung, und die Präsidialregierungen, die der Hitlerregierung vorausgingen, stellten keine (verpassten) Alternativen zu Hitler dar, sondern Varianten. Klar sieht Fuchs auch, dass Faschisierungprozesse auch in anderen Länder stattfinden (Italien, Ungarn) und dass der Faschismusbegriff also als ein übergreifender verstanden werden muss (»*der faschistischer Henker Horthy*«).

Den jungen historisch uninformierten Linken, die nicht mehr wissen, welches Maß an Terror notwendig war, um den Widerstand in Deutschland zu brechen und dauerhaft niederzuhalten, wie viele Hunderttausende den Kampf aufnahmen gegen den Faschismus und in Zuchthaus und Konzentrationslager, in Folter und Tod endeten; die in ihrer Unwissenheit die Goldhagen-Formel von »den Deutschen« übernommen haben, die für den Faschismus verantwortlich seien sollen, könnten sich hier »*über die gewaltigen Kundgebungen der SPD, der KPD, der Eisernen Front in allen deutschen Städten*« informieren, die noch in Februar 1933 trotz brutalsten NS-Terror stattfinden und »*den wachsenden Abwehrwillen der Massen*« bekundeten. (Sie könnten sich freilich darüber auch informieren in der Rede des Reichwehr-Ministers von Blomberg vor seinen Befehlshabern am 3. Februar 1933, in der er offen eingestand, dass die neue Regierung »nur eine Volksminderheit« vertritt.)

Kurzum: Diese Berichte von Zeitgenossen können uns zeigen, dass man auch gegenüber den je aktuellen Ereignissen und den sie begleitenden herrschenden Ideologien die wirklich bestimmenden Kräfte und Ziele erkennen kann (ob es sich nun um den NATO-Krieg gegen Jugoslawien oder um die »deutsche Leitkultur« handelt) – sofern man über kritische Analysekriterien und historisches Wissen verfügt.

Gert Meyer

Hoffnung auf Sowjetrußland

Die große wirtschaftliche und politische Krise der kapitalistischen Welt, und speziell in Deutschland, während der Entscheidungsjahre 1930-1933 ist das Thema der Wochenberichte von Erwin Eckert und Emil Fuchs. Beide sind Sozialisten, und beide erwarten von den bürgerlichen Akteuren in Politik und Wirtschaft keine Lösung der sich zuspitzenden und wechselseitig verschärfenden Probleme: Arbeitslosigkeit, Hunger bei gleichzeitiger Vernichtung produktiver Ressourcen, Produktionsabstürze in Industrie und Landwirtschaft, Bankenzusammenbrüche, exzessive Bereicherungssucht der Oberklassen, Militarisierung, Nazi-Terror auf den Straßen, antisemitische Hetze, Wahlerfolge der NSDAP. Im März 1932 wird die Gefahr eines neuen großen Krieges unmittelbar ausgesprochen: »*Gehen die Regierungen der kapitalistischen Länder den bisherigen Weg weiter, so ist ein neuer Weltkrieg unvermeidlich, wenn das Proletariat ihn nicht verhindert.*« Die wesentlichen Ursachen von Krise und Gewalt sehen die Wochenberichte in der kapitalistischen Ökonomie mit ihrem »*immer furchtbareren Druck eines wahnsinnig gewordenen Ausbeutungsgeistes [...] Geld, Geld, Geld muss verdient werden, und wenn wir alle darüber zugrunde gehen!*«

Die Wochenberichte verfolgen aber auch sorgfältig die Gegenwehr seitens der Unterdrückten. In Deutschland liegen ihre Hoffnungen auf Streiks, Protestaktionen, Kooperationen der nichtfaschistischen Parteien, vor allem auf einer »*Einheitsfront des Proletariats*« zur Abwehr des in der Krise stark gewordenen und von rechten Politikern, Militärs und Konzernspitzen geförderten Nationalsozialismus.

Soziale und politische Protestbewegungen werden auch in anderen europäischen Ländern registriert: Generalstreik der Textilarbeiter in Nordfrankreich im Frühjahr 1931, Demonstration von Arbeitslosen in Polen, Bauernunruhen in Jugoslawien, Hungermarsch englischer Erwerbsloser nach London im Oktober 1932, Straßendemonstration von 25.000 Frauen in Brüssel gegen Teuerung und Kürzung der Erwerbslosenunterstützung im Januar 1933, gemeinsame Aktionen sozialdemokratischer und kommunistischer Arbeiter in der Tschechoslowakei. Auch aufgrund des Drucks dieser sozialen Bewegungen gelang es in jenen Ländern, die Gefahr einer weitergehenden Faschisierung von Politik und Gesellschaft zu verhindern.

Der Blick der Autoren fällt auch auf Protestbewegungen außerhalb Europas. Wir lesen interessante Einzelheiten über die indische Befreiungsbewegung unter Gandhi und Nehru, über die chinesische Rätebewegung und ihre

Kämpfe gegen Tschiang Kai-Schek und das japanische Vordringen in der Mandschurei, über Aktionen der schwarzen Bevölkerung in den USA, über sozialen Protest der Kleinbauern in Südamerika. In der deutschen Publizistik jener Jahre finden sich nur wenige Autoren mit einem ähnlich breiten Interessenhorizont.

Äußerst wichtig ist für Eckert und Fuchs der Weg Sowjetrusslands, das nach 1917 versuchte, sich aus dem kapitalistischen Krisenzusammenhang zu lösen und eine sozialistische Wirtschaft und Gesellschaft aufzubauen. Die Berichte vermitteln zahlreiche Informationen über produktive Entwicklungen, etwa die Ausweitung der deutsch-sowjetischen Handelsbeziehungen, die Beseitigung der Arbeitslosigkeit in der UdSSR, den Aufbau neuer »*sozialistischer Städte*« (Magnitogorsk, Nischnyj Tagil u.a.), die Alphabetisierungskampagnen und die massenhafte Ausbildung und Qualifizierung neuer Fachkräfte für die zahlreichen neuen Baustellen und Fabriken. Anfang 1931 werden begeisterte Äußerungen des indischen Philosophen Tagore über den kulturellen Aufbau in der UdSSR zitiert, ebenso Nachrichten über eine genossenschaftliche Siedlung von Tolstojanern: »*Man glaubt, dass 200 Familien von Tolstoianhängern auf dieser Kolonie Platz finden. Es sind ihnen Grund und Boden zugewiesen worden, außerdem wurden die Reisespesen ermäßigt und die Tolstojaner sind (auf einige Jahre vorerst) von den Militärsteuern und dem Militärdienst befreit.*« Der erste Fünfjahrplan sah den Aufstieg der UdSSR zur zweiten Industriemacht hinter den USA, der mit dem rapiden industriellen Niedergang der kapitalistischen Hauptländer kontrastierte.

Gewürdigt werden auch die außenpolitischen Aktivitäten der Sowjetunion: die an Entspannung und Stabilisierung des außenpolitischen Umfelds orientierten Nichtangriffsverträge mit verschiedenen Nachbarstaaten und vor allem die – auch heute noch bedenkenswerten – Vorschläge Maxim Litwinows auf der Genfer Abrüstungskonferenz mit der Perspektive einer möglichst vollständigen Abrüstung aller großen Staaten. Dies stand im Gegensatz zur deutschen Verhandlungsposition, die von Emil Fuchs mit guten Gründen als »Sabotage« gekennzeichnet wurde. Die außenpolitischen Risiken und Bedrohungen der UdSSR, insbesondere durch die vorrückenden japanischen Truppen in Nordchina, kommen wiederholt zur Sprache. »*Das Interesse des Kapitalismus, sich den einzigen Raum wieder zu erobern, der der Ausbeutung und dem Profit entzogen ist, ist ungeheuer groß. Es wächst von Tag zu Tag, je mehr sich die Krise des Kapitalismus verschärft*«. Im historischen Rückblick wird deutlich, dass die Interventionsgefahr zum damaligen Zeitpunkt überschätzt worden ist.

Die Autoren sind, bei aller Sympathie, nicht unkritisch gegenüber der sowjetischen Entwicklung. Im November 1930 wird distanziert über den Prozess gegen die Angehörigen der »*sogenannten Industriepartei*« berichtet, die der Sabotage beschuldigt wurden und »*wesentliche Schuld an den gegenwärtigen Wirt-*

schaftskrisen der Sowjetunion tragen sollen«. Wiederholt kommen Probleme der kollektivierten Landwirtschaft zur Sprache. Ende 1932 werden *»Schwierigkeiten mit den Bauernkollektiven im fruchtbaren Nordkaukasusgebiet«* notiert, die als *»ein Zeugnis der ungeheuren Schwierigkeiten des Aufbaues gerade in der Landwirtschaft«* interpretiert werden. Kurze Zeit später kommen die *»Not weiter Gebiete«*, die schlechte Organisation der Landwirtschaft und die Engpässe bei der Bereitstellung von Saatgetreide zur Sprache. Ein Bericht vom Dezember 1932 äußert die *»große Sorge um die Ernährung der städtischen Bevölkerung in diesem Winter«*. Anfang Januar 1933 fragt Emil Fuchs, nach Hinweisen auf rücksichtsloses Vorgehen der staatlichen Stellen gegen mangelnde Getreidelieferungen, auf eine *»Reinigungsaktion gegen Rechts- und Linksopposition«* innerhalb der Partei, auf den Parteiausschluss einiger bekannter Parteiführer und die Tragödie der Familie Trotzkis: *»Russland ist noch nicht in Ruhe und Sicherheit. Liegt es nur an der Krise? Müsste der Weg zur Überwindung der Diktatur nicht endlich gefunden werden?«*

Über wesentliche Bereiche der sowjetischen Politik ist damals, als Folge stärkerer Zensur und politischer Abschottung, nicht viel an die Öffentlichkeit gedrungen. Ende der zwanziger Jahre hatte sich nach Ausschaltung der innerparteilichen Opposition und verschiedener gesellschaftlich-politischer Kontrollmechanismen eine zentrale Machtapparatur etabliert, deren weitreichende Entscheidungen auf dem Gebiet der Ökonomie (Kollektivierung, forcierte Industrialisierung, direktivische Zentralplanung), der Gesellschaft (weitreichende soziale Homogenisierung, Bekämpfung traditionaler Lebensformen) und der Kultur (enge Parteiförmigkeit, Herausbildung einer neuen Leitungs- und Kaderschicht, aber auch Förderung der Massenkultur und Bekämpfung des Analphabetismus) die überkommenen gesellschaftlichen Strukturen zerbrachen und ein neues System durchsetzten. Zu seinen zentralen Elementen gehörten das zentral geleitete staatliche Großeigentum in Industrie, Landwirtschaft und Handel, die beschleunigte Industrialisierung und Urbanisierung, die Schaffung einer neuen Arbeiterklasse, die Erschließung peripherer Räume, der Ausbau massiven staatlichen Zwangs als einem Motor der Ökonomie. Die Reste von Parteidemokratie und politischer Partizipation wurden in Akklamation und eine neue gesellschaftlich-politische Hierarchisierung transformiert. Die in den Wochenberichten erwähnten großen Aufbauleistungen standen in schärfstem Kontrast zu entgrenzter Repression, zu verbreitetem Hunger in den Jahren 1932/33, schließlich zu den großen Terrorwellen 1936-1938. Aus den hoffnungsvollen sozialistischen Impulsen der Revolutionszeit war – keineswegs historisch zwangsläufig und alternativlos – das Gewaltsystem des Stalinismus entstanden. Wesentliche Weichenstellungen erfolgten in den Jahren 1930-1933, die Gegenstand der eindrucksvollen und präzisen Analysen von Erwin Eckert und Emil Fuchs sind.

Kurt Pätzold

Scharfsinn und Parteilichkeit

Zwischen dem Erscheinen der insgesamt 91 politischen Wochenberichte, mit deren Herausgabe nach dem dramatischen Ausgang der Reichstagswahlen vom September 1930 begonnen wurde und die nach den erneuten Wahlen vom März 1933 nicht mehr fortgeführt werden konnten, ist nahezu ein ganzes Menschenalter vergangen. Ist es mehr als das bloße Interesse des Historikers, der sich einen raschen und kompakten Zugriff zu einer geschichtlichen Quelle wünscht, das den erneuten Druck dieser Berichte rechtfertigt? Die Frage lässt sich mit Gründen bejahen.

Zunächst gehört das Vorliegende in die Biographien zweier Männer, deren Leben und Wirken denkwürdig ist, weil es erfüllt war von ihren Anstrengungen, die Weltzustände zu verbessern und heraufziehendes Unheil von sich und ihren nahen und fernen Zeitgenossen abzuwenden. In der Lebensphase, in denen sie die vorliegenden Berichte zusammenstellten und verfassten, sahen sie den in Deutschland aufkommenden Faschismus als die hauptsächliche und folgenschwere Bedrohung an. Davor wollten sie ihre Mitmenschen warnen, dagegen jene mobilisieren, von denen sie hoffen konnten, dass sie die Gefahr zu erkennen vermochten. Damit sind sie mit ihresgleichen gescheitert, jedoch nicht weil ihre Urteile über eingetretene oder zu erwartende Entwicklungen fehl gingen, sondern weil sie sich nicht laut genug hörbar machen konnten und die Lockrufe der sozialen, nationalen und rassistischen Demagogen lauter waren als ihre Warnungen.

Wer der Gegenwart so eng auf den Fersen blieb wie die beiden Theologen, die als Christen zugleich Sozialisten sein wollten und waren, wer Woche für Woche und Tag für Tag die wichtigsten oder auch nur wesentlichen Informationen aus Politik, Wirtschaft und Kultur weltweit auswählte und ordnete, wer sie analysierte und mit ersten Urteilen versah, ging naturgemäß das erhöhte Risiko von Fehlgriffen und Irrtümern ein. Um so erstaunlicher die dominierende Sicherheit der Auswahl der Fakten und des Urteils über die Tendenzen, die sich in ihnen ausdrückten. Diese Sicherheit ging zum einen aus dem scharfen Intellekt der beiden Zeitbeobachter hervor und sie basierte zudem auf der Tatsache, dass ihre Befunde durch keinerlei Vorhaben getrübt wurden, die sie von den – freilich massenhaft unerkannten – Interessen der arbeitenden Klassen und Schichten abgetrennt hätten. Eine sozial gerechte und befriedete Welt – dafür setzten sich Erwin Eckert und

Emil Fuchs ein und sie bemaßen die Vorgänge ihrer Zeit danach, ob sie von diesem ihrem Ziel weg oder zu ihm hin führten.

Die beiden Theologen standen fest und beteiligt auf Seiten der Hitlergegner und sahen zu klar, was die Nazidiktatur bedeuten würde, als dass sie den Kampf einen Moment früher verloren gegeben hätten, als er wirklich entschieden war. Einer der letzten Sätze in der Reihe dieser Wochenberichte, niedergeschrieben von Emil Fuchs, lautete schließlich, dass die beiden großen Arbeiterparteien von nun an – Anfang März 1933 – ihren »*Kampf ums Dasein*« zu beginnen hätten.

Bis dahin mögen sie noch gehofft und die Hoffnung verbreitet haben, dass es dazu nicht kommen werde. Es ist nicht entscheidbar, ob ihnen in den Wochen vorher die Devise gegolten hatte, Mut zu machen und Optimismus zu verbreiten, während sie in Wahrheit doch schon Zweifel an den Erfolgsaussichten der Antifaschisten beschlich. Zutage liegt, dass sie diese Aussichten zu hoch veranschlagten und die Gesamtsituation in den Reihen der getrennt marschierenden Hitlergegner kaum kritisch darstellten. Zudem nahmen sie Verbündete in deren Umfeld wahr, die sich alsbald als Helfer des sich etablierenden Regimes erweisen sollten und, als sie diese Rolle ausgespielt hatten, kapitulierten.

Doch welche Alternative besaßen Eckert und Fuchs, da es ihnen doch nicht nur um die Haltung des scharfsinnigen Beobachters, nicht nur um das Aussprechen der Wahrheit zu tun war, sondern um die Mobilisierung und Zusammenführung aller ging, die für Moral, Anstand, Kultur standen? Wer die Feststellung findet, dass die deutsche Arbeiterschaft »*begreift, um was es geht*«, wer vom »*wachsenden Abwehrwillen der Massen*« liest, auf die Aussage stößt, dass »*die Gegenbewegung [...] mit wachsender Gewalt*« einsetzt und die »*sich bildende Einheitsfront [...] deutlich bis zu den christlichen Gewerkschaften reicht*«, der mag von Selbsttäuschung und Wunschdenken sprechen. Mittendrin stellten sich die Dinge und deren Rangfolge anders dar.

Rücksichten, wie sie bei der Beschreibung des Zustandes der Gegenbewegung und der Darstellung ihrer Möglichkeiten walteten, waren nicht zu nehmen, wenn es um die Charakteristik der Methoden und der Ziele des Faschismus ging. Treffend setzten die Verfasser der Wochenberichte auseinander, mit welchen Praktiken die Nazipartei zu ihren Wahlsiegen gelangen wollte: durch die Erzeugung von Fanatismus in den Reihen ihrer Anhänger, durch die Anwendung brutalen Terrors gegen alle Widerstrebenden, durch die rigorose Beschneidung von deren Mitteln, auf die Bevölkerung aufklärend einzuwirken, durch die jegliche Redlichkeit ignorierende Kritik an der angeblich marxistisch regierten Republik und durch die Lobpreisung der eigenen Zukunftspläne. Eckert und Fuchs sahen voraus: Der Faschismus werde in Deutschland nicht nur die zügellose Herrschaft des großen Kapitals und Grundbesitzes etablieren, sondern Kurs auf den Krieg nehmen.

Die scharfsinnige Beobachtung der Kräfte und Faktoren, die Menschen in vielen Teilen des Erdballs in neue kriegerische Auseinandersetzungen trieben, gehört zu den hervorstechenden Kennzeichen dieser Wochenberichte. Ihre Autoren sahen im Fernen Osten mit dem Krieg, den Japan gegen China begonnen hatte, und dem sich schürzenden Konflikt zwischen dem Inselstaat und den USA im Stillen Ozean eine schlimmste Entwicklungen hervorbringende Krisenzone entstehen. Doch verstellte ihnen diese Wahrnehmung nicht den Blick darauf, dass die *»Weltkatastrophe«* von einem faschistischen Deutschland drohte. *»Die deutsche Tragödie dehnt sich zu einer Tragödie Europas«*, hieß es, kaum dass Hitler in die Reichskanzlei eingezogen war. Deutschland sei der Mittelpunkt der *»Weltkatastrophe«* und zumindest für Europa werde es von nun an um die Frage gehen: *»Rettung der Kultur oder Zurücksinken in hoffnungslose Verelendung und Barbarei«*. Deshalb sei die *»Vernichtung des Nazismus in Deutschland«* die Aufgabe, hinter der alle anderen Probleme vergleichsweise klein seien und deren Lösung zurücktreten müsse.

Was dem Leser, der sieben Jahrzehnte nach ihrer Abfassung in Deutschland zu diesen zwischen 1930 und 1933 erarbeiteten Berichten greift, womöglich noch mehr auffällt als den Zeitgenossen, mag ein Detail ihrer Bewertung der weltweiten Arbeitslosigkeit sein. Zum einen war ihnen der Zusammenhang zwischen der Sogwirkung des Faschismus und insbesondere der Erwerbslosigkeit von Jugendlichen und jungen Arbeitern bewusst. *»Wer weiß nicht,«* hieß es *»dass zuerst, zu aller erst, etwas für die Jugend geschehen müsste – aber an wirklich sinnvoller, Lebensmöglichkeiten schaffender Arbeit und Ausbildung.«* Weit darüber hinaus sahen Eckert und Fuchs eine Entwicklung heraufziehen, in der Konjunktur und Beschäftigung sich immer stärker voneinander abkoppelten und der wirtschaftliche Aufschwung nicht mehr mit einer abnehmenden Arbeitslosigkeit einherging. *»Es scheint fast,«* formulierten sie vorsichtig, *»dass erhöhte Leistung der Wirtschaft heute noch lange nicht Abnahme der Erwerbslosigkeit bedeutet. Ein sehr bedenkliches Symptom ...«*. Sie sahen die Welt verglichen mit dem 19. Jahrhundert auf einem Wege, auf dem die Gewalt *»ins Ungemessene«* wuchs und im deutschen Faschismus die Erscheinung, die auf diesem Wege am stärksten vorantreiben würde.

Wolfgang Ruge

Zukunftsbefürchtungen – Zukunftshoffnungen

Veröffentlichungen über die Endphase der Weimarer Republik gibt es genug. Ihre Sichtung und Auswertung erfolgt jedoch fast ausschließlich auf den Spuren des tatsächlichen Geschehens, als die Republik – der es an Republikanern mangelte – von den faschistischen Machtergreifern unbeweint verscharrt wurde. Nur selten wird an jene Zukunftssorgen und -erwartungen erinnert, die sich inmitten einer Unzahl nicht eingetretener Eventualitäten verbargen.

Auf den vorangegangen Seiten stellen zwei Zeitgenossen – die Theologen Erwin Eckert und Emil Fuchs -, bisweilen auf diese nicht Realität gewordenen Möglichkeiten verweisend, die Ereignisse der Jahre 1930 bis 1933 dar. Bei ihren Berichten, die sowohl von der bundesrepublikanischen als auch von der DDR-Forschung absichtsvoll verschwiegen wurden und folglich nach sieben Jahrzehnten als vergessen gelten können, versuchen die Berichterstatter, die gleichsam taufrischen Entwicklungen zu analysieren. Obwohl sie sich nicht auf taktische und sonstige Überspitzungen einlassen, geben sie zu erkennen, dass sie das auf Deutschland zurollende Verhängnis aufhalten wollten. Wenn sie damals nicht wussten – und nach eigenem Eingeständnis nicht wissen konnten –, welche Erscheinungen die sich verstärkenden Prozesse für Deutschland, ja für Europa und die Welt heraufbeschworen, so ist das nur zu erklärlich.

Dennoch macht das aber den Reiz ihrer im »Sonntagsblatt des arbeitenden Volkes« mit aussagekräftigen Zeugnissen umgebenden Erwägungen und Mutmaßungen aus. Es versetzt uns, die heutigen Menschen, in die Lage, die Gefühle und Emotionen, die Empfindungen und Überlegungen der im damaligen Leben verwurzelten Leute zu erkennen, die häufig – ohne sich dessen bewusst zu sein – ihr Verhalten und ihre unbestimmten Sehnsüchte den demagogischen Verlautbarungen der Politiker und der sich empfehlenden Möchte-gern-Staatslenker anglichen.

Die in Hast und gleichwohl in einem brodelnden Kessel, in Ruhe entworfenen Wochenberichte berechtigen, die heute nach Auswegen suchenden und sich auf nationale Schlagworte Stützenden vor einer Entwicklung zu warnen, die schon einmal – im Zweiten Weltkrieg – mit seitdem oftmals beklagten Qualen und Millionen von Toten eingetreten ist.

Beide Berichterstatter, aufmerksame Beobachter der Ereignisse in Nah und Fern, wussten zwar längst nicht alles über den am Firmament drohenden Nationalsozialismus, doch das Wenige, was sie wussten, war schrecklich genug. Entsetzen ruft schon Fuchsens Vorhersage vom 4. März 1933 hervor – in Deutschland, ja in Europa habe «*eine Revolution (begonnen), deren Ende und Weg außerhalb der Hand jedes Menschen*» liege. Das konterrevolutionäre Schwenkt-marsch-zum-Krieg ließ sich nicht aufhalten. Bereits aus dieser Feststellung geht hervor, dass die Lektüre zweier zwar mitunter irrenden, aber den Aussagen unbeteiligter Archivalien haushoch überlegenen Menschen heute von großem Interesse, ja sicher für den historisch Interessierten geboten ist. Verbinden doch die beiden Berichterstatter die Wirtschafts-, Innen- und Außenpolitik, den Völkerbund und den Ostasienkonflikt bis hin zur Reparationskonferenz und Kultur zu einem Gesamtbild, aus dem die Krisensituation der damaligen aus den Fugen geratenen Welt konkret ablesbar ist.

Wenn auch mit gewaltigen Unterschieden, so lassen sich doch die Konflikte der gegenwärtigen Welt mit dem Geschehen vor 70 Jahren vergleichen. Allerdings mit der einschneidenden und folgenreichen Begrenzung, dass in Mitteleuropa und Amerika kein Mensch mehr auf der Straße verhungert oder verreckt. Da sich damals aber der sich keines Vergehens bewusste Durchschnittbürger vor diesem ins Leere führenden Weg sah, wird verständlich, dass man unseren Vorfahren den Zerrspiegel vorhält.

Es lohnt sich also, einen Blick in die nicht voraussehbare – damals wie heute – mit Wunschträumen gepflasterte Zukunft zu werfen, die sich schon in den gegensätzlichen Individuen der Berichterstatter offenbarte. Abgesehen davon, dass das Paar Eckert-Fuchs gewissermaßen in verkehrter Reihenfolge auftritt (der Bedächtigere, der zwei Drittel des Textes bestreitet, müsste als Vorreiter erscheinen und den Radikaleren nach sich ziehen), gibt dem heutigen Betrachter zu denken, dass sich beide als *religiöse Sozialisten* begreifen und für eine aus den Linksparteien, den christlichen und parteilosen Werktätigen rekrutierende *geschlossene proletarische Front* kämpften. Konsequent trat Eckert, seiner sich selbst auferlegten Verpflichtung folgend, im Herbst 1931 in die KPD ein. Mit diesem Schritt, der womöglich eine Signalwirkung haben sollte, ließ sich die verhängnisvolle Spaltung in revolutionäre und reformistische Sozialisten in der Weltwirtschaftskrise nicht meistern. Dass der mit Verbitterung geführte Bruderkampf von SPD und KPD auch die Wirksamkeit der Wochenberichte einengte, steht außer Frage – viele mutige Antifaschisten konnten den Berichterstattern nicht folgen, weil sie das Adjektiv *religiös*, das die Nichtbeweisbarkeit des Geglaubten voraussetzt, mit dem vermeintlich beweisbaren Subjektiv Sozialismus vermengten.

Da sich die fehlenden Begriffsbestimmungen immer *verspätet* einstellen (oder zumindest *verspätet* den Sinn der neuartigen Erscheinungen verdeutlichen), mussten die zeitgenössischen Analytiker die Alltagsgeschichte mit überholten Definitionen umschreiben, während sich großmannssüchtige Eiferer bemühten, die vorgefundenen und zurechtgebogenen Gegebenheiten ihrem unrealistischen Wunschdenken anzupassen.

Da unsere beiden Autoren ganz zu Recht auf das allerorten hinsterbende Leben fixiert waren, beschrieben sie in erster Linie die durch das Elend des einfachen Mannes hervorgerufene ökonomische Not – die ausufernde Arbeitslosigkeit, den fortschreitenden Lohnabbau, das zunehmende Absinken des Lebensstandards unter die Grenze des Zumutbaren mit allen lokalen und weltweiten Folgen. Dass sie dabei die Situation der teils gebeutelten (und vom Staat geretteten) Konzernherren nicht berücksichtigten, kann man ihnen nicht ankreiden, wollten sie doch auf die verzweifelte Notlage *der Massen* aufmerksam machen und daraus den Appell zur Veränderung der gesellschaftlichen Zustände ableiten. Eckert rief die Werktätigen zur Tat – »*die Masse der unter dem verschärften wirtschaftlichen und politischen Elend Leidenden in allen Ländern (ist) entschlossen und verzweifelt genug [...], um sich von dem Joch und der Unterdrückung des kapitalistischen Systems endgültig frei zu machen*«. Kurz darauf beschwor er die »sozialistische Ordnung« und rief die Sozialisten zur »*Übernahme der wirtschaftlichen Verantwortung und der politischen Macht*« auf. In diesen und anderen Verlautbarungen, die selbst die zukunftsgewissen kommunistischen Losungen übertrafen, äußerte sich die Leidenschaft Eckerts, der sich nicht scheute, die Werktätigen noch vor der unendlich komplizierten Ausarbeitung eines Aktionsprogramms zur grundstürzenden Veränderung der Machtverhältnisse aufzurufen.

Eckert warnte zwar – wie sein Nachfolger und mit ihm viele andere – vor dem Machtrausch der NSDAP, unterschätzte jedoch deren vom Trommler zum Führer gewendeten Chef, der es im Ersten Weltkrieg lediglich zum zufälligen Vorzeigegefreiten gebracht hatte. Obwohl sich Hitler, der mit seinem Komikerbärtchen und der ins Gesicht fallenden Haarsträhne nach heutigem Geschmack eher einem Hochstapler glich, in der Zwischenkriegszeit zum schnarrenden Schausteller gemausert hatte, der – um John Heartfield anzuführen – Gold schluckte und Blech redete, kam es Eckert und vielen anderen nicht in den Sinn, dass ausgerechnet dieser Schwätzer im Zweiten Weltkrieg zum *Größten Feldherrn aller Zeiten* hochstilisiert werden sollte.

Fuchs, der auf dem linken Flügel der Sozialdemokratie ausharrte, und die Eckertschen Aufzeichnungen etwas moderater fortsetzte, unterbewertet den Naziführer ebenfalls katastrophal. Auch er fragt sich, »*wann werden die ›Staatsbürger‹ begriffen haben, dass es gilt, diese Regierung samt der kapitalistischen Ordnung hinwegzufegen?*« Doch auch hinter diesem wohl der linken Trendwende anzulastenden Satz stand kein Programm, sonst hätte er nicht gehofft, Hindenburg mit über 50 Prozent der Stimmen des ersten Präsidentenwahlgangs zum Sieger zu erklären. Dieser militaristische Recke, das hätte man auch von Fuchs erwarten können, vermochte sich keine andere Ordnung als die kapitalistische vorzustellen. Ein Jahr später berief er, von standesgemäßen Frontkameraden dazu gedrängt, Hitler sogar zum Reichskanzler.

Generell fällt ins Auge, dass Fuchs nicht mit ironischen Bemerkungen geizt und häufig Vermutungen über die heute weitgehend vergessenen Querelen im rechten Lager anstellt. Indes geht ein Großteil dieser Mutmaßungen an den anfangs mit Legalitätsbezeugungen hausierenden NS-Führern vorbei. Als könne man diesem Alles oder Nichts einfordernden Führer *zähmen*, schieb Fuchs zwar im Januarbericht 1932, dass die ihm angeblich überlegenen Brüning und Co. Hitler »*brauchten*«, falls er in »*ihre Politik*« passe, doch unterschätzte er den am anderen Ort mit blutrünstigen Phrasen um sich werfenden und die vaterlandstreue Jugend begeisternden Führer. So schrieb er: Im Zentrum, wo man geneigt war, eine Regierung mit dem »Führer« zu unterstützen, hielt er man »*eine Erziehung Hitlers*« für möglich. Fuchs zeigte sich zwar beunruhigt über den stets nach rechts ausweichenden Kurs der Regierung, so »*dass allerhöchste Aufmerksamkeit am Platze*« sei, beschwichtigte aber seine Leser gleichzeitig mit der Versicherung »*dass wir auf dem Wege sind, Demokratie und Republik wieder in klarer Eindeutigkeit aufzurichten*«. Im Grunde erreichten seine Warnungen vor dem die Arbeiterbewegung tödlich bedrohenden Nationalsozialismus erst mit dem 30. Januar 1933, also mit der Berufung Hitlers zum Kanzler, ihren Gipfel. Dieser Zustand dauerte aber, da die *Sonntagszeitung* ihr Erscheinen nach dem 4. März einstellen musste, gerade fünf Wochen. Danach konnte Fuchs nicht mehr die nahe und ferne Zukunft des Nazibosses anprangern, derweil der *Führer* seine zusehends größer werdende Selbständigkeit ausweitete. Hitler drückte erst ein paar seiner ursprünglichen Förderer an die Wand, festigte dann unter dem Beifall der Konzernherren sein Prestige als Staatsmann und führte schließlich das teils begeisterte, teils eingeschüchterte und mundtot gemachte Volk in den Zweiten Weltkrieg.

Auch muss gesagt werden, dass Eckert und Fuchs der Machtmanipulierung durch die russischen Bolschewiken aus missverstandener Parteilichkeit und partieller Unwissenheit hilflos gegenüberstanden. Ersterer ließ sich von der teilweise durchaus wahrgenommenen Kirchenverfolgungspolitik Stalins nicht abschrecken, letzterer schrieb, dass sich die Schwierigkeiten beim Aufbau in dem Riesenlande häuften, doch aber der »*starke Willen (sichtbar werde – W.R.), der ihn durchführt*«.

Ein Aspekt des damaligen Geschehens wird jedoch von beiden Autoren kaum bemerkt – das unausgesprochene und doch sich bedingende Zusammenspiel von Führern und Geführten. Zwar werden Brüning, Papen, Schleicher und ihre Minister oftmals erwähnt, doch wird nicht auf die gegenseitige Abhängigkeit, ja auf die Koppelung der beiden sich hochschaukelnden Seiten verwiesen. Jeder dieser Teilhaber wagte sich in der Unheil geschwängerten Situation gerade so weit vor, wie die andere ihm auf schwankenden Füßen folgen konnte. Insofern machten auch die verelendeten Massen – allerdings indirekt – Politik. Das gilt ganz besondere für die sich rapide vergrößernde und stramm stehende Nazipartei, die übersah, dass sich der um Anerkennung werbende Hitler auch um die Gunst der ihn anfangs kaum bemerkenden, dann misstrauisch beäugenden und schließlich höchst zufriedenen Konzernherren bemühte.

Bei Einbruch der verheerenden Weltwirtschaftskrise konnten dem erwerbslosen Arbeiter, peu à peu auch dem verunsicherten Kleinbürger und dem Bildungsbürger eingetrichtert werden, dass der einsetzende Niedergang die Folge des Schandvertrages von Versailles sei. Da brüllten die Nazis Sprüche über die ungerechte Grenzziehung, die Verfolgung *ehrlicher Deutscher* sowie die nun von *sämtlichen* Parteien – auch von der KPD – als *Tribute* betitelten Reparationen, die zu diesem Zeitpunkt schon ausgesetzt waren und nie wieder neu belebt wurden.

Indes sind die Deutschen nicht besser, wiewohl auch nicht schlechter als andere Völker. Durch eine Vielzahl von Gründen – die verspätete Reichseinigung, die Dominanz des Junkertums, die politische Abstinenz der Bourgeoisie (auch durch die Dolchstoßlegende) und weil ihnen schon vor 1914 in Schule und Alltag eingebläut worden war, sich gegen eine heimtückische Übermacht *verteidigen* zu müssen – behauptete sich eine militaristische Massenbewegung, die sich seit der verunglückten Revolution von 1918/19 in teils rabaukenartige Schlägertrupps verwandelte. Auch auf diese nationalistischen, schon bald durch die SA aufgesaugten Rowdys stützte sich Hitler, der – nachdem er Kanzler geworden war – das Gros der Deutschen gleichschaltete und ihnen einen Maulkorb umhängte.

Seltsamerweise gehen beide Berichterstatter nur hier und da auf den Antisemitismus der Nazis ein, der aber heute, im Jahre 2002, als die wohl schwerste Sünde des NS-Regimes hingestellt wird. Damit wird übrigens auch verdeutlicht, wie man das Versagen gescheiterter Diktaturen, um von den überlebenden Hintermännern abzulenken, hin- und herschiebt. Keine Frage: die Verfolgung, Entrechtung und durch nichts zu rechtfertigende wahnwitzige Tötung von sechs Millionen jüdischer Menschen ist Tatsache, doch wird in ihrem Schatten verdrängt, dass der Zweite Weltkrieg fast zehnmal mehr Tote gefordert hat – fünfzig Millionen.

So wird die eingeklagte Objektivität, nach der – wie schon oft in der Geschichte – *unbestechliche* Historiker rufen, den Interessen der heute am Ruder befindlichen Staatsmänner in allen Regionen der mehr und mehr gleichgeschalteten Welt geopfert. Die Zukunft, die undurchschaubar bleibt, wird durch gezielte Verfälschung der Vergangenheit vorbereitet. Eckert und Fuchs wollten sich dem widersetzen.

Anhang

Friedrich-Martin Balzer

Zur Vertreibung Erwin Eckerts aus dem »Bund der religiösen Sozialisten Deutschlands« (August-Dezember 1931)

»Wenn du die Wahrheit suchst, dann halte dich an Tatsachen«.
(Altes chinesisches Sprichwort)

Außer den »religiösen Sozialisten« gab es während der Weimarer Republik, von der kurzen Episode des »Novembersozialismus« 1918/19 einmal abgesehen,[1] »keine Versuche, die im Evangelium enthaltene Sprengkraft mit den Volksbewegungen von unten zu vernetzen«.[2] Der 1926 auf Initiative des Meersburger Pfarrers Erwin Eckert gegründete »Bund der religiösen Sozialisten Deutschlands« (BRSD) wollte die Kluft zwischen Christentum und der Arbeiterbewegung überwinden und suchte von Anbeginn an Verbindungen zu den Linksparteien, vor allem zur SPD.

Ihre erste große Bewährungsprobe bestanden religiöse Sozialisten 1925/26 beim Volksentscheid gegen die Fürstenabfindung.[3] Was religiöse Sozialisten an der Seite einer geeinten Arbeiterbewegung in der Weimarer Republik bedeuten konnten, war durch ihre Beteiligung an der größten Massenaktion der Arbeiterbewegung nach der erfolgreichen Verhinderung des Kapp-Putsches durch einen Generalstreik im März 1920 deutlich geworden. Mit dem Zerbrechen der Aktionseinheit und der Zerklüftung und Spaltung der Arbeiterparteien gerieten auch die religiösen Sozialisten in ein Kräfteparallelogramm,[4] dessen Winkel am Ende so gestellt waren, dass das Scheitern auch der religiösen Sozialisten unvermeidlich war. Nirgendwo wird die politische Achsenverschiebung der Weimarer Republik deutlicher wie durch Vergleich der Ergebnisse des Volksentscheids im Jahre 1926 einerseits, als 14,5 Millionen der Wahlberechtigten für die Fürstenenteignung stimmten, und der nur sechs Jahre später stattfindenden Reichspräsidentenwahl andererseits, bei der 19,4 Millionen jenem Reichspräsidenten Paul von Hindenburg ihre Stimme gaben. Am 30. Januar 1933 wird dieser Hindenburg Adolf Hitler zum Reichskanzler ernennen. Wenn die einzige gemeinsame Aktion der im übrigen gespaltenen Arbeiterbewegung in der Weimarer Republik letztlich ihr Ziel (14,5 Millionen Ja-Stimmen statt der erforderlichen 20 Millionen) verfehlte, lag dies nicht zuletzt an der zwar durch religiöse Sozialisten angefochtenen, aber verbliebenen ideologischen Mächtigkeit des Mehrheitsprotestantismus.

Erwin Eckert war seit 1926 Vorsitzender des Bundes und stand zugleich auf dem linken Flügel der SPD. Mit dem Zerbrechen der Hermann-Müller Regierung und im Ergebnis der Stillhalte- und Tolerierungspolitik des SPD-Parteivorstandes gegenüber der Brüning-Regierung nahmen die Differenzen mit der Parteiführung und ihr folgenden Strömungen im Bund deutlich zu. Solange Eckert im Mittelpunkt des innerkirchlichen Konfliktes stand, in dem Hunderttausende, auch nicht-sozialistische Kreise, seine Wiedereinsetzung ins Pfarramt forderten, waren die Meinungsverschiedenheiten zwischen Eckert und der SPD weitgehend verdeckt.

Der Ausschluss aus der SPD

Die beiderseitige »Schonfrist« zwischen Eckert und der SPD endete jedoch mit dem scheinbaren Sieg der Protestbewegung über die Kirche. Unter dem Druck einer massenhaft mobilisierten Öffentlichkeit hatte das Kirchliche Dienstgericht in seinem Urteil vom 14. Juni 1931 die Suspendierung Eckerts vom Pfarramt zwar aufgehoben. Gleichzeitig hatte es Eckert aber eines Dienstvergehens für schuldig erklärt und ihn zur Dienststrafe der Zurücksetzung im Dienstalter um sechs Jahre verurteilt. Im übrigen musste Eckert die gesamten Kosten des Verfahrens tragen. Da das Redeverbot gegen Eckert nicht aufgehoben wurde, kam das Urteil einer besonderen Form des »Bußschweigens« nahe.[5] Die Kritik sozialdemokratischer Gremien an Eckert nahm sprunghaft zu. Anlass boten oftmals seine »Wochenberichte« im »Sonntagsblatt des arbeitenden Volkes", dem zentralen Organ des Bundes.

Diese bildeten auch den unmittelbaren Ausgangspunkt für die am 18. November 1931 vollzogene Vertreibung Erwin Eckerts aus dem »Bund der religiösen Sozialisten Deutschlands«[6]. Auf Initiative des stellvertretenden Bundesvorsitzenden Bernhard Göring hatte der Bundesvorstand bereits am 13. August 1931 die weitere Veröffentlichung der Wochenberichte im Bundesorgan unterbunden. Seine Begründung lautete: »Wir können es uns nicht leisten, als Bund mit der Partei, d.h. ihrer Führung und den vorhandenen Körperschaften, in Konflikt zu geraten.«[7] Zuvor, am 3. August, hatte Göring als preußischer Landesvorsitzender an den Bundesvorstand geschrieben: »Ich wende mich dagegen, dass der ›Religiöse Sozialist‹ neuerdings sich wieder in seinem politischen Inhalt auf den ›Klassenkampf‹, d.h. auf Seydewitz und Rosenfeld, stützt bzw. sein Material aus noch linkeren Quellen schöpft«. Eine »baldige Entscheidung des Vorstandes, ob bei dieser Sachlage« Eckert »weiter der Vorsitzende und also der Wortführer des Bundes« sein könne, werde erforderlich.[8]

Ursache und Motivation für das Eingreifen der Mehrheit des Bundesvorstandes benannte Heinz Kappes: »Wir sind durch Eckerts Wochenberichte im ›Religiösen Sozialisten‹, welche stark in der Richtung der »Opposition-Seydewitz« tendierten, in eine sehr schwierige Stellung zur SPD gekommen. Wir können unseren Bund jetzt nicht noch mehr belasten«.[9]

Eckerts Reaktion lautete: »Solange wir die Entscheidungen unseres Bundes aus demokratischen Abstimmungen (hier: die Respektierung der Mehrheitsverhältnisse im Bundesvorstand, FMB) gewinnen, bleibt mir nichts anderes übrig, als auf ›Die Woche‹ in Zukunft zu verzichten.«[10] Er wolle aber von einer Befragung der Mitglied- und Leserschaft des Blattes absehen, da ihm an der Durchsetzung seiner Auffassung selbst mit »demokratischen« Mitteln nichts liege. Ihm komme es »allein auf die sachliche Klärung der Frage« an. Eckert war davon überzeugt, dass eine solche Befragung »eine erdrückende Mehrheit für meine Auffassung« ergeben würde.[11] Im Bundesorgan teilte er mit: »Es ist mir trotz bestem Willen praktisch unmöglich, bei einer politischen Wochenübersicht eine bestimmte persönlich wertende Einschätzung der politischen Geschehnisse und Maßnahmen auszuschalten. Andererseits kann unser Bund als solcher, und darum auch sein Organ ›Der religiöse Sozialist‹ innerhalb der sozialistischen Gesamtbewegung, keine besondere politische und taktische Haltung einnehmen, da er in seinen Reihen rechtsstehende, zur Koalitionspolitik geneigte Genossen, aber auch neben ausgesprochenen Parteikommunisten eine ganze Reihe Mitglieder hat, die der kommunistischen Einstellung sehr nahe stehen. Ich werde darum in Zukunft, so notwendig gerade jetzt die Überwachung und systematische Beobachtung des politischen Geschehens ist, die bisher unter dem Titel ›Die Woche‹ erschienene politische Übersicht nicht mehr in unserem Blatt veröffentlichen.«[12]

Einblick in seine seit dem Frühsommer 1931[13] sich manifestierende »revolutionäre Entschlossenheit« gab ein »streng vertraulicher Bericht« der Stuttgarter Polizei an den Oberkirchenrat in Karlsruhe vom 24. August 1931.[14] Danach war Eckert auf dem Sommerfest der religiösen Sozialisten am 26. Juli 1931 in Zuffenhausen »mit stärkstem Beifall empfangen« worden und hatte über das Thema »Der Untergang des Kapitalismus und die Aufgabe der religiösen Sozialisten« gesprochen. Über die Berichterstattung in der Stuttgarter »Tagwacht« hinausgehend, zitiert der Bericht mitstenographierte Redepassagen, in denen es u.a. hieß: Es müsse »Schluss gemacht werden mit den Versuchen zur Konsolidierung der kapitalistischen Wirtschaftsform«. Es dürfe »keinen Verrat parteipolitischer Vorteile willen« geben. Die Kommunisten müssten verspüren, »dass wir zusammengehören«. »Einheitsfront« sei das Gebot der Stunde. »Wenn die Zeichen der Zeit nicht verstanden werden, wird der Bürgerkrieg kommen.« »Wehe den Besitzenden, wenn sie nicht hören wollen. Einmal wird der Bogen springen, wenn er überspannt ist, wird die Flamme lichterloh emporschlagen.«

Eckert hatte nach dem Bericht der politischen Polizei dazu aufgerufen, sich »nicht von den Nationalsozialisten verführen« zu lassen. Die Zeit sei »ernster als wir glauben.« Angesichts der erwarteten Erwerbslosenzahl im nächsten Winter schloss er den »Zusammenbruch des Kapitalismus« nicht aus. »Es gibt keinen anderen Weg als den Klassenkampf bis zum bitteren Ende! Dann müssen wir wissen, was zu tun ist [...]«.Der Polizeibericht des Regierungsrates schloss mit den Worten: »Die gemachten Ausführungen scheinen mir mit der Stellung und den Aufgaben eines Geistlichen so wenig vereinbar und derart bedeutsam zu sein, dass ich mich verpflichtet fühle, der vorgesetzten Behörde des Pfarrers Eckert hiervon Mitteilung zu geben.«[15]

Eckert hielt jedoch ungeachtet aller Anzeichen des politischen Widerstandes und der kirchlichen Verfolgung an seiner Kritik am SPD-Parteivorstand fest und drängte den Bund zu oppositioneller Haltung gegenüber der Stillhaltepolitik der Parteiführung. In einem Rundschreiben an die Vertrauensleute des Bundes bat er die Adressaten, zu dem Konflikt um die »Wochenberichte« Stellung zu nehmen, und lud für den 22. und 23. September 1931 zu einer Vorstandssitzung nach Frankfurt/Main ein.[16] Aus dem am 14. September abgeschickten Rundbrief[17] Eckerts gingen die Thesen zu dem Referat hervor, das Eckert in Frankfurt/Main halten wollte. Eckert hegte Zweifel, ob die nationalen und internationalen Konsolidierungsversuche des Kapitalismus gelingen würden, »ohne die Lage der arbeitenden Klasse und der Zwischenschichten des Kleinbürgertums so zu verschlimmern, dass in absehbarer Zeit eine ›revolutionäre Situation‹ entsteht.« Der Bund müsse »*mit beiden Möglichkeiten, dem vorübergehenden Gelingen der kapitalistischen Reorganisation, aber auch mit dem Zusammenbruch rechnen.*« Die sich ergebenden politisch taktischen Auffassungen »innerhalb der sozialistisch-kommunistischen Bewegung« sollten »vorurteilslos und ohne Ressentiments« geprüft werden und die zu ergreifenden Maßnahmen »auf alle möglichen Wirkungen hin« abgewogen werden. Alles, was vom Bund aus getan werde, müsse den Zweck einer »unlöslichen Verflochtenheit unserer Bewegung mit dem proletarischen Kampf zum Sturz der kapitalistischen Wirtschaft und Gesellschaft erfüllen.« Das »Gericht Gottes« breche herein. Die »Forderungen Gottes an Gegenwart und Zukunft« würden deutlich. Als religiöse Sozialisten dürften sie nicht die »relativen Erfolgsmöglichkeiten des bürgerlichen Sanierungsversuches« unterstreichen, sondern müssten die »Ausweglosigkeit der kapitalistischen Methode« betonen. Kontakte mit den revolutionär sozialistischen Kräften in der SPD und der KPD sollten genutzt, Aussprachemöglichkeiten zwischen beiden Parteien gesucht werden. Die

Freidenker in SPD und KPD, das »Christentum« in der NSDAP und die NSDAP in der Kirche sollten neutralisiert werden.[18]

Auf der Bundesvorstandssitzung stand Eckert allein da. Entgegen den Erwartungen, die Eckert auf Grund des entstandenen Meinungsbildes der Wortführer des Bundes erhalten hatte, wurde die »Unvereinbarkeit« des weiteren Verbleibs Eckerts in der SPD mit seinen Leitungsfunktionen im Bund konstatiert. Anschließend wurde der Badische SPD-Vorstand vom Abrücken der religiösen Sozialisten zu Eckert im Bundesvorstand informiert.[19]

Am 30. September 1931 erfolgte der Ausschluss der »linken Opposition«, der Klassenkampfgruppe unter Führung der SPD-Reichstagsabgeordneten Max Seydewitz und Kurt Rosenfeld aus der SPD[20]. Eckert erklärte sich mit den Ausgestoßenen solidarisch und provozierte damit seinen Parteiausschluss.[21] In Eckerts Solidaritätsschreiben mit den Wortführern der linken innerparteilichen Opposition an den SPD-Landesvorstand hieß es: »Ich habe bisher mit anderen Genossen und Freunden dafür gesorgt, dass die ›Fackel‹, das Organ der oppositionell eingestellten Genossen in Deutschland, systematisch verbreitet wurde, und ich werde die Verbreitung der ›Fackel‹ auch weiterhin zu organisieren versuchen, weil nur so die Meinung der mit der offiziellen Parteitaktik im Gegensatz stehenden Genossen in der Mitgliedschaft und Wählerschaft der SPD verbreitet werden kann. Ich gehöre der ›Marxistischen Verlagsgesellschaft‹ an und unterstütze die ›Freie Verlagsgesellschaft‹. Ich mache mich also desselben Vergehens schuldig, wegen dessen die Genossen Seydewitz und Rosenfeld ausgeschlossen worden sind.«[22]

Am 2. Oktober 1931 erfuhr Eckert aus der Presse seinen Ausschluss aus der SPD. Er weigerte sich jedoch, der sich am gleichen Tage konstituierenden »Sozialistischen Arbeiterpartei Deutschlands« (SAPD) anzuschließen, – ein Rederecht auf der von Seydewitz und Rosenfeld einberufenen Gründungskonferenz war ihm wegen befürchteter Parteinahme für die KPD verwehrt worden – und vollzog am 3. Oktober den sensationellen Schritt, als erster amtierender Pfarrer in die Kommunistische Partei einzutreten.

Der Übertritt zur KPD und seine Folgen

Nun kam es darauf an, wie sich der BRSD verhalten würde. Die badische SPD ergriff sogleich die Initiative, um die Richtung anzugeben, in der sich die religiösen Sozialisten zu bewegen hätten. In der Berichterstattung der Mannheimer sozialdemokratischen Presse über seinen Ausschluss aus der SPD hieß es: »Wie wir aus sicherer Quelle hören, tritt am Dienstag nächster Woche der *Vorstand der Religiösen Sozialisten* zusammen, um zu der [...] Lage Stellung zu nehmen. Alle Wahrscheinlichkeit spricht dafür, dass der Vorstand der Religiösen Sozialisten, der aus lauter Mitgliedern der SPD besteht, das Verhalten Eckerts *missbilligen* und dass Eckert selbst die *Ämter niederlegen* wird, die er im Verband der Religiösen Sozialisten bis jetzt bekleidete.« Der Artikel fuhr fort, dass schon auf der Reichsvorstandssitzung am 23. September in Frankfurt die »politische Haltung« Eckerts verurteilt worden sei. »Der Reichsvorstand sah damals noch von weiteren Maßnahmen ab, behielt sich aber solche für einen späteren Termin vor.« Über die *Richtung seiner Beschlüsse* könne kaum mehr irgend ein Zweifel bestehen. Eckert wisse, so die SPD, die den BRSD quasi als Privateigentum behandelte, »dass seine Trennung von der Sozialdemokratie *zugleich auch seine Trennung von den Religiösen Sozialisten* bedeuten wird.«[23]

Noch bevor Eckerts Eintritt in die KPD bekannt war, signalisierte Gotthilf Schenkel Einverständnis mit der instrumentalistischen Haltung der Partei zum Bund. Die bloße Genehmigung der Teilnahme von Pfarrer Eckert an einer Delegationsreise in die Sowjetunion durch die Kirchenleitung veranlasste den Vorsitzenden des württembergischen Landesverbandes zu der brieflichen Äußerung an Kappes: »Es wird dringend nötig sein, dass alle Beteiligten dafür Sorge tragen, dass unser Bund und unser Bundesorgan nicht in diese Dinge hineingezogen werden.«[24]

Naturgemäß löste Eckerts Schritt ein riesiges Echo in der gesamten deutschen Öffentlichkeit aus. Das »Privatarchiv Erwin Eckert« enthält allein 200 Veröffentlichungen zwischen dem 1. Oktober und dem 31. Dezember 1931 im In- und Ausland und aus den unterschiedlichsten Spektren des politischen Lebens. Dabei tat sich die sozialdemokratische Presse mit Überschriften wie »Spaltpilze auch in Baden – Pfarrer Eckert aus der SPD ausgeschlossen«[25], »Ein Mann in Stalinschen Ketten«[26], »Keine Zeit für Sektierer und Eigenbrödler!«[27], »Hofprediger Stalins«[28] und »Methoden des Renegatentums«[29] gegenüber ihrem ehemaligen Mitglied, das sich zwanzig Jahre für sie eingesetzt hatte und noch wenige Monate vorher den Jubel sozialdemokratischer Mitglieder und Wähler geerntet hatte, besonders hervor. Aber auch die Überschriften, mit denen die KPD-Presse aufmachte, lassen die dogmatisch verengte Sicht dieser Partei erkennen: »Pfarrer Eckert geht nach Moskau. Ein Appell an die SPD-Arbeiter – Geht nicht in den Sumpf des neuen Bollwerkes gegen den Bolschewismus – Kommt zur roten Klassenfront«[30], »Durch die rote Einheitsfront zur Macht«,[31] »Wie einigen wir das werktätige Volk? Warum wurde ich Kommunist«[32], »Massen bejubeln den sozialistischen Aufbau in der Sowjet-Union«[33].

Aber auch die von der KPD ausgeschlossene Opposition der »rechten« Kommunisten verhielt sich ebenso engstirnig. Viel Spott und Hohn erntete die KPD seitens der »Arbeiterpolitik«, dem Organ der KPD-Opposition, die sich über die falsche Toleranz der KPD gegenüber dem »Pfaffen« Eckert lustig machte.[34] Kurz: In der Reaktion auf den neuen »Fall Eckert« spiegelte sich auch die Spaltung der Arbeiterbewegung wider. Insgesamt gilt: Die einander widerstreitenden gesellschaftlichen und politischen Kräfte waren den Herausforderungen, vor die die große wirtschaftliche und politische Krise am Vorabend der Machtübertragung an den Faschismus sie stellte, nicht gewachsen und in Verbands- und Parteienegoismus befangen. Die Niederlage des 30. Januar 1933 war auch dieser Tatsache geschuldet.

Wir stark das Interesse und die Beteiligung der Bevölkerung an dem Vorgang des Übertritts in die KPD waren, geht auch daraus hervor, dass nach Zeitungs- und Polizeiberichten mindestens 30.000 Menschen innerhalb von fünf Tagen zu den vier Versammlungen in Mannheim (7. Oktober), Karlsruhe (9. Oktober), Stuttgart (10. Oktober) und Berlin (12. Oktober) aus allen Schichten der Bevölkerung zusammenströmten, um die Begründung seines Schrittes mitzuerleben.[35] Besonderes Augenmerk richtete die Presse auf die Frage, wie sich die Kirche und der BRSD verhalten werden.

Erste Reaktionen innerhalb des Bundes ließen darauf schließen, dass trotz des Übertritts ihres Vorsitzenden zur KPD das seit seiner Gründung immer wieder hochgehaltene Einheitsfrontdenken intakt bleiben könnte. Noch am Tage des Eintritts von Eckert in die KPD schrieb der Neuköllner Pfarrer Arthur Rackwitz an Kappes: »Eben waren Piechowski und ich mit Eckert ein paar Augenblicke zusammen. Er berichtete von seinem Übertritt zur KPD und von der erstaunlichen Bereitwilligkeit, mit der er dort aufgenommen worden ist«.[36] Einig sei er mit Piechowski, »es müsse vor allen Dingen verhütet werden, dass nun etwa der Bund Eckert fallen lässt. [...] Wir sind nicht auf die SPD festgelegt, sondern jeder Sozialist soll in unseren Reihen gleichberechtigt sein, so hieß es immer, und bei uns darf das nicht bloß auf dem Papier stehen. In unserem Bund müssen Sozialdemokraten und Kommunisten nebeneinander möglich sein. Das wäre aber unmöglich gemacht, wenn man verlangen würde, dass der Vorsitzende zur SPD gehören muss. Sachlich verstehen wir Eckert nur zu gut. [...] Und die Berliner Mitglieder unseres Bundes – mit Ausnahme von Göring – sind alle höchst missvergnügt über die taktische Haltung der SPD. [...] Ich weiß zwar nicht, wer ihn absetzen könnte, auf alle Fälle aber in Eile die dringende Bitte, Eckert auch als Kommunisten zu halten. Ein Bund religiöser Sozialisten, der Eckert aus diesem Grunde fallen ließe und dadurch zeigte, dass er mit der SPD durch dick und dünn geht, würde für mich viel von seinem Wert verlieren. Die Schwierigkeiten, die sich eventuell ergeben könnten, sehe ich, [...] sie werden zu überwinden sein und müssen überwunden werden. Eine Trennung des Bundes von Eckert aber wäre nicht zu reparieren.«[37]

Am gleichen Tage ließ der ehemalige badische SPD-Arbeitsminister Adam Remmele Pfarrer Kappes wissen: »Gemäß unserer telefonischen Absprache teile ich Ihnen mit, dass Herr Pfarrer Eckert sich in den letzten Tagen bewusst außerhalb der Partei stellte. Er schrieb am Mittwoch dem Ortsvorstand einen Brief, worin er ankündigte, er würde die ›Fackel‹ verteilen und zu der Organisation Seydewitz die Beziehungen fortsetzen. [...] Bei dieser Sachlage wird wohl der Ausschluss Eckerts aus der Partei kaum mehr vermeidbar sein.«[38]

Obgleich der badische Landesvorsitzende Heinrich Dietrich eine »schwere Belastungsprobe« auf den Bund zukommen sah, schlug er am darauffolgenden Tage vor: »Eckert tritt als Reichsbundesvorsitzender zurück. Bis zum nächsten Kongress übt dieses Amt Göring als sein Stellvertreter aus. Außerdem tritt ein *zweiter Schriftleiter neben* ihn, der der SPD angehören muss.« Mit einer Erklärung an die Öffentlichkeit solle die »politische Neutralität unseres Bundes« betont werden.[39] Am 5. Oktober übte das Sozialdemokratische Partei-Sekretariat auf Pfarrer Kappes Druck aus und teilte ihm mit, dass eine Versammlung mit einem Referat von Kappes abgesagt werden müsse, da »durch das Verhalten des Genossen Eckert zurzeit keine Stimmung für die Bewegung der religiösen Sozialisten vorhanden« sei, und bedauerte, dass diese »durch das Verhalten des Genossen Eckert« leide.[40]

Wie groß der spontane Rückhalt Eckerts im Bunde dennoch war, belegt nicht nur das Solidaritätsschreiben der Ortsgruppe Bielefeld[41], sondern auch der Brief, den Hans Sprenger vom Landesverband Lippe an Eckert am 5. Oktober schrieb: »Ich wundere mich nicht, wenn nach Deinem Ausschluss der Verfolgungseifer der Partei auch Heinrich [Schwartze, FMB] trifft.«[42] Sprenger war der Meinung, dass Eckerts Tätigkeit als Vorsitzender und Schriftleiter im Bund durch diesen Ausschluss »keinesfalls berührt werden darf, ebenso wenig wie unsere weitere Mitgliedschaft in der SPD. Wenn die weitere organisatorische Spaltung schon unaufhaltsam ist, müssen die Sozialisten selbst näher denn je aneinanderrücken.«[43]

Eckert selbst dachte zu diesem Zeitpunkt keineswegs an eine Trennung vom Bund. Sein Vorschlag lautete: »I. Ich lege sofort, wenn die Mehrheit des Vorstandes und der Wortführer unseres Bundes der Ansicht ist, das Amt des 1. Vorsitzenden nieder, das bis zum nächsten Kongress von Göring eingenommen wird. Die Geschäfte, d.h. die Organisation des Reichsbundes bleibt weiterhin bei mir als dem geschäftsführenden 2. Vorsitzenden. II. Die Schriftleitung des Bundes bleibt auch weiterhin bei mir. Um die Parität des Bundes gegenüber SPD und KPD nach außen hin zu kennzeichnen, soll ein der SPD angehöriger Genosse *Mitschriftleiter* werden. Vielleicht Genosse Pfarrer Schenkel/Zuffenhausen.«[44]

Ganz in diesem Sinne verhielt sich der Badische Landesvorstand der Religiösen Sozialisten noch am 6. Oktober 1931. An der Sitzung nahmen teil: Heinrich Dietrich als Vorsitzender, Pfarrer Eckert, Jugendpfleger Heinrich Rösinger/Mannheim, Pfarrer Hanns Löw/Karlsruhe, Professor Georg Wünsch/Marburg, Rechtsanwalt Eduard Dietz/Karlsruhe als Gast und der württembergische Landesvorsitzende Pfarrer Gotthilf Schenkel/Zuffenhausen als Gast. Nach eingehender Beratung wurde einstimmig beschlossen: »1. Da der Bund der Religiösen Sozialisten für alle, die auf dem Boden des Sozialismus stehen und nicht bürgerlichen Parteien angehören, neutral und gleichmäßig zugängig ist, so ist der Übertritt von Pfarrer Eckert zur KPD keine Veranlassung zu irgendwelchem Einschreiten gegen ihn. 2. Um der Tatsache Rechnung zu tragen, dass die überwiegende Anzahl der Mitglieder der SPD angehören, legt jedoch Pfarrer Eckert a) freiwillig das Amt als 1. Bundesvorsitzender zu Gunsten des der SPD angehörenden 2. Vorsitzenden Göring/Berlin nieder und ist b) damit einverstanden, dass zur äußeren Dokumentierung der Einheit des Bundes neben ihm der der SPD angehörige württembergische Landesvorsitzende Pfarrer Schenkel/Zuffenhausen als *gleichberechtigter Mitredakteur* in die Schriftleitung des ›*Religiösen Sozialisten*‹ eintritt.«[45]

Gegen Eckerts Vorschlag widersetzte sich umgehend der bayerische Landesvorsitzende des Bundes. In seinem Schreiben an den Bundesvorstand betonte Walter von Falkenhausen zunächst, dass Eckert »trotz seines den Bund schädigenden Verhaltens« in seinen Augen »persönlich einwandfrei und von besten Absichten beseelt« sei. »Ich selbst habe nie ein Hehl daraus gemacht, dass mir in der SPD so manches nicht gefällt und dass mir im Bund wie in der Partei eine große Anzahl von Genossen zu verbürgerlicht und verspießert sind. Was in Sonderheit den Bund betrifft, so glaube ich, dass wir einer richtigen Plattform entbehren. Dieser Vorwurf trifft insbesondere unsere evangelischen Mitglieder, auch in ihrer Haltung zur Kirche. Es hätte sich aber vielleicht eine stärkere Betonung des proletarischen und klassenkämpferischen Standpunktes im Bund doch erreichen lassen. Jedenfalls war und ist es unsere Pflicht, als Parteimitglieder in der Partei selbst den linken Flügel zu stärken und innerhalb der Partei gegen die Verbürgerlichung anzukämpfen. Jede Absplitterung und jeder Austritt schwächt die gemeinsame proletarische Front.« Eckert habe erneut gezeigt, dass er »nach wie vor ein glänzender Agitator und guter Redner« sei, dass er aber »kein Führertalent« besitze. »Ein Führer muss in der Lage sein, die Tatsachen so anzusehen, wie sie sind, niemals aber nur so, wie er sie gerne haben möchte. Dass die Kommunisten sich die agitatorische und rednerische Kraft, die Eckert nun einmal darstellt, nicht entgehen lassen wollen, ist klar. Dass sie ihn auf Grund ihrer und seiner entgegengesetzten Weltanschauung innerlich niemals voll nehmen können, sondern ihn innerlich nur auslachen müssen, ist ebenfalls klar. [...] So sehr ich in den Kommunisten immer in erster Linie Arbeiter, also proletarische Brüder sehe, soviel mir am Kommunismus gefällt, so gibt es dennoch für einen religiösen Sozialisten keinen Weg, der zu ihm führt.« Falkenhausen bedauerte, dass die badische Landeskirche keine Orden vergebe. Eckert hätte bestimmt und mit vollem Recht allen Anspruch auf einen hohen kirchlichen Orden. »Er hat mit seiner törichten Verranntheit dem herrschenden Pfaffentum den besten Dienst erwiesen.« Eckert, so die Schlussfolgerung von Falkenhausen, solle die Folgen seines Schrittes »von sich aus tragen« und »alle seine Ämter niederlegen«.[46]

Auf der am 8. Oktober 1931 tagenden Sitzung der Kirchenregierung widersetzte sich ihr religiös-sozialistisches Mitglied Dietrich – zusammen mit dem ehemaligen theologischen Lehrer Eckerts Professor Bauer (Heidelberg) – den sieben anderen Mitgliedern der Kirchenregierung, die mehrheitlich beschlossen: »1.) den schon vorher bewilligten 8wöchigen Reiseurlaub nach Russland zu entziehen, 2.) gegen ihn ein Disziplinarverfahren mit dem Antrag auf Dienstentlassung nach §8, II, Z.4 des Dienstgesetzes einzuleiten, und 3.) ihn gemäß § 23 des Dienstgesetzes mit sofortiger Wirkung seines Amtes zu entheben und ihm die Ausübung kirchlicher Funktionen, insbesondere auch schon den nächsten Sonntagsgottesdienst, den er vor seiner Abreise nach Russland noch abhalten wollte, zu verbieten.«[47]

Am 11. Oktober 1931 wurden die Leser des »Sonntagsblattes des arbeitenden Volkes« in einer kurzen Notiz über Eckerts Übertritt zur KPD lapidar informiert: »Nach schweren Zusammenstößen mit der SPD wegen der politisch-taktischen Haltung der Parteiführung ist Genosse Pfarrer Eckert am 2. Oktober aus der SPD ausgeschlossen worden und zur Kommunistischen Partei übergetreten. Da die Erklärung, die er bei seinem Austritt veröffentlicht hat, darum eine durchaus politische ist, wird sie im ›Religiösen Sozialisten‹ nicht veröffentlicht. Wer die Erklärung haben will, wendet sich an den Verlag der »Volks-Tribüne«, kommunistische Wochenzeitung Mannheim [...] und bestellt dort die Nr. 2 der »Volks-Tribüne«.[48]

In der gleichen Ausgabe fand sich auch die »Erklärung des badischen Landesvorstandes und der Verlagsgenossenschaft des Bundes der religiösen Sozialisten zum Übertritt des Genossen Pfarrer Eckert Mannheim zur Kommunistischen Partei.«[49] Diese gegenüber der Beschlussfassung vom 6. Oktober zwar sprachlich, jedoch nicht inhaltlich abgewandelte Erklärung hatte folgenden Wortlaut: »Die Mitglieder des Bundes der religiösen Sozialisten bekennen sich alle zum Kampf für die sozialistische Wirtschafts- und Gesellschaftsordnung. Schon immer hat der Bund seinen Mitgliedern die Zugehörigkeit zu einer *bestimmten* sozialistischen Partei nicht vorgeschrieben. Wenn die Mitglieder des Bundes politisch organisiert sind, dann können sie jeder der bestehenden marxistisch-sozialistischen Parteien angehören. Die Zugehörigkeit zu einer bürgerlichen Partei bleibt nach wie vor ausgeschlossen. Gegen den Beitritt des Genossen Pfarrer Eckert zur KPD bestehen darum vom Bund der religiösen Sozialisten aus keine Bedenken, da die KPD ihm die Freiheit seiner weltanschaulichen Überzeugung auch als Mitglied der KPD zugebilligt hat. Um zu dokumentieren, dass im Bund der religiösen Sozialisten trotz der Verschiedenheit der Ansichten über den politisch-taktischen Weg der Weg zur gemeinsamen Erfüllung der besonderen Aufgabe des Bundes für den Sozialismus besteht, wurde folgende einstimmige Vereinbarung getroffen: Den Vorsitz und damit die Vertretung des Bundes nach außen übernimmt Genosse B. Göring, Gewerkschaftssekretär Berlin. Pfarrer Eckert führt die Geschäfte des Bundes. In die Schriftleitung des Bundesorgans, die weiterhin bei Pfarrer Eckert bleibt, tritt als gleichberechtigt und mitverantwortlich Genosse Pfarrer Schenkel, Stuttgart-Zuffenhausen.«[50]

Am 10. Oktober suspendierte der Badische Kirchenpräsident Eckert mit sofortiger Wirkung vom Amt und eröffnete das Dienstverfahren gegen ihn. Am gleichen Tag bat Göring die Bundesfreunde, über die Badische Einigungsformel hinausgehend, um Zustimmung, in Verhandlungen mit Eckert zu erreichen, dass er auch die Geschäftsstelle des Bundes aufgebe. Voraussetzung sei jedoch die »Zustimmung Eckerts«. Um der Einheit und des Erhalts des Bundes willen müssten jetzt von den Bundesfreunden auch »Opfer in ihrer Überzeugung« erbracht werden.[51]

Vor seiner Abreise in die Sowjetunion am 13. Oktober erteilte Eckert dem Karlsruher Anwalt und Bundesfreund Eduard Dietz die Prozess-Vollmacht, um dem Dienstverfahren und Entlassungsantrag entgegenzutreten. Der bloße Übertritt zur KPD könne kein gesetzlicher Grund zur Dienstentlassung sein, nachdem die KPD erklärt habe, dass sie ihn aufnehme, ohne ihm in seiner Tätigkeit als Geistlicher Schwierigkeiten zu machen. Eckert seinerseits werde sich nach wie vor als evangelischer Geistlicher und religiöser Sozialist betätigen. Gegenüber dem Untersuchungsführer der Kirchenbehörde erklärte Eckert gleichwohl, dass für ihn das Ergebnis des Dienstverfahrens feststünde und er es als »reine Formsache« betrachtete.[52]

Die Zusage, nicht nur alle Entscheidungen *nach Eckerts Rückkehr* aus der Sowjetunion, sondern auch *mit dessen Einverständnis* zu treffen, wurde jedoch nicht eingehalten: Gleich die erste Ausgabe des Bundesorgans vom 18. Oktober erschien ohne Nennung Eckerts als Mitglied der Schriftleitung.

In der gleichen Ausgabe protestierte das Bundesorgan in einer nicht namentlich gezeichneten Erklärung zwar gegen Eckerts sofortige Amtsenthebung mit den Worten: »Die kommunistische Partei hat Eckert als Pfarrer und evangelischen Christen in ihre Reihen aufgenommen und damit ihrerseits dokumentiert, dass sie gewillt ist, in ihren Reihen keine weltanschauliche Uniformität zu verlangen. Die Kirche, die alle Ursache hätte, die Kluft, die zwischen dem Proletariat und ihr durch die Abhängigkeit der Kirche von der bestehenden bürgerlich-kapitalistischen Welt besteht, nicht noch zu vergrößern, macht es einem Pfarrer unmöglich, den Weg zu gehen, auf dem vielleicht durch das Vertrauen, das ihm die politische Gemeinschaft mit seinen Genossen gab, eine größere Aufgeschlossenheit des klassenbewussten Proletariats für die tiefsten Werte lebendigen Christentums zu erreichen möglich gewesen wäre.«[53]

Gleichzeitig gab das Bundesorgan dem SPD-Vorsitzenden Badens Georg Reinbold Gelegenheit zu einer »Richtigstellung«, die die Umstände und Motive Eckerts verzerrte und Eckert schaden mussten. In ihr wird behauptet, dass die »gegensätzliche Einstellung Eckerts zur derzeitigen taktischen Linie der Partei [...] bei seinem Ausschluss aus der Partei *niemals* eine Rolle« (spielte). Maßgebend für seinen Parteiausschluss sei *allein*, dass Eckert die »Zellenbildung« und die Veranstaltung von »Sonderkonferenzen«, insbesondere im Ortsverein Mannheim, heimlich fortgesetzt habe. »Nur diese Tatsachen und seine schriftliche Erklärung, dass er sich mit der Seydewitz-Gruppe solidarisch erkläre (also doch! FMB), seien die Gründe für seinen sofortigen Ausschluss gewesen.[54] Der Verlag teilte entgegen der veröffentlichten Beschlusslage mit, dass es Eckerts »Wunsch« entspreche, dass »von heute ab Pfarrer Schenkel [...] die Schriftleitung übernimmt.«[55] Konsequenterweise spricht daher die Verlagsmitteilung von Eckert als dem »bisherigen Schriftleiter unseres Blattes«. Der neue Schriftleiter hatte es abgelehnt, eine Erklärung Eckerts zu den Vorgängen abzudrucken und schloss gleichwohl die »Aussprache« mit der zweifelhaften Aussage: »Nun sind beide Seiten zu Wort gekommen.«[56] Wer sich über die Verteidigung Eckerts über den im vorgeworfenen »Vertrauensbruch« informieren wolle, möge die »Volkstribüne« lesen. »Einer parteipolitischen Aussprache öffnen wir in Zukunft unsere Zeitung nicht mehr«.[57]

Wenn schon die Leser des Bundesorgans aus dem Konflikt durch einseitige Berichterstattung desorientiert werden sollten, blieb die Frage, wie sich die Landesverbände intern zum erneuten Konflikt um Eckert verhielten. Auf das Rundschreiben Nr. 1 reagierten die Landesverbände Baden, Bayern, Preußen, Württemberg, Saargebiet und Sachsen, die Bezirke Köln, Frankfurt/M. und Westfalen zustimmend. Die Landesverbände Thüringen und Lippe wünschten, »dass Eckert die Geschäftsführung beibehielt und unter keinen Umständen ihm die Geschäftsführung vor seiner Rückkehr aus Russland genommen« werde. Der neue Bundesvorsitzende wiederholte: »Es ist selbstverständlich, dass die endgültige Entscheidung erst nach der Rückkehr Eckerts erfolgt.«[58]

In der Ausgabe vom 18. Oktober 1931 des Bundesorgans schrieb der Schriftleiter: »Mannigfache Zuschriften zeigen, wie stark der Übertritt Eckerts die Gemüter im Bund bewegt. Die einen sind bitter enttäuscht, ja erzürnt, andere hegen große Hoffnungen hinsichtlich der religiösen Auswirkung seines Schrittes. Ich habe mich zunächst im Bundesblatt einer Stellungnahme enthalten, auch geharnischte Artikel der einen oder anderen Seite zunächst zurückgehalten. Allerdings halte ich eine offene brüderliche Aussprache für selbstverständlich notwendig. *Aber sie soll nicht aus frischerregter Leidenschaft heraus geschehen. Wir sollten uns Zeit lassen, gründlich und ernsthaft nachzudenken, damit die Aussprache fruchtbar und klärend wirkt.*«[59] Eine Information und Debatte um den neuen »Fall Eckert« fand in der Wochenzeitung des Bundes nicht statt.

Mit der Abwürgung der Diskussion durch den neuen Schriftleiter des Bundesorgans erklärte sich Pfarrer Ludwig Simon[60] jedoch nicht einverstanden. Er schickte einen Aufsatz an Schenkel, den dieser sich jedoch weigerte zu veröffentlichen.[61] In einem Brief an Kappes legte Simon daraufhin seine Enttäuschung über diese Weigerung und seine diesbezüglichen Überlegungen dar. Er bezweifelte, dass die sich um den Gewerkschaftssekretär Göring sammelnden Kräfte im Bund bei ihrem politischen Verhalten sich noch der Frage stellten, ob ihr Verhalten dem »Geist Jesu« entspreche. Das aber hielt er für die »wichtigste Aufgabe, diese Frage mit derselben Unerbittlichkeit, mit der sie Eckert und wir der Kirche stellten, auch den sozialistischen Parteien zu stellen.« Natürlich müsse diese Frage der Kirche als einer christlichen Kirche ganz anders gestellt werden, als den Parteien, die »sozialistisch sein wollen«. Diesen müsse die Frage vorgelegt werden, ob sie wirklich »durch die Sache« bestimmt seien oder durch »Sonderinteressen« und »Parteiegoismus«.

Peinlich berührt zeigte sich Simon durch das »Verhalten einiger namhafter Bundesmitglieder«, die zwar nicht öffentlich, aber in Privatgesprächen die Persönlichkeit Eckerts »einer neuen Betrachtung« unterzögen. »Dass er als Mensch so seine Sonderheiten hat, weiß ja jeder, ist wohl auch an solch exponierter Stelle anders nicht zu erwarten. Aber Ihr stellt durch diese Menschlichkeiten jetzt seinen sachlichen Schritt in Zweifel. Waren sie früher Seitensprünge, die man bei Eckert eben in Kauf nahm, so sind sie jetzt Motive seines Handelns! Das stößt mich ab, weil ich sehe, dass Ihr hier durch die Parteisache jetzt von ihm getrennt auf einmal so urteilt. Ihr seid eben zu sehr religiöse Sozialdemokraten! Ich als religiöser Sozialist denke so, dass ich auch hier Eckert ganz ernst nehme, wie Ihr es bei seinem Kampf in der Kirche oder in Nürnberg auch noch tatet!«[62]

Bereits am 6. Oktober 1931 hatte Wolfgang Abendroth als Korrespondent der »Frankfurter Zeitung« geschrieben: »Es entspricht übelsten Gepflogenheiten, im Augenblick einer solchen Trennung nicht nur die politische Haltung, sondern auch die *persönlichen Eigenschaften* des Ausgeschiedenen oder Ausgestoßenen in Frage zu stellen. [...] Wann wird man endlich in Deutschland dazu gelangen, bei solchen gewiss fatalen Separierungen die menschliche Würde zu wahren.«[63]

Simon wehrte sich gegen die Äußerung Schenkels, wonach Eckert ausdrücklich auferlegt worden sei, keine religiöse Propaganda in die Partei hineinzutragen. »Soll damit seine Aufrichtigkeit, dass er als Christ in die KPD geht, in Frage gestellt werden?« Natürlich müsse ihm dieses vom Zentralkomitee gesagt werden. Damit sei die Tatsache, »Christ in der KPD« zu sein, nicht »aus der Welt geschafft«, und diese Tatsache könne »für den christlichen Glauben wirken«. Sei es etwa »keine religiöse Propaganda«, wenn Eckert in Stuttgart und Berlin in den Versammlungen »stark religiöse Töne angeschlagen« habe? Simon hörte in Schenkels Worten »nicht den christlich-sozialistischen Bruder«, sondern den »geärgerten Sozialdemokraten«. Gewiss sei der Übertritt Eckerts in die KPD »für die SPD ärgerlich.« »Aber das geht uns – den Bund – nichts an.« Simon lehnte es als »heimatloser Sozialist« ab, dass sich der Bund einer Partei quasi verschreibe. »Ich weiß, dass nun Ihr Realpolitiker kommt: Ja, wer führt uns denn den Kirchenwahlkampf, wer macht denn unsere Versammlungen usw.« Simon befürchtete, dass sich der Bund »zu sehr der SPD verkauft« habe. »Wie haben wir uns da schon Maulkörbe umlegen lassen.«

Man wisse nun, so Simon, »keinen besseren Mann, als einen Gewerkschaftssekretär an die Spitze des Bundes zu stellen«. Nach Simon hätte man eine »religiöse Persönlichkeit an diese Stelle setzen sollen, so wie sie Eckert war.« Simon hatte den Eindruck, »die Ablehnung der KPD und Russlands, wie sie Schenkel ausspricht, ist wesentlich parteimäßig orientiert. Religiös wäre sie diskutierbar. Die unklaren Schlager mit Terrorismus usw. kann ich im ›Vorwärts‹ lesen, das brauchen sich Brüder der sozialistischen Bruderschaft nicht zu schreiben. Es ist zudem wohl ebenso halbwahr wie das Gegenteil.« Simon plädierte dafür, dass die religiösen Sozialisten das Salz sein sollten, das in *allen* sozialistischen Parteien wirkt. Dieses Salz könne bei den Kommunisten einmal Gewissen wecken. »Spott über die Unmöglichkeit« dazu sei »Glaubenslosigkeit«. Bei der SPD könne dieses Salz der zunehmenden »Verbürgerlichung« entgegenwirken. Abschließend bekannte Simon, dass er mit den aufgeworfenen Fragen wirklich ringe, aber doch hoffte, dass der »Realpolitik-Glaube« nicht das letzte Wort sei.[64]

Die Entmachtung Eckerts im Bund der Religiösen Sozialisten

Die Stunde der »Realpolitik« schlug am 18. November 1931 auf der Vorstandssitzung des BRSD in Stuttgart. An ihr nahmen die Vorstandsmitglieder Heinrich Dietrich, Bernhard Göring, der SPD-Landtagsabgeordnete Karl Rais und der Marburger Theologieprofessor Georg Wünsch teil. Außerdem waren folgende Bundesmitglieder auf Einladung hinzugezogen worden: Pfarrer Gotthilf Schenkel für den württembergischen Landesverband, Jugendpfarrer Heinz Kappes und Pfarrer Ernst Lehmann für den badischen Landesverband und Pfarrer Ernst Quack für den hessischen Landesverband. Alle Beschlüsse erfolgten einstimmig.

Eine weitere Zuspitzung wird daran deutlich, dass der Bundesvorstand noch *vor* Eckerts Dienstentlassung auf dieser Sitzung solche Beschlüsse in Eckerts *Abwesenheit* fasste. Danach sollte die Arbeit des Bundes »weiter aufgrund des Bundesprogramms und der Konferenzbeschlüsse von Meersburg (1926, FMB) und Stuttgart (1930, FMB)«[65] fortgesetzt werden. Eckerts programmatische Broschüre aus dem Jahre 1927 »Was wollen die religiösen Sozialisten« solle »umgearbeitet« demnächst erscheinen.[66] Eckert wurde die Leitung der Geschäftsstelle und der stellvertretende Bundesvorsitz entzogen, Schenkel zum alleinigen Schriftleiter bestimmt. Eckert solle jedoch Mitglied des Bundesvorstandes bleiben.[67] Mit diesen Beschlüssen waren vor Eckerts Rückkehr Tatsachen geschaffen worden, die durch die bekundete Absicht, mit Eckert in »brüderlicher Verbundenheit« eine »Verständigung« zu erzielen, nur mühsam verschleiert wurden.

Die Richtlinien, die auf dem 4. Bundeskongress 1928 in Mannheim beschlossen worden waren, wurden nicht erwähnt.[68] In ihnen hatte sich die Mehrheit der Delegierten für eine grundlegende Neugestaltung aller wirtschaftlichen und gesellschaftlichen Beziehungen im Sinne des Sozialismus ausgesprochen und die Notwendigkeit des Klassenkampfes betont. Wenn Ulrich Peter die Richtlinien des Landesverbandes Preußen aus dem Jahre 1927, die in abgeschwächter Form Eingang in die vom Bundeskongress in Mannheim 1928 verabschiedeten Richtlinien fanden, zu Recht als Indiz für die »linke Richtung« im Bund ansieht, so ist die Nichterwähnung der Mannheimer Richtlinien allein schon Grund dafür, von einem Richtungswechsel zu sprechen, der mit dem Herausdrängen Eckerts aus der Bundesleitung betrieben wurde. Die Rechtswende, die im Zusammenhang mit Eckerts Entmachtung im BRSD erfolgte, ist alles andere als ein »Mythos«.[69] Im übrigen widerspricht sich Peter selbst, wenn er zugleich feststellt, dass es »kein taktischer Schlenker« gewesen sei, dass dieser Rücktritt betrieben wurde, sondern »ein mittlerweile grundsätzlicher Dissens in der politisch-strategischen Option«. Mit

Recht weist er selbst auf zahlreiche Belege in der »Sammlung Pfarrer Kappes« und im Nachlass Thieme hin.[70]

Emil Fuchs selbst, der an der Vorstandssitzung nicht teilnehmen konnte, schrieb am gleichen Tage an Eckert: »Wünsch[71] und ich, auch Ragaz[72] würden es für ein furchtbares Versagen des Bundes halten, wenn er nicht im Stande wäre, die Tür zum Kommunismus, die Du aufgerissen hast, für uns offen zu halten. Wir sind uns völlig klar, dass das schwer sein wird, denn Du wirst ja gerade nicht gnädig mit der SPD fahren, wenn Du Deine öffentliche Aktion in Deutschland beginnst. [...] Dasselbe gilt von Deinem Amt als Organisator des Bundes. Ich bin sehr dagegen, dass wir Dich zum Abdanken nötigen. Aber es wird ja wohl mit einer großen Tätigkeit als Agitator des Kommunismus schon allein tatsächlich nicht zu vereinigen sein. Du würdest uns eine große Hilfe schaffen, wenn Du selbst hier Vorschläge machen würdest. Denken wir einmal so: Du klärst Deine Haltung zur Kirche, hoffentlich so, dass wir darin eins bleiben. Schlägst dann vor, dass Du zwar 2. Vorsitzender bleibst, aber die Geschäftsführung des Bundes abgibst, oder zunächst niederlegst«.[73]

Am 29. November druckte das Bundesorgan eine Erklärung der Bruderschaft sozialistischer Theologen Deutschlands[74] unter Paul Piechowski zum »Fall Eckert« ab. In der namentlich nicht gekennzeichneten Vorbemerkung wird indirekt bedauert, dass die Bruderschaft *vor dem Bundesvorstand* getagt habe und den Entscheidungen des Bundesvorstandes zuvorgekommen sei. Bereits am 24. Oktober hatte der Bundesvorsitzende Göring kritisiert, dass der Vorsitzende der »Bruderschaft sozialistischer Theologen« mit der KPD Verhandlungen begonnen hatte. Da dies die gemeinsame Arbeit gefährde, behalte er sich die »notwendig erscheinenden Schritte« gegen Piechowski vor.[75] Inzwischen sei aber auch der Bundesvorstand zu einer Sitzung zusammengerufen worden, »auf der die ganze Lage und Arbeit des Bundes einer klärenden Besprechung unterzogen wird«.[76] Es sei zu hoffen, »dass hierüber bald Mitteilung erfolgen kann.«[77]

Das Bild, das sich dem Betrachter der unterschiedlichen Reaktion von Bundesmitgliedern zur Entwicklung Eckerts an Hand der gesammelten Dokumente bietet, ist widersprüchlich. An Versuchen innerhalb des Bundes, Solidarität mit Eckert zu üben, fehlte es nicht. Sie waren keineswegs beschränkt auf den Landesverband Lippe, der einen Untersuchungsausschuss zum Vorgehen des Bundes gegen Pfarrer Eckert anstrebte und dabei von dem Vorsitzenden der Bruderschaft sozialistischer Theologen, Paul Piechowski, unterstützt wurde. So drängte Pfarrer Fritz Honecker, der bereits 1927 der »Roten Hilfe« beigetreten war, in einem Brief an Kappes darauf, »dass irgend etwas geschehen« müsse, um Eckert zu unterstützen. »Die SPD wird ja nicht sehr bereitwillig sein. Wie steht es mit der KPD? Wird sie sich im Kampf mit dem Oberkirchenrat hinter Eckert stellen? Und was können wir als Sozialdemokraten tun, um die KPD für Eckert zu mobilisieren? *Könnten wir hier KPD und SPD nicht auch zu einheitlichem Vorgehen zusammenbringen wie in der Frage der Fürstenenteignung vor fünf Jahren?*«[78] Honecker schlägt vor, ein »Kampfkomitee für Eckert« zu bilden, an dem sich auch der Bund beteiligen solle. Er fragte an, »ob es nicht möglich wäre, die ›Rote Hilfe‹[79] oder die ›Internationale Arbeiterhilfe‹ zu einer Aktion für Eckert zu gewinnen«.[80]

Die Antwort von Kappes war höchst aufschlussreich. Er wehrte sich dagegen, dass Eckert »nun alles wieder in ein ›Entweder – Oder‹ pressen« wolle. »Wir wollten ihm folgende Brücke bauen: Er geht in Urlaub und wirbt im Proletariat, bleibt aber kirchlicher Pfarrer.« Auf diese Weise werde das Gerichtsurteil, ob ein Kommunist Pfarrer der Kirche sein kann, vertagt. »Eckert will das aber nicht. Er braucht jetzt wieder, wie er den Ausschluss aus der SPD absichtlich provoziert hat, einen Ausschluss aus der Kirche, um den Weg gehen zu können, den er bei seiner Einstellung, dass in kürzester Zeit der Kapitalismus gestürzt ist, gehen muss.« Andererseits müsse er auch in der KPD »linientreu« sein. »Es sind also sachliche und psychologische Gründe, welche Eckert dazu bewegen, innerlich zu wünschen, dass der Prozess mit einer Amtsenthebung endet. Diesmal wäre die Lage der Kirche wirklich schlecht, wenn nicht Eckert es wäre, an welchem die Frage entschieden werden soll: Kann ein Pfarrer Kommunist sein. Mit einem Blumhardt oder Ragaz würde die Kirche keinen Erfolg erzielen.«[81]

Eckerts Austritt aus Kirche und Bund

Am 9. Dezember 1931, zwei Tage vor seiner definitiven Entfernung aus dem Kirchendienst, nahm Eckert in einem Schreiben an die Landesverbandsvorsitzenden, Wortführer und Vertrauensleute des BRSD zu den Vorgängen im Bund Stellung. Nach der Darstellung seiner schrittweisen Eliminierung aus dem Bund versagte er es sich, »diese Handlungsweise der Genossen, die meine Abwesenheit in Russland zu diesem Vorgehen benutzten, näher zu kennzeichnen«.[82] Der Bund solle nun nichts anderes sein, »als eine Hilfsorganisation der SPD zur Erschließung des Mittelstandes für die jetzige SPD-Taktik.«[83] Der jetzige Schriftleiter versuche in jeder Hinsicht, für die SPD Stimmung zu machen. »Das Blatt ist deshalb auf einer kleinbürgerlichen, kraftlosen Linie angelangt.« Die Lösung der Probleme, »die uns religiöse Sozialisten immer bewegt haben«, seien durch die »Ängstlichkeit und Abhängigkeit der für die geschilderte Entwicklung des Bundes Verantwortlichen illusorisch gemacht worden.«[84]

Am gleichen Tage erklärte Dietrich, dass Eckert für ihn »keine Frage mehr« sei: »Ich habe Wichtigeres zu tun.« Auf den Austritt Eckerts aus dem Bund reagierte er mit den Worten: »Wir sind in Mannheim darüber alle sehr froh.«[85] Am 11. Dezember wurde das Urteil im kirchlichen Disziplinarverfahren verkündet. »Im Namen Hunderttausender noch religiös geprägter Kommunisten« hatte Theodor von Waechter zuvor an das Kirchliche Dienstgericht appelliert, Pfarrer Eckert »zu Dienst«, aber nicht »außer Dienst« zu stellen.[86] Auch Heinz Kappes hielt das Vorgehen der Kirchenbehörde für verfehlt.[87] Die Kirche hätte über den Beschluss der Kommunistischen Partei, Eckert ungeachtet seiner Religiosität als vollgültigen Parteigenossen anzuerkennen, Freude empfinden, sie hätte erkennen müssen, dass von nun an auch in der Kommunistischen Partei der Satz gelte: Religion ist Privatsache, d.h. Gewissenssache des einzelnen. Die Gottlosenbewegung höre damit für den Kommunismus auf, Parteisache zu sein.

Die Kirche hätte, so Kappes, aus dem Vorgang ganz einfach die Konsequenz ziehen müssen: Da die KPD einen Pfarrer anerkenne, so wolle auch die Kirche einen Kommunisten anerkennen, wenn er sich als Pfarrer den geistlichen Ordnungen der Kirche füge und dem christlichen Bekenntnis treu bleibe. Christen würden zwar die Flachheit der sozialen Diesseitsreligion, als der sich der Sozialismus gelegentlich gebärde, erkennen. Sie müssten aber auch ihre Berechtigung erkennen gegenüber der Verflüchtigung des Reichsgottesglaubens Jesu in eine weltfremde Jenseitsreligion. Deshalb müsse »gerade dort, wo am leidenschaftlichsten um die Neugestaltung der Erde gerungen wird, der lebendige Christ sich brüderlich verbunden fühlen mit denen, die ›hungert und dürstet nach der Gerechtigkeit‹«.[88]

Paul Piechowski, Vorsitzender der »Bruderschaft sozialistischer Theologen« kommentierte die unehrenhafte Entfernung Eckerts aus dem Kirchendienst: »Darum wird der 11. Dezember 1931 für alle Zeiten ein schwarzer Tag in der Geschichte der evangelischen Kirche Deutschlands sein, ein Tag, an dem ungeheuerliche Totengräberarbeit geleistet worden ist von Männern, denen zwar der gute Glaube zugebilligt werden muss, die aber dem Gewicht der Stunden nicht gewachsen sind«.[89]

»Zeitungskrieg« in der Mannheimer Arbeiterpresse

Für Eckert bewies die »Rufmord« implizierende Dienstentlassung[90], dass die Landeskirche »den Aufgaben und Spannungen des wirklichen Lebens« »verständnislos gegenüberstehen. Sie haben durch meine Amtsenthebung bestätigt, dass ihnen nicht das Geringste daran gelegen ist, mit dem klassenbewussten, revolutionären Proletariat in Zusammenhang zu kommen. [...] In der gleichen Zeit, in der die Kirche mich wegen meines Übertritts zur KPD entlässt, duldet sie nationalsozialistische Geistliche in ihrem Pfarramt, die besondere SA-Gottesdienst und Feldgottesdienste in der Zeit des angeordneten Gemeindegottesdienstes abhalten, die ungehindert für den Faschismus agitieren und organisieren.«[91]

Die Erklärung Eckerts in der Mannheimer »Arbeiterzeitung«[92], in der er seinen Austritt aus der Kirche und dem Bund der religiösen Sozialisten begründete, löste in der Mannheimer Arbeiterpresse einen »Zeitungskampf«[93] zwischen SPD und KPD aus. Ohne Zweifel konnte Eckert in seinen Beiträgen den Nachweis über die unwahrhaftigen »SPD-Machenschaften« und der ihr willig ergebenen Bundesführer erbringen. Besonderer Zankapfel war die Eckert von Dietrich unterstellte Aufforderung, die Kirchenaustrittspropaganda der KPD zu bejahen, womit er den Boden der religiösen Sozialisten verlassen habe. Aus der für das Bundesorgan bestimmten Begründung seines Austritts aus Kirche und Bund, deren Veröffentlichung Dietrich nach eigenen Worten »in letzter Minute«[94] unterbunden hatte, konnte Eckert zitieren, dass »weder die Kirchenaustrittspropaganda noch die ›Gottlosenbewegung‹ in der KPD« ihn davon abhalte, »in ihr als Christ politisch zu kämpfen.«[95] Dietrich hatte aus dem gleichen Text ein verkürztes Zitat aus Eckerts Stellungnahme angeführt: »Kirchenaustrittsbewegung, Kampf der KPD? Jawohl!« Er vergaß aber mitzuteilen, dass hinter »Jawohl!« der Satz nicht zu Ende war, sondern fortgeführt wurde mit den Worten: »Jawohl es sind nicht die schlechtesten Christen, die innerhalb der Kirche gegen diese Kirche kämpfen.« Dieses »Jawohl« unterstrich also den bisherigen Kampf der religiösen Sozialisten.[96]

Der in die Ecke gedrängte Eckert geriet in den Bannkreis linkssektiererischer Entlarverei und schreckte nicht zurück, den Untergang von Kirche und Kapitalismus so nahe zu sehen, dass er zu einer Auflösung des Bundes aufrief. Auch das böse Wort von der »Liquidierung« fiel: »Der Bund der religiösen Sozialisten muß liquidiert werden, Genossen! Macht jetzt Schluß! Jetzt kann der Bund sich auflösen, jetzt hat er den deutlichen Beweis erbracht, dass die Kirche für das klassenbewusste Proletariat nicht mehr existiert.«[97]

Insofern hatte Dietrich nicht unrecht, wenn er Eckerts politischer Fehleinschätzung entgegenhielt: »Nicht der Marxist Eckert, sondern der Illusionist Eckert hat hier die Feder geführt, die ihm einen solchen bösen Streich gespielt hat, dass er die geschichtliche Lage seiner Kirche verkennt [...].« Die Kirchen existierten seit Jahrhunderten. »Sie haben Kriege und Revolutionen überstanden, und eher werden Städte und Gesellschaften zugrunde gehen, als dass die Kirchen verschwinden.« Russland mit seiner Kirche »des gepflegten Aberglaubens« dürfe nicht mit Deutschland verglichen werden, dessen »kritische Theologie den Aberglauben in seinen entferntesten Winkeln« aufstöbere. Eckert hätte »die gesellschaftliche Bindung und die geistige Abgängigkeit der kirchlichen mittelmäßigen Führer durchschauen und zu der Erkenntnis kommen müssen, dass weder gutes Zureden noch Drohung mit dem Kirchenaustritt die Kirchenführer und Kirchenmitglieder ändert, sondern dass die Kirche nur durch Lebendigmachung der in ihr [existierenden, FMB] sozialistischen Kräfte von ihrem bürgerlichen Throne gestoßen werden kann.«[98]

Auch die Voraussage Dietrichs, dass Eckert, »auch wenn jeden Abend Tausende ihm in der Massenversammlung zujubeln«, »als Christ« »einsam bleiben« werde, war nicht aus der Luft gegriffen. »Der Freidenkerapparat wird schon dafür sorgen, dass Eckert wohl arbeiten und die SPD bekämpfen darf, einen Einfluss wird er aber kaum bekommen«.[99] Hierfür sprechen Eckerts vertrauliche Briefe an seine Frau während seiner KPD-Agitationsreisen im In- und Ausland, in denen er von dem »Misstrauen« schreibt, dass ihm immer wieder bei seinen Genossen entgegenschlug.[100] Auch beklagte er, dass er bei der Reichstagswahl 1932 von der Partei nicht an aussichtsreicher Stelle in Baden placiert worden sei, ein Versuch, den er zwei Jahre zuvor bereits vergeblich bei der SPD unternommen hatte.[101]

Als zeitgenössischer Beobachter schloss Wolfgang Abendroth wegen des widersprüchlichen Verhaltens der KPD nicht aus, dass die Aufnahme Eckerts in die Kommunistische Partei »lediglich ein *taktisches* Manöver« gewesen sei. Sie sei möglicherweise »unternommen zu dem Zweck, die noch kirchlich gesinnten Arbeiter dem Kommunismus und seinem atheistischen Programm zugänglicher zu machen.«[102] Widersprüchlich sei auf der einen Seite das Schreiben des Reichstagsabgeordneten Ernst Schneller[103], das dieser im Einvernehmen mit dem ZK der KPD an die »Bruderschaft sozialistischer Theologen« gerichtet hatte[104], und auf der anderen Seite die Erklärung, die auf den ersten großen Versammlungen, in denen Eckert seinen Übertritt zum Kommunismus proklamierte, verlesen worden war[105]. Darin sei die »alte antireligiöse Auffassung« der Partei unter anderem mit Lenin-Zitaten erneut festgeschrieben. Zwar habe Lenin »aus taktischen Gründen« eine gewisse Toleranz gegenüber religiösen Überzeugungen von Arbeitern vertreten. Zugleich aber habe er ausgesprochen, dass »ein der bolschewistischen Partei angehörender Geistlicher unbedingt ausgeschlossen« werden müsse, wenn er »als seine wichtigste und fast ausschließliche Arbeit eine aktive Propaganda religiöser Anschauungen in der Partei betreiben« wolle.[106]

Emil Fuchs richtete im Bundesorgan ein »Abschiedswort an unseren Genossen Eckert«, das mit der Feststellung beginnt: »Wir müssen scheiden. Eine tiefe Kluft tut sich zwischen uns auf nach dieser guten und starken Kampfgenossenschaft vieler schwerer Jahre. Du gehst einen Weg, den wir anderen nicht mit Dir gehen können, obwohl wir Dich nach wie vor lieben auch auf diesem Weg.«[107] Es seien »tiefgehende Überzeugungen«, die es dem Bund unmöglich machten, den Weg der KPD für richtig zu halten. »Es ist vor allen Dingen die Überschätzung der Gewalt, die es uns als Christen unmöglich macht, mit Dir zu gehen.« Bei den Differenzen zwischen Eckert und dem Bund handele es sich um Probleme, die »nicht aus Charakterschwäche, Feigheit oder Verrätergesinnung, sondern aus der Notwendigkeit der Lage des Proletariats verschieden gesehen werden müssen – ja müssen.« Es wäre großartig gewesen, »wenn wir Dich im Bund und an einer der führenden Stellen im Bund hätten behalten können.«

Zum Schluss bat er Eckert: »Lass es ein sachliches Ringen um die Fragen sein, um den richtigen Weg des Proletariats, und lass es ein Ringen sein in der tiefsten Freundschaft, die dann am festesten steht, wenn man am schärfsten miteinander kämpft.« Ziel des gemeinsamen Kampfes müsse die »Einigung des Proletariats« sein. Hoffnungsvoll grüße er Eckert »in der Verbundenheit, die nicht zerstört werden kann«.[108] Und in der Tat: diese Verbundenheit zwischen Eckert und Fuchs hatte Bestand.[109]

Am 23. Dezember 1931 legte Kappes noch einmal seine Position gegenüber Eckert dar und nahm – auf Drängen von Heinrich Dietrich – sowohl zum Telefonat zwischen Kappes und Remmele am 2. Oktober, das zur ominösen Notiz in der »Volksstimme« (»Wie wir aus sicherer Quelle hören...«) geführt hatte, als auch zum umstrittenen Protokoll der Vorstandssitzung vom 18. November 1931 aufklärend Stellung. Er plädierte dafür, dass es sich bei einem Teil des so hitzig und verhängnisvoll geführten Zeitungskrieges der letzten zehn Tage um »*Missverständnisse*« handelte. »Da ich selbst in Stuttgart das Protokoll geführt habe, meine Notizen dann Göring zur definitiven Formulierung gab, war ich wohl befugt, zu erklären, dass *unser Wille, erst nach Rücksprache mit Dir definitive Lösungen zu schaffen (und bis Ende Dezember 1931 mit Übergangsregelungen vorlieb zu nehmen)*, in Stuttgart deutlich zum Ausdruck gekommen war.«[110] Doch diese Klarstellung kam zu spät, da Eckert unmittelbar nach seiner Rückkehr aus der Sowjetunion noch auf dem Bahnhof in Berlin vom 1. Bundesvorsitzenden selbst mit vollendeten Tatsachen, nicht mit einer Absichtserklärung, konfrontiert worden war.

»Aus unserem dialektischen Marxismus« bestritt Kappes die Richtigkeit der von Eckert nach seinem Übertritt eingenommenen Positionen. »Für uns ist, solange die Kirchen da sind, und so lange um einen Einfluss in diesen Kirchen mit Hilfe der in diesen Kirchen befindlichen Sozialisten und aufgrund der aktuell aufgefassten Botschaft des Evangeliums gekämpft werden kann, die Fortsetzung des bisherigen Weges unseres Bundes gegeben.« Auf dem Hintergrund des kompromisslosen Austritts Eckerts aus der Kirche und dem Bund hoffte Kappes, dass dieser in der KPD nicht dadurch seine »Sporen« verdienen müsse, indem er den Bund zu zerstören trachte. Die Unterstellung, dass Eckert seine Linientreue durch Austritt aus der Kirche und Bekämpfung des Bundes der religiösen Sozialisten zu beweisen suchte, wäre Eckert sicher entschieden entgegengetreten. Objektiv gilt jedoch: »Der Kirchenaustritt Eckerts hat seine Tätigkeit in der KPD gewiss erleichtert.«[111]

Erwin Eckerts Antwort vom 31. Dezember 1931 beklagte die »Voreiligkeit, Einseitigkeit, Ängstlichkeit und Parteiabhängigkeit« seiner Bundesfreunde. Die menschlichen Beziehungen auch zu Kappes seien »durch diese letzten Wochen und Monate so stark erschüttert, dass ich im Augenblick davon überzeugt bin, überhaupt keinen Freund unter Euch zu besitzen.«[112] So verständlich diese Enttäuschung war, so ungerecht war sie, gerade gegenüber Kappes.[113]

In Übereinstimmung mit allen zuvor abgegebenen öffentlichen Erklärungen wiederholte Eckert gegenüber Kappes abschließend die Versicherung, dass sein Beitritt zur KPD an seinem christlichen Glauben »nicht das Geringste geändert«[114] habe. Von einer »Ablösung der Religion [...] durch den wissenschaftlichen Sozialismus« kann – entgegen der geweckten Eindrücke durch früher eingenommene Interpretationen – keine Rede sein.[115] Was sich im Prozess der Entwicklung Eckerts vom »Pfarrer zum Arbeiterführer«[116], seiner durch Politisierung sich vollziehenden Entfernung vom religiös-sozialistischen Rekrutierungsfeld ergab, war nicht die Preisgabe seines Glaubens, sondern die Hinwendung zum nicht mehr kirchlich orientierten klassenbewussten Proletariats, ein Tatbestand, der sich auch in seiner Sprache niederschlug. Aus dem Kirchentribun war der Volkstribun, Sprecher von proletarischen Klasseninteressen außerhalb der Kirche, geworden. Die KPD tritt dabei »als konsequentester Gegenpol der Machtzentren in den Blick, gegen welche Eckert unterlag; sie ist eine ›Alternative‹ zur Sozialdemokratie, wird aber nicht als eigener ideologischer und politischer Faktor klar.«[117]

Angesichts des in der KPD weit verbreiteten »Ökonomismus«[118], ihrer Abhängigkeit von der Sowjetunion und ihrer Unfähigkeit, antifaschistische Bündnispolitik hegemonial durchzusetzen, blieben Enttäuschungen und Niederlagen nicht aus. Nach dem Scheitern seines Konzepts der Zusammenführung von christlich denkenden mit nicht- oder antichristlich denkenden Teilen der Arbeitnehmerklasse zog Eckerts Politisierung zwar einen Rückzug »vom Kampfplatz des Religiösen«[119] nach sich. Seinen christlichen Glauben aber bewahrte sich der Kommunist Eckert bis zum Ende seines Lebens.[120]

Für ihn stand fest, dass Religion nicht nur dort ist, wo man über Religiöses redet. Er war davon überzeugt, mit seinem Übertritt in die KPD »vielleicht mehr Gottesdienst« zu tun als durch Reden über Gott. »Glauben Sie denn«, so hatte Eckert in Stuttgart vor Tausenden ausgerufen, »dass Religion überall da ist, wo man davon redet? Glauben Sie denn, dass wirklich überall da, wo im Namen Gottes etwas verlangt wird, Gott etwas verlangt?« Nie sei der Glaube an Gott »schlimmer missbraucht worden zu menschlichen Zwecken als in einer Zeit, in der der Faschismus behauptet, dass er im Namen Gottes die Welt vom Bolschewismus befreien müsse.«[121] Für ihn sei deswegen »die Periode des Schweigens über diese letzten Dinge gekommen, des Hinhorchens und Begreifenwollens der Anfänge eines neuen Lebens in den vorwärtsdrängenden Energien des Proletariats«.[122] Einmal jedoch, so der christliche Kommunist Eckert, müsse darüber »Klarheit geschaffen werden, ob die Kirche Christi«, die davon lebt, dass in Christus die Kräfte der Liebe und der Güte und der Barmherzigkeit und des Friedens lebendig« geworden sind, »diese zusammengehörenden großen, gewaltigen Bewegungen (Christentum und Kommunismus, FMB) auseinanderreißt und auseinanderhalten will.«[123]

Die Frage, ob politische Theorie und Praxis im Interesse der Mühseligen und Beladenen in doppelter Konsequenz von Theologie und Kirche wegführen *müssen*[124], sowohl mit theoretischer Stringenz als auch durch die Zwangsgewalt der mit den herrschenden Klassen paktierenden herrschenden Kirche, ist noch offen.

Dissens um die Reichspräsidentenwahl 1932

Was es bedeutete, dass sich die Wege Eckerts und des BRSD getrennt hatten, wird schlaglichtartig deutlich, wenn ihre gegensätzlichen Einstellungen zur Wahl Hindenburgs als Reichspräsident im März/April 1932 beleuchtet werden. Während Eckert mit der, wie sich erweisen sollte, absolut richtigen Parole »Wer Hindenburg wählt, wählt Hitler. Wer Hitler wählt, wählt den Krieg« gegen Hindenburg auftrat, erschien im Bundesorgan ein Appell des Bundes, den Beschlüssen des SPD-Parteivorstandes zu folgen und für Hindenburg zu votieren.[125]

In der Erklärung, die von Bernhard Göring und Emil Fuchs unterzeichnet war, hieß es: »Hitler als Reichspräsident bedeutet Beseitigung von Demokratie und Verfassung, Errichtung des faschistischen Staates, Beseitigung aller Voraussetzungen für den Wiederaufstieg der Arbeiterklasse.« Die Unterzeichner klammerten sich an die bald widerlegte Hoffnung, dass mit Hindenburg »ein Mann an der Spitze des Volkes steht, der gezeigt hat, dass ihm die Reichsverfassung und Republik nicht Worte, sondern Werte sind.«[126] In einer weiteren, nicht näher gekennzeichneten Erklärung »Die Grundlagen des Christentums sind in Gefahr« hieß es u. a.: »dass *in Hindenburg sich wirkliches Christentum der Tat im Sinne der Botschaft Jesu verkörpert*, während Hitler unter das Wort Christi fällt: Hütet Euch vor den falschen Propheten, die in Schafskleidern zu euch kommen, inwendig aber sind sie reißende Wölfe.«[127] Bei diesem Dokument des hilflosen Antifaschismus und der Fürsprache für den Militaristen und späteren Verantwortlichen für die Ernennung Adolf Hitlers zum Reichskanzler wurde auch der sonst so hochgehaltene Pazifismus aufgegeben.

Hier kann die Wirkungsweise einer illusionären Wunschprojektion beobachtet werden, die sich sozusagen spiegelbildlich zu weitverbreiteten Zusammenbruchsillusionen verhält. Die Tatsache, dass in Krisenperioden – im Unterschied zu Ruhe- und Konjunkturperioden – Kapitalgewaltige und der Staatsapparat Normen des Verfassungsrechtes, der liberalen und sozialen Grundrechte und der parlamentarischen Demokratie zurückzudrängen bzw. aufzulösen versuchen, ist eine Sache. Dass in einer antagonistischen Gesellschaft von der Krise unmittelbar und schwer getroffene Massen aufgrund ihres Klassenbewusstseins den Ausweg aus der Krise des Kapitalismus durch Transformation in den Sozialismus anstreben, ist die andere Seite.[128]

Eckert selbst hatte auf der KPD-Versammlung am 9. Oktober 1931 in Karlsruhe zwar die Notwendigkeit betont, »aus der verwirrenden Fülle der Symptome des Zusammenbruchs die keimenden Anfänge eines Neuen herauszufinden«[129#]. Er hatte erkannt, dass »das, was [...] von den wirtschaftlich und politisch Maßgebenden« [...] versucht werde, »nicht in die Zukunft, nicht ins Freie, nicht zu seiner Überwindung der gegenwärtigen Krisis führen« könne. Es diene stattdessen dazu, »auf dem Wege der Notverordnung unter Ausschaltung des Parlaments in der Demokratie« den sich konzentrierenden Privatkapitalismus »mit politischer Gewalt durchzusetzen«.[130] Gleichzeitig aber hatte Eckert darauf hingewiesen, dass es »niemals eine ausweglose Situation für den Kapitalismus geben«[131] werde, wenn nicht »das geeinte Proletariat, die überwältigende Mehrheit, die ungeheure Mehrheit in jedem Volk, den Nutznießern der bestehenden Wirtschaftsordnung ein Nein entgegensetzt«.

Der bloße Glaube an die Gesetzmäßigkeit einer solchen Transformation reiche nicht aus. »Wir Kommunisten [...] sind nicht der Überzeugung, dass die Weltrevolution übermorgen ausbricht, wir wissen sehr wohl, dass wir mit einer Periode zu rechnen haben – *wie lange sie ist, kann kein Mensch wissen* –, in der der Kapitalismus mit allen Mitteln versuchen wird, sich an der Macht zu halten«. »Unterschätzen wir doch ja nicht die Macht des Kapitalismus! Das Gefährlichste für die proletarische Bewegung ist, in Selbstüberschätzung die Macht der gegnerischen Kräfte zu unterschätzen. Die Reserven des Kapitalismus sind in der Welt riesengroß. Der Lebenswille in der kapitalistischen Welt für dieses System ist unheimlich. Man gibt nicht gerne etwas her, was man hat, selbst wenn es sittlich so deutlich ist, dass dieses Haben für andere längst zu einem Vorenthalten, ja, man kann sagen, zu einem Diebstahl an dem, was allen gehört, geworden ist.«[132]

Eindringlich warnte Eckert seine Zuhörer: »Täuschen wir uns nicht: Wir werden nicht übermorgen mit der Revolution beginnen. Man stelle sich die Revolution bloß nicht so vor, so romantisch, wie wenn das in wenigen Tagen getan wäre mit etwas Tamtam, etwas Geknatter und etwas Maschinengewehr. Oh nein, Revolution heißt Umgestaltung, Umkrempelung der ganzen Welt, des ganzen Systems, der ganzen Gesellschaft, und *das ist ein ungeheuer schwieriger und langwieriger Prozess.*«[133] Eckert hatte jedoch den »tiefen Wunsch«, »dass die proletarische Revolution, die die neue Gemeinschaft zum Ziele hat und erreichen will, errungen und erzwungen wird, ohne dass viele Menschen, Hekatomben von Menschen ihr Leben lassen müssen.« Die »neue Einheitsfront all derer, die unter der gegenwärtigen Wirtschafts- und Gesellschaftsordnung leiden«, müsse so deutlich und einheitlich hergestellt werden, »dass den anderen schon der Mut vergeht, überhaupt an einen Bürgerkrieg zu denken.«[134]

Unter Eckerts Vorsitz im BRSD und seiner Schriftleitung des Bundesorgans wäre die Vorstellung und Aussage über Hindenburg als Verkörperung »wirklichen Christentums der Tat im Sinne der Botschaft Jesu« undenkbar gewesen. Die Versuche Eckerts, innerhalb des Bundes eine kritische Distanz gegenüber der Politik des SPD-Parteivorstandes im Sinne linker Opposition und antifaschistischer Einheitsfront von unten herbeizuführen, waren gescheitert. Der Bundesvorstand hatte sich weitgehend an die verhängnisvolle Abwarte- und Stillhaltepolitik der SPD angepasst. Die Fixierung der SPD auf Wahlen, auf Regierungsbeteiligung oder zumindest auf Tolerierung ungeliebter Präsidialdiktaturen, um »größeres Übel« vermeintlich zu vermeiden, und – nach dem Papen-Staatsstreich in Preußen – auf Gerichte und höchstrichterliche Entscheidungen führte zum Verlust des Selbstbewusstseins orientierungssuchender Massen. Außerparlamentarische Aktionen sollten unter allen Umständen – auch nach dem 20. Juli 1932 und dem 30. Januar 1933 trotz entsprechender Aktionsangebote der KPD – vermieden werden. Was 1920 noch beim Kapp-Putsch und 1926 beim Volksentscheid für die Fürstenenteignung möglich gewesen war, wurde nicht mehr als Chance – zur Verhinderung des Faschismus – ergriffen. Am Ende stand die verheerende Niederlage der demokratischen Bewegung, die SPD eingeschlossen.

Gewiss hatte der BRSD auch schon zu Eckerts Zeiten »für Sozialisten aller Richtungen unter weitherziger Auslegung des Begriffs Sozialismus offen«[135] gestanden. Eckerts Versuche, wie im Falle Hans Müller, »Klarheit« notfalls auch durch Ausschluss aus dem BRSD zu schaffen, waren vergeblich gewesen. Aber nunmehr war der BRSD »zu einer harmlosen SPD-Filiale mit ›religiöser‹ Verbrämung«, zu einer »kleinbürgerlich orientierte(n), sozialistisch firmierte(n), kirchenzahme(n) Sekte« geworden[136], so wie Eckert befürchtet hatte. Hatte Paul Piechowski nicht recht, als er auf der Bundesausschusssitzung am 3. April 1932 in Frankfurt/Main erklärte, dass der »Religiöse Sozialist« »in seiner neuen Haltung einseitig SPD, schwächlich und unproletarisch« sei?[137] Sein Antrag nach einem »zweiten Schriftleiter aus dem Lager der in der Opposition stehenden Minderheit« wurde einstimmig bei einer Enthaltung (Pfarrer Ernst Quack, Stockstadt) abgelehnt.[138] Deutlicher konnte der Kurswechsel des BRSD wohl nicht zum Ausdruck gebracht werden.

Im 2. Wahlgang zur Reichspräsidentenwahl am 10. April 1932 ereichte Hindenburg 19,4 Millionen Wähler. Das waren, da Hitler nur auf 13,4 Millionen und Thälmann als Kandidat der KPD auf 3,7 Millionen kam, 53 % der abgegebenen Stimmen. Der Sieg Hindenburgs signalisierte einen weiteren Rechtsruck in Deutschland, und der Richtungswechsel des BRSD stellte sowohl Ausdruck als auch Bestandteil der Rechtsentwicklung der Weimarer Republik dar.

In einem humorvollen wie klar pointierten Rückblick schrieb Emil Fuchs später in seiner Autobiografie über seine Unterstützung des Kandidaten Hindenburg: Im Gefängnis und angeklagt wegen »Beleidigung der Reichsregierung« habe ihn 1933 ein Wachtmeister gefragt »Warum sind Sie hier?« Er habe geantwortet: »Weil ich zwanzig Wahlreden für Hindenburg gehalten habe«. »Dann geschieht es Ihnen recht«, sei der Kommentar des Wachtmeisters gewesen. Fuchs fährt in seiner Autobiografie fort: »Ich hatte ja als gehorsames Mitglied der SPD schließlich auch in diesem Falle mitgearbeitet, obwohl ich voller Sorge um diese Entscheidung war. Aber man dachte immer, die SPD müsste eben gerade jetzt einig bleiben. So fügte man sich, hoffte man doch, Hitler draußen zu halten.«[139] Bei aller nachträglichen Selbstkritik blieb sein Festhalten am Einheitsfrontdenken und an der Vorstellung, im Interesse von Demokratie und Sozialismus eine »Brücke« zwischen den großen Arbeiterparteien und zwischen Religion und Sozialismus bauen zu wollen, erhalten.

Fazit

Auf den ersten Blick könnte der Eindruck entstehen, als handele es sich bei dem hier zuvor dokumentierten bundesinternen und öffentlichen Streit in erster Linie um eine Auseinandersetzung zwischen einzelnen Personen, um »Theologen- und Parteiengezänk«. Das war es sicherlich auch. Aber nicht nur subjektive Faktoren einzelner Personen standen gegeneinander. In diesem geschichtlichen »Augenblick« der zweiten Hälfte des Jahres 1931 ging es um die Frage, ob es auf dem Hintergrund allgemeiner Prozesse am Ende der Weimarer Republik den unterschiedlichen politischen und geistigen Kontrahenten innerhalb und außerhalb des BRSD gelingen konnte, sich über Trennendes hinwegzusetzen und die Voraussetzungen für ein gemeinsames Vorgehen gegen den Faschismus und Krieg zu verbessern. Am Ende des Ringens um den besten Weg, Faschismus und Krieg zu verhindern und dem Bund im Kampf der Arbeiterparteien und aller anderen antifaschistischen Kräfte eine angemessene Rolle zuzuweisen stand die Niederlage des 30. Januar 1933. Für die religiösen Sozialisten bedeutete dies: Die »historische Kluft zwischen Protestantismus und Arbeiterbewegung« war, auch auf Grund der spezifisch deutschen Geschichte anders als in anderen Ländern wie z. B. Großbritannien[140], »größer als die Kräfte der religiösen Sozialisten zum Brückenschlag«.[141] »Da die Führungseliten des kirchlichen Protestantismus parteipolitisch in der DNVP zu Hause waren, zeigt sich der Einfluss dieser antirepublikanischen, antidemokratischen, antisozialistischen und antisemitischen Partei im Raum der evangelischen Kirche überdeutlich.«[142] Linksliberale und religiös-sozialistische Gegenströmungen blieben dagegen marginal.

Von den Kirchenbehörden wurden religiös-sozialistische Pfarrer – nicht nur die Pfarrer Erwin Eckert und Emil Fuchs – diszipliniert, von den Arbeiterorganisationen wurden die religiösen Sozialisten als kirchliche Ideologen angegriffen oder instrumentalisiert. Die SPD-Führung versuchte den Bund auf ihre Tolerierungspolitik zu verpflichten, in der Wahrnehmung der Kommunisten war der Bund bestenfalls »eine rein bürgerliche Angelegenheit«.[143] Eckert selbst schloss sich dieser Betrachtungsweise an, als er *nach seinem Austritt aus dem BRSD erklärte*, dieser sei »eher eine Hemmung für den revolutionären Klassenkampf als eine Hilfe zur Vorbereitung des Sozialismus«.[144] Das Scheitern des Bundes war nicht zuletzt »Resultat der verhängnisvollen Spaltung der Arbeiterbewegung.«[145]

Die Hoffnung des bayerischen Landesvorsitzenden von Falkenhausen, der proletarische, klassenkämpferische Charakter des Bundes könne auch ohne Eckert gestärkt werden, erwies sich als irrig. An der Schwächung des revolutionär-proletarischen Flügels innerhalb des Bundes durch das Herausdrängen seines exponiertesten Vertreters kann nicht der geringste Zweifel bestehen. Die Organisationsstruktur des Bundes war jedoch »zu locker und zu schwach, als dass sich die breite Unterstützung, die Eckert an der Basis zweifellos fand, organisatorisch bis in den Reichsvorstand hätte kombinieren lassen.«[146] Die Informationspolitik der Verantwortlichen für das Bundesorgan trug das Ihre dazu bei.

»SPD-Machenschaften« bei der Entmachtung Eckerts müssen nicht, wie Ulrich Peter[147] nahe legt, von Historikern erfunden werden. Treibende Kraft der Vertreibung Eckerts aus dem Bund der religiösen Sozialisten war der 2. Bundesvorsitzende und Gewerkschaftsbeamte des AfA-Bundes, Bernhard Göring, der nach dem Ausschluss Eckerts aus der SPD zum Bundesvorsitzenden avancierte. Unterstützt wurde er dabei durch den badischen Landesvorsitzenden und SPD-Kreistagsabgeordneten Heinrich Dietrich, der spätestens seit Eckerts Pfarrtätigkeit in Mannheim im Jahre 1927 und seiner Entwicklung vom Pfarrer zum Arbeiterführer im Schatten Eckerts gestanden hatte. Der württembergische Landesvorsitzende Pfarrer Gotthilf Schenkel, der Eckert in der Schriftleitung des Bundesorgans ablöste, nutzte seine Chance als langjähriger Gegenspieler ebenso. Peters psychologisierende Interpretation, wonach Eckert sich wie ein enttäuschter Vater aufgeführt habe, der, nachdem er den Bund mit aufgebaut habe, ihn nun mutwillig zerstöre, greift entschieden zu kurz.[148]

Emil Blum, ein des »Radikalismus« unverdächtiger Zeitzeuge[149], hatte den Eindruck, dass der Bund den Austritt Eckerts hätte vermeiden können und »seinerseits ebenso versagt hat wie die Kirche«. Emil Blum stand mit seiner Überzeugung nicht allein, wenn er formulierte, der Bund »hätte ihn nicht völlig aus der Schriftleitung verdrängen dürfen und ihm den 2. Vorsitz lassen müssen.«[150]

Eckerts Isolierung war jedoch nicht allein das Werk, so urteilt Kurt Nowak, des »von SPD-Funktionären beherrschten Bundesvorstandes«.[151] Eckert scheitert bei seinen Versuchen, den Bund in eine noch zu schaffende antifaschistische Aktionseinheit einzubringen, auch an seiner Unfähigkeit, die Kräfteverhältnisse innerhalb und außerhalb des Bundes angemessen einzuschätzen. Mit der Abwendung von der rechtssozialdemokratischen Linie seiner Partei trat er in das Kraftfeld einer zumeist linkssektiererischen KPD, die zur Hegemonie in der Schaffung eines antifaschistischen Bündnisses nicht in der Lage war.

Auch eine gewisse Maßlosigkeit[152] Eckerts kann nicht übersehen werden. Er überschätzte trotz aller – oder gerade wegen seiner unbestreitbaren – Wirkung, die ihn persönlich als Kirchen- und Volkstribun des arbeitenden Volkes auszeichnete, die Geschichtsmächtigkeit eines Einzelnen, auch die seiner eigenen Person. Zugleich unterschätzte er die Langlebigkeit von bürgerlicher Gesellschaft und Kirche, die er in der tiefen Krise des »Weltimperialismus« am Ende der Weimarer Republik unmittelbar dem Untergang geweiht sah. Zu Eckerts Maßlosigkeit gehörte auch seine von Heinz Kappes kritisierte und sich in der Krise steigernde Neigung des »Alles oder nichts«. Autoritäre Züge hafteten seiner Persönlichkeit mit ihrem ausgeprägten Selbstbewusstsein durchaus an. Bei seiner Neigung, das eigene, zweifellos überragende Urteilsvermögen absolut zu setzen, hatten es die anderen Mitglieder von Leitungsorganen durchaus schwer, gemeinsame Linien und Perspektiven festzulegen.

Doch so sehr Momente der »bio-psychosozialen Einheit Mensch«[153] auf allen Seiten eine Rolle spielten, entscheidend war folgender Zusammenhang: Eckert wollte die Abschottung der kirchlichen Massenbasis, soweit sie überhaupt noch religiös aktiv war, gegen die demokratische und konsequent marxistische Bewegung der Weimarer Republik durchbrechen. Als Bundesvorsitzender begriff er die Kirche als Rekrutierungsfeld seiner politischen Arbeit und bemühte sich darum, die Vereinnahmung der Christen für reaktionäre Interessen, die nach seiner Auffassung religiös nicht zu legitimieren war, aufzuheben. Am Ende kapitulierte er vor der Übermacht der sich nach rechts verschiebenden Kräfte in der Kirche und vor der Unterwerfung der Mehrheit des Bundesvorstandes unter die rechtssozialdemokratische Tolerierungspolitik der SPD.

Von der Kirche diszipliniert und schließlich aus seinem Pfarramt entfernt, innerhalb des BRSD isoliert, verließ er Kirche und Bund, ohne seine Überzeugung von der Vereinbarkeit von christlichem Glauben mit dem Marxismus preiszugeben. »Isolation und Austritt mussten notwendig erscheinen, solange aufgrund der kirchlichen Machtverhältnisse, aber wohl auch der ungenügenden Entfaltung der Bündnispolitik der Kommunistischen Partei in diesem Bereich seine Position nicht innerverbandlich abgestützt werden konnte.«[154]

Der von Eckert totgesagte Bund der religiösen Sozialisten überlebte in mutierter Form die Polarisierung, welche die tiefe Krise von Gesellschaft und Kirche am Ende der Weimarer Republik ausgelöst hatte. Bei den Badischen Kirchenwahlen am 10. Juli 1932 erzielte die aufgestellte Liste der religiösen Sozialisten 30.482 oder 14,2 % der Stimmen. In Kirchenbezirk Mannheim waren es 5.482 abgegebene Stimmen oder 26,3 %. Gegenüber den Wahlergebnissen der Kirchenwahl von 1926 bedeutete dies zwar einen prozentualen Gleichstand. Angesichts der ab 1926 stark im Aufstieg begriffenen Bewegung der religiösen Sozialisten kam dieses Ergebnis einem deutlichen Rückschlag gleich. Einer der beiden Pfarrer der Trinitatisgemeinde in Mannheim wurde 1933 der Spitzenkandidat der »Deutschen Christen« bzw. »Evangelischen Nationalsozialisten« bei den Kirchenwahlen 1932, Pfarrer Kiefer[155], dessen Liste »Kirchliche Vereinigung für positives Christentum und deutsches Volkstum« die religiösen Sozialisten im Wahlbezirk Mannheim mit 9.056 Stimmen überflügelt hatte.[156]

Für Emil Fuchs und Erwin Eckert gilt trotz aller Fehlurteile und Niederlagen, dass sie als Jahrhundertgestalten ebenso wie Christoph Blumhardt die Kraft gefunden haben, die politischen Optionen ihrer Landeskirchen zu durchbrechen: Es gelang ihnen, von Karl Marx und Friedrich Engels und durch ihre Nähe zum Alltagsleben der »Mühseligen und Beladenen« ökonomisches und historisches Denken zu lernen, um dadurch Sozialdemokraten und Kommunisten, und nicht etwa Revisionisten und Linksopportunisten zu werden, ohne ihren Glauben aufzugeben.

Die Mehrheit der »religiösen Sozialisten« blieb im Laufe der sich zuspitzenden ökonomischen und politischen Endphase der Weimarer Republik, einem Polarisierungsprozess ohnegleichen, in »nur« pazifistischen oder doch rechtssozialdemokratisch-reformistischen Positionen stecken. Sie vermochten die große Krise und deren Alternativen nicht zu durchschauen. »[...] als dann die Spitze der Sozialdemokratie erst vor den Forderungen des Kapitals an Hermann Müller und dann vor Brüning und seiner Preisgabe des demokratischen Rechtsstaats der Weimarer Verfassung immer wieder kapitulierte«[157], waren Eckert und Fuchs »bei den politischen und menschlichen Haltungen geblieben, die sie bei ihrer Hinwendung zum Sozialismus eingenommen hatten.«[158]

Emil Fuchs blieb konsequenter Pazifist. Er hielt an dem Standpunkt »der radikalen, revolutionären Gewaltlosigkeit, die sich nicht vom Bürgertum bereden lässt und deren Ideologie annimmt«, fest.[159] Erwin Eckert seinerseits zog auf dem Tiefpunkt der kapitalistischen Weltwirtschaftskrise die Folgerung, »dass die Arbeiterklasse revolutionäre Aktionen beginnen müsse, um dann in die KPD einzutreten (und dadurch das Pfarramt zu verlieren)«[160].

Beide hörten nicht auf, ihr Denken auf das Evangelium zu gründen. »Sogar die meistens so dogmatische KPD wurde nun bereit, das hinzunehmen und ausdrücklich anzuerkennen, dass Eckerts Bekenntnis zum christlichen Glauben seiner Mitgliedschaft in ihrer ›leninistischen‹ Partei nicht entgegenstehe.«[161] Zweifellos war es für Eckert und Fuchs schwer, »das Problem des politischen Kampfes der Arbeiternehmerklasse für Menschenrechte und Frieden zu erkennen und sich in diesem Kampf für Sozialismus und Humanität einzureihen.« Es sind aber nicht nur ihre in den sozialen und politischen Auseinandersetzungen erworbenen Erkenntnisse, sondern ihr christlicher Glaube, der ihnen und ihren Freunden die Stärke gab, gegen »Anfechtungen in Richtung auf Unterwerfung und Kompromiss standzuhalten«.[162]

Die von Eckert und Fuchs geteilte Hoffnung, der Sozialismus in der real existierenden bzw. in der erst noch zu realisierenden Gestalt werde als Sieger über den Kapitalismus hervorgehen und das Schicksal der Menschheit für immer bestimmen, erwies sich vorerst als vergeblich, ohne dass seine Gegner für sich beanspruchen könnten, nun ihrerseits die Ideale der Menschlichkeit, des Friedens und der Demokratie realisiert zu haben. Im Gegenteil: Die Unterwerfung vorwiegend bürgerlicher und kleinbürgerlicher Schichten unter das Selbsterhaltungs- und Expansionsstreben des großen Kapitals hat die Welt 1933 (und durchaus nicht nur zu diesem Zeitpunkt) in bis dahin unvorstellbare Formen der Barbarei gestürzt. Mit dem Untergang des Sozialismus in der bisher existierenden Gestalt ist ein Ende der Geschichte und des Ringens um Freiheit und Sozialismus nicht eingeläutet. Der Marxismus als wissenschaftliche Methode zur Analyse der Bewegungsabläufe von Gesellschaft und Geschichte ist entgegen der Hoffnung der »Marx-ist-tot-Erklärer« nicht dort gelandet, wo ihn seine Gegner gerne hätten, nämlich im »Britischen Museum«. Sie ist nach wie vor geeignet, auch eigene Fehler und Niederlagen sowie die daraus zu ziehenden Konsequenzen für die Zukunft zu analysieren. Der biblische Satz: »Prüfet alles, das Gute aber behaltet« kann auch hier fruchtbar gemacht werden. Vor Rechthaberei und Irrtum kann die Erkenntnis schützen, dass auch »falsche« Leute gelegentlich »Richtiges« zu sagen haben und »richtige« Leute vor »Falschem« nicht gefeit sind.

»Nur jenes Erinnern (hier: an das Scheitern der christlichen Linken durch ihre Zerreibung im Interaktionsfeld der Arbeiterparteien am Ende der Weimarer Republik, FMB) ist fruchtbar, das zugleich erinnert, was noch zu tun ist«, ließ uns Ernst Bloch wissen. Das in diesem Zusammenhang ebenfalls erforderliche gründliche Nachdenken über das Verhältnis von Religion und Sozialismus steht immer noch aus.

Anmerkungen

1 Siehe Herbert Trebs: Der »November-Sozialismus« des Kreises um die Zeitschrift »Die Christliche Welt«. In: Novemberrevolution 1918. Lehre und Verpflichtung. Berlin 1968, S. 35-54. Klaus Scholder vermutete für die Jahreswende 1918/19 sogar ein Kräftegleichgewicht zwischen denen, die eine wirkliche Erneuerung von Kirche und Gesellschaft wollten, und denen, die alles beim Alten lassen wollten. (Klaus Scholder: Die Kirchen und das Dritte Reich. Bd. 1: Vorgeschichte und Zeit der Illusionen 1918-1934, Frankfurt/Main 1977, S. 12.) Siehe auch Jan Rehmann: Kirchen im NS-Staat. Untersuchung zur Interaktion ideologischer Mächte. Mit einem Vorwort von W. F. Haug, Berlin 1986, S. 25 f.
2 Jan Rehmann: Kirchen im NS-Staat, a.a.O., S. 28.
3 Siehe die Übersichtsdarstellungen: Ulrich Schüren: Der Volksentscheid zur Fürstenenteignung 1926, Düsseldorf 1978; Thomas Kluck: Protestantismus und Protest in der Weimarer Republik. Die Auseinandersetzungen um Fürstenenteignung und Aufwendung im Spiegel des deutschen Protestantismus, Frankfurt/Main [u.a.] 1996. Zur spezifischen Rolle der religiösen Sozialisten siehe Friedrich-Martin Balzer: Die religiösen Sozialisten an der Seite von SPD und KPD für die entschädigungslose Fürstenenteignung 1925/26. In: Klassengegensätze in der Kirche. Erwin Eckert und der Bund der Religiösen Sozialisten, Köln 1973, 3. unveränderte Auflage Bonn 1993, S. 109-146. Walter Bredendiek: Fürstenenteignung und Protestantismus. In: Standpunkt, Evangelische Monatsschrift, (Union Ver-

lag) Berlin, 12/1976, S. 318-321, 1/1977, S. 16-20, 2/1977, S. 52-53.
4   Friedrich Engels: Brief an Joseph Bloch vom 21.09.1890. In: Karl Marx/Friedrich Engels, Werke, Berlin 1955 ff. (MEW), Bd. 37, S. 464.
5   Siehe Friedrich-Martin Balzer/Karl Ulrich Schnell: Der Fall Erwin Eckert. Zum Verhältnis von Protestantismus und Faschismus am Ende der Weimarer Republik, (zuerst erschienen 1987), Bonn 2. Aufl., 1993.
6   Vgl. Hans Prolingheuer: Der Fall Karl Barth. 1934-1935. Chronographie einer Vertreibung, Neukirchen-Vluyn 1977. Eine umfängliche Quellenedition unter dem Arbeitstitel »Die Besten müssen springen in den Riss der Zeit«. Religion und Sozialismus. Chronographie der Vertreibung des Mannheimer Pfarrers Erwin Eckert aus der Sozialdemokratie, der Kirche und dem »Bund der religiösen Sozialisten Deutschlands« (1930/31) ist in Vorbereitung. Eine differenzierte und umfassende Darstellung des »Bundes« vom Januar 1932 bis zu seiner Auflösung im März 1933 steht noch aus.
7   Zit. nach Rundbrief Nr. 25. In: Sammlung Pfarrer Kappes (künftig SPK), Generalia 1931, S. 137-147. Die meisten der hier anschließend aufgeführten Kopien stammen aus dieser für die wissenschaftliche Aufarbeitung wertvollen und unverzichtbaren Sammlung.
8   Zit. nach: Rundbrief Nr. 25, a.a.O.
9   Heinz Kappes an Fritz Schloss vom 1.10.1931. In: Privatarchiv Erwin Eckert (künftig PAE).
10 Rundbrief Nr. 25, a.a.O.
11 Ebenda.
12 Erwin Eckert: Die Woche. In: Der Religiöse Sozialist, (künftig RS) 13. Jg., (1931), Nr. 35 vom 30.08.1931, S. 150. Erst drei Monate später wurden die »Wochenberichte« von Emil Fuchs wieder aufgenommen.
13 Wolfgang Abendroth sprach von der »sich ab Sommer 1931 rasch vertiefende(n) Krise« des Monopolkapitalismus. In: Wolfgang Abendroth: Einführung in die Geschichte der Arbeiterbewegung. Von den Anfängen bis 1933. Vorlesungen [an der Akademie der Arbeit in Frankfurt/Main] bearbeitet von Heinz-Gerd Hofschen. Redaktion: Gert Meyer, Dritte, durchgesehene Auflage 1997, S. 259.
14 »Streng vertraulicher« Polizeibericht der Abt. II des Württembergischen Landeskriminalpolizeiamtes an den badischen Oberkirchenrat vom 24.8.1931. Kopie in PAE.
15 Ebenda.
16 Zu den verbandsinternen Auseinandersetzungen im Vorfeld der Bundesvorstandssitzung in Frankfurt siehe Friedrich-Martin Balzer: Klassengegensätze in der Kirche, a.a.O., S. 239-253.
17 Rundschreiben Nr. 26, abgeschickt am 14.09.1931. Alle nachfolgenden Zitate ebenda. Hervorhebungen FMB. In: PAE.
18 Was Eckert unter «Neutralisierung« der Freidenker in SPD und KPD verstand, hatte er in einem ausführlichen Aufsatz dargelegt. Siehe Erwin Eckert: »Es rettet uns kein höheres Wesen, kein Gott, kein Kaiser noch Tribun«. In: RS 1931, Nr. 20 vom 17.05.1931, S.20 f.
19 Siehe Mannheimer Volksstimme vom 03.10.1931 »Wie wir aus sicherer Quelle hören...«. In: Ebenda, S. 258. Die Zeitungsnotiz in der SPD-Presse ging zurück auf ein Telefongespräch, das Kappes mit Remmele am 02.10.1931 führte. Darin

teilte Kappes auf Nachfrage mit, dass »der Bundesvorstand eine politische Festlegung des Bundes etwa in der Richtung der Opposition wie überhaupt eine Politisierung des Bundes ablehnt und sich auch einmütig in Frankfurt gegen die [von Eckert] geplante Politisierung des Bundes erklärt« habe. »Was aus dieser Bemerkung weiter geworden ist, dafür trage ich keine Verantwortung. Sie ist gemacht worden, bevor Du zur KPD übergetreten warst und weder nach Sinn noch nach Wortlaut so, als ob unser Bund politisch auf die SPD festzulegen wäre«. Brief Kappes an Eckert vom 23.12.1931. Kopie in PAE.

20 Jan Rehmann weist zu Recht darauf hin, dass die Linksopposition um die Zeitschrift »Der Klassenkampf« auf dem Magdeburger Parteitag von 1929 noch bis zu 40 % der Delegiertenstimmen für ihre Anträge gewinnen konnte und bezeichnet den Ausschluss von Max Seydewitz und Kurt Rosenfeld als entscheidende Schwächung, ja Zerstörung des linken Flügels der Partei zum Zwecke der »innerparteilichen Absicherung ihrer Tolerierungspolitik gegenüber der Brüning-Regierung«. Jan Rehmann: Kirchen und NS-Staat, a.a.O., S. 30. Zu den Hintergründen des Ausschlusses des oppositionellen Flügels der SPD siehe Wolfgang Abendroth: Einführung in die Geschichte, a.a.O., S. 260-262.
21 Siehe Hanno Drechsler: Die Sozialistische Arbeiterpartei Deutschlands (SAPD). Ein Beitrag zur Geschichte der deutschen Arbeiterbewegung am Ende der Weimarer Republik, Meisenheim/Glan 1965.
22 Zit. nach: Volksstimme (Mannheim) vom 03.10.1931
23 Die Religiösen Sozialisten und Eckerts Ausschluss. In: Volkstimme (Mannheim) vom 03.10.1931. Hervorhebung im Original.
24 Schenkel an Kappes vom 03.10.1931. Kopie in PAE.
25 »Volksfreund« (Mannheim) vom 03.10.1931, S. 3.
26 Heinrich Harpuder in der »Volksstimme« (Mannheim) vom 03.10.1931.
27 »Freie Presse« (Pforzheim) Nr. 231 vom 05.10.1931, S.1.
28 »Vorwärts« (Berlin) vom 09.10.1931.
29 »Volksstimme« (Mannheim) Nr. 341 vom 19.12.1931.
30 »Süddeutsche Arbeiterzeitung« vom 06.10.1931.
31 »Volkstribüne« vom 10.10.1931.
32 »Süddeutsche Arbeiterzeitung« vom 10.10.1931.
33 »Arbeiterzeitung« Nr. 204 vom 07.12.1931.
34 »Religiöse ›Kommunisten‹. Die Kanone Pfarrer Eckert zur KPD übergetreten.« In: »Arbeiterpolitik« vom 07.10.1931; In der »Arbeiterpolitik« vom 9.10.1931 wurden die KPD-Mitglieder aufgefordert, auf die Aufnahme Eckerts »mit einem gewaltigen Proteststurm (zu) antworten«. »Lenins Lehre: Religion ist Opium für das Volk! Wird zum alten Eisen geworfen, die proletarischen Freidenker können sich jetzt bei der Evangelischen Kirche anmelden«. Zit. nach Michael Rudloff: Weltanschauungsorganisationen innerhalb der Arbeiterbewegung der Weimarer Republik, Frankfurt/Main 1991, a.a.O., S. 209. Jan Rehmann hat auf die gravierende Sinnentstellung der Marx'schen Formulierung »Religion ist Opium des Volkes« (MEW 1, 378) in »Religion ist Opium für das Volk« hingewiesen: »›Opium des Volkes‹ meint eine verschobene, imaginäre Form, in der das Volk sich ein Leben ohne Ausbeutung und Knechtschaft erträumt. Marx vergleicht die Religion mit den ›imaginären Blumen an der Kette‹ (MEW 1, 379) und interessiert sich für den im Religiösen eingeschriebenen ›Seufzer der bedrängten Kreatur‹ (ebd.,

378). In der Parole ›Religion ist Opium für's Volk‹ ist die ›Protestation gegen das wirkliche Elend‹ (ebd.) aus dem Religiösen getilgt. Ganz im Sinne der bürgerlich-aufklärerischen Priestertrugstheorie ist die Religion auf ein bloßes Manipulationsinstrument der Herrschenden reduziert.« (Jan Rehmann: Kirche im NS-Staat, a.a.O., S. 24). Siehe auch »Arbeiterpolitik« vom 15.10.1931: »Eckert zieht den Pfaffenrock nicht aus«.

35 Nach dem politischen Lagebericht der Polizei nahmen allein 9.000 Menschen an der Stuttgarter Versammlung teil. Original im Bundesarchiv, Abteilung Potsdam. Nach dem Bericht des »Mannheimer Tageblatts« war »niemals [...] in einer kommunistischen Versammlung so viel von Gott und Christus und der Erlösung die Rede gewesen wie hier, und selten noch haben Kommunisten so aufmerksam und geduldig einem Pfarrer gelauscht. Eckert hat so etwas wie eine kleine gedankliche Konfusion unter die Kommunisten gebracht.« Zit. nach: »Arbeiterpolitik« vom 15.10.1931.

36 Arthur Rackwitz an Heinz Kappes vom 03.10.1931. In: PAE.
37 Ebenda.
38 Kopie des Briefes von Adam Remmele an Heinz Kappes vom 03.10.1931. In: PAE.
39 Kopie des Briefes von Heinrich Dietrich an die Landesvorstandsmitglieder Heinz Kappes und Hanns Löw vom 04.10.1931. In: PAE.
40 Kopie des Briefes des Karlsruher Parteisekretärs Trinks an Heinz Kappes vom 05.10.1931. In: PAE. Am 12.10.1931 übermittelte Trinks an Kappes, dass die SPD Koblenz sich nach dem »Verbleiben des ehemaligen Genossen Eckert als Schriftleiter des ›Religiösen Sozialisten« erkundigt habe. Brief Trinks an Kappes vom 12.10.1931. Kopie in: PAE.
41 In ihm sprach Walter Sielemann für die Ortsgruppe dem Genossen Eckert nach dem Ausschluss aus der SPD am 06.10.1931 erneut ihr Vertrauen aus. »Wir danken dem Genossen Eckert für seine entschiedene politische Gesinnung und wünschen, dass durch die bürgerliche Einstellung der SPD immer mehr Genossen den Weg in die politischen Arbeiterorganisationen finden, die im entschiedeneren Kampf um die Befreiung der Arbeiterklasse stehen.« In: PAE.
42 Es war Heinrich Schwartze, der Eckert im Bund am nachhaltigsten unterstützen sollte. Gemeinsam mit Arthur Rackwitz und Paul Piechowski forderte er auf der Bundesausschusssitzung am 2. und 3.4.1932 wiederum in Frankfurt/Main schließlich einen Untersuchungsausschuss zur Klärung des Verhaltens des Bundesvorstandes gegenüber Eckert. Der von Paul Piechowski gestellte Antrag wurde einstimmig abgelehnt. (Rundschreiben Nr. 7 vom 25.4.1932. Kopie in PAE). Der Bundesausschuss kritisierte die »schädigende Kritik am Bund« seitens der von Schwartze herausgegebenen »Mitteilungen für Kultur und Politik«. Dietrich sprach sich auf der Bundesausschusssitzung gar für einen Ausschluss Schwartzes aus dem Bund aus. Diesen Zusammenhang gilt es auch dann festzuhalten, wenn an seinem späteren Verhalten bei der Absetzung von Professor Ernst Bloch in Leipzig, dessen Assistent Schwartze war, Kritik erforderlich erscheint. Eine sich um Objektivität bemühende Geschichtsbetrachtung verbietet es, eine einzelne Begebenheit bzw. eine später oder früher eingenommene Position zur Richtschnur der Beurteilung des Vorausgegangenen oder Folgenden zu machen. Weder ein einzelnes Fehlverhalten noch eine durch schlechte Erfahrungen bedingte, veränderte Sichtweise führen notwendigerweise zu einer sachgerechten Darstel-

lung und Beurteilung vorausgegangener oder folgender historischer Zusammenhänge. Dies gilt auch für die vorübergehend der SED angehörenden Pfarrer Arthur Rackwitz, Paul Piechowski und Aurel von Jüchen und das Mitglied des Parteivorstandes der SED seit ihrer Gründung, Bernhard Göring (1897-1949) und den bis an sein Lebensende in der SED verbleibenden Pfarrer Karl Kleinschmidt.

43 Brief von Hans Sprenger an Eckert vom 05.10.1931. In: PAE.
44 Rundschreiben Nr. 27, Blatt III. Vermutlich abgeschickt am 05.10.1931. In: PAE. Hervorhebung FMB.
45 Protokoll vom 06.10.1931. Hervorhebung FMB. In: PAE. Hinter diesen Beschluss des Landesvorstandes stellte sich bei einer Gegenstimme am 08.10.1931 auch die Mitgliederversammlung des Bundes, Ortsgruppe Karlsruhe. Die Erklärung fand auch ihren Niederschlag in zahlreichen Presseberichten. Siehe u.a. die »Berliner Börsenzeitung« vom 08.10.1931.
46 Brief von Falkenhausen an den Bundesvorstand, z. Hd. Pfarrer Eckerts vom 06.10.1931. In: PAE. Hervorhebung FMB.
47 Siehe Original der Feststellung. In: PAE Vgl. die »Deutsche Allgemeine Zeitung«, die am 10.10.1931 erwartete, dass in dem Disziplinarverfahren gegen Eckert nunmehr »ohne jede Milde vorgegangen wird«. In: PAE.
48 Pfarrer Eckert ist zur Kommunistischen Partei übergetreten. In: Der Religiöse Sozialist (künftig RS), Nr. 41 vom 11.10.1931, S. 171. Hervorhebung FMB.
49 Ebenda.
50 Ebenda.
51 Rundschreiben Nr. 1 vom 10.10.1931. In: PAE. Die neue Nummerierung der Rundschreiben durch Bernhard Göring unterstreicht die bewusst vollzogene Abkehr von der bisher von Eckert vertretenen Linie des Bundesvorstandes.
52 Siehe Erwin Eckert an den EOK vom 11.10.1931. In: PAE. Die Vollmacht wurde am gleichen Tage ausgestellt.
53 Pfarrer Eckert wegen seines Beitritts zur KPD seines Amtes enthoben. In: RS Nr. 42 vom 18.10.1931, S. 176.
54 Pfarrer Eckert ist zur kommunistischen Partei übergetreten. In: RS Nr. 42 vom 18.10.1931, S. 178.
55 Mitteilung des Verlags. Siehe ebenda.
56 Tatsache ist jedoch, dass nach seinem Eintritt in die KPD trotz entsprechend eingesandter Stellungnahmen von Eckert keine einzige Zeile mehr im Bundesorgan veröffentlicht wurde. Der badische Landesvorsitzende Dietrich konstatierte in einem Brief an die Vertrauensleute des Volkskirchenbundes Religiöser Sozialisten in Baden vom 23.10.1931 denn auch, dass die Berichterstattung im Bundesorgan »viel weniger« biete »als die bürgerliche und sozialistische Tagespresse«. Dies geschehe mit Rücksicht auf die SPD und zur Vermeidung einer befürchteten Spaltung des Bundes. Wer sich über den durch Eckerts Übertritt zutage getretenen Konflikt in Kirche, Bund und Gesellschaft sachlich informieren wollte, musste auf die beiden Dokumentationen in Heft 1/1932 der (Zweimonats-)»Zeitschrift für Religion und Sozialismus« warten. Zum Zeitpunkt der Veröffentlichung waren die »Würfel« jedoch längst gefallen. Heinz Kappes: Eckert ist dem Dienst der Kirche entlassen. In: Zeitschrift für Religion und Sozialismus (künftig ZRS) 1/1932, S. 5-14; Paul Piechowski: Dokumente zum Fall Erwin Eckert. In: ZRS 1/1932, S. 14-25. Einschränkend ist allerdings zu berücksichtigen, dass die Auflage

des Bundesorgans zu diesem Zeitpunkt ca. 20 Mal höher lag als die Auflage dieser theoretisch orientierten Zeitschrift und der soziale Status der Bezieher sich deutlich voneinander unterschied. Zu den Zahlen siehe F. - M. Balzer: Zur Bedeutung des Bundes der Religiösen Sozialisten Deutschlands in der Weimarer Republik (zuerst erschienen 1974). In: Ders. Miszellen zur Geschichte des deutschen Protestantismus.»Gegen den Strom«, Marburg 1990, S. 157 ff..

57 Anmerkung der Schriftleitung. Ebenda. In der folgenden Ausgabe des »Religiösen Sozialisten« erklärte Schenkel unter der Überschrift »Berichtigungen«, dass der namentlich nicht gekennzeichnete Artikel »Pfarrer Eckert wegen seines Beitritts zur KPD seines Amtes enthoben« sowie die »Anmerkung der Schriftleitung« nicht »vom jetzigen Schriftleiter« stammen. In: RS Nr. 43 vom 25.10.1931, S. 182.

58 Rundschreiben Nr. 2 vom 24.10.1931. In: PAE.

59 Gotthilf Schenkel: Berichtigungen. (Hervorhebungen im Original) In: RS Nr. 43 vom 25.10.1931, S. 182.

60 Siehe Friedrich-Martin Balzer: Kirche, Antifaschismus, Arbeiterbewegung: Erwin Eckert, Hans Francke, Ludwig Simon. In: ders.: Miszellen, a.a.O., S. 197-208.

61 Schenkel an Simon vom 27.10.1931. Kopie in PAE.

62 Ebenda.

63 Anonym (Wolfgang Abendroth): Der neue Fall Eckert. Übertritt zur KPD. In: Frankfurter Zeitung vom 06.10.1931. (Hervorhebung im Original) In: PAE. Da Wolfgang Abendroth in der Zeit seiner juristischen Referendarausbildung (1930-1933) nach eigenen Angaben auch für die »Frankfurter Zeitung« schrieb, kann davon ausgegangen werden, dass dieser namentlich nicht gezeichnete Bericht ebenso wie die anderen Berichte der Frankfurter Zeitung (»Pfarrer Eckert. Die Verhandlungen vor dem Kirchlichen Verwaltungsgericht« vom 17.3.1931, »Norm oder Ausnahmefall? Der Fall Eckert und die politische Betätigung der Pfarrer« vom 01.04.1931, »Das Verfahren gegen Pfarrer Eckert« vom 13.6.1931, »Kann ein evangelischer Pfarrer Kommunist sein?« vom 06.12.1931) von Wolfgang Abendroth stammen. Dafür sprechen vor allem im Vergleich zu anderen zeitgenössisch dokumentierten Schriften Abendroths Denkweise, Begrifflichkeit und Syntax, kurz, sein juristischer Sachverstand und sein politisches Bewusstsein.

64 Eine Kopie des Briefes von Ludwig Simon an Heinz Kappes vom 31.10.1931 befindet sich im PAE. Der Brief wurde auf einer von Kappes einberufenen Theologenzusammenkunft am 01. und 02.11.1931 verlesen. Das Protokoll befindet sich im PAE.

65 Rundschreiben Nr. 4 vom 21.12.1931. Kopie in PAE. Im Zusammenhang mit der Berichterstattung über die Bundesvorstandssitzung vom 18.11.1931, soweit sie sich im Rundbrief Nr. 4 des Bundesvorsitzenden niederschlugen, ist bemerkenswert, was Dietrich am 21.12.1931 an Kappes schrieb: »Ich wäre Dir auch dankbar, wenn Du Eckert mitteilen würdest, dass Du in Stuttgart das Protokoll geschrieben hast, dass aber unsere Besprechungen ganz anders waren, als in jenem Protokoll vermerkt ist.« Kopie in PAE. Am 14.12.1931 hatte Eckert in einem Brief an Kappes auf die Widersprüche zwischen dem veröffentlichten Protokoll und dem tatsächlichen Verlauf der Besprechungen in Stuttgart hingewiesen. Kopie in PAE.

66 Rundschreiben Nr. 3 vom 25.11.1931. In: Kopie in PAE.

67 Eckert bezeichnete diese Tatsache, dass man ihn »gnädiger Weise« im Vorstand

belassen wolle, um damit die »Aufgeschlossenheit gegen die kommunistische Bewegung zu zeigen«, als »berechnende(n) Opportunismus«, den er entschieden ablehne. Siehe Eckert »An die Landesverbandsvorsitzenden, Wortführer und Vertrauensleute des Bundes der religiösen Sozialisten« vom 09.12.1931. In: PAE

68 Rundschreiben Nr. 4 vom 21.12.1931. In: Sammlung Pfarrer Kappes (künftig SPK), Fall Eckert, 1931/II, Blatt 186 ff. Auch in der ersten öffentlichen »Erklärung« des Bundesvorstandes werden die Kongressbeschlüsse von Mannheim nicht erwähnt. In. RS 1/1932, Nr. 1 vom 3.1.1932, S. 3.

69 Ulrich Peter: Entmythologisierung tut not! In: Christ und Sozialist (künftig CuS), 54. Jg. (2001), 1-2/2001 (April/Mai 2001), S. 29.

70 Ulrich Peter: Der »Bund der religiösen Sozialisten« in Berlin von 1919 bis 1933. Frankfurt/Main 1995, 1. Aufl. Fußnote 131, S. 679.

71 Zu Wünsch vgl. die Aussage Wolfgang Abendroths in Protokoll des Doktorandenkolloquiums vom 03.12.1969: Wünsch habe als »Haustheologe«, in Marburg mit Lehrstuhl versehen, immer versucht, die widerstrebenden Tendenzen »unter einen Hut zu zaubern«, mit »gelegentlich sehr starken Konzessionen an den proletarisch-revolutionären Flügel«. Bei der »Unklarheit seines Denkens«, das ihn nach 1933 zur ideologischen, wenn auch nicht organisatorischen Annäherung an die NSDAP führte, sei er vor 1933 hierzu »die geeignete Figur« gewesen. In: PAE.

72 Die Kommentare zur Weltpolitik der Jahre 1918-1945 von Leonhard Ragaz, dem Herausgeber der Schweizer »Neuen Wege«, sind unter dem Titel: »Politik und Gottesreich«, Zürich 1977 von Silvia Herkenrath erschlossen worden.

73 Brief von Emil Fuchs an Erwin Eckert vom 18.11.1931. In: PAE.

74 Laut Rundbrief Nr. X. der Bruderschaft vom 1.12.1931 umfasste die Bruderschaft 198 Theologen bei einer Gesamtzahl von etwa 16.000 amtierenden Pfarrern in der Weimarer Republik.

75 Rundbrief Nr. 2 vom 24.10.1931. Kopie in PAE.

76 Vorbemerkung. In: RS Nr. 48 vom 20.11.1931, S. 199.

77 Ebenda. Eine Mitteilung im Bundesorgan unterblieb. Im internen Rundbrief Nr. 3 vom 28.11.1931 kündigte der neue Bundesvorsitzende jedoch an, dass künftig vermieden werde, »die uns nahestehenden politischen Parteien und ihre Taktik anzugreifen.«

78 Pfarrer Fritz Honecker an Heinz Kappes vom 29.11.1931. Kopie in PAE. Hervorhebung FMB.

79 Die »Rote Hilfe« war eine der KPD nahestehende Organisation, die allen von der politischen Strafjustiz der Weimarer Republik Verfolgten, Kommunisten und Sozialdemokraten, Hilfe leistete. Einer ihrer Anwälte war Wolfgang Abendroth. Siehe Hans-Jürgen Schneider/Erika Schwarz/Josef Schwarz: Die Rechtsanwälte der Roten Hilfe Deutschlands. Politische Strafverteidiger in der Weimarer Republik. Vorwort Heinrich Hannover. Bonn 2002. Nach Eckerts Entlassung aus dem Gefängnis in Düsseldorf hatte er sich in Frankfurt/Main der inzwischen illegalen »Roten Hilfe« zur Verfügung gestellt und bereitete Verhaftete auf ihr Verhör durch die Gestapo vor. Siehe Barbara Mausbach-Bromberger: Treffpunkt war die Bücherei. In: Erwin Eckert. Pfarrer und Kommunist, Zeitzeugen erinnern sich, herausgegeben vom Gesprächskreis Geschichte + Politik e.V., Hemsbach 1993, S. 56-58.

80 Ebenda.

81 Heinz Kappes an Fritz Honecker vom 01.12.1931. Kopie in PAE. Der schwäbische Pfarrer Christoph Blumhardt (1842-1919) war 1899 der Sozialdemokratie beigetreten, worauf er der Aufforderung des Konsistoriums Folge leistete und sein Pfarramt niederlegte. Siehe Richard Sorg: Marxismus und Protestantismus in Deutschland. Eine religionssoziologisch-sozial geschichtliche Studie zur Marxismus-Rezeption in der evangelischen Kirche 1848-1948, Köln 1974, S. 94-96.

82 Eckert an die Landesverbandsvorsitzenden, Wortführer und Vertrauensleute des Bundes der religiösen Sozialisten vom 09.12.1931. In: PAE.

83 Eckerts Vorwurf, dass der Bund »zum Anhängsel der SPD« geworden sei, fand Zustimmung beim Vertrauensmann des Bundes, Otto Krennrich. Dieser erinnerte daran, wie bei der Panzerkreuzerfrage 1928/29 der »Bund als Ganzes« – im Gegensatz zu seinem Vorsitzenden Eckert als Privatperson – zum Einzeichnen in die Listen des Volksentscheides »nicht aufrufen durfte«. Krennrich trat mit Eckert der KPD bei und aus der Kirche aus, weil diese »bürgerlich-faschistische Kirche nicht mehr im Sinne des Sozialismus erneuert werden« könne. Otto Krennrich an Heinz Kappes vom 29.11.1931. Kopie in PAE.

84 Eckert an die Landesverbandsvorsitzenden, a. a. O.

85 Heinrich Dietrich an Hanns Löw (mit Durchschrift an Kappes) vom 09.12.1931. Kopie in PAE. Die Äußerung Dietrichs spielte auch im »Zeitungskrieg« der Mannheimer Arbeiterpresse eine Rolle.

86 Theodor von Waechter: An den Oberkirchenrat der evang. Kirche Baden vom 24.11.1931. In: PAE. Die eindringliche Eingabe wird demnächst vollständig in dem geplanten Sammelband »Die Besten müssen springen in den Riss der Zeit« dokumentiert werden. 1893 war Theodor von Waechter als Pfarramtskandidat der SPD beigetreten und daraufhin vom Pfarrdienst ausgeschlossen worden. Als Mitglied der USP hatte Theodor von Waechter sich inzwischen der KPD angeschlossen. Zu den unterschiedlichen Profilen sozialdemokratischer Pfarrer vor 1914 (Theodor von Waechter, Paul Göhre und Christoph Blumhardt) siehe Karl Vorländer: Sozialdemokratische Pfarrer. Eine Skizze. In: Archiv für Sozialwissenschaft und Sozialpolitik 30/1910, S. 455-483; Richard Sorg: Marxismus und Protestantismus in Deutschland, a.a.O., S. 90 ff.; Zu von Waechter siehe Gerd Wilhelm Grauvogel: Theodor von Waechter. Christ und Sozialdemokrat, Stuttgart 1994.

87 Heinz Kappes: »Ihr Kleingläubigen. Warum seid Ihr so furchtsam?« Ein Wort an die Kirche zum Fall Eckert. In: RS Nr. 45 vom 29.11.1931, S. 200. Wolfgang Abendroth bezieht sich in seinem Bericht in der »Frankfurter Zeitung« »Kann ein evangelischer Pfarrer Kommunist sein?« vom 06.12.1931 ausführlich und zustimmend auf diese Stellungnahme. Sie wurde zur Wiederkehr des 100. Geburtstages von Erwin Eckert – zusammen mit weiteren Texten von Kappes und Eckert (»Warum ich in die KPD eingetreten bin.« Rede am 09.10.1931 in Karlsruhe) – erneut veröffentlicht. Siehe: F.-M. Balzer (Hrsg.): »Ihr Kleingläubigen, warum seid Ihr so furchtsam?« Äußerungen von Erwin Eckert und Heinz Kappes 1931 in Karlsruhe, Bonn 1993, 43 S.

88 Siehe F.-M. Balzer (Hrsg.): Ihr Kleingläubigen a.a.O. S. 38.

89 Paul Piechowski: Dokumente zum Fall Eckert. In: ZRS 1932, S. 15. Zur jüngsten Einschätzung des Eintritts Eckerts in die KPD aus theologischer und kirchengeschichtlicher Sicht siehe Gert Wendelborn: Zur Legitimität des Eintritts Erwin Eckerts in die KPD. In: F.-M. Balzer (Hrsg.) Ärgernis und Zeichen, Erwin Eckert –

Sozialistischer Revolutionär aus christlichem Glauben, Bonn 1993, S. 186-206.
90 Siehe Wolfgang Ruge: Buchbesprechung von »Der Fall Erwin Eckert«. In: Zeitschrift für Geschichtswissenschaft, 3/1988, S. 270.
91 Genosse Eckert aus dem Pfarramt entlassen. Eckert antwortet mit dem Austritt aus der Kirche und dem Bund religiöser Sozialisten – Eine Erklärung Eckerts. In: »Arbeiterzeitung« (Mannheim) vom 12.12.1931.
92 Ebenda. Siehe die sog. »(Rehabilitierungs-)Erklärung der Badischen Kirchenleitung«, u.a. unterzeichnet von der Präsidentin der Landessynode und dem Landesbischof und der Landessynode am 22. April 1999 mitgeteilt. In: Verhandlungen der Landessynode der Evangelischen Landeskirche in Baden: Ordentliche Tagung vom 21. April bis 24. April 1999 (6. Tagung der 1996 gewählten Landessynode), 1999, S. 7 f. In ihr wird nach dem Eingang einer Petition von mehr als 350 Personen eingestanden, dass die Kirche »parteiisch gehandelt« und eine »prophetische Stimme unterdrückt« habe. Die Kirche sei mit Eckerts unehrenhafter Entlassung (»d.h. unter Aberkennung von Einkommen, Ruhegehalt, Hinterbliebenenversorgung, Amtsbezeichnung und der Ordinationsrechte«) »auf einem Auge blind gewesen«. Die Badische Landeskirche räumte ein, dass das damalige Handeln der Kirche »als unverhältnismäßig erscheint«. Sie habe »in derselben Zeit ›politische Pfarrer‹ des nationalsozialistischen Lagers im Pfarrdienst« geduldet, »die zum Zeitpunkt der sonntäglichen Gemeindegottesdienste Feld- und SA-Gottesdienste hielten und darin ungehindert für den Nationalsozialismus werben konnten.« Die Tatsache, dass sie eine prophetische Stimme durch unehrenhaften Hinauswurf aus dem Pfarrdienst unterdrückte und gleichzeitig »evangelische Nationalsozialisten« als Pfarrer im Amt duldete, spricht eher dafür, dass sie »auf beiden Augen blind« war. Der Begriff der scheinbaren »Unverhältnismäßigkeit« lässt offen, ob sie bedauert, gegen NS-Pfarrer nicht in *gleicher* Weise vorgegangen zu sein. Mahner und Kämpfer gegen Faschismus und Krieg wie Eckert und Kappes jedoch mit faschistischen Pfarrern gleichzustellen, würde erst den Tatbestand der »Unverhältnismäßigkeit« erfüllen und alles andere als eine »Rehabilitierung« von Eckert und Kappes bedeuten, sondern nachgerade eine Verleumdung. Insofern ist die zweifellos wohlmeinende Erklärung widersprüchlich, unbefriedigend, nicht frei von stillschweigenden Totalitarismus-Vorstellungen und nicht sachgerecht. Es ist wohl wahr: Eckert stellte sich theologisch und politisch vor 1933 gegen die »armselige Judenhetze« eines Joseph Goebbels, des katholischen Priesters Muckermann (SJ) und des evangelischen Pfarrers Münchmeyer, der die Sommergäste auf Borkum skandieren ließ: »Denn ihr kommt mit platten Füßen. Mit Nasen krumm und Haaren kraus. Ihr dürft nicht unseren Strand genießen. Ihr müsst hinaus, Ihr müsst hinaus. Jude, geh nach Palästina oder auch in die Türkei. Gründ ein Warenhaus in China. Nur unser Deutschland lass uns frei.« Was Eckert aber »in besonderer Weise« mit der »Anwendung der Nürnberger Rassegesetze auf die Pfarrerschaft« zu tun hatte, bleibt das Geheimnis der Verfasser. Unbekümmert, die rassistische Terminologie des 3. Reiches aufrechterhaltend, sprechen sie von »judenchristlichen« (sic!) Pfarrern und Gemeindegliedern. Der von der badischen Landeskirche entlassene Pfarrer Kurt Lehmann wird nicht erwähnt.
93 Heinz Kappes spricht von den bitteren und ungerechten Worten, die in diesem Zeitungskampf und auch persönlich (zwischen Eckert und Dietrich) gewechselt

wurden. Heinz Kappes: Eckert ist dem Dienst der Kirche entlassen. In: ZRS Nr. 1/1932, S. 13. Alle diesbezüglichen Texte dieser Pressepolemik sollen in dem vorgesehenen Quellenband »Die Besten müssen springen in den Riss der Zeit« demnächst veröffentlicht werden, so dass sich der Leser ein eigenes Urteil bilden kann.

94 »In letzter Minute konnte der Artikel noch aus dem ›Religiösen Sozialisten‹ genommen werden, weil sonst das Dienstgericht eine zu leichte Handhabe gegen ihn gehabt hätte.« In: Heinrich Dietrich: Die religiösen Sozialisten u. Eckert. Mannheimer »Volksstimme« Nr. 340 vom 16.12.1931. Ein gleichlautender Artikel erschien am gleichen Tage im »Volksfreund« (Mannheim). Eine Langfassung wurde im »Religiösen Sozialisten« unter der Überschrift »Pfarrer Eckert!« Nr. 51 vom 20.12.1931, S. 1-2 veröffentlicht.

95 Zit. nach: Erwin Eckert: Religiöse Sozialisten in Auflösung. In: Mannheimer »Arbeiterzeitung« vom 18.12.1931.

96 Siehe Erwin Eckert: Methoden der Verzweiflung. Eine letzte Antwort des Genossen Eckert. In: Mannheimer »Arbeiterzeitung« vom 22.12.1931.

97 Erwin Eckert: Religiöse Sozialisten in Auflösung, a.a.O., ebenda.

98 Heinrich Dietrich: Die religiösen Sozialisten u. Eckert, a.a.O.

99 Heinrich Dietrich: Die religiösen Sozialisten u. Eckert. In: »Volksstimme« (Mannheim) Nr. 340 vom 16.12.1931.

100 Siehe Friedrich-Martin Balzer/Manfred Weißbecker: Erwin Eckert. Badischer Pfarrer und revolutionärer Sozialist (1893-1972): In: Lebensbilder aus Baden-Württemberg, 19. Band, Stuttgart 1998, S. 536.

101 Bei der offiziellen Feier anlässlich des 75. Geburtstages Eckerts war von der Tatsache, dass Eckert »als Pfarrer« zur KPD gekommen und »als Christ« in ihr geblieben war, in der offiziellen Laudatio kein einziges Wort. (Siehe Max Schäfer: Geburtstagsrede für Erwin Eckert am 16.6.1968. MS in PAE). Herbert Mies gestand als ehemaliger DKP-Vorsitzender anlässlich der 100. Wiederkehr des Geburtstages ein: »Erwin Eckert wurde auf den Schild gehoben, hat das Vertrauen der Partei für hohe Funktionen und Ämter gehabt. Aber einen ernsthaften Dialog mit ihm hat es kaum gegeben – beispielsweise darüber, was der religiöse Sozialismus an Positivem auch in unsere Sozialismusvorstellungen einzubringen hat.« (Herbert Mies: Legende und Botschaft des Erwin Eckert. In: Pfarrer und Kommunist. a.a.O., S. 140.)

102 Anonym (Wolfgang Abendroth): Kann ein evangelischer Pfarrer Kommunist sein? Vor der Verhandlung gegen Eckert. In: »Frankfurter Zeitung« vom 06.12.1931. (Hervorhebung im Original).

103 Ernst Schneller (1890-1944) (MdR 1924-1933) gestand 1931 auf der überbündischen Comburg-Tagung, dass die KPD »ungeheure Fehler im Kampf gegen die Religion« begehe, man verkenne, dass hier »tiefere Zusammenhänge« bestünden. Zit. nach: Michael Rudloff: Weltanschauungsorganisationen, a.a.O., S. 208. Siehe Wolfgang Kießling: Ernst Schneller. Lebensbild eines Revolutionärs, 3. Aufl., Berlin 1974. Siehe auch den Bericht über eine Besprechung Schnellers am 12. Oktober 1931 mit den Mitgliedern der »Bruderschaft Sozialistischer Theologen« Piechowski, Rackwitz, Tittmann, Michaelis und Schwartze: »Den materialistischen Standpunkt des vorigen Jahrhunderts habe er (Schneller) gar nicht mehr vertreten. Sehr stark habe er die Dialektik betont. Wichtig sei nicht das Endziel, son-

dern die Aufgabe der Gegenwart«. Brief von Pfarrer Georg Schümer an Kappes vom 10.12.1931. In: SPK, Generalia 1932/33, Blatt 289. Siehe auch F. - M. Balzer: Klassengegensätze, a.a.O., S. 272.

104 »Beim Übertritt des Genossen Eckert zur kommunistischen Partei sind ihm *wegen seiner Zugehörigkeit zur Kirche und wegen seiner Tätigkeit als Pfarrer keinerlei Bedingungen gestellt worden. Die Aufnahme des Genossen Eckert ist für uns keine Frage der Opportunität,* sie erfolgt in voller Übereinstimmung mit unseren Grundsätzen. Genosse Eckert ist zu uns als revolutionärer Marxist gekommen. *Wir haben diesen Übertritt freudig begrüßt.* [...] Ich schreibe Ihnen diesen Brief in Übereinstimmung mit dem Sekretariat des Zentralkomitees der KPD«. Zit. nach: Rundbrief X der Bruderschaft sozialistischer Theologen vom 01.12.1931. (Hervorhebung FMB).

105 Siehe die Erklärung Karl Fischers im Namen der Bezirksleitung Baden-Pfalz der KPD auf der Mannheimer Kundgebung am 07.10.1931. In: Die Kirche und der Kommunismus. Stadtpfarrer Eckert kommt zur KPD, o.O., o.J., (Mannheim 1931), S. 8-10. Immerhin enthielt der offiziell verkündete »Standpunkt der KPD« das Lenin-Zitat: »Die Einheitlichkeit dieses wirklichen revolutionären Kampfes der unterdrückten Klasse um die Schaffung eines Paradieses auf Erden ist uns wichtiger als die Einheitlichkeit der Meinungen der Proletarier über das Paradies im Himmel.« (a.a.O., S. 9) Die sozialdemokratischen Freidenker brachten dagegen überhaupt kein Verständnis für die Aufnahme Eckerts in die KPD auf. Sie blieben bei ihrer undifferenzierten Ablehnung alles Religiösen. Eckert leiste »Zellenarbeit« »im Interesse der finsteren Mächte des Jenseits« und sichere sich so »seinen Posten« nach der Revolution. »Und so etwas duldet die KPD? Solchen Burschen sollte man auf die Finger klopfen. Die kommunistischen Genossen werden gut tun, auch die Entwicklung ihrer Partei im Auge zu behalten.« (Sozialistischer Freidenker, 11/1931, S. 4) Zit nach Michael Rudloff, Weltanschauungsorganisationen, a.a.O., S. 220. Differenzierter und die Aufnahme Eckerts in die KPD rechtfertigend dagegen Johannes Karl König: Pfarrer Eckert und wir. In: Die Linkskurve, 3. Jg., (1931), 11/1931, S. 9-12.

106 Der Standpunkt der KPD. In: Die Kirche und der Kommunismus, a.a.O., S. 10. Die Auflage der 24seitigen Broschüre betrug schätzungsweise 100.000.

107 Emil Fuchs: Ein Abschiedswort an unseren Genossen Eckert. In: RS Nr. 52 vom 27.12.1931, S. 217.

108 Ebenda. Siehe auch Emil Fuchs: Erwin Eckert, die Kirche, die Kommunistische Partei. In: »Christliche Welt« 1932, Nr. 4. Sp. 178-181.

109 Siehe u.a. den Brief, den Fuchs an Eckert richtete, als dieser 1960 vor einem bundesrepublikanischen Gericht wegen »Rädelsführerschaft in einer verfassungsfeindlichen Organisation« vor Gericht stand und verurteilt wurde. Siehe Manfred Weißbecker: Auf der Anklagebank des kalten Krieges. Erwin Eckert und der Düsseldorfer Prozeß gegen das westdeutsche Friedenskomitee 1959/60. In: Friedrich-Martin Balzer (Hrsg.): Ärgernis und Zeichen, a.a.O., S. 308.

110 Heinz Kappes an Erwin Eckert vom 23.12.1931. Kopie in PAE. Hervorhebung FMB.

111 Hans Heinz Holz: Achtung für eine Aporie. In F.-M. Balzer (Hrsg.): Ärgernis und Zeichen, a.a.O., S. 362.

112 Erwin Eckert an Heinz Kappes vom 31.12.1931. Kopie in PAE.

113 Dankbar erinnere ich mich an die Freundschaft mit Eckert, Kappes und Ludwig

Simon sowie die einzige persönliche Begegnung zwischen Eckert und Kappes nach 1945. Eingehakt zwischen den beiden, Baskenmützen tragenden, Veteranen des BRSD, beide Jahrgang 1893, schlenderten wir 1966 freundschaftlich bewegt durch die Straßen Karlsruhes. Kurz zuvor war es gelungen, die »Sammlung Pfarrer Kappes« für die wissenschaftliche Forschung zugänglich zu machen. Nach der Amtsenthebung von Kappes am 01.12.1933 lagerte sie, mit Ausnahme des Faszikels »Eschatologischer Realismus« (1933), nach der Rückkehr von Kappes aus dem Exil in Palästina seit 1948 beim Evangelischen Oberkirchenrat in Karlsruhe.
114 Erwin Eckert an Heinz Kappes vom 31.12.1931. a.a.O.
115 Siehe F.-M. Balzer: Klassengegensätze, a.a.O., S. 57.
116 Siehe meinen gleichnamigen Aufsatz zum 75. Geburtstag von Eckert »Vom Pfarrer zum Arbeiterführer«. In: Die Andere Zeitung, (1968), Nr. 24, S. 4.
117 Georg Fülberth: Buchbesprechung von »Klassengegensätze in der Kirche«. In: Das Argument. Zeitschrift für Philosophie und Sozialwissenschaft, 17. Jg., 112/1975, S. 152. Eine genaue Analyse der Politik von SPD und KPD findet sich bei Wolfgang Abendroth: Einführung in die Geschichte, a.a.O., insbesondere S. 241-287.
118 Siehe Frank Deppe: Wolfgang Abendroth und Antonio Gramsci. In: Forum Wissenschaft 2/1993, S. IV-VIII.
119 Jan Rehmann: Kirchen im NS-Staat, a.a.O., S. 32.
120 Als »ein Mensch von sehr starker Religiosität« war für Eckert das »*Religiöse*« nicht einfach »Mittel für seine *politischen* Zwecke«. »Kirche und Pfarramt« bedeuteten ihm »außerordentlich viel«. Siehe die Charakterisierung Eckerts durch Wolfgang Abendroth: Pfarrer Eckert. Die Verhandlungen vor dem kirchlichen Verwaltungsgericht. In: Frankfurter Zeitung vom 17.03.1931.
121 Die Antwort Eckerts in der Riesenkundgebung in Stuttgart. In: Die Kirche und der Kommunismus, a.a.O., S. 17.
122 Erwin Eckert an die Landesverbandsvorsitzenden, Wortführer und Vertrauensleute des Bundes der religiösen Sozialisten vom 09.12.1931. a.a.O.
123 Pfarrer Erwin Eckert: Warum ich in die KPD eingetreten bin. Rede am 09.10.1931 in Karlsruhe. In: »Ihr Kleingläubigen, a.a.O., S. 24. Hervorhebung im Original.
124 Siehe Hermann Schulz: Buchbesprechung von »Klassengegensätze in der Kirche«. In: Zeitschrift für evangelische Ethik, 20. Jg., Heft 2 /April 1976), S. 155.
125 Siehe die von Emil Fuchs und Bernhard Göring unterzeichnete Erklärung: Zur Wahl des Reichspräsidenten. In: RS 1932 Nr. 11 vom 13.03.1932, S. 41.
126 Ebenda. Die Einhaltung von in Worten gefassten Rechts-, Verfassungs- und Völkerrechtsnormen ist allemal besser als die Berufung auf »Werte«, die einer von der jeweiligen gesellschaftlichen Machtverteilung abhängigen Interpretation unterliegen. »Rule of Law – at home and abroad« ist stets eine sicherere Richtschnur für politisches Handeln als die Berufung etwa auf eine vage »Wertegemeinschaft«. Wolfgang Abendroths Kommentar zur Unterstützung Hindenburgs durch die SPD lautete: »Jetzt, 1932, propagiert die gleiche reformistische Arbeiterpartei, den Herrn von Hindenburg zu wählen, der keinerlei Hehl daraus macht, dass er auf die Weimarer Reichsverfassung pfeift.« In: Einführung in die Geschichte, a.a.O., S. 266.
127 Die Grundlagen des Christentums sind in Gefahr. In: RS 1932 Nr. 11 vom 13.03.1932, S. 41. Hervorhebung FMB. Zu Hindenburg siehe Wolfgang Ruge: Hindenburg. Portrait eines Militaristen, Berlin 1974.

128 Wolfgang Abendroth machte darauf aufmerksam, dass es unter den heutigen Bedingungen für die Arbeiterbewegung darauf ankomme, die »Friedlichkeit garantierenden Rechtsnormen [...] wirksam zu verteidigen«. Siehe Wolfgang Abendroth: »Die Theorie ist für die Praxis da, weil sie die Praxis anleiten will«. Dialektik im Gespräch mit Wolfgang Abendroth. In: Arbeiterbewegung und Wissenschaftsentwicklung, Wolfgang Abendroth zum 75. Geburtstag. Dialektik, Beiträge zu Philosophie und Wissenschaften, Bd. 3, Köln 1981, S. 155.
129 Erwin Eckert: Warum ich in die KPD eingetreten bin? Rede am 09.10.1931. In: Friedrich-Martin Balzer (Hrsg.): »Ihr Kleingläubigen...«, a.a.O., S. 6.
130 Ebenda, S. 7.
131 Ebenda, S. 13.
132 Ebenda, S. 18. Hervorhebung FMB.
133 Ebenda, S. 19. Hervorhebung FMB.
134 Ebenda, S. 20. Eine Gleichsetzung der obrigkeitsstaatlichen, autoritären und verfassungswidrigen Präsidialdiktatur Brünings mit dem Faschismus, wie sie vereinzelt in den »Wochenberichten« vorgekommen war, wiederholte Eckert auf den KPD-Massenversammlungen im Oktober 1931 nicht.
135 Anonym (Wolfgang Abendroth): Der neue Fall Eckert. Übertritt zur KPD. In: »Frankfurter Zeitung« Nr. 742-743 vom 06.10.1931, S. 2. Georg Fülberth erinnerte daran, dass der BRSD u.a. auch das »Tummelfeld von christlichen Revisionisten« war. Diese wollten seit Paul Göhre innerhalb und zugunsten der SPD die »Entkirchlichung weiter Teile des Proletariats rückgängig machen« und erfüllten »zumindest objektiv die Funktion«, »eine weitere Linkswendung von bereits sozialistisch beeinflussten Proletariern zu verhindern.« (Georg Fülberth im »Argument«, a.a.O., S. 151.)
136 Erwin Eckert: Religiöse Sozialisten in Auflösung, a.a.O., ebenda.
137 Zit. nach F.-M. Balzer, Klassengegensätze, a.a.O., S. 259.
138 Rundschreiben Nr. 7 vom 25.04.1931. Kopie in PAE.
139 In: Emil Fuchs: Mein Leben, Bd. 2, a.a.O., S. 231.
140 Siehe Max Beer: Allgemeine Geschichte des Sozialismus und der sozialen Kämpfe, 8. Auflage mit Ergänzungen von Hermann Duncker, Berlin 1932.
141 Jan Rehmann: Die Kirchen im NS-Staat, a.a.O., S. 30.
142 Günter Brakelmann: Vorwort. In: Thomas Kluck, Protestantismus und Protest in der Weimarer Republik, a.a.O., S. 11. Zur DNVP siehe Wolfgang Ruge: Deutschnationale Volkspartei (DNVP) 1918-1933. In: Lexikon zur Parteiengeschichte. Die bürgerlichen und kleinbürgerlichen Parteien und Verbände in Deutschland. (1789-1945), Band 2, Köln 1984, S. 476-528.
143 »Arbeiterzeitung« vom 21.04.1926. Zit. nach F.-M. Balzer: Klassengegensätze, a.a.O., S. 141.
144 Erwin Eckert in der Mannheimer »Arbeiterzeitung« vom 12.12.1931.
145 Jan Rehmann: Die Kirchen im NS-Staat, a.a.O., S. 30.
146 F.-M. Balzer, Klassengegensätze, a.a.O., S. 253.
147 Ulrich Peter, Entmythologisierung, a.a.O., S. 30.
148 »Es ist bezeichnend, dass der ›charismatische Führer‹ (der er in dieser Allein-Art nie war) beim Übertritt zur KPD fast allein blieb und danach aus Enttäuschung über seine Isolierung zum einen SPD-Machenschaften dafür verantwortlich machte und zum anderen zur Auflösung, zur Zerschlagung des BRSD aufforderte. Ein

seltsamer Vater, der das ungezogene, undankbare Kind verstößt«. Ulrich Peter: Entmythologisierung, a.a.O., S. 30 f.
149 Siehe Emil Blum: Als wäre es gestern gewesen. Wie konnte ich Pfarrer sein – im 20. Jahrhundert, Zürich 1973.
150 Emil Blum an Heinz Kappes vom 21.01.1932. In: SPK, Fall Eckert 1931/II, Blatt 202. Kopie im PAE.
151 Kurt Nowak: Evangelische Kirche und Weimarer Republik. Zum politischen Weg des Protestantismus zwischen 1918 und 1932. Göttingen 1981, S. 280. Zit. nach Jan Rehmann: Kirchen im NS-Staat, a.a.O., S. 32.
152 Wolfgang Abendroth stimmte dem Urteil des Pfarrers Ernst Lehmann zu, wonach einer der gegen Eckert erhobenen Vorwürfe berechtigt sei, nämlich der Vorwurf der Maßlosigkeit. »Diese – nicht demagogische, sondern aus seiner leidenschaftlichen Natur herrührende – Maßlosigkeit macht sich in Eckerts Kritik an der Kirche wie an dem parteimäßigen Sozialismus bemerkbar«. Der neue Fall Eckert. Übertritt zur KPD. In: »Frankfurter Zeitung« vom 06.10.1931.
153 Siehe Hans-Peter Brenner: Marxistische Persönlichkeitstheorie und die »bio-psychosziale Einheit Mensch«. Studie zur Entwicklung des Menschenbildes in der DDR. Vorwort Hans Heinz Holz, Bonn 2002.
154 Georg Fülberth im »Argument«, a.a.O., S. 151.
155 Siehe Udo Wennemuth: Geschichte der evangelischen Kirche in Mannheim, a.a.O., S. 334f. Der Nachfolger Eckerts war ab 1933 ebenfalls ein »Evangelischer Nationalsozialist«.
156 Siehe Gesetzes- und Verordnungsblatt für die Vereinigte Evangelisch-protestantische Landeskirche Badens, Nr. 12 vom 12.09.1932, S. 107.
157 Wolfgang Abendroth: Vom Weg der marxistischen Widerstandskämpfer zum Verständnis für den christlichen Widerstand der »Bekennenden Kirche«, in: Martin Niemöller. Festschrift zum 90. Geburtstag. Hrsg. von Heinz Kloppenburg, Eugen Kogon, Walter Kreck, Gunnar Matthiessen, Herbert Mochalski und Helmut Ridder, Köln 1982, S. 115-121, hier: S. 116.
158 Ebenda, S. 116 f.
159 Emil Fuchs an Erwin Eckert vom 18.11.1931. Zit. nach: F.-M. Balzer (Hrsg.): Ärgernis und Zeichen, a.a.O., S.254.
160 W. Abendroth: Vom Weg der marxistischen Widerstandskämpfer, a.a.O. S. 117.
161 Ebenda. Ob die kommunistische Weltbewegung als Ganzes ihr Verhältnis zu religiös empfindenden Mitstreitern innerhalb und außerhalb ihrer eigenen Reihen dauerhaft neu und nachhaltig durchdacht hat, muss bezweifelt werden. Auch der Eintritt des ersten amtierenden Pfarrers in eine kommunistische Partei und seine lebenslange Bewährung als unerschrockener Kämpfer für Frieden, Demokratie und Sozialismus hat die Toleranz der Anti-Theisten gegenüber den religiös geprägten Genossen in Führungspositionen nicht grundsätzlich erhöht. Zu Ansätzen eines neuen Weges siehe u.a. Aurelio Alonso Tejada: Church and Politics in Revolutionary Cuba. Preface by Frey Betto. La Habana 1999.
162 W. Abendroth: Vom Weg der marxistischen Widerstandskämpfer, a.a.O., S. 119.

Abkürzungsverzeichnis

AA	Auswärtiges Amt
Abg.	Abgeordnete(r)
AdAP	Akten zur deutschen Auswärtigen Politik
ADGB	Allgemeiner Deutscher Gewerkschaftsbund
AdR	Akten der Reichsregierung
AfA	Allgemeiner freier Angestelltenbund
AG	Aktiengesellschaft
AH	Abgeordnetenhaus
amerik.	amerikanisch
argent.	argentinisch
Aug.	August
bad.	badisch
bayer.	bayerisch
Bd., Bde	Band, Bände
bearb.	bearbeitet
Begr.	Begründer
belg.	belgisch
BES	Bund Entschiedener Schulreformer
BIZ	Bank für Internationalen Zahlungsausgleich
BNV	Bund Neues Vaterland
BRD	Bundesrepublik Deutschland
brit.	britisch
Butab	Bundesverband der technischen Angestellten Berlins
BVP	Bayerische Volkspartei
bzw.	beziehungsweise
chilen.	chilenisch
chines.	chinesisch
christl.	christlich
CDU	Christlichdemokratische Union
CGT	Conféderation Generale du Travail
CSU	Christlichsoziale Union
CSVD	Christlichsozialer Volksdienst
DAF	Deutsch Arbeitsfront
DAZ	Deutsche Allgemeine Zeitung
demokrat.	demokratisch
Dez.	Dezember
DDP	Deutsche Demokratische Partei
DFP	Deutsche Fortschrittspartei
Dir.	Direktor
DKP	Deutsche Kommunistische Partei
DMV	Deutscher Metallarbeiterverband
DLfM	Deutsche Liga für Menschenrechte
DNVP	Deutschnationale Volkspartei
DVFP	Deutschvölkische Freiheitspartei
DVP	Deutsche Volkspartei

DStP	Deutsche Staatspartei
dt	deutsch
Dtld.	Deutschland
dt-völk.	deutsch-völkisch
DVLP	Deutsche Vaterlandspartei
engl.	englisch
EOK	Evangelischer Oberkirchenrat
ev.	evangelisch
Fasch., fasch.	Faschismus, faschistisch
Febr.	Februar
Frhr.	Freiherr
friedl.	friedlich
franz.	französisch
Gen.	General
Gestapo	Geheime Staatspolizei
griech.	griechisch
Hapag	Hamburg-Amerik.Paketfahrt-AG
hess.	hessisch
Hg.	Herausgeber
IFFF	Internationale Frauenliga für Frieden
IG	Interessen-Gemeinschaft
ILP	Independent Labour Party
IMT	Internationales Militärtribunal
ind.	indisch
insbes.	insbesondere
internat.	international
ital.	italienisch
Jan.	Januar
japan.	japanisch
konserv.	konservativ
KP	Kommunistische Partei
KPD	Kommunistische Partei Deutschlands
KPdSU	Kommunistische Partei der Sowjetunion
KZ	Konzentrationslager
Lib., lib.	Liberale(r), liberal
lit.	litauisch
LT	Landtag
LV	Landesversammlung
MdN	Mitglied der Nationalversammlung
MdR	Mitglied des Reichstages
milit.	militärisch
Min.	Minister, Ministerium
Min.präs.	Ministerpräsident
Mitgl.	Mitglied
NDR	Norddeutscher Rundfunk
niederländ.	niederländisch
Nov.	November
NRW	Nordrhein-Westfalen

NSBO	Nationalsozialistische Betriebszellenorganisation
NSDAP	Nationalsozialistische Deutsche Arbeiterpartei
OHL	Oberste Heeresleitung
Okt.	Oktober
österr.	Österreichisch
Pg., Pgs.	Parteigenosse(n) (der NSDAP)
polit.	politisch
poln.	polnisch
Präs.	Präsident
preuß.	preußisch
PV	Parteivorstand
Rep.	Republik
republikan.	republikanisch
RDI	Reichsverband der Deutschen Industrie
RSFSR	Russische Sozialistische Föderation der Sowjetrepubliken
RT	Reichstag
rumän.	rumänisch
russ.	russisch
SA	Sturmabteilung
SAP	Sozialistische Arbeiterpartei Deutschlands
schles.	schlesisch
schwed.	schwedisch
SED	Sozialistische Einheitspartei Deutschlands
Sekr.	Sekretär
Sept.	September
sowj.	sowjetisch
Sozialdem.	Sozialdemokrat(in), Sozialdemokratie
sozialist.	sozialistisch
sozialpol.	sozialpolitisch
span.	spanisch
SPD	Sozialdemokratische Partei Deutschlands
SPÖ	Sozialdemokratische Partei Österreichs
SS	Schutzstaffel
Stellv.	Stellvertreter(in)
techn.	technisch
theoret.	theoretisch
tschech.	tschechisch
UdSSR	Union der Sozialistischen Sowjetrepubliken
US, USA	United States, Vereinigte Staaten von Amerika
USPD	Unabhängige Sozialdemokratische Partei Deutschlands
Vf.	Verfasser
Vors.	Vorsitzende(r)
wirtschaftl.	wirtschaftlich
WTB	Wolff'sches Telegraphenbüro
württ.	württembergisch
ZdA	Zentralverband der Angestellten
ZK	Zentralkomitee

Hinweise zur Literatur

Zahlreiche Aktenpublikationen, Handbücher, Sammelbände, Gesamtdarstellungen und Monographien liegen zum Ende der Weimarer Republik vor. Hier werden lediglich einige der neueren und bedeutsamen geschichtswissenschaftlichen Titel genannt, aus deren bibliographischen Angaben sich weitere Quellen und Forschungsbeiträge erschließen lassen. Einige Hinweise gelten vorrangig Leben und Werk von Erwin Ekkert und Emil Fuchs.

Akten der Reichskanzlei. Die Kabinette Brüning I und II. 30. März 1930 bis 10. Okt. 1931; 10. Okt. 1931 bis 1. Juni 1932. Bearb. Von Tilman Koops, Boppard am Rhein 1982

Akten der Reichskanzlei. Das Kabinett von Papen. 1. Juni 1932 bis 3. Dez. 1932. Bearb. Von Heinz Minuth, Boppard am Rhein 1989

Akten der Reichskanzlei. Das Kabinett von Schleicher. 3. Dez. bis 30. Januar 1933. Bearb. Von Anton Golecki, Boppard am Rhein 1986

Akten zur deutschen Auswärtigen Politik 1918-1945. Aus dem Archiv des Auswärtigen Amtes, Serie B: 1926-1933; insbes. die Bde 16 bis 21, Göttingen 1981 ff.

Abendroth, Wolfgang, Einführung in die Geschichte der Arbeiterbewegung. Von den Anfängen bis 1933, Heilbronn. 3. Aufl. 1997, (insbesondere die Kapitel 21 bis 23 über die Jahre 1930-1933).

Balzer, Friedrich-Martin: Klassengegensätze in der Kirche. Erwin Eckert und der Bund der Religiösen Sozialisten, 3. Aufl. Bonn 1993

Balzer, Friedrich-Martin/Schnell, Karl Ulrich: Der Fall Erwin Eckert. Zum Verhältnis von Protestantismus und Faschismus am Ende der Weimarer Republik, Bonn [2]1993

Balzer, Friedrich-Martin (Hrsg.): Ärgernis und Zeichen. Erwin Eckert. Sozialistischer Revolutionär aus christlichem Glauben, Bonn 1993

Benz, Wolfgang/Graml, Hermann (Hg.): Biographisches Lexikon zur Weimarer Republik, München 1988

Bracher, Karl Dietrich u.a.: Die Weimarer Republik 1918-1933. Politik, Wirtschaft, Gesellschaft, Düsseldorf 1987

Brüning, Heinrich: Memoiren 1918-1934, Stuttgart u.a. 1972

Christentum, Marxismus und das Werk von Emil Fuchs, hrsg. von der Rosa-Luxemburg-Stiftung Sachsen (6. Markov-Kolloquium), Leipzig 2. Aufl. 2002

Deuerlein, Ernst: Der Aufstieg des Nationalsozialismus in Augenzeugenberichten, Düsseldorf 1968

Deppe, Frank/Rossmann, Wittich: Wirtschaftskrise, Faschismus, Gewerkschaften. Dokumente zur Gewerkschaftspolitik 1929-1933, Köln 1981

Enzyklopädie des Nationalsozialismus. Hg von Wolf gang Benz u.a., Stuttgart 1997

Fischer, Fritz: Griff nach der Weltmacht, Düsseldorf 1961

Fischer, Fritz: Bündnis der Eliten. Zur Kontinuität der Machtstrukturen in Deutschland 1871-1945, Düsseldorf [2]1998

Fischer, Fritz: Hitler war kein Betriebsunfall. Aufsätze, München [4]1998

Flemming, Jens u.a. (Hg.): Die Republik von Weimar, 2 Bde., Königstein/Ts. /Düsseldorf 1979

Grüber, Michael: Die Spitzenverbände der Wirtschaft und das erste Kabinett Brüning. Vom Ende der Großen Koalition 1929/30 bis zum Vorabend der Bankenkrise 1931. Eine Quellenstudie, Düsseldorf 1982

Gruppe Magma: ...denn Angriff ist die beste Verteidigung. Die KPD zwischen Revolution und Faschismus, Bonn 2001

Heimann, Siegfried/Walter, Franz, Religiöse Sozialisten und Freidenker in der Weimarer Republik, Bonn 1993

Heyde, Philipp: Das Ende der Reparationen. Deutschland, Frankreich und der Youngplan 1929-1932, Paderborn u.a. 1998

Hitler. Reden, Schriften, Anordnungen. Februar 1925 bis Januar 1930. Hrsg. vom Institut für Zeitgeschichte, Bde. III bis V (mit Teilbänden), München u.a. 1995 ff.

Hobsbawm, Eric J.: Das Zeitalter der Extreme, München 1998

Hohlfeld, Johannes (Hg.): Deutsche Reichsgeschichte in Dokumenten 1894-1934. Urkunden und Aktenstücke zur inneren und äußeren Politik des Deutschen Reiches in vier Bänden, Berlin 1934 (insbesondere Bd. III und IV)

Hömig, Herbert: Brüning. Kanzler in der Krise der Republik. Eine Weimarer Biographie, Paderborn u.a. 2000

Hörster-Philipps, Ulrike (Hg.): Wer war Hitler wirklich? Großkapital und Faschismus 1918-1945. Dokumente, Köln 1978

James, Harold: Deutschland in der Weltwirtschaftskrise 1924-1936, Stuttgart 1988

Kempner, Robert M.W.: Der verpasste Nazistopp. Die NSDAP als staats-, und republikfeindliche, hochverräterische Verbindung. Preußische Denkschrift 1930, Frankfurt/Main u.a. 1983

Kinner, Klaus: Der deutsche Kommunismus. Selbstverständnis und Realität, Bd. 1: Die Weimarer Zeit, Berlin 1999

Kinner, Klaus: »Die verlorene Zukunft«. Skizzen zu einer Geschichte des deutschen Kommunismus, Leipzig 1998

Koebner, Thomas (Hg.): Weimars Ende. Prognosen und Diagnosen in der deutschen Literatur und politischen Publizistik, Frankfurt a.M. 1982

Kolb, Eberhard: Die Weimarer Republik, München 5. Aufl. 2000

Kühnl, Reinhard: Der deutsche Faschismus in Quellen und Dokumenten, 7. durchges. und erw. Aufl., Köln 2000

Kühnl, Reinhard: Die Weimarer Republik. Errichtung, Machtstruktur und Zerstörung einer Demokartie. Ein Lehrstück, Heilbronn 1993

Lange, Annemarie: Berlin in der Weimarer Republik, Berlin 1987

Lexikon zur Parteiengeschichte. Die bürgerlichen und kleinbürgerlichen Parteien und Verbände in Deutschland (1789-1945). In vier Bänden. Hg. von Dieter Fricke u.a., Leipzig 1983-1986

Longerich, Peter: Deutschland 1918-1933. Die Weimarer Republik. Handbuch zur Geschichte, Hannover 1996

Milatz, Alfred: Das Ende der Parteien im Spiegel der Wahlen 1930 bis 1933. In: Erich Matthias/Rudolf Morsey: Das Ende der Parteien 1933. Darstellungen und Dokumente, Düsseldorf 1960

Möller, Horst: Weimar. Die unvollendete Demokratie. München 1990

Mommsen, Hans: Die verspielte Freiheit. Der Weg der Republik von Weimar in den Untergang 1918 bis 1933, Berlin 1989

Niedhart, Gottfried: Deutsche Geschichte 1918-1933. Politik in der Weimarer Republik und der Sieg der Rechten, Stuttgart 1994

Carl von Ossietzky. Sämtliche Schriften., hrsg. von Werner Bredt, Dirk Grathoff, Gerhard Kraiker, Elke Suhr unter Mitwirkung von Rosalinde von Ossietzky-Palm, Reinbek bei Hamburg 1994

Opitz, Reinhard: Faschismus und Neofaschismus, Bonn 1996

Overesch, Manfred/Saal, Friedrich Wilhelm: Die Weimarer Republik. Eine Tageschronik der Politik, Wirtschaft, Kultur, 2. Aufl. Augsburg 1992

Pätzold, Kurt/Weißbecker, Manfred: Adolf Hitler. Eine politische Biographie, Leipzig 1995

Pätzold, Kurt/Weißbecker, Manfred: Geschichte der NSDAP 1920-1945, Köln 1998

Papen, Franz von: Der Wahrheit eine Gasse, München 1952

Petzold, Joachim: Franz von Papen. Ein deutsches Verhängnis, München/Berlin 1995

Peukert, Detlev J.K.: Die Weimarer Republik. Krisenjahre der klassischen Moderne, Frankfurt/M. 1987

Ruck, Michael: Bibliographie zum Nationalsozialismus, Köln 1995

Ruge, Wolfgang: Weimar – Republik auf Zeit, zuerst erschienen Berlin 1969, Köln 1980.

Ruge, Wolfgang: Hindenburg. Portrait eines Militaristen, 4. Aufl. Berlin 1980

Schulze, Hagen: Weimar. Deutschland 1917-1933, Berlin 1982

Sontheimer, Kurt: Antidemokratisches Denken in der Weimarer Republik. Die politischen Ideen des deutschen Nationalismus zwischen 1918 und 1933, München 1978

Staat und NSDAP 1930-1932. Quellen zur Ära Brüning. Hg. von Karl Dietrich Bracher u.a. Bearb. Von Ilse Maurer und Udo Wengst. Einleitung von Gerhard Schulz, Düsseldorf 1977

Weiß, Lothar: Rheinische Großstädte während der Weltwirtschaftskrise (1929-1933). Kommunale Finanz- und Sozialpolitik im Vergleich, Köln u.a. 1999

Weißbecker, Manfred u.a.: Macht und Ohnmacht der Weimarer Republik, Berlin/Freiburg 1990

Winkler, Heinrich August: Die deutsche Staatskrise 1930-1933. Handlungsspielräume und Alternativen. Unter Mitarbeit von Elisabeth Müller-Luckner, München 1982

Winkler, Heinrich August: Der Weg in die Katastrophe. Arbeiter und Arbeiterbewegung in der Weimarer Republik 1930 bis 1933, Berlin/Bonn 1987

Winkler, Heinrich August: Weimar 1918-1933. Die Geschichte der ersten deutschen Demokratie, München 1998

Biographische Erläuterungen

(Hier findet der Leser ergänzende Hinweise und Kommentare zu Personen, die über das hinausgehen, was die Wochenberichte selbst enthalten.)

Abegg, Wilhelm (1876-1952), Staatssekr. im preuß. Innenmin., DDP-Mitgl., 1933 emigriert.

Adenauer, Konrad (1876-1967), Zentrums- und CDU-Politiker, 1917/33 Oberbürgermeister von Köln, 1920/32 Präs. des preuß. Staatsrats, 1949/63 Vors. der westdt. CDU und Bundeskanzler der BRD.

Alfons XIII. (1886-1941), span. König, ermutigte 1923 General Primo de Rivera zur Errichtung der Diktatur, ließ ihn aber 1930 fallen. Nach Ausrufung der Republik dankte er am 1931 ab und ging ins Ausland.

Alvensleben-Neugattersleben, Hans Bodo Graf von (1882-1961), preuß. Junker, Großindustrieller, Präs. des Deutschen Herrenklubs, Großgrundbesitzer in Sachsen.

Araki, Sadao (1877-1966), 1931 jap. Kriegsmin. unter Min.präs. Inukai, 1932 Kriegsmin. unter Min.präs. Saito, Führer der rechtsradikalen Jungoffiziere, 1948 als Kriegsverbrecher ersten Ranges zu lebenslangem Gefängnis verurteilt, 1954 entlassen.

August Wilhelm, Prinz von Preußen (1887-1949), genannt Auwi, vierter Sohn Kaiser Wilhelms II., Mitgl. der Volkskonservativen Vereinigung, die auf ein Bündnis von DNVP und NSDAP drängte, später der NSDAP; 1932/33 Mitgl. des preuß. LT und 1933/45 MdR.

Baade, Fritz (1893-1974), Ökonom und Agrarwissenschaftler, Leiter der Reichsforschungsstelle für landwirtschaftliches Marktwesen in Berlin-Charlottenburg, 1930/33 MdR (SPD), 1934 Emigration.

Babson, Roger Ward (1875-1967), amerik. Wirtschafts- und Statistikexperte.

Bachem, Karl (1858-1945), SPD, Direktor der Arbeiterbank.

Bang, Paul (1879-1945), Politiker, Staatssekr. im Wirtschaftsmin., Mitgl. des Alldeutschen Verbandes, 1928/33 MdR (DNVP).

Barbusse, Henri (1873-1935), frz. Schriftsteller und Pazifist.

Bartels, Friedrich (1871-1931), Gewerkschafts- und SPD-Funktionär, 1925/31 Präs. des preuß. LT.

Bassanesi, Giovanna (1909-1948), ital. antifasch. Pilot.

Bauer, Otto (188 1-1938), Hauptvertreter des Austromarxismus, 1918/19 Staatssekr. des Auswärtigen, nach dem sozialdemokrat. Februaraufstand (1934) emigriert.

Bauknecht, Otto (*1876), Polizeipräs. von Köln.

Beck, Jozef (1894-1944), poln. Politiker, 1930 stellv. Min.Präs., 1932/39 Außenmin.

Becker, Carl Heinrich (1876-1933), ab 1913 Professor für Orientalistik in Bonn, Politiker parteilos, der DDP nahestehend, 1921 und 1925/30 preuß. Kultusmin.

Benes, Edvard (1884-1948), tschech. Politiker, Generalsekr. des tschech. Nationalrates in Paris für die Errichtung der CSR, 1918 Außenmin., 1921/22 zugleich Min.präs., Gründer und Leiter der »Kleinen Entente«, 1935/38 Staatspräs.

Bennett, Richard Bedford Viscount (1870-1947), 1930/35 kanad. Min.Präs.

Berenguer, Dámaso (1873-1953), span. General, 1930/31 Min.präs.

Bernhard, Otto (1880-1952), Industrieller und Politiker (NSDAP), 1931/33 Präs. der Bremer Bürgerschaft, 1941 zum Wehrwirtschaftsführer ernannt.

Bernstein, Eduard (1850-1932), Schriftsteller, Politiker (SPD), Mitgl. im BNV und der DFG (nach 1918 in der Geschäftsleitung der DFG), 1916 Geschäftsleitung der Zentralstelle für Völkerrecht, Präsidiumsmitgl. der Deutschen Liga für Völkerbund, 1917/20 USPD, dann Wiedereintritt in die SPD, 1902/07, 1912, 1918 und 1920/28 MdR.

Best, Werner (1903-1989), Politiker (NSDAP), Mitgl. des hess. LT, Verfasser der »Boxheimer Dokumente«, stellv. Gestapo-Chef, 1942/45 Reichskommissar in Dänemark.

Bismarck, Otto von (1815-1898), ab 1862 preuß. Min.präs. und Außenmin., 1871/90 Reichskanzler und preuß. Min.präs. (außer 1872/73), ab 1880 auch preuß. Min. für Handel und Gewerbe.

Bitner, Waclaw (*1893), poln. Faschist, 1922/35 Sejm-Abg.

Blomberg, Werner Eduard Fritz von (1878-1946), 1927/29 Chef des Truppenamtes der Reichswehr, 1929/33 Befehlshaber des Wehrkreises 1, 1933/35 Reichswehrmin, 1935/38 Kriegsmin., 1945/46 Zeuge im Hauptkriegsverbrecherprozeß in Nürnberg.

Blum, Léon (1872-1950), frz. Sozialistenführer und Schriftsteller, 1936/37 und 1938 Min.präs. der Volksfrontregierung, 1943/45 in Deutschland interniert, 1946/47 Min.präs.

Böhmker, Heinrich (1896-1944), 1932/34 Bezirksleiter der NSDAP in Ostholstein, 1931/33 Mitgl. des Oldenburg. LT, 1932/37 Regierungspräs. von Eutin, 1937/44 Regierender Bürgermeister von Bremen.

Boeß, Gustav (1873-1946), Politiker (DDP), 1921-1930 Oberbürgermeister von Berlin.

Bolz, Eugen Anton (1881-1945), Politiker (Zentrum), 1912/18 MdR, 1919/20 MdN, 1920/33 MdR, 1913/33 Mitgl. des württ. LT, 1924 württ. Innenmin. und 1928/33 württ. Staatspräs., nach dem 20. Juli 1944 hingerichtet.

Borah, William Edgar (1865-1940), amerik. Jurist und Politiker, US-Senator, Vors. des Auswärtigen Ausschusses, stimmte gegen den Versailler Vertrag, bemühte sich um die Anerkennung der UdSSR und befürwortete eine allgemeine Abrüstung.

Borsig, Ernst von (1869-1933), Generaldirektor der Borsigwerke, 1918/20 Vorstandsmitgl. der Zentralen Arbeitsgemeinschaft, ab 1919 Präsidialmitgl. des RDI, ab 1920 Vors. des Gesamtverbandes Deutscher Metallindustrieller, ab 1924 Vors. der Deutschen Arbeitgeberverbände.

Bracht, Clemens Emil Franz (1877-1933), Politiker (Zentrum), preuß. Verwaltungsbeamter, 1923/24 Staatssekr. der Reichskanzlei, 1924/32 Oberbürgermeister von Essen, 1932/33 Reichskommissar für Inneres in Preußen, 1931/32 Reichsmin. ohne Geschäftsbereich, 1932/1933 Reichsinnenmin.

Braun, Magnus Frhr. von (1878-1972), preuß. Junker, 1932/33 Reichsernährungsmin., Vater des Raketenspezialisten Wernher von Braun.

Braun, Otto (1872-1955), Politiker (SPD), 1920-1932 (mit Unterbrechungen 1921 und 1925) preuß. Min.präs., 1925 Präs.kandidat.

Brauns, Heinrich (1868-1939), Politiker (Zentrum), 1919/20 MdN, 1920/33 MdR, 1920/28 Reichsarbeitsmin.

Brecht, Bertolt (1898-1958), Schriftsteller.

Breitscheid, Rudolf (1874-1944), Politiker und Journalist, gründete 1908 mit Karl Barth u.a. die Demokratische Vereinigung, 1910/12 Hg: »Das Freie Volk«, 1912 SPD, 1917 USPD, ab 1922 wieder SPD, Hg. von deren Wochenschrift »Der Sozialist«, 1920/33 MdR, ab 1928 Fraktionsvors. der SPD im RT, 1926/30 in der dt. Völkerbundskommission, 1931/33 im Parteivorstand der SPD, 1933 Exil, 1944 im KZ Buchenwald umgekommen.

Briand, Aristide (1862-1932), frz. sozialist. Politiker, ab 1906 mehrfach Min. und Min.präs., letzteres u.a. 1921/22, 1925-26, 1929), Außenmin. (zuletzt 1925-1932), 1926 Friedensnobelpreis zus. mit Stresemann.

Broqueville, Charles Compte de (1860-1940), 1911/18 und 1932/34 belg. Min.präs., 1926-1931 Verteidigungsmin.

Brückner, Helmuth (1896-1945), Politiker (NSDAP), NSDAP, 1925 Begr. der NSDAP in Schlesien und Gauleiter Schlesiens, 1930/33 MdR, 1932/33 Mitgl. des preuß. LT. Nach der Ermordung Röhms und anderer SA-Führer aus der NSDAP ausgeschlossen.

Brüning, Heinrich (1885-1970), Politiker (Zentrum), 1920/30 Geschäftsführer des (christl.) Dt. Gewerkschaftsbundes, 1924/33 MdR, 1928/30 Mitgl. des preuß. LT, 1929/30 Vors. der Zentrumsfraktion im RT, 1930/32 Reichskanzler, 1934 Emigration.

Bucharin, Nikolai Iwanowitsch (1888-1938), sowj. Politiker, führender Vertreter der bolschewistischen Wirtschaftsauffassung, enger Kampfgefährte Lenins, 1917/29 Chefredakteur der »Prawda«, 1929 aller Funktionen enthoben und 1938 in einem Schauprozeß zum Tode verurteilt und hingerichtet, 1988 postum rehabilitiert.

Bücher, Hermann (1882-1951), Geheimrat, Interessensvertreter von IG-Farben und des RDI, 1930/47 Vorstandsvors. der AEG.

Bullerjahn, Walter Lagerverwalter, 1925 wegen angeblichen Landesverrats vom Reichsgericht zu 15 Jahren Zuchthaus verurteilt, 1932 im Wiederaufnahmeverfahren freigesprochen.

Bülow, Bernhard Wilhelm von (1885-1936), Jurist, ab 1911 im Auswärtigen Dienst, ab 1917 im AA, als Gegner der Unterzeichnung des Versailler Friedensvertrags ausgeschieden, ab 1923 wieder im AA als Vortragender Legationsrat, Leiter des Völkerbundsreferats, dann der Europa-Abteilung, 1930/36 Staatssekretär im AA.

Buresch, Karl (1878-1937), österr. christlich-sozialer Politiker, 1931/32 Bundeskanzler, 1933/35 Finanzmin.

Caballero, Francisco Largo (1869-1946), Sozialist, 1931/33 span. Arbeitsmin.

Carl Eduard, Herzog von Coburg und Gotha (*1884)

Carsen, Fritz Direktor der Karl-Marx-Schule in Berlin.

Chamberlain, Sir Joseph Austen (1863-1937), brit. Politiker (Konserv.), 1924/29 brit. Außenmin., hatte maßgeblichen Anteil am Abschluß des Locarno-Pakts, 1925 Friedensnobelpreis zus. mit Dawes.

Chautemps, Camille (1885-1963), frz. Politiker, führendes Mitgl. der Parti Radical et Radical-Socialiste, zwischen 1924 und 1934 mehrfach Innenmin., 1930, 1933/34 und 1937/38 Min.präs.

Cheron, Henri (1867-1938), 1928/30 frz. Finanzmin.

Churchill, Winston Leonhard Spencer (ab 1953: Sir), (1874-1965), brit. Politiker, Kriegsberichterstatter im Burenkrieg, 1900 konserv. Abgeordneter im Unterhaus, wechselte 1904 zu den Lib., mehrfach Min., 1922 erneuter Übertritt zu den Konserv., 1924/29 Schatzkanzler, 1940/45 und 1951/55 Premiermin.

Cohn, Willy (1888-1941), Studienrat in Breslau, verfaßte als Historiker Lebensbilder mehrerer SPD-Politiker; seine Berufung zum Professor löste an der Breslauer Universität antisemit. Proteste und fasch. Krawalle aus. Ein mehrseitiges Verzeichnis seiner Schriften findet sich in einem 1971 durch den Scientia Verlag Aalen neu hrsg. Buch »Das Zeitalter der Hohenstaufen« (Breslau 1925). Cohn kam in Auschwitz um.

Coolidge, John Calvin (1872-1933), amerik. Politiker (Rep.), 1923/29 Präs. der USA.

Curtius, Julius (1877-1948), Politiker (DVP) 1920/32 MdR, 1926/29 Reichswirtschaftsmin., 1929/31 Reichsaußenmin.

Daladier, Édouard (1884-1970), frz. Politiker (Radikalsozialist), 1919/58 Abg., 1927/31 Vors. der Partei, ab 1924 mehrfach Min., 1933, 1934 und 1938/40 Min.präs., 1943/45 in Dtld. interniert.

Dawes, Charles Gates (1865-195 1), amerik. Rechtsanwalt und Bankier (Rep.), 1923/24 Vors. des 1. Sachverständigenausschusses der Interalliierten Reparationskommission, 1925/29 Vizepräs. der USA. Der unter seiner Leitung erarbeitete Plan war Grundlage des am 16.8.1924 abgeschlossenen und nach ihm benannten Vertrags über die dt. Reparationsleistungen, 1925 zus. mit Chamberlain Friedensnobelpreis.

Debuchi, Katsuji (1878-1947), 1924 Staatssekretär im Außenmin., 1928-1934 Botschafter in den USA, 1936-1945 Mitglied des Oberhauses.

Dehn, Günther (1882-1970), Theologe. Seine Berufung an die Universität Halle löste 1931 fasch. Krawalle aus, die 1932 zu seiner Beurlaubung führten, er lehrte ab 1935 an der Kirchlichen Hochschule der Bekennenden Kirche in Berlin, 1941 verhaftet, 1946/53 Professor in Bonn.

Deterding, Sir Henry (1866-1939), niederländ. Ölindustrieller, 1902/36 Generaldir. der Koninklijke Nederlandsche Petroleum Maatschappij, nach deren Zusammenschluß mit der Royal Dutch Petroleum Company und der Shell Company Chef des zweitgrößten Ölkonzerns der Welt. Unterstützte die NSDAP finanziell.

Deutsch, Julius (1884-1968), österr. Sozialdem., Gewerkschaftsführer, 1923 Gründer des republikan. Schutzbundes, Führer des sozialdem. Februaraufatandes 1934, 1940/48 im Exil.

Dietrich, Hermann Robert (1879-1954), Politiker (bis 1930 DDP, dann DStP), 1911/18 Mitgl. des bad. LT, 1919/20, 1920 bad. Min. für Auswärtiges, 1914 Oberbürgermeister von Konstanz, 1919/33 MdN bzw. MdR, 1928/30 Reichsernährungsmin., 1930 Reichswirtschaftsmin., 1930/32 Vizekanzler und Reichsfinanzmin., 1930/33 Vors. der DStP.

Dingeldey, Eduard (1886-1942), Politiker (DVP), 1919/28 Mitgl. des hess. LT, 1928/33 MdR, 1930/33 Vors, der DVP.

Döblin, Alfred (1878-1957), Nervenarzt und Schriftsteller, bis 1920 Mitgl. der USPD, 1921/30 der SPD, ab 1933 Exil in Frankreich, dann in den USA, kehrte 1945 nach Dtld. zurück, ab 1953 wieder in Frankreich.

Dollfuß, Engelbert (1892-1934), österr. klerikaler Politiker, ab 1932 Bundeskanzler, bekämpfte den Anschluß Österreichs an Deutschland, schlug den sozialdem. Februaraufstand (1934) nieder; gestützt auf die »Vaterländische Front« versuchte er einen autoritären, klerikalen Ständestaat aufzubauen, beim Juliputsch 1934 wurde er im Bundeskanzleramt erschossen.

Dörr, Walter Hugo (1879-1964), Politiker, zunächst tätig im Fürstentum Birkenfeld, 1929/32 Regierungspräs. von Oldenburg, im Okt. 1932 von der NS-Regierung unter Carl Röver zwangspensioniert.

Doumer, Paul (1857-1832), frz. Politiker, Führer der Radikalsozialisten, 1921/22 und 1825/26 Finanzmin., 1927 Senatspräsident, 193 1/32 frz. Staatspräs.

Drewitz, Hermann (1887-1955), Politiker (Wirtschaftspartei/Reichspartei des deutschen Mittelstandes).

Duesterberg, Theodor (1875-1950), preuß. Offizier, 1924/33 2. Vorsitzender des Bundes der Frontsoldaten (Stahlhelm), 1932 Präs.kandidat der DNVP.

Duisberg, Carl (1861-1935, Chemiker und Großindustrieller) ab 1912 Generaldirektor der Elberfelder Farbfabriken (vormals Friedrich Bayer & Co.), ab 1925 Vors. des Aufsichts- und Verwaltungsrats der IG Farbenindustrie AG, 1925/31 Vors. des RDI.

Eckener, Hugo (1868-1954), Luftschiffkonstrukteur, Chefingenieur der Zeppelinwerke.

Edge, Walter Evans (1873-1956), 1929/33 US-Botschafter in Frankreich.

Einstein, Albert (1879-1955), theoret. Physiker, Mitbegründer der Quantentheorie; 1921 Nobelpreis, Humanist und Friedenskämpfer, setzte sich nach 1945 nachhaltig für den Abbau von Kernwaffen ein.

Eltz-Rübenach, Frhr. Paul von (1875-1943), konservativer Politiker, 1932/37 Reichspost- und Verkehrsmin. unter Papen, Schleicher und Hitler.

Ender, Otto (1875-1960), 1930/31 österr. Bundeskanzler, 1933/34 Min. für Verfassungsfragen im Kabinett Dollfuß.

Ernst, Alfred (1895-1934), SA-Führer, Teilnehmer des Kapp-Putsches, 1933/34 Mitgl. des preuß. LT, am 30. Juni 1934 erschossen.

Esser, Thomas (1870-1948), Politiker (Zentrum), 1919/22 Mitgl. des preuß. LT, 1921/33 MdR, 1926/33 Vizepräs. des RT.

Faure, Paul (1878-1 960), frz. Journalist und sozialist. Politiker.

Feder, Gottfried (1883-1941), Politiker (NSDAP), begr. 1917 den Deutschen Kampfbund zur Brechung der Zinsknechtschaft, 1924/33 MdR.

Ferdinand (1861-1948)1908/18 bulg. König.

Flandin, Pierre Étienne (1889-1958), frz. Politiker, 1914/40 Abg., 1934/35 Min.präs.

Ford, Henry (1863-1947), amerik. Großindustrieller. Ziel seiner techn., wirtschaftl. und sozialpol. Grundsätze (Fordismus) war, durch Massenfertigung (Arbeitsteilung, Rationalisierung durch Fließbandarbeit) möglichst gute Erzeugnisse zu möglichst niedrigen Preisen zu produzieren, Verf. der antisemitischen Schrift »Der internationale Jude. Ein Weltproblem«.

Frank, Hans (1900-1946), Rechtsanwalt, Politiker, 1930/45 MdR (NSDAP).

Frank, Leonhard (1882-1961), Schriftsteller.

Frank, Ludwig (1874-1914), ab 1907 MdR (SPD), meldete sich im August 1914 als

Kriegsfreiwilliger und fiel im ersten Gefecht bei Lunéville.
Franz Joseph, Fürst von Isenburg (1869-1939).
Franzen, Anton (1896-1968), Politiker (NSDAP), 1930/31 MdR, 1930 Min. für Inneres und Volksbildung in Braunschweig, verließ nach seinem Rücktritt die NSDAP und war in Kiel als Anwalt tätig.
Frick, Wilhelm (1877-1946), Jurist, Dezernent in der Polizeidirektion München, wegen Teilnahme am Hitlerputsch zu 15 Monaten Festungshaft verurteilt, 1924/25 MdR, 1930/31 Min. für Inneres und Volksbildung in Thüringen, 1933/43 Reichsinnenmin., 1943/45 Reichsprotektor in Böhmen und Mähren, vom IMT als Hauptkriegsverbrecher verurteilt und hingerichtet.
Friedrich II., König von Preußen (1712-1786)
Fuad, Achmed Pascha (1868-1936), ab 1917 Sultan, ab 1922 König von Ägypten.
Furtwängler, Wilhelm (1886-1954), Dirigent und Komponist, leitete die Berliner Philharmoniker (1922/45, 1947/54), übernahm 1931 die musikalische Leitung der Bayreuther Festspiele und wurde 1933 Direktor der Berliner Staatsoper.
Gandhi, Mahatma (1869-1948), Führer der indischen Unabhängigkeitsbewegung, löste 1920 nach Verkündung des zivilen Ungehorsams den gewaltlosen Widerstand gegen die brit. Herrschaft in Indien aus, nach der Unabhängigkeit Indiens 1948 von einem fanatischen Hindu erschossen.
Gayl, Wilhelm Moritz Frhr. von (1879-1945), ostpreuß. Junker und deutschnationaler Politiker, 1921/33 Bevollmächtigter Ostpreußens im Reichsrat, 1932 Reichsinnenmin. (DNVP)
Gereke, Günther (1893-1970), preuß. Verwaltungsbeamter, 1922/33, Vors. des Verbandes der preuß. Landgemeinden, 1924/28 MdR (DNVP, zuletzt Landvolkpartei), 1932 Leiter des »Vereinigten Hindenburg-Ausschüsse«, 1932/33 Reichskommissar für Arbeitsbeschaffung und Staatssekretär, 1946/50 Mitglied der westdeutschen CDU, trat für die Anerkennung der DDR ein und brach mit der CDU, ab 1952 Mitglied des Nationalrats der nationalen Front der DDR.
Geßler, Otto (1875-1955), Politiker, (1919-1927 DDP), 1911/18 Oberbürgermeister von Regensburg und Nürnberg, 1919 Reichsmin. für den Wiederaufbau, 1920/24 MdR, 1920/28 Reichswehrmin.
Giurati, Giovanni Batista (1876-1970), 1930/31 Generalsekr. der ital. fasch. Partei.
Goebbels, Joseph (1897-1945), 1926/45 Gauleiter der NSDAP in Berlin, Schriftleiter von NS-Zeitungen, 1928/45 MdR, 1929/45 Reichspropagandaleiter der NSDAP, ab 1933 Reichspropagandamin., Vors. der Reichskulturkammer.
Goerdeler, Carl Friedrich (1884-1945), Politiker (DNVP), 1930/37 Oberbürgermeister von Leipzig, 1931/35 Reichskommissar für Preisüberwachung, ab 1939 in der bürgerlichen Widerstandsbewegung gegen Hitler, vorgesehen als dessen Nachfolger im Reichskanzleramt, nach dem 20. Juli 1944 hingerichtet.
Goldenberger, Franz Xaver (1867-1948), 1926/33 bayer. Staatsmin. für Unterricht und Kultus.
Goldschmidt, Jakob (1882-1955), Bankier, 1920-1931 Geschäftsinhaber der Darmstädter und Nationalbank (Danatbank)
Gömbös, Gyula (1886-1936), Exponent der antisemitisch-nationalistischen Gruppen des »Erwachenden Ungarn«, betrieb als Min.präs. (1932-1936) die Zusammenar-

beit Ungarns mit Italien und Österreich sowie mit Nazi-Deutschland.

Gontard, Paul von (* 1868), bis 1928 Generaldir. und Vors. der Berlin-Karlsruher Industriewerke AG, vormals Deutsche Waffen- und Munitionsfabriken Berlin.

Göring, Hermann (1893-1946), Politiker (NSDAP), 1928/45 MdR, 1932 Präsident des RT, ab 1933 Reichsmin. und preuß. Min.präs. und preuß. Innenmin. (bis 1934), als solcher Chef der Gestapo, ab 1935 Oberbefehlshaber der Luftwaffe, Reichsmarschall und Inhaber zahlreicher Staatsämter, 1946 vom Intern. Militärtribunal in Nürnberg als einer der Hauptkriegsverbrecher zum Tode verurteilt, entzog sich der Hinrichtung durch Selbstmord.

Gorki, Maxim (1868-1936); russ. Schriftsteller.

Grandi, Dino (1895-1988), ital. Politiker, 1929-1932 Außenmin., führte in der Sitzung des Faschist. Großrates vom 25.7.1943 den Sturz Mussolinis herbei.

Green, William (1873-1952), amerik. Gewerkschaftsführer.

Grimme, Adolf (1889-1963), Pädagoge und SPD-Politiker, 1930/33 preuß. Kultusmin., namhafter religiöser Sozialist, gehörte zum Kreis der entschiedenen Schulreformer, Mitglied der Widerstandsgruppe »Neubeginnen«, 1942/45 in Haft, 1946/48 Kultusmin. in Niedersachsen, 1948/56 Generaldirektor des NDR.

Groener, Wilhelm (1867-1959), 1920/23 Reichsverkehrsmin., 1928/32 Reichswehr- und 1931/32 zugleich Reichsinnenmin.

Grumbach, Salomon (1884-1952), frz. sozialdem. Politiker und Abg., Journalist, zeitweise Redakteur des »Vorwärts«.

Grzesinski, Albert (1879-1947), Politiker (SPD), 1918 Vorsitzender des Arbeiter- und Soldatenrates in Kassel, 1921/33 Mitgl. des preuß. LT, 1919 Unterstaatssekretär im preuß. Kriegsmin., 1921/24 Leiter des preuß. Landespolizeiamtes, 1925/26 und 1930/32 Polizeipräs. von Berlin, 1926/30 preuß. Innenmin.

Gürtner, Franz (1881-1941), deutschnationaler und fasch. Politiker, 1922/32 bayer. Justizmin., 1932/41 Reichsjustizmin.

Hassell, Ulrich von (1881-1944), ab 1908 Diplomat, 1932/38 dt. Botschafter in Rom, Vorstandsmitgl. des Mitteleurop. Wirtschaftstages; sollte am 20.7.1944 das Amt des Außenmin. übernehmen, wurde nach dem gescheiterten Attentat auf Hitler am 8.9.1944 hingerichtet.

Hauptmann, Gerhart (1862-1946); Dichter.

Heilmann, Ernst (1881-1940), Politiker (SPD), Vors, der preuß. LT-Fraktion.

Heines, Edmund (1897-1934), Politiker (NSDAP), 1923 im Münchner Putsch Führer der Roßbach-Gruppe der SA, 1928 wegen eines 1920 begangenen Femmordes zu 15 Jahren Zuchthaus verurteilt (1930 amnestiert), 1930/33 MdR, ermordet.

Held, Heinrich (1868-1938), Politiker, ab 1907 bayer. MdL (Zentrum), 1918 Mitbegr. der BVP, 1918 zum stellv. Min.präs. und Staatsmin. ohne Partefeuille ernannt, 1919/24 Fraktionsführer der BVP im bayer. LT, 1925/30 (geschäftsführend bis 1933) bayer. Min.präs., 1925 Präs.kandidat.

Helldorf, Wolf-Heinrich Graf von (1896-1944), Politiker (NSDAP), ab 1925 Mitgl. des preuß. LT, ab 1931 SA-Gruppenführer von Berlin-Brandenburg, ab 1932 MdR, nach dem 20. Juli 1944 hingerichtet.

Henderson, Arthur (1863-1935), brit. Politiker, ab 1903 Abg. im Unterhaus, 1908/11, 1913/22 und 1931/34 Vors. der Labour Party, 1924 Innenmin., 1929/31 Außenmin., 1932/33 Vors. der Genfer Weltabrüstungskonferenz, erhielt 1934 den Friedensnobelpreis.

Hermine von Hohenzollern (1867-1947), 1922 Heirat mit dem ab 1918 in den Niederlanden lebenden Kaiser Wilhelm.

Herriot, Édouard (1872-1957), frz. Politiker, ab 1919 Parteiführer der Radikalsozialist. Partei und des Oppositionsblocks gegen den »Bloc national«, 1924/25 und 1932 Min.präs. (1924/25 zugleich Außenmin.), 1942 von der Vichy-Regierung unter Polizeiaufsicht gestellt, 1947/54 Präs. der Nationalversammlung.

Hervé, Gustave (1871-1944), frz. Politiker und Publizist, bis 1913 Antimilitarist und Sozialist, ab dem 1. Weltkrieg entschiedener Nationalist.

Herzl, Theodor (1860-1904), Publizist und Schriftsteller, veröffentlichte 1896 sein Buch »Der Judenstaat. Die Lösung der Judenfrage«, das als Gründungsdokument des Zionismus gilt.

Heß, Joseph (1878-1932), Politiker (Zentrum), Mitgl. des preuß. AH, 1919/21 Mitgl. der preuß. LV, 1921/32 Mitgl. des preuß. LT, 1928 MdR.

Heuck, Christian (1892-1934), 1930/33 MdR (KPD), vom Reichsgericht zu einem Jahr und neun Monaten Gefängnis verurteilt, dort von SS-Leuten ermordet.

Heye, Wilhelm (1869-1946), Generaloberst, betrieb ab Dez. 1918 die Aufstellung eines Freiwilligenheeres (Freikorps), 1926/30 Chef der Heeresleitung als Nachfolger Seeckts.

Hierl, Konstantin (1875-1955), 1919 Freikorpsführer, 1923 Sympathisant des Hitler-Ludendorff-Putsches, 1929 Eintritt in die NSDAP, ab 1931 Beauftragter der NSDAP für den Arbeitsdienst.

Hilferding, Rudolf (1877-1941), Arzt, sozialdem. Wirtschaftstheoretiker und Politiker, 1917/22 USPD, nach 1922 SPD, 1923 und 1928/29 Reichsfinanzmin., Mitgl. des Parteivorstandes der SPD, Mitverf. des Heidelberger Programms (1925), 1924/33 MdR, 1933 Exil, 1941 in Frankreich inhaftiert und in Gestapohaft umgekommen.

Hindenburg, Paul von Beneckendorff (1847-1934) Generalfeldmarschall, 1925-1934 Reichspräsident.

Hirtsiefer, Heinrich (1876-1941), preuß. Min., gehörte als Zentrumspolitiker dem Bundesvorstand des »Reichsbanners« an.

Hitler, Adolf (1889-1945), 1921/45 Führer der NSDAP, 1933/45 Reichskanzler, ab 1934 zugleich Staatsoberhaupt.

Hoesch, Leopold von (1881-1936), Diplomat, 1924-1932 Botschafter in Paris, danach Botschafter in London.

Höltermann, Karl (1894-1955), rechter sozialdemokratischer Politiker, Mitbegründer des Reichsbanners, 1924/31 stellvertretender Bundes-, 1931/32 Bundesvorsitzender.

Honjo, Shigeru (1876-1945), jap. General und Diplomat, 1925 Militärattaché an der Gesandtschaft in China, 1928 Kommandeur der 10. Division, 1931 Oberbefehlshaber der jap. Armee im Nordosten Chinas, ab 1932 Militärrat, ab 1933 Militäroberhofmarschall, 1945 Selbstmord.

Hoover, Herbert Clark (1874-1964); amerik. Politiker (Rep.), 1921/28 Handelsmin., 1929/33 Präsident der USA.

Höpker-Aschoff, Hermann (1883-1954), Politiker (DDP), 1921 Mitgl. des preuß. LT, 1925/31 preuß. Finanzmin., 1930/32 MdR.

Horiuchi, Tateki jap. Diplomat, begann 1918 seine Beamtenlaufbahn im Außenmin., Gesandter in Tianjin, später in Peking, 1939 Direktor der ostasiatischen Abteilung des Außenmin., 1940 Gesandter in China und gleichzeitig Generalkonsul in Shanghai.

Horn, Rudolf von (1866-1934), preußischer General, ab 1926 Präs. des Deutschen Reichskriegerbundes »Kyffhäuser«.

Hörsing, Otto (1874-1937), Politiker (SPD), 1919/20 Mitgl. der MdN, 1920/22 MdR, 1924/33 Mitgl. des preuß. LT, 1920/27 Oberpräs. der Provinz Sachsen, gründete mit Höltermann 1924 das »Reichsbanner Schwarz-Rot-Gold«, bis 1932 dessen Bundesvors., 1932 aus der SPD ausgeschlossen.

Horthy von Nagybánya, Mlklòs (1868-1957), Admiral, ungar. Faschist; 1919, 1920/44 Reichsverweser.

Hugenberg, Alfred (1865-1951), Großindustrieller, Pressemonopolist und deutschnationaler Politiker, 1909/18 Vors. des Direktoriums der Firma Friedrich Krupp, 19 16/34 Leiter des Scherl-Verlages und Chef des als »Wirtschaftsvereinigung« getarnten schwerindustriellen Nachrichten-, Zeitungs- und später auch Filmkonzerns seines Namens, 1918 Mitbegr. und 1928/33 Vors. der DNVP, 1919/1945 MdN bzw. MdR, 1931 Mitbegr. der Harzburger Front, 1933 Wirtschafts- und Ernährungsmin.

Ibánez del Campo (1877-1960), 1927/31 chil. Präs.

Ilsley, James Lorimer (1894-1967), kanad. Richter und Min.

Imbusch, Heinrich (1878-1945), Politiker (Zentrum), ab 1919 Vors. des Gesamtverbandes der christl. Gewerkschaften Deutschlands, 1919/33 MdN bzw. MdR, 1933 Flucht ins Saarland, 1940 Exil in Frankreich und Belgien, 1942 illegal nach Deutschland zurückgekehrt.

Irigoyen, Hipólito (1852-1933), 1922/30 argent. Präsident.

Jarres, Karl (1874-195 1), Jurist, Politiker, 1910/33 (mit Unterbrechungen) Oberbürgermeister von Remscheid und Duisburg, 1923/25 parteiloser Reichsinnenmin., ab 1923 Vors. des Aufsichtsrates der Klöckner-Werke, ab 1924 Mitgl. der DVP, 1925 Präs.kandidat.

Jouhaux, Léon (1879-1954), frz. Gewerkschaftsführer und Politiker, 1909 Generalsekr. der Conféderation Générale du Travail (CGT), 1919 stellv. Vors. des Intern. Gewerkschaftsbundes und des Intern. Arbeitsamtes, im 2. Weltkrieg in Dtld. interniert, 1947 Gründer der CGT-Force Ouvrière, 1951 Friedensnobelpreis.

Kaas, Ludwig (1881-1952), Prälat, Politiker (Zentrum), 1919/33 MdN bzw. MdR, 1928/33 Parteivors.

Kahl, Wilhelm (1849-1932), Professor für ev. Kirchenrecht, Staatsrecht und Strafrecht, Politiker (DVP), 1919/20 MdN, 1920-1932 MdR, Ehrenvorsitzender der DVP, Vors, des Strafrechtsausschusses im RT, Mithg. der »Deutschen Juristenzeitung«.

Kaiser, Georg (1878-1945), Dramatiker, Schriftsteller.

Kalckreuth, Eberhard Graf von (1881-1941), schles. Magnat und Politiker (DNVP), 1924/28 und 1930/33 Präs. des Reichslandbundes, Unterzeichner der Eingabe vom 19.11.1932 an Reichspräs. Hindenburg, in der gefordert wurde, Hitler zum Reichskanzler zu ernennen.

Kapp, Wolfgang (1858-1922), 1917 Begr. der Deutschen Vaterlandspartei, ab 1919 im Vorstand der DNVP, unternahm im März 1920 einen Putschversuch gegen die Weimarer Republik.

Katayama, Sen (1859-1933), jap. Sozialist, später Kommunist, 1921 Reise in die UdSSR, 1924 Mitglied des Exekutivkomitees der Kommunistischen Internationale, von Moskau aus übte er großen Einfluß auf die jap. Massenbewegung für Freiheit und Demokratie aus.

Kawabe, Torashiro (1890-1960), jap. Generalleutnant, zunächst Militärattaché in der UdSSR und Polen, protestierte 1931 beim Beginn des Mandschurei-Krieges gegen das Verhalten der Kanto-Armee, kritisierte 1937 die Ausweitung des Krieges, wurde jedoch im gleichen Jahr zum Chef der Kriegsführungsabteilung des Generalstabes ernannt, ging 1945 beim Kriegsende als Vertreter des kaiserlichen Hauptquartiers nach Manila, um dort von US-General MacArthur Anweisungen zu bekommen, arbeitete nach dem Krieg im Generalshauptquartier der US-amerikanischen Besatzungsarmee.

Keil, Wilhelm (1870-1968), Politiker (SPD), 1910/33 MdR, 1945/52 Präs. des württemberg. LT.

Kellogg, Frank B. (1856-1937), amerik. Politiker, 1925/29 Staatssekr. für Äußeres, initiierte den Briand-Kellogg-Pakt (1928), erhielt 1929 den Friedensnobelpreis.

Kerenski, Alexander Fjodorowitsch (1881-1970), sozialrevolutionärer russ. Politiker, 1917 Vors. der Provisorischen Regierung, emigrierte 1918 und lebte seit 1940 in den USA.

Kerrl, Hans (1887-1941), Politiker (NSDAP), 1932 preuß. LT-Präs., ab 1933 MdR, ab 1935 Reichsmin. für kirchliche Angelegenheiten.

Kilboom, Karl (1885-1961), schwed. sozialist. Politiker.

Klagges, Dietrich (1891-1971), Politiker (NSDAP), 1932/45 MdR, 1931/33 Min. für Volksbildung und Innenmin. in Braunschweig, 1933/45 Min.präs. in Braunschweig.

Klepper, Otto (1888-1957) (1931/32 preuß. Finanzmin.)

Klotz, Helmut (Journalist) (1884-1943), bis 1924 NSDAP, 1929 Mitgl. des Reichsbanners, 1933 Emigration, 1943 vom Volksgerichtshof zum Tode verurteilt.

Kollwitz, Käthe (1867-1945), Grafikerin, Bildhauerin. 1919/33 Prof. an der Preuß. Akademie der Künste.

Korfanty, Wojciéch (1873-1939), poln. Politiker, 1903/12 und 1918 MdR (Polenfraktion), leitete 1920/21 den poln. Aufstand in Oberschlesien, 1922 Min.präs.

Köster, Roland (1883-1935), Jurist, Diplomat, 1929-1930 Gesandter in Oslo, 1931-1932 Leiter der Personalabteilung des AA, 1932 Botschafter in Paris.

Köttgen, Carl (1871-1951), seit 1921 Vorstandsvors. der Siemens-Schuckert-Werke in Berlin.

Kreuger, Ivar (1880-1932), schwed. Industrieller. Sein schwed.-engl.-amerik. Zündholz- und Finanztrust erlangte eine Monopolstellung, bevor er 1931 zusammenbrach.

Krupp, Gustav von Bohlen und Halbach (1870-1950), Großindustrieller, ab 1909 Inhaber der Firma Friedrich Krupp, 1931/33 Vors. des RDI, 1934 Leiter der Reichsgruppe Industrie, Wehrwirtschaftsführer. Vom Internat. Militärgerichtshof wurde er als Hauptkriegsverbrecher angeklagt, zu einer Haftstrafe verurteilt und vorzeitig entlassen.

Krylenko, Nikolai Wassiljewitsch (1885-1938) sowj. Staatsanwalt, 1936/37 Volkskommissar und Min. für Justiz

Kube, Wilhelm (1887-1943), Politiker, 1924-1926 Geschäftsführer der Deutsch-Völkischen Freiheitspartei (DVFP), 1924/28 und 1932 MdR (Nationalsozialist. Freiheitspartei, dann NSDAP), 1928/33 Mitgl. des preuß. LT (NSDAP), 1928 NSDAP-Gauleiter.

Küchenthal, Werner (1882-1976), Politiker (DNVP), Vors. des gemeinsam mit den NSDAP-Politikern Freanzen und Klagges gebildeten Staatsmin. in Braunschweig; hatte 1931/32 entscheidenden Anteil an der Einbürgerung Hitlers. Seit 1933 Mitgl. der NSDAP und übte bis 1945 das Amt eines Staatsbankpräs. aus.

Kühler, Wilhelm (1871-1934), MdR (DVP), Professor in Greifswald, kommissarischer Vertreter des preuß. Kultusmin.

Lahusen, Carl Bremer Industrieller, übernahm nach dem Tode seines Vaters 1921 die Leitung des Nordwolle-Konzerns, dessen Bankrott den Zusammenbruch der Darmstädter und Nationalbank (Danatbank) und damit die Bankenkrise von 1931 einleitete. Zunächst von der NSDAP gestützt, wurde er 1933 wegen seiner Betrügereien zu fünf Jahren Gefängnis und 50.000 RM Geldstrafe verurteilt.

Lahusen, Friedrich (1900-1961), seit 1929 im Vorstand des Nordwolle-Konzerns.

Lahusen, Heinrich seit 1923 im Vorstand des Nordwolle-Konzerns.

Lauscher, Albert (1872-1944), Politiker (Zentrum), Mitgl. des preuß. LT.

Laval, Pierre (1883-1945), Rechtsanwalt, frz. Politiker, 1914/19 sozialist. Abgeordneter, 1924 als Parteiloser in die Kammer gewählt, seit 1925 mehrfach Min., 1931/32, 1935/36 sowie ab 1942 Min.präs. in Frankreich, 1945 als Kollaborateur zum Tode verurteilt und hingerichtet.

Layton, Sir Walter Thomas, brit. Finanzpolitiker, verfasste im Sommer 1931 für die BIZ einen von Brüning gern zitierten Bericht über die dt. Wirtschaftslage und die Höhe der dt. Auslandsverschuldungen (15,8 Mrd. RM).

Leber, Julius (1891-1945), Politiker (SPD), 1924/33 MdR, 1933-1937 inhaftiert, führend in der Widerstandsbewegung (»Kreisauer Kreis«), nach dem 20. Juli 1944 verhaftet und zum Tode verurteilt.

Lebrun, Albert (1871-1950), frz. Politiker 1932-1940 (letzter) Präsident der Dritten Republik.

Lehmann-Rußbüldt, Otto Gustav Albert Willy [eigentlich Otto Lehmann] (1873-1964), Schriftsteller, Publizist und Buchhändler, 1918/31 Mitarbeiter der »Weltbühne«, Mitbegr. und bis 1926 Generalsekr. der Deutschen Liga für Menschenrechte, 1933 verhaftet, nach der Flucht aus dem Gefängnis 1933 emigriert, beteiligte sich von England aus an den Hilfsaktionen für den Carl von Ossietzky, 1936 Mitunterzeichner des Volksfrontaufrufes, 1951 Rückkehr nach Berlin(West), Ernennung zum Ehrenpräsidenten der Deutschen Liga für Menschenrechte.

Leipart, Theodor (1867-1947), 1908/18 Vors. des Holzarbeiterverbandes, 1919/20 württ. Arbeitsmin., 1921/33 Vors. des ADGB; um diesen zu erhalten, versicherte er Hitler, »dauernd mit den Unternehmerorganisationen zusammenzuwirken«, und verhandelte mit Vertretern der NSBO über Zusammenarbeit (April 1933), trat 1946 der SED bei.

Lenin, Vladimir Iljitsch (1870-1924), Begr. des Sowjetstaates, seit 1917 Vors. des Rates der Volkskommissare, marxist. Theoretiker und Philosoph, mußte sich wegen schwerer Krankheit ab 1922 zunehmend aus der Regierungsarbeit zurückziehen und konnte den Aufstieg des von ihm kritisierten Stalin (ab 1922 Generalsekr. der KP) zum mächtigsten sowj. Politiker nicht mehr verhindern.

Ley, Robert (1890-1945) Politiker (NSDAP), Leiter der DAF, 1928/32 MdL in Preußen, 1930/45 MdR, Angeklagter im IMT in Nürnberg, entzog sich der Aburteilung vor Verhandlungsbeginn durch Selbstmord.

Liebknecht, Karl (1871-1919), Politiker und Jurist, 1912/17 MdR (SPD), während des 1. Weltkrieges aus der Fraktion ausgeschlossen, begr. 1916 mit Rosa Luxemburg den Spartakusbund und 1918 die KPD, während des Berliner Januaraufstandes von Freikorpsoffizieren erschossen.

Litwinow, Maxim Maximowitsch (1876-1951), 1930/39 Außenmin. der UdSSR, 1941/43 sowj. Botschafter in den USA.

Litzmann, Karl (1850-1936), General, NSDAP, Alterspräs. des im Nov. 1932 gewählten RT.

Lloyd George, David (1863-1945), brit. Politiker (Lib.), ab 1890 Mitgl. des Unterhauses, 1905/08 Handelsmin., 1908/15 Schatzkanzler, 1916 Kriegsmin., 1916/22 Premiermin.

Löbe, Paul (1875-1965), Politiker (SPD), Vors. der sozialdem. RT-Fraktion.

Lothian, Lord (Philip Kerr) (1882-1940), brit. Journalist und Politiker (Lib.)

Loucheur, Louis (1872-1932), frz. Außenmin. und Wirtschaftsmin.

Luther, Hans (1879-1962), Politiker (parteilos), 1918/22 Oberbürgermeister von Essen, 1922/23 Reichsernährungsmin., 1925/26 Reichskanzler, 1930/33 Reichsbankpräsident, 1933/37 Botschafter in Washington.

Luxemburg, Rosa (1870-19 19), Politikerin, zunächst SPD, begr. 1916 mit Karl Liebknecht den Spartakusbund und im Dez. 1918 die KPD; während des Berliner Januaraufstandes 1919 verhaftet und von Freikorpsoffizieren erschossen.

Lytton, Victor Alexander George Robert Bulwer-Lytton, Second Earl of (1876-1947), brit. Diplomat, leitete im Auftrage des Völkerbunds 1931 die Kommission, welche die Ursachen der Invasion Japans in der Mandschurei klären sollte. Sein Bericht vom September 1931 kennzeichnete Japan als Aggressor.

MacDonald, James Ramsay (1866-1937), brit. Politiker, Mitbegr. und 1911/14 Fraktionsvors. der Labour Party, 1924 und 1929/35 brit. Premiermin.

Mackiewicz, Stanislaw (* 1896), poln. Publizist und 1928/30 Sejm-Abg.

Maginot, André (1877-1932), frz. Politiker, 1922/24 und 1929/30 Kriegsmin., die Befestigungszone entlang der frz. Ostgrenze wurde nach ihm benannt.

Maikowski, Hans Eberhard († 1933), SA-Führer.

Mann, Heinrich (1871-1950), Schriftsteller, 1933 Ausschluß aus der Preuß. Akademie der Künste, Emigration nach Frankreich, 1940 Flucht in die USA.

Marschler, Willi (1893-1955), Politiker (NSDAP) Min. in Thüringen.

Marx, Karl (1818-1883), Führer der revolutionären deutschen und internationalen Arbeiterbewegung, Theoretiker des Kapitalismus und Sozialismus, zusammen mit Friedrich Engels Begründer des wissenschaftlichen Sozialismus.

Maxton, James (1855-1946), Politiker der brit. Independent Labour Party.

May, Ernst (1886-1970), Architekt, 1925/30 Stadtbaurat in Frankfurt/Main, 1930/33 in der UdSSR.

Meißner, Otto (1880-1953), 1923/34 Staatssekr. Eberts bzw. Hindenburgs und 1934/45 Chef der Präsidialkanzlei Hitlers.

Melcher, Kurt (1881-1970), Polizeipräs. von Berlin, Nachfolger Grzesinskis.

Melchior, Carl (1871-1933), Bankier, Politiker (DDP), 1919 Delegierter in der dt. Friedensdelegation, Teilhaber der Warburg-Bank, nach 1918 wiederholt als Regierungssachverständiger tätig, im Vorstand des Reichsausschusses für Handel, Industrie und Gewerbe der DDP.

Molotow, Wjatscheslaw Michailowitsch (1890-1986), sowj. Politiker, 1930/41 Vors, des Rates der Volkskommissare, 1939/49, 1953/56 Außenmin.

Morgan, John Pierpont Jr. (1867-1943), amerik. Bankier, übernahm 1913 das Bankhaus seines gleichnamigen Vaters und verstärkte dessen Einfluß auf dem intern. Kapitalmarkt.

Müller(-Franken), Hermann (1876-1931), Politiker (SPD), 1916/18 und 1920/31 MdR, 1918 einer der Vors. des Reichsrätekongresses, 1919/20 Reichsaußenmin., 1919/27 einer der Vors. der SPD, 1920 und 1928/30 Reichskanzler.

Münchmeyer, Ludwig Johann (*1885) antisemitischer Pfarrer, seit 1926 Redner und Publizist der NSDAP, MdR.

Münzenberg, Willi (1889-1940); Verleger, Politiker (KPD), 1914/18 Sekretär der sozialistischen Jugendinternationale der Schweiz, 1919/22 im Exekutivkomitee der Kommunistischen Jugendinternationale, 1924/33 MdR, 1928 Mitbegr. des Bundes der Freunde der Sowjetunion, 1933 Exil. Nach Kritik an Stalin 1938 aus dem ZK der KPD (Mitgl. ab 1927), im März 1939 aus der KPD ausgeschlossen, 1940 interniert, kam auf dem Marsch der Lagerinsassen unter ungeklärten Umständen ums Leben.

Mussolini, Benito (1883-1945), Führer des ital. Faschismus, 1922/43 Min.präsident, 1943 vom Fasch. Großrat abgesetzt und inhaftiert, von dt. Fallschirmtruppen befreit, von ital. Widerstandskämpfern ergriffen und ohne Gerichtsverfahren erschossen.

Nadolny, Rudolf (1873-1953), Jurist, Diplomat, 1920 Gesandter in Stockholm, 1924-1932 Botschafter in Ankara, 1933-34 Botschafter in Moskau.

Naphtali, Fritz (1888-1961), Mitgl. des Bundesvorstandes des ADGB, 1927/33 Direktor der Forschungsstelle für Wirtschaftspolitik des ADGB.

Naumann, Friedrich (1860-1919), Politiker (Freisinnige Vereinigung DFP, DDP), 1907/18 MdR, 1915 forderte er die Errichtung eines mitteleuropäischen Wirtschaftsverbandes unter dt. Vorherrschaft, dem neben Dtld. und Österreich-Ungarn insbes. Polen und die Balkanstaaten angehören sollten (Mitteleuropakonzept), 1918 Mitbegr. der DDP, 1919 Vors. der Weimarer Nationalversammlung.

Nehru, Jawaharial (1889-1964), Jurist, Politiker; kämpfte für die Unabhängig Indiens, ab 1929 wiederholt Präs. des Indian National Congress, 1947/54 Premiermin. Innenpolitisch vertrat er einen demokrat. Sozialismus, außenpolitisch die Blockfreiheit Indiens und das Prinzip der friedl. Koexistenz, galt als einer der Sprecher der »Dritten Welt«.

Neumann, Heinz (1902-?1937), Politiker (KPD), 1925/28 Vertreter der KPD in der Kominternspitze in Moskau, 1929 Chefredakteur von »Die Rote Fahne«, 1930/32 MdR, Vertreter des ultralinken Flügels in der KPD, 1933 Exil in der Schweiz, ab 1935 UdSSR, in Moskau hingerichtet.

Neurath, Konstantin Frhr. von (1873-1956), Diplomat und Politiker, 1921/30 Botschafter in Rom und 1930/32 in London, 1932/38 Reichsaußenmin., 1939/43 Reichsprotektor in Böhmen und Mähren, 1946 zu 15 Jahren Haft verurteilt, erhielt 1954 bei seiner vorzeitigen Entlassung ein Begrüßungsschreiben des Bundeskanzlers Adenauer.

Norman, Montagu Collet, Baron Norman (1871-1950), 1920/44 Chef der Bank von England.

Noske, Gustav (1868-1946), Politiker (SPD), 1906/18 MdR, 1919/20 MdN, schlug als Leiter des Militärressorts des Rats der Volksbeauftragten mit Freiwilligen-Truppen im Jan. 1919 den Spartakus-Aufstand nieder, setzte im März 1919 als Reichswehrmin. (1919-1920) reguläre Truppen gegen Streikkämpfe und Aufstandsversuche ein, 1920/33 Oberpräs. der Provinz Hannover, 1939 und 1944 in Haft.

Olden, Rudolf (1885-1940), Rechtsanwalt, Journalist und Schriftsteller, Mitarbeiter am »Berliner Tageblatt«, 1925/32 an »Die Weltbühne«, Verteidiger Ossietzkys im Weltbühnen-Prozeß, 1933 Emigration, zus. mit seiner Frau Ika maßgeblich an der Friedensnobelpreiskampagne für Ossietzky beteiligt.

Oldenburg-Januschau, Elard von (1855-1937), westpreuß. Rittergutsbesitzer, Vors, des Bundes der Landwirte in Westpreußen, Politiker, 1902/12 und 1930/33 MdR (Deutschkonserv.Partei, DNVP).

Ormesson, Graf Wladimir d' (1888-1973), frz. Publizist und Diplomat, 1924/34 außenpolitischer Redakteur von »Le Temps« und »Journal de Genève«.

Ossietzky, Carl von (1889-1938), 1927/33 Chefredakteur von »Die Weltbühne«, wurde 1931 wegen »Landesverrat« und des »Verrats militärischer Geheimnisse« zu Gefängnis verurteilt, weil in seiner Zeitschrift die geheime, gegen den Versailler Vertrag verstoßene Aufrüstung der Reichswehr aufgedeckt worden war, 1932 amnestiert, 1933/36 in verschiedenen Konzentrationslagern. 1936 erhielt er den Friedensnobelpreis für 1935, durfte ihn aber nicht annehmen; eine Aufhebung seiner Verurteilung 1932 ist in der BRD bis heute nicht erfolgt.

Osterloh, Johann Politiker (SPD), 1931 kurzzeitig Präs. der Bremer Bürgerschaft.

Pabst, Waldemar (1880-1970), Oberst, preuß. Freikorpsführer, verantwortlich für die Ermordung von Luxemburg und Liebknecht, 1919 Mitbegr. und Hauptgeschäftsführer der gegenrevolutionären »Nationalen Vereinigung«, 1920 Teilnehmer am Kapp-Putsch, danach Organisator der österr. Heimwehren.

Pacelli, Eugenio (1876-1958), Nuntius, ab 1939 Papst Pius XII.

Painlevé, Paul (1863-1933), frz. Mathematiker, Politiker (Rep.), ab 1910 Abgeordneter, 1917 und 1925 Min.präs., 1925/29 Kriegsmin., 1930/31 und 1932/33 Luftfahrtmin.

Pangalos, Theodoros (1878-1952), griech. General, 1925 Min.präs., 1926 als Diktator gestürzt.

Papee, Kazimierz (1889-1979), poln. Diplomat, Gesandter im Freistaat Danzig.

Papen, Franz von (1879-1969), Politiker (bis 1932 Mitgl. der Zentrumspartei), 1921/32 Mitgl. des preuß. LT, von Juni bis Nov. 1932 Reichskanzler, 1933/34 Vizekanzler,

1934/44 Diplomat, bereitete als Botschafter in Wien ab 1936 den Anschluß Österreichs an das Reich vor, 1939/44 Botschafter in der Türkei, als Hauptkriegsverbrecher vom Nürnberger Tribunal angeklagt und gegen den Einspruch des sowj. Anklagevertreters freigesprochen, im Spruchkammerverfahren zu acht Jahren Arbeitslager verurteilt, 1949 entlassen.

Paul-Boncour, Joseph (1873-1972), frz. Politiker (Sozialist), Abrüstungsexperte, 1919/28 Delegierter beim Völkerbund, 1931 wegen politischer Differenzen und seiner Haltung zu Dtld. aus seiner Partei ausgetreten, 1932 Kriegsmin., 1932/33 Min.präs., 1932/36 ständiger Delegierter beim Völkerbund, 1933/34 Außenmin.

Pfrimer, Walter (1881-1968), Rechtsanwalt, Führer der steiermärkischen Heimwehr, gründete 1922 den Selbstschutzverband Steiermark, 1926/30 zusammen mit Steidle Bundesführer der Heimwehren, im Sept. 1931 beteiligt am sog. Pfrimer-Putsch, 1933 Beitritt zur NSDAP.

Pilsudski, Jozef Klemens (1867-1935), poln. Politiker und Marschall (seit 1920), Mitbegr. und Führer der Polnischen Sozialist. Partei, 19 18/22 Staatschef und Oberbefehlshaber der Armee, stürzte 1926 die Regierung und übte seitdem als Kriegsmin. (1926/35), 1926/28 und 1930 auch als Min.präs. eine diktatorische Herrschaft aus.

Pleyer, Kleo(phas) (1898-1942), NS-Historiker

Poelzig, Hans (1869-1936), Architekt.

Poincaré, Raymond (1860-1934), frz. Politiker, ab 1887 Abg., 1912/13 Min.präs. und Außenmin., 1913/20 Staatspräs., trat nach dem 1. Weltkrieg für eine nachhaltige polit., wirtschaftl. und militär. Schwächung Deutschlands ein, ab 1920 Vors, der Reparationskommission, 1922/24 Min.präs., veranlaßte 1922 die Besetzung des Ruhrgebietes, 1926/29 nochmals Min.präs.

Popitz, Johannes (1884-1945), 1925 Staatssekretär im Reichsfinanzmin., 1932 Reichskommissar für Preußen, 1933/44, preuß. Staats- und Finanzmin., entwickelte sich zum Gegner des NS-Regimes, nach dem 20. Juli in Berlin-Plötzensee hingerichtet.

Posse, Hans (1886-1965), 1924/34 Beamter im Reichswirtschaftsmin.

Ragaz, Leonhard (1868-1945), schweiz. ev. Theologe, Mitbegr. und Führer der religiös-sozialen Bewegung in der Schweiz, Präs. des »Internationalen Bundes der Religiösen Sozialisten«.

Ramsin, Leonid Konstantinowitsch (1887-1948), sowj. Wissenschaftler, 1921-1930 Direktor des Allunions-Wärmetechnik-Instituts, 1930 im Industriepartei-Prozeß getadelt.

Rauch, Hans (* 1885), Stadtbaurat in München, Mitgl. des bayer. LT (BVP), 1924 MdR.

Ravené, Louis (1866-1944), Großindustrieller, Rittergutsbesitzer, Bankier, Präs. des Reichsverbandes des Deutschen Groß- und Überseehandels, Geh. Kommerzienrat.

Rechberg, Arnold (1879-1947), Industrieller, Kommerzienrat, 1916 Mitgl. des Deutschen Nationalausschusses.

Remarque, Erich Maria (1898-1970), Schriftsteller.

Renn, Ludwig (eigentlich: Arnold Friedrich Vieth von Golßenau) (1889-1979), Schriftsteller, 1910/20 Offizier, 1928 Eintritt in die KPD, 1928/32 Sekr. des Bundes Proletarisch-Revolutionärer Schriftsteller in Berlin, 1933/36 Gefängnishaft, 1936 Emigration in die Schweiz, Kommandeur einer Internationalen Brigade im span. Bürgerkrieg, 1939/47 Emigration in Mexiko, lebte danach in der DDR.

Reventlow, Ernst Graf zu (1869-1943), Marineoffizier, Autor, (Alldeutscher, Nationalsozialist. Freiheitspartei, NSDAP), 1924/34 MdR.

Rheinbaben, Werner Ferdinand von (1878-1975), Politiker (DVP), 1920/30 MdR, 1923 Staatssekr. und Chef der Reichs-kanzlei.

Röhm, Ernst (1887-1934), Reichswehroffizier, 1919/23 Führer der NSDAP, führend beim Aufbau der SA, 1924 MdR, 1931 Stabschef der SA, Dez. 1933 Reichsmin., am 30. Juni 1934 bei der Niederschlagung des angebl. Röhm-Putsches ließ Hitler ihn, andere SA-Führer und Mißliebige (Gregor Strasser, Edgar Jung und Kurt von Schleicher) erschießen.

Rohr, Hans Joachim von (1888-1971), DNVP, 1925/32 Mitgl. des preuß. LT, 1933 im Reichswirtschaftsmin. tätig., Staatssekretär.

Rolland, Romain (1866-1944), frz. Schriftsteller, 1915 Literaturnobelpreisträger.

Roosevelt, Franklin Delano (1882-1945), 1933/45 US-Präsident.

Rosenberg, Alfred (1893-1946), Politiker (NSDAP), 1930/45 MdR, 1941/45 Reichsmin. für die besetzten Ostgebiete, im Nürnberger Hauptkriegsverbrecherprozess 1946 zum Tode verurteilt.

Rosenberg, Bernhard Wilhelm von (1885-1936), Diplomat.

Rosenfeld, Kurt (1877-1943), linkssozialdemokratischer Politiker, gründete 1931 die SAP.

Rundstedt, Gerd von (1875-1953), Reichswehrgeneral, Generalfeldmarschall, beim IMT als Zeuge der Verteidigung vernommen, im Mai 1949 aus brit. Untersuchungshaft entlassen.

Rupprecht, Kronprinz von Bayern (1869-1955), 1916 Generalfeldmarschall und bis zum Ende des 1. Weltkriegs Oberbefehlshaber der Heeresgruppe »Kronprinz Rupprecht«.

Rust, Bernhard (1883-1945), Studienrat, 1925/40 NSDAP-Gauleiter, 1930/45 MdR, 1933/34 preuß. Kultusmin., 1934/45 Reichsmin. für Wissenschaft, Erziehung und Volksbildung

Rykow, Alexej Iwanowitsch (1881-1938), sowj. Politiker, ab 1905 einer der führenden Bolschewiki, ab 1922 Mitgl. des Politbüros der KPdSU, 1924/30 Vors, des Rates der Volkskommissare, 1930 Verlust aller Ämter, 1937 Parteiausschluß, 1938 in einem Schauprozeß zum Tod verurteilt und hingerichtet.

Sacco, Nicola (1891-1927), des Mordes angeklagter Anarchist ital. Herkunft, trotz zweifelhafter Beweisführung und weltweiter Proteste 1921 für schuldig erklärt, 1927 gegen jahrelange internationale Proteste hingerichtet, 1977 durch den Gouverneur von Massachusetts rehabilitiert.

Sahm, Heinrich (1877-1939), preuß. Verwaltungsbeamter, 1920/30 Danziger Senatspräsident, 1931/35 Oberbürgermeister von Berlin, 1936/39 Botschafter in Oslo.

Saito, Makoto (1858-1936), 1898 Staatssekr. im jap. Marinemin., 1912 Admiral, ab 1919 Generalgouverneur in Korea, 1927 Beauftragter bei der Abrüstungskonferenz der Marine in Genf, 1929 Wiederernennung als Generalgouverneur in Korea, 1932 Min.präs., nachdem Min.präs. Inukai ermordet worden war, 1935 Rücktritt, 1936 bei einem Aufstand junger Offiziere getötet.

Samuel, Herbert Louis (1870-1963), brit. Politiker (Lib.), 1920/25 erster Hochkommissar in Palästina, 1931/35 brit. Innenmin.

Sankey, John Lord (1866-1948), brit. Politiker, ab 1929 Baron, ab 1932 Viscount of Moreton, 1929-1935 Lordkanzler, Vors. der Indien-Konferenz.

Sato, Naotake (1882-1971), 1923 jap. Gesandter in Polen, 1924/28 Vors. des Oberhauses, 1930 Botschafter in Belgien und Vertreter in der Generalversammlung des Völkerbundes, 1933 Botschafter in Frankreich, 1937 Außenmin., 1942 Botschafter in Moskau, 1947 Mitglied des Oberhauses.

Sauckel, Fritz (1894-1946), NSDAP-Gauleiter von Thüringen. seit 1933 Reichsstatthalter und 1942/45 Generalbevollmächtigter für den Arbeitseinsatz, vom IMT zum Tode verurteilt.

Saud, Ibn (Abd al-Aziz III.) (1880-1953), König von Saudi-Arabien.

Schacht, Horace Greely Hjalmar (1877-1970), Bankier, Politiker, 1923/30 und 1933/39 Reichsbankpräs., Unterzeichner der Eingabe vom Nov. 1932 an Reichspräs. Hindenburg, in der gefordert wurde, Hitler zum Reichskanzler zu ernennen. 1934/37 als Wirtschaftsmin. zuständig für die Finanzierung der Aufrüstung 1937/44 Min. ohne Geschäftsbereich, Kontakte zu den Verschwörern des 20. Juli 1944, 1944/45 inhaftiert, im Nürnberger Prozeß 1946 freigesprochen, danach von den dt. Behörden bis 1948 inhaftiert, seit 1953 Mitinhaber des von ihm gegründeten Privatbankhauses Schacht & Co. in Düsseldorf.

Schäffer, Fritz (1888-1967), bürgerlicher Politiker, 1929/33 Vors. der BVP, 1945 Mitbegr. der CSU, 1945 bayer. Min.präs., 1949/61 Finanz- bzw. Bundesjustizmin.

Schäffer, Hugo (1875-1945) 1922/23 Direktor der Firma Friedrich Krupp AG, 1932 Reichsarbeitsmin.

Scharf, Friedrich (1897-1974), Politiker (NSDAP), 1932/34 Unterrichtsmin. und 1934/45 Staatsmin. in Mecklenburg.

Scheffer, Paul (Ps.: Vlender, Vlendré, Sigillum) (1883-1963), Journalist und Redakteur. 1921/29 Korrespondent in Moskau, 1929/33 in London für das »Berliner Tageblatt« danach auch für andere dt. Zeitungen in den USA, nicht wieder nach Dtld. zurückgekehrt.

Schehr, John (1896-1934), seit 1929 Mitglied des ZK der KPD, seit 1932 Mitglied des Politbüros und Sekr. des ZK, MdR, Nov. 1933 verhaftet, 1934 durch ein Sonderkommando der Gestapo erschossen.

Scheringer, Richard (1904-1986), Leutnant, als Mitglied der Schwarzen Reichswehr 1923 am Küstriner Putsch beteiligt, 1924 Offiziersanwärter in Ulm, 1930 Angeklagter im Ulmer Reichswehr-Prozeß, in der Haft Kontakte zu kommunistischen Mit-häftlingen, im März 1931 Bruch mit der NSDAP und Anschluß an die KPD, 1933 begnadigt, nach 1945 in KPD bzw. DKP aktiv.

Schiele, Martin (1870-1939), Politiker (DNVP), Rittergutspächter, 1914/18 und 1920/30 MdR, 1919/20 MdN, 1925 Reichsinnenmin., 1927/28 und 1930/32 Reichsernährungsmin., 1928/30 Präs. des Reichslandbundes.

Schiff, Victor (1895-1953), Journalist, trat 1917 der SPD bei, 1920/33 außenpolit. Redakteur des »Vorwärts«.

Schillings, Max von (1868-1933), Komponist und Dirigent, 1919/25 Intendant der Preuß. Staatsoper Berlin, Akademiepräs., Ende März 1933 zum Generalintendanten der Städtischen Oper Berlin ernannt.

Schleicher, Kurt von (1882-1934), Reichswehrgeneral und reaktionärer Politiker, ab 1914 Mitarbeiter der OHL, 1919 des Reichswehrmin., 1932 Reichswehrmin., 1932/33 Reichskanzler und Reichskommissar von Preußen, wurde im Verlauf des sog. Röhmputsches 1934 erschossen.

Schlenker, Max Martin (1883- 1967), Hauptgeschäftsführer des schwerindustriellen Vereins zur Wahrung der wirtschaftlichen Interessen in Rheinland-Westfalen (Langnam-Verein).

Schneller, Ernst (1890-1944); 1911 Lehrer in Kirchberg; Kriegsteilnehmer; 1919 SPD, 1920 KPD; 1921 MdL in Sachsen; 1924-1933 MdR; 1925 Vorsitzender des Ständigen Militärischen Rates beim ZK der KPD; 1925-1927 Mitglied des ZK der KPD; 1924-1928 Mitglied des Politbüros und Sekretär des ZK; 1924-1929 Mitglied der Bundesleitung des »Rotfrontkämpferbundes« (RFB), 1929-1932 politischer Leiter der Reichsparteischule »Rosa Luxemburg« in Fichtenau bei Berlin; Militärpolitiker, Propagandist; Mai 1932 mit der Leitung der Kommission zur Entwicklung der »Antifaschistischen Aktion« beauftragt; 1. März 1933 verhaftet; November 1933 zu sechs Jahren Zuchthaus verurteilt; 1939 KZ Sachsenhausen, Mitglied der illegalen Leitung der KPD im Lager, 1944 mit weiteren 26 Mitgliedern der illegalen Organisation der KPD, darunter drei franz. Kommunisten, erschossen.

Schober, Johannes (1874-1932), österr. Politiker, 1921/22 und 1929/30 österr. Bundeskanzler (parteilos, später Mitgl. des Wirtschaftsblocks), 1918/21 und 1922/29 Polizeipräs. von Wien, 1930/32 Vizekanzler und Außenmin.

Schoenaich, Paul Frh. von (1866-1954), pazifist. Politiker, 1929/33 Präs. der Deutschen Friedensgesellschaft (DFG), Wiederbegründer der DFG nach 1945.

Schönfelder, Adolph (1875-1966), 1919/33 Mitgl. der Hamburger Bürgerschaft (SPD), 1925/33 Polizeisenator.

Schröder, Kurt Freiherr von (1889-1966), Bankier, Teilhaber des Kölner Bankhauses J.H. Stein, gehörte ab 1932 zu dem von Wilhelm Keppler organisierten Freundeskreis der Wirtschaft (später Freundeskreis Himmler), unterzeichnete im Nov. 1932 die Eingabe an Hindenburg die Hitlers Berufung als Reichskanzler forderte. In seiner Kölner Villa fand die entscheidende Begegnung zwischen Hitler und Papen vor der Errichtung der fasch. Diktatur statt. Seit 1933 Mitgl. der NSDAP, 1934/35 Kreisamtsleiter in Köln, bis 1940 Gauamtsleiter der NSDAP für Köln/Aachen. Mitgl. des Generalrates der Wirtschaft, seit 1938 SS-Brigadeführer, 1945 von den westl. Alliierten interniert, im Nov. 1948 zu drei Monaten Gefängnis und 500.000 DM Geldstrafe verurteilt, die im Juni 1950 auf 60.000 DM herabgesetzt wurden. Die Hälfte davon wurde schließlich durch die sechsmonatige Internierungshaft 1947 in Eselsheide (b. Paderborn) als getilgt angesehen. Sein Großgrundbesitz in Hohenstein (bei Eckernförde) und seine Teilhaberschaft am Bankhaus J.H. Stein blieben unangetastet.

Schubert, Carl von (1882-1947), Politiker, Staatssekretär im AA, Mitarbeiter Stresemanns, 1930/32 dt. Botschafter in Rom.

Schurmann, Jacob Gould (1854-1942), amerik. Diplomat, 1925/30 Botschafter in Berlin.

Schwarzschild, Leopold (1891-1950), Publizist, 1930/33 Vorstandsmitgl. der Deutschen Liga für Menschenrechte.

Schwerin von Krosigk, Lutz (1887-1977), Mitarbeiter Brünings, trat seit 1931 für die Einbeziehung der NSDAP in die Reichsregierung ein, 1932/45 Reichsfinanzmin., 1949 zu 10 Jahren Haft verurteilt, 1951 entlassen.

Seeckt, Hans von (1866-1936), preuß. General und Politiker (DVP), 1919 Chef des Truppenamtes, 1920/26 Chef der Heeresleitung der Reichswehr, 1930/32 MdR (DVP), 1931 an der Bildung der Harzburger Front beteiligt, 1933 und 1934/35 militärischer Berater bei Tschiang Kai-Schek in China.

Seiffert, Paul (1866-1936), Direktor des Sparbundes.

Seipel, Ignaz (1876-1932), kath. Priester und österr. Politiker, 1921/29 Vors. der Christlichsozialen Partei, 1924/29 Bundeskanzler und 1930 Außenmin.

Seitz, Karl (1869-1950), österr. Politiker (SPÖ), 1901/18 Mitgl. des Reichsrats, 1919/20 erster Präs. der Nationalversammlung und vorläufiges Staatsoberhaupt, 1920/34 Vors. der SPÖ, 1923/34 Bürgermeister und Landeshauptmann von Wien, 1944/45 im KZ Ravensbrück, seit 1945 Ehrenvors. der SPÖ.

Seldte, Franz (1882-1947), Fabrikant und Politiker (DNVP, ab 1937 NSDAP), 1918 Gründer des Stahlhelm, dessen Bundesführer er bis zur Eingliederung in die SA 1933 war, 1931 neben Hugenberg und Hitler Mitinitiator der Harzburger Front, 1933/45 MdR und Reichsarbeitsmin.

Severing, Carl (1875-1952), Politiker (SPD), 1907/12 und 1919/33 MdN bzw. MdR., 1921/33 Mitgl. des preuß. LT, 1919/20 Reichskommissar und preuß. Staatskommissar für Westfalen, 1920/26 und 1930/32 preuß. Innenmin., 1928/30 Reichsinnenmin., 1947/52 MdL in NRW.

Seydewitz, Max (1892-1987), Politiker (SPD), 1924/32 MdR, 1931/33 Mitvors. der SAP, 1933 Exil in der CSR, ab 1938 Norwegen, ab 1940 Schweden. 1945 Rückkehr nach Dtld., 1945 KPD, 1946 SED, 1947/52 Min.präs. des Landes Sachsen, 1954 Mitgl. des Deutschen Friedensrates, 1955/67 Generaldir. der Staatl. Kunstsammlungen Dresden.

Shaw, George Bernhard (1856-1950), anglo-irischer Schriftsteller.

Siemens, Carl Friedrich von (1872-1941), Berliner Elektroindustrieller, 1918 einer der Initiatoren der Zentralen Arbeitsgemeinschaft, seit 1919 Vorsitzender des Aufsichtsrats der Siemens & Halske AG und der Siemens-Schuckert-Werke, 1919/24 Mitglied der DDP, 1920/24 MdR.

Siemsen, Anna (1882-1951), Hochschullehrerin und Politikerin (1918 USPD, ab 1922 SPD, ab 1931 SAP), 1919/20 Stadtverordnete in Düsseldorf, 1921/23 Oberschulrätin in Berlin, 1923/32 Professorin für Pädagogik in Jena, 1928/30 MdR., Mitgl. des BES, bis 1929 im Präsidium der DFG, führend tätig in DLfM und IFFF, 1933 Exil in der Schweiz.

Silverberg, Paul (1876-1959), Großindustrieller und Bankier, mehrfacher Aufsichtsratsvorsitzender, 1926/33 stellv. Vors. des RDI.

Sinzheimer, Hugo (1875-1945), Rechtsanwalt und Politiker (SPD), 1919/20 MdN, 1920/33 Professor für Arbeitsrecht, Mitgl. des republikanischen Richterbundes, 1933 Exil in den Niederlanden, 1940-1945 im KZ.

Sixtus, Prinz von Bourbon-Parma (1886-1934), Bruder der österr. Kaiserin Zita, im 1. Weltkrieg belg. Offizier, lebte danach in Frankreich, nach ihm ist die Sixtus-Affäre benannt, Kandidat Pilsudskis als König von Polen.

Sklarek, Leo (*1885), gemeinsam mit seinen Brüdern Inhaber einer Berliner Kleiderverwertungsgesellschaft und in einen großen Skandal verwickelt.

Sklarek, Max (1882-1934)

Sklarek, Willy (1885-1938)

Snowden, Philipp (1864-1937), brit. Politiker (Labour), 1924 und 1929/31 Schatzkanzler.

Solf, Wilhelm (1862-1936), preuß. Verwaltungsbeamter, 1900/11 Gouverneur von Samoa, 1911/18 Staatssekr. des Reichskolonialamtes, 1918 Staatssekretär des Auswärtigen Amtes.

Sollmann, Wilhelm (1881-1951), Publizist und Politiker (SPD), 1918 Vors, der Kölner SPD, 1923 Innenmin., 1919/33 MdN bzw. MdR, 1933 Exil in Saarland, Luxemburg und seit 1937 in den USA.

Solmßen, Georg Adolf (1869-1957), Bankier, 1904/29 Direktor der Disconto-Gesellschaft in Berlin, 1929/34 Vorstandsmitglied der Deutschen Bank und Disconto-Gesellschaft, 1930 Mitbegr. der Konservativen Volkspartei.

Sombart, Werner (1863-1941), Volkswirtschaftler und Soziologe, ursprünglich zu den Kathedersozialisten gehörend, wandelte er sich zum sozialkonservativen Wegbereiter des Nationalsozialismus, von dem er sich in seinen späteren Schriften wieder distanzierte.

Spiecker, Carl (1888-1953), Politiker (Zentrum), 1919/22 Staatskommissar für Oberschlesien, 1923/25 Reichspressechef, Mitgl. des republikanischen Reichsbundes.

Springorum, Friedrich (1886-1941), Großindustrieller, seit 1925 Generaldirektor, seit 1932 Vorstandsvors. des Hoeschkonzerns, Unterstützer der Eingabe vom Nov.1932 an Hindenburg in der gefordert wurde, Hitler zum Reichskanzler zu ernennen, Wehrwirtschaftsführer.

Stalin, Jossif Wissarionowitsch (eigentlich: Dschugaschwili), (1879-1953), sowjet. Politiker georgischer Herkunft, erwarb als Generalsekr. der Kommunistischen Partei Rußlands (Bolschewiki) große Machtfülle und stand ab 1928/29 unangefochten als Alleinherrscher an der Spitze der Partei und der UdSSR; verantwortlich für einen tiefgreifenden Wandel des Landes (Industrialisierung, Kollektivierung der Landwirtschaft) und für den Tod von mehreren Mill. Menschen. Im Interesse der Erhaltung seines Machtapparates vulgarisierte er das Theoriegebäude von Marx, Engels und Lenin. Die expansive Orientierung seiner Außenpolitik führte zu einer Unterordnung der Kommunistischen Internationale unter die Interessen der UdSSR und stand in Gegensatz zu Anspruch und Wesen des proletar. Internationalismus. Gleichwohl spielten die Streitkräfte der UdSSR, deren Führung er während des Zweiten Weltkrieges übernahm, eine entscheidenden Rolle bei der militärischen Zerschlagung des faschistischen Mächteblocks.

Stampfer, Friedrich (1874-1957), Journalist und Politiker (SPD), 1916/33 Chefredakteur des »Vorwärts«, 1919/33 MdN bzw. MdR.

Starhemberg, Ernst Rüdiger (1899-1956) österr. Fürst, Heimwehrpolitiker, nahm 1923 am Putsch der NSDAP in München teil, 1926 Rückkehr nach Österreich, 1929 Landesführer der Heimwehren, 1930/36 Bundesführer des Heimatschutzes, 1934/36 Vizekanzler und Führer der Vaterländischen Front, 1938/55 im Exil.

Stauß, Emil Georg von (1877-1942), Bankier, Vorstandsmitgl. der Deutschen Bank, 1930/42 MdR (erst DVP, seit 1933 NSDAP), ab 1933 Vizepräs. des RT, preuß. Staatsrat, stellv. Präs. der Dt. Akademie und Mitgl. der Akademie für Dt. Recht, Wehrwirtschaftsführer.

Steeg, Theodore (1868-1950), frz. Politiker (Radikalsozialist), 1911/38 mehrfach Min., 1930/3 1 Min.präs.

Stegerwald, Adam (1874-1945), Gewerkschaftsführer und Politiker (Zentrum), 1919/29 Vors. des Gesamtverbandes der christlichen Gewerkschaften und des Dt. Gewerkschaftsbundes, 1919/33 MdN bzw. MdR., 1919/21 preuß. Min. für Volkswohlfahrt, 1921 zugleich preuß. Min.präs., 1929/30 Reichsverkehrsmin., 1930/32 Reichsarbeitsmin., nach dem 20. Juli 1944 kurzzeitig inhaftiert, 1945 von der amerik. Besatzungsmacht als Regierungspräs. von Unterfranken eingesetzt.

Stegmann, Wilhelm (1899-1944), SA-Führer.

Stein, Günther (1900-1961), Publizist, Mitarbeiter bzw. Schriftleiter des »Berliner Tageblatts«.

Stennes, Walther (1895-1989), preuß. Freikorps- und SA-Führer, Polizeihauptmann, ab 1927 Mitgl. der NSDAP, nach seinen Aktionen gegen Goebbels 1930 aus der Partei ausgeschlossen, begr. die Nationalsozialist. Kampfbewegung und attakkierte die »kapitalistische Wendung« der NSDAP.

Stimson, Henry Lewis (1867-1950), amerik. Politiker (Rep.), 1927/29 Generalgouverneur auf den Philippinen, 1929/33 Staatssekretär für Äußeres, 1940/45 Kriegsmin.

Stoltzenberg, Hugo (1883-1974), Inhaber der Chem. Fabrik H. Stoltzenberg in Hamburg.

Strasser, Gregor (1892-1934), Politiker, 1921/32 Mitgl. der NSDAP, 1923 am Hitlerputsch beteiligt, 1924/33 MdR, ab 1928 Reichsorganisationsleiter der NSDAP, schied 1932 wegen Differenzen mit Hitler aus der NSDAP aus, 1934 im Zusammenhang mit dem sog. Röhm-Putsch erschossen.

Stresemann, Gustav (1878-1929), Politiker (bis 1918 nationalliberal), 1918 Mitbegr. und bis 1929 Vors. der DVP, 1907/12 und seit 1914 MdR bzw. MdN, 1923 Reichskanzler, 1923/29 Reichsaußenmin., erhielt gemeinsam mit Briand 1926 den Friedensnobelpreis.

Syrup, Friedrich (1881-1945), Präs. der Reichsarbeitsanstalt für Arbeitsvermittlung und Arbeitslosenversicherung, Reichsarbeitsmin. im Kabinett von Schleicher.

Tagore, Rabindranath (1861-1941), ind. Dichter und Philosoph, erhielt 1913 Nobelpreis für Literatur.

Tanaka, Giichi (1864-1929), jap. General, 1921 General, 1926 Mitglied des Oberhauses, 1927 Min.präs., entsandte 1927 und 1928 die Armee nach Ost-China, um in die Revolution einzugreifen, gleichzeitig unterdrückte er mit äußerster Härte die sozialist. Bewegung, 1929 wegen des Mißerfolges der Interventionspolitik gegen China Rücktritt vom Amt des Min.präs.

Tardieu, André (1876-1945), frz. Politiker, Hauptvertreter der politischen Mitte zwischen den Weltkriegen, 1926/34 mehrmals Min., 1929/30 und 1932 Min.präs.

Taylor, Myron C. (1886-1959), führender Vertreter der United States Steel Corporation.

Thälmann, Ernst (1886-1944), Politiker (SPD, USPD, KPD), 1919/23 Mitgl. der Hamburger Bürgerschaft, 1925/33 Vors. der KPD, 1924/33 MdR, kandidierte 1925 und 1932 bei den Reichspräsidentenwahlen, ab 1925 Führer des Roten Frontkämpferbundes (RFB), im März 1933 verhaftet, 1944 im KZ Buchenwald ermordet.

Thomas, Albert (1878-1932), frz. Sozialist, Publizist und Historiker, ab 1919 Generaldirektor des Internat. Arbeitsamtes in Genf.

Tirpitz, Alfred von (1849-1930), Großadmiral (seit 1911) 1898 Mitbegründer des Dt. Flottenvereins und Initiator der Flottengesetze, trat 1916 zurück, da er als Anhänger des uneingeschränkten U-Booot-Krieges in Gegensatz zu Reichskanzler Bethmann-Hollweg geriet, 1917 gemeinsam mit Kapp Begr. der DVLP, 1924/28 MdR (DNVP)

Titulescu, Niclae (1883-1941), rumän. Politiker, Professor für Zivilrecht in Jassy und Bukarest, mehrmals Finanz- und Außenmin. (1927/28 und 1932/36), 9 Jahre Gesandter in London.

Torgler, Ernst (1893-1963), Politiker (SPD, USPD, ab 1920 KPD), 1924/33 MdR, 1929/33 Vors. der RT-Fraktion, 1933/34 einer der Angeklagten im Reichstagsbrandprozeß, 1933/36 inhaftiert.

Treviranus, Gottfried Reinhold (1891-1971), Marineoffizier und Politiker (DNVP), 1924/32 MdR, gründete 1930 als Gegner Hugenbergs die Volkskonserv. Vereinigung gehörte 1930/32 dem Kabinett Brüning an, zuerst als Reichsmin. für die besetzten Gebiete, ab Oktober 1930 Reichsmin. ohne Geschäftsbereich und Reichskommissar für die Osthilfe, ab Oktober 1931 Reichsverkehrsmin., 1934 Emigration, zunächst in England, seit 1940 Kanada, seit 1943 USA, 1947 Rückkehr nach Deutschland.

Trotzki, Leo (1879-1940), sowj. Politiker, 1917/18 Volkskommissar für Kriegswesen und für auswärtige Angelegenheiten der RSFSR, 1918/25 Volkskommissar für Verteidigung, Begr. der Roten Armee, 1926/27 von Stalin aus den Parteiämtern entfernt, 1928 verbannt, 1929 Ausweisung ins Exil, in Mexiko von einem NKWD-Agenten ermordet.

Tschang Hsüeh-liang, chines. General (*1898), ab 1928 Militärmachthaber der Mandschurei, 1931 von den Japanern vertrieben, übernahm er den Oberbefehl der nationalchin. Armee in Nordchina und wurde führendes Mitglied der Kuomintang.

Tschiang Kai-Schek (1887-1975), chin. Politiker und Kuomintang-General, brach 1925 mit den Kommunisten, nach dem Sieg der Kommunisten Präs. Taiwans.

Tschitscherin, Georgi Wassiljewitsch (1872-1936), sowj. Politiker, ging 1904 als russ. Sozialdemokrat nach England, 1918/30 Volkskommissar des Äußeren, 1922 am Abschluß des Rapallo-Vertrages beteiligt.

Ulitzka, Karl (1873-1953), Politiker (Zentrum).

Vandervelde, Émile (1866-1938), belg. sozialist. Politiker, Rechtsanwalt, ab 1894 Abg., ab 1900 Präs. der 2. Internationale. 1918/37 mehrfach Min., förderte die belg. Sozialgesetzgebung, 1923 Mitbegr. der Sozialist. Arbeiter-Internationale, 1929/36 deren Präs., als Außenmin. unterzeichnete er den Locarno-Pakt.

Vanzetti, Bartolomeo (1888-1 927), amerikan. Anarchist ital. Herkunft, 1927 trotz jahrelanger internationaler Proteste hingerichtet, 1977 rehabilitiert.

Venizelos, Eleftherios (1864-1936), griech. Politiker, Gründer und Führer der Liberalen Partei, 1928/32, 1932133 Min.präs., ging 1935 ins Exil.

Vögler, Albert (1877-1945), Montanindustrieller und Politiker (DVP), 1919/24 MdN bzw. MdR, 1926/35 Generaldir., danach Aufsichtsratsvors. der Vereinigten Stahlwerke AG, unterstützte die Eingabe von Bankiers und Industriellen vom 19.11.1932, in der Hindenburg aufgefordert wurde, Hitler zum Reichskanzler zu ernennen, ab 1933 Mitgl. des fasch. RT und der Akademie für Dt. Recht, Wehrwirtschaftsführer, 1945 Selbstmord.

Wächtler, Fritz (1891-1945), Politiker (NSDAP), thür. Volksbildungsmin.

Waentig, Heinrich (1870-1943), Politiker (SPD) und Nationalökonom, 1921/28 Mitgl. des preuß. LT, 1927/30 Oberpräs. der Provinz Sachsen, 1930 preuß. Innenmin.

Wagemann, Ernst (1884-1956), Volkswirtschaftler und Statistiker, 1923/33 Präs. des Statistischen Reichsamtes, Gründer (1925) und (bis 1945) Direktor des Berliner Institutes für Konjunkturforschung

Wang Jingwei (1883-1944), chines. Politiker, gehörte als Vertrauter Sun Yat-sens seit 1917 zu den Führern der Kuomintang 1932/35 Min.präs., 1939 endgültiger Bruch mit Tschiang Kai-shek, 1940/44 Präs. einer von Japan unterstützten Marionetten-Regierung.

Warmbold, Hermann (1876-1976), 1921 preuß. Landwirtschaftsmin., Vorstandsmitglied der IG Farben, 1931/33 Wirtschaftsmin. des zweiten Brüning-Kabinetts, das er wegen unüberbrückbarer Differenzen in wirtschaftspol. Fragen im Mai 1932 verließ, unter Papen erneut Wirtschaftsmin.

Weber, August (1871-1957), Dir. der Dresdner Bank und Politiker (Nationallib. Partei, DStP), Mitgl. des Vorstands des RDI, 1907/12 und 1930/32 MdR, Vors, der Staatsparteilichen Fraktionsgemeinschaft, 1933 inhaftiert, 1939 Exil in England.

Weiß, Bernhard (1880-1951), 1918 stellv. Leiter der Kriminalpolizei, 1919 Leiter der »Politischen Polizei«, 1925 Leiter der Kriminalpolizei, 1927/32 stellv. Polizeipräsident von Berlin.

Wels, Otto (1873-1939), Politiker (SPD), 1912/18 und 1919/33 MdN bzw. MdR, seit 1919 mit Hermann Müller, seit 1931 alleiniger Vors. der SPD, lehnte im März 1933 für die SPD-Fraktion das Ermächtigungsgesetz ab, leitete nach der Emigration die Exil-SPD in Prag bzw. Paris.

Werner, Ferdinand (1876-1961), Politiker (Deutschsoziale Partei, DNVP, NSDAP), 1911/18 MdR; 1918 und 1921/33 Mitgl. des hess. LT, 193 1/33 als Mitgl. der NSDAP Präs. des hess. Landtages.

Weygand, Maxime (1867-1965), frz. General, 1931/35 Generalinspekteur des frz. Heeres, im Mai 1940 Oberbefehlshaber der frz. Armee, Juni bis Sept. 1940 Verteidigungsmin. der Vichy-Regierung 1942/45 in Dtld. interniert, 1948 vom Vorwurf der Kollaboration freigesprochen.

Wiggin, Albert H., amerik. Bankier, in der Zeit der Weltwirtschaftskrise Vors. eines Sachverständigenausschusses der BIZ.

Wilhelm II., dt. Kaiser und König von Preußen (1859-1941), regierte 1888/1918, floh 1918 in die Niederlande, hoffte zeitlebens auf eine Restauration der Monarchie und näherte sich seit 1926 der NSDAP an.

Wilson, Thomas Woodrow (1856-1924), amerik. Politiker (Demokrat) und Gesellschaftswissenschaftler, Präs. der USA 1913/21, erhielt 1919 den Friedensnobelpreis.

Wirth, Joseph (1879-1956), Politiker (Zentrum), 1913/18 und 1919/21 Mitgl. des bad. LT, 1914/33 MdR, 1919/20 bad. Finanzmin., 1920/21 Reichsfinanzmin., 1921/22

Reichskanzler, 1929/30 Min. für die besetzten Gebiete, 1930/31 Reichsinnenmin., 1933/48 im Schweizer Exil, gründete 1953 den Bund der Deutschen, trat nach dem 2. Weltkrieg für eine Neutralisierung Deutschlands und eine Verständigung mit der UdSSR ein.

Wissel, Rudolf (1869-1962), Gewerkschaftssekr. und Politiker (SPD), 1905/08 Mitgl. der Lübecker Bürgerschaft, 1918 und 1920/33 MdR, 1918/19 Mitgl. des Rates der Volksbeauftragten, 1919 Reichswirtschaftsmin., 1919/20 MdN, 1928/30 Reichsarbeitsmin.

Witmaack, (1878-1942), Politiker (SPD), 1920 Stadtrat in Magdeburg, 1919/33 Mitgl. des preuß. LT und zeitweilig dessen Präs.

Wittfogel, Karl August (1896-1988), Sozialgeschichtler mit dem Schwerpunkt chines. Sozialgeschichte, 1928/33 am Institut für Sozialforschung in Frankfurt/Main.

Wojkow, Peter L. (1888-1927), von 1924 bis zu seiner Ermordung sowj. Botschafter in Warschau.

Worowski, W.W. sowjet. Literaturkritiker und Diplomat, am 23.05. 1923 in Lausanne ermordet.

Woytinski, Wladimir (1885-1960), 1931/32 zusammen mit Fritz Tarnow und Fritz Baade Verfasser des Arbeitsbeschaffungsplanes des ADGB.

Yoshizawa, Kenkichi (1874-1965), 1899 Dir. der Asien/Europa-Abteilung im jap. Außenmin., 1923 Gesandter in China, 1930 Botschafter in Frankreich und beim Völkerbund, 1932 Außenmin., 1952 Botschafter in Taiwan.

Young, Owen (1874-1962), amerik. Wirtschaftsführer, Präs. der intern. Sachverständigenkommission zur Regelung der Reparationsfrage, der unter seiner Leitung ausgearbeitete und nach ihm benannte Plan zur Neuregelung der deutschen Reparationszahlungen löste 1929 den Dawes-Plan ab und blieb faktisch bis 1931, offiziell bis 1932 in Kraft.

Zaleski, August (1883-1972), poln. Politiker, 1926/32 Außenmin.

Zetkin, Clara (1857-1933), Politikerin (SPD, 1917/19 USPD, 1919/33 KPD), ab 1890 führend in der nationalen und internat. sozialist. Frauenbewegung 1919/20 Mitgl. des württ. LT, 1920/33 MdR. ab 1925 Vors, der Internat. Roten Hilfe, 1932 Alterspräsidentin des RT.

Zörgiebel, Karl Friedrich (1878-1961), Politiker (SPD), 1919/21 Mitgl. der preuß. LV, 1920/24 MdR, 1922/26 Polizeipräs. von Köln, 1926/30 von Berlin, 193 1/33 von Dortmund, 1945 am Aufbau der SPD in Mainz beteiligt, 1946 Polizeioberpräs. Hessen-Pfalz, 1947/49 Polizeipräs. von Rheinland-Pfalz.

Personen- und Ortsregister

(Enthält nur die in den Wochenberichten vorkommenden Namen und Orte. Orte sind kursiv gesetzt, ein Sternchen hinter einem Personennamen verweist auf die biographischen Erläuterungen.)

A

Aachen 84, 385
Abegg, Wilhelm 447*
Adenauer, Konrad 493, 499*
Ahausen bei Finnentrop 80
Alberda (niederländ. Sozialdemokrat) 106
Alessandri (chil. Politiker) 449
Alfons XIII. 140, 198*
Altenburg 472, 487
Altona 321
Alvensleben-Neugattersleben, Hans Bodo Graf von 490*
Amoy (China) 339, 368
Amsterdam (NL) 63, 384
Ancona 88
Angora (bis 1930 Name der türk. Hauptstadt Ankara) 87
Antonelli (franz. Sozialist) 100
Antwerpen (Belgien) 395
Araki, Sadao 323*
Arzberger, Gustav (SA-Opfer) 80
Asch, Bruno 223
Aschersleben 103, 157
Augsburg 68
August Wilhelm, Prinz von Preußen (genannt Auwi) 200, 343, 500*

B

Baade, Fritz 260*
Babson, Roger Ward 349*
Bachem, Karl 260*
Badalona (Spanien) 108
Baikalow (russ. Weißgardist) 367
Balmacesa, Carlos (chil. Außenmin.) 176

Balog, Georg (Ingenieur) 126
Bang, Paul 507
Barbusse, Henri 353, 368, 374, 383, 384, 436*
Barcelona 66, 108, 134, 167, 239, 344, 488
Barkhausen 98
Barop 83
Bartel 455
Bartels, Friedrich 195*
Barth 103
Basel 62, 78, 133, 137, 145, 172, 179, 185, 209, 212, 217, 218, 514, 517
Bassanesi, Giovanna 107*
Bauer, Otto 441*
Bauknecht, Otto 318*
Bautzen 180
Beck, Jozef 449, 501*
Becker, Carl Heinrich 444*
Beeden 83
Begula, (peruan. Politiker) 101
Belfast 437
Belgrad 239, 329, 344
Ben (ind. Politiker) 92
Benes, Edvard 416*
Bengal (Indien) 147
Bennett, Richard 134, 387*
Berenguer, Dámaso 108, 140*
Bergweiß, Bruno (SA-Opfer) 72
Berlin 61, 66, 71, 73, 74, 75, 76, 81, 82, 84, 85, 101, 103, 104, 112, 119, 122, 126, 131, 133, 135, 142, 151, 170, 171, 174, 185, 189, 190, 191, 196, 205, 212, 215, 218, 220, 223, 226, 231, 236, 237, 245, 250, 252, 253, 272, 293, 298, 319, 321, 328, 336, 354, 362, 369, 375, 377, 379,

383, 384, 393, 397, 404, 406, 414, 420,
421, 423, 424, 427, 428, 430, 432, 436,
439, 444, 452, 456, 461, 465, 470, 475,
476, 484, 485, 487, 489, 490, 491, 495,
499, 500, 501, 508, 514, 516, 519, 520,
521, 523, 525, 526, 527, 528, 530, 532
Bernau 72, 103
Bernhard, Otto 131*
Bernstein, Eduard 476*
Best, Werner 200, 201, 202, 207, 213, 237, 253, 522*
Beuthen 124, 401, 528
Bielefeld 61, 94
Bigham (US-Senator) 105
Bilbao 134, 344
Birkenhead 86
Birmingham 86
Bischoff (SA-Opfer) 357
Bismarck, Otto von 486, 511*
Bitner, Waclaw 304*
Bitterfeld 377
Blankenburg/Harz 74
Blomberg, Werner von 494, 503*
Blum, Leon 86, 160, 332*
Bocholt 427
Bochum 75
Bodenheim 80
Boelitz-Ehrenberg 80
Boeß, Gustav 195*
Böhmker, Heinrich 455*
Bolz, Eugen 503*
Bombach 344
Bombay 73, 81, 92, 117, 118, 147, 333
Bondsteid (brit. Arbeitsmin.) 124
Bondy (Lehrer in Thüringen) 455
Borah, Wilhelm 266*
Boret (frz. Ackerbaumin.) 121
Borinage (Belgien) 379
Börnicke 440
Borras (Schweden) 118
Borsig, Ernst von 157, 158, 211*
Böttcher (Präs. des Memeler Landesdirektoriums) 256

Bottrop 61
Bozen (Italien) 447
Bracht, Clemens 420, 421, 423, 431, 432, 446, 447, 454, 455, 459, 460, 463, 490, 496, 507*
Brahn, Max (Arbeitsschlichter) 96, 515
Braun, Magnus Frhr. von 342, 368, 479, 490*
Braun, Otto 71, 174, 177, 181, 184, 191, 194, 205, 209, 233, 278, 316, 375, 376, 435, 443, 446, 449, 450, 455, 463, 483, 487, 493, 499, 503, 509*
Brauns, Heinrich 514*
Braunschweig 104, 147, 194, 213, 246, 252, 262, 265, 285, 291, 298, 307, 364, 380, 436, 439, 460, 465, 487, 515, 525
Brecht, Bertolt 292*
Breitenbach (SA-Opfer) 80
Breitscheid, Rudolf 160, 183, 198, 347*
Bremen 76, 154, 171, 308, 343, 346, 431, 511, 520
Bremerhaven 191
Breslau 182, 262, 363, 385, 432, 451, 460, 476, 479, 484, 499
Brest-Litowsk 411
Briand, Aristide 121, 131, 141, 143, 145, 148, 153, 170, 229, 231, 234, 416, 524*
Brolat 511
Broqueville, Charles 504*
Bruay (Frankreich) 153
Brückner, Helmuth 151, 152*
Brüning, Heinrich 64, 69, 85, 112, 132, 135, 142, 146, 151, 156, 157, 158, 159, 161, 163, 164, 173, 177, 178, 181, 182, 183, 192, 194, 198, 205, 206, 207, 208, 209, 212, 213, 214, 216, 222, 223, 226, 227, 228, 229, 231, 232, 233, 237, 245, 246, 247, 251, 252, 253, 256, 260, 262, 264, 265, 296, 308, 313, 316, 318, 319, 320, 325, 326, 327, 330, 334, 335, 339, 340, 341, 342, 344, 345, 357, 368, 376, 402, 469, 488, 508, 509, 514, 515, 516, 517, 519, 520, 521, 523, 525, 526*
Brüssel 384, 492

Bucharin, Nikolai 102*
Bücher, Hermann 178, 184*
Budapest 67, 126
Buhla (Chefredaktuer der »Germania«) 318
Bukarest 325, 326, 441, 497
Bullerjahn, Walter 447, 461, 465*
Bülow, Bernhard Wilhelm von 215*
Bunge (Leiter d. SA-Schule in Kreiensen) 455
Bunjol (Spanien) 108
Buresch, Karl 108, 247, 348*
Burg 103
Burnley (Großbritannien) 382
Burscheid 95
Butlar, von 460, 465

C

Caballero, Francisco Largo 140*
Cadiz (Spanien) 344
Calbe 103
Carl Eduard, Herzog 530*
Carsen, Fritz 508*
Cerro (peruan. Politiker) 101
Chamberlain, Sir Joseph Austen 204, 512*
Charlottenburg 253
Chautemps, Camille 473, 474*
Chemnitz 66
Chequers (England, Landsitz des brit. Premiermin.) 160, 170, 519
Cheron, Henri 476, 481, 492*
Chicago 387, 505
Chorzow (Polen) 303
Churchill, Winston 342*
Cohn, Willy 451, 460, 476, 479, 484, 491, 530*
Cook (brit. Bergarbeiterführer) 106
Coolidge, John Calvin 139*
Cordoba 148
Curtius, Julius 79, 113, 123, 132, 163, 177, 519, 521
Czenstochau 73, 466

D

Daladier, Édouard 473, 497, 498, 504, 506, 512*
Danzig 98, 147, 221, 289, 328, 331, 354, 366, 449, 463, 523, 526
Darmstadt 97, 198, 200, 522
Dávila (chil. Politiker) 358
Davis, Norman 445
Dawes, Charles Gates 365, 514*
Day (amerik. Diplomat) 480
Debuchi, Katsuji 270*
Dehn, Günther 228, 521*
Delmenhorst 95
Delphi (Griechenland) 73
Dessau 126, 431
Deterding, Sir Henry 122, 367*
Detroit 126, 175, 273, 387
Deutsch, Julius 239*
Deutz 83
Dewitz (richtig: Drewitz) (Politiker d. Wirtschaftspartei) 318
Dietrich, Hermann Robert 85, 141, 172, 182, 208, 238, 265*
Dillingen 166
Dingeldey, Eduard 113, 146, 193, 435, 453, 459*
Döblin, Alfred 503*
Dollfuß, Engelbert 331, 348, 429, 437, 441, 462, 492*
Dölz (SA-Opfer) 468
Dombrowa 273, 274
Dörfler (Arzt) 331
Dörr, Walter Hugo 436, 529*
Dortmund 61, 80, 83, 104, 112, 133, 150, 231, 370
Doumer, Paul 143, 148, 328, 337, 338*
Dresden 82, 85, 104, 179, 465, 479
Drummont (frz. Marinemin.) 254, 255
Duchy 234, 235
Duesterberg, Theodor 268, 271, 290*
Duisberg, Carl 250*
Duisburg 66, 96, 133, 491
Duisburg-Hamborn 465

Dülberg (IG Farben) 158
Düsseldorf 104, 120, 158, 237, 355, 385, 436, 502

E
Eckener, Hugo 250*
Eckernförde 370
Edge, Walter Evans 383*
Einstein, Albert 368, 527*
Eisenach 369, 455
Eltz-Rübenach, Frhr. Paul von 342, 463*
Ender, Otto 135*
Endoux (frz. Professor) 492
Erfurt 116, 414
Erlangen 97
Ernst, Alfred 253*
Ernst II, Herzog von Altenburg 215, 523
Eschweil 84
Essen 67, 77, 84, 96, 120, 189, 253, 327, 344, 357, 421, 495
Esser, Thomas 408, 467*
Eupen-Malmedy 463
Eutin 191, 447, 455

F
Falck, E. 126
Faure, Paul 242*
Feder, Gottfried 152, 468*
Felsenecke 420, 440, 471, 474
Ferdinand (König) 131*
Fey (Führer österr. Heimwehren) 441
Fiedler (thür. Lehrer) 472, 479, 484
Fingerhut 461
Flandin, Pierre Étienne 234*
Flensburg 343
Fontaine-Leveque (Frankreich) 395
Ford, Henry 66, 110, 175, 273*
Frank, Hans 292*
Frank, Leonhard 503*
Frank, Ludwig 190*
Frankfurt/M 78, 80, 97, 98, 126, 158, 171
Frankfurt/O. 385

Franoe (Schweden) 149
Franz Joseph, Fürst von Isenburg 491, 532*
Franzen, Anton 151*
Frede, Dr. 484
Freerk, Hugo (Fememordopfer) 318
Freiburg 509
Frick, Wilhelm 79, 136, 195, 233, 250, 318, 464, 468, 490, 508, 519, 524*
Friedrich II. 511*
Friedrichskoog 420
Fröhlich, P. Ingenieur 126
Fuad, Achmed Pascha 81*
Fürst (ungar. Kommunist) 384, 388, 397
Fürstenwalde-Spree 103
Fürth 104
Furtwängler, Wilhelm 68*

G
Gandhi, Mahatma 121, 124, 204, 225, 426, 429*
Gauff (komm. Funktionär) 386
Gayl, Wilhelm Moritz Frhr. von 342, 345, 347, 363, 364, 368, 393, 435, 454, 528*
Gdingen 344, 396, 414
Geesthacht 83
Gelsenkirchen 142, 159, 487
Genevieve (USA) 99
Genf 74, 79, 89, 113, 116, 119, 124, 132, 141, 143, 145, 150, 153, 201, 215, 249, 253, 256, 263, 266, 300, 308, 313, 314, 318, 319, 325, 328, 332, 333, 367, 368, 378, 382, 383, 384, 396, 401, 405, 416, 421, 425, 426, 428, 437, 442, 452, 456, 462, 463, 469, 470, 473, 474, 476, 477, 480, 481, 488, 489, 491, 497, 498, 504, 506, 512, 516, 519, 525, 528, 529, 531
Gent 379
Genua 127
Gera 180, 484
Gerdauen 436
Gereke, Günter 463, 475, 483, 485, 487, 531*

Geßler, Otto 232, 250*
Gießen 202
Giurati, Giovanni Batista 107*
Gladbach 84
Glückbrunn 180
Goebbels, Joseph 65, 213, 221, 231, 246, 272, 279, 325, 362, 393, 428, 435, 439, 464, 468, 518, 520, 524*
Goerdeler, Carl Friedrich 208, 212, 219, 223, 235, 238, 252, 294*
Goethe, Johann Wolfgang von 285, 286
Goldenberger, Franz Xaver 147*
Goldschmidt, Jakob 85, 157, 520*
Gömbös, Gyula 429, 433, 437, 456, 462*
Goncour (frz. Kriegsmin.) 442
Gontard, Paul von 461, 465*
Gorgulow (weißruss. Attentäter) 322, 323, 329, 337, 352, 383
Göring, Hermann 151, 201, 370, 408, 418, 419, 422, 464, 467, 468, 494, 500, 502, 508, 509, 511, 532*
Gorki, Maxim 353*
Göttingen 455
Granada (Spanien) 148
Grandi, Dino 198, 210, 254, 313*
Grätz, Robert (SA-Opfer) 72
Graz 199, 215
Green, William 113, 139*
Greifswald 446
Grimm, Hermann 354
Grimme, Adolf 316, 521*
Groener, Wilhelm 190, 191, 193, 194, 205, 206, 220, 221, 222, 224, 226, 227, 228, 229, 237, 251, 252, 253, 262, 264, 265, 272, 278, 279, 284, 285, 291, 292, 297, 298, 299, 310, 320, 326, 334, 336, 340*
Grove (chil. Politiker) 358, 359
Grumbach, Salomon 197*
Grzesinski, Albert 79, 220*
Güntersberg 103
Gürtner, Franz 342, 463*
Gylys (litauischer Politiker) 331

H
Haag (d.i. Den Haag/Niederlande) 63, 145, 150, 448, 514, 519
Hagen 377
Hailun (China) 344
Halberstadt 103, 484
Halle 89, 189, 191, 195, 228, 377, 380, 427, 521
Hamborn 103, 133, 465, 476
Hamburg 62, 83, 85, 112, 133, 168, 191, 195, 201, 249, 255, 277, 285, 291, 297, 307, 312, 315, 327, 336, 340, 342, 343, 344, 394, 395, 412, 427, 430, 503, 508, 511, 522
Hamburg-Altona 382
Hamburger, Dr. MdBürgerschaft 460
Hamm 142
Hanau 97
Hankou (China) 361, 368, 388
Hannover 101, 126, 133, 208, 510
Hansson, Per Albin (schwed. Sozialdemokrat) 425
Harbin (China) 243, 247, 254, 275, 323, 337, 344, 373
Harburg-Wilhelmsburg 74, 508
Harzburg 440, 524
Hassell, Ulrich von 421*
Haupt (Opfer eines NS-Überfalls) 80
Hauptmann, Gerhart 250, 455*
Heidelberg 174
Heilmann, Ernst 278, 347*
Heines, Edmund 327*
Heinevetter (Ingenieur) 126
Heinke (Stahlhelm-Gruppenführer) 100
Held, Heinrich 423, 446*
Helldorf, Wolf-Heinrich Graf von 189, 246, 253, 524*
Henderson, Arthur 86, 127, 150, 160, 425, 428, 441, 469*
Herford 95
Hermine von Hohenzollern 491*
Herriot, Édouard 328, 332, 353, 359, 365, 366, 372, 383, 396, 406, 421, 428, 437,

442, 445, 448, 456, 463, 469, 470, 473, 476, 490, 492, 497, 498*
Hervé, Gustave 362*
Herzl, Theodor 517*
Heß, Joseph 121*
Heuck, Christian 499*
Heye, Wilhelm 71*
Hierl, Konstantin 357*
Hildburghausen 250, 524
Hilferding, Rudolf 178, 214, 499, 502*
Hindenburg, Paul von 136, 182, 214, 227, 229, 231, 232, 233, 237, 245, 246, 250, 252, 262, 264, 265, 268, 271, 272, 278, 279, 290, 291, 293, 299, 307, 308, 311, 318, 339, 370, 375, 393, 403, 423, 428, 434, 446, 453, 459, 467, 484, 486, 496, 502, 503, 508, 510, 523, 524, 526, 529, 530, 531, 532*
Hirsch 331
Hirtenberg (Österreich) 504, 505, 532
Hirtsiefer 352, 460*
Hitler, Adolf 65, 72, 82, 85, 110, 123, 141, 142, 159, 163, 174, 180, 193, 205, 206, 207, 208, 209, 210, 213, 214, 221, 226, 227, 228, 229, 231, 232, 233, 234, 237, 250, 251, 252, 262, 265, 268, 271, 272, 278, 279, 284, 290, 292, 297, 298, 299, 307, 311, 316, 320, 326, 330, 334, 335, 336, 341, 353, 355, 356, 357, 362, 363, 370, 375, 377, 385, 393, 394, 400, 403, 428, 431, 432, 435, 447, 453, 454, 455, 459, 460, 461, 464, 467, 468, 472, 475, 478, 480, 482, 483, 484, 485, 489, 493, 494, 495, 496, 499, 500, 501, 505, 507, 508, 510, 511, 514, 523, 524, 525, 526, 528, 529, 530, 531, 532*
Hoesch, Leopold von 421, 452*
Höltermann, Karl 190, 311*
Homburg 83
Hongkong 368
Honjo, Shigeru 337*
Hoover, Herbert Clark 69, 99, 113, 139, 154, 159, 162, 163, 170, 175, 185, 186, 210, 212, 218, 231, 236, 273, 302, 310, 314, 321, 353, 358, 364, 367, 372, 377,

378, 382, 383, 396, 398, 422, 426, 445, 448, 452, 456, 462, 469, 477, 519, 520*
Höpker-Aschoff, Hermann 136, 191*
Horiuchi, Tateki 373*
Hörsing, Otto 116, 195, 205*
Horn, Rudolf von 237*
Horthy von Nagybánya, Miklós 397, 402*
Huddersfield 86
Hugenberg, Alfred 163, 174, 180, 182, 227, 231, 232, 233, 246, 252, 262, 272, 278, 290, 292, 308, 316, 342, 401, 418, 419, 428, 432, 450, 451, 453, 459, 467, 471, 475, 478, 484, 485, 494, 495, 496, 500, 501, 502, 508*
Hummel-Daubmann 487
Husum 468

I
Ibánez del Campo 167, 176*
Iggeln 123
Ilsley, James Lorimer 361*
Imbusch, Heinrich 265, 402, 528*
Innsbruck 107
Irigoyen, Hipólito 474*

J
Jäger (SA-Opfer) 420
Jäger, August 465
Jarres, Karl 126, 514*
Jemanschelinskaja 149
Jena 113
Jinzhou (China) 224
John (Reichswehrangehöriger) 474
Jorga (rumän. Politiker) 359
Jouhaux, Léon 488*

K
Kaas, Ludwig 206, 268, 439, 453, 454, 459, 461, 509, 511*
Kahl, Wilhelm 246*
Kähler, Wilhelm 446, 484, 494*
Kaiser, Georg 487*

Kalckreuth, Eberhard Graf von 486*
Kalkutta 141
Kama (Burma) 134
Kanton (China) 267
Kapp, Wolfgang 342, 375, 414, 526*
Kappel 179
Karaljuk (Rußland) 149
Karikas (richtig: Karaikas) 389, 397
Karlsruhe 79, 496
Karsten, Otto 72
Karsten, Frau 72
Kassel 61, 82, 104, 427, 469, 485, 494
Kasten (Bürgermeister) 499
Katayama, Sen 411*
Katschkadarinsk (Rußland) 149
Katzenellenbogen (Direktor) 196
Kawabe, Torashiro 325*
Keil, Wilhelm 195*
Kellogg, Frank B. 231, 240, 248, 396, 406, 416, 456, 524*
Kerenski, Alexander 338*
Kerrl, Hans 334, 356, 423, 475, 499*
Keßler, Gerhard (dem. Volkswirtschaftler) 465
Khan (ind. Politiker) 225
Kiel 143, 346, 370, 427, 452, 485, 499, 503, 516, 525
Kiew 109
Kilboom, Karl 311*
Klagges, Dietrich 194, 252, 285, 291, 298, 460, 487, 525*
Klauß, Albert (Bergwerksdirektor) 101
Klepper, Otto 191, 440*
Klotz, Helmut 327*
Klotz, Leo (SA-Opfer) 72
Koblenz 502
Köhler; Georg (SA-Opfer) 72
Kollwitz, Käthe 368, 503*
Köln 68, 75, 84, 95, 103, 107, 113, 133, 229, 318, 334, 362, 364, 385, 440, 482, 496, 502, 519, 530
Königsberg 386, 509

Könitz (Polen) 239
Konstantinopel 512
Kopenhagen 114, 479
Körber (NSDAP) 468
Korfanty, Wojciéch 100*
Körner (Tarifschlichter) 189
Köster, Roland 421*
Köttgen, Carl 68*
Krakau 273, 274, 466
Kranold (Landrat) 475
Krasnij Preschel (Rußland) 175
Krefeld 344
Kreiensen 455
Kreiser, Walter 522
Kreuger, Ivar 175, 279, 280, 281, 289, 290, 311, 488*
Krul, Otto (Bergbauingenieur) 126
Krupp, Gustav von Bohlen und Halbach 61, 67, 296, 345, 461
Krutschkow (Polizeiagent) 383
Krylenko, Nikolai 102, 108
Kube, Wilhelm 343*
Küchenthal, Werner 291, 298*
Kulmbach 84
Kuschel, Arbeiter (SA-Opfer) 72

L

Lahenburg 196
Lahusen, Carl, Friedrich, Heinrich 154, 157, 431, 511, 520*
Lalji, Acic (ind. Politiker) 73
Lancashire (Großbritannien) 117, 124, 127, 387, 414, 429, 433, 448
Lancashire (Staatssekretär) 431
Landsberg-Vehlen, Frhr. von 80
Landsberg/Warthe 103
Langendorf 98
Langensalza 180
Langner, Erich (SA-Opfer) 72
Lausanne 89, 224, 229, 230, 329, 334, 348, 352, 353, 357, 358, 359, 360, 362, 364, 365, 366, 367, 368, 372, 373, 382, 396,

397, 406, 456, 516, 531, 532
Lauscher, Albert 460*
Laval, Pierre 121, 185, 192, 201, 202, 209, 215, 217, 229, 234, 236, 244, 256, 263, 520*
Layton, Sir Walter Thomas 234*
Leber; Julius 495, 499*
Lebrun, Albert 328, 473*
Leeds 86
Lehmann, Walter (SA-Opfer) 72
Lehmann-Rußbüldt, Otto 479*
Leicester (Großbritannien) 433
Leipart, Theodor 226, 250, 414, 503*
Leipzig 80, 83, 170, 180, 208, 327, 382, 434, 439, 443, 522
Leipzig-Lindenau 80
Leislingen 126
Lemberg 396, 466
Lenin, V.I. 339*
Leningrad 74, 101, 109, 119
Lérida (Spanien) 66
Leutzsch 80
Levit (Polizeioberst) 209
Ley, Robert 318*
Liebknecht, Karl 237, 376, 440, 490, 508, 532*
Lille (Frankreich) 148
Limbach 66
Limoges (Frankreich) 117
Litwinow, Maxim 89, 128, 145, 150, 153, 255, 256, 300, 313, 382, 425, 504*
Litzmann, Karl 467*
Liverpool 86, 112
Lloyd George 91, 165, 186
Löbe, Paul 217, 330, 408, 418, 444, 467*
Locarno 182, 456
London 78, 89, 99, 114, 119, 124, 143, 144, 154, 160, 161, 163, 170, 176, 185, 192, 204, 205, 210, 225, 230, 233, 234, 276, 289, 301, 325, 326, 331, 341, 342, 348, 367, 368, 384, 397, 421, 425, 437, 445, 492, 519, 520, 531, 532
Loretto (Italien) 88

Lothian, Lord 91*
Loucheur, Louis 117*
Lubarski 300
Lübeck 104, 189, 285, 455, 495, 499
Ludwig XIV. 500
Lugano 107
Lüneburg 83
Luoyang (China) 339
Luther, Hans 63, 138, 159, 178, 438, 461*
Lüttgen, Gustav (Ingenieur) 126
Luxemburg, Rosa 200, 237*
Lyon (Frankreich) 90, 99, 100
Lytton, Victor 433, 437, 462, 486, 529*

M

Ma (chin. General) 241, 314, 315, 319
MacDonald, James Ramsay 91, 99, 124, 160, 186, 192, 198, 210, 217, 225, 238, 239, 242, 244, 313, 325, 367, 426, 429, 433, 437, 463, 473*
Mackiewis (richtig: Mackiewicz), Stanislaw 353*
Mackinder, W. 91
Madras (Indien) 124, 148
Madrid 101, 108, 140, 144, 148, 153, 344, 470
Madzar (ungar. sozialist. Professor) 402
Magdeburg 103, 112, 384
Maginot, André 230*
Magnitogorsk (Rußland) 87
Maikowski, Hans Eberhard 532*
Mailand 90, 107, 127
Mainz 72, 73, 80, 102, 174
Malaga 66, 148
Malchow 103
Malpaso (Peru) 101
Manchester 86
Maniu (rumän. Politiker) 441
Mann, Heinrich 503, 527*
Mannheim 75, 157
Marens, Max 196
Marienburg 123

Marienfeld 66
Markersdorf 180
Markneukirchen 120
Marks (Polizeikommissar) 455
Marschler, Willi 460*
Marx, Karl 265, 322, 508*
Matuschka (ungar. Faschist) 395
Maxton, James 174*
May, Ernst 126*
Medina (Spanien) 344
Meiderich/Ruhr 126
Meiningen 487
Meißner, Otto 459, 503*
Melcher, Kurt 423*
Melchior, Carl 209*
Merseburg 126, 272
Miller (russ. General) 121, 338
Minden 95
Molotow, Wjatscheslaw 111, 135, 154*
Mönchengladbach 377, 387
Monfolcone (Italien) 127
Montigny le Tilleul (Frankreich) 87
Morgan, James 175*
Moskau 76, 93, 111, 115, 119, 175, 199, 225, 240, 267, 268, 276, 286, 299, 300, 323, 333, 338, 352, 358, 411, 476, 493
Mühlhausen 180
Mühlheim 143
Mukden (China) 224, 239, 267, 268, 337
Müller(-Franken), Hermann 497, 503, 515*
München 123, 136, 163, 171, 200, 213, 245, 272, 292, 376, 431, 433, 434, 437, 492, 496, 523, 529
Münchmeyer, Ludwig 447*
Münster 121, 408, 409, 439, 528
Münzenberg, Willi 374*
Murcia (Spanien) 148
Mussolini, Benito 64, 73, 90, 91, 100, 101, 114, 123, 144, 170, 173, 177, 178, 215, 234, 238, 342, 378, 400, 425, 444, 470, 477, 498, 517, 521, 523*

N

Nadolny, Rudolf 505*
Nanking (China) 81, 216, 247, 267, 270, 339, 374, 406
Naphtali, Fritz 260*
Naumann, Friedrich 431*
Nehru, Jawaharial 225*
Neudamm 103
Neudeck 370, 408
Neumann, Heinz 443*
Neumünster 191
Neunkirchen 503
Neurath, Konstantin Frhr. von 342, 348, 421, 425, 426, 428, 431, 456, 462, 463, 469*
Neustadt 518
Neustadt/Pommerellen 92
New York 62, 69, 75, 84, 92, 112, 179, 231, 269, 341, 349, 527
Niederauerbach 174
Nischni Tagil (Rußland) 87
Nordhorn 83
Norman, Montagu 133, 230, 422*
Noske, Gustav 250, 375, 500*
Nosseni (ital. Politiker) 378
Nowawes 103, 174
Nowy Lipetzk (Rußland) 87
Nowy Mariupol (Rußland) 87
Nürnberg 68

O

Odelga, H. 126
Oels 152
Oelze 219
Oeynhausen, Bad 68, 515
Offenbach 97, 116, 200
Ohlau (Schlesien) 370, 401, 404, 423, 528
Olden, Rudolf 292*
Oldenburg 97, 147, 189, 343, 380, 436, 439, 455, 460, 468
Oldenburg-Januschau, Eduard von 110*
Olsen, Rerup (Ingenieur) 126

Oppeln 193, 385
Oreschkino (Rußland) 109
Ormesson, Graf Wladimir d' 127*
Oslo 113, 119
Osnabrück 137
Ossietzky, Carl von 201, 204, 205, 206, 293, 474, 518, 522*
Ostende 158
Osterloh, Johann 131*
Ottakring (Österreich) 239
Ottawa 133, 134, 361, 367, 382, 387, 405, 429, 441, 492, 528

P
Pabst, Waldemar 107*
Pacelli, Eugenio 463, 521*
Painlevé, Paul 230*
Pangalos, Theodoros 87*
Papee, Kazimierz 289*
Papen, Franz von 318, 320, 340, 341, 342, 344, 345, 346, 347, 348, 350, 351, 352, 353, 354, 355, 357, 358, 359, 360, 362, 363, 364, 365, 366, 368, 369, 370, 372, 373, 375, 376, 377, 379, 380, 381, 383, 385, 386, 393, 400, 402, 403, 404, 408, 409, 410, 412, 413, 417, 418, 419, 421, 422, 423, 426, 427, 430, 431, 432, 433, 434, 435, 436, 437, 438, 439, 441, 442, 443, 444, 445, 446, 448, 449, 450, 453, 454, 455, 460, 461, 463, 464, 471, 475, 478, 482, 483, 484, 485, 486, 490, 494, 499, 503, 508, 509, 525, 526, 527, 528, 529, 530, 531*
Paris 63, 68, 109, 114, 119, 121, 153, 160, 161, 169, 170, 190, 198, 204, 209, 210, 229, 300, 341, 347, 397, 406, 421, 506
Paul-Boncour, Joseph 197, 230, 266, 274, 332, 473, 474, 476, 480, 488, 492*
Pecs (Ungarn) 67
Peking 224, 481, 489
Petit, Lucien 124
Pforzheim 387
Pfrimer, Walter 210, 215*
Pietro (span. Finanzmin.) 140

Pilsen 152, 271, 296
Pilsudski, Jozef 73, 100, 325, 353, 442, 466, 470*
Plasencia (Spanien) 108
Pleyer, Kleo(phas) 444*
Ploesti (Rumänien) 497
Poelzig, Hans 491*
Poincaré, Raymond 109*
Popitz, Johannes 351, 446, 463*
Posse, Hans 258*
Potapoff 109
Potempa 528
Potsdam 103, 262, 511, 533
Prag 202, 300, 302, 416, 482

Q
Quedlinburg 484

R
Ragaz, Leonhard 477*
Ramsin, Leonid 109*
Rangun (Burma) 134
Rapallo 308
Rathenow 469
Ratibor 126
Ratzebuhr 103
Rau (thür. Lehrer) 484
Rauch, Hans 467*
Ravené, Louis 71*
Rechberg, Arnold 358, 359, 366, 373*
Regensburg 331
Reichenau, Franz von (Diplomat) 213
Reims (Frankreich) 411
Remarque, Erich 518, 525*
Remscheid 427
Renkin (belg. Min.präs.) 333
Renn, Ludiwg 465*
Reventlow, Ernst Graf zu 485*
Rheinbaben, Werner 342*
Richtenberg 424
Riga 338
Ringut (China) 275

Rio de Janeiro (Brasilien) 81
Rius (Spanien) 108
Röhm, Ernst 142, 292, 428, 431, 447, 529*
Rohr, Hans Joachim von 507, 512*
Rolland, Romain 353, 368, 384*
Rollenberg 101
Rom 72, 90, 119, 123, 170, 177, 178, 206, 210, 342, 380, 421, 444, 456, 460, 470, 488, 521
Roosevelt, Franklin Delano 422, 441, 452, 456, 462, 477, 505, 506*
Rosenberg, Alfred 205, 210, 460*
Rosenberg, Bernhard Wilhelm von 500*
Rosenfeld, Kurt 526*
Rostock 76, 85
Rotterdam 112
Roubaix (Frankreich) 87, 148, 153
Ruegg, Paul u. Gertrud 374, 384, 389, 397, 402
Ruhla 381
Runciman, Walter Lord 324
Rundstedt, Gerd von 375*
Rupprecht, Kronprinz von Bayern 343*
Rüsselsheim 175
Rust, Bernhard 494, 532*
Rykow, Alexej 76, 102, 111*

S

Sacco, Nicola 374*
Sahm, Heinrich 250, 524*
Saito, Makoto 337*
Salgotarjan (Ungarn) 67
Sallai (ungar. Kommunist) 384, 386, 388, 389, 397
Salzburg 312, 462
Salzwedel 436
Samuel, Herbert Louis 429*
San Carlos (Mexiko) 65
San Jurgo (span. Befehlshaber der Zivilgarde) 395
San Sebastian 118
Sanjurjos (span. Putschist) 414

Sankey, John 114*
St. Moritz 487
Santiago de Chile 167
Sao Paulo 73, 442
Sarajevo 225, 276
Sassenbach (Generalsekr. des Int. Gewerkschaftsbundes) 112
Sato, Naotake 265*
Sauckel, Fritz 529, 532*
Saud, Ibn 430*
Schacht, Hjalmar 62, 110, 459, 490, 530*
Schäfer, Dr. 200
Schäffer, Fritz 453, 503*
Schäffer, Hugo 345*
Schanhankwan (China) 481
Scharf, Friedrich 428*
Scheffer, Paul 290*
Schehr, John 476*
Scheper, H. (Architekt) 126
Scheringer, Richard 298, 299, 452, 455, 474*
Schiele, Martin 219, 232, 235, 246, 269*
Schiff, Victor 510*
Schillings, Max von 503*
Schleicher, Kurt von 201, 251, 326, 330, 334, 342, 363, 368, 369, 370, 375, 376, 377, 379, 380, 381, 385, 386, 393, 396, 397, 400, 402, 403, 404, 406, 408, 410, 417, 419, 421, 429, 439, 453, 454, 459, 463, 464, 466, 467, 468, 471, 472, 473, 475, 478, 479, 480, 482, 483, 484, 485, 486, 489, 490, 492, 496, 505, 527, 531*
Schlenker, Max Martin 237*
Schlesinger (österr. Sozialdem.) 90
Schmitz (IG Farben) 155
Schneller, Ernst 467*
Schober, Johannes 90, 107, 132, 247, 519*
Schoenaich, Paul Frhr. von 523*
Scholz (Ministerialrat) 292
Scholz (Rundfunkkommissar) 420, 461
Schönfelder, Adolph 297*
Schröder, Kurt Frhr. von 170, 482, 484*
Schröder (Kapitän) 334

Schubert, Carl von 123, 421*
Schultheiß 104, 196
Schüning (Zeuge im Sklarek-Prozeß) 195
Schurmann, Jacob Gould 138*
Schwarzschild, Leopold 525*
Schwer, Max (SA-Opfer) 72
Schwerin von Krosigk, Lutz 342, 463*
Schwiebus 103
Scottsborough 374, 384
Seebohm-Rowntree (brit. Politiker (Lib.)) 91
Seeckt, Hans von 110, 121*
Seiffert, Paul 196*
Seipel, Ignaz 519*
Seitz, Karl 108*
Seldte, Franz 163, 174, 182, 494*
Selenski (sowj. Politiker) 154
Semenjew (weißgard. Verschwörer) 338
Semjonow (weißgard. Führer) 323
Senigallia (Italien) 88
Severing, Carl 79, 136, 174, 177, 191, 194, 205, 209, 220, 278, 284, 290, 293, 297, 316, 320, 364, 375, 376, 435, 447, 449, 463, 509, 526*
Sevilla 66, 108, 134, 148, 167, 176, 344, 395, 470
Seydewitz, Max 293, 526*
Shanghai 241, 242, 243, 247, 248, 249, 250, 254, 266, 267, 269, 270, 274, 309, 319, 323, 333, 339, 361, 374, 388, 389, 397, 402
Shaw, George Bernhard 353*
Sheffield 86
Shinwell (brit. Bergbaumin.) 78, 105, 106
Shipley (Großbritannien) 91
Sidonia (Spanien) 344
Siemens, Carl Friedrich von 68, 511*
Siemsen, Anna 479*
Silverberg, Paul 482*
Simoens, Rüdiger 441, 445
Simon, Sir John 274, 275, 373, 452, 456, 470
Sinzheimer, Hugo 94, 514*

Sixtus, Prinz von Bourbon-Parma 442*
Sklarek, Max u. Willy 189, 195, 521*
Smyrna 87
Snowden, Philipp 147, 429, 433*
Soelling (Landgerichtspräs.) 331
Sofia 101, 429, 445
Solf, Wilhelm 444*
Solleftea (Schweden) 149
Sollmann, Wilhelm 502*
Solms, Prof. 431
Solmßen, Georg 250*
Sombart, Werner 161, 431*
Sonneberg 195
Spandau 175, 377
Spiecker, Carl 190*
Springorum, Friedrich 250*
Stalin, Jossif W. 108, 111, 175, 333, 499, 506, 517*
Stampfer, Friedrich 510*
Starhemberg, Ernst Rüdiger 90, 107*
Staßfurt 126, 499
Stauning (dän. Sozialdem.) 456
Stauß, Emil Georg von 85*
Steeg, Theodore 110, 121*
Stegerwald, Adam 89, 105, 287, 303, 321, 322, 485, 508*
Steglitz 318
Stegmann, Wilhelm 490*
Stein, Günther 156*
Stennes, Walter 213*
Stern (Attentäter) 276, 299, 300, 338
Stettin 103, 133
Stewert (US-Statistiker) 113
Steyer (Österreich) 223
Stimson, Henry Lewis 185, 239, 266, 308, 313, 396, 406, 445*
Stockholm 126, 140
Stoffregen (Bürgermeister) 455
Stoltzenberg, Hugo 191, 522*
Strasser, Gregor 205, 327, 393, 403, 464, 468, 471, 472, 475, 482, 485, 526*
Stresa 415, 425

Stresemann, Gustav 146, 163, 353, 519*
Studinski (poln. Politiker) 354
Stuttgart 85, 150, 206, 496, 501
Sudbury (Kanada) 133
Suinwen (chin. General) 470
Sung (chin. Finanzmin.) 81
Surchandarinsk (Rußland) 149
Syrup, Friedrich 463, 464*

T

Taffari, Nas (äthiopischer Politiker) 176
Tagore, Rabindranath 115*
Tanaka, Giichi 275*
Tardieu, André 99, 230, 234, 255, 289, 309, 313, 318, 366, 415, 525*
Taylor, Myron C. 84*
Teheran 119
Teuchern 296
Thale 150
Thälmann, Ernst 251, 252, 262, 265, 268, 271, 290, 299, 510, 526, 532*
Thomas, Albert 190, 328*
Tientsin (China) 489
Tilsit 112
Tirpitz, Alfred von 421*
Titulescu, Niclae 441*
Tokio 119, 240, 242, 283, 300, 315, 323, 337, 344, 349, 388
Toledo 67, 144
Torgler, Ernst 510*
Toulouse (Frankreich) 448
Tourcoing (Frankreich) 87, 148, 153
Treviranus, Gottfried Reinhold 156, 193, 310*
Trier 502
Triest 127
Troizk (Rußland) 149
Trotzki, Leo 476, 489*
Tsaldaris, griech. Politiker 449
Tschang Hsüeh-liang 481*
Tschangtschou 339
Tschapei (China) 241, 242, 243, 382

Tscheljabinsk (Rußland) 149
Tschen (chin. Außenmin.) 216, 240, 242
Tschiang Kai-Schek 81, 105, 216, 242, 267, 274, 283, 395, 396*
Tschitscherin, Georgi W. 134, 135*
Tubelis (litauischer Min.präs.) 319
Tuka (tschech. Professor) 481, 482
Twardowski (dt. Botschaftsrat in Moskau, auf den im März 1932 ein Attentat verübt wurde) 276, 299, 300, 338
Twent (Niederlande) 203

U

Ulitzka, Karl 124*

V

Vaida (rum. Politiker) 433, 441
Valencia (Spanien) 108, 139, 148
Vandervelde, Émile 140, 168, 488*
Vanzetti, Bartolomeo 374*
Vegesack 166
Venedig/Venezia 90, 127
Venizelos, Eleftherios 87, 429*
Versailles (Frankreich) 237, 333, 524
Vögler, Albert 281*
Völklingen 104
Vorwerk (Kriminalrat in Berlin) 172

W

Wächtler, Fritz 421, 529*
Waentig, Heinrich 79*
Wagemann, Ernst 260, 261, 273, 340, 351*
Wagner, Major 82
Wagner, Stadtbaurat 503
Waldenburg (Niederschlesien) 116
Waltershausen 336, 340
Wang (chin. Außenminister) 81
Wang Jingwei 274, 395, 396*
Wanjek (tschech. Diplomat) 300
Warmbold, Hermann 260, 264, 340, 342, 351, 463, 472, 475*
Warschau 119, 283, 288, 300, 372, 404, 412,

645

445, 449, 466
Washington (USA) 93, 139, 141, 266, 270, 406, 452, 477, 527
Wassiljew (Attentäter) 300
Weber, August 183*
Weiller, Emil (Bankier) 171
Weiller, Jakob Isaak (Bankier) 171
Weimar 272, 370, 460, 526
Weiner, Georg 482
Weingarten, Direktor 189
Weiß, Bernhard 72*
Weißenfels 427
Wels, Otto 75, 160, 206, 212, 318, 423, 469*
Wende (Reichswehrangehöriger, NSDAP) 474
Werder, von 427
Werner, Ferdinand 207*
Wernshausen 180
Weygand, Maxime 442*
Wien 86, 101, 107, 165, 168, 174, 205, 215, 312, 318, 344, 358, 441, 445
Wiesbaden 80, 102, 297
Wiggin, Albert H. 118*
Wilhelm II 293, 372, 426, 448*
Wilhelmshaven 334
Williams (amerik. Diplomat) 480
Willich 296
Wilna 466, 476
Wilson, Thomas Woodrow 185, 521*
Winnipeg (Kanada) 134
Wirth, Joseph 190*
Wismar 189, 191
Wissel, Rudolf 218*
Witmaack 356*
Wittenberg 89
Wittenberge 103
Wittfogel, Karl August 286*
Wittstock-Dosse 103
Wladiwostok 254, 268, 296, 324
Wojkow, Peter L. 300*
Wolfenbüttel 194
Woods (US-Politiker) 138

Woods, A. (Polizeichef von New York) 75
Worowski, W. W. 516*
Woytinski, Wladimir 260, 261*
Wrede-Naschede, Baronin 80
Wright, Ada 374
Wuppertal 116, 344
Würzburg 450

Y

Yoshizawa, Kenkichi 225*
Young, Owen 63, 64, 67, 70, 71, 77, 85, 139, 173, 217, 302, 353, 365, 514*
Yusan (China) 368

Z

Zaleski, August 153, 210*
Zamora, Alcala (span. Min.präs., später Präsident) 176, 210
Zauritz (Polizeibeamter) 532
Zell 387
Zernsdorf 103
Zetkin, Clara 404, 407, 527*
Zoellner (Reichsgerichtsrat) 202
Zörgiebel, Karl Friedrich 72, 79, 89, 375
Zorn, A. (Reichsgerichtsrat) 202
Züllichau 103
Zürich 141, 173, 333, 352, 359, 369
Zweibrücken 174
Zwickau 272

398 Seiten, gebunden
3-89144-168-1

217 Seiten, gebunden
3-89144-167-3

302 Seiten, gebunden
3-89144-166-5

254 Seiten, gebunden
3-89144-197-5

369 Seiten, gebunden
3-89144-225-4

295 Seiten, gebunden
3-89144-263-7

64 Seiten, farb. Abb., gebunden
3-89144-332-3

364 Seiten, gebunden
3-89144-330-7-4